JN438870

2026년 신고대비

핵심 세액공제·감면의 정석

- 고용증대 및 창업 중심으로

손창용 저

SAMIL | 삼일인포마인

정오표 및 중요한 수정사항이 있을 경우, **www.samili.com** 사이트 **제품몰** 코너에서 **본 도서를 검색**하신 후 **수정사항**을 클릭하시면 그 내용을 확인하실 수 있습니다.

개정판을 펴내면서

세액공제 · 감면의 숲에서 길을 찾다!

사회환경과 경제정책의 변화에 따라 조세제도는 빠르게 개정되고, 세액공제 · 감면 규정은 더 복잡하고 전문화되고 있습니다. 정부는 고용창출, 투자 활성화, 산업경쟁력 강화를 위해 창업 · 채용 · 연구개발 등에 대한 세제지원을 지속적으로 확대해 왔고, 그만큼 실무 현장에서는 "적용 가능 여부"와 "요건 충족의 근거"를 정확히 확인하려는 수요가 커졌습니다.

이 책은 세무사 · 회계사 등 전문가와 기업의 실무자가 세액공제 · 감면 제도를 보다 정확하고 안전하게 적용할 수 있도록, 오랜 강의와 실무 경험을 바탕으로 핵심 쟁점과 판단 기준을 실무 흐름에 맞춰 정리한 책입니다. 특히 고용 · 창업 관련 제도는 요건과 계산구조가 복잡하여 작은 착오가 추징으로 이어질 수 있는 만큼, "체계적인 기준 정리"와 "사례 기반 적용력"에 초점을 두었습니다.

본서의 구성과 집필 방향은 다음과 같습니다.

▌**사례 중심의 설명과 요약표 제공**: 통합고용세액공제, 근로소득증대세액공제 등 실무에서 난도가 높은 제도를 다양한 사례로 설명하였습니다. 특히 통합고용세액공제에서 핵심이 되는 상시근로자수의 증감, 공제 · 추가공제 및 추가납부세액의 흐름을 한눈에 파악할 수 있도록 요약표를 마련하여 초보 실무자도 단계적으로 따라갈 수 있게 구성하였습니다. 또한 2026년부터 적용되는 통합고용세액공제의 변경 내용을 사례에 반영하여 제도 변화의 방향을 미리 이해할 수 있도록 하였습니다.

▌**YES/NO 자가진단표로 '적용 가능성'부터 빠르게 판단**: 통합투자세액공제, 성과공유 중소기업의 경영성과급 세액공제, 통합고용세액공제 등은 판단 요소가 많아 처음부터 법조문을 따라가면 시간과 오류 위험이 커집니다. 이에 주요 요건을 YES/NO 방식의 자가진단표로 구성하여, 누구나 '해당 여부'를 먼저 점검한 뒤 필요한 근거와 계산으로 이어가도록 하였습니다.

▌**상시근로자 개념의 통합 정리와 제도별 비교표**: 고용창출과 관련된 여러 공제 · 감면 제도는 모두 '상시근로자'와 '상시근로자수'에 기반하지만, 제도별 정의 · 산정 방식 · 적용 결과가 미세하게 달라 실무상 혼동이 잦습니다. 본서는 상시근로자 관련 개념을 통합하여 일괄 설명하고, 제도별 차이점을 도표로 비교하여 실무자가 빠르게 판단할 수 있도록 정리하였습니다.

창업 등 기업 및 공동사업자 상시근로자수 계산의 사례화: '창업 등 기업의 상시근로자수'와 '공동사업자의 상시근로자수' 계산은 입・퇴사 등 인력 변동을 반영해야 하므로 실제 현장에서 다양한 변형 사례가 발생합니다. 이에 실무에서 빈번히 마주치는 형태를 중심으로 계산 과정을 사례로 풀어 설명하여 적용력을 높였습니다.

성실신고확인비용 세액공제 제도등 보강: 성실신고확인비용 세액공제 등 실무에서 자주 발생하는 공제・감면도 추가하여 현장 활용도를 높였습니다. 특히 이월세액과 당기 발생비용의 적용 방식은 서식, 예규 및 사례를 통해 구체적으로 설명하였으며, 연구개발 관련 출연금을 수령한 경우 연구・인력개발비 세액공제와 익금불산입 과세특례의 관계도 함께 정리하여 실무상 판단과 적용에 도움이 되도록 하였습니다.

한국표준산업분류를 통한 업종분석과 최신 근거의 체계적 반영: 세액공제・감면은 업종 요건이 당락을 좌우하는 경우가 많습니다. 한국표준산업분류를 가능한 범위에서 반영하여 적용 업종을 보다 쉽게 확인할 수 있도록 하였고, 감면 업종의 하위 분류까지 실무에 도움이 되도록 정리하였습니다. 또한 기업발전특구 창업기업 세액감면 등 신설・개정 제도는 핵심 규정과 최신 예규・판례를 표로 요약하고, 이해를 돕는 사례를 함께 제시하였습니다. 아울러 국세청 등이 공개한 Q&A 자료 중 실무자가 자주 묻는 내용을 선별・정리하여 본문에서 근거와 함께 상세히 설명하였습니다.

세액공제・감면은 "혜택"이면서 동시에 "검증"을 전제로 하는 제도입니다. 본서가 제도의 취지와 요건을 정확히 이해하고, 근거에 기반해 안정적으로 적용하는 데 작은 길잡이가 되기를 바랍니다.

끝으로, 법령과 예규・판례 등을 충분히 검토하여 집필하였으나 미흡한 부분이 있다면 정오표와 후속 보완을 통해 지속적으로 개선해 나가겠습니다. 아낌없는 조언과 의견을 보내주시면 감사히 반영하겠습니다. 또한 본서의 출간 과정에서 도움과 격려를 보내주신 모든 분들께 깊이 감사드립니다.

2025. 12.

세금의 숲에서 길을 찾는 저자 손창용

차 례

차 례

CONTENTS

CONTENTS

Part 3 세액공제 제도

차 례

차 례

차 례

2026년 세액공제 · 감면제도 관련 주요 개정내용

1. 연구개발의 개념 명확화(조특법 2 ① 11호, 조특령 1의2)

종 전	개 정
□ 조특법상 연구개발 개념 · 범위	□ 개념 · 범위 명확화
• (정의) 과학적 · 기술적 진전을 이루기 위한 활동	• 과학적 · 기술적 진전을 이루기 위한 체계적 · 창의적인 활동
• 제외되는 활동 – 일반적인 관리 및 지원활동 – 시장조사, 판촉활동 및 일상적인 품질시험 – 반복적인 정보수집 활동 – 경영이나 사업의 효율성을 조사 · 분석하는 활동 – 법률 및 행정 업무 – 광물 등 자원 매장량 확인, 위치 확인 등 조사 · 탐사 활동 – 위탁받아 수행하는 연구활동 – 이미 기획된 콘텐츠를 단순 제작하는 활동 – 기존에 상품화 · 서비스화된 소프트웨어 등을 복제하여 반복적으로 제작하는 활동	• (좌 동)
〈추 가〉	– 상용화, 사업화된 제품 · 기술 · 서비스 · 설계 · 디자인 등을 단순 보완 · 변형 · 개선하는 활동

〈개정이유〉 세제지원의 대상이 되는 연구개발 범위 명확화

2. 중소 · 중견기업 범위 조정(① 중소기업 범위 합리화)(조특령 2 ①)

종 전	개 정
□ 조특법상 중소기업 제외대상	□ 제외업종 등 추가
• 소비성서비스업	• (좌 동)
〈추 가〉	• 부동산임대업 • 성실신고확인대상 소규모 법인* * ❶~❸요건을 모두 갖춘 법인 ❶ 지배주주 등 지분율 50% 초과

종 전	개 정
	❷ 부동산임대업이 주된 사업이거나 부동산 임대·이자·배당 소득이 매출액의 50% 이상 ❸ 상시근로자 수가 5인 미만

〈개정이유〉 개인·법인 간 과세형평 제고

〈적용시기〉 2025.2.28. 이후 개시하는 과세연도부터 적용

3. 중소·중견기업 범위 조정(② 중견기업 범위 합리화)(조특령 6의4·9 ④)

종 전	개 정
□ 조특법상 중견기업 제외대상	□ 제외업종 등 추가
• 소비성서비스업 • 금융업 • 보험 및 연금업 • 금융 및 보험 관련 서비스업	• (좌 동)
〈추 가〉	• 부동산임대업 • 성실신고확인대상 소규모 법인* * ❶~❸요건을 모두 갖춘 법인 ❶ 지배주주 등 지분율 50% 초과 ❷ 부동산임대업이 주된 사업이거나 부동산 임대·이자·배당소득이 매출액의 50% 이상 ❸ 상시근로자 수가 5인 미만

〈개정이유〉 기업규모별 조세특례 적용대상 합리화

〈적용시기〉 2025.2.28. 이후 개시하는 과세연도부터 적용

4. 중소기업 졸업유예기간 연장 및 관련 조문 정비(조특령 2 ②·126 ②)

종 전	개 정
□ 중소기업 졸업 유예	□ 졸업 유예기간 확대
• (졸업요건) 규모기준 초과 ❶ 매출액이 기준금액* 초과 * 업종별 400~1,500억원 ❷ 자산총액 5,000억원 이상 ❸ 관계기업과의 매출 합산액이 기준 금액* 초과 * 업종별 400~1,500억원	• (좌 동)

종 전	개 정
• (유예기간) 졸업 후 3년	• 3년 → 5년(코스피 · 코스닥 상장 기업은 7년)
□ 최저한세 적용 시 중소기업 졸업유예기간 ❶ 규모기준 초과로 졸업 : 3년간 유예 ❷ 「중소기업기본법 시행령*」 개정으로 졸업 : 3년간 유예 * 중소기업 요건인 업종별 매출액 기준, 실질적 독립성 기준 등을 규정	□ 인용조문 개정에 따른 조문정비 ❶ 규모기준 초과로 졸업 : 5년간 유예(코스피 · 코스닥 상장 중소기업은 7년간 유예) ❷ (좌 동)

〈개정이유〉 중소기업의 성장사다리 강화

〈적용시기〉 2024.11.12.이 속하는 과세연도에 최초로 중소기업 졸업요건에 해당하는 분부터 적용

5. 창업중소기업 세액감면 제도 합리화(조특법 6, 조특령 5)

종 전	개 정
□ 창업중소기업 세액감면	□ 감면율 정비 등 제도 합리화
• (대상업종) 제조업 등 20개	• (좌 동)
• (감면율) 업종 · 지역별 차등	• ❶ 업종 우대감면 적용기한 종료 ❷ 수도권 감면율 축소 ❸ 고용증대 추가감면 상향
- 신성장서비스업 우대(2024년까지) : 초기 3년간 +25%p	- 적용기한 종료
- 수도권 과밀억제권역 밖 : (일반) 5년간 50% (청년 등) 5년간 100%	- 수도권 밖* : • (좌 동) * 수도권 내 인구감소지역 포함
〈신 설〉	- 과밀억제권역 아닌 수도권 : (일반) 5년간 50% → 25% (청년 등) 5년간 100% → 75%
- 고용증대 추가감면 : 상시근로자 증가율 × 50%	- 고용증대 추가감면 : 상시근로자 증가율 × 100%

종 전	개 정
(표 1)	(표 2)

종 전

구 분	기본 감면		추가 감면
	수도권과밀 억제권역	수도권과밀 억제권역 밖	
창업 중소기업	–	5년 50% (신성장서비스 우대)	상시 근로자 증가율 × 50%
청년·생계형	5년 50%	5년 100%	
벤처기업 등	5년 50% (신성장서비스업 우대)		

〈신 설〉

□ 감면기간 중 요건 충족여부 변경시 감면방법

❶ 청년창업자 요건 미충족시 잔존기간 적용 감면율

창업 지역	감면율
수도권과밀억제권역 밖	100분의 50
수도권과밀억제권역	감면배제

❷ 과밀억제권역으로 이전, 지점 또는 사업장 설치 시

- 해당 사유가 발생한 연도부터 감면율이 낮은 해당 지역 창업으로 간주

• (적용기한) : 2024.12.31.

개 정

구 분	기본 감면			추가 감면
	수도권과밀 억제권역	수도권과밀 억제권역 밖		
		수도권	수도권밖*	
창업 중소기업	–	5년 25%	5년 50%	상시 근로자 증가율 × 100%
청년·생계형	5년 50%	5년 75%	5년 100%	
벤처기업 등	5년 50%			

* 수도권 인구감소지역 포함

• (감면한도) 연간 5억원

□ 법 개정에 따른 조문 정비

❶ 창업일에 따라 구분

• 2025.12.31. 이전 창업한 경우 : 현행과 같음

• 2026.1.1. 이후 창업한 경우

창업 지역	감면율
수도권 밖 및 수도권 내 인구감소지역	100분의 50
수도권(과밀억제권역 및 인구감소지역 외)	100분의 25
수도권과밀억제권역	감면배제

❷ 감면율이 낮은 지역으로 사업장 이전, 지점 또는 사업장 설치시

- 해당 사유가 발생한 연도부터 감면율이 낮은 해당 지역 창업으로 간주

• 2027.12.31.

〈개정이유〉 중소기업 창업 및 균형발전 지원, 과세형평 제고

〈적용시기〉 2025.1.1. 이후 창업하는 분부터 적용

※ 수도권 감면율 조정은 2026.1.1. 이후 창업하는 분부터 적용

6. 중기업 규모 출판업 지원 확대(조특법 7 ①)

<table>
<tr><th>종 전</th><th>개 정</th></tr>
<tr><td>□ 중소기업 특별세액감면

• (업종) 제조업 등 48개
• (감면율) 5~30%

<table>
<tr><th rowspan="2">본점 소재지</th><th rowspan="2">업 종</th><th colspan="2">감면율(%)</th></tr>
<tr><th>소기업</th><th>중기업</th></tr>
<tr><td rowspan="2">수도권</td><td>▪ 도(소)매업, 의료기관 운영업</td><td>10</td><td>0</td></tr>
<tr><td>▪ 제조업 등</td><td>20</td><td>0</td></tr>
<tr><td rowspan="2">지방</td><td>▪ 도(소)매업, 의료기관 운영업</td><td>10</td><td>5</td></tr>
<tr><td>▪ 제조업 등</td><td>30</td><td>15</td></tr>
</table>

• (적용기한) 2025.12.31.</td>
<td>□ 수도권 출판업* 영위 중기업에 대한 세액감면 신설
* 일반서적 출판업 등 대통령령으로 정하는 출판업
• (좌 동)
• 수도권에서 출판업 영위하는 중기업에 대한 감면율 상향 : 0 → 10%
<table>
<tr><th rowspan="2">본점 소재지</th><th rowspan="2">업 종</th><th colspan="2">감면율(%)</th></tr>
<tr><th>소기업</th><th>중기업</th></tr>
<tr><td rowspan="3">수도권</td><td>▪ 도(소)매업, 의료기관 운영업</td><td>10</td><td>0</td></tr>
<tr><td>▪ 제조업 등</td><td>20</td><td>0</td></tr>
<tr><td>▪ 일반서적 출판업 등</td><td>20</td><td>10</td></tr>
<tr><td rowspan="3">지방</td><td>▪ 도(소)매업, 의료기관 운영업</td><td>10</td><td>5</td></tr>
<tr><td>▪ 제조업 등</td><td>30</td><td>15</td></tr>
<tr><td>▪ 제조업, 출판업 등</td><td>30</td><td>15</td></tr>
</table>

• (좌 동)</td></tr>
</table>

〈개정이유〉 출판업 지원 확대

〈적용시기〉 2025.1.1. 이후 개시하는 과세연도분부터 적용

7. 연구 전담요건 완화 및 공제대상 비용 범위 확대(조특령 9, 별표6)

<table>
<tr><th>종 전</th><th>개 정</th></tr>
<tr><td>□ R&D 세액공제가 적용되는 비용
• 일반 분야 : ❶~❽
국가전략기술, 신성장 · 원천 기술 분야 : ❶~❸
❶ 위탁 · 공동 연구개발비
❷ 재료비
❸ 인건비
* 국가전략기술, 신성장 · 원천기술과 일반 R&D를 공동으로 수행하는 경우 일반 R&D 공제율 적용

❹ 소프트웨어 대여 · 구입비</td>
<td>□ 적용범위 확대
• 일반 분야 : ❶~❾
국가전략기술, 신성장 · 원천 기술 분야 : ❶~❾
• (좌 동)
❸ 인건비
* 50%를 초과하는 근무시간을 국가전략기술 또는 신성장 · 원천기술 R&D에 투입한 경우 투입시간 만큼 안분 적용(다만, 국가전략기술 R&D 투입 시간이 50% 미만인 경우에는 국가전략기술 R&D 투입시간을 신성장 · 원천기술 R&D 투입 시간으로 간주)
❹ 소프트웨어 대여 · 구입비</td></tr>
</table>

종 전	개 정
	* 인사·급여·회계 등 지원업무용, 문서·도표 등 범용, 기본운영체계 소프트웨어 등 제외
– 단, 문화상품 제작 목적에 한정	〈삭 제〉
❺ R&D용 시설 임차료 ❻ 기술정보비, 기술지도비 ❼ 디자인 개발지도비 ❽ 특허 조사·분석비	• (좌 동)
〈추 가〉	❾ 클라우드 이용료

〈개정이유〉 기업의 연구개발 지원 확대

〈적용시기〉 2025.2.28.이 속하는 과세연도에 지출하는 분부터 적용

8. 인력개발비 세액공제 적용범위 확대(조특령 별표6)

종 전	개 정
▢ 인력개발비 세액공제	▢ 적용대상 추가
• (적용대상) – 연구요원의 위탁훈련비 – 사내직업능력개발훈련 및 직업능력 개발훈련 소요 비용 – 중소기업에 대한 인력개발, 기술지도 비용 – 사내기술대학, 사내대학 운영비 – 산업수요 맞춤형 고등학교 등과의 계약을 통해 설치·운영되는 직업교육 훈련과정, 학과 등 운영비 등	
〈추 가〉	– 사내 교육프로그램을 청년 등 일반에게 제공하는데 추가로 소요되는 비용* * 강의료, 교재비, 실습재료비, 용품비[수익(수강료)은 차감]
• (공제율) 대 기 업 : 최대 2% 중견기업 : 8~15% 중소기업 : 25%	• (좌 동)

〈개정이유〉 기업의 인력개발 촉진

〈적용시기〉 2025.2.28.이 속하는 과세연도에 지출하는 분부터 적용

9. 연구 · 인력개발비 세액공제 점감구조 도입(조특법 10 ①)

종 전

□ 연구 · 인력개발비 세액공제

- (대상) 기업이 지출한 연구 · 인력개발비용
- (공제율)

구 분(%)	기본			추가*1
	대	중견	중소	
일 반	2	8~15*2	25	-
신성장 · 원천기술	20	20	30	최대 10
국가전략기술	30		40	최대 10

*1. 추가분 : 최대 10%(R&D 지출액/매출액 × 3)
*2. (~3년)15%, (4~5년)10%, (6년~)8%

- 코스닥상장 중견기업은 기본 25%, 추가 최대 15%

개 정

□ 중소기업 졸업 후 공제율 점감구조 도입

- (좌 동)
- 중소기업 졸업 후 3~5년간 점감구조 도입

구 분(%)	기본			추가*1
	대	중견	중소	
일 반	2	8~20*2	25	-
신성장 · 원천기술	20	20, 25*3	30	최대 10
국가전략기술	30	30, 35*4	40	최대 10

*1. (좌 동)
*2. (~3년)20%, (4~5년)15%, (6년~)8%
*3. (~3년)25%, (4년~)20%
*4. (~3년)35%, (4년~)30%

〈삭 제〉

〈개정이유〉 기업의 성장 촉진 및 코스피 · 코스닥 상장기업에 대한 지원 합리화

〈적용시기〉 • (점감구조 도입) 2025.1.1. 이후 개시하는 과세연도에 최초로 중소기업에 해당하지 아니하게 된 경우부터 적용

• (코스닥상장 우대 공제율 폐지에 관한 경과규정) 2024.12.31.이 속하는 과세연도에 코스닥상장 중견기업이 지출한 비용은 종전 규정 적용

10. 통합투자세액공제 점감구조 도입(조특법 21 ①)

종 전

□ 통합투자세액공제

- (대상) 사업용 유형자산 등에 대한 투자
- (공제율)

구 분(%)	기본			추가*1
	대	중견	중소	
일 반	1	5	10	3
신성장 · 원천기술	3	6	12	
국가전략기술	15		25	4

*1. (당해연도 투자액 – 직전 3년 평균 투자액)

개 정

□ 중소기업 졸업 후 공제율 점감구조 도입

- (좌 동)
- 중소기업 졸업 후 3년간 점감구조 도입

구 분(%)	기본			추가*1
	대	중견	중소	
일 반	1	5, 7.5*2	10	10
신성장 · 원천기술	3	6, 9*3	12	
국가전략기술	15	15, 20*4	25	

*1. (좌 동)
*2. (~3년)7.5%, (4년~)5%
*3. (~3년)9%, (4년~)6%
*4. (~3년)20%, (4년~)15%

〈개정이유〉 기업의 성장 촉진

〈적용시기〉 2025.1.1. 이후 개시하는 과세연도에 최초로 중소기업에 해당하지 아니하게 된 경우부터 적용

11. 성과공유 중소기업 경영성과급에 대한 세액공제 등의 적용기한 연장 및 재설계(조특법 19)

종 전	개 정
□ 성과공유 중소기업*이 지급하는 경영 성과급**에 대한 세액공제 등 * 경영성과급 지급 등을 통해 근로자와 성과를 공유하고 있거나 공유하기로 약정한 중소기업 ** 경영목표 설정 및 목표 달성에 따른 성과급 지급을 사전 서면 약정하고 근로자에게 지급하는 성과급	□ 적용기한 연장 등
❶ 경영성과급을 지급한 중소기업에 대한 소득·법인세 세액공제	• 공제율 인하 및 적용기한 연장
-(공제율) 15% 공제	- 15% → 10%
-(적용기한) 2024.12.31.	- 2027.12.31.
❷ 성과공유 중소기업에 종사하는 근로자에 대한 소득세 감면 * 총급여 7천만원 이상인 자, 최대주주 등 제외	• 적용기한 연장
-(감면대상소득) 성과공유제를 통한 경영성과급 지급액 -(감면율) 소득세 50% 상당 세액감면	-(좌 동)
-(적용기한) 2024.12.31.	- 2027.12.31.

〈개정이유〉 중소기업 성과공유 지원 및 제도 합리화

〈적용시기〉 2025.1.1. 이후 개시하는 과세연도에 지급하는 분부터 적용

12. 통합투자세액공제 증가분 공제율 상향(조특법 24 ①)

종 전	개 정
▢ 통합투자세액공제 • (대상) 사업용 유형자산 등에 대한 투자 • (공제율) 기업 규모별 차등	▢ 추가공제 공제율 상향 • (좌 동) • 추가분 공제율 10%로 상향

종 전

구 분(%)	기본			추가*
	대	중견	중소	
일 반	1	5	10	3
신성장·원천기술 사업화 시설	3	6	12	
국가전략기술 사업화 시설	15		25	4

* (당해연도 투자액 - 직전 3년 평균 투자액)

개 정

구 분(%)	기본			추가*
	대	중견	중소	
일 반	1	5	10	10
신성장·원천기술 사업화 시설	3	6	12	
국가전략기술 사업화 시설	15		25	

* (당해연도 투자액 - 직전 3년 평균 투자액)

〈개정이유〉 기업의 투자 촉진

〈적용시기〉 2025.1.1. 이후 개시하는 과세연도에 투자하는 분부터 적용

13. 국가전략기술 반도체 투자에 대한 세액공제율 상향(조특법 24)

종 전	개 정
▢ 통합투자세액공제	▢ 국가전략기술 반도체 분야 투자에 대한 공제율 상향

종 전

구 분(%)	기본			추가*
	대	중견	중소	
일 반	1	5	10	10
신성장·원천기술 사업화시설	3	6	12	
국가전략기술 사업화시설	15		25	

* (당해연도 투자액 - 직전 3년 평균 투자액)

개 정

구 분(%)	기본			추가*
	대	중견	중소	
일 반	1	5	10	10
신성장·원천기술 사업화시설	3	6	12	
국가전략기술 사업화시설	15		25	
반도체	20		30	

* (당해연도 투자액 - 직전 3년 평균 투자액)

〈개정이유〉 반도체 산업 경쟁력 강화

〈적용시기〉 2025.1.1. 이후 투자하는 분부터 적용

14. 국가전략기술, 신성장·원천기술 관련 연구개발시설 투자에 대한 세액공제율 상향(조특법 24)

종 전

☐ 통합투자세액공제

구 분(%)	기본			추가*
	대	중견	중소	
일 반 (연구개발시설 전체)	1	5	10	10
신성장·원천기술 사업화시설	3	6	12	
국가전략기술 사업화시설	15		25	

* (당해연도 투자액 - 직전 3년 평균 투자액)

개 정

☐ 국가전략기술, 신성장·원천기술 관련 연구 개발시설 투자에 대한 세액공제율 상향

구 분(%)	기본			추가*
	대	중견	중소	
일 반 (일반 연구개발시설)	1	5	10	10
신성장·원천기술 사업화시설, 연구개발시설	3	6	12	
국가전략기술 사업화시설, 연구개발시설	15		25	

* (당해연도 투자액 - 직전 3년 평균 투자액)

〈개정이유〉 전략산업의 연구개발 촉진

〈적용시기〉 2025.1.1. 이후 투자하는 분부터 적용

15. 2024·2025년 중소·중견기업에 대한 임시투자세액공제 적용기한 연장 (조특법 24)

종 전

☐ 임시투자세액공제

• 2023년 투자

구 분(%)	기본			추가*
	대	중견	중소	
일 반	1→3	5→7	10→12	3→10
신성장·원천기술 사업화시설	3→6	6→10	12→18	
국가전략기술 사업화시설	15		25	4→10

* (당해연도 투자액 - 직전 3년 평균 투자액)

〈추 가〉

개 정

☐ 중소·중견기업에 대한 임시투자세액공제 적용 기한 연장

• (좌 동)

• 2024·2025년 투자

<table>
<tr><th>종 전</th><th>개 정</th></tr>
<tr><td></td><td>
<table>
<tr><th rowspan="2">구 분(%)</th><th colspan="3">기본</th><th rowspan="2">추가*</th></tr>
<tr><th>대</th><th>중견</th><th>중소</th></tr>
<tr><td>일 반</td><td>1</td><td>5→7</td><td>10→12</td><td rowspan="2">3→10</td></tr>
<tr><td>신성장・원천기술
사업화시설</td><td>3</td><td>6→8</td><td>12→14</td></tr>
<tr><td>국가전략기술
사업화시설</td><td colspan="2">15</td><td>25</td><td>4→10</td></tr>
</table>
* (당해연도 투자액 – 직전 3년 평균 투자액),
2025년부터는 임시투자세액공제와 관계없이 10%
</td></tr>
</table>

〈개정이유〉 기업의 투자 활성화

〈적용시기〉 • (2024년 투자분) 2025.1.1. 이후 최초로 과세표준을 신고하는 분부터 적용

• (2025년 투자분) 2025.1.1. 이후 개시하는 과세연도에 투자하는 분부터 적용

16. 통합투자세액공제 적용 대상에서 임대사업자의 임대용 자산 배제 (조특법 24, 조특령 21)

<table>
<tr><th>종 전</th><th>개 정</th></tr>
<tr><td>□ 통합투자세액공제
• (적용대상) 사업*하는 내국인
* 소비성 서비스업, 부동산임대 및 공급업 제외
• (공제대상) 사업용 유형자산
• (세액공제 적용제외)
– 자산 : 중고품
〈추 가〉
– 투자 : 운용리스자산</td><td>□ 세액공제 제외 자산에 임대용 자산 추가
• (좌 동)
– 다른 사람에게 임대할 목적의 자산 (임대사업자의 임대 포함)
– (좌 동)</td></tr>
</table>

〈개정이유〉 투자지원제도 합리화

〈적용시기〉 2025.1.1. 이후 개시하는 과세연도에 투자하는 분부터 적용

17. 통합고용세액공제지원의 대상이 되는 경력단절자 범위 확대 (조특법 29의8 · 30)

종 전	개 정
□ 조세특례* 적용대상인 경력단절여성 * 통합고용세액공제 우대, 중소기업 취업자 소득세 감면	□ 경력단절자 범위 확대
❶ (성별) 여성	〈삭 제〉
❷ (업종) 동일 업종* 기업에서 1년 이상 근무 * 표준산업분류상 중분류 동일	❷ 1년 이상 근무 (동일 업종 기업 취업 요건 폐지)
❸ (퇴직사유) – 결혼 · 임신 · 출산 · 육아 · 자녀교육 〈추 가〉	❸ 퇴직사유 추가 –(좌 동) – 가족돌봄
❹ (퇴직기간) 퇴직 후 2년 이상 15년 미만일 것	❹ (좌 동)

〈개정이유〉 경력단절자에 대한 지원 강화

〈적용시기〉 • (통합고용세액공제) 2025.1.1. 이후 개시하는 과세연도를 최초 공제연도로 하여 통합고용세액공제를 신청하는 분부터 적용

• (중기취업자감면) 2025.1.1. 이후 취업하는 분부터 적용

18. 북한이탈주민 통합고용세액공제 우대대상 추가(조특령 26의8)

종 전	개 정
□ 통합고용세액공제 우대대상	□ 북한이탈주민을 통합고용세액공제 우대 대상에 추가
• 청년 정규직 · 장애인 · 60세 이상 · 경력 단절 근로자	• (좌 동)
〈추 가〉	• 북한이탈주민* 근로자 * 「북한이탈주민의 보호 및 정착지원에 관한 법률」 제2조 제1호에 따른 북한이탈주민

〈개정이유〉 북한이탈주민 취업 및 고용유지 지원

〈적용시기〉 • 2025.1.1. 이후 개시하는 과세연도를 최초 공제연도로 하여 통합고용세액 공제를 신청하는 분부터 적용

• (경과규정) 2024.12.31. 이전에 개시하는 과세연도에 고용한 북한이탈주민에 대해서는 종전 규정 적용

19. 통합고용세액공제 신청시 제출서류 추가(조특령 26의8 ⑪)

종 전	개 정
☐ 통합고용세액공제 신청서류 • 세액공제신청서, 공제세액계산서 〈추 가〉	☐ 신청시 제출서류 추가 • (좌 동) • 상시근로자 명세서

〈개정이유〉 공제제도의 합리적 운용 및 조세회피 방지

〈적용시기〉 2025.2.28.이 속하는 과세연도 분부터 적용

20. 상가임대료 인하 임대사업자에 대한 세액공제 적용기한 연장 (조특법 96의3, 조특령 96의3)

종 전	개 정
☐ 상가임대료 인하 임대사업자의 임대료 인하액 세액공제 • (공제액) 임대료 인하액의 70% (종합소득금액 1억원 초과시 50%) • (임대인) 「상가임대차법」상 부동산임대업 사업자등록을 한 임대사업자 • (임차인) 「소상공인기본법」상 소상공인, 임대차 계약기간이 남은 폐업 소상공인 • (적용기한) 2024.12.31.	☐ 적용기한 연장 • (좌 동) • (적용기한) 2025.12.31.

〈개정이유〉 소상공인의 임차료 부담 경감

21. 중복지원 배제 개편(조특법 127 ④)

종 전	개 정
☐ 세액감면과 세액공제간 중복적용 배제 • 중복배제 적용 세액감면 - 창업중소기업 세액감면, 중소기업특별 세액감면 등 • 중복배제 적용 세액공제 - 통합투자세액공제, 고용창출투자세액 공제 등 • 창업중소기업 세액감면 중 고용증대 추가 감면과 통합고용세액공제 고용증대 중복 배제	☐ 창업중소기업 세액감면과 통합고용세액 공제 중복배제 확대 • (좌 동) • 창업중소기업 세액감면과 통합고용 세액공제 중복배제

〈개정이유〉 세제혜택 중복 방지를 통한 조세지출 효율성 제고

〈적용시기〉 2025.1.1. 이후 창업중소기업을 창업하는 경우, 창업보육센터사업자로 지정을 받는 경우, 벤처기업으로 확인받는 경우 또는 에너지신기술중소기업에 해당하게 되는 경우부터 적용한다.

22. 세액공제액에 대한 경정청구 허용(국기법 45의2 ①)

종 전	개 정
□ 경정청구제도	
• (의의) 이미 신고·결정된 세액 등에 대하여 납세의무자가 과세관청에 정정을 요청하는 제도 • (청구기한) 법정신고기한이 지난 후 5년 이내	• (좌 동)
• (청구 대상)	• 청구 대상 확대
❶ 과세표준 및 납부세액을 과다신고한 경우 ❷ 결손금 또는 환급세액을 과소신고한 경우	• (좌 동)
〈추 가〉	❸ 세액공제 금액을 과소신고한 경우

〈개정이유〉 경정청구 확대를 통한 납세자 편의 제고

〈적용시기〉 2025.1.1. 이후 경정청구하는 분부터 적용

※ (경정청구에 관한 경과규정) 2025.1.1. 이후 개시하는 과세기간에 대한 납부세액을 계산할 때 이월공제 가능한 세액공제액의 경우 2025.12.31.까지 경정청구 허용

Part 1

중소기업 판정

Chapter 01

조세특례제한법에 의한 업종 판단기준

제1절 업종분류의 원칙

I 개별세법의 업종구분

1. 법인세법의 수익의 범위

「통계법」 제22조에 따라 국가데이터처장이 작성·고시하는 한국표준산업분류에 따른 각 사업에서 생기는 사업수입금액을 익금으로 규정하고 있다.(법인령 11 1호)

2. 소득세법의 사업의 범위 판단기준

사업의 범위에 관하여는 소득세법에 특별한 규정이 있는 경우 외에는 「통계법」 제22조에 따라 국가데이터처장이 고시하는 한국표준산업분류에 따른다.(소득법 19 ③)

3. 조세특례제한법의 업종 분류기준

조세특례제한법에서 업종의 분류는 조세특례제한법에 특별한 규정이 있는 경우를 제외하고는 「통계법」 제22조에 따라 국가데이터처장이 고시하는 한국표준산업분류에 따른다. 다만, 한국표준산업분류가 변경되어 조세특례제한법에 따른 조세특례를 적용받지 못하게 되는 업종에 대해서는 한국표준산업분류가 변경된 과세연도와 그 다음 과세연도까지는 변경 전의 한국표준산업분류에 따른 업종에 따라 조세특례를 적용한다. (조특법 2 ③)

Ⅱ 한국표준산업분류에 의한 업종구분

한국표준산업분류는 산업관련 통계자료의 정확성, 비교성을 확보하기 위하여 작성된 것으로 유엔의 국제표준산업분류에 기초하여 작성된 것이다. 현행 한국표준산업분류의 개정연혁은 다음과 같다. 다만, 「통계법」이 아닌 다른 개별 법령 등에서 한국표준산업분류를 인용한 규정이 있는 경우 2025년 6월 30일까지는 종전 고시 제2017-13호(2017.1.13.) 「제10차 한국표준산업분류」를 따를 수 있다.(국가데이터처고시 제2024-203호)

구 분	제9차 개정	제10차 개정	제11차 개정
시행일자	2008.2.1.	2017.7.1.	2024.7.1.

따라서 조세특례제한법이나 법인세법등 적용할 때 한국표준산업분류의 변경일은 2025년 6월 30일이므로 변경된 과세연도(2025.6.30.이 포함된 과세연도) 그 다음 과세연도까지는 「제10차 한국표준산업분류」를 적용할 수 있는 것으로 판단된다.

한국표준산업분류는 국가데이터처의 통계분류포털(http://kssc.kostat.go.kr)의 한국표준산업분류표에서 확인할 수 있다. 한국표준산업분류는 생산단위(사업체, 기업체)가 주로 수행하는 산업 활동을 그 유사성에 따라 체계적으로 유형화한 것이다.

특히 조세특례제한법 등에서 특별한 규정이 있는 경우를 제외하고 사업자등록증상 업태, 종목과 상관없이 한국표준산업분류를 기준으로 적용하기 때문에 한국표준산업분류에 의한 업종을 반드시 확인하여야 한다.

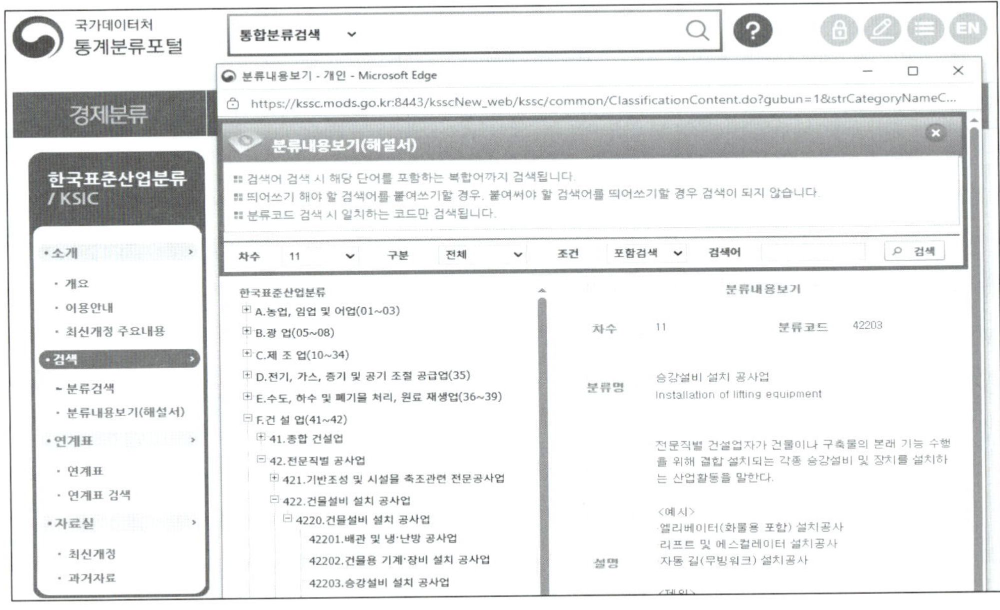

Ⅲ 건설업과 부동산매매업의 범위

1. 조세특례제한법에 의한 건설업

조세특례제한법에서 건설업에 대하여 특별한 규정을 두고 있지 아니하므로 한국표준산업분류에 의한다. 이 경우 건설업은 계약 또는 자기계정에 의하여 지반조성을 위한 발파・시굴・굴착・정지 등의 지반공사, 건설용지에 각종 건물 및 구축물을 신축 및 설치, 증축・재축・개축・수리 및 보수・해체 등을 수행하는 산업활동으로서 임시건물, 조립식 건물 및 구축물을 설치하는 활동도 포함한다. 이러한 건설활동은 도급・자영 건설업자, 종합 또는 전문 건설업자에 의하여 수행된다.

직접 건설활동을 수행하지 않더라도 건설공사에 대한 총괄적인 책임을 지면서 건설공사 분야별로 도급 또는 하도급을 주어 전체적으로 건설공사를 관리하는 경우에도 건설활동으로 분류한다.[1)]

건설공사에 대한 총괄적인 책임 및 전체 건설공사를 관리하는 활동은 건설공사와 관련한 인력・자재・장비・자금・시공・품질・안전관리 부문 등을 전체적으로 책임지고 관리하는 경우를 나타낸다.

일반적으로 사업자의 토지에 주택을 신축하여 분양하는 사업의 경우 사업자등록증상 업태는 건설업으로 등록되는 것이 일반적이지만, 한국표준산업분류에 의하면 직접 건설활동 수행여부에 따라 다음과 같이 업종구분된다.

직접건설활동 수행여부	업종 분류	한국표준산업분류코드
건설활동 수행(○)	건설업	411
건설활동 수행(×)	부동산업 및 임대업 중 주거용건물개발 및 공급업	68121

1) 국가데이터처, 「제10차 기준 한국표준산업분류 실무적용 가이드북」, p.35.

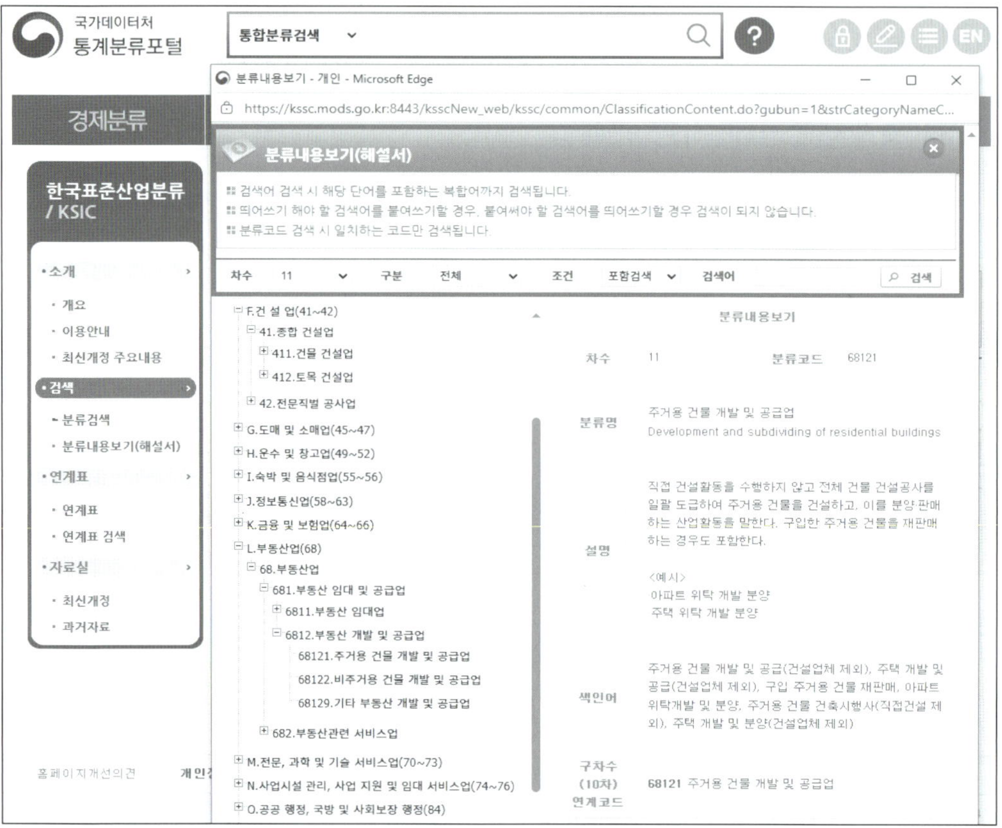

참고사항

- **한국표준산업분류에 의할 경우 구입한 부지에 자기 계정으로 아파트를 건설(건설업체에 아파트 건설공사를 의뢰)하고 분양은 직접 하는 경우 산업분류**

  건설활동을 직접 수행하지 않는 경우 총괄적인 책임 유무와 일괄도급 여부에 따라 산업 결정

  ① 직접 건설활동을 수행하지 않더라도 건설공사에 대한 총괄적인 책임을 지면서 건설공사 분야별로 도급 또는 하도급을 주어 전체적으로 관리하는 경우 ⇨ 41121 아파트 건설업

  ② 직접 건설활동을 수행하지 않으면서 전체 건설공사를 건설업자에게 일괄 도급하여 건설한 후 이를 분양 · 판매하는 경우 ⇨ 68121 주거용 건물 개발 및 공급업

2. 소득세법상 부동산매매업의 범위

부동산매매업은 한국표준산업분류에는 없는 개념으로 소득세법상 부동산매매업이란 한국표준산업분류에 따른 비주거용 건물건설업(분류코드 4112)(건물을 자영건설하여 판매하는 경우만 해당한다)과 부동산 개발 및 공급업(분류코드 6812)을 말한다.

다만, 한국표준산업분류에 따른 주거용 건물 개발 및 공급업(구입한 주거용 건물을 재판매하는 경우는 제외한다. 이하 「주거용 건물 개발 및 공급업」이라 한다)은 제외한다.(소득령 122 ①)

이를 한국표준산업분류와 연결하여 설명하면 다음과 같다.

<table>
<tr><th colspan="2">구 분(분류코드)</th><th colspan="2">소득세법상 포함여부</th></tr>
<tr><td rowspan="5">부동산
매매업</td><td rowspan="2">건설업
(41－42)</td><td>주거용 건물건설업(4111)</td><td>제외</td></tr>
<tr><td>비주거용 건물건설업(4112)</td><td>건물을 자영건설하여 판매하는 경우만 포함</td></tr>
<tr><td rowspan="3">부동산개발
및 공급업
(6812)</td><td>주거용 건물 개발 및 공급업(68121)</td><td>구입한 주거용 건물 재판매하는 경우만 포함</td></tr>
<tr><td>비주거용 건물 개발 및 공급업(68122)</td><td rowspan="2">포함</td></tr>
<tr><td>기타 부동산 개발 및 공급업(68129)</td></tr>
</table>

3. 소득세법상 부동산매매업과 건설업의 구분

한국표준산업분류에 의한 건설업 중 비주거용 건물건설업(4112)는 소득세법상 건설업에서 제외되며 이 경우 건물을 자영건설하여 판매하는 경우에는 부동산매매업으로 분류되며 구체적인 내용은 다음과 같다.

<table>
<tr><th colspan="2">구 분(분류코드)</th><th colspan="3">소득세법상 포함여부</th></tr>
<tr><td rowspan="4">건설업
(41－42)</td><td rowspan="3">종합건설업(41)</td><td rowspan="2">건물건설업(411)</td><td>주거용 건물건설업(4111)</td><td>포함</td></tr>
<tr><td>비주거용 건물건설업(4112)</td><td>제외[주1)]</td></tr>
<tr><td>토목건설업(412)</td><td colspan="2">포함</td></tr>
<tr><td>전문직별 공사업(42)</td><td colspan="3">포함</td></tr>
</table>

주1) 건물을 자영건설하여 판매하는 경우는 부동산매매업이다.

따라서 비주거용 건물건설업은 조세특례제한법을 적용할 때에는 건설업으로 분류되지만 소득세법을 적용하는 경우 부동산매매업등으로 분류된다.

제2절 의제제조업

제조업과 유사한 사업으로서 의제제조업이라 함은 자기가 제품을 직접 제조하지 아니하고 제조업체(사업장이 국내 또는 「개성공업지구 지원에 관한 법률」 제2조 제1호에 따른 개성공업지구에 소재하는 것에 한한다)에 의뢰하여 제조하는 사업으로서 그 사업이 다음의 요건을 충족하는 경우를 말한다.(조특칙 4의2)

① 생산할 제품을 직접 기획(고안 · 디자인 및 견본제작 등을 말한다)할 것
② 당해 제품을 자기명의로 제조할 것
③ 당해 제품을 인수하여 자기 책임하에 직접 판매할 것

의제제조업과 관련된 업종분류는 상황에 따라 그 적용 및 판단이 다음과 같이 달라진다.

구 분	내 용
국내제조업자	국내 위탁제조의 경우: 제조업
	국외 위탁제조의 경우: 도매업(조특법 집행기준 6-2-3 ②)
외국사업자가 국내 위탁제조의 경우	제조업
주문자상표부착방식에 의한 수탁생산업자의 재위탁의 경우	국내 사업자에게 재위탁: 수탁생산업자(제조업)
	국외 사업자에게 재위탁: 도매업

참고사항

- **한국표준산업분류에 의할 경우 국내에서 생산한 반제품으로 해외에서 완전품 제조한 후 수출판매의 경우 업종분류(의제제조업 해당여부)[2)]**

  국내에서 수행하는 주된 산업활동에 따라 다음과 같이 산업을 결정한다.
  ① 국내에서 반제품을 생산하는 것이 주된 산업활동인 경우 해당 반제품 제조업
  ② 해외 현지법인에서 완제품을 제조하여 수출하는 것이 주된 산업활동인 경우 해당 완제품 도매업

- **구입한 기계 부품 조립은 제조업으로 분류[3)]**

  ① 사업체에 산업용 기계 및 장비의 조립 및 설치를 전문적으로 수행하는 산업활동은 해당 기계 및 장비를 제조하는 산업과 같은 항목에 분류
  ② 제조업 또는 도 · 소매업 사업체가 기계 및 장비를 판매하는 과정에서 부수적으로 해당 기계 및 장비를 조립 또는 설치하는 경우는 그 사업체의 주된 활동에 따라 제조업 또는 도 · 소매업에 분류

주문자상표 부착하여 수출하는 경우 중소기업 해당여부(재조세-805, 2004.12.1.)

자기가 제품을 직접 제조하지 아니하고 국외에 소재하는 제조업체에 의뢰하여 제조하는 경우 조세특례제한법 시행령 제2조의 중소기업 범위를 판단함에 있어 업종을 제조업이 아닌 도매업으로 보는 것임.

각 세법별 의제제조업의 정의

구 분	의제제조업 규정	결 론
부가가치세법	사업자가 특정제품을 자기가 직접 제조하지 않고 다른 제조업체에 의뢰하여 제조케 하여, 이를 판매하는 경우에도 다음의 4가지 조건이 모두 충족된다면 제조업을 영위하는 것으로 본다.(부가법 통칙 1-2-6) ① 생산할 제품을 직접 기획(고안 및 디자인, 견본제작 등)하고 ② 자기소유의 원재료를 다른 계약사업체에 제공하여 ③ 그 제품을 자기명의로 제조케 하고(자기명의로만 된 고유상표를 부착하는 경우를 말하며, 거래처의 상표를 부착하거나 OEM 방식 및 상표 부착없이 판매하는 경우에는 이에 포함하지 않음) ④ 이를 인수하여 자기책임하에서 직접 판매하는 경우	위탁생산 장소와 상관없이 무조건 제조업으로 분류되는 것으로 해석된다.
소득세법	자기가 제품을 직접 제조하지 아니하고 제조업체에 의뢰하여 제조하는 경우로서 다음의 요건을 모두 충족하는 경우에는 제조업으로 본다. ① 생산할 제품을 직접 기획(고안 및 디자인, 견본제작 등을 포함한다)할 것 ② 그 제품을 자기명의로 제조할 것 ③ 그 제품을 인수하여 자기 책임하에 직접 판매할 것	
한국표준산업분류[4]	자기가 특정 제품을 직접 제조하지 않고, 다른 제조업체에 의뢰하여 그 제품을 제조케 하여, 이를 인수하여 판매하는 경우라도 다음의 4가지 조건이 모두 충족된다면 제조업으로 분류된다. ① 생산할 제품을 직접 기획(성능 및 기능 수준, 고안 및 디자인, 원재료 구성 설계, 견본제작 등) 하고, ② 자기계정으로 구입한 원재료를 계약사업체에 제공(원재료 명세서를 제공하고 그 비용을 자기계정으로 부담하는 경우 포함)하여 ③ 그 제품을 자기명의로 제조케 하고, ④ 이를 인수하여 자기책임 하에 직접 시장에 판매하는 경우	국내 위탁생산: 제조업 국외 위탁생산: 도매업

2) 국가데이터처, 「제10차 기준 한국표준산업분류 실무적용 가이드북」, p.78.
3) 국가데이터처, 「제10차 기준 한국표준산업분류 실무적용 가이드북」, p.28.
4) 국가데이터처, 「한국표준산업분류」, 2024., p.177.

구 분	의제제조업 규정	결 론
조세특례 제한법	자기가 제품을 직접 제조하지 아니하고 제조업체(사업장이 국내 또는 「개성공업지구 지원에 관한 법률」에 따른 개성공업지구에 소재하는 업체에 한한다)에 의뢰하여 제조하는 사업으로서 그 사업이 다음의 요건을 충족하는 경우를 말한다. ① 생산할 제품을 직접 기획(고안 · 디자인 및 견본제작 등을 말한다)할 것 ② 해당 제품을 자기명의로 제조할 것 ③ 해당 제품을 인수하여 자기책임하에 직접 판매할 것	국내 위탁생산: 제조업 국외 위탁생산: 도매업

Chapter 02

중소기업기준검토표 작성

제1절 중소기업 판정기준

중소기업 판정기준은 「중소기업기본법」과 「조세특례제한법」에서 규정하고 있으며 해당 법인의 중소기업 여부에 따라 진행되는 세무조정 및 세액의 납부 등에 대한 절차가 다음과 같이 달라진다. 따라서 해당법인의 중소기업 여부를 판정할 때 관련 법규정을 정확히 파악하여야 한다.

① 기업업무추진비 한도액 계산시 기본한도가 일반법인보다 크다.
② 중소기업은 결손금소급공제가 가능하다.
③ 세액의 분납시 납부기한 경과일부터 2개월 이내로 일반기업의 1개월보다 길다.
④ 중소기업특별세액감면등 조특법상의 세액공제감면을 적용받을 수 있다.
⑤ 통합투자세액공제 등의 공제율이 일반법인보다 크다.
⑥ 최저한세율 적용시 중소기업은 7%이며 일반기업은 10%이다.

조세특례제한법에 의한 중소기업은 업종기준, 규모기준, 독립성기준, 졸업기준을 모두 충족하는 기업을 말한다.(조특령 2)

참고사항

- **중소기업기본법에 의한 중소기업을 대상으로 적용되는 주요 세법규정**
  ① 법인세법 시행령 제19조 제20호(「중소기업기본법」 제2조 제1항에 따른 중소기업 및 「조세특례제한법 시행령」 제6조의4 제1항에 따른 중견기업이 「중소기업 인력지원 특별법」 제35조의3 제1항 제1호에 따라 부담하는 기여금)의 손금항목
  ② 소득세법 제94조(양도소득의 범위), 소득세법 시행령 제157조의2(중소기업 및 중견기업의 범위)
  ③ 상속세 및 증여세법 제63조(유가증권등의 평가) 제3항, 상속세 및 증여세법 시행령 제53조(코

스닥시장에 상장신청을 한 법인의 주식등의 평가 등) 제6항
④ 조세특례제한법 제13조(벤처투자회사 등의 주식양도차익 등에 대한 비과세)
⑤ 조세특례제한법 제19조(성과공유 중소기업의 경영성과급에 대한 세액공제 등) 제1항
⑥ 조세특례제한법 제30조(중소기업 취업자에 대한 소득세 감면) 제1항
⑦ 조세특례제한법 제30조의3(고용유지중소기업 등에 대한 과세특례) 제1항
⑧ 조세특례제한법 제31조(중소기업간의 통합에 대한 양도소득세 등의 이월과세), 조세특례제한법 시행령 제28조 제1항
⑨ 국세기본법 제49조(가산세한도)
⑩ 지방세법 제84조의5(중소기업 고용지원)
⑪ 지방세법 제103조의3(세율) 제1항 제11호 가목, 지방세법 시행령 제100조 제8항(대주주가 양도하는 주식등에 대한 세율 적용시 중소기업범위)

I 업종기준

1. 부동산임대업 및 소비성서비스업 제외한 모든 업종

종전에는 중소기업 업종을 제조업, 건설업 등으로 제한하여 적용하였으나 2017.1.1. 이후 개시하는 사업연도 분부터 부동산임대업☆ 또는 다음의 소비성서비스업을 주된 사업으로 영위하는 경우를 제외한 모든 업종을 중소기업으로 인정한다.(조특령 2 ① 4호) 주된 사업은 사업별 수입금액이 큰 사업을 의미하며 관계기업의 해당여부에 관계없이 당해 기업의 사업을 기준으로 판단하는 것이다.(서면법인2018-1894, 2019.11.5.)

☆ 2025년 2월 28일 이후 개시하는 과세연도부터 중소기업에서 제외한다.(조특령 부칙 제35347호 제2조)

① 호텔업 및 여관업(「관광진흥법」에 따른 관광숙박업[5]은 제외한다)
② 주점업(일반유흥주점업, 무도유흥주점업 및 「식품위생법 시행령」 제21조에 따른 단란주점☆ 영업만 해당하되, 「관광진흥법」에 따른 외국인전용유흥음식점업 및 관광유흥음식점업은 제외한다)
☆ 단란주점이란 주로 주류를 조리 · 판매하는 영업으로서 손님이 노래를 부르는 행위가 허용되는 영업을 말한다.
③ 그 밖에 오락 · 유흥 등을 목적으로 하는 사업으로서 다음의 사업☆
☆ 2024.3.22. 이후 개시하는 과세연도부터 소비성서비스업에 포함된다.(조특칙 부칙 제1042호, 3, 2024.3.22.) 따라서 12월말 법인의 경우 2025.1.1. 이후부터 적용된다.
㉠ 무도장 운영업
㉡ 기타 사행시설 관리 및 운영업(「관광진흥법」 제5조 또는 「폐광지역 개발 지원에 관한 특별법」 제11조에 따라 허가를 받은 카지노업은 제외한다)
㉢ 유사 의료업 중 안마를 시술하는 업
㉣ 마사지업

조세특례제한법에서 업종의 분류는 조세특례제한법에 특별한 규정이 있는 경우를 제외하고는 「통계법」 제22조에 따라 국가데이터처장이 고시하는 한국표준산업분류에 따른다.

다만, 한국표준산업분류가 변경되어 조세특례제한법에 따른 조세특례를 적용받지 못하게 되는 업종에 대해서는 한국표준산업분류가 변경된 과세연도와 그 다음 과세연도까지는 변경 전의 한국표준산업분류에 따른 업종에 따라 조세특례를 적용한다.

Check Point

■ 소비성서비스업의 한국표준산업분류 코드

① 호텔업: 55101.호텔업

② 여관업: 55102.여관업

☆ 휴양 콘도 운영업(55103), 민박업(55104), 기타 일반 및 생활숙박시설 운영업(55109, 펜션업 포함), 기숙사 및 고시원 운영업(55901)은 호텔업 및 여관업에 해당하지 아니하므로 중소기업 업종에 해당한다.

③ 주점업 중 일반유흥주점업: 56211.일반유흥주점업

④ 주점업 중 무도유흥주점업: 56212.무도유흥주점업

⑤ 주점업 중 「식품위생법 시행령」 제21조에 따른 단란주점☆ 영업: 56219.기타주점업 중 단란주점

☆ 단란주점은 주로 주류를 조리·판매하는 영업으로서 손님이 노래를 부르는 행위가 허용되는 영업을 말한다.

따라서 한국표준산업분류에 의한 주점업(5621) 중 생맥주전문점(56213)과 단란주점을 제외한 기타주점업(56219) 및 비알콜 음료점업(5622)은 소비성서비스업에서 제외되므로 중소기업 업종에 해당한다.

⑥ 무도장 운영업: 91291.무도장운영업

⑦ 기타 사행시설 관리 및 운영업: 91249.기타사행시설 관리 및 운영업

⑧ 유사 의료업 중 안마를 시술하는 업: 86902.유사 의료업 중 안마를 시술하는 업

⑨ 마사지업: 96122.마사지업

☆ ⑥, ⑦, ⑧, ⑨는 2024.3.22. 이후 개시하는 과세연도부터 소비성서비스업에 포함되므로(조특칙 부칙 제1042호, 3, 2024.3.22.) 12월말 법인의 경우 2025.1.1. 이후부터 적용되는 것이다.

---

5) 「관광진흥법」에 따른 관광숙박업은 다음에서 규정하는 업을 말한다.(관광진흥법 3 ① 2호)

가. 호텔업: 관광객의 숙박에 적합한 시설을 갖추어 이를 관광객에게 제공하거나 숙박에 딸리는 음식·운동·오락·휴양·공연 또는 연수에 적합한 시설 등을 함께 갖추어 이를 이용하게 하는 업

나. 휴양 콘도미니엄업: 관광객의 숙박과 취사에 적합한 시설을 갖추어 이를 그 시설의 회원이나 공유자, 그 밖의 관광객에게 제공하거나 숙박에 딸리는 음식·운동·오락·휴양·공연 또는 연수에 적합한 시설 등을 함께 갖추어 이를 이용하게 하는 업

생활형 숙박업이 소비성서비스업에 해당되는지 여부(서면법인2023-4197, 2024.7.10.)

「조세특례제한법」에서 사용되는 업종의 분류는 「조세특례제한법」 제2조 제3항에 따라 「조세특례제한법」에 특별한 규정이 있는 경우를 제외하고는 국가데이터처장이 고시하는 한국표준산업분류에 따르는 것임. 「조세특례제한법 시행령」 제29조 제3항에 따라 호텔업[한국표준산업분류코드: 55101] 및 여관업[한국표준산업분류코드: 55102](관광진흥법에 따른 관광숙박업은 제외)은 소비성서비스업에 해당하는 것이나 국가데이터처 한국표준산업분류의 [기타 일반 및 생활숙박시설 운영업(한국표준산업분류코드: 55109)]은 소비성서비스업에 해당하지 않는 것임.

2. 소규모내국법인외의 법인

다음의 요건을 모두 갖춘 내국법인(소규모내국법인)을 제외한 법인이 중소기업으로 인정된다.☆(법인령 42 ②)

☆ 2025년 2월 28일 이후 개시하는 과세연도부터 중소기업에서 제외한다.(조특령 부칙 제35347호 제2조)

① 해당 사업연도 종료일 현재 내국법인의 지배주주등☆이 보유한 주식등의 합계가 해당 내국법인의 발행주식총수 또는 출자총액의 50%를 초과할 것

☆ 법인의 발행주식총수 또는 출자총액의 100분의 1 이상의 주식 또는 출자지분을 소유한 주주등으로서 그와 특수관계에 있는 자와의 소유 주식 또는 출자지분의 합계가 해당 법인의 주주등 중 가장 많은 경우의 해당 주주등을 말한다.(법인령 43 ⑦)

② 해당 사업연도에 부동산 임대업을 주된 사업(내국법인이 둘 이상의 서로 다른 사업을 영위하는 경우에는 사업별 사업수입금액이 큰 사업을 주된 사업으로 본다)으로 하거나 다음 각 목의 금액 합계가 기업회계기준에 따라 계산한 매출액(㉠부터 ㉢까지의 금액이 포함되지 아니한 경우에는 이를 포함하여 계산)의 100분의 50 이상일 것

㉠ 부동산 또는 부동산상의 권리의 대여로 인하여 발생하는 소득의 금액(조세특례제한법에 의한 임대보증금등의 간주익금액 포함)

㉡ 「소득세법」 제16조 제1항에 따른 이자소득의 금액

㉢ 「소득세법」 제17조 제1항에 따른 배당소득의 금액

③ 해당 사업연도의 상시근로자수가 5명 미만일 것

3. 부동산임대업과 소규모내국법인의 중소기업 제외시기

부동산임대업과 소규모내국법인은 2025년 2월 28일 이후 개시하는 과세연도부터 중소기업에서 제외한다.(조특령 부칙 제35347호 제2조)

다만, 2025년 2월 28일 이후 개시하는 과세연도 직전 과세연도의 종료일 이전에 다음

의 어느 하나에 해당하는 규정에 따른 세액공제를 적용받고, 해당 규정에 따른 세액공제 대상 과세연도에 2025년 2월 28일 이후 개시하는 과세연도가 포함되는 경우의 중소기업 및 중견기업의 범위에 관하여는 종전의 규정에 따라 부동산임대업과 소규모내국법인도 중소기업으로 보아 세액공제를 적용한다.

① 조특법 제29조의7 제1항에 따른 고용을 증대시킨 기업에 대한 세액공제
② 조특법 제29조의8 제1항에 따른 통합고용세액공제
③ 조특법 제30조의4 제1항에 따른 사회보험료 세액공제

사례

■ 사례별 부동산임대업 및 소규모법인이 중소기업에서 제외시기

「사례 1」 법인의 사업연도가 1월 1일부터 12월 31일인 경우

2025.12.31. 이전	2026.1.1. 이후
중소기업으로 인정	중소기업에서 제외

「사례 2」 법인의 사업연도가 3월 1일부터 다음연도 2월 28일인 경우

2024.3.1. ~ 2025.2.28.인 사업연도	2025.3.1. ~ 2026.2.28.인 사업연도
중소기업으로 인정	중소기업에서 제외

Ⅱ 규모기준

1. 적용기준

조세특례제한법상 중소기업은 해당 기업의 매출액이 중소기업기본법 시행령 「별표 1」의 중소기업기준 이내이어야 한다. 이 때 「평균매출액등」은 「매출액」으로 본다.(규모기준)

또한 해당 업종의 분류 및 분류기호는 「통계법」 제22조에 따라 국가데이터처장이 고시한 한국표준산업분류에 따른다.

| 주된 업종별 평균매출액등의 규모 기준(제3조 제1항 제1호 가목 관련) |

<table>
<tr><th>해당 기업의 주된 업종</th><th>분류기호</th><th>2025.9.1.
이후 규모 기준</th><th>2025.8.31.
이전 규모기준</th></tr>
<tr><td>1. 펄프, 종이 및 종이제품 제조업</td><td>C17</td><td rowspan="3">평균매출액등
1,800억원 이하</td><td rowspan="6">평균매출액등
1,500억원 이하</td></tr>
<tr><td>2. 1차 금속 제조업</td><td>C24</td></tr>
<tr><td>3. 전기장비 제조업</td><td>C28</td></tr>
<tr><td>4. 의복, 의복 액세서리 및 모피제품 제조업</td><td>C14</td><td rowspan="3">평균매출액등
1,500억원 이하</td></tr>
<tr><td>5. 가죽, 가방 및 신발 제조업</td><td>C15</td></tr>
<tr><td>6. 가구 제조업</td><td>C32</td></tr>
<tr><td>7. 식료품 제조업</td><td>C10</td><td rowspan="9">평균매출액등
1,200억원 이하</td><td rowspan="18">평균매출액등
1,000억원 이하</td></tr>
<tr><td>8. 화학물질 및 화학제품 제조업(의약품 제조업은 제외한다)</td><td>C20</td></tr>
<tr><td>9. 고무 및 플라스틱제품 제조업</td><td>C22</td></tr>
<tr><td>10. 금속가공제품 제조업(기계 및 가구 제조업은 제외한다)</td><td>C25</td></tr>
<tr><td>11. 기타 기계 및 장비 제조업</td><td>C29</td></tr>
<tr><td>12. 자동차 및 트레일러 제조업</td><td>C30</td></tr>
<tr><td>13. 기타 운송장비 제조업</td><td>C31</td></tr>
<tr><td>14. 건설업</td><td>F</td></tr>
<tr><td>15. 도매 및 소매업</td><td>G</td></tr>
<tr><td>16. 농업, 임업 및 어업</td><td>A</td><td rowspan="12">평균매출액등
1,000억원 이하</td></tr>
<tr><td>17. 광업</td><td>B</td></tr>
<tr><td>18. 담배 제조업</td><td>C12</td></tr>
<tr><td>19. 섬유제품 제조업(의복 제조업은 제외한다)</td><td>C13</td></tr>
<tr><td>20. 목재 및 나무제품 제조업(가구 제조업은 제외한다)</td><td>C16</td></tr>
<tr><td>21. 코크스, 연탄 및 석유정제품 제조업</td><td>C19</td></tr>
<tr><td>22. 전자부품, 컴퓨터, 영상, 음향 및 통신장비 제조업</td><td>C26</td></tr>
<tr><td>23. 수도업</td><td>E36</td></tr>
<tr><td>24. 전기, 가스, 증기 및 공기조절 공급업</td><td>D</td></tr>
<tr><td>25. 기타 제품 제조업</td><td>C33</td><td rowspan="5">평균매출액등
800억원 이하</td></tr>
<tr><td>26. 운수 및 창고업</td><td>H</td></tr>
<tr><td>27. 정보통신업</td><td>J</td></tr>
<tr><td>28. 음료 제조업</td><td>C11</td><td rowspan="2">평균매출액등
800억원 이하</td></tr>
<tr><td>29. 인쇄 및 기록매체 복제업</td><td>C18</td></tr>
</table>

해당 기업의 주된 업종	분류기호	2025.9.1. 이후 규모 기준	2025.8.31. 이전 규모기준
30. 의료용 물질 및 의약품 제조업	C21		
31. 비금속 광물제품 제조업	C23		
32. 의료, 정밀, 광학기기 및 시계 제조업	C27		
33. 수도, 하수 및 폐기물 처리, 원료 재생업(수도업은 제외한다)	E(E36 제외)		
34. 사업시설 관리, 사업 지원 및 임대 서비스업(임대업은 제외)	N(N76 제외)		평균매출액등 600억원 이하
35. 산업용 기계 및 장비 수리업	C34	평균매출액등 600억원 이하	
36. 전문, 과학 및 기술 서비스업	M		
37. 보건업 및 사회복지 서비스업	Q		
38. 예술, 스포츠 및 여가관련 서비스업	R		
39. 수리 및 기타 개인 서비스업(협회 및 단체는 제외한다)	S(S94 제외)		
40. 숙박 및 음식점업	I	평균매출액등 400억원 이하	평균매출액등 400억원 이하
41. 금융 및 보험업	K		
42. 부동산업	L		
43. 임대업(부동산 임대업은 제외한다)	N76		
44. 교육 서비스업	P		

비고

1. 해당 기업의 주된 업종의 분류 및 분류기호는 「통계법」 제22조에 따라 국가데이터처장이 고시한 한국표준산업분류에 따른다.
2. 위 표 제12호 및 제13호에도 불구하고 자동차용 신품 의자 제조업(C30393), 철도 차량 부품 및 관련 장치물 제조업(C31202) 중 철도 차량용 의자 제조업, 항공기용 부품 제조업(C31322) 중 항공기용 의자 제조업의 규모 기준은 평균매출액등 1,500억원 이하로 한다.

☆ ① 2025.9.1.부터 시행한다.(중기령 부칙 제35723호 제1조)

② 2025.9.1.이 속하는 사업연도 말일에서 3개월이 경과한 날 당시 중소기업기본법 제2조 제3항 본문에 따라 중소기업으로 보는 기간 중에 있는 기업이 별표 1의 개정규정에 따른 중소기업 규모 기준의 변동으로 다시 중소기업에 해당하게 되는 경우에는 제9조 제3호에도 불구하고 이 영 시행 이후 1회에 한정하여 법 제2조 제3항 본문을 적용한다.(중기령 부칙 제35723호 제2조)

2. 매출액의 범위

매출액은 과세연도 종료일 현재 기업회계기준에 따라 작성한 손익계산서상의 매출액으로 한다. 다만, 창업·분할·합병의 경우 그 등기일의 다음 날(창업의 경우에는 창업일)이 속하는 과세연도의 매출액을 연간 매출액으로 환산한 금액을 말한다.(조특칙 2 ④)

업종기준을 적용함에 있어서는 주된 사업에 해당하는 하나의 업종을 적용하지만, 매출액은 회사전체를 기준으로 적용한다.

구 분	중소기업기본법	조세특례제한법
매출액의 범위	직전 3년 평균매출액	당해 매출액
2025년 중소기업여부	2022년, 2023년, 2024년 매출액의 평균으로 판정	2025년 매출액으로 판정

Check Point

■ 조세특례제한법상 중소기업 판정시 중소기업기본법 시행령 별표 1의 개정사항 적용시기

조세특례제한법상 매출액은 과세연도 종료일 현재 기업회계기준에 따라 작성한 손익계산서상의 매출액이기 때문에 중소기업기본법 시행령 별표 1의 개정시점인 2025년 9월 1일 이후 사업연도가 종료하는 기업은 개정된 매출액 규모를 적용받을 수 있는 것으로 판단된다. 따라서 12월말 법인의 경우 2025년 과세연도부터 적용받을 수 있다.

전기장비제조업(C28), 식료품제조업(C10), 건설업(F), 도매 및 소매업(G), 운수 및 창고업(H), 정보통신업(J)등은 매출액기준금액이 상향되었으므로 확인할 필요가 있다.

■ 중소기업의 판정기준(조특법 집행기준 6-2-2)

① 법인 또는 거주자가 2 이상의 서로 다른 사업을 영위하는 경우 사업별 사업수입금액이 큰 사업을 주된 사업으로 본다.

② 주된 사업을 기준으로 중소기업 해당 여부를 판정함에 있어서 규모기준은 해당 법인 또는 거주자가 영위하는 사업 전체의 매출액을 기준으로 하여 판정한다.

③ 중소기업판정을 위한 규모기준 해당 여부를 판정함에 있어 사업연도를 변경하는 경우 변경 후 최초사업연도의 매출액은 그 최초사업연도의 매출액을 연간 매출액으로 환산한 금액으로 한다.

중소기업의 주된 사업 판단방법(서면법인2018-1894, 2019.11.5.)

「조세특례제한법 시행령」(2017.2.7. 대통령령 제27848호로 개정되기 전의 것) 제2조 제3항의 주된 사업은 관계기업의 해당여부에 관계없이 당해 기업의 사업을 기준으로 판단하는 것임.

| (저자주) 관계기업이 있는 경우 주된 업종 및 규모기준 판정방법 |

구 분	관계기업(A)	당해기업(B)		당해기업의 주된 업종☆	당해기업의 규모기준 적용시 매출액☆☆
업종	제조업	건설업	도소매업		
매출액	1,000억원	100억원	150억원	도소매업	1,250억원

※ 관계기업(A)는 당해기업(B)의 100% 주주이며 관계기업(A)는 외부감사대상법인이다.

☆ 당해기업의 주된 업종은 관계기업과 상관없이 건설업과 도소매업 중 매출액이 큰 도소매업이 주된 업종이 된다.

☆☆ 중소기업여부를 판정할 때 규모기준은 관계기업의 매출액을 고려하여 판단하므로 당해기업의 규모기준 적용시 매출액은 1,250억원(=관계기업 1,000억원+당해기업 250억원)이다.

2 이상의 서로 다른 사업을 영위하는 경우 주된 사업의 분류 기준(서면법인2014-21857, 2017.1.11.)

내국인이 2 이상의 서로 다른 사업을 영위하는 경우 사업별 수입금액이 가장 큰 사업을 주된 사업으로 보는 것으로, 귀 질의의 경우 골프장운영업을 주된 사업으로 보아 「조세특례제한법 시행령」 제2조 제1항의 규정을 적용하는 것임.

Ⅲ 독립성기준

조세특례제한법 시행령에서 규정하는 독립성기준은 다음의 어느 하나에 해당하지 않으며, 실질적인 독립성이 「중소기업기본법 시행령」 제3조 제1항 제2호에 적합하여야 한다.

① 「독점규제 및 공정거래에 관한 법률」 제31조 제1항에 따른 공시대상기업집단에 속하는 회사
② 「독점규제 및 공정거래에 관한 법률」 제33조에 따라 공시대상기업집단의 국내계열회사로 편입・통지된 것으로 보는 회사

이 경우 「중소기업기본법 시행령」 제3조 제1항 제2호는 소유와 경영의 실질적인 독립성이 다음의 어느 하나에 해당하지 아니하는 기업을 말한다.

따라서 아래의 '나', '다' 중 어느 하나에 해당하는 경우 독립성 요건을 충족하지 아니하여 중소기업이 될 수 없다.

가. 삭제(2020.6.9.)

나. 자산총액이 5천억원 이상인 기업(외국법인을 포함하되, 비영리법인 및 중소기업기본법 시행령 제3조의2 제3항 각 호의 어느 하나에 해당하는 자☆는 제외한다)이 주식등의 100분의 30 이상을 직접적 또는 간접적☆☆으로 소유한 경우로서 최다출자자☆☆☆인 기업

☆ 제3조의2 제3항 각 호의 어느 하나에 해당하는 자는 다음과 같다.

1. 「벤처투자 촉진에 관한 법률」 제2조 제10호에 따른 벤처투자회사
2. 「여신전문금융업법」에 따른 신기술사업금융업자
3. 「벤처기업육성에 관한 특별법」에 따른 신기술창업전문회사
4. 「산업교육진흥 및 산학연협력촉진에 관한 법률」에 따른 산학협력기술지주회사
5. 그 밖에 제1호부터 제4호까지의 규정에 준하는 경우로서 중소기업 육성을 위하여 중소벤처기업부장관이 정하여 고시하는 자

☆☆ 주식등의 간접소유비율을 계산할 때 「자본시장과 금융투자업에 관한 법률」에 따른 집합투자기구를 통하여 간접소유한 경우 제외한다.(조특령 2 ① 3호)

☆☆☆ 최다출자자는 해당 기업의 주식등을 소유한 법인 또는 개인으로서 단독으로 또는 다음의 어느 하나에 해당하는 자와 합산하여 해당 기업의 주식등을 가장 많이 소유한 자를 말한다.

① 주식등을 소유한 자가 법인인 경우: 그 법인의 임원
법인의 임원은 다음과 같다.(중기령 2 6호) 이는 법인세법상 임원의 범위와 차이가 있음에 유의하여야 한다.
㉠ 주식회사 또는 유한회사: 등기된 이사(사외이사는 제외한다)
㉡ ㉠외의 기업: 무한책임사원 또는 업무집행자

② 주식등을 소유한 자가 ①에 해당하지 아니하는 개인인 경우: 그 개인의 친족
친족은 배우자(사실상 혼인관계에 있는 자를 포함한다), 6촌 이내의 혈족 및 4촌 이내의 인척을 말한다.(중기령 2 5호) 따라서 국세기본법상 친족의 범위와 차이가 있음에 유의하여야 한다.

다. 관계기업에 속하는 기업의 경우에는 중소기업기본법 시행령 제7조의4에 따라 산정한 평균매출액등이 「별표 1」의 기준에 맞지 아니한 기업

☆ "평균매출액등이 「별표 1」의 기준에 맞지 아니하는 기업"은 "매출액이 「조세특례제한법 시행령」 제2조 제1항 제1호에 따른 중소기업기준에 맞지 않는 기업"으로 본다.

☆ 관계기업에 속하는 기업인지의 판단은 과세연도 종료일 현재를 기준으로 한다.(조특칙 2 ⑧)

이 경우 외국법인의 자산총액 계산 및 관계기업에 속하는 기업인지의 판단은 과세연도 종료일 현재를 기준으로 판다.(조특칙 2 ⑧) 또한 외국법인의 자산총액은 해당 과세연도 종료일 현재 기업회계기준에 따라 작성한 재무상태표상 외화로 표시된 자산총액을 해당 과세연도 종료일 현재의 매매기준율(기획재정부장관이 정하여 고시하는 외국환 거래에 관한 규정에 따른 매매기준율을 말한다)로 환산한 금액으로 한다.(조특칙 2 ⑨)

Check Point

주식등을 간접 소유한 경우 최다출자자 판정기준

주식등의 간접소유 비율은 「국제조세조정에 관한 법률 시행령」 제2조 제3항에 따라 어느 한쪽(거주자, 내국법인, 비거주자 또는 외국법인을 말한다)의 다른 쪽(내국법인 또는 외국법인을 말한다)에 대한 주식의 간접소유비율은 다음의 구분에 따른 방법으로 계산한다.(중기령 3 ① 2호 나목 후단)

① 다른 쪽의 주주인 법인(이하 "주주법인"이라 한다)의 의결권 있는 주식의 50퍼센트 이상을 어느 한쪽이 소유하고 있는 경우: 주주법인이 소유하고 있는 다른 쪽의 의결권 있는 주식이 그 다른 쪽의 의결권 있는 주식에서 차지하는 비율(이하 "주주법인의 주식소유비율"이라 한다)

② 주주법인의 의결권 있는 주식의 50퍼센트 미만을 어느 한쪽이 소유하고 있는 경우: 그 소유비율에 주주법인의 주식소유비율을 곱한 비율

③ ① 및 ②를 적용할 때 주주법인이 둘 이상인 경우: 주주법인별로 ① 및 ②에 따라 계산한 비율을 더한 비율

④ 어느 한쪽과 주주법인, 그리고 이들 사이의 하나 이상의 법인이 주식소유관계를 통하여 연결되어 있는 경우: ①부터 ③까지의 계산방법을 준용하여 계산한 비율

관계기업의 개념

「주식회사 등의 외부감사에 관한 법률」 제14조에 따라 외부감사의 대상이 되는 기업이 중소기업기본법 시행령 제3조의2에 따른 지배 또는 종속의 관계에 있는 기업의 집단을 말한다.(중기령 2 3호) 다만, 주권상장법인으로서 「주식회사 등의 외부감사에 관한 법률」 제2제 제3호 및 같은법 시행령 제3조 제1항에 따라 연결재무제표를 작성하여야 하는 회사 또는 연결재무제표에 포함되는 회사는 지배 또는 종속의 관계에 있는 기업의 집단으로 본다.

관계기업에서 지배 또는 종속의 관계란 기업이 과세연도 종료일 현재 다른 국내기업을 다음의 어느 하나와 같이 지배하는 경우 그 기업(이하 "지배기업"이라 한다)과 그 다른 국내기업(이하 "종속기업"이라 한다)의 관계를 말한다.(중기령 3의2)

1. 지배기업이 단독으로 또는 그 지배기업과의 관계가 다음의 어느 하나에 해당하는 자와 합산하여 종속기업의 주식등☆을 100분의 30 이상 소유하면서 최다출자자인 경우

   ☆ "주식등"이란 주식회사의 경우에는 발행주식(의결권이 없는 주식은 제외한다) 총수, 주식회사 외의 기업인 경우에는 출자총액을 말한다.(중기령 2 4호)

   가. 단독으로 또는 친족과 합산하여 지배기업의 주식등을 100분의 30 이상 소유하면서 최다출자자인 개인

   나. '가'에 해당하는 개인의 친족

   ☆ "친족"이란 배우자(사실상 혼인관계에 있는 자를 포함한다), 6촌 이내의 혈족 및 4촌 이내의 인척을 말한다.(중기령 2 5호) 국세기본법상 친족의 범위와 차이가 있다.

2. 지배기업이 그 지배기업과의 관계가 제1호에 해당하는 종속기업(이하 "자회사"라 한다)과 합산하거나 그 지배기업과의 관계가 제1호의 어느 하나에 해당하는 자와 공동으로 합산하여 종속기업의 주식등을 100분의 30 이상 소유하면서 최다출자자인 경우

3. 자회사가 단독으로 또는 다른 자회사와 합산하여 종속기업의 주식등을 100분의 30 이상 소유하면서 최다출자자인 경우
4. 지배기업과의 관계가 제1호의 어느 하나에 해당하는 자가 자회사와 합산하여 종속기업의 주식등을 100분의 30 이상 소유하면서 최다출자자인 경우

■ 관계기업의 평균매출액등의 산정기준(중소기업기본법 시행령 「별표 2」)

1. 이 표에서 사용하는 용어의 뜻은 다음과 같다.
   가. "형식적 지배"란 지배기업이 종속기업의 주식등을 100분의 50 미만으로 소유하고 있는 것을 말한다.
   나. "실질적 지배"란 지배기업이 종속기업의 주식등을 100분의 50 이상으로 소유하고 있는 것을 말한다.
   다. "직접 지배"란 지배기업이 자회사(지배기업의 종속기업을 말한다) 또는 손자기업(자회사의 종속기업을 말하며, 지배기업의 종속기업으로 되는 경우를 포함한다)의 주식등을 직접 소유하고 있는 것을 말한다.
   라. "간접 지배"란 지배기업이 손자기업의 주주인 자회사의 주식등을 직접 소유하고 있는 것을 말한다.

2. 지배기업이 종속기업에 대하여 직접 지배하되 형식적 지배를 하는 경우에는 지배기업 또는 종속기업의 평균매출액등으로 보아야 할 평균매출액등(이하 "전체 평균매출액등"이라 한다)은 다음에 따라 계산한다.
   가. 지배기업의 전체 평균매출액등은 그 지배기업의 평균매출액등에 지배기업의 종속기업에 대한 주식등의 소유비율과 종속기업의 평균매출액등을 곱하여 산출한 평균매출액등을 합산한다.
   나. 종속기업의 전체 평균매출액등은 그 종속기업의 평균매출액등에 지배기업의 종속기업에 대한 주식등의 소유비율과 지배기업의 평균매출액등을 곱하여 산출한 평균매출액등을 합산한다.

3. 지배기업이 종속기업에 대하여 직접 지배하되 실질적 지배를 하는 경우에는 지배기업 또는 종속기업의 전체 평균매출액등은 다음에 따라 계산한다.
   가. 지배기업의 전체 평균매출액등은 그 지배기업의 평균매출액등에 종속기업의 평균매출액등을 합산한다.
   나. 종속기업의 전체 평균매출액등은 그 종속기업의 평균매출액등에 지배기업의 평균매출액등을 합산한다.

4. 지배기업이 손자기업에 대하여 간접 지배를 하는 경우에는 지배기업 또는 손자기업의 전체 평균매출액등은 다음에 따라 계산한다.
   가. 지배기업의 전체 평균매출액등은 그 지배기업의 평균매출액등에 지배기업의 손자기업에 대한 주식등의 간접 소유비율과 손자기업의 평균매출액등을 곱하여 산출한 평균매출액등을 합산한다.
   나. 손자기업의 전체 평균매출액등은 그 손자기업의 평균매출액등에 지배기업의 손자기업

에 대한 주식등의 간접 소유비율과 지배기업의 평균매출액등을 곱하여 산출한 평균매출액등을 합산한다.

5. 위 4에서 지배기업의 손자기업에 대한 주식등의 간접 소유비율은 다음과 같다. 다만, 자회사가 둘 이상인 경우에는 각 자회사별로 계산한 소유비율을 합한 비율로 한다.
   가. 지배기업이 자회사에 대하여 실질적 지배를 하는 경우에는 그 자회사가 소유하고 있는 손자기업의 주식등의 소유비율
   나. 지배기업이 자회사에 대하여 형식적 지배를 하는 경우에는 그 소유비율과 그 자회사의 손자기업에 대한 주식등의 소유비율을 곱한 비율

■ 관계기업의 판단시 주의사항

① 지배기업이 외부감사대상기업에 한하여 적용됨.
② 국내기업간의 출자관계에만 적용되므로 외국법인이 자회사인 경우에는 제외됨.
③ 관계기업 판정시점은 당해 사업연도 종료일 현재 기준으로 함.(조특칙 2 ⑧)

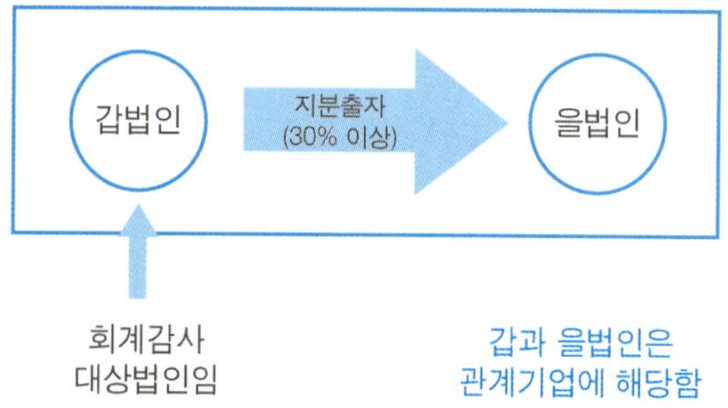

■ 관계기업 확인 방법

지배회사	자회사
① 지배회사의 재무상태표를 통해 확인가능함 ② 매도가능증권 또는 지분법주식 등 투자유가증권 관련 정보 확인 ③ 투자지분율 확인	① 자회사는 주주명부를 통해 확인가능함 ② 주주 중 법인주주가 있는 경우 반드시 관계기업여부 확인 필요함 ③ 법인주주의 지분율 및 외부감사대상 법인여부 확인

■ 주식회사 등의 외부감사에 관한 법률 제4조【외부감사의 대상】

1. 주권상장법인
2. 해당 사업연도 또는 다음 사업연도 중에 주권상장법인이 되려는 회사
3. 직전 사업연도 말의 자산총액이 500억원 이상인 회사
4. 직전 사업연도의 매출액(직전 사업연도가 12개월 미만인 경우에는 12개월로 환산하며, 1개월 미만은 1개월로 본다)이 500억원 이상인 회사
5. 다음의 사항 중 2개 이상에 해당하는 회사
   가. 직전 사업연도 말의 자산총액이 120억원 이상
   나. 직전 사업연도 말의 부채총액이 70억원 이상

다. 직전 사업연도의 매출액이 100억원 이상
라. 직전 사업연도 말의 종업원이 100명 이상(일용근로자, 파견근로자 제외)

6. 다음에 해당하는 유한회사
   가. 직전 사업연도 말의 자산총액이 500억원 이상인 회사
   나. 직전 사업연도의 매출액(직전 사업연도가 12개월 미만인 경우에는 12개월로 환산하며, 1개월 미만은 1개월로 본다. 이하 같다)이 500억원 이상인 회사
   다. 다음 각 목의 사항 중 3개 이상에 해당하는 회사
      ㉠ 직전 사업연도 말의 자산총액이 120억원 이상
      ㉡ 직전 사업연도 말의 부채총액이 70억원 이상
      ㉢ 직전 사업연도의 매출액이 100억원 이상
      ㉣ 직전 사업연도 말의 종업원이 100명 이상(일용근로자, 파견근로자 제외)
      ㉤ 직전 사업연도 말의 사원(정관에 기재된 사원)이 50명 이상

관계기업의 판정 사례[6)]

■ **지배기업이 단독으로 또는 그 지배기업의 특수관계자와 합산하여 종속기업의 주식등을 30% 이상 소유하면서 최다출자자인 경우**(제3조의2 제1항 제1호)

[사례1]

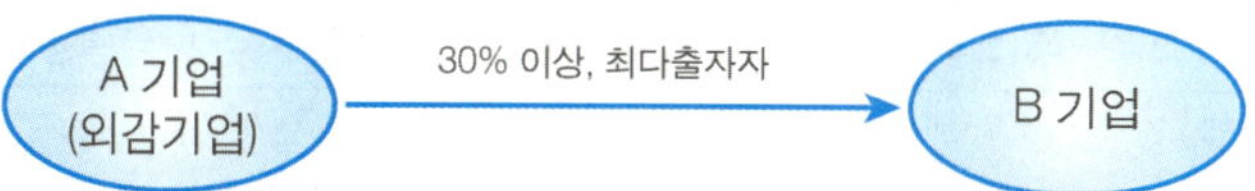

- A기업이 B기업의 주식등을 30% 이상 소유하면서 최다출자자이므로 지배 종속의 관계가 성립하며, A기업이 외부감사대상기업이므로 관계기업이 성립
- A기업(지배기업), B기업(종속기업)

[사례2]

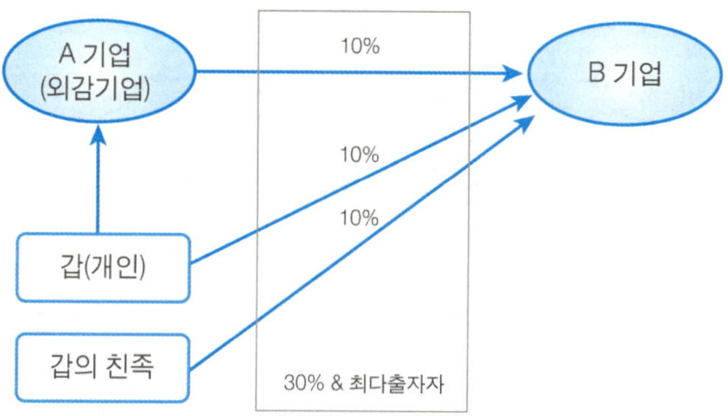

※ 갑(개인): 친족과 합하여 지배기업의 지분율 30% 이상 소유하면서 최다출자자

- A기업이 특수관계자(갑 및 갑의 친족)와 합산하여 B기업의 주식등을 30% 이상 소유하면서 최다출자자이므로 지배 종속의 관계가 성립하며, A기업이 외부감사대상기업이므로 관계기업이 성립
- A기업(지배기업), B기업(종속기업)

[사례3]

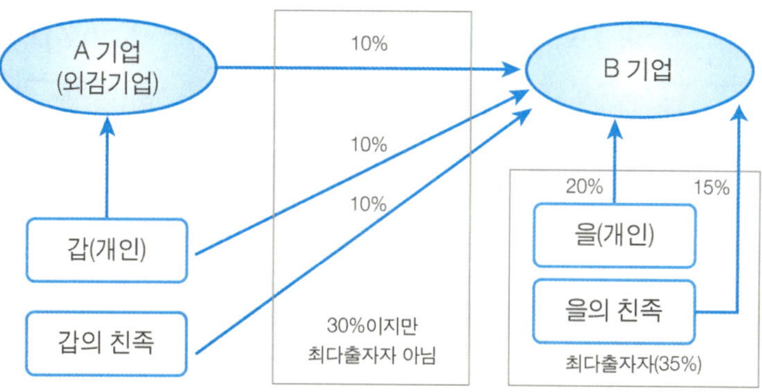

※ 갑(개인): 친족과 합하여 지배기업의 지분율 30% 이상 소유하면서 최다출자자
※ 을(개인) 및 을의 친족: A기업의 특수관계자가 아닌 자

- A기업이 특수관계자(갑 및 갑의 친족)와 합산하여 B기업의 주식등을 30% 이상 소유하고 있지만, A기업과 관련이 없는 을과 을의 친족이 합산하여 B기업의 주식등을 30% 이상 소유하면서 최다출자자이므로 A기업과 B기업은 지배 종속의 관계가 성립하지 않으며 관계기업이 성립하지 않음

[참고] 지배·종속관계에 있어서 최다출자자 결정 시, 지배기업과 관련이 없는 개인은 그 개인의 친족과 합산하여 판단. 또한 유형별로 최다출자자를 각각 판단하므로 다수의 지배기업 존재 가능

지배기업이 그 지배기업의 자회사[7]와 합산하거나 특수관계자와 공동으로 합산하여 종속기업의 주식등을 30% 이상 소유하면서 최다출자자인 경우(제3조의2 제1항 제2호)

[사례1]

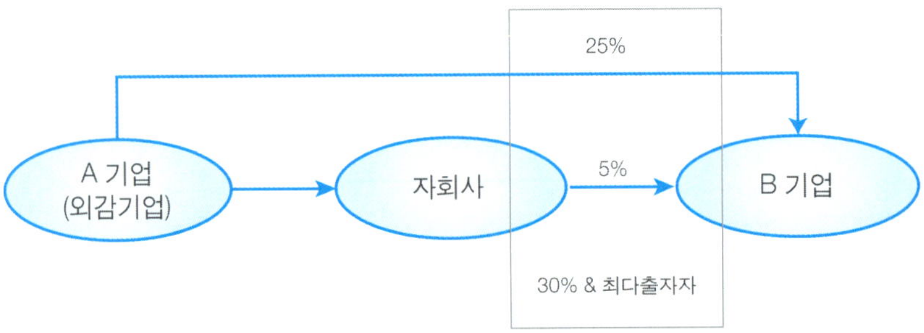

- A기업이 자회사와 합산하여 B기업의 주식등을 30% 이상 소유하면서 최다출자자이므로 지배 종속의 관계가 성립하며, A기업이 외부감사대상기업이므로 관계기업이 성립
- A기업(지배기업), B기업(종속기업)
- 자회사와 B기업 간에는 지배 종속의 관계가 성립하지 않지만, 두 기업 모두 A기업의 종속기업이므로 A기업, 자회사, B기업은 모두 관계기업임.

[사례2]

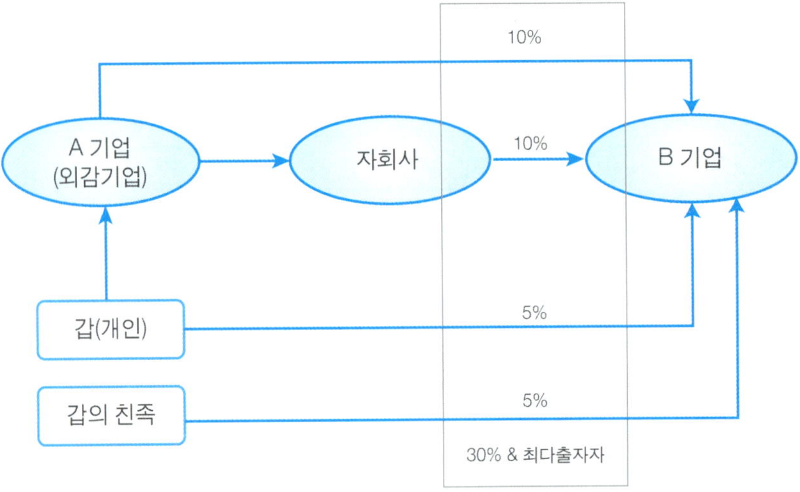

- A기업이 자회사 및 특수관계자와 합산하여 B기업의 주식등을 30% 이상 소유하면서 최다출자자이므로 지배 종속의 관계가 성립하며, A기업이 외부감사대상기업이므로 관계기업이 성립
- A기업(지배기업), B기업(종속기업)

자회사가 단독으로 또는 다른 자회사와 합산하여 종속기업의 주식 등을 30% 이상 소유하면서 최다출자자인 경우(제3조의2 제1항 제3호)

[사례1]

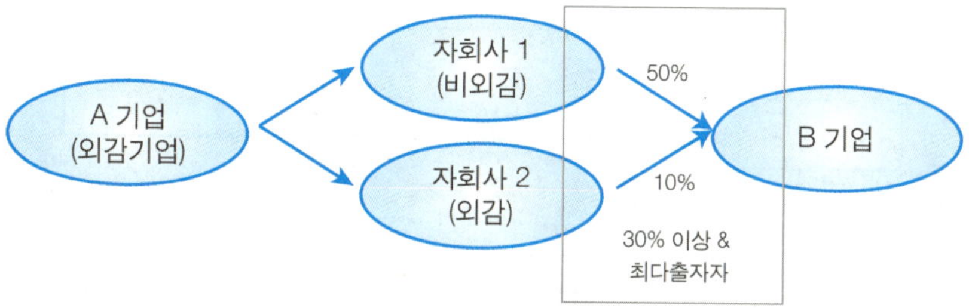

- A기업이 B기업의 주식등을 직접 소유하고 있지는 않지만, A기업의 자회사가 B기업의 주식등을 30% 이상 소유하면서 최다출자자이므로 지배 종속의 관계가 성립하며, A기업이 외부감사대상기업이므로 관계기업이 성립
- A기업의 종속기업(자회사1, 2 및 B기업), 자회사의 종속기업(B기업)
- B기업의 지배기업(A기업 및 자회사)
- '자회사1'이 B기업의 주식을 30% 이상 소유하면서 최다출자자이지만 외부감사대상기업이 아니므로 자회사1과 B기업은 관계기업이 성립하지 않음.

[사례2]

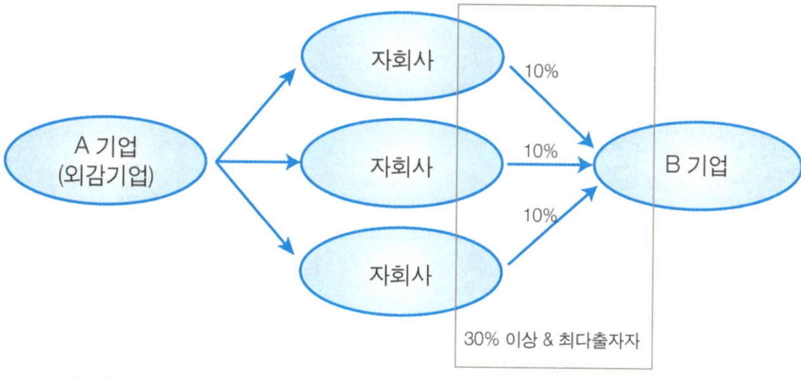

- A기업이 B기업의 주식등을 직접 소유하고 있지는 않지만, A기업의 자회사들이 합산하여 B기업의 주식등을 30% 이상 소유하면서 최다출자자이므로 지배 종속의 관계가 성립하며 A기업이 외부감사대상기업이므로 관계기업이 성립
- A기업(지배기업), B기업(종속기업)

■ **지배기업의 특수관계가 지배기업의 자회사와 합산하여 종속기업의 주식등을 30% 이상 소유하면서 최다출자자인 경우**(제3조의2 제1항 제4호)

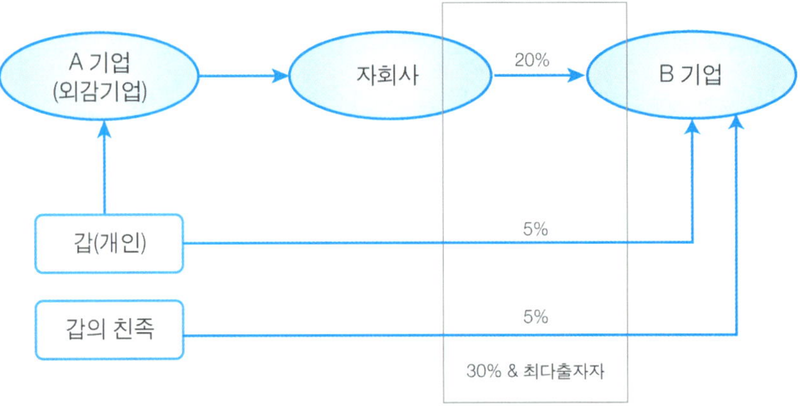

- A기업이 B기업의 주식등을 직접 소유하고 있지는 않지만 A기업의 자회사 및 특수관계자가 합산하여 B기업의 주식등을 30% 이상 소유하면서 최다출자자이므로 지배 종속의 관계가 성립하며, A기업이 외부감사대상기업이므로 관계기업이 성립
- A기업(지배기업), B기업(종속기업)

■ **기업 간 주식등의 관계가 앞의 어느 하나의 사례에 해당하지 않더라도 지배기업이 주권상장법인(유가증권, 코스닥)으로서 연결재무제표를 작성하는 기업인 경우에는 그 연결재무제표에 포함되는 기업과 지배 종속의 관계가 성립**

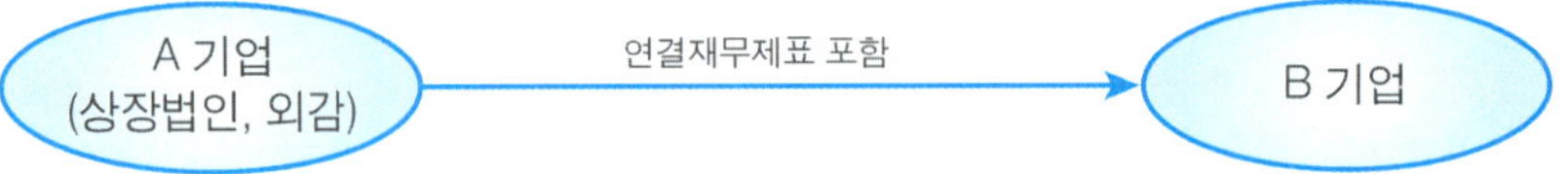

- 기업 간 주식등의 관계가 앞의 유형 어느 하나에 해당하지 않더라도, 상장법인인 A기업이 B기업을 포함하여 연결재무제표를 작성하므로 지배・종속의 관계가 성립하며, A기업이 외부감사대상기업이므로 관계기업이 성립
- A기업(지배기업), B기업(종속기업)

---

6) 중소벤처기업부, 「2022년 개정판 알기 쉽게 풀어 쓴 중소기업 범위 해설」, 중소벤처기업부, 2022.3., p.42－46. 참조

7) 자회사란 지배기업이 그 지배기업과의 관계가 다음 각 목의 어느 하나에 해당하는 자와 합산하여 종속기업의 주식 등을 100분의 30 이상 소유하면서 최다출자자인 경우에 해당하는 종속기업을 말한다.
가. 단독으로 또는 친족과 합산하여 지배기업의 주식등을 100분의 30 이상 소유하면서 최다출자자인 개인
나. 가목에 해당하는 개인의 친족

관계기업의 평균매출액 등 산정8)

■ 관계기업의 평균매출액 산정방법

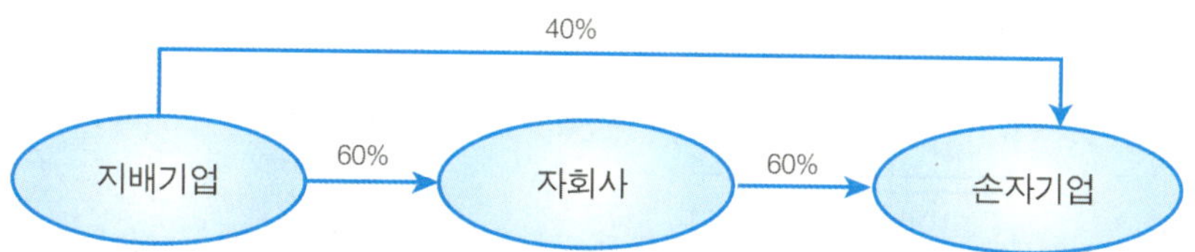

- 실질적 지배: 지배기업과 자회사(60%), 자회사와 손자기업(60%)
- 형식적 지배: 지배기업과 손자기업(40%)
- 직접 지배: 지배기업과 자회사(60%), 자회사와 손자기업(60%), 지배기업과 손자기업(40%)
- 간접 지배: 지배기업과 손자기업(40%)
- 자회사: 지배기업의 종속기업
- 손기업: 자회사의 종속기업

[참고] 평균매출액등의 산정 방식의 기본이해
① 지배기업이 종속기업(자회사 및 손자기업)을 직접 지배하는 경우 합산방법
- 실질적 지배(50% 이상 소유한 경우): 100%로 간주하여 합산
- 형식적 지배(50% 미만 소유한 경우): 그 비율만큼 합산

② 지배기업이 손자기업을 간접 지배하는 경우 합산방법
- 지배기업이 자회사를 실질적 지배한 경우: 지배기업의 자회사 소유 비율을 100%로 간주하고, 자회사의 손자기업에 대한 소유 비율과 곱한 비율로 합산
- 지배기업이 자회사를 형식적 지배한 경우: 지배기업의 자회사에 대한 소유 비율과 자회사의 손자기업에 대한 소유비율을 곱한 비율로 합산

■ 지배기업이 자회사를 실질적 지배로서 직접 지배하는 경우

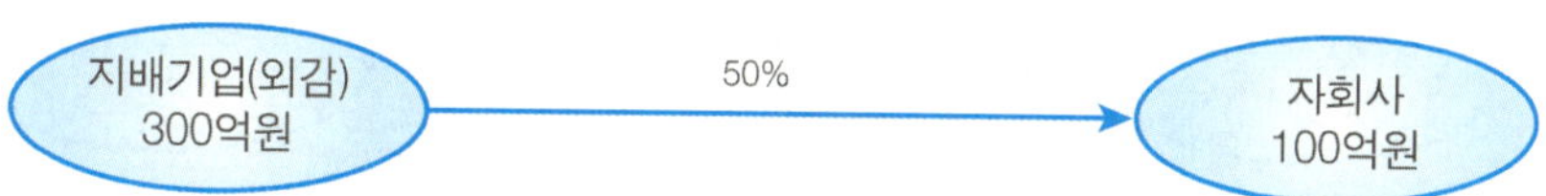

- 지배기업: 지배기업(300억원) + 자회사(100억원) = 400억원
- 자회사: 자회사(100억원) + 지배기업(300억원) = 400억원

8) 중소벤처기업부, 「2022년 개정판 알기 쉽게 풀어 쓴 중소기업 범위 해설」, 중소벤처기업부, 2022.3., p.50 – 51. 참조

지배기업이 자회사를 형식적 지배로서 직접 지배하는 경우

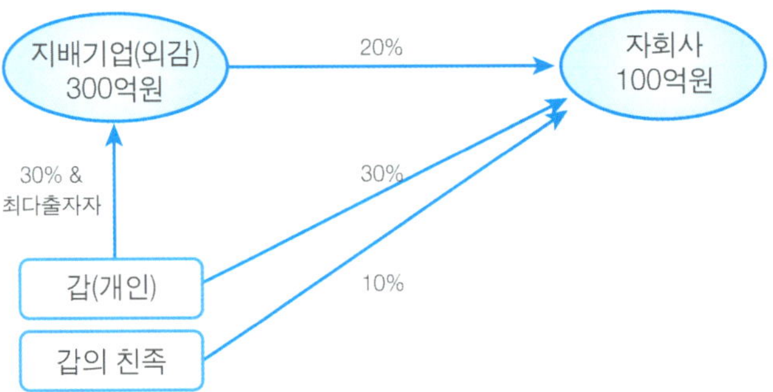

- 지배기업: 지배기업(300억원) + 자회사(100억원 × 20%) = 320억원
- 자회사: 자회사(100억원) + 지배기업(300억원 × 20%) = 160억원
- 관계기업의 평균매출액등은 특수관계자의 지분을 제외하고 기업의 소유비율만으로 산정한다.

지배기업이 자회사를 실질적 지배하고 손자기업을 간접 지배하는 경우

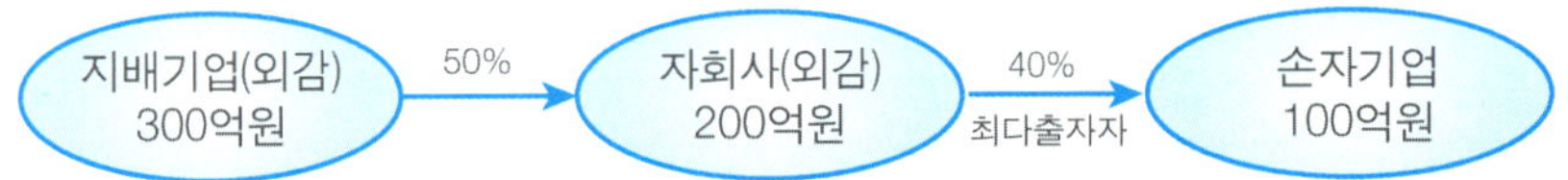

- 지배기업: 지배기업(300억원) + 자회사(200억원) + 손자기업(100억원 × 40%) = 540억원
  ☞ 지배기업과 손자기업간의 간접소유비율: 100% × 40% = 40%
- 자회사: 자회사(200억원) + 지배기업(300억원) + 손자기업(100억원×40%) = 540억원
- 손자기업: 손자기업(100억원) + 자회사(200억원 × 40%) + 지배기업(300억원 × 40%) = 300억원
  ※ 자회사가 외부감사대상기업이므로 자회사 손자기업 간 관계기업 성립

지배기업이 자회사를 형식적 지배하고 손자기업을 간접 지배하는 경우

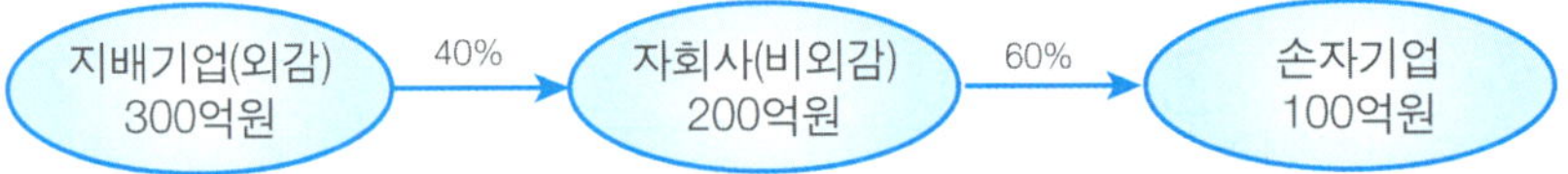

- 지배기업: 지배기업(300억원) + 자회사(200억원×40%) + 손자기업(100억원 × 24%) = 404억원
  ※ 간접소유비율: 40% × 60% = 24%
- 자회사: 자회사(200억원) + 지배기업(300억원 × 40%) = 320억원
- 손자기업: 손자기업(100억원) + 지배기업(300억원 × 24%) = 172억원
- 자회사는 외부감사대상기업이 아니므로 손자기업과 관계기업이 성립하지 아니한다.

■ 지배기업이 손자기업을 직접 또는 간접적으로 지배하는 경우

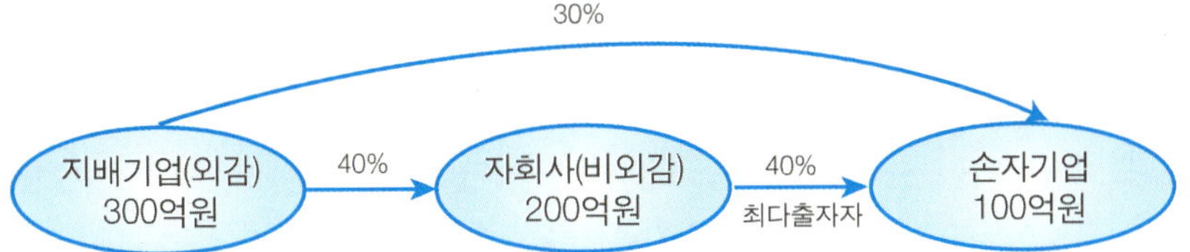

• 지배기업: 지배기업(300억원) + 자회사(200억원 × 40%) + 손자기업(100억원 × 46%) = 426억원
• 자회사: 자회사(200억원) + 지배기업(300억원 × 40%) = 320억원
• 손자기업: 손자기업(100억원) + 지배기업(300억원 × 46%) = 238억원
※ 지배기업과 손자기업 소유비율 = 직접 30% + 간접 16%(40% × 40%) = 46%
※ 자회사는 외부감사대상기업이 아니므로 손자기업과 관계기업이 성립하지 아니한다. 만약 자회사가 외부감사대상기업이라면 손자기업의 평균매출액은 다음과 같다.
☞ 손자기업: 손자기업(100억원) + 자회사(300억원 × 40%) + 지배기업(300억원 × 46%) = 338억원

■ 지배기업과 종속기업이 상호 간에 주식 등을 소유하는 경우

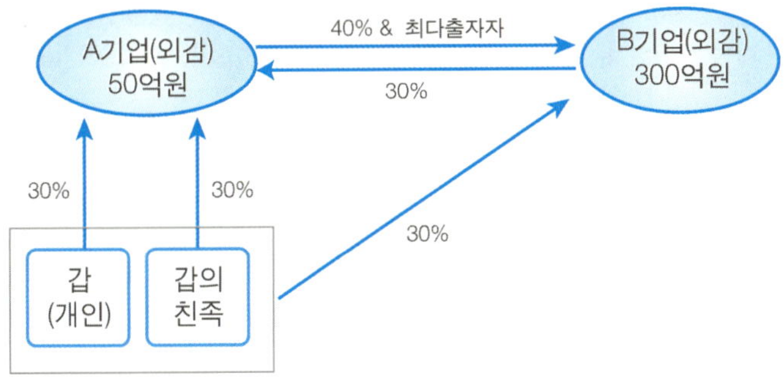

• A기업: A기업(50억원) + B기업(300억원 × 40%) = 170억원
• B기업: B기업(300억원) + A기업(50억원 × 40%) = 320억원
※ 상호 간에 지배·종속관계가 성립하는 경우에는 기업 간 주식 소유비율이 큰 값을 기준으로 평균매출액을 합산한다.

➲ 중소기업의 실질적 독립성 판단 기준(서면법인2024-1771, 2025.5.1.)

실질적인 독립성 기준에 따른 중소기업 여부를 판단함에 있어, 자산총액 5천억 원 이상인 법인(외국법인 포함)이 주식등의 100분의 30 이상을 직접적 또는 간접적으로 소유한 경우로서 최다출자자인 기업은 중소기업에 해당하지 않는 것으로 같이 지배구조 상 최상위에 있는 자가 법인격이 없는 단체에 해당한다 할지라도 해당 단체를 통한 출자 등으로 법인의 발행주식을 간접적으로 소유하는 경우를 포함하여 실질적인 독립성 기준을 적용해야 하는 것임. 이때, 간접소유 비율 계산 시 「자본시장과 금융투자업에 관한

법률」에 따른 집합투자기구를 통하여 간접소유한 경우는 제외되므로 법인의 최다출자자가 이에 해당하는지는 관련 법률에 따라 판단할 사항임.

중소기업 판단 시 관계기업 합산 매출액 산정 기준(서면법인2024 - 2297, 2025.4.17.)

중소기업 해당여부를 판단함에 있어, 중소기업인 내국법인(이하 '지배기업'이라 한다)이 관계기업에 해당하는 경우, 해당 지배기업의 매출액은 「중소기업기본법 시행령」 별표 2에 따라 종속기업의 매출액과 합산하여 산정한 매출액이 「조세특례제한법 시행령」 제2조 제1항 제1호의 "중소기업기준"에 맞는지를 판단하는 것이며, 지배기업과 종속기업의 결산일이 다른 경우에는 지배기업의 과세연도 종료일 현재 각각의 사업연도에 따라 산정한 매출액을 합산하는 것임.

중소기업 해당여부(서면법인2022 - 3946, 2022.10.26.)

「중소기업기본법 시행령」 제3조 제1항 제2호 나목(자산총액이 5천억 이상인 기업이 30% 출자하고 최다출자자인 기업의 경우)의 요건을 갖추지 못하게 되어 중소기업에 해당하지 아니하게 된 경우에는 「조세특례제한법 시행령」 제2조 제2항 각 호 외의 부분 본문에 따른 유예기간을 적용하지 아니하는 것임.

독립성 기준 검토시 재무제표 판단 기준(서면법인2020 - 2285, 2020.7.10.)

「조세특례제한법 시행령」 제2조 제1항 제3호의 실질적 독립성 기준을 판단하는데 있어 「중소기업기본법 시행령」 제3조 제1항 제2호 나목의 "자산총액"과 다목의 "평균매출액"(「조세특례제한법 시행령」 제2조 제1항 제1호에 따른 "매출액"을 의미)은 연결재무제표가 아닌 개별재무제표를 기준으로 판단하는 것임.

관계기업에 속하는 기업의 중기령 「별표 1」의 기준이 되는 업종 판단(서면법인2019 - 2297, 2020.4.24.)

「조세특례제한법 시행령」 제2조 제1항 제3호의 "평균매출액 등이 「별표 1」의 기준에 맞지 아니하는 기업"에서 "평균매출액"은 「조세특례제한법 시행령」 제2조 제1항 제1호에 따른 "매출액"을 말하며, "「별표 1」의 기준"이 되는 업종은 「중소기업기본법 시행령」 제4조 제2항에 따른 평균매출액 등이 큰 기업의 주된 업종임.

중소기업 판단 시 합병법인의 매출액 산정방법(사전법령해석법인2020 - 139, 2020.3.2.)

제조업을 영위하는 내국법인이 과세연도 중에 도소매업을 영위하는 내국법인을 흡수합병한 경우, 합병법인의 중소기업 해당 여부를 판단함에 있어 「조세특례제한법 시행령」 제2조 제1항 제1호에 따른 '매출액'은 같은 법 시행규칙 제2조 제4항 단서가 적용되지 않고 해당 과세연도의 전체 매출액으로 하는 것임. 다만, 본 해석사례는 2019.9.4. 이후 신고・납부하는 분부터 적용되는 것임.(기준법령해석법인2019 - 0527, 2019.9.4. 참조)

| (저자주) 합병・분할법인의 매출액 산정 방법 |

구 분	합병・분할법인	합병신설・분할신설법인
매출액의 범위	해당 과세연도 전체 매출액 기준	환산한 금액

관계기업에 속하는 기업인지 여부(기준법령해석법인2019 - 9, 2019.8.14.)

「중소기업기본법 시행령」 제3조의2 제1항은 관계기업을 기업이 다른 국내기업을 지배하는 경우 그 기업(지배기업)과 그 다른 국내기업(종속기업)의 관계로 정의하며, 기업 간 직접지분관계가 존재하지 않고 개인을 통한 간접지분관계만 존재할 경우 관계기업에 해당하지 아니함.

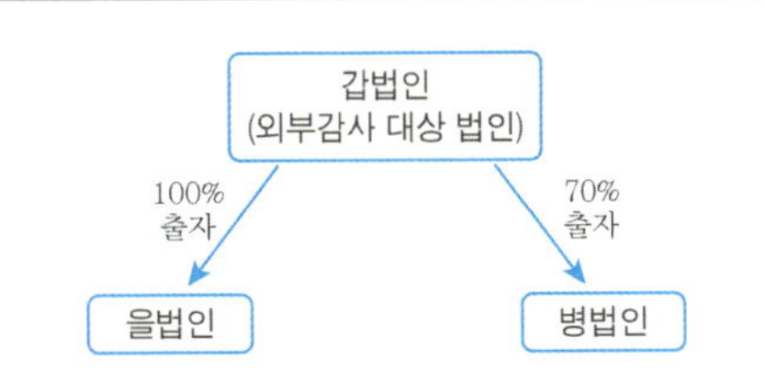

① 갑법인과 을법인은 관계기업에 해당됨
② 갑법인과 병법인은 관계기업에 해당됨
③ 을법인과 병법인은 직접적인 지분관계가 없으므로 관계기업 적용은 안됨

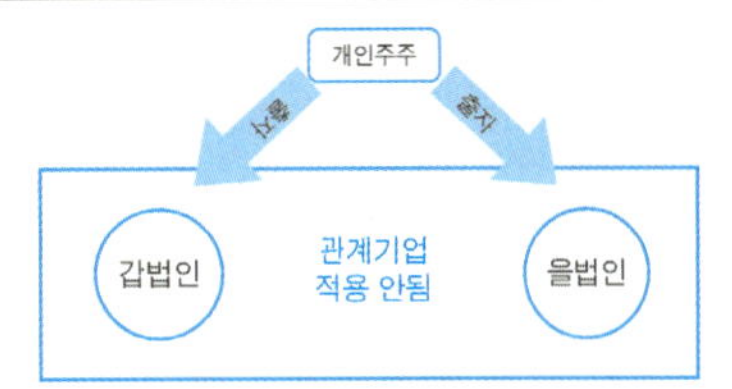

※ 갑법인과 을법인의 직접적인 지분관계가 없으므로 관계기업 적용은 안됨

➲ **관계기업 기준을 적용하여 중소기업 여부 판단 시 관계기업 판단 시점 등**(기준법령해석법인 2018-38, 2018.4.26.)

중소기업 여부 판단시 관계기업 여부는 해당 사업연도 종료일을 기준으로 판단하며 유예기간 중인 기업이 관계기업 기준 위배시 잔여 유예기간 계속 적용함.

Ⅳ 졸업기준

조세특례제한법상 중소기업을 판정함에 있어 업종기준 및 규모기준을 충족한 경우에도 불구하고 자산총액이 5천억원 이상인 경우에는 중소기업으로 보지 않는다.(조특령 2 ① 단서)

자산총액은 과세연도 종료일 현재 기업회계기준에 따라 작성한 재무상태표상의 자산총액으로 한다.(조특칙 2 ⑤)

Ⅴ 중소기업으로 보는 유예기간내에 해당할 것

1. 유예기간 적용 중소기업

중소기업이 다음의 사유에 해당되어 중소기업에 해당하지 아니하게 된 때에는 최초로 그 사유가 발생한 날이 속하는 과세연도와 그 다음 5개 과세연도까지는 이를 중소기업으로 보고, 해당 기간("유예기간")이 경과한 후에는 과세연도별로 중소기업 해당여부를 판정한다.(조특령 2 ②) 이 경우 최초로 그 사유가 발생한 날이 속하는 과세연도의 종료일부터 5년이 되는 날이 속하는 과세연도의 종료일 현재 해당 기업이 「자본시장과 금융투자업에 관한 법률」에 따른 유가증권시장 또는 코스닥시장에 상장되어 있는 경우에는 7개 과세연도까지는 중소기업으로 본다.

① 중소기업이 그 규모의 확대 등으로 중소기업기준을 초과하는 경우
② 중소기업졸업기준을 초과하는 경우
③ 상기 독립성 요건 중 관계기업요건을 갖추지 못하게 되는 경우
④ 중소기업의 주된 사업이 중소기업 해당 업종인 다른 업종으로 변경됨으로써 중소기업에 해당하지 아니하게 된 경우(서이46012-10566, 2003.3.20.)

Check Point

■ **중소기업으로 보는 유예기간 개정규정 부칙**(조특령 부칙 제34992호, 2, 2024.11.12.)

유예기간	2024.11.12.이 속하는 과세연도 이전 과세연도까지	2024.11.12.이 속하는 과세연도부터
원칙	최초로 그 사유가 발생한 날이 속하는 과세연도와 그 다음 3개 과세연도	최초로 그 사유가 발생한 날이 속하는 과세연도와 그 다음 5개 과세연도
예외	없음	최초로 그 사유가 발생한 날이 속하는 과세연도의 종료일부터 5년이 되는 날이 속하는 과세연도의 종료일 현재 해당 기업이 「자본시장과 금융투자업에 관한 법률」에 따른 유가증권시장 또는 코스닥시장에 상장되어 있는 경우에는 7개 과세연도

2024.11.12.이 속하는 과세연도 전에 종전규정에 의하여 유예기간을 적용받고 있으면서 그 기간이 경과하지 아니한 경우에도 개정규정이 적용되지 아니하고 종전의 규정에 의한 유예기간이 적용된다는 점에 유의하여야 한다.

2. 유예기간 배제

중소기업이 다음의 어느 하나의 사유로 중소기업에 해당하지 아니하게 된 경우에는 유예기간을 적용하지 아니하고, 유예기간 중에 있는 기업에 대해서는 해당 사유가 발생한 날(②에 따른 유예기간 중에 있는 기업이 중소기업과 합병하는 경우에는 합병일로 한다)이 속하는 과세연도부터 유예기간을 적용하지 아니한다.(조특령 2 ②)

① 중소기업기본법의 규정에 의한 중소기업 외의 기업과 합병하는 경우
☆ 중소기업간의 합병에는 유예규정을 적용받을 수 있다.(법인46012-1056, 1998.4.28.)
② 중소기업유예기간 중에 있는 법인과 합병하는 경우
③ 독립성기준을 갖추지 못하게 된 경우(관계기업 관련 요건 제외)
④ 창업일이 속하는 과세연도 종료일부터 2년 이내의 과세연도종료일 현재 중소기업기준을 초과하는 경우
⑤ 주업종이 중소기업 외의 업종으로 변경되는 경우

중소기업 유예기간 적용이 가능한 지 여부(기준법규법인2024-114, 2024.8.30.)

「조세특례제한법 시행령」 제2조 제2항에 따라 유예기간의 적용을 받은 내국법인이 「법인세법」 제47조 제1항의 요건을 갖추어 물적분할한 경우로서, 분할신설법인이 설립일이 속하는 과세연도에 「조세특례제한법 시행령」 제2조 제1항 제3호(「중소기업기본법 시행령」 제3조 제1항 제2호 다목)의 요건을 갖추지 못하여 중소기업에 해당하지 않는 경우 유예기간을 적용할 수 없는 것임.

물적분할로 설립된 경우 창업에 해당하는지 여부(기준법규법인2024-91, 2024.7.30.)

「법인세법」 제47조 제1항에 따른 적격분할로 설립된 분할신설법인은 「조세특례제한법 시행령」 제2조 제2항 단서에 따라 유예기간 적용 여부를 판단함에 있어 같은항 제4호(창업일이 속하는 과세연도 종료일부터 2년 이내의 과세연도종료일 현재 중소기업기준을 초과하는 경우)가 적용되지 않는 것임.

Check Point

■ 독립성 요건 중 관계기업요건을 갖추지 못하게 되는 경우 유예기간 적용여부
(대법2018두63150, 2019.3.14.)

2014.12.31. 이전	2015.1.1. 이후
유예기간 적용 불가	유예기간 적용 가능

3. 중소기업기본법 개정으로 인한 유예기간 적용 중소기업

당해 기업이 중소기업기본법시행령 제3조 제1항 제2호, 「별표 1」 및 「별표 2」의 개정으로 새로이 중소기업에 해당하게 되는 때에는 그 사유가 발생한 날이 속하는 사업연도부터 중소기업으로 보고 중소기업에 해당하지 아니하게 된 때에는 그 사유가 발생한 날이 속하는 사업연도와 그 다음 3사업연도까지는 중소기업으로 본다.(조특령 2 ⑤)

4. 중소기업 유예기간 적용방법

구체적인 적용사례는 다음과 같다.

가. 최초 중소기업 규모초과의 경우

2021년☆	2022년	2023년	2024년	2025년
최초 중소기업 규모초과	규모초과와 상관없이 유예기간으로 중소기업 인정			규모기준으로 중소기업여부확인

☆ 2024.11.12.이 속하는 과세연도 이전 과세연도이므로 최초로 그 사유가 발생한 날이 속하는 과세연도와 그 다음 3개 과세연도까지 중소기업으로 인정되며 2024.11.12.이 속하는 과세연도부터 개정된 규정이 적용됨.

나. 최초 유예기간 적용이후 판단기준(매년 판단함)

2025년	2026년	2027년	2028년
중소기업규모초과 ⇨ 일반기업적용	중소기업규모이하 ⇨ 중소기업적용	중소기업규모초과 ⇨ 일반기업적용	중소기업규모이하 ⇨ 중소기업적용

Ⅵ 중소기업 관련 질의응답[9)]

구 분	중소기업여부		구 분	중소기업여부	
	중기법	조특법		중기법	조특법
지주회사	○	○	외국법인	×	×
영농조합법인	○	○	무등록사업자	×	×
비영리법인	×	○	산학협력단이 운영하는 학교기업	×	○
예비 사회적기업	×	○	특수형태근로종사자	×	×

Q1. 지주회사의 중소기업여부

A. 지주회사도 「상법」에 따라 설립된 영리법인이므로 「중소기업기본법 시행령」 제3조 제1항의 조건을 모두 충족하면 중소기업이다.

Q2. 영농조합법인 또는 영어조합법인의 중소기업여부

A. 「농업·농촌 및 식품산업 기본법」 제28조 및 「수산업·어촌 발전 기본법」 제19조에서는 농어

9) 중소벤처기업부, 「2022년 개정판 알기 쉽게 풀어 쓴 중소기업 범위 해설」, 중소벤처기업부, 2022.3., p.15. 참조

업의 생산성 향상과 농수산물의 출하・유통・가공・판매 등의 효율화를 위하여 협업적 또는 기업적 농어업경영을 수행하는 영농조합법인, 영어조합법인, 농업회사법인, 어업회사법인(이하 "영농조합법인 등"이라 함)을 육성하도록 규정하고 있다. 「농어업경영체 육성 및 지원에 관한 법률」 제16조 및 제19조, 같은 법 시행령 제12조 및 제17조에서 이들에 대해 영리법인격을 부여하고 있으므로 영농조합법인 등은 중소기업의 범위기준을 충족하면 중소기업이다.

Q3. 외국법인의 중소기업여부

A. 중소기업기본법은 국내법이므로 외국법률에 따라 설립된 외국법인은 중소기업 여부의 판단 대상이 될 수 없다. 또한, 외국법인이 국내에 설치한 영업소나 연락사무소 등도 외국법인과 별개의 사업자로 볼 수 없으므로 「중소기업기본법」의 적용대상이 아니다.

다만, 외국인 또는 외국법인이 일부 또는 전부를 출자한 국내법인은 일반 국내법인과 동일하게 「중소기업기본법」에 따른 중소기업 범위기준을 만족하면 중소기업이 될 수 있다.

> **외국법인의 국내 지점이 법인세법 제97조에 따라 동법 제72조를 준용하여 결손금소급공제를 적용받을 수 있는지 여부(기획재정부국제조세-257, 2010.6.16., 법인-780, 2009.7.13.)**
>
> 법인세법 제97조에서 준용하도록 규정한 법인세법 제72조의 내용(결손금소급공제에 의한 환급)은 법인세법 제25조의 규정에 따른 중소기업인 법인에 한해 적용하는 것으로서 외국법인의 국내 지점에게는 적용되지 않는 것임.

Q4. 무등록 사업자의 중소기업여부

A. 사업자등록을 하지 아니하고 사업을 하는 경우 「중소기업기본법」에 따른 중소기업 판단 대상이 아니다.

> **사업자등록을 한 인적용역사업자가 창업중소기업 등에 대한 세액감면 적용 가능 여부 (서면소득2025-766, 2025.6.18., 서면소득2025-252, 2025.5.20.)**
>
> 인적용역사업자는 면세 사업자등록 유무와 관계없이 「조세특례제한법」에 따른 중소기업에 해당하지 않아 「조세특례제한법」 제6조에 따른 창업중소기업 등에 대한 세액감면을 적용받을 수 없는 것임.(질의내용: 인적/물적 설비 없이 한국표준산업분류 상 정보통신업에 해당하는 1인미디어콘텐츠창작업(943606)으로 면세 사업자등록을 한 경우임)
>
> **인적용역 사업자에 대한 접대비의 필요경비 한도액 적용 방법(사전법규소득2020-419, 2023.1.10., 기획재정부소득-19, 2023.1.4.)**
>
> 통산 물적시설이 없는 인적용역사업자가 조특령 §6①에 따른 중소기업의 요건을 충족한 경우 3,600만원의 접대비 기본한도가 아닌 1,200만원의 기본한도가 적용됨.

Q5. 비영리기업의 중소기업여부

A. 「중소기업기본법」상 중소기업이 될 수 있는 대상은 영리를 목적으로 사업을 영위 하는 기업, 즉 법인인 기업(상법상 회사 등)과 개인사업자이며 비영리법인은 중소기업이 될 수 없다. 예외적으로 「사회적기업 육성법」 제2조 제1호 및 제7조에 따라 사회적기업 으로 인증을 받은 사회적기업, 「협동조합 기본법」 제2조에 따른 협동조합(연합회), 사회적협동조합(연합회), 이종(異種)협동조합연합회

(이 법 제2조 제1항 각 호에 따른 중소기업을 회원으로 하는 경우로 한정한다), 「소비자생활협동조합법」 제2조에 따른 소비자생활협동조합(전국)연합회), 「중소기업협동조합법」 제3조에 따른 중소기업(사업)협동조합(연합회) 경우에는 영리법인이 아니라 해도 중소기업 기준을 충족하면 중소기업이 될 수 있다. 반면, 비영리법인을 포함한 내국법인이 「조세특례제한법 시행령」 제2조 제1항의 요건을 모두 충족하는 경우에는 중소기업에 해당하는 것으로 해석하고 있다.(서면법인2018－869, 2018.9.4.)

비영리법인의 중소기업여부(서면법인2018－869, 2018.9.4.)

수익사업에 대하여 당기순이익 과세특례를 적용받는 비영리법인인 내국법인이 「조세특례제한법 시행령」 제2조 제1항을 모두 충족하는 경우 중소기업에 해당하는 것임.

비영리법인의 중소기업에 대한 특별세액감면 적용여부(서이46012－10228, 2003.1.30., 법인46012－722, 1995.3.14.)

비영리법인이 계약 등에 의하여 내국법인 등으로부터 받은 연구 및 개발용역소득이 한국표준산업분류표상 연구 및 개발업(73)에 해당하고 중소기업의 요건을 갖추고 있는 경우에는 조세특례제한법 제7조 제1항의 규정에 의한 감면을 적용받을 수 있는 것임.

Q6. 산학협력단이 운영하는 학교기업의 중소기업여부

A. 산업교육기관 또는 산학협력단은 비영리법인이며, 학교기업은 산업교육기관 또는 산학협력단의 부서로서 운영되므로 별개의 법인이나 사업자가 아니기 때문에 중소기업 범위기준의 적용 대상이 아니다. 따라서 중소기업이 될 수 없다.

반면, 비영리법인을 포함한 내국법인이 「조세특례제한법 시행령」 제2조 제1항의 요건을 모두 충족하는 경우에는 중소기업에 해당하는 것으로 해석된다.

Q7. 예비사회적기업의 중소기업여부

A. 예비사회적기업은 사회적기업육성법 제2조 제1호에 따른 사회적기업에 해당하지 아니하므로 중소기업기본법 상 중소기업자에 해당하지 않는다. 예비사회적기업은 중앙부처 지침 또는 지자체 조례・규칙에 의거하여 사회적기업 인증을 위한 최소한의 법적요건을 갖추고 있으나 수익구조 등 일부 요건을 충족하지 못하고 있는 기업을 중앙부처장 또는 지방자치단체장이 지정하는 것으로 사회적기업육성법에 따른 사회적기업과는 다름이 있다.

반면, 비영리법인을 포함한 내국법인이 「조세특례제한법 시행령」 제2조 제1항의 요건을 모두 충족하는 경우에는 중소기업에 해당하는 것으로 해석된다.

Q8. 보험모집인, 학습지 교사, 지입차량 차주 등 특수형태근로종사자의 중소기업여부

A. 노동시장의 고용 형태가 다양화됨에 따라 보험설계사, 학습지 교사, 골프장 경기보조원, 레미콘기사, 화물기사, 덤프기사, 대리운전자 등의 직종에 종사하고 있는 자로서 계약의 형식에 관계없이 근로자와 유사한 노무를 제공하지만 「근로기준법」 등 노동관계법이 적용되지 않는 자를 '특수형태근로종사자'라고 부르고 있다. 이들은 근로자와 자영업자의 중간 영역이라는 점에서 특수성이 인정되며, 개별적으로 사업자등록을 하고 영업활동을 하는 경우에는 「중소기업기본법」에 따른 중소기업 범위기준을 적용할 수 있다.

중소기업 유예기간 적용 대상인지 여부(서면법인2025-961, 2025.5.29., 서면법인2020-5698, 2021.3.15.)

창업일이 속하는 과세연도부터 「중소기업기본법 시행령」 제3조 제1항 제2호 다목(관계기업요건)의 요건을 갖추지 못하여 중소기업에 해당하지 않는 경우에는 「조세특례제한법 시행령」 제2조에 따른 유예기간을 적용하지 아니하는 것임.

소기업 졸업 이후 재차 중소기업이 된 법인에 중소기업 졸업유예 적용 가능 여부(기획재정부조세특례-371, 2024.5.3.)

중소기업이었던 법인이 독립성 기준 미충족으로 유예 없이 비중소기업이 되었다가 다시 중소기업이 되었고, 이후 매출액 증가로 비중소기업이 된 경우 중소기업 졸업 유예기간(「조세특례제한법 시행령」 제2조 제2항)을 적용할 수 없음.

| (저자주) 중소기업에서 비중소기업이 된 후 다시 중소기업이 된 경우 유예기간 적용여부 |

중소기업 요건 충족	⇨	독립성요건 미충족→ 유예없이 비중소기업	⇨	중소기업 요건 충족	⇨	규모기준 초과→ 유예없이 바로 비중소기업

매출액이 중소기업 규모기준을 초과한 경우 중소기업 유예기간 적용여부
(기획재정부조세특례-554, 2023.5.17.)

중소기업이었던 법인이 중소기업 기준을 미충족하여 졸업 유예(「조세특례제한법 시행령」 제2조 제2항)를 적용하였고, 이후 중소기업 기준 개정('15.1.1.부터 적용)으로 다시 중소기업이 되었다가 기준 미충족으로 다시 중견기업이 된 경우, 중소기업 졸업 유예기간 적용은 불가능함.

중소기업 유예기간을 적용할 수 있는지 여부(사전법령해석법인2021-490, 2021.6.15.)

2018과세연도에 「중소기업기본법 시행령」 제3조 제1항 제2호 나목의 요건(5천억 이상 기업이 최다출자자인 기업 요건)을 충족하지 못하여 중소기업에 해당하지 않게 된 내국법인이 2019과세연도에 「조세특례제한법」상 중소기업 요건을 충족하였다가 2020과세연도에 「중소기업기본법 시행령」 제3조 제1항 제2호 다목의 요건(관계기업요건)을 충족하지 못하는 경우에는 유예기간을 적용할 수 없는 것임.

중소기업 유예기간을 적용할 수 있는지 여부(기획재정부조세특례-360, 2021.5.7.)

중소기업이었던 법인이 2012.1.1. 이후 관계기업제도 시행에 따라 중견기업이 된 후 「중소기업기본법 시행령」 「별표 1」에 따른 주된 업종별 평균매출액 등의 중소기업 규모 기준이 개정(2015.6.30.)되어 다시 중소기업이 되었으나, 평균매출액이 증가함에 따라 다시 중견기업이 된 경우 중소기업 유예기간을 적용할 수 있음.

피합병법인의 중소기업 유예기간 적용방법(서면법령해석법인2020-5082, 2021.4.15.)

「조세특례제한법 시행령」 제2조 제2항 본문에 따라 중소기업 유예기간의 적용을 받고 있는 내국법인(이하 '피합병법인')이 중소기업 외의 기업에게 흡수합병되는 경우, 해당 피합병법인의 「법인세법」 제8조 제2항에 따른 의제사업연도는 중소기업 유예기간이 적용되는 것임.

창업일이 속하는 과세연도의 중소기업 유예 적용여부(서면법인2020-5698, 2021.3.15.)

2020년에 창업한 법인이 「중소기업기본법 시행령」 제3조 제1항 제2호 다목(관계기업요건)의 요건을 갖추지 못하게 되어 창업일이 속하는 과세연도부터 중소기업에 해당하지 아니하게 된 경우에는 「조세특례제한법 시행령」 제2조 제2항 각 호 외의 부분 본문에 따른 유예기간을 적용하지 아니하는 것임.

개정 규정에 의하여 중소기업유예를 받을 수 있는 경우에 해당하는지 여부 (서면법인2020-5279, 2021.2.2.)

중소기업기준의 개정으로 새로이 중소기업에 해당하지 아니하게 되는 때에 적용되는 규정으로, 개정된 중소기업 기준이 적용되는 사업연도에 개정전 중소기업 기준으로 중소기업 여부를 판정하여 중소기업 기준을 충족하지 못하는 법인의 경우에는 「조세특례제한법 시행령」 제2조 제5항의 규정(유예규정)이 적용되지 않는 것임.

| (저자주) 중소기업기본법 개정으로 인한 유예기간 적용여부 |

중기법 개정전 중소기업여부	중기법 개정후 중소기업여부	중소기업 적용여부 (유예기간 적용여부)
중소기업(○)	중소기업(○)	계속 중소기업으로 적용함
중소기업(○)	중소기업(×)	유예기간동안 중소기업으로 적용함
중소기업(×)	중소기업(×)	유예기간없이 중소기업에서 제외됨
중소기업(×)	중소기업(○)	바로 중소기업으로 적용함

중소기업 유예기간 중 독립성 요건을 위배한 경우 유예기간 계속 적용 여부 (기획재정부조세특례-264, 2018.4.6.)

조세특례제한법 시행령(2012.2.2. 대통령령 제23590호로 개정되어 2015.2.3. 제26070호로 개정되기 전의 것) 제2조 제2항 본문에 따라 유예기간을 적용받던 기업은 유예기간 중 같은 령 제2조 제2항 제3호(독립성 요건을 위배한 경우)에 해당하는 경우에도 유예기간을 계속 적용하는 것임.

참고사항

■ **중소기업기본법상 중소기업 판단 및 적용기간**

기업의 중소기업 여부는 중소기업 여부를 확인하는 시점을 기준으로 판단하여야 하며, 이 때 평균매출액은 직전 3개 사업연도의 결산 재무제표 상 매출액을 평균하여 적용하는 것을 원칙으로 하고 있다. 이와 같이 직전 3개 사업연도의 평균매출액등을 기준으로 현재시점의 중소기업여부를 판단함에 따라 사업연도 종료 후 재무제표가 확정되는 3개월 간은 재무현황 등 근거자료 확인 및 제출이 곤란하여 기업과 중소기업지원기관에서 중소기업 여부의 확인에 실무적으로 어려움이 있어 이러한 어려움을 해소하고 확정된 자료를 통해 정확한 중소기업 여부를 확인 할 수 있도록 중소기업여부의 판단 및 적용기간에 대하여 직전 3개 사업연도의 매출액을 활용하되 중소기업여부는 새로운 사업연도 시작 후 3개월이 경과한 날부터 1년간 중소기업으로 본다.

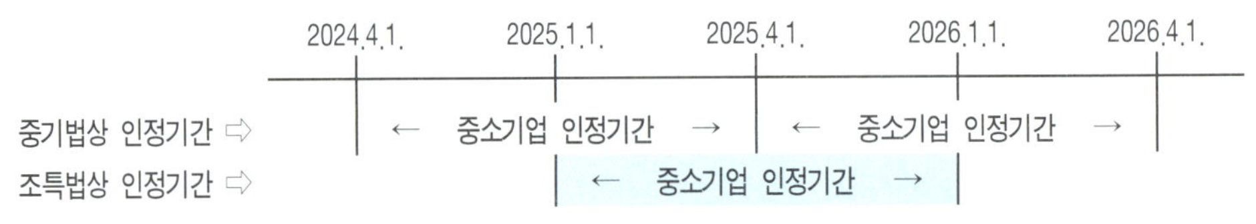

제2절 소기업 판정기준

「소기업」은 주된 업종별 매출액이 중소기업기본법 시행령 「별표 3」을 준용하여 산정한 규모 이내인 기업을 말한다. 「평균매출액등」은 「매출액」으로 본다.(조특령 6 ⑤)

| 주된 업종별 평균매출액등의 소기업 규모 기준(제3조 제1항 제1호 가목 관련) |

<table>
<tr><th>해당 기업의 주된 업종</th><th>분류기호</th><th>2025.9.1.
이후 규모 기준</th><th>2025.8.31.
이전 규모 기준</th></tr>
<tr><td>1. 코크스, 연탄 및 석유정제품 제조업</td><td>C19</td><td rowspan="2">평균매출액등
140억원 이하</td><td rowspan="17">평균매출액등
120억원 이하</td></tr>
<tr><td>2. 1차 금속 제조업</td><td>C24</td></tr>
<tr><td>3. 식료품 제조업</td><td>C10</td><td rowspan="15">평균매출액등
120억원 이하</td></tr>
<tr><td>4. 음료 제조업</td><td>C11</td></tr>
<tr><td>5. 의복, 의복 액세서리 및 모피제품 제조업</td><td>C14</td></tr>
<tr><td>6. 가죽, 가방 및 신발 제조업</td><td>C15</td></tr>
<tr><td>7. 화학물질 및 화학제품 제조업(의약품 제조업은 제외한다)</td><td>C20</td></tr>
<tr><td>8. 의료용 물질 및 의약품 제조업</td><td>C21</td></tr>
<tr><td>9. 비금속 광물제품 제조업</td><td>C23</td></tr>
<tr><td>10. 금속가공제품 제조업(기계 및 가구 제조업은 제외한다)</td><td>C25</td></tr>
<tr><td>11. 전자부품, 컴퓨터, 영상, 음향 및 통신장비 제조업</td><td>C26</td></tr>
<tr><td>12. 전기장비 제조업</td><td>C28</td></tr>
<tr><td>13. 기타 기계 및 장비 제조업</td><td>C29</td></tr>
<tr><td>14. 자동차 및 트레일러 제조업</td><td>C30</td></tr>
<tr><td>15. 가구 제조업</td><td>C32</td></tr>
<tr><td>16. 전기, 가스, 증기 및 공기조절 공급업</td><td>D</td></tr>
<tr><td>17. 수도업</td><td>E36</td></tr>
<tr><td>18. 운수 및 창고업</td><td>H</td><td rowspan="2">평균매출액등
100억원 이하</td><td rowspan="7">평균매출액등
80억원 이하</td></tr>
<tr><td>19. 금융 및 보험업</td><td>K</td></tr>
<tr><td>20. 농업, 임업 및 어업</td><td>A</td><td rowspan="5">평균매출액등
80억원 이하</td></tr>
<tr><td>21. 광업</td><td>B</td></tr>
<tr><td>22. 담배 제조업</td><td>C12</td></tr>
<tr><td>23. 섬유제품 제조업(의복 제조업은 제외한다)</td><td>C13</td></tr>
<tr><td>24. 목재 및 나무제품 제조업(가구 제조업은 제외한다)</td><td>C16</td></tr>
</table>

해당 기업의 주된 업종	분류기호	2025.9.1. 이후 규모 기준	2025.8.31. 이전 규모 기준
25. 펄프, 종이 및 종이제품 제조업	C17		
26. 인쇄 및 기록매체 복제업	C18		
27. 고무 및 플라스틱제품 제조업	C22		
28. 의료, 정밀, 광학기기 및 시계 제조업	C27		
29. 기타 운송장비 제조업	C31		
30. 기타 제품 제조업	C33		
31. 건설업	F		
32. 도매 및 소매업	G	평균매출액등 60억원 이하	평균매출액등 50억원 이하
33. 정보통신업	J	평균매출액등 50억원 이하	
34. 수도, 하수 및 폐기물 처리, 원료 재생업(수도업은 제외한다)	E (E36 제외)	평균매출액등 40억원 이하	평균매출액등 30억원 이하
35. 부동산업	L		
36. 전문, 과학 및 기술 서비스업	M	평균매출액등 30억원 이하	
37. 사업시설 관리, 사업 지원 및 임대 서비스업	N		
38. 예술, 스포츠 및 여가관련 서비스업	R		
39. 산업용 기계 및 장비 수리업	C34	평균매출액등 15억원 이하	평균매출액등 10억원 이하
40. 숙박 및 음식점업	I		
41. 교육 서비스업	P		
42. 보건업 및 사회복지 서비스업	Q		
43. 수리 및 기타 개인 서비스업(협회 및 단체는 제외한다)	S (S94 제외)		

비고

1. 해당 기업의 주된 업종의 분류 및 분류기호는 「통계법」 제22조에 따라 국가데이터처장이 고시한 한국표준산업분류에 따른다.
2. 위 표 제29호에도 불구하고 철도 차량 부품 및 관련 장치물 제조업(C31202) 중 철도 차량용 의자 제조업, 항공기용 부품 제조업(C31322) 중 항공기용 의자 제조업의 규모 기준은 평균매출액등 120억원 이하로 한다.

☆ 2025.9.1.부터 시행한다.(중기령 부칙 제35723호 제1조)

소기업 해당여부 판정 시 공동사업장의 매출액이 포함되는지 여부(서면법규법인2022-3374, 2023.5.4.)

내국법인이 개인과 공동사업장(개인사업자)을 운영하는 경우, 소기업 여부를 판정함에 있어 매출액에는 공동사업장의 매출액 중 공동사업계약에 따른 지분비율에 의하여 안분한 금액이 포함되는 것임.

| (저자주) 내국법인이 공동사업장을 운영하는 경우 소기업여부 판정기준 사례 |

A법인의 매출액	A법인과 공동사업(개인사업) (A법인의 지분율 70%)	A법인의 소기업판정 매출액 기준
100억원	50억원	100억원 + 50억원 × 70% = 135억원

소기업 판단시 평균매출액의 의미(사전법규법인2021-1927, 2022.1.26., 사전법령해석법인2018-95, 2018.6.25.)

「조세특례제한법」 제7조 제1항 제2호 가목의 '소기업'은 중소기업 중 매출액이 업종별로 「중소기업기본법 시행령」 「별표 3」의 규모기준 이내인 기업을 말하며, 매출액은 당해 과세연도의 기업회계기준에 따라 작성한 손익계산서상의 매출액으로 하는 것임.

소기업판정시 관계기업의 매출액 포함여부(서면법인2016-5783, 2016.12.9.)

「조세특례제한법」 제6조 제5항에 따른 소기업의 판정시에 매출액은 당해기업의 매출액만으로 판정하는 것이며, 관계기업의 매출액은 합산하지 아니하는 것임.

제3절 중견기업 판정기준

중견기업이란 다음의 요건을 모두 갖춘 기업을 말한다.(조특령 6의4 ①)

① 중소기업이 아닐 것

② 「중견기업 성장촉진 및 경쟁력 강화에 관한 특별법 시행령」 제2조 제1항 제1호(「공공기관의 운영에 관한 법률」 제4조에 따른 공공기관) 또는 제2호(「지방공기업법」에 따른 지방공기업)에 해당하는 기관이 아닐 것

③ 다음 어느 하나에 해당하는 업종을 주된 사업으로 영위하지 아니할 것. 이 경우 둘 이상의 서로 다른 사업을 영위하는 경우에는 사업별 사업수입금액이 큰 사업을 주된 사업으로 본다.

- 조세특례제한법에 따른 소비성서비스업(호텔업 및 여관업, 일반유흥주점업, 무도유흥주점업, 단란주점, 2024.3.22. 이후 개시하는 과세연도부터 무도장 운영업, 기타 사행시설 관리 및 운영업, 유사 의료업 중 안마를 시술하는 업, 마사지업 포함)
- 부동산임대업☆
- 금융업
- 보험 및 연금업
- 금융 및 보험관련 서비스업

☆ 2025년 2월 28일 이후 개시하는 과세연도부터 중견기업에서 제외한다.(조특령 부칙 제35347호 제2조)

④ 소유와 경영에 실질적인 독립성이 「중견기업 성장촉진 및 경쟁력 강화에 관한 특별법 시행령」 제2조 제2항 제1호에 적합할 것

⑤ 직전 3개 사업연도의 매출액(기업회계기준에 의한 손익계산서 매출액이며 1년 미만 사업연도의 경우 연환산한 금액)의 평균금액이 조세유형별로 다음의 금액 미만인 기업일 것

- 연구인력개발비세액공제 적용시: 5,000억원
- 기타 세액공제 적용시: 3,000억원

⑥ 다음의 요건을 모두 갖춘 내국법인(소규모내국법인)이 아닐 것☆(법인령 42 ②)

☆ 2025년 2월 28일 이후 개시하는 과세연도부터 중견기업에서 제외한다.(조특령 부칙 제35347호 제2조)

> ① 해당 사업연도 종료일 현재 내국법인의 지배주주등☆이 보유한 주식등의 합계가 해당 내국법인의 발행주식총수 또는 출자총액의 50%를 초과할 것
>
> ☆ 법인의 발행주식총수 또는 출자총액의 100분의 1 이상의 주식 또는 출자지분을 소유한 주주등으로서 그와 특수관계에 있는 자와의 소유 주식 또는 출자지분의 합계가 해당 법인의 주주등 중 가장 많은 경우의 해당 주주등을 말한다.(법인령 43 ⑦)
>
> ② 해당 사업연도에 부동산 임대업을 주된 사업(내국법인이 둘 이상의 서로 다른 사업을 영위하는 경우에는 사업별 사업수입금액이 큰 사업을 주된 사업으로 본다)으로 하거나 다음 각 목의 금액 합계가 기업회계기준에 따라 계산한 매출액(㉠부터 ㉢까지의 금액이 포함되지 아니한 경우에는 이를 포함하여 계산)의 100분의 50 이상일 것
>
> ㉠ 부동산 또는 부동산상의 권리의 대여로 인하여 발생하는 소득의 금액(조세특례제한법에 의한 임대보증금 등의 간주익금액 포함)
>
> ㉡ 「소득세법」 제16조 제1항에 따른 이자소득의 금액
>
> ㉢ 「소득세법」 제17조 제1항에 따른 배당소득의 금액
>
> ③ 해당 사업연도의 상시근로자수가 5명 미만일 것

Check Point

■ 「중견기업 성장촉진 및 경쟁력 강화에 관한 특별법 시행령」 제2조 제2항 제1호에 적합할 것의 의미

소유와 경영의 실질적인 독립성이 다음의 어느 하나에 해당하지 아니하는 기업을 의미한다.

가. 「독점규제 및 공정거래에 관한 법률」 제31조 제1항에 따른 상호출자제한기업집단에 속하는 기업

나. 「독점규제 및 공정거래에 관한 법률 시행령」 제38조 제2항에 따른 상호출자제한기업집단 지정기준인 자산총액이 국내총생산액의 1천분의 5에 해당하는 금액 이상인 기업 또는 법인(외국법인을 포함한다. 이하 같다)이 해당 기업의 주식(「상법」 제344조의3에 따른 의결권 없는 주식은 제외한다) 또는 출자지분(이하 "주식등"이라 한다)의 100분의 30 이상을 직접적 또는 간접적으로 소유하면서 최다출자자인 기업. 이 경우 최다출자자는 해당 기업의 주식등을 소유한 법인 또는 개인으로서 단독으로 또는 다음의 어느 하나에 해당하는 자와 합산하여 해당 기업의 주식등을 가장 많이 소유한 자로 하며, 주식등의 간접소유비율에 관하여는 「국제조세조정에 관한 법률 시행령」 제2조 제3항을 준용한다.

① 주식등을 소유한 자가 법인인 경우: 그 법인의 임원

법인의 임원은 다음과 같다.(중기령 2 6호)

㉠ 주식회사 또는 유한회사: 등기된 이사(사외이사는 제외한다)

㉡ ㉠외의 기업: 무한책임사원 또는 업무집행자

② 주식등을 소유한 자가 ①에 해당하지 아니하는 개인인 경우: 그 개인의 친족

친족은 배우자(사실상 혼인관계에 있는 자를 포함한다), 6촌 이내의 혈족 및 4촌 이내의 인척을 말한다.(중기령 2 5호)

☆ 따라서 법인세법상 임원과 국세기본법상 친족의 범위와 차이가 있음에 유의하여야 한다.

「조세특례제한법」상 중소기업 업종과 중견기업 업종은 다음과 같은 차이가 있다. 따라서 금융업, 보험 및 연금업, 금융 및 보험관련 서비스업은 중소기업은 될 수 있으나 중견기업은 될 수가 없다.

중소기업 제외업종	중견기업 제외업종
① 조세특례제한법상 소비성서비스업 ☆ 호텔업 및 여관업, 일반유흥주점업, 무도유흥주점업, 단란주점, 2024.3.22. 이후 개시하는 과세연도부터 무도장 운영업, 기타 사행시설 관리 및 운영업, 유사 의료업 중 안마를 시술하는 업, 마사지업 포함 ② 부동산임대업☆ ③ 소규모내국법인☆	① 조세특례제한법상 소비성서비스업 ② 금융업(표준산업분류코드: 64) ③ 보험 및 연금업(표준산업분류코드: 65) ④ 금융 및 보험관련 서비스업(표준산업분류코드: 66) ⑤ 부동산임대업☆ ⑥ 소규모내국법인☆

☆ 2025년 2월 28일 이후 개시하는 과세연도부터 중견기업에서 제외한다.(조특령 부칙 제35347호 제2조)

Check Point

■ 업종별 중소기업 및 중견기업 구분

업종별로 중소기업 요건을 미충족한 경우 중견기업이 될 수 있는지 여부는 다음과 같다.(유예기간은 무시하고 직전3개 사업연도의 매출액 평균이 3,000억원 미만으로 가정함)

① 제조업을 영위하는 내국법인이 독립성 요건 미충족으로 중소기업 배제된 경우: 중견기업이 될 수 있다.

② 보험대리점업을 영위하는 내국법인이 규모기준을 초과하여 중소기업 배제된 경우: 보험대리점업(표준산업분류코드: 66202)은 보험 및 연금업에 해당되어 중견기업이 될 수 없다.

③ 투자 자문업을 영위하는 내국법인이 규모기준을 초과하여 중소기업 배제된 경우: 투자자문업(표준산업분류코드: 66192)은 금융 및 보험관련 서비스업에 해당되어 중견기업이 될 수 없다.

④ 비금융 일반 지주회사인 내국법인이 중소기업요건을 미충족하여 배제된 경우: 지주회사(표준산업분류코드: 64992)는 금융업에 해당되어 중견기업이 될 수 없다.

참고사항

■ 공공기관과 지방공기업 확인 방법

① 공공기관 현황정보 확인: 공공기관 경영정보 공개시스템 알리오(ALIO) (www.alio.go.kr) 홈페이지에서 공공기관의 현황정보를 확인할 수 있다.

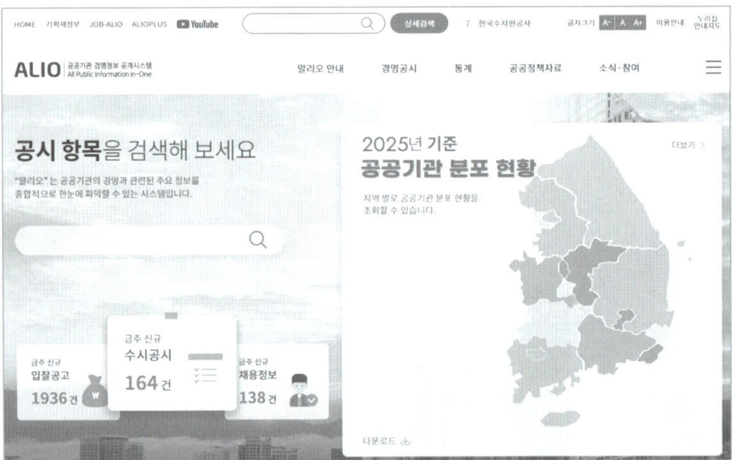

② 지방공기업 현황정보 확인: 클린아이(www.cleaneye.go.kr) 홈페이지에서 지방공기업 현황정보를 확인할 수 있다.

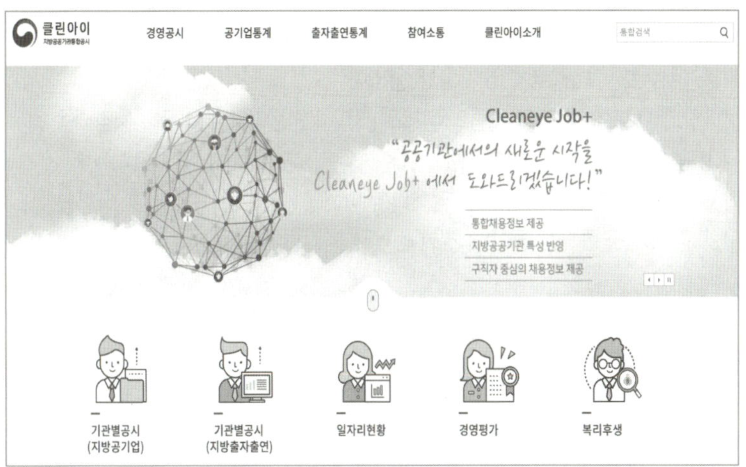

➲ 중견기업 판정 시 매출액 계산방법(서면법인2024-524, 2024.7.23.)

중견기업에 해당하는지를 판단함에 있어서 "직전 3개 과세연도의 매출액"을 계산할 때 내국법인이 관계기업에 해당하더라도 관계기업에 속하는 기업의 매출액을 합산하여 계산하지 않는 것임.

또한, 연결납세방식으로 법인세 신고 시 조세특례제한법의 중견기업에 관한 규정은 연결집단을 하나의 내국법인으로 보아 중견기업에 해당하는 경우에 적용하는 것이 아니라 각 연결법인별로 중견기업 여부를 판단하여 적용하는 것임.

따라서, 중견기업이 연결납세방식으로 법인세를 신고하는 경우 조세특례제한법 제29조의7 제1항에 따라 청년등 및 청년등 외 상시근로자 증가인원에 대해 중견기업에게 적용하는 공제액으로 고용증대세액 공제액을 계산하는 것임.

➲ 연구인력개발비 세액공제 적용시 중견기업 판정기준(서면법규법인2021-4819, 2022.5.26.)

「조세특례제한법 시행령」 제9조 제4항 제3호에 따른 소유와 경영의 실질적인 독립성 여부를 판단함에 있어, 「중견기업 성장촉진 및 경쟁력 강화에 관한 특별법 시행령」 제2조 제2항 제1호 나목에 따른 외국법인에는 외국의 정부도 포함되는 것임.

➲ 중견기업 판단시 감사의견에 따라 변경 공시된 매출액을 기준으로 판단할 수 있는지 여부(사전법령해석법인2020-816, 2020.12.21.)

내국법인이 중견기업으로서 연구·인력개발비에 대한 세액공제를 적용받을 수 있는지 여부를 판단할 때 외부 회계감사 시 해당 내국법인이 당초 신고한 손익계산서상의 매출액에 오류가 있는 것으로 확인되어 기업회계기준에 따라 올바르게 작성한 손익계산서상의 매출액으로 소급하여 변경 고시한 경우에는 변경 공시한 매출액을 기준으로 직전 3개 과세연도의 매출액의 평균금액이 5천억원 미만인지 여부를 판단하는 것임.

① A법인이 국외생산법인 제품 생산에 필요한 원재료를 구매하여 국외생산법인에 공급하는 경우 구매대행수수료만 매출로 인식하여야 함.
② A법인이 설비를 구매하여 자회사에 판매하는 경우 A법인이 거래를 주선하는 역할만 하였으므로 설치관련수수료만 매출로 인식하여야 함.
③ A법인이 고객으로부터 품질 보증의 문제로 제품이 반품되거나 대금이 차감되는 경우 매출차감이 아닌 비용으로 처리하여야 함.
④ 자회사가 ERP를 사용함에 따라 부담해야할 비용을 A법인이 부담한 후 자회사에 ERP 사용료를 청구한 경우 청구한 금액을 A법인 비용에서 차감하여야 함.

➲ 국가가 최대출자자인 법인의 중견기업 해당 여부(서면법인2020 - 1809, 2021.11.10.)

국가(기획재정부)가 최다출자자로서 해당 기업의 주식(「상법」 제344조의3에 따른 의결권 없는 주식은 제외한다) 또는 출자지분 100분의 30 이상을 직접적 또는 간접적으로 소유한 경우, 구 「조세특례제한법 시행령」(2021.2.17. 대통령령 제31444호로 개정되기 전의 것) 제4조 제1항에 따른 중견기업 요건 중 제3호의 소유와 경영의 실질적인 독립성 요건을 갖추지 못한 것임.

➲ 중견기업의 실질적 독립성 기준에 적합한지 여부(서면법령해석법인2020 - 2627, 2021.10.20.)

자산총액 10조원 이상인 ○○시가 100% 출자한 △△공사는 「중견기업 성장촉진 및 경쟁력 강화에 관한 특별법 시행령」 제2조 제2항 제1호 나목에 해당하여 「조세특례제한법 시행령」(2021.2.17. 대통령령 제31444호로 개정되기 전의 것) 제4조 제1항 제3호에 따른 소유와 경영의 실질적인 독립성 요건을 갖추지 못한 것임.

➲ 중견기업 여부 판단 시 직전 과세연도 매출액에 합병전 피합병법인의 매출액을 합산하는지 여부(사전법령해석법인2020 - 579, 2020.10.19.)

내국법인이 중견기업에 해당하는지 여부를 판단할 때 「조세특례제한법 시행령」 제9조 제3항 제4호의 "직전 3개 과세연도의 매출액의 평균금액" 계산 시 합병 전 피합병법인의 매출액은 합산하지 아니하는 것임.

➲ 소유와 경영의 실질적 독립성 충족여부의 판단시기(사전법령해석법인2019 - 66, 2019.2.28.)

내국법인의 최다출자자가 사모펀드에서 외국기업으로 변경된 경우 「조세특례제한법 시행령」 제4조 제1항 제3호 및 제9조 제2항 제3호의 소유와 경영의 실질적인 독립성이 「중견기업 성장촉진 및 경쟁력 강화에 관한 특별법 시행령」 제2조 제2항 제1호에 적합 여부는 해당 과세연도 종료일을 기준으로 판단하는 것임.

➲ 중견기업의 주된 사업 판단 방법(사전법령해석법인2018 - 21, 2018.2.19.)

「조세특례제한법 시행령」 제9조 제4항 제2호에 따른 주된 사업을 판단함에 있어 내국법인이 2 이상의 서로 다른 사업을 영위하는 경우에는 사업별 사업수입금액이 큰 사업을 주된 사업으로 보는 것임.

➲ 중견기업 판정시 관계기업의 매출액 합산여부(서면법령해석법인2014 - 20575, 2015.4.6.)

내국법인이 조세특례제한법 시행령 제9조 제4항 제4호에 따른 "직전 3개 과세연도의 매출액"을 계산할 때 중소기업기본법 시행령 제3조 제1항 제2호 다목에 따른 관계기업에 속하는 기업의 매출액은 합산하지 아니하는 것임.

| (저자주) 중소기업등 판단시 관계기업매출 포함여부 |

구 분	중소기업	소기업	중견기업
관계기업매출 포함여부	포함	제외	제외

참고사항

■ 중소기업기본법과 조세특례제한법상 중소기업의 분류상 차이

<table>
<tr><th>구 분</th><th>중소기업기본법</th><th>조세특례제한법</th></tr>
<tr><td>업 종</td><td>시행령 「별표 1」의 업종(모든 업종)</td><td>소비성서비스업☆ 제외한 업종
☆ 호텔업 및 여관업, 일반유흥주점업, 무도유흥주점업, 단란주점, 2024.3.22. 이후 개시하는 과세연도부터 무도장 운영업, 기타 사행시설 관리 및 운영업, 유사 의료업 중 안마를 시술하는 업, 마사지업 포함.</td></tr>
<tr><td>규모기준(매출액)</td><td>직전3개 사업연도 평균</td><td>해당 사업연도</td></tr>
<tr><td>졸업기준(자산총액)</td><td>전년도말</td><td>해당 사업연도</td></tr>
<tr><td>독립성기준 중 관계기업 판단시점</td><td>직전사업연도 종료일 현재기준</td><td>해당 사업연도 종료일 기준</td></tr>
<tr><td>적용유예</td><td>사유발생일의 다음연도부터 5년간 유예(최초 1회만 유예)
<table><tr><th>2024.8.20. 이전</th><th>2024.8.21. 이후</th></tr><tr><td>3년</td><td>5년</td></tr></table></td><td>최초 사유발생연도와 그 다음 5년(상장회사는 7년)간 유예(최초 1회만 유예)
독립성기준 중 자산 5천억원 이상 자회사규정은 유예안됨
<table><tr><th>2024.11.12.이 속하는 과세연도 이전 과세연도까지</th><th>2024.11.12.이 속하는 과세연도부터</th></tr><tr><td>3년</td><td>5년
(상장사 7년)</td></tr></table></td></tr>
<tr><td>소기업(매출액)</td><td>직전3개 사업연도 평균</td><td>해당 사업연도 기준</td></tr>
</table>

■ 중소기업 판단요건인 규모기준(매출액) 적용방법 비교

구 분	중소기업기본법	조세특례제한법		
	중소기업	중소기업	중견기업	소기업
규모기준(매출액)	직전3개 사업연도 평균매출액	해당 사업연도 매출액	직전3개 사업연도의 평균매출액	해당 사업연도 매출액

중소기업 요건 검토서식

<table>
<tr><th colspan="2">검토 사항</th><th>적합 여부</th></tr>
<tr><td>업종 기준</td><td>「조세특례제한법 시행령」 제29조 제3항에 규정된 소비성서비스업*을 주된 사업으로 영위하지 않는지 여부
* ① 호텔업 및 여관업(「관광진흥법」에 따른 관광숙박업 제외)
② 주점업(일반유흥주점업, 무도유흥주점업 및 「식품위생법 시행령」 제21조에 따른 단란주점☆ 영업만 해당하되, 「관광진흥법」에 따른 외국인전용유흥음식점업 및 관광유흥음식점업은 제외한다)
☆ 단란주점이란 주로 주류를 조리·판매하는 영업으로서 손님이 노래를 부르는 행위가 허용되는 영업을 말한다.
③ 부동산임대업
④ 법인세법 시행령 제42조 제2항의 각호의 요건을 모두 갖춘 내국법인(소규모내국법인)이 아닐 것
☆ ③과 ④는 2025.2.28. 이후 개시하는 과세연도부터 중소기업에서 제외된다.(조특령 부칙 제35347호 제2조)
⑤ 그 밖에 오락·유흥 등을 목적으로 하는 사업으로서 다음의 사업☆
☆ 2024.3.22. 이후 개시하는 과세연도부터 소비성서비스업에 포함됨.(조특칙 부칙 제1042호, 3, 2024.3.22.)
㉠ 무도장 운영업
㉡ 기타 사행시설 관리 및 운영업(「관광진흥법」 제5조 또는 「폐광지역 개발 지원에 관한 특별법」 제11조에 따라 허가를 받은 카지노업은 제외한다)
㉢ 유사 의료업 중 안마를 시술하는 업
㉣ 마사지업</td><td>예 / 아니오</td></tr>
<tr><td>업종별 규모기준</td><td>매출액 요건이 업종별 규모기준에 적합한지 여부
주된 업종 |
매출액 | 백만원
* 중소기업기본법 시행령 「별표 1」의 규모기준
* 중소기업기본법 시행령 「별표 1」의 개정으로, 새로이
① 중소기업 해당 → 사유발생 사업연도부터 중소기업
② 중소기업 미해당 → 사유발생 사업연도와 그 다음 5개(상장사 7개) 사업연도까지 중소기업으로 봄(2024.11.12.이 속하는 과세연도 이전과세연도까지 3개 사업연도까지 중소기업으로 봄)</td><td>예 / 아니오</td></tr>
<tr><td>졸업기준</td><td>자산총액 기준에 적합한지 여부
자산총액(5,000억원 미만) | 백만원</td><td>예 / 아니오</td></tr>
<tr><td rowspan="3">독립성 기준</td><td>「독점규제 및 공정거래에 관한 법률」에 따른 상호출자제한기업 집단에 해당하지 않는지 여부</td><td>예 / 아니오</td></tr>
<tr><td>자산총액 5천억원 이상인 법인(외국법인 포함)이 지분의 30% 이상을 직접적 또는 간접적으로 소유하면서 최다출자자에 해당하지 않는지 여부</td><td>예 / 아니오</td></tr>
<tr><td>★ 관계기업 충족여부
다른 법인과 출자 관계에 있는 경우, 관계기업간 합산한 전체 매출액이 위 규모기준의 매출액 이내인지 여부</td><td>예 / 아니오</td></tr>
</table>

※ 제3쪽의 작성방법을 읽고 작성해 주시기 바랍니다. (4쪽 중 제1쪽)

<table>
<tr><td rowspan="2">사업
연도</td><td rowspan="2">. . .
~
. . .</td><td rowspan="2">중소기업 등 기준검토표</td><td>법인명</td><td></td></tr>
<tr><td>사업자등록번호</td><td></td></tr>
</table>

<table>
<tr><td>구분</td><td colspan="2">① 요건</td><td>② 검토 내용</td><td>③ 적합 여부</td><td>④ 적정 여부</td></tr>
<tr><td rowspan="4">중
기
업</td><td>⑩ 사업요건</td><td>① 부동산임대업을 주된 사업으로 영위하지 않을 것
② 「조세특례제한법 시행령」 제29조제3항에 따른 소비성 서비스업을 주된 사업으로 영위하지 않을 것
③ 「법인세법 시행령」 제42조제2항 각 호의 요건을 모두 갖춘 내국법인이 아닐 것
※ ①·③은 2025. 2. 28. 이후 개시하는 사업연도분부터 적용</td><td><table><tr><td>구분
업태별</td><td>기준경비율 코드</td><td>사업 수입금액</td></tr><tr><td>(01)
( )업</td><td>(04)</td><td>(07)</td></tr><tr><td>(02)
( )업</td><td>(05)</td><td>(08)</td></tr><tr><td>(03)
그 밖의 사업</td><td>(06)</td><td>(09)</td></tr><tr><td>계</td><td></td><td></td></tr></table></td><td>(17)
적합
(Y)
부적합
(N)</td><td rowspan="4">(26)
적
합
(Y)
부
적
합
(N)</td></tr>
<tr><td>⑩ 규모요건</td><td>○ 아래 요건 ①, ②를 동시에 충족할 것
① 매출액이 업종별로 「중소기업기본법 시행령」 별표 1에 따른 규모기준("평균매출액등"은 "매출액"으로 봄) 이내일 것
② 자산총액이 5천억원 미만일 것</td><td>가. 매출액
- 당 회사(10) (억원)
- 「중소기업기본법 시행령」 별표 1에 따른 규모기준(11) (억원) 이하
나. 자산총액(12) (억원)</td><td>(18)
적합
(Y)
부적합
(N)</td></tr>
<tr><td>⑩ 독립성요건</td><td>○ 「조세특례제한법 시행령」 제2조제1항제3호에 해당하는 기업일 것</td><td>· 「독점규제 및 공정거래에 관한 법률」 제31조제1항에 따른 공시대상기업집단에 속하는 회사 또는 같은 법 제33조에 따라 공시대상기업집단의 국내 계열회사로 편입·통지된 것으로 보는 회사에 해당하지 않으며, 실질적인 독립성이 「중소기업기본법 시행령」 제3조제1항제2호에 적합할 것
· 자산총액 5천억원 이상인 법인이 주식등의 30퍼센트 이상을 직접적 또는 간접적으로 소유한 경우로서 최다출자자인 기업이 아닐 것
· 「중소기업기본법 시행령」 제2조제3호에 따른 관계기업에 속하는 기업으로서 같은 영 제7조의4에 따라 산정한 매출액이 「조세특례제한법 시행령」 제2조제1항제1호에 따른 중소기업기준(⑩의① 기준) 이내일 것</td><td>(19)
적합
(Y)
부적합
(N)</td></tr>
<tr><td>⑩ 유예기간</td><td>○ 「조세특례제한법 시행령」 제2조 제2항 및 제5항에 따른 유예기간에 있는 기업일 것</td><td>① 중소기업이 그 규모의 확대 등으로 ⑩의 기준을 초과하는 경우 최초로 그 사유가 발생한 사업연도와 그 다음 3개 사업연도[2024년 11월 12일이 속하는 사업연도에 최초로 사유가 발생한 경우부터는 5개 사업연도(「자본시장과 금융투자업에 관한 법률」에 따른 유가증권시장 또는 코스닥시장에 상장되어 있는 경우에는 7개 사업연도)]까지 중소기업으로 보고 그 후에는 매년마다 판단
② 「중소기업기본법 시행령」 제3조제1항제2호, 별표 1 및 별표 2의 개정으로 중소기업에 해당하지 않게 되는 때에는 그 사유가 발생한 날이 속하는 사업연도와 그 다음 3개 사업연도까지 중소기업으로 봄
○ 사유발생 연도(13) (년)</td><td>(20)
적합
(Y)
부적합
(N)</td></tr>
<tr><td rowspan="2">소
기
업</td><td colspan="2">⑩ 사업요건 및 독립성요건을 충족할 것</td><td>중소기업 업종(⑩)을 주된 사업으로 영위하고, 독립성요건(⑩)을 충족하는지 여부</td><td>(21)
적합(Y),
부적합(N)</td><td rowspan="2">(27)
적합
(Y)
부적합
(N)</td></tr>
<tr><td colspan="2">⑩ 자산총액이 5천억원 미만으로서 매출액이 업종별로 「중소기업기본법 시행령」 별표 3의 규모기준("평균매출액등"은 "매출액"으로 봅니다) 이내일 것</td><td>○ 매출액
- 당 회사(14) (억원)
- 「중소기업기본법 시행령」 별표 3의 규모기준(15) (억원) 이하</td><td>(22)
적합(Y),
부적합(N)</td></tr>
</table>

210mm×297mm[백상지 80g/㎡ 또는 중질지 80g/㎡]

<table>
<tr><th>구분</th><th>① 요건</th><th colspan="4">② 검토 내용</th><th>③
적합
여부</th><th>④
적정
여부</th></tr>
<tr><td rowspan="5">중견기업</td><td>(107) 「조세특례제한법」상 중소기업 업종을 주된 사업으로 영위할 것</td><td colspan="4">중소기업이 아니고, 중소기업 업종(101)을 주된 사업으로 영위하는지 여부</td><td>(23)
적합(Y),
부적합(N)</td><td rowspan="5">(28)

적합
(Y)

부적합
(N)</td></tr>
<tr><td>(108) 소유와 경영의 실질적인 독립성이 「중견기업 성장촉진 및 경쟁력 강화에 관한 특별법 시행령」 제2조제2항제1호에 적합할 것</td><td colspan="4">· 「독점규제 및 공정거래에 관한 법률」 제31조제1항에 따른 상호출자제한기업집단에 속하는 회사에 해당하지 않을 것
· 「독점규제 및 공정거래에 관한 법률 시행령」 제38조제2항에 따른 상호출자제한기업집단 지정 기준인 자산총액 이상인 법인이 주식등의 30% 이상을 직·간접적으로 소유한 경우로서 최다출자자인 기업이 아닐 것(「중견기업 성장촉진 및 경쟁력 강화에 관한 특별법 시행령」 제2조제3항에 해당하는 기업은 제외합니다)</td><td>(24)
적합(Y),
부적합(N)</td></tr>
<tr><td rowspan="3">(109) 직전 3년 평균 매출액이 다음의 중견기업 대상 세액공제 요건을 충족할 것
① 중소기업 등 투자세액공제[구 「조세특례제한법」 제5조제1항(2020. 12. 29. 법률 제17759호로 개정되기 전의 것)]: 1천5백억원 미만(신규상장 중견기업으로 한정합니다)
② 연구·인력개발비에 대한 세액공제[「조세특례제한법」 제10조제1항제1호가목2)]: 5천억원 미만
③ 기타 중견기업 대상 세액공제: 3천억원 미만</td><td colspan="4">직전 3년 과세연도 매출액의 평균금액</td><td rowspan="3">(25)
적합(Y),
부적합(N)</td></tr>
<tr><td>직전 3년</td><td>직전 2년</td><td>직전 1년</td><td>평균</td></tr>
<tr><td>(억원)</td><td>(억원)</td><td>(억원)</td><td>(억원)</td></tr>
</table>

210mm×297mm[백상지 80g/㎡ 또는 중질지 80g/㎡]

Part 2

세액감면 제도

Chapter 01

이월과세 및 과세특례제도

| 이월과세 및 과세특례제도 요약 |

구 분	이월과세 과세특례 범위	이월과세 및 과세특례의 방법
1. 중소기업간의 통합에 대한 양도소득세 등 이월과세 (조특법 31)	중소기업간의 통합으로 인하여 소멸되는 중소기업이 사업용 고정자산을 통합법인에 양도하는 경우 그 사업용고정산자에 대해서 이월과세 적용	• 사업용고정자산 – 당해 사업에 직접 사용하는 유형자산 및 무형자산(업무무관부동산, 주택 및 주택을 취득할 수 있는 권리 제외) • 이월과세 요건 – 소비성서비스업☆ 제외한 중소기업자가 당해 사업의 사업장별로 주된 자산을 모두 승계하여 사업의 동일성 유지 ☆ 호텔업 및 여관업, 일반유흥주점업, 무도유흥주점업, 단란주점, 2024.3.22. 이후 개시하는 과세연도부터 무도장 운영업, 기타 사행시설 관리 및 운영업, 유사 의료업 중 안마를 시술하는 업, 마사지업 포함. – 소멸 사업장 중소기업자가 통합법인의 주주 또는 출자자일 것 – 통합으로 인하여 취득하는 주식등의 가액이 통합으로 소멸한 사업장의 순자산가액 이상일 것 • 이월과세액의 납부 – 사업용고정자산 양도시: 법인세로 납부 – 법인설립등기일부터 5년 이내 승계받은 사업을 폐지하거나 법인전환으로 취득한 주식등의 50% 이상을 처분하는 경우: 이월과세액을 양도소득세로 납부
2. 법인전환에 대한 양도소득세 등의 이월과세	거주자가 사업용고정자산을 현물출자 또는 사업양도·양수의 방법에 따라 법인(소비성서비스업☆ 경	• 사업용고정자산 – 당해 사업에 직접 사용하는 유형자산 및 무형자산(업무무관부동산, 주택 및 주택을 취득

구 분	이월과세 과세특례 범위	이월과세 및 과세특례의 방법
(조특법 32)	영 법인 제외)으로 전환하는 경우 그 사업용고정자산에 대해서 이월과세 적용 ☆ 호텔업 및 여관업, 일반유흥주점업, 무도유흥주점업, 단란주점, 2024.3.22. 이후 개시하는 과세연도부터 무도장운영업, 기타 사행시설 관리 및 운영업, 유사 의료업 중 안마를 시술하는 업, 마사지업 포함.	할 수 있는 권리 제외) • 이월과세 요건 - 새로 설립되는 법인의 자본금이 소멸하는 사업장의 순자산가액 이상일 것 • 이월과세액의 납부 - 사업용고정자산 양도시: 법인세로 납부 - 법인설립등기일부터 5년 이내 승계받은 사업을 폐지하거나 법인전환으로 취득한 주식등의 50% 이상을 처분하는 경우: 이월과세액을 양도소득세로 납부
3. 법인 본사를 수도권과밀억제권역 밖으로 이전하는 데 따른 양도차익에 대한 법인세 과세특례 (조특법 61)	수도권과밀억제권역에 본점이나 주사무소를 둔 내국법인이 본점이나 주사무소를 수도권과밀억제권역 밖으로 이전하기 위하여 해당 본점 또는 주사무소의 대지와 건물을 2025년 12월 31일까지 양도하여 발생한 양도차익	• 양도일이 속하는 사업연도: (양도가액 - 장부가액 - 이월결손금) × 이전비용/양도가액 → 익금불산입 • 익금불산입액: 5년거치 5년균등 환입 • 본사등 미이전, 수도권과밀억제권역안에서 기준초과 사무소운영, 폐업등의 사유발생시: 익금불산입액 잔액 일시환입과 이자상당가산액 납부

제1절 이월과세

「이월과세(移越課稅)」란 개인이 해당 사업에 사용되는 사업용고정자산 등(=「종전사업용고정자산등」)을 현물출자(現物出資) 등을 통하여 법인에 양도하는 경우 이를 양도하는 개인에 대해서는 「소득세법」 제94조에 따른 양도소득세를 과세하지 아니하고, 그 대신 이를 양수한 법인이 그 사업용고정자산 등을 양도하는 경우 개인이 종전사업용고정자산 등을 그 법인에 양도한 날이 속하는 과세기간에 다른 양도자산이 없다고 보아 계산한 「소득세법」 제104조에 따른 양도소득산출세액 상당액을 법인세로 납부하는 것을 말한다.(조특법 2 ① 6호)

제2절 중소기업간의 통합에 대한 양도소득세 등의 이월과세

Ⅰ 적용 대상 사업자

다음의 소비성서비스업을 제외한 모든 사업을 영위하는 「중소기업기본법」에 의한 중소기업자가 적용대상이다. 소비성서비스업과 다른 사업을 겸영하고 있는 경우 소비성서비스업은 부동산양도일이 속하는 사업연도의 직전사업연도의 소비성서비스업의 사업별 수입금액이 가장 큰 경우에 한한다.(조특령 28 ①)

① 호텔업 및 여관업(「관광진흥법」에 따른 관광숙박업[10]은 제외한다)
② 주점업(일반유흥주점업, 무도유흥주점업 및 「식품위생법 시행령」 제21조에 따른 단란주점☆ 영업만 해당하되, 「관광진흥법」에 따른 외국인전용유흥음식점업 및 관광유흥음식점업은 제외한다)
  ☆ 단란주점이란 주로 주류를 조리・판매하는 영업으로서 손님이 노래를 부르는 행위가 허용되는 영업을 말한다.
③ 그 밖에 오락・유흥 등을 목적으로 하는 사업으로서 다음의 사업☆
  ☆ 2024.3.22. 이후 개시하는 과세연도부터 소비성서비스업에 포함됨.(조특칙 부칙 제1042호, 3, 2024.3.22.)
  ㉠ 무도장 운영업
  ㉡ 기타 사행시설 관리 및 운영업(「관광진흥법」 제5조 또는 「폐광지역 개발 지원에 관한 특별법」 제11조에 따라 허가를 받은 카지노업은 제외한다)
  ㉢ 유사 의료업 중 안마를 시술하는 업
  ㉣ 마사지업

Ⅱ 사업용고정자산의 범위

사업용고정자산이란 당해 사업에 직접 사용하는 유형자산 및 무형자산을 말한다. 다만, 1981년 1월 1일 이후에 취득한 부동산으로서 「법인세법 시행령」 제49조 제1항 제1호의 규정에 의한 업무와 관련이 없는 부동산(=「업무무관부동산」)을 제외한다. 이 경우 업무무관부동산에 해당하는지의 여부는 양도일을 기준으로 판정한다.(조특령 28 ②, 조특칙 15 ③)

10) 「관광진흥법」에 따른 관광숙박업은 다음에서 규정하는 업을 말한다.(관광진흥법 3 ① 2호)
  가. 호텔업: 관광객의 숙박에 적합한 시설을 갖추어 이를 관광객에게 제공하거나 숙박에 딸리는 음식・운동・오락・휴양・공연 또는 연수에 적합한 시설 등을 함께 갖추어 이를 이용하게 하는 업
  나. 휴양 콘도미니엄업: 관광객의 숙박과 취사에 적합한 시설을 갖추어 이를 그 시설의 회원이나 공유자, 그 밖의 관광객에게 제공하거나 숙박에 딸리는 음식・운동・오락・휴양・공연 또는 연수에 적합한 시설 등을 함께 갖추어 이를 이용하게 하는 업

➲ **건설중인 자산(공장용지 포함)이 법인전환시 양도소득세 이월과세 적용대상인 사업용고정자산에 해당되는지 여부**(기획재정부재산-1187, 2010.12.10.)

「조세특례제한법」 제32조 제1항에 따른 사업용고정자산은 당해 사업에 직접 사용하는 유형자산 및 무형자산을 말하는 것이므로, 귀 질의와 같이 사업에 사용할 목적으로 건설 중인 자산(공장용지 포함)은 사업용고정자산에 포함되지 아니하는 것임.

Ⅲ 중소기업의 범위

중소기업자는 중소기업기본법에 의한 중소기업자를 말한다.(조특령 28 ①)

Ⅳ 중소기업간의 통합

중소기업간의 통합이란 중소기업자가 당해 기업의 사업장별로 그 사업에 관한 주된 자산을 모두 승계하여 사업의 동일성이 유지되는 것☆으로서 다음의 요건을 갖춘 것을 말한다. 이 경우 설립후 1년이 경과되지 아니한 법인이 출자자인 개인(「국세기본법」 제39조 제2항의 규정에 의한 과점주주에 한한다)의 사업을 승계하는 것은 이를 통합으로 보지 아니한다.(조특령 28 ①)

☆ 중소기업간 통합에 대한 양도소득세 이월과세는 통합으로 인해 소멸되는 기업의 사업장별로 그 사업에 관한 주된 자산을 모두 승계하여 사업의 동일성이 유지되는 경우에 한하여 적용하며, 임대업에 사용되던 자산을 제조업에 사용하는 경우 동일성이 유지되지 아니한 것으로 본다.(조특법 집행기준 31-28-4) 또한, 소멸한 중소기업이 임대사업에 사용하던 주된 자산을 통합법인에게 양도한 후 통합법인이 해당 부동산을 자가 사용 및 일부 임대하는 경우에는 사업의 동일성이 유지되지 아니한 것으로 본다.(조특법 집행기준 31-28-3)

① 통합으로 인하여 소멸되는 사업장의 중소기업자가 통합법인☆의 주주 또는 출자자일 것

☆ 통합법인은 통합 후 존속하는 법인 또는 통합으로 인하여 설립되는 법인을 말한다.

② 통합으로 인하여 소멸하는 사업장의 중소기업자가 당해 통합으로 인하여 취득하는 주식 또는 지분의 가액이 통합으로 인하여 소멸하는 사업장의 순자산가액☆이상일 것

☆ 통합일 현재의 시가로 평가한 자산의 합계액에서 충당금을 포함한 부채의 합계액을 공제한 금액을 말한다.

Check Point

사업장의 순자산가액계산(조특법 통칙 32-29-2)

① 사업장의 순자산가액을 계산함에 있어서 영업권은 포함하지 아니한다.
② 순자산가액을 계산함에 있어서 「시가」라 함은 불특정다수인 사이에 자유로이 거래가 이루어지는 경우에 통상 성립된다고 인정되는 가액을 말하며 수용・공매가격 및 감정가액 등 상속세 및 증여세법 시행령 제49조의 규정에 의하여 시가로 인정되는 것을 포함한다.

법인설립 후 1년이 경과하지 아니한 법인이 개인의 사업을 승계하는 경우 이월과세 적용여부(조특법 집행기준 31-28-2)

구 분	출자자인 개인 사업 승계	출자자가 아닌 개인의 사업 승계
법인설립 후 1년 미경과 법인	양도소득세 이월과세 적용불가	양도소득세 이월과세 적용
법인설립 후 1년 경과 법인	양도소득세 이월과세 적용가능	양도소득세 이월과세 적용

설립후 휴업기간 있는 법인에 대한 양도소득세 이월과세 여부(조특법 집행기준 31-28-1, 부동산거래관리-116, 2010.1.22.)

「조세특례제한법 시행령」 제28조 제1항 후단에서 "설립후 1년"이 경과되지 아니한 법인이 출자자인 개인(「국세기본법」 제39조 제2항의 규정에 의한 과점주주에 한한다)의 사업을 승계하는 것은 이를 통합으로 보지 아니하는 것임.
위 규정에서 "설립"이란 "법인설립등기일"을 의미하는 것이며, 법인설립 후 1년이 경과하였더라도 조세의무를 면탈하기 위하여 휴업기간이 있는 경우에는 그 휴업기간을 제외하고 위 규정을 적용하는 것임.

V 이월과세

소비성서비스업을 제외한 업종을 경영하는 중소기업 간의 통합으로 인하여 소멸되는 중소기업이 사업용고정자산을 통합에 의하여 설립된 법인 또는 통합 후 존속하는 법인(=「통합법인」)에 양도하는 경우 그 사업용고정자산에 대해서는 이월과세를 적용받을 수 있다.(조특법 31 ①)

Ⅵ 이월과세 세액의 납부 및 배제

1. 이월과세 세액의 납부(법인세 납부)

통합법인이 통합으로 이월과세가 적용되는 사업용고정자산 등을 양도하는 경우 개인이 종전사업용고정자산 등을 통합법인에 양도한 날이 속하는 과세기간에 다른 양도자산이 없다고 보아 계산한 소득세법 제104조에 따른 양도소득산출세액 상당액을 법인세로 납부하여야 한다.(조특법 2 ① 6호)

2. 이월과세 배제(양도소득세 납부)

내국인이 사업용고정자산을 양도한 날부터 5년 이내에 다음의 어느 하나에 해당하는 사유가 발생하는 경우에는 해당 내국인은 사유발생일이 속하는 달의 말일부터 2개월 이내에 이월과세액(통합법인이 이미 납부한 세액을 제외한 금액을 말한다)을 양도소득세로 납부하여야 한다.(조특법 31 ⑦)

① 통합법인이 소멸되는 중소기업으로부터 승계받은 사업을 폐지하는 경우. 다음에 해당하는 경우도 사업의 폐지로 본다.(조특령 28 ⑨)

㉠ 사업용고정자산을 50% 이상 처분한 경우. 다만, 다음에 해당하는 경우는 제외한다.
- ⓐ 통합법인이 파산하여 승계받은 자산을 처분한 경우
- ⓑ 통합법인이 「법인세법」 제44조 제2항에 따른 합병, 같은 법 제46조 제2항에 따른 분할, 같은 법 제47조 제1항에 따른 물적분할, 같은 법 제47조의2 제1항에 따른 현물출자의 방법으로 자산을 처분한 경우
- ⓒ 통합법인이 「채무자 회생 및 파산에 관한 법률」에 따른 회생절차에 따라 법원의 허가를 받아 승계받은 자산을 처분한 경우

㉡ 사업용고정자산을 사업에 사용하지 않는 경우

② ①을 적용받은 내국인이 통합으로 취득한 통합법인의 주식 또는 출자지분의 100분의 50 이상을 처분(주식등의 유상이전, 무상이전, 유상감자 및 무상감자☆ 포함)하는 경우. 다만, 다음의 어느 하나에 해당하는 경우는 그러하지 아니한다.(조특령 28 ⑩)

☆ 주주 또는 출자자의 소유주식 또는 출자지분 비율에 따라 균등하게 소각하는 경우는 제외한다.

㉠ 이월과세를 적용받은 내국인이 사망하거나 파산하여 주식 또는 출자지분을 처분하는 경우

㉡ 이월과세를 적용받은 내국인이 「법인세법」 제44조 제2항에 따른 합병이나 같은 법 제46조 제2항에 따른 분할의 방법으로 주식 또는 출자지분을 처분하는 경우

㉢ 이월과세를 적용받은 내국법인이 주식의 포괄적 교환·이전 또는 주식의 현물출자의 방법으로

과세특례를 적용받으면서 주식 또는 출자지분을 처분하는 경우

㉣ 이월과세를 적용받은 내국인이 「채무자 회생 및 파산에 관한 법률」에 따른 회생절차에 따라 법원의 허가를 받아 주식 또는 출자지분을 처분하는 경우

㉤ 이월과세를 적용받은 내국인이 법령상 의무를 이행하기 위하여 주식 또는 출자지분을 처분하는 경우

㉥ 이월과세를 적용받은 내국인이 가업의 승계를 목적으로 해당 가업의 주식 또는 출자지분을 증여하는 경우로서 수증자가 조세특례제한법 제30조의6(가업의 승계에 대한 증여세 과세특례)에 따른 증여세 과세특례를 적용받은 경우

☆ 수증자를 해당 내국인으로 보아 적용하되, 5년의 기간을 계산할 때 증여자가 통합으로 취득한 통합법인의 주식 또는 출자지분을 보유한 기간을 포함하여 통산한다.(조특령 28 ⑪)

Ⅶ 세액감면 및 세액공제 승계

1. 창업중소기업등에 대한 세액감면 및 농공단지 입주기업 등에 대한 세액감면의 승계

조세특례제한법 제6조(창업중소기업등에 대한 세액감면) 제1항 및 제2항에 따른 창업중소기업 및 창업벤처중소기업 또는 같은 법 제64조(농공단지 입주기업 등에 대한 세액감면) 제1항에 따라 세액감면을 받는 내국인이 감면기간이 지나기 전에 통합을 하는 경우 통합법인은 남은 감면기간에 대하여 감면을 적용받을 수 있다.(조특법 31 ④)

이 경우 통합으로 인하여 소멸되는 창업중소기업 또는 창업벤처중소기업이나 농공단지 및 「지역중소기업 육성 및 혁신촉진에 관한 법률」 제23조에 따른 중소기업특별지원지역의 입주기업으로부터 승계받은 사업에서 발생하는 소득에 대하여 통합당시의 잔존감면기간 내에 종료하는 각 과세연도까지 그 감면을 받을 수 있다.(조특령 28 ④)

2. 수도권 밖으로 공장 이전기업에 대한 세액감면 및 농업회사법인에 대한 법인세의 면제등에 대한 승계

조세특례제한법 제63조(수도권 밖으로 공장을 이전하는 기업에 대한 세액감면 등)에 따른 수도권과밀억제권역 밖으로 이전하는 중소기업 또는 제68조(농업회사법인에 대한 법인세의 면제 등)에 따른 농업회사법인이 감면기간이 지나기 전에 통합을 하는 경우 통합법인은 남은 감면기간에 대하여 감면을 적용받을 수 있다.(조특법 31 ⑤)

이 경우 통합으로 인하여 소멸되는 중소기업자로부터 승계받은 사업에서 발생하는 소득에 관하여 통합당시 잔존감면기간 내에 종료하는 각 과세연도분까지 그 감면을 받을 수 있다.(조특령 28 ⑥)

3. 세액공제액의 이월공제 세액의 승계

조세특례제한법 제144조에 따른 미공제 세액이 있는 내국인이 통합을 하는 경우 통합법인은 통합으로 인하여 소멸되는 중소기업자로부터 승계받은 자산에 대한 미공제 세액상당액을 당해 중소기업자의 이월공제잔여기간 내에 종료하는 각 과세연도에 이월하여 공제받을 수 있다.(조특법 31 ⑥, 조특령 28 ⑧)

Check Point

■ **세액공제액의 이월공제 세액에 대하여 통합법인이 승계여부**

구 분	통합법인이 승계 공제여부
① 소멸되는 중소기업자로부터 승계받은 자산에 대한 미공제 세액상당액	• 통합법인이 승계하여 이월공제잔여기간내 공제가능 • 소멸되는 중소기업자는 이월공제 불가능
② ①이외의 미공제 세액상당액	• 통합법인이 승계하여 공제 불가능 • 소멸되는 중소기업자가 계속 이월공제

따라서 소멸되는 중소기업자의 이월공제 세액 중 중소기업의 자산과 관련없는 통합고용세액공제 등의 이월공제 세액은 통합법인이 승계하여 공제가 불가능한 것으로 해석된다.

중소기업 간의 통합으로 취득한 통합법인의 주식을 5년 이내 유증한 경우 양도소득세 추징여부(서면법규재산2021-6606, 2022.6.21.)

「조세특례제한법」 제31조 제1항의 중소기업 간의 통합에 대한 양도소득세의 이월과세 특례를 적용받은 내국인이 통합으로 취득한 통합법인의 주식을 유증하는 경우는 같은법 제31조 제7항 제2호에 따른 처분에 포함하지 않는 것임.

비상장주식 평가 시 사후관리기간이 경과한 「조세특례제한법」상 이월과세액을 부채에 가산하는지 여부(기획재정부재산-125, 2021.2.4.)

비상장주식을 평가하기 위해 「상속세 및 증여세법 시행령」 제55조에 따른 순자산가액 계산 시 「조세특례제한법」 제31조에 따른 사후관리기간(5년)이 경과한 이월과세액을 법인의 부채에 가산함.

➲ 중소기업 간의 통합에 따른 양도소득세 이월과세 해당 여부(서면부동산2016-3981, 2016.8.23.)

「조세특례제한법」 제31조에 따른 중소기업 간의 통합이란 중소기업이 사업장별로 그 사업에 관한 주된 자산을 모두 승계하여 사업의 동일성이 유지되는 것으로서 동법 시행령 제28조 제1항 각호의 요건을 모두 갖춘 것을 말하는 것임.

부동산임대업을 영위하던 거주자가 법인과의 통합계약에 따라 사업용 고정자산인 토지를 법인에게 양도하고 법인이 해당 토지 위에 있는 구건물의 철거를 완료하여 건물을 신축한 후 부동산임대업에 사용하는 경우 「조세특례제한법」 제31조에 따른 중소기업 간의 통합에 대한 양도소득세의 이월과세를 적용받을 수 있는 것임.

➲ 중소기업 간 통합시 이월과세 적용요건 중 사업의 동일성 인정 범위(기획재정부재산-233, 2015.3.17., 부동산납세-873, 2014.11.19.)

「조세특례제한법」 제31조 제1항 및 같은 법 시행령 제28조 제1항에 따라 중소기업 간 통합에 대한 양도소득세 이월과세는 중소기업자가 당해 기업의 사업장별로 그 사업에 관한 주된 자산을 모두 승계하여 사업의 동일성이 유지되는 경우에 적용되는 것으로서, 개인사업자가 사업용고정자산을 다른 법인에게 임대하다가 두 기업이 통합한 후 통합법인이 해당 사업용고정자산을 자가사용하는 경우에는 사업의 동일성이 유지되는 것으로 볼 수 없음.

➲ 법인전환으로 신설된 법인이 개인사업자의 이월공제세액 승계 여부(법인-173, 2014.4.11., 법인-712, 2012.11.22.)

조세특례제한법 제144조의 규정에 의한 이월세액이 있는 개인사업자가 같은 법 제32조의 규정에 의한 사업양수도 방법으로 법인전환을 하는 경우 당해 이월세액은 개인사업자의 이월공제기간내에 전환법인이 이를 승계하여 공제받을 수 있는 것임.

☆ (저자주) 조특법 제31조 제6항 및 같은 법 시행령 제28조 제8항에서 승계받은 자산에 대한 미공제 세액을 승계하여 공제받을 수 있는 것으로 규정하고 있기 때문에 승계받은 자산과 관련없는 이월세액은 승계하여 공제받을 수 없는 것으로 보아야 한다.
이는 사업장이 2곳 이상인 개인사업자가 그 중 하나의 사업장만 조특법 제32조의 규정의 요건을 충족하여 법인전환하였다면 법인전환한 사업장의 자산과 상관없는 개인사업자의 이월세액을 사업장별로 구분하여 법인전환 사업장과 관련된 이월세액을 계산할 수 있는 규정등이 없기 때문에 승계하여 공제받을 수 없는 것으로 보아야 한다. 특히 통합고용세액의 경우 전체 사업장의 상시근로자수 증가분을 기준으로 세액공제액을 계산하고 공제하므로 미공제된 이월세액을 사업장별로 구분할 수가 없고 조특법 시행령 제28조 제8항의 승계받은 자산과 관련된 미공제세액도 아니므로 승계하여 공제받을 수 없다고 보는 것이 바람직하며 위 예규를 현재 그대로 적용하는 것은 무리가 있다고 판단된다.

➲ 소멸하는 사업장의 순자산가액이 부수인 경우 양도소득세 이월과세 해당 여부(서면법규-1376, 2012.11.20.)

「조세특례제한법」 제31조에 따른 중소기업 간 통합에 따른 양도소득세 이월과세를 적용함에 있어 통합으로 소멸하는 사업장의 순자산가액이 부수(-)인 경우 양도소득세 이월과세를 적용받을 수 없는 것임.

➲ 중소기업 간의 통합에 대한 양도소득세의 이월과세 적용여부(부동산거래관리-1222, 2010.10.4.)

「조세특례제한법」 제31조에 따른 중소기업 간의 통합에 대한 양도소득세의 이월과세는 각 사업장별로 적용하는 것임. 또한, 동 규정을 적용함에 있어 "중소기업자"는 「중소기업기본법」 제2조에 따른 기업을 영위하는 자를 말하는 것으로서, 2 이상의 사업장이 있는 경우 중소기업 해당 여부는 해당 내국인의 전체 사업장을 기준으로 판단하는 것이며 그 중 공동사업장이 있는 경우에는 해당 공동사업장 전체를 기준으로 판단하는 것임.

제3절 법인전환에 대한 양도소득세 등의 이월과세

Ⅰ 적용 대상 사업과 사업용고정자산의 범위

1. 적용 대상 사업

거주자가 법인으로 전환하는 경우 그 사업용고정자산에 대하여 이월과세를 적용받을 수 있다.(조특법 32 ①) 다만, 다음의 소비성서비업을 경영하는 법인으로 전환하는 경우는 제외한다.

① 호텔업 및 여관업(「관광진흥법」에 따른 관광숙박업[11]은 제외한다)

② 주점업(일반유흥주점업, 무도유흥주점업 및 「식품위생법 시행령」 제21조에 따른 단란주점☆ 영업만 해당하되, 「관광진흥법」에 따른 외국인전용유흥음식점업 및 관광유흥음식점업은 제외한다)

☆ 단란주점이란 주로 주류를 조리・판매하는 영업으로서 손님이 노래를 부르는 행위가 허용되는 영업을 말한다.

③ 그 밖에 오락・유흥 등을 목적으로 하는 사업으로서 다음의 사업☆

☆ 2024.3.22. 이후 개시하는 과세연도부터 소비성서비스업에 포함됨.(조특칙 부칙 제1042호, 3, 2024.3.22.)

㉠ 무도장 운영업

㉡ 기타 사행시설 관리 및 운영업(「관광진흥법」 제5조 또는 「폐광지역 개발 지원에 관한 특별법」 제11조에 따라 허가를 받은 카지노업은 제외한다)

㉢ 유사 의료업 중 안마를 시술하는 업

㉣ 마사지업

---

11) 「관광진흥법」에 따른 관광숙박업은 다음에서 규정하는 업을 말한다.(관광진흥법 3 ① 2호)

가. 호텔업: 관광객의 숙박에 적합한 시설을 갖추어 이를 관광객에게 제공하거나 숙박에 딸리는 음식・운동・오락・휴양・공연 또는 연수에 적합한 시설 등을 함께 갖추어 이를 이용하게 하는 업

나. 휴양 콘도미니엄업: 관광객의 숙박과 취사에 적합한 시설을 갖추어 이를 그 시설의 회원이나 공유자,

2. 사업용고정자산의 범위

사업용고정자산이란 당해 사업에 직접 사용하는 유형자산 및 무형자산을 말한다. 다만, 1981년 1월 1일 이후에 취득한 부동산으로서 「법인세법 시행령」 제49조 제1항 제1호의 규정에 의한 업무와 관련이 없는 부동산(=「업무무관부동산」)을 제외한다. 이 경우 업무무관부동산에 해당하는지의 여부에 대한 판정은 양도일을 기준으로 한다.(조특령 28 ②, 조특칙 15 ③)

다만, 2021년 1월 1일 이후 법인전환하는 경우 해당 사업용고정자산이 주택 또는 주택을 취득할 수 있는 권리인 경우는 이월과세규정을 적용하지 않는다.(조특법 32 ① 단서)

➔ 건설중인 자산(공장용지 포함)이 법인전환시 양도소득세 이월과세 적용대상인 사업용고정자산에 해당되는지 여부(기획재정부재산-1187, 2010.12.10.)

「조세특례제한법」 제32조 제1항에 따른 사업용고정자산은 당해 사업에 직접 사용하는 유형자산 및 무형자산을 말하는 것이므로, 사업에 사용할 목적으로 건설 중인 자산(공장용지 포함)은 사업용고정자산에 포함되지 아니하는 것임.

Ⅱ 법인 전환의 개념

법인 전환방법은 거주자가 사업용고정자산을 다음의 방법에 따라 법인으로 전환하는 경우를 말한다. 다만, 공동사업을 영위하던 거주자 중 1인이 자기 지분만을 현물출자하여 법인으로 전환하는 경우에는 법인전환에 대한 이월과세가 적용되지 아니한다.(조특법 집행기준 32-29-3)

① 현물출자

② 사업양도·양수: 해당 사업을 영위하던 자가 발기인이 되어 법인전환하는 사업장의 순자산가액으로서 다음과 같이 계산한 금액 이상을 출자하여 법인을 설립하고, 그 법인설립일부터 3개월 이내에 해당 법인에게 사업에 관한 모든 권리와 의무를 포괄적으로 양도하는 방법

전환일 현재의 시가로 평가한 자산의 합계액 - 충당금을 포함한 부채의 합계액

그 밖의 관광객에게 제공하거나 숙박에 딸리는 음식·운동·오락·휴양·공연 또는 연수에 적합한 시설 등을 함께 갖추어 이를 이용하게 하는 업

Ⅲ 새로 설립되는 법인(=「전환법인」)의 자본금 요건

거주자가 사업용고정자산을 현물출자하거나 사업양도・양수의 방법에 따라 법인으로 전환하는 경우 전환법인의 자본금은 법인으로 전환하는 사업장의 순자산가액으로서 다음의 금액 이상인 경우에만 이월과세를 적용한다.

전환일 현재의 시가로 평가한 자산의 합계액 − 충당금을 포함한 부채의 합계액 ≥ 전환법인의 자본금

법인전환으로 인하여 소멸하는 사업장의 순자산가액 계산시 관계회사대여금(중국현지법인 출자금 및 대여금), 장기미수 외상매출금을 순자산에서 제외할 수 없다.(법규재산2009−18, 2009.2.17.)

전환법인의 자본금은 기업회계기준에 의한 재무상태표상의 자본금을 의미한다.(조특법 집행기준 32−29−2)

Ⅳ 이월과세 세액의 납부 및 배제

1. 이월과세 세액의 납부(법인세 납부)

전환법인이 법인전환으로 이월과세가 적용되는 사업용고정자산 등을 양도하는 경우 개인이 종전사업용고정자산 등을 전환법인에 양도한 날이 속하는 과세기간에 다른 양도자산이 없다고 보아 계산한 소득세법 제104조에 따른 양도소득산출세액 상당액을 법인세로 납부하여야 한다.(조특법 2 ① 6호)

2. 이월과세 배제(양도소득세 납부)

전환법인의 설립등기일부터 5년 이내에 다음의 어느 하나에 해당하는 사유가 발생하는 경우에는 이월과세를 적용받은 거주자가 사유발생일이 속하는 달의 말일부터 2개월 이내에 이월과세액(해당 법인이 이미 납부한 세액을 제외한 금액을 말한다)을 양도소득세로 납부하여야 한다.(조특법 32 ⑤)

① 전환법인이 이월과세를 적용받은 거주자로부터 승계받은 사업을 폐지하는 경우(조특령 29 ⑥)

㉠ 전환법인이 현물출자 또는 사업양도・양수의 방법으로 취득한 사업용고정자산을 50% 이상 처분☆한 경우. 다만, 다음에 해당하는 경우는 제외한다.

☆ 2인 이상의 거주자가 공동으로 소유하고 있는 부동산을 현물출자하고 이월과세를 적용받은 경우 50% 이상 처분여부는 거주자 각자를 기준으로 판단하는 것임.(서면법령해석재산2017-1453, 2017.10.27.)

ⓐ 전환법인이 파산하여 승계받은 자산을 처분한 경우

ⓑ 전환법인이 「법인세법」 제44조 제2항에 따른 합병, 같은 법 제46조 제2항에 따른 분할, 같은 법 제47조 제1항에 따른 물적분할, 같은 법 제47조의2 제1항에 따른 현물출자의 방법으로 자산을 처분한 경우

ⓒ 전환법인이 「채무자 회생 및 파산에 관한 법률」에 따른 회생절차에 따라 법원의 허가를 받아 승계받은 자산을 처분한 경우

㉡ 전환법인이 현물출자 또는 사업양도・양수의 방법으로 취득한 사업용고정자산을 사업에 사용하지 않는 경우

② 이월과세를 적용받은 거주자가 법인전환으로 취득한 주식 또는 출자지분의 50% 이상을 처분하는 경우(주식등의 유상이전, 무상이전, 유상감자 및 무상감자☆ 포함)하는 경우. 다만, 다음의 어느 하나에 해당하는 경우는 그러하지 아니한다.(조특령 29 ⑦)

☆ 주주 또는 출자자의 소유주식 또는 출자지분 비율에 따라 균등하게 소각하는 경우는 제외한다.

㉠ 이월과세를 적용받은 거주자가 사망하거나 파산하여 주식 또는 출자지분을 처분하는 경우

㉡ 이월과세를 적용받은 거주자가 「법인세법」 제44조 제2항에 따른 합병이나 같은 법 제46조 제2항에 따른 분할의 방법으로 주식 또는 출자지분을 처분하는 경우

㉢ 이월과세를 적용받은 거주자가 주식의 포괄적 교환・이전 또는 주식의 현물출자의 방법으로 과세특례를 적용받으면서 주식 또는 출자지분을 처분하는 경우

㉣ 이월과세를 적용받은 거주자가 「채무자 회생 및 파산에 관한 법률」에 따른 회생절차에 따라 법원의 허가를 받아 주식 또는 출자지분을 처분하는 경우

㉤ 이월과세를 적용받은 거주자가 법령상 의무를 이행하기 위하여 주식 또는 출자지분을 처분하는 경우

㉥ 이월과세를 적용받은 거주자가 가업의 승계를 목적으로 해당 가업의 주식 또는 출자지분을 증여하는 경우로서 수증자가 조세특례제한법 제30조의6(가업의 승계에 대한 증여세 과세특례)에 따른 증여세 과세특례를 적용받은 경우

☆ 수증자를 해당 내국인으로 보아 적용하되, 5년의 기간을 계산할 때 증여자가 통합으로 취득한 통합법인의 주식 또는 출자지분을 보유한 기간을 포함하여 통산한다.(조특령 29 ⑧)

V 세액감면 및 세액공제 승계

거주자가 사업용고정자산을 현물출자하거나 사업양도·양수의 방법에 따라 법인으로 전환하는 경우 새로 설립되는 법인(전환법인)은 다음의 규정(조세특례제한법 제31조 제4항부터 제6항까지)을 준용한다.(조특법 32 ④)

1. 창업중소기업등에 대한 세액감면 및 농공단지 입주기업 등에 대한 세액감면의 승계

조세특례제한법 제6조(창업중소기업등에 대한 세액감면) 제1항 및 제2항에 따른 창업중소기업 및 창업벤처중소기업 또는 같은 법 제64조(농공단지 입주기업 등에 대한 세액감면) 제1항에 따라 세액감면을 받는 내국인이 감면기간이 지나기 전에 법인으로 전환하는 경우 전환법인은 남은 감면기간에 대하여 감면을 적용받을 수 있다.

이 경우 전환으로 인하여 소멸되는 창업중소기업 또는 창업벤처중소기업이나 농공단지 및 「지역중소기업 육성 및 혁신촉진에 관한 법률」 제23조에 따른 중소기업특별지원지역의 입주기업으로부터 승계받은 사업에서 발생하는 소득에 대하여 전환당시의 잔존감면기간 내에 종료하는 각 과세연도까지 그 감면을 받을 수 있다.(조특령 28 ④)

2. 수도권 밖으로 공장 이전기업에 대한 세액감면 및 농업회사법인에 대한 법인세의 면제등에 대한 승계

조세특례제한법 제63조(수도권 밖으로 공장을 이전하는 기업에 대한 세액감면 등)에 따른 수도권과밀억제권역 밖으로 이전하는 중소기업 또는 제68조(농업회사법인에 대한 법인세의 면제등)에 따른 농업회사법인이 감면기간이 지나기 전에 법인으로 전환하는 경우 전환법인은 남은 감면기간에 대하여 감면을 적용받을 수 있다.(조특법 31 ⑤)

이 경우 전환으로 인하여 소멸되는 중소기업자로부터 승계받은 사업에서 발생하는 소득에 관하여 전환당시 잔존감면기간 내에 종료하는 각 과세연도분까지 그 감면을 받을 수 있다.(조특령 28 ⑥)

3. 세액공제액의 이월공제 세액의 승계

조세특례제한법 제144조에 따른 미공제 세액이 있는 내국인이 법인으로 전환하는 경우 전환법인은 전환으로 인하여 소멸하는 사업자로부터 승계받은 자산에 대한 미공제 세액상당액을 소멸하는 사업자의 이월공제잔여기간 내에 종료하는 각 과세연도에 이월하여 공제받을 수 있다.(조특법 32 ④, 조특법 31 ⑥, 조특령 28 ⑧)

Check Point

세액공제액의 이월공제 세액에 대하여 전환법인이 승계여부

구 분	전환법인이 승계 공제여부
① 소멸하는 사업자로부터 승계받은 자산에 대한 미공제 세액상당액	• 전환법인이 승계하여 이월공제잔여기간내 공제가능 • 소멸하는 사업자는 이월공제 불가능
② ①이외의 미공제 세액상당액	• 전환법인이 승계하여 공제 불가능 • 소멸하는 사업자가 계속 이월공제

따라서 소멸하는 사업자의 이월공제 세액 중 중소기업의 자산과 관련없는 통합고용세액공제 등의 이월공제 세액은 전환법인이 승계하여 공제가 불가능한 것으로 해석된다.

➲ 법인전환으로 신설된 법인이 개인사업자의 이월공제세액 승계 여부(법인-173, 2014.4.11., 법인-712, 2012.11.22.)

조세특례제한법 제144조의 규정에 의한 이월세액이 있는 개인사업자가 같은 법 제32조의 규정에 의한 사업양수도 방법으로 법인전환을 하는 경우 당해 이월세액은 개인사업자의 이월공제기간내에 전환법인이 이를 승계하여 공제받을 수 있는 것임.

☆ (저자주) 조특법 제31조 제6항 및 같은 법 시행령 제28조 제8항에서 승계받은 자산에 대한 미공제 세액을 승계하여 공제받을 수 있는 것으로 규정하고 있기 때문에 승계받은 자산과 관련없는 이월세액은 승계하여 공제받을 수 없는 것으로 보아야 한다.

이는 사업장이 2곳 이상인 개인사업자가 그 중 하나의 사업장만 조특법 제32조의 규정의 요건을 충족하여 법인전환하였다면 법인전환한 사업장의 자산과 상관없는 개인사업자의 이월세액을 사업장별로 구분하여 법인전환 사업장과 관련된 이월세액을 계산할 수 있는 규정등이 없기 때문에 승계하여 공제받을 수 없는 것으로 보아야 한다.

특히 통합고용세액의 경우 전체 사업장의 상시근로자수 증가분을 기준으로 세액공제액을 계산하고 공제하므로 미공제된 이월세액을 사업장별로 구분할 수가 없고 조특법 시행령 제28조 제8항의 승계받은 자산과 관련된 미공제세액도 아니므로 승계하여 공제받을 수 없다고 보는 것이 바람직하며 위 예규를 현재 그대로 적용하는 것은 무리가 있다고 판단된다.

법인전환에 대한 양도소득세 이월과세 적용 후 해당 자산을 비영리법인에 출연시 이월과세액 납부여부(서면법인2024-3272, 2024.11.27.)

「조세특례제한법」 제32조에 따라 법인전환에 대한 양도소득세의 이월과세를 적용받은 사업용 고정자산을 양수한 법인이 법인설립일로부터 5년 이후 그 사업용 고정자산을 비영리법인에 출연하는 경우에는 개인이 해당 사업용 고정자산을 그 법인에게 양도한 날이 속하는 과세기간에 다른 양도자산이 없다고 보아 계산한 양도소득 산출세액 상당액을 법인세로 납부하는 것임.

조세특례제한법 시행령 제29조 제6항 '사업용 고정자산의 2분의 1 이상 처분'하여 '사업의 폐지'에 해당하는지 여부의 판단 기준(기획재정부재산-1015, 2024.8.28.)

「조세특례제한법 시행령」 제29조 제6항의 '사업의 폐지'에 해당하는 '사업용 고정자산의 2분의 1 이상 처분'은 사업용 고정자산의 가액을 기준으로 판단함.

임대사업장으로 사용하는 면적 비율만큼 법인 명의로 공유지분등기한 경우 조세특례제한법 제32조의 적용 여부(서면법규재산2021-3301, 2023.10.18.)

거주자가 소유하고 있는 구분 등기할 수 없는 하나의 건물과 그 부수토지로서 임대사업장으로 사용하고 있는 부분과 주택으로 사용하고 있는 부분 중 사업자등록이 되어 있는 임대사업장 부분만 그 위치와 면적으로 특정하여 법인에게 현물출자하는 것으로 약정하고 그 내용대로 공유등기한 경우(구분소유적 공유관계가 성립한 경우) 현물출자하는 해당 임대사업장의 사업용고정자산에 대하여 「조세특례제한법」 제32조의 규정을 적용할 수 있는 것임.

부동산 임대업자의 법인전환 시, 임차인인 특수관계법인이 영위하는 업종으로 전환하는 경우 이월과세 적용 여부(서면법규재산2020-5003, 2023.7.31.)

부동산임대업을 영위하는 거주자(甲)가 제조업을 영위하는 특수관계법인(B)에 임대하고 있는 사업용 고정자산 전부를 임대차계약 종료 후 「조세특례제한법」 제32조 및 같은 법 시행령 제29조의 규정에 의해 현물출자하여 법인(A)으로 전환하고 전환법인(A)이 임차인인 특수관계법인(B)이 영위하는 업종을 영위하는 경우 당해 부동산에 대하여는 양도소득세의 이월과세를 적용받을 수 있는 것임.

법인이 2인 이상으로부터 현물출자받은 사업용 고정자산의 일부 처분 시 "사업용 고정자산의 1/2 이상 처분"의 기준 등(사전법규재산2021-1659, 2022.11.10., 서면법령해석재산2016-4862, 2017.4.19.)

거주자 갑, 을, 병으로부터 사업용 고정자산을 현물출자받아 설립된 「조세특례제한법」 제32조 제1항에 따른 법인이 갑으로부터 승계받은 사업용 고정자산의 2분의 1이상을 처분하는 경우로서, 해당 처분자산이 갑, 을, 병으로부터 승계받은 사업용 고정자산 전체의 2분의 1이상에 해당하지 아니하는 경우에는 같은 조 제5항 제1호에 따른 거주자로부터 승계받은 사업을 폐지하는 경우에 해당하지 아니하는 것임.

또한, 귀 질의의 경우와 같이 「조세특례제한법」 제32조 제5항 각 호에 따른 사후관리규정이 적용되지 아니하는 경우로서, 같은 조 제1항에 따라 이월과세를 적용받는 사업용 고정자산을 법인이 양도하는 경우에는 개인이 사업용 고정자산을 그 법인에 양도한 날이 속하는 과세기간에 다른 양도자산이 없다고 보아 계산한 「소득세법」 제104조에 따른 양도소득 산출세액 상당액을 법인세로 납부하는 것임.

➲ **업종 변경 시 「조세특례제한법」 제32조 적용 여부**(서면법규재산2021 - 5097, 2022.6.29.)

「조세특례제한법」 제32조 제1항에 따라 설립되는 법인이 거주자로부터 승계받은 종전의 업종을 새로운 업종(같은 법 시행령 제29조 제3항 각 호에 따른 소비성서비스업은 제외함)으로 변경하는 경우는 같은 법 제32조 제5항 제1호에 따른 사업을 폐지하는 경우에 해당하지 아니하며, 당해 법인이 설립등기일로부터 5년 이내에 같은 조 제5항 각 호의 사유가 발생하는 경우 거주자가 사유발생일이 속하는 다음 달의 말일부터 2개월 이내에 같은 조 제1항에 따른 양도소득세를 납부하여야 하는 것임.

➲ **공동사업자 중 1인만 발기인으로 법인을 설립한 경우 미공제 세액을 승계받을 수 있는지 여부**(서면법규법인2022 - 1045, 2022.4.28.)

「조세특례제한법」 제144조에 따른 미공제 세액이 있는 공동사업자가 법인으로 전환하는 경우로서 해당 공동사업을 영위하던 거주자 중 1인만 발기인으로서 법인을 설립한 경우 그 설립된 법인은 해당 공동사업자의 미공제 세액을 승계하여 공제받을 수 없는 것임.

➲ **조특법 제32조에 따른 양도소득세 이월과세 특례를 신청한 현물출자한 자산을 5년 이내 모두 처분한 경우 납세의무자**(사전법령해석재산2021 - 1662, 2021.12.27.)

거주자가 사업용 고정자산을 신설 법인에 현물출자하여 「조세특례제한법」 제32조 제1항의 특례를 적용받은 후, 해당 신설 법인의 설립등기일부터 5년 이내 당해 사업용 고정자산을 모두 처분한 경우에는 당해 거주자가 해당 처분일이 속하는 달의 말일부터 2개월 이내에 이월과세액을 양도소득세로 거주자 주소지 관할 세무서에 납부하여야 하는 것임.

➲ **건축물이 없는 토지를 현물출자하여 법인전환 하는 경우 이월과세 적용 여부**(서면부동산2019 - 3898, 2020.9.28., 서면부동산2017 - 2079, 2018.2.7.)

건축물이 없는 토지를 임대한 임대사업자가 임대용으로 사용하던 해당 토지를 현물출자 하여 법인전환하는 경우 해당 토지는 「조세특례제한법」 제32조 법인전환에 대한 양도소득세 이월과세 규정을 적용받을 수 없는 것임.

➲ **개인사업자의 법인전환 후 남은 감면기간에 대하여 창업중소기업에 대한 세액감면을 적용할 수 있는지**(기준법령해석법인2020 - 181, 2020.8.31.)

「조세특례제한법」 제6조에 따른 창업중소기업 등에 대한 세액감면 대상인 개인사업자가 창업일로부터 1년 이내에 같은 법 제32조 제1항의 규정에 의하여 법인으로 전환하는 경우에는 「조세특례제한법」 제32조 제4항에 따라 전환 후 법인이 개인사업자의 남은 감면기간동안 「조세특례제한법」 제6조에 따른 세액감면을 적용받을 수 있는 것임.

➲ **토지 임대사업자가 현물출자의 방법에 따라 법인으로 전환하는 경우 이월과세 적용 여부**(서면부동산2018 - 1278, 2019.1.29.)

「법인세법 시행령」 제49조 및 같은 법 시행규칙 제26조에 따른 업무무관부동산에 해당하지 않는 건축물이 있는 토지를 임대한 임대사업자가 임대용으로 사용하던 해당 토지를 현물출자의 방법에 따라 법인으로 전환하는 경우 「조세특례제한법」 제32조를 적용받을 수 있는 것임.

➲ **법인전환 이월과세 적용 후 5년 내 건물 철거시 사후관리규정 적용 여부**(서면법령해석재산2017 - 233, 2017.12.14.)

부동산임대업을 영위하는 거주자가 해당 사업용 건물과 토지를 현물출자하여 법인으로 전환하고 「조세특례제한법」 제32조 제1항에 따른 양도소득세의 이월과세를 적용받은 다음 건물을 철거 후 신축하여 그 사업을 계속하는 경우는 「조세특례제한법」 제2조 제1항 제6호에 따른 사업용고정자산 등을 양도하는 경우와 같은 법 제32조 제5항 제1호에 따른 사업을 폐지하는 경우에 해당되지 아니하는 것임.

현물출자받은 공장을 매각하고 공장을 신축한 경우 사업의 폐지에 해당하는지 여부(사전법령해석재산2017－575, 2017.11.29.)

거주자가 「조세특례제한법」 제32조 제1항에 따라 사업용고정자산을 현물출자하여 법인으로 전환하고 이월과세를 적용받은 후, 법인전환으로 설립된 법인이 설립일부터 5년 이내에 현물출자받은 사업용 고정자산의 2분의 1이상을 처분하는 경우에는 같은 조 제5항 제1호에 따른 거주자로부터 승계받은 사업을 폐지하는 경우에 해당하는 것임.

법인전환에 대한 양도소득세 이월과세 사후관리 시 주식 등의 50% 이상 처분의 기준(서면법령해석재산2017－1453, 2017.10.27.)

2인 이상의 거주자가 공동으로 소유하는 부동산을 법인에 현물출자하고 「조세특례제한법」 제32조에 따른 이월과세를 적용받은 경우, 같은 조 제5항에 따른 법인의 설립일부터 5년 이내에 법인전환으로 취득한 주식의 100분의 50 이상을 처분하였는지 여부는 거주자 각자를 기준으로 판단하는 것임.

소멸하는 사업장의 순자산가액 계산(법규재산2009－18, 2009.2.17.)

「조세특례제한법」 제32조(법인전환에 대한 양도소득세의 이월과세)에 따라 소멸하는 사업장의 순자산가액 계산시 관계회사대여금(중국현지법인 출자금 및 대여금), 장기미수 외상매출금을 순자산에서 제외할 수 없는 것임.

제4절 법인 본사를 수도권과밀억제권역 밖으로 이전하는 데 따른 양도차익에 대한 법인세 과세특례

I 양도차익에 대한 법인세 과세특례

1. 과세특례 적용요건

양도차익에 대한 법인세 과세특례는 다음의 어느 하나에 해당하는 경우에 적용한다.(조특령 57 ②)

① 선이전 후양도의 경우: 수도권 과밀억제권역 외의 지역으로 수도권 과밀억제권역안의 본점 또는 주사무소("수도권 과밀억제권역내 본사"라 한다)를 이전한 날☆부터 2년 이내에 수도권 과밀억제권역내 본사의 대지와 건물을 양도하는 경우

☆ 본점 또는 주사무소의 이전등기일로 한다. 다만, 이전등기일 이후에 실제로 이전한 경우에는 실제로 이전한 날로 한다.(조특법 기본통칙 61-57-1)

② 선양도 후이전의 경우: 수도권 과밀억제권역 내 본사의 대지와 건물을 양도한 날부터 3년 이내에 수도권 과밀억제권역외의 지역으로 본점 또는 주사무소를 이전하는 경우

2. 업종의 동일성

과세특례를 적용받으려는 내국법인은 한국표준산업분류상 세분류를 기준으로 이전 전의 본점 또는 주사무소에서 영위하던 업종과 이전 후의 본점 또는 주사무소에서 영위하는 업종이 같아야 한다.(조특법 61 ④)

3. 양도차익에 대한 법인세 과세특례

가. 양도차익의 익금불산입

수도권과밀억제권역에 본점이나 주사무소를 둔 내국법인이 본점이나 주사무소를 수도권과밀억제권역 밖으로 이전하기 위하여 해당 본점 또는 주사무소의 대지와 건물을 2025년 12월 31일까지 양도하여 발생한 양도차익은 해당 양도차익에서 양도일이 속하는 사업연도의 직전 사업연도 종료일 현재 「법인세법」 제13조 제1항 제1호에 따른 이월결손금을 뺀 금액의 범위에서 다음과 같이 계산한 금액을 해당 사업연도의 소득금액

을 계산할 때 익금에 산입하지 아니할 수 있다.(조특법 61 ③, 조특령 57 ④)

익금불산입액 = (① - ②) × ③

① 수도권 과밀억제권역내 본사의 양도가액에서 당해 자산의 장부가액☆을 차감한 금액

☆ 장부가액 = 취득가액 + 자본적지출액 - (감가상각누계액 + 일시상각충당금등) ± 자산의 평가차익

② 수도권 과밀억제권역내 본사의 양도일이 속하는 사업연도의 직전사업연도 종료일 현재 「법인세법」 제13조 제1항 제1호에 따른 이월결손금

③ 수도권 과밀억제권역내 본사의 양도가액에서 다음의 금액의 합계액이 차지하는 비율(100분의 100을 한도로 한다)

㉠ 수도권 과밀억제권역 외의 지역에 소재하는 법인의 본사 또는 주사무소의 대지와 건물의 취득가액 또는 임차보증금(전세금을 포함한다). 다만, 당해 건물 중 당해 법인이 직접 사용하지 아니하는 부분이 있는 경우에는 취득가액 또는 임차보증금에 당해 법인이 직접 사용하는 면적이 건물연면적에서 차지하는 비율을 곱하여 계산한 금액으로 한다.

㉡ 수도권 과밀억제권역내 본사의 양도일부터 1년 이내에 수도권 과밀억제권역 외의 법인의 본사 또는 주사무소의 사업용고정자산(㉠의 대지와 건물을 제외한다)의 취득가액

㉢ 수도권 과밀억제권역 내 본사의 이전비용

나. 5년 거치 5년 균분한 금액 이상 익금산입

양도차익의 익금불산입액은 양도일이 속하는 사업연도 종료일 이후 5년이 되는 날이 속하는 사업연도부터 5개 사업연도의 기간 동안 균분한 금액 이상을 익금에 산입하여야 한다.(조특법 61 ③ 후단)

다. 본사 건물의 일부를 타인이 사용하는 경우 과세특례 적용여부

수도권과밀억제권역내 본사 건물의 일부를 해당 법인이 직접 업무용으로 사용하고, 나머지 일부를 다른 사람이 사용하는 경우에는 다음과 같이 계산한 부분에 대하여 양도차익에 대한 법인세 과세특례를 적용한다.(조특령 57 ⑤)

$$\text{익금불산입대상 양도차익} = \text{본사의 양도차익} \times \frac{\text{직접 사용면적}}{\text{해당 건물의 연면적}}$$

☆ 직접 사용면적은 해당 건물의 연면적 중 해당 법인이 양도일(수도권과밀억제권역내 본사를 이전한 날부터 2년 이내에 수도권과밀억제권역내 본사의 대지와 건물을 양도하는 경우에는 수도권과밀억제권역 내 본사를 이전한 날을 말한다)부터 소급하여 2년 이상 업무용으로 직접 사용한 면적을 말한다.

Ⅱ 과세특례의 사후관리

1. 의무위반에 의한 익금산입 사유

내국법인이 해당 익금불산입액 전액을 익금에 산입하기 전에 다음의 어느 하나에 해당하는 경우에는 익금에 산입하지 아니한 금액 중 일정한 금액을 익금에 산입한다.

① 위의 「1. 과세특례 적용요건」에 따라 본점 또는 주사무소를 수도권과밀억제권역 밖으로 이전한 경우에 해당하지 아니하는 경우

② 수도권과밀억제권역에 수도권과밀억제권역 밖으로 수도권과밀억제권역내 본사를 이전한 날부터 3년이 되는 날이 속하는 과세연도가 지난 후 본사업무에 종사하는 상시근무인원기준으로 다음의 사무소 기준을 초과하는 사무소를 둔 경우 수도권과밀억제권역안의 사무소에서 본사업무에 종사하는 연평균 상시근무인원이 본사업무에 종사하는 전체 연평균 상시근무인원의 100분의 50 이상의 사무소를 둔 경우

$$\text{사무소 기준} = \frac{\text{수도권과밀억제권역안 연평균 상시근무인원}}{\text{전체 연평균 상시근무인원}} \geq 50\%$$

① 연평균 상시근무인원은 해당 과세연도의 매월 말일 현재의 인원을 합하고 이를 해당 월수로 나누어 계산한 인원을 말한다.

② 상시근무인원에 임원은 포함되나 영업장 판매원 및 연구소 연구원은 제외된다.(법인22601-1414, 1991. 7.16., 서이46012-12019, 2002.11.6.)

③ 수도권과밀억제권역의 본점 또는 주사무소의 대지와 건물을 처분한 대금을 다음의 용도가 아닌 다른 용도로 사용한 때를 말한다. 이 경우 ㉠의 규정을 적용함에 있어서 수도권과밀억제권역 외의 본사의 대지와 건물을 당해 법인이 직접 사용하지 아니하는 부분이 있는 때에는 그 부분은 이를 용도 외에 사용한 것으로 본다.

㉠ 위의 「1. 과세특례 적용요건」에 의한 기한 내에 수도권과밀억제권역 외의 본사의 대지와 건물을 취득 또는 임차한 때

㉡ 수도권과밀억제권역내 본사 양도일부터 1년 이내에 수도권과밀억제권역 외의 본사의 사업용고정자산(㉠의 규정에 의한 대지와 건물을 제외한다)을 취득한 때

④ 해당 사업을 폐업하거나 법인이 해산한 경우

2. 일시 익금산입액 및 이자상당가산액

가. 일시 익금산입액의 계산

의무위반에 의한 익금산입 사유가 발생한 날이 속하는 사업연도의 소득금액을 계산할 때 익금에 산입하지 아니한 금액 중 다음과 같이 계산한 금액을 익금에 산입한다.

① 본사를 수도권과밀억제권역 밖으로 이전한 경우에 해당하지 아니하는 경우: 당해 사유발생일 현재 익금에 산입하지 아니한 금액
② 수도권과밀억제권역에 일정기준이상의 사무소를 둔 경우: 당해 사유발생일 현재 익금에 산입하지 아니한 금액
③ 수도권과밀억제권역의 본점 또는 주사무소의 대지와 건물을 처분한 대금을 특정용도가 아닌 다른 용도로 사용한 때 및 예정가액에 의하여 익금에 산입하지 아니한 경우: 익금에 산입하지 아니한 금액에서 「Ⅰ-3-가. 양도차익의 익금불산입」 계산식에 의하여 새로이 계산된 익금불산입액☆을 차감한 금액

☆ 본사의 양도가액에서 이전본사의 건물등의 취득가액 또는 임차보증금, 사업용고정자산의 취득가액의 변동으로 인하여 본사의 양도가액에서 차지하는 비율이 달라지기 때문에 새로이 계산된 익금불산입액을 기준으로 정리하는 것으로 해석된다.

④ 해당 사업을 폐업하거나 법인이 해산한 경우: 사업의 폐지 또는 해산당시 익금에 산입하지 아니한 금액

나. 이자상당가산액의 계산

일시 익금산입금액(합병 또는 분할 및 분할합병에 의하여 사업을 폐업하거나 해산함으로써 익금에 산입한 금액은 제외한다)은 해당 사유가 발생한 날이 속하는 사업연도의 과세표준신고를 할 때 양도차익을 익금에 산입하지 아니한 사업연도에 일시 익금산입금액을 익금에 산입하지 않음에 따라 발생한 법인세액의 차액에 대하여 다음과 같이 계산한 이자상당가산액을 가산하여 법인세로 납부하여야 하며 그 세액은 법인세법 제64조에 따라 납부하여야 할 세액으로 본다.

$$\text{이자상당액} = \text{일시 익금산입금액을 익금에 산입하지 않음에 따라 발생한 법인세액의 차액} \times \text{이자계산기간} \times \frac{22}{100{,}000}$$

※ 이자계산기간 : 양도차익을 익금에 산입하지 아니한 사업연도 종료일의 다음 날부터 일시 익금산입금액을 익금에 산입하는 사업연도의 종료일까지의 기간

Ⅲ 기타사항

① 최저한세 적용대상
② 선이전 후양도의 경우 이전완료보고서, 처분대금사용계획서 제출
③ 선양도 후이전의 경우 이전계획서 및 처분대금사용계획서 제출
④ 농어촌특별소비세 적용대상이 아님

Chapter 02

소득구분계산서 등

제1절 소득구분계산서

법인세 또는 소득세가 감면되는 사업과 기타의 사업(과세사업)을 겸영하는 경우 원칙적으로 구분하여 장부를 관리하지만 과세사업과 감면사업에 공통으로 소요되는 경비 등은 구분이 불가능하다.

이처럼 공통경비의 경우 법에서 정한 안분기준에 따라 공통경비를 안분하는 서식이 바로 「소득구분계산서」이다.

Ⅰ 감면사업과 과세사업의 구분

조세특례제한법은 감면대상사업을 각 제도별로 사업의 종류를 규정하고 있으며 감면대상사업의 판단은 사업자등록증상의 업태·종목과는 별개로 한국표준산업분류에 따른다.

내국인은 조세특례제한법에 따라 세액감면을 적용받는 사업(감면비율이 2개 이상인 경우 각각의 사업을 말하며, 「감면대상사업」이라 한다)과 그 밖의 사업을 겸영하는 경우에는 「법인세법」 제113조의 규정을 준용하여 구분경리하여야 한다.(조특법 143 ①, 조특령 136 ①)

Ⅱ 구분경리의 기준(안분기준)

법인이 감면사업만을 운영하는 경우에도 이자수익 등은 감면사업여부와 상관없이 법인세법에서 과세사업소득으로 분류하고 있다. 따라서 법인세법상의 공통경비 또는 수익에 대하여 법에서 강제하고 있는 과세소득 등에 대한 규정을 확인할 필요가 있다.

다음은 감면사업과 과세사업을 겸영하는 경우 구분경리의 기준이다.(법인법 집행기준 113-156-5)

1. 개별익금

매출액 또는 수입금액은 소득구분계산의 기준으로서 이는 개별익금으로 구분한다. 또한 감면사업 또는 과세사업에 직접 관련하여 발생하는 다음과 같은 부수이익은 개별익금으로 구분한다.

① 부산물, 작업폐물의 매출액　② 채무면제익　③ 원가차익
④ 채권추심익　⑤ 지출된 손금 중 환입된 금액　⑥ 준비금 및 충당금의 환입액
⑦ 판매장려금(서면1팀-1398, 2007.10.11.)　⑧ 환승할인보조금 및 유가보조금(법인-31, 2013.1.14.)
⑨ 영농손실보상금(기획재정부법인-35, 2014.5.20.)　⑩ 건설법인의 분양해지 위약금수입(법인-77, 2010.1.27.)
⑪ 전력산업기반기금에 의한 발전차액(서면법령해석2017-1386, 2017.12.22.)
⑫ 택시운송사업의 감차보상금(서면법령해석법인2015-1556, 2015.10.15.)
⑬ 청년창업사관학교에서 받은 정부지원금(서면소득2024-2549, 2025.5.8.)

다만, 다음의 수익은 과세사업의 개별익금으로 구분한다. 즉, 감면대상 사업 해당여부와 관계없이 감면대상소득에서 제외된다.

① 수입배당금　④ 유가증권 처분익　⑦ 국고보조금(법인46012-589, 1995.3.3.)
② 수입이자　⑤ 가지급금 인정이자　⑧ 유형자산 및 무형자산 처분익(기준법령해석법인2018-183, 2018.9.3.)
③ 수입임대료　⑥ 자산수증이익　⑨ 신용카드매출전표발행세액공제분(서일46011-11427, 2003.10.9.)
⑩ 농수산물유통공사로부터 지급받는 농수산물판매촉진비(재조세-404, 2004.6.14.)
⑪ 한국장애인고용촉진공단으로부터 받는 국고보조금과 이와 유사한 성격으로 장애인을 고용함으로써 받는 관리비용, 노동청의 종합고용지원센터에서 받는 휴업수당지원금(법인-1257, 2009.11.9.)
⑫ 고용유지지원금(사전법령해석소득2021-767, 2021.9.29.)
⑬ 정부출연금(연구개발업 해당시 감면소득에 해당됨)(서이46012-11513, 2003.8.20.)
⑭ 일자리안정자금지원액, 전자신고세액공제액(사전법규소득2022-608, 2022.6.28.)
⑮ 저작권 양도하고 받는 대가(사전법규소득2025-537, 2025.9.10.)
⑯ 출자공동사업자의 배당소득(기준법규소득2023-154, 2024.10.30., 기획재정부금융세제-539, 2024.10.18.)

저작권 양도소득이 창업중소기업 세액감면 적용대상 소득인지 여부(사전법규소득2025-537, 2025.9.10.)

창업중소기업 등에 대한 세액감면을 적용받던 거주자가 법인전환으로 개인사업을 폐업하는 경우, 해당 과세연도 개시일부터 폐업일까지 개인사업에서 발생한 소득에 대해서 창업중소기업 등에 대한 세액감면을 적용받을 수 있는 것이나, 출판업을 영위하는 거주자가 법인으로 전환하면서 저작권을 새로 설립한 법인에게 양도하고 받는 대가는 창업중소기업 등에 대한 세액감면을 적용할 때 감면대상 소득에 해당하지 않는 것임.

정부보조금을 추계신고하여 발생한 소득금액이 감면대상사업 소득금액인지 여부(서면소득2024-2549, 2025.5.8.)

청년창업사관학교에서 받은 정부지원금을 추계신고하여 발생한 소득금액은 「조세특례제한법」 제6조 제1항의 "해당 사업에서 발생하는 소득"에 해당하는 하는 것임.

출자공동사업자의 배당소득에 대한 창업중소기업세액감면 적용여부(기준법규소득2023-154, 2024.10.30., 기획재정부금융세제-539, 2024.10.18.)

출자공동사업자의 배당소득에서 발생한 소득세에 대하여 조세특례제한법 제6조에 따른 창업중소기업 등에 대한 세액감면이 적용되지 않음.

사회적기업 등이 국가 등으로부터 받은 지원금이 감면대상소득에 해당하는지 여부(기획재정부조세특례-86, 2024.1.29.)

장애인 표준사업장 및 사회적기업이 「장애인고용촉진법 및 직업재활법」, 「사회적기업 육성법」에 따라 국가 등으로부터 받은 지원금은 「조세특례제한법」 제85조의6에서 규정하는 감면대상소득에 해당하는 것임.

농민이 아닌 사업자로부터 매입한 농작물의 판매소득이 농업회사법인의 감면대상 소득에 해당하는지 여부(기획재정부법인-491, 2023.9.6.)

농업회사법인이 농민이 아닌 사업자로부터 매입한 농산물의 유통・가공・판매에서 발생한 소득은 조세특례제한법 시행령 제65조 제2항 제3호의 소득에 해당하며, 조세특례제한법 제68조 제1항에 따라 법인세의 감면이 적용되는 것임.

식량작물재배손실에 대응하여 받는 보험금을 식량작물재배업에서 발생한 소득으로 볼 수 있는지(기획재정부법인-692, 2020.5.28., 기준법령해석법인2020-16, 2020.6.11.)

농업회사법인이 「농어업재해보험법」 제4조의 농작물재해보험에 가입한 후 농업재해로 인해 발생한 식량작물재배손실에 대응하여 보상받는 보험금은 「조세특례제한법」 제68조의 규정에 의하여 법인세가 면제되는 식량작물재배업소득에 해당하는 것임.

건설업법인의 분양계약 해지 위약금수입에 대한 감면소득 여부(법인-77, 2010.1.27.)

감면사업 또는 과세사업에 직접 관련하여 발생한 부수수익은 해당 사업의 개별익금으로 구분하여 계산하는 것으로, 감면사업인 건설업을 영위하는 법인이 「조세특례제한법」 제7조에 따른 중소기업특별세액감면을 적용함에 있어서 분양계약의 해지로 인한 위약금수입은 해당 감면사업과 직접 관련된 개별익금으로 보아 감면소득을 계산하는 것임.

Check Point

■ **고용지원금에 대한 조세심판원의 사례**(조심2017중2515, 2017.7.26., 조심2020전564, 2020.5.18.)

사회적기업이 취약계층을 고용 등을 함에 따라 국가로부터 지원받는 지원금에 대하여 법인세를 감면하지 않는 것은 사회적기업이 아닌 업체와 달리 사회적 취약계층을 고용하는 사회적기업에게 인건비 등을 지원하고자 하는 취지에 부합하지 않는 것으로 보이는 점, '해당 사업에서 발생한 소득'이라 함은 감면사업에서 발생한 소득이라 할 것이고, 동 소득은 매출이나 수입에서 매입이나 비용을 차감한 것이므로, 관련 법령에 따른 정부의 국고보조금이 해당 사업의 비용을 보전하는 데 직접적으로 사용된 것이 확인된다면 동 국고보조금은 납세자의 해당 사업에서 발생한 소득에 포함되는 것으로 해석할 수 있는 점 등에 비추어 청구법인이 「사회적기업 육성법」에 따라 수령한 쟁점고용지원금을 해당 사업(블라인드 제조업 및 도소매업)의 운영에 필요한 인건비에 사용된 것에 다툼이 없는 이상 쟁점고용지원금은 조특법 제85조의6 제1항의 법인세 감면소득으로 보는 것이 타당하다.

| (저자주) 고용지원금의 감면대상소득여부 |

구 분	국세청입장	조세심판원입장
사회적기업육성법에 따른 일자리지원금	감면대상소득(○) (기획재정부조세특례-86, 2024.1.29.)	감면대상소득(○)
장애인고용장려금		

2. 개별손금

사업 또는 수입별 개별손금은 당해 사업 또는 수입에 귀속되는 것으로 하여 구분경리하며 다음과 같은 비용은 당해사업의 개별손금으로 구분한다.

① 매출원가
② 특정사업에 전용되는 유형자산 및 무형자산에 대한 제비용
③ 특정사업에 관련하여 손금산입하는 준비금, 충당금 전입액
④ 기타 귀속이 분명한 모든 비용

다만, 다음의 영업외비용은 과세사업의 개별손금으로 구분한다.

① 유가증권평가손 ② 유가증권처분손 ③ 유형자산처분손

3. 공통익금 및 공통손금

다음과 같이 감면사업과 과세사업에 공통으로 발생되는 수익(비용)이나 귀속이 불분명한 수익(비용)은 공통익금(공통손금)으로 구분한다.

① 귀속이 불분명한 부산물·작업폐물의 매출액
② 귀속이 불분명한 원가차익, 채무면제익
③ 공통손금의 환입액
④ 기타 개별익금으로 구분하는 것이 불합리한 수익
⑤ 사채발행비 상각
⑥ 사채할인발행차금 상각
⑦ 기타 개별손금으로 구분하는 것이 불합리한 비용

비영리법인의 공통손금 안분 방법(서면법인2019-320, 2019.5.20.)

미술관의 설립 및 운영 등을 고유목적사업으로 하는 비영리내국법인이 수익사업(미술관 입장료, 기념품 판매)을 하는 경우에는 수익사업과 기타의 사업의 손익을 구분경리하여야 하는 것으로 비영리내국법인이 공통손금 안분계산 시 수입금액 또는 매출액 기준을 적용하는 것이 불합리한 경우에는 공통손금의 비용항목에 따라 국세청장이 정하는 작업시간·사용시간·사용면적 등의 기준에 의하여 안분계산하는 것이며 미술관 운영과 관련하여 발생하는 종업원에 대한 급여상당액(복리후생비, 퇴직금 및 퇴직급여충당금전입액을 포함)은 근로 제공내용을 기준으로 구분하되 근로의 제공이 주로 수익사업에 관련된 것인 때에는 이를 수익사업의 비용으로 하고 근로의 제공이 주로 비영리사업에 관련된 것인 때에는 이를 비영리사업에 속한 비용으로 하는 것임.

사채할인발행차금 상각액 및 신주인수권조정 상각액의 구분경리 방법(서면법령해석법인2014-21193, 2015.10.6., 기획재정부법인-853, 2015.10.2.)

「조세특례제한법」 제121조의17(기업도시개발구역 등의 창업기업 등에 대한 법인세 등의 감면)에 의한 감면사업과 기타의 사업을 겸영하는 법인이 같은 법 제143조에 따라 구분경리하고 신주인수권부 사채를 발행하여 감면사업 관련 공장건물 신축 및 기계장치 취득에 사용한 경우, 당해 신주인수권부사채의 사채할인발행차금 상각액 및 신주인수권조정 상각액 등 관련비용은 감면사업의 개별손금에 해당하는 것임.

외화매출채권 회수시 원화로 환전하지 않은 경우 감면소득 계산(법인-834, 2011.10.28.)

내국법인이 「조세특례제한법」 제63조(수도권과밀억제권역 밖으로 이전하는 중소기업에 대한 세액감면)을 적용받기 위하여 감면사업을 구분경리하는 경우 감면사업에 직접 관련된 외화외상매출채권의 회수 시 발생한 외환차손익은 외국환은행에 당해 외화를 매각할 수 있는 시점까지 당해 외화외상매출채권이 발생된 사업의 개별손익으로 할 수 있는 것이며, 이 경우 '외화를 외국환은행에 매각할 수 있는 시점'에는 회수한 당해 외화를 정상적으로 매각하기 위하여 필수적으로 소요되는 기간을 포함하는 것이나, 보유목적으로 소지하는 기간은 포함하지 아니하는 것임. 따라서, 외화외상매출채권을 회수하여 원화로 환전하지 아니하고 다시 외화예금으로 입금하여 보유하다가 인출시 원화로 환전하는 경우에 발생하는 외환차손익은 감면사업에 직접 관련되는 외환차손익에 해당하지 않는 것임.

➲ **기업회계기준에 따라 계상한 현재가치할인차금 환입액의 소득구분**(서이46012-10618, 2001.11.28.)

법인이 장기할부조건 등으로 취득한 매출채권에 대하여 기업회계기준 제66조의 규정에 따라 동 매출채권을 현재가치로 평가하여 계상한 현재가치할인차금을 기간의 경과에 따라 환입하여 이자수익으로 계상하는 경우 구분경리시 당해 이자수익은 과세사업의 개별익금으로 보는 것임.

➲ **감면사업과 기타사업의 구분경리 방법**(서이46012-10086, 2001.9.3.)

법인이 당해 감면사업에서 발생한 소득을 구분 경리하는 경우 감면사업에 직접 관련되어 발생하는 외환차손익, 관세환급금, 대손충당금환입액, 수출손실준비금환입액과 해외손실준비금환입액은 당해 감면사업의 개별손익으로 하는 것이며, 당해 감면사업에 직접 관련여부는 거래사실을 구체적으로 확인한 후 적용하여야 하는 사항임.

(보충설명)

□ 중소기업의 제조업에서 발생한 외상매출채권에서 직접 발생하는 외환차손익은 외화자산을 회수하여 외국환은행에 당해 외화를 매각할 수 있는 시점까지는 감면사업의 개별손익에 해당하고 그 이후에 발생되는 외환차손익은 과세사업의 개별손익에 해당하는 것이고,

○ 관세환급금은 기업회계기준 제39조에 의하여 매출원가에서 차감하는 항목이므로 감면사업의 매출원가로 계상된 관세의 환급금은 감면사업의 개별익금에 해당하며,

○ 대손충당금환입액 · 해외시장개척준비금환입액 · 수출손실준비금환입액은 감면사업과 직접 관련하여 적립하거나 전입한 준비금 및 충당금에서 발생한 환입액은 감면사업의 개별익금에 해당하는 것임.

4. 공통손익의 안분계산

공통손익은 구분경리하지 아니하고 결산시 안분하여 구분계산한다.

가. 원칙

① 공통익금: 사업의 수입금액 또는 매출액에 비례하여 안분 계산한다.

② 공통손금: 구분경리대상사업의 업종이 동일한 경우에는 각 사업의 수입금액 또는 매출액에 비례하여 안분계산하고 구분경리대상사업의 업종이 다른 경우에는 각 사업의 개별손금에 비례하여 안분계산한다. 개별손금액은 매출원가와 판매관리비 및 영업외비용 등 모든 개별손금의 합계액을 말한다.

➲ **공통익금의 구분계산시 적용하는 부동산임대업의 수입금액**(법인법 집행기준 113-156-6)

감면사업과 과세사업을 겸영하는 법인이 부동산임대업과 기타 사업을 영위하는 경우 공통익금의 구분계산시 적용하는 부동산 임대수입금액은 임대료 수입금액에 법인세법 시행령 제11조 제1호 단서의 규정에 따라 계산한 임대보증금에 대한 수입이자 상당액을 가산한 금액으로 한다.

나. 예외

개별손금(공통손금 외의 손금의 합계액을 말함)이 없거나 기타 사유로 안분계산의 원칙을 적용할 수 없거나 적용하는 것이 불합리한 경우에는 공통익금의 수입항목 또는 공통손금의 비용항목에 따라 국세청장이 정하는 작업시간, 사용시간, 사용면적 등의 기준에 의하여 안분계산한다.(법인칙 76 ⑥ 단서)

다. 수개업종 겸업법인의 경우

먼저 업종별로 안분계산하고 다음에 동일업종 내의 공통손익을 안분계산한다.(법인법 통칙 113-156-4)

구 분		안분계산방법
공통익금		수입금액비례
공통손금	업종이 동일한 경우	수입금액비례
	업종이 다른 경우	개별손금액비례

업종의 구분은 한국표준산업분류에 의한 소분류에 의하되, 소분류에 해당 업종이 없는 경우에는 중분류에 의한다.

공통손금의 안분계산 방법(서면법인2023-2208, 2024.7.18.)

「법인세법」 제2조 제2호에 따른 비영리 내국법인이 수익사업과 기타의 사업의 손익을 구분경리하는 경우로서 수익사업과 기타의 사업의 업종이 동일한 경우 공통손금은 수입금액 또는 매출액에 비례하여 안분계산하는 것임. 다만, 질의법인과 같은 정비사업조합의 경우에 있어서 공통손금을 수입금액 또는 매출액 기준을 적용하는 것이 불합리한 경우에는 「법인세법 시행규칙」 제76조 제6항 단서에 의해 공통손금의 비용항목에 따라 작업시간 · 사용시간 · 사용면적(본 질의의 경우 분양면적) 등의 기준중에서 가장 합리적인 방법으로 안분하여 각 사업연도의 공통손금을 계산하는 것임.

비영리 법인의 수익사업과 기타사업의 공통손금을 안분계산시 개별손금액의 정의 (법인22601-798, 1988.3.21.)

개별 손금액은 매출원가와 판매관리비 및 영업외비용 등 모든 개별손금의 합계액을 말하는 것임.

5. 기타의 구분

가. 이자비용

차입금에 대한 이자비용은 그 이자의 발생장소에 따라 구분하거나 그 이자 전액을 공통손금으로 구분할 수 없으며, 차입한 자금의 실제 사용용도를 기준으로 사실 판단하여 개별 또는 공통손금으로 구분한다.(조특법 집행기준 7-0-5 ②)

나. 외환차손익

① 감면사업 또는 과세사업에 직접 관련되는 외환차손익은 당해 사업의 개별손익으로 구분한다.
② 외상매출채권의 회수와 관련된 외환차손익(공사수입의 본사 송금거래로 인한 외환차손익 포함)은 외국환은행에 당해 외화를 매각할 수 있는 시점까지는 당해 외상매출채권이 발생된 사업의 개별손익으로 하고 그 이후에 발생되는 외환차손익은 과세사업의 개별손익으로 구분한다.
③ 외상매출채권을 제외한 기타 외화채권과 관련하여 발생하는 외환차손익은 과세사업의 개별손익으로 구분한다.
④ 외상매입채무의 변제와 관련된 외환차손익은 당해 외상매입 채무와 관련된 사업의 개별손익으로 구분한다.
⑤ 외상매입채무를 제외한 기타 외화채무와 관련하여 발생하는 외환차손익은 외화채무의 용도에 따라 감면사업 또는 과세사업의 개별손익으로 구분하고, 용도가 불분명한 경우에는 공통손익으로 구분한다.
⑥ 외환증서, 외화표시예금, 외화표시유가증권등과 관련하여 발생하는 외환차손익은 과세사업의 개별손익으로 구분한다.
⑦ 감면사업의 손익수정에 따른 외환차손익은 감면사업의 개별손익으로 구분한다.

다. 이월결손금 · 비과세소득 · 소득공제의 구분공제

감면세액을 계산함에 있어서 각 사업연도의 과세표준계산시 공제한 이월결손금 비과세소득 또는 소득공제액이 있는 경우 이를 감면사업과 기타과세의 사업의 소득에서 각각 공제하며 구분이 불분명한 경우에는 소득금액에 비례하여 안분계산한 금액을 감면소득에서 공제한다.

라. 기부금

법인세가 감면되는 사업과 기타사업을 겸영하는 법인이 기부금을 구분경리하는 경우 감면사업과 기타사업의 업종이 동일한 때에는 수입금액 또는 매출액에 따라 안분하고, 감면사업과 기타사업의 업종이 다른 경우에는 개별손금액에 비례하여 안분계산한다.(서이46012-10674, 2001.12.5.)

마. 잡이익 또는 잡손실

잡이익과 잡손실은 직접 관련여부에 따라 제조업 및 기타사업의 개별익금 또는 개별손금으로 한다.(법인46012-1560, 2000.7.13.)

바. 사채할인발행차금 상각액 등

신주인수권부사채를 발행하여 감면사업 관련 공장건물 신축 및 기계장치 취득에 사용한 경우, 당해 신주인수권부사채의 사채할인발행차금 상각액 및 신주인수권조정 상각액 등 관련비용은 감면사업의 개별손금에 해당하는 것이다.(서면법령해석법인2014-21193, 2015.10.6.)

사. 종업원에 대한 급여상당액

수익사업과 비영리사업을 겸영하는 경우 종업원에 대한 급여상당액(복리후생비, 퇴직금 및 퇴직급여충당금전입액을 포함한다)은 근로의 제공내용을 기준으로 구분한다. 이 경우 근로의 제공이 주로 수익사업에 관련된 것인 때에는 이를 수익사업의 비용으로 하고 근로의 제공이 주로 비영리사업에 관련된 것인 때에는 이를 비영리사업에 속한 비용으로 한다.(법인법 집행기준 113-156-2)

아. 손실보상 차원의 공사대금 가산액과 어음할인비용

건설업을 영위하는 중소기업이 건설용역을 대가로 수령한 공사대금을 어음으로 수령함에 있어 어음할인 등에 따른 손실보상 차원에서 공사대금에 가산하여 받는 금액과 동 어음 할인비용은 감면사업에 직접 관련하여 발생하는 부수수익 및 비용이므로 중소기업 특별세액 감면대상 소득계산 시 이를 가감한다.(조특법 집행기준 7-0-5 ①)

자. 정부출연금

제조업 등을 영위하는 중소기업이 관계법령에 따라 정부와 협약을 체결하여 기술개발용역사업을 수행하면서 사업비로 지급받는 정부출연금은 당해 법인의 제조업 등에서 발생한 소득에 해당하지 아니하는 것이나, 당해 법인의 기술개발사업을 수행한 용역이 한국표준산업분류상 연구 및 개발업(분류코드 73)에 해당하는 경우에는 중소기업 특별세액 감면소득에 해당한다.(조특법 집행기준 7-0-5 ③)

차. 공사계약 파기 배상금

건설업 영위 법인이 공사계약 파기에 따른 배상금으로 하도급업체에 지급한 금액은 감면사업(건설업)의 개별손금으로 구분하여 중소기업에 대한 특별세액감면 규정을 적용할 때 감면소득을 계산한다.(조특법 집행기준 7-0-5 ⑥)

6. 구분경리한 사업 중 결손금이 발생한 경우 처리방법

감면대상사업의 소득금액을 계산할 때 조세특례제한법 제143조 제3항에 의하여 구분 경리한 사업 중 결손금이 발생한 경우에는 해당 결손금의 합계액에서 소득금액이 발생한 사업의 소득금액에 비례하여 안분계산한 금액을 공제한 금액으로 한다.

소득구분계산서에 의한 감면대상사업소득과 과세사업소득이 다음과 같을 경우 도매업에서 발생한 결손금을 소득금액이 발생한 사업의 소득금액에 비례하여 안분계산한 금액을 기준으로 세액감면을 적용한다.

① 소득구분계산서에 의한 소득금액 구분

구 분	각사업연도소득	감면사업소득		과세사업소득
		도매업소득	건설업소득	부동산임대소득
금액	250,000,000	△50,000,000	250,000,000	50,000,000
산출세액	27,500,000			

② 도매업 결손금의 안분

구 분	소득금액	비 율	도매업 결손금 안분
건설업소득	250,000,000	83.33%	41,665,000
부동산임대업소득	50,000,000	16.67%	8,335,000
합 계	300,000,000	100%	50,000,000

③ 감면사업소득금액은 도매업 결손금 안분금액을 차감한 208,335,000원이며 이를 기준으로 감면세액을 계산한다.

[별지 제48호서식](2021.10.28 개정)<어려운 법령용어 정비를 위한 개별소비세법 시행규칙> (앞 쪽)

사 업 연 도	. . . ~ . . .	소 득 구 분 계 산 서	법 인 명	
			사업자등록번호	

① 과 목	②구 분	코드	③합 계	감 면 분 또 는 합 병 승 계 사 업 해 당 분 등						기 타 분		비 고
										⑥ 금액	⑦ 비율	
				④ 금액	⑤ 비율	④ 금액	⑤ 비율	④ 금액	⑤ 비율			
(1) 매 출 액		01										
(2) 매 출 원 가		02										
(3) 매 출 총 손 익 {(1)-(2)}		03										
(4) 판 매 비 와 관 리 비	개별분	04										
	공통분	05										
	계	06										
(5) 영 업 손 익 {(3)-(4)}		07										
(6) 영 업 외 수 익	개별분	08										
	공통분	09										
	계	10										
(7) 영 업 외 비 용	개별분	11										
	공통분	12										
	계	13										
(8)각 사업연도 소득 또는 설정전 소득 {(5)+(6)-(7)}		21										
(9) 이월 결손금		22										
(10) 비과세 소득		23										
(11) 소득 공제액		24										
(12) 과 세 표 준 {(8)-(9)-(10)-(11)}		25										

210㎜×297㎜(신문용지 54g/㎡(재활용품))

(뒤 쪽)

작 성 방 법

1. 소득공제, 세액공제 또는 감면(감면율이 다른 경우 포함) 및 피합병법인의 이월결손공제 등에 있어서 구분 손익계산이 필요한 법인은 이 표를 작성합니다.
2. 해당 과목별로 세무조정사항을 가감하여 작성하여야 합니다.
3. 공통익금은 수입금액 또는 매출액에 비례하여 안분계산합니다.
4. 공통손금은 동일업종의 경우는 수입금액 또는 매출액에 비례하여 안분계산하고 업종이 다른 경우에는 개별손금에 비례하여 안분계산합니다.
5. 감면분 또는 합병승계사업 해당분란 아래 빈칸에는 구분해야 할 사업장 · 사업 · 감면율 등을 적습니다.
6. 비고란에는 배분기준, 계산근거 등을 적습니다. 다만, 필요시에는 구체적인 계산명세서를 첨부합니다.

사례

◈ 소득구분계산서 작성 세례

■ 법인세법 시행규칙 [별지 제48호 서식](2008.3.31 개정)

사 업 년 도	.01.01 ~ .12.31	소 득 구 분 계 산 서	법 인 명	(주)백두대간
			사업자등록번호	202-81-

① 과 목	②구분	코드	③합 계	감면분 또는 합병승계사업해당분등						기 타 분		비 고
				도소매		제조업		건설업				
				④금액	⑤비율	④금액	⑤비율	④금액	⑤비율	⑥금액	⑦비율	
(1)매 출 액		01	3,314,926,000	745,020,000	22.47	1,249,506,000	37.69	1,320,400,000	39.84			
(2)매출원가		02	2,162,652,511	550,634,755	25.46	884,464,756	40.90	727,553,000	33.64			
(3)매출총손익 (1)-(2)		03	1,152,273,489	194,385,245		365,041,244		592,847,000				
(4)판매비와 관리비	개별분	04	518,800,000	72,245,200	13.93	156,085,200	30.09	290,469,600	55.98			
	공통분	05	241,135,934	55,798,855	23.14	94,139,469	39.04	91,197,610	37.82			개별손금
	계	06	759,935,934	128,044,055		250,224,669		381,667,210				
(5)영 업 손 익 (3)-(4)		07	392,337,555	66,341,190		114,816,575		211,179,790				
(6)영 업 외 수 익	개별분	08	90,398,612	5,436,000	6.01	2,200,000	2.43			82,762,612		
	공통분	09	-5,500,000	-1,235,850	22.47	-2,072,950	37.69	-2,191,200	39.84			매출액
	계	10	84,898,612	4,200,150		127,050		-2,191,200		82,762,612		
(7)영 업 외 비 용	개별분	11	10,000,000			10,000,000	100.00					
	공통분	12	80,442,734	18,614,449	23.14	31,404,843	39.04	30,423,442	37.82			개별손금
	계	13	90,442,734	18,614,449		41,404,843		30,423,442				
(8)각 사업연도 소득 또는 설정전 소득 (5)+(6)-(7)		21	386,793,433	51,926,891		73,538,782		178,565,148		82,762,612		
(9)이월결손금		22	50,000,000	5,000,000	10.00	20,000,000	40.00	25,000,000	50.00			
(10)비과세소득		23										
(11)소득공제액		24										
(12)과 세 표 준 (8)-(9)-(10)-(11)		25	336,793,433	46,926,891		53,538,782		153,565,148		82,762,612		

제2절 감면세액제도의 공통사항

I 감면세액의 계산

1. 감면세액 계산방법

감면세액은 별도 규정이 있는 경우를 제외하고는 다음과 같이 계산하며 산출세액에는 토지등 양소득에 대한 법인세액과 투자·상생협력 촉진을 위한 과세특례를 적용하여 계산한 법인세액 및 가산세를 제외한다.(법인법 59 ②)

$$\text{면제·감면세액} = \text{법인세 산출세액} \times \frac{\text{면제·감면소득} - \text{공제액등}}{\text{과세표준}} \times \text{감면비율}$$

2. 「공제액등」의 범위

감면 또는 면제세액을 계산할 때 각 사업연도의 과세표준계산 시 공제한 이월결손금·비과세소득 또는 소득공제액을 「공제액등」이라 하며 각 사업연도의 과세표준계산 시 공제액등이 있는 경우 감면 또는 면제되는 소득은 다음의 금액을 공제한 금액으로 한다.(법인령 96)

① 공제액등이 감면사업 또는 면제사업에서 발생한 경우에는 공제액 전액
② 공제액등이 감면사업 또는 면제사업에서 발생한 것인지가 불분명한 경우에는 소득금액에 비례하여 안분계산한 금액

II 수정신고 또는 경정청구에 의한 세액감면등

1. 수정신고 또는 경정청구에 의한 세액감면의 적용배제

법인이 감면 또는 면제를 받지 못하거나 과소하게 받은 경우에는 과소신고금액에 대하여 수정신고를 하여 감면을 적용받을 수 있다. 다만, 과세관청이 경정을 하는 경우와

과세관청이 세액을 경정할 것을 미리 알고 수정신고를 하는 경우에는 과소신고금액에 대한 감면은 적용을 받을 수 없다.(조특법 128 ③)

참고사항

■ **경정할 것을 미리 알고 제출한 경우(가산세 감면제외 사유, 국기령 29)**

경정할 것을 미리 알고 제출한 경우는 다음의 어느 하나에 해당하는 경우를 말한다.

1. 해당 국세에 관하여 세무공무원이 조사에 착수한 것을 알고 과세표준수정신고서 또는 기한후과세표준신고서를 제출한 경우
2. 해당 국세에 관하여 관할 세무서장으로부터 과세자료 해명 통지를 받고 과세표준수정신고서를 제출한 경우

■ **경정할 것을 미리 알고 제출한 경우(법인령 106 ④)**

다음의 어느 하나에 해당되는 경우로서 경정이 있을 것을 미리 알고 사외유출된 금액을 익금산입하는 경우에는 그러하지 아니하다.

1. 세무조사의 통지를 받은 경우
2. 세무조사가 착수된 것을 알게 된 경우
3. 세무공무원이 과세자료의 수집 또는 민원 등을 처리하기 위하여 현지출장이나 확인업무에 착수한 경우
4. 납세지 관할 세무서장으로부터 과세자료 해명 통지를 받은 경우
5. 수사기관의 수사 또는 재판 과정에서 사외유출 사실이 확인된 경우
6. 그 밖에 제1호부터 제5호까지의 규정에 따른 사항과 유사한 경우로서 경정이 있을 것을 미리 안 것으로 인정되는 경우

청구법인의 수정신고가 세액을 경정할 것을 미리 알고 제출한 경우에 해당한다고 보아 중소기업에 대한 특별세액감면 적용을 배제한 처분의 당부(조심2015서4339, 2015.11.2.)

청구법인의 관계회사에 대한 세무조사시 청구법인의 대표이사가 청구법인의 매출누락액에 대한 확인서를 조사청에 제출하였고, 그 후 청구법인이 처분청에 수정신고를 한 것으로 나타나는 점 등에 비추어 청구법인이 별도의 세무조사 및 해명통지를 받은 사실이 없다 하더라도 매출누락액에 대한 수정신고는 해당 국세에 관하여 세무공무원이 경정할 것을 미리 알고 제출한 경우에 해당한다 할 것이므로 처분청이 매출누락액에 대한 중소기업에 대한 특별세액감면 적용을 배제하여 법인세를 과세한 이 건 처분은 잘못이 없음.

수정신고 안내에 따라 수정신고하면서 증액된 세액에 대하여 창업중소기업 등에 대한 세액감면을 적용할 수 있는지 여부(조심2013중4635, 2013.12.31.)

과세표준 수정신고서 제출시 경정할 것을 미리 알고 제출한 부정과소신고 과세표준에 대하여 창업중소기업 등에 대한 세액감면을 배제하도록 규정하고 있는 점, 처분청은 청구인에게 가공경비 등에 대하여

수정신고를 안내하였으며 청구인은 수정신고 안내문에 따라 가공경비 등을 제외하여 계상한 수정신고를 한 점 등 청구인의 수정신고는 과세표준과 세액을 경정할 것을 미리 알고 제출한 경우라고 볼 수 있으므로 처분청이 청구인의 수정신고에 따라 증액된 세액에 대하여 창업중소기업 등에 대한 세액감면 규정을 배제하여 종합소득세를 부과한 처분은 달리 잘못이 없다고 판단됨.

2. 세액감면 유형 변경으로 인한 수정신고 및 경정등 청구

당초 적법하게 적용한 세액감면의 유형을 다른 유형으로 변경하여 납부세액의 변동이 발생할 경우 수정신고 또는 경정청구를 할 수 있다.(법인46012－776, 2000.3.24., 법인－278, 2009.1.22.)

고용증대세액공제를 중소기업특별세액감면으로 변경하는 수정신고 가능여부(서면법규－72, 2014.1.27.)

제조업을 영위하는 거주자가 당초 종합소득세 과세표준 확정신고 시 「조세특례제한법」 제30조의4 고용증대세액공제를 적용받은 이후 해당 세액공제를 배제하고 같은 법 제7조의 중소기업에 대한 특별세액감면을 적용하여 「국세기본법」 제45조에 따른 수정신고를 할 수 있는 것임.

적법하게 신청한 세액감면을 취소하기 위한 수정신고 가능여부(서면법령해석기본2017－2003, 2017.9.8.)

과세표준신고서를 법정신고기한 내에 제출한 법인이 차기 사업연도에 「법인세법」 제57조의 외국납부세액공제를 적용하기 위하여 당해 사업연도에 적용하였던 「조세특례제한법」 제104조의25의 석유제품 전자상거래 세액공제를 취소하고자 하는 경우에는 「국세기본법」 제45조의 수정신고를 할 수 있는 것임.

[국세청 해석사례집-검토내용]

○ 수정신고는 과세표준신고서를 법정신고기한까지 제출한 자가 과세관청의 결정·경정전까지 본인의 과세표준이나 세액에 대하여 자발적으로 수정할 수 있는 기회를 주는 것이고, 이러한 취지에 따라서 일정기간 내에 수정신고를 하는 경우 과소신고가산세를 감면해 주는 규정을 두고 있는 것인바(국기법 48 ②) 과세표준이나 세액의 변동이 없는 경우에도 수정신고를 할 수 있는지 여부가 문제될 수 있음.

○ 기획재정부는 당초 기술 및 인력개발비에 대한 세액공제 신청서 항목 중 「조세감면규제법」 제10조에 해당하는 항목이 제거되더라도 최저한세로 인한 세액의 이월공제로 납부세액의 변동이 없으며, 단지 공제율이 변동됨으로써 이월공제액이 변동되는 사안에 대하여 최저한세로 인한 세액의 이월공제로 당해 사업연도 납부세액의 변동이 없더라도 세액의 이월공제액이 변동된 것은 세액의 증감이 있는 것으로 볼 수 있다고 하여 수정신고를 인정한 바 있음(재기법46019-250, 1998.10.21.).

○ 본 건의 경우, A법인은 2014년도에 석유제품 전자상거래 세액공제신청을 하였고 그에 따른 감면세액은 2015년도로 이월되었고 2015년도에 실제로 감면받으면서 이에 따라 농어촌특별세를 납부하였으나 이월감면액을 우선적으로 적용하여 감면받은 관계로 농어촌특별세 납부의무가 없는 외국납부세액공제를 적용받지 못한 결과, 2014년도에 적용한 석유제품 전자상거래 세액공제를 전부 취소하여 2015년도에 이월된 석유제품 전자상거래 세액공제를 적용하는 것이 아닌, 외국납부세액공제를 적용받아 농어촌특별세를 납부

하지 아니하고자 하는 것으로 2014년도는 석유제품 전자상거래 세액공제를 적용하지 않는 경우에도 결손이 발생한 사업연도이기에 납부세액에 변동이 없으나 2014년도에 적용한 세액공제를 취소하는 수정신고를 하여야 2015년도의 세액공제를 외국납부세액 공제로 변경 할 수 있으므로 2014년도의 납부세액의 변동은 없으나 세액의 이월공제액이 변동된 것이어서 세액의 증감이 있는 것으로 볼 수 있다고 할 것이므로 2014년도에 적용한 세액 공제를 전부 취소하기 위한 수정신고는 가능하다고 할 것임.

○ 납세자는 여러 가지 세액공제 감면 규정을 적용받는 경우 그 중 본인에게 가장 유리한 감면 규정을 선택·적용하여 신고할 수 있고 그 선택을 변경하기 위한 수정신고 및 경정청구도 가능한 것이며 납부세액의 변동이 없더라도 세액의 이월공제액이 변동된 것은 세액의 증감이 있는 것으로 볼 수 있다고 할 것이어서 이를 위한 수정신고는 가능함.

Ⅲ 감면세액의 승계

1. 합병의 경우

창업중소기업에 대한 세액감면을 적용받고 있는 법인이 감면기간이 경과되기 전에 합병으로 소멸하는 경우 합병으로 존속하는 법인이 중소기업에 해당하는 때(유예기간을 포함한다)에는 소멸한 창업중소기업에서 발생하는 소득에 한하여 잔존기간에 대한 세액감면을 승계하여 적용받을 수 있다.(조특법 통칙 6-0-3)

2. 법인전환 및 중소기업간 통합의 경우

가. 세액감면의 승계

조세특례제한법 제31조(중소기업간의 통합에 대한 양도소득세 등의 이월과세) 및 같은법 제32조(법인전환에 대한 양도소득세의 이월과세)에 따른 중소기업간의 통합 및 법인전환시 다음의 세액감면에 대한 감면기간이 지나기 전에 통합 또는 법인전환하는 경우 통합법인 또는 전환법인은 남은 감면기간에 대하여 감면을 적용받을 수 있다.(조특법 31 ④, ⑤, 조특법 32 ④)

① 창업중소기업 및 창업벤처중소기업에 대한 세액감면(조특법 6 ①, ②)
② 농공단지 입주기업 등에 대한 세액감면(조특법 64 ①)
③ 수도권 밖으로 공장을 이전하는 기업에 대한 세액감면 등(조특법 63)
④ 농업회사법인에 대한 법인세의 면제등(조특법 68)

나. 이월된 세액공제액의 승계

조세특례제한법 제144조(세액공제액의 이월공제)에 따른 미공제 세액이 있는 내국인이 조세특례제한법 제31조(중소기업간의 통합에 대한 양도소득세 등의 이월과세) 및 같은법 제32조(법인전환에 대한 양도소득세의 이월과세)에 따른 통합 또는 법인전환을 하는 경우 통합법인 또는 전환법인은 승계받은 자산에 대한 미공제 세액을 승계하여 공제받을 수 있다.(조특법 31 ⑥, 조특법 32 ④)

이 경우 미공제세액을 승계한 자는 통합으로 인하여 소멸되는 중소기업자로부터 승계받은 자산에 대한 미공제세액상당액을 당해 중소기업자의 이월공제잔여기간 내에 종료하는 각 과세연도에 이월하여 공제받을 수 있다.(조특령 28 ⑧)

합병법인이 피합병법인의 감면을 승계하여 적용 가능 여부 등(법인-174, 2014.4.11.)

내국법인이 「법인세법」(2011.12.31. 법률 제11128호로 개정된 것) 제44조 제2항 각호의 요건을 갖추어 적격합병을 하는 경우에는 같은 법 제44조의3에 따른 합병법인에 대한 과세특례를 적용받을 수 있는 것으로, 합병 전 피합병법인이 「조세특례제한법」 제63조의2(법인의 공장 및 본사를 수도권 밖으로 이전하는 경우 법인세 등 감면)에 따라 적용받던 감면에 대하여는 「법인세법 시행령」 제80조의 4에 따라 합병법인이 승계한 감면사업에서 발생한 소득을 대상으로 합병 당시의 잔존감면기간 내에 종료하는 각 사업연도분까지 세액감면을 적용받을 수 있는 것임.

창업중소기업 등에 대한 세액감면 적용여부(서이-1871, 2004.9.9.)

조세특례제한법 제6조 규정에 의한 창업중소기업 등에 대한 세액 감면을 적용받던 개인사업자가 같은법 제32조의 규정에 의하여 법인으로 전환하는 경우에는 전환 후 법인이 개인사업자의 잔존 감면기간동안 세액감면을 승계하여 적용받을 수 있는 것으로서, 동 규정에 의한 요건을 모두 갖추어 법인으로 전환된 후 개인주주가 소유 주식의 일부를 양도하는 경우에도 잔존감면기간동안 세액감면을 적용 받을 수 있는 것임.

Chapter 03

세액감면 제도

| 세액감면제도 요약 |

구 분	면제 · 감면 소득의 범위	면제 · 감면의 방법
1. 창업중소기업에 대한 법인세 감면(조특법 6)	당해 사업에서 발생한 소득 ㉠ 수도권과밀억제권역 외의 지역과 수도권 인구감소지역에서 창업하는 중소기업('18.5.29. 이후 수도권 내 창업한 청년창업기업 포함), 창업보육센터 사업자로 지정받은 법인 ㉡ 창업 후 3년 이내에 벤처 기업으로 확인받은 기업 ㉢ 창업일이 속하는 사업연도와 그 다음 3개 사업연도가 지나지 않은 중소기업으로서 에너지신기술중소기업에 해당하는 법인	- (기본감면) 최초로 소득이 발생한 사업연도와 그후 4년간 법인세 50% 감면 * '18.5.29. 이후 수도권 외 지역에서 창업한 청년창업기업: 5년간 100% * '18.5.28. 이전 청년창업 중소기업: 최초로 소득이 발생한 연도와 그 후 2년간 75%, 그 이후 2년 50% * '18.1.1. 이후부터 2024.12.31. 이전 창업한 대상 기업 중 신성장 서비스업 영위기업: 최초로 세액을 감면받는 연도와 그 후 2년간 75%, 그 이후 2년 50% * '18.5.29. 이후 창업한 수입금액 8,000만원 이하 기업: 수도권 외: 100%, 수도권 내: 50% - (추가감면) 전년대비 고용증가율 × 1/2(업종별 최소고용인원 충족) * '25.1.1. 이후 창업의 경우 전년대비 고용증가율 × 100% 추가감면 - 2026.1.1. 이후 창업한 경우 * 수도권외 또는 수도권인구감소지역 청년창업기업: 100% * 과밀억제권역과 인구감소지역 제외한 수도권 청년창업: 75% * 과밀억제권역내 청년창업과 수도권외 및 수도권의 인구감소지역 창업: 50% * 수도권(과밀억제권역 인구감소지역 제외) 창업: 25% * 창업보육센터사업자: 50% * '26.1.1. 이후 창업한 수입금액 8,000만원 이하 기업: 수도권 외 지역 또는 수도

구 분	면제 · 감면 소득의 범위	면제 · 감면의 방법
		권인구감소지역: 100%, 수도권(과밀억제권역과 인구감소지역 제외): 75%, 과밀억제권역 내: 50%
2. 중소기업 등 특별세액 감면(조특법 7) * 2005.1.1. 이후 최초 개시 사업연도분부터 본점기준에서 사업장기준으로 변경(본점이 수도권 안에 있는 경우 모든 사업장이 수도권 안에 있는 것으로 간주) ※ 2023.1.1. 이후 개시한 과세연도부터 수도권 내에서 중소기업(소기업 제외)이 지식기반산업을 경영하는 사업장은 감면 배제(2023.1.1. 이전 개시한 과세연도까지 감면율 10% 적용함)	- 제조업 등에서 발생한 소득	- 소기업(한도1억원 – 감소한 상시근로자수 1명당 5백만원) • 도매업 등: 10% • 수도권내 도매업 등외: 20% • 수도권외 도매업 등외: 30% - 중기업(한도1억원 – 감소한 상시근로자수 1명당 5백만원) • 수도권외 도매업 등 : 5% • 수도권내 일반서적출판업: 10% • 수도권외 도매업 등외: 15% * 도매업 등: 도매업, 소매업, 의료업 * 통관대리 및 관련 서비스업: 감면율의 50%
3. 기술이전 및 기술취득 등에 대한 과세특례(조특법 12 ①, ③)	- 중소 · 중견기업이 특허권, 실용신안권, 기술 비법 등을 내국인에게 이전함으로써 발생한 소득 - 중소 · 중견기업이 특허권 등을 대여함으로써 발생하는 소득	- 해당소득에 대한 법인세의 50% - 해당소득에 대한 법인세의 25%
4. 연구개발특구에 입주하는 첨단기술 기업 등에 대한 법인세 감면(조특법 12의2)	- 연구개발특구에 입주한 첨단기술기업 및 연구소기업	- 소득 발생 후 3년간 100%, 그 후 2년간 50% - 감면한도: ① + ② ① 투자누계액 × 50% ② 상시근로자수 × 1천5백만원(청년 2천만원)
5. 공공차관도입에 대한 법인세 감면(조특법 20)	- 공공차관의 도입과 관련하여 외국인에게 지급되는 기술 또는 용역의 대가	- 공공차관협약에 따라 감면
6. 국제금융거래에 따른 이자소득면제(조특법 21)	- 국가 등이 국외에서 발행한 외화표시채권의 이자 등 - 국가 등이 국외에서 발행한 유가증권을 비거주자와 외국법인이 국외에서 양도 함으로써 발생하는 소득	- 100% 면제
7. 공공기관이 혁신도시 등으로 이전하는 경우 법인세 등 감면(조특법 62)	- 이전공공기관이 본사를 혁신 도시 또는 세종시로 이전하기 위하여 종전부동산을 양도함으로써 발생하는 양도차익 - 성장관리권역에 본사가 소재하는 이전공공기관이 혁신도시로 본사를 이	- 양도차익을 익금불산입하고, 5년 거치 5년간 균등액 이상을 환입 - 이전일 이후 최초로 소득이 발생하는 과세연도와 그 후 2년은 100%, 그 다음 2년은 50% 감면 * 감면대상소득: 과세표준 × 이전 본사근무

구 분	면제・감면 소득의 범위	면제・감면의 방법
	전하는 경우	인원 비율
8. 수도권 밖으로 공장을 이전하는 기업에 대한 세액감면 등(조특법 63)	- 법인이 수도권과밀억제권역에서 3년(중소기업은 2년) 이상 가동한 공장을 수도권(중소기업: 수도권밖 또는 수도권인구감소지역) 밖의 지역으로 이전한 법인의 이전공장소득 * 본사가 함께 있는 경우 같이 이전	- 이전일 이후 최초로 소득이 발생한 과세연도와 다음기간동안 100% • 수도권인구감소지역, 당진시 등: 5년 • 수도권밖 광역시, 구미시 등: 5년(성장촉진지역등: 7년) • 위 외의 수도권밖: 7년(성장촉진지역등: 10년) - 그 다음 2년(3년*)은 50% 감면 * 수도권밖 광역시, 구미시등 성장촉진지역등과 성장촉진지역을 제외한 수도권밖 광역시외를 의미함
9. 수도권 밖으로 본사를 이전하는 법인에 대한 세액감면 등(조특법 63의2)	- 부동산업, 건설업, 소비성 서비스업, 무점포판매업 및 해운중개업을 영위하는 법인을 제외한 법인의 공장 및 본사의 이전에 따른 소득 * 본사의 이전등기일이 속하는 과세연도 개시일부터 소급하여 10년 이내에 감면받은 법인 제외	- 이전일 이후 최초로 소득이 발생한 과세연도와 다음기간동안 100% • 당진시 등과 수도권인구감소지역: 5년 • 수도권밖 광역시, 구미시 등: 5년(성장촉진지역등: 7년) • 위외의 수도권밖: 7년(성장촉진지역등: 10년) - 그 다음 2년(3년*)은 50% 감면 * 수도권밖 광역시, 구미시등 성장촉진지역등과 성장촉진지역을 제외한 수도권밖 광역시외를 의미함
10. 농공단지 입주기업 등에 대한 법인세 감면(조특법 64)	- 농공단지안에서 농어촌소득원 개발사업을 영위하는 내국인 - 나주일반, 혁신・김제지평선・장흥바이오 식품・북평국가, 일반・강진・정읍 첨단과학・동함평・세풍일반(1단계)산업단지에 입주하는 중소 기업	- 최초로 소득이 발생한 사업연도와 그 후 4년간 → 법인세 50% 감면 - 감면한도: 감면한도: ①+② ① 투자누계액×50% ② 상시근로자수×1천5백만원(청년 2천만원)
11. 영농조합법인에 대한 법인세 면제(조특법 66)	- 농어업경영정보를 등록한 영농조합법인 * 2014.1.1. 개정시 조합원당 수입금액 6억원을 초과하는 작물재배업 소득 분을 과세로 전환(2015.1.1. 이후 개시하는 사업연도분부터 적용)	- 식량작물재배업소득 전액 - 식량작물재배업소득 외의 소득 중(12백만원 × 조합원수×$\frac{사업연도월수}{12}$ 한도)
12. 영어조합법인에 대한 법인세 면제(조특법 67)	- 농어업경영정보를 등록한 영어조합법인	- 어로어업소득(3천만원 × 조합원수×$\frac{사업연도월수}{12}$ 한도) - 어로어업소득외의 소득 중(12백만원

구 분	면제 · 감면 소득의 범위	면제 · 감면의 방법
		× 조합원수 × $\frac{사업연도월수}{12}$ 한도)
13. 농업회사 법인에 대한 법인세 면제(조특법 68)	- 농어업경영정보를 등록한 농업회사 법인 * 2014.1.1. 개정시 수입금액 50억원을 초과하는 작물재배업 소득분을 과세로 전환(2015.1.1. 이후 개시하는 사업연도분부터 적용)	- 식량작물재배업소득 전액 - 기타 작물재배업 소득: 50억원 한도 - 부대사업 소득에 대한 법인세: 최초로 소득이 발생한 연도와 그 후 4년간 법인세 50% 감면
14. 사회적기업 및 장애인 표준사업장에 대한 법인세 감면(조특법 85의6)	- 사회적기업이 해당 사업에서 발생한 소득 - 장애인 표준사업장에서 발생한 소득	- 최초로 소득이 발생한 사업연도와 그후 2년은 100%, 그 다음 2년은 50% 감면(1억원+ 취약계층 등에 해당하는 상시근로자수 × 2,000만원 한도) * 최저한세 적용 제외
15. 소형주택 임대사업자에 대한 세액감면(조특법 96)	- 내국인이 임대주택을 1호 이상 임대한 경우 임대사업에서 발생한 소득	- 1호 임대: 30% 감면(장기일반민간임대주택등 75%) - 2호 이상 임대: 20% 감면(장기일반민간임대주택등 50%)
16. 위기지역 내 창업기업에 대한 세액감면(조특법 99의9)	- 고용 또는 산업 위기지역 내 창업하는 기업으로 지정기간 내 창업기업	- 5년간 100% 감면 그 이후 2년간 50% 감면 - 중견 · 대기업은 다음 한도: 투자누계액 50% + 상시근로자수×1,500만원(청년 등 2,000만원)
17. 해외진출기업 국내복귀에 대한 법인세 감면(조특법 104의24)	- 내국법인이 국외(개성공업지구 포함)에서 2년 이상 운영한 사업장을 국내(수도권 밖)로 이전하여 창업하거나 사업장 신설하고 국외 사업과 동일업종을 영위하는 등 일정요건 충족	① 완전복귀 - 이전일 이후 최초로 소득이 발생한 과세연도와 그다음 6개 과세연도 → 법인세: 100% 감면 - 다음 3개 과세연도 → 법인세: 50% 감면 ② 부분복귀 - (비수도권) 6년간 100%, 3년간 50% - (수도권*) 2년간 100%, 2년간 50% * 수도권과밀억제권역 외
18. 제주첨단과학 기술단지 입주 기업에 대한 법인세 감면(조특법 121의8)	- 제주첨단과학기술단지 입주기업의 생물산업 · 정보통신산업, 정보통신서비스업, 첨단기술 및 첨단제품과 관련된 사업에서 발생한 소득	- 최초 소득발생 과세연도 개시일부터 3년 → 법인세: 100% 감면 - 다음 2년내 종료 과세연도 → 법인세: 50% 감면
19. 제주투자진흥지구 등 입주 기업에 대한 법인세 감면(조특법 121의9)	㉠ 제주투자진흥지구 및 자유무역지역 입주기업의 해당 구역 사업장에서 발생하는 소득 ㉡ 제주투자진흥지구 개발사업시행자	㉠에 대한 감면 - 최초 소득발생 과세연도 개시일부터 3년 → 100% 감면 - 다음 2년내 종료 과세연도→ 50%

구 분	면제 · 감면 소득의 범위	면제 · 감면의 방법
	의 해당 개발사업에서 발생한 소득	감면 ⓛ에 대한 감면 - ㉠의 1/2를 각각 감면
20. 기업도시개발 구역 등의 창업 기업 등에 대한 법인세 감면(조특법 121의17)	㉠ 기업도시개발구역(지역개발사업 구역, 지역활성화지역, 해양박람회 특구)에서 창업 또는 사업장 신설 시 해당 사업장에서 발생하는 소득 ⓛ 기업도시개발사업(지역개발사업 구역, 지역활성화지역, 해양박람회 특구) 시행자의 해당 개발사업에서 발생한 소득	㉠에 대한 감면 - 최초 소득발생 과세연도 개시일부터 3년 → 100% 감면 - 다음 2년내 종료 과세연도→ 50% 감면 ⓛ에 대한 감면 - ㉠의 1/2를 각각 감면
21. 아시아문화중심 도시 투자진흥 지구 입주기업에 등에 대한 법인세 감면(조특법 121의20)	- 아시아문화중심도시 투자진흥지구에 입주하는 기업이 그 지구에서 사업을 하기 위한 투자로서 업종 · 투자금액 등 일정요건을 갖춘 경우 해당 감면대상 사업에서 발생하는 소득	- 최초 소득발생 과세연도 개시일부터 3년 → 법인세: 100% 감면 - 다음 2년내 종료 과세연도 → 법인세: 50% 감면
22. 금융중심지 창업 기업 등에 대한 법인세 감면(조특법 121의21)	- 금융중심지(수도권과밀억제권역 제외)내에서 금융 · 보험업을 영위하기 위해 창업 또는 사업장을 신설하여 해당 구역안의 사업장에서 감면대상사업을 영위하는 경우 감면대상사업에서 발생하는 소득 * 2010.5.14. 이후 최초로 창업하거나 사업장을 신설하는 법인부터 적용	- 최초 소득발생 과세연도 개시일부터 3년 → 법인세: 100% 감면 - 다음 2년내 종료 과세연도 → 법인세: 50% 감면
23. 첨단의료복합단지 및 국가식품클러스터 입주기업에 대한 법인세 감면(조특법 121의22)	- 첨단의료복합단지에 입주한 기업이 보건의료기술 사업을 영위하는 경우 해당 사업에서 발생하는 소득 - 국가식품클러스터에 입주한 기업이 식품산업 등 영위하는 경우 해당 사업에서 발생하는 소득	- 최초 소득발생 과세연도 개시일부터 3년 → 법인세: 100% 감면 - 다음 2년내 종료 과세연도 → 법인세: 50% 감면
24. 기회발전특구의 창업기업 등에 대한 법인세등의 감면(조특법 121의33) 2024.1.1. 이후	당해 사업에서 발생한 소득 - 기회발전특구에서 감면대상사업을 창업하거나 사업장을 신설(기존사업장 이전제외)	- (기본감면) 최초로 소득이 발생한 사업연도와 그후 4년간 법인세 100% 감면 - 다음 2년간 법인세 50% 감면 - (감면한도) 투자누계액의 50%+상시근로자수×1,500만원(청년: 2,000만원) - 감면 후 2년내 상시근로자수 감소시 추가납부

구 분	면제 · 감면 소득의 범위	면제 · 감면의 방법
25. 외국법인의 보세구역 물류시설의 재고자산 판매이익의 법인세 면제 (조특법 141의2)	- 국내사업장이 없는 외국법인이 국외에서 제조하거나 양도받은 재고자산을 보세구역 및 자유무역지역에 소재하는 물류시설에 보관 후 양도함에 따라 발생하는 국내원천소득	- 법인법 98 ①에 따른 법인세 면제

* 2019.1.1. 이후 지역특구에 창업하거나 사업장을 신설, 입주하는 법인은 다음 금액을 한도로 하여 법인세 감면(대상 지역특구) 연구개발특구, 제주 투자진흥지구 · 첨단과학기술단지, 아시아문화중심도시, 금융중심지, 첨단의료복합단지, 국가식품클러스터, 2024.1.1. 이후 기회발전특구
  - 투자누계액 50% + 상시근로자수 × 1,500만원(청년 및 서비스업 근로자 2,000만원)
  - 100% 감면기간(최저한세 적용 제외), 그 외 감면기간(최저한세 적용): 2020.1.1. 이후 개시하는 과세연도 분부터 적용

제1절 창업중소기업 등에 대한 세액감면

I 창업개념

1. 창업의 개념

조세특례제한법상 창업에 대한 개념은 없지만 같은법 집행기준에서 다음과 같이 설명하고 있다.(조특법 집행기준 6-0-2 ①)

창업이란 기업을 새로이 설립하는 것이며 창업일은 다음과 같다.
① 법인의 경우: 법인설립등기일
② 개인사업자의 경우: 소득세법 또는 부가가치세법에 따른 사업자등록을 한 날

2. 창업의 예외(감면배제)

가. 창업의 예외

다음의 경우에는 이를 창업으로 보지 아니한다. 같은 종류의 사업은 한국표준산업분류에 따른 세분류를 따른다.(조특법 6 ⑩)

① 합병・분할・현물출자 또는 사업의 양수를 통하여 종전의 사업을 승계하거나 종전의 사업에 사용되던 자산을 인수 또는 매입하여 같은 종류의 사업을 하는 경우. 다만, 다음의 어느 하나에 해당하는 경우는 제외한다.

㉠ 종전의 사업에 사용되던 자산을 인수하거나 매입하여 같은 종류의 사업을 하는 경우 그 자산가액의 합계가 사업 개시 당시 토지와 법인세법에 의한 감가상각자산의 총가액에서 차지하는 비율이 30% 이하인 경우

$$\text{창업으로 인정되는 자산인수비율} = \frac{\text{인수 또는 매입한 자산가액}^{☆}}{\text{창업 당시(토지+감가상각자산)의 가액}} \leq 30\%$$

☆ 승계한 임차보증금도 포함됨.(대법2020두54685, 2021.3.11.)

㉡ 2018년 1월 1일 이후 사업의 일부를 분리하여 해당 기업의 임직원이 사업을 개시하는 경우로서 다음의 요건을 모두 갖춘 경우

ⓐ 기업과 사업을 개시하는 해당 기업의 임직원 간에 사업 분리에 관한 계약을 체결할 것

ⓑ 사업을 개시하는 임직원이 새로 설립되는 기업의 대표자로서 지배주주 등에 해당하는 해당 법인

의 최대주주 또는 최대출자자(개인사업자의 경우에는 대표자를 말한다)일 것

☆ 원시적인 사업창출의 효과가 있는 사업을 실질적으로 개시하였다고 볼 수 없는 경우에는 '창업'을 한 경우에 해당하지 않는 것임(서면법규법인2023-147, 2023.10.31.)

☆ 사업을 개시하는 임직원은 분리전 기업의 대표자는 제외되는 개념으로 해석된다.(사전법령해석법인2018-799, 2019.1.16., 서면법인2021-6590, 2021.11.30.)

② 거주자가 하던 사업을 법인으로 전환하여 새로운 법인을 설립하는 경우

③ 폐업 후 사업을 다시 개시하여 폐업전의 사업과 같은 종류의 사업을 하는 경우

☆ 폐업 후 다시 개시하는 기간에 대한 제한이 없음.(조심2022부6579, 2022.12.7., 사전법령해석소득2020-449, 2020.6.19.)

☆ 법인을 폐업 후 상당한 시간(본 질의 경우 16년)이 경과한 후에 종전사업의 승계 또는 종전 자산의 인수(매입)에 의하지 않고 새로이 법인을 설립하는 경우에는 종전 법인과 동일한 업종을 영위하더라도 감면을 적용받을 수 있는 것임.(서면법인2022-5582, 2023.7.24.)

④ 사업을 확장하거나 다른 업종을 추가하는 경우 등 새로운 사업을 최초로 개시하는 것으로 보기 곤란한 경우

구체적인 창업에 해당하는 사례는 다음과 같다.(조특법 집행기준 6-0-2)

① 타인의 사업 승계시 종전 사업자가 생산하는 제품과 동일한 제품을 생산하는 동종의 사업을 영위하는 경우 창업에 해당하지 아니하는 것이다.

② 부동산임대업을 영위하는 개인사업자가 기존사업장과 다른 사업장에서 제조업을 새로이 개시하는 경우에는 창업에 해당한다.

③ 법인이 다른 사업자(이하 '폐업자' 라 함)가 폐업한 사업장의 건물을 그 소유주로부터 임차하고 기계장치 등 사업용 자산을 새로이 취득하여 폐업자가 영위하던 사업과 동종의 사업을 개시하는 경우에는 「조세특례제한법」 제6조 규정에 의한 창업중소기업세액감면을 적용받을 수 있는 것이다.

④ 개인이 제조업 등을 창업하고 법인전환요건에 따라 중소기업법인으로 전환하여 개인사업의 창업일로부터 3년 이내에 벤처기업으로 확인받은 경우, 창업벤처중소기업 세액감면 가능하다.

사례

◈ **2025년 10월 5일 김창업은 다음과 같이 사업을 시작하였다. 이 경우 조세특례제한법 제6조의 창업중소기업에 대한 세액감면을 적용할 수 있는지?**

1. 김창업은 홍길동이 운영하던 삼겹살 고기를 판매하는 음식점을 인수하였다.
2. 김창업은 인수한 사업장의 시설등을 모두 철거하고 짬뽕을 전문으로 판매하는 음식점으로 변경하였다.
3. 김창업은 음식점 사업이 생애 첫 사업이다.
4. 사업장 소재지는 수도권 밖으로 가정한다.

해답 및 계산과정

종전의 사업에 사용되던 자산을 인수하거나 매입하여 같은 종류의 사업을 하는 경우 창업중소기업

에 대한 세액감면 적용시 창업에 해당하지 아니한다.
여기서 같은 종류의 사업은 한국표준산업분류에 따른 세분류로 판단한다.
한국표준산업분류에 의할 경우 김창업과 홍길동의 사업의 종류는 다음과 같다.

구분	홍길동의 음식점	김창업의 음식점
한국표준산업분류상 업종	5611.한식음식점업	5612.외국식음식점업

따라서 김창업의 음식점은 홍길동의 음식점과 한국표준산업분류에 따른 세분류에서 다르기 때문에 창업중소기업에 대한 세액감면 적용시 창업에 해당한다.

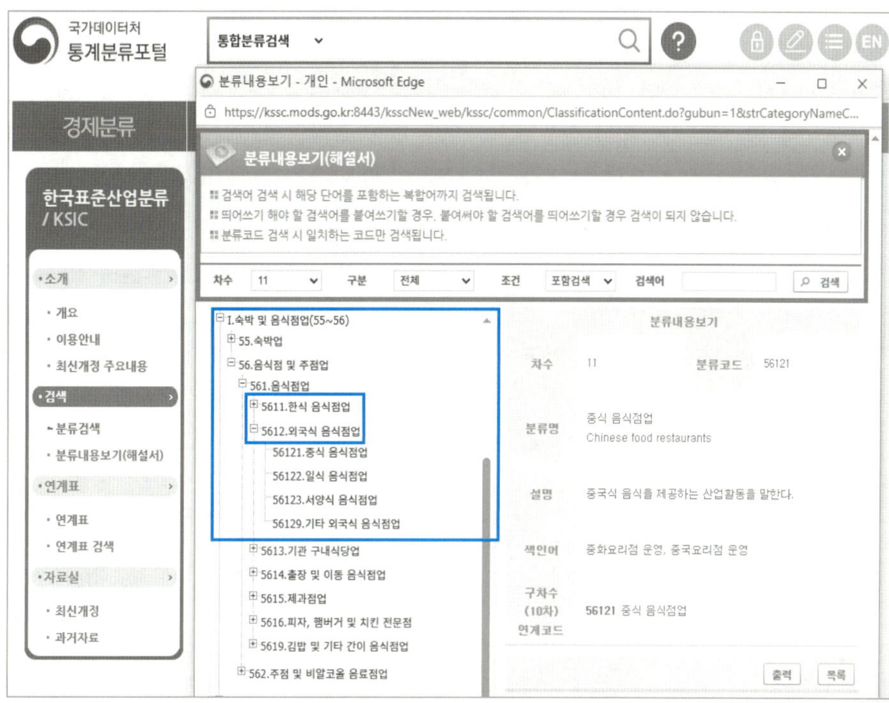

➲ 부친이 운영하던 사업장이 폐업한 장소에서 자녀가 신규로 사업을 개시한 경우 창업에 해당하는지 여부(사전법규소득2025-343, 2025.6.18.)

같은 장소에서 부친이 운영한 한식음식점을 폐업하고 자녀가 외국식음식점을 신규로 개시하는 경우에는 다른 종류의 사업을 영위하는 것이므로 「조세특례제한법」 제6조 제1항에 따른 감면을 적용받을 수 있는 것임.

한국표준산업분류의 업종구분 단계

대분류 → 중분류 → 소분류 → 세분류 → 세세분류로 5단계로 구분

개인사업자를 영위하는 자가 동일 소재지에 법인을 설립하는 경우 해당 법인의 창업중소기업 세액감면 적용 가능 여부(서면법인2024-4627, 2025.7.28.)

「조세특례제한법」 제6조의 창업중소기업 등에 대한 세액감면을 적용함에 있어, 개인사업의 확장 및 업종 추가 등 새로운 사업을 최초로 개시하는 것으로 보기 곤란한 경우는 같은법 제6조 제10항에 따라 '창업'으로 보지 아니하는 것으로, 질의법인의 사실관계와 같이 개인사업자를 영위하는 자가 동일한 장소에 법인을 설립하고 개인사업자와 동일 또는 다른 업종을 영위하는 경우가 이에 해당하는 지 여부는 해당 법인의 설립 경위, 기존 개인사업과의 연관성 등을 종합적으로 고려하여 그 실질에 따라 사실판단할 사항이며, 질의법인의 설립이 '창업'에 해당한다 하더라도 해당 법인의 창업 당시 등록한 업종 외 새로운 업종을 추가하는 경우 추가된 업종에서 발생한 소득에 대해서는 창업중소기업 등에 대한 세액감면은 적용되지 않는 것임.

사업자등록 후 바로 업종을 추가했을 경우 추가한 업종이 창업감면 적용을 받을 수 있는지 여부 (서면소득2025-964, 2025.7.18.)

「조세특례제한법」 제6조 창업중소기업 등에 대한 세액감면을 적용함에 있어서 실질적으로 사업을 영위하던 중소기업이 기존 업종 외에 새로운 업종을 추가하는 경우 추가되는 업종은 같은 법 같은 조 제10항에 따라 창업으로 보지 않는 것이나, 실질적으로 사업을 영위하였는지 여부는 실질에 따라 사실판단할 사항임.

| (저자주) 새로운 업종 추가시 창업여부 |

기존 업종 관련 사업영위 여부	새로운 업종 추가시 창업여부
실질적인 사업영위 행위가 없는 경우	창업에 해당함
실질적인 사업영위 행위가 있는 경우 (매출액 발생 등)	사업의 확장에 해당되어 창업에 해당하지 아니함.

사업자등록 후 업종을 정정하였을 경우 창업중소기업세액감면 적용 여부(서면소득2024-4165, 2025.7.18.)

개인사업자가 「부가가치세법」 제8조 또는 「소득세법」 제168조에 따른 사업자등록을 한 날로부터 「조세특례제한법」 제6조 제3항에 규정하는 업종(이하 "대상업종")을 영위하는 경우에 한하여 동법 제6조에 따른 창업중소기업 등에 대한 세액감면을 적용받을 수 있는 것이며, 대상업종은 특별한 규정이 없는 한 「통계법」 제22조에 따라 국가데이터처장이 고시하는 한국표준산업분류에 따르는 것임.(질의 내용: 부동산 개발공급업('24.8월)→도소매잡화('24.9월)→음식한식('25.4월) 부득이하게 부동산개발공급업과 도소매잡화를 등록한 후 음식점으로 정정후 사업개시한 경우)

폐업 후 기존 사업장의 세분류와 같은 업종으로 사업자등록을 했을 경우 창업에 해당하는지 여부(서면소득2025-1046, 2025.5.20., 서면소득2025-758, 2025.5.20.)

개인사업을 영위하던 거주자가 기존 사업장과 유사한 업종으로 새로이 개인사업을 개시하는 경우는

「조세특례제한법」 제6조 제10항 제3호 '폐업 후 사업을 다시 개시하여 폐업 전의 사업과 같은 종류의 사업을 하는 경우'에 해당하여 창업으로 보지 아니하는 것임.(질의내용: 2024년 4월 창업후 폐업하고 동일업종으로 재창업한 경우)

➲ 근무했던 법인 사업장 일부를 임차하여 창업한 경우 조특법 §6 ⑩ 나목에 해당하는지 여부(서면소득2024-2780, 2025.4.25.)

「조세특례제한법」 제6조에 따른 창업중소기업 등에 대한 세액감면을 적용함에 있어, 사업의 일부를 분리하여 해당 기업의 임직원이 사업을 개시하는 경우로서 같은 법 시행령 제5조 제21항 각 호의 요건을 모두 갖춘 경우에도, 원시적인 사업창출의 효과가 있는 사업을 실질적으로 개시하였다고 볼 수 없는 경우에는 '창업'을 한 경우에 해당하지 않는 것이며, 이는 설립 경위, 종전 사업과 신설 중소기업의 구체적인 거래 현황, 규모 및 실태 등의 구체적인 사실관계를 종합적으로 판단할 사항임.

➲ 개인사업을 계속하면서 동일업종의 법인을 설립하는 경우 창업에 해당하는지 여부(사전법규법인2025-145, 2025.3.21.)

개인사업자가 그 사업을 계속하면서 개인사업을 승계하거나 인수하지 않고 다른 지역에 별도의 법인을 설립하여 개인사업자와 동일 업종으로 사업을 개시하는 경우 「조세특례제한법」 제6조를 적용함에 있어 창업에 해당하는 것이나 이에 해당하는지 여부는 법인의 설립 경위, 기존 사업과의 연관성, 사업의 실태 등을 종합적으로 고려하여 사실판단 할 사항임.

☆ (저자주) 개인사업을 계속하면서 동일업종의 법인을 설립한 경우 창업에 해당하기 위해서는 ① 법인설립시 개인사업과 관련된 자산·부채를 인수하지 않아야 하며 ② 개인사업의 매출 등이 계속 유지되어야 하며 ③ 법인의 사업과 관련된 거래처 등도 개인사업의 거래처와 구분이 되어야 할 것으로 판단된다.

➲ 창업중소기업 등에 대한 세액감면 적용 여부(사전법규소득2024-1018, 2025.3.20.)

「조세특례제한법」 제6조 제10항에 따라 사업을 확장하거나 다른 업종을 추가하는 경우에는 창업으로 보지 않는 것이나, 설비투자 등 창업 활동을 전혀 하지 아니한 상태에서 기존 업종과 전혀 다른 창업감면 대상 업종을 새로이 개시하여 실질적인 창업행위를 하는 경우에는 같은 조 제1항의 "창업"에 해당하는 것임.

➲ 조세특례제한법상 "창업중소기업"의 개념(대법2024두55037, 2024.12.24.)

조세특례제한법 규정에 따른 조세감면제도의 내용과 그 취지에 비추어 보면 조세특례제한법상 "창업중소기업"의 개념은 단지 법인 설립 등과 같은 "창업"의 외형만을 가지고 볼 것이 아니라, 당해 중소기업의 설립 경위, 종전 사업과 신설중소기업의 구체적인 거래 현황, 규모 및 실태 등을 종합적으로 참작하여 조세감면의 혜택을 주는 것이 공평의 원칙 등에 부합하는지를 기준으로 실질적으로 판단하여야 하는바, 원고는 원시적인 사업창출의 효과가 있는 사업을 실질적으로 개시하였다고 볼 수 없으므로, 조세특례제한법 제6조 제10항 제1호 나목(사업의 일부를 분리하여 해당 기업의 임직원이 사업을 개시하는 경우)을 근거로 구 조세특례제한법 제6조 제2항의 법인세 감면 규정을 적용받을 수 있는 '창업'을 한 경우에 해당하지 않는다고 봄이 타당함.

대법2024두55037의 고등법원의 판결내용(수원고법2023누15267, 2024.8.28.)

구 조세특례제한법 제6조 제10항 제1호 단서 나목에서 일정한 요건을 갖춘 사업분리에 대하여 창업의 범주에 포함하는 예외규정을 두게 된 취지는, 종래 조세특례제한법상 창업으로 포섭되지 못한 사업분리 중에서 기업의 임직원이 경영상 독립성을 확보하여 분사하는 것으로 인정할 수 있는 경우에는 예외적으로 창업의 범주에 포함시켜 법인세 등을 감면해줌으로써 고용창출 유인을 강화하기 위해 신설한 것으로 보인다. 그리고 분사의 판단기준으로서 일정한 요건(① '기업과 사업을 개시하는 해당 기업의 임직원 간에 사업 분리에 관한 계약을 체결할 것', ② '사업을 개시한 임직원이 새로 설립되는 기업의 대표자로서 그 기업의 최대주주 또는 최대출자자가 될 것')을 규정한 것으로 해석된다. '사업분리'는 일반적으로 기존 기업이 영위하던 특정 사업을 분리하여 제3자에게 종전 사업에 관한 권리·의무를 포괄적으로 승계하도록 하는 것으로 이해되는바, 사업분리는 '새로운 사업을 최초로 개시한다'는 의미의 창업과 개념상 충돌하는 면이 없지 아니하다. 다만, 일정한 요건을 갖춘 사업분리에 대해서는 일자리 창출효과 제고 등을 위해 창업에 해당하는 것으로 보아 '창업'의 포섭범위를 확대하는 의미를 지니는바, 사업분리에 해당한다고 하더라도 기본적으로 창업의 본질적 징표 등을 지녀야 하고 창업 여부를 판단해야 하는 기준이 크게 달라진다고 보기는 어렵다.

단지 사업분리가 구 조세특례제한법령상의 일정한 요건을 형식상 충족시킨다고 하더라도, 그와 같은 사정만으로 창업배제사유인 사업승계와 구별하여 세액 감면혜택을 부여할 합리적인 이유를 찾기 어렵다. 결국 구 조세특례제한법상 사업분리가 예외적으로 창업으로 인정받기 위해서는 '사업분리'의 외관만 갖춘 것으로는 부족하고 경영상의 독립성은 물론 업무 수행의 독자성 등을 갖춘 사업체로서 '창업'에 준하는 것으로 평가할 수 있어야 하고, 그렇게 해석하는 것이 구 조세특례제한법 제6조 제10항 제1호 단서 나목의 신설 취지에도 부합한다.

창업중소기업 세액감면 적용시 종전과 같은 사업의 기준(사전법규소득2024－571, 2024.8.27.)

사업의 양수를 통하여 종전의 사업을 승계하거나 종전의 사업에 사용되던 자산을 인수 또는 매입하여 "같은 종류의 사업"을 하는 경우는 「조세특례제한법」 제6조 제10항 제1호에 창업으로 보지 아니하는 것이며, "같은 종류의 사업"인지 여부는 「통계법」 제22조에 따라 국가데이터처장이 작성·고시하는 표준분류에 따른 세분류를 기준으로 하는 것임. 다만, 「조세특례제한법」 제6조 제10항 제1호 가목의 규정에 따라 종전의 사업에 사용되던 자산을 인수하거나 매입하여 같은 종류의 사업을 하는 경우 그 자산가액의 합계가 사업 개시 당시 토지와 「법인세법 시행령」 제24조의 규정에 의한 감가상각자산의 총가액에서 차지하는 비율이 30% 이하인 경우는 제외하는 것임.

폐업이후 동일업종 창업시 세액감면 대상 창업에 해당하는지 여부(서면법인2022－5582, 2023.7.24.)

「조세특례제한법」 제6조에 의한 「창업중소기업 등에 대한 세액감면」을 적용함에 있어 수도권과밀억제권역에서 모피 제조업을 영위하던 법인을 폐업 후 상당한 시간(본 질의 경우 16년)이 경과한 후에 수도권과밀억제권역 외의 지역에 종전사업의 승계 또는 종전 자산의 인수(매입)에 의하지 않고 새로이 법인을 설립하는 경우에는 종전 법인과 동일한 업종을 영위하더라도 감면을 적용받을 수 있는 것임.

☆ (저자주) 기존의 예규등(조심2022부6579, 2022.12.7., 사전법령해석소득2020-449, 2020.6.19.)은 창업에 해당하지 않는다는 입장이었으나 본 예규는 종전사업의 승계 또는 종전 자산의 인수(매입)에 의하지 않고 창업하는 경우로

서 종전사업과 동일한 업종을 영위하여도 창업으로 본다는 것으로 국세청의 해석이 변경된 것으로 판단되지만 실무적용시 다시 한번 국세청의 해석을 확인할 필요가 있다.

➲ 사실상 사업을 개시하지 아니한 상태에서 폐업 후 같은 업종으로 다시 사업을 개시하는 경우 창업중소기업 세액감면 적용여부(사전법규소득2023 - 346, 2023.6.1.)

「조세특례제한법」 제6조 제10항 제3호에 따라 폐업 후 사업을 다시 개시하여 폐업 전의 사업과 같은 종류의 사업을 하는 경우에는 창업으로 보지 않는 것이나, 설비투자 등 창업 활동을 전혀 하지 아니한 상태에서 사업자등록 후 즉시 폐업하고 같은 장소에서 사업을 개시하여 실질적인 창업행위를 하는 경우에는 같은 조 제1항의 "창업"에 해당하는 것임.

➲ 폐업 후 일정기간이 경과한 후 다시 개시하여 폐업전의 사업과 같은 종류의 사업을 하는 경우 창업으로 보는지 여부(조심2022부6579, 2022.12.7., 사전법령해석소득2020 - 449, 2020.6.19.)

12년 8월에 폐업하고 동일 업종으로 18년 11월에 다시 사업을 개시한 경우도 개인사업자가 폐업 후 사업을 다시 개시하여 폐업전의 사업과 같은 종류의 사업을 하는 경우는 「조세특례제한법」 제6조 제10항 제3호에 따라 창업으로 보지 아니하는 것임.

➲ 폐업 후 다시 사업을 개시하는 경우에 해당하는지 여부(사전법규소득2022 - 582, 2022.7.14.)

거주자가 사업자등록을 하였으나 설비투자 등의 사업 활동을 전혀 하지 아니한 상태에서 사업을 개시하지 않고 폐업한 후 같은 업종으로 다시 사업을 개시하는 경우는 「조세특례제한법」 제6조 제10항 제3호의 "폐업 후 사업을 다시 개시하여 폐업 전의 사업과 같은 종류의 사업을 하는 경우"에 해당하지 아니하는 것임.

➲ 사업 개시 전 폐업한 사업장에서 동일한 상호와 업종으로 사업을 개시하는 경우, 조특법 제6조의 적용상 "창업"에 해당하는지(사전법규소득2022 - 42, 2022.7.13.)

「조세특례제한법」 제6조 제10항 제1호 각 목 외의 부분 본문의 규정에 따라 사업의 양수를 통하여 종전의 사업을 승계하거나 종전의 사업에 사용되던 자산을 인수 또는 매입하여 같은 종류의 사업을 하는 경우에는 같은 조 제1항부터 제9항까지의 규정을 적용할 때 창업으로 보지 않는 것이나, 같은 조 제10항 제1호 가목의 규정에 따라 종전의 사업에 사용되던 자산을 인수하거나 매입하여 같은 종류의 사업을 하는 경우 그 자산가액의 합계가 사업 개시 당시 토지와 「법인세법 시행령」 제24조의 규정에 의한 감가상각자산의 총가액에서 차지하는 비율이 30% 이하인 경우는 제외하는 것임.

➲ 창업중소기업 세액감면을 적용할 수 있는지(사전법규법인2022 - 5, 2022.1.19.)

중소기업인 내국법인(이하 'A법인')이 사업개시일부터 다른 내국법인(이하 'B법인')의 사업장에서 사업을 영위하면서 B법인의 인력 중 일부를 영입하고, B법인의 납품거래처도 승계를 받았으며, B법인의 생산시설을 임차하여 사용하고 있고, A법인과 B법인의 대표이사가 같은 경우로서 「조세특례제한법」 제6조 제10항 제4호의 '새로운 사업을 최초로 개시하는 것으로 보기 곤란한 경우'에 해당하여 창업중소기업 등에 대한 세액감면을 적용할 수 없는 A법인이 사업개시일로부터 약 2년 후 별도생산시설을 설치하고 A법인의 전체 인력 중 70% 이상을 신규 고용하더라도 사업개시 당시 창업중소기업 세액감면 요건을 갖추지 못한 경우에 해당하므로 「조세특례제한법」 제6조에 따른 세액감면을 적용할 수 없는 것임.

➲ **새로운 사업을 최초로 개시하는 것으로 보기 곤란한 경우에 해당하는지 여부**(사전법령해석법인 2021-1352, 2021.9.29.)

중소기업인 내국법인(이하 'A법인')이 사업개시일부터 다른 내국법인(이하 'B법인')의 사업장에서 사업을 영위하면서 B법인의 인력 중 일부를 영입하고, B법인의 납품거래처도 승계를 받았으며, B법인의 생산시설을 임차하여 사용하고 있고, A법인과 B법인의 대표이사가 같은 경우에는 「조세특례제한법」 제6조 제10항 제4호의 '새로운 사업을 최초로 개시하는 것으로 보기 곤란한 경우'에 해당하므로 창업중소기업 등에 대한 세액감면을 적용할 수 없는 것임.

➲ **창업에 해당하는지 여부**(서면법령해석법인2021-1262, 2021.6.8.)

개인사업자가 폐업 후 폐업전의 업종과 동일업종으로 A법인을 설립하는 경우 「조세특례제한법」 제6조 제10항 제3호에 따라 창업으로 보지 아니하는 것임.
A법인이 100% 출자하여 A법인과 동일한 대표자 및 동일업종으로 다른 지역에 B법인을 설립하는 경우 「조세특례제한법」 제6조 제10항 제4호에 따라 창업으로 보지 아니하는 것임.

➲ **사내이사가 기존 법인과 업종이 동일한 법인 설립한 경우 창업에 해당하는지 여부**(서면법인 2018-3527, 2020.9.10.)

사내이사가 기존 법인과 업종이 동일한 법인을 설립함에 있어 「조세특례제한법」 제6조 제10항 각 호에 해당되는 경우를 제외하고 이를 창업으로 보는 것이며, 「조세특례제한법」에서 사용되는 업종의 분류는 이 법에 특별한 규정이 있는 경우를 제외하고는 통계법 제22조의 규정에 의하여 국가데이터처장이 고시하는 한국표준산업분류에 의하는 것임.

| (저자주) 법인의 임원등이 법인설립시 창업여부 |

구 분	창업 여부
기존법인의 사내이사가 업종이 동일한 법인을 설립한 경우	창업에 해당함
기존법인의 대표이사가 업종이 동일한 법인을 설립한 경우(대표이사 및 대주주 동일)	창업에 해당하지 아니함
폐업한 법인의 대표이사가 업종이 동일한 개인사업을 개시한 경우(사전법령해석소득2018-717, 2018.12.10.)	창업에 해당하지 아니함
개인사업을 계속하면서 동일업종의 법인을 설립하는 경우(사전법규법인 2025-145, 2025.3.21.)	창업에 해당함

➲ **개인과 동일 업종 영위 법인 설립 시 청년창업중소기업 감면 적용 여부**(서면법인2020-1374, 2020.3.27.)

「조세특례제한법 시행령」 제5조 제1항을 충족한 사업자가 사업을 계속하면서 다른 지역에 별도의 법인을 설립하여 개인사업자와 동일 업종을 영위하는 경우 사업을 새로이 개시하는 법인은 「조세특례제한법」 제6조의 규정을 적용함에 있어서 창업에 해당하는 것이나, 개인사업자가 영위하던 사업의 전부 또는 일부를 승계하여 동종의 사업을 영위하는 등 조세특례제한법 제6조 제10항 각 호에 해당되는 경우에는 창업에 해당하지 아니하는 것임.

☆ (저자주) 기존 개인사업장과 별도로 동일업종의 법인설립시 창업이 되기 위한 조건은 다음과 같다.

① 기존 개인사업장과 신설법인은 별도의 장소에 존재

② 동일업종의 신설법인이 설립된 이후 기존 개인사업장이 동일하게 유지되어야 함.(매출액, 근로자수 등)

프리랜서 미용사가 사업자등록을 하고 사업을 개시하는 경우 창업에 해당하는지 여부 (사전법령해석소득2019 - 88, 2019.4.18.)

원천징수대상 미용업 사업소득이 있던 미용사가 「부가가치세법」 제8조에 따라 사업자등록을 하고 사업을 개시하는 경우에는 「조세특례제한법」 제6조 제1항에 따른 감면을 적용받을 수 있는 것임.

개인사업자가 폐업을 하고 동종업종의 법인을 설립한 경우 조특법 제6조의 세액감면 적용여부 (사전법령해석소득2018 - 717, 2018.12.10.)

주거용 건물을 신축하여 분양·판매하는 사업자가 그 사업을 폐업하고 주거용 건물 및 비주거용 건물을 건설하여 분양·판매하는 법인을 설립하는 경우에는 「조세특례제한법」 제6조의 창업에 해당하지 아니하므로 같은 법에 따른 세액감면을 받을 수 없는 것임.

사업자등록상 사업장을 이전하고 업종을 변경하여 사업개시 시 창업중소기업 등에 대한 세액감면 적용 여부(기준법령해석소득2017 - 57, 2017.5.19.)

사업장을 이전하여 기존의 사업과 연관성이 없는 다른 업종의 사업을 새로이 개시하는 경우 「조세특례제한법」 제6조의 창업 중소기업 등에 대한 세액감면이 적용되는 '창업'에 해당하는 것임. 다만, 새로운 사업의 개시가 「조세특례제한법」 제6조 제6항의 '사업을 확장하거나 다른 업종을 추가하는 경우'에 해당하는 경우 '창업'으로 보지 아니하며 '사업을 확장하거나 다른 업종을 추가하는 경우'에 해당하는지 여부는 기존 사업과의 연관성, 위치, 업종 등을 종합적으로 고려하여 사실판단 할 사항임.

① 청구법인의 업종이 창업중소기업 감면대상 업종인 건설업에 해당하는지 여부 ② 조특법상 취득세 면제대상인 창업에 해당하는지 여부(조심2015지731, 2016.3.22.)

① 청구법인이 준설선을 운행할 수 있는 기술자들을 고용하고 있는 점, 승무원을 포함하여 선박을 임대하는 것으로 계약을 체결한 점, 법인 등기부등본 및 사업자등록에 준설업을 목적사업으로 기재한 점, 법인설립 이후 전문건설업 등록을 위하여 준설선 3척을 구입하고, 기술자 등을 포함하여 신규직원 30여명 이상을 채용한 점 등에 비추어 청구법인이 창업중소기업 감면대상 업종인 건설업을 영위하고 있는 것으로 보는 것이 타당함.

② 청구법인과 관계회사1·2의 상호가 유사하고 일부 임원과 주주가 동일하다 하여 인적·물적시설이 동일하다고 단정하기 어려운 점, 창업 초기 관계회사와 내부거래가 있다 하여 이를 창업이 아니라고 하기 어려운 점 등에 비추어 소유와 경영이 분리된 관계회사1·2와 청구법인을 동일한 회사로 보아 경정청구를 거부한 처분은 잘못임.

대표이사 등이 같은 경우 창업벤처중소기업 해당 여부(법인 - 85, 2010.1.28., 법인 - 1124, 2009.10.13.)

을(乙)법인에 흡수합병되어 소멸한 갑(甲)법인의 대표이사가 갑(甲)법인의 당초 업종과 동일한 병(丙)법인을 설립함에 있어, 갑(甲)법인으로부터 인적·물적 승계가 없고 갑(甲)법인의 사업장과 다른 사업장에 새로이 법인을 설립한 후 2년 이내에 벤처기업 확인을 받은 경우 동 병(丙)법인은 「조세특례제한법」 제6조 제2항의 창업벤처중소기업에 해당하는 것임.

동일업종 등의 영위 시 창업중소기업 해당 여부(법인 - 1086, 2009.9.30.)

신설법인 B와 기존 A법인은 한국표준산업분류상 세분류를 기준으로 동일업종을 영위하고, 각 법인의 대표이사 및 대주주가 동일한 경우로서, B법인은 A법인 소유의 공장과 기계설비를 임차하거나 A법인 공장 부지를 임차하여 법인을 설립한 경우, 동 B법인은 「조세특례제한법」 제6조의 창업중소기업에 해당하지 않는 것임.

➲ 종전의 사업에 사용되던 자산을 인수 또는 매입하여 동종의 사업을 영위하는 경우 창업중소기업세액감면 적용요건(법인－2528, 2008.9.19.)

조세특례제한법 제6조 제4항 제1호의 단서 "다만, 종전의 사업에 사용되던 자산을 인수 또는 매입하여 동종의 사업을 영위하는 경우에 당해 자산가액의 합이 사업개시 당시 토지・건물 및 기계장치 등 대통령령이 정하는 사업용자산의 총가액에서 차지하는 비율이 100분의 50 미만으로서 대통령령이 정하는 비율 이하인 경우를 제외한다"를 해석함에 있어서

① 당해 자산가액은 "종전의 사업에 사용되던 자산을 인수 또는 매입한 가액"을 말하는 것이며,

② 사업용 자산의 총가액을 산정하는 시기는 "사업개시 당시"를 기준으로 하는 것이고,

③ 당해자산은 "시가"를 기준으로, 사업개시 당시 사업용자산의 총가액은 "장부가액"을 기준으로 판단하는 것임.

나. 사업의 분리시 창업요건

2018년 1월 1일 이후 사업의 일부를 분리하여 해당 기업의 임직원이 사업을 개시하는 경우로서 다음의 요건을 모두 갖춘 경우에는 창업으로 보아 조세특례제한법 제6조의 감면을 적용받을 수 있다.(조특법 6 ⑩ 1호 나목, 조특령 5 ㉑)

① 기업과 사업을 개시하는 해당 기업의 임직원 간에 사업 분리에 관한 계약을 체결할 것

② 사업을 개시하는 임직원이 새로 설립되는 기업의 대표자로서 지배주주 등에 해당하는 해당 법인의 최대주주 또는 최대출자자(개인사업자의 경우에는 대표자를 말한다)일 것

☆ 원시적인 사업창출의 효과가 있는 사업을 실질적으로 개시하였다고 볼 수 없는 경우에는 '창업'을 한 경우에 해당하지 않는 것임.(서면법규법인2023－147, 2023.10.31.)

☆ 사업을 개시하는 임직원은 분리전 기업의 대표자는 제외되는 개념으로 해석된다.(사전법령해석법인2018－799, 2019.1.16., 서면법인2021－6590, 2021.11.30.)

➲ 분사창업에 의한 창업중소기업감면 적용여부(서면법규법인2023－147, 2023.10.31.)

「조세특례제한법」 제6조에 따른 창업중소기업 등에 대한 세액감면을 적용함에 있어, 사업의 일부를 분리하여 해당 기업의 임직원이 사업을 개시하는 경우로서 같은 법 시행령 제5조 제21항 각 호의 요건을 모두 갖춘 경우에도, 원시적인 사업창출의 효과가 있는 사업을 실질적으로 개시하였다고 볼 수 없는 경우에는 '창업'을 한 경우에 해당하지 않는 것이며, 이는 신설법인의 설립 경위와 사업의 실태, 사업 분리 경위와 사업 분리 전・후 사정 등의 구체적인 사실관계를 종합적으로 고려하여 판단할 사항임.

➲ 사업분리계약을 통해 사업을 일부 인수하여 새로운 사업을 개시하는 경우, 창업중소기업 세액감면의 적용상 "창업"에 해당하는지 여부(사전법규소득2023 - 262, 2023.10.19.)

합병・분할・현물출자 또는 사업의 양수를 통하여 종전의 사업을 승계하거나 종전의 사업에 사용되던 자산을 인수 또는 매입하여 같은 종류의 사업을 하는 경우라도 사업의 일부를 분리하여 해당 기업의 임직원이 사업을 개시하는 경우로서 「조세특례제한법 시행령」 제5조 제21항 각 호의 요건을 모두 갖춘 경우에는 「조세특례제한법」 제6조 제1항부터 제9항의 규정을 적용할 때 창업으로 보는 것임.

➲ 사업의 일부를 분리하여 해당 기업의 임직원이 사업을 개시하는 경우 창업에 해당하는지 여부
(서면법인2021 - 6590, 2021.11.30.)

개인사업자가 사업분리 계약을 통해 사업의 일부를 분리하여 개인사업자 본인이 대표자 및 최대주주인 법인을 설립하는 경우에는 「조세특례제한법」 제6조 제10항 제1호 나목에 따른 "사업의 일부를 분리하여 해당 기업의 임직원이 사업을 개시하는 경우로서 대통령령으로 정하는 요건에 해당하는 경우"에 해당하지 않는 것임.

☆ (저자주) 개인사업자가 사업분리 계약을 통해 사업의 일부를 분리하여 창업하는 경우 창업감면 적용여부는 다음과 같다.

① 기존 사업의 대표자 본인이 분리 사업의 대표자 또는 최대주주인 경우: 창업에 해당하지 않음.

② 기존 사업의 대표자를 제외한 직원이 분리사업의 최대주주 또는 대표인 경우: 창업에 해당함.

➲ 청구법인이 쟁점개인사업장의 사업을 승계한 것으로 보아 창업중소기업 등에 대한 세액감면규정의 적용을 배제하고 과세한 처분의 당부(조심2021서3712, 2021.10.6.)

조세법률주의의 원칙상 과세요건이거나 비과세요건 또는 조세감면요건을 막론하고 조세법규의 해석은 특별한 사정이 없는 한 법문대로 해석할 것이고 합리적 이유 없이 확장해석하거나 유추 해석하는 것은 허용되지 아니하며, 특히 감면요건 규정 가운데에 명백히 특혜규정이라고 볼 수 있는 것은 엄격하게 해석하는 것이 조세공평의 원칙에도 부합한다(대법원 1998.3.27. 선고 97누20090 판결 등 참조)고 할 것인바, 「조세특례제한법」 제6조 제10항 제1호 나목 및 같은 법 시행령 제20항 제2호는 기존 기업의 임직원이 사업의 일부를 분리하여 사업을 개시하는 경우로서 그 임직원이 새로 설립되는 기업의 대표자 및 최대주주일 것을 요건으로 하고 있는데, 청구법인의 설립 당시 AAA가 아닌 BBB가 최대주주였던 사실을 고려하면 청구법인은 설립 당시 「조세특례제한법」 제6조 제10항 제1호 나목의 요건을 충족하지 못하였음이 명백하므로 「조세특례제한법」 제6조 제2항의 세액감면규정을 적용하여야 한다는 청구주장은 받아들이기 어렵다고 판단됨.

➲ 내국법인이 2개 사업부 중 1개 사업부를 분리하여 신규법인 설립 시 창업중소기업 해당 여부
(사전법령해석법인2018 - 799, 2019.1.16.)

「조세특례제한법」 제6조에 따른 창업중소기업에 대한 세액감면을 적용함에 있어 내국법인이 2개의 제조 사업부 중 1개 사업부를 내국법인의 대표자가 신규 설립하는 신설법인에 양도하는 사업부문 양수도 계약을 체결하고 내국법인의 채무인수 및 인적・물적시설의 승계가 이루어지는 경우 신설법인은 같은 법 제6조 제10항 제1호 나목에 따른 사업의 일부를 분리하여 해당기업의 임직원이 사업을 개시하는 경우의 창업중소기업에 해당하지 않는 것임.

Ⅱ 창업중소기업과 창업벤처중소기업의 업종요건

창업중소기업과 창업벤처중소기업의 창업중소기업 등에 대한 세액감면을 적용받을 수 있는 다음의 업종을 영위하는 경우에 한하여 적용한다. 2020.1.1. 이후 창업하는 경우부터 관련 업종의 분류가 제10차 개정 한국표준산업분류와 동일하게 변경되었다.

① 광업

② 제조업(제조업과 유사한 사업으로서 의제제조업 포함)

③ 수도·하수 및 폐기물처리·원료재생업

④ 건설업

⑤ 통신판매업

⑥ 물류산업

⑦ 음식점업

⑧ 정보통신업(비디오물감상실운영업·뉴스제공업·가상자산매매 및 중개업 제외)

⑨ 금융 및 보험업 중 전자금융업무·온라인소액투자중개·소액해외송금업업무를 제공하는 업종

⑩ 전문·과학 및 기술 서비스업[엔지니어링사업을 포함](변호사업·변리사업·법무사업·공인회계사업·세무사업·수의업·행정사사무소를 운영하는 사업·건축사사무소를 운영하는 사업 제외)

⑪ 사업시설 관리·사업 지원 및 임대 서비스업 중 사업시설 관리 및 조경 서비스업과 사업 지원 서비스업(고용 알선업 및 인력 공급업은 농업노동자 공급업을 포함)

⑫ 사회복지 서비스업

⑬ 예술·스포츠 및 여가관련 서비스업(자영예술가·오락장 운영업·수상오락 서비스업·사행시설 관리 및 운영업·그 외 기타 오락관련 서비스업은 제외)

⑭ 협회 및 단체·수리 및 기타 개인 서비스업 중 개인 및 소비용품 수리업·이용 및 미용업

⑮ 「학원의 설립·운영 및 과외교습에 관한 법률」에 따른 직업기술 분야를 교습하는 학원을 운영하는 사업 또는 「국민평생직업능력 개발법」에 따른 직업능력개발훈련시설을 운영하는 사업(직업능력개발훈련을 주된 사업으로 하는 경우로 한정한다)

⑯ 「관광진흥법」에 따른 관광숙박업·국제회의업·테마파크업· 및 「관광진흥법 시행령」 제2조에 따른 전문휴양업, 종합휴양업, 자동차야영장업, 관광유람선업과 관광공연장업

⑰ 「노인복지법」에 따른 노인복지시설을 운영하는 사업

⑱ 「전시산업발전법」에 따른 전시산업

창업당시 업종에 대하여(사전법령해석법인2021-1540, 2021.11.11.)

「조세특례제한법」 제6조(창업중소기업 등에 대한 세액감면) 적용 시 창업이라 함은 중소기업을 새로이 설립하는 것으로서 법인의 경우 창업일이란 법인설립등기일을 말하며 내국법인이 같은 조 제3항 각 호 중 어느 하나에 해당하는 업종으로 창업하지 않은 경우에는 창업중소기업 등에 대한 세액감면을 적용받을 수 없는 것임.

1. 의제제조업의 범위

제조업과 유사한 사업으로서 의제제조업이라 함은 자기가 제품을 직접 제조하지 아니하고 제조업체(사업장이 국내 또는 「개성공업지구 지원에 관한 법률」 제2조 제1호에 따른 개성공업지구에 소재하는 것에 한한다)에 의뢰하여 제조하는 사업으로서 그 사업이 다음의 요건을 충족하는 경우를 말한다.(조특칙 4의2)

① 생산할 제품을 직접 기획(고안 · 디자인 및 견본제작 등을 말한다)할 것
② 당해 제품을 자기명의로 제조할 것
③ 당해 제품을 인수하여 자기 책임하에 직접 판매할 것

의제제조업과 관련된 업종분류는 상황에 따라 그 적용 및 판단이 다음과 같이 달라진다.

구 분	내 용
국내제조업자	국내 위탁제조의 경우: 제조업
	국외 위탁제조의 경우: 도매업(조특법 집행기준 6-2-3 ②)
외국사업자가 국내 위탁제조의 경우	제조업
주문자상표부착방식에 의한 수탁생산업자의 재위탁의 경우	국내 사업자에게 재위탁: 수탁생산업자(제조업)
	국외 사업자에게 재위탁: 도매업

참고사항

- **한국표준산업분류에 의할 경우 국내에서 생산한 반제품으로 해외에서 완전품 제조한 후 수출판매의 경우 업종분류(의제제조업 해당여부)**[12]

  국내에서 수행하는 주된 산업활동에 따라 다음과 같이 산업을 결정한다.

  ① 국내에서 반제품을 생산하는 것이 주된 산업활동인 경우 해당 반제품 제조업

  ② 해외 현지법인에서 완제품을 제조하여 수출하는 것이 주된 산업활동인 경우 해당 완제품 도매업

- **구입한 기계 부품 조립은 제조업으로 분류**[13]

  ① 사업체에 산업용 기계 및 장비의 조립 및 설치를 전문적으로 수행하는 산업활동은 해당 기계 및 장비를 제조하는 산업과 같은 항목에 분류

  ② 제조업 또는 도·소매업 사업체가 기계 및 장비를 판매하는 과정에서 부수적으로 해당 기계 및 장비를 조립 또는 설치하는 경우는 그 사업체의 주된 활동에 따라 제조업 또는 도·소매업에 분류

주문자상표 부착하여 수출하는 경우 중소기업 특별세액감면해당여부(재조세-805, 2004.12.1.)

자기가 제품을 직접 제조하지 아니하고 국외에 소재하는 제조업체에 의뢰하여 제조하는 경우 조세특례제한법 시행령 제2조의 중소기업 범위를 판단함에 있어 업종을 제조업이 아닌 도매업으로 보는 것이며 주문자상표부착방식에 의한 수탁생산업에 해당하여 중소기업에 대한 특별세액감면을 적용받을 수 있음.

2. 건설업의 범위

한국표준산업분류에 의할 경우 건설업은 직접 건설활동을 수행하지 않더라도 건설공사에 대한 총괄적인 책임을 지면서 건설공사 분야별로 도급 또는 하도급을 주어 전체적으로 건설공사를 관리하는 경우에도 건설활동으로 분류한다.[14]

다만, 직접 건설활동을 수행하지 않고 전체 공사를 건설업자에게 일괄 도급하여 건축물 또는 부동산(농지, 공장용지, 광산용지 등)을 개발하고 판매, 임대, 분양하는 경우 "681 부동산 임대 및 공급업"으로 분류한다.

---

12) 국가데이터처, 「제10차 기준 한국표준산업분류 실무적용 가이드북」, p.78.

13) 국가데이터처, 「제10차 기준 한국표준산업분류 실무적용 가이드북」, p.28.

14) 국가데이터처, 「제10차 기준 한국표준산업분류 실무적용 가이드북」, p.35.

Check Point

■ 건설공사에 대한 총괄적인 책임 및 전체 건설공사를 관리하는 활동

건설공사에 대한 총괄적인 책임 및 전체 건설공사를 관리하는 활동은 건설공사와 관련한 인력·자재·장비·자금·시공·품질·안전관리 부문 등을 전체적으로 책임지고 관리하는 경우를 의미한다.

■ 한국표준산업분류에 의할 경우 구입한 부지에 자기 계정으로 아파트를 건설(건설업체에 아파트 건설공사를 의뢰)하고 분양은 직접 하는 경우 산업분류

건설활동을 직접 수행하지 않는 경우 총괄적인 책임 유무와 일괄도급 여부에 따라 산업 결정

① 직접 건설활동을 수행하지 않더라도 건설공사에 대한 총괄적인 책임을 지면서 건설공사 분야별로 도급 또는 하도급을 주어 전체적으로 관리하는 경우 ⇨ 41121 아파트 건설업

② 직접 건설활동을 수행하지 않으면서 전체 건설공사를 건설업자에게 일괄 도급하여 건설한 후 이를 분양·판매하는 경우 ⇨ 68121 주거용 건물 개발 및 공급업

3. 통신판매업의 범위

한국표준산업분류에서 무점포소매업 중 통신판매업은 개인 및 소비용 상품(신품, 중고품)을 변형하지 않고 일반 대중에게 재판매하는 산업활동인 소매업으로서 일반 대중을 상대로 상품을 직접 판매할 수 있는 일정 매장을 개설하지 않고 우편, 전화, TV, 전자적 매체 등을 통한 주문 방식에 의하여 상품을 소매하는 산업활동을 말한다.

통신판매업의 한국표준산업분류코드는 다음과 같다.

소분류	세분류	세세분류
무점포소매업(분류코드:479)	통신판매업(분류코드: 4791)	47911. 전자상거래 소매 중개업 47912. 전자상거래 소매업 47919. 기타 통신 판매업

다음의 경우 통신판매업 이외의 업종으로 분류한다.

① 제조 사업체가 전자상거래 방식으로 제조한 제품을 판매하는 경우에는 해당 제품 제조업으로 분류

② 도매 사업체가 전자상거래 방식으로 사업자를 대상으로 상품을 도매하는 경우 도매업으로 분류

③ 소비자를 대상으로 직접 소매하는 일정 매장을 운영하면서 전자상거래 방식으로 소매를 병행하는 경우 소분류코드 471~478로 분류

따라서 통신판매업의 경우에도 점포가 있는 경우에는 세액감면을 적용받을 수 없으며 점포가 없는 무점포소매업 중 통신판매업의 경우 조세특례제한법에 의한 창업중소기업에 대한 세액감면을 적용받을 수 있다.

➲ **OEM으로 생산한 제품을 매입하여 온라인 쇼핑몰에서 판매하는 경우, 통신판매업 해당 여부 (사전법령해석법인2021-705, 2021.6.17.)**

내국법인이 상품을 매입하여 고정된 매장 또는 점포에서 일반 소비자에게 직접 판매하지 않고 온라인 쇼핑몰을 통하여 소매하는 경우 해당 상품의 소매업은 「조세특례제한법」 제6조 제3항 제5호에 따른 통신판매업에 해당하는 것임.

참고사항

■ **인터넷 오픈마켓에서 수수료를 지불하고 상품을 판매하는 경우 산업분류**

판매 대상 및 판매방법에 따라 산업결정

① 일반 대중을 대상으로 온라인 통신망을 통하여 의류를 소매하는 것이 주된 산업활동인 경우 ⇨ "47912 전자상거래 소매업"

- 오픈마켓을 운영하는 사업자 ⇨ "47911 전자상거래 소매 중개업"

② 사업자를 대상으로 온라인 통신망을 통하여 의류를 도매하는 것이 주된 산업활동인 경우 ⇨ "4641 생활용 섬유제품, 의복, 의복액세서리 및 모피제품 도매업"

4. 물류산업의 범위

물류산업은 한국표준산업분류에 별도의 산업으로 규정된 것은 아니며 조세특례제한법에서 물류산업이란 다음의 어느 하나에 해당하는 업종을 말한다.(조특령 5 ⑦)

- 육상 · 수상 · 항공 운송업
- 화물운송 중개 · 대리 및 관련 서비스업
- 보관 및 창고업
- 선박의 입항 및 출항 등에 관한 법률에 따른 예선업
- 기타 산업용 기계 · 장비 임대업 중 파렛트 임대업
- 화물 취급업
- 도선법에 따른 도선업
- 화물포장 · 검수 및 계량 서비스업
- 육상 · 수상 · 항공 운송지원 서비스업

따라서 2020.1.1. 이후부터 창업하는 경우부터 육상 · 수상 · 항공 운송업에 포함된 여객운송업도 창업감면을 받을 수 있다. 그러나 관세사업은 한국표준산업분류에 의할 경우 통관대리 및 관련 서비스업(분류코드 52991)에 해당되어 물류산업의 범위에서 제외되었으므로 창업감면을 적용받을 수 없다.

참고사항

■ 한국표준산업분류 개정으로 인한 관세사업의 물류산업 해당여부

9차 개정(2008.2.1. 시행)	10차 개정(2017.1.1. 시행)
화물운송 중개·대리 및 관련 서비스업 (분류코드 52991)	통관대리 및 관련 서비스업(분류코드 52991) 화물운송 중개·대리 및 관련 서비스업(분류코드 52992)

2017.1.1. 시행되는 10차 개정 한국표준산업분류와 조세특례제한법 시행령 제5조 제7항의 물류산업에 대한 규정에 의할 경우 관세사업은 물류산업에서 제외되는 것으로 해석된다.

5. 음식점업의 구분

음식점업은 구내에서 직접 소비할 수 있도록 접객시설을 갖추고 조리된 음식을 제공하는 식당, 음식점, 간이식당, 카페, 다과점, 주점 및 음료점 등을 운영하는 활동과 독립적인 식당차를 운영하는 산업활동으로 다음과 같이 분류한다.

구 분	업종분류
접객시설 (○), 즉시 소비 가능한 음식을 조리하여 제공	⇨ 음식점
접객시설 (○), 즉시 소비 가능한 음식을 구입 제공	⇨ 음식점
접객시설 (×), 고객이 주문한 음식을 직접 조리 제공(배달)	⇨ 음식점
접객시설 (×), 연회 장소에 출장하여 음식 조리 제공	⇨ 음식점
접객시설 (×), 즉시 소비할 수 있는 음식을 구입 판매	⇨ 도소매업
즉시 소비할 수 있는 음식을 직접 조리하여 음식점, 소매업자 및 기타 사업체에 공급	⇨ 제조업
즉시 소비할 수 있는 음식을 조리하여 최종 소비자에게 제공	⇨ 음식점

Check Point

■ 음식점업의 범위

한국표준산업분류표상 음식점업(561)의 범위는 다음과 같다.

5611. 한식 음식점업	5612. 외국식 음식점업	5613. 기관구내식당업
5614. 출장 및 이동 음식점업	5615. 제과점업	5616. 피자, 햄버거 및 치킨 전문점
5619. 김밥 및 기타 간이음식점업		

따라서 주점 및 비알코올 음료점업(562)에 해당하는 주점업(5621), 생맥주 전문점(56213), 기타 주점업(56219), 커피전문점(56221), 기타 비알코올 음료점업(56229)은 음식점업(561)에 해당하지 아니하므로 창업중소기업 등 세액감면을 적용받을 수 없는 것으로 해석된다.

■ **한국표준산업분류에 의한 프랜차이즈 산업의 업종분류**

프랜차이즈 산업은 식자재 등을 공급하기 위한 경우가 일반적이므로 음식료품 제조 또는 도매사업체가 많으며, 경영상담 서비스 등은 부수적으로 제공됨. 주된 산업활동에 따라 산업 결정

① 직접 제조한 빵 및 소스류를 가맹점에 공급하는 것이 주된 산업활동인 경우 ⇨ 107 기타 식품 제조업
② 구입한 빵 및 소스류를 가맹점에 공급하는 것이 주된 산업활동인 경우 ⇨ 4632 가공식품 도매업
③ 가맹점에 대하여 전략기획 자문, 시장관리 및 인력관리 자문 등 컨설팅 서비스를 제공하고 수수료를 받는 것이 주된 산업활동인 경우 ⇨ 71531 경영 컨설팅업

6. 전문 · 과학 및 기술 서비스업(엔지니어링사업을 포함)의 범위

가. 전문 · 과학 및 기술 서비스업의 범위

한국표준산업분류의 전문·과학 및 기술 서비스업은 다른 사업체를 위하여 전문, 과학 및 기술적 업무를 계약에 의하여 수행함으로써 경영의 전문성과 효율성을 올리도록 지원하는 산업활동을 주로 포함한다.

이러한 전문, 과학 및 기술서비스는 동일 기업 내의 다른 사업체에 의하여 수행될 수 있다. 이 산업은 고도의 전문 지식과 훈련을 받은 인적 자본이 서비스 생산의 주요 요소로서 투입된다.

여기에는 연구개발 활동과 법무, 회계, 광고, 시장 조사, 회사 본부, 경영 컨설팅, 건축 설계, 엔지니어링, 수의업, 디자인 및 기타 전문·과학·기술서비스를 제공하는 산업활동을 포함한다.

그러나 조세특례제한법은 다음의 어느 하나에 해당하는 업종은 창업감면을 적용받을 수 없다.(조특법 6 ③ 10호)

- 변호사업(분류코드:71101)
- 변리사업(분류코드:71102)
- 법무사업(분류코드:71103)
- 공인회계사업(분류코드:71201)
- 세무사업(분류코드:71202)
- 수의업(분류코드:73100)
- 행정사법 제14조에 따라 설치된 사무소를 운영하는 사업(분류코드:71109)
- 건축사법 제23조에 따라 신고된 건축사사무소를 운영하는 사업(분류코드:72111)

따라서 전문·과학 및 기술 서비스업 중 다음의 업종 등은 창업감면이 가능하다.

• 광고업(분류코드:713)
• 시장조사 및 여론조사업(분류코드:714)
• 경영컨설팅(분류코드:71531)
• 전문디자인업(분류코드:732)
• 번역 및 통역 서비스업(분류코드:73902)

나. 엔지니어링사업의 범위

엔지니어링 사업이란 「엔지니어링산업 진흥법」에 따른 엔지니어링활동(「기술사법」의 적용을 받는 기술사의 엔지니어링활동을 포함한다)을 제공하는 사업을 말한다.(조특령 5 ⑨) 엔지니어링 활동이란 과학기술의 지식을 응용하여 수행하는 사업이나 시설물에 관한 다음의 활동을 말한다.(엔지니어링산업법 2 1호) 이 경우 엔지니어링 전체 계획에 맞춰 관련 물품을 구매, 조달하는 경우도 포함한다.☆

☆ 한국표준산업분류(제10차)의 엔지니어링서비스업 설명임.(분류코드 7212)

① 연구, 기획, 타당성 조사, 설계, 분석, 계약, 구매, 조달, 시험, 감리, 시험운전, 평가, 검사, 안전성 검토, 관리, 매뉴얼 작성, 자문, 지도, 유지 또는 보수
② ①의 활동에 대한 사업관리
③ ① 및 ②에 준하는 것으로서 견적, 설계의 경제성 및 기능성 검토, 시스템의 분석 및 관리 활동

M. 전문, 과학 및 기술 서비업(70~73)
 70. 연구개발업
  701. 자연과학 및 공학 연구개발업
  702. 인문 및 사회과학 연구개발업
 71. 전문 서비스업
  711. 법무관련서비스업
   71101. 변호사업, 71102. 변리사업, 71103. 법무사업 ⇨ 창업감면 제외
   71109. 기타법무관련 서비스업(노무사업등)은 창업감면 가능
  712. 회계 및 세무관련 서비스업
   71201. 공인회계사업, 71202. 세무사업 ⇨ 창업감면 제외
  713. 광고업
  714. 시장 조사 및 여론 조사업
  715. 회사 본부 및 경영 컨설팅 서비스업
   71531. 경영 컨설팅업(경영자문서비스, 경영지도업 등) 창업감면 가능
  716. 기타 전문 서비스업
 72. 건축 기술, 엔지니어링 및 기타 과학기술 서비스업
  721. 건축 기술, 엔지니어링 및 관련 기술 서비스업

72111. 건축설계 및 관련 서비스업(건축사사무소업 ⇨ 창업감면 제외)
722. 기타 과학기술 서비스업
73. 기타 전문, 과학 및 기술서비스업
731. 수의업 ⇨ 창업감면 제외
732. 전문 디자인업
73201. 인테리어 디자인업
73202. 제품 디자인업
73203. 시각 디자인업
73209. 패션, 섬유류 및 기타 전문 디자인업
733. 사진 촬영 및 처리업
739. 그 외 기타 전문, 과학 및 기술 서비스업
73901. 매니저업, 73902. 번역 및 통역 서비스업 등은 창업감면 가능

조세특례제한법 제6조의 엔지니어링사업의 범위(서면소득2016-2887, 2016.2.24.)

조세특례제한법 제6조의 규정에 의한 창업중소기업 등에 대한 세액감면과 관련하여 같은 법 시행령 제5조 제6항의 규정에 의한 "엔지니어링사업"이란 엔지니어링산업 진흥법 제21조에 의한 엔지니어링사업자의 신고유무에 관계없이 실질적으로 엔지니어링산업 진흥법 제2조의 규정에 의한 엔지니어링활동을 하는 사업을 말하는 것임.

건설기술감리활동의 엔지니어링사업 해당여부(재조예-216, 2005.4.8.)

건설기술관리법에 의한 감리활동은 엔지니어링기술진흥법의 규정에 의한 엔지니어링활동에 해당하므로 조세특례제한법 시행령 제5조 제6항에서 규정하는 "엔지니어링사업"에 포함되는 것임.

엔지니어링사업의 범위(법인46012-667, 2000.3.13.)

엔지니어링기술진흥법 제4조 제1항의 규정에 의하여 과학기술처장관이 설립을 인가한 한국엔지니어링진흥협회에 엔지니어링 활동주체신고를 하고 동 협회로부터 엔지니어링 활동주체의 자격을 부여받아 기계설비 및 소방설비에 대한 설계, 감리업은 조세특례제한법 제7조 제1항 및 같은법 시행령 제8조 제1항 제2호의 엔지니어링사업에 해당하는 것임.

법인의 대표이사 등 개인을 기술사법에 의해 신고하고 사업을 영위하는 경우 엔지니어링사업에 해당하지 않음(법인46012-2225, 1995.8.10.)

조세감면규제법 제6조의 창업중소기업 등에 대한 세액감면 및 같은법 제7조의 중소제조업 등에 대한 특별세액감면을 적용받는 「엔지니어링사업」이라 함은 같은법 시행령 제6조 제7항 엔지니어링기술진흥법에 의한 엔지니어링활동(기술사법의 적용을 받는 기술사의 엔지니어링 활동을 포함)을 제공하는 사업을 말하는 것으로 법인이 대표이사 등 개인을 기술사법에 의하여 신고하고 사업을 영위하는 경우 당해법인에게 발생한 소득에 대하여는 세액 감면을 적용하지 아니하는 것임.

Check Point

■ 한국표준산업분류에 의할 경우 감면 가능여부

① 노무사업은 전문·과학 및 기술 서비스업 중 기타법무관련 서비스업(분류코드:71109)에 해당되므로 전문·과학 및 기술 서비스업에 해당되어 창업감면이 가능하다.(2020.1.1. 이후 창업분부터 적용가능)

② 감정평가사업은 부동산업 중 부동산 감정평가업(분류코드:68223)에 해당되어 창업감면 적용배제 업종이다.

③ 공인중개사업은 부동산업 중 부동산 중개 및 대리업(분류코드:68221)에 해당되어 창업감면 적용배제 업종이다.

④ 관세사업은 통관대리 및 관련 서비스업(분류코드:52991)에 해당되어 물류산업의 범위에서 제외되었으므로 창업감면 적용배제 업종이다.(2017.1.1. 이후 창업분부터 배제됨)

⑤ 경영지도사업은 전문·과학 및 기술 서비스업 중 경영컨설팅업(분류코드:71531)에 해당되어 창업감면이 가능하다.(2020.1.1. 이후 창업분부터 적용가능)

7. 직업기술 분야를 교습하는 학원을 운영하는 사업의 범위

「학원의 설립·운영 및 과외교습에 관한 법률」에 따른 직업기술 분야를 교습하는 학원의 범위는 다음과 같다.(학원의 설립·운영 및 과외교습에 관한 법률 시행령 「별표 2」)

평생직업 교육학원	직업 기술	산업기반기술	기계, 자동차, 금속, 화공 및 세라믹, 전기, 통신, 전자, 조선, 항공, 토목, 건축, 의복, 섬유, 광업자원, 국토개발, 농림, 해양, 에너지, 환경, 공예, 교통, 안전관리, 조경
		산업응용기술	디자인, 이용·미용, 식음료품(조리, 제과·제빵, 바리스타, 소믈리에 등), 포장, 인쇄, 사진, 피아노 조율
		산업서비스	속기, 전산회계, 전자상거래, 직업상담, 사회조사, 컨벤션기획, 소비자전문상담, 텔레마케팅, 카지노 딜러, 도배, 미장, 세탁
		일반서비스	애견 미용·훈련, 장의, 호스피스, 항공승무원, 병원 코디네이터, 청소
		컴퓨터	컴퓨터(정보처리, 통신기기, 인터넷, 소프트웨어 등), 게임, 로봇
		문화관광	출판, 영상, 음반, 영화, 방송, 캐릭터, 관광
		간호보조기술	간호조무사
		경영·사무관리	금융, 보험, 유통, 부동산, 비서, 경리, 펜글씨, 부기, 주산, 속셈, 속독, 경매

8. 노인복지시설을 운영하는 사업의 범위

「노인복지법」에 따른 노인복지시설의 종류와 사업의 종류 및 범위는 다음과 같다.(노인복지법 41)

노인복지 시설의 종류	사업의 종류 및 범위
노인주거 복지시설	① 양로시설: 노인을 입소시켜 급식과 그 밖에 일상생활에 필요한 편의를 제공함을 목적으로 하는 시설 ② 노인공동생활가정: 노인들에게 가정과 같은 주거여건과 급식, 그 밖에 일상생활에 필요한 편의를 제공함을 목적으로 하는 시설 ③ 노인복지주택: 노인에게 주거시설을 임대하여 주거의 편의·생활지도·상담 및 안전관리 등 일상생활에 필요한 편의를 제공함을 목적으로 하는 시설
노인의료 복지시설	① 노인요양시설: 치매·중풍 등 노인성질환 등으로 심신에 상당한 장애가 발생하여 도움을 필요로 하는 노인을 입소시켜 급식·요양과 그 밖에 일상생활에 필요한 편의를 제공함을 목적으로 하는 시설 ② 노인요양공동생활가정: 치매·중풍 등 노인성질환 등으로 심신에 상당한 장애가 발생하여 도움을 필요로 하는 노인에게 가정과 같은 주거여건과 급식·요양, 그 밖에 일상생활에 필요한 편의를 제공함을 목적으로 하는 시설
노인여가 복지시설	① 노인복지관: 노인의 교양·취미생활 및 사회참여활동 등에 대한 각종 정보와 서비스를 제공하고, 건강증진 및 질병예방과 소득보장·재가복지, 그 밖에 노인의 복지증진에 필요한 서비스를 제공함을 목적으로 하는 시설 ② 경로당: 지역노인들이 자율적으로 친목도모·취미활동·공동작업장 운영 및 각종 정보교환과 기타 여가활동을 할 수 있도록 하는 장소를 제공함을 목적으로 하는 시설 ③ 노인교실: 노인들에 대하여 사회활동 참여욕구를 충족시키기 위하여 건전한 취미생활·노인건강유지·소득보장 기타 일상생활과 관련한 학습프로그램을 제공함을 목적으로 하는 시설
재가 복지시설	① 방문요양서비스: 가정에서 일상생활을 영위하고 있는 노인(이하 "재가노인"이라 한다)으로서 신체적·정신적 장애로 어려움을 겪고 있는 노인에게 필요한 각종 편의를 제공하여 지역사회안에서 건전하고 안정된 노후를 영위하도록 하는 서비스 ② 주·야간보호서비스: 부득이한 사유로 가족의 보호를 받을 수 없는 심신이 허약한 노인과 장애노인을 주간 또는 야간 동안 보호시설에 입소시켜 필요한 각종 편의를 제공하여 이들의 생활안정과 심신기능의 유지·향상을 도모하고, 그 가족의 신체적·정신적 부담을 덜어주기 위한 서비스 ③ 단기보호서비스: 부득이한 사유로 가족의 보호를 받을 수 없어 일시적으로 보호가 필요한 심신이 허약한 노인과 장애노인을 보호시설에 단기간 입소시켜 보호함으로써 노인 및 노인가정의 복지증진을 도모하기 위한 서비스 ④ 방문 목욕서비스: 목욕장비를 갖추고 재가노인을 방문하여 목욕을 제공하는 서비스 ⑤ 그 밖의 서비스: 그 밖에 재가노인에게 제공하는 서비스로서 보건복지부령이 정하는 서비스

노인복지 시설의 종류	사업의 종류 및 범위
노인일자리 지원기관	지역사회 등에서 노인일자리의 개발 · 지원, 창업 · 육성 및 노인에 의한 재화의 생산 · 판매 등을 직접 담당하는 기관
학대피해노인 전용쉼터	① 학대피해노인의 보호와 숙식제공 등의 쉼터생활 지원 ② 학대피해노인의 심리적 안정을 위한 전문심리상담 등 치유프로그램 제공 ③ 학대피해노인에게 학대로 인한 신체적, 정신적 치료를 위한 기본적인 의료비 지원 ④ 학대 재발 방지와 원가정 회복을 위하여 노인학대행위자 등에게 전문상담서비스 제공 ⑤ 그 밖에 쉼터에 입소하거나 쉼터를 이용하는 학대피해노인을 위하여 보건복지부령으로 정하는 사항

9. 전시산업발전법에 따른 전시산업의 범위

전시산업이란 전시시설을 건립 · 운영하거나 전시회 및 전시회부대행사를 기획 · 개최 · 운영하고 이와 관련된 물품 및 장치를 제작 · 설치하거나 전시공간의 설계 · 디자인과 이와 관련된 공사를 수행하거나 전시회와 관련된 용역 등을 제공하는 산업을 말한다.

참고사항

■ **한국표준산업분류에 의한 전시, 컨벤션 및 행사 대행업**(분류코드:75992)

각종 전시회, 컨벤션 및 행사를 기획 · 조직하는 산업활동을 말한다. 전시회, 컨벤션 및 행사와 관련된 조사, 기획, 설계, 구성, 제작, 시공감리 등에 관한 전반적인 책임을 맡아 이러한 시설의 내장, 외장, 전시장치, 기계 설비(음향, 영상 등) 등을 종합적으로 구성 · 연출하는 사업체도 포함한다. 전시회 및 회의 장소만을 임대하는 경우는 제외한다.

예 시		제 외
• 산업 박람회 기획 • 주택 전시회 기획 • 패션쇼 기획 • 디스플레이 서비스업	• 과학 행사 기획 • 문화 행사 기획 • 전시시설 기획 및 연출	• 과학 및 문화 전시관 운영(분류코드:90221) • 전시회장 및 컨벤션장 임대(분류코드:68112)

10. 사업지원서비스의 범위

가. 고용알선 및 인력공급업(분류코드:751)

고용주와 구직자를 대리하여 고용에 관련된 인적 사항 조사, 구인 조회 등 알선 활동을 수행하거나 자기 관리 아래 노동 인력을 확보하고 특정 인력을 사용하기를 원하는 사업자 또는 개인과 고용계약을 체결하여 인력을 제공하고 그 대가를 직접 받아 피고용자에게 자기가 직접 급료를 지불하는 형태의 인력을 공급하는 산업활동을 포함하며 창업감면이 가능하다.

또한 농업노동자 공급(분류코드:01411)도 포함한다.

나. 여행사 및 기타 여행 보조서비스업(분류코드:752)

여행사 및 기타 여행 보조서비스업은 한국표준산업분류에 의할 경우 사업시설 관리, 사업지원 및 임대서비스업 중 사업지원서비스업에 해당하므로 창업감면이 가능하다. 따라서 2020.1.1. 이후 창업하는 경우부터 적용한다.

다. 경비, 경호 및 탐정업(분류코드:753)

경비 및 경호서비스업(분류코드:7531), 보안시스템 서비스업(분류코드:7532), 탐정 및 조사서비스업(분류코드:7533)등은 창업감면이 가능하다.

라. 그 외 기타 사업 지원서비스업(분류코드:759)

문서작성업(분류코드:75911), 복사업(분류코드:75912), 콜센터 및 텔레마케팅 서비스업(분류코드:75991), 전시·컨벤션 및 행사 대행업(분류코드:759921), 신용조사 및 추심대행업(분류코드:75992), 포장 및 충전업(분류코드:75993)등은 창업감면이 가능하다.

11. 정보통신업의 범위

한국표준산업분류상 정보통신업은 정보 및 문화 상품을 생산하거나 공급하는 산업활동, 정보 및 문화 상품을 전송하거나 공급하는 수단을 제공하는 산업활동, 통신 서비스 활동, 정보 기술, 자료 처리 및 기타 정보 서비스를 제공하는 산업활동을 말한다.

여기에는 출판, 소프트웨어 제작·개발·공급, 영상 및 오디오 기록물 제작·배급, 라디오 및 텔레비전 방송, 방송용 프로그램 공급, 전기 통신, 정보 기술 및 기타 정보 서비스 활동 등을 포함한다.

J. 정보통신업
- 58. 출판업
  - 581. 서적 잡지 및 기타 인쇄물 출판업
    - 5811. 서적 출판업
    - 5812. 신문, 잡지 및 정기 간행물 출판업
    - 5819. 기타 인쇄물 출판업
  - 582. 소프트웨어 개발 및 공급업
    - 5821. 게임 소프트웨어 개발 공급업
    - 5822. 시스템, 응용소프트웨어 개발 및 공급업
- 59. 영상 오디오 기록물 제작 및 배급업
- 60. 방송업
- 61. 우편 및 통신업
- 62. 컴퓨터 프로그래밍, 시스템 통합 및 관리업
- 63. 정보서비스업

정보통신업 중 창업중소기업등에 대한 세액감면이 불가능한 업종	정보통신업 중 중소기업에 대한 특별세액감면이 가능한 업종
• 비디오물감상실운영업(분류코드:51942) • 뉴스제공업(분류코드:63910) • 가상자산매매 및 중개업(분류코드:63992)	• 출판업(분류코드:58) • 영상・오디오 기록물 제작 및 배급업(분류코드:59) [비디오물 감상실 운영업(분류코드:51942)은 제외] • 방송업(분류코드:60) • 전기통신업(분류코드:612) • 컴퓨터프로그래밍・시스템 통합 및 관리업(분류코드:62) • 정보서비스업(분류코드:63)[가상자산 매매 및 중개업(분류코드:63992) 제외]

Check Point

■ 동영상 콘텐츠를 기획 및 제작하여 이를 인터넷 플랫폼을 통해 시청자에게 제공[15)]

동영상 콘텐츠를 기획 및 제작하여 이를 인터넷 플랫폼을 통해 시청자에게 제공하는 경우 산업분류는?

☞ 제공하는 동영상 콘텐츠의 유형에 따라 산업 결정

① 일반적인 동영상을 제작・제공하는 것이 주된 산업활동인 경우 "59111 일반 영화 및 비디오물 제작업"

② 실사 또는 컴퓨터 그래픽 등을 이용하여 애니메이션 동영상을 제작・제공하는 것이 주된 산업활동인 경우 "59112 애니메이션 영화 및 비디오물 제작업"

※ 그 외 기타 특정 산업활동을 주로 수행하는 사업체가 관련 동영상 콘텐츠를 온라인으로 제공하는 경우에는 그 본질적인 산업활동의 특성에 따라 분류한다.

☆ (저자주) 인적 또는 물적시설을 갖춘 사업자인 유튜버, BJ, 크리에이터 등이 여기에 해당하며 미디어콘텐츠창작업(기준경비율코드: 921505)으로 분류되며, 인적 또는 물적시설이 없는 유튜버 등은 1인 미디어콘텐츠창작업(기준경비율코드: 940306)으로 분류된다. 1인 미디어콘텐츠창작업은 물적시설 즉 사업장이 없는 경우로서 이 경우에는 중소기업으로 분류될 수 없기 때문에 창업감면이 불가능한 것으로 해석된다.

유튜버 등의 업종 (표준산업분류: 59111)	인적 물적 시설 여부	과세면세여부	창업감면여부
미디어콘텐츠창작업 (기준경율코드: 921505)	○	과세사업자(세금계산서발급)	감면가능
1인 미디어콘텐츠창작업 (기준경비율코드: 940306)	×	면세사업자(3.3% 원천징수대상소득)	감면불가

➲ 사업자등록을 한 인적용역사업자가 창업중소기업 등에 대한 세액감면 적용 가능 여부(서면소득2025-766, 2025.6.18.)

인적용역사업자는 면세 사업자등록 유무와 관계없이 「조세특례제한법」에 따른 중소기업에 해당하지 않아 「조세특례제한법」 제6조에 따른 창업중소기업 등에 대한 세액감면을 적용받을 수 없는 것임.(질의내용: 한국표준산업분류 상 정보통신업에 해당하는 1인미디어콘텐츠창작업(943606)으로 면세 사업자등록을 함)

➲ 사업자등록을 한 인적용역사업자가 조특법 §6 ①의 요건을 충족한 경우 기업업무추진비 기본한도(서면소득2024-4452, 2025.4.11.)

인적용역 사업자는 「조세특례제한법」에 따른 중소기업에 해당하지 않아 일반 기업업무추진비 기본한도(1,200만원) 적용하는 것이 타당함.

➲ 물적설비를 갖춘 뒤 과세사업자로 사업자등록을 한 경우 조특법 §6 ①에 따라 감면되는지 여부(서면소득2024-435, 2025.4.9.)

「조세특례제한법」 제6조 제3항의 업종을 영위하는 중소기업을 창업하여 「부가가치세법」 제8조에 따라 사업자등록을 하고 사업을 개시하는 경우에는 「조세특례제한법」 제6조 제1항에 따른 감면을 적용받을 수 있는 것임.(질의내용: 인적·물적시설이 없어 인적용역으로 면세 사업자등록을 낸 자가 기존 사업자를 폐업 후 물적 설비를 갖춘 후 과세사업자로 등록한 경우)

➲ 창업중소기업에 대한 세액감면적용대상 창업에 해당하는지 여부(사전법규소득2024-961, 2024.12.26.)

원천징수대상 사업소득만 있는 인적용역사업자가 「조세특례제한법」 제6조 제3항에 열거된 감면대상업종으로 사업자등록을 하고 사업을 개시하는 경우로서 같은 법 같은 조 제10항 각 호의 어느 하나에 해당하지 않는 등 법정된 요건을 충족하는 경우에는 같은 조 제1항에 따른 감면을 적용받을 수 있는 것임.

➲ 인적용역 사업자에 대한 기업업무추진비의 필요경비 한도액 적용 방법(기획재정부소득-19, 2023.1.4.)

인적용역 사업자는 「조세특례제한법」에 따른 중소기업에 해당하지 않아 일반 기업업무추진비 기본한도(1,200만원) 적용하는 것이 타당함.

12. 스터디카페 업종

숙박시설없이 일반대중을 대상으로 카페, 독서실 형태의 공간에서 공부, 회의, 토론을 할 수 있는 장소를 제공하는 산업활동으로서 대표적인 업종이 스터디카페이다. 스터디카페는 스터디카페에서 수행하는 주된 산업활동(부가가치 크기가 큰)에 따라 한국표준산업분류에서 다음과 같이 분류한다.

① 사무, 상업 및 기타 비주거용 건물을 임대하는 것이 주된 산업활동인 경우: 68112 비주거용 건물 임대업(대분류 L. 부동산업) ⇨ 창업감면 불가

② 커피 또는 주스, 각종 차 등을 만들어 제공하는 것이 주된 산업활동인 경우: 5622 비알코올 음료점업(대분류 I. 숙박 및 음식점업) ⇨ 창업감면 불가

③ 숙박시설 없이 독서 시설을 갖춘 장소를 제공하는 것이 주된 산업활동인 경우: 90212 독서실 운영업(대분류 R. 예술, 스포츠 및 여가관련 서비스업) ⇨ 창업감면 가능

참고사항

■ **기준(단순)경비율 코드**

숙박시설없이 일반대중을 대상으로 카페, 독서실 형태의 공간에서 공부, 회의, 토론을 할 수 있는 장소를 제공하는 산업활동으로 스터디카페 운영이 해당되며 독서실 또는 숙박형 독서실은 제외한다.

구 분	내 용
업종코드	923102
업종분류	중분류: 창작, 예술 및 여가관련 서비스업 세분류: 도서관, 기록 보존소 및 독서실 운영업 세세분류: 독서실 운영업

☆ 스터디카페 사업자등록시 부동산업 중 공간임대업(기준경비율코드:701300)으로 사업자등록이 되어 있는 경우가 있으므로 주의가 필요하다.

15) 국가데이터처, 「제10차 기준 한국표준산업분류 실무적용 가이드북」, p.96.

13. 예술, 스포츠 및 여가관련 서비스업의 범위

한국표준산업분류표상 예술, 스포츠 및 여가 관련 서비스업은 창작, 예술 및 여가 관련 서비스업(분류코드:90)과 스포츠 및 오락관련 서비스업(분류코드:91)을 포함한다.

감면대상업종(2020.1.1. 이후 창업분)	감면제외 업종
공연기획업(분류코드:90191) 공연 및 제작관련 대리업(분류코드:90192) 독서실 운영업(분류코드:90212) 종합스포츠시설운영업(분류코드:91131) 체력단련시설 운영업(분류코드:91132) 수영장운영업(분류코드:91133) 볼링장운영업(분류코드:91134) 당구장운영업(분류코드:91135) 골프연습장 운영업(분류코드:91136) 그 외 기타 스포츠시설 운영업(분류코드: 91139)	자영예술가(분류코드:9012) 오락장운영업(분류코드:9122) 수상오락서비스업(분류코드:9123) 사행시설 관리 및 운영업(분류코드:9124) 그 외 기타 오락관련 서비스업(분류코드:9129)

14. 개인 및 소비용품 수리업(분류코드:95)

한국표준산업분류표상 개인 및 소비용품 수리업은 제품을 제조 및 판매하지 않는 사업체가 계약 또는 수수료에 의하여 컴퓨터 및 주변장치, 무선전화 및 팩스와 같은 통신장비, 라디오 및 TV 등 소비용 가전제품, 예초기 등 정원 장비와 송풍기 등 가정용품, 가구 및 가정용 비품, 의류 및 의류 액세서리, 경기용품, 악기 및 취미용품, 기타 개인 및 가정용품을 전문적으로 수리·유지하는 산업활동을 말한다.

감면대상업종(2018.5.29. 이후 창업분)	감면제외 업종
컴퓨터 및 주변기기수리업(분류코드:95110) 통신장비수리업(분류코드:95120) 자동차 종합수리업(분류코드:95211) 자동차전문수리업(분류코드:95212) 자동차세차업(분류코드:95213) 모터사이클수리업(분류코드:95220) 가전제품수리업(분류코드:95310) 의복 및 기타가정용직물제품수리업(분류코드:95391) 가죽 가방 및 신발수리업(분류코드:95392) 시계 귀금속 및 악기수리업(분류코드:95393) 그 외 기타 개인 및 가정용품 수리업(분류코드:95399)	욕탕업(분류코드:96121) 마사지업(분류코드:96122) 체형 등 기타 신체관리 서비스업(분류코드:96129)

사업자등록 후 업종 및 소재지를 정정하였을 경우 창업중소기업세액감면 적용 여부(서면소득 2024-3221, 2025.6.18.)

개인사업자가 「부가가치세법」 제8조 또는 「소득세법」 제168조에 따른 사업자등록을 한 날로부터 「조세특례제한법」 제6조 제3항에 규정하는 업종(이하 "대상업종")을 영위하는 경우에 한하여 동법 제6조에 따른 창업중소기업 등에 대한 세액감면을 적용받을 수 있는 것이며, 대상업종은 특별한 규정이 없는 한 「통계법」 제22조에 따라 국가데이터처장이 고시하는 한국표준산업분류에 따르는 것임. 또한, 창업중소기업 등에 대한 세액감면은 창업 당시 사업장 소재지를 기준으로 감면율을 정하는 것이고 수도권과밀억제권역 내에서 창업 후 권역 외로 이전한다 하더라도 감면율이 변동되는 것은 아님.

창업벤처중소기업감면 적용대상 인지 여부(서면법인2025-2623, 2025.9.26., 사전법규법인 2024-325, 2024.6.13.)

법인 설립 시 제조업을 목적사업으로 하고 실제 제조업을 주업으로 사업을 개시하여 영위하여 왔으나 도소매업으로 사업자등록을 한 경우에도 「조세특례제한법」 제6조 제2항에 따른 창업벤처중소기업이 설립 당시 부터 같은 조 제3항 제2호에 따른 제조업을 실제로 영위하였다면 창업벤처중소기업에 대한 세액감면이 가능한 것임.

☆ (저자주) 창업당시 사업자등록증상 업태종목과 상관없이 창업감면 대상업종은 창업당시 실질에 따라 판단한다는 의미로서 이에 대한 입증책임이 법인이나 개인사업자에게 있으므로 철저한 준비가 필요하다.

창업중소기업 세액감면의 적용을 위한 대상업종의 판단기준(사전법규소득2023-307, 2023.5.25.)

「조세특례제한법」 제6조 제3항 각 호의 업종("대상업종")의 분류는 같은 법에 특별한 규정이 있는 경우를 제외하고는 「통계법」 제22조에 따라 국가데이터처장이 고시하는 한국표준산업분류에 따르는 것임.

예식장업과 음식점업을 영위하는 법인의 창업중소기업 세액감면 적용 여부(기획재정부조세특례-320, 2022.5.4.)

내국법인이 예식장업과 음식점업을 겸영하면서 조세특례제한법 제143조에 따라 명확히 구분경리하는 경우 음식점업에서 발생한 소득에 대하여는 조세특례제한법 제6조에서 규정하는 창업중소기업 세액감면을 적용받을 수 있는 것임.

부동산임대사업 개시전 제조업으로 업종 변경시 창업중소기업 등에 대한 세액감면 적용 여부(서면법규-25, 2014.1.13.)

개인사업자가 「부가가치세법」 제8조에 따른 사업자등록을 한 날부터 「조세특례제한법」 제6조 제3항에 규정하는 업종을 영위하는 경우에 한하여 같은 법 제6조에 따른 창업중소기업 등에 대한 세액감면을 적용할 수 있는 것임.

Ⅲ 청년창업기업의 요건

청년창업기업이란 다음의 기업을 말한다.

1. 개인사업자로 창업하는 경우

대표자[공동사업장의 경우에는 손익분배비율이 가장 큰 사업자(손익분배비율이 가장 큰 사업자가 둘 이상인 경우에는 그 모두를 말한다)를 말한다]가 창업 당시 15세 이상 34세 이하(18년 5월 29일 이후 창업분부터 적용, 이전은 29세 이하)인 사람인 경우를 말한다.

다만, 병역(현역병, 상근예비역, 의무경찰, 의무소방원, 사회복무요원, 현역에 복무하는 장교 · 준사관 및 부사관)을 이행한 경우에는 그 기간(6년을 한도함)을 창업 당시 연령에서 빼고 계산한 연령이 34세 이하인 사람을 포함한다.

참고사항

■ **청년의 범위 변경 및 적용방식**

구 분	2018.5.29. 이전 창업자	2018.5.29. 이후 창업분
청년의 범위	29세 이하	34세 이하
창업지역제한	수도권과밀억제권역 밖 창업만 적용	모든 지역 창업분 적용
감면율	소득이 발생한 과세연도 + 2과세연도: 75% 그 다음 2과세연도: 50%	소득이 발생한 과세연도 + 4과세연도: 50% (수도권과밀억제권역 밖 100%)

■ **산업기능요원 군복무시 창업자의 연령계산**

산업기능요원으로 병역을 이행한 경우에는 그 기간을 창업 당시 창업자의 연령에서 뺄 수 없음.(수원지법2022구합69873, 2022.11.24.)

가. 개인사업자의 청년창업중소기업의 요건

개인사업의 경우에는 1인 대표자인 단독사업과 2인 이상이 참여하는 공동사업으로 구분되며 단독사업과 공동사업의 청년창업중소기업 판단은 대표자의 나이(창업 당시 15세 이상 34세 이하인 사람)를 기준으로 다음과 같다.

구 분	단독사업	공동사업
청년창업 중소기업 요건	창업 당시 대표자의 나이	① 창업 당시 손익분배비율이 가장 큰 사업자의 나이 ② 손익분배비율이 가장 큰 사업자가 둘이상인 경우 그 모두의 나이

따라서 개인사업의 경우 청년창업중소기업은 창업당시 대표자의 나이만으로 판단하는 것을 알 수 있다.

나. 사례별 공동사업의 청년창업중소기업 및 감면 적용여부

개인사업으로서 1인 대표자인 단독사업장은 그 대표자가 만15세 이상 34세 이하이면 청년창업중소기업에 해당하지만 공동사업의 경우에는 손익분배비율에 따라 청년창업중소기업여부가 달라진다.

다음은 공동사업의 구성원간 손익분배비율 및 구성원의 나이에 따라 청년창업중소기업여부를 판단하는 사례이다. 또한 공동사업이 청년창업중소기업에 해당하는 경우라도 '창업 및 창업으로 보지 아니하는 경우의 판단'은 공동사업 구성원별로 판단하여 (사전법령해석소득2020-446, 2020.7.13.) 창업에 해당하는 구성원만 세액감면을 적용받을 수 있으므로 구성원별 세액감면을 적용할 때 주의하여야 한다.

<table>
<tr><th colspan="2">구 분</th><th colspan="2">설 명</th></tr>
<tr><td rowspan="5">사례1</td><td>사실관계</td><td colspan="2">① 공동사업장 구성원: 갑(70%), 을(30%)
② 갑과 을은 조특법 제6조에 의한 창업에 해당함.
③ 갑과 을은 창업당시 만 34세 이하임.</td></tr>
<tr><td>청년창업중소기업여부</td><td colspan="2">청년창업중소기업에 해당함</td></tr>
<tr><td rowspan="3">세액감면</td><td>갑</td><td>청년창업중소기업으로 세액감면 적용</td></tr>
<tr><td>을</td><td>청년창업중소기업으로 세액감면 적용</td></tr>
<tr><td colspan="2">※ 손익분배비율이 가장 큰 갑을 기준으로 청년창업중소기업여부를 판단하므로 갑이 창업당시 만 34세 이하로 청년요건(나이) 충족하여 청년창업중소기업에 해당함.</td></tr>
</table>

<table>
<tr><th colspan="2">구 분</th><th colspan="2">설 명</th></tr>
<tr><td rowspan="5">사례2</td><td>사실관계</td><td colspan="2">① 공동사업장 구성원: 갑(70%), 을(30%)
② 갑과 을은 조특법 제6조에 의한 창업에 해당함.
③ 갑은 창업당시 만 34세 이하임.
④ 을은 창업당시 만 35세 이상임.</td></tr>
<tr><td>청년창업중소기업여부</td><td colspan="2">청년창업중소기업에 해당함</td></tr>
<tr><td rowspan="3">세액감면</td><td>갑</td><td>청년창업중소기업으로 세액감면 적용</td></tr>
<tr><td>을</td><td>청년창업중소기업으로 세액감면 적용</td></tr>
<tr><td colspan="2">※ 손익분배비율이 가장 큰 갑을 기준으로 청년창업중소기업여부를 판단하므로 갑이 창업당시 만 34세 이하로 청년요건(나이) 충족하여 청년창업중소기업에 해당함.
※ 이 경우 공동사업장 구성원 중 을은 자동으로 청년창업중소기업으로서 세액감면이 적용됨.</td></tr>
</table>

<table>
<tr><th colspan="2">구 분</th><th colspan="2">설 명</th></tr>
<tr><td rowspan="5">사례3</td><td>사실관계</td><td colspan="2">① 공동사업장 구성원: 갑(70%), 을(30%)
② 갑과 을은 조특법 제6조에 의한 창업에 해당함.
③ 갑은 창업당시 만 35세 이상임.
④ 을은 창업당시 만 34세 이하임.</td></tr>
<tr><td>청년창업중소기업여부</td><td colspan="2">청년창업중소기업이 아님</td></tr>
<tr><td rowspan="3">세액감면</td><td>갑</td><td>일반창업기업으로 세액감면 적용</td></tr>
<tr><td>을</td><td>일반창업기업으로 세액감면 적용</td></tr>
<tr><td colspan="2">※ 청년창업중소기업의 판단은 창업당시 손익분배비율이 가장 큰 사업자를 기준으로 판단하므로 갑의 나이가 만 35세 이상이므로 청년창업중소기업에 해당하지 아니함.</td></tr>
</table>

<table>
<tr><th colspan="2">구 분</th><th colspan="2">설 명</th></tr>
<tr><td rowspan="5">사례4</td><td>사실관계</td><td colspan="2">① 공동사업장 구성원: 갑(70%), 을(30%)
② 갑은 조특법 제6조에 의한 창업에 해당함.
③ 을은 조특법 제6조에 의한 창업에 해당하지 아니함.
④ 갑과 을은 창업당시 만 34세 이하임.</td></tr>
<tr><td>청년창업중소기업여부</td><td colspan="2">청년창업중소기업에 해당함</td></tr>
<tr><td rowspan="3">세액감면</td><td>갑</td><td>청년창업중소기업으로 세액감면 적용</td></tr>
<tr><td>을</td><td>창업에 해당하지 아니하므로 세액감면 배제</td></tr>
<tr><td colspan="2">※ 공동사업의 경우 '창업 및 창업으로 보지 아니하는 경우의 판단'은 공동사업 구성원별로 판단하는 것(사전법령해석소득2020-446, 2020.7.13.)으로 을이 창업에 해당하지 아니하면 공동사업장이 청년창업중소기업일지라도 을은 세액감면을 받을 수 없음.</td></tr>
</table>

<table>
<tr><th colspan="2">구 분</th><th colspan="2">설 명</th></tr>
<tr><td rowspan="5">사례5</td><td>사실관계</td><td colspan="2">① 공동사업장 구성원: 갑(50%), 을(50%)
② 갑과 을은 조특법 제6조에 의한 창업에 해당함.
③ 갑과 을은 창업당시 만 34세 이하임.</td></tr>
<tr><td>청년창업중소기업여부</td><td colspan="2">청년창업중소기업에 해당함.</td></tr>
<tr><td rowspan="3">세액감면</td><td>갑</td><td>청년창업중소기업으로 세액감면 적용</td></tr>
<tr><td>을</td><td>청년창업중소기업으로 세액감면 적용</td></tr>
<tr><td colspan="2">※ 손익분배비율이 가장 큰 사업자가 둘이상인 경우 모두 청년에 해당하여야 청년창업중소기업에 해당하므로 갑과 을이 모두 청년에 해당하여 청년창업중소기업에 해당함.</td></tr>
</table>

구 분			설 명
사례6	사실관계		① 공동사업장 구성원: 갑(50%), 을(50%) ② 갑과 을은 조특법 제6조에 의한 창업에 해당함. ③ 갑과 창업당시 만 34세 이하임. ④ 을은 창업당시 만 35세 이상임.
	청년창업중소기업여부		청년창업중소기업이 아님.
	세액감면	갑	일반창업중소기업으로 세액감면 적용
		을	일반창업중소기업으로 세액감면 적용
			※ 손익분배비율이 가장 큰 사업자가 둘이상인 경우 모두 청년에 해당하여야 청년창업중소기업에 해당하나 이 경우 을이 청년이 아니므로 청년창업중소기업에 해당하지 아니함.

구 분			설 명
사례7	사실관계		① 공동사업장 구성원: 갑(40%), 을(40%), 병(20%) ② 갑과 을 그리고 병은 조특법 제6조에 의한 창업에 해당함. ③ 갑과 을은 창업당시 만 34세 이하임. ④ 병은 창업당시 만 35세 이상임.
	청년창업중소기업여부		청년창업중소기업에 해당함
	세액감면	갑	청년창업중소기업으로 세액감면 적용
		을	청년창업중소기업으로 세액감면 적용
		병	청년창업중소기업으로 세액감면 적용
			※ 손익분배비율이 가장 큰 사업자가 둘이상인 경우 모두 청년에 해당하여야 청년창업중소기업에 해당하므로 이 경우 갑과 을이 청년에 해당하므로 청년창업중소기업에 해당함.

공동사업장으로 전환 후 다시 단독사업장으로 전환한 경우의 창업중소기업세액감면 적용방법
(사전법규소득2025-499, 2025.7.22., 서면법규소득2022-5290, 2023.7.13.)

거주자 甲이 단독사업장으로 창업하여 「조세특례제한법」 제6조에 따른 창업중소기업 등에 대한 세액감면("쟁점세액감면")을 적용받던 중 해당 사업장을 공동사업장으로 전환("쟁점공동사업장")하는 경우, 甲은 잔존감면기간 동안 쟁점공동사업장에서 분배되는 소득금액 상당액에 대하여 쟁점세액감면을 적용받을 수 있는 것임.

이후 쟁점공동사업장을 다시 단독사업장으로 전환하면서 甲이 계속 사업을 영위하는 경우, 甲은 잔존감면기간 동안 해당 단독사업장에서 발생한 소득 중 쟁점공동사업장의 손익분배비율에 상당하는 부분에 대해 쟁점세액감면을 적용받을 수 있는 것임.

공동사업장으로 전환 후 다시 단독사업장으로 전환한 경우의 창업중소기업세액감면 적용방법
(기획재정부조세특례-369, 2024.5.2.)

조세특례제한법 제6조 제10항에 따라 공동사업장에서 단독사업장으로 전환된 부분은 창업으로 인정되지 않으므로, 잔존 감면기간동안에 당초 창업자의 공동사업장 당시 지분비율에 상당하는 소득에 대해 창업 세액감면을 받을 수 있음.

➲ 단독사업장에서 공동사업장으로 변경된 경우 청년창업중소기업에 대한 세액감면 적용여부(사전법규소득2021-1673, 2022.6.14.)

「조세특례제한법」 제6조를 적용함에 있어서 기존사업장을 공동사업장으로 변경하면서 그 공동사업장의 구성원으로 참여하는 경우에는 창업에 해당하지 않고, 기존사업장에서 발생한 소득에 대한 소득세에 대해 같은 조 제1항에 따른 세액감면("쟁점감면")을 적용받고 있던 거주자가 기존사업장을 공동사업장으로 변경하는 경우로서 같은 법 시행령 제5조 제2항 및 제3항에 해당하지 않는 경우에는 해당 공동사업장의 손익분배비율에 의한 소득금액상당액에 대하여 쟁점감면을 적용받을 수 있는 것임.

| (저자주) 단독에서 공동사업장 다시 단독으로 변경시 창업감면 적용여부 |

단독사업장	변경	공동사업장	창업감면 적용여부	변경	단독사업장	창업감면 적용여부
거주자 A (창업감면 적용)	⇨	거주자 A	손익분배비율에 의한 소득금액기준으로 기존 감면적용	⇨	거주자 A	공동사업장 손익분배비율에 상당하는 부분 소득 금액 기준으로 감면적용
		거주자 B	감면 적용 불가			

➲ 공동사업장의 청년창업중소기업에 대한 세액감면 적용 방법(사전법령해석소득2020-446, 2020.7.13.)

공동사업의 경우 '창업 및 창업으로 보지 아니하는 경우의 판단'은 공동사업 구성원별로 판단하는 것이며, 청년창업중소기업은 창업자인 공동사업의 대표자(손익분배비율이 가장 큰 사업자, 손익분배비율이 가장 큰 사업자가 둘 이상인 경우 그 모두)를 기준으로 「조세특례제한법 시행령」 제5조 제1항 제1호를 충족하는 기업을 의미하는 것임.

| (저자주) 개인 공동사업장의 청년창업기업 및 감면 적용여부 |

공동사업장	구성원(지분율)	청년창업기업여부	감면적용	
			갑	을
A	갑(70%), 을(30%)	○	청년창업	청년창업
B	갑(50%), 을(50%)	×	일반창업	일반창업
C	갑(30%), 을(70%)	×	일반창업	일반창업

※ 갑은 청년, 을은 청년이 아닌 것을 가정함.

2. 법인으로 창업하는 경우

대표자가 다음의 요건을 모두 갖춘 사람인 경우를 말한다.

① 위 '1. 개인사업자로 창업하는 경우'의 요건을 갖출 것

② 「법인세법 시행령」 제43조 제7항에 따른 지배주주 등☆으로서 해당 법인의 최대주주 또는 최대출자자일 것

☆ 법인의 발행주식총수 또는 출자총액의 100분의 1 이상의 주식 또는 출자지분을 소유한 주주등으로서 그와 특수관계에 있는 자와의 소유 주식 또는 출자지분의 합계가 해당 법인의 주주등 중 가장 많은 경우의 해당 주주등을 말한다.(법인령 43 ⑦)

대표자요건	최대주주 판단	청년창업감면 적용여부
청년(A) 대표이사	청년(A)의 지분율 50% 이상이면서 최대주주	적용가능
	청년(A)의 지분율 40% 이상이면서 최대주주	적용가능
	청년(A)의 지분율 40% 청년이 아닌 자 60%	적용불가 (최대주주요건 미충족)
	청년(A)의 지분율 50% 청년이 아닌 자 50%	적용가능
	청년(A)의 지분율 40% 최대주주 → 청년(A)의 지분율 20% 최대주주(×)	변경일이 속하는 과세연도부터 적용불가
청년(A)과 청년이 아닌 자 공동대표이사	청년(A)의 지분율 50% 이상이면서 최대주주	적용불가 (대표자요건 미충족)
	청년(A)의 지분율 50% 청년이 아닌 자 50%	적용불가 (대표자요건 미충족)
청년이 아닌 자가 대표이사	청년(A)의 지분율 50% 이상이면서 최대주주	적용불가 (대표자요건 미충족)
	청년(A)의 지분율 40% 이상이면서 최대주주	
	청년(A)의 지분율 100% 최대주주	
대표이사 청년(A) →(B)로 변경	청년(A)의 지분율 50% 이상이면서 최대주주	변경일이 속하는 과세연도부터 적용불가
대표이사 청년(A) → 청년(B)로 변경	청년(A)의 지분율 50% → 청년(B)의 지분율 100% 최대주주	변경일이 속하는 과세연도부터 적용불가
대표이사 청년(A) → 청년(A), 청년(B)로 변경	청년(A)의 지분율 100% → 청년(A) 50%, 청년(B) 50%로 변경	계속 감면 적용 가능

※ 최대주주 또는 최대출자자란 주주 중 가장 많은 지분율을 보유한 주주나 출자자를 말한다.

➲ 청년창업중소기업의 지배주주등 판정방법(사전법규법인2024－607, 2024.9.23.)

내국법인의 주식을 직접 소유하지 아니한 해당 내국법인의 대표자(甲)는 「법인세법 시행령」 제43조 제7항에 따른 '지배주주등'에 해당하지 아니하므로, 해당 내국법인은 「조세특례제한법 시행령」 제5조 제1항에 따른 청년창업중소기업에 해당하지 않는 것임.

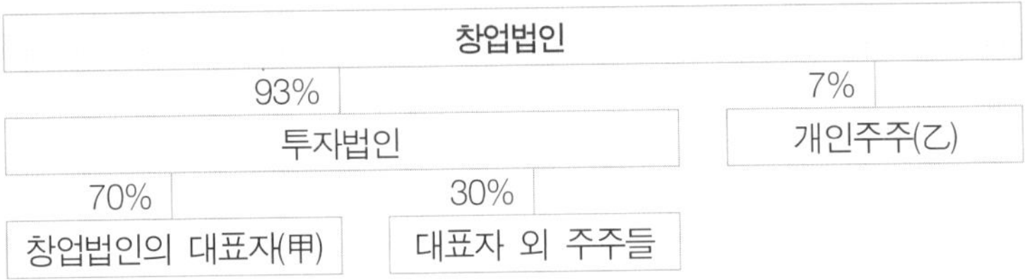

창업법인

93% 투자법인 / 7% 개인주주(乙)

투자법인: 70% 창업법인의 대표자(甲) / 30% 대표자 외 주주들

➲ 창업 후 본점 이전하거나 다른 업종의 지점 추가하는 경우의 청년창업중소기업 세액감면 적용 여부(서면법인2024－147, 2024.7.31.)

수도권과밀억제권역 외 지역에서 창업하여 청년창업중소기업감면을 적용받고 있는 중소기업이 사업장 소재지를 다른 수도권과밀억제권역 외 지역으로 이전하는 경우에도 남은 감면기간 동안 조세특례제한법 제6조 제1항에 따라 청년창업중소기업 감면을 적용받을 수 있음.

감면대상 사업을 영위하던 중소기업이 감면대상이 아닌 사업을 추가하여 겸영하는 경우에는 조세특례제한법 제143조 제1항에 따라 감면대상 사업과 그 밖의 사업을 구분하여 경리하여야 하며, 감면대상 사업에서 발생한 소득에 대하여만 감면을 적용하는 것임.

법인설립 이후 본점과 동일업종의 사업을 영위하기 위해 지점을 추가로 설치하는 것은 조세특례제한법 제6조 제10항 제4호의 새로운 사업을 최초로 개시하는 것으로 보기 곤란한 경우에 해당하므로 지점에서 발생한 소득에 대해서는 감면을 적용하지 않는 것임.

➲ 청년 대표자의 최대출자자 지위 회복 이후 청년창업중소기업감면 적용여부(서면법인2024－1295, 2024.7.31.)

수도권과밀억제권역 외의 지역에서 창업한 청년창업중소기업의 대표자가 창업당시에는 청년창업 요건을 충족하여 청년창업중소기업세액감면대상이 되었으나 창업일 이후에 지분율 변동으로 인해 최대주주의 지위를 상실한 경우 그 사유가 발생한 과세연도부터 남은 감면기간 동안 조특법 제6조 제1항 제1호 나목(50%)에 따른 감면을 적용하는 것이며, 이후 과세연도에 최대주주의 지위를 회복하더라도 청년창업중소기업세액감면을 적용하지 않는 것임.

➲ 청년창업중소기업 세액감면 적용여부(사전법규법인2023－804, 2023.12.19.)

내국법인이 「조세특례제한법」 제6조 제1항 제1호 가목에 따른 '청년창업중소기업에 대한 세액감면'('쟁점감면')을 적용받던 중 창업한 대표자가 특수관계 없는 다른 청년에게 50% 지분을 양도하고 공동대표 및 공동 최대주주가 되는 경우 쟁점감면이 가능한 것임.

➲ 청년창업중소기업 감면대상인 법인의 대표자 변경 시 청년창업중소기업 적용가능여부(기획재정부조세특례－941, 2023.9.8.)

「조세특례제한법」 제6조 제1항 제1호 가목의 청년창업중소기업은 해당 기업을 창업한 대표자가 동법 시행령 제5조 제1항의 요건을 충족하는 기업을 의미하고, 내국법인이 「조세특례제한법」 제6조 제1항 제1호 가목에 따른 창업중소기업을 적용받던 중 대표자가 변경된 경우 대표자가 변경된 날이 속하는 사업연도부터 같은 법 제6조 제1항 제1호 가목에 따른 감면을 적용하지 않는 것임.

- **단독으로 설립한 청년창업중소기업이 유상증자를 통하여 지분이 50%로 변경된 경우 청년창업감면적용여부(사전법규법인2023-165, 2023.5.2.)**

「조세특례제한법 시행령」 제5조 제1항 제2호 각 목의 요건을 갖춘 자가 단독으로 설립하여 대표자로 있는 청년창업중소기업이, 유상증자를 실시함에 따라 "해당 대표자" 및 "그와 「법인세법 시행령」 제43조 제8항에 따른 특수관계에 있는 자"가 각각 해당 청년창업중소기업의 지분을 50%씩 보유하게 된 경우에도 「조세특례제한법 시행령」 제5조 제1항 제2호 나목의 요건을 충족하는 것임.

- **수도권 밖에서 창업한 법인이 수도권으로 이전한 후 수도권 밖으로 재이전 시 창업중소기업감면 적용여부 등(사전법규법인2023-165, 2023.5.2.)**

수도권과밀억제권역 외의 지역에서 창업하여 「조세특례제한법」 제6조 제1항에 따른 세액감면을 적용받던 청년창업중소기업이 사업장을 수도권과밀억제권역으로 이전하여 같은 법 시행령 제5조 제25항에 따라 해당 사유가 발생한 날이 속하는 사업연도부터 남은 감면기간 동안 수도권과밀억제권역에서 창업한 청년창업중소기업으로 보아 해당 세액감면을 적용받던 중, 사업장을 수도권과밀억제권역 외의 지역으로 재이전하는 경우에는, 재이전일이 속하는 사업연도부터 남은 감면기간 동안 수도권과밀억제권역 외의 지역에서 창업한 청년창업중소기업으로 보아 해당 세액감면을 적용받을 수 있는 것임.

- **창업중소기업에 대한 세액감면 적용 여부(사전법규법인2023-148, 2023.4.13.)**

내국법인이 「조세특례제한법」 제6조 제1항 제1호 가목에 따른 창업중소기업에 대한 세액감면을 적용받던 중 대표자가 퇴사함에 따라 대표자를 창업당시 15세 이상 34세 이하로서 발행주식총수의 50%를 출자한 다른주주로 변경하고 이와 함께 변경 후 대표자가 종전 대표자의 지분 전체(발행주식총수의 50%)를 인수하는 경우, 대표자가 변경된 날이 속하는 사업연도부터 같은 법 제6조 제1항 제1호 가목에 따른 감면을 적용하지 않는 것임.

- **창업중소기업에 대한 세액감면 적용 여부(서면법인2022-4398, 2022.11.17.)**

수도권과밀억제권역에서 「조세특례제한법 시행령」 제5조 제1항에 따른 청년창업중소기업에 대한 세액감면을 적용받던 법인이 청년대표자 요건을 충족하지 못하게 되어 같은 조 제3항에 따라 잔여기간 감면이 중단된 후 변경된 대표자가 기존 법인의 업종과 동일한 업종을 영위하는 법인을 새로이 설립하는 경우 대표자가 청년대표자 요건을 충족하더라도 신규 설립 법인이 「조세특례제한법」 제6조 제10항 각 호의 어느 하나에 해당하는 경우에는 창업에 해당하지 않아 청년창업중소기업에 대한 세액감면을 적용할 수 없는 것임.

- **청년이 청년이 아닌 자와 공동 대표자 변경시 청년창업중소기업 세액감면을 적용할 수 있는지 (서면법령해석법인2021-4313, 2021.8.6.)**

대표자가 「조세특례제한법」상 청년으로서 최대주주에 해당하여 같은 법 제6조 제1항 제1호 나목에 따른 세액감면을 적용받고 있는 내국법인에 청년이 아닌 자가 해당 내국법인의 대표로 취임하여 기존의 대표자와 공동대표를 하는 경우에는 청년이 아닌 자가 해당 내국법인의 대표로 취임한 날이 속하는 과세연도부터 남은 감면기간 동안 같은 법 제6조 제1항에 따른 감면을 적용하지 아니하는 것임.

➲ 공동대표이사로 취임한 경우 청년창업중소기업 세액감면을 적용할 수 있는지(서면법령해석법인 2020-5711, 2021.6.30.)

「조세특례제한법」상의 청년이 100% 출자하여 법인을 설립하고, 청년과 청년이 아닌 자가 각자 대표로 취임하여 사업을 운영하는 경우 해당 내국법인은 「조세특례제한법」 제6조에 따른 청년창업중소기업에 대한 세액감면을 적용할 수 없는 것임.

➲ 대표자 변경시 창업중소기업 등에 대한 세액감면을 계속 받을 수 있는지 여부(서면법인2021-3244, 2021.6.17., 서면법인2019-1931, 2020.9.11.)

수도권과밀억제권역에서 창업한 청년창업중소기업이 「조세특례제한법」 제6조 제1항에 따른 감면기간 중 해당 법인의 대표자를 다른 청년으로 변경하는 경우에는 같은 법 시행령 제5조 제3항에 따라 대표자 변경일이 속하는 과세연도부터 남은 감면기간 동안 같은 법 제6조 제1항에 따른 감면을 적용하지 아니하는 것임.

➲ 개인사업자가 기존 사업을 영위하면서 다른 장소에서 다른 업종의 사업을 개시하는 경우 조세특례제한법 제6조 제1항의 적용 여부(사전법령해석소득2021-55, 2021.6.17.)

개인사업자가 다른 사업장에서 다른 업종의 개인사업을 새로이 개시하는 경우 「조세특례제한법」 제6조의 창업중소기업 등에 대한 세액감면이 적용되는 '창업'에 해당하는 것임. 다만, 새로운 사업의 개시가 동조 제10항 제4호에 해당하는 경우 '창업'으로 보지 아니하며 기존 사업과의 연관성, 위치, 업종 등을 종합적으로 고려하여 사실판단할 사항임.

➲ 기존 법인의 대표자가 기존 법인과 다른 장소에 다른 업종으로 새로이 법인을 설립시 창업 해당 여부(서면법인2021-2433, 2021.5.26.)

기존 법인의 대표자가 기존 법인과 다른 장소에 다른 업종으로 새로이 법인을 설립하여 독립적으로 사업을 경영할 경우, 새로이 설립된 법인이 「조세특례제한법」 제6조 제10항 각 호의 어느 하나에 해당하지 않는 경우에는 창업에 해당하는 것이며, 새로이 설립된 법인이 이에 해당하는지 여부는 설립경위, 사업의 실태, 경영관계 등을 종합적으로 감안하여 실질 내용에 따라 사실 판단할 사항임.

➲ 창업 당시 청년창업요건을 갖추지 못한 기업이 이후 청년창업중소기업 세액감면을 받을 수 있는지 여부(서면법인2018-3040, 2019.6.5.)

창업당시 「조세특례제한법」 제6조 제1항의 청년창업중소기업에 해당하지 아니한 경우에는 창업 이후 동법 시행령 제5조 제1항의 요건을 갖추어도 청년창업중소기업으로써 세액감면을 적용받을 수 없는 것임.

➲ 청년 지분비율이 50%로서 공동 최대주주일 경우 청년창업중소기업 세액감면을 적용할 수 있는지(사전법령해석법인2019-131, 2019.4.25.)

보유주식의 합계가 동일한 최대주주 등이 2 이상인 경우에는 모두를 최대주주 등으로 보며, 보유주식의 합계가 동일한 지배주주등이 2 이상인 경우에도 모두를 지배주주등으로 보는 것으로 「조세특례제한법 시행령」 제5조 제1항 및 제27조 제1항 제1호에 해당하는 청년과 청년이 아닌 자가 내국법인의 지분을 각각 50%를 보유하고 있는 경우로서 해당 내국법인은 「조세특례제한법 시행령」 제5조 제1항 제2호 각 목의 요건을 충족한 청년창업중소기업으로서 「조세특례제한법」 제6조 제1항에 따른 창업중소기업 등에 대한 세액감면을 적용받을 수 있는 것임.

➲ **34세 이하의 의미**(기획재정부 소득세제과-163, 2013.4.1.)

중소기업에 취업하는 사람의 연령이 근로계약 체결일 현재 만 30세 미만(병역 이행기간 차감)인 경우 "29세 이하"에 포함되는 것임.

Ⅳ 창업중소기업 세액감면

1. 창업중소기업의 지역요건

구 분	창업지역요건
① 중소기업창업지원법에 따라 창업보육센터사업자로 지정 받은 내국인	전국 전 지역
② 청년창업중소기업	전국 전 지역
③ ①과 ② 이외의 창업중소기업	수도권과밀억제권역 외의 지역과 수도권 인구감소지역☆

☆ 2026.1.1. 이후 창업의 경우 수도권 인구감소지역 창업도 포함됨.

Check Point

■ 창업중소기업등에 대한 세액감면의 지역제한

세액감면 종류		감면대상지역
창업중소기업감면	창업보육센터사업자로 지정받은 사업자	전국 모든 지역
	청년창업중소기업	
	그 외 창업중소기업	수도권과밀억제권역 외의 지역과 수도권 인구감소지역☆
창업벤처중소기업 감면		전국 모든 지역
에너지신기술중소기업 감면		
신성장서비스업기업 감면		
소규모사업자 창업중소기업 감면		

☆ 2026.1.1. 이후 창업의 경우 수도권 인구감소지역 창업도 포함됨.

2. 창업중소기업에 대한 세액감면

해당 사업에서 최초로 소득이 발생한 과세연도(사업개시일부터 5년이 되는 날이 속하는 과세연도까지 해당 사업에서 소득이 발생하지 아니하는 경우에는 5년이 되는 날이 속하는 과세연도)와 그 다음 과세연도의 개시일부터 4년 이내에 끝나는 과세연도까지 해당 사업에서 발생한 소득에 대하여 다음의 구분에 따른 비율을 곱한 금액에 상당하는 세액을 감면한다.

가. 2025년 12월 31일 이전에 창업한 경우

① 수도권과밀억제권역 외의 지역에서 창업한 청년창업중소기업의 경우: 100%
② 수도권과밀억제권역에서 창업한 청년창업중소기업 및 수도권과밀억제권역 외의 지역에서 창업한 창업중소기업의 경우: 50%
③ 창업보육센터사업자의 경우: 50%

나. 2026년 1월 1일 이후에 창업한 경우

① 수도권 외의 지역 또는 수도권의 인구감소지역에서 창업한 청년창업중소기업의 경우: 100%
② 수도권(수도권과밀억제권역과 인구감소지역은 제외)에서 창업한 청년창업중소기업의 경우: 75%
③ 수도권과밀억제권역에서 창업한 청년창업중소기업과 수도권 외의 지역 또는 수도권의 인구감소지역에서 창업한 창업중소기업의 경우: 50%
④ 수도권(수도권과밀억제권역과 인구감소지역은 제외)에서 창업한 창업중소기업의 경우: 25%
⑤ 창업보육센터사업자의 경우: 50%

<table>
<tr><th colspan="3" rowspan="2">창업지역구분</th><th colspan="2">2025.12.31. 이전 창업</th><th colspan="2">2026.1.1. 이후 창업</th></tr>
<tr><th>청년창업</th><th>일반창업</th><th>청년창업</th><th>일반창업</th></tr>
<tr><td rowspan="4">수도권</td><td colspan="2">과밀억제권역(인구감소지역 제외) 안</td><td>50%</td><td>–</td><td>50%</td><td>–</td></tr>
<tr><td colspan="2">과밀억제권역(인구감소지역 제외) 밖</td><td>100%</td><td>50%</td><td>75%</td><td>25%</td></tr>
<tr><td rowspan="2">인구감소지역</td><td>과밀억제권역 안</td><td>50%</td><td>–</td><td rowspan="2">100%</td><td rowspan="2">50%</td></tr>
<tr><td>과밀억제권역 밖</td><td>100%</td><td>50%</td></tr>
<tr><td colspan="3">수도권외</td><td>100%</td><td>50%</td><td>100%</td><td>50%</td></tr>
<tr><td colspan="3">창업보육센터사업자</td><td>50%</td><td>50%</td><td>50%</td><td>50%</td></tr>
</table>

Check Point

■ '당해 사업에서 최초로 소득이 발생한 과세연도"에서 "소득"의 의미

① 조세특례제한법 제6조 제1항에 따른 창업중소기업 세액감면의 기산연도 판단시 "해당 사업에서 최초로 소득이 발생한 과세연도"에서 "소득"은 소득금액을 의미함.(사전법규법인2023-130, 2023.5.17., 기획재정부조세특례-745, 2022.11.1.)

② 「조세특례제한법」 제6조 제1항의 규정에 의한 창업중소기업 등의 "해당 사업에서 발생한 소득"이란 감면대상사업의 주된 영업활동에서 직접 발생한 소득만을 의미하는 것임.(사전법규소득2022-608, 2022.6.28.)

③ 조세특례제한법 제6조의 "당해 사업에서 최초로 소득이 발생한 과세연도"에서 "소득"이란 세액감면 대상사업에서 발생한 소득으로서, 법인세법 제14조에서 규정하고 있는 각 사업연도 소득을 의미하는 것임.(법인-4046, 2008.12.17.)

④ 「조세특례제한법」 제12조의2 제1항에 따른 요건을 갖춘 내국법인이 같은 조 제2항에 따라 감면을 적용함에 있어, '최초로 소득이 발생한 과세연도'란 감면대상소득이 최초로 발생한 날이 속하는 과세연도를 말하는 것임.(사전법규법인2023-130, 2023.5.17.)

■ 감면기간 적용사례

① 조세특례제한법 제6조 창업중소기업 등에 대한 세액감면은 해당 사업에서 최초로 소득이 발생한 과세연도와 그 다음 과세연도의 개시일부터 4년 이내에 끝나는 과세연도까지 세액을 감면하며, 사업개시일부터 5년이 되는 날이 속하는 과세연도까지 해당 사업에서 소득이 발생하지 아니하는 경우에는 5년이 되는 날이 속하는 과세연도부터 세액을 감면한다고 규정되어 있으며 이에 대한 구체적인 감면기간은 다음과 같다.

1기	2기	3기	4기	5기	6기	7기	감면기간
+	+	−	+	−	+	+	1기부터 5기까지
−	+	−	+	−	+	+	2기부터 6기까지
−	−	+	+	+	−	+	3기부터 7기까지
−	−	−	+	+	−	+	4기부터 8기까지
−	−	−	−	+	+	−	5기부터 9기까지
−	−	−	−	−	+	+	6기부터 10기까지
−	−	−	−	−	−	+	6기부터 10기까지

※ +: 각 사업연도 소득금액　　−: 각 사업연도 결손금

② 해당 사업에서 최초로 소득이 발생한 과세연도 이후 결손이 발생하여도 감면기간에 영향이 없다.

➲ **폐업 후 동종업종 개시시 최초 감면 잔존기간동안 창업중소기업 세액감면 적용 여부**(기획재정부조세특례 - 509, 2024.6.19.)

「조세특례제한법」 제6조 제1항에 따른 세액감면을 적용받던 사업장을 폐업하게 되면 폐업 이후에는 동 세액감면을 적용받을 수 없는 것이며, 폐업 이후에 폐업 전의 사업과 같은 종류의 사업을 하는 경우에는 「조세특례제한법」 제6조 제10항 제3호에 해당하여 창업으로 보지 아니하므로 동법 동조 제1항에 따른 세액감면을 적용받을 수 없는 것임.

3. 청년창업중소기업의 요건을 충족하지 못하게 된 경우 세액감면

청년창업중소기업의 대표자가 감면기간 중 해당 법인의 최대주주 또는 최대출자자 요건을 충족하지 못하게 되거나 개인사업자로서 손익분배비율이 가장 큰 사업자가 아니게 된 경우에는 해당 사유가 발생한 날이 속하는 과세연도부터 남은 감면기간 동안 해당 사업에서 발생한 소득에 대한 소득세 또는 법인세에 다음의 구분에 따른 비율을 곱한 금액에 상당하는 세액을 감면한다.(조특령 5 ②)

가. 2025년 12월 31일 이전에 창업한 경우

구 분	잔여감면기간의 세액감면
① 수도권과밀억제권역 외의 지역에서 창업	「2. 창업중소기업에 대한 세액감면의 ②」에 따른 감면을 적용(감면율 50%)
② 수도권과밀억제권역에서 창업	감면배제

나. 2026년 1월 1일 이후에 창업한 경우

구 분	잔여감면기간의 세액감면
① 수도권외의 지역 또는 수도권의 인구감소지역에서 창업한 경우	50%
② 수도권(수도권과밀억제권역과 인구감소지역 제외)에서 창업한 경우	25%
③ 수도권과밀억제권역에서 창업	감면배제

청년창업의 지역구분			2025.12.31. 이전 창업 남은 감면기간 감면율	2026.1.1. 이후 창업 남은 감면기간 감면율
수도권	과밀억제권역(인구감소지역 제외) 안		0%	0%
	과밀억제권역(인구감소지역 제외) 밖		50%	25%
	인구감소지역	과밀억제권역 안	0%	50%
		과밀억제권역 밖	50%	
수도권외			50%	50%

4. 2018년 5월 29일 이전에 청년창업중소기업에 대한 감면세액

수도권과밀억제권역 외의 지역에서 2018년 5월 29일 이전에 창업한 청년창업기업에 대해서는 해당 사업에서 발생한 소득에 대하여 최초로 소득이 발생한 과세연도와 그 다음 과세연도의 개시일부터 2년 이내에 끝나는 과세연도에는 소득세 또는 법인세의 100분의 75에 상당하는 세액을 감면하고, 그 다음 2년 이내에 끝나는 과세연도에는 소득세 또는 법인세의 100분의 50에 상당하는 세액을 감면한다.☆ 따라서 수도권과밀억제권역에서 창업한 경우 감면을 적용하지 아니한다.

☆ 2018.5.29. 전에 창업중소기업을 창업한 경우에는 제6조의 개정규정에도 불구하고 종전의 규정에 따른다.(조특법 부칙 제15623호, 4, 2018.5.29.)

V 창업벤처중소기업의 세액감면

1. 창업벤처중소기업의 요건

창업벤처중소기업은 창업중소기업과 달리 지역의 제한은 없으나 창업 후 3년 이내에 벤처기업육성에 관한 특별법에 따라 2027.12.31.까지 벤처기업☆으로 확인받은 기업이어야 한다. 다만, 위의 창업중소기업세액감면을 적용받는 경우는 제외하며, 감면기간 중 다음의 사유가 있는 경우에는 다음의 구분에 따른 날이 속하는 과세연도부터 감면을 적용하지 아니한다.

> ① 벤처기업의 확인이 취소된 경우: 취소일
> ② 「벤처기업육성에 관한 특별법」 제25조 제2항에 따른 벤처기업확인서의 유효기간이 만료된 경우(해당 과세연도 종료일 현재 벤처기업으로 재확인받은 경우는 제외한다): 유효기간 만료일

☆ 벤처기업이란 다음의 어느 하나에 해당하는 기업을 말한다.(조특령 5 ④)

① 「벤처기업육성에 관한 특별법」 제2조의2의 요건을 갖춘 중소기업(같은 조 제1항 제2호 나목에 해당하는 중소기업을 제외한다)

② 연구개발 및 인력개발을 위한 비용으로서 조세특례제한법 시행령 별표 6의 연구개발비가 당해 과세연도의 수입금액의 100분의 5 이상인 중소기업. 본 규정은 「벤처기업육성에 관한 특별법」 제25조의 규정에 의한 벤처기업 해당여부의 확인을 받은 날이 속하는 과세연도부터 연구개발비가 동호의 규정에 의한 비율을 계속 유지하는 경우에 한하여 적용한다.

참고사항

■ **벤처기업에 대한 정보 확인방법**

벤처기업여부를 벤처확인종합관리시스템(www.smes.go.kr)에 접속하여 다음과 같이 확인할 수 있다.

Home 〉 벤처공시 〉 벤처확인기업공시 〉 벤처기업 상세정보

「벤처확인기업공시」에서 「기업명」, 「대표자명」, 「사업자등록번호」 중 한가지로 조회할 수 있으며 조회된 회사에 대하여 「벤처기업 상세정보」에서 벤처기업확인기관이 「벤처기업육성에 관한 특별법 시행령」 제18조의5(벤처기업에 관한 정보의 공개)에 따라서 벤처확인기업에 대해서 아래 정보를 확인할 수 있다.

- 일반정보: 상호, 업종, 등기부상의 법인등록번호, 주소, 전화번호, 주요 제품 및 그 변경사항
- 재무정보: 대차대조표와 손익계산서
- 투자 관련 정보: 투자받은 금액, 투자시기 및 그 변경사항(벤처투자유형에 한함)
- 벤처기업확인서: 발급일, 유효기간 및 그 변경사항

2. 창업벤처중소기업에 대한 세액감면

벤처기업으로 확인받은 날 이후 최초로 소득이 발생한 날이 속하는 과세연도(벤처기업으로 확인받은 날부터 5년이 되는 날이 속하는 과세연도까지 당해 사업에서 소득이 발생하지 아니하는 경우에는 5년이 되는 날이 속하는 과세연도)와 그 다음 과세연도의 개시일부터 4년 이내에 종료하는 과세연도까지 당해 사업에서 발생한 소득에 대한 법인세의 50%에 상당하는 세액을 감면한다.

➲ **창업중소기업 등에 대한 세액감면 적용시 벤처기업으로 확인받은 날은 최초확인을 의미하는지 여부(서면법인2023-2343, 2023.10.31.)**

「조세특례제한법」 제6조(창업중소기업 등에 대한 세액감면)을 적용함에 있어서 「벤처기업육성에 관한 특별법」 제2조 제1항에 따른 벤처기업이 창업 후 3년 이내에 1차 벤처기업 확인을 받았으나, 아직 감면대상 소득이 발생하지 아니한 상태에서 창업 후 3년 이내에 벤처기업으로 2차 확인을 받은 경우, 2차 확인받은 날을 벤처기업으로 확인받은 날로 보아 「조세특례제한법」 제6조 제2항에 따른 세액감면을 적용할 수 있는 것임.

| (저자주) 벤처기업창업감면의 감면기간 기산일 |

2차 확인받은 날 전에 감면소득 발생여부	창업 후 3년내 1차 벤처기업 확인	창업 후 3년내 2차 벤처기업 확인
감면소득 발생(○)	1차 확인받은 날부터 감면기간 계산	
감면소득 발생(×)		2차 확인받은 날부터 감면기간 계산

➲ **개인사업자를 법인으로 전환하는 경우 창업벤처중소기업 세액감면 적용 여부**(서면법인2018-3687, 2019.5.1.)

개인사업자가 「조세특례제한법」 제6조 제3항에 해당하는 업종을 창업한 후 동법 제31조, 제32조 및 같은 법 시행령 제29조 제2항 및 제4항에 규정하는 법인전환요건에 따라 중소기업 법인으로 전환하고 개인사업의 창업일로부터 3년 이내에 벤처기업을 확인받는 경우 동법 제6조 제2항의 창업벤처중소기업 세액감면을 적용받을 수 있는 것이며, 이 경우 "창업일로부터 3년 이내"의 요건은 2008.1.1. 이후 최초로 벤처기업으로 확인받는 분부터 적용되는 것임.

Ⅵ 에너지신기술중소기업의 세액감면

1. 에너지신기술중소기업의 범위

에너지신기술중소기업이란 다음의 제품 등을 제조하는 중소기업을 말한다.(조특령 5 ⑪)

① 에너지이용 합리화법 제15조에 따른 에너지소비효율 1등급 제품 및 같은 법 제22조에 따라 고효율에너지 기자재로 인증받은 제품
② 신에너지 및 재생에너지 개발・이용・보급 촉진법 제13조에 따라 신・재생에너지설비로 인증받은 제품

2. 적용요건

창업일이 속하는 과세연도와 그 다음 3개 과세연도가 지나지 아니한 중소기업으로서 2027년 12월 31일까지 에너지신기술중소기업에 해당하는 경우에 적용한다.

3. 세액감면

에너지신기술중소기업에 해당하는 경우에는 그 해당하는 날 이후 최초로 해당 사업에서 소득☆이 발생한 과세연도(에너지신기술중소기업에 해당하는 날부터 5년이 되는 날이 속하는

과세연도까지 해당 사업에서 소득이 발생하지 아니하는 경우에는 5년이 되는 날이 속하는 과세연도)와 그 다음 과세연도의 개시일부터 4년 이내에 끝나는 과세연도까지 해당 사업에서 발생한 소득에 대한 법인세의 50%에 상당하는 세액을 감면한다.

☆ 에너지신기술중소기업 해당 사업에서 발생한 소득의 계산은 다음의 계산식에 따른다.(조특령 5 ⑮)

$$\text{해당 사업 발생소득금액} = \text{해당 과세연도의 제조업에서 발생한 소득} \times \frac{\text{해당 과세연도의 고효율제품 등의 매출액}}{\text{해당 과세연도의 제조업에서 발생한 총매출액}}$$

4. 적용배제

해당 에너지신기술중소기업이 창업중소기업 세액감면 및 창업벤처중소기업 세액감면을 적용받는 경우는 제외하며, 감면기간 중 에너지신기술중소기업에 해당하지 않게 되는 경우에는 그 날이 속하는 과세연도부터 감면하지 아니한다.

Ⅶ 신성장 서비스업을 영위하는 창업중소기업 등 세액감면

☆ 2024.12.31.까지 창업중소기업등 세액감면을 적용하고 일몰종료하며 2025.1.1. 이후부터는 신규 창업으로 인한 신성장서비스업에 대한 창업중소기업등 세액감면을 적용할 수 없다.

☆ 2024.12.31. 이전에 신성장서비스업으로 창업한 중소기업의 경우 감면기간 미경과분에 대한 신성장서비스업에 대한 창업중소기업등 세액감면은 2025.1.1. 이후에도 적용은 가능하다.

2024.12.31. 이전 창업	2025.1.1. 이후 창업
기존 창업감면 기간동안 계속 적용	신성장서비스업 창업감면은 적용 불가

1. 신성장 서비스업의 범위

신성장 서비스업을 영위하는 기업이란 다음의 어느 하나에 해당하는 사업을 주된 사업으로 영위하는 중소기업을 말한다. 이 경우 둘 이상의 서로 다른 사업을 영위하는 경우에는 사업별 사업수입금액이 큰 사업을 주된 사업으로 본다.(조특령 5 ⑫, 조특칙 4의3)

① 컴퓨터 프로그래밍, 시스템 통합 및 관리업, 소프트웨어 개발 및 공급업, 정보서비스업(뉴스제공업은 제외한다) 또는 전기통신업

② 창작 및 예술관련 서비스업(자영예술가는 제외한다), 영화・비디오물 및 방송 프로그램 제작업, 오디오물 출판 및 원판 녹음업 또는 방송업

③ 엔지니어링사업, 전문 디자인업, 보안 시스템 서비스업 또는 광고업 중 광고물 문안・도안・설계 등 작성업

④ 서적, 잡지 및 기타 인쇄물 출판업, 연구개발업, 「학원의 설립・운영 및 과외교습에 관한 법률」에 따른 직업기술 분야를 교습하는 학원을 운영하는 사업 또는 「근로자직업능력 개발법」에 따른 직업능력개발 훈련시설을 운영하는 사업(직업능력개발훈련을 주된 사업으로 하는 경우로 한정한다)
⑤ 물류산업
⑥ 「관광진흥법」에 따른 관광숙박업, 국제회의업, 테마파크업 또는 관광객이용시설업☆

☆ 관광객이용시설업이란 「관광진흥법 시행령」 제2조에 따른 전문휴양업, 종합휴양업, 자동차야영장업, 관광유람선업과 관광공연장업을 말한다.

⑦ 「전시산업발전법」에 따른 전시산업
⑧ 기타 과학기술서비스업
⑨ 시장조사 및 여론조사업
⑩ 광고업 중 광고대행업, 옥외 및 전시 광고업

2. 감면세액

창업중소기업・창업벤처중소기업・에너지신기술중소기업의 세액감면에 불구하고 2024년 12월 31일 이전에 수도권과밀억제권역 외의 지역에서 창업한 창업중소기업(청년창업중소기업은 제외한다), 2024년 12월 31일까지 벤처기업으로 확인받은 창업벤처중소기업 및 2024년 12월 31일까지 에너지신기술중소기업에 해당하는 경우로서 신성장 서비스업을 영위하는 기업의 경우에는 최초로 세액을 감면받는 과세연도와 그 다음 과세연도의 개시일부터 2년 이내에 끝나는 과세연도에는 소득세 또는 법인세의 100분의 75에 상당하는 세액을 감면하고, 그 다음 2년 이내에 끝나는 과세연도에는 소득세 또는 법인세의 100분의 50에 상당하는 세액을 감면한다.

창업의 구분	수도권과밀억제권역 내	수도권과밀억제권역 외
신성장서비스업의 일반창업	신성장서비스업 감면 적용불가	신성장서비스업 감면 적용가능
신성장서비스업의 청년창업	신성장서비스업 감면 적용불가	신성장서비스업 감면 적용불가

Ⅷ 소규모사업자의 창업중소기업 세액감면 특례

2018년 5월 29일 이후 창업한 중소기업의 경우 창업중소기업 및 신성장서비스업기업의 세액감면에 불구하고 2027년 12월 31일 이전에 창업한 창업중소기업(청년창업중소기업은 제외한다)에 대해서는 최초로 소득이 발생한 과세연도와 그 다음 과세연도의 개시일부터 4년 이내에 끝나는 과세연도까지의 기간에 속하는 과세연도의 수입금액(과세기간이

1년 미만인 과세연도의 수입금액은 1년으로 환산한 총수입금액을 말한다)이 8천만원 이하인 경우 그 과세연도에 대한 소득세 또는 법인세에 다음의 구분에 따른 비율을 곱한 금액에 상당하는 세액을 감면한다. 다만, 창업벤처중소기업 및 에너지신기술중소기업의 세액감면을 적용받는 경우는 제외한다.(조특법 6 ⑥, 조특법 부칙 제15623호, 4, 2018.5.29.)

가. 2025년 12월 31일 이전에 창업한 경우

① 수도권과밀억제권역 외의 지역에서 창업한 창업중소기업의 경우 : 100%
② 수도권과밀억제권역에서 창업한 창업중소기업의 경우 : 50%

나. 2026년 1월 1일 이후에 창업한 경우

① 수도권 외의 지역 또는 수도권의 인구감소지역에서 창업한 경우: 100%
② 수도권(수도권과밀억제권역과 인구감소지역은 제외)에서 창업한 경우: 75%
③ 수도권과밀억제권역에서 창업한 경우: 50%

창업지역구분			2025.12.31. 이전 창업		2026.1.1. 이후 창업	
			청년창업	일반창업	청년창업	일반창업
수도권	과밀억제권역(인구감소지역 제외) 안		적용불가	50%	적용불가	50%
	과밀억제권역(인구감소지역 제외) 밖		적용불가	100%	적용불가	75%
	인구감소지역	과밀억제권역 안	적용불가	50%	적용불가	100%
		과밀억제권역 밖	적용불가	100%		
수도권외			적용불가	100%	적용불가	100%

Ⅸ 세액감면의 추가감면세액

1. 추가감면세액

2025년 1월 1일 이후 창업하여 창업중소기업·창업벤처중소기업·에너지신기술중소기업·신성장서비스업기업 감면을 적용받는 업종별로 업종별최소고용인원(광업·제조업·건설업·물류산업의 경우: 10명, 그 밖의 업종의 경우: 5명) 이상을 고용하는 수도권과밀억제권역 외의 지역에서 창업한 창업중소기업(청년창업중소기업은 제외한다), 창업보육센터

사업자, 창업벤처중소기업 및 에너지신기술중소기업의 감면기간 중 해당 과세연도의 상시근로자수가 직전 과세연도의 상시근로자수(직전 과세연도의 상시근로자수가 업종별최소고용인원에 미달하는 경우에는 업종별최소고용인원을 말한다)보다 큰 경우에는 다음의 금액을 감면세액에 더하여 감면한다. 다만, 「소규모사업자의 창업중소기업 세액감면 특례」에 따라 100분의 100에 상당하는 세액을 감면받는 과세연도에는 추가 감면세액을 적용하지 아니한다.(조특법 6 ⑦)

추가감면세액 = ① × ②

① 해당 사업에서 발생한 소득에 대한 소득세 또는 법인세

② 다음의 계산식에 따라 계산한 율. 다만, 100분의 50(신성장서비스업기업의 세액감면에 따라 75%에 상당하는 세액을 감면받는 과세연도의 경우에는 25%)을 한도로 하고, 100분의 1 미만인 부분은 없는 것으로 본다.

$$\frac{\text{해당 과세연도의 상시근로자수} - \text{직전 과세연도의 상시근로자수}^{☆}}{\text{직전 과세연도의 상시근로자수}}$$

☆ 직전 과세연도의 상시근로자수 = Max[㉠, ㉡]

㉠ 직전 과세연도의 상시근로자수 ㉡ 업종별 최소고용인원

☆ 2025.1.1. 이후 창업중소기업을 창업하는 경우, 창업보육센터사업자로 지정을 받는 경우, 벤처기업으로 확인받는 경우 또는 에너지신기술중소기업에 해당하게 되는 경우부터 적용한다.(조특법 법률 제20617호 부칙 제2조, 2024.12.31.)

구분	2024.12.31. 이전 창업	2025.1.1. 이후 창업
추가감면 여부	창업감면 기간동안 기존 추가감면 적용	창업감면 기간동안 개정된 추가감면 적용
추가감면율	전년대비 고용증가율 × 1/2	전년대비 고용증가율 × 100%

2. 상시근로자수의 계산

상시근로자의 범위 및 상시근로자 수의 계산방법에 관하여는 조세특례제한법 제23조 제10항부터 제13항까지의 규정을 준용한다.(조특령 5 ⑰) 이는 통합고용세액의 상시근로자의 범위 등과 동일하므로 구체적인 내용은 통합고용세액편을 참조하기로 한다.

또한 상시근로자의 수를 계산할 때 해당 과세연도에 법인전환 또는 사업의 승계 등을 한 내국인의 경우에는 다음의 구분에 따른 수를 직전 또는 해당 과세연도의 상시근로자 수로 본다.(조특령 5 ⑱)

① 법인전환의 경우의 직전 과세연도의 상시근로자 수: 법인전환 전의 사업의 직전 과세연도 상시근로자 수
② 다음의 어느 하나에 해당하는 경우의 직전 또는 해당 과세연도의 상시근로자 수: 직전 과세연도의 상시근로자 수는 승계시킨 기업의 경우에는 직전 과세연도 상시근로자 수에 승계시킨 상시근로자 수를 뺀 수로 하고, 승계한 기업의 경우에는 직전 과세연도 상시근로자 수에 승계한 상시근로자 수를 더한 수로 하며, 해당 과세연도의 상시근로자 수는 해당 과세연도 개시일에 상시근로자를 승계시키거나 승계한 것으로 보아 계산한 상시근로자 수로 한다.
  ㉠ 해당 과세연도에 합병・분할・현물출자 또는 사업의 양수 등에 의하여 종전의 사업부문에서 종사하던 상시근로자를 승계하는 경우
  ㉡ 특수관계인으로부터 상시근로자를 승계하는 경우

Check Point

2024.12.31. 이전 창업기업의 추가감면세액

창업중소기업・창업벤처중소기업・에너지신기술중소기업・신성장서비스업기업・소규모사업자 창업중소기업 감면을 적용받는 업종별로 업종별최소고용인원(광업・제조업・건설업・물류산업의 경우: 10명, 그 밖의 업종의 경우: 5명) 이상을 고용하는 수도권과밀억제권역 외의 지역에서 창업한 창업중소기업(청년창업중소기업은 제외한다), 창업보육센터사업자, 창업벤처중소기업 및 에너지신기술중소기업의 감면기간 중 해당 과세연도의 상시근로자수가 직전 과세연도의 상시근로자수(직전 과세연도의 상시근로자수가 업종별최소고용인원에 미달하는 경우에는 업종별최소고용인원을 말한다)보다 큰 경우에는 다음의 금액을 감면세액에 더하여 감면한다. 다만, 「소규모사업자의 창업중소기업 세액감면 특례」에 따라 100분의 100에 상당하는 세액을 감면받는 과세연도에는 추가 감면세액을 적용하지 아니한다.(조특법 6 ⑦)

추가감면세액 = ① × ②

① 해당 사업에서 발생한 소득에 대한 소득세 또는 법인세
② 다음의 계산식에 따라 계산한 율. 다만, 100분의 50(신성장서비스업기업의 세액감면에 따라 75%에 상당하는 세액을 감면받는 과세연도의 경우에는 25%)을 한도로 하고, 100분의 1 미만인 부분은 없는 것으로 본다.

$$\frac{\text{해당 과세연도의 상시근로자수} - \text{직전 과세연도의 상시근로자수}^{☆}}{\text{직전 과세연도의 상시근로자수}} \times 50\%$$

☆ 직전 과세연도의 상시근로자수 = Max[㉠, ㉡]
㉠ 직전 과세연도의 상시근로자수 ㉡ 업종별 최소고용인원

구 분	수도권과밀억제권역 내	수도권과밀억제권역 외
일반창업	고용증가 추가감면 적용불가	고용증가 추가감면 적용가능
청년창업	고용증가 추가감면 적용불가	고용증가 추가감면 적용불가

X 수도권과밀억제권역으로 사업장을 이전한 경우 세액감면 적용방법

「창업중소기업세액감면」·「신성장서비스업기업세액감면」·「영세사업자의 창업중소기업 세액감면특례」·「세액감면의 추가감면세액」을 적용할 때 수도권과밀억제권역 외의 지역에서 창업한 창업중소기업이 창업 이후 다음에 해당하는 사유가 발생한 경우에는 해당 사유가 발생한 날이 속하는 과세연도부터 남은 감면기간 동안 해당 창업중소기업은 수도권과밀억제권역에서 창업한 창업중소기업으로 본다.(조특령 5 ㉕)

① 창업중소기업이 창업한 지역보다 감면율이 낮은 지역으로 이전하는 경우
② 창업중소기업이 창업한 지역보다 감면율이 낮은 지역에 지점 또는 사업장을 설치(합병·분할·현물출자 또는 사업의 양수를 포함한다)한 경우

수도권에 설치하는 경우 창업중소기업세액감면의 적용이 제한되는 "지점 또는 사업장"의 의미 (서면법규법인2024-4008, 2025.2.17.)

수도권과밀억제권역 외의 지역에서 창업한 창업중소기업이 「조세특례제한법」 제6조에 따라 창업중소기업에 대한 세액감면(이하 "쟁점감면")을 적용받던 중 수도권과밀억제권역에 지점을 설치한 경우 같은 법 시행령 제5조 제25항 제2호에 따라 그 설치일이 속하는 과세연도부터 남은 감면기간 동안 수도권과밀억제권역에서 창업한 것으로 보아 쟁점감면을 적용하는 것임. 수도권에 설치하는 경우 창업중소기업세액감면의 적용이 제한되는 쟁점조항상 "지점 또는 사업장"은 모든 형태의 "지점 또는 사업장"을 의미함.

사업장을 수도권과밀억제권역 외의 지역으로 재이전하는 경우 창업중소기업세액감면의 적용방법(사전법규소득2022-5507, 2023.7.24., 사전법규소득2022-1116, 2023.2.13.)

수도권과밀억제권역 외의 지역에서 창업하여 「조세특례제한법」 제6조 제1항에 따른 세액감면("쟁점세액감면")을 적용받던 청년창업중소기업이, 사업장을 수도권과밀억제권역으로 이전하여 같은 법 시행령 제5조 제25항에 따라 해당 사유가 발생한 날이 속하는 과세연도부터 남은 감면기간 동안 수도권과밀억제권역에서 창업한 청년창업중소기업으로 보아 쟁점세액감면을 적용받던 중 사업장을 수도권과밀억제권역 외의 지역으로 재이전하는 경우에는, 재이전일이 속하는 과세연도부터 남은 감면기간 동안 수도권과밀억제권역 외의 지역에서 창업한 청년창업중소기업으로 보아 쟁점세액감면을 적용받을 수 있는 것임.

| (저자주) 청년창업기업이 수도권과밀억제권역안과 밖으로 이전시 창업감면 적용여부 |

수도권과밀억제권역외 지역에서 창업한 청년창업기업	➡	수도권과밀억제권역으로 이전한 청년창업기업	➡	수도권과밀억제권역외 지역으로 재이전한 청년창업기업
100%감면		50%감면		100%감면

➲ **수도권과밀억제권역으로 사업장을 이전한 후 다시 수도권과밀억제권역 외의 지역으로 재이전한 경우**(서면법령해석법인2021-4426, 2021.12.17.)

「조세특례제한법」 제6조 제1항에 따른 세액감면을 적용받던 창업중소기업이 수도권과밀억제권역으로 사업장을 이전하였다가 수도권과밀억제권역 외의 지역으로 재이전하는 경우에는 재이전일이 속하는 과세연도부터 남은 감면기간동안 세액감면을 적용받을 수 있는 것이며, 이 경우 재이전일이 속하는 과세연도에도 그 과세연도에 발생한 전체 소득에 대하여 세액감면을 적용받을 수 있는 것임.

➲ **수도권과밀억제권역에서 창업한 청년창업중소기업이 수도권과밀억제권역 외로 사업장 이전시 창업중소기업 세액감면 적용방법**(사전법령해석소득2020-913, 2020.12.9.)

수도권과밀억제권역에서 창업한 청년창업중소기업이 수도권과밀억제권역 외의 지역으로 사업장을 이전한 경우 「조세특례제한법」 제6조 제1항 제1호 나목의 감면비율(50%)을 적용하는 것임.

XI 감면한도 및 감면배제 사유

1. 감면한도 신설

2025.1.1 이후 창업중소기업을 창업하는 경우, 창업보육센터사업자로 지정을 받는 경우, 벤처기업으로 확인받는 경우 또는 에너지신기술중소기업에 해당하게 되는 경우부터 각 과세연도에 「일반창업중소기업감면」, 「창업벤처중소기업감면」, 「에너지신기술중소기업감면」, 「소규모사업자창업중소기업감면특례」, 「세액감면의 추가감면세액」에 따라 감면받는 세액의 합계액이 5억원을 초과하는 경우에는 그 초과하는 금액은 감면하지 아니한다.(조특법 6 ⑬, 조특법 법률 제20617호 부칙 제2조, 2024.12.31.)

구 분	2024.12.31. 이전 창업	2025.1.1. 이후 창업
감면한도	감면기간동안 한도없이 전액 감면	각 과세연도별 감면세액의 합계액 5억원을 한도로 감면

2. 감면배제 사유

창업중소기업 등에 대한 세액감면을 적용받은 기업이 다음의 사유에 따라 중소기업에 해당하지 아니하게 된 경우에는 해당 사유 발생일이 속하는 과세연도부터 감면하지 아니한다.(조특법 5 ⑪)

① 중소기업기본법의 규정에 의한 중소기업 외의 기업과 합병하는 경우(법인46012-1056, 1998.4.28.)
② 중소기업유예기간 중에 있는 법인과 합병하는 경우
③ 독립성기준을 갖추지 못하게 된 경우(관계기업관련 요건 제외)
④ 창업일이 속하는 과세연도 종료일부터 2년 이내의 과세연도종료일 현재 중소기업기준을 초과하는 경우

XII 재기중소기업인의 과세특례(창업 감면)

1. 재기중소기업인

가. 내국인 요건

재기중소기업인이 되기 위하여 다음 중 어느 하나에 해당하는 내국인이어야 한다.(조특령 99의6 ①)

① 「중소기업진흥에 관한 법률」에 따른 중소벤처기업진흥공단으로부터 재창업자금을 융자받은 자
② 「신용보증기금법」에 따른 신용보증기금 또는 「기술보증기금법」에 따른 기술보증기금으로부터 재창업자금을 융자받은 자
③ 「서민의 금융생활 지원에 관한 법률」 제56조에 따른 신용회복위원회의 채무조정을 받은 자
④ 「중소기업창업 지원법」 제43조 제4항에 따라 중소벤처기업부장관이 성실경영실패자로 판정한 자
⑤ 「소상공인 보호 및 지원에 관한 법률」 제21조 제1항 제1호에 따라 소상공인의 재창업 등을 지원하는 자금으로서 소상공인시장진흥공단이 융자하는 소상공인 재도전특별자금을 융자받은 자

나. 재기중소기업인의 요건

내국인의 요건을 갖춘 내국인 중 다음의 요건을 모두 갖춘 자를 재기중소기업인이라 한다.(조특법 99의6 ①)

① 신청일 직전 5년 이내의 연평균 체납횟수 및 신청일 당시 체납액이 다음의 기준 미만인 자
  ㉠ 신청일 직전 5년 이내의 연평균 체납횟수: 3회 미만
  ㉡ 신청일 당시 체납액: 5천만원 미만
② 신청일 직전 3개 과세연도의 수입금액(기업회계기준에 따라 계산한 매출액을 말한다)의 평균금액이 다음의 구분에 따른 금액 미만인 내국인 중 「가. 내국인요건」 중 어느 하나에 해당하는 자
  ㉠ 중소벤처기업진흥공단으로부터 재창업자금을 융자받은 자: 15억원
  ㉡ 신용보증기금 또는 기술보증기금으로부터 재창업자금을 융자받은 자: 15억원
  ㉢ 신용회복위원회의 채무조정을 받은 자: 금액 제한 없음
  ㉣ 성실경영실패자로 판정한 자: 15억원
  ㉤ 소상공인 재도전특별자금을 융자받은 자: 15억원
③ 신청일 직전 5년 이내에 「조세범 처벌법」에 따른 처벌 또는 처분을 받은 사실이나 이와 관련한 재판이 진행 중인 사실이 없는 자
④ 신청일 당시 「조세범 처벌법」에 따른 범칙사건에 대한 조사가 진행 중인 사실이 없는 자
⑤ 신청일 당시 각각 다음의 구분에 따른 요건을 이행하고 있는 자
  ㉠ 복식부기의무자인 경우에는 복식부기에 따라 장부를 갖추어 두고 기록하고 있을 것
  ㉡ 사업용계좌 신고·사용의무가 있는 사업자인 경우에는 사업용계좌를 신고하여 사용하고 있을 것
  ㉢ 신용카드가맹점 가입 대상 사업자인 경우에는 신용카드가맹점으로 가입하고 있을 것
  ㉣ 현금영수증가맹점으로 가입하여야 하는 사업자인 경우에는 현금영수증가맹점으로 가입하고 있을 것

2. 재기중소기업인의 창업중소기업에 대한 세액감면

2026년 12월 31일까지 조세특례제한법 제6조(창업중소기업 등에 대한 세액감면)에 따른 창업, 지정 또는 확인을 받은 재기중소기업인에 대하여 창업중소기업 등에 대한 세액감면을 적용하는 경우에는 같은 조 제10항 제3호(폐업후 사업을 다시 개시하여 폐업전의 사업과 같은 종류의 사업을 하는 경우)는 적용하지 아니한다.(조특법 99의6 ⑤)

따라서 재기중소기업인이 폐업 당시와 같은 사업을 영위하더라도 창업으로 인정이 되며 창업감면과 관련된 요건을 충족하면 창업중소기업 등에 대한 세액감면을 적용받을 수 있다.

구 분	재기중소기업인	그 외의 자
폐업후 폐업전 사업과 같은 종류의 사업으로 창업하는 경우	창업감면 가능	창업감면 불가

XIII 최저한세 및 농어촌특별세의 적용여부

① 창업중소기업 등에 대한 세액감면은 최저한세 적용대상이다. 다만, 세액감면 규정에 따라 법인세의 100분의 100에 상당하는 세액을 감면받는 과세연도의 경우와 감면세액에 고용창출로 인하여 추가로 감면받는 부분은 최저한세 적용을 배제한다.
② 창업중소기업 등에 대한 세액감면액은 농어촌특별세 비과세대상이다.

XIV 중복지원의 배제

① 일부투자세액 공제 등과 중복적용되지 아니한다.
② 동일 사업장에 대하여 여타 감면과 중복적용되지 아니한다. 다만, 영농조합법인(조특법 66)·영어조합법인(조특법 67)·농업회사법인(조특법 68)에 대한 법인세 면제 등은 중복적용된다.
③ 감면신청서를 제출하여야 한다.
④ 2025.1.1. 이후 창업한 경우 창업중소기업등에 대한 세액감면과 고용증대세액공제(조특법 29의7) 또는 통합고용세액공제(조특법 29의8)는 중복적용 배제된다.(조특법 127 ④)

2024.12.31. 이전 창업한 경우	2025.1.1. 이후 창업한 경우
① 원칙적으로 중복적용가능 ② 단, 고용창출에 따른 추가감면을 받는 경우 통합고용세액(추가공제 포함) 중 하나만 선택 적용 ③ 따라서 2025.1.1. 이후 남은 감면기간동안 중복적용 가능함.	① 창업감면과 통합고용세액(추가공제 포함)은 둘 중 하나만 선택 적용 ② 통합고용세액등의 이월세액과 창업감면은 동시에 적용가능

⑤ 사회보험료세액공제와 중복적용되지 아니한다.
⑥ 복식부기의무자가 추계로 신고하는 경우 감면이 배제된다.

폐업한 과세연도에 창업중소기업 세액감면 적용 여부(사전법규소득2025-537, 2025.9.10.)

창업중소기업 등에 대한 세액감면을 적용받던 거주자가 법인전환으로 개인사업을 폐업하는 경우, 해당 과세연도 개시일부터 폐업일까지 개인사업에서 발생한 소득에 대해서 창업중소기업 등에 대한 세액감면을 적용받을 수 있는 것이나, 출판업을 영위하는 거주자가 법인으로 전환하면서 저작권을 새로 설립한 법인에게 양도하고 받는 대가는 창업중소기업 등에 대한 세액감면을 적용할 때 감면대상 소득에 해당하지 않는 것임.

현금영수증 가맹점 가입 의무를 지연 이행한 경우 조특법 §6, §7 적용이 가능한지 여부(서면소득 2024-1865, 2025.6.11.)

현금영수증가맹점으로 가입하여야 할 자가 이를 이행하지 아니한 경우, 당해 사업자는 「조세특례제한법」 제128조 제4항 제1호에 따라 해당 과세기간의 해당 사업장에 대하여 동법 제6조 창업중소기업 등에 대한 세액감면 또는 동법 제7조 중소기업에 대한 특별세액감면을 적용하지 아니하는 것임.

창업중소기업추가감면과 고용증대세액공제 추가공제 중복적용 여부(서면법인2024-70, 2024.8.29.)

조세특례제한법 제127조 제4항 단서에 따라 같은 법 제6조 제7항(고용창출에 따른 추가감면)의 창업중소기업 세액감면을 받는 경우에는 같은 법 제29조의7에 따른 고용증대세액공제를 동시에 적용하지 않는 것임.

이때, 같은 법 제29조의7 제1항에 따라 최초로 고용증대세액공제를 받은 중소기업이 이후 2년 이내 과세연도에 최초 공제연도 대비 상시근로자 수가 증가하여 최초 공제연도와 동일한 세액공제를 받는 경우에도 같은 법 제127조 제4항의 단서를 적용하여 같은 법 제6조 제7항의 법인세 감면과 중복지원을 배제하는 것임.

☆ (저자주) 2025.1.1. 이후 창업한 경우 통합고용세액공제와 창업중소기업에 대한 세액감면은 둘 중 하나만 선택하여 적용하여야 한다.

사업자등록 전 발생한 소득도 창업중소기업 세액감면 대상소득에 포함되는지 여부(기획재정부 조세특례-742, 2022.11.1.)

개인사업자의 경우 창업 후 최초로 소득이 발생한 과세연도에 해당 사업에서 발생한 소득이라면, 사업자등록 전에 발생한 소득에 대해서도 「조세특례제한법」 제6조의 창업중소기업 세액감면이 적용되는 것임.

개인사업자의 법인전환시 창업중소기업 등에 대한 세액감면 승계 여부(서면법인2022-586, 2022.2.25.)

거주자가 「조세특례제한법」 제6조 제1항의 창업중소기업 등에 대한 세액감면 기간이 지나기 전에 같은 법 제32조 제1항에 따른 사업 양도·양수의 방법으로 법인 전환한 경우에 해당 중소기업 법인은 같은 법 제32조 제4항에 따라 그 거주자의 남은 감면기간에 대하여 같은 법 제6조 제1항의 창업중소기업 등에 대한 세액감면을 적용받을 수 있는 것임.

| (저자주) 개인사업자의 법인전환시 창업감면 승계여부 |

조특법 제32조 법인전환에 대한 양도소득세의 이월과세 요건 충족여부	거주자의 남은 감면기간 승계여부
충족	감면기간 승계 가능
미충족	감면기간 승계 불가

중복지원배제여부(재조예-17, 2005.1.7.)

내국법인이 동일한 사업장에서 제조업으로 창업한 후 도매업을 추가하여 겸영하면서 명확히 구분경리하는 경우 제조업에서 발생한 소득에 대하여는 조세특례제한법 제6조에서 규정하는 창업중소기업세액감면을 적용받고 도매업에서 발생한 소득에 대하여는 조세특례제한법 제7조에서 규정하는 중소기업특별세액감면을 적용받을 수 있는 것임.

XV 지방세특례법상 창업중소기업등에 대한 감면

1. 창업의 범위

가. 창업일의 개념

창업이란 기업을 새로이 설립하는 것이며 창업일은 다음의 어느 하나에 해당하는 날을 말한다.(지특령 29의2 ①)

① 법인의 경우: 법인설립등기일
② 개인사업자의 경우: 부가가치세법 제8조에 따른 사업자등록일

나. 창업의 예외

다음의 경우에는 이를 창업으로 보지 아니한다. 같은 종류의 사업은 한국표준산업분류에 따른 세분류가 동일한 사업으로 한다.(지특법 58의3 ⑥, 지특령 29의2 ⑪)

① 합병·분할·현물출자 또는 사업의 양수를 통하여 종전의 사업을 승계하거나 종전의 사업에 사용되던 자산을 인수 또는 매입하여 같은 종류의 사업을 하는 경우. 다만, 종전의 사업에 사용되던 자산을 인수하거나 매입하여 같은 종류의 사업을 하는 경우 그 자산가액의 합계가 사업 개시 당시 토지와 법인세법에 의한 감가상각자산의 총가액에서 차지하는 비율이 30% 이하인 경우는 제외한다.
② 거주자가 하던 사업을 법인으로 전환하여 새로운 법인을 설립하는 경우
③ 폐업 후 사업을 다시 개시하여 폐업전의 사업과 같은 종류의 사업을 하는 경우
④ 사업을 확장하거나 다른 업종을 추가하는 경우
⑤ 새로운 사업을 최초로 개시하는 것으로 보기 곤란한 경우로서 다음에 해당하는 경우
㉠ 개인사업자가 동종 사업을 영위하는 법인인 중소기업을 새로 설립하여 과점주주(「지방세기본법」 제46조 제2호에 따른 과점주주를 말한다)가 되는 경우
㉡ 해당 법인 또는 해당 법인의 과점주주가 신설되는 법인인 중소기업의 과점주주가 되는 경우(해당 법인과 신설되는 법인인 중소기업이 동종의 사업을 영위하는 경우로 한정한다)
㉢ 법인인 중소기업이 회사의 형태를 변경한 이후에도 변경 전의 사업과 동종의 사업을 영위하는 경우

2. 창업중소기업 및 창업벤처중소기업의 감면기간 및 감면물건

가. 창업중소기업

2026년 12월 31일까지 과밀억제권역 외의 지역에서 창업하는 중소기업(창업중소기업)

이 창업일부터 4년 이내(청년창업기업의 경우에는 5년 이내)에 취득하는 부동산에 대하여 지방세를 감면한다.(지특법 58의3 ①)

나. 창업벤처중소기업

2026년 12월 31일까지 창업하는 벤처기업으로서 창업일부터 3년 이내에 벤처기업으로 확인받은 기업(창업벤처중소기업)이 최초로 확인받은 날(확인일)부터 4년 이내(청년창업벤처기업의 경우에는 5년 이내)에 취득하는 부동산에 대하여 지방세를 감면한다.(지특법 58의3 ②) 창업벤처중소기업의 창업은 지역의 제한이 없다.

다. 중복감면 배제

창업중소기업으로 지방세를 감면받은 경우에는 창업벤처중소기업에 대한 감면은 적용하지 아니한다.(지특법 58의3 ⑤)

3. 창업중소기업 및 창업벤처중소기업의 감면세액

창업중소기업 및 창업벤처중소기업은 다음과 같이 지방세를 경감한다.

① 창업일 당시 업종의 사업을 계속 영위하기 위하여 취득하는 부동산에 대해서는 취득세의 100분의 75를 경감한다.
② 창업일 당시 업종의 사업에 과세기준일 현재 직접 사용하는 부동산(건축물 부속토지인 경우에는 공장입지기준면적 이내 또는 용도지역별 적용배율 이내의 부분만 해당한다)에 대해서는 창업일부터 3년간 재산세를 면제하고, 그 다음 2년간은 재산세의 100분의 50을 경감한다.

4. 창업중소기업 및 창업벤처중소기업의 업종요건

창업중소기업과 창업벤처중소기업의 범위는 다음의 업종을 경영하는 중소기업으로 한정한다. 이 경우 ①부터 ⑧까지의 규정에 따른 업종은 「통계법」 제22조에 따라 국가데이터처장이 고시하는 한국표준산업분류에 따른 업종으로 한다.(지특법 58의3 ④)

조세특례제한법 제6조(창업중소기업 등에 대한 세액감면)의 업종과 상당한 차이가 있으므로 실무상 적용시 주의가 필요하다.

① 광업
② 제조업

③ 건설업

④ 정보통신업(비디오물 감상실 운영업, 뉴스 제공업, 가상자산 매매 및 중개업은 제외한다)

⑤ 전문·과학 및 기술 서비스업 중 연구개발업, 광고업, 기타 과학기술서비스업, 전문디자인업, 시장조사 및 여론조사업(엔지니어링사업을 포함한다)

⑥ 사업시설 관리, 사업지원 및 임대서비스업 중 사업시설 관리 및 조경 서비스업, 고용알선 및 인력공급업, 경비 및 경호 서비스업, 보안시스템 서비스업, 전시, 컨벤션 및 행사대행업

⑦ 창작 및 예술관련 서비스업(자영예술가는 제외한다)

⑧ 수도, 하수 및 폐기물 처리, 원료 재생업

⑨ 「조세특례제한법」 제5조 제7항에 따른 물류산업

⑩ 「학원의 설립·운영 및 과외교습에 관한 법률」에 따른 직업기술 분야를 교습하는 학원을 운영하는 사업 또는 「국민 평생 직업능력 개발법」에 따른 직업능력개발훈련시설을 운영하는 사업(직업능력개발훈련을 주된 사업으로 하는 경우로 한정한다)

⑪ 「관광진흥법」에 따른 관광숙박업, 국제회의업, 테마파크업 또는 관광객이용시설업

⑫ 「전시산업발전법」에 따른 전시산업

5. 감면세액의 추징

다음의 어느 하나에 해당하는 경우에는 부동산 취득에 따라 경감된 취득세를 추징한다. 다만, 「조세특례제한법」 제31조 제1항에 따른 통합(중소기업간 통합)을 하는 경우와 같은 법 제32조 제1항에 따른 법인전환(법인전환)을 하는 경우는 제외한다.

① 정당한 사유 없이 취득일부터 3년 이내에 그 부동산을 해당 사업에 직접 사용하지 아니하는 경우
② 취득일부터 3년 이내에 다른 용도로 사용하거나 매각·증여하는 경우
③ 최초 사용일부터 계속하여 2년간 해당 사업에 직접 사용하지 아니하고 다른 용도로 사용하거나 매각·증여하는 경우

「별표 1」 과밀억제권역, 성장관리권역 및 자연보전권역의 범위(제9조 관련)

<table>
<tr><th>과밀억제권역</th><th>성장관리권역</th><th>자연보전권역</th></tr>
<tr>
<td rowspan="2">• 서울특별시
• 인천광역시(강화군, 옹진군, 서구 대곡동 · 불로동 · 마전동 · 금곡동 · 오류동 · 왕길동 · 당하동 · 원당동, 인천경제자유구역 및 남동 국가산업단지는 제외한다)
• 의정부시
• 구리시
• 남양주시(호평동, 평내동, 금곡동, 일패동, 이패동, 삼패동, 가운동, 수석동, 지금동 및 도농동만 해당한다)
• 하남시
• 고양시
• 수원시
• 성남시
• 안양시
• 부천시
• 광명시
• 과천시
• 의왕시
• 군포시
• 시흥시(반월특수지역은 제외한다)</td>
<td>• 동두천시 • 안산시
• 오산시 • 평택시
• 파주시
• 남양주시(와부읍, 진접읍, 별내면, 퇴계원면, 진건읍 및 오남읍만 해당한다)
• 용인시(신갈동, 하갈동, 영덕동, 구갈동, 상갈동, 보라동, 지곡동, 공세동, 고매동, 농서동, 서천동, 언남동, 청덕동, 마북동, 동백동, 중동, 상하동, 보정동, 풍덕천동, 신봉동, 죽전동, 동천동, 고기동, 상현동, 성복동, 남사면, 이동면 및 원삼면 목신리 · 죽릉리 · 학일리 · 독성리 · 고당리 · 문촌리만 해당한다)
• 연천군 • 포천시
• 양주시 • 김포시
• 화성시</td>
<td>• 이천시
• 남양주시(화도읍, 수동면 및 조안면만 해당한다)
• 용인시(김량장동, 남동, 역북동, 삼가동, 유방동, 고림동, 마평동, 운학동, 호동, 해곡동, 포곡읍, 모현면, 백암면, 양지면 및 원삼면 가재월리 · 사암리 · 미평리 · 좌항리 · 맹리 · 두창리만 해당한다)
• 가평군 • 양평군
• 여주군 • 광주시
• 안성시(일죽면, 죽산면 죽산리 · 용설리 · 장계리 · 매산리 · 장릉리 · 장원리 · 두현리 및 삼죽면 용월리 · 덕산리 · 율곡리 · 내장리 · 배태리만 해당한다)</td>
</tr>
<tr>
<td colspan="2">• 안성시(가사동, 가현동, 명륜동, 숭인동, 봉남동, 구포동, 동본동, 영동, 봉산동, 성남동, 창전동, 낙원동, 옥천동, 현수동, 발화동, 옥산동, 석정동, 서인동, 인지동, 아양동, 신흥동, 도기동, 계동, 중리동, 사곡동, 금석동, 당왕동, 신모산동, 신소현동, 신건지동, 금산동, 연지동, 대천동, 대덕면, 미양면, 공도읍, 원곡면, 보개면, 금광면, 서운면, 양성면, 고삼면, 죽산면 두교리 · 당목리 · 칠장리 및 삼죽면 마전리 · 미장리 · 진촌리 · 기솔리 · 내강리만 해당한다)
• 인천광역시 중 강화군, 옹진군, 서구 대곡동 · 불로동 · 마전동 · 금곡동 · 오류동 · 왕길동 · 당하동 · 원당동, 인천경제자유구역, 남동 국가산업단지
• 시흥시 중 반월특수지역</td>
</tr>
</table>

사례

◈ **2023년 5월 3일 수도권과밀억제권역 밖에서 제조업을 창업한 ㈜백두대간의 다음 정보를 이용하여 창업중소기업등에 대한 감면세액계산서를 작성하시오.**

1. ㈜백두대간의 대표이사 홍길동의 지분율 45%이며 최대주주에 해당함.
2. 창업일 이후 각 사업연도 소득금액과 상시근로자수는 다음과 같다.

구 분	2023년	2024년	2025년
각사업연도소득금액	△50,000,000원	60,000,000원	150,000,000원
상시근로자수	8명	12명	16명

3. 2025년 각 사업연도 소득금액 중 비감면대상 소득금액은 20,000,000원이다.
4. 2025년 법인세 산출세액은 13,500,000원이다.
5. 대표이사 홍길동이 창업일 현재 34세 이하인 경우와 34세 초과인 경우로 구분하여 감면세액계산서를 작성하시오.

해답 및 계산과정

○ 대표이사 홍길동이 청년창업요건을 충족한 경우의 감면세액계산서 작성사례

■ 조세특례제한법 시행규칙 [별지 제2호의2서식](2025.3.21 개정)

창업 중소기업 등에 대한 감면세액계산서

제출법인	① 법인명 ㈜백두대간	② 사업자등록번호
	③ 대표자 성명 홍길동	④ 생년월일 1991.11.12.
	⑤ 주소 또는 본점 소재지 (전화번호:)	
	⑥ 과세연도 2025년 01월 01일부터 2025년 12월 31일까지	⑦ 창업일 2023년 05월 03일

창업 중소기업 등의 구분	⑧ 창업중소기업 [ ] ⑨ 청년창업중소기업 [✔]	⑩ 창업보육센터사업자 [ ] ⑪ 창업벤처중소기업 [ ]	⑫ 에너지신기술중소기업 [ ] ⑬ 신성장서비스 중소기업[ ] ⑭ 재창업자금 지원 중소기업 [ ]
창업 지역	⑮ 수도권과밀억제권역[ ]	⑯ 수도권과밀억제권역 외의 지역 [✔]	
수입금액	⑰ 8,000만원 이하 [ ]	⑱ 8,000만원 초과 [✔]	
최초 소득발생 과세연도	2024년 01월 01일부터 2024년 12월 31일까지		

감면세액계산내용

구분					
기본 감면 (최저한세 적용)	⑲ 감면대상 산출세액	11,700,000	⑳ 감면비율	50%	[ ]
				75%	[ ]
				100%	[✔]
	㉑ 기본 감면세액(⑲ × ⑳)			11,700,000	
추가 감면 (최저한세 배제)	1. 공제요건 : 해당 과세연도 상시 근로자수가 최소고용인원 이상인지 여부 [ ] 여 [ ] 부 가. 광업, 제조업, 건설업, 물류산업 : 10명 나. 그 밖의 업종 : 5명				
	2. 고용증가 인원 계산				
	㉒ 해당 과세연도 상시근로자수	㉓ 직전 과세연도 상시근로자수		㉔ 증가한 상시근로자수 (㉒-㉓)	
	명	명		명	
	㉕ 감면대상 산출세액 (=⑲)		㉖ 감면비율 (=㉙)	㉗ 고용증가율 (㉔/㉓)	%
				㉘ 한도율	50%(25%)
				㉙ 추가감면율 Min(㉗,㉘)	%
	㉚ 추가 감면세액(㉕ × ㉖)				
㉛ 총 감면세액[Min{(㉑+㉚),5억원}]				11,700,000	

「조세특례제한법 시행령」 제5조제26항에 따라 창업 중소기업 등에 대한 감면세액계산서를 제출합니다.

년 월 일

신청인 ㈜백두대간 (서명 또는 인)

세무서장 귀하

작성방법

1. ⑰, ⑱의 연간 수입금액 기준은 2022년 1월 1일 이후 개시하는 과세연도부터 적용합니다.
2. 직전 과세연도의 상시근로자수가 업종별 최소고용인원에 미달하는 경우에는 "㉓ 직전 과세연도 상시근로자수"에 업종별 최소 고용인원을 적습니다.
3. 「조세특례제한법」 제6조제1항, 제2항, 제4항, 제5항 또는 제6항에 따른 세액감면은 최저한세가 적용되고, 같은 조 제1항(100% 감면받는 경우만 해당합니다), 제6항(100% 감면받는 경우만 해당합니다) 또는 제7항에 따른 세액감면은 최저한세가 적용되지 않습니다.

210㎜×297㎜[백상지 80g/㎡ 또는 중질지 80g/㎡]

① 「⑦ 창업일」은 법인설립등기일을 기록한다.

② 「창업중소기업등의 구분」란에 청년창업요건 충족여부에 따라 창업감면을 선택한다. 대표자가 34세 이하 청년이고 최대주주인 경우에는 「⑨ 청년창업중소기업」을 선택한다.

③ 「최초 소득발생 과세연도」는 창업일 이후 각 사업연도소득금액이 처음으로 발생한 연도를 기록하며, 사업개시일부터 5년이 되는 날이 속하는 과세연도까지 해당 사업에서 소득이 발생하지 아니하는 경우에는 5년이 되는 날이 속하는 과세연도를 적는다.

④ 청년창업중소기업으로 감면을 적용받는 경우에는 고용증가인원에 대한 추가감면은 적용배제 된다.

⑤ 「⑱ 감면대상 산출세액」은 다음과 같이 계산한다.

$$감면대상\ 산출세액 = 13,500,000 \times \frac{150,000,000 - 20,000,000}{150,000,000} = 11,700,000$$

○ 대표이사 홍길동이 청년창업요건을 미충족한 경우의 감면세액계산서 작성사례

■ 조세특례제한법 시행규칙 [별지 제2호의2서식](2025.3.21 개정)

창업 중소기업 등에 대한 감면세액계산서

제출법인	① 법인명 ㈜백두대간	② 사업자등록번호
	③ 대표자 성명 홍길동	④ 생년월일 1970.11.12.
	⑤ 주소 또는 본점 소재지 (전화번호:)	
	⑥ 과세연도 2025년 01월 01일부터 2025년 12월 31일까지	⑦ 창업일 2023년 05월 03일

창업 중소기업 등의 구분	⑧ 창업중소기업 [ ] ⑨ 청년창업중소기업 [ ]	⑩ 창업보육센터사업자 [ ] ⑪ 창업벤처중소기업 [ ]	⑫ 에너지신기술중소기업 [ ] ⑬ 신성장서비스 중소기업[ ] ⑭ 재창업자금 지원 중소기업 [ ]
창업 지역	⑮ 수도권과밀억제권역[ ]	⑯ 수도권과밀억제권역 외의 지역 [✔]	
수입금액	⑰ 8,000만원 이하 [ ]	⑱ 8,000만원 초과 [✔]	
최초 소득발생 과세연도	2024년 01월 01일부터 2024년 12월 31일까지		

감면세액계산내용

기본 감면 (최저한세 적용)	⑲ 감면대상 산출세액	11,700,000	⑳ 감면비율	50%	[✔]
				75%	[ ]
				100%	[ ]
	㉑ 기본 감면세액(⑲ × ⑳)			5,850,000	

추가 감면 (최저한세 배제)

1. 공제요건 : 해당 과세연도 상시 근로자수가 최소고용인원 이상인지 여부 [✔] 여 [ ] 부
   가. 광업, 제조업, 건설업, 물류산업 : 10명 나. 그 밖의 업종 : 5명
2. 고용증가 인원 계산

㉒ 해당 과세연도 상시근로자수	㉓ 직전 과세연도 상시근로자수	㉔ 증가한 상시근로자수 (㉒-㉓)
16명	12명	4명

㉕ 감면대상 산출세액 (=⑲)	㉖ 감면비율 (=㉙)	㉗ 고용증가율 (㉔/㉓)	16.66%
11,700,000		㉘ 한도율	50%(25%)
		㉙ 추가감면율 Min(㉗,㉘)	16.66%
㉚ 추가 감면세액(㉕ × ㉖)		1,949,220	
㉛ 총 감면세액[Min{(㉑+㉚),5억원}]		7,799,220	

「조세특례제한법 시행령」 제5조제26항에 따라 창업 중소기업 등에 대한 감면세액계산서를 제출합니다.

년 월 일

신청인 ㈜백두대간 (서명 또는 인)

세무서장 귀하

작성방법

1. ⑰, ⑱의 연간 수입금액 기준은 2022년 1월 1일 이후 개시하는 과세연도부터 적용합니다.
2. 직전 과세연도의 상시근로자수가 업종별 최소고용인원에 미달하는 경우에는 "㉓ 직전 과세연도 상시근로자수"에 업종별 최소고용인원을 적습니다.
3. 「조세특례제한법」 제6조제1항, 제2항, 제4항, 제5항 또는 제6항에 따른 세액감면은 최저한세가 적용되고, 같은 조 제1항(100% 감면받는 경우만 해당합니다), 제6항(100% 감면받는 경우만 해당합니다) 또는 제7항에 따른 세액감면은 최저한세가 적용되지 않습니다.

210㎜×297㎜[백상지 80g/㎡ 또는 중질지 80g/㎡]

① 「창업중소기업등의 구분」란에 청년창업요건 충족여부에 따라 창업감면을 선택한다. 대표자가 34세 초과로 청년창업요건을 충족하지 못한 경우에는 「⑨ 청년창업중소기업」을 제외한 나머지 유형 중 하나를 선택한다. 사례의 경우에는 「⑧ 창업중소기업」을 선택한다.
② 청년창업중소기업이 아닌 경우에는 고용증가인원에 대한 추가감면을 적용받을 수 있다. 이 경우 직전 과세연도의 상시근로자수가 업종별 최소고용인원에 미달하는 경우에는 "㉒ 직전 과세연도 상시근로자수"에 업종별 최소고용인원을 적는다.
③ 「㉗ 고용증가율」을 적용한 감면율 중 100분의 1 미만인 부분은 없는 것으로 본다. 다만, 2024.12.31.이전 창업의 경우 고용증가율은 개정전 규정에 따라 다음과 같이 계산한다.

$$\text{고용증가율} = \frac{\text{증가한 상시근로자수(4명)}}{\text{직전과세연도 상시근로자수(12명)}} \times 50\% = 16.66\%$$

④ 고용증가로 인한 추가 감면은 최저한세가 배제된다.

제2절 기회발전특구의 창업기업등에 대한 법인세등의 감면

I 기회발전특구의 범위

기회발전특구는 지방에 기업의 대규모 투자를 유치하기 위해 규제 특례, 세제・재정 지원, 근로자 거주여건 개선 등을 패키지로 지원하는 구역으로, 현재까지 산업통상자원부에서 지정고시한 기회발전특구는 다음과 같다.

| 2024년 제3차 기회발전특구 지정(산업통상자원부 고시 제2024-216호) |

기회발전특구		부지명
창원시	성산구	창원국가산업단지
	의창구	
부산광역시	기장군	동남권방사선의과학일반산업단지
부산광역시	강서구	부산진패 경제자유구역 미음지구

| 2024년 제2차 기회발전특구 지정(산업통상자원부 고시 제2024-177호) |

기회발전특구		부지명
울산광역시	북구・남구	울산・미포국가산업단지
	울주군	하이테크벨리일반산업단지
	울주군	온산국가산업단지
	남구	울산북신항, 배후단지

기회발전특구		부지명
세종특별자치시	집현동	스마트 도시첨단산업단지
	연서면	스마트 국가산업단지
	전동면	전동일반산업단지
광주광역시	광산구	빛그린국가산업단지
	북구	광주연구개발특구 첨단3지구
	광산구	
충청남도	보령시	냉열특화산업단지
	서산시	대산그린컴플렉스일반산업단지
	논산시	국방국가산업단지
	부여군	부여일반산업단지, 은산2농공단지
	예산군	내포농생명 그린바이오 일반산업단지
충청북도	제천시	제천제2일반산업단지, 제천제4일반산업단지
	보은군	보은제3일반산업단지
	진천군	진천 메가폴리스 일반산업단지
	음성군	상우일반산업단지
강원특별자치도	홍천	홍천 도시첨단산업단지
	원주	원주 부론일반산업단지
	강릉	강릉 천연물바이오 국가산업단지
	동해	동해 북평국가산업단지
	삼척	삼척 수소특화 일반산업단지
	영월	영월 녹천리 핵심소재산업단지

| 2024년 기회발전특구 지정(산업통상자원부 고시 제2024-112호) |

기회발전특구		부지명
대구광역시	수성구	수성알파시티
	달성군	대구 국가산업단지
	북구	금호워터폴리스
부산광역시	남구	문현금융단지
	동구	북항재개발지역 2단계
전라남도	광양시	광양국가산업단지 동호안
		세풍일반산업단지
	여수시	율촌제1일반산업단지
	순천시	

기회발전특구		부지명
	목포시	목포신항 배후단지
	해남시	화원조선산업단지
	여주시	묘도항만 재개발 사업지
	순천시	순천만 국가정원
경상북도	구미시	구미 국가산업단지 1~5단지
	안동시	경북바이오 2차일반산업단지
	포항시	영일만 일반산업단지
	상주시	청리 일반산업단지
전북특별자치도	전주시	친환경첨단복합산업단지3-1, 탄소소재국가산업단지 등
	익산시	익산 제3일반산업단지
		국가식품클러스터
	정읍시	첨단과학일반산업단지
	김제시	지평선 제2일반산업단지
		백구일반산업단지
대전광역시	유성구	원천첨단바이오메디컬혁신지구
제주특별자치도	서귀포시	하원테크노캠퍼스

Ⅱ 감면기업 및 감면대상사업

1. 창업기업등의 범위

2024년 1월 1일 이후 기회발전특구에 2026년 12월 31일까지 감면대상사업으로 창업하거나 사업장을 신설하는 기업에 대하여 일정액의 소득세 또는 법인세를 감면한다.(조특법 121의33 ①) 이 경우 기존 사업장을 이전하는 경우는 제외하며, 기회발전특구로 지정된 기간에 창업하거나 사업장을 신설하는 경우로 한정한다.

창업의 범위에 관하여 조세특례제한법 제6조 제10항을 준용하여 다음의 경우에는 이를 창업으로 보지 아니한다.(조특법 121의33 ⑦) 같은 종류의 사업은 한국표준산업분류에 따른 세분류를 따른다.(조특령 5 ㉓)

① 합병·분할·현물출자 또는 사업의 양수를 통하여 종전의 사업을 승계하거나 종전의 사업에 사용되던 자산을 인수 또는 매입하여 같은 종류의 사업을 하는 경우. 다만, 다음의 어느 하나에 해당하는 경우는 제외한다.

㉠ 종전의 사업에 사용되던 자산을 인수하거나 매입하여 같은 종류의 사업을 하는 경우 그 자산가액의 합계가 사업 개시 당시 토지와 법인세법에 의한 감가상각자산의 총가액에서 차지하는 비율이 30% 이하인 경우

$$\text{창업으로 인정되는 자산인수비율} = \frac{\text{인수 또는 매입한 자산가액}^{☆}}{\text{창업 당시(토지+감가상각자산)의 가액}} \leq 30\%$$

☆ 승계한 임차보증금도 포함됨.(대법2020두54685, 2021.3.11.)

㉡ 2018년 1월 1일 이후 사업의 일부를 분리하여 해당 기업의 임직원이 사업을 개시하는 경우로서 다음의 요건을 모두 갖춘 경우

ⓐ 기업과 사업을 개시하는 해당 기업의 임직원 간에 사업 분리에 관한 계약을 체결할 것

ⓑ 사업을 개시하는 임직원이 새로 설립되는 기업의 대표자로서 지배주주 등에 해당하는 해당 법인의 최대주주 또는 최대출자자(개인사업자의 경우에는 대표자를 말한다)일 것

☆ 원시적인 사업창출의 효과가 있는 사업을 실질적으로 개시하였다고 볼 수 없는 경우에는 '창업'을 한 경우에 해당하지 않는 것임.(서면법규법인2023-147, 2023.10.31.)

☆ 사업을 개시하는 임직원은 분리전 기업의 대표자는 제외되는 개념으로 해석된다.(사전법령해석법인2018-799, 2019.1.16., 서면법인2021-6590, 2021.11.30.)

② 거주자가 하던 사업을 법인으로 전환하여 새로운 법인을 설립하는 경우

③ 폐업 후 사업을 다시 개시하여 폐업전의 사업과 같은 종류의 사업을 하는 경우

☆ 폐업 후 다시 개시하는 기간에 대한 제한이 없음.(조심2022부6579, 2022.12.7., 사전법령해석소득2020-449, 2020.6.19.)

☆ 법인을 폐업 후 상당한 시간(본 질의 경우 16년)이 경과한 후에 종전사업의 승계 또는 종전 자산의 인수(매입)에 의하지 않고 새로이 법인을 설립하는 경우에는 종전 법인과 동일한 업종을 영위하더라도 감면을 적용받을 수 있는 것임.(서면법인2022-5582, 2023.7.24.)

④ 사업을 확장하거나 다른 업종을 추가하는 경우 등 새로운 사업을 최초로 개시하는 것으로 보기 곤란한 경우

2. 감면대상업의 범위

기회발전특구의 창업기업등으로 다음의 감면대상사업을 영위하는 경우에 세액감면을 적용한다.(조특령 116의36 ①)

① 제조업

☆ 조세특례제한법 시행령 제5조 제6항의 의제제조업은 2025.2.28.이 속하는 과세연도부터 감면업종에서 제외되었다.

② 폐기물 수집, 운반, 처리 및 원료 재생업

③ 정보통신업. 다만, 다음의 업종은 제외한다.

㉠ 비디오물 감상실 운영업

㉡ 뉴스 제공업

㉢ 가상자산 매매 및 중개업

④ 금융 및 보험업 중 정보통신을 활용하여 금융서비스를 제공하는 업종으로서 다음의 어느 하나에 해당하는 행위를 업으로 영위하는 업종

㉠「전자금융거래법」 제2조 제1호에 따른 전자금융거래

㉡「자본시장과 금융투자업에 관한 법률」 제9조 제27항에 따른 온라인소액투자중개

㉢「외국환거래법 시행령」 제15조의2 제1항에 따른 소액해외송금

⑤ 연구개발업, 기타 과학기술 서비스업 및 엔지니어링사업

⑥ 공연시설 운영업, 공연단체, 기타 창작 및 예술관련 서비스업

⑦「신에너지 및 재생에너지 개발·이용·보급 촉진법」 제2조 제1호에 따른 신에너지 또는 같은 조 제2호에 따른 재생에너지를 이용하여 전기를 생산하는 사업

⑧「물류시설의 개발 및 운영에 관한 법률」 제2조 제4호에 따른 복합물류터미널사업

⑨「유통산업발전법」 제2조 제16호에 따른 공동집배송센터를 조성하여 운영하는 사업

⑩「항만법」 제2조 제5호에 따른 항만시설을 운영하는 사업과 같은 조 제11호에 따른 항만배후단지에서 경영하는 다음의 어느 하나에 해당하는 물류산업(조특령 5 ⑦)

- 육상·수상·항공 운송업
- 화물운송 중개·대리 및 관련 서비스업
- 보관 및 창고업
- 선박의 입항 및 출항 등에 관한 법률에 따른 예선업
- 기타 산업용 기계·장비 임대업 중 파렛트 임대업
- 화물 취급업
- 도선법에 따른 도선업
- 화물포장·검수 및 계량 서비스업
- 육상·수상·항공 운송지원 서비스업

따라서 육상·수상·항공 운송업에 포함된 여객운송업도 감면을 받을 수 있다. 그러나 관세사업은 한국표준산업분류에 의할 경우 통관대리 및 관련 서비스업(분류코드 52991)에 해당되어 물류산업의 범위에서 제외되었으므로 감면을 적용받을 수 없다.

⑪「관광진흥법 시행령」 제2조 제1항 제2호 가목부터 라목까지, 같은 호 바목 및 사목에 따른 관광호텔업, 수상관광호텔업, 한국전통호텔업, 가족호텔업, 소형호텔업 및 의료관광호텔업. 다만, 해당 호텔업과 함께 「관광진흥법」 제3조 제1항 제5호에 따른 카지노업 또는 「관세법」 제196조에 따른 보세판매장을 경영하는 경우 그 카지노업 또는 보세판매장 사업은 제외한다.

⑫「관광진흥법 시행령」 제2조 제1항 제3호에 따른 전문휴양업·종합휴양업·관광유람선업·관광공연장업. 다만, 전문휴양업 또는 종합휴양업과 함께 「관광진흥법」

제3조 제1항 제2호 나목에 따른 휴양 콘도미니엄업 또는 「체육시설의 설치 · 이용에 관한 법률」 제10조 제1항 제1호에 따른 골프장업을 경영하는 경우 그 휴양 콘도미니엄업 또는 골프장업은 제외한다.

⑬ 「관광진흥법 시행령」 제2조 제1항 제4호 가목에 따른 국제회의시설업

⑭ 「관광진흥법 시행령」 제2조 제1항 제5호 가목에 따른 종합테마파크업

⑮ 「관광진흥법 시행령」 제2조 제1항 제6호 라목에 따른 관광식당업

⑯ 「학원의 설립 · 운영 및 과외교습에 관한 법률」에 따른 직업기술 분야를 교습하는 학원을 운영하는 사업 또는 「국민 평생 직업능력 개발법」에 따른 직업능력개발훈련시설을 운영하는 사업(직업능력개발훈련을 주된 사업으로 하는 경우로 한정한다)

⑰ 「노인복지법」 제31조에 따른 노인복지시설을 운영하는 사업

⑱ 2025.2.28.이 속하는 과세연도부터 연료용 가스 제조 및 배관공급업(천연가스, 「신에너지 및 재생에너지 개발 · 이용 · 보급 촉진법」 제2조 제1호에 따른 신에너지 또는 같은 조 제2호에 따른 재생에너지를 제조하거나 공급하는 경우로 한정한다)

Ⅲ 감면세액의 계산 및 감면한도

1. 감면세액의 계산

기회발전특구에 감면대상사업으로 창업하거나 사업장을 신설하는 기업은 감면대상사업에서 발생한 소득☆에 대하여 감면대상사업에서 최초로 소득이 발생한 과세연도(사업개시일부터 5년이 되는 날이 속하는 과세연도까지 그 사업에서 소득이 발생하지 아니한 경우에는 5년이 되는 날이 속하는 과세연도를 말한다)의 개시일부터 다음의 구분에 따른 세액을 감면한다.(조특법 121의33 ②)

☆ 감면대상사업에서 발생한 소득이란 감면대상사업을 경영하기 위해 기회발전특구에 투자한 사업장에서 발생한 소득을 말한다.(조특령 116의36 ②)

① 최초로 소득이 발생한 과세연도의 개시일부터 5년 이내에 끝나는 과세연도까지: 소득세 또는 법인세의 100%

② ①의 다음 2년 이내에 끝나는 과세연도까지: 소득세 또는 법인세의 50%

2. 감면한도

가. 사업용자산에 투자한 금액의 범위

소득세 또는 법인세를 감면받는 해당 과세연도까지 다음의 사업용자산에 투자한 금액의 합계액을 말한다.(조특령 116의36 ③, 조특칙 8의3)

① 해당 특구 등에 소재하거나 해당 특구 등에서 해당 사업에 주로 사용하는 사업용 유형자산
② 해당 특구 등에 소재하거나 해당 특구 등에서 해당 사업에 주로 사용하기 위해 건설 중인 자산
③ 「법인세법 시행규칙」 별표3에 따른 무형자산

나. 누적감면세액의 한도

감면기간 동안 감면받는 소득세 또는 법인세의 총합계액은 다음의 금액을 합한 금액을 한도로 한다.(조특법 121의33 ③) 이 경우 각 과세연도에 감면받을 소득세 또는 법인세에 대하여 감면한도를 적용할 때에는 ①의 금액을 먼저 적용한 후 ②의 금액을 적용한다.(조특법 121의33 ④)

① 투자금액 기준 한도: 사업용 자산에 투자한 금액의 누계액×50%
② 상시근로자수 기준 한도: 해당 과세연도에서 감면대상사업장의 상시근로자수×1천5백만원
(청년상시근로자와 서비스업☆을 하는 감면대상사업장의 상시근로자의 경우에는 2천만원)
☆ 서비스업은 농업, 임업, 어업, 광업, 제조업, 전기・가스・증기 및 수도사업, 건설업, 조특법 제29조 제3항에 따른 소비성서비스업을 제외한 사업을 말한다.(조특령 116의36 ④, 조특령 23 ④) 이 경우 서비스업과 그 밖의 사업을 각각 구분하여 경리하여야 한다.(조특법 121의33 ⑩)

3. 상시근로자 및 청년상시근로자의 범위

가. 상시근로자의 범위

상시근로자란 근로기준법에 따라 근로계약을 체결한 내국인(소득세법상 거주자를 의미함) 근로자로 한다. 다만, 다음에 해당하는 사람은 제외한다.(조특령 116의36 ⑥, 조특령 23 ⑩)

① 근로계약기간이 1년 미만인 자. 다만, 근로계약의 연속된 갱신으로 인하여 그 근로계약의 총 기간이 1년 이상인 근로자는 제외한다.
② 근로기준법 제2조 제1항 제9호에 따른 단시간근로자. 다만, 1개월간의 소정근로시간이 60시간 이상인 근로자는 제외한다.

③ 다음의 어느 하나에 해당하는 임원
㉠ 법인의 회장, 사장, 부사장, 이사장, 대표이사, 전무이사 및 상무이사 등 이사회의 구성원 전원과 청산인
㉡ 합명회사, 합자회사 및 유한회사의 업무집행사원 또는 이사
㉢ 유한책임회사의 업무집행자
㉣ 감사
㉤ 그 밖에 ㉠부터 ㉣까지의 규정에 준하는 직무에 종사하는 자
④ 해당 기업의 최대주주 또는 최대출자자(개인사업자의 경우에는 대표자를 말한다)와 그 배우자
⑤ ④에 해당하는 자의 직계존비속(그 배우자 포함) 및 「국세기본법 시행령」 제1조의2 제1항에 따른 친족관계☆인 사람

☆ 「국세기본법 시행령」 제1조의2 제1항에 따른 친족관계는 다음과 같다.
① 4촌 이내의 혈족 ② 3촌 이내의 인척 ③ 배우자(사실상의 혼인관계에 있는 자를 포함한다)
④ 친생자로서 다른 사람에게 친양자 입양된 자 및 그 배우자・직계비속
⑤ 본인이 「민법」에 따라 인지한 혼인 외 출생자의 생부나 생모(본인의 금전이나 그 밖의 재산으로 생계를 유지하는 사람 또는 생계를 함께하는 사람으로 한정한다)

⑥ 소득세법 시행령 제196조에 따른 근로소득원천징수부에 의하여 근로소득세를 원천징수한 사실이 확인되지 아니하고, 다음의 어느 하나에 해당하는 보험료 등의 납부사실도 확인되지 아니하는 사람
㉠ 국민연금법 제3조 제1항 제11호 및 제12호에 따른 부담금 및 기여금
㉡ 국민건강보험법 제62조에 따른 직장가입자의 보험료

참고사항

■ **임원의 자녀를 채용한 경우 상시근로자 여부**
최대주주에 해당하지 않는 임원의 자녀를 채용한 경우 임원의 자녀는 상시근로자에 포함된다.

나. 청년상시근로자의 범위

청년상시근로자는 상시근로자 중 15세 이상 34세 이하인 사람 중 다음에 해당하는 사람을 제외한 사람을 말한다. 다만, 병역(현역병, 상근예비역, 의무경찰, 의무소방원, 사회복무요원, 현역에 복무하는 장교・준사관 및 부사관)을 이행한 사람의 경우에는 6년을 한도로 병역을 이행한 기간을 현재 연령에서 빼고 계산한 연령이 34세 이하인 사람을 포함한다.

㉠ 「기간제 및 단시간근로자 보호 등에 관한 법률」에 따른 기간제근로자 및 단시간근로자
㉡ 「파견근로자보호 등에 관한 법률」에 따른 파견근로자
㉢ 「청소년 보호법」에 따른 청소년유해업소에 근무하는 같은법에 따른 청소년

Check Point

산업기능요원 군복무시 창업자의 연령계산

산업기능요원으로 병역을 이행한 경우에는 그 기간을 창업 당시 창업자의 연령에서 뺄 수 없음.(수원지법2022구합69873, 2022.11.24.)

4. 상시근로자수 및 청년상시근로자수의 계산

가. 상시근로자수 및 청년상시근로자수 계산

상시근로자수 및 청년상시근로자수는 다음의 구분에 따른 계산식에 따라 계산한 수로 한다.(조특령 23 ⑪, 조특령 27의4 ⑥)

$$\text{상시근로자수} = \frac{\text{해당 과세연도의 매월 말 현재 상시근로자수의 합}}{\text{해당과세연도의 개월 수}}$$

$$\text{청년등 상시근로자수} = \frac{\text{해당 과세연도의 매월 말 현재 청년등 상시근로자수의 합}}{\text{해당 과세연도의 개월 수}}$$

① 상시근로자수 중 100분의 1 미만 부분은 없는 것으로 본다.

② 법령에는 전체 상시근로자수와 청년등 상시근로자수 계산 방법만 명시되어 있으므로 청년등 외 상시근로자수는 다음과 같이 계산한다.

청년등 외 상시근로자수 = 상시근로자수 － 청년등 상시근로자수

나. 단시간근로자의 상시근로자수 반영기준

단시간근로자 중 1개월간의 소정근로시간이 60시간 이상인 근로자 1명은 0.5명으로 하여 계산하며, 상시근로자수 중 100분의 1 미만 부분은 없는 것으로 본다. 또한 단시간근로자 중 다음의 지원요건을 모두 충족하는 경우에는 0.75명으로 하여 계산한다.

① 해당 과세연도의 상시근로자수(상시근로자에 포함되는 단시간근로자인 1개월 간의 소정근로시간이 60시간 이상인 근로자는 제외)가 직전 과세연도의 상시근로자수(상시근로자에 포함되는 단시간근로자인 1개월 간의 소정근로시간이 60시간 이상인 근로자는 제외)보다 감소하지 아니하였을 것

② 기간의 정함이 없는 근로계약을 체결하였을 것

③ 상시근로자와 시간당 임금(「근로기준법」에 따른 임금, 정기상여금 · 명절상여금 등 정기적으로 지급되는 상여

금과 경영성과에 따른 성과금을 포함한다), 그 밖에 근로조건과 복리후생 등에 관한 사항에서 「기간제 및 단시간근로자 보호 등에 관한 법률」에 따른 차별적 처우☆가 없을 것

☆ "차별적 처우"라 함은 다음의 사항에서 합리적인 이유 없이 불리하게 처우하는 것을 말한다.

가. 「근로기준법」 제2조 제1항 제5호에 따른 임금
나. 정기상여금, 명절상여금 등 정기적으로 지급되는 상여금
다. 경영성과에 따른 성과금
라. 그 밖에 근로조건 및 복리후생 등에 관한 사항

④ 시간당 임금이 「최저임금법」에 따른 최저임금액의 130% 이상일 것(중소기업: 120%)

Ⅳ 추가납부 및 이자상당가산액

1. 상시근로자수 감소로 인한 추가납부

감면세액한도 적용시 상시근로자수 기준 한도를 적용한 경우 소득세 또는 법인세를 감면받은 기업이 감면받은 과세연도 종료일부터 2년이 되는 날이 속하는 과세연도 종료일까지의 기간 중 각 과세연도의 감면대상사업장의 상시근로자 수가 감면받은 과세연도의 상시근로자 수보다 감소한 경우에는 다음의 계산식에 따라 계산한 금액으로 하며, 해당 금액을 상시근로자 수가 감소한 과세연도의 과세표준을 신고할 때 소득세 또는 법인세로 납부해야 한다.(조특법 121의33 ⑤, 조특령 116의36 ⑤)

해당 기업의 상시근로자수가 감소한 과세연도의 직전2년 이내의 과세연도에 상시근로자수 기준 한도를 적용하여 감면받는 세액의 합계액	−	상시근로자수가 감소한 과세연도의 감면대상 사업장의 상시근로자수	×	1천5백만원 (청년상시근로자 및 서비스업의 경우에는 2천만원)

☆ 계산한 금액이 음수이면 영으로 보고, 감면받은 과세연도 종료일 이후 2개 과세연도 연속으로 상시근로자 수가 감소한 경우에는 두 번째 과세연도에는 첫 번째 과세연도에 납부한 금액을 뺀 금액을 말한다.

2. 사업의 폐업 등의 경우 추가납부 및 이자상당가산액

가. 사업의 폐업 등의 경우 추가납부세액

소득세 또는 법인세를 감면받은 기업이 다음의 어느 하나에 해당하는 경우에는 그 사유가 발생한 과세연도의 과세표준신고를 할 때 다음과 같이 계산한 세액을 소득세 또는 법인세로 납부하여야 한다.(조특법 121의33 ⑧)

① 감면대상사업장의 사업을 폐업하거나 법인이 해산한 경우(법인의 합병 · 분할 또는 분할합병으로 인한 경우는 제외): 폐업일 또는 법인해산일부터 소급하여 3년 이내에 감면된 세액
② 감면대상사업장을 기회발전특구 외의 지역으로 이전한 경우: 이전일부터 소급하여 5년 이내에 감면된 세액

나. 이자상당가산액

사업의 폐업 등의 경우로 추가납부세액이 있는 경우 그 세액에 대한 이자상당가산액을 소득세 또는 법인세에 가산하여 납부하여야 하며, 해당 세액은 소득세법 제76조(확정신고납부) 또는 법인세법 제64조(납부)에 따라 납부하여야 할 세액으로 본다.

$$\text{이자상당액} = \text{추가납부세액} \times \text{이자계산기간} \times \frac{22}{100{,}000}$$

☆ 이자계산기간 : 감면을 받은 과세연도의 종료일 다음 날부터 사업의 폐업 등의 사유가 발생한 날이 속하는 과세연도의 종료일까지의 기간

V 기타사항

① 최저한세 적용대상임. 다만, 세액감면 규정에 따라 법인세의 100분의 100에 상당하는 세액을 감면받는 과세연도의 경우 최저한세 적용을 배제한다.
② 농어촌특별세 과세대상
③ 무신고 및 기한후신고시 감면배제(조특법 128 ②)
④ 세무서장이 신고 내용에 탈루 또는 오류가 있는 경우 등으로서 경정하는 경우와 경정할 것을 미리 알고 수정신고서를 제출하는 경우 감면배제(조특법 128 ③)
⑤ 복식부기의무자가 추계신고시 감면배제
⑥ 사업용계좌를 신고하여야 할 사업자가 이를 이행하지 아니한 경우 및 현금영수증가맹점으로 가입하여야 할 사업자가 이를 이행하지 아니한 경우 감면배제
⑦ 통합투자세액공제등 일부 세액공제와 중복배제
⑧ 창업중소기업등에 대한 세액감면, 중소기업에 대한 특별세액감면 등과 중복배제

사례

◈ **제조업을 창업한 ㈜백두대간의 다음 정보를 이용하여 기회발전특구의 창업기업 등에 대한 법인세등의 감면세액을 계산하시오.**

1. ㈜백두대간은 기회발전특구에 제조업을 영위하는 지점을 2024년에 신설하였다.
2. ㈜백두대간의 각 사업연도 소득금액과 상시근로자수는 다음과 같다. 상시근로자는 모두 청년이 아닌 것으로 가정한다.

구 분	2024년		2025년		2026년	
	본점	지점	본점	지점	본점	지점
각사업연도소득금액	7억원	5억원	18억원	8억원	20억원	10억원
상시근로자수	8명	3명	12명	5명	16명	7명
산출세액	208,000,000원		474,000,000원		550,000,000원	

3. 각 사업연도 소득금액 중 비감면대상 소득금액은 없는 것으로 가정한다.
4. 각 사업연도에 기회발전특구에 소재한 지점의 사업용 유형자산에 투자한 금액은 다음과 같다.

구 분	2024년	2025년	2026년
각 사업연도 중 투자금액	30,000,000원	20,000,000원	30,000,000원

해답 및 계산과정

1. 각 사업연도별 감면세액 및 감면한도

1) 2024년 감면세액

(1) 감면세액 $= 208,000,000 \times \frac{5억원}{7억원 + 5억원} \times 100\% = 86,666,666$원

(2) 누적감면한도 = ① + ② = 60,000,000원

① 투자금액 기준 한도: 투자누계액 × 50% = 30,000,000 × 50% = 15,000,000원

② 상시근로자수 기준 한도: 상시근로자수 × 1,500만원(청년등 2,000만원)
= 3명 × 1,500만원 = 45,000,000원

(3) 2024년 감면세액 = Min[①, ②] = 60,000,000원

① 감면세액의 합계액: 86,666,666원

② 누적감면한도: 60,000,000원

(4) 2024년 감면세액 60,000,000원 중 투자금액 기준 한도를 초과한 45,000,000원은 상시근로자수가 감소할 경우 추가납부하여야 한다.

2) 2025년 감면세액

(1) 감면세액 $= 474,000,000 \times \frac{8억원}{18억원 + 8억원} \times 100\% = 145,846,153$원

(2) 누적감면한도 = ① + ② = 100,000,000원

① 투자금액 기준 한도: 투자누계액 × 50% = (30,000,000 + 20,000,000) × 50%
= 25,000,000원

② 상시근로자수 기준 한도: 상시근로자수 × 1,500만원(청년등 2,000만원)
= 5명 × 1,500만원 = 75,000,000원

(3) 2025년 감면세액 = Min[①, ②] - ③ = 40,000,000원

① 감면세액의 합계액: 60,000,000 + 145,846,153 = 205,846,153원

② 누적감면한도: 100,000,000원

③ 이미 감면받은 세액: 60,000,000원

(4) 2025년 감면세액 40,000,000원 중 투자금액 기준 한도를 초과한 15,000,000원은 상시근로자수가 감소할 경우 추가납부하여야 한다.

3) 2026년 감면세액

(1) 감면세액 = 550,000,000 × $\frac{10억원}{20억원 + 10억원}$ × 100% = 183,333,333원

(2) 누적감면한도 = ① + ② = 140,000,000원

① 투자금액 기준 한도: 투자누계액 × 50% = (30,000,000 + 20,000,000+ 30,000,000) × 50% = 40,000,000원

② 상시근로자수 기준 한도: 상시근로자수 × 1,500만원(청년등 2,000만원) = 7명 × 1,500만원 = 105,000,000원

(3) 2026년 감면세액 = Min[①, ②] - ③ = 40,000,000원

① 감면세액의 합계액: 60,000,000 + 40,000,000 + 140,000,000 = 240,000,000원

② 누적감면한도: 140,000,000원

③ 이미 감면받은 세액: 60,000,000 + 40,000,000 = 100,000,000원

(4) 2026년 감면세액 40,000,000원 중 투자금액 기준 한도를 초과한 금액은 없으므로 상시근로자수가 감소할 경우 추가납부할 세액도 없는 것으로 해석된다.

제3절 중소기업에 대한 특별세액감면

I 감면대상 업종

다음의 업종을 영위하는 중소기업의 경우 중소기업에 대한 특별세액감면을 적용한다.(조특법 7)

① 작물재배업
② 축산업
③ 어업
④ 광업
⑤ 제조업(제조업과 유사한 사업으로서 의제제조업을 포함)
⑥ 하수·폐기물 처리(재활용을 포함한다), 원료재생 및 환경복원업
⑦ 건설업
⑧ 도매 및 소매업
⑨ 운수업 중 여객운송업
⑩ 출판업
⑪ 영상·오디오 기록물 제작 및 배급업(비디오물 감상실 운영업은 제외)
⑫ 방송업
⑬ 전기통신업
⑭ 컴퓨터프로그래밍, 시스템 통합 및 관리업
⑮ 정보서비스업(가상자산 매매 및 중개업 제외)
⑯ 연구개발업
⑰ 광고업
⑱ 기타 과학기술서비스업
⑲ 포장 및 충전업
⑳ 전문디자인업
㉑ 창작 및 예술관련 서비스업(자영예술가는 제외한다)
㉒ 주문자상표부착방식에 따른 수탁생산업(受託生産業)
㉓ 엔지니어링사업

㉔ 물류산업

㉕ 「학원의 설립 · 운영 및 과외교습에 관한 법률」에 따른 직업기술분야를 교습하는 학원을 운영하는 사업 또는 「국민 평생 직업능력 개발법」에 따른 직업능력개발훈련시설을 운영하는 사업(직업능력개발훈련을 주된 사업으로 하는 경우에 한한다)

㉖ 자동차정비공장을 운영하는 사업

㉗ 「해운법」에 따른 선박관리업

㉘ 「의료법」에 따른 의료기관을 운영하는 사업(의원 · 치과의원 및 한의원은 해당 과세연도의 수입금액(기업회계기준에 따라 계산한 매출액을 말한다)에서 「국민건강보험법」 제47조에 따라 지급받는 요양급여비용이 차지하는 비율이 100분의 80 이상으로서 해당 과세연도의 종합소득금액이 1억원 이하인 경우에 한정한다)

㉙ 「관광진흥법」에 따른 관광사업(카지노 관광유흥음식점 및 외국인전용유흥음식점업은 제외한다)

㉚ 「노인복지법」에 따른 노인복지시설을 운영하는 사업

㉛ 「전시산업발전법」에 따른 전시산업☆

☆ 전시산업이란 전시시설을 건립 · 운영하거나 전시회 및 전시회부대행사를 기획 · 개최 · 운영하고 이와 관련된 물품 및 장치를 제작 · 설치하거나 전시공간의 설계 · 디자인과 이와 관련된 공사를 수행하거나 전시회와 관련된 용역 등을 제공하는 산업을 말한다.

㉜ 인력공급 및 고용알선업(농업노동자 공급업 포함)

㉝ 콜센터 및 텔레마케팅 서비스업

㉞ 「에너지이용 합리화법」 제25조에 따른 에너지절약전문기업이 하는 사업

㉟ 「노인장기요양보험법」 제32조에 따른 재가장기요양기관을 운영하는 사업

㊱ 건물 및 산업설비 청소업

㊲ 경비 및 경호 서비스업

㊳ 시장조사 및 여론조사업

㊴ 사회복지 서비스업

㊵ 무형재산권 임대업(「지식재산 기본법」 제3조 제1호에 따른 지식재산을 임대하는 경우로 한정한다)

㊶ 「연구산업진흥법」 제2조 제1호 나목의 산업☆

☆ 「연구산업진흥법」 제2조 제1호 나목의 산업이란 연구개발 기획, 연구개발의 관리 및 사업화 지원, 연구개발 관련 기술정보의 조사 · 제공 등 연구개발 활동을 지원하는 산업을 말한다.

㊷ 개인 간병 및 유사 서비스업, 사회교육시설 · 직원훈련기관 · 기타 기술 및 직업훈련 학원 · 도서관 · 사적지 및 유사 여가 관련 서비스업(독서실 운영업은 제외한다)

㊸ 「민간임대주택에 관한 특별법」에 따른 주택임대관리업

㊹ 「신에너지 및 재생에너지 개발・이용・보급 촉진법」에 따른 신・재생에너지 발전사업
㊺ 보안시스템 서비스업
㊻ 임업
㊼ 통관 대리 및 관련 서비스업(2019년 1월 1일 이후 개시한 과세연도부터 적용함)
㊽ 자동차 임대업(「여객자동차 운수사업법」 제31조 제1항에 따른 자동차대여사업자로서 같은 법 제28조에 따라 등록한 자동차 중 100분의 50 이상을 「환경친화적 자동차의 개발 및 보급 촉진에 관한 법률」 제2조 제3호에 따른 전기자동차 또는 같은 조 제6호에 따른 수소전기자동차로 보유한 경우로 한정한다)(2021년 1월 1일 이후 개시한 과세연도부터 적용함)

1. 주문자상표부착방식에 따른 수탁생산업(受託生産業)

주문자상표부착방식에 따른 수탁생산업이란 위탁자로부터 주문자상표부착방식에 따른 제품생산을 위탁받아 이를 재위탁하여 제품을 생산 공급하는 사업을 말한다.(조특령 6 ①)

2. 물류산업

물류산업은 한국표준산업분류에 별도의 산업으로 규정된 것은 아니며 조세특례제한법에서 물류산업이란 다음의 어느 하나에 해당하는 업종을 말한다.(조특령 5 ⑦)

- 육상・수상・항공 운송업
- 화물운송 중개・대리 및 관련 서비스업
- 보관 및 창고업
- 선박의 입항 및 출항 등에 관한 법률에 따른 예선업
- 기타 산업용 기계・장비 임대업 중 파렛트 임대업
- 화물 취급업
- 도선법에 따른 도선업
- 화물포장・검수 및 계량 서비스업
- 육상・수상・항공 운송지원 서비스업

따라서 2020.1.1. 이후부터 창업하는 경우부터 육상・수상・항공 운송업에 포함된 여객운송업도 감면을 받을 수 있다. 그러나 관세사업은 한국표준산업분류에 의할 경우 통관대리 및 관련 서비스업(분류코드 52991)에 해당되어 물류산업의 범위에서 제외되었으며 2019년 1월 1일 이후 개시하는 과세연도부터 통관 대리 및 관련 서비스업으로 감면이 가능하다.

Check Point

■ 한국표준산업분류 개정으로 인한 관세사업의 물류산업 해당여부

9차 개정(2008.2.1. 시행)	10차 개정(2017.1.1. 시행)
화물운송 중개·대리 및 관련 서비스업 (분류코드 52991)	통관대리 및 관련 서비스업(분류코드 52991) 화물운송 중개·대리 및 관련 서비스업 (분류코드 52992)

2017.1.1. 시행되는 10차 개정 한국표준산업분류와 조세특례제한법 시행령 제5조 제7항의 물류산업에 대한 규정에 의할 경우 관세사업은 물류산업에서 제외되었으며 2019년 1월 1일 이후 개시하는 과세연도부터 통관 대리 및 관련 서비스업으로 중소기업특별세액감면이 가능하다.

■ 화물차를 구입하여 운송회사에 지입차량으로 등록한 후 화물운송을 하는 것과 지입차주로부터 지입료 수입만 발생하는 운송회사(지입회사)의 산업분류

① 화물 자동차를 이용하여 각종 화물을 운송하거나, 견인·구난 및 특수 목적용 자동차를 이용하여 각종 화물 등을 운송하는 것이 주된 산업활동인 경우: 4930 도로 화물 운송업(대분류 H. 운수 및 창고업)

② 수수료 및 계약에 의해 화물 운송업자와 화주 간에 화물 운송을 주선, 중개, 대리하는 것이 주된 산업활동인 경우: 52992 화물 운송 중개, 대리 및 관련 서비스업(대분류 H. 운수 및 창고업)

3. 자동차정비공장을 운영하는 사업

자동차정비공장이란 자동차관리법 시행규칙 제131조의 규정에 의한 자동차종합정비업 또는 소형자동차정비업의 사업장으로서 제조 또는 사업단위로 독립된 것을 말한다. 자동차정비 작업범위를 기준으로 다음과 같이 분류하여 적용한다.

구 분	정비작업범위	표준산업분류코드	감면적용	
			중소특별세액감면	창업감면
자동차종합정비업	모든 종류의 자동차에 대한 점검·정비 및 튜닝작업	95212 자동차종합수리업	가능	가능
소형자동차종합정비업	승용자동차·경형 및 소형의 승합·화물·특수자동차에 대한 점검·정비 및 튜닝작업		가능	
자동차전문정비업	자동차전문정비업의 작업제한범위에 속하지 아니하는 구조·장치에 대한 점검·정비 및 튜닝	95212 자동차전문수리업	불가	
원동기전문정비업	자동차원동기의 재생정비 및 튜닝		불가	

4. 「의료법」에 따른 의료기관을 운영하는 사업

「의료법」에 따른 의료기관을 운영하는 사업 중 의원·치과의원 및 한의원은 다음의 요건을 모두 충족할 때 감면규정을 적용한다.

> ① 해당 과세연도의 수입금액(기업회계기준에 따라 계산한 매출액을 말한다)에서 「국민건강보험법」 제47조에 따라 지급받는 요양급여비용이 차지하는 비율이 100분의 80 이상
> ② 해당 과세연도의 종합소득금액이 1억원 이하인 경우

5. 「신에너지 및 재생에너지 개발·이용·보급 촉진법」에 따른 신·재생에너지 발전사업

「신에너지 및 재생에너지 개발·이용·보급 촉진법」에 따른 신·재생에너지 발전사업은 다음의 신·재생에너지를 이용하여 전기를 생산하는 발전사업을 의미한다.(신재생에너지법 2)

1. 「신에너지」란 기존의 화석연료를 변환시켜 이용하거나 수소·산소 등의 화학 반응을 통하여 전기 또는 열을 이용하는 에너지로서 다음의 어느 하나에 해당하는 것을 말한다.

가. 수소에너지	나. 연료전지
다. 석탄을 액화·가스화한 에너지 및 중질잔사유(重質殘渣油)를 가스화한 에너지	라. 그 밖에 석유·석탄·원자력 또는 천연가스가 아닌 에너지

2. 「재생에너지」란 햇빛·물·지열(地熱)·강수(降水)·생물유기체 등을 포함하는 재생 가능한 에너지를 변환시켜 이용하는 에너지로서 다음의 어느 하나에 해당하는 것을 말한다.

가. 태양에너지	나. 풍력
다. 수력	라. 해양에너지
마. 지열에너지	바. 생물자원을 변환시켜 이용하는 바이오에너지
사. 폐기물에너지(비재생폐기물로부터 생산된 것은 제외한다)	아. 그 밖에 석유·석탄·원자력 또는 천연가스가 아닌 에너지

6. 출판업의 범위

한국표준산업분류에서 정보통신업 중 출판업(표준산업분류코드: 58)은 서적, 정기 및 부정기 간행물 등의 인쇄물을 발간하거나 소프트웨어를 출판하는 산업활동으로서 출판

에 관련된 법적, 재정적, 기술적, 예술적 수행 활동과 판매에 관한 활동을 포함한다. 출판물은 자사에서 직접 창작되거나 다른 사람에 의하여 제작된 창작물을 구입 또는 계약에 의하여 출판하며, 제공 방식은 전통적인 인쇄물 방법 또는 전자매체 등에 의하여 이루어질 수 있다.

J. 정보통신업
- 58. 출판업
  - 581. 서적 잡지 및 기타 인쇄물 출판업
    - 5811. 서적 출판업
    - 5812. 신문, 잡지 및 정기 간행물 출판업
    - 5819. 기타 인쇄물 출판업
  - 582. 소프트웨어 개발 및 공급업
    - 5821. 게임 소프트웨어 개발 공급업
    - 5822. 시스템 · 응용소프트웨어 개발 및 공급업

참고사항

■ **「주요도시, 지하철 역세권 및 인구밀집지역을 중심으로 시민에게 뉴스, 정보, 광고 등의 내용을 게재하여 무가로 배포하는 활동」은 "58. 출판업"중 주된 산업 활동에 따라 다음과 같이 달리 분류될 수 있다.**(국가데이터처통계기준팀－1269, 2010.6.10.)

① 일반대중이 관심을 갖는 뉴스를 제공하기 위하여 월간 및 주 3일 이상 신문을 발행하는 것이 주된 산업활동인 경우 ⇨ 58121 신문발행업

② 부동산, 중고품 등의 각종 상품의 거래, 산업활동 안내, 구인 · 구직 등에 관한 광고 간행물을 정기적으로 발행하는 것이 주된 산업활동인 경우 ⇨ 58123 정기 광고 간행물 발행업

※ 참고로 광고업은 고객을 대리하여 각종 광고매체에 대한 광고기획 및 대행, 광고물 작성대리, 옥외광고 대리, 대중광고 매체를 대리한 광고권유 및 유인, 광고물 및 견본의 배부, 광고용 공간 및 시설 임대 등의 광고관련 업무를 수행하는 활동임.

인적용역 수입금액이 더 큰 경우 중소기업에 대한 특별세액감면 적용 여부(사전법규소득2025－526, 2025.8.13.)

거주자가 2 이상의 서로 다른 사업을 영위하는 경우 사업별 수입금액이 큰 사업을 주된 사업으로 보아 중소기업 여부를 판단하는 것이므로, 거주자의 총수입금액 중 중소기업에 해당하지 않는 인적용역 수입금액이 출판업 수입금액보다 큰 경우에는 출판업에서 발생한 소득에 대하여 중소기업에 대한 특별세액감면을 적용받을 수 없는 것임.

승강기 설치 및 수리 · 유지보수업이 중소기업에 대한 특별세액감면 대상인지(사전법규법인 2022-355, 2022.3.31.)

「조세특례제한법」 제7조 중소기업에 대한 특별세액감면 적용을 위한 업종 분류는 같은 법에 특별한 규정이 있는 경우를 제외하고는 「통계법」 제22조의 규정에 의하여 국가데이터처장이 고시하는 한국표준산업분류에 의하는 것이며, 승강기 설치 및 수리 · 유지보수업은 한국표준산업분류에 따를 경우 건물용 기계 · 장비 설치 공사업(분류코드:42202)으로 건설업에 해당함.

업종이 주문자상표부착방식에 의한 수탁생산업에 해당하여 중소기업에 대한 특별세액감면 100분의 15 적용이 가능한지 여부(조심2021전1825, 2021.8.31., 서면법인2016-4209, 2016.10.27., 제조예-805, 2004.12.1.)

주문자상표부착생산방식(OEM)이 주문자가 판매할 상품을 주문자의 상표를 부착하여 주문자의 설계대로 제작자가 위탁받아 제조하는 방식임을 고려시, 주문자가 요청한 청구법인의 견적서에는 제품의 종류, 용량, 규격 등 주문을 위한 일반적이고 기초적인 사항만 기재될 뿐 주문자가 직접 제품의 설계 및 개발에 관여한 사실이 확인되지 않는 점, 청구법인이 주문자에게 납품하는 제품은 주문자가 판매할 상품에 주문자의 상표를 부착한 것이 아니라 주문자 상품의 부수적 요소인 PP포대 등에 주문자의 상호를 인쇄한 것으로 보이는 점, 청구법인과 청구법인의 대표이사 명의로 보유 중인 제품 제조 관련 특허권 및 자체개발 제품 홍보내용 등으로 미루어 제품의 생산을 위한 핵심기술과 노하우는 청구법인이 보유하고 있는 것으로 보이는 점 등에 비추어 처분청에서 청구법인의 생산방식을 주문자상표부착생산방식(OEM)이 아닌 제조자개발생산방식(ODM)의 수탁생산업으로 보아 청구법인의 경정청구를 거부한 처분은 달리 잘못이 없는 것으로 판단됨.

※ 주문자상표부착방식(OEM: Original Equipment Manufacturing)이란 세법상 용어가 아닌 경영학적인 용어로 일반적으로 제품의 설계 · 개발을 주문자가 완료하고 제조자는 주문자로부터 설계도를 받은 뒤 그에 따라 제품을 생산하여 주문자의 상표를 붙여 납품하는 일종의 하도급 형태의 생산방식임.

※ 제조자개발(설계)생산방식(ODM: Original Development Manufacturing)이란 주문자가 제조업체에 제품의 생산을 위탁하면 해당 제품을 개발 · 생산하여 주문자에게 납품(주문자의 상표 부착)하고, 주문자는 이 제품을 유통 · 판매하는 생산방식으로, 주문자가 만들어준 설계도에 따라 생산하는 단순 하청 생산방식인 주문자상표부착방식(OEM)과 달리 주문자의 요구에 따라 제조자가 주도적으로 디자인과 설계부터 제품 완성까지 모두 처리하는 생산방식임.

| (저자주) 주문자상표부착방식업에 대한 중소기업 판정 및 중소기업특별세액감면시 감면율 |

국외 소재 제조업체에 의뢰하여 제조하는 경우	중소기업 판정시 업종	중소기업특별세액감면시 감면율
주문자상표부착방식(OEM)	도매업	주문자상표부착방식(OEM) 수탁생산업에 해당하는 감면율 적용
제조자개발(설계)생산방식(ODM)	도매업	도매업에 해당하는 감면율 적용

태양광 발전설비 대여사업이 「중소기업 특별세액감면」 대상이 되는 신 · 재생에너지 발전사업에 해당하는지 여부(기준법령해석법인2020-195, 2020.10.26.)

「신 · 재생에너지 설비의 지원 등에 관한 규정」 제37조에 따른 태양광 대여사업은 태양광 대여사업자가 주택 등에 태양광 발전설비를 설치하고 그 설비가 설치된 주택 등에서 납부하는 대여료와 신 · 재생에너지 생산인증서(REP) 판매수입으로 투자비를 회수하는 사업으로서 「조세특례제한법」 제7조 제1항 제1호 누목에서 규정하고 있는 「신에너지 및 재생에너지 개발·이용·보급촉진법」에 따른 신·재생에너지 발전사업에 해당하지 않는 것임.

Ⅱ 감면비율

☆ 2023.1.1. 이후 개시한 과세연도부터 수도권 내에서 중소기업(소기업 제외)이 지식기반산업을 경영하는 사업장은 감면을 배제한다.(2023.1.1. 이전 개시한 과세연도까지 감면율 10% 적용함.)

☆ 알뜰주유소를 영위하는 중소기업의 감면비율특례가 2023.12.31.까지 발생한 석유판매업에서 발생한 소득에 대한 특례감면율은 일몰종료되었지만 도·소매업에 해당하는 일반감면율은 적용할 수 있다.

구 분	제조업 등 (지식기반산업 포함)		도소매, 의료업		일반서적출판업		통관대리 등	
	수도권 내	수도권 외	수도권 내	수도권 외	수도권 내	수도권 외	수도권 내	수도권 외
중기업	-	15%	-	5%	10%	15%	-	7.5%
소기업	20%	30%	10%	10%	20%	20%	10%	15%

중소기업에 대한 특별세액감면의 감면비율은 다음과 같다. 다만, 내국법인의 본점 또는 주사무소가 수도권에 있는 경우에는 모든 사업장이 수도권에 있는 것으로 보아 감면비율을 적용한다.

1. 본점 또는 주사무소가 수도권 내에 소재하는 경우

감면업종	모든 사업장에 대한 감면율
도매업 등[주1)] 영위사업장	소기업에 한하여 10%
위 외의 업종[주2)] 영위사업장	소기업에 한하여 20%
일반서적출판업[주3)]	중기업[주4)]의 경우 10%

주1) 도매업등이란 도매업, 소매업, 의료업을 말한다.

주2) 2023.1.1. 이전에 규정한 지식기반산업[☆]은 2023.1.1. 이후 개시하는 과세연도부터 포함한다.

☆ 지식기반산업은 엔지니어링사업, 전기통신업, 연구개발업, 컴퓨터 프로그래밍, 시스템 통합 및 관리업, 영화·비디오물 및 방송프로그램 제작업, 전문디자인업, 오디오물 출판 및 원판 녹음업, 광고업 중 광고물 문안 및 설계등 작성업, 소프트웨어 개발 및 공급업, 방송업,정보서비스업, 서적, 잡지 및 기타 인쇄물출판업, 창작 및 예술관련 서비스업(자영예술가는 제외한다), 보안시스템 서비스업을 말한다.

주3) 2025.1.1. 이후 개시하는 과세연도부터 적용한다.(조특법 부칙 제20778호 제2조, 2025.3.14.)

주4) 중기업은 소기업을 제외한 중소기업을 말한다.

참고사항

■ **일반 서적 출판업의 범위**

한국표준산업분류상 일반서적출판업(58113)은 학습 서적, 만화, 잡지 및 정기 간행물을 제외한 각종 서적이나 서적 성격의 팸플릿을 출판하는 산업활동을 말한다.

J.정보통신업
  58.출판업
    581.서적 잡지 및 기타 인쇄물 출판업
      5811.서적 출판업
        58111.교과서 및 학습 서적 출판업
        58112.만화 출판업
        58113.일반 서적 출판업
      5812.신문, 잡지 및 정기 간행물 출판업
      5819.기타 인쇄물 출판업

일반서적출판업은 다음과 같은 출판을 의미한다.

- 소설 및 수필집 출판
- 여행 가이드 서적 출판
- 사업체 목록 출판
- 판례집 출판
- 인터넷 웹 소설 출판
- 동화책 출판
- 지도 및 해도 출판
- 전화번호부 출판
- 정보 목록부 출판

2. 본점 또는 주사무소가 수도권 외의 지역에 소재하는 경우

감면업종	수도권 내의 사업장 감면율	수도권 외의 사업장 감면율
도매업 등	소기업에 한해 10%	소기업 10%(중소기업 5%)
위 외의 업종	소기업에 한해 20%	소기업 30%(중소기업 15%)

3. 통관대리 및 관련 서비스업의 감면비율

통관대리 및 관련 서비스업(한국표준산업분류코드:52991)의 감면비율은 위의 감면비율에 불구하고 다음과 같다. 2019년 1월 1일 이후 개시한 과세연도분에 대해서도 적용한다.

본점 또는 주사무소가 수도권내에 소재하는 경우 감면비율	본점 또는 주사무소가 수도권 외의 지역에 소재하는 경우	
	수도권 내의 사업장 감면율	수도권 외의 사업장 감면율
소기업에 한해 20% × 50%	소기업에 한해 20% × 50%	소기업 30%(중소기업 15%) × 50%

4. 소규모성실사업자 감면비율의 특례

다음의 요건을 모두 충족하는 중소기업의 경우에는 위 「1, 2, 3의 감면비율」에도 불구하고 「1, 2, 3의 감면 비율」에 100분의 110을 곱한 감면 비율을 적용한다.

① 해당 과세연도 개시일 현재 10년 이상 계속하여 해당 업종을 경영한 기업일 것
② 해당 과세연도의 종합소득금액이 1억원 이하일 것
③ 다음의 요건을 모두 갖춘 성실사업자일 것

㉠ 다음의 어느 하나에 해당하는 사업자일 것
가. 소득세법 제162조의2 및 제162조의3에 따라 신용카드가맹점 및 현금영수증가맹점으로 모두 가입한 사업자. 다만, 해당 과세기간에 소득세법 제162조의2 제2항, 제162조의3 제3항 또는 같은 조 제4항을 위반하여 법 제162조의2 제4항 후단 또는 제162조의3 제6항 후단에 따라 관할 세무서장으로부터 해당 사실을 통보받은 사업자는 제외한다.
나. 「조세특례제한법」 제5조의2 제1호에 따른 전사적(全社的) 기업자원 관리설비 또는 「유통산업발전법」에 따라 판매시점정보관리시스템설비를 도입한 사업자 등 기획재정부령으로 정하는 사업자
㉡ 소득세법 제160조 제1항 또는 제2항에 따라 장부를 비치·기록하고, 그에 따라 소득금액을 계산하여 신고할 것(소득세법 제80조 제3항 단서에 따라 추계조사결정이 있는 경우 해당 과세기간은 제외한다)
㉢ 소득세법 제160조의5 제3항에 따라 사업용계좌를 신고하고, 해당 과세기간에 같은 조 제1항에 따라 사업용계좌를 사용하여야 할 금액의 3분의 2 이상을 사용할 것

④ 성실사업자로서 다음의 요건을 모두 갖춘 자일 것

㉠ 해당 과세기간의 수입금액으로 신고한 금액이 직전 3개 과세기간의 연평균수입금액(과세기간이 3개 과세기간에 미달하는 경우에는 사업의 개시일이 속하는 과세기간과 직전 과세기간의 연평균수입금액을 말한다)의 100분의 50을 초과할 것. 다만, 사업장의 이전 또는 업종의 변경 등 대통령령으로 정하는 사유로 수입금액이 증가하는 경우는 제외한다.
㉡ 국세의 체납사실, 조세범처벌사실, 세금계산서·계산서 등의 발급 및 수령 의무 위반, 소득금액 누락사실 등을 고려하여 대통령령으로 정하는 요건에 해당할 것

참고사항

■ **알뜰주유소를 영위하는 중소기업의 감면비율특례 일몰종료**

석유판매업을 영위하는 중소기업으로서 알뜰주유소의 요건을 모두 갖춘 자에 대해서는 2023년 12월 31일까지 해당 석유판매업에서 발생하는 소득에 대한 소득세 또는 법인세에 감면 비율(10%, 15%, 20%)을 곱하여 계산한 세액상당액을 감면(조특법 7 ③, 법률 제19199호 부칙 3)하는 규정은 일몰종료되었지만 도·소매업에 해당하는 일반감면율은 적용할 수 있다.

중소기업특별세액감면 적용방법(사전법규법인2025-226, 2025.4.29.)

중소기업이 사업연도 중 본점을 수도권으로 이전하는 경우 「조세특례제한법」 제7조 제1항 제2호의 규정을 적용함에 있어서 감면비율은 사업연도 종료일 현재 본점 소재지를 기준으로 적용하는 것임.

Ⅲ 수도권과 소기업의 범위

1. 수도권의 범위

수도권이란 수도권정비계획법 제2조 제1호의 규정에 의한 수도권으로서 서울, 인천, 경기도 전체 지역을 말한다.(조특법 2 9호)

2. 소기업의 범위

소기업이란 중소기업 중 매출액이 업종별로 「중소기업기본법 시행령」 「별표 3」을 준용하여 산정한 규모 기준 이내인 기업을 말한다. 이 경우 "평균매출액등"은 "매출액"으로 본다.(조특령 6 ⑤)

해당 기업의 주된 업종	분류 기호	2025.9.1. 이후 규모 기준	2025.8.31. 이전 규모 기준
1. 코크스, 연탄 및 석유정제품 제조업	C19	평균매출액등 140억원 이하	평균매출액등 120억원 이하
2. 1차 금속 제조업	C24		
3. 식료품 제조업	C10	평균매출액등 120억원 이하	
4. 음료 제조업	C11		
5. 의복, 의복 액세서리 및 모피제품 제조업	C14		
6. 가죽, 가방 및 신발 제조업	C15		
7. 화학물질 및 화학제품 제조업(의약품 제조업은 제외한다)	C20		
8. 의료용 물질 및 의약품 제조업	C21		
9. 비금속 광물제품 제조업	C23		
10. 금속가공제품 제조업(기계 및 가구 제조업은 제외한다)	C25		
11. 전자부품, 컴퓨터, 영상, 음향 및 통신장비 제조업	C26		
12. 전기장비 제조업	C28		

<table>
<tr><th>해당 기업의 주된 업종</th><th>분류 기호</th><th>2025.9.1. 이후 규모 기준</th><th>2025.8.31. 이전 규모 기준</th></tr>
<tr><td>13. 기타 기계 및 장비 제조업</td><td>C29</td><td rowspan="5"></td><td rowspan="5"></td></tr>
<tr><td>14. 자동차 및 트레일러 제조업</td><td>C30</td></tr>
<tr><td>15. 가구 제조업</td><td>C32</td></tr>
<tr><td>16. 전기, 가스, 증기 및 공기조절 공급업</td><td>D</td></tr>
<tr><td>17. 수도업</td><td>E36</td></tr>
<tr><td>18. 운수 및 창고업</td><td>H</td><td rowspan="2">평균매출액등 100억원 이하</td><td rowspan="14">평균매출액등 80억원 이하</td></tr>
<tr><td>19. 금융 및 보험업</td><td>K</td></tr>
<tr><td>20. 농업, 임업 및 어업</td><td>A</td><td rowspan="12">평균매출액등 80억원 이하</td></tr>
<tr><td>21. 광업</td><td>B</td></tr>
<tr><td>22. 담배 제조업</td><td>C12</td></tr>
<tr><td>23. 섬유제품 제조업(의복 제조업은 제외한다)</td><td>C13</td></tr>
<tr><td>24. 목재 및 나무제품 제조업(가구 제조업은 제외한다)</td><td>C16</td></tr>
<tr><td>25. 펄프, 종이 및 종이제품 제조업</td><td>C17</td></tr>
<tr><td>26. 인쇄 및 기록매체 복제업</td><td>C18</td></tr>
<tr><td>27. 고무 및 플라스틱제품 제조업</td><td>C22</td></tr>
<tr><td>28. 의료, 정밀, 광학기기 및 시계 제조업</td><td>C27</td></tr>
<tr><td>29. 기타 운송장비 제조업</td><td>C31</td></tr>
<tr><td>30. 기타 제품 제조업</td><td>C33</td></tr>
<tr><td>31. 건설업</td><td>F</td></tr>
<tr><td>32. 도매 및 소매업</td><td>G</td><td>평균매출액등 60억원 이하</td><td rowspan="2">평균매출액등 50억원 이하</td></tr>
<tr><td>33. 정보통신업</td><td>J</td><td>평균매출액등 50억원 이하</td></tr>
<tr><td>34. 수도, 하수 및 폐기물 처리, 원료 재생업(수도업은 제외한다)</td><td>E(E36 제외)</td><td rowspan="2">평균매출액등 40억원 이하</td><td rowspan="5">평균매출액등 30억원 이하</td></tr>
<tr><td>35. 부동산업</td><td>L</td></tr>
<tr><td>36. 전문, 과학 및 기술 서비스업</td><td>M</td><td rowspan="3">평균매출액등 30억원 이하</td></tr>
<tr><td>37. 사업시설 관리, 사업 지원 및 임대 서비스업</td><td>N</td></tr>
<tr><td>38. 예술, 스포츠 및 여가관련 서비스업</td><td>R</td></tr>
<tr><td>39. 산업용 기계 및 장비 수리업</td><td>C34</td><td rowspan="4">평균매출액등 15억원 이하</td><td rowspan="4">평균매출액등 10억원 이하</td></tr>
<tr><td>40. 숙박 및 음식점업</td><td>I</td></tr>
<tr><td>41. 교육 서비스업</td><td>P</td></tr>
<tr><td>42. 보건업 및 사회복지 서비스업</td><td>Q</td></tr>
</table>

해당 기업의 주된 업종	분류 기호	2025.9.1. 이후 규모 기준	2025.8.31. 이전 규모 기준
43. 수리 및 기타 개인 서비스업(협회 및 단체는 제외한다)	S(S94 제외)		

비고
1. 해당 기업의 주된 업종의 분류 및 분류기호는 「통계법」 제22조에 따라 국가데이터처장이 고시한 한국표준산업분류에 따른다.
2. 위 표 제29호에도 불구하고 철도 차량 부품 및 관련 장치물 제조업(C31202) 중 철도 차량용 의자 제조업, 항공기용 부품 제조업(C31322) 중 항공기용 의자 제조업의 규모 기준은 평균매출액등 120억원 이하로 한다.

☆ 2025.9.1.부터 시행한다.(중기령 부칙 제35723호 제1조)

소기업 해당여부 판정 시 공동사업장의 매출액이 포함되는지 여부(서면법규법인2022-3374, 2023.5.4.)

내국법인이 개인과 공동사업장(개인사업자)을 운영하는 경우, 소기업 여부를 판정함에 있어 매출액에는 공동사업장의 매출액 중 공동사업계약에 따른 지분비율에 의하여 안분한 금액이 포함되는 것임.

| (저자주) 내국법인이 공동사업장을 운영하는 경우 소기업여부 판정기준 사례 |

A법인의 매출액	A법인과 공동사업(개인사업) (A법인의 지분율 70%)	A법인의 소기업판정 매출액 기준
100억원	50억원	100억원 + 50억원 × 70% = 135억원

소기업 판단시 평균매출액의 의미(사전법규법인2021-1927, 2022.1.26., 사전법령해석법인2018-95, 2018.6.25.)

'소기업'은 중소기업 중 매출액이 업종별로 「중소기업기본법 시행령」 「별표 3」의 규모기준 이내인 기업을 말하며, 매출액은 당해 과세연도의 기업회계기준에 따라 작성한 손익계산서상의 매출액으로 하는 것임.

소기업 판정시 관계기업의 매출액을 합산하는지 여부(서면법인2016-5783, 2016.12.9.)

소기업의 판정시에 매출액은 당해기업의 매출액만으로 판정하는 것이며, 관계기업의 매출액은 합산하지 아니하는 것임.

Ⅳ 감면세액의 계산 및 감면한도

1. 감면세액의 계산

중소기업특별세액감면액은 다음 산식에 의하여 계산한다.

$$감면(면제)세액 = 산출세액 \times \frac{감면대상소득}{과세표준} \times 감면비율$$

과세표준금액에 공제금액(이월결손금, 비과세소득, 소득공제)이 반영되어 있는 경우에 감면대상 소득은 다음의 금액을 공제한 금액으로 한다.(조특법 집행기준 7-0-4)

① 공제액이 감면대상소득에서 직접 발생한 경우에는 공제액 전액

감면대상 소득 = 감면대상 사업의 각 사업연도 소득금액 − 공제액

② 공제액이 감면대상소득에서 발생한 여부가 불분명한 경우에는 소득금액에 비례하여 안분계산 금액

$$감면대상소득 = \text{감면대상 사업의 각사업연도 소득금액} - \left[공제액 \times \frac{\text{감면대상사업의 각 사업연도 소득금액}}{\text{각 사업연도 소득금액}} \right]$$

2. 감면한도

중소기업특별세액감면은 다음의 구분에 따른 금액을 한도로 적용한다.

① 해당 과세연도의 상시근로자수가 직전 과세연도의 상시근로자수보다 감소한 경우: 1억원에서 감소한 상시근로자 1명당 5백만원씩을 뺀 금액(해당 금액이 음수인 경우에는 영으로 한다)
② 그 밖의 경우: 1억원

3. 상시근로자의 개념

상시근로자란 근로기준법에 따라 근로계약을 체결한 내국인(소득세법상 거주자를 의미함) 근로자로 한다. 다만, 다음에 해당하는 사람은 제외한다.(조특령 23 ⑩)

① 근로계약기간이 1년 미만인 자. 다만, 근로계약의 연속된 갱신으로 인하여 그 근로계약의 총 기간이 1년 이상인 근로자는 제외한다.
② 근로기준법 제2조 제1항 제9호에 따른 단시간근로자. 다만, 1개월간의 소정근로시간이 60시간 이상인 근로자는 제외한다.
③ 다음의 어느 하나에 해당하는 임원
　㉠ 법인의 회장, 사장, 부사장, 이사장, 대표이사, 전무이사 및 상무이사 등 이사회의 구성원 전원과 청산인
　㉡ 합명회사, 합자회사 및 유한회사의 업무집행사원 또는 이사
　㉢ 유한책임회사의 업무집행자
　㉣ 감사
　㉤ 그 밖에 ㉠부터 ㉣까지의 규정에 준하는 직무에 종사하는 자
④ 해당 기업의 최대주주 또는 최대출자자(개인사업자의 경우에는 대표자를 말한다)와 그 배우자
⑤ ④에 해당하는 자의 직계존비속(그 배우자 포함) 및 「국세기본법 시행령」 제1조의2 제1항에 따른 친족관계☆인 근로자
　☆ 「국세기본법 시행령」 제1조의2 제1항에 따른 친족관계는 다음과 같다.
　　① 4촌 이내의 혈족　② 3촌 이내의 인척　③ 배우자(사실상의 혼인관계에 있는 자를 포함한다)
　　④ 친생자로서 다른 사람에게 친양자 입양된 자 및 그 배우자·직계비속
　　⑤ 본인이 「민법」에 따라 인지한 혼인 외 출생자의 생부나 생모(본인의 금전이나 그 밖의 재산으로 생계를 유지하는 사람 또는 생계를 함께하는 사람으로 한정한다)
⑥ 소득세법 시행령 제196조에 따른 근로소득원천징수부에 의하여 근로소득세를 원천징수한 사실이 확인되지 아니하고, 다음의 어느 하나에 해당하는 보험료 등의 납부사실도 확인되지 아니하는 사람
　㉠ 국민연금법 제3조 제1항 제11호 및 제12호에 따른 부담금 및 기여금
　㉡ 국민건강보험법 제62조에 따른 직장가입자의 보험료

참고사항

■ **임원의 자녀를 채용한 경우 상시근로자 여부**
최대주주에 해당하지 않는 임원의 자녀를 채용한 경우 임원의 자녀는 상시근로자에 포함된다.

4. 상시근로자수의 계산

상시근로자수는 다음의 구분에 따른 계산식에 따라 계산한 수로 한다. 창업등의 경우 「창업등 기업의 상시근로자수」(Part03 – Chapter01 – 제3절)편에서 확인하기로 한다.

$$상시근로자수 = \frac{해당\ 과세연도의\ 매월\ 말\ 현재\ 상시근로자수의\ 합}{해당\ 과세연도의\ 개월\ 수}$$

☆ 100분의 1 미만의 부분은 없는 것으로 한다.

이 경우 단시간근로자 중 1개월간의 소정근로시간이 60시간 이상인 근로자 1명은 0.5명으로 하여 계산하며, 다음의 지원요건을 모두 충족하는 경우에는 0.75명으로 하여 계산한다.

① 해당 과세연도의 상시근로자수(상시근로자에 포함되는 단시간근로자인 1개월간의 소정근로시간이 60시간 이상인 근로자는 제외)가 직전 과세연도의 상시근로자수(상시근로자에 포함되는 단시간근로자인 1개월간의 소정근로시간이 60시간 이상인 근로자는 제외)보다 감소하지 아니하였을 것

② 기간의 정함이 없는 근로계약을 체결하였을 것

③ 상시근로자와 시간당 임금(「근로기준법」에 따른 임금, 정기상여금·명절상여금 등 정기적으로 지급되는 상여금과 경영성과에 따른 성과금을 포함한다), 그 밖에 근로조건과 복리후생 등에 관한 사항에서 「기간제 및 단시간근로자 보호 등에 관한 법률」에 따른 차별적 처우☆가 없을 것

☆ "차별적 처우"라 함은 다음의 사항에서 합리적인 이유 없이 불리하게 처우하는 것을 말한다.
가. 「근로기준법」 제2조 제1항 제5호에 따른 임금
나. 정기상여금, 명절상여금 등 정기적으로 지급되는 상여금
다. 경영성과에 따른 성과금
라. 그 밖에 근로조건 및 복리후생 등에 관한 사항

④ 시간당 임금이 「최저임금법」에 따른 최저임금액의 130% 이상일 것(중소기업: 120%)

참고사항

■ **감면대상소득의 계산사례(조특법 집행기준 7-0-5)**

① 건설업을 영위하는 중소기업이 건설용역을 대가로 수령한 공사대금을 어음으로 수령함에 있어 어음할인 등에 따른 손실보상 차원에서 공사대금에 가산하여 받는 금액과 동 어음 할인비용은 감면사업에 직접 관련하여 발생하는 부수수익 및 비용이므로 중소기업 특별세액 감면대상 소득 계산 시 이를 가감한다.

② 잡이익과 잡손실은 직접 관련 여부에 따라 제조업 및 기타사업의 개별익금 또는 개별손금으로, 지급이자는 차입한 자금의 실제 사용용도를 기준으로 제조업 및 기타사업의 개별 또는 공통손금으로 구분하여 계산한다.

③ 제조업 등을 영위하는 중소기업이 관계법령에 따라 정부와 협약을 체결하여 기술개발용역사업을 수행하면서 사업비로 지급받는 정부출연금은 당해 법인의 제조업 등에서 발생한 소득에 해당하지 아니하는 것이나, 당해 법인의 기술개발사업을 수행한 용역이 한국표준산업분류상 연구 및 개발업(분류코드 73)에 해당하는 경우에는 감면소득에 해당한다.

④ 「부가가치세법」 제32조의2에 따른 신용카드의 사용에 따른 세액공제액은 당해 사업에서 발생한 소득이 아니므로 중소기업에 대한 특별세액감면 대상소득에 해당하지 아니한다.
⑤ 건설업 영위 법인이 공사계약 파기에 따른 배상금으로 하도급업체에 지급한 금액은 감면사업(건설업)의 개별손금으로 구분하여 중소기업에 대한 특별세액감면 규정을 적용할 때 감면소득을 계산한다.
⑥ 중소기업에 대한 특별세액감면 적용대상 사업인 제조업과 기타의 사업을 겸영하는 법인이 구분경리하는 경우 외화를 차입하여 감면사업인 제조업에 사용하는 기계를 수입한 경우에는 당해 외화차입금의 환율변동에 따른 환율조정차상각액은 감면사업의 개별손금에 해당하나, 당해 법인의 사업과 직접 관련없이 지출한 기부금은 감면사업과 기타의 사업의 공통손금에 해당한다.
⑦ 조세특례제한법 제7조의 규정을 적용받는 사업과 기타의 사업을 겸영하는 경우 감면사업과 과세사업의 소득구분시 이월결손금은 이월된 당해 결손금의 범위내에서 이월결손금이 발생한 사업의 소득에서 공제한다.
⑧ 각 사업연도소득에 대한 법인세 과세표준과 세액을 납세지 관할 세무서장에게 신고한 법인이, 중소기업 등에 대한 특별세액감면 대상소득이 있는 경우에, 경정 등의 청구의 방법으로 동 감면을 적용받을 수 있다.
⑨ 「법인세법」 제66조 제2항에 의하여 경정하는 경우 감면세액은 경정후의 산출세액, 과세표준, 감면대상소득을 기준으로 「법인세법」 제59조의 규정에 따라 재계산한다.

Ⅴ 최저한세 및 농어촌특별세의 적용여부

중소기업에 대한 특별세액감면은 최저한세 적용대상이며 농어촌특별세 비과세대상이다.

Ⅵ 중복지원의 배제

① 통합투자세액 공제 등 일부 투자세액 공제 등과 중복 적용되지 아니한다.
② 동일 사업장에 대하여 여타 감면과 중복 적용되지 아니한다. 다만, 영농조합법인(조특법 66)·영어조합법인(조특법 67)·농업회사법인(조특법 68)에 대한 법인세 면제 등은 중복적용된다.
③ 감면신청서를 제출하여야 한다.
④ 고용증대세액공제(조특법 29의7), 통합고용세액공제(조특법 29의8) 및 중소기업 고용인원 사회보험료 세액공제(조특법 30)와 중복 적용된다.
⑤ 복식부기의무자가 추계로 신고하는 경우 감면이 배제된다.

사회적기업 등이 국가 등으로부터 받은 지원금이 감면대상소득에 해당하는지 여부(기획재정부 조세특례-86, 2024.1.29.)

장애인 표준사업장 및 사회적기업이 「장애인고용촉진법 및 직업재활법」, 「사회적기업 육성법」에 따라 국가 등으로부터 받은 지원금은 「조세특례제한법」 제85조의6에서 규정하는 감면대상소득에 해당하는 것임.

고용유지지원금이 조특법 제7조 중소기업 특별세액 감면대상 소득에 해당하는지 여부(사전법령해석소득2021-767, 2021.9.29.)

사업자가 「고용보험법」에 따라 지급받은 고용유지지원금은 감면되는 "해당 사업장에서 발생한 소득"에 해당하지 아니하는 것임.

화물운송 사업자가 사업장의 일부를 차고지로 임대하는 경우 해당 임대소득을 물류산업에서 발생한 소득으로 볼 수 있는지(사전법령해석법인2021-549, 2021.6.11.)

화물운송업을 영위하는 내국법인이 사업장의 일부를 다른 화물운송 사업자에게 차고지 용도로 임대(전대를 포함함)하는 경우 해당 임대사업에서 발생하는 소득은 '물류산업'에서 발생하는 소득에 해당하지 않는 것임.

본사를 지방으로 이전한 후 업종이 추가된 경우 감면 중복지원 배제 여부(서면법인2020-2686, 2020.7.10.)

수도권과밀권역에 본사를 두고 3년 이상 도매업을 영위하던 법인이 본사를 지방으로 이전한 후 제조업을 추가 영위하며 업종별로 구분경리를 하는 경우, 도매업에서 발생하는 소득에 대해서는 「조세특례제한법」 제63조의2에 의한 법인의 공장 및 본사를 수도권 밖으로 이전하는 경우 법인세 등 감면을 적용하고, 이전 후 추가한 제조업에서 발생하는 소득에 대해서는 중소기업특별세액감면을 각각 적용받을 수 있는 것임.

영업권 양도에 따른 무형자산처분이익의 중소기업특별세액감면 대상소득 해당여부(기준법령해석법인2018-183, 2018.9.3.)

여객운송업을 영위하는 내국법인이 영업용으로 사용하던 택시 전부와 함께 영업권을 양도함에 따라 발생한 무형자산처분이익은 중소기업에 대한 특별세액감면을 적용할 때 감면대상소득에 해당하지 않는 것임.

프랜차이즈 사업을 영위하는 기업이 조특법 제7조 제1항에 따른 감면대상에 해당하는지 여부(사전법령해석소득2018-340, 2018.6.15.)

음식점 가맹사업이 「조세특례제한법」 제7조 제1항 제1호의 감면업종에 해당하는지 여부는 「통계법」 제22조에 따라 국가데이터처장이 고시하는 한국표준산업분류에 따르는 것임.

> 프랜차이즈 산업은 식자재 등을 공급하기 위한 경우가 일반적이므로 음식료품 제조 또는 도매 사업체가 많으며, 경영상담 서비스 등은 부수적으로 제공됨. 주된 산업활동에 따라 산업 결정
>
> ① 직접 제조한 빵 및 소스류를 가맹점에 공급하는 것이 주된 산업활동인 경우 ⇨ 107 기타 식품 제조업

② 구입한 빵 및 소스류를 가맹점에 공급하는 것이 주된 산업활동인 경우 ⇨ 4632 가공식품 도매업
③ 가맹점에 대하여 전략기획 자문, 시장관리 및 인력관리 자문 등 컨설팅 서비스를 제공하고 수수료를 받는 것이 주된 산업활동인 경우 ⇨ 71531 경영 컨설팅업

➲ 전력산업기금에서 지원되는 발전차액의 중소기업에 대한 특별세액감면 대상 소득 여부 (서면법령해석법인2017-1386, 2017.12.22.)

「신에너지 및 재생에너지 개발・이용・보급 촉진법」에 따른 신・재생에너지 발전사업을 영위하는 사업자가 같은법 제17조 제2항에 따라 발전차액을 「전기사업법」 제48조에 따른 전력산업기반기금에서 지원받는 경우 해당 발전차액은 「조세특례제한법」 제7조에 따른 감면대상 소득에 해당하는 것임.

➲ 택배업이 중소기업특별세액감면 적용대상 업종인 물류산업에 해당하는지 여부(서면법령해석소득2017-1510, 2017.6.30.)

한국표준산업분류상의 택배업(49401)은 중소기업특별세액감면이 적용되는 물류산업에 해당하는 것임.

➲ 연예인 매니저업이 중소기업 특별세액감면 적용대상 업종에 해당하는지 여부(조심2015서1894, 2015.6.30.)

중소기업 해당업종 및 중소기업 특별세액감면 적용대상 감면업종의 경우 한국표준산업분류에 따르는 것이고, 2008 간추린 개정세법 해설 책자에서 중소기업 특별세액감면 적용대상 업종의 하나인 '그 밖의 과학기술 서비스업'에 대하여 제9차 한국표준산업분류의 소분류 729에 해당하는 것으로 적시하였으며, 한국표준산업분류의 소분류 729는 '기타 과학기술 서비스업'으로서 청구법인의 주업종인 매니저업(세세분류 73901)이 속한 '그 외 기타 전문, 과학 및 기술 서비스업'(소분류 739)과 구분되고, 한국표준산업분류의 업종 구분 및 「조세특례제한법」상의 감면업종 규정 등에 따르면 '그 외 기타 전문, 과학 및 기술 서비스업'(소분류 739) 전부 내지 '매니저업'을 중소기업 특별세액감면 대상업종에 속한다고 보기 어려운 점 등에 비추어 매니저업이 주업인 청구법인에 대하여 중소기업 특별세액감면을 배제됨.

➲ 중복지원배제여부(재조예-17, 2005.1.7.)

내국법인이 동일한 사업장에서 제조업으로 창업한 후 도매업을 추가하여 겸영하면서 명확히 구분경리하는 경우 제조업에서 발생한 소득에 대하여는 창업중소기업세액감면을 적용받고 도매업에서 발생한 소득에 대하여는 중소기업특별세액감면을 적용받을 수 있는 것임.

사례

■ **수도권내의 소기업으로서 중소기업특별세액감면을 최대한 받고자 할 경우 최대감면금액은 얼마인가? (최저한세는 고려하지 아니하며 소득구분계산서상 소득금액은 다음과 같고 고용감소 인원은 없는 것으로 가정한다.)**

구 분	각사업연도소득	도매업소득	건설업소득	과세분소득
금액	350,000,000	50,000,000	250,000,000	50,000,000
산출세액	46,500,000			

해답 및 계산과정

최저한세 고려하기전의 감면세액은 7,307,142원이다.

도매업 관련 감면세액 = 46,500,000 × 50,000,000/350,000,000 × 10% = 664,285
건설업 관련 감면세액 = 46,500,000 × 250,000,000/350,000,000 × 20% = 6,642,857

동 중소기업특별세액감면은 농어촌특별세가 비과세되므로 농어촌특별세는 고려할 필요가 없다.

사례

수도권내의 소기업으로서 중소기업특별세액감면을 최대한 받고자 할 경우 최대감면금액은 얼마인가? (최저한세는 고려하지 아니하며 소득구분계산서상 소득금액은 다음과 같고 고용감소 인원은 없는 것으로 가정한다.)

구 분	각사업연도소득	도매업소득	건설업소득	부동산임대소득
금액	250,000,000	△50,000,000	250,000,000	50,000,000
산출세액	27,500,000			

해답 및 계산과정

감면대상사업의 소득금액을 계산할 때 조세특례제한법 제143조 제3항에 의하여 구분 경리한 사업 중 결손금이 발생한 경우에는 해당 결손금의 합계액에서 소득금액이 발생한 사업의 소득금액에 비례하여 안분계산한 금액을 공제한 금액으로 한다.

① 도매업 결손금의 안분

구 분	소득금액	비 율	도매업 결손금 안분
건설업소득	250,000,000	83.33%	41,665,000
부동산임대업소득	50,000,000	16.67%	8,335,000
합 계	300,000,000	100%	50,000,000

② 건설업 관련 감면세액 = 27,500,000 × (250,000,000 − 41,665,000) ÷ 250,000,000 × 20%
= 4,583,370
동 중소기업특별세액감면은 농어촌특별세가 비과세되므로 농어촌특별세는 고려할 필요가 없다.
최저한세 고려하기전의 감면세액은 4,583,370원이다.

|「별표 1」 과밀억제권역, 성장관리권역 및 자연보전권역의 범위(제9조 관련)|

<table>
<tr><th>과밀억제권역</th><th>성장관리권역</th><th>자연보전권역</th></tr>
<tr>
<td rowspan="2">• 서울특별시
• 인천광역시(강화군, 옹진군, 서구 대곡동·불로동·마전동·금곡동·오류동·왕길동·당하동·원당동, 인천경제자유구역 및 남동 국가산업단지는 제외한다)
• 의정부시
• 구리시
• 남양주시(호평동, 평내동, 금곡동, 일패동, 이패동, 삼패동, 가운동, 수석동, 지금동 및 도농동만 해당한다)
• 하남시
• 고양시
• 수원시
• 성남시
• 안양시
• 부천시
• 광명시
• 과천시
• 의왕시
• 군포시
• 시흥시(반월특수지역은 제외한다)</td>
<td>• 동두천시 • 안산시
• 오산시 • 평택시
• 파주시
• 남양주시(와부읍, 진접읍, 별내면, 퇴계원면, 진건읍 및 오남읍만 해당한다)
• 용인시(신갈동, 하갈동, 영덕동, 구갈동, 상갈동, 보라동, 지곡동, 공세동, 고매동, 농서동, 서천동, 언남동, 청덕동, 마북동, 동백동, 중동, 상하동, 보정동, 풍덕천동, 신봉동, 죽전동, 동천동, 고기동, 상현동, 성복동, 남사면, 이동면 및 원삼면 목신리·죽릉리·학일리·독성리·고당리·문촌리만 해당한다)
• 연천군 • 포천시</td>
<td>• 이천시
• 남양주시(화도읍, 수동면 및 조안면만 해당한다)
• 용인시(김량장동, 남동, 역북동, 삼가동, 유방동, 고림동, 마평동, 운학동, 호동, 해곡동, 포곡읍, 모현면, 백암면, 양지면 및 원삼면 가재월리·사암리·미평리·좌항리·맹리·두창리만 해당한다)
• 가평군 • 양평군
• 여주군 • 광주시
• 안성시(일죽면, 죽산면 죽산리·용설리·장계리·매산리·장릉리·장원리·두현리 및 삼죽면 용월리·덕산리·율곡리·내장리·배태리만 해당한다)</td>
</tr>
<tr>
<td colspan="2">• 양주시 • 김포시
• 화성시
• 안성시(가사동, 가현동, 명륜동, 숭인동, 봉남동, 구포동, 동본동, 영동, 봉산동, 성남동, 창전동, 낙원동, 옥천동, 현수동, 발화동, 옥산동, 석정동, 서인동, 인지동, 아양동, 신흥동, 도기동, 계동, 중리동, 사곡동, 금석동, 당왕동, 신모산동, 신소현동, 신건지동, 금산동, 연지동, 대천동, 대덕면, 미양면, 공도읍, 원곡면, 보개면, 금광면, 서운면, 양성면, 고삼면, 죽산면 두교리·당목리·칠장리 및 삼죽면 마전리·미장리·진촌리·기솔리·내강리만 해당한다)
• 인천광역시 중 강화군, 옹진군, 서구 대곡동·불로동·마전동·금곡동·오류동·왕길동·당하동·원당동, 인천경제자유구역, 남동 국가산업단지
• 시흥시 중 반월특수지역</td>
</tr>
</table>

| 중소기업에 대한 특별세액감면 검토서식 |

<table>
<tr><th colspan="3">검토 사항</th><th>적합 여부</th></tr>
<tr><td>중소기업 기준</td><td colspan="2">[서식5] 중소기업 여부 검토표를 충족하는지 여부</td><td>예 / 아니오</td></tr>
<tr><td>업종 기준</td><td colspan="2">조특법 7 ① 1호에 열거된 업종을 영위하는지 여부
작물재배업, 축산업, 어업, 광업, 제조업, 건설업, 도소매업, 출판업, 방송업, 전기통신업, 연구개발업, 광고업, 전문디자인업 등 열거된 업종에 한정</td><td>예 / 아니오</td></tr>
<tr><td>소기업 기준</td><td colspan="2">매출액이 업종별로 「중소기업기본법 시행령」 「별표 3」 규모기준 이내(140억원, 120억원, 100억원, 80억원, 60억원, 50억원, 40억원, 30억원, 15억원)인지 여부</td><td>예 / 1번이동
아니오 / 2번이동</td></tr>
<tr><td rowspan="6">감면율</td><td rowspan="6">1. 소기업</td><td>도매 및 소매업, 의료업(도매업 등)을 경영하는 사업장</td><td>10%</td></tr>
<tr><td>수도권에서 통관대리 및 관련 서비스업을 경영하는 사업장</td><td>10%</td></tr>
<tr><td>수도권 외의 지역에서 통관대리 및 관련 서비스업을 경영하는 사업장</td><td>15%</td></tr>
<tr><td>수도권에서 도매업 등을 제외한 업종을 경영하는 사업장</td><td>20%</td></tr>
<tr><td>수도권 외의 지역에서 도매업을 제외한 업종을 경영하는 사업장</td><td>30%</td></tr>
<tr style="display:none"></tr>
<tr><td rowspan="4">감면율</td><td rowspan="4">2. 중기업</td><td>수도권 외의 지역에서 도매업 등을 경영하는 사업장</td><td>5%</td></tr>
<tr><td>수도권 외의 지역에서 도매업 등을 제외한 업종을 경영하는 사업장</td><td>15%</td></tr>
<tr><td>수도권에서 일반서적출판업을 경영하는 사업장</td><td>10%</td></tr>
<tr><td>수도권 외의 지역에서 통관대리 및 관련 서비스업을 경영하는 사업장</td><td>7.5%</td></tr>
<tr><td>한도액</td><td colspan="2">감면한도액을 초과하여 적용하지 않았는지 여부
① 해당 과세연도의 상시근로자수가 직전 과세연도의 상시근로자수보다 감소한 경우 ⇨ 1억원 − 감소한 상시근로자수 × 5백만원
② 그 밖의 경우: 1억원</td><td></td></tr>
</table>

제4절 수도권 밖으로 공장을 이전하는 기업에 대한 세액감면 등

I 감면적용요건

1. 감면대상자

다음의 요건을 모두 갖춘 내국인(공장이전기업)이 공장을 이전하여 2025년 12월 31일까지☆ 사업을 개시하는 경우에는 이전 후의 공장에서 발생하는 소득에 대하여 소득세 또는 법인세를 감면한다.(조특법 63)

☆ 공장을 신축하는 경우로서 공장의 부지를 2025년 12월 31일까지 보유하고 2025년 12월 31일이 속하는 과세연도의 과세표준 신고를 할 때 이전계획서를 제출하는 경우에는 2028년 12월 31일까지로 한다.

① 수도권과밀억제권역에 3년(중소기업은 2년) 이상 계속하여 공장시설을 갖추고 사업을 한 기업일 것

☆ 공장시설을 이전하기 위하여 조업을 중단한 날이 속하는 과세연도 개시일부터 소급하여 10년 이내에 이 조에 따른 감면을 적용받은 기업은 제외한다.

☆ 수도권과밀억제권역 안에 소재하는 공장시설을 수도권 밖(중소기업은 수도권 밖 또는 수도권의 인구감소지역)으로 이전하기 위하여 조업을 중단한 날부터 소급하여 3년(중소기업의 경우 2년) 이상 계속 조업(「대기환경보전법」, 「물환경보전법」 또는 「소음 · 진동관리법」에 따라 배출시설이나 오염물질배출방지시설의 개선 · 이전 또는 조업정지명령을 받아 조업을 중단한 기간은 이를 조업한 것으로 본다)한 실적이 있을 것을 말한다.(조특령 60 ②)

② 공장시설의 전부를 수도권 밖(중소기업은 수도권 밖 또는 수도권의 인구감소지역)으로 다음의 요건을 갖추어 이전할 것

㉠ 수도권 밖(중소기업은 수도권 밖 또는 수도권의 인구감소지역)으로 공장을 이전하여 사업을 개시한 날부터 2년 이내에 수도권과밀억제권역 안의 공장을 양도하거나 수도권과밀억제권역 안에 남아 있는 공장시설의 전부를 철거 또는 폐쇄하여 해당 공장시설에 의한 조업이 불가능한 상태일 것

㉡ 수도권과밀억제권역 안의 공장을 양도 또는 폐쇄한 날(공장의 대지 또는 건물을 임차하여 자기공장시설을 갖추고 있는 경우에는 공장이전을 위하여 조업을 중단한 날을 말한다)부터 2년 이내에 수도권 밖(중소기업은 수도권 밖 또는 수도권의 인구감소지역)에서 사업을 개시할 것. 다만, 공장을 신축하여 이전하는 경우에는 수도권과밀억제권역 안의 공장을 양도 또는 폐쇄한 날부터 3년 이내에 사업을 개시해야 한다.

③ 다음에 해당하는 경우 다음의 구분에 따른 요건을 갖출 것

㉠ 중소기업이 공장시설을 수도권의 인구감소지역으로 이전하는 경우로서 본점이나 주사무소("본사"라 한다)가 수도권과밀억제권역에 있는 경우: 해당 본사도 공장시설과 함께 이전할 것

㉡ 중소기업이 아닌 기업이 광역시로 이전하는 경우: 「산업입지 및 개발에 관한 법률」 제2조 제8호에 따른 산업단지로 이전할 것

참고사항

■ 「산업입지 및 개발에 관한 법률」 제2조 제8호에 따른 산업단지

8. "산업단지"란 제7호의2에 따른 시설과 이와 관련된 교육 · 연구 · 업무 · 지원 · 정보처리 · 유통 시설 및 이들 시설의 기능 향상을 위하여 주거 · 문화 · 환경 · 공원녹지 · 의료 · 관광 · 체육 · 복지 시설 등을 집단적으로 설치하기 위하여 포괄적 계획에 따라 지정 · 개발되는 일단(一團)의 토지로서 다음의 것을 말한다.

가. 국가산업단지: 국가기간산업, 첨단과학기술산업 등을 육성하거나 개발 촉진이 필요한 낙후지역이나 둘 이상의 특별시 · 광역시 · 특별자치시 또는 도에 걸쳐 있는 지역을 산업단지로 개발하기 위하여 제6조에 따라 지정된 산업단지

나. 일반산업단지: 산업의 적정한 지방 분산을 촉진하고 지역경제의 활성화를 위하여 제7조에 따라 지정된 산업단지

다. 도시첨단산업단지: 지식산업 · 문화산업 · 정보통신산업, 그 밖의 첨단산업의 육성과 개발 촉진을 위하여 「국토의 계획 및 이용에 관한 법률」에 따른 도시지역에 제7조의2에 따라 지정된 산업단지

라. 농공단지(農工團地): 대통령령으로 정하는 농어촌지역에 농어민의 소득 증대를 위한 산업을 유치 · 육성하기 위하여 제8조에 따라 지정된 산업단지

■ **3년 이상 계속 조업한 실적이 있는 공장의 범위**(조특법 통칙 63-60-1)

① "3년(중소기업의 경우 2년) 이상 계속 조업한 실적이 있을 것"이라 함은 제조장단위별로 3년(중소기업의 경우 2년) 이상 조업한 경우를 말하며, 제조시설중 일부가 3년(중소기업의 경우 2년) 미만 조업한 경우에도 해당 제조장을 3년(중소기업의 경우 2년) 이상 조업한 경우에는 3년(중소기업의 경우 2년) 이상 조업한 것으로 본다.

② 개인사업자가 대도시 안에서 영위하던 사업을 법 제32조의 규정에 의하여 법인으로 전환하고 당해 공장시설을 지방으로 이전하는 경우에는 당해 개인사업자가 조업한 기간을 합산한다.

2. 업종의 동일성

공장이전기업은 한국표준산업분류의 세분류를 기준으로 이전 전의 공장에서 공장시설을 이전하기 위하여 조업을 중단한 날부터 소급하여 2년(중소기업은 1년) 이상 계속 영위하던 업종과 이전 후의 공장에서 영위하는 업종이 같아야 한다.(조특법 63 ⑦)

참고사항

■ **공장 이전 후 추가 업종에서 발생한 소득의 세액감면 적용여부**(조특법 통칙 63－60－2)

수도권과밀억제권역에서 공장시설을 갖추고 제조업을 영위하던 법인이 당해 공장시설과 수도권과밀억제권역 안에 소재하던 본점을 수도권과밀억제권역 밖으로 함께 이전한 후 한국표준산업분류상의 세분류를 기준으로 이전전의 업종과 다른 새로운 업종을 추가한 경우, 그 추가한 업종에서 발생한 소득에 대하여는 법 제63조 규정의 수도권과밀억제권역 밖으로 이전하는 중소기업에 대한 세액감면을 적용하지 아니한다.

Ⅱ 감면세액의 계산등

1. 감면기간 및 감면세액

공장 이전일 이후 해당 공장에서 최초로 소득이 발생한 과세연도(공장 이전일부터 5년이 되는 날이 속하는 과세연도까지 소득이 발생하지 아니한 경우에는 이전일부터 5년이 되는 날이 속하는 과세연도)와 그 다음 과세연도 개시일부터 다음의 기간동안 이전 후의 공장에서 발생한 소득에 대한 법인세액에 다음의 감면율을 적용하여 감면한다.

가. 이전하는 지역구분

이전하는 지역	이전하는 지역의 세부내역
① 수도권 등 지역	㉠ 당진시, 아산시, 원주시, 음성군, 진천군, 천안시, 춘천시, 충주시, 홍천군(내면은 제외한다) 및 횡성군의 관할구역으로 이전하는 경우
	㉡ 수도권의 인구감소지역(이전하는 기업이 중소기업에 한정)으로 이전하는 경우
② 수도권 밖에 소재하는 광역시 등 지역	㉠ 수도권 밖에 소재하는 광역시의 관할구역으로 이전하는 경우
	㉡ 구미시, 김해시, 전주시, 제주시, 진주시, 창원시, 청주시 및 포항시의 관할구역으로 이전하는 경우
③ 수도권 밖의 지역 중 ①, ② 외의 지역	

나. 이전하는 지역별 감면기간 및 감면율

구 분	감면기간	감면율
① 수도권 등 지역	최초 5년 추가 2년	100% 50%
② 수도권 밖 광역시 등 지역		
㉠ 성장촉진지역등☆으로 이전하는 경우	최초 7년 추가 3년	100% 50%
㉡ ㉠에 따른 지역외의 지역으로 이전하는 경우	최초 5년 추가 2년	100% 50%
③ 수도권 밖의 지역 중 ①, ②외의 지역		
㉠ 성장촉진지역등☆으로 이전하는 경우	최초 10년 추가 2년	100% 50%
㉡ ㉠에 따른 지역 외의 지역으로 이전하는 경우	최초 7년 추가 3년	100% 50%

☆ 성장촉진지역등이란 위기지역, 「지방자치분권 및 지역균형발전에 관한 특별법」에 따른 성장촉진지역 또는 인구감소지역을 말한다.

참고사항

■ **수도권 밖으로 공장을 이전하는 기업에 대한 세액감면 등에 관한 경과조치**(조특법 부칙 제20617호, 27, 2024.12.31.)

① 이 법 시행(2025.1.1.) 전에 공장을 이전한 경우의 세액감면에 관하여는 제63조의 개정규정에도 불구하고 종전의 규정에 따른다.

② 이 법 시행(2025.1.1.) 이후 공장을 이전하는 경우로서 공장이전기업이 종전의 제63조 제1항을 적용받기 위하여 이 법 시행 전에 다음 각 호의 어느 하나에 해당하는 행위를 한 경우에는 제63조의 개정규정에도 불구하고 종전의 규정에 따른다.

1. 공장을 신축하는 경우로서 제63조 제1항에 따라 이전계획서를 제출한 경우
2. 공장 이전을 위하여 기존 공장의 부지나 공장용 건축물을 양도(양도 계약을 체결한 경우를 포함한다)하거나 공장을 철거 또는 폐쇄한 경우
3. 공장 이전을 위하여 신규 공장의 부지나 공장용 건축물을 매입(매입 계약을 체결한 경우를 포함한다)한 경우
4. 공장을 신축하기 위하여 건축허가를 받은 경우
5. 제1호부터 제4호까지의 행위에 준하는 행위를 한 경우로서 실질적으로 이전에 착수한 것으로 볼 수 있는 경우

2. 감면배제

감면을 적용받은 중소기업이 수도권 안으로 이전한 경우로서 「중소기업기본법」에 따른 중소기업이 아닌 기업과 합병하는 등 다음의 사유에 따라 중소기업에 해당하지 아니하게 된 경우에는 해당 사유 발생일이 속하는 과세연도부터 감면하지 아니한다.(조특법 63 ⑧, 조특령 60 ⑬)

① 중소기업기본법의 규정에 의한 중소기업 외의 기업과 합병하는 경우
② 중소기업유예기간 중에 있는 법인과 합병하는 경우
③ 독립성기준을 갖추지 못하게 된 경우(관계기업관련 요건 제외)
④ 창업일이 속하는 과세연도 종료일부터 2년 이내의 과세연도종료일 현재 중소기업기준을 초과하는 경우

3. 감면세액의 추징

가. 추징사유

감면을 적용받은 공장이전기업이 다음에 해당하는 경우에는 그 사유가 발생한 과세연도의 과세표준신고를 할 때 감면받은 소득세액 또는 법인세액과 이자상당가산액(1일 22/100,000)을 법인세로 납부하여야 한다.(조특법 63 ②)

① 공장을 이전하여 사업을 개시한 날부터 3년 이내에 그 사업을 폐업하거나 법인이 해산한 경우. 다만, 합병・분할 또는 분할합병으로 인한 경우에는 그러하지 아니하다.
② 공장을 수도권 밖(중소기업은 수도권 밖 또는 수도권의 인구감소지역)으로 이전하여 사업을 개시하지 아니한 경우. 이는 다음의 요건을 갖추지 않은 경우를 말한다.
  ㉠ 수도권 밖(중소기업은 수도권 밖 또는 수도권의 인구감소지역)으로 공장을 이전하여 사업을 개시한 날부터 2년 이내에 수도권과밀억제권역 안의 공장을 양도하거나 수도권과밀억제권역 안에 남아 있는 공장시설의 전부를 철거 또는 폐쇄하여 해당 공장시설에 의한 조업이 불가능한 상태일 것
  ㉡ 수도권과밀억제권역 안의 공장을 양도 또는 폐쇄한 날(공장의 대지 또는 건물을 임차하여 자기공장시설을 갖추고 있는 경우에는 공장이전을 위하여 조업을 중단한 날을 말한다)부터 2년 이내에 수도권 밖(중소기업은 수도권 밖 또는 수도권의 인구감소지역)에서 사업을 개시할 것. 다만, 공장을 신축하여 이전하는 경우에는 수도권과밀억제권역 안의 공장을 양도 또는 폐쇄한 날부터 3년 이내에 사업을 개시해야 한다.
③ 수도권(중소기업은 수도권 중 인구감소지역을 제외한 지역)에 이전한 공장에서 생산하는 제품과 같은 제품을 생산하는 공장(중소기업이 수도권의 인구감소지역으로 이전한 경우에는 공장 또는 본사)을 설치한 경우

참고사항

- **이자상당가산액 계산에 적용되는 이자율의 적용방법**(조특령 부칙 제32413호, 21, 2022.2.15.)

  2022년 2월 15일 이전에 발생한 사유로 2022년 2월 15일 이후 세액을 납부 또는 부과하는 경우 2022년 2월 14일까지의 기간분에 대한 이자상당가산액 또는 이자상당액의 계산에 적용되는 이자율은 개정규정에도 불구하고 종전의 규정(25/100,000)에 따르고, 2022년 2월 15일 이후의 기간분에 대한 이자상당가산액 또는 이자상당액의 계산에 적용되는 이자율은 개정규정(22/100,000)에 따른다.

나. 추징기간

추징사유에 해당할 경우 다음의 구분에 따른 세액을 납부하여야 한다.

추징사유구분	추징세액
위 「가. 추징사유」의 ①에 해당하는 경우	폐업일 또는 법인해산일부터 소급하여 3년 이내에 감면된 세액
위 「가. 추징사유」의 ②에 해당하는 경우	요건을 갖추지 못하게 된 날부터 소급하여 5년 이내에 감면된 세액
위 「가. 추징사유」의 ③에 해당하는 경우	공장설치일[중소기업이 본점이나 주사무소를 이전한 경우에는 본점 또는 주사무소 설치일을 포함한다]부터 소급하여 5년 이내에 감면된 세액 ☆ 이 경우 이전한 공장이 둘 이상이고 해당 공장에서 서로 다른 제품을 생산하는 경우에는 수도권(중소기업의 경우 수도권 중 인구감소지역을 제외한 지역) 안의 공장에서 생산하는 제품과 동일한 제품을 생산하는 공장의 이전으로 인하여 감면받은 분에 한정한다.

Ⅲ 기타사항

① 세액공제 및 세액감면과 중복지원 배제
② 무신고결정 및 기한 후 신고시 감면적용 배제
③ 최저한세 적용배제. 단, 수도권 성장관리권역이나 자연보전권역 이전시 적용됨.
④ 농어촌특별소비세 비과세

공장 이전 후 구공장을 임대한 경우 조특법 제63조에 따른 감면 적용 여부(서면법인2024-3374, 2025.4.17)

「조세특례제한법」 제63조에 따른 세액감면은 수도권과밀억제권역에서 공장시설을 갖추고 2년 이상 계속하여 조업한 중소기업이 수도권과밀억제권역 밖으로 공장시설을 전부 이전하여 사업을 개시한 날부터 2년 이내에 수도권과밀억제권역 안에 남아있는 공장시설의 전부를 철거 또는 폐쇄하여 해당 공장시설에 의한 조업이 불가능한 상태에 있는 구공장을 임대한 경우에도 적용하는 것이며, 당해 공장 임차인이 영위하는 업종은 감면 적용 여부와 관계가 없는 것임.

임대인의 공장시설 미철거시 지방이전 세액감면 적용여부(서면법규법인2023-1671, 2024.6.27., 기획재정부조세특례-555, 2024.6.27)

「조세특례제한법 시행령」 제60조 제3항 제1호에서 철거·폐쇄 대상이 되는 공장시설이란 영업을 목적으로 물품의 제조, 가공, 수선 등의 목적에 사용할 수 있도록 한 공장의 생산시설과 설비를 의미하는 것이며 일부 자산을 임차한 경우도 감면 대상에 포함되지만, 해당 자산을 포함하여 전부 이전하는 경우에 감면 요건을 충족하는 것임.

☆ (저자주) 일부 임차자산이 포함되어 있어도 감면대상은 될수 있지만 그 임차자산을 포함하여 전부 이전해야 감면요건이 충족된다는 의미로서 임대인 설비(제조설비)가 종전 공장에 남아 있어 이를 그대로 또는 최소한의 추가설비만으로 제조에 활용할 수 있는 상태라면 '공장시설 전부 이전' 또는 '철거 폐쇄에 준하는 조업불가 상태' 요건을 충족했다고 보기 어렵기 때문에 감면을 받을 수 없는 것으로 해석된다.

공장 이전 전 2년 미만을 영위한 업종에서 「공장 이전 후 발생한 소득」의 감면대상 여부(서면법규법인2022-3372, 2023.12.15.)

수도권과밀억제권역안 하나의 공장시설에서 한국표준산업분류코드상의 세분류를 기준으로 두 업종을 영위하던 중소기업이 수도권과밀억제권역 밖으로 공장시설의 전부를 이전하는 경우 하나의 업종을 영위한 기간은 2년 이상이나 나머지 업종을 영위한 기간이 2년 미만이더라도, 수도권과밀억제권역에서 해당 공장시설을 갖추고 계속하여 사업을 영위한 기간이 2년 이상인 경우에는 「조세특례제한법」 제63조 제1항 제1호 가목의 "수도권과밀억제권역에 2년 이상 계속하여 공장시설을 갖추고 사업을 한 기업"에 해당하는 것임. 다만, 수도권과밀억제권역 밖으로 이전하면서 2년 이상 영위한 업종은 폐업하고 2년 미만 영위한 업종만 이전하는 등 실질적으로 수도권과밀억제권역밖으로 이전한 법인의 영위업종이 주로 2년 미만인 경우에는 감면대상에 해당되지 아니하는 것임.

중소기업이 수도권과밀억제권역에서 수도권과밀억제권역 밖으로 공장 이전시 감면 등 적용 여부(서면법인2023-1523, 2023.9.26.)

1. 「조세특례제한법」 제63조 수도권 밖으로 공장을 이전하는 기업에 대한 세액감면을 적용함에 있어서 성남일반산업단지는 「수도권정비계획법」 제6조에 따라 수도권과밀억제권역에 포함되므로 수도권과밀억제권역 내 해당 산업단지에서 2년 이상 공장 시설을 갖추고 사업을 한 중소기업이 공장시설의 전부를 수도권과밀억제권역 밖으로 이전하는 경우 세액감면 적용대상에 해당하는 것임.
2. 「조세특례제한법」 제63조 수도권 밖으로 공장을 이전하는 기업에 대한 세액감면을 적용함에 있어서 공장시설의 전부를 이전하지 아니하고 일부를 양도하는 경우에는 세액감면을 적용하지 아니하는 것임.

3. 「조세특례제한법」 제130조 수도권과밀억제권역의 투자에 대한 조세감면 배제를 적용함에 있어서 중소기업이 수도권과밀억제권역 내 「산업입지 및 개발에 관한 법률」에 의한 산업단지에 소재한 사업장에서 사용하기 위하여 취득하는 사업용 고정자산에 대해서는 통합투자세액공제를 배제하지 아니하는 것임.
4. 「조세특례제한법」 제7조 중소기업특별세액감면 규정을 적용함에 있어서 성남일반산업단지는 「수도권정비계획법」 제2조 제1호에 따라 수도권에 포함되므로 동 산업단지 소재 내국법인중 소기업에 한하여 중소기업특별세액감면 적용대상에 해당하는 것임.

➲ **수도권과밀억제권역 밖으로 이전하는 중소기업에 대한 세액 감면 여부**(서면법인2020-1241, 2021.4.8.)

1. 수도권과밀억제권역 안에 소재하는 공장과 본사를 수도권과밀억제권역 밖으로 이전하는 경우 공장시설이 전부 이전한 이후에 해당 공장에서 제조를 개시한 날과 본사 이전 등기일(이전 등기일 이후에 실제로 본사를 이전한 경우에는 실제로 이전한 날) 중 늦은 날에 공장시설을 전부 이전한 것으로 보아 적용하는 것임.
2. 공장시설 이전 이후에 수도권과밀억제권역 내에 마케팅을 목적으로 영업소를 설치하는 경우에 대하여는 기존 유권해석(서면인터넷방문상담2팀-2119, 2007.11.21.)을 참고하기 바람.

> ■ 서면2팀-2119, 2007.11.21.
>
> 수도권과밀억제권역 안에서 2년 이상 계속하여 공장시설을 갖추고 사업을 영위하는 중소기업이 조세특례제한법 제63조 제1항의 규정을 적용함에 있어서 사실상 본점 또는 주사무소의 역할을 하는 영업소가 이전 당시 수도권과밀억제권역 안에 소재하는 경우에는 당해 세액감면 규정을 적용받을 수 없는 것으로, 귀 질의의 서울사무소가 본점 또는 주사무소의 역할을 수행하는지 여부는 사실 판단할 사항임.

3. 이전 전의 공장에서 영위하던 업종과 이전 후의 공장에서 영위하는 업종이 한국표준산업분류상의 세분류가 같은 경우에만 「조세특례제한법」 제63조에 따른 감면이 적용되는 것임.
4. 「조세특례제한법」 제63조에 따른 감면을 적용받은 법인이 중소기업에 해당하지 않게 된 경우에 대한 감면, 적용 여부는 기존 유권해석(기획재정부 조세특례제도과-20, 2016.1.6.)을 참고하기 바람

> ■ 기획재정부조세특례-20, 2016.1.6.
>
> 「조세특례제한법(2008.12.26., 법률 제9272호로 일부개정된 것을 말함)」 제63조 제1항에 따라 감면을 적용받던 중소기업이 같은 법 시행령(2008.2.22., 대통령령 제20620호로 일부개정된 것을 말함) 제2조 제1항 각 호 외의 부분 단서에 따른 규모의 확대로 중소기업에 해당하지 않게 된 경우에는 같은 법 제63조 제1항에 따른 감면을 적용받을 수 있는 것임.

5. 「조세특례제한법」 제63조 제1항에 따라 감면을 적용받은 중소기업이 같은 조 제2항 제2호의 사유에 해당하는 경우에는 그 사유가 발생한 과세연도의 과세표준신고를 할 때 공장 이전일 이후 같은 조 제1항에 따라 감면받은 세액을 추가납부하는 것임.
6. 감면대상소득은 이전 전의 공장에서 영위하던 업종과 동일한 업종에서 발생하는 소득으로서 이전 후의 공장에서 발생하는 소득을 말하는 것임.

수도권 밖으로 공장을 이전하는 기업에 대한 세액 감면 여부(서면법인2021-102, 2021.3.5.)

수도권과밀억제권역 안에 소재하는 공장시설을 수도권 밖으로 이전하기 위하여 조업을 중단한 날부터 소급하여 2년 이상 계속 조업한 실적이 있는 중소기업이 「조세특례제한법 시행령」 제60조 제3항 제1호의 방식으로 공장시설을 수도권 밖으로 이전하는 경우 공장이전일(수도권과밀억제권역 안에 소재하는 공장시설을 수도권 밖으로 전부 이전하여 이전 후의 공장에서 제조를 개시한 날) 이후 해당 공장에서 최초로 소득이 발생하는 과세연도부터 같은 법 제63조에 따른 감면이 적용되는 것임.

본점의 일부 인력이 수도권과밀억제권역 내 잔류시 「조세특례제한법」 제63조 적용가능 여부(서면법인2018-3162, 2019.7.2.)

「조세특례제한법」 제63조의 조세감면을 받기 위해서는 수도권과밀억제권역 내 본점 또는 주사무소가 있는 경우 본점 또는 주사무소를 공장시설과 함께 이전하여야 하며, 사실상 주사무소 역할을 하는 조직이 수도권과밀억제권역 안에 소재하는 경우 세액감면을 받을 수 없는 것임. 이때 사실상의 주사무소가 수도권과밀억제권역 내에 존재하는지 여부는 사업수행에 필요한 중요한 관리 및 결정이 이루어지는 장소 즉, 경영계획, 재무・투자, 자산・부채의 관리, 주요 회의 개최, 대표자 및 주요 임직원의 통상적 업무 수행, 회계 서류등 주요 서류를 일상적으로 기록・관리 등이 수행되는 장소가 수도권과밀억제권역 내에 존재하는지 제반 사정을 종합적으로 고려하여 구체적 사안에 따라 개별적으로 판단하는 것임.

수도권과밀억제권역 밖 이전 후 구공장을 임대하는 경우 세액감면 해당 여부 외(서면법인2017-3079, 2018.2.20., 기획재정부조세특례-371, 2017.4.5.)

「조세특례제한법」 제63조에 따른 세액감면은 수도권과밀억제권역에서 공장시설을 갖추고 2년 이상 계속하여 조업한 중소기업이 수도권과밀억제권역 밖으로 공장시설을 전부 이전한 후 이전일로부터 1년 이내에 구공장의 공장시설 전부를 철거 또는 폐쇄하여 당해 공장시설에 의한 조업이 불가능한 상태에 있는 구공장을 임대한 경우에도 적용하는 것임.

상조회사의 본사 지방이전시 법인세 감면 적용 여부(사전법령해석법인2016-217, 2016.9.13.)

장례・결혼행사를 대행하는 사업을 영위하는 내국법인(이하 "상조회사"라 함)은 「조세특례제한법 시행령」 제60조의2 제1항 제6호의 "무점포판매에 해당하는 사업"에 해당하지 않으며, 상조회사의 회원이 계약을 해지함으로 인해 상조회사가 공정거래위원회 상조서비스 표준약관에 따라 회원의 납입금액에서 일정금액(이하 "위약금"이라 함)을 공제하고 해약환급금을 지급하는 경우 해당 위약금 수입은 같은 법 제63조의2에 따른 (법인의 공장 및 본사를 수도권 밖으로 이전하는 경우 법인세 등 감면)을 적용함에 있어 해당 감면사업과 직접 관련된 개별 익금으로 보아 감면소득을 계산하는 것임.

제5절 수도권 밖으로 본사를 이전하는 법인에 대한 세액감면 등

I 감면적용요건

1. 감면대상자

다음의 요건을 모두 갖추어 본사를 이전하여 2025년 12월 31일☆까지 사업을 개시하는 법인("본사이전법인")은 법인세를 감면한다.(조특법 63의2)

☆ 본사를 신축하는 경우로서 본사의 부지를 2025년 12월 31일까지 보유하고 2025년 12월 31일이 속하는 과세연도의 과세표준신고를 할 때 이전계획서를 제출하는 경우에는 2028년 12월 31일까지로 한다.

① 본점 또는 주사무소('본사'라 한다)의 이전등기일부터 소급하여 3년 이상 계속하여 수도권과밀억제권역 안에 본사를 두고 사업을 경영한 실적이 있는 법인일 것(조특령 60의2 ②)

② 본사를 수도권 밖으로 다음의 어느 하나의 요건을 갖추어 이전할 것(조특령 60의2 ③)

㉠ 수도권 밖으로 본사를 이전하여 사업을 개시한 날부터 2년 이내에 수도권과밀억제권역 안의 본사를 양도하거나 본사 외의 용도(일정 기준 미만의 사무소☆로 사용하는 경우를 포함한다)로 전환할 것

☆ 본사를 수도권 밖으로 이전한 날부터 3년이 되는 날이 속하는 과세연도가 지난 후 본사업무에 종사하는 총 상시 근무인원의 연평균 인원 중 수도권 안의 사무소에서 본사업무에 종사하는 상시 근무인원의 연평균 인원의 비율이 100분의 50 이상인 경우를 말한다.(조특령 60의2 ⑬)

㉡ 수도권과밀억제권역 안의 본사를 양도하거나 본사 외의 용도로 전환한 날부터 2년 이내에 수도권 밖에서 사업을 개시할 것. 다만, 본사를 신축하여 이전하는 경우에는 수도권과밀억제권역 안의 본사를 양도하거나 본사 외의 용도로 전환한 날부터 3년 이내에 사업을 개시해야 한다.

③ 수도권 밖으로 이전한 본사(이전본사)에 대한 투자금액 및 이전본사의 근무인원이 지역경제에 미치는 영향 등을 고려하여 다음의 기준을 충족할 것(조특령 60의2 ④)

㉠ 투자금액: 이전본사에 소재하거나 이전본사에서 주로 사용하는 사업용 유형자산과 건설 중인 자산에 대한 누적 투자액으로서 다음에 따라 계산한 금액이 10억원 이상일 것

ⓐ 이전본사의 이전등기일부터 소급하여 2년이 되는 날이 속하는 과세연도부터 법인세를 감면받는 과세연도까지 사업용 유형자산 및 건설 중인 자산에 투자한 금액의 합계액

ⓑ ⓐ에 따른 기간 중 투자한 사업용 유형자산과 건설 중인 자산을 처분한 경우(임대한 경우를 포함하며, 조세특례제한법 시행령 제137조 제1항 각 호의 어느 하나에 해당하는 경우는 제외한다) 해당 자산의 취득 당시 가액

☆ 다음의 어느 하나에 해당하는 경우를 말한다.

1. 현물출자, 합병, 분할, 분할합병, 「법인세법」 제50조의 적용을 받는 교환, 통합, 사업전환 또는 사업의 승계로 인하여 당해 자산의 소유권이 이전되는 경우
2. 내용연수가 경과된 자산을 처분하는 경우
3. 국가・지방자치단체 또는 「법인세법 시행령」 제39조 제1항 제1호 나목에 따른 학교 등에 기부하고 그 자산을 사용하는 경우

㉡ 근무인원: 해당 과세연도에 수도권 밖으로 이전한 본사(이전본사)의 근무인원이 20명 이상일 것

2. 감면배제 업종

위 감면대상자가 다음의 사업을 경영하는 경우에는 감면을 적용하지 아니한다. 다만, 「혁신도시 조성 및 발전에 관한 특별법」 제2조 제2호의 이전공공기관이 경영하는 다음에 해당하는 사업은 감면을 적용한다.(조특법 63의2 ① 단서, 조특령 60의2 ①)

① 부동산임대업
② 부동산중개업
③ 「소득세법 시행령」 제122조 제1항에 따른 부동산매매업
④ 건설업[한국표준산업분류에 따른 주거용 건물 개발 및 공급업(구입한 주거용 건물을 재판매하는 경우는 제외한다)을 포함한다]
⑤ 소비성서비스업(호텔업 및 여관업, 일반유흥주점업, 무도유흥주점업, 단란주점, 2024.3.22. 이후 개시하는 과세연도부터 무도장 운영업, 기타 사행시설 관리 및 운영업, 유사 의료업 중 안마를 시술하는 업, 마사지업 포함)
⑥ 「유통산업발전법」 제2조 제9호에 따른 무점포판매에 해당하는 사업
⑦ 「해운법」 제2조 제5호에 따른 해운중개업

3. 업종의 동일성

본사이전법인은 한국표준산업분류의 세분류를 기준으로 이전 전의 본사에서 영위하던 업종과 이전 후의 본사에서 영위하는 업종이 같아야 한다.(조특법 63의2 ⑤)

Ⅱ 감면대상소득

감면대상소득(이전 후 합병·분할·현물출자 또는 사업의 양수를 통하여 사업을 승계하는 경우 승계한 사업장에서 발생한 소득은 제외한다)은 다음과 같이 계산한다.(조특법 63의2 ① 2호)

감면대상소득 = [① − ② − (Max [③ − ④, 0])] × ⑤ × ⑥

① 해당 사업연도의 과세표준
② 토지·건물 및 부동산을 취득할 수 있는 권리의 양도차익
③ 고정자산처분익, 유가증권처분익, 수입이자, 수입배당금 및 자산수증익을 합한 금액☆
④ 고정자산처분손, 유가증권처분손 및 지급이자를 합한 금액☆

☆ 다만, 금융 및 보험업을 경영하는 법인(「금융지주회사법」에 따른 금융지주회사는 제외한다)의 경우에는 기업회계기준에 따라 영업수익에 해당하는 유가증권처분익, 수입이자 및 수입배당금은 제외한다.

⑤ 이전 후 본사근무인원비율: 해당 사업연도의 이전본사 근무인원이 법인 전체 근무인원에서 차지하는 비율

⑥ 매출액 비율: 해당 사업연도의 전체 매출액에서 위탁가공무역☆ 매출액을 뺀 금액이 해당 사업연도의 전체 매출액에서 차지하는 비율

☆ 위탁가공무역이란 가공임(加工賃)을 지급하는 조건으로 외국에서 가공(제조, 조립, 재생 및 개조를 포함한다)할 원료의 전부 또는 일부를 거래 상대방에게 수출하거나 외국에서 조달하여 가공한 후 가공물품 등을 수입하거나 외국으로 인도하는 것을 말한다.

Ⅲ 감면세액의 계산등

1. 감면기간 및 감면세액

본사 이전일 이후 본사이전법인에서 최초로 소득이 발생한 과세연도(본사 이전일부터 5년이 되는 날이 속하는 과세연도까지 소득이 발생하지 아니한 경우에는 이전일부터 5년이 되는 날이 속하는 과세연도)와 그 다음 과세연도 개시일부터 다음의 기간동안 감면대상소득에 대한 법인세액에 다음의 감면율을 적용하여 감면한다.(조특법 63의2 ① 3호)

가. 이전하는 지역구분

이전하는 지역	이전하는 지역의 세부내역
① 수도권 밖의 지역	㉠ 당진시, 아산시, 원주시, 음성군, 진천군, 천안시, 춘천시, 충주시, 홍천군(내면은 제외한다) 및 횡성군의 관할구역으로 이전하는 경우
② 수도권 밖에 소재하는 광역시 등 지역	㉠ 수도권 밖에 소재하는 광역시의 관할구역으로 이전하는 경우 ㉡ 구미시, 김해시, 전주시, 제주시, 진주시, 창원시, 청주시 및 포항시의 관할구역으로 이전하는 경우
③ 수도권 밖의 지역 중 ①, ②외의 지역	

나. 이전하는 지역별 감면기간 및 감면율

구 분	감면기간	감면율
① 수도권 등 지역	최초 5년 추가 2년	100% 50%
② 수도권 밖 광역시 등 지역		

구 분	감면기간	감면율
㉠ 성장촉진지역등으로 이전하는 경우	최초 7년 추가 3년	100% 50%
㉡ ㉠에 따른 지역외의 지역으로 이전하는 경우	최초 5년 추가 2년	100% 50%
③ 수도권 밖의 지역 중 ①, ②외의 지역		
㉠ 성장촉진지역등☆으로 이전하는 경우	최초 10년 추가 2년	100% 50%
㉡ ㉠에 따른 지역 외의 지역으로 이전하는 경우	최초 7년 추가 3년	100% 50%

☆ 성장촉진지역등이란 위기지역, 「지방자치분권 및 지역균형발전에 관한 특별법」에 따른 성장촉진지역 또는 인구감소지역을 말한다.

참고사항

■ **수도권 밖으로 본사를 이전하는 법인에 대한 세액감면 등에 관한 경과조치**(조특법 부칙 제19199호, 37, 2022.12.31.)

① 이 법 시행(2023.1.1.) 전에 본사를 이전한 경우의 세액감면에 관하여는 제63조의2 제1항 제3호 가목 및 나목의 개정규정에도 불구하고 종전의 규정에 따른다.

구 분	감면기간	감면율
① 수도권 밖의 지역에 소재하는 광역시 및 특정지역으로 이전하는 경우	4년 추가 2년	100% 50%
② ①외의 경우	6년 추가 3년	100% 50%

② 이 법 시행(2023.1.1.) 이후 본사를 이전하는 경우로서 본사이전법인이 종전의 제63조의2 제1항 제3호 가목 및 나목을 적용받기 위하여 이 법 시행 전에 다음 각 호의 어느 하나에 해당하는 행위를 한 경우에는 제63조의2 제1항 제3호 가목 및 나목의 개정규정에도 불구하고 종전의 규정을 적용할 수 있다.

1. 본사를 신축하는 경우로서 제63조의2 제1항에 따라 이전계획서를 제출한 경우
2. 본사 이전을 위하여 기존 본사의 부지나 본사용 건축물을 양도(양도 계약을 체결한 경우를 포함한다)하거나 본사를 철거·폐쇄 또는 본사 외의 용도로 전환한 경우
3. 본사 이전을 위하여 신규 본사의 부지나 본사용 건축물을 매입(매입 계약을 체결한 경우를 포함한다)한 경우
4. 본사를 신축하기 위하여 건축허가를 받은 경우
5. 제1호부터 제4호까지의 행위에 준하는 행위를 한 경우로서 실질적으로 이전에 착수한 것으로 볼 수 있는 경우

③ 제2항에 따라 제63조의2 제1항 제3호 가목 및 나목의 개정규정 또는 종전의 규정 중 하나를 선택하여 적용하는 경우에는 감면기간 동안 동일한 규정을 계속하여 적용하여야 한다.

■ 특정지역의 범위

구미시, 김해시, 아산시, 원주시, 익산시, 전주시, 제주시, 진주시, 창원시, 천안시, 청주시, 춘천시, 충주시, 포항시, 당진시, 음성군, 진천군, 홍천군(내면은 제외한다) 및 횡성군의 관할구역을 말한다.

2. 감면세액의 추징

가. 추징사유

감면을 적용받는 본사이전법인이 다음에 해당하는 경우에는 그 사유가 발생한 과세연도의 과세표준신고를 할 때 법인세액과 이자상당가산액(1일 22/100,000)을 납부하여야 한다.(조특법 63의2 ②, ③)

① 본사를 이전하여 사업을 개시한 날부터 3년 이내에 그 사업을 폐업하거나 법인이 해산한 경우. 다만, 합병·분할 또는 분할합병으로 인한 경우에는 그러하지 아니하다.

② 본사를 수도권 밖으로 이전하여 사업을 개시하지 아니한 경우. 이는 다음의 요건을 갖추지 않은 경우를 말한다.

㉠ 수도권 밖으로 본사를 이전하여 사업을 개시한 날부터 2년 이내에 수도권과밀억제권역 안의 본사를 양도하거나 본사 외의 용도(일정 기준 미만의 사무소로 사용하는 경우를 포함한다)로 전환할 것

㉡ 수도권과밀억제권역 안의 본사를 양도하거나 본사 외의 용도로 전환한 날부터 2년 이내에 수도권 밖에서 사업을 개시할 것. 다만, 본사를 신축하여 이전하는 경우에는 수도권과밀억제권역 안의 본사를 양도하거나 본사 외의 용도로 전환한 날부터 3년 이내에 사업을 개시해야 한다.

③ 수도권에 본사를 설치하거나 일정기준 이상의 사무소를 둔 경우

④ 감면기간에 임원 중 이전본사의 근무 임원 수가 수도권 안의 사무소에서 근무하는 임원과 이전본사 근무 임원의 합계 인원에서 차지하는 비율이 100분의 50에 미달하게 된 경우

☆ 해당 과세연도에 이전본사의 근무인원 및 법인 전체 근무인원은 다음과 같이 계산한 인원으로 한다.

㉮ 이전본사의 근무인원: ㉠에서 ㉡을 뺀 인원

㉠ 이전본사에서 본사업무에 종사하는 상시 근무인원의 연평균 인원(매월 말 현재의 인원을 합하고 이를 해당 개월 수로 나누어 계산한 인원을 말한다). 다만, 이전일부터 소급하여 2년이 되는 날이 속하는 과세연도 이후 수도권 외의 지역에서 본사업무에 종사하는 근무인원이 이전본사로 이전한 경우는 제외한다.

㉡ 이전일부터 소급하여 3년이 되는 날이 속하는 과세연도에 이전본사에서 본사업무에 종사하던 상시 근무인원의 연평균 인원

㉯ 법인 전체 근무인원: 법인 전체의 상시 근무인원의 연평균 인원

☆☆ 상시 근무인원은 「근로기준법」 제2조 제1항 제2호에 따른 사용자 중 상시 근무하는 자 및 같은 법에 따라 근로계약을 체결한 내국인 근로자로 한다. 다만, 다음의 어느 하나에 해당하는 사람은 제외한다.

㉮ 근로계약기간이 1년 미만인 근로자(근로계약의 연속된 갱신으로 인하여 그 근로계약의 총 기간이 1년 이상인 근로자는 제외한다)

㉯ 「근로기준법」 제2조 제1항 제9호에 따른 단시간근로자. 다만, 1개월간의 소정근로시간이 60시간 이상

인 근로자는 상시근로자로 본다.

㉰ 다음에 해당하는 임원 중 상시 근무하지 않는 자

㉠ 법인의 회장, 사장, 부사장, 이사장, 대표이사, 전무이사 및 상무이사 등 이사회의 구성원 전원과 청산인

㉡ 합명회사, 합자회사 및 유한회사의 업무집행사원 또는 이사

㉢ 유한책임회사의 업무집행자

㉣ 감사

㉤ 그 밖에 ㉠부터 ㉣까지의 규정에 준하는 직무에 종사하는 자

㉱ 「소득세법 시행령」 제196조에 따른 근로소득원천징수부에 따라 근로소득세를 원천징수한 사실이 확인되지 않고, 다음의 어느 하나에 해당하는 금액의 납부사실도 확인되지 않는 자

㉠ 「국민연금법」 제3조 제1항 제11호 및 제12호에 따른 부담금 및 기여금

㉡ 「국민건강보험법」 제69조에 따른 직장가입자의 보험료

참고사항

■ **이자상당가산액 계산에 적용되는 이자율의 적용방법(조특령 부칙 제32413호, 21, 2022.2.15.)**

2022년 2월 15일 이전에 발생한 사유로 2022년 2월 15일 이후 세액을 납부 또는 부과하는 경우 2022년 2월 14일까지의 기간분에 대한 이자상당가산액 또는 이자상당액의 계산에 적용되는 이자율은 개정규정에도 불구하고 종전의 규정(25/100,000)에 따르고, 2022년 2월 15일 이후의 기간분에 대한 이자상당가산액 또는 이자상당액의 계산에 적용되는 이자율은 개정규정(22/100,000)에 따른다.

나. 추징기간

추징사유에 해당할 경우 다음의 구분에 따른 세액을 납부하여야 한다.

추징사유구분	추징세액
위 「가. 추징사유」의 ①에 해당하는 경우	폐업일 또는 법인해산일부터 소급하여 3년 이내에 감면된 세액
위 「가. 추징사유」의 ②에 해당하는 경우	요건을 갖추지 못하게 된 날부터 소급하여 5년 이내에 감면된 세액
위 「가. 추징사유」의 ③에 해당하는 경우	본사설치일 또는 일정기준 이상의 사무소를 둔 날부터 5년 이내에 감면된 세액
위 「가. 추징사유」의 ④에 해당하는 경우	50% 비율에 미달하게 되는 날부터 소급하여 5년 이내에 감면된 세액

Ⅳ 양도차익 과세이연

본사이전법인이 수도권과밀억제권역에 있는 본사를 양도함으로써 발생한 양도차익에 대한 법인세에 관하여는 조세특례제한법 제61조(법인 본사를 수도권과밀억제권역 밖으로 이전하는 데 따른 양도차익에 대한 법인세 과세특례) 규정을 준용하여 과세이연한다.

Ⅴ 기타사항

① 세액공제 및 세액감면과 중복지원 배제
② 무신고결정 및 기한 후 신고시 감면적용 배제
③ 최저한세 적용배제. 단, 양도차익 과세이연만 배제
④ 농어촌특별소비세 비과세

임대인의 공장시설 미철거시 지방이전 세액감면 적용여부(기획재정부조세특례-555, 2024.6.27., 서면법규법인2023-1671, 2024.6.27.)

철거・폐쇄 대상이 되는 공장시설이란 영업을 목적으로 물품의 제조, 가공, 수선 등의 목적에 사용할 수 있도록 한 공장의 생산시설과 설비를 의미하는 것이며 일부 자산을 임차한 경우도 감면 대상에 포함되지만, 해당 자산을 포함하여 전부 이전하는 경우에 감면 요건을 충족하는 것임.

수도권 밖으로 본사를 이전하는 법인에 대한 세액감면(서면법인2023-2758, 2023.10.6.)

조세특례제한법 제63조의2 수도권 밖으로 본사를 이전하는 법인에 대한 세액감면을 적용함에 있어서, 수도권과밀억제권역 안의 본사를 이전한 날은 본사이전등기일(이전등기일 이후 실제로 이전한 경우는 실제 이전일)이며, 이전일 이후 본사이전법인에서 최초로 소득이 발생한 과세연도의 개시일부터 본사이전 감면을 적용하는 것임.

이 경우 조세특례제한법 제63조의2 제1항 제1호 나목 및 조세특례제한법 시행령 제60조의2 제3항 제1호에 따라 수도권 밖으로 본사를 이전하여 사업을 개시한 날부터 2년 이내에 수도권과밀억제권역 안의 본사를 양도하거나 "본사 외의 용도로 전환"하여야 하는 것이며, "본사 외의 용도로 전환"하는 것에는 같은령 제13항에서 정하는 기준(본사업무에 종사하는 총 상시 근무인원의 연평균 인원 중 수도권 안의 사무소에서 본사업무에 종사하는 상시 근무인원의 연평균 인원의 비율이 100분의 50) 미만으로 사용하는 경우를 포함하는 것임.

수도권 외의 지역에 지점을 설치한 후 해당 지점으로 본사를 이전하여 같은 조 제1항 제1호의 세액감면 요건을 충족하는 경우에는 본사이전 감면을 적용하는 것임.

수도권 밖 본사 이전에 대한 감면 적용 시 이전본사 근무인원의 산정방법 등(사전법규법인2023-544, 2023.9.20.)

1. 사업연도 중 본사를 수도권 밖으로 이전한 경우 「조세특례제한법 시행령」 제60조의2 제4항 제2호에 따른 이전본사의 근무인원은 같은 조 제6항에 따라 계산하는 것임.
2. 수도권 밖으로 본사를 이전하여 사업을 개시한 날부터 2년 이내에 수도권과밀억제권역 안의 본사를 "본사업무에 종사하는 총 상시 근무인원의 연평균 인원 중 수도권 안의 사무소에서 본사업무에 종사하는 상시 근무인원의 연평균 인원의 비율이 100분의 50 미만인 사무소"로 사용하는 경우에는 「조세특례제한법 시행령」 제60조의2 제3항 제1호 괄호규정에 따라, 본사 외의 용도로 전환한 것으로 보는 것임.

수도권 밖 본사 이전 세액감면 적용시, 연구전담요원이 이전본사 근무인원의 범위에 포함되는지 여부(서면법인2022-4718, 2023.7.25.)

「조세특례제한법」 제63조의2의 수도권 밖으로 본사를 이전하는 법인에 대한 세액감면 적용 시, 연구개발전담부서의 연구전담요원은 같은 조 제1항 제1호(세액감면요건) 다목과 제2호(감면대상소득) 나목의 이전본사의 근무인원에 포함하지 아니하는 것임.

외국에서 위탁가공하여 국내로 반입한 물품의 국내매출액이 조세특례제한법 제63조의2에 따른 감면제외대상인지(서면법규법인2023-391, 2023.6.22.)

가공임(加工賃)을 지급하는 조건으로 외국에서 가공(제조, 조립, 재생 및 개조를 포함)할 원료의 전부 또는 일부를 거래 상대방에게 수출하거나 외국에서 조달하여 가공한 후 가공물품 등을 수입하여 판매하는 경우, 그로 인해 발생하는 매출액은 「조세특례제한법」 제63조의2 제1항 제2호 다목의 '위탁가공무역에서 발생하는 매출액'에 해당하는 것임.

「제주도로 본사를 이전한 법인」의 직원이 제주도에서 재택근무 시 「이전본사 근무직원」에 포함되는지 여부 등(서면법규법인2022-3376, 2023.5.18.)

수도권과밀억제권역에 본사를 둔 귀 법인이 제주특별자치도로 본사를 이전함에 따라 "수도권과밀억제권역에 거주하며 본사업무에 종사하던 상시근무인원"이 제주특별자치도로 거주지를 이전하여 제주특별자치도 내에서 "재택근무 또는 공유오피스에서의 근무형태"로 본사업무에 종사하는 경우, 재택근무인원은 「조세특례제한법 시행령」 제60조의2 제6항 제1호에 따른 이전본사의 근무인원에 해당하는 것이며, 공유오피스에서의 근무인원이 이전본사의 근무인원에 해당하는지 여부는 해당 공유오피스에서 근무하는 직원 수, 업무내용 및 수행기간, 사업자등록여부, 법인의 경영활동과 관련된 지휘명령체계 등의 구체적인 사실관계를 종합하여 해당 공유오피스가 이전본사에 포함되는 장소(부속사무실) 또는 이전본사와 구분되는 별도의 사업장에 해당하는지를 고려하여 판단할 사항임.

수도권 밖의 모법인으로부터 도매사업 인수 및 영업사원 승계 후 3년 내에 수도권 밖으로 이전 시, 감면대상소득 산정방법(서면법령해석법인2020-3826, 2021.3.11.)

수도권과밀억제권역에 본사를 두고 3년 이상 의료기기 도소매업을 영위하던 내국법인이 수도권 밖에서 동일업종을 영위하고 있는 모법인으로부터 도매사업과 관련 자산 및 주요 거래처 등을 인수하면서 해당 사업의 영업사원을 승계하는 등 사실상 사업을 양수한 후 해당 사업 양수일부터 3년 내에 본사를 수도권 밖으로 이전하는 경우 모법인으로부터 양수한 사업에서 발생하는 소득은 「조세특례제한법」(2017.12.19.

법률 제15227호로 개정되기 전의 것) 제63조의2(법인의 공장 및 본사를 수도권 밖으로 이전하는 경우 법인세 등 감면)의 적용대상에 해당하지 않으므로 해당 소득은 같은 조 제2항 제2호 가목에 따른 '해당 과세연도의 과세표준'에 포함되지 않으며, 해당 영업사원은 같은 호 나목 및 다목의 이전본사근무인원 및 법인전체근무인원에서 제외되는 것임.

법인 본사의 수도권 밖 이전에 따른 세액감면 적용 시 특정시설 투자세액공제 중복지원 배제 여부(기획재정부조세특례-895, 2020.12.3.)

법인 본사의 수도권 밖 이전에 따라 「조세특례제한법」 제63조의2 제2항 제2호에 따라 감면소득을 산정하여 세액감면을 적용받은 내국법인은 동일한 과세연도에 동법 제25조에 따른 세액공제를 동시에 적용받을 수 없는 것임.

본사를 지방으로 이전한 후 업종이 추가된 경우 감면 중복지원 배제 여부(서면법인2020-2686, 2020.7.10.)

수도권과밀권역에 본사를 두고 3년 이상 도매업을 영위하던 법인이 본사를 지방으로 이전한 후 제조업을 추가 영위하며 업종별로 구분경리를 하는 경우, 도매업에서 발생하는 소득에 대해서는 「조세특례제한법」 제63조의2에 의한 법인의 공장 및 본사를 수도권 밖으로 이전하는 경우 법인세 등 감면을 적용하고, 이전 후 추가한 제조업에서 발생하는 소득에 대해서는 「조세특례제한법」 제7조 중소기업특별세액감면을 각각 적용받을 수 있는 것임.

공장 및 본사 수도권 밖 이전 감면 적용 시 최초로 소득이 발생한 과세연도의 의미(서면법령해석법인2016-5259, 2017.7.14.)

「조세특례제한법」 제63조의2 제2항의 "지방이전법인에서 최초로 소득이 발생한 과세연도"에서 "소득"이란 같은 항 제1호부터 제3호까지의 소득을 의미하는 것임.

Part 3

세액공제 제도

Chapter 01

상시근로자 및 상시근로자수

제1절 상시근로자 및 상시근로자수 개념

I 상시근로자의 기본개념

법인세법 또는 소득세법 및 조세특례제한법상 상시근로자는 「근로기준법」에 따라 근로계약을 체결한 내국인 근로자로 규정하고 있으며 「근로기준법」에 의한 근로자 등에 대한 개념은 다음과 같다.(근기법 2)

① "근로자"란 직업의 종류와 관계없이 임금을 목적으로 사업이나 사업장에 근로를 제공하는 사람을 말한다.
② "사용자"란 사업주 또는 사업 경영 담당자, 그 밖에 근로자에 관한 사항에 대하여 사업주를 위하여 행위하는 자를 말한다.
③ "근로"란 정신노동과 육체노동을 말한다.
④ "근로계약"이란 근로자가 사용자에게 근로를 제공하고 사용자는 이에 대하여 임금을 지급하는 것을 목적으로 체결된 계약을 말한다.

참고사항

- **임원의 근로자 여부**(대법2012다10959, 2017.11.9.)

회사의 임원이라 하더라도, 업무의 성격상 회사로부터 위임받은 사무를 처리하는 것으로 보기에 부족하고 실제로는 업무집행권을 가지는 대표이사 등의 지휘·감독 아래 일정한 노무를 담당하면서 그 노무에 대한 대가로 일정한 보수를 지급받아 왔다면, 그 임원은 근로기준법에서 정한 근로자에 해당할 수 있다.
그러나 회사의 임원이 담당하고 있는 업무 전체의 성격이나 업무수행의 실질이 위와 같은 정도로 사용자의 지휘·감독을 받으면서 일정한 근로를 제공하는 것에 그치지 아니하는 것이라면, 그 임원은 위임받은 사무를 처리하는 지위에 있다고 할 수 있으므로, 근로기준법상 근로자에 해당한다고 보기는 어렵다.
특히 대규모 회사의 임원이 전문적인 분야에 속한 업무의 경영을 위하여 특별히 임용되어 해당 업무를 총괄하여 책임을 지고 독립적으로 운영하면서 등기 이사와 마찬가지로 회사 경영을 위한 의사결정에 참여하여 왔고 일반 직원과 차별화된 처우를 받은 경우에는, 이러한 구체적인 임용 경위, 담당 업무 및 처우에 관한 특수한 사정을 충분히 참작하여 회사로부터 위임받은 사무를 처리하는지를 가려야 한다.

Ⅱ 상시근로자에서 제외되는 단기간근로자 등의 판단

1. 근로시간등 관련 법령

근로기준법 등에 의한 근로시간은 다음과 같다.

① 근로기준법 제50조에 의한 근로시간
㉠ 1주간의 근로시간은 휴게시간을 제외하고 40시간을 초과할 수 없다.
㉡ 1일의 근로시간은 휴게시간을 제외하고 8시간을 초과할 수 없다.
㉢ ㉠ 및 ㉡에 따라 근로시간을 산정하는 경우 작업을 위하여 근로자가 사용자의 지휘·감독 아래에 있는 대기시간 등은 근로시간으로 본다.
② 근로기준법 제69조에 의한 근로시간
15세 이상 18세 미만인 사람의 근로시간은 1일에 7시간, 1주에 35시간을 초과하지 못한다. 다만, 당사자 사이의 합의에 따라 1일에 1시간, 1주에 5시간을 한도로 연장할 수 있다.
③ 산업안전보건법 제139조 제1항에 의한 근로시간
사업주는 유해하거나 위험한 작업으로서 높은 기압에서 하는 작업 등 대통령령으로 정하는 작업에 종사하는 근로자에게는 1일 6시간, 1주 34시간을 초과하여 근로하게 해서는 아니 된다.

2. 근로계약 및 근로시간등의 개념

가. 근로계약

근로계약이란 근로자가 사용자에게 근로를 제공하고 사용자는 이에 대하여 임금을 지급하는 것을 목적으로 체결된 계약을 말한다.(근기법 2 ① 4호)

나. 소정근로시간

소정(所定)근로시간이란 「근로기준법」 제50조, 제69조 본문 또는 「산업안전보건법」

제139조 제1항에 따른 근로시간의 범위에서 근로자와 사용자 사이에 정한 근로시간을 말한다.(근기법 2 ① 8호)

다. 단시간근로자

1) 단시간근로자의 개념

단시간근로자란 「근로기준법」 제2조 제1항 제9호에 따른 단시간근로자로 1주 동안의 소정 근로시간이 그 사업장에서 같은 종류의 업무에 종사하는 통상근로자☆의 1주 동안의 소정근로시간에 비하여 짧은 근로자를 의미한다.(근기법 2 ① 9호)

☆ 통상근로자: 해당 사업장에서 같은 종류의 업무에 종사하는 근로자 중 ① 1주 40시간으로 소정근로시간을 정한 근로자가 있는 경우에는 해당 근로자, ② 1주 40시간으로 소정근로시간을 정한 근로자가 없는 경우에는 1주 동안의 소정근로시간이 가장 긴 근로자를 의미한다.

초단시간근로자는 4주동안(4주 미만으로 근로하는 경우에는 그 기간)을 평균하여 1주 동안의 소정근로시간이 15시간 미만인 근로자를 의미한다.(근기법 18 ③)

단시간근로자도 기간의 정함이 있는 근로계약을 체결한 경우라면 기간제근로자의 범위에 포함된다.(비정규직대책팀-1582, 2007.5.7.)

2) 같은 종류의 업무 종사여부의 판단기준

'같은 종류의 업무'에 종사하는지는 근로자들이 실제 수행하는 업무의 수행방법, 작업의 조건, 업무의 난이도 등을 종합적으로 고려하여 판단하며, 같은 직군 또는 직종에 종사하는 경우에는 같은 종류의 업무에 종사하는 근로자로 판단하는 것이 합리적이다.

3) 세법상 상시근로자 해당여부

법인세법이나 조세특례제한법상 단시간근로자는 기본적으로 상시근로자의 범위에서 제외한다. 다만, 조세특례제한법상 단시간근로자일지라도 1개월간의 소정근로시간이 60시간 이상인 근로자는 상시근로자로 본다.

Check Point

■ **단시간 근로자 관련 지침**(근로개선정책과-5425, 2014.10.2.)

① 단시간근로자의 유무는 '소정근로시간'과 그에 따른 '통상근로자' 개념을 바탕으로 판단해야 함.

② '소정근로시간'이란 「근로기준법」 제50조, 제69조 본문 또는 「산업안전보건법」 제139조에 따른 근로시간의 범위에서 근로자와 사용자 사이에 정한 근로시간을 말함.

- 「기간제법」 제17조는 단시간근로자와 근로계약 체결 시, '근로시간・휴게에 관한 사항' 및 '근로일 및 근로일별 근로시간'에 대하여 서면으로 명시하도록 하고 있으므로, 그를 참고하여 소정근로시간을 판단함.

※ **(관련사례1)** 1일의 소정근로시간을 서면으로 정하지 않은 경우의 판단

- 기간제법 제17조를 위반하여 '근로일 및 근로일별 근로시간' 등이 서면으로 명시되지 않은 경우, 서면명시의무 위반에 따른 과태료 부과와는 별개로
- 통상적으로 근로를 제공하기 위해서는 구두 또는 묵시적으로 1일의 소정근로시간을 정할 수밖에 없으므로,
- 사용자와 근로자의 '근로계약 체결 시의 의사'를 해석하여 소정근로시간을 판단하여야 함.

※ **(관련사례2)** 단시간근로자의 소정근로시간을 변경할 수 있는지 여부

- 「근로기준법」 제17조는 근로계약을 체결할 때에 근로자에게 소정근로시간 등이 명시된 서면을 교부하도록 하고, 이를 변경하는 경우에도 동일한 의무를 부과하고 있으므로
- 근로계약을 체결한 후에도 사용자와 근로자의 명시적이고 확정적인 합의에 따라 근로시간 등 근로조건을 변경할 수 있음.

③ '통상근로자'란 해당 사업장에서 같은 종류의 업무에 종사하는 근로자 중

㉠ 1주 40시간으로 소정근로시간을 정한 근로자가 있는 경우에는 해당 근로자
㉡ 1주 40시간으로 소정근로시간을 정한 근로자가 없는 경우에는 1주 동안의 소정근로시간이 가장 긴 근로자

④ 단시간근로자 개념은 비교대상인 통상근로자의 존재를 전제로 하므로, 같은 종류의 업무에 종사하는 근로자가 없는 등 통상근로자가 없는 것으로 판단되는 경우, 해당 사업(장)에는 단시간근로자가 없는 것임.

※ **(관련사례1)** 소정근로시간과 근무조건이 동일하여 통상근로자가 없는 경우

구 분	근무일수	소정근로시간
A	주 5일	주 25시간
B	주 5일	주 25시간
C	주 2일(주말)	주 25시간
D	주 2일(주말)	주 25시간
E	주 2일(주말)	주 25시간

☞ 5명의 아르바이트 근로자가 모두 판매 업무를 수행하고 소정근로시간이 동일한 경우, 통상근로자가 없어 근로자 모두 단시간근로자로 볼 수 없음.

※ (관련사례2) 근무조건은 동일하나 소정근로시간이 모두 다른 경우

구 분	근무일수	근무시간	소정근로시간
A	주 5일	23~08	주 35시간
B	주 5일	18~23	주 25시간
C	주 2일(주말)	23~08	주 16시간
D	주 2일(주말)	12~18	주 12시간
E	주 2일(주말)	18~23	주 10시간

☞ 해당 사업장 내 5명의 근로자가 모두 판매 업무를 수행하는 경우, 1주 동안의 소정근로시간이 주 35시간으로 가장 긴 A를 통상근로자로 보고 B, C, D, E는 단시간근로자로 보아야 함. 이 경우 D, E는 초단시간근로자로서 상시근로자에서 제외됨.

라. 기간제근로자[16)]

1) 기간제근로자의 개념

기간제근로자란 기간의 정함이 있는 근로계약("기간제 근로계약")을 체결한 근로자를 말한다.(기간제법 2 1호) 이 경우 기간은 근로계약관계의 존속기간을 의미하며 기간을 정한 사유, 기간의 장단, 근로시간의 장단, 명칭(임시직 · 계약직 · 촉탁직 · 단기근로자) 등과 관계없이 기간의 정함이 있는 근로계약을 체결한 근로자는 모두 기간제근로자에 해당한다.

2) 기간제근로자 판정기준

기간제근로자 판정시 기간제 근로계약이 성립되는지 여부는 특별한 사정이 없는 한, 근로계약서 상 근로계약기간이 정해져 있는지에 여부에 따른다. 다만, 근로계약기간이 근로계약서에 명시되어 있지 않더라도 근로계약서의 내용과 취업규칙 등 여러 사정을 종합할 때 근로계약기간을 정한 것으로 판단되는 경우에는 기간제 근로계약이 성립된 것으로 볼 수 있다.

3) 무기계약 근로자로 간주

사용자는 2년을 초과하지 아니하는 범위 안에서(기간제 근로계약의 반복, 갱신 등의 경우에는 그 계속근로한 총기간이 2년을 초과하지 아니하는 범위 안에서) 기간제근로자를 사용할 수 있으며 2년을 초과하여 기간제근로자로 사용하는 경우에는 그 기간제근로자는 기간의 정함이 없는 근로계약을 체결한 근로자로 본다.(기간제법 4 ②) 이는 2년을 초과하여 근무

16) 고용노동부, 「기간제법 업무매뉴얼」, 2019.12., p.5.

한 근로자는 기간제근로자에 해당하지 않는 것으로 해석된다.

이 경우 2년을 초과하여 근무한 기간제근로자가 무기계약 근로자로 간주되는 시점은 원칙적으로 해당 근로자가 계속 근로한 기간이 2년을 초과하는 때이다.

기간제근로자는 조세특례제한법상 상시근로자에 포함되지만 청년등상시근로자를 판단할 때 일반적으로 제외되기 때문에 주의가 필요하다.

구 분	조특법상 상시근로자여부	조특법상 청년등상시근로자여부
기간제근로자	포함	제외
단시간근로자	제외. 단 소정근로시간이 월60시간 이상인 경우 포함	제외

Check Point

2년을 초과하여 무기계약직으로 전환되는 시점(고용차별개선과-2266, 2015.11.19.)

「기간제 및 단시간근로자 보호 등에 관한 법률」('기간제법') 제4조 제1항 본문에 따르면 사용자는 2년을 초과하지 아니하는 범위 안에서(기간제 근로계약의 반복갱신 등의 경우에는 그 계속근로한 총기간이 2년을 초과하지 아니하는 범위 안에서) 기간제근로자를 사용할 수 있고, 제2항에서는 2년을 초과하여 기간제근로자를 사용하는 경우 동 2년을 초과한 시점부터 기간의 정함이 없는 근로계약을 체결한 근로자로 보도록 하고 있음.

여기서 '계속근로기간'이라 함은 근로계약을 체결하여 해지될 때까지의 기간을 말하는 바, 기간의 정함이 있는 근로계약의 경우 그 계약기간의 만료로 고용관계는 종료되는 것이 원칙이나, 근로계약이 만료됨과 동시에 근로계약기간을 갱신하거나 동일한 조건의 근로계약을 반복하여 체결한 경우에는 갱신 또는 반복한 계약기간을 모두 합산하여 계속근로기간을 산정하여야 함.(대법원 1995.7.11. 선고 93다26168 참조)

한편, 기간제법 제4조 제1항 단서의 사유에 해당하는 경우에는 2년을 초과하여 기간제근로자로 사용할 수 있도록 사용기간 제한의 예외를 규정하고 있고, 사용기간 제한 예외 사유의 소멸 등으로 해당 근로계약관계를 종료하고 사용기간의 제한을 받는 사업(업무)에서 신규 채용절차를 거쳐 기간제근로계약을 다시 체결하는 경우에는 새로이 근로계약을 체결한 때부터 기산하여 계속근로한 기간이 2년을 초과하게 되면 기간의 정함이 없는 근로계약을 체결한 근로자로 보아야 할 것임.

단시간근로자가 기간제근로자의 범위에 포함되는지 여부(비정규직대책팀-1582, 2007.5.7.)

기간제근로자라 함은 기간의 정함이 있는 근로계약을 체결한 근로자를 말하는 바, 단시간근로자도 기간의 정함이 있는 근로계약을 체결한 경우라면 기간제근로자의 범위에 포함되는 것이며, 단시간근로자의 사용기간이 2년을 초과하여 무기계약자로 전환된다는 의미는 매번 반복·갱신 체결하던 단시간근로계약을 반복하지 않더라도 앞으로는 단시간근로자로서 기간의 정함이 없는 근로계약을 체결한 것으로 보기 때문에 고용안정의 보호를 받을 수 있게 되는 것임.

근로계약 당사자 간 기간제법을 배제하기로 하는 합의를 한 경우 그 효력(대법2016두62795, 2018.6.15.)

기간제법 규정(제4조)의 입법 취지는 기간제 근로계약의 남용을 방지함으로써 근로자의 지위를 보장하려는 데에 있으므로, 기간제법 제4조 제2항은 강행규정으로 보아야 함. 따라서 근로계약의 당사자가 기간제법 제4조 제2항을 배제하기로 하는 합의를 하더라도 그 효력이 인정되지 않음.

초단시간·기간제근로자의 무기계약 근로자로의 전환여부(고용차별개선과-1547, 2016.8.4.)

근로자는 1~2월은 주당 25시간, 3~7월은 주당 12시간, 8월은 주당 25시간, 9~12월은 주당 25시간 근로하였음. 소정근로시간이 월별로 변경된 것이라면, 초단시간 근로자로 근로한 경우를 제외한 달을 합산하여 2년을 초과하여 근로한 때에 무기계약을 체결한 근로자로 간주할 수 있을 것으로 보임.

통상 근로자 관련 동종업무의 판단 방법(근기68207-1248, 2002.3.26.)

「근로기준법」상 단시간근로자 정의의 "동종업무" 여부는 당해 업무의 수행방법, 작업의 조건, 업무의 난이도 등을 종합적으로 고려하여 판단하여야 하며, 특히 업무의 이질성으로 인해 근로조건이 현저하게 구별되어 규정되는지 여부가 중요함.

Ⅲ 상시근로자에서 제외되는 근로자범위에 대한 제도별 비교

상시근로자의 개념이 적용되는 제도의 상시근로자는 근로기준법에 따라 근로계약을 체결한 근로자로 근로계약기간이 1년 미만인 근로자등을 제외하고 있다.

1. 상시근로자를 규정한 세법 규정

법인세법이나 조세특례제한법에 상시근로자개념을 포함하고 있는 규정을 정리하면 다음과 같다. 상시근로자의 개념에 대한 규정도 다양하다.

상시근로자를 포함한 세법규정		상시근로자 범위 규정	
		근거규정	준용규정
법인세법의 제도	① 기업업무추진비의 손금불산입(법인법 25)	법인령 42 ②	법인령 42 ②
	② 업무용승용차 관련비용의 손금불산입등 특례(법인법 27의2)	법인령 42 ②	
	③ 성실신고확인제출(법인법 60의2)	법인령 97의4 ②	
조특법 개별 규정에 의한 제도	④ 성과공유중소기업의 경영성과급에 대한 세액공제 등(조특법 19)	조특령 17 ①	
	⑤ 근로소득을 증대시킨 기업에 대한 세액공제(조특법 29의4)	조특령 26의4 ②	
	⑥ 고용유지중소기업 등에 대한 과세특례(조특법 30의3)	조특령 27의3 ④	
	⑦ 중소기업 사회보험료 세액공제(조특법 30의4)	조특령 27의4 ①	
	⑧ 투자·상생협력 촉진을 위한 과세특례(조특법 100의31)	조특령 100의32 ⑧	
조특령 제23조 제10항을 준용한 제도	⑨ 창업중소기업등에 대한 세액감면(조특법 6)	조특령 5 ⑰	조특령 23 ⑩
	⑩ 중소기업에 대한 특별세액감면(조특법 7)	조특령 6 ⑦	
	⑪ 연구개발특구에 입주하는 첨단기술기업 등에 대한 법인세 등의 감면(조특법 12의2)	조특령 11의2 ⑥	
	⑫ 경력단절 여성 고용 기업등에 대한 세액공제(조특법 29의3)	조특령 26의3 ⑧	
	⑬ 고용을 증대시킨 기업에 대한 세액공제(조특법 29의7)	조특령 26의7 ②	
	⑭ 통합고용세액공제(조특법 29의8)	조특령 26의8 ②	
	⑮ 정규직 근로자로의 전환에 따른 세액공제(조특법 30의2)	조특령 27의2 ①	
	⑯ 농공단지 입주기업 등에 대한 세액감면(조특법 64)	조특령 61 ⑥	
	⑰ 사회적기업 및 장애인 표준사업장에 대한 법인세 등의 감면(조특법 85의6)	조특령 79의7 ①	
	⑱ 위기지역 창업기업에 대한 법인세 등의 감면(조특법 99의9)	조특령 99의8 ⑤	
	⑲ 감염법 피해에 따른 특별재난지역의 중소기업에 대한 법인세 등의 감면(조특법 99의11)	조특령 99의10 ③	
	⑳ 제주첨단과학기술단지입주기업에 대한 법인세 등의 감면(조특법 121의8)	조특령 116의14 ④	
	㉑ 제주투자진흥지구 또는 제주자유무역지역 입주기업에 대한 법인세 등의 감면(조특법 121의9)	조특령 116의15 ⑦	
	㉒ 기업도시개발구역 등의 창업기업 등에 대한 법인세 등의 감면(조특법 121의17)	조특령 116의21 ⑥	
	㉓ 아시아문화중심도시 투자진흥지구 입주기업 등에 대한 법인세 등의 감면(조특법 121의20)	조특령 116의25 ⑤	
	㉔ 금융중심지 창업기업 등에 대한 법인세 등의 감면(조특법 121의21)	조특령 116의26 ⑥	
	㉕ 첨단의료복합단지 및 국가식품클러스터 입주기업에 대한 법인세 등의 감면(조특법 121의22)	조특령 116의27 ⑥	

<table>
<tr><th colspan="2" rowspan="2">상시근로자를 포함한 세법규정</th><th colspan="2">상시근로자 범위 규정</th></tr>
<tr><th>근거규정</th><th>준용규정</th></tr>
<tr><td></td><td>㉖ 기회발전특구의 창업기업 등에 대한 법인세 등의 감면(조특법 121의33)</td><td>조특령 116의36 ⑥</td><td></td></tr>
</table>

2. 제도별 상시근로자 개념

가. 법인세법에 의한 상시근로자 개념

법인세법에 따른 기업업무추진비의 손금불산입, 업무용 승용차 관련 비용의 손금불산입 특례 및 성실신고확인서 제출 규정에 적용되는 상시근로자는 법인세법 시행령 제42조 제2항과 제4항에서 다음과 같이 규정하고 있다.

상시근로자는 「근로기준법」에 따라 근로계약을 체결한 내국인 근로자이며 다음에 해당하는 근로자는 제외한다.

㉠ 해당 법인의 최대주주 또는 최대출자자와 그와 「국세기본법 시행령」 제1조의2 제1항에 따른 친족관계☆인 근로자

☆ 「국세기본법 시행령」 제1조의2 제1항에 따른 친족관계는 다음과 같다.

① 4촌 이내의 혈족 ② 3촌 이내의 인척 ③ 배우자(사실상의 혼인관계에 있는 자를 포함한다)

④ 친생자로서 다른 사람에게 친양자 입양된 자 및 그 배우자·직계비속

⑤ 본인이 「민법」에 따라 인지한 혼인 외 출생자의 생부나 생모(본인의 금전이나 그 밖의 재산으로 생계를 유지하는 사람 또는 생계를 함께하는 사람으로 한정한다)

㉡ 「소득세법 시행령」 제196조 제1항에 따른 근로소득원천징수부에 의하여 근로소득세를 원천징수한 사실이 확인되지 아니하는 근로자

㉢ 근로계약기간이 1년 미만인 근로자. 다만, 근로계약의 연속된 갱신으로 인하여 그 근로계약의 총기간이 1년 이상인 근로자는 제외한다.

㉣ 「근로기준법」 제2조 제1항 제8호에 따른 단시간근로자[17)]

나. 조세특례제한법 규정에 의한 상시근로자 개념

조세특례제한법 규정에 의한 상시근로자는 조세특례제한법 시행령 제23조 제10항에 의한 상시근로자와 조세특례제한법 개별 규정에 의한 상시근로자로 구분할 수 있다.

---

17) 근로기준법 제2조 제1항 제8호는 소정근로시간에 관한 규정이며 단시간근로자에 관한 규정은 근로기준법 제2조 제1항 제9호이다. 따라서 법인세법 시행령 제42조 제4항 제4호의 규정은 근로기준법 제2조 제1항 제9호를 의미하는 것으로 판단되며 이에 대한 세법이 개정되어야 할 것으로 보인다.

1) 조특령 제23조 제10항을 준용한 제도의 상시근로자 개념

조세특례제한법 시행령 제23조 제10항의 상시근로자 개념은 다음과 같다.

상시근로자는 「근로기준법」에 따라 근로계약을 체결한 내국인 근로자로 한다. 다만, 다음의 어느 하나에 해당하는 사람은 제외한다.

① 근로계약기간이 1년 미만인 근로자(근로계약의 연속된 갱신으로 인하여 그 근로계약의 총 기간이 1년 이상인 근로자는 제외한다)

② 「근로기준법」 제2조 제1항 제9호에 따른 단시간근로자. 다만, 1개월간의 소정근로시간이 60시간 이상인 근로자는 상시근로자로 본다.

③ 「법인세법 시행령」 제40조 제1항의 어느 하나에 해당하는 임원

④ 해당 기업의 최대주주 또는 최대출자자(개인사업자의 경우에는 대표자를 말한다)와 그 배우자

⑤ ④에 해당하는 자의 직계존비속(그 배우자를 포함한다) 및 「국세기본법 시행령」 제1조의2 제1항에 따른 친족관계인 사람

⑥ 「소득세법 시행령」 제196조에 따른 근로소득원천징수부에 의하여 근로소득세를 원천징수한 사실이 확인되지 아니하고, 다음의 어느 하나에 해당하는 금액의 납부사실도 확인되지 아니하는 자

가. 「국민연금법」 제3조 제1항 제11호 및 제12호에 따른 부담금 및 기여금

나. 「국민건강보험법」 제69조에 따른 직장가입자의 보험료

참고사항

■ **「법인세법 시행령」 제40조 제1항 각 호의 어느 하나에 해당하는 임원**

㉠ 법인의 회장, 사장, 부사장, 이사장, 대표이사, 전무이사 및 상무이사 등 이사회의 구성원 전원과 청산인

㉡ 합명회사, 합자회사 및 유한회사의 업무집행사원 또는 이사

㉢ 유한책임회사의 업무집행자

㉣ 감사

㉤ 그 밖에 ㉠부터 ㉣까지의 규정에 준하는 직무에 종사하는 자

■ **「국세기본법 시행령」 제1조의2 제1항에 따른 친족관계**

① 4촌 이내의 혈족☆

② 3촌 이내의 인척☆

③ 배우자(사실상의 혼인관계에 있는 자를 포함한다)

④ 친생자로서 다른 사람에게 친양자 입양된 자 및 그 배우자·직계비속

⑤ 본인이 「민법」에 따라 인지한 혼인 외 출생자의 생부나 생모(본인의 금전이나 그 밖의 재산으로 생계를 유지하는 사람 또는 생계를 함께하는 사람으로 한정한다)☆

☆ 개정규정은 2023년 3월 1일부터 시행한다. 2023년 3월 1일 이전은 6촌 이내의 혈족, 4촌 이내의 인척으로 규정되어 있음.

■ **임원의 자녀를 채용한 경우 상시근로자 여부**

최대주주에 해당하지 않는 임원의 자녀를 채용한 경우 임원의 자녀는 상시근로자에 포함된다.

■ **통합고용세액공제와 관련하여 2026.1.1.부터 시행 예정인 상시근로자의 범위(기획재정부공고 제 2025-218호 입법예고 자료 참고)**

상시근로자란 「근로기준법」에 따라 근로계약을 체결한 내국인 근로자로 한다. 다만, 다음 각 호의 어느 하나에 해당하는 사람은 제외한다.

1. 근로기간이 1년 미만인 근로자
2. 「근로기준법」 제2조 제1항 제9호에 따른 단시간근로자. 다만, 다음 계산식에 따라 계산한 연평균 월 근로시간이 60시간 이상인 근로자는 상시근로자로 본다.

$$\frac{\text{해당 과세연도의 총 근로시간}}{\text{해당 과세연도의 근무 개월 수}}$$

3. 「법인세법 시행령」 제40조 제1항 각 호의 어느 하나에 해당하는 임원
4. 해당 기업의 최대주주 또는 최대출자자(개인사업자의 경우에는 대표자를 말한다)와 그 배우자
5. 제4호에 해당하는 자의 직계존비속(그 배우자를 포함한다) 및 「국세기본법 시행령」 제1조의2 제1항에 따른 친족관계인 사람
6. 「소득세법 시행령」 제196조에 따른 근로소득원천징수부에 의하여 근로소득세를 원천징수한 사실이 확인되지 아니하고, 다음 각 목의 어느 하나에 해당하는 금액의 납부사실도 확인되지 아니하는 자
   가. 「국민연금법」 제3조 제1항 제11호 및 제12호에 따른 부담금 및 기여금
   나. 「국민건강보험법」 제69조에 따른 직장가입자의 보험료

| (저자주) 근로기간이 1년 미만인 근로자가 계속 근로하여 1년 이상이 되는 경우 상시근로자 여부 |

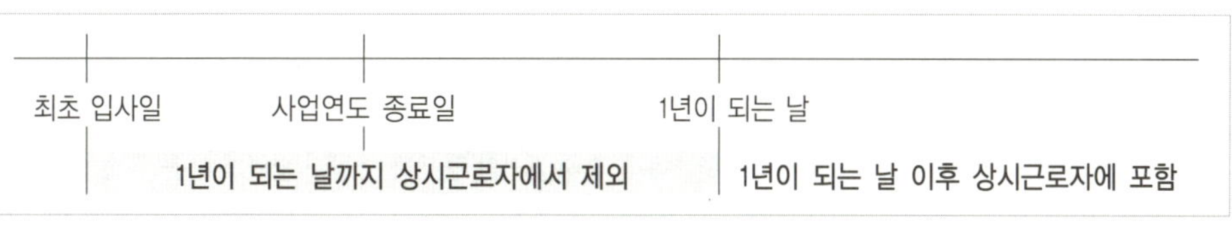

2) 조특법 개별규정에 의한 제도의 상시근로자 개념

가) 성과공유중소기업의 경영성과급에 대한 세액공제 등(조특법 19)의 상시근로자 개념

조세특례제한법 시행령 제17조 제1항에 의한 상시근로자 개념은 다음과 같다.

상시근로자란 「근로기준법」에 따라 근로계약을 체결한 내국인 근로자를 말한다. 다만, 다음의 어느 하나에 해당하는 사람은 제외한다.

① 근로계약기간이 1년 미만인 근로자(근로계약의 연속된 갱신으로 인하여 그 근로계약의 총 기간이 1년 이상인 근로자는 제외한다)

② 「근로기준법」 제2조 제1항 제9호에 따른 단시간근로자. 다만, 1개월간의 소정근로시간이 60시간 이상인 근로자는 상시근로자로 본다.
③ 「법인세법 시행령」 제40조 제1항의 어느 하나에 해당하는 임원
④ 해당 기업의 최대주주 또는 최대출자자(개인사업자의 경우에는 대표자를 말한다)와 그 배우자
⑤ ④에 해당하는 자의 직계존비속(그 배우자를 포함한다) 및 「국세기본법 시행령」 제1조의2 제1항에 따른 친족관계인 사람
⑥ 「소득세법 시행령」 제196조에 따른 근로소득원천징수부에 의하여 근로소득세를 원천징수한 사실이 확인되지 않고, 다음의 어느 하나에 해당하는 금액의 납부사실도 확인되지 않은 자
가. 「국민연금법」 제3조 제1항 제11호 및 제12호에 따른 부담금 및 기여금
나. 「국민건강보험법」 제69조에 따른 직장가입자의 보험료
⑦ 해당 과세기간의 총급여액이 7천만원을 초과하는 근로자

나) 근로소득을 증대시킨 기업에 대한 세액공제(조특법 29의4)의 상시근로자 개념

조세특례제한법 시행령 제26조의4 제2항에 의한 상시근로자는 다음과 같다.

상시근로자란 「근로기준법」에 따라 근로계약을 체결한 근로자(다음에 해당하는 자는 제외한다)를 말한다.
① 「법인세법 시행령」 제40조 제1항의 어느 하나에 해당하는 임원
② 「소득세법」 제20조 제1항 제1호 및 제2호에 따른 근로소득의 금액의 합계액(비과세소득의 금액은 제외한다)이 7천만원 이상인 근로자
③ 해당 기업의 최대주주 또는 최대출자자☆(개인사업자의 경우에는 대표자를 말한다) 및 그와 「국세기본법 시행령」 제1조의2 제1항에 따른 친족관계인 근로자

☆ ㉠ 해당 법인에 대한 직접보유비율[보유하고 있는 법인의 주식 또는 출자지분("주식등"이라 한다)을 그 법인의 발행주식총수 또는 출자총액(자기주식과 자기출자지분은 제외한다)으로 나눈 비율을 말한다.]이 가장 높은 자가 개인인 경우에는 그 개인
㉡ 해당 법인에 대한 직접보유비율이 가장 높은 자가 법인인 경우에는 해당 법인에 대한 직접보유비율과 「국제조세조정에 관한 법률 시행령」 제2조 제3항을 준용하여 계산한 간접소유비율을 합하여 계산한 비율이 가장 높은 개인

④ 「소득세법 시행령」 제196조에 따른 근로소득원천징수부에 의하여 근로소득세를 원천징수한 사실이 확인되지 아니하는 근로자
⑤ 근로계약기간이 1년 미만인 근로자(근로계약의 연속된 갱신으로 인하여 그 근로계약의 총 기간이 1년 이상인 근로자는 제외한다)
⑥ 「근로기준법」 제2조 제1항 제9호에 따른 단시간근로자

다) 고용유지중소기업 등에 대한 과세특례(조특법 30의3)의 상시근로자 개념

조세특례제한법 시행령 제27조의3 제4항에 의한 상시근로자는 다음과 같다.

상시근로자는 「근로기준법」에 따라 근로계약을 체결한 근로자로 한다. 다만, 다음의 어느 하나에 해당하는 사람은 제외한다.

① 근로계약기간이 1년 미만인 자. 다만, 법 제30조의3 제3항을 적용할 때 근로계약의 연속된 갱신으로 인하여 그 근로계약의 총기간이 1년 이상인 근로자는 상시근로자로 본다.

② 「법인세법 시행령」 제40조 제1항의 어느 하나에 해당하는 임원

③ 해당 기업의 최대주주 또는 최대출자자(개인사업자의 경우에는 대표자를 말한다)와 그 배우자

④ ③에 해당하는 자의 직계존속·비속과 그 배우자

⑤ 「소득세법 시행령」 제196조에 따른 근로소득원천징수부에 의하여 근로소득세를 원천징수한 사실이 확인되지 아니하고, 다음의 어느 하나에 해당하는 보험료 등의 납부사실도 확인되지 아니하는 사람

가. 「국민연금법」 제3조 제1항 제11호 및 제12호에 따른 부담금 및 기여금

나. 「국민건강보험법」 제69조에 따른 직장가입자의 보험료

⑥ 「근로기준법」 제2조 제1항 제9호에 따른 단시간근로자. 다만, 1개월간의 소정근로시간이 60시간 이상인 근로자는 상시근로자로 본다.

⑦ 해당 과세연도 중에 근로관계가 성립한 상시근로자(조특령 27의3 ①)

라) 중소기업 사회보험료 세액공제(조특법 30의4)의 상시근로자 개념

조세특례제한법 시행령 제27조의4 제1항에 의한 상시근로자는 다음과 같다.

상시근로자는 「근로기준법」에 따라 근로계약을 체결한 내국인 근로자로 한다. 다만, 다음의 어느 하나에 해당하는 사람은 제외한다.

① 근로계약기간이 1년 미만인 근로자(근로계약의 연속된 갱신으로 인하여 그 근로계약의 총 기간이 1년 이상인 근로자는 제외한다)

② 「근로기준법」 제2조 제1항 제9호에 따른 단시간근로자. 다만, 1개월간의 소정근로시간이 60시간 이상인 근로자는 상시근로자로 본다.

③ 「법인세법 시행령」 제40조 제1항의 어느 하나에 해당하는 임원

④ 해당 기업의 최대주주 또는 최대출자자(개인사업자의 경우에는 대표자를 말한다)와 그 배우자

⑤ ④에 해당하는 자의 직계존비속(그 배우자를 포함한다) 및 「국세기본법 시행령」 제1조의2 제1항에 따른 친족관계인 사람

⑥ 「소득세법 시행령」 제196조에 따른 근로소득원천징수부에 의하여 근로소득세를 원천징수한 사실이 확인되지 아니하는 사람

⑦ 조세특례제한법 제30조의4 제4항에 따른 사회보험에 대하여 사용자가 부담하여야 하는 부담금 또는 보험료의 납부 사실이 확인되지 아니하는 근로자

Check Point

상시근로자 판단시 '해당 기업의 최대주주 또는 최대출자자'의 개념

상시근로자 판단시 '해당 기업의 최대주주 또는 최대출자자'는 조세특례제한법 제29조의4(근로소득을 증대시킨 기업에 대한 세액공제)에서만 그 개념을 다음과 같이 규정하고 있다.(조특칙 14의2 ①)

㉠ 해당 법인에 대한 직접보유비율[보유하고 있는 법인의 주식 또는 출자지분("주식등"이라 한다)을 그 법인의 발행주식총수 또는 출자총액(자기주식과 자기출자지분은 제외한다)으로 나눈 비율을 말한다]이 가장 높은 자가 개인인 경우에는 그 개인

㉡ 해당 법인에 대한 직접보유비율이 가장 높은 자가 법인인 경우에는 해당 법인에 대한 직접보유비율과 「국제조세조정에 관한 법률 시행령」 제2조 제3항☆을 준용하여 계산한 간접소유비율을 합하여 계산한 비율이 가장 높은 개인

☆ 어느 한쪽(거주자, 내국법인, 비거주자 또는 외국법인을 말한다)의 다른 쪽(내국법인 또는 외국법인을 말한다)에 대한 주식의 간접소유비율은 다음의 구분에 따른 방법으로 계산한 비율로 한다.

① 다른 쪽의 주주인 법인("주주법인")의 의결권 있는 주식의 50퍼센트 이상을 어느 한쪽이 소유하고 있는 경우: 주주법인이 소유하고 있는 다른 쪽의 의결권 있는 주식이 그 다른 쪽의 의결권 있는 주식에서 차지하는 비율("주주법인의 주식소유비율")

② 주주법인의 의결권 있는 주식의 50퍼센트 미만을 어느 한쪽이 소유하고 있는 경우: 그 소유비율에 주주법인의 주식소유비율을 곱한 비율

③ ① 및 ②를 적용할 때 주주법인이 둘 이상인 경우: 주주법인별로 ① 및 ②에 따라 계산한 비율을 더한 비율

④ 어느 한쪽과 주주법인, 그리고 이들 사이의 하나 이상의 법인이 주식소유관계를 통하여 연결되어 있는 경우: ①부터 ③까지의 계산방법을 준용하여 계산한 비율

따라서 본 규정을 다른 세액공제 등의 상시근로자 판단시 동일하게 적용할 수 있는지 여부는 별도의 행정해석이 필요지만 실무상 동일하게 적용될 것으로 판단된다.

'해당 기업의 최대주주 또는 최대출자자'의 판단

해당 법인의 주주등에 법인이 포함되어 있는 경우 주주법인의 주주가 해당 기업의 주식을 직접 보유한 비율과 간접보유비율을 합산하여 판단한다.

간접보유비율은 다음과 같이 계산한다.

- 주주법인의 개별주주의 주주법인에 대한 보유비율이 50% 이상: 주주법인이 보유한 해당법인의 주식보유비율
- 주주법인의 개별주주의 주주법인에 대한 보유비율이 50% 미만: 주주법인이 보유한 해당법인의 주식보유비율×개별주주가 보유한 주주법인의 주식보유비율

이를 사례로 보면 다음과 같다.

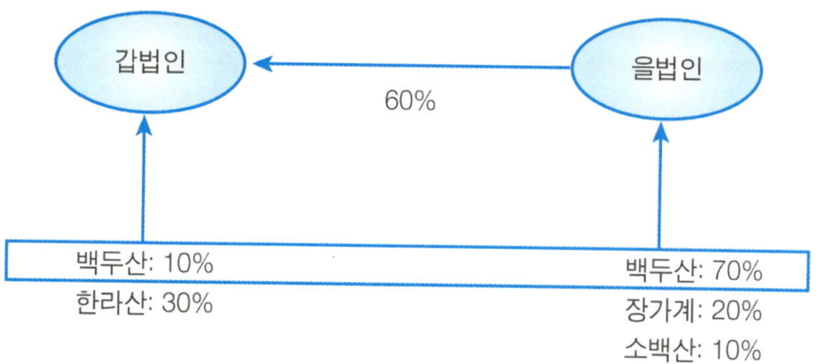

☞ 갑법인의 주주별 보유비율은 간접보유비율을 고려하면 다음과 같으며 최대주주는 백두산이다. 이때 을법인의 주주는 갑법인을 간접적으로 소유하고 있기 때문에 을법인의 주주에 대한 간접소유비율도 고려하여야 한다.

- 백두산 주주 = 10% + 60% = 70%
- 한라산 주주 = 30%

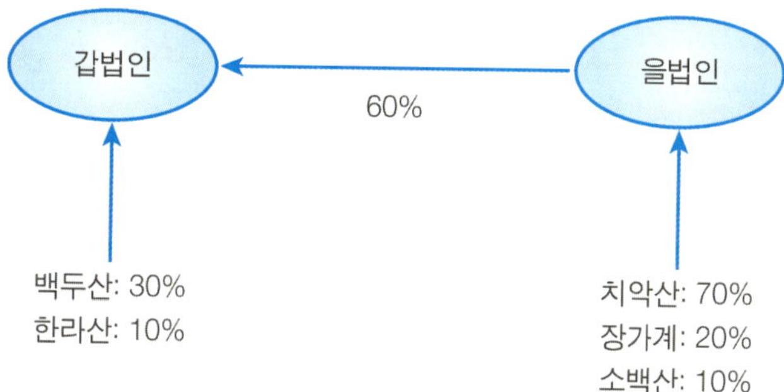

☞ 갑법인의 주주별 보유비율은 간접보유비율을 고려하면 다음과 같으며 최대주주는 치악산이다. 따라서 간접보유비율을 고려하기 때문에 최대주주는 갑법인의 주주명부에 없는 경우도 발생한다.

- 백두산 주주 = 30%
- 한라산 주주 = 10%
- 치악산 주주 = 0% + (60% × 100%) = 60%

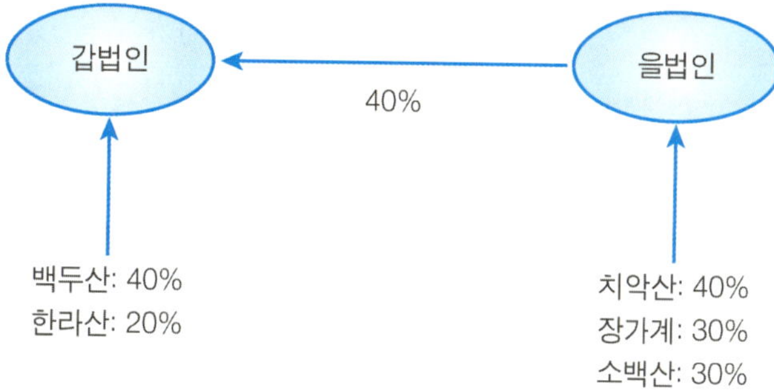

☞ 갑법인의 주주별 보유비율은 간접보유비율을 고려하면 다음과 같으며 최대주주는 백두산이다.

- 백두산 주주 = 40%
- 한라산 주주 = 20%
- 치악산 주주 = 0% + (40% × 40%) = 16%

3. 제도별 상시근로자에서 제외되는 자의 범위 비교

<table>
<tr><th rowspan="2">구 분</th><th colspan="6">상시근로자 포함 여부</th></tr>
<tr><th>법인세법 적용</th><th>근로소득 증대 세액공제</th><th>고용유지 중소기업 세액공제</th><th>조특령 제23조 제10항 적용 (통합고용 등)</th><th>성과공유 중소기업 경영성과급 세액공제</th><th>중소기업 사회보험료 세액공제</th></tr>
<tr><td rowspan="2">① 근로계약기간이 1년 미만인 근로자</td><td>제외</td><td>제외</td><td>제외</td><td>제외</td><td>제외</td><td>제외</td></tr>
<tr><td colspan="6">근로계약의 연속된 갱신으로 인하여 그 근로계약의 총 기간이 1년 이상인 근로자는 상시근로자로 본다.</td></tr>
<tr><td rowspan="3">② 단시간근로자</td><td rowspan="3">제외</td><td rowspan="3">제외</td><td>제외</td><td>제외</td><td>제외</td><td>제외</td></tr>
<tr><td colspan="4">1개월간의 소정근로시간 60시간 이상자는 상시근로자에 포함</td></tr>
<tr><td>1명=1명</td><td colspan="3">1명=0.5명(0.75명)</td></tr>
<tr><td>③ 법인세법상 임원</td><td>포함</td><td>제외</td><td>제외</td><td>제외</td><td>제외</td><td>제외</td></tr>
<tr><td>④ 최대주주 또는 최대출자자(개인사업자는 대표자)</td><td>제외</td><td>제외</td><td>제외</td><td>제외</td><td>제외</td><td>제외</td></tr>
<tr><td>⑤ ④의 배우자</td><td>포함</td><td>포함</td><td>제외</td><td>제외</td><td>제외</td><td>제외</td></tr>
<tr><td>⑥ ④, ⑤의 직계존비속(배우자포함)</td><td colspan="2" rowspan="2">④의 친족관계인 자만 제외</td><td>제외</td><td>제외</td><td>제외</td><td>제외</td></tr>
<tr><td>⑦ ④, ⑤와 친족관계인 자</td><td>포함</td><td>제외</td><td>제외</td><td>제외</td></tr>
<tr><td rowspan="2">⑧ 근로소득세 원천징수 사실이 확인되지 아니하는 자</td><td rowspan="2">제외</td><td rowspan="2">제외</td><td>제외</td><td>제외</td><td>제외</td><td rowspan="2">제외</td></tr>
<tr><td colspan="3">국민연금, 건강보험 둘 다 가입한 자는 상시근로자로 본다</td></tr>
<tr><td rowspan="2">⑨ 4대보험 미가입자</td><td>포함</td><td>포함</td><td colspan="3">국민연금, 건강보험 가입여부로 판단</td><td>하나라도 미가입시 제외☆</td></tr>
<tr><td colspan="6">☆ 단, 국민연금법 등에 의하여 가입제외자는 상시근로자에 포함.</td></tr>
<tr><td rowspan="2">⑩ 총급여 7천만원 이상인 근로자</td><td>포함</td><td>제외☆</td><td>포함</td><td>포함</td><td>제외</td><td>포함</td></tr>
<tr><td colspan="6">☆ 소득세법 제20조 제1항 제1호 및 제2호의 근로소득의 금액의 합계액(비과세소득의 금액은 제외)이 7천만원 이상인 경우 제외</td></tr>
</table>

구 분	상시근로자 포함 여부					
	법인세법 적용	근로소득 증대 세액공제	고용유지 중소기업 세액공제	조특령 제23조 제10항 적용 (통합고용 등)	성과공유 중소기업 경영성과급 세액공제	중소기업 사회보험료 세액공제
⑪ 신규입사자	포함	포함☆	제외	포함	제외☆☆	포함
	☆ 평균임금증가율 계산시 제외됨. ☆☆ 서면법인 2022-590, 2022.3.24.					

Check Point

고용증대세액공제 Q&A 내용 참조(국세청 법인세과)

직원이 대표자의 사촌동생 아들의 배우자인 경우 상시근로자수에 포함하나요?

해당 관계는 국세기본법 시행령 제1조의2(특수관계인의 범위)에 따라 인척관계에 해당하지 않아 적용이 가능하다.

최대주주에 해당하지 않는 임원의 자녀(직계존속)를 채용한 경우 임원의 자녀는 상시근로자에서 제외하나요?

최대주주 또는 그 배우자의 직계존속 등을 상시근로자에서 제외하도록 하고 있는데 채용한 직원은 이에 해당하지 않아(최대주주의 자녀 아님) 상시근로자에 포함된다.

상시근로자에 외국인 근로자도 포함될 수 있나요?

상시근로자는 「근로기준법」에 따라 계약을 체결한 내국인 근로자로서 상시근로자 제외요건에 해당되지 않는 자를 말하는 것이며, 내국인은 소득세법에 따른 거주자를 의미한다.

따라서, 외국인도 소득세법상 거주자에 해당하고 상시근로자 제외사유(조특령 제23조 제10항 각 호)에 해당하지 않는다면 상시근로자에 포함된다.

하루 4시간 근무하는 정규직근로자를 채용하였습니다. 월 소정근로시간은 80시간 내외인 경우 상시근로자에 포함되나요?

1개월 소정근로시간이 60시간 이상인 근로자도 상시근로자에 포함되나 해당 근로자는 0.5명(특례조건을 모두 만족할 경우 0.75명)으로 계산한다.

근로계약은 1년 이상 했지만, 1년을 채우지 못하고 퇴사한 근로자의 경우 상시근로자수에 포함하나요?

계약 당시 근로계약기간이 1년 이상인 근로자가 1년 미만 근무한 경우에도 상시근로자에 포함한다.

☆ (저자주) 기획재정부공고 제2025-218호 입법예고된 통합고용세액공제에 적용되는 상시근로자의 범위는 2026.1.1. 이후부터 실제근로기간 1년 미만인 근로자는 제외될 예정이며 실제근로기간이 1년 이상인 경우 1년 이상이 되는 달부터 상시근로자에 포함될 예정임.

정규직이 3개월 만에 퇴사해도 상시근로자수에 포함하나요?

계약 당시 기간의 정함이 없는 근로자는 상시근로자 해당하기 때문에 실제 근무기간에 관계없이 상시근로자수에 포함된다.

☆ (저자주) 기획재정부공고 제2025-218호 입법예고된 통합고용세액공제에 적용되는 상시근로자의 범위는 2026.1.1. 이후부터 실제근로기간 1년 미만인 근로자는 제외될 예정이며 실제근로기간이 1년 이상인 경우 1년 이상이 되는 달부터 상시근로자에 포함될 예정임.

➲ 근로계약기간이 1년 미만인 근로자가 근로계약을 갱신하여 근무계약기간이 1년을 넘는 경우에는 상시근로자 수에 포함되나요?

계약을 연장할 때 총 계약기간이 1년을 넘어간다면, 갱신계약일(재계약)이 속한 달의 말일부터 상시근로자로 포함하면 된다.

☆ (저자주) 기획재정부공고 제2025-218호 입법예고된 통합고용세액공제에 적용되는 상시근로자의 범위는 2026.1.1. 이후부터 실제근로기간 1년 미만인 근로자는 제외될 예정이며 실제근로기간이 1년 이상인 경우 1년 이상이 되는 달부터 상시근로자에 포함될 예정임.

➲ 근로소득세 원천징수한 내역이 없고, 국민연금&건강보험료를 납부한 근로자의 경우 상시근로자수에 포함하나요?

국민연금과 건강보험료를 납부한 사실이 있고, 그 외 상시근로자 요건을 충족한 때에는 실제 근로소득세를 원천징수하지 않은 경우에도 세액공제대상 상시근로자에 해당한다.

➲ 22세인 청년을 계약직근로자로 채용하였습니다. (근로계약서 상 계약기간 18개월) 청년등 상시근로자에 포함되나요?

청년등 상시근로자에 포함되는 청년은 근로계약기간의 정함이 없는 계약을 체결한 청년 근로자를 의미하므로 계약기간 18개월로 근로계약 체결한 해당 근로자는 청년등 상시근로자에 포함되지 않고, 청년등 외 상시근로자에 포함된다.

☆ (저자주) 기획재정부공고 제2025-218호 입법예고된 통합고용세액공제에 적용되는 상시근로자의 범위는 2026.1.1. 이후부터 실제근로기간 1년 미만인 근로자는 제외될 예정이며 실제근로기간이 1년 이상인 경우 1년 이상이 되는 달부터 상시근로자에 포함될 예정이며 계약직근로자는 기간제근로자로서 청년등 상시근로자에는 포함되지 않고 청년등 외 상시근로자에 포함된다.

➲ 근로자 파견 사업을 주업으로 하는 법인입니다. 청년인 파견근로자는 청년등 상시근로자에서 제외되는 것으로 알고 있는데 전체 상시근로자의 수에서도 제외되는 것인가요?

상시근로자 제외 요건에 파견근로자는 규정되어 있지 않아 근로기준법에 따라 근로계약을 체결하고 조세특례제한법 시행령 제23조 제10항 각 호의 어느 하나에 해당하지 않는다면 전체 상시근로자 및 청년등 외 상시근로자에는 해당한다.(서면법령해석법인 2021-5958, 2021.12.7.)

➲ 산업체병력특례제에 따른 근로자도 상시근로자에 포함될 수 있나요?

고용증대 세액공제 적용 시 상시근로자는 조세특례제한법 시행령 제23조 제10항에 따른 상시근로자를 말하는 것으로, 산업체병력특례업체가 산업체병력특례제에 따라 근로를 제공하는 자와 근로기준법에 따른 근로계약을 체결한 경우 상시근로자에 포함된다.

➲ 무급 휴직자도 상시근로자에 포함될 수 있나요?

조세특례제한법 시행령 제23조 제10항 제1호에서 제5호까지에 해당하지 않는 무급휴직자이고, 국민연금법에 따른 부담금 및 기여금, 국민건강보험법에 따른 직장 가입자의 보험료 등도 납부되지 않는 경우에는 상시근로자에 포함되지 않는다.

➲ 상시근로자로 보는 직원이 근무 중에 군입대로 휴직하고, 그 직원에 대한 근로소득세, 국민연금법 및 국민건강보험법에 따른 직장 가입자의 보험료가 납부되지 않은 경우 군복무 기간 중 상시근로자로 볼 수 있나요?

조세특례제한법 시행령 제23조 제10항 제1호에서 제5호까지에 해당하지 않는 군복무 휴직한 직원이 군복무 기간 중 근로소득세, 국민연금법에 따른 부담금 및 기여금, 국민건강보험법에 따른 직장 가입자의 보험료가 모두 납부되지 않은 경우에는 상시근로자에 포함되지 않는다.

➲ 육아휴직자가 육아휴직 기간 동안 상시근로자에 해당될 수 있나요?

조세특례제한법 시행령 제23조 제10항 제1호에서 제5호까지에 해당하지 않는 육아휴직한 직원이 육아휴직기간 중 국민연금법에 따른 부담금 및 기여금, 국민건강보험법에 따른 직장 가입자의 보험료 등이 납부되지 않은 경우에는 상시근로자에 포함되지 않는다.

➲ 산재로 휴직 중인 직원에 대한 4대 보험을 납부유예 하지 않고 납부 중인 경우에는 상시근로자에 포함될 수 있나요?

조세특례제한법 시행령 제23조 제10항 제1호에서 제5호까지에 해당하지 않는 직원이 산재로 휴직 중인 경우에도 국민연금법에 따른 부담금 및 기여금, 국민건강보험법에 따른 직장 가입자의 보험료 등이 납부되고 있는 경우라면 상시근로자에 포함된다.

➲ 근로계약기간이 1년 미만인 근로자는 상시근로자 수에서 제외되는데, 해당 과세연도 중 동일한 근로자가 퇴사 및 재입사한 경우, 퇴사 전 근로기간과 재입사 후 근로기간을 합산하여 1년 미만 여부를 판단하는 것인가요?

퇴사 및 재입사에도 불구하고 사실상 계속 근무하는 것으로 인정되는 경우에는 퇴사 전 근로기간과 재입사 후 근로기간을 합산하여 1년 미만 여부를 판단하는 것이다.

다만, 고용 종료되어 실제 퇴직금을 지급하는 등 실질적으로 퇴사 후 새로운 근로계약 체결 시에는 근로기간을 합산하지 않는 것이다.

☆ (저자주) 기획재정부공고 제2025-218호 입법예고된 통합고용세액공제에 적용되는 상시근로자의 범위는 2026.1.1. 이후부터 실제근로기간 1년 미만인 근로자는 제외될 예정이며 실제근로기간이 1년 이상인 경우 1년 이상이 되는 달부터 상시근로자에 포함될 예정임.

➲ 근로소득원천징수세액이 없는 경우 상시근로자 해당 여부(서면소득2023-3862, 2024.7.17.)

근로소득을 증대시킨 기업에 대한 세액공제 적용 시 상시근로자는 「근로기준법」에 따라 근로계약을 체결한 내국인 근로자로서 「조세특례제한법 시행령」 제26조의4 제2항 각 호에 해당하지 않는 근로자를 말하는 것이며, 근로자가 '근로소득원천징수부에 의하여 근로소득세를 원천징수한 사실이 확인되지 아니한 근로자'에 해당하는지 여부는 원천징수세액의 유무와 상관없이 근로계약 관계 및 급여지급 현황, 4대보험 가입 현황 등을 고려하여 사실 판단할 사항임.

➲ 「조세특례제한법」 제29조의8 제4항 제1호 "해당기업에서 1년 이상 근무"에는 육아휴직 기간도 포함되는 것인지 여부(사전법규소득2024-223, 2024.6.20.)

「조세특례제한법」 제29조의8 제4항 제1호에 따른 "해당기업에서 1년 이상 근무" 기간에는 육아휴직에 따라 근로소득세 원천징수 사실이 확인되지 않는 기간은 포함되지 않는 것임.

➲ 출산휴가기간 상시근로자 수 계산 방법(기획재정부조세특례-366, 2024.5.3.)

2024.1.1. 전 과세표준 신고시 「조세특례제한법」 제29조의3 제2항에 따른 세액공제를 받는 경우 출산휴가 중인 근로자로서 같은 법 시행령 제23조 제10항 각 호의 어느 하나에 해당하지 않는 자는 상시근로자 수에 포함하는 것임.(질의내용: 출산휴가 및 육아휴직중인 직원에 대한 4대보험료를 회사가 모두 납부한 경우)

➲ 외국인 근로자의 상시근로자 수 포함 여부(서면소득2024-33, 2024.5.2.)

조세특례제한법 제29조의7을 적용함에 있어 상시근로자 수 계산 시 외국인 근로자라 하더라도 거주자에 해당한다면 상시근로자에 포함할 것이고, 거주자가 되는 날부터 상시근로자 수에 포함할 것이나, 입국한 날부터 거주자로 볼 것인지 입국 후 183일이 지난 날을 거주자로 볼 것인지는 사실 판단할 사항임.

➲ 수익사업과 비영리사업을 겸영하는 법인의 상시 근로자 수 계산방법(기준법무법인2022-180, 2023.2.9.)

수익사업(소비성 서비스업 제외)과 비영리사업을 겸영하는 비영리내국법인이 「조세특례제한법」 제29조의7의 고용증대세액공제 규정에 따른 상시 근로자 수를 계산함에 있어 근로 범위, 업무량 등을 고려하여 근로의 제공이 주로 수익사업에 관련된 것인 때에는 수익사업에 속한 상시 근로자로 하고, 근로의 제공이 주로 비영리사업에 관련된 것인 때에는 비영리사업에 속한 상시 근로자로 하는 것임.

➲ 외국인 근로자를 고용한 중소기업의 중소기업 사회보험료 세액공제 적용 여부(사전법령해석소득2020-239, 2020.6.24.)

「조세특례제한법」 제30조의4에 따른 중소기업 사회보험료 세액공제를 적용함에 있어 상시근로자는 근로기준법에 따라 근로계약을 체결한 내국인근로자로서, 외국인 근로자가 소득세법에 따른 거주자에 해당하는 경우 상시근로자에 포함되는 것이나, 「조세특례제한법 시행령」 제27조의4 제1항 각 호의 어느 하나에 해당하는 사람은 제외하는 것임.

• 사회보험료 모두 가입한 경우 적용가능	• 일부 사회보험료 미가입한 경우 적용불가

➲ 국민연금등 가입제외 근로자의 상시근로자 포함여부(서면법령해석소득2020-5976, 2021.6.17., 사전법령해석법인2021-366, 2021.3.30.)

내국법인이 고용하고 있는 만 60세 이상 내국인 근로자 및 「국민건강보험법」 제5조 제1항에 따라 국민건강보험 가입자에서 제외되는 내국인 근로자에 대하여 「국민연금법」 제88조 제3항 및 「국민건강보험법」 제77조 제1항에 따른 사용자 부담금 납부사실이 확인되지 않으나, 국민연금 또는 국민건강보험료 외 「조세특례제한법」 제30조의4 제4항 각 호에 따른 사회보험에 대하여 사용자가 부담하여야 하는 부담금 또는 보험료의 납부 사실이 확인되는 경우, 동 근로자는 「조세특례제한법 시행령」 제27조의4 제1항 제7호에 해당하지 않는 것임.(공제대상 상시근로자에 포함됨)

Ⅳ 상시근로자수의 계산

1. 「상시근로자」와 「상시근로자수」의 구분

통합고용세액공제 등을 적용할 때 「상시근로자」와 「상시근로자수」는 다음과 같이 구분한다.

① 상시근로자: 「근로기준법」에 따라 근로계약을 체결한 근로자로 근로계약기간이 1년 미만인 사람등을 제외한다.
② 상시근로자수: ①의 상시근로자를 일정한 산식에 의하여 연평균인원을 계산한 수를 의미한다.

고용증대세액공제액 등을 계산할 때에는 「상시근로자수」를 기준으로 적용하지만 「상시근로자수」를 계산할 때 「상시근로자」라는 개념이 적용되므로 이를 혼동하는 일은 없어야 한다.

2. 「상시근로자수」의 계산

상시근로자수는 다음의 구분에 따른 계산식에 따라 계산한 수로 한다.(조특령 23 ⑪, 조특령 27의4 ⑥)

$$\text{상시근로자수} = \frac{\text{해당 과세연도의 매월 말 현재 상시근로자수의 합}}{\text{해당과세연도의 개월 수}}$$

$$\text{청년등 상시근로자수} = \frac{\text{해당 과세연도의 매월 말 현재 청년등 상시근로자수의 합}}{\text{해당 과세연도의 개월 수}}$$

① 상시근로자수 중 100분의 1 미만 부분은 없는 것으로 본다.
② 법령에는 전체 상시근로자수와 청년등 상시근로자수 계산 방법만 명시되어 있으므로 청년등 외 상시근로자수는 다음과 같이 계산한다.

청년등 외 상시근로자수 = 상시근로자수 － 청년등 상시근로자수

참고사항

■ **2025년 8월 발표한 2025년 세제개편안에 따른 상시근로자수 계산방법 개정안**

① 인별 연간 근로기간을 감안한 상시근로자수 합계방식으로 개정될 예정임.

$$\sum \begin{bmatrix} 1명 \\ 0.5명 \\ 0.75명 \end{bmatrix} \times \frac{해당\ 과세연도의\ 근로\ 기간}{해당\ 과세연도의\ 개월\ 수}$$

(정규직 근로자는 1명, 단시간 상시근로자는 0.5명, 상용형 시간제는 0.75명)

② 개정 이후 과세표준을 신고하는 분부터 적용할 예정임.

☞ 상시근로자수 계산방법의 개정사항을 반드시 확인 후 실무에 적용하여야 한다.

3. 상시근로자수 계산시기

통합고용세액공제 등을 적용하는 내국인은 다음과 같은 시기에 상시근로자수를 계산한다.

① 통합고용세액공제 등 당해연도 세액공제액을 계산할 때
② 고용감소로 인하여 당기 이전 세액공제액에 대한 추가납부세액을 계산할 때

특히 추가납부세액을 계산하는 경우로서 전체 상시근로자수는 감소하지 않았지만 청년등 상시근로자수가 감소한 경우에 청년의제☆규정을 적용하면 청년등 상시근로자수의 감소규모가 축소될 수 있어 추가납부세액이 줄어들 수 있으므로 상시근로자수를 다시 계산하는 것이 유리하다.

☆ 청년의제는 추가납부할 세액을 계산할 때만 최초로 공제받은 과세연도에 청년등 상시근로자에 해당하는 자는 이후 과세연도에도 청년등 상시근로자로 보아 청년등 상시근로자수를 계산하는 것을 의미한다.(조특령 26의8 ⑤)

4. 단시간근로자의 상시근로자수 계산방법

가. 적용규정

단시간근로자를 상시근로자수에 포함하는 규정은 다음과 같다.

① 조특령 제23조 제10항을 준용하는 제도
② 성과공유중소기업의 경영성과급에 대한 세액공제
③ 고용유지중소기업 등에 대한 과세특례
④ 중소기업 사회보험료 세액공제

따라서 법인세법 적용규정과 근로소득증대세액공제를 적용할 때 단시간근로자는 상시근로자에서 제외된다.

나. 단시간근로자의 상시근로자수 반영기준

단시간근로자 중 1개월간의 소정근로시간이 60시간 이상인 근로자 1명은 0.5명으로 하여 계산하며, 상시근로자수 중 100분의 1 미만 부분은 없는 것으로 본다. 또한 단시간근로자 중 다음의 지원요건을 모두 충족하는 경우에는 0.75명으로 하여 계산한다.

다만, 고용유지중소기업 등에 대한 과세특례를 적용할 때 단시간근로자 중 1개월간의 소정근로시간이 60시간 이상인 근로자 1명은 1명으로 상시근로자수에 반영한다.

① 해당 과세연도의 상시근로자수(상시근로자에 포함되는 단시간근로자인 1개월 간의 소정근로시간이 60시간 이상인 근로자는 제외)가 직전 과세연도의 상시근로자수(상시근로자에 포함되는 단시간근로자인 1개월 간의 소정근로시간이 60시간 이상인 근로자는 제외)보다 감소하지 아니하였을 것

② 기간의 정함이 없는 근로계약을 체결하였을 것

③ 상시근로자와 시간당 임금(「근로기준법」에 따른 임금, 정기상여금 · 명절상여금 등 정기적으로 지급되는 상여금과 경영성과에 따른 성과금을 포함한다), 그 밖에 근로조건과 복리후생 등에 관한 사항에서 「기간제 및 단시간근로자 보호 등에 관한 법률」에 따른 차별적 처우☆가 없을 것

☆ "차별적 처우"라 함은 다음의 사항에서 합리적인 이유 없이 불리하게 처우하는 것을 말한다.

가. 「근로기준법」 제2조 제1항 제5호에 따른 임금

나. 정기상여금, 명절상여금 등 정기적으로 지급되는 상여금

다. 경영성과에 따른 성과금

라. 그 밖에 근로조건 및 복리후생 등에 관한 사항

④ 시간당 임금이 「최저임금법」에 따른 최저임금액의 130% 이상일 것(중소기업: 120%)

제2절 창업등 기업의 상시근로자수 계산

I 창업등 기업의 고용증대세액공제 적용여부

1. 창업등 기업의 상시근로자수 관련 법령

상시근로자수 증가인원을 계산할 때 해당 과세연도에 창업 등을 한 기업의 경우에는 다음의 규정에 의하여 계산한다.

세액공제	창업 등 상시근로자수 계산 근거규정	
	근거규정	준용규정
고용증대세액공제	조특령 제26조의7 제9항	조특령 제23조 제13항
통합고용세액공제	조특령 제26조의8 제8항	
중소기업사회보험료세액공제	조특령 제27조의4 제7항	

창업 등 상시근로자수 계산의 근거 규정인 조세특례제한법 시행령 제23조 제13항과 같은법 시행령 제27조의4 제7항은 내용이 동일하며 차이점은 청년등 상시근로자 포함 여부에 있다.

조특령 제23조 제13항	조특령 제27조의4 제7항
해당 과세연도에 창업 등을 한 내국인의 경우에는 다음 각 호의 구분에 따른 수를 직전 또는 해당 과세연도의 상시근로자수로 본다.	해당 과세연도에 창업 등을 한 기업의 경우에는 다음 각 호의 구분에 따른 수를 직전 또는 해당 과세연도의 청년등 상시근로자수 또는 상시근로자수로 본다.
1. 창업(법 제6조 제10항 제1호부터 제3호까지의 규정에 해당하는 경우는 제외한다)한 경우의 직전 과세연도의 상시근로자수: 0	1. 창업(법 제6조 제10항 제1호부터 제3호까지의 규정에 해당하는 경우는 제외한다)한 경우의 직전 과세연도의 상시근로자수: 0
2. 법 제6조 제10항 제1호(합병·분할·현물출자 또는 사업의 양수 등을 통하여 종전의 사업을 승계하는 경우는 제외한다)부터 제3호까지의 어느 하나에 해당하는 경우의 직전 과세연도의 상시근로자수: 종전 사업, 법인전환 전의 사업 또는 폐업 전의 사업의 직전 과세연도 상시근로자수	2. 법 제6조 제10항 제1호(합병·분할·현물출자 또는 사업의 양수 등을 통하여 종전의 사업을 승계하는 경우는 제외한다)부터 제3호까지의 어느 하나에 해당하는 경우의 직전 과세연도의 상시근로자수: 종전 사업, 법인전환 전의 사업 또는 폐업 전의 사업의 직전 과세연도 청년등 상시근로자수 또는 상시근로자수
3. 다음 각 목의 어느 하나에 해당하는 경우의 직전 또는 해당 과세연도의 상시근로자수: 직전 과	3. 다음 각 목의 어느 하나에 해당하는 경우의 직전 또는 해당 과세연도의 상시근로자수: 직전 과

조특령 제23조 제13항	조특령 제27조의4 제7항
세연도의 상시근로자수는 승계시킨 기업의 경우에는 직전 과세연도 상시근로자수에 승계시킨 상시근로자수를 뺀 수로 하고, 승계한 기업의 경우에는 직전 과세연도 상시근로자수에 승계한 상시근로자수를 더한 수로 하며, 해당 과세연도의 상시근로자수는 해당 과세연도 개시일에 상시근로자를 승계시키거나 승계한 것으로 보아 계산한 상시근로자수로 한다.	세연도의 상시근로자수는 승계시킨 기업의 경우에는 직전 과세연도 청년등 상시근로자수 또는 상시근로자수에 승계시킨 청년등 상시근로자수 또는 상시근로자수를 뺀 수로 하고, 승계한 기업의 경우에는 직전 과세연도 청년등 상시근로자수 또는 상시근로자수에 승계한 청년등 상시근로자수 또는 상시근로자수를 더한 수로 하며, 해당 과세연도의 상시근로자수는 해당 과세연도 개시일에 상시근로자를 승계시키거나 승계한 것으로 보아 계산한 청년등 상시근로자수 또는 상시근로자수로 한다.
가. 해당 과세연도에 합병·분할·현물출자 또는 사업의 양수 등에 의하여 종전의 사업부문에서 종사하던 상시근로자를 승계하는 경우	가. 해당 과세연도에 합병·분할·현물출자 또는 사업의 양수 등에 의하여 종전의 사업부문에서 종사하던 청년등 상시근로자수 또는 상시근로자를 승계하는 경우
나. 제11조 제1항에 따른 특수관계인으로부터 상시근로자를 승계하는 경우	나. 제11조 제1항에 따른 특수관계인으로부터 청년등 상시근로자수 또는 상시근로자를 승계하는 경우

2. 창업 등의 개념

조세특례제한법상 창업에 대한 개념은 없지만 같은법 집행기준에서 다음과 같이 설명하고 있다.(조특법 집행기준 6-0-2 ①)

> 창업이란 기업을 새로이 설립하는 것이며 창업일은 다음과 같다.
> ① 법인의 경우: 법인설립등기일
> ② 개인사업자의 경우: 소득세법 또는 부가가치세법에 따른 사업자등록을 한 날

집행기준에서 설명하는 것과 같이 새로이 기업을 설립한 경우에도 조세특례제한법 제6조(창업중소기업 등에 대한 세액감면) 규정을 적용할 때 다음의 경우에는 창업으로 보지 않는다.(조특법 6 ⑩) 이 규정은 조세특례제한법 제6조에만 적용되는 규정으로 해석된다.

① 합병·분할·현물출자 또는 사업의 양수를 통하여 종전의 사업을 승계하거나 종전의 사업에 사용되던 자산을 인수 또는 매입하여 같은 종류의 사업을 하는 경우. 다만, 다음 각 목의 어느 하나에 해당하는 경우는 제외한다.

㉮ 종전의 사업에 사용되던 자산을 인수하거나 매입하여 같은 종류의 사업을 하는 경우 그 자산가액의 합계가 사업 개시 당시 토지와 법인세법 시행령 제24조의 규정에 의한 감가상각자산의 총가액에서 차지하는 비율이 100분의 30 이하인 경우

㉯ 사업의 일부를 분리하여 해당 기업의 임직원이 사업을 개시하는 경우로서 다음의 요건을 모두 갖춘 경우에 해당하는 경우

㉠ 기업과 사업을 개시하는 해당 기업의 임직원 간에 사업 분리에 관한 계약을 체결할 것

㉡ 사업을 개시하는 임직원이 새로 설립되는 기업의 대표자로서 「법인세법 시행령」 제43조 제7항에 따른 지배주주등에 해당하는 해당 법인의 최대주주 또는 최대출자자(개인사업자의 경우에는 대표자를 말한다)일 것

② 거주자가 하던 사업을 법인으로 전환하여 새로운 법인을 설립하는 경우

③ 폐업 후 사업을 다시 개시하여 폐업전의 사업과 같은 종류의 사업을 하는 경우

④ 사업을 확장하거나 다른 업종을 추가하는 경우 등 새로운 사업을 최초로 개시하는 것으로 보기 곤란한 경우

창업에서 제외되는 내용으로 볼 때 창업에 해당하는지 여부는 궁극적으로 사업 창출의 효과가 있는지에 따라 판단하는 것으로 인적 물적 설비를 승계 또는 인수하여 사업을 영위하는 사업양수 등은 창업에 해당하지 않는 것이다.(서면법인2020-247, 2020.11.19.)

구 분	순수창업에 해당하는 기업	창업에 해당하지 아니하는 기업
기업을 새로이 설립한 기업의 창업해당 여부	조특법 제6조 제10항 제1호부터 제3호까지 제외한 창업기업	조특법 제6조 제10항 제1호부터 제3호에 해당하는 창업기업

3. 창업 등 기업의 구분에 따른 세액공제 적용여부

창업 등 기업의 「상시근로자수」를 계산할 때 조세특례제한법 제6조(창업중소기업등에 대한 세액감면)의 창업에 대한 범위와 관련된 규정을 준용하여 「상시근로자수」 계산 방식을 별도로 규정하고 있다. 따라서 창업등의 기업은 다음과 같은 구분에 따라 「통합고용증대세액공제」등을 적용한다.

조특법 제6조에 따른 창업에 해당 여부에 따른 구분		해당 과세연도에 세액공제등 적용여부
창업에 해당하지 아니하는 기업[18]	① 합병・분할・현물출자 또는 사업의 양수를 통하여 종전의 사업을 승계하거나 종전의 사업에 사용되던 자산을 인수 또는 매입하여 같은 종류의 사업을 하는 경우 ② 거주자가 하던 사업을 법인으로 전환하여 새로운 법인을 설립하는 경우 ③ 폐업후 사업을 다시 개시하여 폐업전의 사업과 같은 종류의 사업을 하는 경우	적용가능
	(저자주) 창업에 해당하지 아니하는 기업은 조세특례제한법 제6조 창업중소기업에 대한 세액감면은 적용할 수 없지만 고용증대세액공제등은 적용가능하다.	
순수창업에 해당하는 기업	위 「창업에 해당하지 아니하는 기업」을 제외한 창업기업(사업을 확장하거나 다른 업종을 추가하는 경우 등 새로운 사업을 최초로 개시하는 것으로 보기 곤란한 경우 포함)	적용가능

창업 등 기업이 고용증대세액공제등을 적용하기 위하여 상시근로자수를 계산할 때 조세특례제한법 제6조(창업중소기업등에 대한 세액감면)의 창업에 대한 범위와 관련된 규정을 준용하여 상시근로자수 계산 방식을 별도로 규정하고 있다. 따라서 다음과 같이 기업의 구분에 따라 고용증대세액공제등을 적용받을 수 있다.

구 분		해당 과세연도에 세액공제등 적용여부
계속기업		적용가능
해당 과세연도	순수창업에 해당하는 기업	적용가능
	창업에 해당하지 아니하는 기업(조특법 6 ⑩ 1호～3호)	적용가능

18) 조세특례제한법 제6조(창업중소기업 등에 대한 세액감면) 제10항 제1호부터 제3호까지의 규정에 해당하는 경우를 말한다.

Ⅱ 창업등 기업의 상시근로자수 계산

가. 창업 등 기업의 상시근로자수의 계산

순수창업에 해당하는 기업이나 창업에 해당하지 아니하는 기업이 창업한 해당 과세연도에 세액공제여부를 적용하기 위하여 직전 과세연도의 상시근로자수는 다음과 같이 계산한다.(조특령 23 ⑬)

1) 아래 2)와 3)에 해당하지 아니하는 창업에 해당하는 경우의 직전 과세연도의 상시근로자수: 0(조특령 23 ⑬ 1호)

2) 다음의 어느 하나에 해당하는 경우의 직전 과세연도의 상시근로자수: 종전 사업, 법인전환 전의 사업 또는 폐업 전의 사업의 직전 과세연도 상시근로자수(조특령 23 ⑬ 2호)

① 합병 · 분할 · 현물출자 또는 사업의 양수를 통하여 종전의 사업에 사용되던 자산을 인수 또는 매입하여 같은 종류의 사업을 하는 경우☆

☆ 다만, 종전의 사업에 사용되던 자산을 인수하거나 매입하여 같은 종류의 사업을 하는 경우 그 자산가액의 합계가 사업 개시 당시 토지와 법인세법 시행령 제24조의 규정에 의한 감가상각자산의 총가액에서 차지하는 비율이 100분의 30 이하인 경우와 사업의 일부를 분리하여 해당 기업의 임직원이 사업을 개시하는 경우로서 다음의 요건을 모두 갖춘 경우는 제외한다.

ⓐ 기업과 사업을 개시하는 해당 기업의 임직원 간에 사업 분리에 관한 계약을 체결할 것

ⓑ 사업을 개시하는 임직원이 새로 설립되는 기업의 대표자로서 지배주주 등에 해당하는 해당 법인의 최대주주 또는 최대출자자(개인사업자의 경우에는 대표자를 말한다)일 것

② 거주자가 하던 사업을 법인으로 전환하여 새로운 법인을 설립하는 경우

③ 폐업 후 사업을 다시 개시하여 폐업전의 사업과 같은 종류의 사업을 하는 경우

3) 다음의 어느 하나에 해당하는 경우의 직전 또는 해당 과세연도의 상시근로자수 : 다음 ①, ②에 따른다.(조특령 23 ⑬ 3호)

㉠ 해당 과세연도에 합병 · 분할 · 현물출자 또는 사업의 양수 등에 의하여 종전의 사업부문에서 종사하던 상시근로자를 승계한 경우

㉡ 특수관계인으로부터 상시근로자를 승계한 경우

① 직전과세연도

- 승계시킨 기업: 직전 과세연도 상시근로자수 − 승계시킨 상시근로자수
- 승계받은 기업: 직전 과세연도 상시근로자수 + 승계받은 상시근로자수

② 해당 과세연도: 해당 과세연도 개시일에 상시근로자를 승계시키거나 승계받은 것으로 보아 계산한 상시근로자수

Check Point

■ 「특수관계인으로부터 상시근로자를 승계한 경우」에서 특수관계인의 범위

특수관계인은 「조세특례제한법 시행령」 제11조 제1항의 특수관계인을 의미하며 「법인세법 시행령」 제2조 제5항 및 「소득세법 시행령」 제98조 제1항에 따른 다음의 경우를 말한다.

① 임원☆의 임면권의 행사, 사업방침의 결정 등 해당 법인의 경영에 대해 사실상 영향력을 행사하고 있다고 인정되는 자(「상법」 제401조의2 제1항에 따라 이사로 보는 자를 포함한다)와 그 친족☆☆

☆ 임원은 「법인세법 시행령」 제40조 제1항의 어느 하나에 해당하는 직무에 종사하는 자를 말한다.

㉠ 법인의 회장, 사장, 부사장, 이사장, 대표이사, 전무이사 및 상무이사 등 이사회의 구성원 전원과 청산인
㉡ 합명회사, 합자회사 및 유한회사의 업무집행사원 또는 이사
㉢ 유한책임회사의 업무집행자
㉣ 감사
㉤ 그 밖에 ㉠부터 ㉣까지의 규정에 준하는 직무에 종사하는 자

☆☆ 「국세기본법 시행령」 제1조의2 제1항에 따른 친족관계는 다음과 같다.

㉠ 4촌 이내의 혈족
㉡ 3촌 이내의 인척
㉢ 배우자(사실상의 혼인관계에 있는 자를 포함한다)
㉣ 친생자로서 다른 사람에게 친양자 입양된 자 및 그 배우자 · 직계비속
㉤ 본인이 「민법」에 따라 인지한 혼인 외 출생자의 생부나 생모(본인의 금전이나 그 밖의 재산으로 생계를 유지하는 사람 또는 생계를 함께하는 사람으로 한정한다)

② 발행주식총수 또는 출자총액의 100분의 30☆에 미달하는 주식등을 소유한 주주등(해당 법인의 국가, 지방자치단체가 아닌 지배주주등의 특수관계인인 자는 제외한다)인 소액주주등이 아닌 주주 또는 출자자("비소액주주등")와 그 친족

☆ 소액주주 판단시 지분율은 1%가 원칙이지만 본 내용을 적용할때는 조특법 시행령 제11조 제1항에 따라 30%로 적용된다.

③ 다음의 어느 하나에 해당하는 자 및 이들과 생계를 함께하는 친족
㉠ 법인의 임원 · 직원 또는 비소액주주등의 직원(비소액주주등이 영리법인인 경우에는 그 임원을, 비영리법인인 경우에는 그 이사 및 설립자를 말한다)
㉡ 법인 또는 비소액주주등의 금전이나 그 밖의 자산에 의해 생계를 유지하는 자

④ 해당 법인이 직접 또는 그와 ①부터 ③까지의 관계에 있는 자를 통해 어느 법인의 경영에 대해 「국세기본법 시행령」 제1조의2 제4항에 따른 지배적인 영향력을 행사하고 있는 경우 그 법인

⑤ 해당 법인이 직접 또는 그와 제1호부터 제4호까지의 관계에 있는 자를 통해 어느 법인의 경영에 대해 「국세기본법 시행령」 제1조의2 제4항에 따른 지배적인 영향력을 행사하고 있는 경우 그 법인

⑥ 해당 법인에 100분의 30 이상을 출자하고 있는 법인에 100분의 30 이상을 출자하고 있는 법인이나 개인

⑦ 해당 법인이 「독점규제 및 공정거래에 관한 법률」에 따른 기업집단에 속하는 법인인 경우에는 그 기업집단에 소속된 다른 계열회사 및 그 계열회사의 임원

나. 사업양수의 경우 조특법 시행령 제23조 제13항 제2호 또는 제3호의 적용기준

① 사업양수와 관련된 규정 비교

ⓐ 조특법 제6조 제10항 제1호 규정
합병 · 분할 · 현물출자 또는 사업의 양수를 통하여 종전의 사업을 승계하거나 종전의 사업에 사용되던 자산을 인수 또는 매입하여 같은 종류의 사업을 하는 경우

ⓑ 조특령 제23조 제13항 제2호 규정
법 제6조 제10항 제1호(합병 · 분할 · 현물출자 또는 사업의 양수 등을 통하여 종전의 사업을 승계하는 경우는 제외한다)부터 제3호까지의 어느 하나에 해당하는 경우의 직전 과세연도의 상시근로자수: 종전 사업, 법인전환 전의 사업 또는 폐업 전의 사업의 직전 과세연도 상시근로자수

ⓒ 조특령 제23조 제13항 제3호 규정
다음 각 목의 어느 하나에 해당하는 경우의 직전 또는 해당 과세연도의 상시근로자수: 직전 과세연도의 상시근로자수는 승계시킨 기업의 경우에는 직전 과세연도 상시근로자수에 승계시킨 상시근로자수를 뺀 수로 하고, 승계받은 기업의 경우에는 직전 과세연도 상시근로자수에 승계받은 상시근로자수를 더한 수로 하며, 해당 과세연도의 상시근로자수는 해당 과세연도 개시일에 상시근로자를 승계시키거나 승계받은 것으로 보아 계산한 상시근로자수로 한다.
가. 해당 과세연도에 합병 · 분할 · 현물출자 또는 사업의 양수 등에 의하여 종전의 사업부문에서 종사하던 상시근로자를 승계하는 경우
나. 제11조 제1항에 따른 특수관계인으로부터 상시근로자를 승계하는 경우

② 조특법 제6조 제10항 제1호 규정을 분석하면 다음과 같이 구분이 가능하다.

㉠ 합병 · 분할 · 현물출자 또는 사업의 양수를 통하여 종전의 사업을 승계하여 같은 종류의 사업을 하는 경우
㉡ 합병 · 분할 · 현물출자 또는 사업의 양수를 통하여 종전의 사업에 사용되던 자산을 인수 또는 매입하여 같은 종류의 사업을 하는 경우

사업양수의 개념에는 인적설비 또는 물적설비 중 어느 하나를 인수하거나 모두 인수하는 경우를 포함하는 개념으로서 조특법 제6조 제10항 제1호 규정의 의미는 다음과 같이 해석된다.

- '종전의 사업을 승계하여'라는 표현은 인적설비 및 물적설비를 모두 승계하는 사업포괄양도 양수의 개념으로 해석된다.
- '종전의 사업에 사용되던 자산을 인수 또는 매입하여'라는 표현은 인적설비는 제외하고 물적설비만을 승계받은 경우로 이해된다.

③ 사업양수의 경우 상시근로자수 판단시 조특령 제23조 제13항 적용기준은 인적설비 즉 고용승계여부에 따라 다음과 같다.

사업양수 방법	조특령 제23조 제13항 적용
인적설비 및 물적설비를 모두 승계한 경우	조특령 23 ⑬ 3호
인적설비는 제외하고 물적설비만 승계한 경우	조특령 23 ⑬ 2호

Check Point

고용을 승계한 사업양수의 경우 입법취지

① 승계시킨 기업과 승계받은 기업은 같은 기업으로 본다.

② 승계받은 기업으로 사업양수 때 모든 상시근로자를 승계받은 경우에는 고용의 변화가 없으므로 승계받은 기업은 고용의 증감이 없다.

③ 승계시킨 기업은 직전 과세연도 상시근로자수에서 승계시킨 상시근로자수를 차감하므로 상시근로자수는 0명으로 변동이 없다. 따라서 고용감소로 인한 추가납부세액은 발생하지 않는다.

④ 승계받은 상시근로자를 승계받은 기업의 직전과세연도 상시근로자로 보기 때문에 추가 고용이 발생하지 않는 경우 고용증대세액공제가 발생하지 않는다.

고용을 승계한 사업양수와 법인전환 구분

① 사업양수

- 계속사업(승계시킨 기업)과 계속사업(승계받은 기업)간의 매각거래
- 승계받은 기업은 주된 사업의 영업활동이 계속되고 있는 기업을 의미함.
- 이 경우 고용이 승계여부에 따라 다음과 같이 판단한다.

고용승계여부	적용법령
승계한 경우	조특령 23 ⑬ 3호
승계안한 경우	조특령 23 ⑬ 2호

② 법인전환

- 계속사업(전환전 사업)과 신설법인(전환법인)간의 매각거래
- 전환법인은 개인사업에서 법인으로 전환되어 신설된 경우 또는 전환전에 이미 신설된 법인이지만 주된 사업의 영업활동은 없으면서 개인사업을 양수받는 경우를 의미함.
- 고용승계여부와 상관없이 무조건 조특령 23 ⑬ 2호가 적용된다.

법인전환 및 사업양수등의 경우 세액공제 승계 및 사후관리

① 법인전환 등의 경우 조세특례제한법 제32조에 따른 이월과세요건 충족여부에 따라 미공제된 이월세액은 다음과 같이 승계여부를 판단한다.

이월과세요건 충족여부	이월된 세액의 범위	승계여부
충족(O)	사업용자산과 관련된 세액	승계됨
	그 외의 세액	승계 안됨
충족(X)	모든 이월세액	승계 안됨

② 전환전 사업등에서 발생한 통합고용세액 중 고용증대세액공제의 추가공제(2차 및 3차 세액공제)는 조세특례제한법 제32조의 이월과세요건 충족여부와 상관없이 전환법인 등에서 승계하여 공제불가능하다.

사업의 포괄양수도 방법으로 법인전환한 경우, 고용증대세액공제 적용 시 상시근로자수 계산방법(기획재정부조세정책-1837, 2023.9.5.)

'고용증대세액공제'를 적용받던 개인사업자가 사업의 포괄양수도 방법으로 법인전환하여 종전 사업에서 종사하던 상시근로자를 승계한 경우, 사업양수로 상시근로자를 승계하였으므로 조특법 시행령 제23조 제13항 제3호 적용하여 상시근로자수를 계산함.

☆ (저자주) 본 예규를 문구 그대로 적용하면 조특법 시행령 제23조 제13항 제2호의 법인전환규정은 적용할 여지가 없는 것으로 판단되므로 본 예규는 신설법인이 주된 사업을 별도로 진행하고 있는 중 개인사업자의 사업을 승계받은 경우를 의미하는 것으로 보아야 할 것이다.

Ⅲ 창업등 기업의 상시근로자수 계산 사례

개인사업자의 법인전환시 상시근로자수 계산 사례 (조특령 23 ⑬ 2호)(전환당시 상시근로자를 신설법인으로 모두 승계)

■ 제조업을 운영하던 거주자 홍길동이 2025.8.5. 기존 제조업을 법인으로 전환한 경우 (청년등 상시근로자는 없는 것으로 가정)

개인사업(전환전 사업)		법인전환(전환후 사업)	
2024년(직전)	2025년(당기)		2026년
1/1	1/1	8/5	12/31
매월말 5명 고용	매월말 6명 고용	6명 승계 고용유지	6명 승계 고용유지

※ 조특령 23 ⑬ 2호를 적용하여 상시근로자수 및 세액공제 계산

1. 개인사업(전환전 사업)의 「상시근로자수」 및 세액공제 적용여부

㉠ 당기(1차)세액공제여부

2025년(당기) 상시근로자수	2024년(직전) 상시근로자수	증감여부(당기 - 직전)
(6명 × 7개월주1)) ÷ 12개월주2) = 3.5명	(5명 × 12개월) ÷ 12개월 = 5명	3.5명 - 5명 = △1.5명 감소

2025년(당기)에 「상시근로자수」가 2024년(직전) 5명보다 1.5명이 감소하였으므로 세액공제액은 적용되지 아니한다.

주1) (저자주) 개인사업을 법인으로 전환한 경우 개인사업장은 폐업과 동시에 상시근로자는 퇴사처리되는 것이 일반적이므로 전환일까지의 기간을 기준으로 상시근로자수를 계산하여 당기 세액공제여부를 판단하는 것이 타당한 것으로 보인다. 그러나 법인전환의 경우 사업체의 인격이 개인에서 법인으로 변경되었을 뿐 나머지는 동일하므로 법인으로 승계된 상시근로자는 과세연도 종료일까지 계속 근무하는 것으로 하여 상시근로자수(= (6명 × 7개월 + 6명 × 5개월) ÷ 12개월 = 6명)를 계산하여 당기 세액공제여부를 판단하여야 한다는 의견도 있으므로 이에 대한 명확한 예규를 확인할 필요가 있다.

주2) 개인사업(전환전 사업)의 경우 2025년 8월 5일에 폐업하였지만 해당 과세연도의 개월 수는 해당 과세기간의 개시일부터 과세기간 종료일까지의 개월 수를 의미하므로 개인사업자의 경우에는 무조건 12개월이 적용된다.(기획재정부조세특례-184, 2019.2.28.)

㉡ 고용감소에 따른 사후관리(추가납부세액)

2025년(당기) 상시근로자수	2024년(직전) 상시근로자수	증감여부(당기 - 직전)
(6명 × 7개월 + 6명 × 5개월☆) ÷ 12개월 = 6명	(5명 × 12개월) ÷ 12개월 = 5명	6명 - 5명 = 1명 증가

2025년(당기)에 「상시근로자수」가 2024년(직전) 5명보다 1명이 증가하였으므로 기존 세액공제분에 대한 추가납부세액은 없는 것으로 판단된다.

☆ 2024년(직전) 과세연도에 고용증대세액공제등을 적용받은 경우 2025년(당기) 법인전환시 전환법인으로 고용이 승계된 「상시근로자」(6명)는 고용이 감소한 「상시근로자」로 보지 아니하므로(법인 - 766, 2012. 12.11.) 법인전환일 이후부터 과세기간종료일까지 계속 고용된 것으로 본다는 의미로 이해된다. 또한 전환법인으로 고용이 승계된 상시근로자는 사후관리기간동안 계속 고용이 감소한 「상시근로자」로 보지 아니하는 것으로 해석하는 것이 타당하다.

참고 **2025년(당기) 「상시근로자수」가 2024년(직전) 「상시근로자수」(5명)보다 증가한 경우**

① 2025년 과세연도에 신규채용으로 인하여 매월 고용인원이 9명일 경우 「상시근로자수」: 5.25명

2025년(당기) 상시근로자수	2024년(직전) 상시근로자수	증감여부(당기 - 직전)
(9명 × 7개월) ÷ 12개월 = 5.25명	(5명 × 12개월) ÷ 12개월 = 5명	5.25명 - 5명 = 0.25명 증가

2025년(당기)에 「상시근로자수」가 2024년(전기) 5명보다 0.25명 증가하였으므로 당해 과세연도 증가인원에 대한 세액공제를 적용할 수 있다.

② 또한 2023년 대비 2024년에 고용이 증가하여 세액공제를 받았다면 「상시근로자수」(5.25명)가 직전사업연도(2023년)보다 감소하지 않는 경우에는, 해당 과세연도 종료일부터 1년(중소기업 또는 중견기업은 2년)이 되는 날까지 추가세액공제 적용이 가능하다.(서면법인 2019 - 2140, 2020.8.6.)

◈ **8/5 법인전환한 개인사업(전환전 사업)의 상시근로자수의 변화**

1. 세액공제시 상시근로자수 계산

구 분	2023년	2024년	2025년	2026년
상시근로자	0명	5명	6명	0명
상시근로자수	0명	5명 × 12/12 = 5명	6명 × 7/12 = 3.5명	0명
상시근로자수 증감	5명 증가 (2023년~2024년)			
		1.5명 감소 (2024년~2025년)		
			3.5명 감소 (2025년~2026년)	

2. 2024년 세액공제분에 대한 추가납부세액계산시 상시근로자수 계산

구 분	2023년	2024년	2025년	2026년
상시근로자	0명	5명	6명	0명
상시근로자수	0명	5명 × 12/12 = 5명	6명 × 7/12 + 6명 × 7/12= 6명	6명 × 12/12 = 6명
상시근로자수 증감	5명 증가 (2023년~2024년)			
		1명 증가 (2024년~2025년)		
		1명 증가 (2024년~2026년)		

2. 법인(전환후 사업)의 상시근로자수 및 세액공제 적용여부

2025년(당기) 상시근로자수	전환전 사업의 직전과세연도 (2024년) 상시근로자수	증감여부(당기 - 직전)
(6명 × 5개월) ÷ 5개월 = 6명	(5명 × 12개월) ÷ 12개월 = 5명	6명 - 5명 = 1명 증가

㉠ 법인 전환으로 인한 승계받은 「상시근로자」: 6명

㉡ 승계받은 「상시근로자」는 사업연도 개시일에 입사한 것으로 보아 「상시근로자수」를 계산한다.

㉢ 2025년(당기)에 법인전환한 법인은 전환 전 사업의 직전과세연도 「상시근로자수」(5명)보다 전환 후 법인의 「상시근로자수」(6명)가 1명 증가하였으므로 2025년(당기) 과세연도에 세액공제가 가능하다.

개인사업장을 기존법인에 사업양수도방식 전환시 상시근로자수 계산 사례 (조특령 23 ⑬ 3호)(전환당시 상시근로자를 기존법인으로 모두 승계)

■ 제조업을 운영하던 거주자 홍길동이 2025.8.5. 기존 제조업을 기존법인 사업양수도 방식으로 전환한 경우(청년등 상시근로자는 없는 것으로 가정)

개인사업(승계시킨 기업)		법인전환(승계받은 기업)	
2024년(직전)	2025년(당기)		2026년
1/1	1/1	8/5	12/31
매월말 5명 고용	매월말 6명 고용	6명 승계 고용유지	6명 승계 고용유지

※ 조특령 23 ⑬ 3호를 적용하여 상시근로자수 및 세액공제 계산
(기획재정부조세정책-1837, 2023.9.5.)

1. 승계시킨 기업(개인사업)의 「상시근로자수」 및 세액공제 적용여부

구 분	2025년 당기	2024년 직전	증감여부(당기 - 직전)
① 승계시키기 전 상시근로자수	(6명 × 7개월) ÷ 12개월 = 3.5명	(5명 × 12개월) ÷ 12개월 = 5명	
② 승계시킨 상시근로자수[주1)]	(6명 × 7개월) ÷ 12개월 = 3.5명	(6명[주2)] × 12개월[주3)]) ÷ 12개월[주4)] = 6명	
③ 세액공제 대상 상시근로자수[주5)] (① - ②)	0명	△1명	0명 - △1명 = 1명 증가

㉠ 2025년(당기)에 「상시근로자수」가 승계 후 직전 과세연도의 「상시근로자수」 △1명보다 1명이 증가하였으므로 2025년(당기) 고용관련 1차 세액공제액은 증가 1명에 대하여 적용가능하다.

㉡ 고용감소에 따른 사후관리(추가공제 또는 추가납부세액)
2024년(직전) 과세연도에 고용증대세액공제등을 적용받은 경우 2025년(당기) 상시근로자수가 승계 후 직전 과세연도의 「상시근로자수」 △1명보다 1명이 증가하였으므로 기존 세액공제분에 대하여 추가공제도 가능하다.

주1) 합병 · 분할 · 현물출자 또는 사업의 양수 등에 의하여 종전의 사업부문에서 종사하던 상시근로자를 승계하는 경우 해당 과세연도 개시일에 상시근로자를 승계시킨 것으로 보아 상시근로자수를 계산한다.(조특령 23 ⑬ 3호)

주2) 승계일 현재 근로하고 있는 상시근로자 중 승계시킨 상시근로자 6명을 의미한다.

주3) 승계시킨 상시근로자는 과세기간 개시일부터 승계시킨 것으로 보기 때문에 12개월로 계산한다.

주4) 개인사업의 경우 2025년 8월 5일에 폐업하였지만 해당과세연도의 개월 수는 해당 과세기간의 개시일부터 과세기간 종료일까지의 개월 수를 의미하므로 개인사업자의 경우에는 무조건 12개월이 적용된다.(기획재정부조세특례-184, 2019.2.28.)

주5) 승계시킨 후 상시근로자수는 승계일에 승계시킨 상시근로자수를 차감하여 계산한다.

◈ 8/5 사업양도한 개인사업(승계시킨 기업)의 상시근로자수의 변화

1. 세액공제시 상시근로자수 계산

<table>
<tr><th>구 분</th><th>2023년</th><th>2024년</th><th>2025년</th><th>2026년</th></tr>
<tr><td>상시근로자</td><td>0명</td><td>5명</td><td>6명</td><td>0명</td></tr>
<tr><td>상시근로자수</td><td>(0명 − 6명) × 12/12 = −6명</td><td>(5명 − 6명) × 12/12 = −1명</td><td>(6명 − 6명) × 7/12 = 0명</td><td>0명 × 12/12 = 0명</td></tr>
<tr><td rowspan="3">상시근로자수 증감</td><td colspan="2">5명 증가</td><td></td><td></td></tr>
<tr><td></td><td colspan="2">1명 증가</td><td></td></tr>
<tr><td></td><td></td><td colspan="2">0명 증가</td></tr>
</table>

2. 2024년 세액공제분에 대한 추가납부세액계산시 상시근로자수 계산

<table>
<tr><th>구 분</th><th>2023년</th><th>2024년</th><th>2025년</th><th>2026년</th></tr>
<tr><td>상시근로자</td><td>0명</td><td>5명</td><td>6명</td><td>0명</td></tr>
<tr><td>상시근로자수</td><td>(0명 − 6명) × 12/12 = −6명</td><td>(5명 − 6명) × 12/12 = −1명</td><td>(6명 − 6명) × 7/12 = 0명</td><td>0명 × 12/12 = 0명</td></tr>
<tr><td rowspan="3">상시근로자수 증감</td><td colspan="2">5명 증가</td><td></td><td></td></tr>
<tr><td></td><td colspan="2">1명 증가</td><td></td></tr>
<tr><td></td><td colspan="3">1명 증가</td></tr>
</table>

2. 승계받은 기업(전환법인)의 「상시근로자수」 및 세액공제 적용여부

구 분	2025년 당기	2024년 직전	증감여부(당기 - 직전)
① 승계받기 전 상시근로자수[주1)]	(0명 × 5개월) ÷ 12개월 = 0명	(0명 × 12개월) ÷ 12개월 = 0명	
② 승계받은 후 상시근로자수[주2)]	(6명 × 5개월) ÷ 12개월 = 6명	(6명 × 12개월) ÷ 12개월 = 6명	
③ 세액공제 대상 상시근로자수[주3)] (① + ②)	6명	6명	6명 - 6명 = 0명 증가

2025년(당기) 「상시근로자수」 증가인원은 0명(= 6명 - 6명)으로 이에 대한 세액공제 적용이 불가능하다.

주1) 승계받은 기업의 직전과세연도 「상시근로자수」는 사업승계로 사업을 처음 시작한 것이므로 0명이다.

주2) 2025년(당기) 승계시킨 기업(개인사업자)으로부터 승계받은 「상시근로자」 6명의 당기 및 전기의 상시근로자수는 다음과 같이 계산한다.

- 당기과세연도: 승계받은 「상시근로자」 6명은 과세연도 개시일(2025.8.5.)에 입사한 것으로 보고 「상시근로자수」를 계산한다.
- 직전과세연도: 승계받은 「상시근로자」 6명은 2024년(전기) 과세연도 개시일(2024.1.1.)에 입사한 것으로 보고 「상시근로자수」를 계산한다.

주3) 승계받은 후 상시근로자수는 승계일에 승계받은 상시근로자수를 더하여 계산한다.

개인사업자의 법인전환시 일부 퇴사한 경우 상시근로자수 계산 사례 (조특령 23 ⑬ 2호)(전환전 사업에서 퇴사한 경우)

■ **제조업을 운영하던 거주자 홍길동이 2025.8.3. 기존 제조업을 법인으로 전환한 경우 (일부 근로자가 전환전 사업에서 퇴사)(청년등 상시근로자는 없는 것으로 가정)**

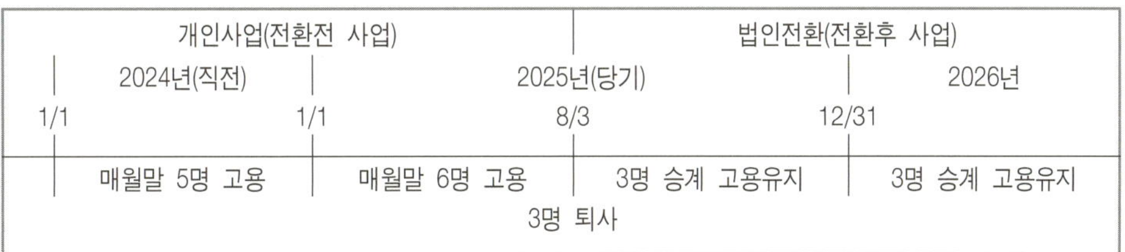

※ 조특령 23 ⑬ 2호를 적용하여 상시근로자수 및 세액공제 계산

1. 개인사업(전환전 사업)의 「상시근로자수」 및 세액공제 적용여부

㉠ 당기(1차)세액공제여부

2025년(당기) 상시근로자수	2024년(직전) 상시근로자수	증감여부(당기 - 직전)
(6명 × 7개월[주1]) ÷ 12개월[주2] = 3.5명	(5명 × 12개월) ÷ 12개월 = 5명	3.5명 - 5명 = △1.5명 감소

2025년(당기)에 「상시근로자수」가 2024년(직전) 5명보다 1.5명이 감소하였으므로 세액공제액은 적용되지 아니한다.

주1) (저자주) 개인사업을 법인으로 전환한 경우 개인사업장은 폐업과 동시에 상시근로자는 일반적으로 퇴사처리되는 것이 일반적이므로 전환일까지의 기간을 기준으로 상시근로자수를 계산하여 당기 세액공제여부를 판단하는 것이 타당한 것으로 보인다. 그러나 법인전환의 경우 사업체의 인격이 개인에서 법인으로 변경되었을 뿐 나머지는 동일하므로 법인으로 승계된 상시근로자는 과세연도 종료일까지 계속 근무하는 것으로 하여 상시근로자수(= (6명 × 7개월 + 6명 × 5개월) ÷ 12개월 = 6명)를 계산하여 당기 세액공제 여부를 판단하여야 한다는 의견도 있으므로 이에 대한 명확한 예규를 확인할 필요가 있다.

주2) 개인사업(전환전 사업)의 경우 2025년 8월 3일에 폐업하였지만 해당 과세연도의 개월 수는 해당 과세기간의 개시일부터 과세기간 종료일까지의 개월 수를 의미하므로 개인사업자의 경우에는 무조건 12개월이 적용된다.(기획재정부조세특례 - 184, 2019.2.28.)

㉡ 고용감소에 따른 사후관리(추가납부세액)

2025년(당기) 상시근로자수	2024년(직전) 상시근로자수	증감여부(당기 - 직전)
(6명 × 7개월 + 3명 × 5개월☆) ÷ 12개월 = 4.75명	(5명 × 12개월) ÷ 12개월 = 5명	4.75명 - 5명 = △0.25명 감소

2025년(당기)에 「상시근로자수」가 2024년(직전) 5명보다 0.25명이 감소하였으므로 기존 세액공제분에 대한 추가납부세액이 발생한다.

☆ 2024년(직전) 과세연도에 고용증대세액공제등을 적용받은 경우 2025년(당기) 법인전환시 전환법인으로 고용이 승계된 「상시근로자」(3명)는 고용이 감소한 「상시근로자」로 보지 아니하므로(법인 - 766, 2012.12.11.) 법인전환일 이후부터 과세기간종료일까지 계속 고용된 것으로 본다는 의미로 이해된다. 또한 전환법인으로 고용이 승계된 상시근로자는 사후관리기간동안 계속 고용이 감소한 「상시근로자」로 보지 아니하는 것으로 해석하는 것이 타당하다.

◈ 8/3 법인전환한 개인사업(전환전 사업)의 상시근로자수의 변화

1. 세액공제시 상시근로자수 계산

구 분	2023년	2024년	2025년	2026년
상시근로자	0명	5명	6명 → 3명	0명
상시근로자수	0명	5명 × 12/12 = 5명	6명 × 7/12 = 3.5명	0명
상시근로자수 증감	5명 증가			
		1.5명 감소		
			3.5명 감소	

2. 2024년 세액공제분에 대한 추가납부세액계산시 상시근로자수 계산

구 분	2023년	2024년	2025년	2026년
상시근로자	0명	5명	6명 → 3명	0명
상시근로자수	0명	5명 × 12/12 = 5명	6명 × 7/12 + (6명 − 3명) × 5/12 = 4.75명	(6명 − 3명) × 12/12 = 3명
상시근로자수 증감	5명 증가	5명 증가		
		0.25명 감소	0.25명 감소	
		2명 감소	2명 감소	2명 감소

☆ 법인전환시 개인사업에 고용된 상시근로자가 퇴사할 경우 개인사업에서 퇴사하는 것보다 전환법인으로 승계한 후 퇴사하는 것이 개인사업의 추가납부세액 측면에서 유리하다.

2. 법인(전환후 사업)의 상시근로자수 및 세액공제 적용여부

2025년(당기) 상시근로자수	전환전 사업의 직전과세연도 (2024년) 상시근로자수	증감여부(당기 − 직전)
(3명 × 5개월) ÷ 5개월 = 3명	(5명 × 12개월) ÷ 12개월 = 5명	3명 − 5명 = △2명 감소

㉠ 법인 전환으로 인한 승계받은 「상시근로자」: 3명

㉡ 승계받은 「상시근로자」는 사업연도 개시일에 입사한 것으로 보아 「상시근로자수」를 계산한다.

㉢ 2025년(당기)에 법인전환한 법인은 전환 전 사업의 직전과세연도 「상시근로자수」(5명)보다 전환 후 법인의 「상시근로자수」(3명)가 2명 감소하였으므로 2025년 과세연도에 세액공제가 불가능하다.

개인사업을 기존법인에 사업양수도방식 양도시 일부 퇴사한 경우 상시근로자수 계산 사례(조특령 23 ⑬ 3호)(기존사업에서 퇴사한 경우)

■ **제조업을 운영하던 거주자 홍길동이 2025.8.3. 기존법인에 사업양수도방식으로 양도한 경우 (일부 근로자가 전환전 사업에서 퇴사)(청년등 상시근로자는 없는 것으로 가정)**

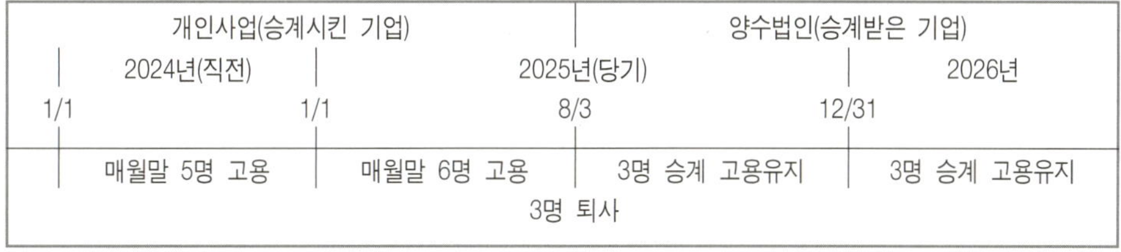

※ **조특령 23 ⑬ 3호를 적용하여 상시근로자수 및 세액공제 적용여부**
(기획재정부조세정책 − 1837, 2023.9.5.)

1. 승계시킨 기업(개인사업)의 「상시근로자수」 및 세액공제 적용여부

구 분	2025년 당기	2024년 직전	증감여부(당기 - 직전)
① 승계시키기 전 상시근로자수	(6명 × 7개월) ÷ 12개월 = 3.5명	(5명 × 12개월) ÷ 12개월 = 5명	
② 승계시킨 상시근로자수[주1)]	(3명 × 7개월) ÷ 12개월 = 1.75명	(3명[주2)] × 12개월[주3)]) ÷ 12개월[주4)] = 3명	
③ 세액공제 대상 상시근로자수[주5)] (① - ②)	1.75명	2명	1.75명 - 2명 = △0.25명 감소

㉠ 2025년(당기)에 「상시근로자수」가 승계 후 직전 과세연도의 「상시근로자수」 2명보다 0.25명이 감소하였으므로 2025년(당기) 고용관련 1차 세액공제액은 적용불가능하다.

㉡ 고용감소에 따른 사후관리(추가공제 또는 추가납부세액)
2024년(직전) 과세연도에 고용증대세액공제등을 적용받은 경우 2025년(당기) 상시근로자수가 승계 후 직전 과세연도의 「상시근로자수」 2명보다 0.25명이 감소하였으므로 기존 세액공제분에 대하여 추가공제는 불가능하며 감소인원에 대한 추가납부세액을 계산하여 납부하여야 한다.

주1) 합병・분할・현물출자 또는 사업의 양수 등에 의하여 종전의 사업부문에서 종사하던 상시근로자를 승계하는 경우 해당 과세연도 개시일에 상시근로자를 승계시킨 것으로 보아 상시근로자수를 계산한다.(조특령 23 ⑬ 3호)

주2) 승계일 현재 근로하고 있는 상시근로자 중 승계시킨 상시근로자 3명을 의미한다.

주3) 승계시킨 상시근로자는 과세기간 개시일부터 승계시킨 것으로 보기 때문에 12개월로 계산한다.

주4) 개인사업의 경우 2025년 8월 3일에 폐업하였지만 해당과세연도의 개월 수는 해당 과세기간의 개시일부터 과세기간 종료일까지의 개월 수를 의미하므로 개인사업자의 경우에는 무조건 12개월이 적용된다.(기획재정부조세특례-184, 2019.2.28.)

주5) 승계시킨 후 상시근로자수는 승계일에 승계시킨 상시근로자수를 차감하여 계산한다.

◈ 8/3 사업양도한 개인사업(승계시킨 기업)의 상시근로자수의 변화

1. 세액공제시 상시근로자수 계산

구 분	2023년	2024년	2025년	2026년
상시근로자	0명	5명	6명 → 3명	0명
상시근로자수	(0명 - 3명) × 12/12 = -3명	(5명 - 3명) × 12/12 = 2명	(6명 - 3명) × 7/12 = 1.75명	0명
상시근로자수 증감	5명 증가			
		0.25명 감소		
			1.75명 감소	

2. 2024년 세액공제분에 대한 추가납부세액계산시 상시근로자수 계산

구 분	2023년	2024년	2025년	2026년
상시근로자	0명	5명	6명	0명
상시근로자수	(0명 - 3명) × 12/12 = -3명	(5명 - 3명) × 12/12 = 2명	(6명 - 3명) × 7/12 = 1.75명	0명 × 12/12 = 0명
상시근로자수 증감	5명 증가			
		0.25명 감소		
		2명 감소		

2. 승계받은 기업(양수법인)의 「상시근로자수」 및 세액공제 적용여부

구 분	2025년 당기	2024년 직전	증감여부(당기 - 직전)
① 승계받기 전 상시근로자수[주1)]	(0명 × 5개월) ÷ 12개월 = 0명	(0명 × 12개월) ÷ 12개월 = 0명	
② 승계받은 후 상시근로자수[주2)]	(3명 × 5개월) ÷ 12개월 = 3명	(3명 × 12개월) ÷ 12개월 = 3명	
③ 세액공제 대상 상시근로자수[주3)] (① + ②)	3명	3명	3명 - 3명 = 0명 증가

2025년(당기) 「상시근로자수」 증가인원은 0명(= 3명 - 3명)으로 이에 대한 세액공제 적용이 불가능하다.

주1) 승계받은 기업의 직전과세연도 「상시근로자수」는 사업승계로 사업을 처음 시작한 것이므로 0명이다.

주2) 2025년(당기) 승계시킨 기업(개인사업자)으로부터 승계받은 「상시근로자」 3명의 당기 및 전기의 상시근로자수는 다음과 같이 계산한다.

- 당기과세연도: 승계받은 「상시근로자」 3명은 과세연도 개시일(2025.8.3.)에 입사한 것으로 보고 「상시근로자수」를 계산한다.
- 직전과세연도: 승계받은 「상시근로자」 3명은 2024년(전기) 과세연도 개시일(2024.1.1.)에 입사한 것으로 보고 「상시근로자수」를 계산한다.

주3) 세액공제 대상 상시근로자수는 승계일에 승계받은 상시근로자수를 더하여 계산한다.

개인사업자의 법인전환 후 승계받은 상시근로자 일부 퇴사한 경우 상시근로자수 계산 사례 (조특령 23 ⑬ 2호)(전환후 법인에서 승계받은 상시근로자 일부 퇴사)

■ 제조업을 운영하던 거주자 홍길동이 2025.8.3. 기존 제조업을 법인으로 전환한 경우 (일부 근로자 퇴사, 법인전환 후 퇴사 입사)(청년등 상시근로자는 없는 것으로 가정)

1. 개인사업(전환전 사업)의 「상시근로자수」 및 세액공제 적용여부

㉠ 당기(1차)세액공제여부

2025년(당기) 상시근로자수	2024년(직전) 상시근로자수	증감여부(당기 - 직전)
(6명 × 7개월[주1]) ÷ 12개월[주2] = 3.5명	(5명 × 12개월) ÷ 12개월 = 5명	3.5명 - 5명 = △1.5명 감소

2025년(당기)에 「상시근로자수」가 2024년(직전) 5명보다 1.5명이 감소하였으므로 세액공제액은 적용되지 아니한다.

주1) (저자주) 개인사업을 법인으로 전환한 경우 개인사업장은 폐업과 동시에 상시근로자는 일반적으로 퇴사처리되는 것이 일반적이므로 전환일까지의 기간을 기준으로 상시근로자수를 계산하여 당기 세액공제여부를 판단하는 것이 타당한 것으로 보인다. 그러나 법인전환의 경우 사업체의 인격이 개인에서 법인으로 변경되었을 뿐 나머지는 동일하므로 법인으로 승계된 상시근로자는 과세연도 종료일까지 계속 근무하는 것으로 하여 상시근로자수(= (6명 × 7개월 + 6명 × 5개월) ÷ 12개월 = 6명)를 계산하여 당기 세액공제여부를 판단하여야 한다는 의견도 있으므로 이에 대한 명확한 예규를 확인할 필요가 있다.

주2) 개인사업(전환전 사업)의 경우 2025년 8월 3일에 폐업하였지만 해당 과세연도의 개월 수는 해당 과세기간의 개시일부터 과세기간 종료일까지의 개월 수를 의미하므로 개인사업자의 경우에는 무조건 12개월이 적용된다.(기획재정부조세특례 - 184, 2019.2.28.)

㉡ 고용감소에 따른 사후관리(추가납부세액)

2025년(당기) 상시근로자수	2024년(직전) 상시근로자수	증감여부(당기 - 직전)
(6명 × 7개월 + 4명 × 5개월☆) ÷ 12개월 = 5.16명	(5명 × 12개월) ÷ 12개월 = 5명	5.16명 - 5명 = 0.16명 증가

2025년(당기)에 「상시근로자수」가 2024년(직전) 5명보다 0.16명이 증가하였으므로 기존 세액공제분에 대한 추가납부세액이 없다.

☆ 2024년(직전) 과세연도에 고용증대세액공제등을 적용받은 경우 2025년(당기) 법인전환시 전환법인으로 고용이 승계된 「상시근로자」(2명)는 고용이 감소한 「상시근로자」로 보지 아니하므로(법인 - 766, 2012.12.11.) 법인전환일 이후부터 과세기간종료일까지 계속 고용된 것으로 본다는 의미로 이해된다. 또한 전환법인으로 고용이 승계된 상시근로자는 사후관리기간동안 계속 고용이 감소한 「상시근로자」로 보지 아니하는 것으로 해석하는 것이 타당하다.

◈ 8/3 법인전환한 개인사업(전환전 사업)의 상시근로자수의 변화

1. 세액공제시 상시근로자수 계산

구 분	2023년	2024년	2025년	2026년
상시근로자	0명	5명	6명 → 4명	0명
상시근로자수	0명	5명 × 12/12 = 5명	6명 × 7/12 = 3.5명	0명
상시근로자수 증감	5명 증가			
		1.5명 감소		
			3.5명 감소	

2. 2024년 세액공제분에 대한 추가납부세액계산시 상시근로자수 계산

구 분	2023년	2024년	2025년	2026년
상시근로자	0명	5명	6명 → 4명	0명
상시근로자수	0명	5명 × 12/12 = 5명	6명 × 7/12 + (6명 - 2명) × 5/12 = 5.16명	(6명 - 2명) × 12/12 = 4명
상시근로자수 증감	5명 증가			
		0.16명 증가		
		1명 감소		

2. 법인(전환후 사업)의 상시근로자수 및 세액공제 적용여부

2025년(당기) 상시근로자수	전환전 사업의 직전과세연도 (2024년) 상시근로자수	증감여부(당기 - 직전)
(4명 × 1개월 + 3명 × 1개월 + 8명 × 3개월) ÷ 5개월 = 6.2명	(5명 × 12개월) ÷ 12개월 = 5명	6.2명 - 5명 = 1.2명 증가

㉠ 법인 전환으로 인한 승계받은 「상시근로자」: 4명

㉡ 승계받은 「상시근로자」는 사업연도 개시일에 입사한 것으로 보며 법인 전환 이후 입사와 퇴사한 상시근로자를 반영하여 법인 전환한 연도의 「상시근로자수」를 계산한다.

㉢ 2025년(당기)에 법인전환한 법인은 전환 전 사업의 직전과세연도 「상시근로자수」(5명)보다 전환 후 법인의 「상시근로자수」(6.2명)가 1.2명 증가하였으므로 2025년 과세연도에 세액공제가 가능하다.

고용을 승계하는 사업포괄양도양수의 경우 상시근로자수 계산 사례 (조특령 23 ⑬ 3호)(승계시킨 기업에서 일부 근로자 퇴사)

■ 제조업을 운영하던 거주자 홍길동이 2025.8.5. 거주자 김철수에게 사업포괄양도한 경우 (일부 근로자 퇴사)(청년등 상시근로자는 없는 것으로 가정)

홍길동 제조업 기업(승계시킨 기업)		김철수 제조업 기업(승계받은 기업)	
2024년(직전)	2025년(당기)		2026년
1/1	1/1	8/5	12/31
매월말 5명 고용	매월말 6명 고용	4명 승계 고용유지 2명 퇴사	4명 승계 고용유지

1. 승계시킨 기업(홍길동 제조업 기업)의 「상시근로자수」 및 세액공제 적용여부

구 분	2025년 당기	2024년 직전	증감여부(당기 – 직전)
① 승계시키기 전 상시근로자수	(6명 × 7개월) ÷ 12개월 = 3.5명	(5명 × 12개월) ÷ 12개월 = 5명	
② 승계시킨 상시근로자수[주1)]	(4명 × 7개월) ÷ 12개월 = 2.33명	(4명[주2)] × 12개월[주3)]) ÷ 12개월[주4)] = 4명	
③ 세액공제 대상 상시근로자수[주5)] (① – ②)	1.17명	1명	1.17명 – 1명 = 0.17명 증가

㉠ 2025년(당기)에 「상시근로자수」가 승계 후 직전 과세연도의 「상시근로자수」 1명보다 0.17명이 증가하였으므로 2025년(당기) 고용관련 1차 세액공제액은 증가 0.17명에 대하여 적용가능하다.

㉡ 고용감소에 따른 사후관리(추가공제 또는 추가납부세액)
2024년(직전) 과세연도에 고용증대세액공제등을 적용받은 경우 2025년(당기) 상시근로자수가 승계 후 직전 과세연도의 「상시근로자수」 1명보다 0.17명이 감소하였으므로 기존 세액공제분에 대하여 추가공제도 가능하다.

주1) 합병·분할·현물출자 또는 사업의 양수 등에 의하여 종전의 사업부문에서 종사하던 상시근로자를 승계하는 경우 해당 과세연도 개시일에 상시근로자를 승계시킨 것으로 보아 상시근로자수를 계산한다.(조특령 23 ⑬ 3호)

주2) 승계일 현재 근로하고 있는 상시근로자 중 승계시킨 상시근로자 3명을 의미한다.

주3) 승계시킨 상시근로자는 과세기간 개시일부터 승계시킨 것으로 보기 때문에 12개월로 계산한다.

주4) 개인사업의 경우 2025년 8월 5일에 폐업하였지만 해당과세연도의 개월 수는 해당 과세기간의 개시일부터 과세기간 종료일까지의 개월 수를 의미하므로 개인사업자의 경우에는 무조건 12개월이 적용된다.(기획재정부조세특례-84, 2019.2.28.)

주5) 세액공제 대상 상시근로자수는 승계일에 승계시킨 상시근로자수를 차감하여 계산한다.

◈ **8/5 고용을 승계시킨 기업의 상시근로자수의 변화**

1. 세액공제시 상시근로자수 계산

구 분	2023년	2024년	2025년	2026년
상시근로자	0명	5명	6명 → 4명	0명
상시근로자수	(0명 − 4명) × 12/12 = −4명	(5명 − 4명) × 12/12 = 1명	(6명 − 4명) × 7/12 = 1.16명	0명
상시근로자수 증감	5명 증가			
		0.16명 증가		
			1.16명 감소	

2. 2024년 세액공제분에 대한 추가납부세액계산시 상시근로자수 계산

구 분	2023년	2024년	2025년	2026년
상시근로자	0명	5명	6명 → 4명	0명
상시근로자수	(0명 − 4명) × 12/12 = −4명	(5명 − 4명) × 12/12 = 1명	(6명 − 4명) × 7/12 = 1.16명	0명
상시근로자수 증감	5명 증가			
		0.16명 증가		
		1명 감소		

☆ 사업양수의 경우 상시근로자가 퇴사할 경우 고려사항

① 승계시킨 기업은 승계시킨 기업에서 퇴사하는 것보다 승계한 기업에서 퇴사하는 것이 추가납부세액 측면에서 유리함.

② 승계한 기업의 경우에는 승계시킨 기업에서 퇴사하는 것이 세액공제 측면에서 유리함.

2. 승계받은 기업(김철수 제조업 기업)의 「상시근로자수」 및 세액공제 적용여부

구 분	2025년 당기	2024년 직전	증감여부(당기 − 직전)
① 승계받기 전 상시근로자수[주1)]	(0명 × 12개월) ÷ 12개월 = 0명	(0명 × 12개월) ÷ 12개월 = 0명	
② 승계받은 후 상시근로자수[주2)]	(4명 × 12개월) ÷ 12개월 = 4명	(4명 × 12개월) ÷ 12개월 = 4명	
③ 세액공제 대상 상시근로자수[주3)] (① + ②)	4명	4명	4명 − 4명 = 0명 증가

2025년(당기) 「상시근로자수」 증가인원은 0명(= 4명 − 4명)으로 이에 대한 세액공제 적용이 불가능하다.

주1) 승계받은 기업의 직전과세연도 「상시근로자수」는 사업승계로 사업을 처음 시작한 것이므로 0명이다.

주2) 2025년(당기) 승계시킨 기업(개인사업자)으로부터 승계받은 「상시근로자」 4명의 당기 및 전기의 상시근로자수는 다음과 같이 계산한다.

- 당기과세연도: 승계받은 「상시근로자」 4명은 과세연도 개시일(2025.1.1.)에 입사한 것으로 보고 「상시근로자수」를 계산한다.
- 직전과세연도: 승계받은 「상시근로자」 4명은 2024년(전기) 과세연도 개시일(2024.1.1.)에 입사한 것으로 보고 「상시근로자수」를 계산한다.

주3) 세액공제 대상 상시근로자수는 승계일에 승계한 상시근로자수를 더하여 계산한다.

고용을 승계하는 사업포괄양도양수의 경우 상시근로자수 계산 사례 (조특령 23 ⑬ 3호)(사업포괄양도양수 이후 일부 퇴사 및 입사하는 경우)

■ **제조업을 운영하던 거주자 홍길동이 2025.8.5. 거주자 김철수에게 사업포괄양도한 경우 (일부 근로자 퇴사, 양수도 후 퇴사 및 입사)(청년등 상시근로자는 없는 것으로 가정)**

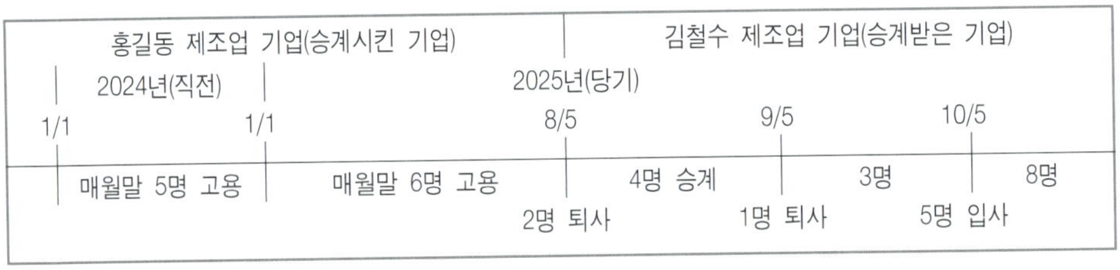

홍길동 제조업 기업(승계시킨 기업)		김철수 제조업 기업(승계받은 기업)		
2024년(직전)	2025년(당기)			
1/1 ~ 1/1	1/1 ~ 8/5	8/5 ~ 9/5	9/5 ~ 10/5	10/5 ~
매월말 5명 고용	매월말 6명 고용	4명 승계	3명	8명
	2명 퇴사 (8/5)	1명 퇴사 (9/5)	5명 입사 (10/5)	

1. 승계시킨 기업(홍길동 제조업)의 「상시근로자수」 및 세액공제 적용여부

구 분	2025년 당기	2024년 직전	증감여부(당기 – 직전)
① 승계시키기 전 상시근로자수	(6명×7개월)÷12개월 = 3.5명	(5명×12개월)÷12개월 = 5명	
② 승계시킨 상시근로자수[주1)]	(4명×7개월)÷12개월 = 2.33명	(4명[주2)]×12개월[주3)]) ÷12개월[주4)] = 4명	
③ 세액공제 대상 상시근로자수[주5)] (①–②)	1.17명	1명	1.17명–1명 = 0.17명 증가

㉠ 2025년(당기)에 「상시근로자수」가 승계 후 직전 과세연도의 「상시근로자수」 1명보다 0.17명이 증가하였으므로 2025년(당기) 고용관련 1차 세액공제액은 적용이 가능하다.

㉡ 고용감소에 따른 사후관리(추가공제 또는 추가납부세액)
2024년(직전) 과세연도에 고용증대세액공제등을 적용받은 경우 2025년(당기) 상시근로자수가 승계 후 직전 과세연도의 「상시근로자수」 1명보다 0.17명이 증가하였으므로 기존 세액공제분에 대

하여 추가공제는 가능하며 감소인원에 대한 추가납부세액은 없다.

주1) 합병·분할·현물출자 또는 사업의 양수 등에 의하여 종전의 사업부문에서 종사하던 상시근로자를 승계하는 경우 해당 과세연도 개시일에 상시근로자를 승계시킨 것으로 보아 상시근로자수를 계산한다.(조특령 23 ⑬ 3호)

주2) 승계일 현재 근로하고 있는 상시근로자 중 승계시킨 상시근로자 3명을 의미한다.

주3) 승계시킨 상시근로자는 과세기간 개시일부터 승계시킨 것으로 보기 때문에 12개월로 계산한다.

주4) 개인사업의 경우 2025년 8월 5일에 폐업하였지만 해당과세연도의 개월 수는 해당 과세기간의 개시일부터 과세기간 종료일까지의 개월 수를 의미하므로 개인사업자의 경우에는 무조건 12개월이 적용된다.(기획재정부조세특례-184, 2019.2.28.)

주5) 세액공제 대상 상시근로자수는 승계일에 승계시킨 상시근로자수를 차감하여 계산한다.

2. 승계받은 기업(김철수 제조업)의 「상시근로자수」 및 세액공제 적용여부

구 분	2025년 당기	2024년 직전	증감여부(당기 - 직전)
① 승계받기 전 상시근로자수[주1)]	(0명 × 5개월) ÷ 12개월 = 0명	(0명 × 12개월) ÷ 12개월 = 0명	
② 승계받은 후 상시근로자수[주2)]	(4명 × 8개월 + 3명 × 1개월 + 8명 × 3개월) ÷ 12개월 = 4.91명	(4명 × 12개월) ÷ 12개월 = 4명	
③ 세액공제 대상 상시근로자수[주3)] (① + ②)	4.91명	4명	4.91명 - 4명 = 0.91명 증가

2025년(당기) 「상시근로자수」 증가인원은 0.91명(= 4.91명 - 4명)으로 이에 대한 세액공제 적용이 가능하다.

주1) 승계받은 기업의 직전과세연도 「상시근로자수」는 사업승계로 사업을 처음 시작한 것이므로 0명이다.

주2) 2025년(당기) 승계시킨 기업(개인사업자)으로부터 승계받은 「상시근로자」 3명의 당기 및 전기의 상시근로자수는 다음과 같이 계산한다.
- 당기과세연도: 승계받은 「상시근로자」 4명은 과세연도 개시일(2025.1.1.)에 입사한 것으로 보고 「상시근로자수」를 계산한다.
- 직전과세연도: 승계받은 「상시근로자」 4명은 2024년(전기) 과세연도 개시일(2024.1.1.)에 입사한 것으로 보고 「상시근로자수」를 계산한다.

주3) 세액공제 대상 상시근로자수는 승계일에 승계받은 상시근로자수를 더하여 계산한다.

동일 과세기간에 기존사업장을 폐업한 후 사업포괄양도양수의 경우 상시근로자수 계산 사례(조특령 23 ⑬ 3호)

■ 제조업을 운영하던 거주자 홍길동이 2025.8.3. 거주자 김철수에게 사업포괄양도한 경우(청년 등 상시근로자는 없는 것으로 가정)

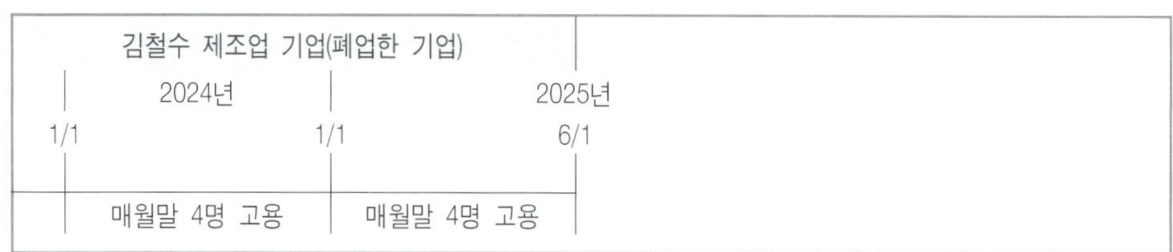

홍길동 제조업 기업(승계시킨 기업) | 김철수 제조업 기업(승계받은 기업)

2024년	2025년		2026년
1/1 ~ 1/1	1/1 ~ 8/3	8/3 ~ 12/31	12/31 ~
매월말 5명 고용	매월말 6명 고용	6명 승계 고용유지	6명 승계 고용유지

1\. 승계시킨 기업(홍길동 제조업 기업)의 상시근로자수 및 세액공제 적용여부

구 분	2025년(당기)	2024년(직전)	증감여부(당기 - 직전)
① 승계시키기 전 상시근로자수	(6명 × 7개월) ÷ 12개월 = 3.5명	(5명 × 12개월) ÷ 12개월 = 5명	
② 승계시킨 상시근로자수[주1)]	(6명 × 7개월) ÷ 12개월 = 3.5명	(6명[주2)] × 12개월[주3)]) ÷ 12개월[주4)] = 6명	
③ 세액공제 대상 상시근로자수[주5)] (① - ②)	0명	△1명	0명 - △1명 = 1명 증가

㉠ 2025년(당기)에 「상시근로자수」가 승계 후 직전 과세연도의 「상시근로자수」 △1명보다 1명이 증가하였으므로 2025년(당기) 고용관련 1차 세액공제액은 증가 1명에 대하여 적용가능하다.

㉡ 고용감소에 따른 사후관리(추가공제 또는 추가납부세액)
2024년(직전) 과세연도에 고용증대세액공제등을 적용받은 경우 2025년(당기) 상시근로자수가 승계 후 직전 과세연도의 「상시근로자수」 △1명보다 1명이 증가하였으므로 기존 세액공제분에 대하여 추가공제도 가능한 것으로 판단된다.

주1) 합병 · 분할 · 현물출자 또는 사업의 양수 등에 의하여 종전의 사업부문에서 종사하던 상시근로자를 승계하는 경우 해당 과세연도 개시일에 상시근로자를 승계시킨 것으로 보아 상시근로자수를 계산한다.(조특령 23 ⑬ 3호)

주2) 승계일 현재 근로하고 있는 상시근로자 중 승계시킨 상시근로자 6명을 의미한다.

주3) 승계시킨 상시근로자는 과세기간 개시일부터 승계시킨 것으로 보기 때문에 12개월로 계산한다.

주4) 개인사업의 경우 2025년 8월 3일에 폐업하였지만 해당과세연도의 개월 수는 해당 과세기간의 개시일부터 과세기간 종료일까지의 개월 수를 의미하므로 개인사업자의 경우에는 무조건 12개월이 적용된다.(기획재정부조세특례 - 184, 2019.2.28.)

주5) 세액공제 대상 상시근로자수는 승계일에 승계시킨 상시근로자수를 차감하여 계산한다.

2. 승계받은 기업(김철수 제조업 기업)의 「상시근로자수」 및 세액공제 적용여부

구 분	2025년 당기	2024년 직전	증감여부(당기 - 직전)
① 승계받기 전 상시근로자수주1)	(4명 × 5개월) ÷ 12개월 = 1.66명	(4명 × 12개월) ÷ 12개월 = 4명	
② 승계받은 후 상시근로자수주2)	(6명 × 12개월) ÷ 12개월 = 6명	(6명 × 12개월) ÷ 12개월 = 6명	
③ 세액공제 대상 상시근로자수주3) (① + ②)	7.66명	10명	7.66명 - 10명 = △2.34명 감소

㉠ 2025년(당기) 「상시근로자수」 감소인원은 2.34명(= 7.66명 - 10명)으로 1차 세액공제 적용이 불가능하다.

㉡ 만약에 2024년 고용증대세액공제를 적용받았다면 추가공제는 배제되고 감소한 상시근로자수에 대한 추가납부세액이 발생한다.

주1) 상시근로자수는 사업장별로 계산하는 것이 아니라 사업자기준으로 전체 사업장을 합산하여 계산(서면법인 2019 - 3754, 2020.7.10., 사전법령해석소득 2018 - 428, 2018.7.2.)하기 때문에 김철수의 승계받은 사업장이외의 사업장에 대한 상시근로자수를 반영한다. 승계받은 기업의 직전과세연도 「상시근로자수」는 폐업한 사업장의 「상시근로자」 4명을 기준으로 계산한다.

주2) 2025년(당기) 승계시킨 기업(개인사업자)으로부터 승계받은 「상시근로자」 6명의 당기 및 전기의 상시근로자수는 다음과 같이 계산한다.

- 당기과세연도: 승계받은 「상시근로자」 6명은 과세연도 개시일(2025.1.1.)에 입사한 것으로 보고 「상시근로자수」를 계산한다.
- 직전과세연도: 승계받은 「상시근로자」 6명은 2024년(전기) 과세연도 개시일(2024.1.1.)에 입사한 것으로 보고 「상시근로자수」를 계산한다.

주3) 세액공제 대상 상시근로자수는 승계일에 승계받은 상시근로자수를 더하여 계산한다.

직전 과세기간에 사업장을 폐업한 후 당해 과세기간에 다시 사업을 시작하는 경우 상시근로자수 계산 사례(조특령 23 ⑬ 3호)

■ 제조업을 운영하던 거주자 김철수가 2024.7.5. 폐업하고 2025.8.3. 다시 제조업을 시작한 경우 (청년등 상시근로자는 없는 것으로 가정)

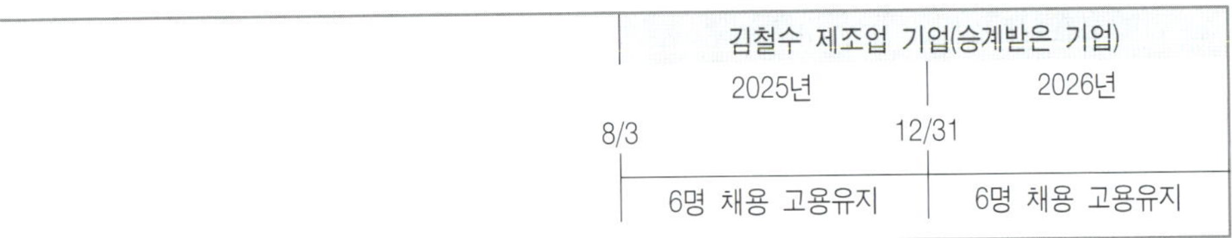

1. 거주자 김철수의 상시근로자수 및 세액공제 적용여부

구 분	2025년(당기)	2024년(직전)	증감여부 (당기 - 직전)
상시근로자수	(6명×7개월)÷12개월 = 3.5명	(4명×6개월)÷12개월 = 2명	3.5명-2명 = 1.5명 증가

㉠ 2025년(당기)에 「상시근로자수」는 새로이 시작하는 사업장에서 채용한 상시근로자(6명)을 기준으로 계산한다.

㉡ 2024년(직전) 과세연도에 제조업 사업장을 폐업한 경우에도 폐업시점까지의 상시근로자를 기준으로 직전 과세연도의 상시근로자수를 계산한다.

㉢ 만약 2024년(직전) 과세연도에 폐업하고 2025년(당기) 과세연도에 직장에 취직한 경우에는 2025년(당기) 과세연도의 상시근로자수는 0명으로 직전과세연도에 비하여 상시근로자수는 감소하게 되며 직전과세연도(2024년) 및 직전전과세연도(2023년)에 세액공제를 받았다면 2025년(당기) 과세연도에는 추가납부세액이 발생한다.

공동사업자의 구성원 증가시 상시근로자수 계산 사례

■ 공동사업자의 구성원이 증가한 경우 상시근로자수 계산(청년등 상시근로자는 없는 것으로 가정)

甲·乙 공동사업(5:5)		甲·乙·丙 공동사업(4:3:3)	
2024년(직전)	2025년(당기)		2026년
1/1	1/1	8/5	12/31
매월말 8명 고용	매월말 10명 고용	매월말 16명 고용	매월말 16명 고용

1. 공동사업자의 구성원의 변동이 있는 경우 상시근로자수 계산방법

㉠ 공동사업자의 구성원의 변동이 있는 경우 구성원이 변동되는 시점별로 별도의 사업장으로 보고 「조특령」 제23조 제13항 제3호 각 목 외의 부분에 따라 직전 또는 해당 과세연도의 상시근로자수를 계산한다.

㉡ 공동사업장의 공동사업자별 상시근로자수는 손익분배비율에 따라 계산하는 것이고, 공동사업자의 증가로 손익분배비율이 변경되는 경우에는 「조특령」 제23조 제13항 제3호 각 목 외의 부분에 따라 직전 또는 해당 과세연도의 상시근로자수를 계산한다.(서면법규소득 2021－8159, 2023.1.11.)

㉢ 「甲·乙 공동사업」을 「甲·乙·丙 공동사업」에 고용을 승계시키면서 사업을 양도한 것으로 가정하여 상시근로자수를 계산한다.

2. 승계시킨 기업(「甲·乙 공동사업」)의 상시근로자수

구 분		2025년 당기	2024년 직전	증감여부(당기－직전)
① 승계시키기 전 상시근로자수		(10명×7개월)÷12개월 ＝5.83명	(8명×12개월)÷12개월 ＝8명	
② 승계시킨 상시근로자수[주1)]		(10명×7개월)÷12개월 ＝5.83명	(10명[주2)]×12개월[주3)]) ÷12개월[주4)]＝10명	
③ 세액공제 대상 상시근로자수[주5)] (①－②)		0명	△2명	0명－△2명 ＝2명 증가
④ 구성원별 상시근로자수 안분[주6)]	甲	0명×50%＝0명	△2명×50%＝△1명	1명 증가
	乙	0명×50%＝0명	△2명×50%＝△1명	1명 증가

주1) 합병·분할·현물출자 또는 사업의 양수 등에 의하여 종전의 사업부문에서 종사하던 상시근로자를 승계하는 경우 해당 과세연도 개시일에 상시근로자를 승계시킨 것으로 보아 상시근로자수를 계산한다.(조특령 23 ⑬ 3호)

주2) 승계일(구성원 변경일) 현재 근로하고 있는 상시근로자 중 승계시킨 상시근로자 10명을 의미한다.

주3) 승계시킨 상시근로자는 과세기간 개시일부터 승계시킨 것으로 보기 때문에 12개월로 계산한다.

주4) 개인사업의 경우 2025년 8월 5일에 구성원이 변경되었으므로 기존 승계시킨 기업(「甲·乙 공동사업」)은 폐업으로 간주하지만 해당과세연도의 개월 수는 해당 과세기간의 개시일부터 과세기간 종료일까지의 개월 수를 의미하므로 개인사업자의 경우에는 무조건 12개월이 적용된다.(기획재정부조세특례 - 184, 2019.2.28.)

주5) 세액공제 대상 상시근로자수는 승계일(구성원 변경일)에 승계시킨 상시근로자수를 차감하여 계산한다.

주6) 구성원별 상시근로자수는 손익분배비율을 기준으로 안분하여 계산한다.

3. 승계받은 기업(「甲 · 乙 · 丙 공동사업」)의 상시근로자수

구 분		2025년 당기	2024년 직전	증감여부(당기 - 직전)
① 승계받기 전 상시근로자수[주1)]		(0명 × 12개월) ÷ 12개월 = 0명	(0명 × 12개월) ÷ 12개월 = 0명	
② 승계받은 후 상시근로자수[주2)]		(10명 × 7개월 + 16명 × 5개월) ÷ 12개월 = 12.5명	(10명 × 12개월) ÷ 12개월 = 10명	
③ 세액공제 대상 상시근로자수[주3)] (① + ②)		12.5명	10명	12.5명 - 10명 = 2.5명 증가
④ 구성원별 상시근로자수 안분[주4)]	甲	12.5명 × 40% = 5명	10명 × 40% = 4명	1명 증가
	乙	12.5명 × 30% = 3.75명	10명 × 30% = 3명	0.75명 증가
	丙	12.5명 × 30% = 3.75명	10명 × 30% = 3명	0.75명 증가

주1) 승계받은 기업(「甲·乙·丙 공동사업」)의 직전과세연도 「상시근로자수」는 사업승계로 사업을 처음 시작한 것이므로 0명이다.

주2) 2025년(당기) 승계시킨 기업(「甲·乙 공동사업」)으로부터 승계받은 「상시근로자」 10명의 당기 및 직전의 상시근로자수는 다음과 같이 계산한다.

- 당기과세연도: 승계받은 「상시근로자」 10명은 2025년(당기) 과세연도 개시일(2025.1.1.)에 입사한 것으로 보고 「상시근로자수」를 계산한다.
- 직전과세연도: 승계받은 「상시근로자」 10명은 2024년(전기) 과세연도 개시일(2024.1.1.)에 입사한 것으로 보고 「상시근로자수」를 계산한다.

주3) 세액공제 대상 상시근로자수는 승계일(구성원 변경일)에 승계받은 상시근로자수를 더하여 계산한다.

주4) 구성원별 상시근로자수는 손익분배비율을 기준으로 안분하여 계산한다.

4. 2025년 사업자 甲 · 乙 · 丙의 상시근로자수 증가여부 판단

구성원	① 2025년(당기) 상시근로자수 (甲 · 乙 사업장 + 甲 · 乙 · 丙 사업장)	② 2024년(직전) 상시근로자수 (甲 · 乙 사업장 + 甲 · 乙 · 丙 사업장)	구성원별 증가여부 (① - ②)
甲	0명 + 5명 = 5명	△1명 + 4명 = 3명	2명 증가
乙	0명 + 3.75명 = 3.75명	△1명 + 3명 = 2명	1.75명 증가
丙	0명 + 3.75명 = 3.75명	0명 + 3명 = 3명	0.75명 증가
합계	12.5명	8명	4.5명

㉠ 구성원별로 안분된 2025년(당기) 「상시근로자수」 증가인원에 대한 1차 세액공제 적용이 가능하다.
㉡ 만약에 甲과 乙이 2024년 고용증대세액공제를 적용받았다면 甲과 乙에게 배분된 상시근로자수가 감소하지 않았기 때문에 추가공제가 가능하다.

공동사업자의 구성원별 상시근로자수 계산 사례

■ **제조업을 거주자 갑과 을이 운영하는 경우(청년등 상시근로자는 없는 것으로 가정)**

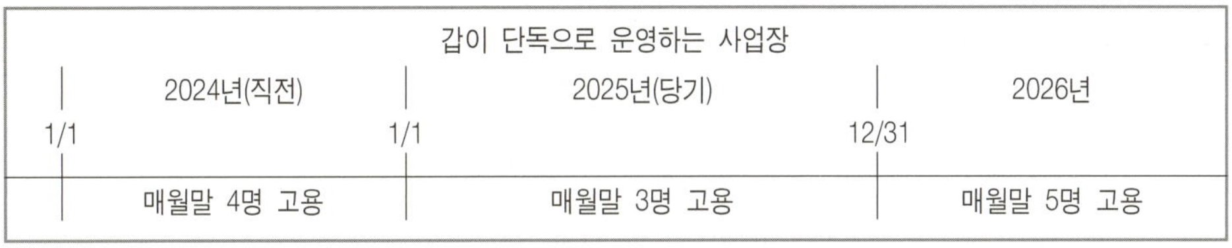

갑이 단독으로 운영하는 사업장

2024년(직전)	2025년(당기)	2026년
1/1	1/1 ~ 12/31	
매월말 4명 고용	매월말 3명 고용	매월말 5명 고용

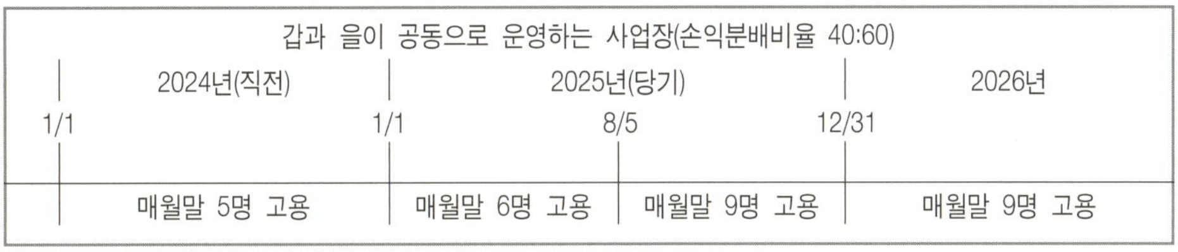

갑과 을이 공동으로 운영하는 사업장(손익분배비율 40:60)

2024년(직전)	2025년(당기)		2026년
1/1	1/1	8/5	12/31
매월말 5명 고용	매월말 6명 고용	매월말 9명 고용	매월말 9명 고용

1. 甲의 단독사업장 관련 「상시근로자수」 계산

2025년(당기) 상시근로자수	2024년(직전) 상시근로자수	증감여부(당기 - 직전)
(3명 × 12개월) ÷ 12개월 = 3명	(4명 × 12개월) ÷ 12개월 = 4명	3명 - 4명 = △1명 감소

2. 甲과 乙의 공동사업장 관련 「상시근로자수」 계산

구 분		2025년(당기)	2024년(직전)	증감여부(당기 - 직전)
상시근로자수		(6명 × 7개월 + 9명 × 5개월) ÷ 12개월 = 7.25명	(5명 × 12개월) ÷ 12개월 = 5명	7.25명 - 5명 = 2.25명 증가
구성원별 상시근로자수 안분주1)	甲	7.25명 × 40% = 2.9명	5명 × 40% = 2명	0.9명 증가
	乙	7.25명 × 60% = 4.35명	5명 × 60% = 3명	1.35명 증가

주1) 폐업 후 사업을 다시 개시하여 폐업 전의 사업과 같은 종류의 사업을 하는 경우에 폐업 전의 사업의 직전 과세연도 상시근로자수를 직전 과세연도의 상시근로자수로 보는 것이며, 폐업 전에 공동사업을 영위한 경우 직전 과세연도의 상시근로자수는 손익분배비율(약정된 손익분배비율이 없는 경우에는 지분비율)에 따라 공동사업자별로 계산하는 것임.(사전법규소득 2022-648, 2023.1.11.)

3. 사업자 甲과 乙의 상시근로자수 증가여부 판단

구 분	2025년(당기) (甲 사업장 + 甲 · 乙 사업장)	2024년(직전) (甲 사업장 + 甲 · 乙 사업장)	증감여부(당기 - 직전)
甲의 상시근로자수	3명 + 2.9명 = 5.9명	4명 + 2명 = 6명	0.1명 감소
乙의 상시근로자수	0명 + 4.35명 = 4.35명	0명 + 3명 = 3명	1.35명 증가

① 甲의 2025년 상시근로자수는 0.1명 감소하였으므로 2025년 1차 세액공제는 불가능하다.

② 또한 甲이 2024년 고용증대세액공제를 적용받았다면 2025년에 0.1명 감소분에 대한 추가납부세액을 신고 납부하여야 한다.

③ 乙의 2025년 상시근로자수는 1.35명 증가하였으므로 2025년 1차 세액공제는 적용가능하다.

제3절 상시근로자수 계산관련 주요 예규 등

당초 상시근로자였으나 결혼 등으로 특수관계자가 된 경우 상시근로자 해당 여부(서면소득 2024-2620, 2024.7.31.)

「조세특례제한법」 제29조의8 제1항에 따라 통합고용세액공제를 적용받던 상시근로자가 결혼 등으로 특수관계가 성립한 경우 「조세특례제한법」 제29조의8 제1항이 적용되지 않는 것임.

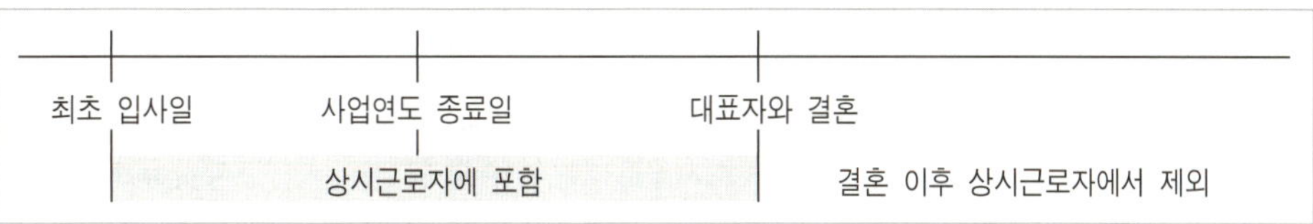

고용증대세액공제 적용 시 상시근로자 수 산정 방법(서면법인2023-4153, 2024.7.25.)

새로 설립된 법인이 종전 사업으로부터 자산과 종업원을 인수하여 종전 사업과 같은 업종의 사업을 영위하는 경우 직전 사업연도의 상시근로자 수는 조세특례제한법시행령 제23조 제13항 제2호에 따라 종전 사업의 직전 사업연도 상시근로자 수로 하는 것임.

출산휴가기간 상시근로자 수 계산 방법(기획재정부조세특례-366, 2024.5.3.)

2024.1.1. 전 과세표준 신고시 「조세특례제한법」 제29조의3 제2항에 따른 세액공제를 받는 경우 출산휴가 중인 근로자로서 같은 법 시행령 제23조 제10항 각 호의 어느 하나에 해당하지 않는 자는 상시근로자 수에 포함하는 것임.

고용증대 세액공제 적용시 근로계약 갱신으로 상시근로자에 해당할 때, 상시근로자 적용 시점(기획재정부조세특례-511, 2024.6.19., 서면법인2022-2176, 2022.10.31.)

「조세특례제한법」 제29조의7에 따른 세액공제 적용시 상시근로자 여부는 제23조 제10항 제1호에 따라 판단하고 있으므로, 근로계약기간이 1년 미만인 근로자는 상시근로자에서 제외되는 것이나 계약의 연속된 갱신으로 인하여 그 근로계약의 총 기간이 1년 이상인 근로자는 상시근로자에 포함되는 것임. 상시근로자 수는 「조세특례제한법 시행령」 제26조의7 제7항에 따라 매월 말 현재를 기준으로 계산하고, 연속된 갱신으로 인하여 그 근로계약의 총 기간이 1년 이상이 된 근로자는 근로계약기간의 합계가 1년 이상이 되게 하는 계약갱신이 발생한 월에 상시근로자에 포함되는 것임.

| (저자주) 1년 미만 계약으로 갱신하여 계속 근로 중인 근로자의 상시근로자 여부 |

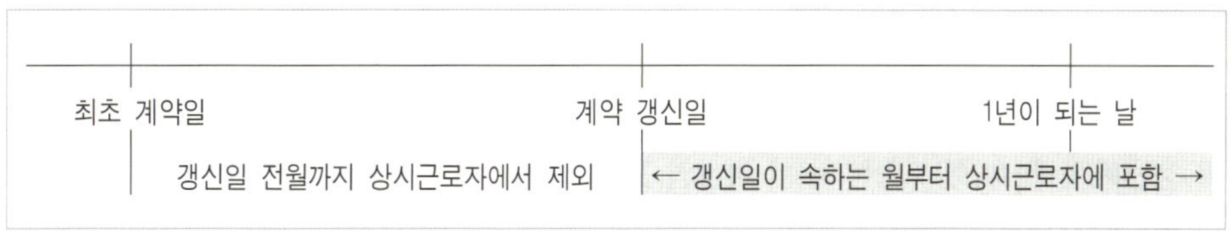

☞ 기획재정부공고 제2025-218호 입법예고에 의한 통합고용세액공제의 상시근로자는 2026.1.1. 이후 실제근로기간 1년 미만인 근로자는 상시근로자에서 제외로 개정예정이므로 입사이후 계속 근로로 실제근로기간이 1년 이상인 경우 적용방법

| (저자주) 2026.1.1. 이후 근로기간이 1년 미만인 근로자가 계속 근로하여 1년 이상이 되는 경우 상시근로자 여부 |

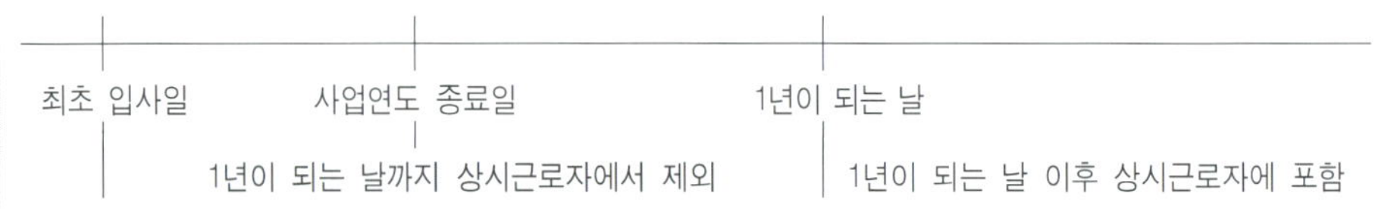

➲ 고용증대세액공제 적용 시 상시근로자 수 산정 방법(서면법인2023-3810, 2024.3.21.)

「조세특례제한법」 제29조의7 고용을 증대시킨 기업에 대한 세액공제를 적용함에 있어서 내국법인이 100% 출자한 자회사는 「법인세법 시행령」 제2조 제5항에 따라 해당 내국법인과 특수관계인에 해당함. 따라서, 법인이 특수관계인인 자회사에 상시근로자를 승계한 경우 직전 과세연도의 상시근로자 수는 「조세특례제한법 시행령」 제23조 제13항 제3호에 따라 계산하는 것으로 고용을 승계시킨 기업(본 질의 경우 질의법인)의 경우에는 직전 과세연도 상시근로자 수에서 승계시킨 상시근로자 수를 뺀 수로 하고, 승계한 기업(본 질의의 경우 질의법인의 자회사)은 직전 과세연도 상시근로자 수에서 승계한 상시근로자 수를 더하는 것임.

또한, 승계한 기업이 승계받은 상시근로자 중 승계 이후에 「법인세법 시행령」 제40조 제1항 각호의 임원에 해당하게 된 자가 있는 경우에는 승계한 과세연도의 상시근로자 수를 계산할 때 「조세특례제한법 시행령」 제23조 제10항 제3호에 따라 상시근로자에서 제외하는 것임.

➲ 사업의 포괄적 양수도의 경우 양도자의 고용증대 세액공제 이월액의 공제방법(사전법규소득 2023-574, 2023.11.15.)

「조세특례제한법」 제29조의7에 따른 고용증대세액공제를 적용함에 있어서 ① 2이상의 사업장을 운영하는 개인사업자의 경우 상시근로자의 수는 전체 사업장을 기준으로 계산하는 것임.

② 사업의 양수 등을 통하여 종전의 사업을 승계하는 경우, 「조세특례제한법 시행령」 제23조 제13항 제3호 각 목 외의 부분에 따라 사업자별 직전 또는 해당 과세연도의 상시근로자 수를 계산하는 것임.

③ 양도자의 사업의 양도 전 발생한 고용증대세액공제액 중 「조세특례제한법」 제132조에 따른 소득세 최저한세액에 미달하여 공제받지 못한 부분에 상당하는 금액은, 위 ②에 따라 계산한 양도자의 상시근로자 수가 최초로 공제를 받은 과세연도에 비하여 감소하지 아니한 경우에는 같은 법 제144조에 따라 이월하여 공제하는 것임.

➲ 사업양수로 종전사업을 승계한 경우 고용증대세액공제 등의 잔여기간 공제 적용 여부(사전법규법인2023-149, 2023.6.27.)

거주자가 「조세특례제한법」 제29조의7에 따른 고용을 증대시킨 기업에 대한 세액공제 및 같은 법 제30조의4에 따른 중소기업 사회보험료 세액공제를 적용받은 후 영위하던 사업을 법인에 사업의 양수도를 통해 승계시킨 경우 해당 사업을 양수한 법인은 거주자의 잔여 공제연도에 대하여 고용증대세액공제 및 중소기업 사회보험료 세액공제를 승계하여 적용받을 수 없는 것임.

➲ 정년퇴직 후 재(再)고용된 60세 이상의 근로자가 「청년등 상시근로자」에 해당하는지 여부(서면법규법인2022-3940, 2023.6.15.)

정년퇴직으로 인하여 근로관계가 실질적으로 단절된 후 「근로기준법」에 따라 새로운 근로계약을 체결한 경우로서, 새로운 근로계약 체결일 현재 연령이 60세 이상인 상시근로자는 「조세특례제한법」 제29

조의7에 따른 세액공제를 적용함에 있어 '청년등 상시근로자'에 해당하는 것임.

사업장유형이 변경(공동→단독)되는 경우 최저한세로 이월된 고용증대세액공제액 공제방법 (사전법규소득2022-830, 2023.3.21., 사전법규소득2022-705, 2023.2.13.)

「조세특례제한법」 제29조의7에 따른 고용증대세액공제를 적용함에 있어서

1. 2이상의 사업장을 운영하는 개인사업자의 경우 상시근로자의 수는 전체 사업장을 기준으로 계산하는 것임.
2. 「소득세법」 제43조 제1항에 따른 공동사업장이 공동사업자 간 지분승계를 통해 단독사업장이 되는 경우, 「조세특례제한법 시행령」 제23조 제13항 제3호 각 목 외의 부분에 따라 공동사업자별 직전 또는 해당 과세연도의 상시근로자수를 계산하는 것임.
3. 단독사업장으로 변경되기 전 발생한 공동사업자별 고용증대세액공제액 중 「조세특례제한법」 제132조에 따른 소득세 최저한세액에 미달하여 공제받지 못한 부분에 상당하는 금액은, 위 2.에 따라 계산한 공동사업자별 상시근로자수가 최초로 공제를 받은 과세연도에 비하여 감소하지 아니한 경우에는 같은 법 제144조에 따라 이월하여 공제하는 것임.

직전 과세연도 상시근로자수 계산 방법(사전법규소득2022-648, 2023.1.11.)

폐업 후 사업을 다시 개시하여 폐업 전의 사업과 같은 종류의 사업을 하는 경우에 「조세특례제한법 시행령」 제23조 제13항 제2호에 따라 폐업 전의 사업의 직전 과세연도 상시근로자수를 직전 과세연도의 상시근로자수로 보는 것이며, 폐업 전에 공동사업을 영위한 경우 직전 과세연도의 상시근로자수는 손익분배비율(약정된 손익분배비율이 없는 경우에는 지분비율)에 따라 공동사업자별로 계산하는 것임.

공동사업장의 구성원이 증가한 경우 공동사업자의 고용증대세액공제 적용방법(서면법규소득 2021-8159, 2023.1.11.)

「조세특례제한법」 제29조의7 제1항에 따른 고용증대세액공제를 적용함에 있어서 「소득세법」 제43조 제1항에 따른 공동사업장의 공동사업자별 상시근로자수는 같은 조 제2항에 따른 손익분배비율에 따라 계산하는 것이고, 공동사업자의 증가로 손익분배비율이 변경되는 경우에는 「조세특례제한법 시행령」 제23조 제13항 제3호 각 목 외의 부분에 따라 직전 또는 해당 과세연도의 상시근로자수를 계산하는 것임. 또한, 공동사업자의 증가에 따라 해당 과세연도의 손익분배비율이 감소한 기존 공동사업자의 위 법령에 따라 각각 계산한 해당 과세연도 상시근로자수가 직전 과세연도(최초로 공제를 받은 과세연도)에 비하여 감소하지 않은 경우, 「조세특례제한법」 제29조의7 제2항이 적용되지 않는 것임.

신규 창업한 법인의 해당 과세연도 상시근로자수 계산 방법(서면법인2021-7994, 2022.4.21.)

신설 내국법인이 「조세특례제한법 시행령」 제26조의7 제7항에 따른 상시근로자수를 계산함에 있어 "해당 과세연도의 개월 수"는 「법인세법」 제6조에 따른 사업연도 개시일(법인령 4 ① 1호: 법인설립등기일)부터 종료일까지의 개월 수를 의미하는 것임.

| (저자주) 신규 창업한 거주자와 법인의 상시근로자수 계산시 「해당 과세연도의 개월 수」 비교 |

거주자	법인
과세기간 개시일 ~ 과세기간 종료일	법인설립등기일 ~ 사업연도 종료일

공동사업자가 고용증대 세액공제를 받은 후 2년 이내 탈퇴하면서 상시근로자를 승계시킨 경우 사후관리 적용여부(사전법령해석소득2020－774, 2021.11.30.)

「조세특례제한법」 제29조의7에 따른 고용증대세액공제의 적용을 위한 상시근로자수 판단에 있어서 공동사업자가 탈퇴하는 경우라도 그 종사하던 상시근로자를 나머지 공동사업자가 승계하는 경우에 승계시킨 공동사업자의 직전 또는 해당 과세연도의 상시근로자수는 같은 법 시행령 제23조 제13항 제3호에 따라 계산하는 것임.

고용증대세액공제 적용시 월 중 신규 입사자의 매월 말 상시근로자수 포함여부(사전법령해석소득2021－341, 2021.6.30.)

「근로기준법」에 따라 근로계약을 체결한 내국인 신규근로자가 입사한 월의 근무일수가 적어 당해 월 근로소득에 대한 원천징수한 사실이 확인되지 아니하는 경우, 입사한 월에 대한 「국민연금법」 제3조 제1항 제11호 및 제12호 따른 부담금 및 기여금 또는 「국민건강보험법」 제69조에 따른 직장가입자의 보험료 중 하나의 납부사실이 확인되는 경우에는 「조세특례제한법 시행령」 제26조의7 제7항을 적용함에 있어서 입사한 월말 현재 상시근로자수에 포함하는 것이며, 해당 근로자가 이에 해당하는지 여부는 사실판단할 사항임.

중소기업에 대한 특별세액감면의 감면한도 계산 시 상시근로자수의 계산방법(서면법령해석법인2019－999, 2021.4.29.)

내국법인이 「조세특례제한법」(2017.12.19. 법률 제15227호로 개정된 것) 제7조에 따른 중소기업에 대한 특별세액감면을 적용함에 있어 2017과세연도에 지점의 사업부문을 양도함에 따라 해당 사업부문에 종사하던 상시근로자를 승계시킨 경우, 같은 조 제1항 제3호 가목에 따라 2018과세연도의 감면한도액 계산 시 상시근로자수는 본점과 지점의 상시근로자수를 합산하여 계산하는 것이며, 이때, 승계시킨 상시근로자는 2017과세연도 개시일에 승계시킨 것으로 보아 상시근로자수를 계산하는 것임.

고용을 증대시킨 기업에 대한 세액공제 대상에 해당하는지 여부(서면법인2020－1569, 2020.12.24.)

조세특례제한법 제29조의7의 고용증대세액공제의 증가한 상시근로자수를 계산함에 있어 창업에 해당하는지 여부는 궁극적으로 사업 창출의 효과가 있는지에 따라 판단하는 것으로, 인적·물적 설비를 승계 또는 인수하여 사업을 영위하는 경우에는 창업에 해당하지 않는 것임. 사업의 양수 또는 특수관계인으로부터 상시근로자를 승계하는 경우에 있어 승계한 기업의 직전 과세연도의 상시근로자수는 조세특례제한법시행령 제23조 제13항 제3호에 따라 승계한 상시근로자수를 포함하여 계산하는 것이며, 해당 과세연도의 상시근로자수는 해당 과세연도 개시일에 상시근로자를 승계한 것으로 보아 계산하는 것으로, 질의의 경우가 이에 해당하는지는 해당 신설법인의 설립 경위, 신설법인 설립 전후의 운영 실태, 경영관계 등을 감안하여 실질내용에 따라 사실판단 할 사항임.

공동사업장을 단독사업장으로 변경하는 경우 고용증대세액공제 적용 방법(사전법령해석법인2020－1010, 2020.11.27., 서면법령해석법인2020－1283, 2020.9.28.)

거주자가 단독사업장에서 공동사업장으로 변경되거나 공동사업장에서 단독사업장으로 변경된 경우 「조세특례제한법」 제29조의7 제1항에 따른 세액공제는 거주자의 해당 과세연도의 상시근로자의 수가 직전 과세연도의 상시근로자의 수보다 증가한 경우에 해당 거주자의 일정한 과세연도까지의 소득세에 대하여 적용되는 것임.

■ **공동사업장을 단독사업장으로 변경하는 경우 소득금액의 계산**(소득법 집행기준 43-0-1)

① 단독으로 사업을 경영하다가 공동사업으로 변경한 경우에 단독사업장은 공동사업으로 변경한 날의 전날에 폐업(또는 승계)한 것으로 보고 소득금액을 계산한다.

② 공동사업으로 변경후 해당 공동사업장에서 발생한 소득은 그 지분 또는 손익분배의 비율에 의하여 분배되었거나 분배될 소득금액에 따라 각 거주자별로 소득금액을 계산한다.

③ 공동사업에서 단독사업으로 변경된 경우 공동사업장은 단독사업으로 변경한 날의 전날에 폐업(또는 승계)한 것으로 보아 소득금액을 계산한다.

■ **(저자주) 공동사업장을 단독사업장으로 변경하는 경우 고용증대세액공제 적용 방법**

회신된 관련 예규와 소득법 집행기준을 종합적으로 고려하면 공동사업에서 단독사업 등으로 변경되는 경우 사업을 승계한 것으로 보기 때문에 고용증대세액공제의 적용방법은 「창업 등 기업의 경우 상시근로자수의 계산 방식」(조특령 23 ⑩)에 의하여 적용하는 것으로 판단됨.

➲ 고용을 증대시킨 기업에 대한 세액공제 대상에 해당하는지 여부(서면법인2020-247, 2020.11.19.)

「조세특례제한법」 제29조의7의 고용증대세액공제의 증가한 상시근로자수를 계산함에 있어 창업에 해당하는지 여부는 궁극적으로 사업 창출의 효과가 있는지에 따라 판단하는 것으로, 인적·물적 설비를 승계 또는 인수하여 사업을 영위하는 사업양수 등은 창업에 해당하지 않는 것임. 사업의 양수 등을 통하여 종전의 사업을 승계한 경우의 직전 과세연도 상시근로자수는 조세특례제한법 시행령 제23조 제13항 제3호에 따라 승계한 상시근로자수를 포함하여 계산하는 것임.

➲ 고용증대세액공제액 계산시 분할신설법인의 상시근로자수 산출 방법(서면법인2020-3242, 2020.10.29.)

조세특례제한법 제29조의7의 고용을 증대시킨 기업에 대한 세액공제를 적용함에 있어 분할신설법인의 직전연도와 당해연도의 상시근로자수 계산 방법은 조세특례제한법 시행령 제23조 제13항 제3호에서 구체적으로 규정하고 있는 바, 직전 과세연도의 상시근로자수는 분할 시에 승계한 상시근로자 인원수만큼 상시근로자수를 가산하여 분할 이전부터 근로하는 것으로 보아 계산하는 것이고, 해당 과세연도의 상시근로자수는 승계한 상시근로자를 해당 과세연도 개시일부터 근로한 것으로 보아 계산하는 것임.

➲ 고용을 증대시킨 기업에 대한 세액공제 적용 관련 휴직자의 상시근로자 포함 여부(서면법인2020-1079, 2020.9.24., 사전법령해석법인2020-272, 2020.6.22.)

조세특례제한법 제29조의7에 따라 고용을 증대시킨 기업에 대한 세액공제 적용 시 상시근로자는 근로기준법에 따라 근로계약을 체결한 내국인 근로자로서 조세특례제한법 시행령 제23조 제10항 각 호의 어느 하나에 해당하지 않는 사람을 말하는 것이며, 「근로기준법」에 따라 1년 이상의 근로계약을 체결하고 근무하다가 육아휴직을 한 근로자가 이에 해당하는지 여부는 사실 판단할 사항임.

➲ 거주자가 법인으로 전환시 직전사업연도 상시근로자수 계산(서면법인2019-2140, 2020.8.6.)

거주자가 조세특례제한법 시행령 제26조의7 제7항 및 조세특례제한법 시행령 제23조 제13항에 의해 계산한 상시근로자수가 직전사업연도보다 감소하지 않는 경우에는, 해당 과세연도 종료일부터 1년(중소기업 또는 중견기업은 2년)이 되는 날까지 소득세 또는 법인세에서 공제함.
이때 새로이 설립된 내국법인의 직전 과세연도의 상시근로자수 계산은 아래 회신사례를 참조하기 바람.

■ **법인전환으로 설립된 내국법인의 직전 과세연도 상시근로자수 계산방법 (서면법규-599, 2014.6.17.)**

거주자가 하던 사업을 법인으로 전환하여 새로이 설립된 내국법인이 법인 전환일이 속하는 과세연도에 「조세특례제한법」 제26조 제1항 제2호에 따른 고용 창출투자 세액공제의 추가 공제금액을 계산함에 있어, 직전 과세연도의 상시근로자수는 같은법 시행령 제23조 제10항 제2호에 따라 법인전환 전의 사업의 직전 과세연도 상시근로자수로 하는 것임.

➲ **법인으로 현물출자 전환시 고용증대 세액 공제 방법(서면법인2020-1813, 2020.7.23.)**

거주자가 조세특례제한법 시행령 제26조의7 제7항 및 조세특례제한법 시행령 제23조 제13항에 의해 계산한 상시근로자수가 직전사업연도보다 감소하지 않는 경우에는, 해당 과세연도 종료일부터 1년(중소기업 또는 중견기업은 2년)이 되는 날까지 소득세를 공제하며, 이 경우 상시근로자수 계산은 기존 회신사례 법인세과-766(2012.12.11.)등을 참조하기 바람.

■ **고용증대세액공제 적용시 개인사업자의 법인전환이 상시근로자수의 감소에 해당하는지(법인-766, 2012. 12.11.)**

「조세특례제한법」(2011.12.31. 법률 제11133호로 개정되기 전의 것) 제30조의4 제1항에 따라 고용증대세액공제를 적용받은 거주자가 하던 사업을 법인으로 전환하여 새로운 법인을 설립하는 경우 전환법인으로 승계되는 상시근로자에 대하여는 같은 조 제3항(추가납부규정)을 적용함에 있어 "감소된 상시근로자수"로 보지 아니하는 것임.

☆ 과거 「고용증대세액공제」와 관련하여 공제받은 세액의 추가납부를 적용할 때와 연관된 예규임.

| (저자주) 법인전환의 경우 전환일(9월30일)이 속하는 과세연도의 상시근로자수 계산사례 (고용감소로 인한 추가납부세액계산시 적용하는 상시근로자수를 의미함) |

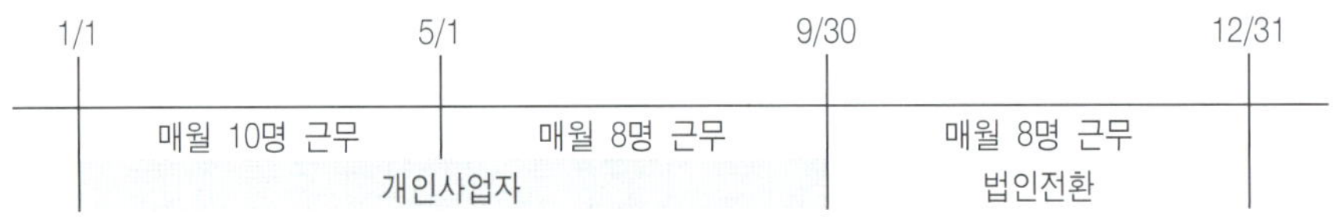

개인사업자의 상시근로자수 = (10명 × 4개월 + 8명 × 5개월 + 8명 × 3개월) ÷ 12개월 = 8.66명

8.66명이 직전연도 상시근로자수보다 감소하였다면 추가납부세액을 납부하여야 한다.

➲ **개인사업자가 법인전환한 경우 조특법 제29조의7 세액공제 적용방법(사전법령해석소득2020-57, 2020.6.24.)**

조세특례제한법 제29조의7 고용을 증대시킨 기업에 대한 세액공제 적용시 상시근로자수의 계산은 같은 법 시행령 제26조의7 제7항에 따르되, 해당 과세연도에 거주자가 하던 사업을 법인으로 전환하여 새로운 법인을 설립한 경우 전환법인의 직전 과세연도 상시근로자수는 같은법 시행령 제23조 제13항 제2호에 따라 법인전환 전의 사업의 직전 과세연도 상시근로자수로 하는 것임.

➲ 사업장 폐업 후 동일한 업종의 사업을 포괄양수한 경우 조특법 제29조의7 직전 과세연도 상시근로자수 계산방법(사전법령해석소득2020－39, 2020.4.27.)

사업장 폐업 후 동일한 업종을 사업양수에 의하여 개업한 경우 그 사업자가 「조세특례제한법」 제29조의7에 따른 세액공제액을 계산함에 있어 직전 과세연도 상시근로자수는 「조세특례제한법 시행령」 제23조 제13항 제3호를 따르는 것임.

➲ 내국법인의 대표이사가 다른 내국법인 설립 시 상시근로자수 산정 방법(사전법령해석법인2019－103, 2019.6.13.)

내국법인의 대표이사가 동일업종을 영위하는 다른 내국법인을 설립하여 대표이사로 취임하고 기존 내국법인에서 퇴사한 상시근로자를 신설 내국법인이 채용한 경우 근로자의 자의에 의한 것이 아니라 기존 내국법인의 경영방침에 의한 일방적인 결정에 따라 퇴직과 재입사의 형식을 거친 것에 불과하다면 신설 내국법인이 특수관계법인인 기존 내국법인으로부터 상시근로자를 승계받은 경우에 해당하므로 신설 내국법인에 대해 「조세특례제한법」 제29조의7을 적용함에 있어서 직전 과세연도의 상시근로자수는 같은 법 시행령 제23조 제13항 제3호 나목에 따라 승계한 상시근로자수를 더하여 산정함.

➲ 중소기업 고용증가 인원에 대한 사회보험료 세액공제 적용 시 상시근로자의 범위(서면법인2016－3733, 2016.8.26.)

상시근로자는 「근로기준법」에 따라 근로계약을 체결한 내국인 근로자를 말하는 것이며, 당초 근로계약기간이 1년 미만이었으나, 근로계약의 연속된 갱신으로 총 근로계약기간이 1년 이상인 근로자는 상시근로자에 해당하는 것임.

➲ 법인분할에 따라 상시근로자가 감소하는 경우 그 인원은 고용감소로 보지 않음(법인－120, 2012.2.22.)

조세특례제한법(2011.12.31. 법률 제11133호로 개정되기 전의 것) 제30조의4 제1항에 따라 고용증대세액공제를 적용받은 내국법인은 공제받은 과세연도 종료일로부터 2년이 되는 날이 속하는 과세연도 종료일까지 공제받은 과세연도의 상시근로자수를 유지하여야 하는 것이며, 해당 고용유지 기간 중 분할 등에 의하여 상시근로자가 감소한 경우 그 감소인원은 같은 조 제3항을 적용함에 있어 "감소된 상시근로자수"로 보지 아니하는 것임.

➲ 실질적 사업양수에 따라 상시근로자를 승계받은 경우 고용의 증가로 보지 않음(법인－65, 2012.1.17.)

조세특례제한법 제30조의4에 따른 고용증대세액공제를 적용함에 있어 중소기업이 기존의 사업자로부터 사업의 양수 없이 기존의 사업체에 근무하다가 퇴직한 종업원을 신규채용하여 기존의 사업자가 제공하던 용역을 제공하는 경우 해당 신규채용한 근로자에 대하여는 고용증대세액공제를 적용받을 수 있는 것이나, 기존 사업체의 일부 사업부문의 실질적 양수를 통하여 종전에 근무하던 상시근로자 등을 승계받은 경우에는 고용증대세액공제를 적용받을 수 없는 것임. 한편, 사업의 양수에 의하여 상시근로자를 승계한 것으로 보는 경우 직전과세연도의 상시근로자수는 승계한 기업의 직전과세연도 상시근로자수에 승계받은 상시근로자수를 합한 수로 하는 것이며, 이 경우 상시근로자수는 「조세특례제한법 시행령」 제27조의4 제8항(현행 조특법 시행령 제23조 제11항)에 따라 계산하는 것임.

➲ 월말 퇴사자가 상시 사용하는 종업원수에 해당하는지 여부(법인-812, 2009.7.15.)

상시 사용하는 종업원수를 계산함에 있어 월말 퇴사자는 "매월 말일 현재의 인원"에 포함하는 것임.

➲ 중도 퇴사자에 대한 상시근로자수 계산(서면1팀-1030, 2005.9.1.)

'상시근로자수'에서 제외되는 근로계약기간이 1년 미만의 기준은 근로기준법 제23조의 규정에 의한 근로계약에 명시된 계약기간에 따르는 것으로 당초 근로계약기간이 1년 이상으로서 상시근로자에 해당하였으나 근로자의 사정으로 중도 퇴사한 경우에는 퇴사한 월의 직전 월까지 상시근로자에 포함되는 것임.

세액공제 제도

| 세액공제제도 요약 |

구 분	공제금 내역
1. 상생결제 지급금액에 대한 세액공제 (조특법 7의4)	• 중견 · 중소기업이 상생결제제도를 통해 중견 · 중소기업에 구매대금을 지급한 경우 －지급기한 15일내 지급금액×0.5% －지급기한 16일 ～ 30일내 지급금액×0.3% －지급기한 31일 ～ 60일내 지급금액×0.15% * 세액공제 한도: 법인세의 10%
2. 상생협력을 위한 기금 출연등에 대한 세액공제(조특법 8의3)	• 상생협력을 위한 기금출연시 세액공제: 출연금액×10% －출연법인의 특수관계인에 대한 지원은 공제대상에서 제외 • 협력중소기업에게 유형고정자산 무상임대시 세액공제: 장부가액×3% • 상생협력을 위한 수탁기업에 설치하는 시설의 투자세액공제: 투자금액×1%(중견: 3%, 중소: 7%) • 사업에 사용하던 연구시험용 시설등을 교육기관에 무상 기증하는 경우: 기증자산의 시가×10%
3. 연구 · 인력개발비 세액 공제 (조특법 10)	• 신성장원천기술연구개발비 = 신성장원천기술연구개발비 × (가 + 나) 가. 기업유형별 비율 ㉠ 중소기업: 30% ㉡ 유예기간 경과 후 3년 이내: 25%* ㉢ 그 밖의 기업: 20% 나. Min(㉠, ㉡) ㉠ $\frac{\text{신성장 · 원천기술연구개발비}}{\text{해당 과세연도의 기업회계기준에 의한 매출액}} \times 3배$ ㉡ 10%(코스닥상장중견기업 : 15%) * 2025.1.1. 이후 개시하는 과세연도에 최초로 중소기업에 해당하지 아니하게 된 경우부터 적용한다. • 국가전략기술연구개발비 = 국가전략기술연구개발비 × (가 + 나)

<table>
<tr><th>구 분</th><th>공제금 내역</th></tr>
<tr><td></td><td>
<table>
<tr><td>가. 기업유형별 비율
㉠ 중소기업: 40%
㉡ 유예기간 경과 후 3년 이내: 35%*
㉢ 그 밖의 기업: 30%</td><td>나. Min(㉠, ㉡)
㉠ $\frac{\text{국가전략기술연구개발비}}{\text{해당 과세연도의 기업회계기준에 의한 매출액}} \times 3배$
㉡ 10%</td></tr>
</table>
* 2025.1.1. 이후 개시하는 과세연도에 최초로 중소기업에 해당하지 아니하게 된 경우부터 적용한다.
• 그 외 연구개발비 = (1), (2) 중 하나 선택
(1) 증가금액 기준 세액공제
$\left(\text{해당과세연도의 일반연구인력새발비} - \text{직전과세연도에 발생한 일반연구인력개발비}\right) \times 25\%$ (중견기업 40%, 중소기업 50%)
(2) 당기 발생금액 기준 세액공제
<table>
<tr><th>구 분</th><th>2024.12.31. 이전 공제율</th><th>2025.1.1. 이후* 공제율</th></tr>
<tr><td>중소기업의 경우
(중소기업유예기간 4년 포함)</td><td>25%</td><td>25%</td></tr>
<tr><td>중소기업 유예기간 이후
1~3년차의 기업</td><td>15%</td><td>20%</td></tr>
<tr><td>중소기업 유예기간 이후
4~5년차의 기업</td><td>10%</td><td>15%</td></tr>
<tr><td>중견기업이 중소기업 유예기간
5년차 이후의 경우</td><td>8%</td><td>8%</td></tr>
<tr><td>일반 비중소기업</td><td colspan="2">$0\% + \frac{\text{일반연구 인력개발비}}{\text{해당 과세연도의 수입금액}} \times \frac{1}{2}$ (2% 한도)</td></tr>
</table>
* 2025.1.1. 이후 개시하는 과세연도에 최초로 중소기업에 해당하지 아니하게 된 경우부터 적용한다.(조특법 제20617호 부칙 3, 2024.12.31.) 따라서 2024.12.31. 이전에 중소기업 유예기간 이후 1년차부터 5년차의 기업은 기존 공제율을 적용한다.
</td></tr>
<tr><td>4. 기술이전 및 기술취득 등에 대한 과세특례(조특법 12 ①, ③)</td><td>• 내국인이 특허권등을 자체 연구개발한 내국인으로부터 특허권등을 취득시 취득금액의 10%(중소기업), 그 외 기업 5%(중소기업으로부터 취득으로 한정)</td></tr>
<tr><td>5. 기술혁신형 합병에 대한 세액공제(조특법 12의3)</td><td>• 피합병법인에게 지급한 양도가액 중 기술가치 금액의 10%
• 3년 이내에 법소정 요건 위배시 세액공제액과 이자상당액 추가 납부</td></tr>
<tr><td>6. 기술혁신형 주식취득에 대한 세액공제(조특법 12의4)</td><td>• 주식 등의 매입가액 중 기술가치 금액의 10%
• 5년 이내에 법소정 요건 위배시 세액공제액과 이자상당액 추가 납부</td></tr>
<tr><td>7. 내국법인의 벤처기업 등에의 출자에 대한 과세특례(조특법 13의2)</td><td>• 중소기업창업투자회사등이 창업자 등에 출자함으로써 취득한 주식 등 취득가액의 5%</td></tr>
</table>

<table>
<tr><th>구 분</th><th>공제금 내역</th></tr>
<tr><td>8. 내국법인의 소재·부품·장비전문기업에의 출자·인수에 대한 과세특례(조특법 13의3)</td><td>• 둘 이상의 내국법인이 소재·부품·장비 관련 중소기업·중견기업의 주식 등을 공동 취득하는 경우 취득가액의 5%
• 내국법인이 소재·부품·장비 관련 외국법인 주식 등 취득 또는 소재·부품·장비 관련 사업 자산양수시 인수금액의 5%(중견: 7%, 중소: 10%)
– 공제대상 한도(건당): Min[총인수금액, 5천억원]</td></tr>
<tr><td>9. 성과공유제 중소기업의 경영성과급 세액공제(조특법 19)</td><td>• 성과공유 중소기업이 근로자에게 지급하는 경영성과급의 10%</td></tr>
<tr><td>10. 통합투자세액공제(조특법 24)
* 2020년·2021년까지 투자완료분에 대해서는 통합투자세액공제와 선택적용가능
* 2022.1.1. 이후 통합투자세액공제만 적용</td><td>• (공제대상) ① 사업용 유형자산(단, 토지·건물, 차량, 비품 등 제외), ② 일부 유형자산(① 제외)과 무형자산
* 중고품 및 2025.2.28. 이후부터 임대용자산 및 타인에게 임대할 목적으로 취득한 자산, 금융리스를 제외한 방법으로 투자한 자산 제외
• (공제방식) 공제금액과 임시투자세액공제금액 중 선택
(공제금액) = 기본공제 + 추가공제 – 기본공제
= 투자금액 × 다음의 공제율
<table>
<tr><th rowspan="2">구 분</th><th rowspan="2">일반투자</th><th rowspan="2">신성장사업화시설투자 및 신성장연구개발시설투자</th><th colspan="2">국가전략기술사업화시설투자 및 국가전략기술연구개발시설투자</th></tr>
<tr><th>반도체분야</th><th>그 외</th></tr>
<tr><td>① 중소기업(유예기간 포함)</td><td>10%</td><td>12%</td><td>30%</td><td>25%</td></tr>
<tr><td>② 중소기업 유예기간 경과 후 3년 이내 중견기업</td><td>7.5%</td><td>9%</td><td>25%</td><td>20%</td></tr>
<tr><td>③ ② 외의 중견기업</td><td>5%</td><td>6%</td><td>20%</td><td>15%</td></tr>
<tr><td>④ 일반기업</td><td>1%</td><td>3%</td><td>20%</td><td>15%</td></tr>
</table>
– 추가공제 = 직전 3년간 연평균투자금액 초과 투자액 × 10%[2024.12.31. 이전 3%(국가전략기술 4%)]
– 한도: 기본공제 금액 × 2배
(임시투자세액공제금액) = 기본공제 + 추가공제
– 기본공제 = 투자금액 × 다음의 공제율
<table>
<tr><th rowspan="2">구 분</th><th rowspan="2">일반투자</th><th rowspan="2">신성장사업화시설투자 및 신성장연구개발시설투자</th><th colspan="2">국가전략기술사업화시설투자 및 국가전략기술연구개발시설투자</th></tr>
<tr><th>반도체분야 외</th><th>반도체분야</th></tr>
<tr><td>① 중소기업(유예기간 포함)</td><td>12%</td><td>14%</td><td>25%</td><td>30%</td></tr>
<tr><td>② 중소기업 유예기간 경과 후 3년 이내 중견기업</td><td>7%</td><td>8%</td><td>15%</td><td>25%</td></tr>
</table>
</td></tr>
</table>

<table>
<tr><th>구 분</th><th>공제금 내역</th></tr>
<tr><td></td><td>
<table>
<tr><th rowspan="2">구 분</th><th rowspan="2">일반 투자</th><th rowspan="2">신성장사업화 시설투자 및 신성장연구개발시설투자</th><th colspan="2">국가전략기술사업화시설투자 및 국가전략기술연구개발시설투자</th></tr>
<tr><th>반도체분야 외</th><th>반도체분야</th></tr>
<tr><td>③ ② 외의 중견기업</td><td>7%</td><td>8%</td><td>15%</td><td>20%</td></tr>
<tr><td>④ 일반기업</td><td>1%</td><td>3%</td><td>15%</td><td>20%</td></tr>
</table>
- 추가공제 = 직전 3년간 연평균투자금액 초과 투자액×10%
- 한도: 기본공제 금액×2배
</td></tr>
<tr><td>11. 영상콘텐츠 제작비용 세액공제
(조특법 25의6)</td><td>• 세액공제액 = 기본공제 + 추가공제
- 기본공제 = 영상콘텐츠 제작금액×5%(중견기업 10%, 중소기업 15%)
- 추가공제 = 국내발생 제작비용 중 일정요건 충족한 영상콘텐츠제작비용×10%(중소기업 15%)
* 공제시기 : 방송·영화상영이 되는날이 속하는 사업연도</td></tr>
<tr><td>12. 내국법인의 문화산업전문회사출자에 대한 세액공제(조특법 25의7)</td><td>• 중소·중견기업이 영상콘텐츠를 제작하는 문화산업전문회사에 출자하는 경우 다음의 금액의 3%를 세액공제
- 출자한 금액×영상콘텐츠제작비용÷해당 문화산업전문회사의 총출자금액</td></tr>
<tr><td>13. 근로소득을 증대시킨 기업에 대한 세액공제(조특법 29의4)
* 2023.1.1.부터 일반기업은 적용제외</td><td>• 직전 3년 임금증가율 평균 초과 임금증가분×(중견 10%, 중소 20%)
• 해당 과세연도에 정규직 전환 근로자의 전년대비 임금증가액의 합계×(중견 10%, 중소 20%)
* 해당 과세연도 상시근로자수가 직전 과세연도보다 크거나 같은 경우에만 적용
• 중소기업의 적용특례: 전체 중소기업의 평균임금증가분을 초과하는 임금증가분의 20%</td></tr>
<tr><td>14. 고용을 증대시킨 기업에 대한 세액공제(조특법 29의7)
* 2023.1.1.부터 2024.12.31.까지 통합고용세액공제 중 하나만 적용가능함.</td><td>• 상시근로자 증가인원 1인당 아래 금액
(만원)
<table>
<tr><th rowspan="2">구 분</th><th colspan="2">중소기업</th><th>중견기업</th><th>대기업</th></tr>
<tr><th>수도권</th><th>지방</th><th>수도권</th><th>수도권</th></tr>
<tr><td>상시근로자</td><td>700</td><td>770</td><td>450</td><td>0</td></tr>
<tr><td>청년, 장애인, 60세 이상 등</td><td>1,100</td><td>1,200</td><td>800</td><td>400</td></tr>
</table>
* 2021년, 2022년은 수도권밖의 지역에서 증가한 청년등 상시근로자: 중소기업 1,300만원, 중견기업 900만원, 대기업 500만원 적용
• 상시근로자수가 감소하지 않은 경우 대기업 2년, 중소·중견기업의 경우 3년 적용</td></tr>
</table>

<table>
<tr><th>구 분</th><th>공제금 내역</th></tr>
<tr><td>15. 통합고용세액공제(조특법 29의8)
* 2023.1.1.부터 2024.12.31.까지 통합고용세액공제 중 고용증대세액공제는 고용을 증대시킨 기업에 대한 세액공제(조특법 29의7)와 중소기업사회보험료 세액공제(조특법 30의4)를 받지 아니한 경우만 적용함.</td><td>• 고용증대세액공제
- 상시근로자 증가인원 1인당 아래 금액
(만원)
<table>
<tr><th rowspan="2">구 분</th><th colspan="2">중소기업</th><th>중견기업</th><th>대기업</th></tr>
<tr><th>수도권</th><th>지방</th><th>수도권</th><th>수도권</th></tr>
<tr><td>상시근로자</td><td>850</td><td>950</td><td>450</td><td>0</td></tr>
<tr><td>청년, 장애인, 60세 이상, 경력 단절 여성 등</td><td>1,450</td><td>1,550</td><td>800</td><td>400</td></tr>
</table>
- 상시근로자수가 감소하지 않은 경우 대기업 2년, 중소·중견기업의 경우 3년 적용
• 정규직 근로자 전환 세액공제(2025.1.1. 이후 일몰 종료)
- 중소·중견기업이 2023.6.30. 현재 비정규직을 정규직으로 전환시 1인당 1,300만원(중견기업 900만원) 세액공제
- 직전 과세연도보다 고용감소한 경우 배제
• 육아휴직복귀자 세액공제
- 중소·중견기업이 6개월 이상 육아휴직 후 복귀한 근로자(남성 포함) 1인당 1,300만원(중견기업 900만원) 세액공제
* 아이 1명당 1번만 적용, 상시근로자수가 감소하지 않는 경우에 적용</td></tr>
<tr><td>16. 고용유지중소기업 등에 대한 과세특례(조특법 30의3)</td><td>• 연간 임금감소 총액 × 10% + 시간당 임금상승에 따른 임금보전액 × 15%</td></tr>
<tr><td>17. 중소기업의 고용증가인원에 대한 사회보험료 세액공제(조특법 30의4)
* 2023.1.1.부터 2024.12.31.까지 통합고용세액공제 중 하나만 적용가능함.</td><td>• 전년대비 고용이 증가한 중소기업의 고용증가 인원에 대한 사용자의 사회보험료 부담증가액 중
- ① 청년(15 ~ 29세), 경력단절여성 상시근로자 순증인원의 사회보험료 100%
- ② 청년 외 상시근로자 순증인원의 사회보험료 50%(신성장서비스업 75%)
• 2차년도
- 청년 및 청년외 상시근로자수가 감소하지 아니한 경우: ①+②
- 청년상시근로자 감소, 전체 상시근로자수가 감소하지 아니한 경우: ②
• 사회보험료 부담증가액계산시 정부보조금 등은 차감
• 2022년부터 고용이 감소하는 경우 공제받은 세액 상당액을 납부</td></tr>
<tr><td>18. 상가임대료를 인하한 임대사업자에 대한 세액공제(조특법 96의3)</td><td>1. 소상공인에 대하여 2020.1.1. ~ 2025.12.31.까지 상가임대료를 인하한 부동산임대업 법인
2. 임차인 자격: 「소상공인보호 및 지원에 관한 법률」 제2조의 소상공인으로 다음 요건을 모두 갖춘 자
① 동일 상가건물을 2020.1.31. 이전부터 계속 임차하고 있는 자</td></tr>
</table>

구 분	공제금 내역
	② 사행성・소비성 업종 등을 영위하지 않는 자 ③ 임대인과 특수관계인(국기법 2 20호)이 아닌 자 ④ 사업자등록을 한 자 3. 세액공제액(① – ②) × 70% ① 임대차계약에 의하여 임대료 인하 직전에 지급하여야 하는 임대료*에 따라 계산한 2020.1.1. ~ 2025.12.31.의 임대료 * 2020.1.1. ~ 2025.12.31. 중 계약을 갱신하고 갱신된 임대료가 갱신 전보다 인하된 경우 갱신일 이후에는 갱신된 임대료 ② 실제 지급하거나 지급의무가 있어 임대인의 수입금액으로 발생한 2020.1.1. ~ 2025.12.31.의 임대료 4. 임대료 인하 직전의 임대차계약보다 임대료나 보증금을 인상(갱신 시 5% 초과 인상)하는 경우 세액공제 적용 배제하거나 이미 공제받은 세액을 추징함.
19. 전자신고세액공제(조특법 104의8)	• 직접 신고: 2만원(납부할 세액 한도) • 세무대리인 대행: 세무대리인 본인의 소득・법인세 신고월이 속하는 과세연도의 직전 과세연도 동안 법인세를 신고 대행한 경우 납세자 1인당 2만원(부가가치세 신고대리에 따른 세액공제를 포함하여 300만원 한도, 세무・회계법인은 750만원 한도)
20. 기업의 운동경기부 등 설치 운영비용에 대한 과세특례(조특법 104의22)	• 취약종목의 운동경기부 운영비용에 대해 창단 후 3년간 10% 세액공제 • 장애인 운동경기부 운영비용에 대해 창단 후 5년간 20% 세액공제
21. 석유제품 전자상거래에 대한 세액공제(조특법 104의25)	• 수요자에 한해 공급가액의 0.2% 세액공제 * 해당 사업연도 법인세의 10% 한도
22. 우수 선화주기업 인증을 받은 화주기업에 대한 세액공제(조특법 104의30)	• 외항정기화물운송사업자에게 지출한 운송비용 × 1% + 직전연도 대비 증가분 × 3% * 해당 사업연도 법인세의 10% 한도
23. 이스포츠대회 운영에 대한 과세특례(조특법 104의35)	• 2025.1.1. 이후 내국법인이 수도권외의 국내에서 이스포츠대회를 개최하는 경우 이스포츠대회운영비용의 10%를 이스포츠대회가 개최된 사업연도의 법인세에서 공제
24. 금사업자와 스크랩등 사업자의 수입금액 증가 등에 대한 세액공제(조특법 122의4) * 2023.12.31. 이전에 끝나는 과세연도까지 적용	• 매입자납부 익금 및 손금이 있는 경우 다음의 하나를 선택하여 공제 * 전년 초과금액의 50% 또는 매입자납부 익금 및 손금을 합친 금액의 5%에 상당하는 금액이 차지하는 비율
25. 성실신고 확인비용에 대한 세액공제(조특법 126의6)	• 성실신고 확인비용 × 60%(150만원 한도)

제1절 통합고용세액공제

※ 2023.1.1.부터 2024.12.31.까지 통합고용세액공제 중 고용증대세액공제(조특법 29의8 ①)와 고용을 증대시킨 기업에 대한 세액공제(조특법 29의7) 또는 중소기업 사회보험료 세액공제(조특법 30의4) 중 하나만 적용가능함.(조특법 127 ⑪)

※ 통합고용세액공제 중 고용증대세액공제(조특법 29의8 ①)를 선택한 경우에도 고용을 증대시킨 기업에 대한 세액공제(조특법 29의7)의 추가공제(2차, 3차세액공제)와 중소기업 사회보험료 세액공제(조특법 30의4)의 추가공제등은 계속 적용가능함.

※ 통합고용세액공제 중 고용증대세액공제와 기존 고용증대세액공제의 비교

<table>
<tr><th>구 분</th><th>기존 고용증대세액공제</th><th>통합고용세액공제 중 고용증대세액공제</th></tr>
<tr><td>적용대상</td><td colspan="2">소비성서비스업☆을 제외한 내국인
☆ 호텔업 및 여관업, 일반유흥주점업, 무도유흥주점업, 단란주점, 2024.3.22. 이후 개시하는 과세연도부터 무도장 운영업, 기타 사행시설 관리 및 운영업, 유사 의료업 중 안마를 시술하는 업, 마사지업 포함.</td></tr>
<tr><td>청년등 범위</td><td>• 29세 이하 청년
• 장애인
• 근로계약체결일 현재 60세 이상인 사람</td><td>• 34세 이하 청년
• 장애인
• 근로계약체결일 현재 60세 이상인 사람
• 경력단절여성</td></tr>
<tr><td>세액공제액</td><td>(단위: 만원)<table>
<tr><th rowspan="2">구 분</th><th colspan="2">중소</th><th rowspan="2">중견</th><th rowspan="2">일반</th></tr>
<tr><th>수도권</th><th>수도권밖</th></tr>
<tr><td>청년</td><td>1,100</td><td>1,200</td><td>800</td><td>400</td></tr>
<tr><td>청년외</td><td>700</td><td>770</td><td>450</td><td>0</td></tr>
</table></td><td>(단위: 만원)<table>
<tr><th rowspan="2">구 분</th><th colspan="2">중소</th><th rowspan="2">중견</th><th rowspan="2">일반</th></tr>
<tr><th>수도권</th><th>수도권밖</th></tr>
<tr><td>청년</td><td>1,450</td><td>1,550</td><td>800</td><td>400</td></tr>
<tr><td>청년외</td><td>850</td><td>950</td><td>450</td><td>0</td></tr>
</table></td></tr>
<tr><td>추가공제</td><td colspan="2">• 중소기업 및 중견기업: 총 3년간
• 그 외 기업: 총 2년간</td></tr>
<tr><td>추가납부세액계산</td><td colspan="2">고용감소시 추가납부세액계산 방법은 동일</td></tr>
<tr><td>추가납부세액의 납부방법</td><td>선공제분 납부 후 이월세액 감소
(사전법령해석소득2020－478, 2020.10.21.)</td><td>이월세액에서 먼저 차감한 후 부족분은 선공제분 납부(조특법 29의8 ②)</td></tr>
</table>

구 분		통합고용세액공제				2025년 세제개편안			
적용대상		소비성서비스업☆을 제외한 내국인 ☆ 호텔업 및 여관업, 일반유흥주점업, 무도유흥주점업, 단란주점, 2024.3.22. 이후 개시하는 과세연도부터 무도장 운영업, 기타 사행시설 관리 및 운영업, 유사 의료업 중 안마를 시술하는 업, 마사지업 포함							
청년등 범위		• 해당 과세연도 34세 이하 청년 • 장애인 • 근로계약체결일 현재 60세 이상인 사람 • 경력단절근로자 • 북한이탈주민				• 근로계약 체결일 현재 34세 이하 청년 • 장애인 • 근로계약체결일 현재 60세 이상인 사람 • 경력단절근로자 • 북한이탈주민			
증가한 상시근로자수		• 최소고용증가인원수 없음				• 중소기업: 현행과 동일 • 중견기업: 5명 초과분 인원수 • 대기업: 10명 초과분 인원수			
구분	세액공제	중소(3년)		중견(3년)	일반(2년)	중소(3년)		중견(3년)	일반(2년)
		수도권	수도권밖			수도권	수도권밖		
청년	1차	1,450	1,550	800	400	700	1,000	500	300
	2차					1,600	1,900	900	500
	3차					1,700	2,000	900	0
청년외	1차	850	950	450	0	400	700	300	0
	2차					900	1,200	500	0
	3차					1,000	1,300	500	0
추가공제		고용유지한 경우만 적용, 고용감소시 적용불가 • 중소기업 및 중견기업: 총 3년간 • 그 외 기업: 총 2년간				감소인원 제외한 증가인원은 계속 적용 • 중소기업 및 중견기업: 총 3년간 • 그 외 기업: 총 2년간			
추가납부세액계산		고용감소시 추가납부세액계산				감소인원에 대한 추가납부세액 없음			
추가납부세액납부 방법		이월세액에서 먼저 차감한 후 부족분은 선공제분 납부							

☆ 2025년 세제개편안은 2026.1.1. 이후 적용될 예정이며 실제 개정여부를 확인한 후 실무에 적용하여야 한다.

| (저자주) 통합고용세액공제(1차세액공제) 자가진단표 |

전년도대비 전체 상시근로자수가 증가하였는가?
No
세액공제 불가
Yes
조특법 29의4(고용증대세액공제) 또는 조특법 30의4(사회보험료세액공제)를 적용할 예정인가?
Yes
통합고용세액공제 적용불가 (조특법 29의8)
No
전년도 대비 청년 상시근로자수가 증가하였는가?
No
전체 상시근로자수 증가인원수 × ㉯금액
Yes
전년도 대비 청년외 상시근로자수가 증가하였는가?
No
Yes
① + ② 금액 세액공제
① 청년 상시근로자수 증가인원수 × ㉮금액
② 청년외 상시근로자수 증가인원수 × ㉯금액
전체 상시근로자수 증가인원수 × ㉮금액

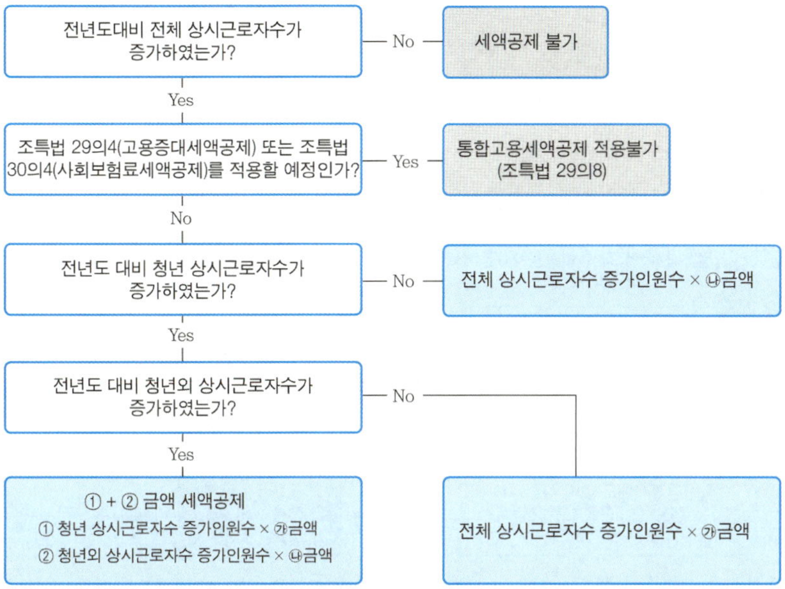

구 분	중소기업		중견기업	대기업
	수도권	수도권밖		
㉮금액(청년)	1,450만원	1,550만원	800만원	400만원
㉯금액(청년외)	850만원	950만원	450만원	0원

| (저자주) 통합고용세액공제(2차세액공제) 자가진단표 |

직전과세연도에 통합고용세액공제를 적용받았는가?
No
추가공제 배제
Yes
직전과세연도 대비 당해과세연도 전체 상시근로자수가 증가 또는 유지하였는가?
No
① 추가공제 배제
② 추가납부세액 발생
Yes
직전과세연도 대비 당해과세연도 청년 상시근로자수가 증가 또는 유지하였는가?
No
Yes
1차년도 세액공제 전액 추가 공제
① 추가공제: 다음의 금액
1차년도 전체 상시근로자수 증가인원수 × ㉯금액
② 청년 상시근로자수 감소분 추가납부세액 발생

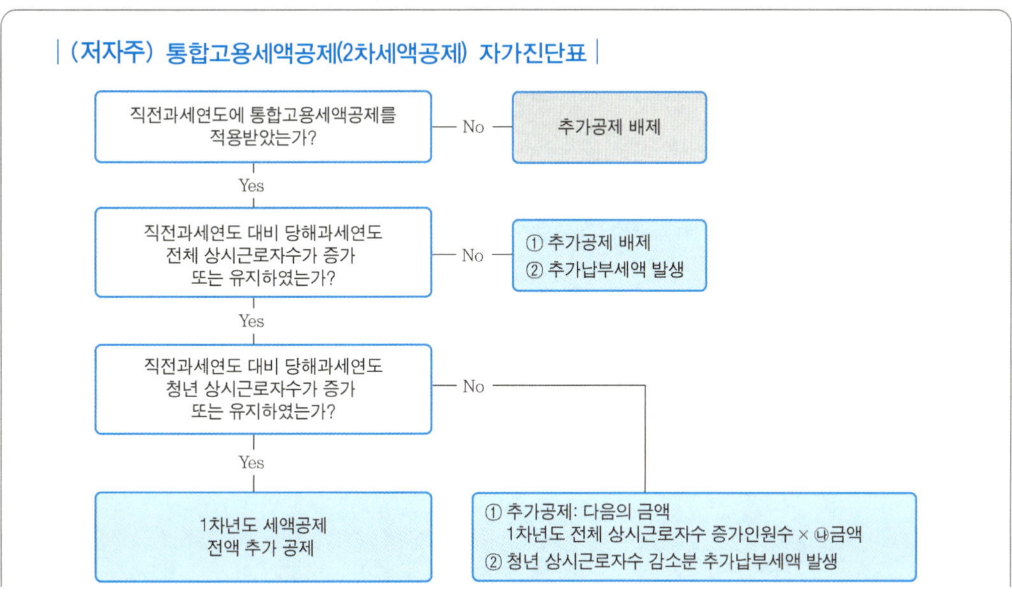

구 분	중소기업		중견기업	대기업
	수도권	수도권밖		
㉮금액(청년)	1,450만원	1,550만원	800만원	400만원
㉯금액(청년외)	850만원	950만원	450만원	0원

(저자주) 통합고용세액공제(3차세액공제) 자가진단표

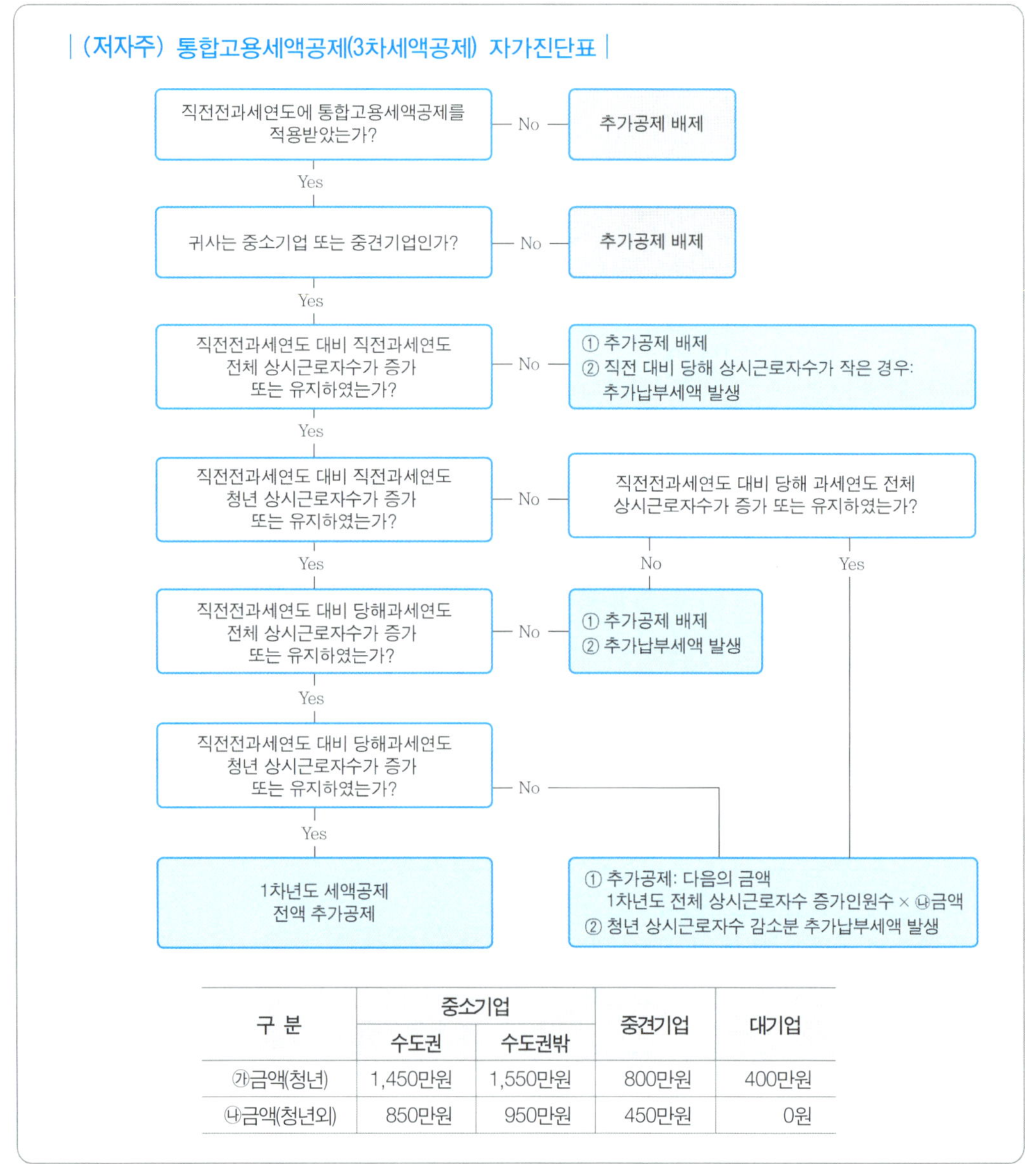

구 분	중소기업		중견기업	대기업
	수도권	수도권밖		
㉮금액(청년)	1,450만원	1,550만원	800만원	400만원
㉯금액(청년외)	850만원	950만원	450만원	0원

Ⅰ 개요

다음의 세액공제제도를 기업의 고용 활성화 지원을 목적으로 통합고용세액공제 제도를 신설하여 2023년 1월 1일 이후 개시하는 과세연도부터 적용한다.

종전세액공제규정	개정규정
① 경력단절여성 고용 기업등에 대한 세액공제(조특법 29의3) ② 정규직 근로자로의 전환에 따른 세액공제(조특법 30의2) ③ 고용을 증대시킨 기업에 대한 세액공제(조특법 29의7) ④ 중소기업 사회보험료 세액공제(조특법 30의4)	⇨ 통합고용세액공제(조특법 29의8) • 고용증대세액공제 • 정규직 근로자로의 전환세액공제 • 육아휴직복귀자 세액공제

※ ①과 ②의 세액공제는 2022.12.31.까지 적용되며, ③과 ④의 세액공제는 2024.12.31.이 속하는 과세연도까지 적용 가능함.

Ⅱ 통합고용세액공제 – 고용증대세액공제

1. 적용대상법인

소비성서비스업 등 다음의 업종을 경영하는 내국법인과 거주자('내국인'이라 한다)를 제외한 모든 내국인이 적용받을 수 있다.(조특법 29의8, 조특령 26의8 ①)

① 호텔업 및 여관업(관광진흥법에 따른 관광숙박업은 제외)

② 주점업(일반유흥주점업, 무도유흥주점업 및 「식품위생법 시행령」 제21조에 따른 단란주점☆ 영업만 해당하되, 「관광진흥법」에 따른 외국인전용유흥음식점업 및 관광유흥음식점업은 제외한다)

☆ 단란주점이란 주로 주류를 조리·판매하는 영업으로서 손님이 노래를 부르는 행위가 허용되는 영업을 말한다.

③ 그 밖에 오락·유흥 등을 목적으로 하는 사업으로서 다음의 사업☆

☆ 2024.3.22. 이후 개시하는 과세연도부터 소비성서비스업에 포함됨.(조특칙 부칙 제1042호, 3, 2024.3.22.)

㉠ 무도장 운영업

㉡ 기타 사행시설 관리 및 운영업(「관광진흥법」 제5조 또는 「폐광지역 개발 지원에 관한 특별법」 제11조에 따라 허가를 받은 카지노업은 제외한다)

㉢ 유사 의료업 중 안마를 시술하는 업

㉣ 마사지업

2. 세액공제액

내국인이 2025년 12월 31일이 속하는 과세연도까지의 기간 중 해당 과세연도의 상시근로자의 수가 직전 과세연도의 상시근로자의 수보다 증가한 경우에는 다음의 세액공제액을 해당 과세연도의 소득세(부동산임대업 소득을 제외한 사업소득에 대한 소득세만 해당한다) 또는 법인세에서 공제한다.

세액공제액 = [① + ②, 또는 ③]

① 청년등 상시근로자의 증가한 인원 수(전체상시근로자의 증가 인원수 한도) × 기업별 다음의 금액(우대공제)

구 분	중소기업		중견기업	대기업
	수도권	수도권밖		
세액공제금액	1,450만원	1,550만원	800만원	400만원

② 청년등 상시근로자 외 상시근로자의 증가한 인원 수(전체상시근로자의 증가 인원수 한도) × 기업별 다음의 금액(일반공제)

구 분	중소기업		중견기업	대기업
	수도권	수도권밖		
세액공제금액	850만원	950만원	450만원	0원

③ 청년등 상시근로자 포함한 전체 상시근로자의 증가한 인원 수 × 기업별 다음의 금액(일반공제)

구 분	중소기업		중견기업	대기업
	수도권	수도권밖		
세액공제금액	850만원	950만원	450만원	0원

고용증대세액공제 적용방법(기획재정부조세특례-906, 2023.8.28.)

① 「조세특례제한법」 제29조의7 제1항 제1호의 공제(우대공제) 대상인 청년등 상시근로자 고용증대 기업이 동법 동조항 제2호의 공제(일반공제)를 선택하여 적용할 수 있음.

② 사후관리 기간 중 청년 근로자수는 감소하고, 그 외 근로자의 수는 증가하여 전체 근로자의 수는 증가 또는 유지한 경우, 잔여 공제기간에 대해 우대공제액이 아닌 일반공제액이 적용됨.

③ 일반공제만 신청하여 적용받은 후 '청년등 상시근로자수'와 '청년등 상시근로자 외 상시근로자수'가 모두 감소한 경우 추가 납부세액 계산은 청년등 상시근로자 감소인원에 대해 일반공제액 추가납부액으로 계산함.

④ '18년 고용증대세액공제 적용 후 '20년 고용감소로 특례규정(「조세특례제한법」 제29조의7 제5항)에 따라 사후관리를 유예받았으나, '21년에 '20년보다 고용이 감소한 경우 '20년에 납부하였어야 할 세액을 한도로 추가납부세액 계산함.

Check Point

통합고용세액공제에 대한 법인과 개인의 적용범위

구 분	법인	개인
중소기업 대기업	소비성서비스업☆을 제외한 모든 업종	소비성서비스업을 제외한 모든 업종
	☆ 호텔업 및 여관업, 일반유흥주점업, 무도유흥주점업, 단란주점, 2024.3.22. 이후 개시하는 과세연도부터 무도장 운영업, 기타 사행시설 관리 및 운영업, 유사 의료업 중 안마를 시술하는 업, 마사지업 포함.	
중견기업	소비성서비스업, 금융업, 보험 및 연금업, 금융 및 보험 관련 서비스업을 제외한 모든 업종	소비성서비스업, 금융업, 보험 및 연금업, 금융 및 보험 관련 서비스업을 제외한 모든 업종
단, 개인거주자의 경우 부동산임대업 소득을 제외한 사업소득에 대한 소득세에서만 공제		

중견기업의 범위

중견기업이란 다음의 요건을 모두 갖춘 기업을 말한다.

① 중소기업이 아닐 것

② 「중견기업 성장촉진 및 경쟁력 강화에 관한 특별법 시행령」 제2조 제1항 제1호(「공공기관의 운영에 관한 법률」 제4조에 따른 공공기관) 또는 제2호(「지방공기업법」에 따른 지방공기업)에 해당하는 기관이 아닐 것

③ 다음 어느 하나에 해당하는 업종을 주된 사업으로 영위하지 아니할 것. 이 경우 둘 이상의 서로 다른 사업을 영위하는 경우에는 사업별 사업수입금액이 큰 사업을 주된 사업으로 본다.

- 조세특례제한법에 따른 소비성서비스업(호텔업 및 여관업, 일반유흥주점업, 무도유흥주점업, 단란주점, 2024.3.22. 이후 개시하는 과세연도부터 무도장 운영업, 기타 사행시설 관리 및 운영업, 유사 의료업 중 안마를 시술하는 업, 마사지업 포함)
- 부동산임대업☆
- 금융업
- 보험 및 연금업
- 금융 및 보험관련 서비스업

☆ 2025년 2월 28일 이후 개시하는 과세연도부터 중견기업에서 제외한다.(조특령 부칙 제35347호 제2조)

④ 소유와 경영에 실질적인 독립성이 「중견기업 성장촉진 및 경쟁력 강화에 관한 특별법 시행령」 제2조 제2항 제1호에 적합할 것

⑤ 직전 3개 사업연도의 매출액(기업회계기준에 의한 손익계산서 매출액이며 1년 미만 사업연도의 경우 연환산한 금액)의 평균금액이 조세유형별로 다음의 금액 미만인 기업일 것

- 연구인력개발비세액공제 적용시: 5,000억원
- 기타 세액공제 적용시: 3,000억원

⑥ 다음의 요건을 모두 갖춘 내국법인(소규모내국법인)이 아닐 것☆(법인령 42 ②)

☆ 2025년 2월 28일 이후 개시하는 과세연도부터 중견기업에서 제외한다.(조특령 부칙 제35347호 제2조)

> ① 해당 사업연도 종료일 현재 내국법인의 지배주주등☆이 보유한 주식등의 합계가 해당 내국법인의 발행주식총수 또는 출자총액의 50%를 초과할 것
>
> ☆ 법인의 발행주식총수 또는 출자총액의 100분의 1 이상의 주식 또는 출자지분을 소유한 주주등으로서 그와 특수관계에 있는 자와의 소유 주식 또는 출자지분의 합계가 해당 법인의 주주등 중 가장 많은 경우의 해당 주주등을 말한다.(법인령 43 ⑦)

② 해당 사업연도에 부동산 임대업을 주된 사업(내국법인이 둘 이상의 서로 다른 사업을 영위하는 경우에는 사업별 사업수입금액이 큰 사업을 주된 사업으로 본다)으로 하거나 다음 각 목의 금액 합계가 기업회계기준에 따라 계산한 매출액(㉠부터 ㉢까지의 금액이 포함되지 아니한 경우에는 이를 포함하여 계산)의 100분의 50 이상일 것

㉠ 부동산 또는 부동산상의 권리의 대여로 인하여 발생하는 소득의 금액(조세특례제한법에 의한 임대보증금 등의 간주익금액 포함)

㉡ 「소득세법」 제16조 제1항에 따른 이자소득의 금액

㉢ 「소득세법」 제17조 제1항에 따른 배당소득의 금액

③ 해당 사업연도의 상시근로자수가 5명 미만일 것

증가한 상시근로자의 인원 수를 한도로 세액공제 적용하는 사례

1. 청년등 상시근로자수 증가, 청년외 상시근로자수 감소, 전체 상시근로자수 증가

구 분	2024년	2025년	2024년 대비 증감
청년등상시근로자수	8명	10명	2명 증가
청년외상시근로자수	7명	6명	1명 감소
전체상시근로자수	15명	16명	1명 증가

⊙ 2025년 고용증대세액공제액 : 14,500,000원

구 분	근로자수 계산	2025년 세액공제금액 계산
청년	10명 － 8명 = 2명 → 1명 (전체상시근로자수 증가한도)	1명 × 1,450만원 = 1,450만원
청년외	6명 － 7명 = △1명 → 0명	0명 × 850만원 = 0원
전체상시근로자수	1명 증가	1,450만원

㉠ 청년등 상시근로자수가 2명 증가하였으나 전체 상시근로자수가 1명 증가하였으므로 청년 세액공제는 전체 상시근로자수 증가분을 한도로 1명에 대하여 적용한다.

㉡ 청년외 상시근로자수는 감소하였으므로 청년외 세액공제는 적용하지 아니한다.

㉢ 납세자의 선택에 의하여 전체 상시근로자수 증가인원에 대하여 청년외 상시근로자수에 대한 세액공제액(= 1명 × 850만원 = 850만원)을 적용할 수 있다.

2. 청년등 상시근로자수 감소, 청년외 상시근로자수 증가, 전체 상시근로자수 증가

구 분	2024년	2025년	2024년 대비 증감
청년등상시근로자수	8명	6명	2명 감소
청년외상시근로자수	7명	10명	3명 증가
전체상시근로자수	15명	16명	1명 증가

⊙ 2025년 고용증대세액공제액 : 850만원

구 분	근로자수 계산	2025년 세액공제금액 계산
청년	6명 - 8명 = △2명 → 0명 증가	0명 × 1,450만원 = 0원
청년외	10명 - 7명 = 3명 → 1명 (전체상시근로자수 증가한도)	1명 × 850만원 = 850만원
전체상시근로자수	1명 증가	850만원

㉠ 청년등 상시근로자수가 2명 감소하였으므로 청년 세액공제는 적용하지 아니한다.
㉡ 청년외 상시근로자수가 3명 증가하였으나 전체 상시근로자수가 1명 증가하였으므로 청년외 세액공제는 전체 상시근로자수 증가분을 한도로 1명에 대하여 적용한다.
㉢ 납세자의 선택에 의하여 전체 상시근로자수 증가인원에 대하여 청년외 상시근로자수에 대한 세액공제액(= 1명 × 850만원 = 850만원)을 적용할 수 있다.

3. 청년등 상시근로자수 증가, 청년외 상시근로자수 감소, 전체 상시근로자수 감소

구 분	2024년	2025년	2024년 대비 증감
청년등상시근로자수	8명	10명	2명 증가
청년외상시근로자수	7명	4명	3명 감소
전체상시근로자수	15명	14명	1명 감소

⊙ 2025년 고용증대세액공제액 : 0원

구 분	근로자수 계산	2025년 세액공제금액 계산
청년	10명 - 8명 = 2명 → △1명 (전체상시근로자수 증가한도)	0명 × 1,450만원 = 0원
청년외	4명 - 7명 = △3명 → △1명 (전체상시근로자수 증가한도)	0명 × 850만원 = 0원
전체상시근로자수	1명 감소	0원

㉠ 청년등 상시근로자수가 2명 증가하였으나 전체 상시근로자수가 1명 감소하였으므로 청년 세액공제는 전체 상시근로자수 증가분이 0명이므로 적용하지 아니한다.
㉡ 청년외 상시근로자수가 3명 감소하였으므로 청년외 세액공제는 적용하지 아니한다.

3. 통합고용세액공제와 기존 고용증대세액공제의 관계

2023.1.1.부터 2024.12.31.까지 통합고용증대세액공제 중 고용증대세액공제(조특법 29의8 ①)와 고용을 증대시킨 기업에 대한 세액공제(조특법 29의7) 또는 중소기업 사회보험료 세액공제(조특법 30의4) 중 하나만 적용한다.

그리고 통합고용증대세액공제 중 고용증대세액공제(조특법 29의8 ①)를 선택한 경우에도 고용을 증대시킨 기업에 대한 세액공제(조특법 29의7)의 2차, 3차 추가공제 및 중소기업 사회보험료 세액공제(조특법 30의4)의 2차 추가공제 적용이 가능하다.

이는 사례별로 다음과 같이 세액공제를 적용하는 것을 의미한다.

① 동일 과세연도에 1차 세액공제의 중복적용여부는 다음과 같다.

통합고용증대	기존고용증대	비고
1차 세액공제	1차 세액공제	동시적용 불가
×	○	적용가능
○	×	적용가능

② 1차 세액공제방법의 선택은 과세연도별로 다음과 같이 선택할 수 있다. 즉 계속 적용하는 것은 아닌 것으로 해석된다.

2023년		2024년	비고
기존고용증대	⇨	통합고용증대	적용가능
통합고용증대	⇨	기존고용증대	적용가능
기존고용증대	⇨	기존고용증대	적용가능
통합고용증대	⇨	통합고용증대	적용가능

③ 1차 세액공제와 2차·3차 추가공제의 중복여부는 다음과 같다.

2023년	2024년	비고
2023년 기존고용증대(1차)	2024년 통합고용증대(1차) 2023년 기존고용증대(2차)	적용가능
2023년 통합고용증대(1차) 2022년 기존고용증대(2차)	2024년 통합고용증대(1차) 2023년 통합고용증대(2차) 2022년 기존고용증대(3차)	적용가능
2023년 통합고용증대(1차)	2024년 기존고용증대(1차) 2023년 통합고용증대(2차)	적용가능

④ 청년등 상시근로자수의 증가규모가 큰 경우에는 「통합고용증대세액공제」가 일반적으로 유리하다.

⑤ 청년외 상시근로자수가 증가한 경우로서 고용인원의 평균 급여수준이 높은 경우에는 「통합고용증대세액공제」보다 「중소기업사회보험료세액공제」에 의한 세액공제액이 크기 때문에 「기존고용증대세액공제」와 「중소기업사회보험료세액공제」를 선택하는 것이 유리하다.

⑥ 「기존고용증대세액공제」와 「통합고용세액공제 중 고용증대세액공제」의 중복적용만을 배제하는 것으로 「통합고용세액공제 중 정규직 근로자로의 전환세액공제와 육아휴직복귀자 세액공제」는 「기존고용증대세액공제」 또는 「중소기업사회보험료세액공제」와 중복적용이 가능하다.

2022과세연도에 대해 고용증대세액공제를 적용한 중소기업이 2023년 이후 과세연도에 대한 세액공제 방법(서면법인 2023-1263, 2023.6.8.)

중소기업인 내국법인이 2022년 12월 31일이 속하는 과세연도에 대해 「조세특례제한법」 제29조의7(고용을 증대시킨 기업에 대한 세액공제)에 따라 세액공제를 받은 경우, 2023년 12월 31일이 속하는 과세연도와 2024년 12월 31일이 속하는 과세연도까지 「조세특례제한법」 제29조의7(고용을 증대시킨 기업에 대한 세액공제) 규정을 적용하여 세액공제하는 것임. 또한, 2023년 12월 31일(또는 2024년 12월 31일)이 속하는 과세연도의 상시근로자수가 직전 과세연도 보다 증가하는 경우, 해당 과세연도에는 「조세특례제한법」 제29조의7(고용을 증대시킨 기업에 대한 세액공제)과 같은 법 제29조의8(통합고용세액공제) 중 어느 하나를 선택하여 세액공제를 적용하고 이후 과세연도의 추가 공제 시에도 당초 선택한 공제방법을 적용하는 것임.

4. 상시근로자의 개념

상시근로자란 근로기준법에 따라 근로계약을 체결한 내국인(소득세법상 거주자를 의미함) 근로자로 한다. 다만, 다음의 어느 하나에 해당하는 사람은 제외한다.(조특령 23 ⑩)

① 근로계약기간이 1년 미만인 자. 다만, 근로계약의 연속된 갱신으로 인하여 그 근로계약의 총 기간이 1년 이상인 근로자는 제외한다.
② 근로기준법 제2조 제1항 제9호에 따른 단시간근로자. 다만, 1개월간의 소정근로시간이 60시간 이상인 근로자는 제외한다.
③ 다음의 어느 하나에 해당하는 임원
 ㉠ 법인의 회장, 사장, 부사장, 이사장, 대표이사, 전무이사 및 상무이사 등 이사회의 구성원 전원과 청산인
 ㉡ 합명회사, 합자회사 및 유한회사의 업무집행사원 또는 이사
 ㉢ 유한책임회사의 업무집행자
 ㉣ 감사
 ㉤ 그 밖에 ㉠부터 ㉣까지의 규정에 준하는 직무에 종사하는 자
④ 해당 기업의 최대주주 또는 최대출자자(개인사업자의 경우에는 대표자를 말한다)와 그 배우자
⑤ ④에 해당하는 자의 직계존비속(그 배우자 포함) 및 「국세기본법 시행령」 제1조의2 제1항에 따른 친족관계☆인 사람

☆ 「국세기본법 시행령」 제1조의2 제1항에 따른 친족관계는 다음과 같다.
① 4촌 이내의 혈족 ② 3촌 이내의 인척
③ 배우자(사실상의 혼인관계에 있는 자를 포함한다)
④ 친생자로서 다른 사람에게 친양자 입양된 자 및 그 배우자·직계비속
⑤ 본인이 「민법」에 따라 인지한 혼인 외 출생자의 생부나 생모(본인의 금전이나 그 밖의 재산으로 생계를 유지하는 사람 또는 생계를 함께하는 사람으로 한정한다)

⑥ 소득세법 시행령 제196조에 따른 근로소득원천징수부에 의하여 근로소득세를 원천징수한 사실이 확인되지 아니하고, 다음의 어느 하나에 해당하는 보험료 등의 납부사실도 확인되지 아니하는 사람
㉠ 국민연금법 제3조 제1항 제11호 및 제12호에 따른 부담금 및 기여금
㉡ 국민건강보험법 제62조에 따른 직장가입자의 보험료

참고사항

■ **임원의 자녀를 채용한 경우 상시근로자 여부**

최대주주에 해당하지 않는 임원의 자녀를 채용한 경우 임원의 자녀는 상시근로자에 포함된다.

■ **2026.1.1.부터 시행예정인 상시근로자의 범위(기획재정부공고 제2025-218호 입법예고 자료 참고)**

상시근로자란 「근로기준법」에 따라 근로계약을 체결한 내국인 근로자로 한다. 다만, 다음 각 호의 어느 하나에 해당하는 사람은 제외한다.

1. 근로기간이 1년 미만인 근로자
2. 「근로기준법」 제2조 제1항 제9호에 따른 단시간근로자. 다만, 다음 계산식에 따라 계산한 연평균 월 근로시간이 60시간 이상인 근로자는 상시근로자로 본다.

$$\frac{\text{해당 과세연도의 총 근로시간}}{\text{해당 과세연도의 근무 개월 수}}$$

3. 「법인세법 시행령」 제40조 제1항 각 호의 어느 하나에 해당하는 임원
4. 해당 기업의 최대주주 또는 최대출자자(개인사업자의 경우에는 대표자를 말한다)와 그 배우자
5. 제4호에 해당하는 자의 직계존비속(그 배우자를 포함한다) 및 「국세기본법 시행령」 제1조의2 제1항에 따른 친족관계인 사람
6. 「소득세법 시행령」 제196조에 따른 근로소득원천징수부에 의하여 근로소득세를 원천징수한 사실이 확인되지 아니하고, 다음 각 목의 어느 하나에 해당하는 금액의 납부사실도 확인되지 아니하는 자
   가. 「국민연금법」 제3조 제1항 제11호 및 제12호에 따른 부담금 및 기여금
   나. 「국민건강보험법」 제69조에 따른 직장가입자의 보험료

| (저자주) 근로기간이 1년 미만인 근로자가 계속 근로하여 1년 이상이 되는 경우 상시근로자 여부 |

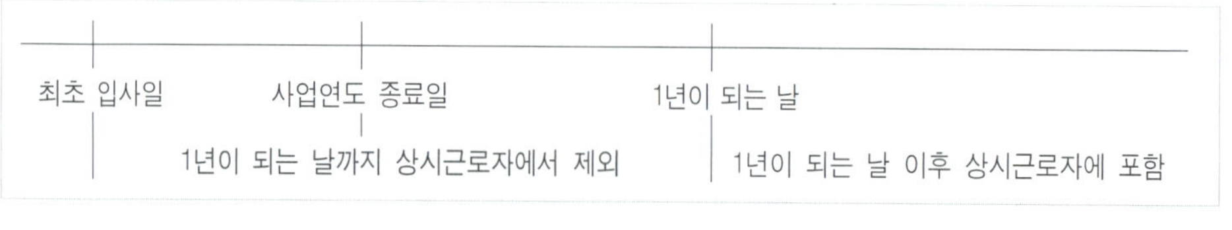

당초 상시근로자였으나 결혼 등으로 특수관계자가 된 경우 상시근로자 해당 여부(서면소득2024-2620, 2024.7.31.)

「조세특례제한법」 제29조의8 제1항에 따라 통합고용세액공제를 적용받던 상시근로자가 결혼 등으로 특수관계가 성립한 경우 「조세특례제한법」 제29조의8 제1항이 적용되지 않는 것임.

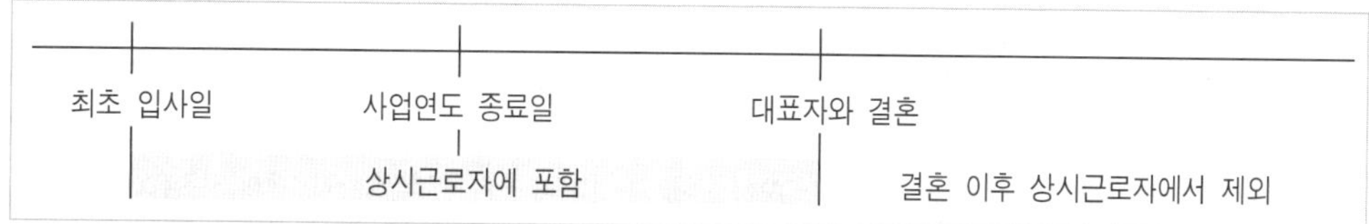

수익사업과 비영리사업을 겸영하는 법인의 상시근로자 수 계산방법(기준법무법인2022-180, 2023.2.9.)

수익사업(소비성 서비스업 제외)과 비영리사업을 겸영하는 비영리내국법인이 「조세특례제한법」 제29조의7의 고용증대세액공제 규정에 따른 상시근로자 수를 계산함에 있어 근로 범위, 업무량 등을 고려하여 근로의 제공이 주로 수익사업에 관련된 것인 때에는 수익사업에 속한 상시근로자로 하고, 근로의 제공이 주로 비영리사업에 관련된 것인 때에는 비영리사업에 속한 상시근로자로 하는 것임.

고용을 증대시킨 기업에 대한 세액공제 적용 관련 휴직자의 상시근로자 포함 여부(서면법인2020-1079, 2020.9.24., 사전법령해석법인2020-272, 2020.6.22.)

조세특례제한법 제29조의7에 따라 고용을 증대시킨 기업에 대한 세액공제 적용 시 상시근로자는 근로기준법에 따라 근로계약을 체결한 내국인 근로자로서 조세특례제한법 시행령 제23조 제10항 각 호의 어느 하나에 해당하지 않는 사람을 말하는 것이며, 「근로기준법」에 따라 1년 이상의 근로계약을 체결하고 근무하다가 육아휴직을 한 근로자가 이에 해당하는지 여부는 사실 판단할 사항임.

고용증대세액공제 적용시 월 중 신규 입사자의 매월 말 상시근로자수 포함여부(사전법령해석소득2021-341, 2021.6.30.)

「근로기준법」에 따라 근로계약을 체결한 내국인 신규근로자가 입사한 월의 근무일수가 적어 당해 월 근로소득에 대한 원천징수한 사실이 확인되지 아니하는 경우, 입사한 월에 대한 「국민연금법」 제3조 제1항 제11호 및 제12호 따른 부담금 및 기여금 또는 「국민건강보험법」 제69조에 따른 직장가입자의 보험료 중 하나의 납부사실이 확인되는 경우에는 「조세특례제한법 시행령」 제26조의7 제7항을 적용함에 있어서 입사한 월말 현재 상시근로자수에 포함하는 것이며, 해당 근로자가 이에 해당하는지 여부는 사실판단할 사항임.

5. 청년등 상시근로자

청년등 상시근로자는 다음의 사람을 말한다.(조특령 26의8 ③)

① 청년정규직 근로자: 15세 이상 34세 이하인 사람 중 다음의 어느 하나에 해당하는 사람을 제외한 사람. 다만, 해당 근로자가 병역(현역병, 상근예비역, 의무경찰, 의무소방원, 사회복무요원, 현역에 복무하는 장교・준사관 및 부사관)을 이행한 경우에는 그 기간(6년을 한도로 한다)을 현재 연령에서 빼고 계산한 연령이 34세 이하인 사람을 포함한다.

㉠ 「기간제 및 단시간근로자 보호 등에 관한 법률」에 따른 기간제근로자 및 단시간근로자

㉡ 「파견근로자보호 등에 관한 법률」에 따른 파견근로자

㉢ 「청소년 보호법」에 따른 청소년유해업소에 근무하는 같은법에 따른 청소년

☆ 산업기능요원으로 병역을 이행한 경우에는 그 기간을 창업 당시 창업자의 연령에서 뺄 수 없음.(수원지법2022구합69873, 2022.11.24.)

참고사항

■ **2025년 8월 발표한 2025년 세제개편안에 따른 청년 여부 판단 기준**

① 청년 여부 판단은 근로계약 체결 당시 19~34세 이하로 개정될 예정임.

② 개정 내용은 2025.12.31.이 속하는 과세연도를 최초 공제연도로 하여 통합고용세액공제를 신청하는 분부터 적용할 예정임.

구 분	2024년 이전	2025년 이후
청년 여부 판단시점	해당 과세연도	근로계약 체결 당시

☞ 청년여부 판단 기준의 개정사항을 반드시 확인 후 실무에 적용하여야 한다.

② 장애인: 「장애인복지법」의 적용을 받는 장애인과 「국가유공자 등 예우 및 지원에 관한 법률」에 따른 상이자, 「5・18민주유공자예우 및 단체설립에 관한 법률」에 따른 5・18민주화운동부상자와 「고엽제후유의증 등 환자지원 및 단체설립에 관한 법률」에 따른 고엽제후유의증환자로서 장애등급 판정을 받은 사람

☆ (저자주) 항시 치료를 요하는 중증환자는 장애인에 해당하지 않음.

③ 근로계약 체결일 현재 연령이 60세 이상인 사람

④ 경력단절여성: 다음의 요건을 충족하는 근로자를 말한다.(2025.1.1. 이후부터 남성도 포함)

㉠ 임금을 목적으로 같은 기업에서 1년 이상 계속하여 근로를 제공하였을 것(근로소득원천징수부를 통하여 근로소득세를 원천징수한 사실이 확인되는 경우로 한정)

㉡ 다음에 해당하는 결혼・임신・출산・육아・자녀교육・가족돌봄의 사유로 해당 기업에서 퇴직하였을 것

- 퇴직한 날부터 1년 이내에 혼인한 경우(가족관계기록사항에 관한 증명서를 통하여 확인되는 경우로 한정)

- 퇴직한 날부터 2년 이내에 임신하거나 난임시술을 받은 경우(의료기관의 진단서 또는 확인서를 통하여 확인되는 경우에 한정)
- 퇴직일 당시 임신한 상태인 경우(의료기관의 진단서를 통하여 확인되는 경우로 한정)
- 퇴직일 당시 8세 이하의 자녀가 있는 경우
- 퇴직일 당시 「초 · 중등교육법」 제2조에 따른 학교에 재학 중인 자녀가 있는 경우
- 퇴직일 당시 「장애인복지법」 제32조에 따라 등록한 장애인 자녀가 있는 경우
- 퇴직일 당시 70세 이상 또는 「장애인복지법」 제32조에 따라 등록한 장애인에 해당하는 직계존속(배우자의 직계존속을 포함한다)을 동거봉양하기 위해 같은 세대를 이루고 있는 경우

㉢ ㉡에 따른 사유로 퇴직한 날부터 2년 이상 15년 미만의 기간이 지났을 것

㉣ 해당 기업의 최대주주 또는 최대출자자(개인사업자의 경우에는 대표자를 말한다)나 그와 친족관계가 아닐 것

⑤ 2025.1.1. 이후부터 「북한이탈주민의 보호 및 정착지원에 관한 법률」에 따른 북한이탈주민

Check Point

경력단절근로자(여성) 범위 개정연혁

구 분	2024.12.31. 이전	2025.1.1. 이후
적용대상 근로자	여성근로자만 적용	남성근로자도 포함
기존 근무기업	중분류기준 동일한 업종의 기업에서 1년 이상	같은 기업에서 1년 이상
퇴사사유	결혼 · 임신 · 출산 · 육아 · 자녀교육	결혼 · 임신 · 출산 · 육아 · 자녀교육 · 가족돌봄의 사유

2024.12.31.까지 적용된 「경력단절 여성」은 다음의 요건을 충족하는 여성을 말한다.

㉠ 해당 기업 또는 한국표준산업분류상의 중분류를 기준으로 동일한 업종의 기업에서 1년 이상 근무하였을 것(해당 기업이 경력단절 여성의 근로소득세를 원천징수하였던 사실이 확인되는 경우로 한정)

㉡ 다음에 해당하는 결혼 · 임신 · 출산 · 육아 및 자녀교육의 사유로 해당 기업에서 퇴직하였을 것

- 퇴직한 날부터 1년 이내에 혼인한 경우(가족관계기록사항에 관한 증명서를 통하여 확인되는 경우로 한정)
- 퇴직한 날부터 2년 이내에 임신하거나 난임시술을 받은 경우(의료기관의 진단서 또는 확인서를 통하여 확인되는 경우에 한정)
- 퇴직일 당시 임신한 상태인 경우(의료기관의 진단서를 통하여 확인되는 경우로 한정)
- 퇴직일 당시 8세 이하의 자녀가 있는 경우

• 퇴직일 당시 「초·중등교육법」 제2조에 따른 학교에 재학 중인 자녀가 있는 경우

㉢ ㉡에 따른 사유로 퇴직한 날부터 2년 이상 15년 미만의 기간이 지났을 것

㉣ 해당 기업의 최대주주 또는 최대출자자(개인사업자의 경우에는 대표자를 말한다)나 그와 친족 관계가 아닐 것

■ 상시근로자 및 청년등 상시근로자의 판단시 적용 세법의 범위

통합고용세액공제의 고용증대세액공제는 직전연도와 당해연도의 상시근로자수를 비교하여 증가한 경우 1차 세액공제와 당해연도의 상시근로자수가 다음연도에 감소하지 아니한 경우 추가공제(2차·3차 세액공제)를 적용할 때 상시근로자등의 판단 근거법령은 1차세액공제를 적용하는 과세연도의 세법규정으로 판단하는 것이다.

직전과세연도	당해 과세연도	추가공제 적용 과세연도	
	1차세액공제	2차세액공제	3차세액공제
1차 세액공제를 적용한 당해 과세연도의 세법규정에 따라 상시근로자 및 상시근로자수를 계산함.			

■ 근로계약 체결일 현재 연령이 60세 이상인 사람의 의미

근로계약 체결일 현재 연령이 60세 이상인 사람은 청년등 상시근로자에 포함되므로 다음과 같이 구분할 수 있다.

구 분	청년등 상시근로자 여부
근로계약 체결일 현재 60세 미만인 사람 중 해당 과세연도에 60세 이상인 사람	청년등 상시근로자에서 제외 청년외 상시근로자에 포함
근로계약 체결일 현재 60세 이상인 사람 중 해당 과세연도에 계속 근무 중인 사람	청년등 상시근로자에 포함

또한 「근로계약 체결일 현재 연령이 60세 이상인 사람」의 규정은 관련 부칙에서 별도로 「시행일 이후 고용된 경우로 한정」하는 규정이 없다. 이는 해당과세연도의 상시근로자와 비교대상이 되는 직전과세연도의 상시근로자를 판단하는 기준이 해당과세연도의 상시근로자 규정이기 때문이다. 따라서 직전과세연도의 상시근로자를 판단할 때 직전과세연도의 법령을 적용하는 오류가 있을 수 있으므로 주의하여야 한다.

■ 「통합고용증대세액공제」 1차를 적용할 때 청년범위 판단규정

2023년 1월 1일부터 시행되는 「통합고용증대세액공제」는 해당 과세연도의 상시근로자수와 직전 과세연도의 상시근로자수를 비교하여 증가한 인원을 기준으로 세액공제액을 계산한다. 해당 과세연도의 상시근로자와 비교대상이 되는 직전 과세연도의 상시근로자를 판단하는 기준은 「해당 과세연도의 상시근로자 규정」이다.

그러나 직전 과세연도의 상시근로자를 판단할 때 다음과 같이 직전 과세연도의 세법 규정을 적용하여 2명이 증가한 것으로 판단하는 실수를 많이 범한다.

| 1차 세액공제시 상시근로자수 증감 판단사례(오류) |

구 분	2022년	2023년	증감
청년의 범위	29세 이하	34세 이하	2명
청년상시근로자수	3명	5명	

※ 2022년 청년의 범위가 29세 이하로 규정되어 있음.(기존고용증대세액공제)

※ 34세 이하 상시근로자수가 2022년 5명(이중 3명은 29세 이하), 2023년 5명으로 가정함.

해당 과세연도의 상시근로자와 비교대상이 되는 직전 과세연도의 상시근로자를 판단하는 기준을 「해당 과세연도의 상시근로자 규정」으로 적용하면 동일한 사례에서 다음과 같이 청년상시근로자수는 변동이 없다.

| 1차 세액공제시 상시근로자수 증감 판단사례(정상) |

구 분	2022년	2023년	증감
청년의 범위	34세 이하	34세 이하	0명
청년상시근로자수	5명☆	5명	

※ 2022년 청년의 범위가 29세 이하로 규정되어 있음.(기존고용증대세액공제)

※ 34세 이하 상시근로자수가 2022년 5명(이중 3명은 29세 이하), 2023년 5명으로 가정함.

☆ 2023년 「통합고용증대세액공제」적용시 직전년도인 2022년의 청년의 범위는 2023년 세법 규정인 「34세 이하」를 적용하여 5명이 된다.

따라서 직전과세연도의 상시근로자를 판단할 때 직전과세연도의 법령을 적용하는 오류가 있을 수 있으므로 주의하여야 한다.

병역이행 여부를 확인할 수 없는 경우 청년 외로 보아 고용증대세액공제 적용이 가능한 지 여부 (서면법규법인2023-3508, 2024.4.22.)

내국법인이 「조세특례제한법」 제29조의7에 따른 고용증대세액공제(이하 '쟁점규정')를 적용할 때 상시근로자의 병역이행 여부를 확인할 수 없어 청년등상시근로자에 해당하는지 여부가 불분명한 경우 청년등상시근로자 외 상시근로자로 보아 쟁점규정을 적용할 수 있는 것임.

정년퇴직 후 재(再)고용된 60세 이상의 근로자가 「청년등 상시근로자」에 해당하는지 여부(서면법규법인 2022-3940, 2023.6.15.)

정년퇴직으로 인하여 근로관계가 실질적으로 단절된 후 「근로기준법」에 따라 새로운 근로계약을 체결한 경우로서, 새로운 근로계약 체결일 현재 연령이 60세 이상인 상시근로자는 「조세특례제한법」 제29조의7에 따른 세액공제를 적용함에 있어 '청년등 상시근로자'에 해당하는 것임.

청년등 상시근로자 해당 여부(서면법인2022-4400, 2022.12.29.)

「조세특례제한법」 제29조의7에서 규정하는 '청년 정규직 근로자'라 함은 같은 법 시행령 제23조 제10항의 상시근로자로서 같은 법 시행령 제26조의7 제3항 제1호 가목에 따라 15세 이상 29세 이하인 사람 중 「기간제 및 단시간근로자 보호 등에 관한 법률」(이하 '기간제법')에 따른 기간제근로자 및 단시간근로자 등을 제외한 근로자를 말하는 것임.

☆ (저자주) 사용자는 2년을 초과하지 아니하는 범위 안에서 기간제근로자를 사용할 수 있으며 단서의 사유가 없거나 소멸되었음에도 불구하고 2년을 초과하여 기간제근로자로 사용하는 경우에는 그 기간제근로자는 기간의 정함이 없는 근로계약을 체결한 근로자로 본다는 규정을 종합할 때 청년등 상시근로자에 2년을 초과하여 근로를 제공하는 기간제근로자도 포함되는 것으로 해석됨.

○ 기간제 및 단시간근로자 보호 등에 관한 법률 제2조【정의】

이 법에서 사용하는 용어의 정의는 다음과 같다.

1. "기간제근로자"라 함은 기간의 정함이 있는 근로계약(이하 "기간제 근로계약"이라 한다)을 체결한 근로자를 말한다.
2. "단시간근로자"라 함은 「근로기준법」 제2조의 단시간근로자를 말한다.

○ 기간제 및 단시간근로자 보호 등에 관한 법률 제4조【기간제근로자의 사용】

① 사용자는 2년을 초과하지 아니하는 범위 안에서(기간제 근로계약의 반복갱신 등의 경우에는 그 계속근로한 총기간이 2년을 초과하지 아니하는 범위 안에서) 기간제근로자를 사용할 수 있다. 다만, 다음 각 호의 어느 하나에 해당하는 경우에는 2년을 초과하여 기간제근로자로 사용할 수 있다.

1. 사업의 완료 또는 특정한 업무의 완성에 필요한 기간을 정한 경우
2. 휴직·파견 등으로 결원이 발생하여 해당 근로자가 복귀할 때까지 그 업무를 대신할 필요가 있는 경우
3. 근로자가 학업, 직업훈련 등을 이수함에 따라 그 이수에 필요한 기간을 정한 경우
4. 「고령자고용촉진법」 제2조 제1호의 고령자(55세 이상인 사람)와 근로계약을 체결하는 경우
5. 전문적 지식·기술의 활용이 필요한 경우와 정부의 복지정책·실업대책 등에 따라 일자리를 제공하는 경우로서 대통령령으로 정하는 경우
6. 그 밖에 제1호부터 제5호까지에 준하는 합리적인 사유가 있는 경우로서 대통령령으로 정하는 경우

② 사용자가 제1항 단서의 사유가 없거나 소멸되었음에도 불구하고 2년을 초과하여 기간제근로자로 사용하는 경우에는 그 기간제근로자는 기간의 정함이 없는 근로계약을 체결한 근로자로 본다.

6. 상시근로자수 및 청년등 상시근로자수의 계산

가. 상시근로자수 등의 계산방법

상시근로자수, 청년등 상시근로자수는 다음의 계산식에 따라 계산한다. 다만, 단시간근로자 중 1개월간의 소정근로시간이 60시간 이상인 근로자 1명은 0.5명으로 하여 계산한다.(조특령 23 ⑪ 후단) 창업등의 경우 「창업등 기업의 상시근로자수」(Part03 – Chapter01 – 제3절) 편에서 확인하기로 한다.[19)]

19) 청년상시근로자 또는 상시근로자 증가인원을 계산할 때 해당 과세연도에 창업 등을 한 기업의 경우에는 다음의 구분에 따른 수를 직전 또는 해당 과세연도의 청년상시근로자수 또는 상시근로자수로 본다.
① 창업(다음에 해당하는 경우는 제외한다)한 경우의 직전 과세연도의 상시근로자수: 0
㉠ 합병·분할·현물출자 또는 사업의 양수를 통하여 종전의 사업을 승계하거나 종전의 사업에 사용되던 자산을 인수 또는 매입하여 같은 종류의 사업을 하는 경우. 다만, 종전의 사업에 사용되던 자산을

$$\text{상시근로자수} = \frac{\text{해당 과세연도의 매월 말 현재 상시근로자수의 합}}{\text{해당 과세연도의 개월 수}}$$

$$\text{청년등 상시근로자수} = \frac{\text{해당 과세연도의 매월 말 현재 청년등 상시근로자수의 합}}{\text{해당 과세연도의 개월 수}}$$

① 상시근로자수 중 100분의 1 미만 부분은 없는 것으로 본다.

② 법령에는 전체 상시근로자수와 청년등 상시근로자수 계산 방법만 명시되어 있으므로 청년등 외 상시근로자수는 다음과 같이 계산한다.

청년등 외 상시근로자수 = 상시근로자수 − 청년등 상시근로자수

참고사항

■ **2025년 8월 발표한 2025년 세제개편안에 따른 상시근로자수 계산방법 개정안**

① 인별 연간 근로기간을 감안한 상시근로자 수 합계방식으로 개정될 예정임.

$$\Sigma \begin{bmatrix} 1\text{명} \\ 0.5\text{명} \\ 0.75\text{명} \end{bmatrix} \times \frac{\text{해당 과세연도의 근로 기간}}{\text{해당 과세연도의 개월 수}}$$

(정규직 근로자는 1명, 단시간 상시근로자는 0.5명, 상용형 시간제는 0.75명)

② 개정 이후 과세표준을 신고하는 분부터 적용할 예정임.

☞ 상시근로자수 계산방법의 개정사항을 반드시 확인 후 실무에 적용하여야 한다.

인수하거나 매입하여 같은 종류의 사업을 하는 경우 그 자산가액의 합계가 사업 개시 당시 토지·건물 및 기계장치 등 대통령령으로 정하는 사업용자산의 총가액에서 차지하는 비율이 100분의 50 미만으로서 대통령령으로 정하는 비율 이하인 경우는 제외한다.

㉡ 거주자가 하던 사업을 법인으로 전환하여 새로운 법인을 설립하는 경우

㉢ 폐업 후 사업을 다시 개시하여 폐업전의 사업과 같은 종류의 사업을 하는 경우

② 위 ㉠(합병·분할·현물출자 또는 사업의 양수를 통하여 종전의 사업을 승계하는 경우는 제외한다)부터 ㉢까지의 어느 하나에 해당하는 경우의 직전 과세연도의 상시근로자수: 종전 사업, 법인전환 전의 사업 또는 폐업 전의 사업의 직전 과세연도 상시근로자수

③ 다음의 어느 하나에 해당하는 경우의 직전 또는 해당 과세연도의 상시근로자수: 직전 과세연도의 상시근로자수는 승계시킨 기업의 경우에는 직전 과세연도 청년상시근로자수 또는 상시근로자수에 승계시킨 청년상시근로자수 또는 상시근로자수를 뺀 수로 하고, 승계한 기업의 경우에는 직전 과세연도 청년상시근로자수 또는 상시근로자수에 승계한 청년상시근로자수 또는 상시근로자수를 더한 수로 하며, 해당 과세연도의 상시근로자수는 해당 과세연도 개시일에 상시근로자를 승계시키거나 승계한 것으로 보아 계산한 청년상시근로자수 또는 상시근로자수로 한다.

㉠ 해당 과세연도에 합병·분할·현물출자 또는 사업의 양수 등에 의하여 종전의 사업부문에서 종사하던 상시근로자를 승계한 경우

㉡ 특수관계인으로부터 상시근로자를 승계한 경우

또한 단시간근로자 중 다음의 지원요건을 모두 충족하는 경우에는 0.75명으로 하여 계산한다.

① 해당 과세연도의 상시근로자수(상시근로자에 포함되는 단시간근로자인 1개월간의 소정근로시간이 60시간 이상인 근로자는 제외한다)가 직전 과세연도의 상시근로자수(상시근로자에 포함되는 단시간근로자인 1개월간의 소정근로시간이 60시간 이상인 근로자는 제외한다)보다 감소하지 아니하였을 것
② 기간의 정함이 없는 근로계약을 체결하였을 것
③ 상시근로자와 시간당 임금(「근로기준법」에 따른 임금, 정기상여금 · 명절상여금 등 정기적으로 지급되는 상여금과 경영성과에 따른 성과금을 포함한다), 그 밖에 근로조건과 복리후생 등에 관한 사항에서 「기간제 및 단시간근로자 보호 등에 관한 법률」에 따른 차별적 처우☆가 없을 것

☆ "차별적 처우"라 함은 다음의 사항에서 합리적인 이유 없이 불리하게 처우하는 것을 말한다.
가. 「근로기준법」 제2조 제1항 제5호에 따른 임금
나. 정기상여금, 명절상여금 등 정기적으로 지급되는 상여금
다. 경영성과에 따른 성과금
라. 그 밖에 근로조건 및 복리후생 등에 관한 사항

④ 시간당 임금이 「최저임금법」에 따른 최저임금액의 100분의 130 이상일 것(중소기업: 120%)

나. 상시근로자수 등의 계산시기

통합고용세액공제 등을 적용하는 내국인은 다음과 같은 시기에 상시근로자수를 계산한다.

① 통합고용세액공제 등 당해연도 세액공제액을 계산할 때
② 고용감소로 인하여 당기 이전 세액공제액에 대한 추가납부세액을 계산할 때

특히 추가납부세액을 계산하는 경우로서 전체 상시근로자수는 감소하지 않았지만 청년등 상시근로자수가 감소한 경우에 청년의제☆규정을 적용하면 청년등 상시근로자수의 감소규모가 축소될 수 있어 추가납부세액이 줄어들 수 있으므로 상시근로자수를 다시 계산하는 것이 유리하다.

☆ 청년의제는 추가납부할 세액을 계산할 때만 최초로 공제받은 과세연도에 청년등 상시근로자에 해당하는 자는 이후 과세연도에도 청년등 상시근로자로 보아 청년등 상시근로자수를 계산하는 것을 의미한다.(조특령 26의8 ⑤)

고용증대 세액공제 적용시 근로계약 갱신으로 상시근로자에 해당할 때, 상시근로자 적용 시점 (기획재정부조세특례-511, 2024.6.19.)

「조세특례제한법」 제29조의7에 따른 세액공제 적용시 상시근로자 여부는 제23조 제10항 제1호에 따라 판단하고 있으므로, 근로계약기간이 1년 미만인 근로자는 상시근로자에서 제외되는 것이나 계약의 연속된 갱신으로 인하여 그 근로계약의 총 기간이 1년 이상인 근로자는 상시근로자에 포함되는 것임. 상시근로자 수는 「조세특례제한법 시행령」 제26조의7 제7항에 따라 매월 말 현재를 기준으로 계산하고, 연속된 갱신으로 인하여 그 근로계약의 총 기간이 1년 이상이 된 근로자는 근로계약기간의 합계가 1년 이상이 되게 하는 계약갱신이 발생한 월에 상시근로자에 포함되는 것임.

합병한 경우 고용증대세액공제 적용방법(서면법규법인2022-589, 2024.2.7., 기획재정부조세특례-30, 2024.1.15.)

① 합병등기일이 속하는 사업연도에 합병법인 및 피합병법인의 고용증대세액공제 관련, 증가한 상시근로자 수 계산방법은 피합병법인 및 합병법인의 직전 과세연도 및 당해 과세연도에 상시근로자 수는 피합병법인에 근무한 근로자를 합병법인에 근무한 것으로 간주하여 상시근로자 수를 계산함.

계산사례

- 모두 청년등 상시근로자이며 합병등기일은 2021.7.1.임

◇ 피합병법인

구분	2020년(직전연도)					2021년(의제사업연도)					비고
	1월		7월		12월	1월		4월		6월	
인원수	2	~	2	~	2	2	~	3	~	3	
상시근로자수	2(=2×12/12)					2.5(=2×3/6+3×3/6)					
조정인원	0	~	0	~	0	0	~	0	~	0	
조정된 상시근로자수	0(=2 - 2)					0(=2.5 - 2.5)					증감 없음

◇ 피합병법인

구분	2020년(직전연도)					2021년(의제사업연도)							비고
	1월		7월		12월	1월		4월		6월	7월		12월	
인원수	3	~	3	~	3	3	~	3	~	3	6	~	6	
상시근로자수	3(=3×12/12)													
조정인원	5	~	5	~	5	5	~	6	~	6	6	~	6	
조정된 상시근로자수	5(=5×12/12)					5.75(=5×3/12+6×3/12+6×6/12)								0.75명 증가

② 합병등기일이 속하는 사업연도('의제사업연도')에 피합병법인의 고용증대세액공제('1차연도분')는 의제사업연도에 고용증대세액공제(1차연도분) 적용 불가함.

③ 합병등기일이 속하는 사업연도('의제사업연도')에 피합병법인의 2차·3차연도분 고용증대세액공제는

의제사업연도에 2차 · 3차연도분 고용증대세액공제 적용 불가함.

➲ 수익사업과 비영리사업을 겸영하는 법인의 상시 근로자 수 계산방법(기준법무법인 2022 - 180, 2023.2.9.)

수익사업(소비성 서비스업 제외)과 비영리사업을 겸영하는 비영리내국법인이 「조세특례제한법」 제29조의7의 고용증대세액공제 규정에 따른 상시근로자 수를 계산함에 있어 근로 범위, 업무량 등을 고려하여 근로의 제공이 주로 수익사업에 관련된 것인 때에는 수익사업에 속한 상시근로자로 하고, 근로의 제공이 주로 비영리사업에 관련된 것인 때에는 비영리사업에 속한 상시근로자로 하는 것임.

➲ 상시근로자수 계산방법(서면법인2022 - 2176, 2022.10.31.)

「근로기준법」에 따라 근로계약을 체결한 내국인 근로자의 근로계약기간이 1년 이상인 경우로서 「조세특례제한법 시행령」 제23조 제10항 각 호에 해당하지 않으면 상시근로자로 보는 것이며, 청년 정규직 근로자는 「조세특례제한법 시행령」 제26조의7 제3항 제1호에 해당하는 근로자로 기간제근로자는 제외되는 것임.

「근로기준법」에 따라 근로계약을 체결한 내국인 근로자의 당초 근로계약기간이 1년 미만인 경우 상시근로자에 해당하지 않으며, 근로계약의 연속된 갱신으로 근로계약의 총 기간이 1년 이상인 경우 갱신일이 속하는 월부터 상시근로자에 포함하는 것임. 다만, 「조세특례제한법 시행령」 제23조 제10항 각 호에 해당하는 경우에는 상시근로자에서 제외됨.

| (저자주) 1년 미만 계약으로 갱신하여 계속 근로 중인 근로자의 상시근로자 여부 |

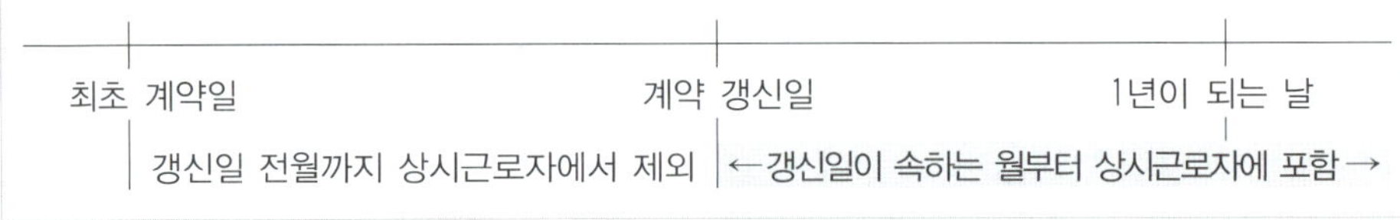

육아휴직자는 「사전법령해석법인 2020 - 272, 2020.6.22.」를 참조하기 바람.

> 「조세특례제한법」 제29조의7에 따라 고용을 증대시킨 기업에 대한 세액공제 적용 시 상시근로자는 「근로기준법」에 따라 근로계약을 체결한 내국인 근로자로서 「조세특례제한법 시행령」 제23조 제10항 각 호의 어느 하나에 해당하지 않는 사람을 말하는 것이며, 「근로기준법」에 따라 1년 이상의 근로계약을 체결하고 근무하다가 육아휴직을 한 근로자가 이에 해당하는지 여부는 사실 판단할 사항임.

➲ 수도권 내 · 외 다수의 사업장을 가지고 있는 중소기업의 고용증대세액공제 계산방법(서면법령해석법인 2020 - 4043, 2020.12.14.)

수도권 내 · 외에 위치한 다수의 사업장을 가지고 있는 내국법인의 전체 상시근로자수가 직전 과세연도 대비 증가(수도권 내 · 외 모두 증가)한 경우로서 수도권 내 · 외를 포함한 전체 청년등 상시근로자 수는 감소하였으나, 수도권 외의 지역에서 청년등 상시근로자수가 증가한 경우, 해당 내국법인은 수도권 내 · 외를 구분하여 증가한 상시근로자의 인원 수 한도를 적용하되, 수도권 외 청년등 상시근로자수 증가분에 대하여는 청년등 상시근로자 외 상시근로자수가 증가한 것으로 보아 「조세특례제한법」 제29조의7 제1항에 따라 고용증대세액공제액을 계산하는 것임.

개인사업자의 법인전환 시 직전과세연도의 상시근로자수 계산방법(서면법인2019-3499, 2020.9.11.)

거주자가 하던 사업을 법인으로 전환하여 새로이 설립된 내국법인이 법인 전환일이 속하는 과세연도에 「조세특례제한법」 제29조의7(고용증대기업의 세액공제)를 적용하기 위해 준용하고 있는 같은법 시행령 제23조 제13항의 법인전환 직전 과세연도의 상시근로자수를 계산함에 있어, 법인전환에 따라 설립된 내국법인은 「조세특례제한법」 제6조 제10항에 따라 창업으로 보지 않는 것이며, 직전 과세연도의 상시근로자수는 같은법 시행령 제23조 제13항 제2호의 법인전환 전의 사업의 직전 과세연도 상시근로자수로 하는 것임. 다만, 「조세특례제한법」 제29조의7는 2018.1.1. 이후 개시하는 과세연도 분부터 적용됨.

본점 및 지점을 운영하는 법인의 고용증대 여부에 대한 판단(서면법인2019-3754, 2020.7.10.)

본점 및 지점을 운영하는 법인의 경우 「조세특례제한법」 제29조의7 제1항 및 제2항을 적용함에 있어 상시근로자의 수는 본점 및 지점을 합산하여 계산하는 것임.

다수사업장을 영위하는 개인사업자의 고용증대 여부에 대한 판단(사전법령해석소득2018-428, 2018.7.2.)

2이상의 사업장을 운영하는 개인사업자의 경우 「조세특례제한법」 제29조의5 및 제30조의4를 적용함에 있어 청년 정규직 근로자의 수 및 상시근로자의 수는 전체 사업장을 기준으로 계산하는 것임.

사례 상시근로자 판단 및 상시근로자수 계산(1) - 상시근로자 제외사유 중심

중소기업인 ㈜백두대간의 고용현황은 다음과 같다. 통합고용세액공제 대상 상시근로자 및 청년등 상시근로자를 구분하고 2024년과 2025년 상시근로자수를 계산하시오.

1. ㈜백두대간의 주주명부

주주명	생년월일	주식수	지분율
백두산	1973. 5. 5.	2,000	20%
한라산	1976.10.10.	5,000	50%
속리산	1966. 6. 6.	3,000	30%
합계		10,000	100%

2. ㈜백두대간의 고용현황은 다음과 같다.

근로자명	생년월일(나이)	입사일	비고
속리산	1966. 6. 6.(59세)	2021. 5. 5.	대표이사
북한산	1961.10.15.(64세)	2022.11.20.	근로계약일 현재 61세
김철수	1971.12.30.(54세)	2023. 6.10.	등기임원
이감사	1985.12.11.(40세)	2023. 6.10.	등기감사
월악산	1992. 4.15.(33세)	2023. 7.20.	속리산의 자녀
나청년	1996.10.12.(29세)	2024. 8.15.	기간제근로자
백두산	2001.11.11.(24세)	2024.10. 2.	한라산의 배우자

근로자명	생년월일(나이)	입사일	비고
박미녀	1985. 2. 8.(40세)	2024. 5.20.	경력단절여성
김막내	1998. 1.20.(27세)	2025. 2.12.	주25시간 근무
손병장	1990. 1.12.(35세)	2025. 6.20.	군복무 24개월
김일용	1986. 2. 5.(39세)	2025. 1. 5.	일용근로자

해답 및 계산과정

1. 상시근로자 여부

근로자명	상시근로자 여부	이유
속리산	제외	대표이사로서 임원은 제외
북한산	청년등상시근로자	근로계약일 현재 60세 이상인 사람은 청년등 상시근로자에 포함됨
김철수	제외	임원 제외
이감사	제외	임원 제외
월악산	청년등상시근로자	최대주주가 아닌 임원(속리산)의 자녀는 상시근로자에 해당함
나청년	청년외상시근로자	기간제근로자는 청년등 범위에서 제외되며 청년외 상시근로자로 분류됨
백두산	제외	최대주주인 한라산의 배우자로서 제외
박미녀	청년등상시근로자	경력단절여성
김막내	청년외상시근로자	단시간근로자로서 월 60시간 이상이면 상시근로자이나 청년등 상시근로자에서는 제외됨
손병장	청년등상시근로자	군복무 24개월
김일용	제외	일용근로자는 상시근로자에서 제외됨

2. 상시근로자 수 계산

1) 2024년 전체 상시근로자 수 = 44 / 12 = 3.66명

	1월	2월	3월	4월	5월	6월	7월	8월	9월	10월	11월	12월	계
북한산	1	1	1	1	1	1	1	1	1	1	1	1	12
월악산	1	1	1	1	1	1	1	1	1	1	1	1	12
나청년	1	1	1	1	1	1	1	1	1	1	1	1	12
박미녀	-	-	-	-	1	1	1	1	1	1	1	1	8
합계	3	3	3	3	4	4	4	4	4	4	4	4	44

2) 2024년 청년등 상시근로자 수 = 32 / 12 = 2.66명

	1월	2월	3월	4월	5월	6월	7월	8월	9월	10월	11월	12월	계
북한산	1	1	1	1	1	1	1	1	1	1	1	1	12
월악산	1	1	1	1	1	1	1	1	1	1	1	1	12
박미녀	-	-	-	-	1	1	1	1	1	1	1	1	8
합계	2	2	2	2	3	3	3	3	3	3	3	3	32

3) 2024년 청년외 상시근로자 수 = 3.66명 − 2.66명 = 1명

4) 2025년 전체 상시근로자 수 = 60.5 / 12 = 5.04명

	1월	2월	3월	4월	5월	6월	7월	8월	9월	10월	11월	12월	계
북한산	1	1	1	1	1	1	1	1	1	1	1	1	12
월악산	1	1	1	1	1	1	1	1	1	1	1	1	12
나청년	1	1	1	1	1	1	1	1	1	1	1	1	12
박미녀	1	1	1	1	1	1	1	1	1	1	1	1	12
김막내	-	0.5	0.5	0.5	0.5	0.5	0.5	0.5	0.5	0.5	0.5	0.5	5.5
손병장	-	-	-	-	-	1	1	1	1	1	1	1	7
합계	4	4.5	4.5	4.5	4.5	5.5	5.5	5.5	5.5	5.5	5.5	5.5	60.5

5) 2025년 청년등 상시근로자 수 = 43 / 12 = 3.58명

	1월	2월	3월	4월	5월	6월	7월	8월	9월	10월	11월	12월	계
북한산	1	1	1	1	1	1	1	1	1	1	1	1	12
월악산	1	1	1	1	1	1	1	1	1	1	1	1	12
박미녀	1	1	1	1	1	1	1	1	1	1	1	1	12
손병장	-	-	-	-	-	1	1	1	1	1	1	1	7
합계	3	3	3	3	3	4	4	4	4	4	4	4	43

6) 2025년 청년외 상시근로자 수 = 5.04명 − 3.58명 = 1.46명

3. 2024년 대비 2025년 상시근로자 수의 증감

구 분	2024년	2025년	증감
청년등상시근로자수	2.66	3.58	+0.92
청년외상시근로자수	1.00	1.46	+0.46
전체상시근로자수	3.66	5.04	+1.38

사례 상시근로자 판단 및 상시근로자수 계산(2) - 퇴사 및 계약연장 등 중심

중소기업인 ㈜백두대간의 고용현황은 다음과 같다. 통합고용세액공제 대상 2024년과 2025년 상시근로자수를 계산하시오.

근로자명	생년월일(나이)	입사일	퇴사일	비고
속리산	1966. 6. 6.(59세)	2021. 5. 5.		대표이사
북한산	1961.10.15.(64세)	2021.11.20.	2025. 7.31.	
	☆ 근로계약일 현재 61세임			
김철수	1971.12.30.(54세)	2021. 6.10.		
이감사	1985.12.11.(40세)	2021. 6.10.	2024. 6.29.	
월악산	1990. 4.15.(35세)	2021. 7.20.		
	☆ 2025.4.15. 35세 생일날임			
나청년	1996.10.12.(29세)	2023.11.15.	2025. 8.31.	계약직
	☆ 2024.5.15.이 계약만료일이지만 2025.8.31.까지 연장하였음			

근로자명	생년월일(나이)	입사일	퇴사일	비고
백두산	2001.11.11.(24세)	2024.10. 2.		파견근로자
박미녀	1985. 2. 8.(40세)	2024. 5.20.		장애인
김막내	1998. 1.20.(27세)	2025. 2.12.		
손병장	1990. 1.12.(35세)	2025. 6.20.		군복무 24개월
김일용	1986. 2. 5.(39세)	2025. 1. 5.	2025. 7.28.	
	☆ 근로계약기간은 1년 이상이지만 2025.7.28. 퇴사함			

해답 및 계산과정

1. 상시근로자 여부

근로자명	상시근로자 여부	이유
속리산	제외	대표이사로서 임원은 제외
북한산	청년등상시근로자	근로계약일 현재 60세 이상인 사람은 청년등 상시근로자에 포함됨
김철수	청년외상시근로자	
이감사	청년외상시근로자	
월악산	청년등상시근로자	2025.3.31.까지 청년, 2025.4월부터 청년외
나청년	청년외상시근로자	기간제근로자는 청년등 범위에서 제외되며 청년외 상시근로자로 분류됨 계약기간이 연장되어 1년이 되는 날이 속하는 계약연장일(2024.5.15.)부터 상시근로자에 해당함
백두산	청년외상시근로자	파견근로자는 청년의 범위에서 제외되므로 청년외 상시근로자로 분류됨
박미녀	청년등상시근로자	장애인은 청년등 상시근로자로 분류됨
김막내	청년등상시근로자	34세 이하자는 청년등 상시근로자로 분류됨
손병장	청년등상시근로자	군복무 24개월을 차감한 나이가 34세 이하이므로 청년등 상시근로자로 분류됨
김일용	청년외상시근로자	1년 미만 근무자이지만 당초 계약기간이 1년 이상이므로 청년외상시근로자로 분류됨

2. 상시근로자 수 계산

1) 2024년 전체 상시근로자 수 = 60 / 12 = 5.00명

	1월	2월	3월	4월	5월	6월	7월	8월	9월	10월	11월	12월	계
북한산	1	1	1	1	1	1	1	1	1	1	1	1	12
김철수	1	1	1	1	1	1	1	1	1	1	1	1	12
이감사	1	1	1	1	1	–	–	–	–	–	–	–	5
월악산	1	1	1	1	1	1	1	1	1	1	1	1	12
나청년	–	–	–	–	1	1	1	1	1	1	1	1	8
백두산	–	–	–	–	–	–	–	–	–	1	1	1	3
박미녀	–	–	–	–	1	1	1	1	1	1	1	1	8
합계	4	4	4	4	6	5	5	5	5	6	6	6	60

2) 2024년 청년등 상시근로자 수 = 32 / 12 = 2.66명

	1월	2월	3월	4월	5월	6월	7월	8월	9월	10월	11월	12월	계
북한산	1	1	1	1	1	1	1	1	1	1	1	1	12
월악산	1	1	1	1	1	1	1	1	1	1	1	1	12
박미녀	–	–	–	–	1	1	1	1	1	1	1	1	8
합계	2	2	2	2	3	3	3	3	3	3	3	3	32

3) 2024년 청년외 상시근로자 수 = 5.00명 – 2.66명 = 2.37명

4) 2025년 전체 상시근로자 수 = 87 / 12 = 7.25명

	1월	2월	3월	4월	5월	6월	7월	8월	9월	10월	11월	12월	계
북한산	1	1	1	1	1	1	1	–	–	–	–	–	7
김철수	1	1	1	1	1	1	1	1	1	1	1	1	12
월악산	1	1	1	1	1	1	1	1	1	1	1	1	12
나청년	1	1	1	1	1	1	1	1	–	–	–	–	8
백두산	1	1	1	1	1	1	1	1	1	1	1	1	12
박미녀	1	1	1	1	1	1	1	1	1	1	1	1	12
김막내	–	1	1	1	1	1	1	1	1	1	1	1	11
손병장	–	–	–	–	–	1	1	1	1	1	1	1	7
김일용	1	1	1	1	1	1	–	–	–	–	–	–	6
합계	7	8	8	8	8	9	8	7	6	6	6	6	87

5) 2025년 청년등 상시근로자 수 = 40 / 12 = 3.33명

	1월	2월	3월	4월	5월	6월	7월	8월	9월	10월	11월	12월	계
북한산	1	1	1	1	1	1	1	–	–	–	–	–	7
월악산	1	1	1	–	–	–	–	–	–	–	–	–	3
박미녀	1	1	1	1	1	1	1	1	1	1	1	1	12
김막내	–	1	1	1	1	1	1	1	1	1	1	1	11
손병장	–	–	–	–	–	1	1	1	1	1	1	1	7
합계	3	4	4	3	3	4	4	3	3	3	3	3	40

6) 2025년 청년외 상시근로자 수 = 7.25명 – 3.33명 = 3.92명

3. 2024년 대비 2025년 상시근로자 수의 증감

구 분	2024년	2025년	증감
청년등상시근로자수	2.66	3.33	+0.67
청년외상시근로자수	2.34	3.92	+1.58
전체상시근로자수	5.00	7.25	+2.25

■ 조세특례제한법 시행규칙 [별지 제10호의10서식](2025. 06. 30. 개정)

통합고용세액공제 상시근로자 명세서

※ [ ]에는 해당되는 곳에 √표를 합니다. (앞쪽)

과세연도	. . . ~ . . .	법인종류별 구분	
상호 또는 법인명		사업자등록번호	

1. 상시근로자 수 계산

구 분	해당(직전) 과세연도의 매월 말 현재 상시근로자 수												① 합계	② 개월수	③ 상시근로자수 (=①÷②)	유형별 상시근로자 수					
																청년등					⑨ 청년등외
	월	월	월	월	월	월	월	월	월	월	월	월				④ 청년	⑤ 장애인	⑥ 고령자	⑦ 경력단절여성	⑧ 북한이탈주민	
해당 과세연도																					
직전 과세연도																					

2. 해당 과세연도 상시근로자별 명세

⑩ 생년월일	⑪ 성명	⑫ 상시근로자 (N/Y)	⑬ 상시근로자 제외사유	⑭ 단시간근로자 유형 (0.5/0.75)	⑮ 내국인 (N/Y)	⑯ 수도권근무지 (N/Y)	⑰ 근로계약체결일 (YYYYMMDD)	⑱ 근로기간 (MM~MM)	청년 ⑲ 여부 (N/Y)	청년 ⑳ 청년제외시점 (YYYYMMDD)	㉑ 장애인 (N/Y)	㉒ 고령자 (N/Y)	㉓ 경력단절근로자 (N/Y)	㉔ 북한이탈주민 (N/Y)	㉕ 정규직전환자 (N/Y)	㉖ 육아휴직복귀자 (N/Y)

297mm×420mm[백상지 80g/㎡ 또는 중질지 80g/㎡]

(뒤쪽)

3. 직전 과세연도 상시근로자별 명세

㉗ 생년월일	㉘ 성명	㉙ 상시근로자 (N/Y)	㉚ 상시근로자 제외사유	㉛ 단시간근로자유형 (0.5/0.75)	㉜ 내국인 (N/Y)	㉝ 수도권근무지 (N/Y)	㉞ 근로계약체결일 (YYYYMMDD)	㉟ 근로기간 (MM~MM)	청년 ㊱ 여부 (N/Y)	청년 ㊲ 청년제외시점 (YYYYMMDD)	㊳ 장애인 (N/Y)	㊴ 고령자 (N/Y)	㊵ 경력단절근로자 (N/Y)	㊶ 북한이탈주민 (N/Y)	㊷ 정규직전환자 (N/Y)	㊸ 육아휴직복귀자 (N/Y)

「조세특례제한법」 제29조의8제1항·제4항·제5항 및 같은 법 시행령 제26조의8제11항에 따라 위와 같이 통합고용세액공제 상시근로자 명세서를 제출합니다.

년 월 일

신청인 (서명 또는 인)

세무서장 귀하

작 성 방 법

1. "⑬ 상시근로자 제외 사유"란: 다음의 내용을 참고해서 적습니다.
   - "⑫ 상시근로자"란에서 'N'을 선택한 경우 제외 사유(「조세특례제한법 시행령」 제23조제10항)를 적습니다.(ⓐ근로계약기간 1년 미만, ⓑ단시간 근로자, ⓒ법인의 임원, ⓓ최대주주(출자자) 및 그 친족, ⓔ원천징수사실 미확인 근로자 등, ⓕ기타)
2. "⑭ 단시간근로자유형"란: 단시간근로자 중 ⑫상시근로자가 'Y'인 경우 다음 각 목의 구분에 따라 적습니다.
   가. 1개월간 소정 근로시간이 60시간 이상인 경우: 0.5.
   나. 가목의 단시간근로자가 「조세특례제한법 시행령」 제23조제11항제2호 각 목의 지원요건을 모두 충족하는 경우: 0.75
   * 단시간근로자: 1주동안 근로시간이 통상근로자에 비해 짧은 근로자(「근로기준법」 제2조제1항제9호)
3. "⑮ 내국인"란: 우리나라에 주소를 두거나 183일 이상의 거소(居所)를 둔 개인을 말합니다.(국적 무관)
4. "⑯ 수도권근무지"란: 해당 근로자의 근무지가 수도권(서울/인천/경기)인 경우 Y로, 그 외의 경우 N으로 적습니다.
5. "⑱ 청년 여부"란: 해당 연도에 15세 이상 34세 이하인 사람으로 군필자는 병역이행기간(최대 6년)을 현재 연령에서 차감하여 계산합니다.
6. "⑲ 해당연도 청년 제외시점"란: 해당연도 중에 청년에서 제외되는 경우 최초로 청년에서 제외되는 일자를 적습니다.
   예시) 생일이 1994년 5월 28일인 직원(군미필)은 2024년 5월 27일까지 청년이고 2024년 5월 28일부터는 청년이 아니므로 해당 칸에는 '20240528'을 적음
7. "⑳ 장애인"란: 장애인, 국가유공자, 5·18민주화운동부상자, 고엽제후유의증환자로 장애등급 판정을 받은 사람을 말합니다.
8. "㉑ 고령자"란: ⑯근로계약 체결일 현재 60세 이상인 사람을 말합니다.
9. "㉒ 경력단절근로자"란: 「조세특례제한법」 제29조의8제2항에 따라 퇴직 전 1년 이상 근무, 결혼·임신·출산 등의 사유로 퇴직 등의 요건을 충족하는 근로자를 말합니다.
10. "㉓ 북한이탈주민"란: 「북한이탈주민의 보호 및 정착 지원에 관한 법률」에 따른 북한이탈주민을 말합니다.
11. "㉔ 정규직 전환자"란: 「조세특례제한법」 제29조의8제4항에 따라 고용 중인 기간제 또는 단시간 근로자였으나 해당 연도에 기한의 정함이 없는 근로계약을 체결한 근로자로 전환된 사람등을 말합니다.
12. "㉕ 육아휴직 복귀자"란: 「조세특례제한법」 제29조의8제5항에 따라 근무기간 1년 이상, 육아휴직기간 6개월 이상 등의 요건을 충족한 사람을 말합니다.

사례 상시근로자 판단 및 상시근로자수 계산(3) – 실제근로기간 1년 이상 기준 (입법예고된 상시근로자 개정안 기준)

중소기업인 ㈜백두대간의 고용현황의 다음과 같다. 통합고용세액공제 대상 상시근로자 및 청년등 상시근로자를 구분하고 2025년, 2026년, 2027년 상시근로자수를 계산하시오.

1. ㈜백두대간의 주주명부

주주명	생년월일	주식수	지분율
백두산	1973. 5. 5.	2,000	20%
한라산	1976.10.10.	5,000	50%
속리산	1966. 6. 6.	3,000	30%
합　　계		10,000	100%

2. ㈜백두대간의 고용현황은 다음과 같다.

근로자명	생년월일(나이)	입사일	비고
속리산	1967. 6. 6.(59세)	2021. 5. 5.	대표이사
북한산	1962.10.15.(64세)	2022.11.20.	근로계약일 현재 61세
월악산	1993. 4.15.(33세)	2023. 7.20.	근로계약일 현재 30세
나청년	1997.10.12.(29세)	2024. 8.15.	근로계약일 현재 27세 기간제근로자이며 2026.8.16. 무기계약직으로 전환됨
백두산	2002.11.11.(24세)	2024.10. 2.	한라산의 배우자
박미녀	1986. 2. 8.(40세)	2024. 5.20.	경력단절여성
김막내	1999. 1.20.(27세)	2026. 2.12.	주25시간 근무
손병장	1991. 1.12.(35세)	2026. 6.20.	군복무 24개월
김일용	1987. 2. 5.(39세)	2026. 1. 5.	일용근로자

해답 및 계산과정

1. 상시근로자 여부

근로자명	상시근로자 여부	이유
속리산	제외	대표이사로서 임원은 제외
북한산	청년등상시근로자	근로계약일 현재 60세 이상인 사람은 청년등 상시근로자에 포함됨
월악산	청년등상시근로자	근로계약일 현재 34세 이하이므로 청년등 상시근로자에 포함됨
나청년	청년외상시근로자	• 근로계약일 현재 34세 이하이지만 기간제근로자는 청년등 범위에서 제외되며 청년외 상시근로자로 분류됨 • 2025.8.16.부터 상시근로자수 계산함
백두산	제외	최대주주인 한라산의 배우자로서 제외
박미녀	청년등상시근로자	경력단절여성이며 2025.10.3.부터 청년등 상시근로자로 분류됨
김막내	청년외상시근로자	• 단시간근로자로서 연간 월평균 60시간 이상이면 상시근로자이나 청년등 상시근로자에서는 제외됨 • 실제 근로기간이 1년 미만이므로 상시근로자에서 제외됨

근로자명	상시근로자 여부	이유
		(2027.2.13.부터 청년외상시근로자로 분류됨)
손병장	청년등상시근로자	▪ 군복무 24개월을 차감한 나이는 33세로 34세 이하이므로 청년등 상시근로자에 포함됨 ▪ 실제 근로기간이 1년 미만이므로 상시근로자에서 제외됨 (2027.6.21.부터 청년외상시근로자로 분류됨)
김일용	제외	일용근로자는 상시근로자에서 제외됨

2. 상시근로자 수 계산

1) 2025년 전체 상시근로자 수 = 37 / 12 = 3.08명

	1월	2월	3월	4월	5월	6월	7월	8월	9월	10월	11월	12월	계
북한산	1	1	1	1	1	1	1	1	1	1	1	1	12
월악산	1	1	1	1	1	1	1	1	1	1	1	1	12
나청년	-	-	-	-	-	-	-	1	1	1	1	1	5
박미녀	-	-	-	-	1	1	1	1	1	1	1	1	8
합계	2	2	2	2	3	3	3	4	4	4	4	4	37

2) 2025년 청년등 상시근로자 수 = 32 / 12 = 2.66명

	1월	2월	3월	4월	5월	6월	7월	8월	9월	10월	11월	12월	계
북한산	1	1	1	1	1	1	1	1	1	1	1	1	12
월악산	1	1	1	1	1	1	1	1	1	1	1	1	12
박미녀	-	-	-	-	1	1	1	1	1	1	1	1	8
합계	2	2	2	2	3	3	3	3	3	3	3	3	32

3) 2025년 청년외 상시근로자 수 = 3.08명 − 2.66명 = 0.42명

4) 2026년 전체 상시근로자 수 = 48 / 12 = 4.00명

	1월	2월	3월	4월	5월	6월	7월	8월	9월	10월	11월	12월	계
북한산	1	1	1	1	1	1	1	1	1	1	1	1	12
월악산	1	1	1	1	1	1	1	1	1	1	1	1	12
나청년	1	1	1	1	1	1	1	1	1	1	1	1	12
박미녀	1	1	1	1	1	1	1	1	1	1	1	1	12
김막내	-	-	-	-	-	-	-	-	-	-	-	-	0
손병장	-	-	-	-	-	-	-	-	-	-	-	-	0
합계	4	4	4	4	4	4	4	4	4	4	4	4	48

5) 2026년 청년등 상시근로자 수 = 41 / 12 = 3.41명

	1월	2월	3월	4월	5월	6월	7월	8월	9월	10월	11월	12월	계
북한산	1	1	1	1	1	1	1	1	1	1	1	1	12
월악산	1	1	1	1	1	1	1	1	1	1	1	1	12
나청년	-	-	-	-	-	-	-	1	1	1	1	1	5
박미녀	1	1	1	1	1	1	1	1	1	1	1	1	12
손병장	-	-	-	-	-	-	-	-	-	-	-	-	0
합계	3	3	3	3	3	3	3	4	4	4	4	4	41

☆ 나청년은 2026.8.16.부터 무기계약직으로 전환되어 기간제근로자가 아니며 근로계약체결일 현재 청년에 해당하였으므로 2026.8.16.부터 청년으로 분류된다.

6) 2026년 청년외 상시근로자 수 = 4.00명 – 3.41명 = 0.59명

3. 2025년 대비 2026년 상시근로자 수의 증감

구 분	2025년	2026년	증감
청년등상시근로자수	2.66	3.41	+0.75
청년외상시근로자수	0.42	0.59	+0.17
전체상시근로자수	3.08	4.00	+0.92

사업장이 수도권과 수도권외에 각각 있는 세액공제방법

■ 사업장이 수도권 내와 수도권외로 각각 있는 경우 고용증대 세액공제 신청가능 금액은 얼마인가요? (수도권 내 사업장: 상시 +2명, 청년등 +2명, 수도권 외 사업장: 상시 -1명, 청년등 -1명)

고용증대 세액공제 공제금액 계산 시 공제금액은 수도권 내외로 구분하여 각각 적용하나, 법인 전체 상시근로자 증가 인원 수를 한도로 세액공제 받을 수 있다.

따라서, 전체 상시근로자 증가 인원 수(1명)를 한도로 수도권 내 사업장에서 청년등이 증가한 것으로 보아 세액공제를 적용한다.

※ (예시) 수도권 소재 중소기업 본점에서 2명 청년 증가, 지점에서 1명 청년 감소 시 공제금액

㉠ 본점: 1명(증가한 상시근로자 수 한도) × 1,450만원 = 1,450만원

㉡ 지점:

구 분	수도권 내 증감	수도권 외 증감	전체 증감
청년등 상시근로자	+2	-1	+1
청년등 외 상시근로자	+0	+0	+0
전체상시근로자	+2	-1	+1

■ 수도권 내 사업장(본점)과 수도권 외 사업장(지점)이 있는 법인이다. 본점이 수도권 내에 있으면 전체 사업장을 수도권에 위치한 것으로 간주하여 고용증대 세액공제 적용을 받는 건가요?

고용증대 세액공제 공제금액 계산 시 공제금액은 수도권 내외를 구분하여 적용하므로 본점에서 증가한 인원은 수도권 내 공제금액을 적용하고, 지점에서 증가한 인원은 수도권 외 공제금액을 적용하면 된다.

※ (예시) 본점에서 2명 청년 증가, 지점에서 3명 청년 증가 시 공제금액

공제금액(㉠ + ㉡): 7,550만원

㉠ 본점: 2명 × 1,450만원 = 2,900만원

㉡ 지점: 3명 × 1,550만원 = 4,650만원

구 분	수도권 내 증감	수도권 외 증감	전체 증감
청년등 상시근로자	+2	+3	+5
청년등 외 상시근로자	+0	+0	+0
전체상시근로자	+2	+3	+5

■ 수도권 내 사업장: 상시 +10명, 청년등 -5명, 청년등 외 +15명 수도권 외 사업장: 상시 +2명, 청년등 +1명, 청년등 외 +1명 중소법인 사업장 전체의 상시근로자는 증가(+12명)하였으나 청년등이 감소(-4명)한 경우 고용증대 세액공제 신청가능 금액은 얼마인가요?

사업장별로 전체 근로자 수 증가인원 내에서 청년등 증가인원 수를 산정하여 공제세액을 계산하되, 법인 전체의 청년등 인원 수가 감소한 경우에는 특정 사업장의 청년등 증가인원을 청년 등 외로 보아

공제세액을 계산한다.(서면법령해석법인2020-4043, 2020.12.14.)

※ 공제액 계산(㉠+㉡): 10,400만원
㉠ 수도권 내 사업장: 10명 × 850만원 = 8,500만원
㉡ 수도권 외 사업장: 2명 × 950만원 = 1,900만원

구 분	수도권 내 증감	수도권 외 증감	전체 증감
청년등 상시근로자	-5	+1	-4
청년등 외 상시근로자	+15	+1	+16
전체상시근로자	+10	+2	+12

■ 사업연도 중 법인이 수도권 내에서 밖으로 이전하는 경우 세액공제 금액은 안분계산 하나요?

법령에 지역 변동에 따른 별도의 안분규정을 두고 있지 않고, 과세연도 종료일 기준으로 세액공제를 적용하고 있으므로 과세연도 종료일 당시 소재지를 기준으로 상시근로자 수를 계산하여 세액공제 금액을 산정하는 것이 타당하다.

■ 수도권내 사업장과 수도권외 사업장이 동시에 있는 경우 사례별 세액공제액

사례1) 전체 사업장의 상시근로자수가 증가한 경우

구 분	수도권 내 증감	수도권 외 증감	전체 증감
청년등 상시근로자	+5	+3	+8
청년등 외 상시근로자	+10	+4	+14
전체상시근로자	+10	+7	+17

※ 공제액 계산(㉠+㉡): 24,150만원
㉠ 수도권 내 사업장: 5명 × 1,450만원 + 10명× 850만원 = 15,700만원
㉡ 수도권 외 사업장: 3명 × 1,550만원 + 4명 × 950만원 = 8,450만원

사례2) 전체 사업장의 상시근로자수가 증가, 수도권사업장은 감소한 경우

구 분	수도권 내 증감	수도권 외 증감	전체 증감
청년등 상시근로자	-2	+5	+3
청년등 외 상시근로자	-1	+4	+3
전체상시근로자	-3	+9	+6

※ 공제액 계산(㉠+㉡): 7,500만원
㉠ 수도권 내 사업장: 0명 × 1,450만원 + 0명× 850만원 = 0원
㉡ 수도권 외 사업장: 3명 × 1,550만원 + 3명 × 950만원 = 7,500만원

소비성서비스업과 제조업을 겸영하는 경우 상시근로자수 계산

■ ㈜백두대간은 부천시 오정산업단지에 위치한 제조업 사업장과 서울 종로구에 호텔사업장을 운영하고 있으며 사업장별 자료는 다음과 같을 때 통합고용세액공제를 적용하기 위한 상시근로자수를 계산하시오.

1. 사업장별 2024년 매출액

제조업 사업장	호텔 사업장	총합계
523억원	75억원	598억원

2. 사업장별 상시근로자 현황

구 분	제조업 사업장	호텔 사업장	전체상시근로자
청년등상시근로자	30	60	105
	15☆		
청년외상시근로자	50	10	65
	5☆☆		

☆ 청년등 상시근로자 15명 중 5명은 주로 호텔 사업장 관련 업무가 제조업 사업장 업무보다 많으며 나머지 10명은 제조업 사업장 업무가 더 많다.

☆☆ 청년외상시근로자 5명은 제조업 사업장 업무를 더 많이 하고 있다.

해답 및 계산과정

1. 소비성서비스업과 그 외의 사업을 겸영하는 경우 주된 사업을 기준의 상시근로자를 대상으로 통합고용세액공제를 적용하는 것이 아니라 소비성서비스업을 제외한 사업의 상시근로자를 기준으로 통합고용세액공제를 적용하는 것으로 판단된다. 따라서 겸영하는 업종별로 구분경리를 통하여 상시근로자를 구분할 수 있어야 한다.
2. 소비성서비스업과 그 외의 사업에 근무하는 상시근로자는 근로 범위, 업무량 등을 고려하여 근로의 제공이 주로 소비성서비스업에 관련된 것인 때에는 소비성서비스업에 속한 상시근로자로 하고 근로의 제공이 주로 제조업 사업장에 관련된 것인 때에는 제조업 사업장에 속한 상시근로자로 구분한다.(기준법무법인2022-180, 2023.2.9.)
3. 상시근로자의 근로 범위, 업무량 등을 고려하여 제조업 사업장과 호텔 사업장의 상시근로자는 다음과 같이 구분된다.

구 분	제조업 사업장	호텔 사업장	전체상시근로자
청년등상시근로자	30 + 10 = 40	60 + 5 = 65	105
청년외상시근로자	50 + 5= 55	10 + 0 = 10	65

4. 통합고용세액공제 적용대상 상시근로자는 제조업 사업장의 상시근로자이며 세액공제대상인 전체 상시근로자는 총 95명(= 40명 + 55명)이다.

7. 추가세액공제 및 배제

가. 추가세액공제액(2차 · 3차 세액공제)

1) 추가세액공제

위 「2. 세액공제액」을 적용받은 내국인이 공제를 받은 과세연도 종료일부터 1년(중소기업 및 중견기업의 경우 2년)이 되는 날이 속하는 과세연도까지 세액공제 받은 과세연도의 상시근로수가 유지되거나 증가하는 경우 소득세(부동산임대업 소득을 제외한 사업소득에 대한 소득세만 해당한다) 또는 법인세에서 위 「2. 세액공제액」을 추가로 공제한다.

추가세액공제액 적용방법

■ 수도권 내에서 청년 근로자 고용하고 있고 계속 증가하는 중소기업을 가정함.

구 분	2023년	2024년	2025년	2026년	2027년
청년등상시 근로자수	5명	6명	7명	8명	9명
1차 세액공제		2024년(1차) 1명 세액공제 (1,450만원)	2025년(1차) 1명 세액공제 (1,450만원)	2026년(1차) 1명 세액공제 (1,450만원)	2027년(1차) 1명 세액공제 (1,450만원)
2차 세액공제			2024년(2차) 추가 세액공제 (1,450만원)	2025년(2차) 추가 세액공제 (1,450만원)	2026년(2차) 추가 세액공제 (1,450만원)
3차 세액공제				2024년(3차) 추가 세액공제 (1,450만원)	2025년(3차) 추가 세액공제 (1,450만원)
총세액공제액		1,450만원	2,900만원	4,350만원	4,350만원

2) 「기존고용증대세액공제」의 추가공제(2차 · 3차 세액공제)와 「통합고용증대세액공제」(1차 세액공제)의 중복적용여부

「통합고용증대세액공제」를 선택한 경우에도 「기존고용증대세액공제」의 추가공제(2차 · 3차 세액공제)와 「중소기업 사회보험료 세액공제」의 추가공제는 중복적용가능하다. 만약 2023년, 2024년 모두 「통합고용증대세액공제」(1차 세액공제)를 적용한 경우 「기존고용증대세액공제」 또는 「중소기업사회보험료세액공제」의 추가공제(2차 · 3차 세액공제)

는 과세연도별 다음과 같이 적용가능하다.

구 분	2023년 적용가능 세액공제	2024년 적용가능 세액공제
통합고용증대세액공제	2023년 1차 세액공제	2024년 1차 세액공제 2023년 2차 세액공제
기존고용증대세액공제 추가공제 적용여부	2022년 2차 추가공제 2021년 3차 추가공제	2022년 3차 추가공제
중소기업사회보험료세액공제 추가공제 적용여부	2022년 2차 추가공제	

따라서 「통합고용증대세액공제」를 적용하였다는 이유로 추가공제를 배제하거나 「통합고용증대세액공제」 적용을 포기하는 일이 없어야 한다.

나. 추가세액공제 배제

1) 전체 상시근로자수 감소한 경우

세액공제를 공제받은 내국인이 최초로 공제를 받은 과세연도의 종료일부터 2년이 되는 날이 속하는 과세연도의 종료일까지의 기간 중 전체 상시근로자의 수가 최초로 공제를 받은 과세연도에 비하여 감소한 경우에는 감소한 과세연도부터 추가세액공제를 적용하지 아니한다.

2) 청년등 상시근로자수 감소한 경우

전체 상시근로자의 수는 감소하지 않았지만 청년등 상시근로자의 수가 최초로 공제를 받은 과세연도에 비하여 감소한 경우에는 감소한 과세연도부터 청년등 상시근로자수 증가분에 대한 추가세액공제만 적용하지 아니한다. 그러나 이 경우 1차년도 증가한 청년등 상시근로자수에 청년등 상시근로자 외의 증가인원에 대한 공제액(중소기업기준 수도권은 850만원, 수도권밖은 950만원)을 적용하여 계산한 금액을 추가로 공제한다.(기획재정부조세특례-214, 2023.3.6.)

추가세액공제 및 배제 적용방법

■ 수도권 내에서 청년등 상시근로자는 없으며 전체 상시근로자수가 감소하는 중소기업을 가정함. 고용감소로 인한 추가납부세액은 고려하지 아니함.

구 분	2023년	2024년	2025년	2026년	2027년
전체 상시근로자수	5명	6명	7명	5명	9명
1차 세액공제		2024년(1차) 1명 세액공제 (22년 대비 증가) 850만원	2025년(1차) 1명 세액공제 (23년 대비 증가) 850만원	㉠ 2026년(1차) 세액공제 불가 (24년 대비 감소) 0원	㉡ 2027년(1차) 4명 세액공제 (25년 대비 증가) 3,400만원
2차 세액공제			2024년(2차) 추가 세액공제 (23년 대비 증가) 850만원	㉢ 2025년(2차) 추가공제배제납부 (24년 대비 감소) 0원	2026년(2차) 세액공제 불가 (25년 대비 감소) 0원
3차 세액공제				㉣ 2024년(3차) 추가공제배제납부 (23년 대비 감소) 0원	㉢ 2025년(3차) 추가공제배제납부 (24년 대비 감소) 0원
총세액공제액		850만원	1,700만원	0원	3,400만원

㉠ 2026년 전체상시근로자수(5명)가 2025년 전체상시근로자수(7명)에 비하여 2명 감소하였으므로 2026년 세액공제는 적용할 수 없다.

㉡ 2027년 전체상시근로자수(9명)가 2026년 전체상시근로자수(5명)에 비하여 4명 증가하였으므로 2027년 세액공제는 4명을 기준으로 적용할 수 있다.

㉢ 2026년 전체상시근로자수(5명)가 2025년 전체상시근로자수(7명)에 비하여 2명 감소하였으므로 2차년도 2025년분 추가공제와 3차년도 2025년분 추가공제를 배제한다. 2027년에 비록 2025년 전체상시근로자수보다 증가하여도 추가공제는 배제된다.

㉣ 2026년 전체상시근로자수(5명)가 2024년 전체상시근로자수(6명)에 비하여 1명 감소하였으므로 3차년도 2024년 분 추가공제를 배제한다.

경정청구 기간 경과로 고용증대세액공제 최초공제를 받지 못한 경우 추가공제가 가능한 지 여부(서면법규소득2024-4153, 2025.2.19., 서면법규소득2024-2296, 2025.1.24.)

개인사업자가 「조세특례제한법」 제29조의7에 따른 고용을 증대시킨 기업에 대한 세액공제를 적용함에 있어 해당 과세연도의 상시근로자 수가 직전 과세연도 상시근로자 수보다 증가하여 최초공제 요건을 충족하였으나 경정청구 기간 경과로 해당 과세연도에 최초공제를 적용받지 못하였더라도, 이후 경정청구 기간 내의 과세연도에 고용이 감소하지 않아 추가공제 요건을 충족한 경우에는 해당 과세연도 종료일부터 1년(중소기업의 경우 2년)이 되는 날이 속하는 과세연도에 추가공제가 가능한 것임.

법 개정으로 사후관리 기준연도가 변경된 경우 종전 고용증대세액공제 수혜자의 사후관리 기준연도(기획재정부조세특례-679, 2023.7.4.)

「조세특례제한법」 제29조의7(2019.12.31. 법률 제16835호로 개정되기 전의 것)에 따라 2018년 최초로 고용증대세액공제 적용을 받은 경우에 대한 사후관리 규정 적용은 법률 제16835호 「조세특례제한법」 일부개정법률 제29조의7 제2항 및 같은 법 부칙 제17조에 따라 최초로 공제를 받은 과세연도를 기준으로 판단하는 것임.

고용증대세액공제 사후관리 기간 중 공제 적용 방법(전체 상시근로자수는 변동없고 청년등 상시근로자만 감소한 경우)(기획재정부조세특례-214, 2023.3.6.)

내국인이 해당 과세연도의 청년등 상시근로자 증가인원에 대해 「조세특례제한법」 제29조의7 제1항 제1호에 따른 세액공제를 적용받은 후 다음 과세연도에 청년등 상시근로자의 수는 감소(최초 과세연도에는 29세 이하였으나, 이후 과세연도에 30세 이상이 되어 청년 수가 감소하는 경우를 포함)하였으나 전체 상시근로자의 수는 유지되는 경우, 잔여 공제연도에 대해서는 제29조의7 제1항 제2호의 공제액을 적용하여 공제가 가능함.

상시근로자의 수가 감소하고 다음해 다시 증가한 경우 '고용을 증대시킨 기업에 대한 세액공제' 대상인지 여부(서면법인 2020-5510, 2021.1.18.)

조세특례제한법 제29조의7 제1항에 따른 '고용을 증대시킨 기업에 대한 세액공제' 대상인지 여부는 매 과세기간별로 판단하는 것임. 따라서 조세특례제한법 제29조의7 제1항을 적용받던 중 전체 상시근로자의 수가 최초로 공제받은 과세연도에 비하여 감소하여 직전 과세연도 제2항에 의해 공제받은 세액에 상당하는 금액을 납부하였더라도, 당해 과세연도의 상시근로자의 수가 직전 과세연도보다 증가한 경우 제29조의7 제1항에 따라 별도로 공제가 가능한 것임.

기업유형이 변경된 경우의 고용증대세액공제 적용 방법(사전법령해석법인 2020-1010, 2020.11.27., 서면법령해석법인 2020-1283, 2020.9.28.)

「조세특례제한법 시행령」 제2조에 따른 중소기업에 해당하는 내국법인이 해당 과세연도의 상시근로자의 수가 직전 과세연도의 상시근로자의 수보다 증가하여 같은 법 제29조의7 제1항 각 호에 따른 세액공제를 적용받은 후 다음 과세연도 이후에 규모의 확대 등으로 중소기업에 해당하지 않더라도 같은 조 제2항에 따른 공제세액 추징사유에 해당하지 않는 경우 해당 과세연도의 법인세에서 공제받은 금액을 해당 과세연도의 종료일로부터 2년이 되는 날이 속하는 과세연도까지의 법인세에서 공제하는 것임.

전체상시근로자수 증가, 청년등상시근로자수 감소시 추가세액공제 적용방법

■ 수도권 내에서 전체 상시근로자수는 증가하였으나 청년등 상시근로자수가 감소하는 중소기업을 가정함. 고용감소로 인한 추가납부세액은 고려하지 아니함.

(단위: 만원)

<table>
<tr><th rowspan="3">구 분</th><th>2023년</th><th colspan="3">2024년</th><th colspan="3">2025년</th><th colspan="3">2026년</th><th colspan="3">2027년</th></tr>
<tr><th rowspan="2">근로자수</th><th rowspan="2">근로자수</th><th colspan="2">증감</th><th rowspan="2">근로자수</th><th colspan="2">증감</th><th rowspan="2">근로자수</th><th colspan="2">증감</th><th rowspan="2">근로자수</th><th colspan="2">증감</th></tr>
<tr><th>1차</th><th>3차</th><th>1차</th><th>3차</th><th>1차</th><th>3차</th><th>1차</th><th>3차</th></tr>
<tr><td>청년</td><td>0명</td><td>1명</td><td>+1</td><td></td><td>2명</td><td>+1</td><td></td><td>0명</td><td>−2</td><td>−1</td><td>3명</td><td>+3</td><td>+1</td></tr>
<tr><td>청년외</td><td>4명</td><td>5명</td><td>+1</td><td></td><td>6명</td><td>+1</td><td></td><td>9명</td><td>+3</td><td>+4</td><td>7명</td><td>−2</td><td>+1</td></tr>
<tr><td>전체</td><td>4명</td><td>6명</td><td>+2</td><td></td><td>8명</td><td>+2</td><td></td><td>9명</td><td>+1</td><td>+3</td><td>10명</td><td>+1</td><td>+2</td></tr>
<tr><td>1차
세액공제</td><td></td><td colspan="3">2024년(1차)
• 청년: 1×1,450
• 청년외: 1×850
• 세액공제: 2,300</td><td colspan="3">2025년(1차)
• 청년: 1×1,450
• 청년외: 1×850
• 세액공제: 2,300</td><td colspan="3">㉠ 2026년(1차)
• 청년: 배제
• 청년외: 1×850
• 세액공제: 850</td><td colspan="3">㉡ 2027년(1차)
• 청년: 1×1,450
• 청년외: 배제
• 세액공제: 1,450</td></tr>
<tr><td>2차
세액공제</td><td></td><td colspan="3"></td><td colspan="3">2024년(2차)
• 청년: 1×1,450
• 청년외: 1×850
• 세액공제: 2,300</td><td colspan="3">㉢ 2025년(2차)
• 청년: 추가배제납부
• 청년외: 2×850
• 추가공제: 1,700</td><td colspan="3">㉣ 2026년(2차)
• 청년: 추가배제
• 청년외: 1×850
• 세액공제: 850</td></tr>
<tr><td>3차
세액공제</td><td></td><td colspan="3"></td><td colspan="3"></td><td colspan="3">㉤ 2024년(3차)
• 청년: 추가배제납부
• 청년외: 2×850
• 추가공제: 1,700</td><td colspan="3">㉥ 2025년(3차)
• 청년: 추가배제납부
• 청년외: 2×850
• 추가공제: 1,700</td></tr>
<tr><td>총세액
공제액</td><td></td><td colspan="3">2,300만원</td><td colspan="3">4,600만원</td><td colspan="3">4,250만원</td><td colspan="3">4,000만원</td></tr>
</table>

* 1차: 당해연도 상시근로자수 − 직전연도 상시근로자수, 2차도 동일함.
* 3차: 당해연도 상시근로자수 − 직전전연도 상시근로자수

㉠ 2026년 1차 세액공제액: 850만원

구 분	근로자수 계산	공제금액 계산
청년	0명 − 2명 = △2명 → 0명	0명 × 1,450만원 = 0원
청년외	9명 − 6명 = 3명 → 1명 (전체상시근로자수 증가한도)	1명 × 850만원 = 850만원
전체상시근로자수	9명 − 8명 = 1명 증가	850만원

• 2026년 전체 상시근로자수(9명)는 2025년 전체 상시근로자수(8명)보다 1명 증가하고 이는 청년등 상시근로자수가 2명 감소하고 청년외 상시근로자수는 3명 증가한 것이다. 따라서 전체 상시근로자수 증가인원을 한도로 청년외 상시근로자수 1명에 대한 2026년 세액공제는 적용 가능하다.

㉡ 2027년 1차 세액공제액: 1,450만원

구 분	근로자수 계산	공제금액 계산
청년	3명 - 0명 = 3명 → 1명 (전체상시근로자수 증가한도)	1명 × 1,450만원 = 1,450만원
청년외	7명 - 9명 = △2명 → 0명	0명 × 850만원 = 0원
전체상시근로자수	10명 - 9명 = 1명 증가	1,450만원

- 2027년 전체 상시근로자수(10명)는 2025년 전체 상시근로자수(9명)보다 1명 증가하고 이는 청년등 상시근로자수가 3명 증가하고 청년외 상시근로자수는 2명 감소한 것이다. 따라서 전체 상시근로자수 증가인원을 한도로 2027년 과세연도에 증가한 청년등 상시근로자수를 한도로 세액공제 적용하므로 1명에 대한 세액공제를 적용한다.

㉢ 2025년 2차 세액공제액: 1,700만원

구 분	2025년 세액공제 대상 근로자수	2025년 대비 2026년 근로자수 증감	2차 추가 공제금액 계산
청년	1명	0명 - 2명 = 2명 감소	0명 × 1,450만원 = 0원
청년외	1명	9명 - 6명 = 3명 증가	2명 × 850만원 = 1,700만원
전체상시근로자수	2명	9명 - 8명 = 1명 증가	1,700만원

- 2026년 전체 상시근로자수(9명)는 최초로 공제받은 과세연도(2025년)의 전체 상시근로자수(8명)보다 1명 증가하였으나 청년등 상시근로자수가 2명 감소하였으므로 감소한 과세연도부터 청년등 상시근로자 관련 추가 세액공제를 배제한다. 이 때에도 2025년에 증가한 전체 상시근로자수(2명)에 대하여 청년외 상시근로자 증가에 대한 공제액을 적용한 금액(2명 × 850만원 = 1,700만원)을 추가 세액공제로 적용한다.
- 청년감소에 대한 추가납부세액을 납부하여야 한다.

㉣ 2026년 2차 세액공제액: 850만원

구 분	2026년 세액공제 대상 근로자수	2026년 대비 2027년 근로자수 증감	2차 추가 공제금액 계산
청년	0명	3명 - 0명 = 3명 증가 → 2026년 감소로 추가공제 배제	0명 × 1,450만원 = 0원
청년외	1명	7명 - 9명 = 2명 감소	1명 × 850만원 = 850만원
전체상시근로자수	1명	10명 - 9명 = 1명 증가	850만원

- 2027년 전체 상시근로자수(10명)는 최초로 공제받은 과세연도(2026년)의 전체 상시근로자수(9명)보다 1명 증가하고 청년등 상시근로자수도 3명 증가하였으므로 2026년 1차 세액공제액을 추가공제한다.

㉤ 2024년 3차 세액공제액: 1,700만원

구 분	2024년 세액공제 대상 근로자수	2024년 대비 2026년 근로자수 증감	3차 추가 공제금액 계산
청년	1명	0명 - 1명 = 1명 감소	0명 × 1,450만원 = 0원
청년외	1명	9명 - 5명 = 4명 증가	2명 × 850만원 = 1,700만원
전체상시근로자수	2명	9명 - 6명 = 3명 증가	1,700만원

구 분	2024년 세액공제 대상 근로자수	2024년 대비 2026년 근로자수 증감	3차 추가 공제금액 계산

• 2026년 전체 상시근로자수(9명)는 최초로 공제받은 과세연도(2024년)의 전체 상시근로자수(6명)보다 3명 증가하였으나 청년등 상시근로자수가 1명 감소하였으므로 감소한 과세연도부터 청년등 상시근로자 관련 추가 세액공제를 배제한다. 이 때에도 2024년에 증가한 전체 상시근로자수(2명)에 대하여 청년외 상시근로자 증가에 대한 공제액을 적용한 금액(2명 × 850만원 = 1,700만원)을 추가 세액공제로 적용한다.
• 청년감소에 대한 추가납부세액을 납부하여야 한다.

ⓑ 2025년 3차 세액공제액: 1,700만원

구 분	2025년 세액공제 대상 근로자수	2025년 대비 2027년 근로자수 증감	3차 추가 공제금액 계산
청년	1명	3명 - 2명 = 1명 증가 → 2025년 감소로 추가공제 배제	0명 × 1,450만원 = 0원
청년외	1명	7명 - 6명 = 1명 증가	2명 × 850만원 = 1,700만원
전체상시근로자수	2명	10명 - 8명 = 2명 증가	1,700만원

• 2027년 전체 상시근로자수(10명)는 최초로 공제받은 과세연도(2025년)의 전체 상시근로자수(8명)보다 2명 증가하였으나 2026년에 청년등 상시근로자수가 2명 감소하였으므로 감소한 과세연도부터 청년등 상시근로자 관련 추가 세액공제를 배제하므로 비록 2027년에 청년등 상시근로자가 증가하여도 추가 세액공제가 배제된다. 이 때에도 2025년에 증가한 전체 상시근로자수(2명)에 대하여 청년외 상시근로자 증가에 대한 공제액을 적용한 금액(2명 × 850만원 = 1,700만원)을 추가 세액공제로 적용한다.

2027년 통합고용세액공제 공제세액계산서 작성사례

■ 조세특례제한법 시행규칙 [별지 제10호의9서식](2025.6.30 개정)

통합고용세액공제 공제세액계산서

(3쪽 중 제1쪽)

❶ 신청인	① 상호 또는 법인명	② 사업자등록번호
	③ 대표자 성명	④ 생년월일
	⑤ 주소 또는 본점소재지 (전화번호:)	

❷ 과세연도	2027년 01월 01일부터 2027년 12월 31일까지

❸ 상시근로자 현황 (작성방법 2,3번을 참고하시기 바랍니다.)

구분	직전전 과세연도	직전 과세연도	해당 과세연도
⑥ 상시근로자 수(⑦+⑧)	8명	9명	10명
⑦ 청년등상시근로자 수	2명	0명	3명
⑧ 청년등상시근로자를 제외한 상시근로자 수	6명	9명	7명
⑨ 정규직 전환 근로자 수	-		1명
⑩ 육아휴직 복귀자 수			2명

❹ 기본공제 공제세액 계산내용

가. 1차년도 세제지원 요건 : ⑬ > 0

1. 상시근로자 증가 인원

⑪ 해당 과세연도 상시근로자 수	⑫ 직전 과세연도 상시근로자 수	⑬ 상시근로자 증가 인원 수 (⑪-⑫)
10명	9명	1명

2. 청년등상시근로자 증가 인원

⑭ 해당 과세연도 청년등상시근로자 수	⑮ 직전 과세연도 청년등상시근로자 수	⑯ 청년등상시근로자 증가 인원 수 (⑭-⑮)
3명	0명	3명

3. 청년등상시근로자를 제외한 상시근로자 증가 인원

⑰ 해당 과세연도 청년등상시근로자를 제외한 상시근로자 수	⑱ 직전 과세연도 청년등상시근로자를 제외한 상시근로자 수	⑲ 청년등상시근로자를 제외한 상시근로자 증가 인원 수(⑰-⑱)
7명	9명	△2명

(3쪽 중 제2쪽)

4. 1차년도 세액공제액 계산

구분	구분		직전 과세연도 대비 상시근로자 증가 인원 수 (⑬상시근로자 증가 인원 수를 한도로 함)	1인당 공제금액	⑳ 1차년도 세액공제액
중소기업	수도권 내	청년등	1명	1천4백5십만원	14,500,000
		청년등 외		8백5십만원	
	수도권 밖	청년등	0명	1천5백5십만원	0
		청년등 외		9백5십만원	
	계		1명		14,500,000
중견기업	청년등			8백만원	
	청년등 외			4백5십만원	
	계				
일반기업	청년등			4백만원	
	청년등 외				
	계				

나. 2차년도 세제지원 요건 : ㉓ ≥ 0

1. 상시근로자 증가 인원

㉑ 2차년도(해당 과세연도) 상시근로자 수	㉒ 1차년도(직전 과세연도) 상시근로자 수	㉓ 상시근로자 증가 인원 수(㉑-㉒)
10명	9명	1명

2. 2차년도 세액공제액 계산(상시근로자 감소여부)

1차년도(직전 과세연도) 대비 상시근로자 감소여부	1차년도(직전 과세연도) 대비 청년등상시근로자 수 감소여부	㉔ 1차년도 (직전 과세연도) 청년등상시근로자 증가 세액공제액	㉕ 1차년도 (직전 과세연도) 청년등 외 상시근로자 증가 세액공제액	㉖ 2차년도 세액공제액
(부)	부			
	(여)		8,500,000	8,500,000
여				

다. 3차년도 세제지원 요건(중소·중견기업만 해당) : ㉙ ≥ 0

1. 상시근로자 증가 인원

㉗ 3차년도(해당 과세연도) 상시근로자 수	㉘ 1차년도(직전전 과세연도) 상시근로자 수	㉙ 상시근로자 증가 인원(㉗-㉘)
10명	8명	2명

2. 3차년도 세액공제액 계산(상시근로자 감소여부)

1차년도(직전전 과세연도) 대비 상시근로자 감소여부	1차년도(직전전 과세연도) 대비 청년등상시근로자 수 감소여부	㉚ 1차년도 (직전전 과세연도) 청년등 상시근로자 증가 세액공제액	㉛ 1차년도 (전전 과세연도) 청년등 외 상시근로자 증가 세액공제액	㉜ 3차년도 세액공제액
(부)	부			
	(여)		17,000,000	17,000,000
여				

※ 2차년도 세제지원요건 중 「2. 2차년도 세액공제액 계산(상시근로자 감소여부)」란 작성방법은 다음과 같다.

① 1차년도(직전 과세연도 대비) 상시근로자 감소여부

㉠ 부: 상시근로자수가 감소하지 아니한 경우에 선택한다.

㉡ 여: 상시근로자수가 감소한 경우에 선택한다. 이 경우 「㉜ 3차년도 세액공제액」은 0원이 된다.

② 1차년도(직전 과세연도) 대비 청년 등 상시근로자수 감소여부

㉠ 부: 1차년도 대비 2차년도 청년등 상시근로자수가 감소하지 아니한 경우에 부를 선택한다.

㉡ 여: 1차년도 대비 2차년도 청년등 상시근로자수가 감소한 경우에 부를 선택한다.

③ ①과 ② 모두 부를 선택한 경우 「㉔ 1차년도(직전 과세연도) 청년등 상시근로자 증가 세액공제액」과 「㉕ 1차년도(직전 과세연도) 청년등 외 상시근로자 증가 세액공제액」란에 1차년도 세액공제액을 그대로 반영하고 「㉖ 2차년도 세액공제액」란에 합계액(㉔+㉕)을 적는다.

④ ①은 부를 선택하고 ②는 여를 선택한 경우 「㉔ 1차년도(직전 과세연도) 청년등 상시근로자 증가 세액공제액」은 배제되고 「㉕ 1차년도(직전 과세연도) 청년등 외 상시근로자 증가 세액공제액」은 1차년도 세액공제액과 상관없이 예규(기획재정부조세특례-214, 2023.3.6.)에 의하여 1차년도 전체 상시근로자수 증가인원수에 「청년외 상시근로자 증가에 대한 공제액」을 적용하여 계산한 금액을 기록하고 그 금액을 「㉖ 2차년도 세액공제액」란에 반영한다.

※ 3차년도 세제지원요건 중 「2. 3차년도 세액공제액 계산(상시근로자 감소여부)」란 작성방법은 다음과 같다.

① 1차년도(직전전 과세연도 대비) 상시근로자 감소여부

㉠ 부: 상시근로자수가 감소하지 아니한 경우에 선택한다.

㉡ 여: 상시근로자수가 감소한 경우에 선택한다. 이 경우 「㉜ 3차년도 세액공제액」은 0원이 된다.

② 1차년도(직전전 과세연도) 대비 청년등 상시근로자수 감소여부

㉠ 부: 다음의 요건을 모두 충족하는 경우에 부를 선택한다.

- 1차년도 대비 2차년도 청년등 상시근로자수가 감소하지 아니한 경우
- 1차년도 대비 3차년도 청년등 상시근로자수가 감소하지 아니한 경우

㉡ 여: 다음의 요건 중 하나에 해당하는 경우에 부를 선택한다.

- 1차년도 대비 2차년도 청년등 상시근로자수가 감소한 경우
- 1차년도 대비 3차년도 청년등 상시근로자수가 감소한 경우

③ ①과 ② 모두 부를 선택한 경우 「㉚ 1차년도(직전전 과세연도) 청년등 상시근로자 증가 세액공제액」과

「㉛ 1차년도(직전전 과세연도) 청년등 외 상시근로자 증가 세액공제액」란에 1차년도 세액공제액을 그대로 반영하고 「㉜ 3차년도 세액공제액」란에 합계액(㉚ + ㉛)을 적는다.

④ ①은 부를 선택하고 ②는 여를 선택한 경우 「㉚ 1차년도(직전전 과세연도) 청년등 상시근로자 증가 세액공제액」은 배제되고 「㉛ 1차년도(직전전 과세연도) 청년등 외 상시근로자 증가 세액공제액」은 1차년도 세액공제액과 상관없이 예규(기획재정부조세특례-214, 2023.3.6.)에 의하여 1차년도 전체 상시근로자 수 증가인원수에 「청년외 상시근로자 증가에 대한 공제액」을 적용하여 계산한 금액을 기록하고 그 금액을 「㉜ 3차년도 세액공제액」란에 반영한다.

(3쪽 중 제3쪽)

❺ 추가공제 공제세액 계산내용

가. 세제지원 요건 : ㉟ ≥ 0

㉝ 해당 과세연도 상시근로자 수	㉞ 직전 과세연도 상시근로자 수	㉟ 상시근로자 증가 인원 수 (㉝-㉞)
10명	9명	1명

나. 세액공제액 계산

구분	구분	인원 수	1인당 공제금액	㊱ 추가공제 세액공제액
중소기업	정규직 전환자	1명	1천3백만원	13,000,000
	육아휴직 복귀자	2명		26,000,000
	계			
중견기업	정규직 전환자		9백만원	
	육아휴직 복귀자			
	계			
⑥ 세액공제액 : ⑳ 1차년도 세액공제액 + ㉖ 2차년도 세액공제액 + ㉜ 3차년도 세액공제액 + ㊱ 추가공제 세액공제액				79,000,000

「조세특례제한법 시행령」 제26조의8제11항에 따라 위와 같이 공제세액계산서를 제출합니다.

2028년 03월 31일

신청인 (서명 또는 인)

세무서장 귀하

작 성 방 법

1. 근로자 수는 다음과 같이 계산하되, 100분의 1 미만의 부분은 없는 것으로 합니다.
   가. 상시근로자 수: 매월 말 현재 상시근로자 수의 합 / 과세연도의 개월 수
   나. 청년등상시근로자 수: 매월 말 현재 청년등상시근로자 수의 합 / 과세연도의 개월 수
   다. 청년등상시근로자 외 상시근로자 수: 매월 말 현재 청년등상시근로자 외 상시근로자 수의 합 / 과세연도의 개월 수
2. ⑥란의 상시근로자란 「근로기준법」에 따라 근로계약을 체결한 내국인 근로자로서 다음의 어느 하나에 해당하는 사람을 제외한 근로자를 말합니다.
   가. 근로계약기간이 1년 미만인 근로자. 다만, 근로계약의 연속된 갱신으로 인하여 그 근로계약의 총 기간이 1년 이상인 근로자는 상시근로자로 봅니다.
   나. 「근로기준법」 제2조제1항제9호에 따른 단시간근로자. 다만, 1개월간의 소정근로시간이 60시간 이상인 근로자는 상시근로자로 봅니다.
   다. 「법인세법 시행령」 제40조제1항 각 호의 어느 하나에 해당하는 임원
   라. 해당 기업의 최대주주 또는 최대출자자(개인사업자의 경우에는 대표자를 말합니다)와 그 배우자
   마. 라목에 해당하는 자의 직계존비속(그 배우자를 포함합니다) 및 「국세기본법 시행령」 제1조의2제1항에 따른 친족관계인 사람
   바. 「소득세법 시행령」 제196조에 따른 근로소득원천징수부에 의하여 근로소득세를 원천징수한 사실이 확인되지 않고, 「국민연금법」 제3조제1항제11호 및 제12호에 따른 부담금 및 기여금 또는 「국민건강보험법」 제69조에 따른 직장가입자의 보험료에 해당하는 금액의 납부사실도 확인되지 않는 자
3. ⑦란 등의 청년등상시근로자란 상시근로자 중 15세 이상 34세 이하인 사람으로서 다음 각 목의 어느 하나에 해당하는 사람을 제외한 사람(해당 근로자가 병역을 이행한 경우에는 6년을 한도로 병역을 이행한 기간을 현재 연령에서 빼고 계산한 연령이 34세 이하인 사람을 포함)과 「장애인복지법」의 적용을 받는 장애인, 「국가유공자 등 예우 및 지원에 관한 법률」에 따른 상이자, 「5·18민주유공자예우 및 단체설립에 관한 법률」 제4조제2호에 따른 5·18민주화운동부상자와 「고엽제후유의증 등 환자지원 및 단체설립에 관한 법률」 제2조제3호에 따른 고엽제후유의증환자로서 장애등급 판정을 받은 사람, 근로계약 체결일 현재 연령이 60세 이상인 사람, 「조세특례제한법」 제29조의8제2항에 따른 경력단절 근로자, 「북한이탈주민의 보호 및 정착지원에 관한 법률」에 따른 북한이탈주민을 말합니다.
   가. 「기간제 및 단시간근로자 보호 등에 관한 법률」에 따른 기간제근로자 및 단시간근로자
   나. 「파견근로자보호 등에 관한 법률」에 따른 파견근로자
   다. 「청소년 보호법」 제2조제5호 각 목에 따른 업소에 근무하는 같은 조 제1호에 따른 청소년
4. 청년등 외 상시근로자란 상시근로자 중 청년등상시근로자가 아닌 상시근로자를 말합니다.
5. ⑳, ㉖, ㉜ 계산 시 각 공제금액(청년/청년 외)은 전체 상시근로자 수 증가분을 한도로 합니다.
6. ㉝, ㉞란의 상시근로자 수는 「근로기준법」 제74조에 따른 출산전후휴가를 사용 중인 상시근로자를 대체하는 상시근로자가 있는 경우 해당 출산전후휴가를 사용 중인 상시근로자를 제외하고 계산한 상시근로자 수를 말합니다.
7. 해당 과세연도의 상시근로자 수가 전년 대비 증가하여 「조세특례제한법」 제29조의8의 통합고용세액공제 1차년도 공제를 신청할 경우 「조세특례제한법」 제29조의7의 고용 증대 기업에 대한 세액공제 1차년도 공제를 중복하여 신청할 수 없습니다.

8. 시간의 경과에 따른 청년등 상시근로자수 계산

청년등 상시근로자 중 청년은 15세 이상 34세 이하인 사람을 말하며 청년에 대한 상시근로자수를 계산할 때는 매월 말일 현재 기준으로 판단한다. 따라서 시간의 경과로 인하여 청년이 34세를 초과하는 시점이 발생한다. 이 경우 상시근로자수를 계산할 때 동일한 근로자이지만 매월 말일 현재 기준으로 청년과 청년외로 구분이 된다.

다만, 추가납부할 세액을 계산할 때만 최초로 공제받은 과세연도에 청년등 상시근로자에 해당하는 자는 이후 과세연도에도 청년등 상시근로자로 보아 청년등 상시근로자수를 계산한다.(조특령 26의8 ⑤)

참고사항

■ **2025년 8월 발표한 2025년 세제개편안에 따른 청년 여부 판단 기준**

① 청년 여부 판단은 근로계약 체결 당시 19~34세 이하로 개정될 예정임.

② 개정 내용은 2025.12.31.이 속하는 과세연도를 최초 공제연도로 하여 통합고용세액공제를 신청하는 분부터 적용할 예정임.

구 분	2024년 이전	2025년 이후
청년 여부 판단시점	해당 과세연도	근로계약 체결 당시

☞ 청년여부 판단 기준의 개정사항을 반드시 확인 후 실무에 적용하여야 한다.

➲ **고용증대세액공제 적용방법**(기획재정부조세특례-906, 2023.8.28.)

① 「조세특례제한법」 제29조의7 제1항 제1호의 공제(우대공제) 대상인 청년등 상시근로자 고용증대 기업이 동법 동조항 제2호의 공제(일반공제)를 선택하여 적용할 수 있음.

② 사후관리 기간 중 청년 근로자수는 감소하고, 그 외 근로자의 수는 증가하여 전체 근로자의 수는 증가 또는 유지한 경우, 잔여 공제기간에 대해 우대공제액이 아닌 일반공제액이 적용됨.

③ 일반공제만 신청하여 적용받은 후 '청년등 상시근로자수'와 '청년등 상시근로자 외 상시근로자수'가 모두 감소한 경우 추가 납부세액 계산은 청년등 상시근로자 감소인원에 대해 일반공제액 추가납부액으로 계산함.

④ '18년 고용증대세액공제 적용 후 '20년 고용감소로 특례규정(「조세특례제한법」 제29조의7 제5항)에 따라 사후관리를 유예받았으나, '21년에 '20년보다 고용이 감소한 경우 '20년에 납부하였어야 할 세액을 한도로 추가납부세액 계산함.

➲ **과세연도 중 30세가 되는 청년 정규직 근로자를 고용한 후 다음 과세연도에 추가 납부 시, 청년 상시근로자수 산정방법**(기준법령해석법인 2021-135, 2021.8.20.)

내국법인이 과세연도 중에 30세 이상이 되는 청년 정규직 근로자를 고용하고 「조세특례제한법」

제29조의7 제1항에 따른 세액공제를 적용받은 후 다음 과세연도에 전체 상시근로자 또는 청년등 상시근로자의 수가 감소함에 따라 같은 법 시행령(2020.2.11. 대통령령 제30390호로 개정된 것) 제26조의7 제5항을 적용할 때 최초로 공제받은 과세연도의 일부 기간동안 같은 조 제3항 제1호에 따른 청년등 상시근로자에 해당한 자는 이후 과세연도에도 최초로 공제받은 과세연도와 동일한 기간동안 청년등 상시근로자로 보아 청년등 상시근로자수를 계산하는 것임.

청년고용증대 세액공제 적용 시 청년 정규직 근로자수 계산방법(서면법인2018-3678, 2019.12.27., 기획재정부조세특례-365, 2019.5.9.)

직전과세연도에 29세(직전과세연도 중에 30세 이상이 되는 경우를 포함)인 청년 정규직 근로자가 해당 과세연도에 30세 이상이 되는 경우 「조세특례제한법 시행령」 제26조의5 제7항의 규정은 「조세특례제한법」 제29조의5 제1항의 "청년 정규직 근로자수" 계산시 적용되지 아니하는 것임.

사례1 전체상시근로자수 변동없고 나이증가로 청년등 상시근로자수 감소시 추가세액공제 적용방법(현행기준)

■ 중소기업으로 수도권 내에서 전체 상시근로자수는 변동이 없으나 청년의 나이가 증가함으로 인하여 청년외 상시근로자로 변경되는 경우로 가정함.

고용 현황	직원 (갑): 2024년 1월 입사, 2025년 1월 15일 만35세, 현재까지 계속 근무 직원 (을): 2024년 1월 입사, 2026년 1월 10일 만35세, 현재까지 계속 근무

(단위: 만원)

구 분	2023년			2024년			2025년			2026년		
	근로자수	증감		근로자수	증감		근로자수	증감		근로자수	증감	
		1차	3차		1차	3차		1차	3차		1차	3차
청년등상시근로자수	0명			2명	+2		1명	-1		0명	-1	-2
청년외상시근로자수	0명			0명	+0		1명	+1		2명	+1	+2
전체상시근로자수	0명			2명	+2		2명	+0		2명	+0	+0
1차 세액공제				2024년(1차) • 청년: 2×1,450 • 청년외: 0×850 • 세액공제: 2,900			2025년(1차) • 청년: 배제 • 청년외: 배제 • 세액공제: 0			2026년(1차) • 청년: 배제 • 청년외: 배제 • 세액공제: 0		
2차 세액공제							㉠ 2024년(2차) • 청년: 추가배제 • 청년외: 2×850 • 추가공제: 1,700			2025년(2차) • 청년: 추가배제 • 청년외: 추가배제 • 세액공제: 0		
3차 세액공제										㉡ 2024년(3차) • 청년: 추가배제 • 청년외: 2×850 • 추가공제: 1,700		
총세액공제액				2,900만원			1,700만원			1,700만원		

* 1차: 당해연도 상시근로자수 - 직전연도 상시근로자수, 2차도 동일함.
* 3차: 당해연도 상시근로자수 - 직전전연도 상시근로자수

| 2024년 1차 세액공제액 |

구 분	근로자수 계산	공제금액 계산
청년	2명 - 0명 = 2명	2명 × 1,450만원 = 2,900만원
청년외	0명 - 0명 = 0명	0명 × 850만원 = 0원
전체상시근로자수	2명 증가	2,900만원

| 2024년 2차 세액공제액(㉠) |

구 분	2024년 세액공제 대상 근로자수	2024년 대비 2025년 근로자수 증감	2차 추가 공제금액 계산
청년	2명	1명 - 2명 = 1명 감소	0명 × 1,450만원 = 0원
청년외	0명	1명 - 0명 = 1명 증가	2명 × 850만원 = 1,700만원
전체상시근로자수	2명	2명 - 2명 = 0명 증가	1,700만원

- 2025년 전체 상시근로자수는 최초로 공제를 받은 과세연도(2024년)에 비하여 감소하지 않았지만 청년등 상시근로자수가 최초로 공제를 받은 과세연도(2024년)에 비하여 감소하였으므로 청년등 상시근로자에 대한 추가공제를 2025년부터 배제한다.
- 2025년 전체 상시근로자수는 최초로 공제를 받은 과세연도(2024년)에 비하여 감소하지 않았으므로 2024년에 증가한 전체 상시근로자수(2명)에 대하여 청년외 상시근로자 증가에 대한 공제액을 적용한 금액(2명 × 850만원 = 1,700만원)을 추가 세액공제 적용한다.
- 추가납부세액을 적용할 때 최초로 공제받은 과세연도(2024년)에 청년등 상시근로자에 해당하는 자는 이후 과세연도에도 청년등 상시근로자로 보아 청년등 상시근로자수를 계산하므로 청년등 상시근로자수가 감소하지 않아 추가납부세액은 없다.

| 2024년 3차 세액공제액(㉡) |

구 분	2024년 세액공제 대상 근로자수	2024년 대비 2026년 근로자수 증감	3차 추가 공제금액 계산
청년	2명	0명 - 2명 = 2명 감소	0명 × 1,450만원 = 0원
청년외	0명	2명 - 0명 = 2명 증가	2명 × 850만원 = 1,700만원
전체상시근로자수	2명	2명 - 2명 = 0명 증가	1,700만원

- 2026년 전체 상시근로자수는 최초로 공제를 받은 과세연도(2024년)에 비하여 감소하지 않았으므로 2024년에 증가한 전체 상시근로자수(2명)에 대하여 청년외 상시근로자 증가에 대한 공제액(2명 × 850만원 = 1,700만원)을 적용한 금액을 추가 세액공제 적용한다.
- 추가납부세액을 적용할 때 최초로 공제받은 과세연도(2024년)에 청년등 상시근로자에 해당하는 자는 이후 과세연도에도 청년등 상시근로자로 보아 청년등 상시근로자수를 계산하므로 청년등 상시근로자수가 감소하지 않아 추가납부세액은 없다.

| 추가납부세액 적용여부 판단시 상시근로자수 |

구 분	2023년	2024년	2025년	2026년
청년등 상시근로자수	0명	2명	2명	2명
청년외 상시근로자수	0명	0명	0명	0명
전체 상시근로자수	0명	2명	2명	2명

※ (저자주) 고용한 상시근로자의 변동이 없는 상태에서 시간의 경과로 인하여 청년에서 청년외로 변경됨으로 인하여 청년 상시근로자수가 변경되는 경우에도 전체 상시근로자수가 감소하지 아니한 경우로 청년 상시근로자수가 감소한 경우 1차년도에 증가한 청년 상시근로자수에 대하여 청년외 공제액을 적용하여 추가공제가 가능하다. 이는 당초 청년 고용을 증대시킨 기업에 대한 배려라는 입법취지를 고려한 것으로 판단된다.

사례2 전체상시근로자수 변동없고 나이증가로 청년등 상시근로자수 감소시 추가세액공제 적용방법

■ 중소기업으로 수도권 내에서 전체 상시근로자수는 변동이 없으나 청년의 나이가 증가함으로 인하여 청년외 상시근로자로 변경되는 경우로 가정함.

고용 현황	직원 (갑): 만 34세 2024년 1월 입사, 2025년 1월 15일 만35세, 현재까지 계속 근무 직원 (을): 만 35세 2024년 1월 입사, 현재까지 계속 근무

(단위: 만원)

구 분	2023년			2024년			2025년			2026년		
	근로자수	증감		근로자수	증감		근로자수	증감		근로자수	증감	
		1차	3차		1차	3차		1차	3차		1차	3차
청년등상시근로자수	0명			1명	+1		0명	−1		0명	+0	−1
청년외상시근로자수	0명			1명	+1		2명	+1		2명	+0	+1
전체상시근로자수	0명			2명	+2		2명	+0		2명	+0	+0
1차 세액공제				2024년(1차) • 청년: 1×1,450 • 청년외: 1×850 • 세액공제: 2,300			2025년(1차) • 청년: 배제 • 청년외: 배제 • 세액공제: 0			2026년(1차) • 청년: 배제 • 청년외: 배제 • 세액공제: 0		
2차 세액공제							㉠ 2024년(2차) • 청년: 추가배제 • 청년외: 2×850 • 추가공제: 1,700			2025년(2차) • 청년: 추가배제 • 청년외: 추가배제 • 세액공제: 0		
3차 세액공제										㉡ 2024년(3차) • 청년: 추가배제 • 청년외: 2×850 • 추가공제: 1,700		
총세액공제액				2,300만원			1,700만원			1,700만원		

* 1차: 당해연도 상시근로자수 − 직전연도 상시근로자수, 2차도 동일함.
* 3차: 당해연도 상시근로자수 − 직전전연도 상시근로자수

| 2024년 1차 세액공제액 |

구 분	근로자수 계산	공제금액 계산
청년	1명 − 0명 = 1명	1명 × 1,450만원 = 1,450만원
청년외	1명 − 0명 = 1명	1명 × 850만원 = 850만원
전체상시근로자수	2명 증가	2,300만원

| 2024년 2차 세액공제액(㉠) |

구 분	2024년 세액공제 대상 근로자수	2024년 대비 2025년 근로자수 증감	2차 추가 공제금액 계산
청년	1명	0명 － 1명 = 1명 감소	0명 × 1,450만원 = 0원
청년외	1명	2명 － 1명 = 1명 증가	2명 × 850만원 =1,700만원
전체상시근로자수	2명	2명 － 2명 = 0명 증가	1,700만원

• 2025년 전체 상시근로자수는 최초로 공제를 받은 과세연도(2024년)에 비하여 감소하지 않았지만 청년등 상시근로자수가 최초로 공제를 받은 과세연도(2024년)에 비하여 감소하였으므로 청년등 상시근로자에 대한 추가공제를 2025년부터 배제한다.
• 2025년 전체 상시근로자수는 최초로 공제를 받은 과세연도(2024년)에 비하여 감소하지 않았으므로 2024년에 증가한 전체 상시근로자수(2명)에 대하여 청년외 상시근로자 증가에 대한 공제액을 적용한 금액(2명 × 850만원 = 1,700만원)을 추가 세액공제 적용한다.
• 추가납부세액을 적용할 때 최초로 공제받은 과세연도(2024년)에 청년등 상시근로자에 해당하는 자는 이후 과세연도에도 청년등 상시근로자로 보아 청년등 상시근로자수를 계산하므로 청년등 상시근로자수가 감소하지 않아 추가납부세액은 없다.

| 2024년 3차 세액공제액(㉡) |

구 분	2024년 세액공제 대상 근로자수	2024년 대비 2026년 근로자수 증감	3차 추가 공제금액 계산
청년	1명	0명 － 1명 = 1명 감소	0명 × 1,450만원 = 0원
청년외	1명	2명 － 1명 = 1명 증가	2명 × 850만원 = 1,700만원
전체상시근로자수	2명	2명 － 2명 = 0명 증가	1,700만원

• 2026년 전체 상시근로자수는 최초로 공제를 받은 과세연도(2024년)에 비하여 감소하지 않았으므로 2024년에 증가한 전체 상시근로자수(2명)에 대하여 청년외 상시근로자 증가에 대한 공제액(2명 × 850만원 = 1,700만원)을 적용한 금액을 추가 세액공제 적용한다.
• 추가납부세액을 적용할 때 최초로 공제받은 과세연도(2024년)에 청년등 상시근로자에 해당하는 자는 이후 과세연도에도 청년등 상시근로자로 보아 청년등 상시근로자수를 계산하므로 청년등 상시근로자수가 감소하지 않아 추가납부세액은 없다.

※ 추가납부세액 적용여부 판단시 상시근로자수

구 분	2023년	2024년	2025년	2026년
청년등 상시근로자수	0명	1명	1명	1명
청년외 상시근로자수	0명	1명	1명	1명
전체 상시근로자수	0명	2명	2명	2명

사례3 시간의 경과에 따른 청년등 상시근로자수 계산방법

■ 2024년 7월 1일 청년 입사 후 계속 근무, 2025년 1월 5일 만35세인 생일인 청년 1명이 근무하는 경우 청년등 상시근로자수는 다음과 같다.(사업연도 1.1-12.31. 가정)

① 당해연도 세액공제액 계산시 청년등 상시근로자수

구 분	1월	2월	3월	4월	5월	6월	7월	8월	9월	10월	11월	12월	총인원수
2024년							1명	1명	1명	1명	1명	1명	6명
2025년 (청년)	0명	0명	0명	0명	0명	0명	0명	0명	0명	0명	0명	0명	0명
2025년 (청년외)	1명	1명	1명	1명	1명	1명	1명	1명	1명	1명	1명	1명	12명

구 분	2024년	2025년	증가한 상시근로자
청년등상시근로자수	6명/12=0.5명	0명/12=0명	0.5명 감소
청년외상시근로자수	0명	12명/12=1명	1명 증가
전체상시근로자수	0.5명	1명	0.5명 증가

해당 과세연도의 고용증가로 인한 세액공제 적용여부를 확인하는 상시근로자수를 계산할 때 청년등은 시간이 경과하여 나이가 만34세를 초과하는 경우 청년 상시근로자에서 청년외 상시근로자로 변경하여 상시근로자수를 계산하는 것이다.

이 경우 2024년 12월까지 청년이었던 근로자가 2025년 1월에 만34세 이상으로 청년에서 제외되어 청년외 상시근로자로 분류되어 상시근로자수를 계산하게 된다.

따라서 2025년에는 청년등 상시근로자는 0.5명 감소하였으며 청년외 상시근로자는 1명이 증가하였으며 전체 상시근로자는 0.5명 증가하였으므로 이에 대한 2025년 고용증가로 인한 세액공제를 적용받을 수 있다.

② 고용감소로 인한 추가납부세액계산시 청년등 상시근로자수

구 분	1월	2월	3월	4월	5월	6월	7월	8월	9월	10월	11월	12월	총인원수
2024년							1명	1명	1명	1명	1명	1명	6명
2025년 (청년)	1명	1명	1명	1명	1명	1명	0명	0명	0명	0명	0명	0명	6명
2025년 (청년외)	0명	0명	0명	0명	0명	0명	1명	1명	1명	1명	1명	1명	6명

구 분	2024년	2025년	증가한 상시근로자
청년등상시근로자수	6명 / 12 = 0.5명	6명 / 12 = 0.5명	변동없음
청년외상시근로자수	0명	6명 / 12 = 0.5명	0.5명 증가
전체상시근로자수	0.5명	1명	0.5명 증가

청년등의 경우 시간이 경과하여 나이가 만34세를 초과하는 경우 청년에서 제외되어 청년등 상시근로자수가 감소한다. 이로 인하여 세액공제액을 추가납부하게 되는 것을 방지하기 위하여 청년등 상시근로자수를 계산할 때 최초 세액공제 당시 청년등은 계속 청년등으로 보고 고용감소여부를 판단하여 추가납부세액을 계산하는 것이다.

따라서 이 경우 2024년에 비하여 2025년에 감소하지 아니하였으므로 고용감소로 인한 추가납부세액계산 규정은 적용하지 아니한다.

사례4 전체상시근로자수 변동 없고 나이증가로 청년등상시근로자수 감소시 (2025년 세제개편안 기준: 근로계약 체결일 현재 기준)

■ 중소기업으로 수도권 내에서 전체상시근로자수는 변동이 없으나 청년의 나이가 증가함으로 인하여 청년외 상시근로자로 변경되는 경우로 가정함.

고용 현황	직원 (갑): 2025년 1월 입사, 2026년 1월 15일 만35세, 현재까지 계속 근무 직원 (을): 2025년 1월 입사, 2027년 1월 10일 만35세, 현재까지 계속 근무

(단위: 만원)

구 분	2024년			2025년			2026년			2027년		
	근로자수	증감		근로자수	증감		근로자수	증감		근로자수	증감	
		1차	3차		1차	3차		1차	3차		1차	3차
청년등상시근로자수	0명			2명	+2		2명	+0		2명	+0	+0
청년외상시근로자수	0명			0명	+0		0명	+0		0명	+0	+0
전체상시근로자수	0명			2명	+2		2명	+0		2명	+0	+0
1차 세액공제				2025년(1차) • 청년: 2×1,450 • 청년외: 0×850 • 세액공제: 2,900			2026년(1차) • 청년: 0×1,450 • 청년외: 0×850 • 세액공제: 0			2027년(1차) • 청년: 0×1,450 • 청년외: 0×850 • 세액공제: 0		
2차 세액공제							㉠ 2025년(2차) • 청년: 2×1,450 • 청년외: 0×850 • 세액공제: 2,900			2026년(2차) • 청년: 추가배제 • 청년외: 추가배제 • 세액공제: 0		

구 분	2024년			2025년			2026년			2027년		
	근로자수	증감		근로자수	증감		근로자수	증감		근로자수	증감	
		1차	3차		1차	3차		1차	3차		1차	3차
3차 세액공제										㉡ 2025년(3차) • 청년: 2×1,450 • 청년외: 0×850 • 세액공제: 2,900		
총세액공제액				2,900만원			2,900만원			2,900만원		

* 1차: 당해연도 상시근로자수 – 직전연도 상시근로자수, 2차도 동일함.
* 3차: 당해연도 상시근로자수 – 직전전연도 상시근로자수

| 2025년 세제개편안에 따른 상시근로자수 |

• 청년의 판단기준은 근로계약 체결일을 기준으로 판단하며 근로계약 체결일에 만34세 이하인 경우에는 그 이후 통합고용세액공제가 적용되는 기간동안 계속 청년으로 인정이 된다.

| 2025년 1차 세액공제액 |

구 분	근로자수 계산	공제금액 계산
청년	2명 – 0명 = 2명	2명 × 1,450만원 = 2,900만원
청년외	0명 – 0명 = 0명	0명 × 850만원 = 0원
전체상시근로자수	2명 증가	2,900만원

| 2025년 2차 세액공제액(㉠) |

구 분	2025년 세액공제 대상 근로자수	2025년 대비 2026년 근로자수 증감	2차 추가 공제금액 계산
청년	2명	2명 – 2명 = 0명 증가	2명 × 1,450만원 = 2,900만원
청년외	0명	0명 – 0명 = 0명 증가	0명 × 850만원 = 0원
전체상시근로자수	2명	2명 – 2명 = 0명 증가	2,900만원

• 2026년 전체 상시근로자수는 최초로 공제를 받은 과세연도(2025년)에 비하여 감소하지 않았지만 청년등 상시근로자수도 최초로 공제를 받은 과세연도(2025년)에 비하여 감소하지 않았으므로 청년등 상시근로자에 대한 추가공제를 적용한다.

| 2025년 3차 세액공제액(㉡) |

구 분	2025년 세액공제 대상 근로자수	2025년 대비 2027년 근로자수 증감	3차 추가 공제금액 계산
청년	2명	2명 – 2명 = 0명 증가	2명 × 1,450만원 = 2,900만원
청년외	0명	0명 – 0명 = 0명 증가	0명 × 850만원 = 0원
전체상시근로자수	2명	2명 – 2명 = 0명 증가	2,900만원

• 2027년 전체 상시근로자수는 최초로 공제를 받은 과세연도(2025년)에 비하여 감소하지 않았지만 청

년등 상시근로자수도 최초로 공제를 받은 과세연도(2025년)에 비하여 감소하지 않았으므로 청년등 상시근로자에 대한 추가공제를 적용한다.

사례5 시간의 경과에 따른 청년등 상시근로자수 계산방법 (2025년 세제개편안 기준: 근로계약 체결일 현재 기준)

■ 2025년 7월 1일 청년 입사 후 계속 근무, 2026년 1월 5일 만35세인 생일인 청년 1명이 근무하는 경우 청년등 상시근로자수는 다음과 같다.(사업연도 1.1－12.31. 가정)

① 당해연도 세액공제액 계산시 청년등 상시근로자수

구 분	1월	2월	3월	4월	5월	6월	7월	8월	9월	10월	11월	12월	총인원수
2025년							1명	1명	1명	1명	1명	1명	6명
2026년 (청년)	1명	1명	1명	1명	1명	1명	1명	1명	1명	1명	1명	1명	12명
2026년 (청년외)	0명	0명	0명	0명	0명	0명	0명	0명	0명	0명	0명	0명	0명

구 분	2025년	2026년	증가한 상시근로자
청년등상시근로자수	6명 / 12 = 0.5명	12명 / 12 = 1명	0.5명 증가
청년외상시근로자수	0명	0명 / 12 = 0명	0명 증가
전체상시근로자수	0.5명	1명	0.5명 증가

| 2025년 세제개편안에 따른 상시근로자수 |

- 청년의 판단기준은 근로계약 체결일을 기준으로 판단하며 근로계약 체결일에 만34세 이하인 경우에는 그 이후 통합고용세액공제가 적용되는 기간동안 계속 청년으로 인정이 된다.

② 고용감소로 인한 추가납부세액계산시 청년등 상시근로자수

구 분	1월	2월	3월	4월	5월	6월	7월	8월	9월	10월	11월	12월	총인원수
2025년							1명	1명	1명	1명	1명	1명	6명
2026년 (청년)	1명	1명	1명	1명	1명	1명	1명	1명	1명	1명	1명	1명	12명
2026년 (청년외)	0명	0명	0명	0명	0명	0명	0명	0명	0명	0명	0명	0명	0명

구 분	2025년	2026년	증가한 상시근로자
청년등상시근로자수	6명 / 12 = 0.5명	12명 / 12 = 1명	0.5명 증가
청년외상시근로자수	0명	0명 / 12 = 0명	0명 증가
전체상시근로자수	0.5명	1명	0.5명 증가

사례의 경우 2025년에 비하여 2026년에 감소하지 아니하였으므로 고용감소로 인한 추가납부세액 계산 규정은 적용하지 아니한다.

청년으로 입사한 상시근로자가 청년 외로 변경되었을 때 전체 상시근로자 수를 유지한 경우 사후관리(서면소득2024-4000, 2025.5.30.)

「조세특례제한법 시행령」 제26조의7 제5항 적용시 최초로 공제받은 과세연도에 청년등 상시근로자에 해당하는 자는 이후 과세연도에도 청년 등 상시근로자로 보아 청년등 상시근로자 수를 계산하는 것임. 또한, 중소기업 또는 중견기업인 내국인이 해당 과세연도의 청년 등 상시근로자 증가인원에 대해 「조세특례제한법」 제29조의7 제1항 제1호에 따른 세액공제를 적용받은 후 다다음 과세연도에 청년등 상시근로자수의 수는 감소(최초 과세연도에는 29세 이하였으나, 이후 과세연도에는 30세 이상이 되어 청년 수가 감소한 경우)하였으나 전체 상시근로자의 수는 유지되는 경우에는 잔여 공제연도에 대해서는 「조세특례제한법」 제29조의7 제1항 제2호의 공제액을 적용하여 공제하는 것임.

고용증대세액공제 사후관리 기간 중 공제 적용 방법(전체 상시근로자수는 변동없고 청년등 상시근로자만 감소한 경우)(기획재정부조세특례-214, 2023.3.6.)

내국인이 해당 과세연도의 청년등 상시근로자 증가인원에 대해 「조세특례제한법」 제29조의7 제1항 제1호에 따른 세액공제를 적용받은 후 다음 과세연도에 청년등 상시근로자의 수는 감소(최초 과세연도에는 29세 이하였으나, 이후 과세연도에 30세 이상이 되어 청년 수가 감소하는 경우를 포함)하였으나 전체 상시근로자의 수는 유지되는 경우, 잔여 공제연도에 대해서는 제29조의7 제1항 제2호의 공제액을 적용하여 공제가 가능함.

과세연도 중 30세가 되는 청년 정규직 근로자를 고용한 후 다음 과세연도에 추가 납부 시, 청년상시근로자수 산정방법(기준법령해석법인2021-135, 2021.8.20.)

내국법인이 과세연도 중에 30세 이상이 되는 청년 정규직 근로자를 고용하고 「조세특례제한법」 제29조의7 제1항에 따른 세액공제를 적용받은 후 다음 과세연도에 전체 상시근로자 또는 청년 등 상시근로자의 수가 감소함에 따라 같은 법 시행령(2020.2.11. 대통령령 제30390호로 개정된 것) 제26조의7 제5항을 적용할 때 최초로 공제받은 과세연도의 일부 기간동안 같은 조 제3항 제1호에 따른 청년 등 상시근로자에 해당한 자는 이후 과세연도에도 최초로 공제받은 과세연도와 동일한 기간동안 청년 등 상시근로자로 보아 청년 등 상시근로자수를 계산하는 것임.

9. 추가납부세액

「7. 나. 추가세액공제 배제」가 적용되는 경우 다음과 같이 공제받은 세액에 상당하는 금액을 소득세 또는 법인세로 납부하여야 한다.

당초 세액공제방식	추가납부세액 계산방식
청년과 청년외 구분공제(우대공제+일반공제)	감소한 인원을 청년과 청년외 구분하여 추가납부세액계산
청년과 청년외 구분없이 공제(일반공제)	감소한 인원을 기준 일반공제를 추가납부세액으로 계산

추가납부할 세액의 계산방법은 다음과 같다.

| 추가 납부세액 발생 유형 |

전체 상시근로자수 감소여부		추가 납부세액 발생 유형	비고
1년 이내 감소하는 경우	감소하는 경우	청년 등 감소인원 ≧ 전체 상시근로자 감소인원	
		청년 등 감소인원 < 전체 상시근로자 감소인원	
	감소하지 않는 경우	청년 등 감소	추가세액공제
2년 이내 감소하는 경우	감소하는 경우	청년 등 감소인원 ≧ 전체 상시근로자 감소인원	
		청년 등 감소인원 < 전체 상시근로자 감소인원	
	감소하지 않는 경우	청년 등 감소	추가세액공제

가. 최초로 공제받은 과세연도종료일부터 1년 이내 감소한 경우

최초로 공제받은 과세연도의 종료일부터 1년이 되는 날이 속하는 과세연도의 종료일까지의 기간 중 최초로 공제받은 과세연도보다 상시근로자수 또는 청년등 상시근로자수가 감소하는 경우에는 다음의 구분에 따라 계산한 금액(해당 과세연도의 직전 1년 이내의 과세연도에 공제받은 세액을 한도로 한다)을 법인세로 납부하여야 한다.(조특령 26의8 ④ 1호)

1) 전체 상시근로자수가 감소하는 경우: 다음의 구분에 따라 계산한 금액

① (청년등 상시근로자의 감소한 인원 수 ≧ 전체 상시근로자의 감소한 인원 수)인 경우

$$\text{추가 납부세액} = \left[\begin{matrix}\text{최초로 공제받은}\\ \text{과세연도 대비 청년등}\\ \text{상시근로자의 감소한}\\ \text{인원 수*}\end{matrix} - \begin{matrix}\text{전체 상시}\\ \text{근로자의}\\ \text{감소한}\\ \text{인원 수}\end{matrix} \right] \times (\text{①금액} - \text{②금액}) + \begin{matrix}\text{전체 상시}\\ \text{근로자의}\\ \text{감소한}\\ \text{인원 수}\end{matrix} \times \text{①금액}$$

추가납부세액 한도 = 해당 과세연도의 직전 1년 이내의 과세연도에 공제받은 세액

* 최초로 공제받은 과세연도에 청년등 상시근로자의 증가한 인원 수를 한도로 한다.

「①금액」 및 「②금액」은 기업의 종류별로 다음과 같다.

구 분	중소기업		중견기업	대기업
	수도권	수도권밖		
①금액(청년)	1,450만원	1,550만원	800만원	400만원
②금액(청년외)	850만원	950만원	450만원	0원

(청년등 상시근로자의 감소한 인원 수 ≧ 전체 상시근로자의 감소한 인원 수)인 경우

■ 우대공제 적용한 경우의 추가납부세액 계산(수도권내 중소기업 가정)

구 분	2024년	2025년 (최초로 공제받은 과세연도)	2026년
청년등상시근로자수	3명	8명	4명
청년외상시근로자수	7명	10명	11명
전체상시근로자수	10명	18명	15명

(단위: 만원)

구 분	2024년			2025년			2026년		
	근로자수	증감		근로자수	증감		근로자수	증감	
		1차	3차		1차	3차		1차	3차
청년등상시근로자수 청년외상시근로자수	3명 7명			8명 10명	+5 +3		4명 11명	−4 +1	
전체상시근로자수	10명			18명	+8		15명	−3	
1차 세액공제				2025년(1차) • 청년: 5×1,450 • 청년외: 3×850 • 세액공제: 9,800			2026년(1차) • 청년: 배제 • 청년외: 배제 • 세액공제: 0		
2차 세액공제							2025년(2차) • 청년: 추가배제납부 • 청년외: 추가배제납부 • 추가공제: 0		

총세액공제액		9,800만원	0원

* 1차: 당해연도 상시근로자수 － 직전연도 상시근로자수, 2차도 동일함.
* 3차: 당해연도 상시근로자수 － 직전전연도 상시근로자수

| 2025년 1차 세액공제액 |

구 분	근로자수 계산	공제금액 계산
청년	8명 － 3명＝5명	5명×1,450만원＝7,250만원
청년외	10명 － 7명＝3명	3명×850만원＝2,550만원
전체상시근로자수	18명 － 10명＝8명 증가	9,800만원

| 2025년 2차 세액공제액 또는 추가납부세액 |

구 분	2025년 세액공제 대상 근로자수	2025년 대비 2026년 근로자수 증감	추가 공제금액 계산
청년	5명	4명 － 8명＝4명 감소	0명×1,450만원＝0원
청년외	3명	11명 － 10명＝1명 증가	0명×850만원＝0원
전체상시근로자수	8명	15명 － 18명＝3명 감소	0원
추가납부세액	(4명 － 3명)×(1,450만원 － 850만원)＋3명×1,450만원＝4,950만원		

• 2026년 전체 상시근로자수는 최초로 공제를 받은 과세연도(2025년)에 3명 감소하였으므로 2025년부터 추가공제를 배제하고 감소한 상시근로자수에 대한 추가납부세액이 발생한다.

일반공제만 적용한 경우의 추가납부세액 계산(위 상시근로자수 기준이며 수도권내 중소기업 가정)(기획재정부조세특례－906, 2023.8.28.)

㉠ 2025년 고용증대세액공제액＝8명×850만원＝6,800만원

㉡ 2026년에 상시근로자수(15명)가 최초로 공제를 받은 과세연도(2025년)에 비하여 3명이 감소하였으므로 세액공제액 중 다음의 금액을 추가 납부하여야 한다.

• 추가 납부할 세액＝3명×850만원＝2,550만원

② 그 밖의 경우

추가 납부세액 ＝ 최초로 공제받은 과세연도 대비 청년등 상시근로자의 감소한 인원 수* ×①금액 ＋ 최초로 공제받은 과세연도 대비 청년등 상시근로자 외 상시근로자의 감소한 인원 수** ×②금액

추가납부세액 한도 ＝ 해당 과세연도의 직전 1년 이내의 과세연도에 공제받은 세액

* 최초로 공제받은 과세연도에 청년등 상시근로자의 증가한 인원 수를 한도로 한다.

** 전체상시근로자의 감소한 인원수를 한도로 한다.

「①금액」 및 「②금액」은 기업의 종류별로 다음과 같다.

구 분	중소기업		중견기업	대기업
	수도권	수도권밖		
①금액(청년)	1,450만원	1,550만원	800만원	400만원
②금액(청년외)	850만원	950만원	450만원	0원

(청년등 상시근로자의 감소한 인원 수 < 전체 상시근로자의 감소한 인원 수)인 경우

우대공제 적용한 경우의 추가납부세액 계산(수도권내 중소기업 가정)

구 분	2024년	2025년 (최초로 공제받은 과세연도)	2026년
청년등상시근로자수	3명	8명	7명
청년외상시근로자수	7명	10명	8명
전체상시근로자수	10명	18명	15명

(단위: 만원)

구 분	2024년			2025년			2026년		
	근로자수	증감		근로자수	증감		근로자수	증감	
		1차	3차		1차	3차		1차	3차
청년등상시근로자수 청년외상시근로자수	3명 7명			8명 10명	+5 +3		7명 8명	−1 −2	
전체상시근로자수	10명			18명	+8		15명	−3	
1차 세액공제				2025년(1차) • 청년: 5×1,450 • 청년외: 3×850 • 세액공제: 9,800			2026년(1차) • 청년: 배제 • 청년외: 배제 • 세액공제: 0		
2차 세액공제							2025년(2차) • 청년: 추가배제납부 • 청년외: 추가배제납부 • 추가공제: 0		
총세액공제액				9,800만원			0원		

* 1차: 당해연도 상시근로자수 − 직전연도 상시근로자수, 2차도 동일함.
* 3차: 당해연도 상시근로자수 − 직전전연도 상시근로자수

| 2025년 1차 세액공제액 |

구 분	근로자수 계산	공제금액 계산
청년	8명 - 3명 = 5명	5명 × 1,450만원 = 7,250만원
청년외	10명 - 7명 = 3명	3명 × 850만원 = 2,550만원
전체상시근로자수	18명 - 10명 = 8명 증가	9,800만원

| 2025년 2차 세액공제액 또는 추가납부세액 |

구 분	2025년 세액공제 대상 근로자수	2025년 대비 2026년 근로자수 증감	추가 공제금액 계산
청년	5명	7명 - 8명 = 1명 감소	0명 × 1,450만원 = 0원
청년외	3명	8명 - 10명 = 2명 감소	0명 × 850만원 = 0원
전체상시근로자수	8명	15명 - 18명 = 3명 감소	0원
추가납부세액	1명 × 1,450만원 + 2명 × 850만원 = 3,150만원		

• 2026년 전체 상시근로자수는 최초로 공제를 받은 과세연도(2025년)에 비하여 3명 감소하였으므로 2026년부터 추가공제를 배제하고 감소한 상시근로자수에 대한 추가납부세액이 발생한다.

■ 일반공제만 적용한 경우의 추가납부세액 계산(위 상시근로자수 기준이며 수도권내 중소기업 가정)(기획재정부조세특례-906, 2023.8.28.)

㉠ 2025년 고용증대세액공제액 = 8명 × 850만원 = 6,800만원

㉡ 2026년에 전체 상시근로자수가 최초 공제받은 과세연도(2025년) 18명보다 3명이 감소하였으므로 세액공제액 중 다음의 금액을 추가 납부하여야 한다.

- 추가 납부할 세액 = 3명 × 850만원 = 2,550만원

2) 전체 상시근로자수는 감소하지 않으면서 청년등 상시근로자수가 감소한 경우

$$\text{추가납부세액} = \frac{\text{최초로 공제받은 과세연도 대비 청년등}}{\text{상시근로자의 감소한 인원 수*}} \times (\text{①금액} - \text{②금액})$$

추가납부세액 한도 = 해당 과세연도의 직전 1년 이내의 과세연도에 공제받은 세액

* 최초로 공제받은 과세연도에 청년등 상시근로자의 증가한 인원 수를 한도로 한다.
「①금액」 및 「②금액」은 기업의 종류별로 다음과 같다.

구 분	중소기업		중견기업	대기업
	수도권	수도권밖		
①금액(청년)	1,450만원	1,550만원	800만원	400만원
②금액(청년외)	850만원	950만원	450만원	0원

전체 상시근로자수는 감소하지 않으면서 청년등 상시근로자수가 감소한 경우

우대공제 적용한 경우의 추가납부세액(수도권내 중소기업 가정)

구 분	2024년	2025년 (최초로 공제받은 과세연도)	2026년
청년등상시근로자수	3명	8명	7명
청년외상시근로자수	7명	10명	12명
전체상시근로자수	10명	18명	19명

(단위: 만원)

구 분	2024년			2025년			2026년		
	근로자수	증감		근로자수	증감		근로자수	증감	
		1차	3차		1차	3차		1차	3차
청년등상시근로자수 청년외상시근로자수	3명 7명			8명 10명	+5 +3		7명 12명	－1 +2	
전체상시근로자수	10명			18명	+8		19명	+1	
1차 세액공제				2025년(1차) • 청년: 5×1,450 • 청년외: 3×850 • 세액공제: 9,800			2026년(1차) • 청년: 배제 • 청년외: 1×850 • 세액공제: 850		
2차 세액공제							2025년(2차) • 청년: 추가배제납부 • 청년외: 8×850 • 추가공제: 6,800		
총세액공제액				9,800만원			7,650만원		

* 1차: 당해연도 상시근로자수 － 직전연도 상시근로자수, 2차도 동일함.
* 3차: 당해연도 상시근로자수 － 직전전연도 상시근로자수

| 2025년 1차 세액공제액 |

구 분	근로자수 계산	공제금액 계산
청년	8명 － 3명 = 5명	5명 × 1,450만원 = 7,250만원
청년외	10명 － 7명 = 3명	3명 × 850만원 = 2,550만원
전체상시근로자수	18명 － 10명 = 8명 증가	9,800만원

| 2025년 2차 세액공제액 또는 추가납부세액 |

구 분	2025년 세액공제 대상 근로자수	2025년 대비 2026년 근로자수 증감	2차 추가 공제금액 계산
청년	5명	7명 - 8명 = 1명 감소	0명 × 1,450만원 = 0원
청년외	3명	12명 - 10명 = 2명 증가	8명 × 850만원 = 6,800만원
전체상시근로자수	8명	19명 - 18명 = 1명 증가	6,800만원
추가납부세액	1명 × (1,450만원 - 850만원) = 600만원		

• 2026년 전체 상시근로자수는 최초로 공제를 받은 과세연도(2025년)에 비하여 감소하지 않고 청년등 상시근로자수만 감소한 경우 2025년에 증가한 전체 상시근로자수(8명)에 대하여 청년외 상시근로자 증가에 대한 공제액(8명 × 850만원 = 6,800만원)을 적용한 금액을 추가 세액공제 적용하고 감소한 청년등 상시근로자수에 대한 추가납부세액이 발생한다.

일반공제만 적용한 경우의 추가납부세액 계산(위 상시근로자수 기준이며 수도권내 중소기업 가정)(기획재정부조세특례-906, 2023.8.28.)

㉠ 2025년 고용증대세액공제액 = 8명 × 850만원 = 6,800만원

㉡ 2026년에 전체 상시근로자수가 최초로 공제받은 과세연도(2025년)보다 감소하지 않았으므로 2025년 세액공제액 6,800만원이 추가세액공제된다.

㉢ 2026년에 전체 상시근로자수가 최초 공제받은 과세연도(2025년) 19명보다 1명이 증가하였으므로 추가납부세액은 없다.

나. 최초로 공제받은 과세연도종료일부터 1년 초과 2년 이내 감소하는 경우

최초로 공제받은 과세연도의 종료일부터 1년이 되는 날이 속하는 과세연도의 종료일의 다음 날부터 최초로 공제받은 과세연도의 종료일부터 2년이 되는 날이 속하는 과세연도의 종료일까지의 기간 중 최초로 공제받은 과세연도보다 상시근로자수 또는 청년등 상시근로자수가 감소하는 경우에는 다음의 구분에 따라 계산한 금액('최초로 공제받은 과세연도종료일부터 1년 이내 감소한 경우'에 따라 계산한 금액이 있는 경우 그 금액을 제외하며, 해당 과세연도의 직전 2년 이내의 과세연도에 공제받은 세액의 합계액을 한도로 한다)을 법인세로 납부하여야 한다.

1) 전체 상시근로자수가 감소하는 경우

① (청년등 상시근로자의 감소한 인원 수 ≧ 전체 상시근로자의 감소한 인원 수)인 경우

추가납부세액 = [최초로 공제받은 과세연도 대비 청년등 상시근로자의 감소한 인원 수[1) - 전체상시 근로자의 감소한 인원 수] × (①금액 - ②금액) × 공제횟수[2)] + 전체 상시근로자의 감소한 인원 수 × ①금액 × 공제횟수

- 「공제받은 과세연도종료일부터 1년 이내 감소한 경우」에 따른 추가납부세액

추가납부세액 한도 = 해당 과세연도의 직전 2년 이내의 과세연도에 공제받은 세액의 합계액

1) 최초로 공제받은 과세연도에 청년등 상시근로자의 증가한 인원 수를 한도로 한다.
2) 직전 2년 이내의 과세연도에 공제받은 횟수

「①금액」 및 「②금액」은 기업의 종류별로 다음과 같다.

구 분	중소기업		중견기업	대기업
	수도권	수도권밖		
①금액(청년)	1,450만원	1,550만원	800만원	400만원
②금액(청년외)	850만원	950만원	450만원	0원

(청년등 상시근로자의 감소한 인원 수 ≥ 전체 상시근로자의 감소한 인원 수)인 경우 (2차년도 전체상시근로자수 증가, 3차년도 전체상시근로자수 감소)

■ 우대공제 적용한 경우로 2차년도는 전체 상시근로자수가 증가하고 3차년도에 전체 상시근로자수가 감소한 경우 추가납부세액 계산(수도권내 중소기업 가정)

구 분	2024년	2025년 (최초로 공제받은 과세연도)	2026년	2027년
청년등상시근로자수	3명	8명	8명	4명
청년외상시근로자수	7명	10명	12명	11명
전체상시근로자수	10명	18명	20명	15명

(단위: 만원)

구 분	2024년			2025년			2026년			2027년		
	근로자수	증감		근로자수	증감		근로자수	증감		근로자수	증감	
		1차	3차		1차	3차		1차	3차		1차	3차
청년등상시근로자수	3명			8명	+5		8명	+0		4명	-4	-4
청년외상시근로자수	7명			10명	+3		12명	+2		11명	-1	+1
전체상시근로자수	10명			18명	+8		20명	+2		15명	-5	-3
1차 세액공제				2025년(1차) • 청년: 5×1,450 • 청년외: 3×850 • 세액공제: 9,800			2026년(1차) • 청년: 배제 • 청년외: 2×850 • 세액공제: 1,700			2027년(1차) • 청년: 배제 • 청년외: 배제 • 세액공제: 0		
2차 세액공제							2025년(2차) • 청년: 5×1,450 • 청년외: 3×850 • 세액공제: 9,800			2026년(2차) • 청년: 추가배제 • 청년외:추가배제납부 • 세액공제: 0		
3차 세액공제										2025년(3차) • 청년: 추가배제납부 • 청년외:추가배제납부 • 추가공제: 0		
총세액공제액				9,800만원			11,500만원			0원		

* 1차: 당해연도 상시근로자수 - 직전연도 상시근로자수, 2차도 동일함.
* 3차: 당해연도 상시근로자수 - 직전전연도 상시근로자수

| 2025년 1차 세액공제액 |

구 분	근로자수 계산	공제금액 계산
청년	8명 - 3명 = 5명	5명 × 1,450만원 = 7,250만원
청년외	10명 - 7명 = 3명	3명 × 850만원 = 2,550만원
전체상시근로자수	18명 - 10명 = 8명 증가	9,800만원

| 2025년 2차 세액공제액 또는 추가납부세액 |

구 분	2025년 세액공제 대상 근로자수	2025년 대비 2026년 근로자수 증감	2차 추가 공제금액 계산
청년	5명	8명 - 8명 = 0명 감소	5명 × 1,450만원 = 7,250만원
청년외	3명	12명 - 10명 = 2명 증가	3명 × 850만원 = 2,550만원
전체상시근로자수	8명	20명 - 18명 = 2명 증가	9,800만원

• 2026년에 전체 상시근로자수 및 청년등 상시근로자수가 최초로 공제받은 과세연도(2025년)보다 감소하지 아니하였으므로 1차 세액공제액을 추가세액공제하고 추가납부세액은 없다.

| 2025년 3차 세액공제액 또는 추가납부세액 |

구 분	2025년 세액공제 대상 근로자수	2025년 대비 2027년 근로자수 증감	3차 추가 공제금액 계산
청년	5명	4명 - 8명 = 4명 감소	0명 × 1,450만원 = 0원
청년외	3명	11명 - 10명 = 1명 증가	0명 × 850만원 = 0원
전체상시근로자수	8명	15명 - 18명 = 3명 감소	0원
추가납부세액	(4명 - 3명) × (1,450만원 - 850만원) × 2 + 3명 × 1,450만원 × 2 = 9,900만원		

• 2027년 전체 상시근로자수는 최초로 공제를 받은 과세연도(2025년)에 비하여 3명 감소하였으므로 추가세액공제 배제하고 감소한 전체 상시근로자수에 대한 추가납부세액이 발생한다.

일반공제만 적용한 경우로 2차년도는 전체 상시근로자수가 증가하고 3차년도에 전체 상시근로자수가 감소한 경우 추가납부세액 계산(위 상시근로자수 기준이며 수도권내 중소기업 가정)(기획재정부조세특례-906, 2023.8.28.)

㉠ 2025년 고용증대세액공제액 = 8명 × 850만원 = 6,800만원

㉡ 2026년에 전체 상시근로자수가 최초로 공제받은 과세연도(2025년)보다 감소하지 않았으므로 2025년 세액공제액 6,800만원이 추가세액공제된다.

㉢ 2027년에 전체 상시근로자수가 최초로 공제받은 과세연도(2025년) 18명보다 3명이 감소하였으므로 세액공제액 중 다음의 금액을 추가 납부하여야 한다.

- 추가 납부할 세액 = 3명 × 850만원 × 2 = 5,100만원

(청년등 상시근로자의 감소한 인원 수 ≧ 전체 상시근로자의 감소한 인원 수)인 경우 (2차 · 3차년도 전체상시근로자수 모두 감소)

■ 우대공제 적용한 경우로 2차년도 및 3차년도 전체 상시근로자수가 모두 감소한 경우 추가납부세액 계산(수도권내 중소기업 가정)

구 분	2024년	2025년 (최초로 공제받은 과세연도)	2026년	2027년
청년등상시근로자수	3명	8명	6명	2명
청년외상시근로자수	7명	10명	11명	12명
전체상시근로자수	10명	18명	17명	14명

(단위: 만원)

구 분	2024년			2025년			2026년			2027년		
	근로자수	증감		근로자수	증감		근로자수	증감		근로자수	증감	
		1차	3차		1차	3차		1차	3차		1차	3차
청년등상시근로자수	3명			8명	+5		6명	−2		2명	−4	−6
청년외상시근로자수	7명			10명	+3		11명	+1		12명	+1	+2
전체상시근로자수	10명			18명	+8		17명	−1		14명	−3	−4
1차 세액공제				2025년(1차) • 청년: 5×1,450 • 청년외: 3×850 • 세액공제: 9,800			2026년(1차) • 청년: 배제 • 청년외: 배제 • 세액공제: 0			2027년(1차) • 청년: 배제 • 청년외: 배제 • 세액공제: 0		
2차 세액공제							2025년(2차) • 청년: 추가배제납부 • 청년외:추가배제납부 • 추가공제: 0			2026년(2차) • 청년: 추가배제 • 청년외: 추가배제 • 세액공제: 0		
3차 세액공제										2025년(3차) • 청년: 추가배제납부 • 청년외:추가배제납부 • 추가공제: 0		
총세액공제액				9,800만원			0원			0원		

* 1차: 당해연도 상시근로자수 − 직전연도 상시근로자수, 2차도 동일함.
* 3차: 당해연도 상시근로자수 − 직전전연도 상시근로자수

| 2025년 1차 세액공제액 |

구 분	근로자수 계산	공제금액 계산
청년	8명 - 3명 = 5명	5명 × 1,450만원 = 7,250만원
청년외	10명 - 7명 = 3명	3명 × 850만원 = 2,550만원
전체상시근로자수	18명 - 10명 = 8명 증가	9,800만원

| 2025년 2차 세액공제액 또는 추가납부세액 |

구 분	2025년 세액공제 대상 근로자수	2025년 대비 2026년 근로자수 증감	2차 추가 공제금액 계산
청년	5명	6명 - 8명 = 2명 감소	0명 × 1,450만원 = 0원
청년외	3명	11명 - 10명 = 1명 증가	0명 × 850만원 = 0원
전체상시근로자수	8명	17명 - 18명 = 1명 감소	0원
추가납부세액	(2명 - 1명) × (1,450만원 - 850만원) + 1명 × 1,450만원 = 2,050만원		

• 2026년에 전체 상시근로자수가 최초로 공제받은 과세연도(2025년)보다 1명 감소하였으므로 2026년부터 추가공제는 배제하고 전체 상시근로자수에 대한 추가납부세액이 발생한다.

| 2025년 3차 세액공제액 또는 추가납부세액 |

구 분	2025년 세액공제 대상 근로자수	2025년 대비 2027년 근로자수 증감	3차 추가 공제금액 계산
청년	5명	2명 - 8명 = 6명 감소 → 5명 감소☆	0명 × 1,450만원 = 0원
	☆ 추가납부세액계산시 최초 과세연도에 증가한 청년 상시근로자수를 한도로 적용함		
청년외	3명	12명 - 10명 = 2명 증가	0명 × 850만원 = 0원
전체상시근로자수	8명	14명 - 18명 = 4명 감소	0원
추가납부세액	• 총 추가 납부할 세액 = (5명 - 4명) × (1,450만원 - 850만원) × 1 + 4명 × 1,450만원 × 1= 6,400만원 • 이미 추가 납부한 세액 = 2,050만원 • 당해 사업연도 추가 납부할 세액 = 64,000,000 - 20,500,000 = 4,350만원		

• 2026년에 전체 상시근로자수가 최초로 공제받은 과세연도(2025년)보다 1명 감소하였으므로 2027년 추가공제는 상시근로자수 증가여부와 상관없이 배제한다.
• 2027년에 전체 상시근로자수가 최초로 공제받은 과세연도(2025년) 18명보다 4명이 감소하였으므로 추가납부세액에서 이미 추가납부한 세액을 차감한 금액을 추가 납부하여야 한다. 이 때 청년의 감소인원은 최초공제연도인 2025년 증가인원을 한도로 한다. 따라서 청년이 6명 감소하였지만 2025년 청년 증가인원이 5명이므로 5명을 기준으로 추가납부세액을 계산한다.

■ **일반공제만 적용한 경우로 2차년도 및 3차년도 전체 상시근로자수가 모두 감소한 경우 추가납부세액 계산(위 상시근로자수 기준이며 수도권내 중소기업 가정)**(기획재정부조세특례-906, 2023.8.28.)

㉠ 2025년 고용증대세액공제액 = 8명 × 850만원 = 6,800만원

㉡ 2026년에 전체 상시근로자수가 최초로 공제받은 과세연도(2025년)보다 1명 감소하였으므로 세

액공제액 중 다음의 금액을 추가 납부하여야 한다.

• 추가 납부할 세액 = 1명 × 850만원 = 850만원

㉢ 2027년에 전체 상시근로자수가 최초로 공제받은 과세연도(2025년) 18명보다 4명이 감소하였으므로 세액공제액 중 다음의 금액에서 이미 추가납부한 세액을 차감한 금액을 추가납부하여야 한다.

• 추가 납부할 세액 = 4명 × 850만원 × 1 − 8,500,000 = 2,550만원

② 그 밖의 경우

추가납부세액 = 최초로 공제받은 과세연도 대비 청년등 상시근로자 및 청년등 상시근로자 외 상시근로자의 감소한 인원 수(전체 상시근로자의 감소한 인원 수를 한도로 한다)에 대해 직전 2년 이내의 과세연도에 공제받은 세액의 합계액 − 「공제받은 과세연도종료일부터 1년 이내 감소한 경우」에 따른 추가납부세액

추가납부세액 한도 = 해당 과세연도의 직전 2년 이내의 과세연도에 공제받은 세액의 합계액

(청년등 상시근로자의 감소한 인원 수 〈 전체 상시근로자의 감소한 인원 수)인 경우 (2차년도 전체상시근로자수 증가, 3차년도 전체상시근로자수 감소)

■ 우대공제 적용한 경우로 2차년도는 전체 상시근로자수가 증가하고 3차년도에 전체 상시근로자수가 감소한 경우 추가납부세액 계산(수도권내 중소기업 가정)

구 분	2024년	2025년 (최초로 공제받은 과세연도)	2026년	2027년
청년등상시근로자수	3명	8명	10명	7명
청년외상시근로자수	7명	10명	9명	8명
전체상시근로자수	10명	18명	19명	15명

(단위: 만원)

구 분	2024년			2025년			2026년			2027년		
	근로자수	증감		근로자수	증감		근로자수	증감		근로자수	증감	
		1차	3차		1차	3차		1차	3차		1차	3차
청년등상시근로자수 청년외상시근로자수	3명 7명			8명 10명	+5 +3		10명 9명	+2 −1		7명 8명	−3 −1	−1 −2
전체상시근로자수	10명			18명	+8		19명	+1		15명	−4	−3
1차 세액공제				2025년(1차) • 청년: 5×1,450 • 청년외: 3×850 • 세액공제: 9,800			2026년(1차) • 청년: 1×1,450 • 청년외: 배제 • 세액공제: 1,450			2027년(1차) • 청년: 배제 • 청년외: 배제 • 세액공제: 0		
2차 세액공제							2025년(2차) • 청년: 5×1,450 • 청년외: 3×850 • 추가공제: 9,800			2026년(2차) • 청년: 추가배제납부 • 청년외: 배제 • 세액공제: 0		
3차 세액공제										2025년(3차) • 청년: 추가배제납부 • 청년외:추가배제납부 • 추가공제: 0		
총세액공제액				9,800만원			11,250만원			0원		

* 1차: 당해연도 상시근로자수－직전연도 상시근로자수, 2차도 동일함.
* 3차: 당해연도 상시근로자수－직전전연도 상시근로자수

| 2025년 1차 세액공제액 |

구 분	근로자수 계산	공제금액 계산
청년	8명 – 3명 = 5명	5명 × 1,450만원 = 7,250만원
청년외	10명 – 7명 = 3명	3명 × 850만원 = 2,550만원
전체상시근로자수	18명 – 10명 = 8명 증가	9,800만원

| 2025년 2차 세액공제액 또는 추가납부세액 |

구 분	2025년 세액공제 대상 근로자수	2025년 대비 2026년 근로자수 증감	2차 추가 공제금액 계산
청년	5명	10명 – 8명 = 2명 증가	5명 × 1,450만원 = 7,250만원
청년외	3명	9명 – 10명 = 1명 감소	3명 × 850만원 = 2,550만원
전체상시근로자수	8명	19명 – 18명 = 1명 증가	9,800만원

• 2026년에 전체 상시근로자수가 최초로 공제받은 과세연도(2025년)보다 감소하지 아니하였으므로 2차 추가세액공제 9,800만원을 세액공제하고 추가납부세액은 없다.

| 2025년 3차 세액공제액 또는 추가납부세액 |

구 분	2025년 세액공제 대상 근로자수	2025년 대비 2027년 근로자수 증감	3차 추가 공제금액 계산
청년	5명	7명 – 8명 = 1명 감소	0명 × 1,450만원 = 0원
청년외	3명	8명 – 10명 = 2명 감소	0명 × 850만원 = 0원
전체상시근로자수	8명	15명 – 18명 = 3명 감소	0원
추가납부세액	2명 × 850만원 × 2 + 1명 × 1,450만원 × 2 = 6,300만원		

• 2027년에 전체 상시근로자수가 최초로 공제받은 과세연도(2025년)보다 3명 감소하였으므로 3차 추가세액공제는 배제하고 감소한 전체 상시근로자수에 대한 추가납부세액이 발생한다

일반공제만 적용한 경우로 2차년도는 전체 상시근로자수가 증가하고 3차년도에 전체 상시근로자수가 감소한 경우 추가납부세액 계산(위 상시근로자수 기준이며 수도권내 중소기업 가정)(기획재정부조세특례-906, 2023.8.28.)

㉠ 2025년 고용증대세액공제액 = 8명 × 850만원 = 6,800만원

㉡ 2026년에 전체 상시근로자수가 최초로 공제받은 과세연도(2025년)보다 감소하지 아니하였으므로 2025년 세액공제액 6,800만원이 추가공제된다.

㉢ 2027년에 전체 상시근로자수가 최초로 공제받은 과세연도(2025년) 18명보다 3명이 감소하였으므로 세액공제액 중 다음의 금액을 추가 납부하여야 한다.

• 추가 납부할 세액 = 3명 × 850만원 × 2 = 5,100만원

(청년등 상시근로자의 감소한 인원 수〈 전체 상시근로자의 감소한 인원 수)인 경우 (2차년도 전체상시근로자수 감소없고 청년상시근로자수 감소, 3차년도 모두 감소)

■ 우대공제 적용한 경우로 2차년도 전체 상시근로자수는 감소하지 않았으나 청년등 상시근로자수 및 3차년도 전체 상시근로자수가 모두 감소한 경우 추가납부세액 계산(수도권내 중소기업 가정)

구 분	2024년	2025년 (최초로 공제받은 과세연도)	2026년	2027년
청년등상시근로자수	3명	8명	6명	7명
청년외상시근로자수	7명	10명	12명	8명
전체상시근로자수	10명	18명	18명	15명

(단위: 만원)

구 분	2024년			2025년			2026년			2027년		
	근로자수	증감		근로자수	증감		근로자수	증감		근로자수	증감	
		1차	3차		1차	3차		1차	3차		1차	3차
청년등상시근로자수	3명			8명	+5		6명	−2		7명	+1	−1
청년외상시근로자수	7명			10명	+3		12명	+2		8명	−4	−2
전체상시근로자수	10명			18명	+8		18명	+0		15명	−3	−3
1차 세액공제				2025년(1차) • 청년: 5×1,450 • 청년외: 3×850 • 세액공제: 9,800			2026년(1차) • 청년: 배제 • 청년외: 배제 • 세액공제: 0			2027년(1차) • 청년: 배제 • 청년외: 배제 • 세액공제: 0		
2차 세액공제							2025년(2차) • 청년: 추가배제납부 • 청년외: 8×850 • 추가공제: 6,800			2026년(2차) • 청년: 추가배제 • 청년외: 추가배제 • 세액공제: 0		
3차 세액공제										2025년(3차) • 청년: 추가배제납부 • 청년외:추가배제납부 • 추가공제: 0		
총세액공제액				9,800만원			6,800만원			0원		

* 1차: 당해연도 상시근로자수 − 직전연도 상시근로자수, 2차도 동일함.
* 3차: 당해연도 상시근로자수 − 직전전연도 상시근로자수

| 2025년 1차 세액공제액 |

구 분	근로자수 계산	공제금액 계산
청년	8명 - 3명 = 5명	5명 × 1,450만원 = 7,250만원
청년외	10명 - 7명 = 3명	3명 × 850만원 = 2,550만원
전체상시근로자수	18명 - 10명 = 8명 증가	9,800만원

| 2025년 2차 세액공제액 또는 추가납부세액 |

구 분	2025년 세액공제 대상 근로자수	2025년 대비 2026년 근로자수 증감	2차 추가 공제금액 계산
청년	5명	6명 - 8명 = 2명 감소	0명 × 1,450만원 = 0원
청년외	3명	12명 - 10명 = 2명 증가	8명 × 850만원 = 6,800만원
전체상시근로자수	8명	18명 - 18명 = 0명 증가	6,800만원
추가납부세액	2명 × (1,450만원 - 850만원) = 1,200만원		

• 2026년 전체 상시근로자수는 최초로 공제를 받은 과세연도(2025년)에 비하여 감소하지 않았지만 청년등 상시근로자수가 최초로 공제를 받은 과세연도(2025년)에 비하여 감소하였으므로 청년등 상시근로자에 대한 추가공제를 2026년부터 배제한다.

• 2026년 전체 상시근로자수는 최초로 공제를 받은 과세연도(2025년)에 비하여 감소하지 않았으므로 2025년에 증가한 전체 상시근로자수(8명)에 대하여 청년외 상시근로자 증가에 대한 공제액을 적용한 금액(8명 × 850만원 = 6,800만원)을 추가세액공제 적용하고 감소한 청년등 상시근로자수에 대하여 추가납부세액이 발생한다.

| 2025년 3차 세액공제액 또는 추가납부세액 |

구 분	2025년 세액공제 대상 근로자수	2025년 대비 2027년 근로자수 증감	3차 추가 공제금액 계산
청년	5명	7명 - 8명 = 1명 감소	0명 × 1,450만원 = 0원
청년외	3명	8명 - 10명 = 2명 감소	0명 × 850만원 = 0원
전체상시근로자수	8명	15명 - 18명 = 3명 감소	0원
추가납부세액	• 총 추가 납부할 세액 = 1명 × (850만원+1,450만원) × 1+ 2명 × 850만원 × 2 = 5,700만원 • 이미 추가 납부한 세액 = 1,200만원 • 당해 사업연도 추가 납부할 세액 = 57,000,000 − 12,000,000 = 4,500만원		

• 2027년에 전체 상시근로자수가 최초로 공제받은 과세연도(2025년)보다 3명 감소하였으므로 3차 추가 세액공제는 배제하고 감소한 전체상시근로자수에 대한 추가납부세액에서 이미 추가납부한 세액을 차감한 금액을 추가 납부하여야 한다.

• 1차 세액공제시 증가한 청년에 대하여 2차 추가공제를 적용할 때 일반공제(850만원)를 적용한 경우로서 3차 세액공제 때 청년과 청년외가 모두 감소한 경우 청년의 추가납부세액은 우대공제(1,450만원)와 일반공제(850만원)를 동시에 고려하여 계산하여야 한다.

■ **우대공제 적용한 경우로 2차년도 전체 상시근로자수는 감소하지 않았으나 청년등 상시근로자수 및 3차년도 전체 상시근로자수가 모두 감소한 경우 추가납부세액 계산(위 상시근로자수 기준이며 수도권내 중소기업 가정)**(기획재정부조세특례-906, 2023.8.28.)

㉠ 2025년 고용증대세액공제액 = 8명 × 850만원 = 6,800만원

㉡ 2026년에 전체 상시근로자수가 최초로 공제받은 과세연도(2025년)보다 감소하지 않았으므로 2025년 세액공제액 6,800만원이 추가세액공제된다.

㉢ 2026년에 전체 상시근로자수가 최초로 공제받은 과세연도(2025년)보다 감소하지 않았으므로 추가납부세액은 없다.

㉣ 2027년에 전체 상시근로자수가 최초로 공제받은 과세연도(2025년) 18명보다 3명이 감소하였으므로 세액공제액 중 다음의 금액을 추가 납부하여야 한다.

- 총 추가 납부할 세액 = 3명 × 850만원 × 2 = 5,100만원

2) 전체 상시근로자수는 감소하지 않으면서 청년등 상시근로자수가 감소한 경우

추가납부세액 = $\dfrac{\text{최초로 공제받은 과세연도 대비 청년등}}{\text{상시근로자의 감소한 인원 수}^{1)}}$ × (①금액 − ②금액) × 공제횟수[2)]

−「공제받은 과세연도종료일부터 1년 이내 감소한 경우」에 따른 추가납부세액

추가납부세액 한도 = 해당 과세연도의 직전 2년 이내의 과세연도에 공제받은 세액의 합계액

1) 최초로 공제받은 과세연도에 청년등 상시근로자의 증가한 인원 수를 한도로 한다.
2) 직전 2년 이내의 과세연도에 공제받은 횟수

「①금액」 및 「②금액」은 기업의 종류별로 다음과 같다.

구 분	중소기업		중견기업	대기업
	수도권	수도권밖		
①금액(청년)	1,450만원	1,550만원	800만원	400만원
②금액(청년외)	850만원	950만원	450만원	0원

전체 상시근로자수는 감소하지 않으면서 청년등 상시근로자수가 감소한 경우 (전체 상시근로자수 감소없고 청년등 상시근로자수만 2차년도 증가 3차년도 감소)

■ 우대공제 적용한 경우로 청년등 상시근로자수가 2차년도는 증가하고 3차년도에 감소한 경우 추가납부세액 계산(수도권내 중소기업 가정)

구 분	2024년	2025년 (최초로 공제받은 과세연도)	2026년	2027년
청년등상시근로자수	3명	8명	9명	7명
청년외상시근로자수	7명	10명	12명	12명
전체상시근로자수	10명	18명	21명	19명

(단위: 만원)

구 분	2024년			2025년			2026년			2027년		
	근로자수	증감		근로자수	증감		근로자수	증감		근로자수	증감	
		1차	3차		1차	3차		1차	3차		1차	3차
청년등상시근로자수	3명			8명	+5		9명	+1		7명	-2	-1
청년외상시근로자수	7명			10명	+3		12명	+2		12명	+0	+2
전체상시근로자수	10명			18명	+8		21명	+3		19명	-2	+1
1차 세액공제				2025년(1차) • 청년: 5×1,450 • 청년외: 3×850 • 세액공제: 9,800			2026년(1차) • 청년: 1×1,450 • 청년외: 2×850 • 세액공제: 3,150			2027년(1차) • 청년: 배제 • 청년외: 배제 • 세액공제: 0		
2차 세액공제							2025년(2차) • 청년: 5×1,450 • 청년외: 3×850 • 추가공제: 9,800			2026년(2차) • 청년: 추가배제납부 • 청년외:추가배제납부 • 세액공제: 0		
3차 세액공제										2025년(3차) • 청년: 추가배제납부 • 청년외: 8×850 • 추가공제: 6,800		
총세액공제액				9,800만원			12,950만원			6,800만원		

* 1차: 당해연도 상시근로자수 - 직전연도 상시근로자수, 2차도 동일함.
* 3차: 당해연도 상시근로자수 - 직전전연도 상시근로자수

2025년 1차 세액공제액

구 분	근로자수 계산	공제금액 계산
청년	8명 - 3명 = 5명	5명 × 1,450만원 = 7,250만원
청년외	10명 - 7명 = 3명	3명 × 850만원 = 2,550만원
전체상시근로자수	18명 - 10명 = 8명 증가	9,800만원

2025년 2차 세액공제액 또는 추가납부세액

구 분	2025년 세액공제 대상 근로자수	2025년 대비 2026년 근로자수 증감	2차 추가 공제금액 계산
청년	5명	9명 - 8명 = 1명 증가	5명 × 1,450만원 = 7,250만원
청년외	3명	12명 - 10명 = 2명 증가	3명 × 850만원 = 2,550만원
전체상시근로자수	8명	21명 - 18명 = 3명 증가	9,800만원

• 2026년에 전체 상시근로자수가 최초로 공제받은 과세연도(2025년)보다 감소하지 아니하였으므로 2차 추가세액공제 9,800만원을 세액공제하고 추가납부세액은 없다.

2025년 3차 세액공제액 또는 추가납부세액

구 분	2025년 세액공제 대상 근로자수	2025년 대비 2027년 근로자수 증감	3차 추가 공제금액 계산
청년	5명	7명 - 8명 = 1명 감소	0명 × 1,450만원 = 0원
청년외	3명	12명 - 10명 = 2명 증가	8명 × 850만원 = 6,800만원
전체상시근로자수	8명	19명 - 18명 = 1명 증가	6,800만원
추가납부세액	1명 × (1,450만원 - 850만원) × 2 = 1,200만원		

• 2027년에 전체 상시근로자수가 최초로 공제받은 과세연도(2025년)보다 감소하지 않았지만 청년등 상시근로자수가 최초로 공제를 받은 과세연도(2025년)에 비하여 감소하였으므로 청년등 상시근로자에 대한 2027년 추가공제를 배제한다.

• 2027년 전체 상시근로자수는 최초로 공제를 받은 과세연도(2025년)에 비하여 감소하지 않았으므로 2025년에 증가한 전체 상시근로자수(8명)에 대하여 청년외 상시근로자 증가에 대한 공제액을 적용한 금액(8명 × 850만원 = 6,800만원)을 추가세액공제 적용하고 감소한 청년등 상시근로자수에 대한 추가납부세액이 발생한다.

■ **우대공제 적용한 경우로 청년등 상시근로자수가 2차년도는 증가하고 3차년도에 감소한 경우 추가납부세액 계산(위 상시근로자수 기준이며 수도권내 중소기업 가정)**(기획재정부조세특례-906, 2023.8.28.)

㉠ 2025년 고용증대세액공제액 = 8명 × 850만원 = 6,800만원

㉡ 2026년에 전체 상시근로자수가 최초로 공제받은 과세연도(2025년)보다 감소하지 아니하였으므로 2025년 세액공제액 6,800만원이 추가공제된다.

㉢ 2027년에 전체 상시근로자수가 최초로 공제받은 과세연도(2025년)보다 감소하지 아니하였으므로 2025년 세액공제액 6,800만원이 추가공제된다.

㉣ 2027년에 전체 상시근로자수가 최초로 공제받은 과세연도(2025년) 18명보다 1명이 증가하였으므로 추가납부세액은 없다.

전체 상시근로자수는 감소하지 않으면서 청년등 상시근로자수가 감소한 경우 (전체 상시근로자수 감소없고 청년등 상시근로자수만 2차 · 3차년도 모두 감소)

■ 우대공제 적용한 경우로 청년등 상시근로자수가 2차년도와 3차년도에 모두 감소한 경우 추가납부세액 계산(수도권내 중소기업 가정)

구 분	2024년	2025년 (최초로 공제받은 과세연도)	2026년	2027년
청년등상시근로자수	3명	8명	7명	6명
청년외상시근로자수	7명	10명	12명	13명
전체상시근로자수	10명	18명	19명	19명

(단위: 만원)

구 분	2024년			2025년			2026년			2027년		
	근로자수	증감		근로자수	증감		근로자수	증감		근로자수	증감	
		1차	3차		1차	3차		1차	3차		1차	3차
청년등상시근로자수	3명			8명	+5		7명	-1		6명	-1	-2
청년외상시근로자수	7명			10명	+3		12명	+2		13명	+1	+3
전체상시근로자수	10명			18명	+8		19명	+1		19명	+0	+1
1차 세액공제				2025년(1차) • 청년: 5×1,450 • 청년외: 3×850 • 세액공제: 9,800			2026년(1차) • 청년: 배제 • 청년외: 1×850 • 세액공제: 850			2027년(1차) • 청년: 배제 • 청년외: 배제 • 세액공제: 0		
2차 세액공제							2025년(2차) • 청년: 추가배제납부 • 청년외: 8×850 • 추가공제: 6,800			2026년(2차) • 청년: 배제 • 청년외: 1×850 • 세액공제: 850		
3차 세액공제										2025년(3차) • 청년: 추가배제납부 • 청년외: 8×850 • 추가공제: 6,800		
총세액공제액				9,800만원			7,650만원			7,650만원		

* 1차: 당해연도 상시근로자수 - 직전연도 상시근로자수, 2차도 동일함.

* 3차: 당해연도 상시근로자수 - 직전전연도 상시근로자수

| 2025년 1차 세액공제액 |

구 분	근로자수 계산	공제금액 계산
청년	8명 - 3명 = 5명	5명 × 1,450만원 = 7,250만원
청년외	10명 - 7명 = 3명	3명 × 850만원 = 2,550만원
전체상시근로자수	18명 - 10명 = 8명 증가	9,800만원

| 2025년 2차 세액공제액 또는 추가납부세액 |

구 분	2025년 세액공제 대상 근로자수	2025년 대비 2026년 근로자수 증감	2차 추가 공제금액 계산
청년	5명	7명 - 8명 = 1명 감소	0명 × 1,450만원 = 0원
청년외	3명	12명 - 10명 = 2명 증가	8명 × 850만원 = 6,800만원
전체상시근로자수	8명	19명 - 18명 = 1명 증가	6,800만원
추가납부세액	1명 × (1,450만원 - 850만원) = 600만원		

- 2026년에 전체 상시근로자수가 최초로 공제받은 과세연도(2025년)보다 감소하지 않았지만 청년등 상시근로자수가 최초로 공제를 받은 과세연도(2025년)에 비하여 감소하였으므로 청년등 상시근로자에 대한 2026년부터 추가공제를 배제한다.
- 2026년 전체 상시근로자수는 최초로 공제를 받은 과세연도(2025년)에 비하여 감소하지 않았으므로 2025년에 증가한 전체 상시근로자수(8명)에 대하여 청년외 상시근로자 증가에 대한 공제액을 적용한 금액(8명 × 850만원 = 6,800만원)을 추가세액공제를 적용하고 감소한 청년등 상시근로자수에 대한 추가납부세액이 발생한다.

| 2025년 3차 세액공제액 또는 추가납부세액 |

구 분	2025년 세액공제 대상 근로자수	2025년 대비 2027년 근로자수 증감	3차 추가 공제금액 계산
청년	5명	6명 - 8명 = 2명 감소	0명 × 1,450만원 = 0원
청년외	3명	13명 - 10명 = 3명 증가	8명 × 850만원 = 6,800만원
전체상시근로자수	8명	19명 - 18명 = 1명 증가	6,800만원
추가납부세액	• 총 추가 납부할 세액 = 2명 × (1,450만원 - 850만원) × 1 = 1,200만원 • 이미 추가 납부한 세액 = 600만원 • 당해 사업연도 추가 납부할 세액 = 12,000,000 - 6,000,000 = 600만원		

- 2027년에 전체 상시근로자수가 최초로 공제받은 과세연도(2025년)보다 감소하지 않았지만 청년등 상시근로자수가 최초로 공제를 받은 과세연도(2025년)에 비하여 감소하였으므로 청년등 상시근로자에 대한 2027년 추가공제를 배제한다.
- 2027년 전체 상시근로자수는 최초로 공제를 받은 과세연도(2025년)에 비하여 감소하지 않았으므로 2025년에 증가한 전체 상시근로자수(8명)에 대하여 청년외 상시근로자 증가에 대한 공제액을 적용한 금액(8명 × 850만원 = 6,800만원)을 추가세액공제를 적용하고 감소한 청년등 상시근로자수에 대한 추가납부세액에서 이미 추가납부한 세액을 차감한 금액을 추가납부한다.

※ (저자주) 「고용증대세액공제 사후관리 기간 중 공제 적용방법(기획재정부조세특례 - 214, 2023.3.6.)」에 대한 해석으로 인하여 고용감소로 인한 추가납부세액은 위 사례의 경우 감소한 청년 2명에 대하여 적용받은 세액공제금액(1차: 2,200만원, 2차: 1,400만원)을 추가납부하는 것이 논리적이지만 현행 조세특례제한법 시행령 제26조의7 제5항을 엄격하게 적용할 경우 감소한 청년 2명에 대한 2차 추가공제액(1,400만원)을 고려할 수 없어 2차 추가공제액에 대한 추가납부세액이 발생하지 않는 것으로 판단되며 이는 개정되어야 할 것으로 판단된다.

■ 일반공제만 적용한 경우로 청년등 상시근로자수가 2차년도와 3차년도에 모두 감소한 경우 추가납부세액 계산(위 상시근로자수 기준이며 수도권내 중소기업 가정)(기획재정부조세특례 - 906, 2023.8.28.)

㉠ 2025년 고용증대세액공제액 = 8명 × 850만원 = 6,800만원

㉡ 2026년에 전체 상시근로자수가 최초로 공제받은 과세연도(2025년)보다 감소하지 않았으므로 2025년 세액공제액 6,800만원이 추가세액공제된다.

㉢ 2026년에 전체 상시근로자수가 최초로 공제받은 과세연도(2025년)보다 감소하지 않았으므로 추가납부세액은 없다.

㉣ 2027년에 전체 상시근로자수가 최초로 공제받은 과세연도(2025년)보다 감소하지 않았으므로 2025년 세액공제액 6,800만원이 추가세액공제된다.

㉤ 2027년에 전체 상시근로자수가 최초로 공제받은 과세연도(2025년) 18명보다 1명이 증가하였으므로 추가납부세액은 없다.

➲ 고용증대세액공제를 적용받은 사업자가 해당 과세연도말 폐업한 경우, 조특법 29의7 ②에 따른 사후관리 적용여부(사전법령해석소득2021 - 1013, 2021.11.29.)

「조세특례제한법」 제29조의7 제2항에 따라 상시근로자의 수가 감소한 경우에는 「조세특례제한법 시행령」 제26조의7 제5항에 따라 계산한 금액을 해당 과세연도의 과세표준을 신고할 때 소득세 또는 법인세로 납부하여야 하고, 이 때 상시근로자수는 같은 조 제7항에 따라 계산하는 것임.

➲ 청년고용증대 세액공제 적용 시 청년 정규직 근로자수 계산방법(서면법인2018 - 3678, 2019.12.27., 기획재정부조세특례 - 365, 2019.5.9.)

직전과세연도에 29세(직전과세연도 중에 30세 이상이 되는 경우를 포함)인 청년 정규직 근로자가 해당 과세연도에 30세 이상이 되는 경우 「조세특례제한법 시행령」 제26조의5 제7항의 규정은 「조세특례제한법」 제29조의5 제1항의 "청년 정규직 근로자수" 계산시 적용되지 아니하는 것임.

10. 통합고용세액공제 공제세액계산서 서식작성사례

가. 전체상시근로자수 증가, 청년등 상시근로자수 증가(수도권내 중소기업 가정)

구 분	2023년	2024년	2025년	2026년
청년등상시근로자수	3명	8명	8명	9명
청년외상시근로자수	7명	10명	11명	12명
전체상시근로자수	10명	18명	19명	21명

(단위: 만원)

<table>
<tr><th rowspan="3">구 분</th><th colspan="3">2023년</th><th colspan="3">2024년</th><th colspan="3">2025년</th><th colspan="3">2026년</th></tr>
<tr><th rowspan="2">근로자수</th><th colspan="2">증감</th><th rowspan="2">근로자수</th><th colspan="2">증감</th><th rowspan="2">근로자수</th><th colspan="2">증감</th><th rowspan="2">근로자수</th><th colspan="2">증감</th></tr>
<tr><th>1차</th><th>3차</th><th>1차</th><th>3차</th><th>1차</th><th>3차</th><th>1차</th><th>3차</th></tr>
<tr><td>청년등상시근로자수
청년외상시근로자수</td><td>3명
7명</td><td></td><td></td><td>8명
10명</td><td>+5
+3</td><td></td><td>8명
11명</td><td>+0
+1</td><td></td><td>9명
12명</td><td>+1
+1</td><td>+1
+2</td></tr>
<tr><td>전체상시근로자수</td><td>10명</td><td></td><td></td><td>18명</td><td>+8</td><td></td><td>19명</td><td>+1</td><td></td><td>21명</td><td>+2</td><td>+3</td></tr>
<tr><td>1차 세액공제</td><td colspan="3" rowspan="3"></td><td colspan="3">2024년(1차)
• 청년: 5 × 1,450
• 청년외: 3 × 850
• 세액공제: 9,800</td><td colspan="3">2025년(1차)
• 청년: 0 × 1,450
• 청년외: 1 × 850
• 세액공제: 850</td><td colspan="3">2026년(1차)
• 청년: 1 × 1,450
• 청년외: 1 × 850
• 세액공제: 2,300</td></tr>
<tr><td>2차 세액공제</td><td colspan="3" rowspan="2"></td><td colspan="3">2024년(2차)
• 청년: 5 × 1,450
• 청년외: 3 × 850
• 추가공제: 9,800</td><td colspan="3">2025년(2차)
• 청년: 0 × 1,450
• 청년외: 1 × 850
• 세액공제: 850</td></tr>
<tr><td>3차 세액공제</td><td colspan="3"></td><td colspan="3">2024년(3차)
• 청년: 5 × 1,450
• 청년외: 3 × 850
• 추가공제: 9,800</td></tr>
<tr><td>총세액공제액</td><td colspan="3"></td><td colspan="3">9,800만원</td><td colspan="3">10,650만원</td><td colspan="3">12,950만원</td></tr>
</table>

* 1차: 당해연도 상시근로자수 − 직전연도 상시근로자수, 2차도 동일함.

* 3차: 당해연도 상시근로자수 − 직전전연도 상시근로자수

가. 전체상시근로자수 증가, 청년등 상시근로자수 증가(수도권내 중소기업 가정)

■ 조세특례제한법 시행규칙 [별지 제10호의9서식](2025.6.30 개정)

통합고용세액공제 공제세액계산서

(3쪽 중 제1쪽)

❶ 신청인	① 상호 또는 법인명	② 사업자등록번호
	③ 대표자 성명	④ 생년월일
	⑤ 주소 또는 본점소재지	
		(전화번호:)

❷ 과세연도	2025년01월 01일부터 2025년 12월 31일까지

❸ 상시근로자 현황 (작성방법 2,3번을 참고하시기 바랍니다.)

구분	직전전 과세연도	직전 과세연도	해당 과세연도
⑥ 상시근로자 수 (⑦+⑧)	10명	18명	19명
⑦ 청년등상시근로자 수	3명	8명	8명
⑧ 청년등상시근로자를 제외한 상시근로자 수	7명	10명	11명
⑨ 정규직 전환 근로자 수	-		
⑩ 육아휴직 복귀자 수			

❹ 기본공제 공제세액 계산내용

가. 1차년도 세제지원 요건 : ⑬ ＞ 0

1. 상시근로자 증가 인원

⑪ 해당 과세연도 상시근로자 수	⑫ 직전 과세연도 상시근로자 수	⑬ 상시근로자 증가 인원 수 (⑪-⑫)
19명	18명	1명

2. 청년등상시근로자 증가 인원

⑭ 해당 과세연도 청년등상시근로자 수	⑮ 직전 과세연도 청년등상시근로자 수	⑯ 청년등상시근로자 증가 인원 수 (⑭-⑮)
8명	8명	0명

3. 청년등상시근로자를 제외한 상시근로자 증가 인원

⑰ 해당 과세연도 청년등상시근로자를 제외한 상시근로자 수	⑱ 직전 과세연도 청년등상시근로자를 제외한 상시근로자 수	⑲ 청년등상시근로자를 제외한 상시근로자 증가 인원 수(⑰-⑱)
11명	10명	1명

(3쪽 중 제2쪽)

4. 1차년도 세액공제액 계산

구분	구분		직전 과세연도 대비 상시근로자 증가 인원 수 (⑬상시근로자 증가 인원 수를 한도로 함)	1인당 공제금액	⑳ 1차년도 세액공제액
중소기업	수도권 내	청년등	0명	1천4백5십만원	0
		청년등 외	1명	8백5십만원	8,500,000
	수도권 밖	청년등		1천5백5십만원	
		청년등 외		9백5십만원	
	계		1명		8,500,000
중견기업	청년등			8백만원	
	청년등 외			4백5십만원	
	계				
일반기업	청년등			4백만원	
	청년등 외				
	계				

나. 2차년도 세제지원 요건 : ㉓ ≥ 0

1. 상시근로자 증가 인원

㉑ 2차년도(해당 과세연도) 상시근로자 수	㉒ 1차년도(직전 과세연도) 상시근로자 수	㉓ 상시근로자 증가 인원 수(㉑-㉒)
19명	18명	1명

2. 2차년도 세액공제액 계산(상시근로자 감소여부)

1차년도(직전 과세연도) 대비 상시근로자 감소여부	1차년도(직전 과세연도) 대비 청년등상시근로자 수 감소여부	㉔ 1차년도 (직전 과세연도) 청년등상시근로자 증가 세액공제액	㉕ 1차년도 (직전 과세연도) 청년등 외 상시근로자 증가 세액공제액	㉖ 2차년도 세액공제액
(부)	(부)	72,500,000	25,500,000	98,000,000
	여			
여				

다. 3차년도 세제지원 요건(중소·중견기업만 해당) : ㉙ ≥ 0

1. 상시근로자 증가 인원

㉗ 3차년도(해당 과세연도) 상시근로자 수	㉘ 1차년도(직전전 과세연도) 상시근로자 수	㉙ 상시근로자 증가 인원(㉗-㉘)

2. 3차년도 세액공제액 계산(상시근로자 감소여부)

1차년도(직전전 과세연도) 대비 상시근로자 감소여부	1차년도(직전전 과세연도) 대비 청년등상시근로자 수 감소여부	㉚ 1차년도 (직전전 과세연도) 청년등 상시근로자 증가 세액공제액	㉛ 1차년도 (전전 과세연도) 청년등 외 상시근로자 증가 세액공제액	㉜ 3차년도 세액공제액
부	부			
	여			
여				

(3쪽 중 제3쪽)

❺ 추가공제 공제세액 계산내용

가. 세제지원 요건 : ㉟ ≥ 0

㉝ 해당 과세연도 상시근로자 수	㉞ 직전 과세연도 상시근로자 수	㉟ 상시근로자 증가 인원 수 (㉝-㉞)

나. 세액공제액 계산

구분	구분	인원 수	1인당 공제금액	㊱ 추가공제 세액공제액
중소기업	정규직 전환자		1천3백만원	
	육아휴직 복귀자			
	계			
중견기업	정규직 전환자		9백만원	
	육아휴직 복귀자			
	계			

❻ 세액공제액 : ⑳ 1차년도 세액공제액 + ㉖ 2차년도 세액공제액 + ㉜ 3차년도 세액공제액 + ㊱ 추가공제 세액공제액	106,500,000

「조세특례제한법 시행령」 제26조의8제11항에 따라 위와 같이 공제세액계산서를 제출합니다.

2026년 03월 31일

신청인 (서명 또는 인)

세무서장 귀하

나. 전체상시근로자수 증가, 청년등 상시근로자수 감소(수도권내 중소기업 가정)

구 분	2023년	2024년	2025년	2026년
청년등상시근로자수	3명	8명	6명	9명
청년외상시근로자수	7명	10명	13명	12명
전체상시근로자수	10명	18명	19명	21명

(단위: 만원)

구 분	2023년			2024년			2025년			2026년		
	근로자수	증감		근로자수	증감		근로자수	증감		근로자수	증감	
		1차	3차		1차	3차		1차	3차		1차	3차
청년등상시근로자수	3명			8명	+5		6명	−2		9명	+3	+1
청년외상시근로자수	7명			10명	+3		13명	+3		12명	−1	+2
전체상시근로자수	10명			18명	+8		19명	+1		21명	+2	+3
1차 세액공제				2024년(1차) • 청년: 5 × 1,450 • 청년외: 3 × 850 • 세액공제: 9,800			2025년(1차) • 청년: 0 × 1,450 • 청년외: 1 × 850 • 세액공제: 850			2026년(1차) • 청년: 2 × 1,450 • 청년외: 0 × 850 • 세액공제: 2,900		
2차 세액공제							2024년(2차) • 청년: 추가배제납부 • 청년외: 8 × 850 • 추가공제: 6,800			2025년(2차) • 청년: 0 × 1,450 • 청년외: 1 × 850 • 세액공제: 850		
3차 세액공제										2024년(3차) • 청년: 추가배제납부 • 청년외: 8 × 850 • 추가공제: 6,800		
총세액공제액				9,800만원			7,650만원			10,550만원		

* 1차: 당해연도 상시근로자수 − 직전연도 상시근로자수, 2차도 동일함.

* 3차: 당해연도 상시근로자수 − 직전전연도 상시근로자수

나. 전체상시근로자수 증가, 청년등 상시근로자수 감소(수도권내 중소기업 가정)

■ 조세특례제한법 시행규칙 [별지 제10호의9서식](2025.6.30 개정)

통합고용세액공제 공제세액계산서

(3쪽 중 제1쪽)

❶ 신청인	① 상호 또는 법인명	② 사업자등록번호
	③ 대표자 성명	④ 생년월일
	⑤ 주소 또는 본점소재지 (전화번호:)	

❷ 과세연도	2025년01월 01일부터 2025년 12월 31일까지

❸ 상시근로자 현황 (작성방법 2,3번을 참고하시기 바랍니다.)

구분	직전전 과세연도	직전 과세연도	해당 과세연도
⑥ 상시근로자 수 (⑦+⑧)	10명	18명	19명
⑦ 청년등상시근로자 수	3명	8명	6명
⑧ 청년등상시근로자를 제외한 상시근로자 수	7명	10명	13명
⑨ 정규직 전환 근로자 수	-		
⑩ 육아휴직 복귀자 수			

❹ 기본공제 공제세액 계산내용

가. 1차년도 세제지원 요건 : ⑬ > 0

1. 상시근로자 증가 인원

⑪ 해당 과세연도 상시근로자 수	⑫ 직전 과세연도 상시근로자 수	⑬ 상시근로자 증가 인원 수 (⑪-⑫)
19명	18명	1명

2. 청년등상시근로자 증가 인원

⑭ 해당 과세연도 청년등상시근로자 수	⑮ 직전 과세연도 청년등상시근로자 수	⑯ 청년등상시근로자 증가 인원 수 (⑭-⑮)
6명	8명	△2명

3. 청년등상시근로자를 제외한 상시근로자 증가 인원

⑰ 해당 과세연도 청년등상시근로자를 제외한 상시근로자 수	⑱ 직전 과세연도 청년등상시근로자를 제외한 상시근로자 수	⑲ 청년등상시근로자를 제외한 상시근로자 증가 인원 수(⑰-⑱)
13명	10명	3명

(3쪽 중 제2쪽)

4. 1차년도 세액공제액 계산

구분	구분		직전 과세연도 대비 상시근로자 증가 인원 수 (⑬상시근로자 증가 인원 수를 한도로 함)	1인당 공제금액	⑳ 1차년도 세액공제액
중소기업	수도권 내	청년등	0명	1천4백5십만원	0
		청년등 외	1명	8백5십만원	8,500,000
	수도권 밖	청년등		1천5백5십만원	
		청년등 외		9백5십만원	
	계		1명		8,500,000
중견기업	청년등			8백만원	
	청년등 외			4백5십만원	
	계				
일반기업	청년등			4백만원	
	청년등 외				
	계				

나. 2차년도 세제지원 요건 : ㉓ ≥ 0

1. 상시근로자 증가 인원

㉑ 2차년도(해당 과세연도) 상시근로자 수	㉒ 1차년도(직전 과세연도) 상시근로자 수	㉓ 상시근로자 증가 인원 수(㉑-㉒)
19명	18명	1명

2. 2차년도 세액공제액 계산(상시근로자 감소여부)

1차년도(직전 과세연도) 대비 상시근로자 감소여부	1차년도(직전 과세연도) 대비 청년등상시근로자 수 감소여부	㉔ 1차년도 (직전 과세연도) 청년등상시근로자 증가 세액공제액	㉕ 1차년도 (직전 과세연도) 청년등 외 상시근로자 증가 세액공제액	㉖ 2차년도 세액공제액
(부)	부			
	(여)		68,000,000	68,000,000
여				

다. 3차년도 세제지원 요건(중소·중견기업만 해당) : ㉙ ≥ 0

1. 상시근로자 증가 인원

㉗ 3차년도(해당 과세연도) 상시근로자 수	㉘ 1차년도(직전전 과세연도) 상시근로자 수	㉙ 상시근로자 증가 인원(㉗-㉘)

2. 3차년도 세액공제액 계산(상시근로자 감소여부)

1차년도(직전전 과세연도) 대비 상시근로자 감소여부	1차년도(직전전 과세연도) 대비 청년등상시근로자 수 감소여부	㉚ 1차년도 (직전전 과세연도) 청년등 상시근로자 증가 세액공제액	㉛ 1차년도 (전전 과세연도) 청년등 외 상시근로자 증가 세액공제액	㉜ 3차년도 세액공제액
부	부			
	여			
여				

(3쪽 중 제3쪽)

❺ 추가공제 공제세액 계산내용

가. 세제지원 요건 : ㉟ ≥ 0

㉝ 해당 과세연도 상시근로자 수	㉞ 직전 과세연도 상시근로자 수	㉟ 상시근로자 증가 인원 수 (㉝-㉞)

나. 세액공제액 계산

구분	구분	인원 수	1인당 공제금액	㊱ 추가공제 세액공제액
중소기업	정규직 전환자		1천3백만원	
	육아휴직 복귀자			
	계			
중견기업	정규직 전환자		9백만원	
	육아휴직 복귀자			
	계			

❻ 세액공제액 : ⑳ 1차년도 세액공제액 + ㉖ 2차년도 세액공제액 + ㉜ 3차년도 세액공제액 + ㊱ 추가공제 세액공제액	76,500,000

「조세특례제한법 시행령」 제26조의8제11항에 따라 위와 같이 공제세액계산서를 제출합니다.

2026년 03월 31일

신청인 (서명 또는 인)

세무서장 귀하

다. 전체 상시근로자수 증가, 청년등 상시근로자수 증가, 청년외 상시근로자수 감소 (수도권내 중소기업 가정)

구 분	2023년	2024년	2025년	2026년
청년등상시근로자수	3명	8명	10명	9명
청년외상시근로자수	7명	10명	9명	12명
전체상시근로자수	10명	18명	19명	20명

(단위: 만원)

구 분	2023년			2024년			2025년			2026년		
	근로자수	증감		근로자수	증감		근로자수	증감		근로자수	증감	
		1차	3차		1차	3차		1차	3차		1차	3차
청년등상시근로자수	3명			8명	+5		10명	+2		9명	−1	+1
청년외상시근로자수	7명			10명	+3		9명	−1		12명	+3	+2
전체상시근로자수	10명			18명	+8		19명	+1		21명	+2	+3
1차 세액공제				2024년(1차) • 청년: 5 × 1,450 • 청년외: 3 × 850 • 세액공제: 9,800			2025년(1차) • 청년: 1 × 1,450 • 청년외: 0 × 850 • 세액공제: 1,450			2026년(1차) • 청년: 0 × 1,450 • 청년외: 2 × 850 • 세액공제: 1,700		
2차 세액공제							2024년(2차) • 청년: 5 × 1,450 • 청년외: 3 × 850 • 세액공제: 9,800			2025년(2차) • 청년: 0 × 1,450 • 청년외: 1 × 850 • 세액공제: 850		
3차 세액공제										2024년(3차) • 청년: 5 × 1,450 • 청년외: 3 × 850 • 세액공제: 9,800		
총세액공제액				9,800만원			11,250만원			12,350만원		

* 1차: 당해연도 상시근로자수 − 직전연도 상시근로자수, 2차도 동일함.

* 3차: 당해연도 상시근로자수 − 직전전연도 상시근로자수

■ 조세특례제한법 시행규칙 [별지 제10호의9서식](2025.6.30 개정)

통합고용세액공제 공제세액계산서

(3쪽 중 제1쪽)

❶ 신청인	① 상호 또는 법인명	② 사업자등록번호
	③ 대표자 성명	④ 생년월일
	⑤ 주소 또는 본점소재지 (전화번호:)	

❷ 과세연도	2025년01월 01일부터 2025년 12월 31일까지

❸ 상시근로자 현황 (작성방법 2,3번을 참고하시기 바랍니다.)

구분	직전전 과세연도	직전 과세연도	해당 과세연도
⑥ 상시근로자 수 (⑦+⑧)	10명	18명	19명
⑦ 청년등상시근로자 수	3명	8명	10명
⑧ 청년등상시근로자를 제외한 상시근로자 수	7명	10명	9명
⑨ 정규직 전환 근로자 수	-		
⑩ 육아휴직 복귀자 수			

❹ 기본공제 공제세액 계산내용

가. 1차년도 세제지원 요건 : ⑬ > 0

1. 상시근로자 증가 인원

⑪ 해당 과세연도 상시근로자 수	⑫ 직전 과세연도 상시근로자 수	⑬ 상시근로자 증가 인원 수 (⑪-⑫)
19명	18명	1명

2. 청년등상시근로자 증가 인원

⑭ 해당 과세연도 청년등상시근로자 수	⑮ 직전 과세연도 청년등상시근로자 수	⑯ 청년등상시근로자 증가 인원 수 (⑭-⑮)
10명	8명	2명

3. 청년등상시근로자를 제외한 상시근로자 증가 인원

⑰ 해당 과세연도 청년등상시근로자를 제외한 상시근로자 수	⑱ 직전 과세연도 청년등상시근로자를 제외한 상시근로자 수	⑲ 청년등상시근로자를 제외한 상시근로자 증가 인원 수(⑰-⑱)
9명	10명	△1명

(3쪽 중 제2쪽)

4. 1차년도 세액공제액 계산

구분	구분		직전 과세연도 대비 상시근로자 증가 인원 수 (⑬상시근로자 증가 인원 수를 한도로 함)	1인당 공제금액	⑳ 1차년도 세액공제액
중소기업	수도권 내	청년등	1명	1천4백5십만원	14,500,000
		청년등 외		8백5십만원	
	수도권 밖	청년등		1천5백5십만원	
		청년등 외		9백5십만원	
	계		1명		14,500,000
중견기업	청년등			8백만원	
	청년등 외			4백5십만원	
	계				
일반기업	청년등			4백만원	
	청년등 외				
	계				

나. 2차년도 세제지원 요건 : ㉓ ≥ 0

1. 상시근로자 증가 인원

㉑ 2차년도(해당 과세연도) 상시근로자 수	㉒ 1차년도(직전 과세연도) 상시근로자 수	㉓ 상시근로자 증가 인원 수(㉑-㉒)
19명	18명	1명

2. 2차년도 세액공제액 계산(상시근로자 감소여부)

1차년도(직전 과세연도) 대비 상시근로자 감소여부	1차년도(직전 과세연도) 대비 청년등상시근로자 수 감소여부	㉔ 1차년도 (직전 과세연도) 청년등상시근로자 증가 세액공제액	㉕ 1차년도 (직전 과세연도) 청년등 외 상시근로자 증가 세액공제액	㉖ 2차년도 세액공제액
(부)	(부)	72,500,000	25,500,000	98,000,000
	여			
여				

다. 3차년도 세제지원 요건(중소·중견기업만 해당) : ㉙ ≥ 0

1. 상시근로자 증가 인원

㉗ 3차년도(해당 과세연도) 상시근로자 수	㉘ 1차년도(직전전 과세연도) 상시근로자 수	㉙ 상시근로자 증가 인원(㉗-㉘)

2. 3차년도 세액공제액 계산(상시근로자 감소여부)

1차년도(직전전 과세연도) 대비 상시근로자 감소여부	1차년도(직전전 과세연도) 대비 청년등상시근로자 수 감소여부	㉚ 1차년도 (직전전 과세연도) 청년등 상시근로자 증가 세액공제액	㉛ 1차년도 (전전 과세연도) 청년등 외 상시근로자 증가 세액공제액	㉜ 3차년도 세액공제액
부	부			
	여			
여				

(3쪽 중 제3쪽)

❺ 추가공제 공제세액 계산내용

가. 세제지원 요건 : ㉟ ≥ 0

㉝ 해당 과세연도 상시근로자 수	㉞ 직전 과세연도 상시근로자 수	㉟ 상시근로자 증가 인원 수 (㉝-㉞)

나. 세액공제액 계산

구분	구분	인원 수	1인당 공제금액	㊱ 추가공제 세액공제액
중소기업	정규직 전환자		1천3백만원	
	육아휴직 복귀자			
	계			
중견기업	정규직 전환자		9백만원	
	육아휴직 복귀자			
	계			

❻ 세액공제액 : ⑳ 1차년도 세액공제액 + ㉖ 2차년도 세액공제액 + ㉜ 3차년도 세액공제액 + ㊱ 추가공제 세액공제액	112,500,000

「조세특례제한법 시행령」 제26조의8제11항에 따라 위와 같이 공제세액계산서를 제출합니다.

2026년 03월 31일

신청인 (서명 또는 인)

세무서장 귀하

11. 이월세액공제액이 있는 경우 추가납부세액 계산

최초로 공제를 받은 과세연도에 비하여 전체 상시근로자수 또는 청년등 상시근로자수가 감소한 경우에는 공제받은 세액에 상당하는 금액을 소득세 또는 법인세로 납부하여야 한다. 이 경우 세액공제금액 중 최저한세 적용 등으로 공제받지 못하고 이월된 금액이 있는 경우에는 그 금액을 차감한 후의 금액을 소득세 또는 법인세로 납부하여야 한다.(조특법 29의8 ② 후단)

세액공제 사후관리 적용사례
(우대공제를 적용한 경우이며 수도권내 중소기업 가정)

1. 2024년 고용증가 현황

- 청년등 상시근로자수: 2명 증가
- 청년외 상시근로자수: 2명 증가
- 전체 상시근로자수: 4명 증가

2. 2024년 세액공제액

= 2명 × 1,450만원 + 2명 × 850만원 = 4,600만원

3. 2024년 최저한세 적용으로 세액공제액: 2,600만원

- 당기 세액공제액: 2,600만원
- 이월세액공제액: 2,000만원

■ 법인세법 시행규칙 [별지제8호서식부표 3] 별지

사업연도	2024.01.01 ~ 2024.12.31	세액공제조정명세서(3)	법인명	(주)백두대간
			사업자등록번호	202-81-54324

2. 당기공제세액 및 이월액계산

(105) 구분	(106) 사업연도	요공제세액		당기공제대상세액							(121) 최저한세 적용에따른 미공제액	(122)그 밖의 사유로인한 미공제액	(123) 공제세액 (120-121-122)	(124) 소멸	(125) 이월액 (107+108-123-124)
		(107) 당기분	(108) 이월분	(109) 당기분	(110)1차연도 / (115)6차연도	(111)2차연도 / (116)7차연도	(112)3차연도 / (117)8차연도	(113)4차연도 / (118)9차연도	(114)5차연도 / (119)10차연도	(120) 계					
통합고용세액공제	202412	46,000,000		46,000,000						46,000,000	20,000,000		26,000,000		20,000,000
	소계	46,000,000		46,000,000						46,000,000	20,000,000		26,000,000		20,000,000
합계		46,000,000		46,000,000						46,000,000	20,000,000		26,000,000		20,000,000

4. 2024년 대비 2025년 고용증감 현황

- 청년등 상시근로자수: 2명 감소
- 청년외 상시근로자수: 변동없음
- 전체 상시근로자수: 2명 감소

5. **2024년 세액공제분 중 추가납부세액**
   = (2명 - 2명) × (1,450만원 - 850만원) + 2명 × 1,450만원 = 2,900만원

6. **추가납부세액은 이월세액공제액 잔액을 먼저 감소시킨 후 부족한 세액은 납부하는 방법으로 적용함.(조특법 29의8 ② 후단)**

7. **추가납부세액 적용방식**
   ① 이월세액 중 소멸세액 = Min[2024년 이월세액(2,000만원), 추가납부세액(2,900만원)]
   = 2,000만원
   ② 이월세액의 감소분은 세액공제조정명세서의 (124)소멸란에 반영하여 처리함.

■ 법인세법 시행규칙 [별지제8호서식부표 3] 별지

사 업 연 도	2025.01.01 ~ 2025.12.31	세액공제조정명세서(3)	법 인 명	(주)백두대간
			사 업 자 등 록 번 호	202-81-54324

2. 당기공제세액 및 이월액계산

(105) 구분	(106) 사업연도	요공제세액 (107) 당기분	요공제세액 (108) 이월분	당기공제대상세액 (109) 당기분	(110)1차연도 / (115)6차연도	(111)2차연도 / (116)7차연도	(112)3차연도 / (117)8차연도	(113)4차연도 / (118)9차연도	(114)5차연도 / (119)10차연도	(120) 계	(121) 최저한세 적용에따른 미공제액	(122)그 밖의 사유로인한 미공제액	(123) 공제세액 (120-121-122)	(124) 소멸	(125) 이월액 (107+108 -123-124)
통합고용세액 공제	202412		20,000,000											20,000,000	
	소계		20,000,000											20,000,000	
합 계			20,000,000											20,000,000	

   ③ 추가납부세액 = 29,000,000원 - 20,000,000원 = 900만원
   ⇨ 2025년 귀속분 법인세 신고시 납부

■ 법인세법 시행규칙 [별지 제3호 서식] (2024.3.22 개정)

사 업 연 도	2025.01.01 ~ 2025.12.31	법인세 과세표준 및 세액조정계산서	법 인 명	(주)백두대간
			사업자등록번호	202-81-54324

① 각 사 업 연 도							
⑩① 결산서상당기순손익		01	200,000,000	⑬③ 감면분추가납부세액		29	9,000,000
소득조정 금액	⑩②익금산입	02		⑬④ 차감납부할세액 (⑫⑤ - ⑬② + ⑬③)		30	25,724,750
	⑩③손금산입	03		양도 차익	⑬⑤등 기 자 산	31	
⑩④ 차가감소득금액 (⑩① + ⑩② - ⑩③)		04	200,000,000		⑬⑥미 등 기 자 산	32	

   ④ 2024년 세액공제분 중 추가납부세액에 대한 농어촌특별세 환급방법
   2025년 귀속 농어촌특별세 과세표준 및 세액신고서에서 추가납부세액에 대한 농어촌특별세 (= 9백만원 × 20% = 180만원)를 「⑫ 환급예정세액」란에 기록함.

■ 법인세법 시행규칙 [별지 제2호서식](2024.03.22 개정)

농어촌특별세 과세표준 및 세액신고서

2. 농어촌특별세 과세표준 및 세액 조정내역

⑦ 과세표준		
⑧ 산출세액		
(미납세액, 미납일수, 세율) ⑨ 가산세액	(, , 2.2/10,000)	
⑩ 총부담세액		
⑪ 기납부세액		
⑫ 환급예정세액	1,800,000	
⑬ 차감납부할세액	-1,800,000	
⑭ 분납할세액		
⑮ 차감납부세액	-1,800,000	
⑯ 충당후납부세액	-1,800,000	
⑰ 국세환급금 충당신청	환급법인세	
	충당할 농어촌특별세	

폐업 후 다시 사업을 개시한 경우, 고용증대세액공제 이월액의 공제 여부(사전법규소득2024-564, 2024.12.10.)

거주자의 특정한 사업과 관련하여 발생한 「조세특례제한법」 제29조의7에 따라 공제할 세액 중 해당 과세연도에 같은 법 제132조에 따른 소득세 최저한세액에 미달하여 공제받지 못한 부분에 상당하는 금액은, 위 사업을 폐업한 후 새로운 사업을 개시하는 경우에도 같은 법 제29조의7 제2항에 해당하지 않는 경우에는 같은 법 제144조 제1항에 따라 이월하여 공제하는 것임.

Ⅲ 통합고용세액공제 – 정규직 근로자의 전환세액공제

☆ 정규직 근로자의 전환세액공제는 2024.12.31.까지 적용하며 2025.1.1. 이후부터 일몰종료되어 세액공제를 적용할 수 없다.

1. 적용대상법인

2023년 6월 30일 당시 고용하고 있는 다음의 근로자를 2024년 1월 1일부터 2024년 12월 31일까지 정규직 근로자로 전환한 중소기업 또는 중견기업이 적용대상이다.(조특법 29의8 ③)

① 「기간제 및 단시간근로자 보호 등에 관한 법률」에 따른 기간제근로자 및 단시간근로자
② 「파견근로자 보호 등에 관한 법률」에 따른 파견근로자
③ 「하도급거래 공정화에 관한 법률」에 따른 수급사업자에게 고용된 기간제근로자 및 단시간근로자

2. 정규직 근로자로의 전환 개념

정규직 근로자로의 전환이란 다음의 경우를 말한다.

① 기간의 정함이 없는 근로계약을 체결한 근로자로 전환하는 경우
② 「파견근로자 보호 등에 관한 법률」에 따라 사용사업주가 직접 고용하는 경우
③ 「하도급거래 공정화에 관한 법률」 제2조 제2항 제2호에 따른 원사업자가 기간의 정함이 없는 근로계약을 체결하여 직접 고용하는 경우

3. 제외대상 근로자

해당 기업의 최대주주 또는 최대출자자(개인사업자의 경우에는 대표자를 말한다)나 그와 「국세기본법 시행령」 제1조의2 제1항에 따른 친족관계☆에 있는 사람은 정규직 근로자로의 전환에 해당하는 인원에서 제외한다.

☆ 「국세기본법 시행령」 제1조의2 제1항에 따른 친족관계
① 4촌 이내의 혈족 ② 3촌 이내의 인척 ③ 배우자(사실상의 혼인관계에 있는 자를 포함한다)
④ 친생자로서 다른 사람에게 친양자 입양된 자 및 그 배우자・직계비속
⑤ 본인이 「민법」에 따라 인지한 혼인 외 출생자의 생부나 생모(본인의 금전이나 그 밖의 재산으로 생계를 유지하는 사람 또는 생계를 함께하는 사람으로 한정한다)

4. 세액공제액

가. 세액공제

중소기업 또는 중견기업은 다음의 금액을 해당 과세연도의 소득세(부동산임대업 소득을 제외한 사업소득에 대한 소득세만 해당한다) 또는 법인세에서 공제한다.

세액공제액 = 정규직 근로자로의 전환에 해당하는 인원 ×	중소기업 1,300만원 중견기업 900만원

나. 세액공제 배제

해당 과세연도에 해당 중소기업 또는 중견기업의 상시근로자수가 직전 과세연도의 상시근로자수보다 감소한 경우에는 공제하지 아니한다.(조특법 29의8 ③ 단서)

이 경우 「근로기준법」 제74조에 따른 출산전후휴가를 사용 중인 상시근로자를 대체하는 상시근로자가 있는 경우 해당 출산전후휴가를 사용 중인 상시근로자는 상시근로자 수와 청년등상시근로자 수에서 제외한다.(조특령 26의8 ⑦)☆

☆ 2024.2.29. 이후 과세표준을 신고하는 경우부터 적용함.(조특령 부칙 제34263호, 5, 2024.2.29.)

5. 사후관리(추가납부)

세액공제를 공제받은 자가 정규직 근로자로의 전환일부터 2년이 지나기 전에 해당 정규직 근로자와의 근로관계를 종료하는 경우에는 근로관계가 종료한 날이 속하는 과세연도의 과세표준신고를 할 때 공제받은 세액에 상당하는 금액을 소득세 또는 법인세로 납부하여야 한다. 이 경우 세액공제금액 중 최저한세 적용 등으로 공제받지 못하고 이월된 금액이 있는 경우에는 그 금액을 차감한 후의 금액을 소득세 또는 법인세로 납부하여야 한다.(조특법 29의8 ⑥ 후단)

Ⅳ 통합고용세액공제 - 육아휴직복귀자 세액공제

1. 적용대상법인

2025년 12월 31일까지 육아휴직복귀자를 복직시키는 중소기업 또는 중견기업이 적용대상이다.(조특법 29의8 ④)

2. 육아휴직복귀자의 범위

육아휴직복귀자는 다음의 요건을 모두 충족하는 사람을 말한다.

① 해당 기업에서 1년 이상 근무하였을 것(해당 기업이 육아휴직복귀자의 근로소득세를 원천징수하였던 사실이 확인되는 경우로 한정한다)

② 「남녀고용평등과 일·가정 양립 지원에 관한 법률」 제19조 제1항☆에 따라 육아휴직한 경우로서 육아휴직 기간이 연속하여 6개월 이상일 것

☆ 사업주는 임신 중인 여성 근로자가 모성을 보호하거나 근로자가 만 8세 이하 또는 초등학교 2학년 이하의 자녀(입양한 자녀를 포함한다)를 양육하기 위하여 휴직("육아휴직"이라 한다)을 신청하는 경우에 이를 허용하여야 한다. 다만, 대통령령으로 정하는 경우에는 그러하지 아니하다.

③ 해당 기업의 최대주주 또는 최대출자자(개인사업자의 경우에는 대표자를 말한다)나 그와 친족관계☆가 아닐 것

☆「국세기본법 시행령」 제1조의2 제1항에 따른 친족관계

① 4촌 이내의 혈족　　② 3촌 이내의 인척

③ 배우자(사실상의 혼인관계에 있는 자를 포함한다)

④ 친생자로서 다른 사람에게 친양자 입양된 자 및 그 배우자·직계비속

⑤ 본인이 「민법」에 따라 인지한 혼인 외 출생자의 생부나 생모(본인의 금전이나 그 밖의 재산으로 생계를 유지하는 사람 또는 생계를 함께하는 사람으로 한정한다)

➲ 「조세특례제한법」 제29조의8 제4항 제1호 "해당기업에서 1년 이상 근무"에는 육아휴직 기간도 포함되는 것인지 여부(사전법규소득2024-223, 2024.6.20.)

「조세특례제한법」 제29조의8 제4항 제1호에 따른 "해당기업에서 1년 이상 근무" 기간에는 육아휴직에 따라 근로소득세 원천징수 사실이 확인되지 않는 기간은 포함되지 않는 것임.

➲ 육아휴직 복귀자에 대한 통합고용세액공제 적용시 1년 이상 근무에 육아휴직기간 산입여부(기획재정부조세특례-943, 2024.10.30.)

조세특례제한법 제29조의8에 따른 육아휴직 복귀자에 대한 세액공제 요건 중 "해당기업에서 1년 이상 근무"기간은 근로소득세 원천징수 사실이 확인되는 기간에 한정하는 것임.

육아휴직 복귀자 고용세액공제 적용시 육아휴직 기간도 근무기간에 포함하는지 여부(기획재정부조세특례-942, 2024.10.29.)

조세특례제한법 제29조의8에 따른 육아휴직 복귀자에 대한 세액공제 요건인 "해당기업에서 1년 이상 근무" 기간은 근로소득세 원천징수 사실이 확인되는 기간에 한정하는 것임.

[질의]

(사실관계)

□ 질의인이 운영하는 A사업장에서,

ㅇ '22.1.22.에 입사한 직원이 같은 해 10.1~12.31. 동안 출산휴가, '23.1.1~'23.12.31. 육아휴직을 실시한 후, '24.1.1.에 복직

(질의내용)

□ 「조세특례제한법」 제29조의8 제4항 제1호에 따른 육아휴직 복귀자를 복직시키는 경우, 세액공제 요건으로 "해당기업에서 1년 이상 근무"에 육아휴직 기간도 포함되는지 여부

ㅇ (1안) 육아휴직에 따라 근로소득세 원천징수 사실이 확인되지 않는 기간은 포함되지 않음

ㅇ (2안) 육아휴직 기간도 포함

3. 세액공제액

가. 세액공제

중소기업 및 중견기업이 육아휴직자를 복직시키는 경우에는 다음의 금액을 복직한 날이 속하는 과세연도의 소득세(부동산임대업 소득을 제외한 사업소득에 대한 소득세만 해당한다) 또는 법인세에서 공제한다.

세액공제액 = 육아휴직복귀자 인원 × 중소기업 1,300만원 / 중견기업 900만원

나. 세액공제 배제

해당 과세연도에 해당 중소기업 또는 중견기업의 상시근로자수가 직전 과세연도의 상시근로자수보다 감소한 경우에는 공제하지 아니한다.(조특법 29의8 ④ 단서)

이 경우 「근로기준법」 제74조에 따른 출산전후휴가를 사용 중인 상시근로자를 대체하는 상시근로자가 있는 경우 해당 출산전후휴가를 사용 중인 상시근로자는 상시근로자 수

와 청년등상시근로자 수에서 제외한다.(조특령 26의8 ⑦)☆

☆ 2024.2.29. 이후 과세표준을 신고하는 경우부터 적용함.(조특령 부칙 제34263호, 5, 2024.2.29.)

4. 사후관리(추가납부)

세액공제를 공제받은 기업이 해당 기업에 복직일부터 2년이 지나기 전에 해당 육아휴직복귀자와의 근로관계를 끝내는 경우에는 근로관계가 종료한 날이 속하는 과세연도의 과세표준신고를 할 때 공제받은 세액상당액을 가산하여 소득세 또는 법인세로 납부하여야 한다. 이 경우 세액공제금액 중 최저한세 적용 등으로 공제받지 못하고 이월된 금액이 있는 경우에는 그 금액을 차감한 후의 금액을 소득세 또는 법인세로 납부하여야 한다.(조특법 29의8 ⑥ 후단)

근로자의 자진퇴사 및 사망시 정규직 전환에 따른 세액공제 추징 여부(서면법인2018-3041, 2019.12.27., 기획재정부조세특례-721, 2019.12.9., 서면법인2018-468, 2018.3.12.)

「조세특례제한법」 제30조의2 제2항에서 "근로관계를 끝내는 경우"라 함은 근로관계에 있어 퇴직, 해고, 자동소멸(정년 등) 등 모든 사유로 근로자와 사용자 간의 근로계약관계가 종료되는 경우를 의미하는 것임.

V 기타사항

① 최저한세 적용대상이며 농어촌특별세 과세대상이다.
② 미공제세액의 이월공제(10년)
③ 추계결정시 세액공제배제(조특법 128 ①) 이 경우 복식부기의무자가 일부사업에 대해 추계신고시 세액공제배제(서면소득2024-3217, 2024.9.4., 서면소득2024-2148, 2024.6.26., 서면소득2024-884, 2024.5.14.)
④ 다른 세액감면·면제 및 세액공제와 중복적용이 허용된다. 다만, 통합고용세액공제 중 고용증대세액공제는 조세특례제한법 제6조 제7항(창업중소기업 등의 추가세액감면)과는 동시에 적용하지 아니한다.(조특법 127 ④ 단서) 따라서 정규직전환근로자 및 육아휴직복귀자 관련 세액공제는 적용가능하다.
⑤ 2025.1.1. 이후 창업한 경우 창업중소기업등에 대한 세액감면과 고용증대세액공제(조특법 29의7) 또는 통합고용세액공제(조특법 29의8)는 중복적용 배제된다.(조특법 127 ④)

2024.12.31. 이전 창업한 경우	2025.1.1. 이후 창업한 경우
① 원칙적으로 중복적용가능 ② 단, 고용창출에 따른 추가감면을 받는 경우 통합 고용세액(추가공제 포함) 중 하나만 선택 적용 ③ 따라서 2025.1.1. 이후 남은 감면기간동안 중복 적용 가능함.	① 창업감면과 통합고용세액(추가공제 포함)은 둘 중 하나만 선택 적용 ② 통합고용세액등의 이월세액과 창업감면은 동시에 적용가능

⑥ 통합고용세액공제 중 고용증대세액공제와 기존 고용증대세액공제는 중복적용 안된다. 다만, 기존 고용증대세액공제의 추가공제(2차 · 3차 세액공제)는 통합고용세액공제 중 고용증대세액공제와 중복적용가능하며 정규직전환근로자 및 육아휴직복귀자 관련 세액공제는 적용가능하다.

개인사업자에서 다른 법인의 신규지점으로 설치되는 경우 종전의 고용증대세액공제 이월세액 승계 가능 여부 등(서면법인2024-4312, 2025.6.25., 서면법규법인2021-20, 2022.1.25., 서면법인2020-247, 2020.11.19.)

개인사업자가 다른 법인의 신규지점 설치 형식으로 사업을 포괄 양도하면서 상시근로자를 승계시키는 경우, 사업을 양수한 법인이 「조세특례제한법」 제144조에 따른 미공제 세액이 있는 개인사업자가 법인으로 전환하는 경우로서 같은 법 제32조 제1항에 따른 법인전환에 해당하지 않는 경우, 전환 후 법인은 해당 개인 사업자의 미공제 세액을 승계하여 공제받을 수 없는 것임.
질의기업의 사업양도가 「조세특례제한법 시행령」 제23조 제13항 제3호 가목에 해당하는 경우, 사업의 양수 등을 통하여 종전의 사업을 승계한 경우의 직전 과세연도 상시근로자 수는 「조세특례제한법 시행령」 제23조 제13항 제3호에 따라 승계한 상시근로자 수를 포함하여 계산하는 것임.

사업양수로 종전사업을 승계한 경우 고용증대세액공제 등의 잔여기간 공제 적용 여부(사전법규법인2023-149, 2023.6.27.)

거주자가 「조세특례제한법」 제29조의7에 따른 고용을 증대시킨 기업에 대한 세액공제 및 같은 법 제30조의4에 따른 중소기업 사회보험료 세액공제를 적용받은 후 영위하던 사업을 법인에 사업의 양수도를 통해 승계시킨 경우 해당 사업을 양수한 법인은 거주자의 잔여 공제연도에 대하여 고용증대세액공제 및 중소기업 사회보험료 세액공제를 승계하여 적용받을 수 없는 것임.

고용증대 세액공제 등의 최저한세 이월액을 사업 양도 후 계속 적용받을 수 있는지(사전법규소득2023-267, 2023.6.22.)

거주자의 특정한 사업과 관련하여 발생한 「조세특례제한법」 제29조의7 및 같은 법 제30조의4에 따라 공제할 세액 중 해당 과세연도에 같은 법 제132조에 따른 소득세 최저한세액에 미달하여 공제받지 못한 부분에 상당하는 금액은, 위 사업에 관한 일체의 권리와 의무를 포괄적으로 양도하더라도 같은 법 제29조의7 제2항 및 같은 법 제30조의4 제2항에 해당하지 않는 경우에는 같은 법 제144조 제1항에 따라 이월하여 공제하는 것임.

☆ (저자주) 거주자의 미공제이월세액은 사업을 양도한 사업자가 이월공제기간동안 계속 적용하는 것으로 최저한세 등의 적용으로 인하여 통합고용세액의 이월세액은 사업양수로 승계할 수 없다는 의미이다.

조세특례제한법에 따른 이월세액공제 적용방법(기준법령해석법인2021-134, 2021.8.5.)

내국법인이 2018사업연도에 「조세특례제한법」 제29조의7(고용을 증대시킨 기업에 대한 세액공제)를 적용받았으나, 같은 법 제132조에 따른 최저한세의 적용으로 인하여 공제할 세액 중 공제받지 못한 금액('이월세액')을 이월한 경우로서 2019사업연도에 해당 이월세액 외에 당해 사업연도에 공제받을 수 있는 세액공제액이 없음에도 이월세액에 대하여 세액공제를 적용받지 않은 경우, 해당 내국법인은 2020사업연도 이후 같은 법 제144조 제1항에 따른 이월공제기간 이내에 각 사업연도의 법인세에서 해당 이월세액을 공제할 수 있는 것임.

고용증대 세액공제를 적용받던 개인사업자가 법인전환 시, 전환법인이 개인사업자의 세액공제를 승계받아 공제가능한지(사전법령해석법인2021-432, 2021.5.11.)

「조세특례제한법」 제29조의7 제1항 제1호에 따른 '고용을 증대시킨 기업에 대한 세액공제'("고용증대 세액공제")를 적용받던 거주자가 영위하던 사업을 같은 법 제32조 제1항에 따라 법인으로 전환하면서 새로이 설립되는 법인("전환법인")과 사업의 포괄양수도 계약을 체결하고 그 사업에 관한 일체의 권리와 의무를 포괄적으로 양도 및 양수한 경우로서 거주자가 고용증대 세액공제를 받은 과세연도의 종료일부터 2년이 되는 날이 속하는 과세연도의 종료일까지의 기간 중 청년등 상시근로자의 수가 공제를 받은 직전 과세연도에 비하여 감소하지 아니한 경우 전환법인은 거주자로부터 승계받은 고용증대 세액공제를 적용받을 수 있는 것임.

☆ (저자주) 본 예규는 사업의 포괄양수도 계약에 의한 법인전환으로 거주자의 미공제된 이월세액 잔액을 전환법인에서 공제할 수 있는 것으로 해석하고 있으나 조세특례제한법 시행령 제28조 제8항에서 미공제세액을 승계한 자는 승계받는 자산에 대한 미공제세액상당액을 이월공제기간 내에 공제할 수 있다고 규정되어 있고, 최근 거주자의 미공제이월세액과 추가공제(2차, 3차 세액공제)는 사업을 양도한 사업자가 계속 이월공제한다(사전법규소득2023-574, 2023.11.15., 사전법규법인2023-149, 2023.6.27., 사전법규2023-267, 2023.6.22.)는 해석이 있어 위 예규를 실무에 적용할 때에는 주의가 필요하다.

규모 확대등으로 중견기업에 해당하지 않는 경우 세액공제 적용여부(서면법령해석법인2020-487, 2020.9.28.)

「조세특례제한법 시행령」 제4조 제1항에 따른 중견기업에 해당하는 내국법인이 해당 과세연도의 상시근로자의 수가 직전 과세연도의 상시근로자의 수보다 증가하여 같은 법 제29조의7 제1항 각 호에 따른 세액공제를 적용받은 후 다음 과세연도 이후에 규모의 확대 등으로 중견기업에 해당하지 않더라도 같은 법 같은 조 제2항에 따른 공제세액 추징사유에 해당하지 않는 경우 해당 과세연도의 법인세에서 공제받은 금액을 해당 과세연도의 종료일로부터 2년이 되는 날이 속하는 과세연도까지의 법인세에서 공제하는 것임.

고용증대세액공제를 중소기업특별세액감면으로 변경하는 수정신고 가능여부(서면법규-72, 2014.1.27.)

제조업을 영위하는 거주자가 당초 종합소득세 과세표준 확정신고 시 「조세특례제한법」 제30조의4 고용증대세액공제를 적용받은 이후 해당 세액공제를 배제하고 같은 법 제7조의 중소기업에 대한 특별세액감면을 적용하여 「국세기본법」 제45조에 따른 수정신고를 할 수 있는 것임.

제2절 고용을 증대시킨 기업에 대한 세액공제

※ 고용을 증대시킨 기업에 대한 세액공제(조특법 29의7) 규정을 2024.12.31.이 속하는 과세연도에 적용하였다면 추가공제(2차, 3차세액공제)만 계속 적용이 가능함.

※ 2023.1.1.부터 2024.12.31.까지 통합고용세액공제 중 고용증대세액공제(조특법 29의8 ①)와 고용을 증대시킨 기업에 대한 세액공제(조특법 29의7) 또는 중소기업 사회보험료 세액공제(조특법 30의4) 중 하나만 적용가능함.(조특법 127 ⑪)

※ 통합고용세액공제 중 고용증대세액공제(조특법 29의8 ①)를 선택한 경우에도 고용을 증대시킨 기업에 대한 세액공제(조특법 29의7)의 추가공제(2차, 3차세액공제)와 중소기업 사회보험료 세액공제(조특법 30의4)의 추가공제 등은 계속 적용가능함.

※ 통합고용세액공제 중 고용증대세액공제와 기존 고용증대세액공제의 비교

<table>
<tr><th>구 분</th><th>기존 고용증대세액공제</th><th>통합고용세액공제 중 고용증대세액공제</th></tr>
<tr><td>적용대상</td><td colspan="2">소비성서비스업☆을 제외한 내국인
☆ 호텔업 및 여관업, 일반유흥주점업, 무도유흥주점업, 단란주점, 2024.3.22. 이후 개시하는 과세연도부터 무도장 운영업, 기타 사행시설 관리 및 운영업, 유사 의료업 중 안마를 시술하는 업, 마사지업 포함.</td></tr>
<tr><td>청년등 범위</td><td>• 29세 이하 청년
• 장애인
• 근로계약체결일 현재 60세 이상인 사람</td><td>• 34세 이하 청년
• 장애인
• 근로계약체결일 현재 60세 이상인 사람
• 경력단절여성</td></tr>
<tr><td>세액공제액</td><td>(단위: 만원)
<table>
<tr><th rowspan="2">구 분</th><th colspan="2">중소</th><th rowspan="2">중견</th><th rowspan="2">일반</th></tr>
<tr><th>수도권</th><th>수도권밖</th></tr>
<tr><td>청년</td><td>1,100</td><td>1,200</td><td>800</td><td>400</td></tr>
<tr><td>청년외</td><td>700</td><td>770</td><td>450</td><td>0</td></tr>
</table></td><td>(단위: 만원)
<table>
<tr><th rowspan="2">구 분</th><th colspan="2">중소</th><th rowspan="2">중견</th><th rowspan="2">일반</th></tr>
<tr><th>수도권</th><th>수도권밖</th></tr>
<tr><td>청년</td><td>1,450</td><td>1,550</td><td>800</td><td>400</td></tr>
<tr><td>청년외</td><td>850</td><td>950</td><td>450</td><td>0</td></tr>
</table></td></tr>
<tr><td>추가공제</td><td colspan="2">• 중소기업 및 중견기업: 총 3년간
• 그 외 기업: 총 2년간</td></tr>
<tr><td>추가납부세액 계산</td><td colspan="2">고용감소시 추가납부세액계산 방법은 동일</td></tr>
<tr><td>추가납부세액의 납부방법</td><td>선공제분 납부 후 이월세액 감소
(사전법령해석소득2020－478, 2020.10.21.)</td><td>이월세액에서 먼저 차감한 후 부족분은 선공제분 납부(조특법 29의8 ②)</td></tr>
</table>

| (저자주) 고용증대세액공제(1차세액공제) 자가진단표 |

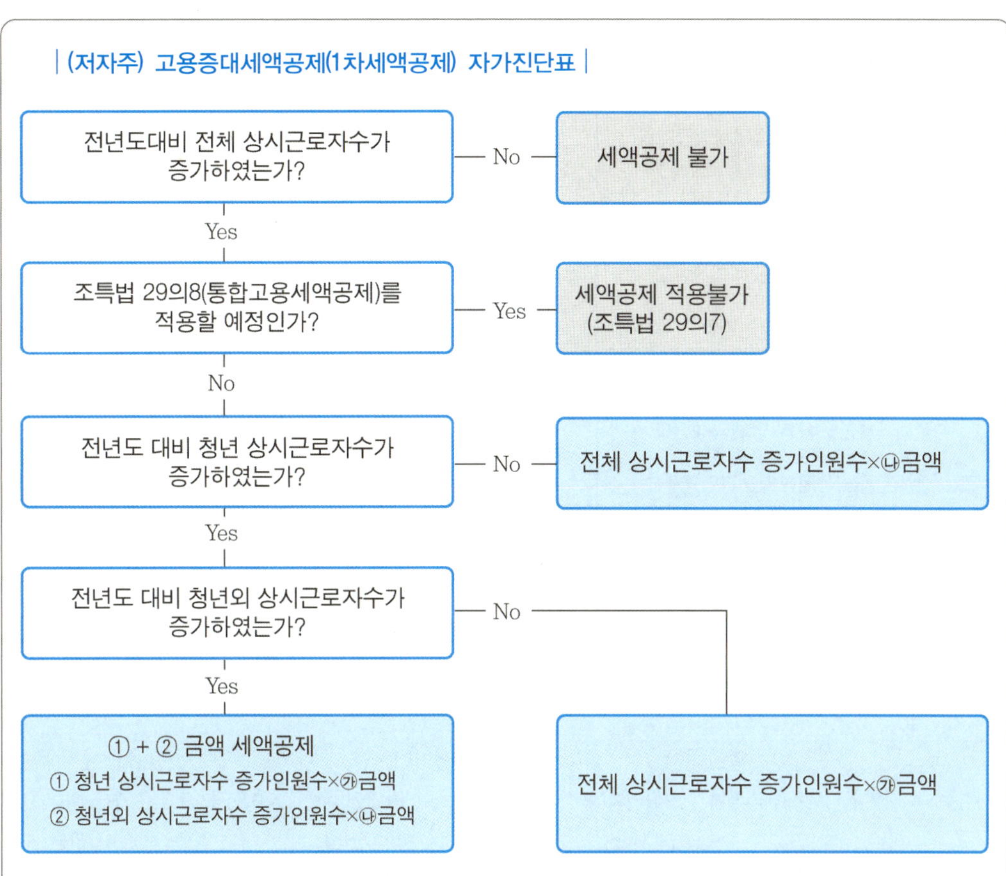

구 분	중소기업		중견기업		일반기업	
	수도권 내	수도권밖*	수도권 내	수도권밖*	수도권 내	수도권밖*
㉮금액(청년)	1,100만원	1,200만원 (21년, 22년: 1,300만원)	800만원	800만원 (21년, 22년: 900만원)	400만원	400만원 (21년, 22년: 500만원)
㉯금액(청년외)	700만원	770만원	450만원		0원	

* 2021년 및 2022년 수도권 밖 증가인원에 대한 공제액을 상향하였으며 2021.12.31.이 속하는 과세연도부터 2022.12.31.이 속하는 과세연도까지 적용함.

| (저자주) 고용증대세액공제(2차세액공제) 자가진단표 |

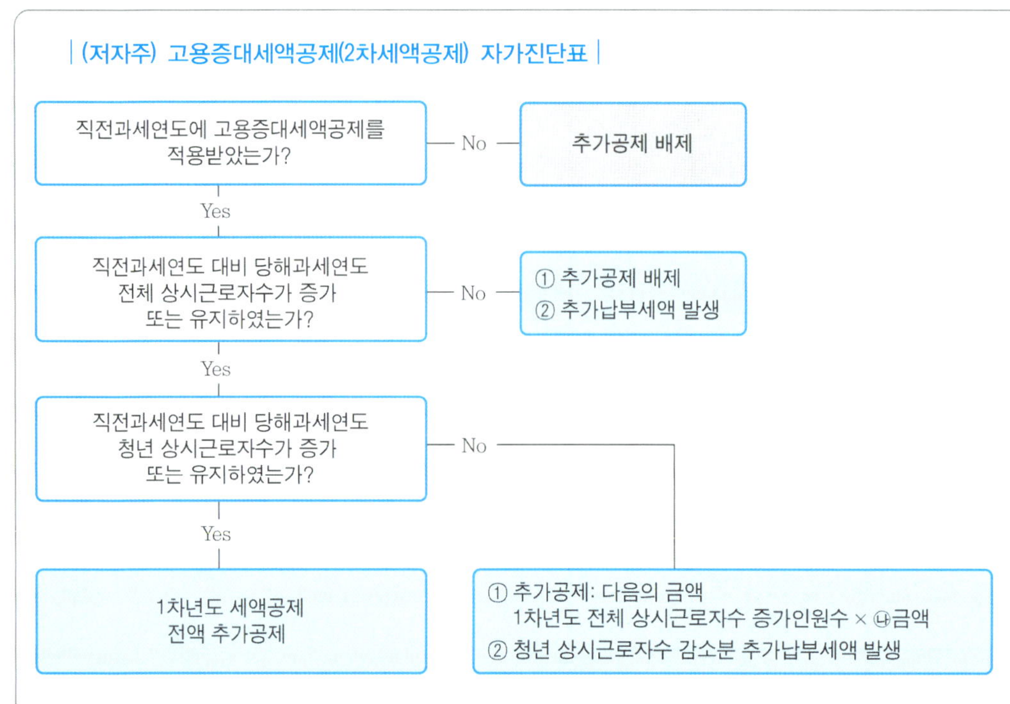

구 분	중소기업		중견기업		일반기업	
	수도권 내	수도권밖*	수도권 내	수도권밖*	수도권 내	수도권밖*
㉮금액(청년)	1,100만원	1,200만원 (21년, 22년: 1,300만원)	800만원	800만원 (21년, 22년: 900만원)	400만원	400만원 (21년, 22년: 500만원)
㉯금액(청년외)	700만원	770만원	450만원		0원	

* 2021년 및 2022년 수도권 밖 증가인원에 대한 공제액을 상향하였으며 2021.12.31.이 속하는 과세연도부터 2022.12.31.이 속하는 과세연도까지 적용함.

| (저자주) 고용증대세액공제(3차세액공제) 자가진단표 |

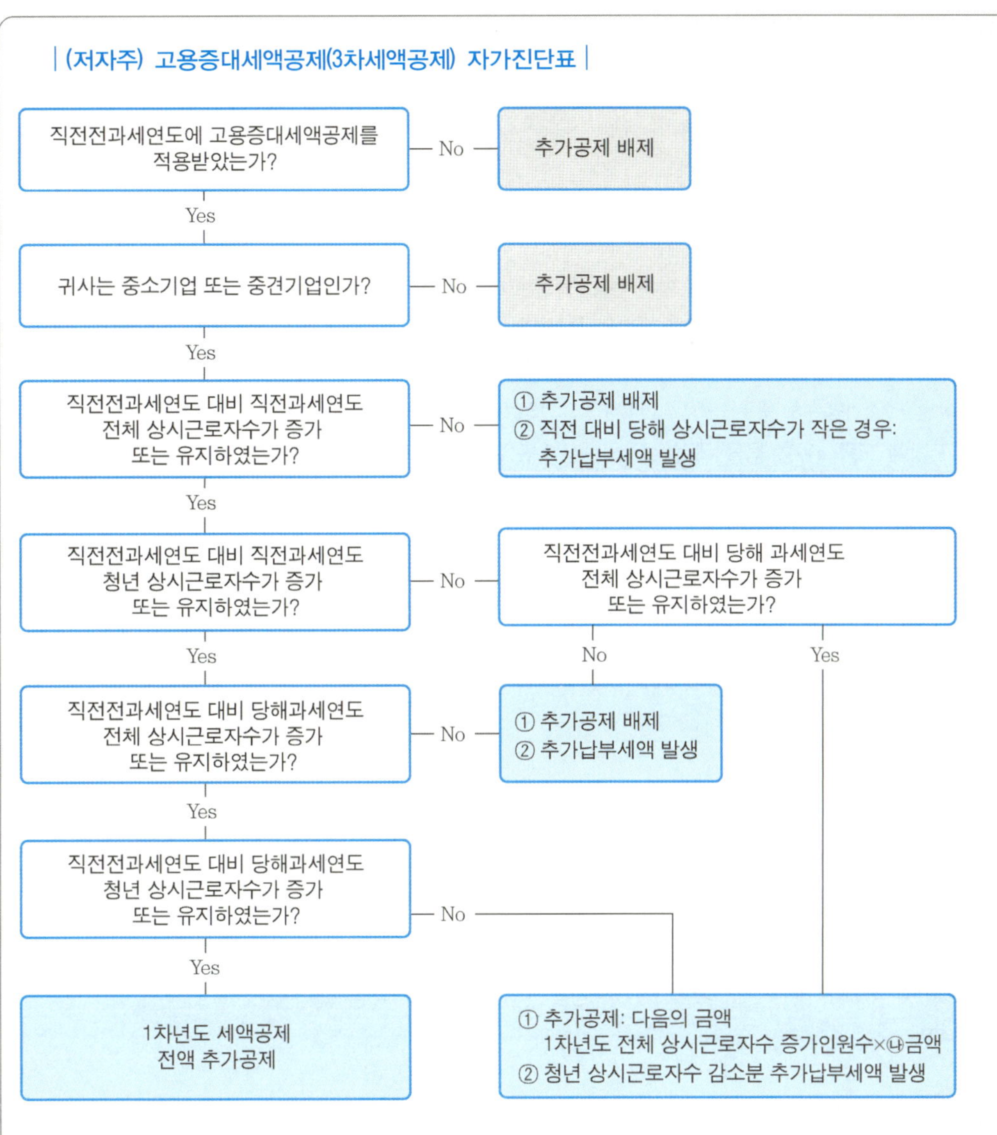

구 분	중소기업		중견기업		일반기업	
	수도권 내	수도권밖*	수도권 내	수도권밖*	수도권 내	수도권밖*
㉮금액(청년)	1,100만원	1,200만원 (21년, 22년: 1,300만원)	800만원	800만원 (21년, 22년: 900만원)	400만원	400만원 (21년, 22년: 500만원)
㉯금액(청년외)	700만원	770만원	450만원		0원	

* 2021년 및 2022년 수도권 밖 증가인원에 대한 공제액을 상향하였으며 2021.12.31.이 속하는 과세연도부터 2022.12.31.이 속하는 과세연도까지 적용함.

I 적용대상법인

소비성서비스업 등 다음의 업종을 경영하는 내국법인과 거주자(이하 '내국인'이라 한다)를 제외한 모든 내국인이 적용받을 수 있다.(조특법 29의7)

① 호텔업 및 여관업(관광진흥법에 따른 관광숙박업은 제외)

② 주점업(일반유흥주점업, 무도유흥주점업 및 「식품위생법 시행령」 제21조에 따른 단란주점☆ 영업만 해당하되, 「관광진흥법」에 따른 외국인전용유흥음식점업 및 관광유흥음식점업은 제외한다)

☆ 단란주점이란 주로 주류를 조리 · 판매하는 영업으로서 손님이 노래를 부르는 행위가 허용되는 영업을 말한다.

③ 그 밖에 오락 · 유흥 등을 목적으로 하는 사업으로서 다음의 사업☆

☆ 2024.3.22. 이후 개시하는 과세연도부터 소비성서비스업에 포함됨.(조특칙 부칙 제1042호, 3, 2024.3.22.)

㉠ 무도장 운영업

㉡ 기타 사행시설 관리 및 운영업(「관광진흥법」 제5조 또는 「폐광지역 개발 지원에 관한 특별법」 제11조에 따라 허가를 받은 카지노업은 제외한다)

㉢ 유사 의료업 중 안마를 시술하는 업

㉣ 마사지업

II 세액공제액

※ 고용을 증대시킨 기업에 대한 세액공제(조특법 29의7) 규정을 2024.12.31.이 속하는 과세연도에 적용하였다면 추가공제(2차, 3차세액공제)만 계속 적용이 가능하므로 2024.12.31.이 속하는 과세연도 이후 과세연도에는 적용이 불가능함.

1. 세액공제액

내국인이 2024년 12월 31일이 속하는 과세연도까지의 기간 중 해당 과세연도의 상시근로자의 수가 직전 과세연도의 상시근로자의 수보다 증가한 경우에는 다음의 세액공제액을 해당 과세연도의 소득세(부동산임대업 소득을 제외한 사업소득에 대한 소득세만 해당한다) 또는 법인세에서 공제한다.

세액공제액 = [① + ②, 또는 ③]

① 청년등 상시근로자의 증가한 인원 수 × 기업별 다음의 금액(우대공제)

구 분	중소기업		중견기업		대기업	
	수도권	수도권밖	수도권	수도권밖	수도권	수도권밖
세액공제금액	1,100만원	1,200만원	800만원	800만원	400만원	400만원
2022.12.31. 세액공제금액*	1,100만원	1,300만원	800만원	900만원	400만원	500만원

* 2021년 12월 31일이 속하는 과세연도부터 2022년 12월 31일이 속하는 과세연도까지의 기간에만 적용한다.(조특법 29의7 ① 1호 단서)

② 청년등 상시근로자 외 상시근로자의 증가한 인원 수 × 기업별 다음의 금액(일반공제)

구 분	중소기업		중견기업	대기업
	수도권	수도권밖		
세액공제금액	700만원	770만원	450만원	0원

※ ①과 ②의 증가한 인원 수는 증가한 상시근로자의 인원 수를 한도로 한다.

③ 청년등 상시근로자 포함한 전체 상시근로자의 증가한 인원 수 × 기업별 다음의 금액(일반공제)

구 분	중소기업		중견기업	대기업
	수도권	수도권밖		
세액공제금액	700만원	770만원	450만원	0원

Check Point

■ 고용을 증대시킨 기업에 대한 세액공제에 대한 법인과 개인의 적용범위

구 분	법인	개인
중소기업 일반기업	소비성서비스업☆을 제외한 모든 업종	소비성서비스업을 제외한 모든 업종
	☆ 호텔업 및 여관업, 일반유흥주점업, 무도유흥주점업, 단란주점, 2024.3.22. 이후 개시하는 과세연도부터 무도장 운영업, 기타 사행시설 관리 및 운영업, 유사 의료업 중 안마를 시술하는 업, 마사지업 포함.	
중견기업	소비성서비스업, 금융업, 보험 및 연금업, 금융 및 보험 관련 서비스업을 제외한 모든 업종	소비성서비스업, 금융업, 보험 및 연금업, 금융 및 보험 관련 서비스업을 제외한 모든 업종
단, 개인거주자는 부동산임대업 소득을 제외한 사업소득에 대한 소득세에서만 공제		

■ 중견기업의 범위

중견기업이란 다음의 요건을 모두 갖춘 기업을 말한다.

① 중소기업이 아닐 것

② 「중견기업 성장촉진 및 경쟁력 강화에 관한 특별법 시행령」 제2조 제1항 제1호(「공공기관의 운영에 관한 법률」 제4조에 따른 공공기관) 또는 제2호(「지방공기업법」에 따른 지방공기업)에 해당하는 기관이 아닐 것

③ 소비성서비스업, 금융업, 보험 및 연금업, 금융 및 보험 관련 서비스업을 주된 사업으로 영위하지 아니할 것. 이 경우 둘 이상의 서로 다른 사업을 영위하는 경우에는 사업별 사업수입금액이 큰 사업을 주된 사업으로 본다.

④ 소유와 경영의 실질적인 독립성이 「중견기업 성장촉진 및 경쟁력 강화에 관한 특별법 시행령」 제2조 제2항 제1호에 적합할 것

⑤ 직전 3개 과세연도의 매출액(과세연도가 1년 미만인 과세연도의 매출액은 1년으로 환산한 매출액을 말한다)의 평균금액이 3천억원 미만인 기업일 것

■ 고용을 증대시킨 기업에 대한 세액공제의 2024년에 세액공제가 종료될 때 적용방법

2024년 고용증대 세액공제 일몰 종료 시 중소기업 또는 중견기업이 2023년 1차년도 공제받은 경우 2025년 3차년도 공제까지 가능하며, 2024년 1차년도 공제받은 경우 2026년 3차년도 공제까지 가능함.(다만, 최초 공제받은 사업연도 대비 고용이 감소하지 않은 경우에 한함)

➲ 고용증대세액공제 적용방법(기획재정부조세특례-906, 2023.8.28.)

① 「조세특례제한법」 제29조의7 제1항 제1호의 공제(우대공제) 대상인 청년등 상시근로자 고용증대 기업이 동법 동조항 제2호의 공제(일반공제)를 선택하여 적용할 수 있음.

② 사후관리 기간 중 청년 근로자수는 감소하고, 그 외 근로자의 수는 증가하여 전체 근로자의 수는 증가 또는 유지한 경우, 잔여 공제기간에 대해 우대공제액이 아닌 일반공제액이 적용됨.

③ 일반공제만 신청하여 적용받은 후 '청년등 상시근로자수'와 '청년등 상시근로자 외 상시근로자수'가 모두 감소한 경우 추가 납부세액 계산은 청년등 상시근로자 감소인원에 대해 일반공제액 추가납부액으로 계산함.

④ '18년 고용증대세액공제 적용 후 '20년 고용감소로 특례규정(「조세특례제한법」 제29조의7 제5항)에 따라 사후관리를 유예받았으나, '21년에 '20년보다 고용이 감소한 경우 '20년에 납부하였어야 할 세액을 한도로 추가납부세액 계산함.

증가한 상시근로자의 인원 수를 한도로 세액공제 적용하는 사례

1. 청년등 상시근로자수 증가, 청년외 상시근로자수 감소, 전체 상시근로자수 증가

구 분	2021년	2022년	2021년 대비 증감
청년등상시근로자수	8명	10명	2명 증가
청년외상시근로자수	7명	6명	1명 감소
전체상시근로자수	15명	16명	1명 증가

⊙ 2022년 고용증대세액공제액 : 11,000,000원

구 분	근로자수 계산	2022년 세액공제금액 계산
청년	10명 − 8명 = 2명 → 1명 (전체상시근로자수 증가한도)	1명 × 1,100만원 = 1,100만원
청년외	6명 − 7명 = △1명 → 0명	0명 × 700만원 = 0원
전체상시근로자수	1명 증가	1,100만원

㉠ 청년등 상시근로자수가 2명 증가하였으나 전체 상시근로자수가 1명 증가하였으므로 청년 세액공제는 전체 상시근로자수 증가분을 한도로 1명에 대하여 적용한다.
㉡ 청년외 상시근로자수는 감소하였으므로 청년외 세액공제는 적용하지 아니한다.
㉢ 납세자의 선택에 의하여 전체 상시근로자수 증가인원에 대하여 청년외 상시근로자수에 대한 세액공제액(= 1명 × 700만원 = 700만원)을 적용할 수 있다.

2. 청년등 상시근로자수 감소, 청년외 상시근로자수 증가, 전체 상시근로자수 증가

구 분	2021년	2022년	2021년 대비 증감
청년등상시근로자수	8명	6명	2명 감소
청년외상시근로자수	7명	10명	3명 증가
전체상시근로자수	15명	16명	1명 증가

⊙ 2022년 고용증대세액공제액 : 700만원

구 분	근로자수 계산	2022년 세액공제금액 계산
청년	6명 − 8명 = △2명 → 0명 증가	0명 × 1,100만원 = 0원
청년외	10명 − 7명 = 3명 → 1명 (전체상시근로자수 증가한도)	1명 × 700만원 = 700만원
전체상시근로자수	1명 증가	700만원

㉠ 청년등 상시근로자수가 2명 감소하였으므로 청년 세액공제는 적용하지 아니한다.
㉡ 청년외 상시근로자수가 3명 증가하였으나 전체 상시근로자수가 1명 증가하였으므로 청년외 세액공제는 전체 상시근로자수 증가분을 한도로 1명에 대하여 적용한다.
㉢ 납세자의 선택에 의하여 전체 상시근로자수 증가인원에 대하여 청년외 상시근로자수에 대한 세액공제액(= 1명 × 700만원 = 700만원)을 적용할 수 있다.

3. 청년등 상시근로자수 증가, 청년외 상시근로자수 감소, 전체 상시근로자수 감소

구 분	2021년	2022년	2021년 대비 증감
청년등상시근로자수	8명	10명	2명 증가
청년외상시근로자수	7명	4명	3명 감소
전체상시근로자수	15명	14명	1명 감소

⊙ 2022년 고용증대세액공제액 : 0원

구 분	근로자수 계산	2022년 세액공제금액 계산
청년	10명 － 8명 = 2명 → △1명 (전체상시근로자수 증가한도)	0명 × 1,100만원 = 0원
청년외	4명 － 7명 = △3명 → △1명 (전체상시근로자수 증가한도)	0명 × 700만원 = 0원
전체상시근로자수	1명 감소	0원

㉠ 청년등 상시근로자수가 2명 증가하였으나 전체 상시근로자수가 1명 감소하였으므로 청년 세액공제는 전체 상시근로자수 증가분이 0명이므로 적용하지 아니한다.

㉡ 청년외 상시근로자수가 3명 감소하였으므로 청년외 세액공제는 적용하지 아니한다.

고용증대세액공제액 계산 시 2019.12.31. 개정된 「조세특례제한법」 제29조의7 제1항의 전체 상시근로자 수의 한도규정을 적용하여 청구법인의 경정청구를 거부한 처분의 당부(조심2024중3785, 2025.3.25.)

쟁점세액공제 대상 상시근로자 인원 수의 산정에 있어 납세자에게 다소 불리하게 개정된 쟁점한도규정을 2018·2019 사업연도 귀속분에 대해서도 적용하는 것으로 해석할 경우 소급과세금지의 원칙을 위배할 소지가 있는 점 등에 비추어 청구법인의 2018·2019 사업연도 법인세 경정청구를 거부한 이건 처분은 잘못이 있는 것으로 판단된다. 다만, 2019.12.31. 법률 제16835호로 개정된 「조세특례제한법」의 부칙 제1조 및 제2조에 따라 개정법률 시행 이후 개시하는 사업연도분에 대하여 쟁점한도규정이 적용되는 것임.

☆ (저자주) 본 심판례는 기존의 기획재정부 해석(기획재정부조세특례-199, 2024.3.8., 서면법규법인2022-488, 2022.5.10., 기획재정부조세특례-322, 2022.5.4.)과 반대되는 사례로서 기존의 기획재정부 해석에 근거하여 2020.1.1. 전 개시하는 과세연도의 세액공제분에 대하여 개정세법을 적용할 수 없다는 점을 명확히 하고 있다.

고용증대세액공제를 위한 증가한 상시근로자의 인원 수 계산(기획재정부조세특례-199, 2024.3.8.)

「조세특례제한법」(2019.12.31. 법률 제16835호로 개정되기 전의 것) 제29조의7 제1항에 따른 고용증대세액공제 적용대상 인원 수 계산 시, 전체 상시근로자의 증가한 인원 수 내에서 청년등 상시근로자 및 그 외 상시근로자의 증가한 인원 수 계산함.

➲ **고용증대세액공제액 산정시 한도규정 적용 시기**(서면법규법인2022－488, 2022.5.10., **기획재정부조세특례**－322, 2022.5.4.)

「조세특례제한법」 제29조의7(2019.12.31. 법률 제16835호로 개정된 것) 제1항에 따른 '증가한 상시근로자의 인원수 한도' 규정이 2020.1.1. 전 개시하는 과세연도에도 적용됨.

2. 통합고용증대세액과의 관계

2023.1.1.부터 2024.12.31.까지 통합고용증대세액공제 중 고용증대세액공제(조특법 29의8 ①)와 고용을 증대시킨 기업에 대한 세액공제(조특법 29의7) 또는 중소기업 사회보험료 세액공제(조특법 30의4) 중 하나만 적용한다.

그리고 통합고용증대세액공제 중 고용증대세액공제(조특법 29의8 ①)를 선택한 경우에도 고용을 증대시킨 기업에 대한 세액공제(조특법 29의7)의 2차, 3차 추가공제 및 중소기업 사회보험료 세액공제(조특법 30의4)의 2차 추가공제 적용이 가능하다.

이는 사례별로 다음과 같이 세액공제를 적용하는 것을 의미한다.

① 동일 과세연도에 1차 세액공제의 중복적용여부는 다음과 같다.

통합고용증대	기존고용증대	비고
1차 세액공제	1차 세액공제	동시적용 불가
×	○	적용가능
○	×	적용가능

② 1차 세액공제방법의 선택은 과세연도별로 다음과 같이 선택할 수 있다. 즉 계속 적용하는 것은 아닌 것으로 해석된다.

2023년		2024년	비고
기존고용증대	⇨	통합고용증대	적용가능
통합고용증대	⇨	기존고용증대	적용가능
기존고용증대	⇨	기존고용증대	적용가능
통합고용증대	⇨	통합고용증대	적용가능

③ 1차 세액공제와 2차・3차 추가공제의 중복여부는 다음과 같다.

2023년	2024년	비고
2023년 기존고용증대(1차)	2024년 통합고용증대(1차) 2023년 기존고용증대(2차)	적용가능
2023년 통합고용증대(1차)	2024년 통합고용증대(1차)	적용가능

2023년	2024년	비고
2022년 기존고용증대(2차)	2023년 통합고용증대(2차) 2022년 기존고용증대(3차)	적용가능
2023년 통합고용증대(1차)	2024년 기존고용증대(1차) 2023년 통합고용증대(2차)	

④ 청년등 상시근로자수의 증가규모가 큰 경우에는 「통합고용증대세액공제」가 일반적으로 유리하다.

⑤ 청년외 상시근로자수가 증가한 경우로서 고용인원의 평균 급여수준이 높은 경우에는 「통합고용증대세액공제」보다 「중소기업사회보험료세액공제」에 의한 세액공제액이 크기 때문에 「기존고용증대세액공제」와 「중소기업사회보험료세액공제」를 선택하는 것이 유리하다.

⑥ 「기존고용증대세액공제」와 「통합고용세액공제 중 고용증대세액공제」의 중복적용만을 배제하는 것으로 「통합고용세액공제 중 정규직 근로자로의 전환세액공제와 육아휴직복귀자 세액공제」는 「기존고용증대세액공제」 또는 「중소기업사회보험료세액공제」와 중복적용이 가능하다.

2022과세연도에 대해 고용증대세액공제를 적용한 중소기업이 2023년 이후 과세연도에 대한 세액공제 방법(서면법인 2023-1263, 2023.6.8.)

중소기업인 내국법인이 2022년 12월 31일이 속하는 과세연도에 대해 「조세특례제한법」 제29조의7(고용을 증대시킨 기업에 대한 세액공제)에 따라 세액공제를 받은 경우, 2023년 12월 31일이 속하는 과세연도와 2024년 12월 31일이 속하는 과세연도까지 「조세특례제한법」 제29조의7(고용을 증대시킨 기업에 대한 세액공제) 규정을 적용하여 세액공제하는 것임. 또한, 2023년 12월 31일(또는 2024년 12월 31일)이 속하는 과세연도의 상시근로자수가 직전 과세연도 보다 증가하는 경우, 해당 과세연도에는 「조세특례제한법」 제29조의7(고용을 증대시킨 기업에 대한 세액공제)과 같은 법 제29조의8(통합고용세액공제) 중 어느 하나를 선택하여 세액공제를 적용하고 이후 과세연도의 추가 공제 시에도 당초 선택한 공제방법을 적용하는 것임.

Ⅲ 상시근로자의 개념

상시근로자란 근로기준법에 따라 근로계약을 체결한 내국인(소득세법상 거주자를 의미함) 근로자로 한다. 다만, 다음의 어느 하나에 해당하는 사람은 제외한다.(조특령 23 ⑩)

① 근로계약기간이 1년 미만인 자. 다만, 근로계약의 연속된 갱신으로 인하여 그 근로계약의 총 기간이 1년 이상인 근로자는 제외한다.

② 근로기준법 제2조 제1항 제8호에 따른 단시간근로자. 다만, 1개월간의 소정근로시간이 60시간 이상인 근로자는 제외한다.

③ 다음의 어느 하나에 해당하는 임원

㉠ 법인의 회장, 사장, 부사장, 이사장, 대표이사, 전무이사 및 상무이사 등 이사회의 구성원 전원과 청산인

㉡ 합명회사, 합자회사 및 유한회사의 업무집행사원 또는 이사

㉢ 유한책임회사의 업무집행자

㉣ 감사

㉤ 그 밖에 ㉠부터 ㉣까지의 규정에 준하는 직무에 종사하는 자

④ 해당 기업의 최대주주 또는 최대출자자(개인사업자의 경우에는 대표자를 말한다)와 그 배우자

⑤ ④에 해당하는 자의 직계존비속(그 배우자 포함) 및 「국세기본법 시행령」 제1조의2 제1항에 따른 친족관계☆인 사람

☆ 「국세기본법 시행령」 제1조의2 제1항에 따른 친족관계는 다음과 같다.

① 4촌 이내의 혈족　② 3촌 이내의 인척　③ 배우자(사실상의 혼인관계에 있는 자를 포함한다)

④ 친생자로서 다른 사람에게 친양자 입양된 자 및 그 배우자・직계비속

⑤ 본인이 「민법」에 따라 인지한 혼인 외 출생자의 생부나 생모(본인의 금전이나 그 밖의 재산으로 생계를 유지하는 사람 또는 생계를 함께하는 사람으로 한정한다)

⑥ 소득세법 시행령 제196조에 따른 근로소득원천징수부에 의하여 근로소득세를 원천징수한 사실이 확인되지 아니하고, 다음의 어느 하나에 해당하는 보험료 등의 납부사실도 확인되지 아니하는 사람

㉠ 국민연금법 제3조 제1항 제11호 및 제12호에 따른 부담금 및 기여금

㉡ 국민건강보험법 제62조에 따른 직장가입자의 보험료

참고사항

■ **임원의 자녀를 채용한 경우 상시근로자 여부**

최대주주에 해당하지 않는 임원의 자녀를 채용한 경우 임원의 자녀는 상시근로자에 포함된다.

고용을 증대시킨 기업에 대한 세액공제 적용 관련 휴직자의 상시근로자 포함 여부(서면법인2020-1079, 2020.9.24., 사전법령해석법인2020-272, 2020.6.22.)

조세특례제한법 제29조의7에 따라 고용을 증대시킨 기업에 대한 세액공제 적용 시 상시근로자는 근로기준법에 따라 근로계약을 체결한 내국인 근로자로서 조세특례제한법 시행령 제23조 제10항 각 호의 어느 하나에 해당하지 않는 사람을 말하는 것이며, 「근로기준법」에 따라 1년 이상의 근로계약을 체결하고 근무하다가 육아휴직을 한 근로자가 이에 해당하는지 여부는 사실 판단할 사항임.

고용증대세액공제 적용시 월 중 신규 입사자의 매월 말 상시근로자수 포함여부(사전법령해석소득2021-341, 2021.6.30.)

「근로기준법」에 따라 근로계약을 체결한 내국인 신규근로자가 입사한 월의 근무일수가 적어 당해 월 근로소득에 대한 원천징수한 사실이 확인되지 아니하는 경우, 입사한 월에 대한 「국민연금법」 제3조 제1항 제11호 및 제12호 따른 부담금 및 기여금 또는 「국민건강보험법」 제69조에 따른 직장가입자의 보험료 중 하나의 납부사실이 확인되는 경우에는 「조세특례제한법 시행령」 제26조의7 제7항을 적용함에 있어서 입사한 월말 현재 상시근로자수에 포함하는 것이며, 해당 근로자가 이에 해당하는지 여부는 사실판단할 사항임.

Ⅳ 청년등 상시근로자

청년등 상시근로자는 다음의 어느 하나에 해당하는 근로자를 말한다.(조특령 26의7 ③)

① 청년정규직 근로자: 15세 이상 29세 이하인 사람 중 다음의 어느 하나에 해당하는 사람을 제외한 사람. 다만, 해당 근로자가 병역(현역병, 상근예비역, 의무경찰, 의무소방원, 사회복무요원, 현역에 복무하는 장교・준사관 및 부사관)을 이행한 경우에는 그 기간(6년을 한도로 한다)을 현재 연령에서 빼고 계산한 연령이 29세 이하인 사람을 포함한다.

㉠ 「기간제 및 단시간근로자 보호 등에 관한 법률」에 따른 기간제근로자 및 단시간근로자

㉡ 「파견근로자보호 등에 관한 법률」에 따른 파견근로자

㉢ 「청소년 보호법」 제2조 제5호 각 목에 따른 업소에 근무하는 같은 조 제1호에 따른 청소년

☆ 산업기능요원으로 병역을 이행한 경우에는 그 기간을 창업 당시 창업자의 연령에서 뺄 수 없음.(수원지법2022구합69873, 2022.11.24.)

② 장애인: 「장애인복지법 」의 적용을 받는 장애인과 「국가유공자 등 예우 및 지원에 관한 법률」에 따른 상이자, 「5・18민주유공자예우 및 단체설립에 관한 법률」에 따른 5・18민주화운동부상자와 「고엽제후유의증 등 환자지원 및 단체설립에 관한 법률」에 따른 고엽제후유의증환자로서 장애등급 판정을 받은 사람

☆ (저자주) 항시 치료를 요하는 중증환자는 장애인에 해당하지 않음.

③ 근로계약 체결일 현재 연령이 60세 이상인 사람

Check Point

근로계약 체결일 현재 연령이 60세 이상인 사람의 의미

근로계약 체결일 현재 연령이 60세 이상인 사람은 청년등 상시근로자에 포함되므로 다음과 같이 구분할 수 있다.

구 분	청년등 상시근로자 여부
근로계약 체결일 현재 60세 미만인 사람 중 해당 과세연도에 60세 이상인 사람	청년등 상시근로자에서 제외 청년외 상시근로자에 포함
근로계약 체결일 현재 60세 이상인 사람 중 해당 과세연도에 계속 근무 중인 사람	청년등 상시근로자에 포함

또한 「근로계약 체결일 현재 연령이 60세 이상인 사람」의 규정은 2021.2.17. 신설되어 시행되고 있으며 관련 부칙에서 별도로 「시행일 이후 고용된 경우로 한정」하는 규정이 없다. 이는 해당과세연도의 상시근로자와 비교대상이 되는 직전과세연도의 상시근로자를 판단하는 기준이 해당과세연도의 상시근로자 규정이기 때문이다. 따라서 직전과세연도의 상시근로자를 판단할 때 직전과세연도의 법령을 적용하는 오류가 있을 수 있으므로 주의하여야 한다.

시행령 시행(2021.2.17.) 이전에 근로계약 체결일 현재 60세 이상인 사람이 고용되었다면 고용증대세액공제를 적용하기 위한 상시근로자 판단시 다음의 예시와 같이 직전과세연도와 해당과세연도의 청년등 상시근로자를 판단하여야 한다.

〈예시〉 2019.5.20. 61세인 홍길동을 고용한 경우 각 연도별 상시근로자 계산방법

2019년		2020년		2021년		2022년	
직전	당기	직전	당기	직전	당기	직전	당기
청년외	청년외	청년외	청년외	청년	청년	청년	청년

정년퇴직 후 재(再)고용된 60세 이상의 근로자가 「청년등 상시근로자」에 해당하는지 여부(서면법규법인 2022-3940, 2023.6.15.)

정년퇴직으로 인하여 근로관계가 실질적으로 단절된 후 「근로기준법」에 따라 새로운 근로계약을 체결한 경우로서, 새로운 근로계약 체결일 현재 연령이 60세 이상인 상시근로자는 「조세특례제한법」 제29조의7에 따른 세액공제를 적용함에 있어 '청년등 상시근로자'에 해당하는 것임.

청년등 상시근로자 해당 여부(서면법인2022-4400, 2022.12.29.)

「조세특례제한법」 제29조의7에서 규정하는 '청년 정규직 근로자'라 함은 같은 법 시행령 제23조 제10항의 상시근로자로서 같은 법 시행령 제26조의7 제3항 제1호 가목에 따라 15세 이상 29세 이하인 사람 중 「기간제 및 단시간근로자 보호 등에 관한 법률」('기간제법')에 따른 기간제근로자 및 단시간근로자 등을 제외한 근로자를 말하는 것임.

☆ (저자주) 사용자는 2년을 초과하지 아니하는 범위 안에서 기간제근로자를 사용할 수 있으며 단서의 사유가 없거나 소멸되었음에도 불구하고 2년을 초과하여 기간제근로자로 사용하는 경우에는 그 기간제근로자는 기간의 정함이 없는 근로계약을 체결한 근로자로 본다는 규정을 종합할 때 청년등 상시근로자에 2년을 초과하여 근로를 제공하는 기간제근로자도 포함되는 것으로 해석됨.

○ 기간제 및 단시간근로자 보호 등에 관한 법률 제2조【정의】
이 법에서 사용하는 용어의 정의는 다음과 같다.
1. "기간제근로자"라 함은 기간의 정함이 있는 근로계약(이하 "기간제 근로계약"이라 한다)을 체결한 근로자를 말한다.
2. "단시간근로자"라 함은「근로기준법」제2조의 단시간근로자를 말한다.

○ 기간제 및 단시간근로자 보호 등에 관한 법률 제4조【기간제근로자의 사용】
① 사용자는 2년을 초과하지 아니하는 범위 안에서(기간제 근로계약의 반복갱신 등의 경우에는 그 계속근로한 총기간이 2년을 초과하지 아니하는 범위 안에서) 기간제근로자를 사용할 수 있다. 다만, 다음 각 호의 어느 하나에 해당하는 경우에는 2년을 초과하여 기간제근로자로 사용할 수 있다.
1. 사업의 완료 또는 특정한 업무의 완성에 필요한 기간을 정한 경우
2. 휴직·파견 등으로 결원이 발생하여 해당 근로자가 복귀할 때까지 그 업무를 대신할 필요가 있는 경우
3. 근로자가 학업, 직업훈련 등을 이수함에 따라 그 이수에 필요한 기간을 정한 경우
4.「고령자고용촉진법」제2조 제1호의 고령자(55세 이상인 사람)와 근로계약을 체결하는 경우
5. 전문적 지식·기술의 활용이 필요한 경우와 정부의 복지정책·실업대책 등에 따라 일자리를 제공하는 경우로서 대통령령으로 정하는 경우
6. 그 밖에 제1호부터 제5호까지에 준하는 합리적인 사유가 있는 경우로서 대통령령으로 정하는 경우
② 사용자가 제1항 단서의 사유가 없거나 소멸되었음에도 불구하고 2년을 초과하여 기간제근로자로 사용하는 경우에는 그 기간제근로자는 기간의 정함이 없는 근로계약을 체결한 근로자로 본다.

V 상시근로자수 및 청년등 상시근로자수의 계산

1. 상시근로자수 등의 계산방법

상시근로자수, 청년등 상시근로자수는 다음의 계산식에 따라 계산한다. 다만, 단시간근로자 중 1개월간의 소정근로시간이 60시간 이상인 근로자 1명은 0.5명으로 하여 계산한다.(조특령 23 ⑪) 창업등의 경우「창업등 기업의 상시근로자수」(Part03－Chapter01－제3절)편에서 확인하기로 한다.[20)]

20) 청년상시근로자 또는 상시근로자 증가인원을 계산할 때 해당 과세연도에 창업 등을 한 기업의 경우에는 다음의 구분에 따른 수를 직전 또는 해당 과세연도의 청년상시근로자수 또는 상시근로자수로 본다.
① 창업(다음에 해당하는 경우는 제외한다)한 경우의 직전 과세연도의 상시근로자수: 0
㉠ 합병·분할·현물출자 또는 사업의 양수를 통하여 종전의 사업을 승계하거나 종전의 사업에 사용되던 자산을 인수 또는 매입하여 같은 종류의 사업을 하는 경우. 다만, 종전의 사업에 사용되던 자산을 인수하거나 매입하여 같은 종류의 사업을 하는 경우 그 자산가액의 합계가 사업 개시 당시 토지·건물 및 기계장치 등 대통령령으로 정하는 사업용자산의 총가액에서 차지하는 비율이 100분의 50 미만으로서 대통령령으로 정하는 비율 이하인 경우는 제외한다.

$$상시근로자수 = \frac{해당\ 과세연도의\ 매월\ 말\ 현재\ 상시근로자수의\ 합}{해당\ 과세연도의\ 개월\ 수}$$

$$청년등\ 상시근로자수 = \frac{해당\ 과세연도의\ 매월\ 말\ 현재\ 청년등\ 상시근로자수의\ 합}{해당\ 과세연도의\ 개월\ 수}$$

① 상시근로자수 중 100분의 1 미만 부분은 없는 것으로 본다.
② 법령에는 전체 상시근로자수와 청년등 상시근로자수 계산 방법만 명시되어 있으므로 청년등 외 상시근로자수는 다음과 같이 계산한다.

청년등 외 상시근로자수 = 상시근로자수 − 청년등 상시근로자수

또한 단시간근로자 중 다음의 지원요건을 모두 충족하는 경우에는 0.75명으로 하여 계산한다.

① 해당 과세연도의 상시근로자수(상시근로자에 포함되는 단시간근로자인 1개월간의 소정근로시간이 60시간 이상인 근로자는 제외한다)가 직전 과세연도의 상시근로자수(상시근로자에 포함되는 단시간근로자인 1개월간의 소정근로시간이 60시간 이상인 근로자는 제외한다)보다 감소하지 아니하였을 것
② 기간의 정함이 없는 근로계약을 체결하였을 것
③ 상시근로자와 시간당 임금(「근로기준법」에 따른 임금, 정기상여금·명절상여금 등 정기적으로 지급되는 상여금과 경영성과에 따른 성과금을 포함한다), 그 밖에 근로조건과 복리후생 등에 관한 사항에서 「기간제 및 단시간근로자 보호 등에 관한 법률」에 따른 차별적 처우☆가 없을 것

☆ "차별적 처우"라 함은 다음의 사항에서 합리적인 이유 없이 불리하게 처우하는 것을 말한다.
가. 「근로기준법」 제2조 제1항 제5호에 따른 임금
나. 정기상여금, 명절상여금 등 정기적으로 지급되는 상여금
다. 경영성과에 따른 성과금
라. 그 밖에 근로조건 및 복리후생 등에 관한 사항

ⓛ 거주자가 하던 사업을 법인으로 전환하여 새로운 법인을 설립하는 경우
ⓒ 폐업 후 사업을 다시 개시하여 폐업전의 사업과 같은 종류의 사업을 하는 경우

② 위 ㉠(합병·분할·현물출자 또는 사업의 양수를 통하여 종전의 사업을 승계하는 경우는 제외한다)부터 ㉢까지의 어느 하나에 해당하는 경우의 직전 과세연도의 상시근로자수: 종전 사업, 법인전환 전의 사업 또는 폐업 전의 사업의 직전 과세연도 상시근로자수
③ 다음의 어느 하나에 해당하는 경우의 직전 또는 해당 과세연도의 상시근로자수: 직전 과세연도의 상시근로자수는 승계시킨 기업의 경우에는 직전 과세연도 청년상시근로자수 또는 상시근로자수에 승계시킨 청년상시근로자수 또는 상시근로자수를 뺀 수로 하고, 승계한 기업의 경우에는 직전 과세연도 청년상시근로자수 또는 상시근로자수에 승계한 청년상시근로자수 또는 상시근로자수를 더한 수로 하며, 해당 과세연도의 상시근로자수는 해당 과세연도 개시일에 상시근로자를 승계시키거나 승계한 것으로 보아 계산한 청년상시근로자수 또는 상시근로자수로 한다.
㉠ 해당 과세연도에 합병·분할·현물출자 또는 사업의 양수 등에 의하여 종전의 사업부문에서 종사하던 상시근로자를 승계한 경우
㉡ 특수관계인으로부터 상시근로자를 승계한 경우

④ 시간당 임금이 「최저임금법」에 따른 최저임금액의 100분의 130 이상일 것(중소기업: 120%)

2. 상시근로자수 등의 계산시기

고용증대세액공제 등을 적용하는 내국인은 다음과 같은 시기에 상시근로자수를 계산한다.

① 고용증대세액공제 등 당해연도 세액공제액을 계산할 때
② 고용감소로 인하여 당기 이전 세액공제액에 대한 추가납부세액을 계산할 때

특히 추가납부세액을 계산하는 경우로서 전체 상시근로자수는 감소하지 않았지만 청년등 상시근로자수가 감소한 경우에 청년의제☆ 규정을 적용하면 청년등 상시근로자수의 감소규모가 축소될 수 있어 추가납부세액이 줄어들 수 있으므로 상시근로자수를 다시 계산하는 것이 유리하다.

☆ 청년의제는 추가납부할 세액을 계산할 때만 최초로 공제받은 과세연도에 청년등 상시근로자에 해당하는 자는 이후 과세연도에도 청년등 상시근로자로 보아 청년등 상시근로자수를 계산하는 것을 의미한다.(조특령 26의8 ⑤)

고용증대 세액공제 적용시 근로계약 갱신으로 상시근로자에 해당할 때, 상시근로자 적용 시점 (기획재정부조세특례 – 511, 2024.6.19.)

「조세특례제한법」 제29조의7에 따른 세액공제 적용시 상시근로자 여부는 제23조 제10항 제1호에 따라 판단하고 있으므로, 근로계약기간이 1년 미만인 근로자는 상시근로자에서 제외되는 것이나 계약의 연속된 갱신으로 인하여 그 근로계약의 총 기간이 1년 이상인 근로자는 상시근로자에 포함되는 것임.
상시근로자 수는 「조세특례제한법 시행령」 제26조의7 제7항에 따라 매월 말 현재를 기준으로 계산하고, 연속된 갱신으로 인하여 그 근로계약의 총 기간이 1년 이상이 된 근로자는 근로계약기간의 합계가 1년 이상이 되게 하는 계약갱신이 발생한 월에 상시근로자에 포함되는 것임.

상시근로자수 계산 방법(서면법인2022 – 2176, 2022.10.31.)

「근로기준법」에 따라 근로계약을 체결한 내국인 근로자의 근로계약기간이 1년 이상인 경우로서 「조세특례제한법 시행령」 제23조 제10항 각 호에 해당하지 않으면 상시근로자로 보는 것이며, 청년 정규직 근로자는 「조세특례제한법 시행령」 제26조의7 제3항 제1호에 해당하는 근로자로 기간제근로자는 제외되는 것임.
「근로기준법」에 따라 근로계약을 체결한 내국인 근로자의 당초 근로계약기간이 1년 미만인 경우 상시근로자에 해당하지 않으며, 근로계약의 연속된 갱신으로 근로계약의 총 기간이 1년 이상인 경우 갱신일이 속하는 월부터 상시근로자에 포함하는 것임. 다만, 「조세특례제한법 시행령」 제23조 제10항 각 호에 해당하는 경우에는 상시근로자에서 제외됨.

| (저자주) 1년 미만 계약으로 갱신하여 계속 근로 중인 근로자의 상시근로자 여부 |

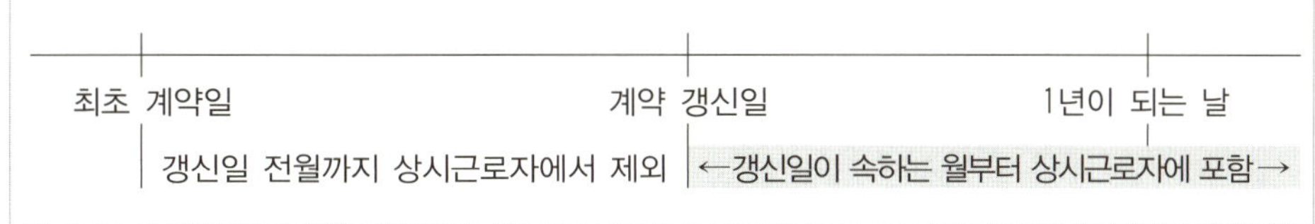

육아휴직자는 「사전법령해석법인2020-272, 2020.6.22.」를 참조하기 바람.

「조세특례제한법」 제29조의7에 따라 고용을 증대시킨 기업에 대한 세액공제 적용 시 상시근로자는 「근로기준법」에 따라 근로계약을 체결한 내국인 근로자로서 「조세특례제한법 시행령」 제23조 제10항 각 호의 어느 하나에 해당하지 않는 사람을 말하는 것이며, 「근로기준법」에 따라 1년 이상의 근로계약을 체결하고 근무하다가 육아휴직을 한 근로자가 이에 해당하는지 여부는 사실 판단할 사항임.

➲ 개인사업자의 법인전환 시 직전과세연도의 상시근로자수 계산방법(서면법인2019-3499, 2020.9.11.)

거주자가 하던 사업을 법인으로 전환하여 새로이 설립된 내국법인이 법인 전환일이 속하는 과세연도에 「조세특례제한법」 제29조의7(고용증대기업의 세액공제)를 적용하기 위해 준용하고 있는 같은법 시행령 제23조 제13항의 법인전환 직전 과세연도의 상시근로자수를 계산함에 있어, 법인전환에 따라 설립된 내국법인은 「조세특례제한법」 제6조 제10항에 따라 창업으로 보지 않는 것이며, 직전 과세연도의 상시근로자수는 같은법 시행령 제23조 제13항 제2호의 법인전환 전의 사업의 직전 과세연도 상시근로자수로 하는 것임. 다만, 「조세특례제한법」 제29조의7는 2018.1.1. 이후 개시하는 과세연도 분부터 적용됨.

➲ 본점 및 지점을 운영하는 법인의 고용증대 여부에 대한 판단(서면법인2019-3754, 2020.7.10.)

본점 및 지점을 운영하는 법인의 경우 「조세특례제한법」 제29조의7 제1항 및 제2항을 적용함에 있어 상시근로자의 수는 본점 및 지점을 합산하여 계산하는 것임.

➲ 다수사업장을 영위하는 개인사업자의 고용증대 여부에 대한 판단(사전법령해석소득2018-428, 2018.7.2.)

2이상의 사업장을 운영하는 개인사업자의 경우 「조세특례제한법」 제29조의5 및 제30조의4를 적용함에 있어 청년 정규직 근로자의 수 및 상시근로자의 수는 전체 사업장을 기준으로 계산하는 것임.

VI 추가세액공제 및 배제

※ 고용을 증대시킨 기업에 대한 세액공제(조특법 29의7) 규정을 2024.12.31.이 속하는 과세연도에 적용하였다면 추가공제(2차, 3차세액공제)만 계속 적용이 가능함.

1. 추가세액공제액(2차 · 3차 세액공제)

가. 추가세액공제

위 「Ⅱ. 세액공제액」을 적용받은 기업이 공제를 받은 과세연도 종료일부터 1년(중소기업 및 중견기업의 경우 2년)이 되는 날이 속하는 과세연도까지의 소득세(사업소득에 대한 소득세만 해당한다) 또는 법인세에서 위 「Ⅱ. 세액공제액」을 추가로 공제한다.

추가세액공제액 적용방법

■ 수도권 내에서 청년 근로자 고용이 계속 증가하는 중소기업을 가정함.

구 분	2020년	2021년	2022년	2023년	2024년
청년상시 근로자수	5명	6명	7명	8명	9명
1차 세액공제		2021년(1차) 1명 세액공제 (1,100만원)	2022년(1차) 1명 세액공제 (1,100만원)	2023년(1차) 1명 세액공제 (1,100만원)	2024년(1차) 1명 세액공제 (1,100만원)
2차 세액공제			2021년(2차) 추가 세액공제 (1,100만원)	2022년(2차) 추가 세액공제 (1,100만원)	2023년(2차) 추가 세액공제 (1,100만원)
3차 세액공제				2021년(3차) 추가 세액공제 (1,100만원)	2022년(3차) 추가 세액공제 (1,100만원)
총세액공제액		1,100만원	2,200만원	3,300만원	3,300만원

나. 「기존고용증대세액공제」의 추가공제(2차 · 3차 세액공제)와 「통합고용증대세액공제」(1차 세액공제)의 중복적용여부

「통합고용증대세액공제」를 선택한 경우에도 「기존고용증대세액공제」의 추가공제(2차 · 3차 세액공제)와 「중소기업 사회보험료 세액공제」의 추가공제는 중복적용가능하다.

만약 2023년, 2024년 모두 「통합고용증대세액공제」(1차 세액공제)를 적용한 경우 「기존고용증대세액공제」 또는 「중소기업사회보험료세액공제」의 추가공제(2차·3차 세액공제)는 과세연도별 다음과 같이 적용가능하다.

구 분	2023년 적용가능 세액공제	2024년 적용가능 세액공제
통합고용증대세액공제	2023년 1차 세액공제	2024년 1차 세액공제 2023년 2차 세액공제
기존고용증대세액공제 추가공제 적용여부	2022년 2차 추가공제 2021년 3차 추가공제	2022년 3차 추가공제
중소기업사회보험료세액공제 추가공제 적용여부	2022년 2차 추가공제	

따라서 「통합고용증대세액공제」를 적용하였다는 이유로 추가공제를 배제하거나 「통합고용증대세액공제」 적용을 포기하는 일이 없어야 한다.

Check Point

「기존고용증대세액공제」의 추가공제 시 청년 등의 증가판정 규정

「기존고용증대세액공제」에 대한 추가공제(1차·2차 세액공제)를 2023년 1월 1일 이후 적용할 때 청년등 상시근로자수의 유지 또는 증가여부를 판단하는 근거는 「기존고용증대세액공제」의 1차 세액공제를 적용하던 시점의 청년 등 상시근로자 판정 법령이다. 따라서 2023년 1월 1일 이후 적용되는 「통합고용증대세액공제」의 청년의 범위(34세 이하)를 적용할 수 없다는 것이다.☆

☆ 출처: 국세상담센터(call.nts.go.kr) - 참고자료 - 법인세 - 목록 24[통합고용증대세제(조특법 제19조의8 제1항) 및 고용증대세제(조특법 제29조의7)] 차이비교

| 추가세액공제(1차·2차)시 상시근로자수 증감 판단사례(정상) |

구 분	2022년	2023년	증감
청년의 범위	29세 이하	29세 이하	0명
청년상시근로자수	3명	3명☆	

※ 2022년 청년의 범위가 29세 이하로 규정되어 있음.(기존고용증대세액공제)

※ 34세 이하 상시근로자수가 2022년 5명(이중 3명은 29세 이하), 2023년 5명(이중 3명은 29세 이하)으로 가정함.

☆ 「기존고용증대세액공제」에 대한 추가공제를 적용할 때 「기존고용증대세액공제」에 대한 1차 세액공제를 적용한 연도의 청년의 범위를 적용하여 3명이 된다.

2. 추가세액공제 배제

가. 전체 상시근로자수 감소한 경우

세액공제를 공제받은 내국인이 최초로 공제를 받은 과세연도의 종료일부터 2년이 되는 날이 속하는 과세연도의 종료일까지의 기간 중 전체 상시근로자의 수가 최초로 공제를 받은 과세연도에 비하여 감소한 경우에는 감소한 과세연도부터 세액공제를 적용하지 아니한다.

나. 청년등 상시근로자수만 감소한 경우

전체 상시근로자의 수는 감소하지 않았지만 청년등 상시근로자의 수가 최초로 공제를 받은 과세연도에 비하여 감소한 경우에는 감소한 과세연도부터 청년등 상시근로자수 증가 세액공제만 적용하지 아니한다. 그러나 이 경우 1차년도 증가한 청년등 상시근로자수에 청년등 상시근로자 외의 증가인원에 대한 공제액(중소기업기준 수도권: 700만원, 수도권 밖: 770만원)을 적용하여 계산한 금액을 추가로 공제한다.(기획재정부조세특례-214, 2023.3.6.)

추가세액공제 및 배제 적용방법

■ 수도권 내에서 청년등 상시근로자는 없으며 상시근로자수가 감소하는 중소기업을 가정함. 고용감소로 인한 추가납부세액은 고려하지 아니함.

구 분	2020년	2021년	2022년	2023년	2024년
전체상시 근로자수	5명	6명	7명	5명	9명
1차 세액공제		2021년(1차) 1명 세액공제 (20년 대비 증가) 700만원	2022년(1차) 1명 세액공제 (21년 대비 증가) 700만원	㉠ 2023년(1차) 세액공제 불가 (22년 대비 감소) 0원	㉡ 2024년(1차) 4명 세액공제 (23년 대비 증가) 2,800만원
2차 세액공제			2021년(2차) 추가 세액공제 (20년 대비 증가) 700만원	㉢ 2022년(2차) 추가공제 배제납부 (21년 대비 감소) 0원	2023년(2차) 세액공제 불가 (22년 대비 감소) 0원

구 분	2020년	2021년	2022년	2023년	2024년
3차 세액공제				㉣ 2021년(3차) 추가공제 배제납부 (20년 대비 감소) 0원	㉢ 2022년(3차) 추가공제 배제납부 (21년 대비 감소) 0원
총세액공제액		700만원	1,400만원	0원	2,800만원

㉠ 2023년 상시근로자수(5명)가 2022년 상시근로자수(7명)에 비하여 2명 감소하였으므로 2023년 세액공제는 적용할 수 없다.

㉡ 2024년 상시근로자수(9명)가 2023년 상시근로자수(5명)에 비하여 4명 증가하였으므로 2024년 세액공제는 4명을 기준으로 적용할 수 있다.

㉢ 2023년 상시근로자수(5명)가 2022년 상시근로자수(7명)에 비하여 2명 감소하였으므로 2차년도 2022년분 추가공제와 3차년도 2022년분 추가공제를 배제한다. 2024년에 비록 2022년 상시근로자수보다 증가하여도 추가공제는 배제된다.

㉣ 2023년 상시근로자수(5명)가 2021년 상시근로자수(6명)에 비하여 1명 감소하였으므로 3차년도 2021년분 추가공제를 배제한다.

법 개정으로 사후관리 기준연도가 변경된 경우 종전 고용증대세액공제 수혜자의 사후관리 기준연도(기획재정부조세특례－679, 2023.7.4.)

「조세특례제한법」 제29조의7(2019.12.31. 법률 제16835호로 개정되기 전의 것)에 따라 2018년 최초로 고용증대세액공제 적용을 받은 경우에 대한 사후관리 규정 적용은 법률 제16835호 「조세특례제한법」 일부개정법률 제29조의7 제2항 및 같은 법 부칙 제17조에 따라 최초로 공제를 받은 과세연도를 기준으로 판단하는 것임.

고용증대세액공제 사후관리 기간 중 공제 적용 방법(전체 상시근로자수는 변동없고 청년등 상시근로자수만 감소한 경우)(기획재정부조세특례－214, 2023.3.6.)

내국인이 해당 과세연도의 청년 등 상시근로자 증가인원에 대해 「조세특례제한법」 제29조의7 제1항 제1호에 따른 세액공제를 적용받은 후 다음 과세연도에 청년 등 상시근로자의 수는 감소(최초 과세연도에는 29세 이하였으나, 이후 과세연도에 30세 이상이 되어 청년 수가 감소하는 경우를 포함)하였으나 전체 상시근로자의 수는 유지되는 경우, 잔여 공제연도에 대해서는 제29조의7 제1항 제2호의 공제액을 적용하여 공제가 가능함.

사업장 유형이 변경되는 경우 기발생한 고용증대세액공제효과에 대한 사후관리 등(서면법규소득 2021－5552, 2022.6.20., 사전법규소득 2021－1012, 2022.6.20.)

거주자가 단독사업장에서 공동사업장으로 변경되거나 공동사업장에서 단독사업장으로 변경된 경우 「조세특례제한법」 제29조의7 제1항에 따른 세액공제는 거주자의 해당 과세연도의 상시근로자의 수가 직전 과세연도의 상시근로자의 수보다 증가한 경우에 해당 거주자의 일정한 과세연도까지의 소득세에 대하여 적용되는 것임.

상시근로자의 수가 감소하고 다음해 다시 증가한 경우 '고용을 증대시킨 기업에 대한 세액공제' 대상인지 여부(서면법인 2020-5510, 2021.1.18.)

조세특례제한법 제29조의7 제1항에 따른 '고용을 증대시킨 기업에 대한 세액공제' 대상인지 여부는 매 과세기간별로 판단하는 것임. 따라서 조세특례제한법 제29조의7 제1항을 적용받던 중 전체 상시근로자의 수가 최초로 공제받은 과세연도에 비하여 감소하여 직전 과세연도 제2항에 의해 공제받은 세액에 상당하는 금액을 납부하였더라도, 당해 과세연도의 상시근로자의 수가 직전 과세연도보다 증가한 경우 제29조의7 제1항에 따라 별도로 공제가 가능한 것임.

수도권 내·외 다수의 사업장을 가지고 있는 중소기업의 고용증대세액공제 계산방법(서면법령해석법인 2020-4043, 2020.12.14.)

수도권 내·외에 위치한 다수의 사업장을 가지고 있는 내국법인의 전체 상시근로자수가 직전 과세연도 대비 증가(수도권 내·외 모두 증가)한 경우로서 수도권 내·외를 포함한 전체 청년등 상시근로자수는 감소하였으나, 수도권 외의 지역에서 청년등 상시근로자수가 증가한 경우, 해당 내국법인은 수도권 내·외를 구분하여 증가한 상시근로자의 인원 수 한도를 적용하되, 수도권 외 청년등 상시근로자수 증가분에 대하여는 청년등 상시근로자 외 상시근로자수가 증가한 것으로 보아 「조세특례제한법」 제29조의7 제1항에 따라 고용증대세액공제액을 계산하는 것임.

기업유형이 변경된 경우의 고용증대세액공제 적용 방법(사전법령해석법인 2020-1010, 2020.11.27., 서면법령해석법인 2020-1283, 2020.9.28.)

「조세특례제한법 시행령」 제2조에 따른 중소기업에 해당하는 내국법인이 해당 과세연도의 상시근로자의 수가 직전 과세연도의 상시근로자의 수보다 증가하여 같은 법 제29조의7 제1항 각 호에 따른 세액공제를 적용받은 후 다음 과세연도 이후에 규모의 확대 등으로 중소기업에 해당하지 않더라도 같은 조 제2항에 따른 공제세액 추징사유에 해당하지 않는 경우 해당 과세연도의 법인세에서 공제받은 금액을 해당 과세연도의 종료일로부터 2년이 되는 날이 속하는 과세연도까지의 법인세에서 공제하는 것임.

상시근로자수 증가 청년등 상시근로자수 감소의 추가세액공제

■ 수도권 내에서 상시근로자수는 증가하였으나 청년등 상시근로자수가 감소하는 중소기업을 가정함. 고용감소로 인한 추가납부세액은 고려하지 아니함.

(단위: 만원)

구 분	2020년	2021년			2022년			2023년			2024년		
	근로자수	근로자수	증감		근로자수	증감		근로자수	증감		근로자수	증감	
			1차	3차		1차	3차		1차	3차		1차	3차
청년	0명	1명	+1		2명	+1		0명	−2	−1	3명	+3	+1
청년외	4명	5명	+1		6명	+1		9명	+3	+4	7명	−2	+1
전체	4명	6명	+2		8명	+2		9명	+1	+3	10명	+1	+2

구 분	2020년	2021년	2022년	2023년	2024년
1차 세액공제		2021년(1차) • 청년: 1×1,100 • 청년외: 1×700 • 세액공제: 1,800	2022년(1차) • 청년: 1×1,100 • 청년외: 1×700 • 세액공제: 1,800	㉠ 2023년(1차) • 청년: 배제 • 청년외: 1×700 • 세액공제: 700	㉡ 2024년(1차) • 청년: 1×1,100 • 청년외: 배제 • 세액공제: 1,100
2차 세액공제			2021년(2차) • 청년: 1×1,100 • 청년외: 1×700 • 추가공제: 1,800	㉢ 2022년(2차) • 청년:추가배제납부 • 청년외: 2×700 • 추가공제: 1,400	㉣ 2023년(2차) • 청년: 추가배제 • 청년외: 1×700 • 세액공제: 700
3차 세액공제				㉤ 2021년(3차) • 청년:추가배제납부 • 청년외: 2×700 • 추가공제: 1,400	㉥ 2022년(3차) • 청년:추가배제납부 • 청년외: 2×700 • 추가공제: 1,400
총세액 공제액		1,800만원	3,600만원	3,500만원	3,200만원

* 1차: 당해연도 상시근로자수 − 직전연도 상시근로자수, 2차도 동일함.
* 3차: 당해연도 상시근로자수 − 직전전연도 상시근로자수

㉠ 2023년 1차 세액공제액: 7,000,000원

구 분	근로자수 계산	공제금액 계산
청년	0명 − 2명 = △2명 → 0명	0명 × 1,100만원 = 0원
청년외	9명 − 6명 = 3명 → 1명 (전체상시근로자수 증가한도)	1명 × 700만원 = 700만원
전체상시근로자수	9명 − 8명 = 1명 증가	700만원

• 2023년 전체 상시근로자수(9명)는 2022년 전체 상시근로자수(8명)보다 1명 증가하고 이는 청년등 상시근로자수가 2명 감소하고 청년외 상시근로자수는 3명 증가한 것이다. 따라서 전체 상시근로자수 증가인원을 한도로 청년외 상시근로자수 1명에 대한 2023년 세액공제는 적용 가능하다.

㉡ 2024년 1차 세액공제액: 11,000,000원

구 분	근로자수 계산	공제금액 계산
청년	3명 – 0명 = 3명 → 1명 (전체상시근로자수 증가한도)	1명 × 1,100만원 = 1,100만원
청년외	7명 – 9명 = △2명 → 0명	0명 × 700만원 = 0원
전체상시근로자수	10명 – 9명 = 1명 증가	1,100만원

• 2024년 전체 상시근로자수(10명)는 2023년 전체 상시근로자수(9명)보다 1명 증가하고 이는 청년등 상시근로자수가 3명 증가하고 청년외 상시근로자수는 2명 감소한 것이다. 따라서 전체 상시근로자수 증가인원을 한도로 2024년 과세연도에 증가한 청년등 상시근로자수를 한도로 세액공제 적용하므로 1명에 대한 세액공제를 적용한다.

㉢ 2022년 2차 세액공제액: 14,000,000원

구 분	2022년 세액공제 대상 근로자수	2022년 대비 2023년 근로자수 증감	2차 추가 공제금액 계산
청년	1명	0명 – 2명 = 2명 감소	0명 × 1,100만원 = 0원
청년외	1명	9명 – 6명 = 3명 증가	2명 × 700만원 = 1,400만원
전체상시근로자수	2명	9명 – 8명 = 1명 증가	1,400만원

• 2023년 전체 상시근로자수(9명)는 최초로 공제받은 과세연도(2022년)의 전체 상시근로자수(8명)보다 1명 증가하였으나 청년등 상시근로자수가 2명 감소하였으므로 감소한 과세연도부터 청년등 상시근로자 관련 추가 세액공제를 배제한다. 이 때에도 2022년에 증가한 전체 상시근로자수(2명)에 대하여 청년외 상시근로자 증가에 대한 공제액을 적용한 금액(2명 × 700만원 = 1,400만원)을 추가 세액공제로 적용한다.

• 청년감소에 대한 추가납부세액을 납부하여야 한다.

㉣ 2023년 2차 세액공제액: 7,000,000원

구 분	2023년 세액공제 대상 근로자수	2023년 대비 2024년 근로자수 증감	2차 추가 공제금액 계산
청년	0명	3명 – 0명 = 3명 증가 → 2023년 감소로 추가공제 배제	0명 × 1,100만원 = 0원
청년외	1명	7명 – 9명 = 2명 감소	1명 × 700만원 = 700만원
전체상시근로자수	1명	10명 – 9명 = 1명 증가	700만원

• 2024년 전체 상시근로자수(10명)는 최초로 공제받은 과세연도(2023년)의 전체 상시근로자수(9명)보다 1명 증가하고 청년등 상시근로자수도 3명 증가하였으므로 2023년 1차 세액공제액을 추가공제한다.

㉤ 2021년 3차 세액공제액: 14,000,000원

구 분	2021년 세액공제 대상 근로자수	2021년 대비 2023년 근로자수 증감	3차 추가 공제금액 계산
청년	1명	0명 - 1명 = 1명 감소	0명 × 1,100만원 = 0원
청년외	1명	9명 - 5명 = 4명 증가	2명 × 700만원 = 1,400만원
전체상시근로자수	2명	9명 - 6명 = 3명 증가	1,400만원

• 2023년 전체 상시근로자수(9명)는 최초로 공제받은 과세연도(2021년)의 전체 상시근로자수(6명)보다 3명 증가하였으나 청년등 상시근로자수가 1명 감소하였으므로 감소한 과세연도부터 청년등 상시근로자 관련 추가 세액공제를 배제한다. 이 때에도 2021년에 증가한 전체 상시근로자수(2명)에 대하여 청년외 상시근로자 증가에 대한 공제액을 적용한 금액(2명 × 700만원 = 1,400만원)을 추가 세액공제로 적용한다.

• 청년감소에 대한 추가납부세액을 납부하여야 한다.

㉥ 2022년 3차 세액공제액: 14,000,000원

구 분	2022년 세액공제 대상 근로자수	2022년 대비 2024년 근로자수 증감	3차 추가 공제금액 계산
청년	1명	3명 - 2명 = 1명 증가 → 2022년 감소로 추가공제 배제	0명 × 1,100만원 = 0원
청년외	1명	7명 - 6명 = 1명 증가	2명 × 700만원 = 1,400만원
전체상시근로자수	2명	10명 - 8명 = 2명 증가	1,400만원

• 2024년 전체 상시근로자수(10명)는 최초로 공제받은 과세연도(2022년)의 전체 상시근로자수(8명)보다 2명 증가하였으나 청년등 상시근로자수가 2명 감소하였으므로 감소한 과세연도부터 청년등 상시근로자 관련 추가 세액공제를 배제한다. 이 때에도 2022년에 증가한 전체 상시근로자수(2명)에 대하여 청년외 상시근로자 증가에 대한 공제액을 적용한 금액(2명 × 700만원 = 1,400만원)을 추가 세액공제로 적용한다.

2024년 고용증대기업에 대한 공제세액계산서 작성사례

■ 조세특례제한법 시행규칙 [별지 제10호의8서식](2023.3.20 개정)

고용 증대 기업에 대한 공제세액계산서

(3쪽 중 제1쪽)

❶ 신청인	① 상호 또는 법인명	② 사업자등록번호
	③ 대표자 성명	④ 생년월일
	⑤ 주소 또는 본점소재지 (전화번호:)	

❷ 과세연도	2024년 01월 01일부터 2024년 12월 31일까지

❸ 공제세액 계산내용

가. 1차년도 세제지원 요건 : ⑧ 〉 0

1. 상시근로자 증가 인원

⑥ 해당 과세연도 상시근로자 수	⑦ 직전 과세연도 상시근로자 수	⑧ 상시근로자 증가 인원 수 (⑥-⑦)
10명	9명	1명

2. 청년등 상시근로자 증가 인원

⑨ 해당 과세연도 청년등 상시근로자 수	⑩ 직전 과세연도 청년등 상시근로자 수	⑪ 청년등 상시근로자 증가 인원 수 (⑨-⑩)
3명	0명	3명

3. 청년등 상시근로자 외 상시근로자 증가 인원

⑫ 해당 과세연도 청년등 상시근로자 외 상시근로자 수	⑬ 직전 과세연도 청년등 상시근로자 외 상시근로자 수	⑭ 청년등 상시근로자 외 상시근로자 증가 인원 수(⑫-⑬)
7명	9명	△2명

4. 1차년도 세액공제액 계산

구분	구분		직전 과세연도 대비 상시근로자 증가 인원 수 (⑧ 상시근로자 증가 인원 수를 한도)	1인당 공제금액	⑮ 1차년도 세액공제액
중소기업	수도권 내	청년등	1명	1천1백만원	11,000,000
		청년등 외	0명	7백만원	0
	수도권 밖	청년등		1천3백만원	
		청년등 외		7백7십만원	
	계		1명		11,000,000
중견기업	수도권 내	청년등		8백만원	
		청년등 외		4백5십만원	
	수도권 밖	청년등		9백만원	
		청년등 외		4백5십만원	
	계				
일반기업	수도권 내	청년등		4백만원	
		청년등 외			
	수도권 밖	청년등		5백만원	
		청년등 외			
	계				

210mm×297mm[백상지 80g/㎡ 또는 중질지 80g/㎡]

나. 2차년도 세제지원 요건 : ⑱ ≥ 0

1. 상시근로자 증가 인원

⑯ 2차년도(해당 과세연도) 상시근로자 수	⑰ 1차년도(직전 과세연도) 상시근로자 수	⑱ 상시근로자 증가 인원 수(⑯-⑰)
10명	9명	1명

2. 2차년도 세액공제액 계산(상시근로자 감소여부)

1차년도(직전 과세연도) 대비 상시근로자 감소여부	1차년도(직전 과세연도) 대비 청년 등 상시근로자 수 감소여부	⑲ 1차년도(직전 과세연도) 청년 등 상시근로자 증가 세액공제액	⑳ 1차년도(직전 과세연도) 청년 등 외 상시 근로자 증가 세액공제액	㉑ 2차년도 세액공제액
(부)	부			
	(여)		7,000,000	7,00,000
여				

다. 3차년도 세제지원 요건(중소·중견기업만 해당) : ㉔ ≥ 0

1. 상시근로자 증가 인원

㉒ 3차년도(해당 과세연도) 상시근로자 수	㉓ 1차년도(직전전 과세연도) 상시근로자 수	㉔ 상시근로자 증가 인원 수(㉒-㉓)
10명	8명	2명

2. 3차년도 세액공제액 계산(상시근로자 감소여부)

1차년도(직전전 과세연도) 대비 상시근로자 감소여부	1차년도(직전전 과세연도) 대비 청년 등 상시근로자 수 감소여부	㉕ 1차년도(직전전 과세연도) 청년 등 상시근로자 증가 세액공제액	㉖ 1차년도(직전전 과세연도) 청년 등 외 상시 근로자 증가 세액공제액	㉗ 3차년도 세액공제액
(부)	부			
	(여)		14,000,000	14,000,000
여				

라. 최초로 공제받은 과세연도 대비 2020년 12월 31일이 속하는 과세연도에 상시근로자 수 등이 감소하여 2020년 12월 31일이 속하는 과세연도에 2차년도 세액공제가 유예된 경우 세제지원 요건 : ㉚ ≥ 0

1. 상시근로자 수 증가인원

최초 공제받은 과세연도	㉘ 최초 공제받은 과세연도 상시근로자 수	㉙ 해당 과세연도 상시근로자 수(2022년)	㉚ 상시근로자 증가 인원 수
2018.12.31일이 속하는 과세연도			
2019.12.31일이 속하는 과세연도			

2. 유예세액 계산

최초 공제받은 과세연도	최초 공제받은 과세연도 대비 청년 등 상시근로자 수 감소여부	㉛ 해당 과세연도 청년 등 상시근로자 증가 세액공제액	㉜ 해당 과세연도 청년 등 외 상시 근로자 증가 세액공제액	㉝ 세액공제액 (유예 적용분)
2018.12.31일이 속하는 과세연도	부			
	여			
2019.12.31일이 속하는 과세연도	부			
	여			

❹ 세액공제액 [⑮ 1차년도 세액공제액 + ㉑ 2차년도 세액공제액 + ㉗ 3차년도 세액공제액 + ㉝ 세액공제액(유예 적용분)]	32,000,000

「조세특례제한법 시행령」 제26조의7제10항에 따라 위와 같이 공제세액계산서를 제출합니다.

년 월 일

신청인 (서명 또는 인)

세무서장 귀하

210mm×297mm[백상지 80g/㎡ 또는 중질지 80g/㎡]

※ 2차년도 세제지원요건 중 「2. 2차년도 세액공제액 계산(상시근로자 감소여부)」란 작성방법은 다음과 같다.

① 1차년도(직전 과세연도 대비) 상시근로자 감소여부

㉠ 부: 상시근로자수가 감소하지 아니한 경우에 선택한다.

㉡ 여: 상시근로자수가 감소한 경우에 선택한다. 이 경우 「㉗ 3차년도 세액공제액」은 0원이 된다.

② 1차년도(직전 과세연도) 대비 청년등 상시근로자수 감소여부

㉠ 부: 1차년도 대비 2차년도 청년등 상시근로자수가 감소하지 아니한 경우에 부를 선택한다.

㉡ 여: 1차년도 대비 2차년도 청년등 상시근로자수가 감소한 경우에 부를 선택한다.

③ ①과 ② 모두 부를 선택한 경우 「⑲ 1차년도(직전 과세연도) 청년등 상시근로자 증가 세액공제액」과 「⑳ 1차년도(직전 과세연도) 청년등 외 상시근로자 증가 세액공제액」란에 1차년도 세액공제액을 그대로 반영하고 「㉑ 2차년도 세액공제액」란에 합계액(⑲ + ⑳)을 적는다.

④ ①은 부를 선택하고 ②는 여를 선택한 경우 「⑲ 1차년도(직전 과세연도) 청년등 상시근로자 증가 세액공제액」은 배제되고 「⑳ 1차년도(직전 과세연도) 청년등 외 상시근로자 증가 세액공제액」은 1차년도 세액공제액과 상관없이 예규(기획재정부조세특례-214, 2023.3.6.)에 의하여 1차년도 전체 상시근로자수 증가인원수에 「청년외 상시근로자 증가에 대한 공제액」을 적용하여 계산한 금액을 기록하고 그 금액을 「㉑ 2차년도 세액공제액」란에 반영한다.

※ 3차년도 세제지원요건 중 「2. 3차년도 세액공제액 계산(상시근로자 감소여부)」란 작성방법은 다음과 같다.

① 1차년도(직전전 과세연도 대비) 상시근로자 감소여부
 ㉠ 부: 상시근로자수가 감소하지 아니한 경우에 선택한다.
 ㉡ 여: 상시근로자수가 감소한 경우에 선택한다. 이 경우 「㉗ 3차년도 세액공제액」은 0원이 된다.

② 1차년도(직전전 과세연도) 대비 청년등 상시근로자수 감소여부
 ㉠ 부: 다음의 요건을 모두 충족하는 경우에 부를 선택한다.
  • 1차년도 대비 2차년도 청년등 상시근로자수가 감소하지 아니한 경우
  • 1차년도 대비 3차년도 청년등 상시근로자수가 감소하지 아니한 경우
 ㉡ 여: 다음의 요건 중 하나에 해당하는 경우에 부를 선택한다.
  • 1차년도 대비 2차년도 청년등 상시근로자수가 감소한 경우
  • 1차년도 대비 3차년도 청년등 상시근로자수가 감소한 경우

③ ①과 ② 모두 부를 선택한 경우 「㉕ 1차년도(직전전 과세연도) 청년등 상시근로자 증가 세액공제액」과 「㉖ 1차년도(직전전 과세연도) 청년등 외 상시근로자 증가 세액공제액」란에 1차년도 세액공제액을 그대로 반영하고 「㉗ 3차년도 세액공제액」란에 합계액(㉕ + ㉖)을 적는다.

④ ①은 부를 선택하고 ②는 여를 선택한 경우 「㉕ 1차년도(직전전 과세연도) 청년등 상시근로자 증가 세액공제액」은 배제되고 「㉖ 1차년도(직전전 과세연도) 청년등 외 상시근로자 증가 세액공제액」은 1차년도 세액공제액과 상관없이 예규(기획재정부조세특례-214, 2023.3.6.)에 의하여 1차년도 전체 상시근로자수 증가인원수에 「청년외 상시근로자 증가에 대한 공제액」을 적용하여 계산한 금액을 기록하고 그 금액을 「㉗ 3차년도 세액공제액」란에 반영한다.

3. 시간의 경과에 따른 청년등 상시근로자수 계산

청년등 상시근로자 중 청년은 15세 이상 29세 이하인 사람을 말하며 청년에 대한 상시근로자수를 계산할 때는 매월 말일 현재 기준으로 판단한다. 따라서 시간의 경과로 인하여 청년이 29세를 초과하는 시점이 발생한다. 이 경우 상시근로자수를 계산할 때 동일한 근로자이지만 매월 말일 현재 기준으로 청년과 청년외로 구분이 된다.

다만, 최초로 공제받은 과세연도에 청년등 상시근로자에 해당하는 자는 이후 과세연도에도 청년등 상시근로자로 보아 청년등 상시근로자수를 계산한다.(조특령 26의7 ⑥)

사례1 상시근로자수 변동없고 나이증가로 청년등 상시근로자수 감소의 추가세액공제

■ 중소기업으로 수도권 내에서 상시근로자수는 변동이 없으나 청년의 나이가 증가함으로 인하여 청년외 상시근로자로 변경되는 경우로 가정함.

고용 현황	직원 (갑): 2022년 1월 입사, 2023년 1월 15일 만30세, 현재까지 계속 근무 직원 (을): 2022년 1월 입사, 2024년 1월 10일 만30세, 현재까지 계속 근무

(단위: 만원)

구 분	2021년			2022년			2023년			2024년		
	근로자수	증감		근로자수	증감		근로자수	증감		근로자수	증감	
		1차	3차		1차	3차		1차	3차		1차	3차
청년등상시근로자수	0명			2명	+2		1명	−1		0명	−1	−2
청년외상시근로자수	0명			0명	+0		1명	+1		2명	+1	+2
전체상시근로자수	0명			2명	+2		2명	+0		2명	+0	+0
1차 세액공제				2022년(1차) • 청년: 2×1,100 • 청년외: 0×700 • 세액공제: 2,200			2023년(1차) • 청년: 배제 • 청년외: 배제 • 세액공제: 0			2024년(1차) • 청년: 배제 • 청년외: 배제 • 세액공제: 0		
2차 세액공제							㉠ 2022년(2차) • 청년: 추가배제 • 청년외: 2×700 • 추가공제: 1,400			2023년(2차) • 청년: 추가배제 • 청년외: 추가배제 • 세액공제: 0		
3차 세액공제										㉡ 2022년(3차) • 청년: 추가배제 • 청년외: 2×700 • 추가공제: 1,400		
총세액공제액				2,200만원			1,400만원			1,400만원		

* 1차: 당해연도 상시근로자수−직전연도 상시근로자수, 2차도 동일함.
* 3차: 당해연도 상시근로자수−직전전연도 상시근로자수

| 2022년 1차 세액공제액 |

구 분	근로자수 계산	공제금액 계산
청년	2명 − 0명 = 2명	2명 × 1,100만원 = 2,200만원
청년외	0명 − 0명 = 0명	0명 × 700만원 = 0원
전체상시근로자수	2명 증가	2,200만원

| 2022년 2차 세액공제액(㉠) |

구 분	2022년 세액공제 대상 근로자수	2022년 대비 2023년 근로자수 증감	2차 추가 공제금액 계산
청년	2명	1명 - 2명 = 1명 감소	0명 × 1,100만원 = 0원
청년외	0명	1명 - 0명 = 1명 증가	2명 × 700만원 = 1,400만원
전체상시근로자수	2명	2명 - 2명 = 0명 증가	1,400만원

- 2023년 전체 상시근로자수는 최초로 공제를 받은 과세연도(2022년)에 비하여 감소하지 않았지만 청년등 상시근로자수가 최초로 공제를 받은 과세연도(2022년)에 비하여 감소하였으므로 청년등 상시근로자에 대한 추가공제를 2023년부터 배제한다.
- 2023년 전체 상시근로자수는 최초로 공제를 받은 과세연도(2022년)에 비하여 감소하지 않았으므로 2022년에 증가한 전체 상시근로자수(2명)에 대하여 청년외 상시근로자 증가에 대한 공제액을 적용한 금액(2명 × 700만원 = 1,400만원)을 추가 세액공제 적용한다.
- 추가납부세액을 적용할 때 최초로 공제받은 과세연도(2022년)에 청년등 상시근로자에 해당하는 자는 이후 과세연도에도 청년등 상시근로자로 보아 청년등 상시근로자수를 계산하므로 청년등 상시근로자수가 감소하지 않아 추가납부세액은 없다.

| 2022년 3차 세액공제액(㉡) |

구 분	2022년 세액공제 대상 근로자수	2022년 대비 2024년 근로자수 증감	3차 추가 공제금액 계산
청년	2명	0명 - 2명 = 2명 감소	0명 × 1,100만원 = 0원
청년외	0명	2명 - 0명 = 2명 증가	2명 × 700만원 = 1,400만원
전체상시근로자수	2명	2명 - 2명 = 0명 증가	1,400만원

- 2024년 전체 상시근로자수는 최초로 공제를 받은 과세연도(2022년)에 비하여 감소하지 않았으므로 2022년에 증가한 전체 상시근로자수(2명)에 대하여 청년외 상시근로자 증가에 대한 공제액(2명 × 700만원 = 1,400만원)을 적용한 금액을 추가 세액공제 적용한다.
- 추가납부세액을 적용할 때 최초로 공제받은 과세연도(2022년)에 청년등 상시근로자에 해당하는 자는 이후 과세연도에도 청년등 상시근로자로 보아 청년등 상시근로자수를 계산하므로 청년등 상시근로자수가 감소하지 않아 추가납부세액은 없다.

| 추가납부세액 적용여부 판단시 상시근로자수 |

구 분	2021년	2022년	2023년	2024년
청년등상시근로자수	0명	2명	2명	2명
청년외상시근로자수	0명	0명	0명	0명
전체상시근로자수	0명	2명	2명	2명

※ (저자주) 고용한 상시근로자의 변동이 없는 상태에서 시간의 경과로 인하여 청년에서 청년외로 변경됨으로 인하여 청년 상시근로자수가 변경되는 경우에도 전체 상시근로자수가 감소하지 않고 청년 상시근로자수만 감소한 경우 1차년도에 증가한 청년등 상시근로자수에 대하여 청년외 공제액을 적용하여 추가공제가 가능하다. 이는 당초 청년 고용을 증대시킨 기업에 대한 배려하는 입법취지를 고려한 것으로 판단된다.

고용증대세액공제 사후관리 기간 중 공제 적용 방법(전체 상시근로자수는 변동없고 청년등 상시근로자만 감소한 경우)(기획재정부조세특례－214, 2023.3.6.)

내국인이 해당 과세연도의 청년 등 상시근로자 증가인원에 대해 「조세특례제한법」 제29조의7 제1항 제1호에 따른 세액공제를 적용받은 후 다음 과세연도에 청년 등 상시근로자의 수는 감소(최초 과세연도에는 29세 이하였으나, 이후 과세연도에 30세 이상이 되어 청년 수가 감소하는 경우를 포함)하였으나 전체 상시근로자의 수는 유지되는 경우, 잔여 공제연도에 대해서는 제29조의7 제1항 제2호의 공제액을 적용하여 공제가 가능함.

사례2 상시근로자수 변동없고 나이 증가로 청년등 상시근로자수 감소시 추가세액공제

■ **중소기업으로 수도권 내에서 상시근로자수는 변동이 없으나 청년의 나이가 증가함으로 인하여 청년외 상시근로자로 변경되는 경우로 가정함.**

고용 현황	직원 (갑): 만 29세 2022년 1월 입사, 2023년 1월 15일 만30세, 현재까지 계속 근무 직원 (을): 만 35세 2022년 1월 입사, 현재까지 계속 근무

(단위: 만원)

구 분	2021년			2022년			2023년			2024년		
	근로자수	증감		근로자수	증감		근로자수	증감		근로자수	증감	
		1차	3차		1차	3차		1차	3차		1차	3차
청년등상시근로자수	0명			1명	+1		0명	－1		0명	+0	－1
청년외상시근로자수	0명			1명	+1		2명	+1		2명	+0	+1
전체상시근로자수	0명			2명	+2		2명	+0		2명	+0	+0
1차 세액공제				2022년(1차) • 청년: 1×1,100 • 청년외: 1×700 • 세액공제: 1,800			2023년(1차) • 청년: 배제 • 청년외: 배제 • 세액공제: 0			2024년(1차) • 청년: 배제 • 청년외: 배제 • 세액공제: 0		
2차 세액공제							㉠ 2022년(2차) • 청년: 추가배제 • 청년외: 2×700 • 추가공제: 1,400			2023년(2차) • 청년: 추가배제 • 청년외: 추가배제 • 세액공제: 0		
3차 세액공제										㉡ 2022년(3차) • 청년: 추가배제 • 청년외: 2×700 • 추가공제: 1,400		
총세액공제액				1,800만원			1,400만원			1,400만원		

구 분	2021년			2022년			2023년			2024년		
	근로자수	증감		근로자수	증감		근로자수	증감		근로자수	증감	
		1차	3차		1차	3차		1차	3차		1차	3차

* 1차: 당해연도 상시근로자수 - 직전연도 상시근로자수, 2차도 동일함.
* 3차: 당해연도 상시근로자수 - 직전전연도 상시근로자수

| 2022년 1차 세액공제액 |

구 분	근로자수 계산	공제금액 계산
청년	1명 - 0명 = 1명	1명 × 1,100만원 = 1,100만원
청년외	1명 - 0명 = 1명	1명 × 700만원 = 700만원
전체상시근로자수	2명 증가	1,800만원

| 2022년 2차 세액공제액(㉠) |

구 분	2022년 세액공제 대상 근로자수	2022년 대비 2023년 근로자수 증감	2차 추가 공제금액 계산
청년	1명	0명 - 1명 = 1명 감소	0명 × 1,100만원 = 0원
청년외	1명	2명 - 1명 = 1명 증가	2명 × 700만원 = 1,400만원
전체상시근로자수	2명	2명 - 2명 = 0명 증가	1,400만원

- 2023년 전체 상시근로자수는 최초로 공제를 받은 과세연도(2022년)에 비하여 감소하지 않았지만 청년등 상시근로자수가 최초로 공제를 받은 과세연도(2022년)에 비하여 감소하였으므로 청년등 상시근로자에 대한 추가공제를 2023년부터 배제한다.
- 2023년 전체 상시근로자수는 최초로 공제를 받은 과세연도(2022년)에 비하여 감소하지 않았으므로 2022년에 증가한 전체 상시근로자수(2명)에 대하여 청년외 상시근로자 증가에 대한 공제액을 적용한 금액(2명 × 700만원 = 1,400만원)을 추가 세액공제 적용한다.
- 추가납부세액을 적용할 때 최초로 공제받은 과세연도(2022년)에 청년등 상시근로자에 해당하는 자는 이후 과세연도에도 청년등 상시근로자로 보아 청년등 상시근로자수를 계산하므로 청년등 상시근로자수가 감소하지 않아 추가납부세액은 없다.

| 2022년 3차 세액공제액(㉡) |

구 분	2022년 세액공제 대상 근로자수	2022년 대비 2024년 근로자수 증감	3차 추가 공제금액 계산
청년	1명	0명 - 1명 = 1명 감소	0명 × 1,100만원 = 0원
청년외	1명	2명 - 1명 = 1명 증가	2명 × 700만원 = 1,400만원
전체상시근로자수	2명	2명 - 2명 = 0명 증가	1,400만원

- 2024년 전체 상시근로자수는 최초로 공제를 받은 과세연도(2022년)에 비하여 감소하지 않았으므로 2022년에 증가한 전체 상시근로자수(2명)에 대하여 청년외 상시근로자 증가에 대한 공제액(2명 × 700만원 = 1,400만원)을 적용한 금액을 추가 세액공제 적용한다.
- 추가납부세액을 적용할 때 최초로 공제받은 과세연도(2022년)에 청년등 상시근로자에 해당하는 자는 이후 과세연도에도 청년등 상시근로자로 보아 청년등 상시근로자수를 계산하므로 청년등 상시근로자수가 감소하지 않아 추가납부세액은 없다.

| 추가납부세액 적용여부 판단시 상시근로자수 |

구 분	2021년	2022년	2023년	2024년
청년등상시근로자수	0명	1명	1명	1명
청년외상시근로자수	0명	1명	1명	1명
전체상시근로자수	0명	2명	2명	2명

사례3 청년등 상시근로자수 계산방법

■ 2023년 7월 1일 청년 입사 후 계속 근무, 2024년 1월 5일 만30세인 생일인 청년 1명이 근무하는 경우 청년등 상시근로자수는 다음과 같다.(사업연도 1.1－12.31. 가정)

① 당해연도 세액공제액 계산시 청년등 상시근로자수

구 분	1월	2월	3월	4월	5월	6월	7월	8월	9월	10월	11월	12월	총인원수
2023년							1명	1명	1명	1명	1명	1명	6명
2024년 (청년)	0명	0명	0명	0명	0명	0명	0명	0명	0명	0명	0명	0명	0명
2024년 (청년외)	1명	1명	1명	1명	1명	1명	1명	1명	1명	1명	1명	1명	12명

구 분	2023년	2024년	증가한 상시근로자
청년등상시근로자수	6명 / 12 = 0.5명	0명 / 12 = 0명	0.5명 감소
청년외상시근로자수	0명	12명 / 12 = 1명	1명 증가
전체상시근로자수	0.5명	1명	0.5명 증가

해당 과세연도의 고용증가로 인한 세액공제 적용여부를 확인하는 상시근로자수를 계산할 때 청년등은 시간이 경과하여 나이가 만30세를 초과하는 경우 청년등 상시근로자에서 청년외 상시근로자로 변경하여 상시근로자수를 계산하는 것이다.

사례의 경우 2023년 12월까지 청년이었던 근로자가 2024년 1월에 만30세 이상으로 청년에서 제외되어 청년외 근로자로 분류되어 근로자수를 계산하게 된다.

따라서 2024년에는 청년등 상시근로자는 0.5명 감소하였으며 청년외 상시근로자는 1명이 증가하였으며 전체 상시근로자는 0.5명 증가하였으므로 이에 대한 2024년 고용증가로 인한 세액공제를 적용받을 수 있다.

② 고용감소로 인한 추납부세액계산시 청년등 상시근로자수

구 분	1월	2월	3월	4월	5월	6월	7월	8월	9월	10월	11월	12월	총인원수
2023년							1명	1명	1명	1명	1명	1명	6명
2024년 (청년)	1명	1명	1명	1명	1명	1명	0명	0명	0명	0명	0명	0명	6명
2024년 (청년외)	0명	0명	0명	0명	0명	0명	1명	1명	1명	1명	1명	1명	6명

구 분	2023년	2024년	감소한 상시근로자
청년등상시근로자수	6명 / 12 = 0.5명	6명 / 12 = 0.5명	변동없음
청년외상시근로자수	0명	6명 / 12 = 0.5명	0.5명 증가
전체상시근로자수	0.5명	1명	0.5명 증가

청년등의 경우 시간이 경과하여 나이가 만30세를 초과하는 경우 청년에서 제외되어 청년등 상시근로자수가 감소한다. 이로 인하여 세액공제액을 추가납부하게 되는 부당한 점을 방지하기 위하여 청년등 상시근로자수를 계산할 때 최초 세액공제 당시 청년등은 계속 청년등으로 보고 고용감소여부를 판단하여 추가납부세액을 계산하는 것이다.

따라서 사례의 경우 2023년에 비하여 2024년에 감소하지 아니하였으므로 고용감소로 인한 추가납부세액계산 규정은 적용하지 아니한다.

고용증대세액공제 적용방법(기획재정부조세특례-906, 2023.8.28.)

① 「조세특례제한법」 제29조의7 제1항 제1호의 공제(우대공제) 대상인 청년등 상시근로자 고용증대 기업이 동법 동조항 제2호의 공제(일반공제)를 선택하여 적용할 수 있음.

② 사후관리 기간 중 청년 근로자수는 감소하고, 그 외 근로자의 수는 증가하여 전체 근로자의 수는 증가 또는 유지한 경우, 잔여 공제기간에 대해 우대공제액이 아닌 일반공제액이 적용됨.

③ 일반공제만 신청하여 적용받은 후 '청년등 상시근로자수'와 '청년등 상시근로자 외 상시근로자수'가 모두 감소한 경우 추가 납부세액 계산은 청년등 상시근로자 감소인원에 대해 일반공제액 추가납부액으로 계산함.

④ '18년 고용증대세액공제 적용 후 '20년 고용감소로 특례규정(「조세특례제한법」 제29조의7 제5항)에 따라 사후관리를 유예받았으나, '21년에 '20년보다 고용이 감소한 경우 '20년에 납부하였어야 할 세액을 한도로 추가납부세액 계산함.

과세연도 중 30세가 되는 청년 정규직 근로자를 고용한 후 다음 과세연도에 추가 납부 시, 청년 상시근로자수 산정방법(기준법령해석법인 2021-135, 2021.8.20.)

내국법인이 과세연도 중에 30세 이상이 되는 청년 정규직 근로자를 고용하고 「조세특례제한법」 제29조의7 제1항에 따른 세액공제를 적용받은 후 다음 과세연도에 전체 상시근로자 또는 청년 등 상시근로자의 수가 감소함에 따라 같은 법 시행령(2020.2.11. 대통령령 제30390호로 개정된 것) 제26조의7 제5

항을 적용할 때 최초로 공제받은 과세연도의 일부 기간동안 같은 조 제3항 제1호에 따른 청년 등 상시근로자에 해당한 자는 이후 과세연도에도 최초로 공제받은 과세연도와 동일한 기간동안 청년 등 상시근로자로 보아 청년 등 상시근로자수를 계산하는 것임.

➲ **청년고용증대 세액공제 적용 시 청년 정규직 근로자수 계산방법**(서면법인2018-3678, 2019.12.27., 기획재정부조세특례-365, 2019.5.9.)

직전과세연도에 29세(직전과세연도 중에 30세 이상이 되는 경우를 포함)인 청년 정규직 근로자가 해당 과세연도에 30세 이상이 되는 경우 「조세특례제한법 시행령」 제26조의5 제7항의 규정은 「조세특례제한법」 제29조의5 제1항의 "청년 정규직 근로자수" 계산시 적용되지 아니하는 것임.

Ⅶ 추가납부세액

「Ⅵ. 2. 추가세액공제 배제」가 적용되는 경우 다음과 같이 공제받은 세액에 상당하는 금액을 소득세 또는 법인세로 납부하여야 한다.

당초 세액공제방식	추가납부세액 계산방식
청년과 청년외 구분공제(우대공제+일반공제)	감소한 인원을 청년과 청년외 구분하여 추가납부세액계산
청년과 청년외 구분없이 공제(일반공제)	감소한 인원을 기준 일반공제를 추가납부세액으로 계산

추가납부할 세액의 계산방법은 다음과 같다.

| 추가 납부세액 발생 유형 |

전체 상시근로자수 감소여부		추가 납부세액 발생 유형	비고
1년 이내 감소하는 경우	감소하는 경우	청년 등 감소인원 ≧ 전체 상시근로자 감소인원	
		청년 등 감소인원 〈 전체 상시근로자 감소인원	
	감소하지 않는 경우	청년 등 감소	추가세액공제
2년 이내 감소하는 경우	감소하는 경우	청년 등 감소인원 ≧ 전체 상시근로자 감소인원	
		청년 등 감소인원 〈 전체 상시근로자 감소인원	
	감소하지 않는 경우	청년 등 감소	추가세액공제

1. 공제받은 과세연도종료일부터 1년 이내 감소한 경우

최초로 공제받은 과세연도의 종료일부터 1년이 되는 날이 속하는 과세연도의 종료일까지의 기간 중 최초로 공제받은 과세연도보다 상시근로자수 또는 청년등 상시근로자수가 감소하는 경우에는 다음의 구분에 따라 계산한 금액(해당 과세연도의 직전 1년 이내의 과세연도에 공제받은 세액을 한도로 한다)을 소득세 또는 법인세로 납부하여야 한다.(조특령 26의7 ⑤ 1호)

가. 상시근로자수가 감소하는 경우: 다음의 구분에 따라 계산한 금액

① (청년등 상시근로자의 감소한 인원 수 ≧ 상시근로자의 감소한 인원 수)인 경우

추가납부세액 = [최초로 공제받은 과세연도 대비 청년등 상시근로자의 감소한 인원 수* − 상시근로자의 감소한 인원 수] × (①금액 − ②금액) + 상시근로자의 감소한 인원 수 × ①금액

추가납부세액 한도 = 해당 과세연도의 직전 1년 이내의 과세연도에 공제받은 세액

* 최초로 공제받은 과세연도에 청년등 상시근로자의 증가한 인원 수를 한도로 한다.

「①금액」 및 「②금액」은 기업의 종류별로 다음과 같다.

구 분	중소기업		중견기업		일반기업	
	수도권내	수도권밖*	수도권내	수도권밖*	수도권내	수도권밖*
① 금액(청년)	1,100만원	1,200만원 (21년, 22년: 1,300만원)	800만원	800만원 (21년, 22년: 900만원)	400만원	400만원 (21년, 22년: 500만원)
② 금액(청년외)	700만원	770만원	450만원		0원	

* 2021년 및 2022년 수도권 밖 증가인원에 대한 공제액을 상향하였으며 2021.12.31.이 속하는 과세연도부터 2022.12.31.이 속하는 과세연도까지 적용함.

(청년등 상시근로자의 감소한 인원 수 ≧ 상시근로자의 감소한 인원 수)인 경우

■ 우대공제 적용한 경우의 추가납부세액 계산(수도권내 중소기업 가정)

구 분	2022년	2023년 (최초로 공제받은 과세연도)	2024년
청년등상시근로자수	3명	8명	4명
청년외상시근로자수	7명	10명	11명
전체상시근로자수	10명	18명	15명

(단위: 만원)

구 분	2022년			2023년			2024년		
	근로자수	증감		근로자수	증감		근로자수	증감	
		1차	3차		1차	3차		1차	3차
청년등상시근로자수	3명			8명	+5		4명	−4	
청년외상시근로자수	7명			10명	+3		11명	+1	
전체상시근로자수	10명			18명	+8		15명	−3	
1차 세액공제				2023년(1차) • 청년: 5×1,100 • 청년외: 3×700 • 세액공제: 7,600			2024년(1차) • 청년: 배제 • 청년외: 배제 • 세액공제: 0		
2차 세액공제							2023년(2차) • 청년: 추가배제납부 • 청년외: 추가배제납부 • 추가공제: 0		
총세액공제액				7,600만원			0원		

* 1차: 당해연도 상시근로자수 − 직전연도 상시근로자수, 2차도 동일함.
* 3차: 당해연도 상시근로자수 − 직전전연도 상시근로자수

| 2023년 1차 세액공제액 |

구 분	근로자수 계산	공제금액 계산
청년	8명 − 3명 = 5명	5명 × 1,100만원 = 5,500만원
청년외	10명 − 7명 = 3명	3명 × 700만원 = 2,100만원
전체상시근로자수	18명 − 10명 = 8명 증가	7,600만원

| 2023년 2차 세액공제액 또는 추가납부세액 |

구 분	2023년 세액공제 대상 근로자수	2023년 대비 2024년 근로자수 증감	추가 공제금액 계산
청년	5명	4명 - 8명 = 4명 감소	0명 × 1,100만원 = 0원
청년외	3명	11명 - 10명 = 1명 증가	0명 × 700만원 = 0원
전체상시근로자수	8명	15명 - 18명 = 3명 감소	0원
추가납부세액	(4명 - 3명) × (1,100만원 - 700만원) + 3명 × 1,100만원 = 3,700만원		

• 2024년 전체 상시근로자수는 최초로 공제를 받은 과세연도(2023년)보다 3명 감소하였으므로 2024년부터 추가공제를 배제하고 감소한 상시근로자수에 대한 추가납부세액이 발생한다.

일반공제만 적용한 경우의 추가납부세액 계산(위 상시근로자수 기준이며 수도권내 중소기업 가정) (기획재정부조세특례-906, 2023.8.28.)

㉠ 2023년 고용증대세액공제액 = 8명 × 700만원 = 5,600만원

㉡ 2024년에 상시근로자수(15명)가 2023년 18명보다 3명이 감소하였으므로 세액공제액 중 다음의 금액을 추가 납부하여야 한다.

• 추가 납부할 세액 = 3명 × 700만원 = 2,100만원

② 그 밖의 경우

추가 납부세액 = 최초로 공제받은 과세연도 대비 청년등 상시근로자의 감소한 인원 수* × ①금액 + 최초로 공제받은 과세연도 대비 청년등 상시근로자 외 상시근로자의 감소한 인원 수* × ②금액

추가납부세액 한도 = 해당 과세연도의 직전 1년 이내의 과세연도에 공제받은 세액

* 상시근로자의 감소한 인원 수를 한도로 한다.

「①금액」 및 「②금액」은 기업의 종류별로 다음과 같다.

구 분	중소기업		중견기업		일반기업	
	수도권내	수도권밖*	수도권내	수도권밖*	수도권내	수도권밖*
① 금액(청년)	1,100만원	1,200만원 (21년, 22년: 1,300만원)	800만원	800만원 (21년, 22년: 900만원)	400만원	400만원 (21년, 22년: 500만원)
② 금액(청년외)	700만원	770만원	450만원		0원	

* 2021년 및 2022년 수도권 밖 증가인원에 대한 공제액을 상향하였으며 2021.12.31.이 속하는 과세연도부터 2022.12.31.이 속하는 과세연도까지 적용함.

(청년등 상시근로자의 감소한 인원 수 〈 상시근로자의 감소한 인원 수)인 경우

■ 우대공제 적용한 경우의 추가납부세액 계산(수도권내 중소기업 가정)

구 분	2022년	2023년 (최초로 공제받은 과세연도)	2024년
청년등상시근로자수	3명	8명	7명
청년외상시근로자수	7명	10명	8명
전체상시근로자수	10명	18명	15명

(단위: 만원)

구 분	2022년			2023년			2024년		
	근로자수	증감		근로자수	증감		근로자수	증감	
		1차	3차		1차	3차		1차	3차
청년등상시근로자수	3명			8명	+5		7명	-1	
청년외상시근로자수	7명			10명	+3		8명	-2	
전체상시근로자수	10명			18명	+8		15명	-3	
1차 세액공제				2023년(1차) • 청년: 5×1,100 • 청년외: 3×700 • 세액공제: 7,600			2024년(1차) • 청년: 배제 • 청년외: 배제 • 세액공제: 0		
2차 세액공제							2023년(2차) • 청년: 추가배제납부 • 청년외: 추가배제납부 • 추가공제: 0		
총세액공제액				7,600만원			0원		

* 1차: 당해연도 상시근로자수 - 직전연도 상시근로자수, 2차도 동일함.
* 3차: 당해연도 상시근로자수 - 직전전연도 상시근로자수

| 2023년 1차 세액공제액 |

구 분	근로자수 계산	공제금액 계산
청년	8명 - 3명 = 5명	5명 × 1,100만원 = 5,500만원
청년외	10명 - 7명 = 3명	3명 × 700만원 = 2,100만원
전체상시근로자수	18명 - 10명 = 8명 증가	7,600만원

| 2023년 2차 세액공제액 또는 추가납부세액 |

구 분	2023년 세액공제 대상 근로자수	2023년 대비 2024년 근로자수 증감	추가 공제금액 계산
청년	5명	7명 － 8명 = 1명 감소	0명 × 1,100만원 = 0원
청년외	3명	8명 － 10명 = 2명 감소	0명 × 700만원 = 0원
전체상시근로자수	8명	15명 － 18명 = 3명 감소	0원
추가납부세액	1명 × 1,100만원 ＋2명 × 700만원 = 2,500만원		

• 2024년 전체 상시근로자수는 최초로 공제를 받은 과세연도(2023년)에 비하여 3명 감소하였으므로 2024년부터 추가공제를 배제하고 감소한 상시근로자수에 대한 추가납부세액이 발생한다.

■ **일반공제만 적용한 경우의 추가납부세액 계산(위 상시근로자수 기준이며 수도권내 중소기업 가정)** **(기획재정부조세특례－906, 2023.8.28.)**

㉠ 2023년 고용증대세액공제액 = 8명 × 700만원 = 5,600만원

㉡ 2024년에 상시근로자수가 최초 공제받은 과세연도(2023년) 18명보다 3명이 감소하였으므로 세액공제액 중 다음의 금액을 추가 납부하여야 한다.

• 추가 납부할 세액 = 3명 × 700만원 = 2,100만원

나. 상시근로자수는 감소하지 않으면서 청년등 상시근로자수가 감소한 경우

추가납부세액 = 최초로 공제받은 과세연도 대비 청년등 상시근로자의 감소한 인원 수* × (①금액 － ②금액)

추가납부세액 한도 = 해당 과세연도의 직전 1년 이내의 과세연도에 공제받은 세액

* 최초로 공제받은 과세연도에 청년등 상시근로자의 증가한 인원 수를 한도로 한다.

「①금액」 및 「②금액」은 기업의 종류별로 다음과 같다.

구 분	중소기업		중견기업		일반기업	
	수도권내	수도권밖*	수도권내	수도권밖*	수도권내	수도권밖*
① 금액(청년)	1,100만원	1,200만원 (21년, 22년: 1,300만원)	800만원	800만원 (21년, 22년: 900만원)	400만원	400만원 (21년, 22년: 500만원)
② 금액(청년외)	700만원	770만원	450만원		0원	

* 2021년 및 2022년 수도권 밖 증가인원에 대한 공제액을 상향하였으며 2021.12.31.이 속하는 과세연도부터 2022.12.31.이 속하는 과세연도까지 적용함.

상시근로자수는 감소하지 않으면서 청년등 상시근로자수가 감소한 경우

■ 우대공제 적용한 경우의 추가납부세액(수도권내 중소기업 가정)

구 분	2022년	2023년 (최초로 공제받은 과세연도)	2024년
청년등상시근로자수	3명	8명	7명
청년외상시근로자수	7명	10명	12명
전체상시근로자수	10명	18명	19명

(단위: 만원)

<table>
<tr><th rowspan="3">구 분</th><th colspan="3">2022년</th><th colspan="3">2023년</th><th colspan="3">2024년</th></tr>
<tr><th rowspan="2">근로자수</th><th colspan="2">증감</th><th rowspan="2">근로자수</th><th colspan="2">증감</th><th rowspan="2">근로자수</th><th colspan="2">증감</th></tr>
<tr><th>1차</th><th>3차</th><th>1차</th><th>3차</th><th>1차</th><th>3차</th></tr>
<tr><td>청년등상시근로자수
청년외상시근로자수</td><td>3명
7명</td><td></td><td></td><td>8명
10명</td><td>+5
+3</td><td></td><td>7명
12명</td><td>−1
+2</td><td></td></tr>
<tr><td>전체상시근로자수</td><td>10명</td><td></td><td></td><td>18명</td><td>+8</td><td></td><td>19명</td><td>+1</td><td></td></tr>
<tr><td>1차 세액공제</td><td colspan="3" rowspan="2"></td><td colspan="3">2023년(1차)
• 청년: 5×1,100
• 청년외: 3×700
• 세액공제: 7,600</td><td colspan="3">2024년(1차)
• 청년: 배제
• 청년외: 1×700
• 세액공제: 700</td></tr>
<tr><td>2차 세액공제</td><td colspan="3"></td><td colspan="3">2023년(2차)
• 청년: 추가배제납부
• 청년외: 8×700
• 추가공제: 5,600</td></tr>
<tr><td>총세액공제액</td><td colspan="3"></td><td colspan="3">7,600만원</td><td colspan="3">6,300만원</td></tr>
</table>

* 1차: 당해연도 상시근로자수 – 직전연도 상시근로자수, 2차도 동일함.
* 3차: 당해연도 상시근로자수 – 직전전연도 상시근로자수

| 2023년 1차 세액공제액 |

구 분	근로자수 계산	공제금액 계산
청년	8명 – 3명 = 5명	5명 × 1,100만원 = 5,500만원
청년외	10명 – 7명 = 3명	3명 × 700만원 = 2,100만원
전체상시근로자수	18명 – 10명 = 8명 증가	7,600만원

| 2023년 2차 세액공제액 또는 추가납부세액 |

구 분	2022년 세액공제 대상 근로자수	2022년 대비 2023년 근로자수 증감	2차 추가 공제금액 계산
청년	5명	7명 - 8명 = 1명 감소	0명 × 1,100만원 = 0원
청년외	3명	12명 - 10명 = 2명 증가	8명 × 700만원 = 5,600만원
전체상시근로자수	8명	19명 - 18명 = 1명 증가	5,600만원
추가납부세액	1명 × (1,100만원 - 700만원) = 400만원		

• 2024년 전체 상시근로자수는 최초로 공제를 받은 과세연도(2023년)에 비하여 감소하지 않고 청년등 상시근로자수만 감소한 경우 2023년에 증가한 전체 상시근로자수(8명)에 대하여 청년외 상시근로자 증가에 대한 공제액을 적용한 금액(8명 × 700만원 = 5,600만원)을 추가 세액공제 적용하고 감소한 청년등 상시근로자수에 대한 추가납부세액이 발생한다.

일반공제만 적용한 경우의 추가납부세액 계산(위 상시근로자수 기준이며 수도권내 중소기업 가정) (기획재정부조세특례 - 906, 2023.8.28.)

㉠ 2023년 고용증대세액공제액 = 8명 × 700만원 = 5,600만원

㉡ 2024년에 상시근로자수가 최초 공제받은 과세연도(2023년) 19명보다 1명이 증가하였으므로 추가납부세액은 없다.

2. 공제받은 과세연도종료일부터 1년 초과 2년 이내 감소하는 경우

최초로 공제받은 과세연도의 종료일부터 1년이 되는 날이 속하는 과세연도의 종료일의 다음 날부터 최초로 공제받은 과세연도의 종료일부터 2년이 되는 날이 속하는 과세연도의 종료일까지의 기간 중 최초로 공제받은 과세연도보다 상시근로자수 또는 청년등 상시근로자수가 감소하는 경우에는 다음의 구분에 따라 계산한 금액('공제받은 과세연도종료일부터 1년 이내 감소한 경우'에 따라 계산한 금액이 있는 경우 그 금액을 제외하며, 해당 과세연도의 직전 2년 이내의 과세연도에 공제받은 세액의 합계액을 한도로 한다)을 소득세 또는 법인세로 납부하여야 한다.

가. 상시근로자수가 감소하는 경우

① (청년등 상시근로자의 감소한 인원 수 ≧ 상시근로자의 감소한 인원 수)인 경우

추가납부세액 = [최초로 공제받은 과세연도 대비 청년등 상시근로자의 감소한 인원 수[1)] − 상시근로자의 감소한 인원 수] × (①금액 − ②금액)

× 공제횟수[2)] + 상시근로자의 감소한 인원 수 × ①금액 × 공제횟수

− 「공제받은 과세연도종료일부터 1년 이내 감소한 경우」에 따른 추가납부세액

추가납부세액 한도 = 해당 과세연도의 직전 2년 이내의 과세연도에 공제받은 세액의 합계액

1) 최초로 공제받은 과세연도에 청년등 상시근로자의 증가한 인원 수를 한도로 한다.
2) 직전 2년 이내의 과세연도에 공제받은 횟수

「①금액」 및 「②금액」은 기업의 종류별로 다음과 같다.

구 분	중소기업		중견기업		일반기업	
	수도권내	수도권밖*	수도권내	수도권밖*	수도권내	수도권밖*
① 금액(청년)	1,100만원	1,200만원 (21년, 22년: 1,300만원)	800만원	800만원 (21년, 22년: 900만원)	400만원	400만원 (21년, 22년: 500만원)
② 금액(청년외)	700만원	770만원	450만원		0원	

* 2021년 및 2022년 수도권 밖 증가인원에 대한 공제액을 상향하였으며 2021.12.31.이 속하는 과세연도부터 2022.12.31.이 속하는 과세연도까지 적용함.

(청년등 상시근로자의 감소한 인원 수 ≥ 상시근로자의 감소한 인원 수)인 경우
(2차년도 전체상시근로자수 증가, 3차년도 전세상시근로자수 감소)

■ 우대공제 적용한 경우로 2차년도는 상시근로자수가 증가하고 3차년도에 상시근로자수가 감소한 경우 추가납부세액 계산(수도권내 중소기업 가정)

구 분	2021년	2022년 (최초로 공제받은 과세연도)	2023년	2024년
청년등상시근로자수	3명	8명	8명	4명
청년외상시근로자수	7명	10명	12명	11명
전체상시근로자수	10명	18명	20명	15명

(단위: 만원)

<table>
<tr><th rowspan="3">구 분</th><th colspan="3">2021년</th><th colspan="3">2022년</th><th colspan="3">2023년</th><th colspan="3">2024년</th></tr>
<tr><th rowspan="2">근로자수</th><th colspan="2">증감</th><th rowspan="2">근로자수</th><th colspan="2">증감</th><th rowspan="2">근로자수</th><th colspan="2">증감</th><th rowspan="2">근로자수</th><th colspan="2">증감</th></tr>
<tr><th>1차</th><th>3차</th><th>1차</th><th>3차</th><th>1차</th><th>3차</th><th>1차</th><th>3차</th></tr>
<tr><td>청년등상시근로자수
청년외상시근로자수</td><td>3명
7명</td><td></td><td></td><td>8명
10명</td><td>+5
+3</td><td></td><td>8명
12명</td><td>+0
+2</td><td></td><td>4명
11명</td><td>-4
-1</td><td>-4
+1</td></tr>
<tr><td>전체상시근로자수</td><td>10명</td><td></td><td></td><td>18명</td><td>+8</td><td></td><td>20명</td><td>+2</td><td></td><td>15명</td><td>-5</td><td>-3</td></tr>
<tr><td>1차 세액공제</td><td colspan="3"></td><td colspan="3">2022년(1차)
• 청년: 5×1,100
• 청년외: 3×700
• 세액공제: 7,600</td><td colspan="3">2023년(1차)
• 청년: 배제
• 청년외: 2×700
• 세액공제: 1,400</td><td colspan="3">2024년(1차)
• 청년: 배제
• 청년외: 배제
• 세액공제: 0</td></tr>
<tr><td>2차 세액공제</td><td colspan="3"></td><td colspan="3"></td><td colspan="3">2022년(2차)
• 청년: 5×1,100
• 청년외: 3×700
• 추가공제: 7,600</td><td colspan="3">2023년(2차)
• 청년: 추가배제
• 청년외: 추가배제납부
• 세액공제: 0</td></tr>
<tr><td>3차 세액공제</td><td colspan="3"></td><td colspan="3"></td><td colspan="3"></td><td colspan="3">2022년(3차)
• 청년: 추가배제납부
• 청년외: 추가배제납부
• 추가공제: 0</td></tr>
<tr><td>총세액공제액</td><td colspan="3"></td><td colspan="3">7,600만원</td><td colspan="3">9,000만원</td><td colspan="3">0원</td></tr>
</table>

* 1차: 당해연도 상시근로자수 - 직전연도 상시근로자수, 2차도 동일함.
* 3차: 당해연도 상시근로자수 - 직전전연도 상시근로자수

| 2022년 1차 세액공제액 |

구 분	근로자수 계산	공제금액 계산
청년	8명 - 3명 = 5명	5명 × 1,100만원 = 5,500만원
청년외	10명 - 7명 = 3명	3명 × 700만원 = 2,100만원
전체상시근로자수	18명 - 10명 = 8명 증가	7,600만원

| 2022년 2차 세액공제액 또는 추가납부세액 |

구 분	2022년 세액공제 대상 근로자수	2022년 대비 2023년 근로자수 증감	2차 추가 공제금액 계산
청년	5명	8명 - 8명 = 0명 감소	5명 × 1,100만원 = 5,500만원
청년외	3명	12명 - 10명 = 2명 증가	3명 × 700만원 = 2,100만원
전체상시근로자수	8명	20명 - 18명 = 2명 증가	7,600만원

• 2023년에 전체 상시근로자수 및 청년등 상시근로자수가 최초로 공제받은 과세연도(2022년)보다 감소하지 아니하였으므로 1차 세액공제액을 추가세액공제하고 추가납부세액은 없다.

| 2022년 3차 세액공제액 또는 추가납부세액 |

구 분	2022년 세액공제 대상 근로자수	2022년 대비 2024년 근로자수 증감	3차 추가 공제금액 계산
청년	5명	4명 - 8명 = 4명 감소	0명 × 1,100만원 = 0원
청년외	3명	11명 - 10명 = 1명 증가	0명 × 700만원 = 0원
전체상시근로자수	8명	15명 - 18명 = 3명 감소	0원
추가납부세액	(4명 - 3명) × (1,100만원 - 700만원) × 2 + 3명 × 1,100만원 × 2 = 7400만원		

• 2024년 전체 상시근로자수는 최초로 공제를 받은 과세연도(2022년)에 비하여 3명 감소하였으므로 추가 세액공제 배제하고 감소한 전체 상시근로자수에 대한 추가납부세액이 발생한다.

일반공제만 적용한 경우로 2차년도는 상시근로자수가 증가하고 3차년도에 상시근로자수가 감소한 경우 추가납부세액 계산(위 상시근로자수 기준이며 수도권내 중소기업 가정)(기획재정부조세특례-906, 2023.8.28.)

㉠ 2022년 고용증대세액공제액 = 8명 × 700만원 = 5,600만원

㉡ 2023년에 상시근로자수가 최초로 공제받은 과세연도(2022년)보다 감소하지 아니하였으므로 2022년 세액공제액 5,600만원이 추가세액공제된다.

㉢ 2024년에 상시근로자수가 최초로 공제받은 과세연도(2022년)에 비하여 3명이 감소하였으므로 세액공제액 중 다음의 금액을 추가 납부하여야 한다.

• 추가 납부할 세액 = 3명 × 700만원 × 2 = 4,200만원

(청년등 상시근로자의 감소한 인원 수 ≥ 상시근로자의 감소한 인원 수)인 경우 (2차3차년도 전체상시근로자수 모두 감소)

■ 우대공제 적용한 경우로 2차년도 상시근로자수, 3차년도 상시근로자수가 모두 감소한 경우 추가납부세액 계산(수도권내 중소기업 가정)

구 분	2021년	2022년 (최초로 공제받은 과세연도)	2023년	2024년
청년등상시근로자수	3명	8명	6명	2명
청년외상시근로자수	7명	10명	11명	12명
전체상시근로자수	10명	18명	17명	14명

(단위: 만원)

구 분	2021년			2022년			2023년			2024년		
	근로자수	증감		근로자수	증감		근로자수	증감		근로자수	증감	
		1차	3차		1차	3차		1차	3차		1차	3차
청년등상시근로자수	3명			8명	+5		6명	-2		2명	-4	-6
청년외상시근로자수	7명			10명	+3		11명	+1		12명	+1	+2
전체상시근로자수	10명			18명	+8		17명	-1		14명	-3	-4
1차 세액공제				2022년(1차) • 청년: 5×1,100 • 청년외: 3×700 • 세액공제: 7,600			2023년(1차) • 청년: 배제 • 청년외: 배제 • 세액공제: 0			2024년(1차) • 청년: 배제 • 청년외: 배제 • 세액공제: 0		
2차 세액공제							2022년(2차) • 청년: 추가배제납부 • 청년외: 추가배제납부 • 추가공제: 0			2023년(2차) • 청년: 추가배제 • 청년외: 추가배제 • 세액공제: 0		
3차 세액공제										2022년(3차) • 청년: 추가배제납부 • 청년외: 추가배제납부 • 추가공제: 0		
총세액공제액				7,600만원			0원			0원		

* 1차: 당해연도 상시근로자수 - 직전연도 상시근로자수, 2차도 동일함.

* 3차: 당해연도 상시근로자수 - 직전전연도 상시근로자수

| 2022년 1차 세액공제액 |

구 분	근로자수 계산	공제금액 계산
청년	8명 - 3명 = 5명	5명 × 1,100만원 = 5,500만원
청년외	10명 - 7명 = 3명	3명 × 700만원 = 2,100원
전체상시근로자수	18명 - 10명 = 8명 증가	7,600만원

| 2022년 2차 세액공제액 또는 추가납부세액 |

구 분	2022년 세액공제 대상 근로자수	2022년 대비 2023년 근로자수 증감	2차 추가 공제금액 계산
청년	5명	6명 - 8명 = 2명 감소	0명 × 1,100만원 = 0원
청년외	3명	11명 - 10명 = 1명 증가	0명 × 700만원 = 0원
전체상시근로자수	8명	17명 - 18명 = 1명 감소	0원
추가납부세액	(2명 - 1명) × (1,100만원 - 700만원) + 1명 × 1,100만원 = 1,500만원		

• 2023년에 전체 상시근로자수가 최초로 공제받은 과세연도(2022년)보다 1명 감소하였으므로 2023년부터 추가공제는 배제하고 감소한 전체 상시근로자수에 대한 추가납부세액이 발생한다.

| 2022년 3차 세액공제액 또는 추가납부세액 |

구 분	2022년 세액공제 대상 근로자수	2022년 대비 2024년 근로자수 증감	3차 추가 공제금액 계산
청년	5명	2명 - 8명 = 6명 감소	0명 × 1,100만원 = 0원
청년외	3명	12명 - 10명 = 2명 증가	0명 × 700만원 = 0원
전체상시근로자수	8명	14명 - 18명 = 4명 감소	0원
추가납부세액	• 총 추가 납부할 세액 = (5명 - 4명) × (1,100만원 - 700만원) ×1 + 4명 × 1,100만원 × 1 = 4,800만원 • 이미 추가 납부한 세액 = 1,500만원 • 당해 사업연도 추가 납부할 세액 = 48,000,000 - 15,000,000 = 3,300만원		

• 2023년에 전체 상시근로자수가 최초로 공제받은 과세연도(2022년)보다 1명 감소하였으므로 2024년 추가공제는 상시근로자수 증가여부와 상관없이 배제한다.
• 2024년에 상시근로자수가 최초로 공제받은 과세연도(2022년) 18명보다 4명이 감소하였으므로 추가납부세액에서 이미 추가납부한 세액을 차감한 금액을 추가 납부하여야 한다. 이 때 청년의 감소인원은 최초공제연도인 2022년 증가인원을 한도로 한다. 따라서 청년이 6명 감소하였지만 2022년 청년증가인원이 5명이므로 5명을 기준으로 추가납부세액을 계산한다.

■ **일반공제만 적용한 경우로 2차년도 상시근로자수, 3차년도 상시근로자수가 모두 감소한 경우 추가납부세액 계산(위 상시근로자수 기준이며 수도권내 중소기업 가정)**(기획재정부조세특례-906, 2023.8.28.)

㉠ 2022년 고용증대세액공제액 = 8명 × 700만원 = 5,600만원

㉡ 2023년에 상시근로자수가 최초로 공제받은 과세연도(2022년)보다 1명 감소하였으므로 추가공제는 배제하고 세액공제액 중 다음의 금액을 추가 납부하여야 한다.

• 추가 납부할 세액 = 1명 × 700만원 = 700만원

㉢ 2024년에 상시근로자수가 최초로 공제받은 과세연도(2022년) 18명보다 4명이 감소하였으므로 세액공제액 중 다음의 금액에서 이미 추가납부한 세액을 차감한 금액을 추가 납부하여야 한다.

• 추가 납부할 세액 = 4명 × 700만원 × 1 － 7,000,000 = 2,100만원

② 그 밖의 경우

추가납부세액 = 최초로 공제받은 과세연도 대비 청년 등 상시근로자 및 청년등 상시근로자 외 상시근로자의 감소한 인원 수(상시근로자의 감소한 인원 수를 한도로 한다)에 대해 직전 2년 이내의 과세연도에 공제받은 세액의 합계액 －「공제받은 과세연도종료일부터 1년 이내 감소한 경우」에 따른 추가납부세액

추가납부세액 한도 = 해당 과세연도의 직전 2년 이내의 과세연도에 공제받은 세액의 합계액

(청년등 상시근로자의 감소한 인원 수 < 상시근로자의 감소한 인원 수)인 경우 (2차년도 전체상시근로자수 증가, 3차년도 전체상시근로자수 감소)

■ 우대공제 적용한 경우로 2차년도는 전체 상시근로자수가 증가하고 3차년도에 전체 상시근로자수가 감소한 경우 추가납부세액 계산(수도권내 중소기업 가정)

구 분	2021년	2022년 (최초로 공제받은 과세연도)	2023년	2024년
청년등상시근로자수	3명	8명	10명	7명
청년외상시근로자수	7명	10명	9명	8명
전체상시근로자수	10명	18명	19명	15명

(단위: 만원)

구 분	2021년			2022년			2023년			2024년		
	근로자수	증감 1차	증감 3차	근로자수	증감 1차	증감 3차	근로자수	증감 1차	증감 3차	근로자수	증감 1차	증감 3차
청년등상시근로자수	3명			8명	+5		10명	+2		7명	-3	-1
청년외상시근로자수	7명			10명	+3		9명	-1		8명	-1	-2
전체상시근로자수	10명			18명	+8		19명	+1		15명	-4	-3
1차 세액공제				2022년(1차) • 청년: 5×1,100 • 청년외: 3×700 • 세액공제: 7,600			2023년(1차) • 청년: 1×1,100 • 청년외: 배제 • 세액공제: 1,100			2024년(1차) • 청년: 배제 • 청년외: 배제 • 세액공제: 0		
2차 세액공제							2022년(2차) • 청년: 5×1,100 • 청년외: 3×700 • 추가공제: 7,600			2023년(2차) • 청년: 추가배제납부 • 청년외: 배제 • 세액공제: 0		
3차 세액공제										2022년(3차) • 청년: 추가배제납부 • 청년외: 추가배제납부 • 추가공제: 0		
총세액공제액				7,600만원			8,700만원			0원		

* 1차: 당해연도 상시근로자수 - 직전연도 상시근로자수, 2차도 동일함.
* 3차: 당해연도 상시근로자수 - 직전전연도 상시근로자수

| 2022년 1차 세액공제액 |

구 분	근로자수 계산	공제금액 계산
청년	8명 - 3명 = 5명	5명 × 1,100만원 = 5,500만원
청년외	10명 - 7명 = 3명	3명 × 700만원 = 2,100만원
전체상시근로자수	18명 - 10명 = 8명 증가	7,600만원

| 2022년 2차 세액공제액 또는 추가납부세액 |

구 분	2022년 세액공제 대상 근로자수	2022년 대비 2023년 근로자수 증감	2차 추가 공제금액 계산
청년	5명	10명 - 8명 = 2명 증가	5명 × 1,100만원 = 5,500만원
청년외	3명	9명 - 10명 = 1명 감소	3명 × 700만원 = 2,100만원
전체상시근로자수	8명	19명 - 18명 = 1명 증가	7,600만원

• 2023년에 전체 상시근로자수 및 청년등 상시근로자수가 최초로 공제받은 과세연도(2022년)보다 감소하지 아니하였으므로 2차 추가세액공제 7,600만원을 세액공제하고 추가납부세액은 없다.

| 2022년 3차 세액공제액 또는 추가납부세액 |

구 분	2022년 세액공제 대상 근로자수	2022년 대비 2024년 근로자수 증감	3차 추가 공제금액 계산
청년	5명	7명 - 8명 = 1명 감소	0명 × 1,100만원 = 0원
청년외	3명	8명 - 10명 = 2명 감소	0명 × 700만원 = 0원
전체상시근로자수	8명	15명 - 18명 = 3명 감소	0원
추가납부세액	2명 × 700만원 × 2 + 1명 × 1,100만원 × 2 = 5,000만원		

• 2024년에 전체 상시근로자수가 최초로 공제받은 과세연도(2022년)보다 3명 감소하였으므로 3차 추가세액공제는 배제하고 감소한 전체 상시근로자수에 대한 추가납부세액이 발생한다.

■ **일반공제만 적용한 경우로 2차년도는 전체 상시근로자수가 증가하고 3차년도에 전체 상시근로자수가 감소한 경우 추가납부세액 계산(위 상시근로자수 기준이며 수도권내 중소기업 가정)(기획재정부조세특례-906, 2023.8.28.)**

㉠ 2022년 고용증대세액공제액 = 8명 × 700만원 = 5,600만원

㉡ 2023년에 상시근로자수가 최초로 공제받은 과세연도(2022년)보다 감소하지 아니하였으므로 2022년 세액공제액 5,600만원이 추가 세액공제된다.

㉢ 2024년에 상시근로자수가 최초로 공제받은 과세연도(2022년) 18명보다 3명이 감소하였으므로 세액공제액 중 다음의 금액을 추가 납부하여야 한다.

• 추가 납부할 세액 = 3명 × 700만원 × 2 = 4,200만원

(청년등 상시근로자의 감소한 인원 수 〈 상시근로자의 감소한 인원 수)인 경우 (2차년도 전체상시근로자수 감소없고 청년상시근로자수 감소, 3차년도 모두 감소)

■ 우대공제 적용한 경우로 2차년도 상시근로자수는 감소하지 않았으나 청년 상시근로자수 및 3차년도 상시근로자수가 모두 감소한 경우 추가납부세액 계산(수도권내 중소기업 가정)

구 분	2021년	2022년 (최초로 공제받은 과세연도)	2023년	2024년
청년등상시근로자수	3명	8명	6명	7명
청년외상시근로자수	7명	10명	12명	8명
전체상시근로자수	10명	18명	18명	15명

(단위: 만원)

구 분	2021년			2022년			2023년			2024년		
	근로자수	증감		근로자수	증감		근로자수	증감		근로자수	증감	
		1차	3차		1차	3차		1차	3차		1차	3차
청년등상시근로자수	3명			8명	+5		6명	−2		7명	+1	−1
청년외상시근로자수	7명			10명	+3		12명	+2		8명	−4	−2
전체상시근로자수	10명			18명	+8		18명	+0		15명	−3	−3
1차 세액공제				2022년(1차) • 청년: 5×1,100 • 청년외: 3×700 • 세액공제: 7,600			2023년(1차) • 청년: 배제 • 청년외: 배제 • 세액공제: 0			2024년(1차) • 청년: 배제 • 청년외: 배제 • 세액공제: 0		
2차 세액공제							2022년(2차) • 청년: 추가배제납부 • 청년외: 8×700 • 추가공제: 5,600			2023년(2차) • 청년: 추가배제 • 청년외: 추가배제 • 세액공제: 0		
3차 세액공제										2022년(3차) • 청년: 추가배제납부 • 청년외: 추가배제납부 • 추가공제: 0		
총세액공제액				7,600만원			5,600만원			0원		

* 1차: 당해연도 상시근로자수 − 직전연도 상시근로자수, 2차도 동일함.
* 3차: 당해연도 상시근로자수 − 직전전연도 상시근로자수

| 2022년 1차 세액공제액 |

구 분	근로자수 계산	공제금액 계산
청년	8명 − 3명 = 5명	5명 × 1,100만원 = 5,500만원
청년외	10명 − 7명 = 3명	3명 × 700만원 = 2,100만원
전체상시근로자수	18명 − 10명 = 8명 증가	7,600만원

| 2022년 2차 세액공제액 또는 추가납부세액 |

구 분	2022년 세액공제 대상 근로자수	2022년 대비 2023년 근로자수 증감	2차 추가 공제금액 계산
청년	5명	6명 - 8명 = 2명 감소	0명 × 1,100만원 = 0원
청년외	3명	12명 - 10명 = 2명 증가	8명 × 700만원 = 5,600만원
전체상시근로자수	8명	18명 - 18명 = 0명 증가	5,600만원
추가납부세액	2명 × (1,100만원 - 700만원) = 800만원		

- 2023년 전체 상시근로자수는 최초로 공제를 받은 과세연도(2022년)에 비하여 감소하지 않았지만 청년등 상시근로자수가 최초로 공제를 받은 과세연도(2022년)보다 감소하였으므로 청년등 상시근로자에 대한 추가공제를 2023년부터 배제한다.
- 2023년 전체 상시근로자수는 최초로 공제를 받은 과세연도(2022년)에 비하여 감소하지 않았으므로 2022년에 증가한 전체 상시근로자수(8명)에 대하여 청년외 상시근로자 증가에 대한 공제액을 적용한 금액(8명 × 700만원 = 5,600만원)을 추가 세액공제 적용하고 청년등 상시근로자수 감소분에 대하여 추가납부세액이 발생한다.

| 2022년 3차 세액공제액 또는 추가납부세액 |

구 분	2022년 세액공제 대상 근로자수	2022년 대비 2024년 근로자수 증감	3차 추가 공제금액 계산
청년	5명	7명 - 8명 = 1명 감소	0명 × 1,100만원 = 0원
청년외	3명	8명 - 10명 = 2명 감소	0명 × 700만원 = 0원
전체상시근로자수	8명	15명 - 18명 = 3명 감소	0원
추가납부할세액	• 총 추가 납부할 세액 = 2명 × 700만원 × 2 + 1명 × (1,100만원 + 700만원) × 1 = 4,600만원 • 이미 추가 납부한 세액 = 800만원 • 당해 사업연도 추가 납부할 세액 = 46,000,000 − 8,000,000 = 3,800만원		

- 2024년에 전체 상시근로자수가 최초로 공제받은 과세연도(2022년)보다 3명 감소하였으므로 3차 추가 세액공제는 배제하고 감소한 전체상시근로자수에 대한 추가납부세액에서 이미 추가납부한 세액을 차감한 금액을 추가 납부하여야 한다.
- 1차 세액공제시 증가한 청년에 대하여 2차 추가공제를 적용할 때 일반공제(850만원)를 적용한 경우로서 3차 세액공제 때 청년과 청년외가 모두 감소한 경우 청년의 추가납부세액은 우대공제(1,450만원)와 일반공제(850만원)를 동시에 고려하여 계산하여야 한다.

■ 일반공제만 적용한 경우로 2차년도 상시근로자수는 감소하지 않았으나 청년등 상시근로자수 및 3차년도 상시근로자수가 모두 감소한 경우 추가납부세액 계산(위 상시근로자수 기준이며 수도권내 중소기업 가정)(기획재정부조세특례 - 906, 2023.8.28.)

㉠ 2022년 고용증대세액공제액 = 8명 × 700만원 = 5,600만원

㉡ 2023년에 상시근로자수가 최초로 공제받은 과세연도(2022년)보다 감소하지 않았으므로 2022년 세액공제액 5,600만원이 추가세액공제된다.

㉢ 2023년에 상시근로자수가 최초로 공제받은 과세연도(2022년)보다 감소하지 않았으므로 추가납부세액은 없다.

㉣ 2024년에 상시근로자수가 최초로 공제받은 과세연도(2022년) 18명보다 3명이 감소하였으므로

세액공제액 중 다음의 금액을 추가 납부하여야 한다.

- 총 추가 납부할 세액 = 3명 × 700만원 × 2 = 4,200만원

나. 상시근로자수는 감소하지 않으면서 청년등 상시근로자수가 감소한 경우

추가납부세액 = 최초로 공제받은 과세연도 대비 청년등 상시근로자의 감소한 인원 수[1] × (①금액 - ②금액) × 공제횟수[2]

–「공제받은 과세연도종료일부터 1년 이내 감소한 경우」에 따른 추가납부세액

추가납부세액 한도 = 해당 과세연도의 직전 2년 이내의 과세연도에 공제받은 세액의 합계액

1) 최초로 공제받은 과세연도에 청년등 상시근로자의 증가한 인원 수를 한도로 한다.
2) 직전 2년 이내의 과세연도에 공제받은 횟수

「①금액」 및 「②금액」은 기업의 종류별로 다음과 같다.

구 분	중소기업		중견기업		일반기업	
	수도권내	수도권밖*	수도권내	수도권밖*	수도권내	수도권밖*
① 금액(청년)	1,100만원	1,200만원 (21년, 22년: 1,300만원)	800만원	800만원 (21년, 22년: 900만원)	400만원	400만원 (21년, 22년: 500만원)
② 금액(청년외)	700만원	770만원	450만원		0원	

* 2021년 및 2022년 수도권 밖 증가인원에 대한 공제액을 상향하였으며 2021.12.31.이 속하는 과세연도부터 2022.12.31.이 속하는 과세연도까지 적용함.

상시근로자수는 감소하지 않으면서 청년등 상시근로자수가 감소한 경우 (전체 상시근로자수 감소없고 청년등 상시근로자수만 2차년도 증가 3차년도 감소)

■ 우대공제 적용한 경우로 청년등 상시근로자수가 2차년도는 증가하고 3차년도에 감소한 경우 추가납부세액(수도권내 중소기업 가정)

구 분	2021년	2022년 (최초로 공제받은 과세연도)	2023년	2024년
청년등상시근로자수	3명	8명	9명	7명
청년외상시근로자수	7명	10명	12명	12명
전체상시근로자수	10명	18명	21명	19명

(단위: 만원)

구 분	2021년			2022년			2023년			2024년		
	근로자수	증감		근로자수	증감		근로자수	증감		근로자수	증감	
		1차	3차		1차	3차		1차	3차		1차	3차
청년등상시근로자수	3명			8명	+5		9명	+1		7명	−2	−1
청년외상시근로자수	7명			10명	+3		12명	+2		12명	+0	+2
전체상시근로자수	10명			18명	+8		21명	+3		19명	−2	+1
1차 세액공제				2022년(1차) • 청년: 5×1,100 • 청년외: 3×700 • 세액공제: 7,600			2023년(1차) • 청년: 1×1,100 • 청년외: 2×700 • 세액공제: 2,500			2024년(1차) • 청년: 배제 • 청년외: 배제 • 세액공제: 0		
2차 세액공제							2022년(2차) • 청년: 5×1,100 • 청년외: 3×700 • 추가공제: 7,600			2023년(2차) • 청년: 추가배제납부 • 청년외: 추가배제납부 • 세액공제: 0		
3차 세액공제										2022년(3차) • 청년: 추가배제납부 • 청년외: 8×700 • 추가공제: 5,600		
총세액공제액				7,600만원			10,100만원			5,600만원		

* 1차: 당해연도 상시근로자수 − 직전연도 상시근로자수, 2차도 동일함.
* 3차: 당해연도 상시근로자수 − 직전전연도 상시근로자수

| 2022년 1차 세액공제액 |

구 분	근로자수 계산	공제금액 계산
청년	8명 − 3명 = 5명	5명 × 1,100만원 = 5,500만원
청년외	10명 − 7명 = 3명	3명 × 700만원 = 2,100원
전체상시근로자수	18명 − 10명 = 8명 증가	7,600만원

| 2022년 2차 세액공제액 또는 추가납부세액 |

구 분	2022년 세액공제 대상 근로자수	2022년 대비 2023년 근로자수 증감	2차 추가 공제금액 계산
청년	5명	9명 - 8명 = 1명 증가	5명 × 1,100만원 = 5,500만원
청년외	3명	12명 - 10명 = 2명 증가	3명 × 700만원 = 2,100만원
전체상시근로자수	8명	21명 - 18명 = 3명 증가	7,600만원

• 2023년에 전체 상시근로자수 및 청년등 상시근로자수가 최초로 공제받은 과세연도(2022년)보다 감소하지 아니하였으므로 2차 추가세액공제 7,600만원을 세액공제하고 추가납부세액은 없다.

| 2022년 3차 세액공제액 또는 추가납부세액 |

구 분	2022년 세액공제 대상 근로자수	2022년 대비 2024년 근로자수 증감	3차 추가 공제금액 계산
청년	5명	7명 - 8명 = 1명 감소	0명 × 1,100만원 = 0원
청년외	3명	12명 - 10명 = 2명 증가	8명 × 700만원 = 5,600만원
전체상시근로자수	8명	19명 - 18명 = 1명 증가	5,600만원
추가납부세액	1명 × (1,100만원 - 700만원) × 2 = 800만원		

• 2024년에 전체 상시근로자수가 최초로 공제받은 과세연도(2022년)보다 감소하지 않았지만 청년등 상시근로자수가 최초로 공제를 받은 과세연도(2022년)에 비하여 감소하였으므로 청년등 상시근로자에 대한 2024년 추가공제를 배제한다.

• 2024년 전체 상시근로자수는 최초로 공제를 받은 과세연도(2022년)에 비하여 감소하지 않고 청년등 상시근로자수만 감소하였으므로 2022년에 증가한 전체 상시근로자수(8명)에 대하여 청년외 상시근로자 증가에 대한 공제액을 적용한 금액(8명 × 700만원 = 5,600만원)을 추가 세액공제 적용하고 감소한 청년등 상시근로자수에 대한 추가납부세액이 발생한다.

■ 일반공제만 적용한 경우로 청년등 상시근로자수가 2차년도는 증가하고 3차년도에 감소한 경우 추가납부세액(위 상시근로자수 기준이며 수도권내 중소기업 가정)(기획재정부조세특례-906, 2023.8.28.)

㉠ 2022년 고용증대세액공제액 = 8명 × 700만원 = 5,600만원

㉡ 2023년에 상시근로자수가 최초로 공제받은 과세연도(2022년)보다 감소하지 않았으므로 2022년 세액공제액 5,600만원이 같이 추가세액공제된다.

㉢ 2024년에 상시근로자수가 최초로 공제받은 과세연도(2022년)보다 감소하지 않았으므로 2022년 세액공제액 5,600만원이 같이 추가세액공제된다.

상시근로자수는 감소하지 않으면서 청년등 상시근로자수가 감소한 경우 (전체 상시근로자수 감소없고 청년등 상시근로자수만 2차·3차년도 모두 감소)

■ 우대공제 적용한 경우로 청년등 상시근로자수가 2차년도와 3차년도에 모두 감소한 경우 추가납부세액(수도권내 중소기업 가정)

구 분	2021년	2022년 (최초로 공제받은 과세연도)	2023년	2024년
청년등상시근로자수	3명	8명	7명	6명
청년외상시근로자수	7명	10명	12명	13명
전체상시근로자수	10명	18명	19명	19명

(단위: 만원)

구 분	2021년			2022년			2023년			2024년		
	근로자수	증감		근로자수	증감		근로자수	증감		근로자수	증감	
		1차	3차		1차	3차		1차	3차		1차	3차
청년등상시근로자수	3명			8명	+5		7명	−1		6명	−1	−2
청년외상시근로자수	7명			10명	+3		12명	+2		13명	+1	+3
전체상시근로자수	10명			18명	+8		19명	+1		19명	+0	+1
1차 세액공제				2022년(1차) • 청년: 5×1,100 • 청년외: 3×700 • 세액공제: 7,600			2023년(1차) • 청년: 배제 • 청년외: 1×700 • 세액공제: 700			2024년(1차) • 청년: 배제 • 청년외: 배제 • 세액공제: 0		
2차 세액공제							2022년(2차) • 청년: 추가배제납부 • 청년외: 8×700 • 추가공제: 5,600			2023년(2차) • 청년: 배제 • 청년외: 1×700 • 세액공제: 700		
3차 세액공제										2022년(3차) • 청년: 추가배제납부 • 청년외: 8×700 • 추가공제: 5,600		
총세액공제액				7,600만원			6,300만원			6,300만원		

* 1차: 당해연도 상시근로자수−직전연도 상시근로자수, 2차도 동일함.
* 3차: 당해연도 상시근로자수−직전전연도 상시근로자수

| 2022년 1차 세액공제액 |

구 분	근로자수 계산	공제금액 계산
청년	8명 − 3명 = 5명	5명 × 1,100만원 = 5,500만원
청년외	10명 − 7명 = 3명	3명 × 700만원 = 2,100만원
전체상시근로자수	18명 − 10명 = 8명 증가	7,600만원

| 2022년 2차 세액공제액 또는 추가납부세액 |

구 분	2022년 세액공제 대상 근로자수	2022년 대비 2023년 근로자수 증감	2차 추가 공제금액 계산
청년	5명	7명 − 8명 = 1명 감소	0명 × 1,100만원 = 0원
청년외	3명	12명 − 10명 = 2명 증가	8명 × 700만원 = 5,600만원
전체상시근로자수	8명	19명 − 18명 = 1명 증가	5,600만원
추가납부세액	1명 × (1,100만원 − 700만원) = 400만원		

- 2023년에 전체 상시근로자수가 최초로 공제받은 과세연도(2022년)보다 감소하지 않았지만 청년등 상시근로자수가 최초로 공제를 받은 과세연도(2022년)에 비하여 감소하였으므로 청년등 상시근로자에 대한 추가공제를 2023년부터 배제한다.
- 2023년 전체 상시근로자수는 최초로 공제를 받은 과세연도(2022년)에 비하여 감소하지 않고 청년등 상시근로자수만 감소하였으므로 2022년에 증가한 전체 상시근로자수(8명)에 대하여 청년외 상시근로자 증가에 대한 공제액을 적용한 금액(8명 × 700만원 = 5,600만원)을 추가 세액공제 적용하고 감소한 청년등 상시근로자수에 대한 추가납부세액이 발생한다.

| 2022년 3차 세액공제액 또는 추가납부세액 |

구 분	2022년 세액공제 대상 근로자수	2022년 대비 2024년 근로자수 증감	3차 추가 공제금액 계산
청년	5명	6명 − 8명 = 2명 감소	0명 × 1,100만원 = 0원
청년외	3명	13명 − 10명 = 3명 증가	8명 × 700만원 = 5,600만원
전체상시근로자수	8명	19명 − 18명 = 1명 증가	5,600만원
추가납부세액	• 총 추가 납부할 세액 = 2명 × (1,100만원 − 700만원) × 1 = 800만원 • 이미 추가 납부한 세액 = 400만원 • 당해 사업연도 추가 납부할 세액 = 8,000,000 − 4,000,000 = 400만원		

- 2024년에 전체 상시근로자수가 최초로 공제받은 과세연도(2022년)보다 감소하지 않았지만 청년등 상시근로자수가 최초로 공제를 받은 과세연도(2022년)에 비하여 감소하였으므로 청년등 상시근로자에 대한 2024년 추가공제를 배제한다.
- 2024년 전체 상시근로자수는 최초로 공제를 받은 과세연도(2022년)에 비하여 감소하지 않고 청년등 상시근로자수만 감소하였으므로 2022년에 증가한 전체 상시근로자수(8명)에 대하여 청년외 상시근로자 증가에 대한 공제액을 적용한 금액(8명 × 700만원 = 5,600만원)을 추가 세액공제 적용하고 감소한 청년등 상시근로자수에 대한 추가납부세액에서 이미 추징된 세액을 차감한 금액을 추가 납부하여야 한다.

※ (저자주) 「고용증대세액공제 사후관리 기간 중 공제 적용방법(기획재정부조세특례 − 214, 2023. 3.6.)」에 대한 해석으로 인하여 고용감소로 인한 추가납부세액은 위 사례의 경우 감소한 청년 2명에 대하여 적용받은 세액공제금액(1차: 2,200만원, 2차: 1,400만원)을 추가납부하는 것이 논리적이지만 현행 조세특례제한법 시행령 제26조의7 제5항을 엄격하게 적용할 경우 감소한 청년 2명에 대한 2차 추가공제액(1,400만원)을 고려할 수 없어 2차 추가공제액에 대한 추가납부세액이 발생하지 않는 것으로 판단되며 이는 개정되어야 할 것으로 판단된다.

■ **일반공제만 적용한 경우로 청년등 상시근로자수가 2차년도와 3차년도에 모두 감소한 경우 추가납부세액(위 상시근로자수 기준이며 수도권내 중소기업 가정)**(기획재정부조세특례-906, 2023. 8.28.)

㉠ 2022년 고용증대세액공제액 = 8명 × 700만원 = 5,600만원

㉡ 2023년에 상시근로자수가 최초로 공제받은 과세연도(2022년)보다 감소하지 않았으므로 2022년 세액공제액 5,600만원이 같이 추가세액공제된다.

㉢ 2023년에 상시근로자수가 최초로 공제받은 과세연도(2022년)보다 감소하지 않았으므로 추가납부세액은 없다.

㉣ 2024년에 상시근로자수가 최초로 공제받은 과세연도(2022년)보다 감소하지 않았으므로 2022년 세액공제액 5,600만원이 같이 추가세액공제된다.

㉤ 2024년에 상시근로자수가 최초로 공제받은 과세연도(2022년) 18명보다 1명이 증가하였으므로 추가납부세액은 없다.

고용증대세액공제를 적용받은 사업자가 해당 과세연도말 폐업한 경우, 조특법 29의7 ②에 따른 사후관리 적용여부(사전법령해석소득2021-1013, 2021.11.29.)

「조세특례제한법」 제29조의7 제2항에 따라 상시근로자의 수가 감소한 경우에는 「조세특례제한법 시행령」 제26조의7 제5항에 따라 계산한 금액을 해당 과세연도의 과세표준을 신고할 때 소득세 또는 법인세로 납부하여야 하고, 이 때 상시근로자수는 같은 조 제7항에 따라 계산하는 것임.

고용을 증대시킨 기업에 대한 세액공제 사후관리 적용방법(사전법령해석소득2020-478, 2020. 10.21., 서면법인2020-5929, 2021.7.29.)

조세특례제한법 제29조의7 고용을 증대시킨 기업에 대한 세액공제를 신청한 내국인이 그 세액공제액 중 소득세 최저한세액에 미달하여 공제받지 못한 부분에 상당하는 금액을 이월한 후 최초로 공제를 받은 과세연도의 종료일부터 1년이 되는 날이 속하는 과세연도의 종료일까지의 기간 중 상시근로자수가 최초로 공제를 받은 과세연도에 비하여 감소한 경우 「조세특례제한법 시행령」 제26조의7 제5항 제1호에 따라 계산한 금액을 공제받은 세액을 한도로 소득세로 납부하고 나머지 금액은 이월된 세액공제액에서 차감하는 것임.

청년고용증대 세액공제 적용 시 청년 정규직 근로자수 계산방법(서면법인2018-3678, 2019. 12.27., 기획재정부조세특례-365, 2019.5.9.)

직전과세연도에 29세(직전과세연도 중에 30세 이상이 되는 경우를 포함)인 청년 정규직 근로자가 해당 과세연도에 30세 이상이 되는 경우 「조세특례제한법 시행령」 제26조의5 제7항의 규정은 「조세특례제한법」 제29조의5 제1항의 "청년 정규직 근로자수" 계산시 적용되지 아니하는 것임.

Ⅷ 이월세액공제액이 있는 경우 추가납부세액 계산

조세특례제한법 제29조의7(고용을 증대시킨 기업에 대한 세액공제)를 신청한 내국인이 그 세액공제액 중 최저한세액에 미달하여 공제받지 못한 부분에 상당하는 금액을 이월한 후 최초로 공제를 받은 과세연도의 종료일부터 1년이 되는 날이 속하는 과세연도의 종료일까지의 기간 중 상시근로자수가 최초로 공제를 받은 과세연도에 비하여 감소한 경우 당초 법인세 신고시 공제받은 세액을 한도로 먼저 납부하고 나머지 금액은 이월된 세액공제액에서 차감하는 것으로 해석하고 있다.(사전법령해석소득2020-478, 2020.10.21., 서면법인2020-5929, 2021.7.29.)

세액공제 사후관리 적용사례
(우대공제를 적용한 경우이며 수도권내 중소기업 가정)

1. 2023년 고용증가 현황

- 청년등 상시근로자수: 2명 증가
- 청년외 상시근로자수: 2명 증가
- 전체 상시근로자수: 4명 증가

2. 2023년 세액공제액 = 2명 × 1,100만원 + 2명 × 700만원 = 3,600만원

3. 2023년 최저한세 적용으로 세액공제액: 1,600만원

- 당기 세액공제액: 16,000,000원
- 이월세액공제액: 20,000,000원

■ 법인세법 시행규칙 [별지제8호서식부표 3] 별지

사업연도	2023.01.01 ~ 2023.12.31	세액공제조정명세서(3)	법인명	(주)백두대간
			사업자등록번호	202-81-54324

2. 당기공제세액 및 이월액계산

(105) 구분	(106) 사업연도	요공제세액 (107) 당기분	요공제세액 (108) 이월분	당기공제대상세액 (109) 당기분	(110)1차연도 / (115)6차연도	(111)2차연도 / (116)7차연도	(112)3차연도 / (117)8차연도	(113)4차연도 / (118)9차연도	(114)5차연도 / (119)10차연도	(120) 계	(121) 최저한세 적용에 따른 미공제액	(122)그 밖의 사유로인한 미공제액	(123) 공제세액 (120-121-122)	(124) 소멸	(125) 이월액 (107+108-123-124)
고용을 증대시킨 기업에 대한 세액공제	202312	36,000,000		36,000,000						36,000,000	20,000,000		16,000,000		20,000,000
	소계	36,000,000		36,000,000						36,000,000	20,000,000		16,000,000		20,000,000
합계		36,000,000		36,000,000						36,000,000	20,000,000		16,000,000		20,000,000

4. 2023년 대비 2024년 고용증감 현황

- 청년등 상시근로자수: 2명 감소
- 청년외 상시근로자수: 변동없음

• 전체 상시근로자수: 2명 감소

5. **2023년 세액공제분 중 추가납부세액**
   = (2명 － 2명) × (1,100만원 － 700만원) + 2명 × 1,100만원 = 2,200만원

6. **추가납부세액은 실제 세액공제받은 금액을 먼저 납부하고 남은 잔액은 이월세액공제액을 감소하는 방법으로 적용함.**(사전법령해석소득2020－478, 2020.10.21., 서면법인2020－5929, 2021.7.29.)

7. **추가납부세액 적용방식**
   ① 추가납부세액 = Min[2023년 세액공제액(1,600만원), 추가납부세액(2,200만원)]
   = 1,600만원 ⇨ 2024년 법인세 신고시 납부

■ 법인세법 시행규칙 [별지 제3호 서식] (2023.3.20 개정)

사업연도	2024.01.01 ~ 2024.12.31	법인세 과세표준 및 세액조정계산서	법인명	(주)백두대간
			사업자등록번호	202-81-54324

① 각사업연도				
101 결산서상당기순손익			01	
소득조정금액	102 익금산입		02	
	103 손금산입		03	
104 차가감소득금액 (101 + 102 − 103)			04	

133 감면분추가납부세액		29	16,000,000
134 차감납부할세액 (125 − 132 + 133)		30	16,000,000
양도차익	135 등기자산	31	
	136 미등기자산	32	

② 미달 추가납부세액 = 22백만원 – 16백만원 = 6백만원
③ 이월세액의 감소 = Min[미달 추가납부세액(6백만원), 이월세액공제액(20백만원)]
= 6백만원
이월세액의 감소분은 세액공제조정명세서의 (124)소멸란에 반영하여 처리함.
④ 이월세액공제액의 잔액 = 20백만원 – 6백만원 = 14백만원
⑤ 2023년 이월세액공제 잔액(14백만원)에 대하여 2024년 최저한세 범위내에서 당기(2024년) 세액공제 가능함.

■ 법인세법 시행규칙 [별지제8호서식부표 3] 별지

사업연도	2024.01.01 ~ 2024.12.31	세액공제조정명세서(3)	법인명	(주)백두대간
			사업자등록번호	202-81-54324

2. 당기공제세액 및 이월액계산

(105) 구분	(106) 사업연도	요공제세액 (107) 당기분	(108) 이월분	당기공제대상세액 (109) 당기분	(110)1차연도 / (115)6차연도	(111)2차연도 / (116)7차연도	(112)3차연도 / (117)8차연도	(113)4차연도 / (118)9차연도	(114)5차연도 / (119)10차연도	(120) 계	(121) 최저한세 적용에따른 미공제액	(122)그 밖의 사유로인한 미공제액	(123) 공제세액 (120-121-122)	(124) 소멸	(125) 이월액 (107+108-123-124)
고용을 증대시킨 기업에 대한 세액공제	202212		20,000,000		14,000,000					14,000,000			14,000,000	6,000,000	
	소계		20,000,000		14,000,000					14,000,000			14,000,000	6,000,000	
합계			20,000,000		14,000,000					14,000,000			14,000,000	6,000,000	

※ (저자주) 2022.12.31. 신설된 조특법 29의8(통합고용세액공제) ②에서 '세액공제금액 중 제144조에 따라 공제받지 못하고 이월된 금액이 있는 경우에는 그 금액을 차감한 후 금액을 소득세 또는 법인세로 납부'하도록 규정하고 있지만 기존 조특법 29의7(고용을 증대시킨 기업에 대한 세액공제)에는 관련 내용이 없으므로 기존의 고용증대세액공제와 관련하여는 위 예규에 의하여 먼저 세액공제받은 세액을 먼저 납부하고 차액을 이월세액에서 차감하여야 할 것으로 해석된다. 그러나 신설된 통합고용세액공제의 규정과 같이 이월세액에서 먼저 차감하고 나머지를 추가 납부하여도 전체 세액공제액은 동일하며 단지 세액공제 적용시기에 대한 것이며 이에 대하여 명확한 규정이 없다면 납세자의 유리한 선택에 따라 적용하여도 무방할 것으로 판단된다.

⑥ 2023년 세액공제분 중 추가납부세액에 대한 농어촌특별세 환급방법
2024년 농어촌특별세 과세표준 및 세액신고서에서 추가납부세액에 대한 농어촌특별세(= 16백만원 × 20% = 3,200,000원)를 「⑫ 환급예정세액」란에 기록함.

■ 법인세법 시행규칙 [별지 제2호서식](2024.03.22 개정)

농어촌특별세 과세표준 및 세액신고서

2. 농어촌특별세 과세표준 및 세액 조정내역

구분		금액
⑦ 과세표준		14,000,000
⑧ 산출세액		2,800,000
(미납세액, 미납일수, 세율) ⑨ 가산세액		(, , 2.2/10,000)
⑩ 총부담세액		2,800,000
⑪ 기납부세액		
⑫ 환급예정세액		3,200,000
⑬ 차감납부할세액		-400,000
⑭ 분납할세액		
⑮ 차감납부세액		-400,000
⑯ 충당후납부세액		-400,000
⑰ 국세환급금 충당신청	환급법인세	
	충당할 농어촌특별세	

Ⅸ 2020년 추가납부세액 계산의 예외

1. 2020년 상시근로자수 등이 감소한 경우 추가납부세액 계산 배제

코로나19에 따른 특수상황을 고려하여 소득세 또는 법인세를 공제받은 내국인이 2020년 12월 31일이 속하는 과세연도의 전체 상시근로자의 수 또는 청년등 상시근로자의 수가 최초로 공제받은 과세연도에 비하여 감소한 경우에는 최초로 공제받은 과세연도의 종료일부터 3년이 되는 날이 속하는 과세연도의 종료일까지의 기간에 대하여 「추가세액공제 및 배제」를 적용하고 「추가납부세액」에 따라 공제받은 세액에 상당하는 금액을 소득세 또는 법인세로 납부하여야 한다. 다만, 2020년 12월 31일이 속하는 과세연도에 대해서는 「추가납부세액」 계산을 적용하지 아니한다.(조특법 29의7 ⑤)

즉 2020년 12월 31일이 속하는 과세연도에 고용감소 시 세액공제는 적용하지 않으나 추가납부세액은 없다. 그러나 2021년 과세연도와 2022년 과세연도에 고용감소 시 추가납부세액을 납부하여야 한다.

2. 2020년 상시근로자수 등이 감소한 경우로 2021년 과세연도의 세액공제

위의 「1. 2020년 상시근로자수 등이 감소한 경우 추가납부세액 계산 배제」를 적용받은 내국인이 2021년 12월 31일이 속하는 과세연도의 전체 상시근로자의 수 또는 청년등 상시근로자의 수가 최초로 공제받은 과세연도에 비하여 감소하지 아니한 경우에는 최초로 공제받은 과세연도에 적용한 세액공제금액을 2021년 12월 31일이 속하는 과세연도부터 최초로 공제받은 과세연도의 종료일부터 2년(중소기업 및 중견기업의 경우에는 3년)이 되는 날이 속하는 과세연도까지 소득세(부동산임대업 소득을 제외한 사업소득에 대한 소득세만 해당한다) 또는 법인세에서 공제한다.(조특법 29의7 ⑥)

그러나 2021년 12월 31일이 속하는 과세연도의 전체 상시근로자수가 최초로 공제받은 과세연도에 비하여 감소한 경우에는 세액공제를 적용하지 아니하고 추가납부하여야 한다.

3. 2020년 상시근로자수 등이 감소한 경우로 2022년 과세연도의 세액공제

위의 「2. 2020년 상시근로자수 등이 감소한 경우로 2021년 과세연도의 세액공제」를 적용받은 내국인이 2022년 12월 31일이 속하는 과세연도의 전체 상시근로자의 수 또는 청년등 상시근로자의 수가 최초로 공제받은 과세연도에 비하여 감소한 경우에는 최초로 공제받은 과세연도의 종료일부터 3년이 되는 날이 속하는 과세연도의 종료일까지 추가세액공제를 배제하고 추가납부세액을 납부하여야 한다.

참고사항

■ **2020년 상시근로자수 등이 감소한 경우로 2018년 세액공제분에 대한 추가납부세액 계산 배제의 의미(청년등 상시근로자만 있는 경우 가정)**

구 분	2017년	2018년	2019년	2020년	2021년
청년등상시근로자수	5명	6명	7명	8명	9명
2018년 세액공제		1명 세액공제 (1,100만원)	2018년분 추가공제 (1,100만원)	㉠ 2018년분 추가공제 (1,100만원)	
청년등상시근로자수	5명	6명	7명	5명	9명
2018년 세액공제		1명 세액공제 (1,100만원)	2018년분 추가공제 (1,100만원)	㉡ 2018년분 추가공제배제 추가납부배제	㉢ 2018년분 추가공제 (1,100만원)
청년등상시근로자수	5명	6명	7명	5명	5명
2018년 세액공제		1명 세액공제 (1,100만원)	2018년분 추가공제 (1,100만원)	㉡ 2018년분 추가공제배제 추가납부배제	㉣ 2018년분 추가공제배제 추가납부

㉠ 2020년 상시근로자수 및 청년등 상시근로자수가 최초로 공제받은 과세연도(2018년)에 비하여 증가하였으므로 추가세액공제 적용한다.

㉡ 2020년 상시근로자수가 최초로 공제받은 과세연도(2018년)에 비하여 1명 감소하였으므로 추가세액공제는 배제하고 추가납부세액을 납부하여야 한다. 다만, 2020년 과세연도에는 예외적으로 추가납부세액계산을 배제한다.

㉢ 2021년 상시근로자수가 최초로 공제받은 과세연도(2018년)에 비하여 3명 증가하였으므로 최초 공제받은 과세연도와 관련된 추가공제를 적용한다.

㉣ 2021년 상시근로자수가 최초로 공제받은 과세연도(2018년)에 비하여 1명 감소하였으므로 추가세액공제는 배제하고 추가납부세액을 납부하여야 한다.

※ 결론적으로 2020년도에 최초 공제받은 과세연도의 상시근로자수 등이 감소한 경우 추가세액공제 및 추가납부세액계산은 배제하므로 추가세액공제 및 추가납부세액계산을 판단할 때 2020년 과세연도는 없는 것으로 하고 판단하면 된다.

■ 2020년 상시근로자수 등이 감소한 경우로 2019년 세액공제분에 대한 추가납부세액 계산 배제의 의미(청년등 상시근로자만 있는 경우 가정)

구 분	2018년	2019년	2020년	2021년	2022년
청년등 상시근로자수	6명	7명	8명	9명	9명
2019년 세액공제		1명 세액공제 (1,100만원)	㉠ 2019년분 추가공제 (1,100만원)	㉡ 2019년분 추가공제 (1,100만원)	
청년등 상시근로자수	6명	7명	5명	9명	6명
2019년 세액공제		1명 세액공제 (1,100만원)	㉢ 2019년분 추가공제배제 추가납부배제	㉣ 2019년분 추가공제 (1,100만원)	㉤ 2019년분 추가공제배제 추가납부
청년등 상시근로자수	6명	7명	5명	5명	9명
2019년 세액공제		1명 세액공제 (1,100만원)	㉢ 2019년분 추가공제배제 추가납부배제	㉥ 2019년분 추가공제배제 추가납부	㉦ 2019년분 추가공제배제 추가납부

㉠ 2021년 상시근로자수 및 청년등 상시근로자수가 최초로 공제받은 과세연도(2019년)에 비하여 증가하였으므로 추가세액공제 적용한다.

㉡ 2022년 상시근로자수 및 청년등 상시근로자수가 최초로 공제받은 과세연도(2019년)에 비하여 증가하였으므로 추가세액공제 적용한다.

㉢ 2020년 상시근로자수가 최초로 공제받은 과세연도(2019년)에 비하여 2명 감소하였으므로 추가세액공제는 배제하고 추가납부세액을 납부하여야 한다. 다만, 2020년 과세연도에는 예외적으로 추가납부세액계산을 배제한다.

㉣ 2021년 상시근로자수가 최초로 공제받은 과세연도(2019년)에 비하여 2명 증가하였으므로 최초 공제받은 과세연도와 관련된 추가공제를 적용한다.

㉤ 2022년 상시근로자수가 최초로 공제받은 과세연도(2019년)에 비하여 1명 감소하였으므로 추가세액공제는 배제하고 추가납부세액을 납부하여야 한다.

㉥ 2021년 상시근로자수가 최초로 공제받은 과세연도(2019년)에 비하여 2명 감소하였으므로 추가세액공제는 배제하고 추가납부세액을 납부하여야 한다.

㉦ 2022년 상시근로자수가 최초로 공제받은 과세연도(2019년)에 비하여 2명 증가하였으므로 2021년 상시근로자수 감소로 추가세액공제는 배제된 경우 그 이후 추가공제는 적용하지 아니한다.

※ 결론적으로 2020년도만 최초 공제받은 과세연도의 상시근로자수 등이 감소한 경우 추가세액공제 및 추가납부세액계산은 배제하므로 최초로 공제받은 과세연도의 추가세액공제 및 추가납부세액계산을 판단할 때 2020년 과세연도는 없는 것으로 하고 판단하면 된다.

고용증대세액공제 사후관리 유예규정 적용방법(기획재정부조세특례－1005, 2023.9.27.)

① 「조세특례제한법」 제29조의7 제1항에 따라 세액을 공제받은 내국인이 2020년 12월 31일이 속하는 과세연도의 청년등상시근로자 수가 최초로 공제받은 과세연도에 비하여 감소하였으나 전체 상시근로자 수는 유지되는 경우, 2020년 12월 31일이 속하는 과세연도에 최초 공제연도의 청년등상시근로자 증가인원 수에 대해 동법 동조 제1항 제2호의 공제액을 적용하여 공제가 가능하고 동법 동조 제5항에 따라 동법 동조 제2항 후단은 적용하지 아니하는 것임.

② 「조세특례제한법」 제29조의7 제1항에 따라 세액을 공제받은 내국인이 2020년 12월 31일이 속하는 과세연도의 청년등상시근로자 수가 최초로 공제받은 과세연도에 비하여 감소하였으나 전체 상시근로자 수는 유지되었고 그 다음 과세연도에 청년등상시근로자 수 및 전체 상시근로자 수가 최초로 공제받은 과세연도에 비하여 감소한 경우, 2020년 12월 31일이 속하는 과세연도의 다음 과세연도에 동법 시행령 제26조의7 제5항에 따라 계산한 금액을 동법 제29조의7 제5항이 적용되지 않는다면 동법 동조 제2항 후단에 따라 2020년 12월 31일이 속하는 과세연도에 납부하였어야 할 금액을 한도로 하여 납부하여야 하는 것임.

고용증대세액공제 계산방법(서면법인2021－4611, 2021.8.13.)

「조세특례제한법」 제29조의7 제1항에 따른 '고용을 증대시킨 기업에 대한 세액공제'는 해당 과세연도의 상시근로자수가 직전 과세연도의 상시근로자수보다 증가한 경우에 적용되는 것이며, 2021 과세연도의 상시근로자수가 2020 과세연도의 상시근로자수보다 증가한 경우 '고용을 증대시킨 기업에 대한 세액공제'가 적용되는 것임.

X 기타사항

① 최저한세 적용대상이며 농어촌특별세 과세대상이다.
② 미공제세액의 이월공제(10년)
③ 추계결정시 세액공제배제(조특법 128 ①)
④ 다른 세액감면 · 면제 및 세액공제와 중복적용이 허용된다. 다만, 조세특례제한법 제6조 제7항(창업중소기업 등의 추가세액감면)과는 동시에 적용하지 아니한다.(조특법 127 ④ 단서)
⑤ 통합고용세액공제 중 고용증대세액공제와 중복적용 안된다. 다만, 기존 고용증대세액공제의 추가공제(2차 · 3차 세액공제)는 통합고용세액공제 중 고용증대세액공제 중복적용가능하며 통합고용세액공제 중 정규직전환근로자 및 육아휴직복귀자 관련 세액공제는 적용가능하다.

고용증대 세액공제 등의 최저한세 이월액을 사업 양도 후 계속 적용받을 수 있는지(사전법규소득 2023-267, 2023.6.22.)

거주자의 특정한 사업과 관련하여 발생한 「조세특례제한법」 제29조의7 및 같은 법 제30조의4에 따라 공제할 세액 중 해당 과세연도에 같은 법 제132조에 따른 소득세 최저한세액에 미달하여 공제받지 못한 부분에 상당하는 금액은, 위 사업에 관한 일체의 권리와 의무를 포괄적으로 양도하더라도 같은 법 제29조의7 제2항 및 같은 법 제30조의4 제2항에 해당하지 않는 경우에는 같은 법 제144조 제1항에 따라 이월하여 공제하는 것임.

조세특례제한법에 따른 이월세액공제 적용방법(기준법령해석법인2021-134, 2021.8.5.)

내국법인이 2018사업연도에 「조세특례제한법」 제29조의7(고용을 증대시킨 기업에 대한 세액공제)를 적용받았으나, 같은 법 제132조에 따른 최저한세의 적용으로 인하여 공제할 세액 중 공제받지 못한 금액('이월세액')을 이월한 경우로서 2019사업연도에 해당 이월세액 외에 당해 사업연도에 공제받을 수 있는 세액공제액이 없음에도 이월세액에 대하여 세액공제를 적용받지 않은 경우, 해당 내국법인은 2020사업연도 이후 같은 법 제144조 제1항에 따른 이월공제기간 이내에 각 사업연도의 법인세에서 해당 이월세액을 공제할 수 있는 것임.

고용증대 세액공제를 적용받던 개인사업자가 법인전환 시, 전환법인이 개인사업자의 세액공제를 승계받아 공제가능한지(사전법령해석법인2021-432, 2021.5.11.)

「조세특례제한법」 제29조의7 제1항 제1호에 따른 '고용을 증대시킨 기업에 대한 세액공제'("고용증대 세액공제")를 적용받던 거주자가 영위하던 사업을 같은 법 제32조 제1항에 따라 법인으로 전환하면서 새로이 설립되는 법인("전환법인")과 사업의 포괄양수도 계약을 체결하고 그 사업에 관한 일체의 권리와 의무를 포괄적으로 양도 및 양수한 경우로서 거주자가 고용증대 세액공제를 받은 과세연도의 종료일부터 2년이 되는 날이 속하는 과세연도의 종료일까지의 기간 중 청년등 상시근로자의 수가 공제를 받은 직전 과세연도에 비하여 감소하지 아니한 경우 전환법인은 거주자로부터 승계받은 고용증대 세액공제를 적용받을 수 있는 것임.

규모 확대등으로 중견기업에 해당하지 않는 경우 세액공제 적용여부(서면법령해석법인2020-487, 2020.9.28.)

「조세특례제한법 시행령」 제4조 제1항에 따른 중견기업에 해당하는 내국법인이 해당 과세연도의 상시근로자의 수가 직전 과세연도의 상시근로자의 수보다 증가하여 같은 법 제29조의7 제1항 각 호에 따른 세액공제를 적용받은 후 다음 과세연도 이후에 규모의 확대 등으로 중견기업에 해당하지 않더라도 같은 법 같은 조 제2항에 따른 공제세액 추징사유에 해당하지 않는 경우 해당 과세연도의 법인세에서 공제받은 금액을 해당 과세연도의 종료일로부터 2년이 되는 날이 속하는 과세연도까지의 법인세에서 공제하는 것임.

고용증대세액공제를 중소기업특별세액감면으로 변경하는 수정신고 가능여부(서면법규-72, 2014.1.27.)

제조업을 영위하는 거주자가 당초 종합소득세 과세표준 확정신고 시 「조세특례제한법」 제30조의4 고용증대세액공제를 적용받은 이후 해당 세액공제를 배제하고 같은 법 제7조의 중소기업에 대한 특별세액감면을 적용하여 「국세기본법」 제45조에 따른 수정신고를 할 수 있는 것임.

| 고용을 증대시킨 기업에 대한 세액공제 검토서식 |

검 토 사 항		적합 여부
대상자	내국법인에 해당하는지 여부	예 / 아니오
업종 요건	다음의 소비성서비스업(조특령 29 ③)을 제외한 업종을 영위하는지 여부 • 호텔업 및 여관업(관광진흥법에 따른 관광숙박업은 제외) • 주점업(일반유흥주점업, 무도유흥주점업 및 「식품위생법 시행령」 제21조에 따른 단란주점☆ 영업만 해당하되, 관광진흥법에 따른 외국인전용유흥음식점 및 관광유흥음식점업은 제외) ☆ 단란주점이란 주로 주류를 조리·판매하는 영업으로서 손님이 노래를 부르는 행위가 허용되는 영업을 말한다. • 그 밖에 오락·유흥 등을 목적으로 하는 사업으로서 다음의 사업☆ ☆ 2024.3.22. 이후 개시하는 과세연도부터 소비성서비스업에 포함됨.(조특칙 부칙 제1042호, 3, 2024.3.22.) ㉠ 무도장 운영업 ㉡ 기타 사행시설 관리 및 운영업(「관광진흥법」 제5조 또는 「폐광지역 개발 지원에 관한 특별법」 제11조에 따라 허가를 받은 카지노업은 제외한다) ㉢ 유사 의료업 중 안마를 시술하는 업 ㉣ 마사지업	예 / 아니오
고용 요건	상시근로자수가 증가하였는지 여부 상시근로자수 = 해당 기간의 매월 말 현재 상시근로자수의 합 / 해당 기간의 개월 수 ① 상시근로자*수 — 명 ② 직전 과세연도 상시근로자수 — 명 ③ 증감(①－②) — 명 * 상시근로자는 근로기준법에 따라 근로계약을 체결한 근로자로 조세특례제한법 시행령 23 ⑩ 각호에 해당하는 사람은 제외 ① 근로계약기간이 1년 미만인 근로자 ② 근로기준법 제2조 제1항 제8호에 따른 단시간근로자 ③ 법인세법 시행령 제42조 제1항 각 호의 어느 하나에 해당하는 임원 ④ 해당 기업의 최대주주 또는 최대출자자와 그 배우자 ⑤ ④에 해당하는 자의 직계존비속(배우자 포함) 및 국세기본법 시행령 제1조의2 제1항에 따른 친족관계인 사람 ⑥ 소득세법 시행령 제196조에 따른 근로소득원천징수부에 의하여 근로소득세를 원천징수한 사실이 확인되지 아니하고, 다음의 어느 하나에 해당하는 금액의 납부사실도 확인되지 아니하는 자 가. 국민연금법 제3조 제1항 제11호 및 제12호에 따른 부담금 및 기여금 나. 국민건강보험법 제69조에 따른 직장가입자의 보험료	예 / 아니오

<table>
<tr><th colspan="2">검 토 사 항</th><th>적합 여부</th></tr>
<tr><td>공제
금액</td><td>위의 요건을 충족하였을 경우 고용증가인원 1인당 다음 금액을 공제하였는지 여부

(만원)

<table>
<tr><th rowspan="2">구 분</th><th colspan="2">중소기업</th><th colspan="2">중견기업</th><th colspan="2">대기업</th></tr>
<tr><th>수도권</th><th>지방</th><th>수도권</th><th>지방</th><th>수도권</th><th>지방</th></tr>
<tr><td>상시근로자</td><td>700</td><td>770</td><td>450</td><td>450</td><td>0</td><td>0</td></tr>
<tr><td>청년정규직,
장애인근로자,
60세이상 등</td><td>1,100</td><td>1,200
(21년, 22년:
1,300)</td><td>800</td><td>800
(21년, 22년:
900)</td><td>400</td><td>100
(21년, 22년:
500)</td></tr>
</table>

* 청년정규직 근로자란 15세 이상 29세 이하로서 기간제·단시간 근로자, 파견근로자, 청소년유해업소 근무 청소년 등을 제외한 근로자를 말한다.
* 장애인근로자란 「장애인복지법」의 적용을 받은 장애인과 「국가유공자 등 예우 및 지원에 관한 법률」에 따른 상이자를 말한다.
* 60세 이상은 근로계약체결일 현재 60세 이상인 사람을 말한다.</td><td>예 | 아니오</td></tr>
</table>

제3절 중소기업 사회보험료 세액공제

※ 중소기업 사회보험료 세액공제(조특법 30의4) 규정을 2024.12.31.이 속하는 과세연도에 적용하였다면 추가공제만 계속 적용이 가능함.
※ 2023.1.1.부터 2024.12.31.까지 통합고용세액공제 중 고용증대세액공제(조특법 29의8 ①)와 고용을 증대시킨 기업에 대한 세액공제(조특법 29의7) 또는 중소기업 사회보험료 세액공제(조특법 30의4) 중 하나만 적용가능함.(조특법 127 ⑪)
※ 통합고용세액공제 중 고용증대세액공제(조특법 29의8 ①)를 선택한 경우에도 고용을 증대시킨 기업에 대한 세액공제(조특법 29의7)의 추가공제(2차 3차세액공제)와 중소기업 사회보험료 세액공제(조특법 30의4)의 추가공제등은 계속 적용가능함.

I 세액공제액

※ 중소기업 사회보험료 세액공제(조특법 30의4) 규정을 2024.12.31.이 속하는 과세연도에 적용하였다면 추가공제만 계속 적용이 가능하므로 2024.12.31.이 속하는 과세연도 이후 과세연도에는 적용이 불가능함.

중소기업이 2024년 12월 31일이 속하는 과세연도까지의 기간 중 해당 과세연도의 상시근로자수가 직전 과세연도의 상시근로자수보다 증가한 경우에는 다음의 금액을 해당 과세연도의 소득세(부동산임대업 소득을 제외한 사업소득에 대한 소득세만 해당한다) 또는 법인세에서 공제한다.(조특법 30의4)

세액공제액 = [㉠ + ㉡, 또는 ㉢]

㉠ 청년 및 경력단절 여성('청년등'이라 한다) 상시근로자 고용증가 인원에 대한 세액공제(우대공제)
　= 청년등 상시근로자 고용증가인원 × 1인당 청년등 상시근로자에 대한 사용자의 사회보험료 부담금액 × 100%
㉡ 청년등 외 상시근로자 고용증가 인원에 대한 세액공제(일반공제)
　= 청년등 외 상시근로자 증가인원 × 1인당 청년등 외 상시근로자에 대한 사용자의 사회보험료 부담금액 × 50%(신성장서비스업을 영위하는 중소기업: 75%)
㉢ 청년등 상시근로자를 포함한 전체 상시근로자 고용증가 인원에 대한 세액공제(일반공제)
　= 전체 상시근로자 증가인원 × 전체 상시근로자에 대한 사용자의 사회보험료 부담금액 × 50%(신성장서비스업을 영위하는 중소기업: 75%)

고용증대세액공제 적용방법(기획재정부조세특례-906, 2023.8.28.)

「조세특례제한법」 제29조의7 제1항 제1호의 공제(우대공제) 대상인 청년등 상시근로자 고용증대 기업이 동법 동조항 제2호의 공제(일반공제)를 선택하여 적용할 수 있음.

Check Point

■ 중소기업 사회보험료 세액공제에 대한 법인과 개인의 적용범위

구 분	법인	개인
중소기업	소비성서비스업☆을 제외한 모든 업종	소비성서비스업을 제외한 모든 업종
	☆ 호텔업 및 여관업, 일반유흥주점업, 무도유흥주점업, 단란주점, 2024.3.22. 이후 개시하는 과세연도부터 무도장 운영업, 기타 사행시설 관리 및 운영업, 유사 의료업 중 안마를 시술하는 업, 마사지업 포함.	
중견기업 일반기업	모든 업종 적용불가	
단, 개인거주자의 경우 부동산임대업 소득을 제외한 사업소득에 대한 소득세에서만 공제		

1. 청년등 상시근로자 고용증가인원

청년등 상시근로자 고용증가인원이란 해당 과세연도에 직전 과세연도 대비 증가한 청년등 상시근로자수(그 수가 음수인 경우 영으로 본다)를 말한다. 다만, 해당 과세연도에 직전 과세연도 대비 증가한 상시근로자수를 한도로 한다.(조특령 27의4 ③)

청년등 상시근로자 고용증가인원 = Min[①, ②]

① 증가한 청년등 상시근로자수　　② 증가한 상시근로자수

2. 청년등 외 상시근로자 고용증가인원

청년등 외 상시근로자 고용증가인원이란 해당 과세연도에 직전 과세연도 대비 증가한 상시근로자수에서 청년등 상시근로자 고용증가인원수를 뺀 수(그 수가 음수인 경우 영으로 본다)를 말한다.(조특령 27의4 ④)

청년등 외 상시근로자 고용증가인원 = Max[(① − ②), 0]

① 증가한 상시근로자수　　② 증가한 청년등 상시근로자수

3. 신성장 서비스업을 영위하는 중소기업의 범위

신성장 서비스업을 영위하는 중소기업이란 다음의 어느 하나에 해당하는 사업을 주된 사업으로 영위하는 중소기업을 말한다. 이 경우 둘 이상의 서로 다른 사업을 영위하는 경우에는 사업별 사업수입금액이 큰 사업을 주된 사업으로 본다.(조특령 27의4 ⑥)

① 컴퓨터 프로그래밍, 시스템 통합 및 관리업, 소프트웨어 개발 및 공급업, 정보서비스업 또는 전기통신업

② 창작 및 예술관련 서비스업(자영예술가는 제외한다), 영화・비디오물 및 방송프로그램 제작업, 오디오물 출판 및 원판 녹음업 또는 방송업

③ 엔지니어링사업, 전문디자인업, 보안시스템 서비스업 또는 광고업 중 광고물 작성업

④ 서적, 잡지 및 기타 인쇄물출판업, 연구개발업, 「학원의 설립・운영 및 과외교습에 관한 법률」에 따른 직업기술 분야를 교습하는 학원을 운영하는 사업 또는 「국민 평생 직업능력 개발법」에 따른 직업능력개발훈련시설을 운영하는 사업(직업능력개발훈련을 주된 사업으로 하는 경우로 한정한다)

⑤ 「관광진흥법」에 따른 관광숙박업, 국제회의업, 유원시설업 또는 법 제6조 제3항 제20호에 따른 관광객 이용시설업

⑥ 다음의 어느 하나에 해당하는 물류산업

㉠ 육상・수상・항공 운송업

㉡ 화물 취급업

㉢ 보관 및 창고업

㉣ 육상・수상・항공 운송지원 서비스업

㉤ 화물운송 중개・대리 및 관련 서비스업

㉥ 화물포장・검수 및 계량 서비스업

㉦ 「선박의 입항 및 출항 등에 관한 법률」에 따른 예선업

㉧ 「도선법」에 따른 도선업

㉨ 기타 산업용 기계・장비 임대업 중 파렛트 임대업

⑦ 다음의 어느 하나에 해당하는 신성장 서비스업

㉠ 「전시산업발전법」 제2조 제1호에 따른 전시산업☆

㉡ 기타 과학기술서비스업

㉢ 시장조사 및 여론조사업

㉣ 광고업 중 광고대행업, 옥외 및 전시 광고업

☆ "전시산업"이란 전시시설을 건립・운영하거나 전시회 및 전시회부대행사를 기획・개최・운영하고 이와 관련된 물품 및 장치를 제작・설치하거나 전시공간의 설계・디자인과 이와 관련된 공사를 수행하거나 전시회와 관련된 용역 등을 제공하는 산업을 말한다.

Ⅱ 청년등 상시근로자 및 청년등 외 상시근로자

청년등 상시근로자는 다음에 해당하는 자로 하고 청년등 외 상시근로자는 청년등 상시근로자가 아닌 상시근로자로 한다.

① 청년 상시근로자 : 15세 이상 29세 이하인 상시근로자[병역(현역병, 상근예비역, 의무경찰, 의무소방원, 사회복무요원, 현역에 복무하는 장교·준사관 및 부사관)을 이행한 경우에는 그 기간(6년을 한도로 한다)을 근로계약 체결일 현재 연령에서 빼고 계산한 연령이 29세 이하인 사람을 포함한다](조특령 27의4 ②)

☆ 산업기능요원으로 병역을 이행한 경우에는 그 기간을 창업 당시 창업자의 연령에서 뺄 수 없음.(수원지법2022구합69873, 2022.11.24.)

② 경력단절 여성 상시근로자 : 다음의 경력단절 여성 상시근로자를 말한다.

㉠ 해당 기업 또는 한국표준산업분류상의 중분류를 기준으로 동일한 업종의 기업에서 1년 이상 근무하였을 것(해당 기업이 경력단절 여성의 근로소득세를 원천징수하였던 사실이 확인되는 경우로 한정)

㉡ 다음에 해당하는 결혼·임신·출산·육아 및 자녀교육의 사유로 해당 기업에서 퇴직하였을 것

- 퇴직한 날부터 1년 이내에 혼인한 경우(가족관계기록사항에 관한 증명서를 통하여 확인되는 경우로 한정)
- 퇴직한 날부터 2년 이내에 임신하거나 난임시술을 받은 경우(의료기관의 진단서 또는 확인서를 통하여 확인되는 경우에 한정)
- 퇴직일 당시 임신한 상태인 경우(의료기관의 진단서를 통하여 확인되는 경우로 한정)
- 퇴직일 당시 8세 이하의 자녀가 있는 경우
- 퇴직일 당시 「초·중등교육법」 제2조에 따른 학교에 재학 중인 자녀가 있는 경우

㉢ ㉡에 따른 사유로 퇴직한 날부터 2년 이상 15년 미만의 기간이 지났을 것

㉣ 해당 기업의 최대주주 또는 최대출자자(개인사업자의 경우에는 대표자를 말한다)나 그와 친족관계가 아닐 것

Ⅲ 사회보험의 범위

사회보험이란 다음의 것을 말한다.

① 국민연금법에 따른 국민연금
② 고용보험법에 따른 고용보험
③ 산업재해보상보험법에 따른 산업재해보상보험
④ 국민건강보험법에 따른 국민건강보험
⑤ 노인장기요양보험법에 따른 장기요양보험

Ⅳ 1인당 상시근로자에 대한 사용자의 사회보험료 부담금액의 계산

1. 1인당 상시근로자에 대한 사용자의 사회보험료 부담금액

1인당 상시근로자에 대한 사용자의 사회보험료 부담금액은 다음과 같이 계산한다.

① 1인당 청년등 상시근로자에 대한 사용자의 사회보험료 부담금액

$$= \frac{\text{해당 과세연도에 청년등 상시근로자에게 지급하는 총급여액}^{21)}}{\text{해당 과세연도의 청년등 상시근로자수}} \times \text{사회보험료율}$$

② 1인당 청년등 외 상시근로자에 대한 사용자의 사회보험료 부담금액

$$= \frac{\text{해당 과세연도에 청년등 외 상시근로자에게 지급하는 총급여액}}{\text{해당 과세연도의 (상시근로자수 − 청년등 상시근로자수)}} \times \text{사회보험료율}$$

2. 보조금 및 감면액 차감

1인당 상시근로자에 대한 사용자의 사회보험료 부담금액에서 차감하는 보조금 및 감면액은 1인당 금액을 말한다.

$$\text{청년등 상시근로자 관련 국가 등이 지급한 보조금 및 감면액의 1인당 금액} = \frac{\text{청년등 상시근로자와 관련된 보조금 및 감면액의 합계액}}{\text{청년등 상시근로자수}}$$

$$\text{청년등 외 상시근로자 관련 국가 등이 지급한 보조금 및 감면액의 1인당 금액} = \frac{\text{청년등 외 상시근로자와 관련된 보조금 및 감면액의 합계액}}{\text{상시근로자수 − 청년등 상시근로자수}}$$

보조금 및 감면액은 해당 과세연도에 상시근로자를 대상으로 사회보험에 사용자가 부담하는 사회보험료 상당액에 대하여 국가 및 「공공기관의 운영에 관한 법률」 제4조에 따른 공공기관이 지급했거나 지급하기로 한 보조금 및 감면액의 합계액을 의미한다.

21) 총급여액은 소득세법 제20조 제1항에 따른 총급여액으로 규정하고 있으나 소득세법 제20조 제1항은 근로소득의 범위를 규정하고 있으며 총급여액에 대한 규정은 소득세법 제20조 제2항에 규정하고 있다. 따라서 법문을 엄격해석하면 비과세근로소득도 총급여액에 포함되는 것으로 해석된다.

V 사회보험료율

사회보험료율은 해당 과세연도 종료일 현재 적용되는 다음의 수를 더한 수로 한다.

① 국민건강보험법 시행령 제43조의2 제1항에 따른 보험료율의 2분의 1

② 노인장기요양보험법 시행령에 따른 장기요양보험료율의 2분의 1

☆ 2023년 12월 31일이 속하는 과세연도의 과세표준을 신고하거나 결정 또는 경정하는 경우부터 적용한다.(조특령 부칙 제34992호, 3, 2024.11.12.)

③ 국민연금법에 따른 보험료율

④ 고용보험 및 산업재해보상보험의 보험료 징수 등에 관한 법률에 따른 고용안정・직업능력개발사업의 보험료율과 실업급여의 보험료율의 50%를 합한 수

⑤ 고용보험 및 산업재해보상보험의 보험료 징수 등에 관한 법률에 따른 산재보험료율

참고사항

■ 2024년도 사업종류별 산재보험료율

(단위: 천분율(‰))

사업 종류	요율	사업 종류	요율
1. 광업		4. 건설업	35
석탄광업 및 채석업	185	5. 운수・창고・통신업	
석회석・금속・비금속・기타광업	57	철도・항공・창고・운수관련서비스업	8
2. 제조업		육상 및 수상운수업	18
식료품 제조업	16	통신업	9
섬유 및 섬유제품 제조업	11	6. 임업	58
목재 및 종이제품 제조업	20	7. 어업	27
출판・인쇄・제본업	9	8. 농업	20
화학 및 고무제품 제조업	13	9. 기타의 사업	
의약품・화장품・연탄・석유제품 제조업	7	시설관리 및 사업지원 서비스업	8
기계기구・금속・비금속광물제품 제조업	13	기타의 각종사업	8
금속제련업	10	전문・보건・교육・여가관련 서비스업	6
전기기계기구・정밀기구・전자제품 제조업	6	도소매・음식・숙박업	8
선박건조 및 수리업	24	부동산 및 임대업	7
수제품 및 기타제품 제조업	12	국가 및 지방자치단체의 사업	9
3. 전기・가스・증기・수도사업	7	10. 금융 및 보험업	5
		* 해외파견자: 14/1,000	

※ 2024년도 통상적인 경로와 방법으로 출퇴근하는 중 발생한 재해에 관한 산재보험료율: 전 업종 0.6/1,000 동일

► 사업종류 세목과 내용예시 및 총칙을 규정한 사업종류 예시표는 고용노동부 누리집(www.moel.go.kr) 정보공개→법령정보→훈령・예규・고시란 및 근로복지공단 누리집(www.kcomwel.or.kr) 사업안내→가입・납부서비스→보험료 신고 납부→보험료율에 게재

※ 산재보험요율은 일반적으로 천분율로 표기되므로 실제 적용할 때에는 백분율로 변경하여야 한다.

Ⅵ 상시근로자의 개념

상시근로자는 「근로기준법」에 따라 근로계약을 체결한 내국인 근로자로 한다. 다만, 다음에 해당하는 사람은 제외한다.

① 근로계약기간이 1년 미만인 자. 다만, 근로계약의 연속된 갱신으로 인하여 그 근로계약의 총 기간이 1년 이상인 근로자는 제외한다.

② 근로기준법 제2조 제1항 제9호에 따른 단시간근로자. 다만, 1개월간의 소정근로시간이 60시간 이상인 근로자는 제외한다.

③ 다음의 어느 하나에 해당하는 임원

㉠ 법인의 회장, 사장, 부사장, 이사장, 대표이사, 전무이사 및 상무이사 등 이사회의 구성원 전원과 청산인

㉡ 합명회사, 합자회사 및 유한회사의 업무집행사원 또는 이사

㉢ 유한책임회사의 업무집행자

㉣ 감사

㉤ 그 밖에 ㉠부터 ㉣까지의 규정에 준하는 직무에 종사하는 자

④ 해당 기업의 최대주주 또는 최대출자자(개인사업자의 경우에는 대표자를 말한다)와 그 배우자

⑤ ④에 해당하는 자의 직계존비속(그 배우자 포함) 및 「국세기본법 시행령」 제1조의2 제1항에 따른 친족관계인 사람☆

☆ 「국세기본법 시행령」 제1조의2 제1항에 따른 친족관계인 사람은 다음과 같다.

① 4촌 이내의 혈족 ② 3촌 이내의 인척 ③ 배우자(사실상의 혼인관계에 있는 자를 포함한다)

④ 친생자로서 다른 사람에게 친양자 입양된 자 및 그 배우자・직계비속

⑤ 본인이 「민법」에 따라 인지한 혼인 외 출생자의 생부나 생모(본인의 금전이나 그 밖의 재산으로 생계를 유지하는 사람 또는 생계를 함께하는 사람으로 한정한다)

⑥ 「소득세법 시행령」 제196조에 따른 근로소득원천징수부에 의하여 근로소득세를 원천징수한 사실이 확인되지 아니하는 사람

⑦ 법 제30조의4 제4항에 따른 사회보험에 대하여 사용자가 부담하여야 하는 부담금 또는 보험료의 납부 사실이 확인되지 아니하는 근로자

Ⅶ 상시근로자수의 계산

상시근로자수, 청년등 상시근로자수는 다음의 계산식에 따라 계산한다. 다만, 단시간근로자 중 1개월간의 소정근로시간이 60시간 이상인 근로자 1명은 0.5명으로 하여 계산한다.(조특령 27의4 ⑥) 창업등의 경우 「창업등 기업의 상시근로자수」(Part03 – Chapter01 – 제3절) 편에서 확인하기로 한다.[22)]

22) 청년등 상시근로자 또는 상시근로자 증가인원을 계산할 때 해당 과세연도에 창업 등을 한 기업의 경우에는

$$상시근로자수 = \frac{해당\ 과세연도의\ 매월\ 말\ 현재\ 상시근로자수의\ 합}{해당\ 과세연도의\ 개월\ 수}$$

$$청년등\ 상시근로자수 = \frac{해당\ 과세연도의\ 매월\ 말\ 현재\ 청년등\ 상시근로자수의\ 합}{해당\ 과세연도의\ 개월\ 수}$$

① 상시근로자수 중 100분의 1 미만 부분은 없는 것으로 본다.

② 법령에는 전체 상시근로자수와 청년등 상시근로자수 계산 방법만 명시되어 있으므로 청년등 외 상시근로자수는 다음과 같이 계산한다.

청년등 외 상시근로자수 = 상시근로자수 − 청년등 상시근로자수

또한 단시간근로자 중 다음의 지원요건을 모두 충족하는 경우에는 0.75명으로 하여 계산한다.(조특령 27 ⑥)

다음의 구분에 따른 수를 직전 또는 해당 과세연도의 청년상시근로자수 또는 상시근로자수로 본다.(조특령 27의4 ⑦)

① 창업(다음에 해당하는 경우는 제외한다)한 경우의 직전 과세연도의 상시근로자수: 0

㉠ 합병·분할·현물출자 또는 사업의 양수를 통하여 종전의 사업을 승계하거나 종전의 사업에 사용되던 자산을 인수 또는 매입하여 같은 종류의 사업을 하는 경우. 다만, 종전의 사업에 사용되던 자산을 인수하거나 매입하여 같은 종류의 사업을 하는 경우 그 자산가액의 합계가 사업 개시 당시 토지·건물 및 기계장치 등 대통령령으로 정하는 사업용자산의 총가액에서 차지하는 비율이 100분의 30 이하인 경우는 제외한다.

㉡ 거주자가 하던 사업을 법인으로 전환하여 새로운 법인을 설립하는 경우

㉢ 폐업 후 사업을 다시 개시하여 폐업전의 사업과 같은 종류의 사업을 하는 경우

② 위 ㉠(합병·분할·현물출자 또는 사업의 양수를 통하여 종전의 사업을 승계하는 경우는 제외한다)부터 ㉢까지의 어느 하나에 해당하는 경우의 직전 과세연도의 상시근로자수: 종전 사업, 법인전환 전의 사업 또는 폐업 전의 사업의 직전 과세연도 상시근로자수

③ 다음의 어느 하나에 해당하는 경우의 직전 또는 해당 과세연도의 상시근로자수: 직전 과세연도의 상시근로자수는 승계시킨 기업의 경우에는 직전 과세연도 청년등상시근로자수 또는 상시근로자수에 승계시킨 청년등상시근로자수 또는 상시근로자수를 뺀 수로 하고, 승계한 기업의 경우에는 직전 과세연도 청년등상시근로자수 또는 상시근로자수에 승계한 청년등상시근로자수 또는 상시근로자수를 더한 수로 하며, 해당 과세연도의 상시근로자수는 해당 과세연도 개시일에 상시근로자를 승계시키거나 승계한 것으로 보아 계산한 청년등상시근로자수 또는 상시근로자수로 한다

㉠ 해당 과세연도에 합병·분할·현물출자 또는 사업의 양수 등에 의하여 종전의 사업부문에서 종사하던 상시근로자를 승계한 경우

㉡ 특수관계인으로부터 상시근로자를 승계한 경우

① 해당 과세연도의 상시근로자수(상시근로자에 포함되는 단시간근로자인 1개월간의 소정근로시간이 60시간 이상인 근로자는 제외한다)가 직전 과세연도의 상시근로자수(상시근로자에 포함되는 단시간근로자인 1개월간의 소정근로시간이 60시간 이상인 근로자는 제외한다)보다 감소하지 아니하였을 것
② 기간의 정함이 없는 근로계약을 체결하였을 것
③ 상시근로자와 시간당 임금(「근로기준법」에 따른 임금, 정기상여금 · 명절상여금 등 정기적으로 지급되는 상여금과 경영성과에 따른 성과금을 포함한다), 그 밖에 근로조건과 복리후생 등에 관한 사항에서 「기간제 및 단시간근로자 보호 등에 관한 법률」에 따른 차별적 처우☆가 없을 것

☆ "차별적 처우"라 함은 다음의 사항에서 합리적인 이유 없이 불리하게 처우하는 것을 말한다.
가. 「근로기준법」 제2조 제1항 제5호에 따른 임금
나. 정기상여금, 명절상여금 등 정기적으로 지급되는 상여금
다. 경영성과에 따른 성과금
라. 그 밖에 근로조건 및 복리후생 등에 관한 사항

④ 시간당 임금이 「최저임금법」에 따른 최저임금액의 100분의 120 이상일 것

외국인 근로자를 고용한 중소기업의 중소기업 사회보험료 세액공제 적용 여부(사전법령해석소득2020-239, 2020.6.24.)

「조세특례제한법」 제30조의4에 따른 중소기업 사회보험료 세액공제를 적용함에 있어 상시근로자는 근로기준법에 따라 근로계약을 체결한 내국인근로자로서, 외국인 근로자가 소득세법에 따른 거주자에 해당하는 경우 상시근로자에 포함되는 것이나, 「조세특례제한법 시행령」 제27조의4 제1항 각 호의 어느 하나에 해당하는 사람은 제외하는 것임.

- 사회보험료 모두 가입한 경우 적용가능
- 일부 사회보험료 미가입한 경우 적용불가

국민연금등 가입제외 근로자의 상시근로자 포함여부(서면법령해석소득2020-5976, 2021.6.17., 사전법령해석법인2021-366, 2021.3.30.)

내국법인이 고용하고 있는 만 60세 이상 내국인 근로자 및 「국민건강보험법」 제5조 제1항에 따라 국민건강보험 가입자에서 제외되는 내국인 근로자에 대하여 「국민연금법」 제88조 제3항 및 「국민건강보험법」 제77조 제1항에 따른 사용자 부담금 납부사실이 확인되지 않으나, 국민연금 또는 국민건강보험료 외 「조세특례제한법」 제30조의4 제4항 각 호에 따른 사회보험에 대하여 사용자가 부담하여야 하는 부담금 또는 보험료의 납부 사실이 확인되는 경우, 동 근로자는 「조세특례제한법 시행령」 제27조의4 제1항 제7호에 해당하지 않는 것임.(공제대상 상시근로자에 포함됨)

Ⅷ 추가세액공제 및 배제

※ 중소기업 사회보험료 세액공제(조특법 30의4) 규정을 2024.12.31.이 속하는 과세연도에 적용하였다면 추가공제만 계속 적용이 가능함.

1. 추가세액공제

위 「Ⅰ. 세액공제액」을 공제받은 중소기업이 공제를 받은 과세연도의 종료일부터 1년이 되는 날이 속하는 과세연도의 종료일까지의 소득세(부동산임대업 소득을 제외한 사업소득에 대한 소득세만 해당한다) 또는 법인세에서도 「Ⅰ. 세액공제액」을 추가로 공제한다. (조특법 30의4 ①)

추가세액공제 적용방법(1)

■ 청년 상시근로자 및 전체 상시근로자 고용이 계속 증가하는 중소기업을 가정함.

구 분	2021년	2022년	2023년	2024년
전체상시근로자수	6명	8명	9명	10명
최초과세연도 세액공제액(추정치)		570만원	250만원	250만원
1차 세액공제		2022년(1차) 2명 세액공제 (570만원)	2023년(1차) 1명 세액공제 (250만원)	2024년(1차) 1명 세액공제 (250만원)
2차 세액공제			2022년(2차) 추가세액공제 (570만원)	2023년(2차) 추가세액공제 (250만원)
총세액공제액		570만원	800만원	500만원

2. 추가세액공제 배제

가. 전체 상시근로자수 감소

세액공제를 공제받은 중소기업이 최초로 공제를 받은 과세연도의 종료일부터 1년이 되는 날이 속하는 과세연도의 종료일까지의 기간 중 전체 상시근로자의 수가 최초로 공제를 받은 과세연도에 비하여 감소한 경우에는 감소한 과세연도에 대하여 추가세액공제를 배제한다.

나. 청년등 상시근로자수 감소

전체 상시근로자수는 감소하지 않고 청년등 상시근로자의 수가 최초로 공제를 받은 과세연도에 비하여 감소한 경우에는 감소한 과세연도에 대하여 청년등 상시근로자 고용증가 인원에 대한 세액공제를 적용하지 아니한다. 그러나 이 경우 1차년도 적용한 「청년등 상시근로자 고용증가 인원에 대한 세액공제액」을 「청년외 상시근로자 고용증가 인원에 대한 세액공제」 계산방식으로 계산한 금액을 추가로 공제한다.(기획재정부조세특례-214, 2023.3.6.)

추가세액공제 적용방법(2)

■ 상시근로자수가 감소하는 중소기업을 가정함. 고용감소로 인한 추가납부세액은 고려하지 아니함.

구 분	2020년	2021년	2022년	2023년	2024년
전체상시 근로자수	6명	7명	5명	9명	10명
1차 세액공제		2021년(1차) 1명 세액공제	㉠ 2022년(1차) 세액공제 불가	㉢ 2023년(1차) 4명 세액공제	2024년(1차) 1명 세액공제
2차 세액공제			㉡ 2021년(2차) 추가공제배제	2022년(2차) 추가공제 불가	㉣ 2023년(2차) 추가세액공제

㉠ 2022년 상시근로자수(5명)가 2021년 상시근로자수(7명)에 비하여 2명 감소하였으므로 2022년 세액공제는 적용할 수 없다.

㉡ 2022년 상시근로자수(5명)가 2021년 상시근로자수(7명)에 비하여 2명 감소하였으므로 2차년도 2021년분 추가공제를 배제한다.

㉢ 2023년 상시근로자수(9명)가 2022년 상시근로자수(5명)에 비하여 4명 증가하였으므로 2023년 세액공제는 4명을 기준으로 적용할 수 있다.

㉣ 2024년 상시근로자수(10명)가 2022년 상시근로자수(9명)에 비하여 1명 증가하였으므로 2023년분 세액공제액을 추가로 공제받을 수 있다.

■ **상시근로자수는 증가하였으나 청년등 상시근로자수가 감소하는 중소기업을 가정함. 고용감소로 인한 추가납부세액은 고려하지 아니함.**

구 분	2021년	2022년		2023년		2024년	
		근로자수	증감	근로자수	증감	근로자수	증감
청년등상시근로자수 청년외상시근로자수	1명 5명	2명 6명	+1 +1	5명 6명	+3 +0	4명 8명	−1 +2
전체상시근로자수	6명	8명	+2	11명	+3	12명	+1
1차 세액공제		2022년(1차) • 청년: 1×세액공제액 • 청년외: 1×세액공제액		2023년(1차) • 청년: 3×세액공제액 • 청년외: 배제		2024년(1차) • 청년: 배제 • 청년외: 1×세액공제액	
2차 세액공제				2022년(2차) • 청년: 1×세액공제액 • 청년외: 1×세액공제액		2023년(2차) • 청년: 추가배제납부 • 청년외: 3×세액공제액	

㉠ 2023년 1차 세액공제액

구 분	근로자수 계산	공제금액 계산
청년	5명 − 2명 = 3명	3명 × 청년사회보험료부담액 × 100%
청년외	6명 − 6명 = 0명	0명 × 청년외사회보험료부담액 × 50%
전체상시근로자수	11명 − 8명 = 3명 증가	

• 2023년 전체 상시근로자수(11명)는 2022년 전체 상시근로자수(8명)보다 3명 증가하고 이는 청년등 상시근로자수가 3명 증가한 것이다. 따라서 2023년 1차로 청년등 상시근로자수 증가인원수에 대한 세액공제(= 3명 × 청년사회보험료부담액 × 100%) 가능하다.

㉡ 2024년 1차 세액공제액

구 분	근로자수 계산	공제금액 계산
청년	4명 − 5명 = △1명	0명 × 청년사회보험료부담액 × 100%
청년외	8명 − 6명 = 2명 → 1명 (전체상시근로자수 증가한도)	1명 × 청년외사회보험료부담액 × 50%
전체상시근로자수	12명 − 11명 = 1명 증가	

• 2024년 전체 상시근로자수(12명)는 2023년 전체 상시근로자수(11명)보다 1명 증가하고 이는 청년등 상시근로자수는 1명 감소하고 청년외 상시근로자수는 2명 증가한 것이다. 따라서 2024년 1차로 청년외 상시근로자수 증가인원수(전체 상시근로자수 증가인원을 한도로 함)에 대한 세액공제(= 1명 × 청년외사회보험료부담액 × 50%) 가능하다.

㉢ 2022년 2차 세액공제액

구 분	2022년 세액공제 대상 근로자수	2022년 대비 2023년 근로자수 증감	2차 추가 공제금액 계산
청년	1명	5명 － 2명 = 3명	3명 × 청년사회보험료부담액 × 100%
청년외	1명	6명 － 6명 = 0명	0명 × 청년외사회보험료부담액 × 50%
전체상시근로자수	2명	11명 － 8명 = 3명 증가	

• 2023년 전체 상시근로자수(11명)는 최초로 공제받은 과세연도(2022년)의 전체 상시근로자수(8명)보다 3명 증가하였고 청년등 상시근로자수가 3명 증가하였으므로 2022년 1차 세액공제액을 추가공제한다.

㉣ 2023년 2차 세액공제액

구 분	2023년 세액공제 대상 근로자수	2023년 대비 2024년 근로자수 증감	2차 추가 공제금액 계산
청년	3명	4명 － 5명 = 1명 감소	0명 × 청년사회보험료부담액 × 100%
청년외	0명	8명 － 6명 = 2명 증가	3명 × 청년외사회보험료부담액 × 50%
전체상시근로자수	3명	12명 － 11명 = 1명 증가	
추가납부세액	청년등 상시근로자수 감소분에 대한 추가납부세액 발생함		

• 2024년 전체 상시근로자수(12명)는 최초로 공제받은 과세연도(2023년)의 전체 상시근로자수(11명)보다 1명 증가하였으나 청년등 상시근로자수가 1명 감소하였으므로 감소한 과세연도(2024년)부터 청년등 상시근로자 관련 추가 세액공제를 배제한다. 이때에도 2023년에 전체 상시근로자수 증가인원수를 기준으로 「청년외 상시근로자 고용증가 인원에 대한 세액공제」 계산방식으로 계산한 금액을 추가 세액공제가능하다.
• 2024년에 감소한 청년등 상시근로자수 1명에 대한 추가납부세액은 발생한다.

Ⅸ 추가납부세액

Check Point

■ 중소기업 사회보험료 세액공제액에 대한 추가납부세액 적용기준

2021.12.31. 이전 개시한 과세연도	2022.1.1. 이후 개시한 과세연도
2021.12.31. 이전 1차 세액공제 후 2022.1.1. 이후 고용이 감소한 경우라도 추가납부세액제도 없음.	2022.1.1. 이후 1차 세액공제 적용한 후 고용이 감소한 경우 추가납부세액 적용함.

2022년 1월 1일부터 「중소기업 사회보험료 세액공제」를 적용하는 경우 중소기업이 「Ⅷ. 2. 추가세액공제 배제」가 적용되는 경우 다음과 같이 공제받은 세액에 상당하는 금액을 소득세 또는 법인세로 납부하여야 한다.

당초 세액공제방식	추가납부세액 계산방식
청년과 청년외 구분공제(우대공제 + 일반공제)	감소한 인원을 청년과 청년외 구분하여 추가납부세액계산
청년과 청년외 구분없이 공제(일반공제)	감소한 인원을 기준 일반공제를 추가납부세액으로 계산

추가납부할 세액은 다음의 최초공제연도의 세액공제 계산 산식을 준용하여 계산한다. 이는 최초공제연도에 비하여 감소한 인원수를 해당 산식에 산입하여 계산한 세액을 추가납부하는 것으로 해석된다.

세액공제액 = [㉠ + ㉡, 또는 ㉢]

㉠ 청년 및 경력단절 여성('청년등'이라 한다) 상시근로자 고용증가 인원에 대한 세액공제(우대공제)
= 청년등 상시근로자 고용증가인원 × 1인당 청년등 상시근로자에 대한 사용자의 사회보험료 부담금액 × 100%

㉡ 청년등 외 상시근로자 고용증가 인원에 대한 세액공제(일반공제)
= 청년등 외 상시근로자 고용증가인원 × 1인당 청년등 외 상시근로자에 대한 사용자의 사회보험료 부담금액 × 50%(신성장서비스업을 영위하는 중소기업: 75%)

㉢ 청년등 상시근로자를 포함한 전체 상시근로자 고용증가 인원에 대한 세액공제(일반공제)
= 전체 상시근로자 고용증가인원 × 전체 상시근로자에 대한 사용자의 사회보험료 부담금액 × 50%(신성장서비스업을 영위하는 중소기업: 75%)

구체적인 추가납부할 세액의 계산방법은 다음과 같다. 이 경우 해당 과세연도의 직전 과세연도에 법 제30조의4 제1항에 따라 공제받은 세액을 한도로 한다.

또한 최초공제연도에 청년등 상시근로자에 해당한 사람은 이후 과세연도에도 청년등 상시근로자로 보아 청년등 상시근로자수를 계산한다.(조특령 27의4 ⑫)

1. 상시근로자수가 감소한 경우: 다음의 구분에 따라 계산한 금액

가. (감소한 청년등 상시근로자의 수 ≧ 감소한 상시근로자수)인 경우

추가납부할 세액 = ① - ② + ③

① 차감인원수 기준 「㉠ 청년등 증가 인원 세액공제」 계산식을 준용하여 계산한 금액
② 차감인원수 기준 「㉡ 청년등 외 증가 인원 세액공제」 계산식을 준용하여 계산한 금액
③ 감소한 상시근로자수 기준 「㉠ 청년등 증가 인원 세액공제」 계산식을 준용하여 계산한 금액

※ 차감인원수 = 감소한 청년등 상시근로자수 (최초공제연도에 청년등 상시근로자가 증가한 수를 한도) - 감소한 상시근로자수

(청년등 상시근로자의 감소한 인원 수 ≥ 상시근로자의 감소한 인원 수)인 경우

■ 우대공제 적용한 경우로 추가납부세액 계산

구 분	2022년	2023년 (최초로 공제받은 과세연도)	2024년
청년등상시근로자수	3명	8명	4명
청년외상시근로자수	7명	10명	11명
전체상시근로자수	10명	18명	15명

① 2023년 청년근로자에게 지급한 총급여액: 320,000,000원
② 2023년 청년외근로자에게 지급한 총급여액: 450,000,000원
③ 사회보험요율: 9.584%
④ 보조금 및 감면액은 없는 것으로 가정함.

구 분	2022년	2023년		2024년	
	근로자수	근로자수	증감	근로자수	증감
청년등상시근로자수	3명	8명	+5	4명	-4
청년외상시근로자수	7명	10명	+3	11명	+1
전체상시근로자수	10명	18명	+8	15명	-3
1차 세액공제		2023년(1차) • 청년: 5×세액공제액 • 청년외: 3×세액공제액		2024년(1차) • 청년: 배제 • 청년외: 배제	
2차 세액공제				2023년(2차) • 청년: 추가배제납부 • 청년외: 추가배제납부	

2023년 1차 사회보험료세액공제액 또는 추가납부세액

구 분	상시근로자 인별 사용자의 사회보험료 부담금액	
사회보험료 부담금액	㉠ 1인당 청년등 상시근로자에 대한 사용자의 사회보험료 부담금액 = 320,000,000 ÷ 8 × 9.584% = 3,833,600원 ㉡ 1인당 청년등 외 상시근로자에 대한 사용자의 사회보험료 부담금액 = 450,000,000 ÷ 10 × 9.584% = 4,312,800원	
구 분	근로자수 계산	공제금액 계산
청년	8명 - 3명 = 5명	5명 × 3,833,600원 × 100% = 19,168,000원
청년외	10명 - 7명 = 3명	3명 × 4,312,800원 × 50% = 6,469,200원
전체상시근로자수	18명 - 10명 = 8명 증가	25,637,200원

• 2023년 전체 상시근로자수(18명)는 2022년 전체 상시근로자수(10명)보다 8명 증가하고 이는 청년등 상시근로자수가 5명 증가하고 청년외 상시근로자수가 3명 증가한 것이다. 따라서 2023년 1차로 청년등 상시근로자 고용증가인원수에 대한 세액공제와 청년외 상시근로자 고용증가인원수에 대한 세액공제를 적용한다.

| 2023년 2차 사회보험료세액공제액 또는 추가납부세액 |

구 분	2023년 세액공제 대상 근로자수	2023년 대비 2024년 근로자수 증감	2차 추가 공제금액 계산
청년	5명	4명 - 8명 = 4명 감소	0명 × 3,833,600원 × 100% = 0원
청년외	3명	11명 - 10명 = 1명 증가	0명 × 4,312,800원 × 50% = 0원
전체상시근로자수	8명	18명 - 15명 = 3명 감소	
추가납부세액	㉠ 차감인원수 기준 청년세액공제: (4명 - 3명) × 3,833,600원 × 100% = 3,833,600원 ㉡ 차감인원수 기준 청년세액공제: (4명 - 3명) × 4,312,800원 × 50% = 2,156,400원 ㉢ 감소한 상시근로자수 기준 청년세액공제: 3명 × 3,833,600원×100% = 11,500,800원 ㉣ 추가납부세액= ㉠ - ㉡ + ㉢ = 13,178,000원		

• 2024년 전체 상시근로자수(15명)는 최초로 공제받은 과세연도(2023년)의 전체 상시근로자수(18명)보다 3명 감소하였으므로 감소한 과세연도(2024년)부터 청년등 상시근로자 관련 추가세액공제를 배제하고 감소한 전체 상시근로자수에 대한 추가납부세액은 발생한다.

■ **일반공제만 적용한 경우로 추가납부세액 계산(위 상시근로자수 기준임)**(기획재정부조세특례-906, 2023.8.28.)

㉠ 1인당 청년등 포함 전체 상시근로자에 대한 사용자의 사회보험료 부담금액
= (320,000,000 + 450,000,000) ÷ (8 + 10) × 9.584% = 4,099,822원

㉡ 2023년 사회보험료세액공제액 = 8명 × 4,099,822원 × 50% = 16,399,288원

㉢ 2024년에 전체 상시근로자수(15명)가 2023년 18명보다 3명이 감소하였으므로 세액공제액 중 다음의 금액을 추가 납부하여야 한다.
• 추가납부세액 = 3명 × 4,099,822원 × 50% = 6,149,733원

나. 그 밖의 경우

추가납부할 세액 = ① + ②

① 감소한 청년등 상시근로자수 기준 「㉠ 청년등 증가 인원 세액공제」 계산식을 준용하여 계산한 금액
② 감소한 청년등 외 상시근로자수 기준 「㉡ 청년등 외 증가 인원 세액공제」 계산식을 준용하여 계산한 금액

(청년등 상시근로자의 감소한 인원 수 ≧ 상시근로자의 감소한 인원 수)인 경우

우대공제 적용한 경우로 추가납부세액 계산

구 분	2022년	2023년 (최초로 공제받은 과세연도)	2024년
청년등상시근로자수	3명	8명	7명
청년외상시근로자수	7명	10명	8명
전체상시근로자수	10명	18명	15명

① 2023년 청년근로자에게 지급한 총급여액: 320,000,000원
② 2023년 청년외근로자에게 지급한 총급여액: 450,000,000원
③ 사회보험요율: 9.584%
④ 보조금 및 감면액은 없는 것으로 가정함.

구 분	2022년	2023년		2024년	
	근로자수	근로자수	증감	근로자수	증감
청년등상시근로자수 청년외상시근로자수	3명 7명	8명 10명	+5 +3	7명 8명	-1 -2
전체상시근로자수	10명	18명	+8	15명	-3
1차 세액공제		2023년(1차) • 청년: 5×세액공제액 • 청년외: 3×세액공제액		2024년(1차) • 청년: 배제 • 청년외: 배제	
2차 세액공제				2023년(2차) • 청년: 추가배제납부 • 청년외: 추가배제납부	

| 2023년 1차 사회보험료세액공제액 또는 추가납부세액 |

구 분	상시근로자 인별 사용자의 사회보험료 부담금액	
사회보험료 부담금액	㉠ 1인당 청년등 상시근로자에 대한 사용자의 사회보험료 부담금액 = 320,000,000 ÷ 8 × 9.584% = 3,833,600원 ㉡ 1인당 청년등 외 상시근로자에 대한 사용자의 사회보험료 부담금액 = 450,000,000 ÷ 10 × 9.584% = 4,312,800원	
구 분	근로자수 계산	공제금액 계산
청년	8명 - 3명 = 5명	5명 × 3,833,600원 × 100% = 19,168,000원
청년외	10명 - 7명 = 3명	3명 × 4,312,800원 × 50% = 6,469,200원
전체상시근로자수	18명 - 10명 = 8명 증가	25,637,200원

• 2023년 전체 상시근로자수(18명)는 2022년 전체 상시근로자수(10명)보다 8명 증가하고 이는 청년등 상시근로자수가 5명 증가하고 청년외 상시근로자수가 3명 증가한 것이다. 따라서 2023년 1차로 청년등 상시근로자 고용증가인원수에 대한 세액공제와 청년외 상시근로자 고용증가인원수에 대한 세액공제를 적용한다.

| 2023년 2차 사회보험료세액공제액 또는 추가납부세액 |

구 분	2023년 세액공제 대상 근로자수	2023년 대비 2024년 근로자수 증감	2차 추가 공제금액 계산
청년	5명	7명 - 8명 = 1명 감소	0명 × 3,833,600원 × 100% = 0원
청년외	3명	8명 - 10명 = 2명 감소	0명 × 4,312,800원 × 50% = 0원
전체상시근로자수	8명	18명 - 15명 = 3명 감소	0원
추가납부세액	㉠ 감소한 청년수 기준 청년세액공제: 1명 × 3,833,600원 × 100% = 3,833,600원 ㉡ 감소한 청년외 인원수 기준 청년외세액공제: 2명 × 4,312,800원 × 50% = 4,312,800원 ㉢ 추가납부세액= ㉠ + ㉡ = 8,146,400원		

• 2024년 전체 상시근로자수(15명)는 최초로 공제받은 과세연도(2023년)의 전체 상시근로자수(18명)보다 3명 감소하였으므로 감소한 과세연도(2024년)부터 청년등 상시근로자 관련 추가세액공제를 배제하고 감소한 전체 상시근로자수에 대한 추가납부세액은 발생한다.

■ **일반공제만 적용한 경우로 추가납부세액 계산(위 상시근로자수 기준임)**(기획재정부조세특례-906, 2023.8.28.)

㉠ 1인당 청년등 포함 전체 상시근로자에 대한 사용자의 사회보험료 부담금액
= (320,000,000 + 450,000,000) ÷ (8 + 10) × 9.584% = 4,099,822원

㉡ 2023년 사회보험료세액공제액 = 8명 × 4,099,822원 × 50% = 16,399,288원

㉢ 2024년에 전체 상시근로자수(15명)가 2023년 18명보다 3명이 감소하였으므로 세액공제액 중 다음의 금액을 추가 납부하여야 한다.

• 추가납부세액 = 3명 × 4,099,822원 × 50% = 6,149,733원

2. 상시근로자수는 감소하지 않으면서 청년등 상시근로자수가 감소한 경우

추가납부할 세액 = ① - ②

① 청년감소인원수 기준 「㉠ 청년등 증가 인원 세액공제」 계산식을 준용하여 계산한 금액
② 청년감소인원수 기준 「㉡ 청년등 외 증가 인원 세액공제」 계산식을 준용하여 계산한 금액

※ 청년감소인원수: 최초공제연도에 비해 감소한 청년등 상시근로자수(최초공제연도에 청년등 상시근로자가 증가한 수를 한도로 함)

전체 상시근로자수는 감소하지 않으면서 청년등 상시근로자수가 감소한 경우

■ 우대공제 적용한 경우로 추가납부세액 계산

구 분	2022년	2023년 (최초로 공제받은 과세연도)	2024년
청년등상시근로자수	3명	8명	7명
청년외상시근로자수	7명	10명	12명
전체상시근로자수	10명	18명	19명

① 2023년 청년근로자에게 지급한 총급여액: 320,000,000원
② 2023년 청년외근로자에게 지급한 총급여액: 450,000,000원
③ 사회보험요율: 9.584%
④ 보조금 및 감면액은 없는 것으로 가정함.

구 분	2022년	2023년		2024년	
	근로자수	근로자수	증감	근로자수	증감
청년등상시근로자수 청년외상시근로자수	3명 7명	8명 10명	+5 +3	7명 12명	－1 +2
전체상시근로자수	10명	18명	+8	19명	+1
1차 세액공제		2023년(1차) • 청년: 5×세액공제액 • 청년외: 3×세액공제액		2024년(1차) • 청년: 배제 • 청년외: 1×세액공제액	
2차 세액공제				2023년(2차) • 청년: 추가배제납부 • 청년외: 8×세액공제액	

| 2023년 1차 사회보험료세액공제액 또는 추가납부세액 |

구 분	상시근로자 인별 사용자의 사회보험료 부담금액	
사회보험료 부담금액	㉠ 1인당 청년등 상시근로자에 대한 사용자의 사회보험료 부담금액 = 320,000,000 ÷ 8 × 9.584% = 3,833,600원 ㉡ 1인당 청년등 외 상시근로자에 대한 사용자의 사회보험료 부담금액 = 450,000,000 ÷ 10 × 9.584% = 4,312,800원	
구 분	근로자수 계산	공제금액 계산
청년	8명 － 3명 = 5명	5명 × 3,833,600원 × 100% = 19,168,000원
청년외	10명 － 7명 = 3명	3명 × 4,312,800원 × 50% = 6,469,200원
전체상시근로자수	18명 － 10명 = 8명 증가	25,637,200원

• 2023년 전체 상시근로자수(18명)는 2022년 전체 상시근로자수(10명)보다 8명 증가하고 이는 청년등 상시근로자수가 5명 증가하고 청년외 상시근로자수가 3명 증가한 것이다. 따라서 2023년 1차로 청년등 상시근로자 고용증가인원수에 대한 세액공제와 청년외 상시근로자 고용증가인원수에 대한 세액공제를 적용한다.

| 2023년 2차 사회보험료세액공제액 또는 추가납부세액 |

구 분	2023년 세액공제 대상 근로자수	2023년 대비 2024년 근로자수 증감	2차 추가 공제금액 계산
청년	5명	7명 − 8명 = 1명 감소	0명 × 3,833,600원 × 100% = 0원
청년외	3명	12명 − 10명 = 2명 증가	5명 × 3,833,600원 × 50% + 3명 × 4,312,800원 × 50% = 16,053,200원
전체상시 근로자수	8명	19명 − 15명 = 1명 증가	16,053,200원
추가납부세액	㉠ 청년감소인원수 기준 청년세액공제: 1명 × 3,833,600원 × 100% = 3,833,600원 ㉡ 청년감소인원수 기준 청년외세액공제: 1명 × 4,312,800원 × 50% = 2,156,400원 ㉢ 추가납부세액 = ㉠ − ㉡ = 1,677,200원		

• 2024년 전체 상시근로자수(19명)는 최초로 공제받은 과세연도(2023년)의 전체 상시근로자수(18명)보다 1명이 증가하고 청년등 상시근로자는 1명 감소하였으나 청년등 외 상시근로자가 2명 증가하였다. 따라서 2023년 증가인원에 대한 세액공제액을 청년외 상시근로자 증가로 보고 계산한 세액공제액 16,053,200원이 추가로 공제된다.(기획재정부조세특례 − 214, 2023.3.6.)

• 2024년에 전체 상시근로자수(19명)가 2023년 18명보다 1명이 증가하고 청년등 상시근로자는 1명 감소하였으므로 추가납부세액은 발생한다.

■ **일반공제만 적용한 경우로 추가납부세액 계산(위 상시근로자수 기준임)(기획재정부조세특례 − 906, 2023.8.28.)**

㉠ 1인당 청년등 포함 전체 상시근로자에 대한 사용자의 사회보험료 부담금액
(320,000,000 + 450,000,000) ÷ (8 + 10) × 9.584% = 4,099,822원

㉡ 2023년 사회보험료세액공제액 = 8명 × 4,099,822원 × 50% = 16,399,288원

㉢ 2024년에 전체 상시근로자수(19명)가 2023년 18명보다 1명이 증가하였으므로 2023년 세액공제액 16,399,288원이 추가공제된다.

| 2024년 1차 사회보험료세액공제액 또는 추가납부세액 |

구 분	상시근로자 인별 사용자의 사회보험료 부담금액	
사회보험료 부담금액	㉠ 1인당 청년등 상시근로자에 대한 사용자의 사회보험료 부담금액 = 320,000,000 ÷ 7 × 9.584% = 4,381,257원 ㉡ 1인당 청년등 외 상시근로자에 대한 사용자의 사회보험료 부담금액 = 450,000,000 ÷ 12 × 9.584% = 3,594,000원	
구 분	**근로자수 계산**	**공제금액 계산**
청년	7명 − 8명 = △1명	0명 × 4,381,257원 × 100% = 0원
청년외	12명 − 10명 = 2명	1명 × 3,594,000원 × 50% = 1,797,000원
전체상시근로자수	19명 − 18명 = 1명 증가	1,797,000원

• 2024년 전체 상시근로자수(19명)는 2023년 전체 상시근로자수(18명)보다 1명 증가하고 이는 청년등 상시근로자수가 1명 감소하고 청년외 상시근로자수가 2명 증가한 것이다. 따라서 2024년 1차로 청년등 상시근로자 고용증가인원수에 대한 세액공제는 배제하고 청년외 상시근로자 고용증가인원수(증가한 고용증가인원수를 한도로 한다)에 대한 세액공제를 적용한다.

2024년 중소기업 고용증가 인원에 대한 사회보험료 세액공제 공제세액계산서 작성사례

① 2024년에 청년등 상시근로자에게 지급한 총급여액과 청년등 외 상시근로자에게 지급한 총급여액은 2023년도에 지급한 총급여액과 동일한 것으로 가정함.

② 2024년 사회보험료 요율도 2023년과 동일한 것으로 가정함.

■ 조세특례제한법 시행규칙 [별지 제11호의5서식](2022.3.18 개정)

(3쪽 중 제1쪽)

중소기업 고용증가 인원에 대한 사회보험료 세액공제 공제세액계산서

❶ 신청인	① 상호 또는 법인명	② 사업자등록번호
	③ 대표자 성명	④ 생년월일
	⑤ 주소 또는 본점소재지 (전화번호:)	

❷ 과세연도	**2024년 1월 1일부터 2024년 12월 31일까지**

❸ 공제세액 계산내용

⑥ 해당년도 공제세액 합계(⑦+㉒)	**1,797,000**

1. 청년 및 경력단절 여성 상시근로자 고용증가 인원의 사회보험료 부담증가 상당액에 대한 공제세액계산

⑦ 공제세액(⑩×⑮)	**0**

가. 고용증가 인원 계산

⑧ 해당 과세연도 청년등 상시근로자 수	⑨ 직전 과세연도 청년등 상시근로자 수	⑩ 증가한 청년등 상시근로자 수 [(⑧-⑨), ⑩≦㉕]
7명	**8명**	**0명**

나. 고용증가 인원 1인당 사용자의 사회보험료 부담금액

⑪ 해당 과세연도에 청년등 상시근로자에게 지급하는 「소득세법」 제20조제1항에 따른 총급여액	⑫ 해당 과세연도 청년등 상시근로자 수(=⑧)	⑬ 사회보험료율 (=㉑)	⑭국가 등이 지급한 보조금 및 감면액의 1인당 금액	⑮ 사회보험료 부담금 (⑪/⑫×⑬-⑭)
320,000,000	**7명**	**9.584%**		**4,381,257**

다. 사회보험료율

⑯ 국민건강보험	⑰ 장기요양보험	⑱ 국민연금	⑲ 고용보험	⑳ 산업재해보상보험	㉑계 (⑯+⑰+⑱+⑲+⑳)
3.430%	**0.396%**	**4.50%**	**1.050%**	**0.208%**	**9.584%**

2. 청년 및 경력단절 여성 외 상시근로자 고용증가 인원의 사회보험료 부담증가 상당액에 대한 공제세액계산

㉒ 공제세액(㉗×㉜×0.5, 신성장 서비스업을 영위하는 중소기업의 경우에는 ㉗×㉜×0.75)	**1,797,000**

가. 고용증가 인원 계산

㉓ 해당 과세연도 상시근로자 수	㉔ 직전 과세연도 상시근로자 수	㉕ 증가한 상시근로자 수 (㉓-㉔)	㉖ 증가한 청년등 상시근로자 수 (=⑩)	㉗ 증가한 청년등 외 상시근로자 수 (㉕-㉖)
19명	**18명**	**1명**	**0명**	**1명**

210mm×297mm[백상지 80g/㎡ 또는 중질지 80g/㎡]

(3쪽 중 제2쪽)

나. 고용증가 인원 1인당 사용자의 사회보험료 부담금액				
㉘ 해당 과세연도에 청년등 외 상시근로자에게 지급하는 「소득세법」 제20조제1항에 따른 총급여액	㉙ 해당 과세연도 상시근로자 수 - 해당 과세연도 청년등 상시근로자 수 (㉓-⑧)	㉚ 사회보험료율 (=㉑)	㉛ 국가 등이 지급한 보조금 및 감면액의 1인당 금액	㉜ 사회보험료 부담금 (㉘/㉙×㉚-㉛)
450,000,000	**12명**	**9.584%**		**3,594,000**

3. 2차년도 세제지원 요건 : ㉟ ≥0

가. 상시근로자 증가 인원		
㉝ 2차년도(해당 과세연도) 상시근로자 수	㉞ 1차년도(직전 과세연도) 상시근로자 수	㉟ 상시근로자 증가 인원 수(㉞-㉝)
19명	**18명**	**1명**

나. 2차년도 세액공제액 계산(상시근로자 감소여부)				
직전 과세연도 대비 상시근로자 감소 여부	직전 과세연도 대비 청년등 상시근로자 수 감소여부	㉠ 직전 과세연도 청년등 상시근로자 증가에 대한 사회보험료 세액공제액	㉡ 직전 과세연도 청년등 외 상시근로자 증가에 대한 사회보험료 세액공제액	㊱ 2차년도 세액공제액 (㉠+㉡)
(부)	부			
	(여)		**16,053,200**	**16,053,200**
여				
㊲ 세액공제액 : ⑥ 해당년도 세액공제액 + ㊱ 2차년도 세액공제액				**17,850,200**

「조세특례제한법」 제30조의4제5항에 따라 공제세액계산서를 제출합니다.

년 월 일

신청인 (서명 또는 인)

세무서장 귀하

첨부서류	없음	수수료 없음

210㎜×297㎜[백상지 80g/㎡ 또는 중질지 80g/㎡]

X 기타사항

① 최저한세 적용대상임.

② 농어촌특별세 비과세

③ 추계결정시 세액공제배제(조특법 128 ①)

④ 일부 감면세액과 중복적용 배제, 중소기업특별세액감면과 중복 적용 허용

⑤ 미공제세액의 이월공제(10년)

⑥ 통합고용세액공제 중 고용증대세액공제와 중복적용 안된다. 다만, 기존 사회보험료세액공제의 추가공제는 통합고용세액공제 중 고용증대세액공제 중복적용가능하며 또한 통합고용세액공제 중 정규직 전환근로자 및 육아휴직복귀자 관련 세액공제는 적용가능하다.

| 중소기업 고용증가 인원 사회보험료 세액공제 검토서식 |

<table>
<tr><th colspan="4">검토 사항</th><th>적합 여부</th></tr>
<tr><td>중소기업 기준</td><td colspan="3">[서식5] 중소기업 여부 검토표를 충족하는지 여부</td><td>예 / 아니오</td></tr>
<tr><td>고용요건</td><td colspan="3">상시근로자수가 증가하였는지 여부
$$상시근로자수 = \frac{해당\ 기간의\ 매월\ 말\ 현재\ 상시근로자수의\ 합}{해당\ 기간의\ 개월\ 수}$$
<table><tr><td>① 상시근로자*수</td><td>명</td></tr><tr><td>② 직전 과세연도 상시근로자수</td><td>명</td></tr><tr><td>③ 증감(① - ②)</td><td>명</td></tr></table>* 상시근로자는 근로기준법에 따라 근로계약을 체결한 근로자로 다음의 어느 하나에 해당하는 사람은 제외
① 근로계약기간이 1년 미만인 근로자
② 근로기준법 제2조 제1항 제8호에 따른 단시간근로자
③ 법인세법 시행령 제42조 제1항 각 호의 어느 하나에 해당하는 임원
④ 해당 기업의 최대주주 또는 최대출자자와 그 배우자
⑤ ④에 해당하는 자의 직계존비속(배우자 포함) 및 국세기본법 시행령 제1조의2 제1항에 따른 친족관계인 사람
⑥ 소득세법 시행령 제196조에 따른 근로소득원천징수부에 의하여 근로소득세를 원천징수한 사실이 확인되지 아니하는 사람
⑦ 국민연금, 고용보험, 산업재해보상보험, 국민건강보험, 장기요양보험에 대하여 사용자가 부담하여야 할 부담금 또는 부담료의 납부사실이 확인되지 아니하는 근로자</td><td>예 / 아니오</td></tr>
<tr><td rowspan="4">감면율</td><td>① 청년</td><td>15세 이상 29세* 이하인 상시근로자인 경우
* 병역이행시 현재 연령에서 복무기간(6년 한도)을 차감하여 계산한 연령이 29세 이하인 경우 포함</td><td>감면율 100%</td><td rowspan="4">예 / 아니오</td></tr>
<tr><td>② 경력단절 여성</td><td>해당 기업 또는 해당기업과 동일한 업종의 기업에서 1년 이상 근무한 여성이 결혼 · 임신 · 출산 · 육아 · 자녀교육 사유로 퇴직한 후, 퇴직한 날부터 2년 이상 15년 이내에 동종업종기업과 1년 이상 근로계약을 체결한 경우</td><td>감면율 100%</td></tr>
<tr><td>③ 신성장 서비스업</td><td>조특령 27의4 ⑤에 따른 신성장서비스업을 주된 사업으로 영위하는 경우</td><td>감면율 75%</td></tr>
<tr><td>④ 이 외 상시근로자</td><td>①, ②, ③외 상시근로자인 경우</td><td>감면율 50%</td></tr>
</table>

제4절 성과공유 중소기업의 경영성과급에 대한 세액공제 등

| (저자주) 성과공유 중소기업의 경영성과급에 대한 세액공제 적용여부 자가진단표 |

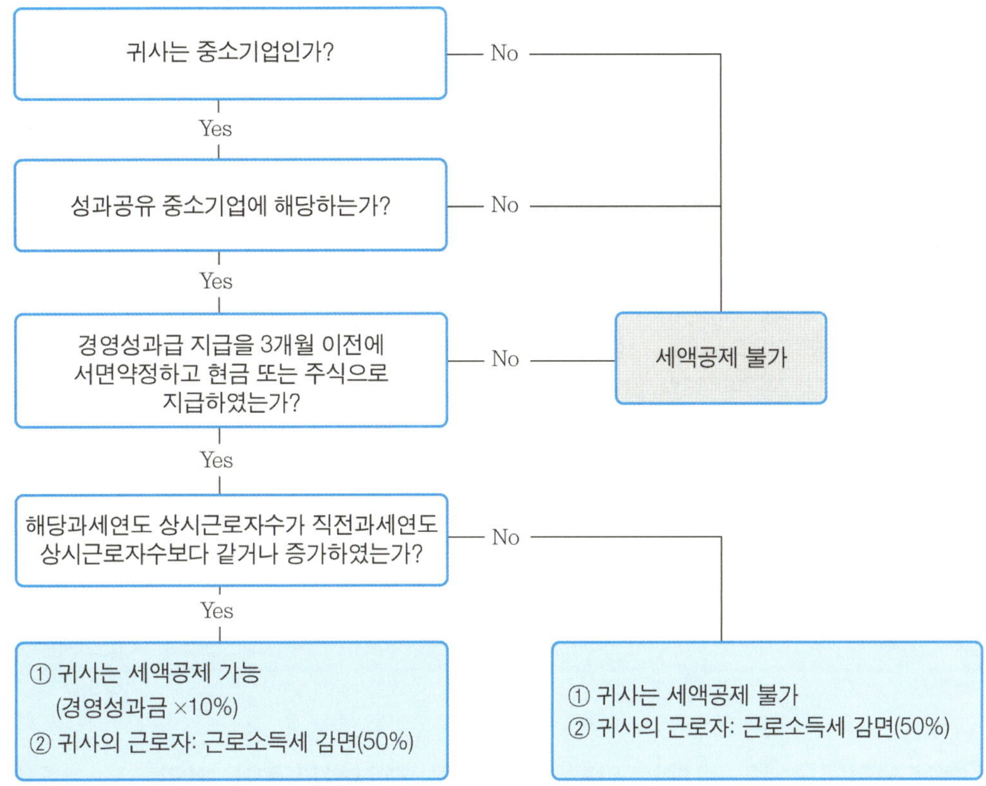

I 세액공제

성과공유 중소기업이 상시근로자에게 2027년 12월 31일까지 경영성과급을 지급하는 경우 그 경영성과급의 100분의 10에 상당하는 금액을 해당 과세연도의 소득세(부동산임대업을 제외한 사업소득에 대한 소득세만 해당한다) 또는 법인세에서 공제한다.(조특법 19)

☆ 2024.12.31. 이전 경영성과급을 지급한 경우 15%의 세액공제 적용.

Check Point

■ 성과공유 중소기업의 경영성과급에 대한 세액공제에 대한 법인과 개인의 적용범위

구 분	법인	개인
중소기업	소비성서비스업☆을 포함한 모든 업종	소비성서비스업을 포함한 모든 업종
	☆ 호텔업 및 여관업, 일반유흥주점업, 무도유흥주점업, 단란주점, 2024.3.22. 이후 개시하는 과세연도부터 무도장 운영업, 기타 사행시설 관리 및 운영업, 유사 의료업 중 안마를 시술하는 업, 마사지업 포함. ※ 중소기업은 중기법상 중소기업을 의미함.(기준법령해석법인2021-90, 2021.10.15.)	
중견기업	세액공제 적용안됨	세액공제 적용안됨
단, 개인거주자의 경우 부동산임대업 소득을 제외한 사업소득에 대한 소득세에서만 공제		

■ 성과공유 중소기업의 근로자에 대한 경영성과급에 대한 소득세 감면

성과공유 중소기업의 근로자 중 다음에 해당하는 사람을 제외한 근로자가 해당 중소기업으로부터 2027년 12월 31일까지 경영성과급을 지급받는 경우 그 경영성과급에 대한 소득세의 100분의 50에 상당하는 세액을 감면한다.(조특법 19 ②)

① 해당 과세기간의 총급여액이 7천만원을 초과하는 사람
② 해당 기업의 최대주주 또는 최대출자자(개인사업자의 경우에는 대표자를 말한다)와 그 배우자
③ ②에 해당하는 자의 직계존비속(그 배우자를 포함한다) 또는 ②에 해당하는 사람과 「국세기본법 시행령」 제1조의2 제1항에 따른 친족관계에 있는 사람

Ⅱ 성과공유 중소기업, 상시근로자 및 경영성과급의 범위

1. 성과공유 중소기업의 범위

성과공유 중소기업은 「중소기업 인력지원 특별법」 제27조의2 제1항에 따른 중소기업[중소기업기본법에 따른 중소기업을 의미함.(기준법령해석법인2021-90, 2021.10.15.)]을 말한다.

정부는 중소기업에 근무하는 근로자의 임금 또는 복지 수준을 향상시키기 위하여 다음의 성과공유 유형에 해당하는 방법으로 근로자와 성과를 공유하고 있거나 공유하기로 약정한 중소기업("성과공유기업"이라 한다)을 우대하여 지원할 수 있다.(중소기업인력법 27의2 ①)

성과공유 중소기업에 해당하는 경우 성과공유기업 확인서를 발급받지 아니하였더라도 세액공제 받을 수 있다.(서면법령해석법인2020-1920, 2020.12.14.)

1. 중소기업과 근로자가 경영목표 설정 및 그 목표 달성에 따른 성과급 지급에 관한 사항을 사전에 서면으로 약정하고 이에 따라 근로자에게 지급하는 성과급(우리사주조합을 통하여 성과급으로서 근로자에게 지급하는 우리사주를 포함한다) 제도의 운영
2. 법 제35조의5 제1호에 따른 중소기업 청년근로자 및 핵심인력에 대한 성과보상공제사업의 가입
   ⇨ 성과보상공제사업은 내일채움공제, 청년재직자내일채움공제, 청년내일채움공제 등을 말하며, 공제사업 중 어느 하나에 1명 이상 가입하여야 한다.
3. 다음의 어느 하나의 요건에 해당하는 임금수준의 상승
   가. 근로자의 해당 연도 평균임금 증가율이 직전 3개 연도 평균임금 증가율의 평균보다 클 것
   나. 근로자의 해당 연도 평균임금 증가율이 전체 중소기업의 임금증가율을 고려하여 중소벤처기업부장관이 정하여 고시하는 비율보다 클 것
4. 「근로복지기본법」 제32조 · 제50조 또는 제86조의2에 따른 우리사주제도 · 사내근로복지기금 또는 공동근로복지기금의 운영
5. 「상법」 제340조의2 · 제542조의3 또는 「벤처기업 육성에 관한 특별법」 제16조의3에 따른 주식매수선택권의 부여
6. 그 밖에 성과공유 활성화를 위하여 중소벤처기업부장관이 정하여 고시하는 유형
   ① 인재육성형 중소기업　② 직무발명보상 우수기업　③ 인적자원개발 우수기업
   ④ 가족친화 인증기업　⑤ 노사문화 우수기업　⑥ 청년친화 강소기업
   ⑦ 여가친화 인증기업　⑧ 중소기업 복지플랫폼 우수활용기업
7. 위 1, 2, 4, 5의 유형에 해당하는 성과공유기업은 다음의 요건을 충족하여야 한다.
   ㉠ 상시근로자 1인당 성과급을 제외한 연간 임금총액이 전년보다 감소하지 아니할 것. 다만, 근로계약 기간이 1년 미만인 신규 근로자의 경우 성과급을 제외한 임금총액이 근로계약으로 정한 임금보다 감소하지 아니할 것
   ㉡ 사업주가 성과공유를 위하여 지급 또는 출연한 금액이 성과공유 대상 근로자 1인당 연간 35만원 이상일 것. 다만, 4 및 5에 따른 유형은 제외한다.

2. 상시근로자의 범위

상시근로자란 「근로기준법」에 따라 근로계약을 체결한 내국인 근로자를 말한다. 다만, 다음의 어느 하나에 해당하는 사람은 제외한다.(조특령 17 ①)

① 근로계약기간이 1년 미만인 근로자(근로계약의 연속된 갱신으로 인하여 그 근로계약의 총 기간이 1년 이상인 근로자는 제외한다)
② 「근로기준법」 제2조 제1항 제9호에 따른 단시간근로자. 다만, 1개월간의 소정근로시간이 60시간 이상인 근로자는 상시근로자로 본다.
③ 「법인세법 시행령」 제40조 제1항에 해당하는 임원☆
   ☆ 임원은 「법인세법 시행령」 제40조 제1항의 어느 하나에 해당하는 직무에 종사하는 자를 말한다.

㉠ 법인의 회장, 사장, 부사장, 이사장, 대표이사, 전무이사 및 상무이사 등 이사회의 구성원 전원과 청산인
㉡ 합명회사, 합자회사 및 유한회사의 업무집행사원 또는 이사
㉢ 유한책임회사의 업무집행자
㉣ 감사
㉤ 그 밖에 ㉠부터 ㉣까지의 규정에 준하는 직무에 종사하는 자

④ 해당 기업의 최대주주 또는 최대출자자(개인사업자의 경우에는 대표자를 말한다)와 그 배우자

⑤ ④에 해당하는 자의 직계존비속(그 배우자를 포함한다) 및 「국세기본법 시행령」 제1조의2 제1항에 따른 친족관계☆인 근로자

☆「국세기본법 시행령」 제1조의2 제1항에 따른 친족관계는 다음과 같다.
㉠ 4촌 이내의 혈족 ㉡ 3촌 이내의 인척 ㉢ 배우자(사실상의 혼인관계에 있는 자를 포함한다)
㉣ 친생자로서 다른 사람에게 친양자 입양된 자 및 그 배우자·직계비속
㉤ 본인이 「민법」에 따라 인지한 혼인 외 출생자의 생부나 생모(본인의 금전이나 그 밖의 재산으로 생계를 유지하는 사람 또는 생계를 함께하는 사람으로 한정한다)

⑥ 「소득세법 시행령」 제196조에 따른 근로소득원천징수부에 의하여 근로소득세를 원천징수한 사실이 확인되지 않고, 다음에 해당하는 금액의 납부사실도 확인되지 않은 자
가. 「국민연금법」 제3조 제1항 제11호 및 제12호에 따른 부담금 및 기여금
나. 「국민건강보험법」 제69조에 따른 직장가입자의 보험료

⑦ 해당 과세기간의 총급여액이 7천만원을 초과하는 근로자

☆ 총급여액에 내일채움공제 만기지급금 중 근로소득 과세대상인 기여금이 포함됨.(사전법규소득2024-13, 2024.5.30.)

☆ 해당 과세기간에 입사한 근로자로서 전 근무지 근로소득이 있는 경우 전 근무지의 총급여액을 포함하여 7천만원 초과여부를 판단하는 것으로 해석됨.

➲ 조특법 19의 적용에 있어서 "총급여액"에 내일채움공제 만기지급금 중 근로소득 과세대상인 기여금은 포함되지 아니하는 것인지 여부(사전법규소득2024-13, 2024.5.30.)

「조세특례제한법」 제19조 제2항 제1호 및 같은 법 시행령 제17조 제1항 제7호의 "해당 과세기간의 총급여액"에는 「조세특례제한법」 제29조의6 제1항에 따른 "기여금"이 포함되는 것임.

➲ 성과공유 중소기업의 경영성과급에 대한 세액공제 적용 시 상시근로자수 계산방법(서면법인 2022-590, 2022.3.24.)

「근로기준법」에 따라 근로계약을 체결한 근로자가 「조세특례제한법」 제19조에 따른 성과공유 중소기업 경영성과급 세액공제 적용대상 사업연도와 직전 사업연도 중 어느 하나의 사업연도에 같은 법 시행령 제17조 제1항 각 호에 따른 상시근로자에 해당하지 않는 경우에는 해당 사업연도와 직전 사업연도에서 해당 근로자를 제외하고 상시근로자수를 계산하는 것임.

| (저자주) 성과공유중소기업의 상시근로자 여부 판단사례 |

직전	당기	상시근로자 포함여부	직전	당기	상시근로자 포함여부
입사	퇴사	포함	7천만원 이하	7천만원 이하	포함
퇴사	-	제외	직원	임원	제외
-	입사	제외	임원	직원	제외
7천만원 이하	7천만원 초과	제외			

3. 경영성과급의 범위

경영성과급이란 「중소기업 인력지원 특별법 시행령」 제26조의2 제1항 제1호에 따른 성과급을 말한다.(조특령 17 ②)

경영성과급은 성과공유 중소기업 유형과 상관없이 다음의 요건을 갖춘 성과급이어야 한다.(조심2024중3528, 2025.5.15.) 따라서 경영목표설정 및 그 목표 달성에 따른 성과급이 아닌 경우에는 세액공제 적용대상 성과급에 해당하지 않는다.

중소기업과 근로자가 경영목표 설정 및 그 목표 달성에 따른 성과급 지급에 관한 사항을 사전에 서면으로 약정하고 이에 따라 근로자에게 지급하는 성과급(우리사주조합을 통하여 성과급으로서 근로자에게 지급하는 우리사주를 포함한다)으로 다음의 요건을 모두 충족하여야 한다.(중소벤처기업부고시 제2023-24호 제3조)

① 사업주와 근로자간에 근로계약, 취업규칙, 단체협약, 미래성과공유협약 등을 통해 매출액, 영업이익 등의 경영목표와 목표 달성에 따른 성과급 지급기준을 사전에 서면으로 약정하여야 한다.

② ①에 따른 서면 약정은 성과급 지급일을 기준으로 3개월 이전에 이루어져야 한다.

③ 성과급은 다음과 같이 현금 또는 주식으로 지급하여야 한다.

㉠ 현금: 경영목표 달성에 따른 성과를 근로자와 공유하기 위해 사업주가 성과급으로 지급하는 성과공유 상여금

㉡ 주식: 우리사주제도 실시회사 또는 그 주주 등이 우리사주조합기금에 출연한 금전과 물품으로 지급하는 성과급으로 우리사주조합을 통해 근로자에게 지급하는 우리사주

이 경우 경영성과급 지급약정을 체결하는 시점에 중소기업에 해당하였으나 관련 경영성과급을 지급하는 과세연도에 규모의 확대 등으로 중소기업에 해당하지 않게 되었더라도 세액공제는 가능하다.(사전법령해석법인2021-831, 2021.10.19.) 즉 경영성과급에 대한 세액공제는 지급약정 체결시점 기준으로 중소기업여부를 판단한다.

Check Point

■ 성과공유 중소기업의 경영성과급에 대한 세액공제 적용방법

성과공유기업 확인서상 유효기간 이내 지급한 경영성과급	성과공유기업 확인서상 유효기간 이전 또는 이후 지급한 경영성과급
지급일 3개월 전 서면약정 및 경영목표·산정식에 따라 지급된 경영성과급 등 요건 충족시 세액공제 가능	다음 요건을 갖춘 경우 세액공제 가능 ① 확인서 보유 여부와 무관하게 성과공유기업에 해당할 것 ② 지급일 3개월 전 서면약정 및 경영목표·산정식에 따라 지급된 경영성과급등 요건 충족

Ⅲ 세액공제 배제

성과공유 중소기업의 해당 과세연도의 상시근로자수가 직전 과세연도의 상시근로자수보다 감소한 경우에는 공제하지 아니한다.(조특법 19 ① 단서)

상시근로자의 수는 다음의 계산식에 따라 계산한 수로 한다.

$$\text{상시근로자수} = \frac{\text{해당 과세연도의 매월 말 현재 상시근로자수의 합}}{\text{해당 과세연도의 개월 수}}$$

☆ 100분의 1 미만의 부분은 없는 것으로 한다.

다만, 단시간근로자 중 1개월간의 소정근로시간이 60시간 이상인 근로자 1명은 0.5명으로 하여 계산하며, 다음의 지원요건을 모두 충족하는 경우에는 0.75명으로 하여 계산한다.

① 해당 과세연도의 상시근로자수(상시근로자에 포함되는 단시간근로자인 1개월간의 소정근로시간이 60시간 이상인 근로자는 제외한다)가 직전 과세연도의 상시근로자수(상시근로자에 포함되는 단시간근로자인 1개월간의 소정근로시간이 60시간 이상인 근로자는 제외한다)보다 감소하지 아니하였을 것

② 기간의 정함이 없는 근로계약을 체결하였을 것

③ 상시근로자와 시간당 임금(「근로기준법」에 따른 임금, 정기상여금・명절상여금 등 정기적으로 지급되는 상여금과 경영성과에 따른 성과금을 포함한다), 그 밖에 근로조건과 복리후생 등에 관한 사항에서 「기간제 및 단시간근로자 보호 등에 관한 법률」에 따른 차별적 처우☆가 없을 것

☆ "차별적 처우"라 함은 다음의 사항에서 합리적인 이유 없이 불리하게 처우하는 것을 말한다.
가. 「근로기준법」 제2조 제1항 제5호에 따른 임금
나. 정기상여금, 명절상여금 등 정기적으로 지급되는 상여금
다. 경영성과에 따른 성과금
라. 그 밖에 근로조건 및 복리후생 등에 관한 사항

④ 시간당 임금이 「최저임금법」에 따른 최저임금액의 100분의 130 이상일 것(중소기업: 120%)

Ⅳ 기타사항

① 최저한세 적용
② 미공제세액 10년간 이월공제
③ 근로소득을 증대시킨 기업에 대한 세액공제(조특법 29의4)를 제외하고 다른 세액공제 감면과 중복적용됨.
④ 농어촌특별세 적용

청구법인이 지급한 성과급에 대한 쟁점규정 적용 여부(조심2024중3528, 2025.5.15.)

청구법인이 '성과급지급관리지침'에 따라 지급하는 성과급은 근로자와의 개별 약정에 의한 것이 아니더라도 사전 서면약정에 따른 것으로 쟁점규정상 세액감면요건인 '대통령령으로 정하는 경영성과급을 지급하는 경우'에 해당한다고 주장하나, 청구법인이 제출한 '성과급지급관리지침'은 청구법인의 전 직원에게 공통적으로 적용되는 성과급의 지급(분배)에 관한 사항일 뿐, 청구법인과 근로자간 추구하는 구체적 경영목표나 해당 경영목표를 달성하였을 경우 지급대상이 되는 성과급에 대한 약정이 아닌 것으로 보이므로 쟁점규정에서 요구하는 "성과급 제도의 운영"요건을 충족한 것으로 보기 어려운 점, 청구법인의 해당 성과급 지급기준은 쟁점규정이 세액공제・감면 요건으로 규정하고 있는 사업주와 근로자간 사전약정을 담은 것이 아니라 '경영목표설정'과 무관하게 단순히 사무직 및 생산직 직원간 평가등급을 나누는 기준에 불과한 점 등에 비추어 청구법인은 이 건 경정청구와 관련하여 쟁점규정을 충족하지 아니한 것으로 보이므로 청구법인의 경정청구를 거부한 처분은 달리 잘못이 없는 것으로 판단됨.

성과공유를 약정한 과세연도에 중소기업이었으나 그 약정에 따라 성과급을 지급하는 과세연도에 중소기업에 해당하지 않는 경우 세액공제 여부(사전법령해석법인2021-831, 2021.10.19.)

「중소기업 인력지원 특별법」 제27조의2 제1항에 따른 중소기업이 2020과세연도에 「조세특례제한법 시행령」 제17조에서 규정하는 요건을 갖추어 경영성과급 지급약정을 체결하고 그 약정에 따라 중소기업에 해당하는 2020과세연도에 대한 경영성과급을 2021과세연도에 지급하는 경우, 지급하는 과세연도에 규모의 확대등으로 중소기업에 해당하지 않게 되었더라도 세액공제가 가능한 것임.

세액공제 대상인 중소기업이 조세특례제한법상 중소기업인지 중기법상 중소기업인지 여부(기준법령해석법인2021-90, 2021.10.15.)

「조세특례제한법」 제19조(성과공유 중소기업의 경영성과급에 대한 세액공제 등)를 적용함에 있어 그 적용대상이 되는 중소기업은 「중소기업기본법」 제2조 제1항에 따른 중소기업을 말하는 것임.

성과공유기업 확인서 미발급의 경우 세액공제가 적용 가능한지 여부(서면법령해석법인2020-1920, 2020.12.14.)

「중소기업 인력지원 특별법」 제27조의2 제1항에 따른 중소기업이 「조세특례제한법」 제19조의 성과공유 중소기업의 경영성과급에 대한 세액공제를 적용함에 있어 같은 조 제1항 및 같은 법 시행령 제17조에서 규정하는 요건을 충족하는 경우에는 성과공유기업 확인서를 발급받지 아니하였더라도 해당 세액공제 대상에 해당하는 것임.

【별지 제1호 서식】

성과공유기업 확인 신청서				처리기간 14일
신청인	업체명		사업자등록번호	
	대표자		법인등록번호	
	업 종	(산업분류코드:□□□□□)	주 생산품	
	본사 □□□-□□□			전화
				팩스
	공장 □□□-□□□			전화
				팩스

확인신청내용 (해당 형태 및 유형에 체크)		
성과공유 유형	성과공유도입기업	미래성과공유기업
① 성과급 지급		
② 성과보상공제사업의 가입		
③ 임금수준의 상승		
④ 우리사주제도 운영		
⑤ 사내(공동)근로복지기금 운영		
⑥ 주식매수선택권제도 부여		
⑦ 기타유형		

* ⑦ 기타유형 : 인재육성형중소기업, 직무발명보상우수기업, 인적자원개발우수기업, 가족친화인증기업, 노사문화우수기업, 청년친화강소기업, 복지지원 중소기업

「중소기업 인력지원 특별법 시행령」 제26조의2 및 「중소기업-근로자간 성과공유 확인 및 지원에 관한 고시」 에 의한 성과공유기업임을 확인하여 주시기 바랍니다.

년 월 일

신청인 (서명 또는 인)

중소벤처기업부장관 귀하

※ 확인서류 제출처 : 중소기업인력지원사업종합관리시스템(https://sanhakin.mss.go.kr)

【별지 제2호 서식】

발급번호 제0000-000000호

성과공유기업 확인서

사업자번호(법인번호) :

기 업 명 :

대표자명 :

유효기간 :

위 기업은 「중소기업인력지원 특별법」 제27조의2에 따른 **'성과공유기업'** 임을 확인하며 같은 법 시행령 제26조의2에 따라 성과공유기업 확인서를 발급합니다.

< 성과공유 유형 >

성과공유 유형	성과공유도입기업	미래성과공유기업
① 성과급 지급		
② 성과보상공제사업의 가입		
③ 임금수준의 상승		
④ 우리사주제도 운영		
⑤ 사내(공동)근로복지기금 운영		
⑥ 주식매수선택권제도 부여		
⑦ 기타유형*		

* ⑦ 기타유형 : 인재육성형중소기업, 직무발명보상우수기업, 인적자원개발우수기업, 가족친화인증기업, 노사문화우수기업, 청년친화강소기업, 복지지원 중소기업, 여가친화인증기업

년 월 일

중소벤처기업부장관 ***[직인 예정]***

* 거짓 또는 부정한 방법으로 본 확인서를 발급받은 경우 「중소기업 인력지원 특별법」 제27조의2제3항에 따라 정부 지원을 취소하고 지원 금액의 반환을 요구할 수 있습니다.

제5절 근로소득을 증대시킨 기업에 대한 세액공제

※ 2023.1.1. 이후부터 세액공제 대상기업이 내국인에서 중소기업 또는 중견기업으로 변경됨. 따라서 일반기업은 적용불가함.

I 근로소득 증대 세액공제요건 및 공제액

1. 공제요건

중소기업 또는 중견기업이 다음의 요건을 모두 충족하는 경우 세액공제를 적용한다.(조특법 29의4) 다만, 창업 및 휴업 등의 사유로 직전 3년 평균임금 증가율의 평균을 계산할 수 없는 경우에는 적용하지 아니한다.(조특령 26의4 ⑫)

- 상시근로자의 해당 과세연도의 평균임금 증가율이 직전 3개 과세연도의 평균임금 증가율의 평균보다 클 것
- 해당 과세연도의 상시근로자수가 직전 과세연도의 상시근로자수보다 크거나 같을 것

Check Point

■ 근로소득을 증대시킨 기업에 대한 세액공제 적용기업의 범위

2022.12.31. 이전	2023.1.1. 이후
내국인(중소기업, 중견기업, 일반기업 모두 포함)	중소기업 또는 중견기업 (일반기업은 제외)

■ 근로소득을 증대시킨 기업에 대한 세액공제에 대한 법인과 개인의 적용범위

구 분	법인	개인
중소기업	소비성서비스업☆을 제외한 모든 업종	소비성서비스업을 제외한 모든 업종
	☆ 호텔업 및 여관업, 일반유흥주점업, 무도유흥주점업, 단란주점, 2024.3.22. 이후 개시하는 과세연도부터 무도장 운영업, 기타 사행시설 관리 및 운영업, 유사 의료업 중 안마를 시술하는 업, 마사지업 포함.	
중견기업	소비성서비스업, 금융업, 보험 및 연금업, 금융 및 보험 관련 서비스업을 제외한 모든 업종	소비성서비스업, 금융업, 보험 및 연금업, 금융 및 보험 관련 서비스업을 제외한 모든 업종
일반기업	모든업종 적용불가	

☆ 단, 개인거주자의 경우 부동산임대업 소득을 제외한 사업소득에 대한 소득세에서만 공제

중견기업의 범위

중견기업이란 다음의 요건을 모두 갖춘 기업을 말한다.

① 중소기업이 아닐 것

② 「중견기업 성장촉진 및 경쟁력 강화에 관한 특별법 시행령」 제2조 제1항 제1호(「공공기관의 운영에 관한 법률」 제4조에 따른 공공기관) 또는 제2호(「지방공기업법」에 따른 지방공기업)에 해당하는 기관이 아닐 것

③ 다음 어느 하나에 해당하는 업종을 주된 사업으로 영위하지 아니할 것. 이 경우 둘 이상의 서로 다른 사업을 영위하는 경우에는 사업별 사업수입금액이 큰 사업을 주된 사업으로 본다.

- 조세특례제한법에 따른 소비성서비스업(호텔업 및 여관업, 일반유흥주점업, 무도유흥주점업, 단란주점, 2024.3.22. 이후 개시하는 과세연도부터 무도장 운영업, 기타 사행시설 관리 및 운영업, 유사 의료업 중 안마를 시술하는 업, 마사지업 포함)
- 부동산임대업☆
- 금융업
- 보험 및 연금업
- 금융 및 보험관련 서비스업

☆ 2025년 2월 28일 이후 개시하는 과세연도부터 중견기업에서 제외한다.(조특령 부칙 제35347호 제2조)

④ 소유와 경영에 실질적인 독립성이 「중견기업 성장촉진 및 경쟁력 강화에 관한 특별법 시행령」 제2조 제2항 제1호에 적합할 것

⑤ 직전 3개 사업연도의 매출액(기업회계기준에 의한 손익계산서 매출액이며 1년 미만 사업연도의 경우 연환산한 금액)의 평균금액이 조세유형별로 다음의 금액 미만인 기업일 것

- 연구인력개발비세액공제 적용시: 5,000억원
- 기타 세액공제 적용시: 3,000억원

⑥ 다음의 요건을 모두 갖춘 내국법인(소규모내국법인)이 아닐 것☆(법인령 42 ②)

☆ 2025년 2월 28일 이후 개시하는 과세연도부터 중견기업에서 제외한다.(조특령 부칙 제35347호 제2조)

> ① 해당 사업연도 종료일 현재 내국법인의 지배주주등☆이 보유한 주식등의 합계가 해당 내국법인의 발행주식총수 또는 출자총액의 50%를 초과할 것
>
> ☆ 법인의 발행주식총수 또는 출자총액의 100분의 1 이상의 주식 또는 출자지분을 소유한 주주등으로서 그와 특수관계에 있는 자와의 소유 주식 또는 출자지분의 합계가 해당 법인의 주주등 중 가장 많은 경우의 해당 주주등을 말한다.(법인령 43 ⑦)
>
> ② 해당 사업연도에 부동산 임대업을 주된 사업(내국법인이 둘 이상의 서로 다른 사업을 영위하는 경우에는 사업별 사업수입금액이 큰 사업을 주된 사업으로 본다)으로 하거나 다음 각 목의 금액 합계가 기업회계기준에 따라 계산한 매출액(㉠부터 ㉢까지의 금액이 포함되지 아니한 경우에는 이를 포함하여 계산)의 100분의 50 이상일 것
>
> ㉠ 부동산 또는 부동산상의 권리의 대여로 인하여 발생하는 소득의 금액(조세특례제한법에 의한 임대보증금 등의 간주익금액 포함)
>
> ㉡ 「소득세법」 제16조 제1항에 따른 이자소득의 금액
>
> ㉢ 「소득세법」 제17조 제1항에 따른 배당소득의 금액
>
> ③ 해당 사업연도의 상시근로자수가 5명 미만일 것

2. 일반적인 세액공제액

2025년 12월 31일이 속하는 과세연도까지 다음의 금액을 해당 과세연도의 소득세(부동산임대업 소득을 제외한 사업소득에 대한 소득세만 해당한다) 또는 법인세에서 공제한다.(조특법 29의4)

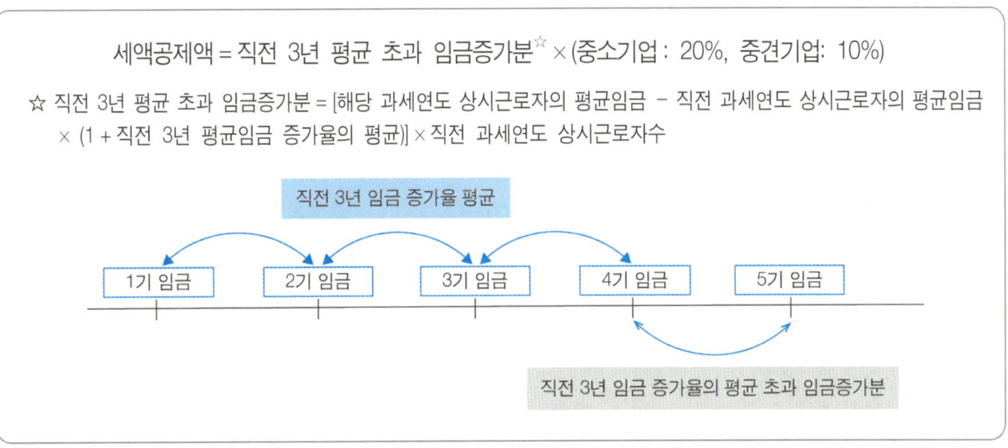

3. 중소기업의 세액공제 특례

중소기업이 다음의 요건을 모두 충족하는 경우에는 2025년 12월 31일이 속하는 과세연도까지 「전체 중소기업의 평균임금증가분을 초과하는 임금증가분」의 20%에 상당하는 금액을 「2. 일반적인 세액공제액」 대신 해당 과세연도의 소득세(부동산임대업 소득을 제외한 사업소득에 대한 소득세만 해당한다) 또는 법인세에서 공제할 수 있다.(조특법 29의4 ⑤) 다만, 창업 및 휴업등의 사유로 직전 3년 평균임금 증가율의 평균을 계산할 수 없는 경우에는 적용하지 아니한다.(조특령 26의4 ⑫)

- 상시근로자의 해당 사업연도의 평균임금 증가율이 전체 중소기업 임금증가율(3.2%)보다 클 것
- 해당 사업연도의 상시근로자수가 직전 사업연도의 상시근로자수보다 크거나 같을 것
- 직전 사업연도의 평균임금 증가율이 음수가 아닐 것

전체 중소기업이 평균임금증가분을 초과하는 임금증가분은 다음과 같이 계산한다.

• 전체 중소기업의 평균임금증가분을 초과하는 임금증가분 = [해당 과세연도 상시근로자의 평균임금 − 직전 과세연도 상시근로자의 평균임금 × (1 + 전체 중소기업 임금증가율☆(= 3.2%))] × 직전 과세연도 상시근로자수

☆ 전체 중소기업 임금증가율: 2023년부터 현재 3.2%, 2022년 3.0%, 2020년 · 2021년 3.8%, 2018년 · 2019년 3.6%

Ⅱ 정규직 전환근로자 임금증가 세액공제요건 및 공제액

1. 공제요건

중소기업 또는 중견기업이 다음의 요건을 모두 충족하는 경우 세액공제를 적용한다.(조특법 29의4 ③)

• 해당 과세연도에 정규직 전환 근로자가 있을 것
• 해당 과세연도의 상시근로자수가 직전 과세연도의 상시근로자수보다 크거나 같을 것

정규직 전환 근로자란 「근로기준법」에 따라 근로계약을 체결한 근로자로서 다음의 요건을 모두 갖춘 자를 말한다.(조특령 26의4 ⑬)

① 직전 과세연도 개시일부터 해당 과세연도 종료일까지 계속하여 근무한 자로서 「소득세법 시행령」 제196조의 근로소득원천징수부에 따라 매월분의 근로소득세를 원천징수한 사실이 확인될 것
② 해당 과세연도 중에 비정규직 근로자(「기간제 및 단시간근로자 보호 등에 관한 법률」에 따른 기간제근로자 또는 단시간근로자를 말한다)에서 비정규직 근로자가 아닌 근로자로 전환하였을 것
③ 직전 과세연도 또는 해당 과세연도 중에 다음의 어느 하나에 해당하는 자가 아닐 것
  ㉠ 「법인세법 시행령」 제42조 제1항의 어느 하나에 해당하는 임원☆
    ☆ 임원은 「법인세법 시행령」 제40조 제1항의 어느 하나에 해당하는 직무에 종사하는 자를 말한다.
      ㉮ 법인의 회장, 사장, 부사장, 이사장, 대표이사, 전무이사 및 상무이사 등 이사회의 구성원 전원과 청산인
      ㉯ 합명회사, 합자회사 및 유한회사의 업무집행사원 또는 이사
      ㉰ 유한책임회사의 업무집행자
      ㉱ 감사
      ㉲ 그 밖에 ㉮부터 ㉱까지의 규정에 준하는 직무에 종사하는 자
  ㉡ 「소득세법」 제20조 제1항 제1호 및 제2호☆에 따른 근로소득의 금액의 합계액(비과세소득의 금액은 제외한다)이 7천만원 이상인 근로자
    ☆ 「소득세법」 제20조 제1항 제1호 및 제2호는 다음과 같다.
      ㉮ 근로를 제공함으로써 받는 봉급 · 급료 · 보수 · 세비 · 임금 · 상여 · 수당과 이와 유사한 성질의 급여
      ㉯ 법인의 주주총회 · 사원총회 또는 이에 준하는 의결기관의 결의에 따라 상여로 받는 소득

㉢ 해당 기업의 최대주주 또는 최대출자자(개인사업자의 경우에는 대표자를 말한다) 및 그와 「국세기본법 시행령」 제1조의2 제1항에 따른 친족관계☆인 근로자

☆ 「국세기본법 시행령」 제1조의2 제1항에 따른 친족관계는 다음과 같다.

㉮ 4촌 이내의 혈족 ㉯ 3촌 이내의 인척

㉰ 배우자(사실상의 혼인관계에 있는 자를 포함한다)

㉱ 친생자로서 다른 사람에게 친양자 입양된 자 및 그 배우자·직계비속

㉲ 본인이 「민법」에 따라 인지한 혼인 외 출생자의 생부나 생모(본인의 금전이나 그 밖의 재산으로 생계를 유지하는 사람 또는 생계를 함께하는 사람으로 한정한다)

2. 세액공제액

2025년 12월 31일이 속하는 과세연도까지 정규직 전환 근로자에 대하여 다음의 세액공제액을 해당 과세연도의 소득세(부동산임대업 소득을 제외한 사업소득에 대한 소득세만 해당한다) 또는 법인세에서 공제한다.

세액공제액 = 정규직 전환근로자의 임금증가분☆ × (중견기업 10%, 중소기업 20%)

☆ 정규직 전환근로자의 임금증가분 = 정규직 전환근로자의 해당 과세연도의 임금합계액 − 직전 과세연도 임금 합계액

☆ 직전 과세연도 또는 해당 과세연도의 기간이 1년 미만인 경우 임금합계액은 다음과 같이 계산한다. 과세연도의 월수가 1월 미만의 일수는 1월로 한다.(조특령 26의4 ⑭)

$$\text{직전 또는 해당 과세연도의 임금합계액} = \text{임금 합계액} \times \frac{12}{\text{과세연도의 월수}}$$

Check Point

정규직 전환근로자 임금증가 세액공제에 대한 법인과 개인의 적용범위

구 분	법인	개인
중소기업	소비성서비스업☆을 제외한 모든 업종	소비성서비스업을 제외한 모든 업종
	☆ 호텔업 및 여관업, 일반유흥주점업, 무도유흥주점업, 단란주점, 2024.3.22. 이후 개시하는 과세연도부터 무도장 운영업, 기타 사행시설 관리 및 운영업, 유사 의료업 중 안마를 시술하는 업, 마사지업 포함.	
중견기업	소비성서비스업, 금융업, 보험 및 연금업, 금융 및 보험 관련 서비스업을 제외한 모든 업종	소비성서비스업, 금융업, 보험 및 연금업, 금융 및 보험 관련 서비스업을 제외한 모든 업종
일반기업	모든업종 적용불가	

☆ 단, 개인거주자의 경우 부동산임대업 소득을 제외한 사업소득에 대한 소득세에서만 공제

3. 사후관리

소득세 또는 법인세를 공제받은 내국인이 공제를 받은 과세연도 종료일부터 1년이 되는 날이 속하는 과세연도의 종료일까지의 기간 중 정규직 전환근로자와의 근로관계를 종료하는 경우에는 근로관계가 종료한 날이 속하는 과세연도의 과세표준신고를 할 때 다음 산식에 따라 계산한 세액을 소득세 또는 법인세로 납부하여야 한다.(조특법 29의4 ④, 조특령 26의4 ⑮) 이 경우 2021.2.17. 이전에 정규직 전환근로자와의 근로관계가 종료되어 2021.2.17. 이후 공제받은 세액상당액을 납부하는 경우에도 적용한다.

$$\text{추가납부할 세액} = \text{공제받은 세액} \times \frac{\text{공제받은 연도의 정규직 전환근로자 중 근로관계를 끝낸 근로자수}}{\text{공제받은 연도의 정규직 전환근로자수}}$$

Ⅲ 임금의 범위

임금은「소득세법」제20조 제1항 제1호 및 제2호에 따른 다음 소득의 합계액(비과세소득의 금액을 제외한다)을 말한다.(조특령 26의4 ④) 따라서 법인세법에 의한 소득처분금액인 인정상여는 포함되지 않는다.

① 근로를 제공함으로써 받는 봉급·급료·보수·세비·임금·상여·수당과 이와 유사한 성질의 급여
② 법인의 주주총회·사원총회 또는 이에 준하는 의결기관의 결의에 따라 상여로 받는 소득

Ⅳ 상시근로자수 등의 계산

1. 상시근로자의 범위

상시근로자란 「근로기준법」에 따라 근로계약을 체결한 근로자 중 다음에 해당하는 자를 제외한 자를 말한다.(조특령 26의4 ②)

① 「법인세법 시행령」 제40조 제1항의 어느 하나에 해당하는 임원☆

☆ 임원은 「법인세법 시행령」 제40조 제1항의 어느 하나에 해당하는 직무에 종사하는 자를 말한다.

㉮ 법인의 회장, 사장, 부사장, 이사장, 대표이사, 전무이사 및 상무이사 등 이사회의 구성원 전원과 청산인

㉯ 합명회사, 합자회사 및 유한회사의 업무집행사원 또는 이사

㉰ 유한책임회사의 업무집행자

㉱ 감사

㉲ 그 밖에 ㉮부터 ㉱까지의 규정에 준하는 직무에 종사하는 자

② 「소득세법」 제20조 제1항 제1호 및 제2호에 따른 근로소득의 금액의 합계액(비과세소득의 금액은 제외한다)이 7천만원 이상인 근로자

> 해당 과세연도의 근로제공기간이 1년 미만인 상시근로자가 있는 경우에는 해당 상시근로자의 근로소득의 금액 또는 임금을 해당 과세연도 근무제공월수로 나눈 금액에 12를 곱하여 산출한 금액을 해당 상시근로자의 근로소득의 금액 또는 임금으로 본다.(조특령 26의4 ⑨) 이 경우 해당 과세연도 중에 신규로 입사한 근로자도 근로제공기간이 1년 미만인 상시근로자에 해당한다.(서면법인2020-4163, 2020.12.18.)

③ 해당 기업의 최대주주 또는 최대출자자(개인사업자의 경우에는 대표자를 말한다) 및 그와 「국세기본법 시행령」 제1조의2 제1항에 따른 친족관계☆인 근로자

☆ 「국세기본법 시행령」 제1조의2 제1항에 따른 친족관계는 다음과 같다.

㉮ 4촌 이내의 혈족 ㉯ 3촌 이내의 인척 ㉰ 배우자(사실상의 혼인관계에 있는 자를 포함한다)

㉱ 친생자로서 다른 사람에게 친양자 입양된 자 및 그 배우자・직계비속

㉲ 본인이 「민법」에 따라 인지한 혼인 외 출생자의 생부나 생모(본인의 금전이나 그 밖의 재산으로 생계를 유지하는 사람 또는 생계를 함께하는 사람으로 한정한다)

④ 「소득세법 시행령」 제196조에 따른 근로소득원천징수부에 의하여 근로소득세를 원천징수한 사실이 확인되지 아니하는 근로자

⑤ 근로계약기간이 1년 미만인 근로자(다만, 근로계약의 연속된 갱신으로 인하여 그 근로계약의 총 기간이 1년 이상인 근로자는 제외한다)

⑥ 「근로기준법」 제2조 제1항 제9호에 따른 단시간근로자

☆ 1개월 간의 소정근로시간이 60시간 이상인 단시간근로자도 상시근로자에서 무조건 제외된다.

Check Point

■ 상시근로자 판단시 '해당 기업의 최대주주 또는 최대출자자'의 개념

상시근로자 판단시 '해당 기업의 최대주주 또는 최대출자자'는 조세특례제한법 제29조의4(근로소득을 증대시킨 기업에 대한 세액공제)에서만 그 개념을 다음과 같이 규정하고 있다.(조특칙 14의2 ①)

㉠ 해당 법인에 대한 직접보유비율[보유하고 있는 법인의 주식 또는 출자지분("주식등"이라 한다)을 그 법인의 발행주식총수 또는 출자총액(자기주식과 자기출자지분은 제외한다)으로 나눈 비율을 말한다]이 가장 높은 자가 개인인 경우에는 그 개인

㉡ 해당 법인에 대한 직접보유비율이 가장 높은 자가 법인인 경우에는 해당 법인에 대한 직접보유비율과 「국제조세조정에 관한 법률 시행령」 제2조 제3항☆을 준용하여 계산한 간접소유비율을 합하여 계산한 비율이 가장 높은 개인

☆ 어느 한쪽(거주자, 내국법인, 비거주자 또는 외국법인을 말한다)의 다른 쪽(내국법인 또는 외국법인을 말한다)에 대한 주식의 간접소유비율은 다음의 구분에 따른 방법으로 계산한 비율로 한다.

① 다른 쪽의 주주인 법인("주주법인")의 의결권 있는 주식의 50퍼센트 이상을 어느 한쪽이 소유하고 있는 경우: 주주법인이 소유하고 있는 다른 쪽의 의결권 있는 주식이 그 다른 쪽의 의결권 있는 주식에서 차지하는 비율("주주법인의 주식소유비율")

② 주주법인의 의결권 있는 주식의 50퍼센트 미만을 어느 한쪽이 소유하고 있는 경우: 그 소유비율에 주주법인의 주식소유비율을 곱한 비율

③ ① 및 ②를 적용할 때 주주법인이 둘 이상인 경우: 주주법인별로 ① 및 ②에 따라 계산한 비율을 더한 비율

④ 어느 한쪽과 주주법인, 그리고 이들 사이의 하나 이상의 법인이 주식소유관계를 통하여 연결되어 있는 경우: ①부터 ③까지의 계산방법을 준용하여 계산한 비율

■ '해당 기업의 최대주주 또는 최대출자자'의 판단

해당 법인의 주주등에 법인이 포함되어 있는 경우 주주법인의 주주가 해당 기업의 주식을 직접 보유한 비율과 간접보유비율을 합산하여 판단한다.
간접보유비율은 다음과 같이 계산한다.

- 주주법인의 개별주주의 주주법인에 대한 보유비율이 50% 이상: 주주법인이 보유한 해당법인의 주식보유비율
- 주주법인의 개별주주의 주주법인에 대한 보유비율이 50% 미만: 주주법인이 보유한 해당법인의 주식보유비율×개별주주가 보유한 주주법인의 주식보유비율

이를 사례로 보면 다음과 같다.

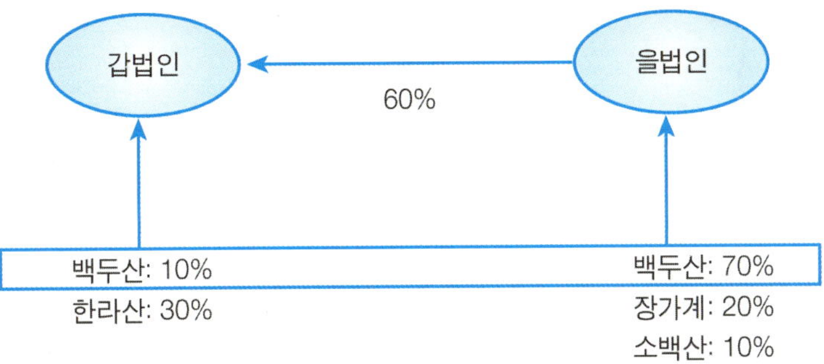

☞ 갑법인의 주주별 보유비율은 간접보유비율을 고려하면 다음과 같으며 최대주주는 백두산이다. 이때 을법인의 주주는 갑법인을 간접적으로 소유하고 있기 때문에 을법인의 주주에 대한 간접소유비율도 고려하여야 한다.

- 백두산 주주 = 10% + 60% = 70%
- 한라산 주주 = 30%

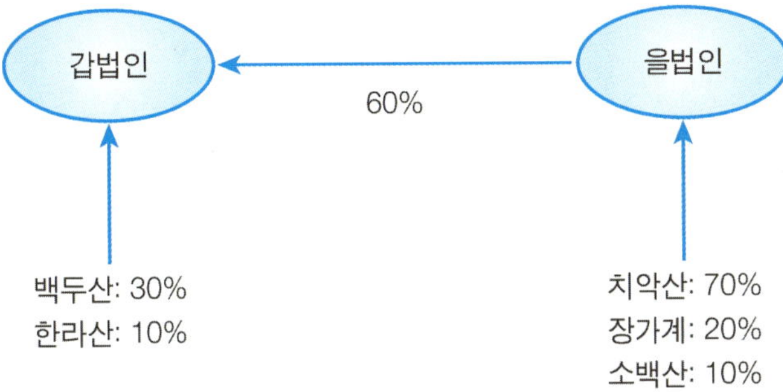

☞ 갑법인의 주주별 보유비율은 간접보유비율을 고려하면 다음과 같으며 최대주주는 치악산이다. 따라서 간접보유비율을 고려하기 때문에 최대주주는 갑법인의 주주명부에 없는 경우도 발생한다.

- 백두산 주주 = 30%
- 한라산 주주 = 10%
- 치악산 주주 = 0% + (60% × 100%) = 60%

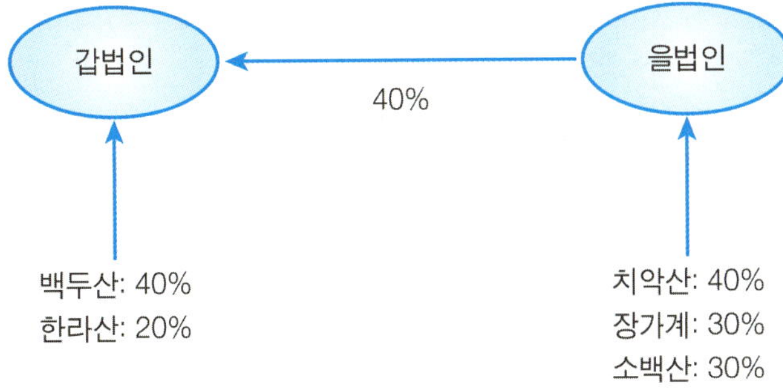

☞ 갑법인의 주주별 보유비율은 간접보유비율을 고려하면 다음과 같으며 최대주주는 백두산이다.

- 백두산 주주 = 40%

• 한라산 주주 = 20%
• 치악산 주주 = 0% + (40% × 40%) = 16%

신규입사자가 근로제공기간이 1년 미만인 상시근로자에 해당하는지(서면법인2020 - 4163, 2020.12.18.)

해당 과세연도 중에 신규로 입사한 근로자가 「조세특례제한법 시행령」 제26조의4 제2항에 따른 상시근로자로서 실제 근로를 제공한 경우에는 「조세특례제한법 시행령」 제26조의4 제9항에 따른 '근로제공기간이 1년 미만인 상시근로자'에 해당하는 것임.

2. 상시근로자수의 계산

$$상시근로자수 = \frac{해당\ 과세연도의\ 매월\ 말\ 현재\ 상시근로자수의\ 합}{해당\ 과세연도의\ 개월\ 수}$$

※ 100분의 1 미만의 부분은 없는 것으로 한다.

※ 세액공제를 받으려는 과세연도의 종료일 전 5년 이내의 기간 중에 퇴사하거나 새로 상시근로자에서 제외되는 근로자에 해당하게 된 근로자가 있는 경우에는 해당 근로자를 제외하고 계산한다.(조특령 26의4 ⑩)

3. 평균임금 계산

$$평균임금 = \frac{해당\ 과세연도\ 상시근로자의\ 임금의\ 합계}{해당\ 과세연도\ 상시근로자수}$$

※ 1천원 이하 부분은 없는 것으로 한다.

※ 세액공제를 받으려는 과세연도의 종료일 전 5년 이내의 기간 중에 퇴사하거나 새로 상시근로자에서 제외되는 근로자에 해당하게 된 근로자가 있는 경우에는 평균임금을 계산할 때 해당 근로자를 제외하고 계산한다.(조특령 26의4 ⑩)

Check Point

■ **퇴직한 근로자가 있는 경우 상시근로자수와 평균임금 계산방법**

세액공제를 받으려는 과세연도의 종료일 전 5년 이내의 기간 중에 퇴사하거나 새로 상시근로자에서 제외되는 근로자에 해당하게 된 근로자가 있는 경우에는 평균임금을 계산할 때 해당 근로자를 제외하고 계산한다.(조특령 26의4 ⑩)

가령 2025년 근로소득증대 세액공제 적용시 2023년도 퇴직한 근로자가 있다면, 퇴직한 과세연도인 2023년도와 그 전 과세연도인 '22·'21·'20 과세연도의 상시근로자 수 및 평균임금 계산시 퇴직한 근로자를 제외하고 계산하는 것을 의미한다.

4. 평균임금 증가율 계산

$$\text{평균임금 증가율} = \frac{\text{해당 과세연도 평균임금} - \text{직전 과세연도 평균임금}}{\text{직전 과세연도 평균임금}}$$

※ 1만분의 1 미만의 부분은 없는 것으로 한다.

※ 세액공제를 받으려는 과세연도의 종료일 전 5년 이내의 기간 중에 입사한 근로자가 있는 경우에는 해당 근로자가 입사한 과세연도의 평균임금 증가율을 계산할 때 해당 근로자를 제외하고 계산한다.(조특령 26의4 ⑩)

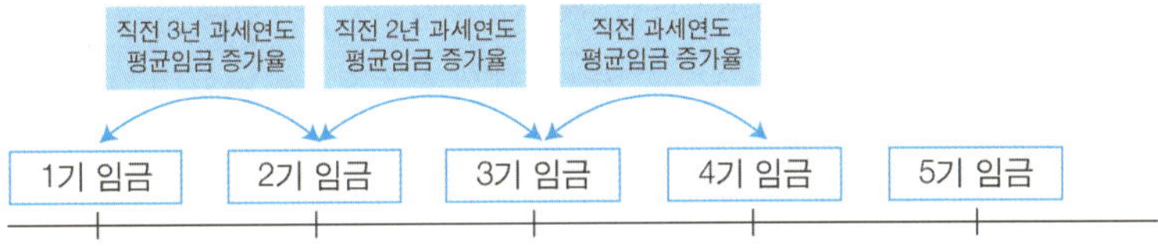

5. 직전 3년 평균임금 증가율의 평균 계산

$$\text{직전 3년 평균임금 증가율의 평균} = \frac{\text{직전 과세연도 평균임금 증가율} + \text{직전 2년 과세연도 평균임금 증가율} + \text{직전 3년 과세연도 평균임금 증가율}}{3}$$

※ 1만분의 1 미만의 부분은 없는 것으로 한다.

※ 직전 2년 과세연도 평균임금 증가율 또는 직전 3년 평균임금 증가율이 음수인 경우에는 영(0)으로 보아 계산한다.(조특령 26의4 ⑦)

6. 직전 3년 평균 초과 임금증가분 계산

가. 원칙: 직전 3년 평균 초과 임금증가분 계산

직전 3년 평균 초과 임금증가분 = [해당 과세연도 상시근로자의 평균임금 − 직전 과세연도 상시근로자의 평균임금 × (1 + 직전 3년 평균임금 증가율의 평균)] × 직전 과세연도 상시근로자수

직전 3년 임금 증가율 평균

1기 임금 | 2기 임금 | 3기 임금 | 4기 임금 | 5기 임금

직전 3년 임금 증가율의 평균 초과 임금증가분

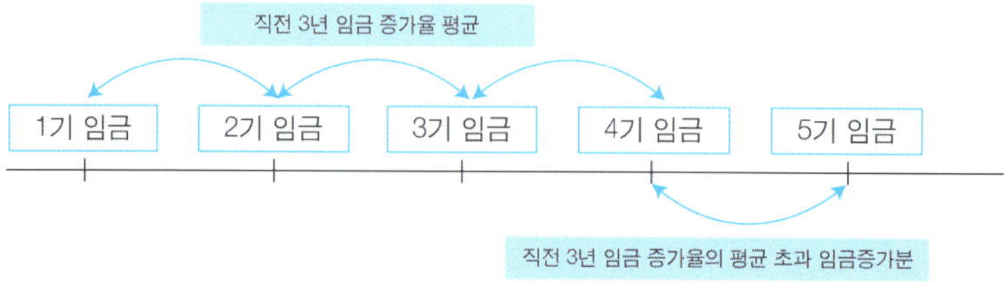

나. 예외: 직전 3년 평균 초과 임금증가분 계산의 특례

중소기업 또는 중견기업이 임금 동결 후 일시 인상 등을 통해 부당하게 세액공제를 받는 사례를 방지하기 위해 위 「3. 평균임금의 계산」, 「4. 평균임금 증가율 계산」, 「5. 직전 3년 평균임금 증가율의 평균 계산」에도 불구하고 직전 과세연도의 평균임금 증가율이 음수 또는 직전 3년 평균임금 증가율의 평균(양수인 경우로 한정한다)의 100분의 30 미만인 경우에는 다음에 따라 각각 평균임금 및 평균임금 증가율, 직전 3년 평균임금 증가율의 평균 및 직전 3년 평균 초과 임금증가분을 계산한다.(조특령 26의4 ⑧, 조특칙 14의2 ②)

(1) 적용요건 = ① 또는 ②에 해당할 경우

① 직전 과세연도의 평균임금 증가율 〈 0

② 직전 과세연도의 평균임금 증가율 〈 직전 3년 평균임금 증가율의 평균(양수인 경우로 한정) × 30%

(2) 예외적 직전 3년 평균 초과 임금증가분 등의 계산

① 평균임금 = (해당 과세연도 평균임금 + 직전 과세연도 평균임금) ÷ 2

② 평균임금 증가율 = (①의 평균임금 − 직전 2년 과세연도 평균임금) ÷ 직전 2년 과세연도 평균임금

③ 직전 3년 평균임금 증가율의 평균 = (직전 2년 과세연도 평균임금 증가율☆ + 직전 3년 과세연도 평균임금 증가율☆) ÷ 2

☆ 직전 2년 과세연도 평균임금 증가율 또는 직전 3년 과세연도 평균임금 증가율이 음수인 경우에는 각각 영(零)으로 보아 계산한다.

④ 직전 3년 평균 초과 임금증가분 = [평균임금 − 직전 2년 과세연도 상시근로자의 평균임금 × (1 + 직전 3년 평균임금 증가율의 평균)] × 직전 과세연도 상시근로자수

V 기타사항

① 최저한세 적용
② 미공제세액 10년간 이월공제
③ 성과공유중소기업의 경영성과급에 대한 세액공제(조특법 19)를 제외하고 다른 세액공제 감면과 중복적용 가능
④ 농어촌특별세 적용
⑤ 추계결정시 세액공제배제(조특법 128 ①)

임금증가비율의 상황별 근로소득 증대기업에 대한 세액공제 적용여부

■ **중소기업인 ㈜백두대간의 다음 자료에 의하여 근로소득을 증대시킨 기업에 대한 세액공제 적용 여부는?**

[상황가정]

ㅇ 근로자 수: 200명(일반근로자 180명, 고액연봉자 10명, 임원 10명)

구 분	제1기	제2기	제3기	제4기
평균임금☆(단위: 만원)	5,000	5,100	5,300	5,400
직전연도 대비 증가율 (평균임금 증가율)	–	2% $\frac{(5,100+5,000)}{5,000}$	3.92% $\frac{(5,300-5,100)}{5,100}$	1.89% $\frac{(5,400-5,300)}{5,300}$
직전 3년 평균 증가율		2.60%[= (2%+3.92%+1.89%) ÷ 3]		

☆ 고액 연봉자 및 임원을 제외한 180명 일반근로자의 평균임금

해답 및 계산과정

1. 제5기 평균임금이 5,500만원일 경우

① 제5기 평균임금 증가율 = $\frac{(5,500-5,400)}{5,400}$ = 1.9%

② 제5기 평균임금 증가율(1.9%) 〈 직전 3년 증가율 평균(2.6%)

③ 세제지원대상 아님

2. 제5기 평균임금이 5,700만원일 경우

① 제5기 평균임금 증가율 = $\frac{(5,700-5,400)}{5,400}$ = 5.6%

② 제5기 평균임금 증가율(5.6%) 〉 직전 3년 증가율 평균(2.6%)

③ 세제지원 대상

☞ 세액공제액 = (5,700만원 − 5,540만원*) × 180명 × 중소기업 20%** = 5,760만원**

* 5,540만원 = 5,400만원(제4기 평균임금) × (1 + 2.6%(제5기 직전 3년 증가율 평균))

** 중견기업의 경우 공제율이 10%이므로 2,880만원

직전 4개 사업연도 중 사원변동이 없는 경우의 근로소득증대세액공제 사례

■ 중소기업인 ㈜백두대간의 다음 자료에 의하여 근로소득을 증대시킨 기업에 대한 세액공제액을 계산하시오.

1. 상시근로자

구 분	2025년		2024년		2023년		2022년		2021년	
상시근로자 (퇴사자 제외)	상반기 9명	하반기 9명	상반기 9명	하반기 9명	상반기 9명	하반기 9명	상반기 9명	하반기 9명	상반기 9명	하반기 9명
퇴사자인원	0	0	0	0	0	0	0	0	0	0
입사자인원	0	0	0	0	0	0	0	0	0	0
7천만원 초과자	1		1		0		0		0	

※ 7천만원 초과자(임고액)는 동일인으로 2019년 이전 입사자이며 상시근로자에 포함되어 있다.

2. 상시근로자에 대한 임금총액

구 분	2025년	2024년	2023년	2022년	2021년
임금총액	550,000,000	427,000,000	340,000,000	295,000,000	270,000,000
이익처분에 의한 상여금	30,000,000	30,000,000	20,000,000	20,000,000	20,000,000
비과세소득	20,000,000	19,000,000	15,000,000	15,000,000	15,000,000
7천만원 초과자 임금☆	80,000,000	75,000,000	60,000,000	55,000,000	50,000,000

☆ 7천만원 초과자 임금에는 이익처분에 의한 상여금 및 비과세소득은 제외된 금액이다.

해답 및 계산과정

1. 제외할 근로자 파악
   ① 임고액은 7천만원 초과자로 상시근로자수 및 평균임금계산에서 제외함.

2. 평균임금계산을 위한 상시근로자수 계산
   - 평균임금 계산시 퇴사자와 기존 상시근로자 중 새로이 상시근로자에서 제외되는 사람은 입사일부터 상시근로자에서 제외하고 상시근로자수를 계산함.

   ① 2025년 상시근로자수 = [(9명 － 1명*) × 6개월 + (9명 － 1명*) × 6개월] / 12 = 8명

   * 2025년 7천만원 초과자 1명(임고액)

   ② 2024년 상시근로자수, 2023년 상시근로자수, 2022년 상시근로자수, 2021년 상시근로자수는 상시근로자의 변동이 없으므로 모두 8명이다.

3. 평균임금계산
   - 세액공제를 받으려는 과세연도의 종료일 전 5년 이내의 기간 중에 퇴사하거나 새로 상시근로자에서 제외되는 근로자에 해당하게 된 근로자가 있는 경우에는 평균임금을 계산할 때 해당 근로자를 제외하고 계산한다.(조특령 26의4 ⑩)
   - 임금의 범위에 이익처분의한 상여금, 비과세소득은 제외한다.

• 1천원 이하 부분은 없는 것으로 한다.

① 2025년 평균임금 = 420,000,000* / 8 = 52,500,000원

* 2025년 임금합계 = 550,000,000 − 30,000,000(이익처분에 의한 상여금)
− 20,000,000(비과세) − 80,000,000(임고액) = 420,000,000

② 2024년 평균임금 = 303,000,000* / 8 = 37,875,000원

* 2024년 임금합계 = 427,000,000 − 30,000,000(이익처분에 의한 상여금)
− 19,000,000(비과세) − 75,000,000(임고액) = 303,000,000

③ 2023년 평균임금 = 245,000,000* / 8 = 30,625,000원

* 2023년 임금합계 = 340,000,000 − 20,000,000(이익처분에 의한 상여금)
− 15,000,000(비과세) − 60,000,000(임고액) = 245,000,000

④ 2022년 평균임금 = 205,000,000* / 8 = 25,625,000원

* 2022년 임금합계 = 295,000,000 − 20,000,000(이익처분에 의한 상여금)
− 15,000,000 (비과세) − 55,000,000(임고액) = 205,000,000

⑤ 2021년 평균임금 = 185,000,000* / 8 = 23,125,000원

* 2021년 임금합계 = 270,000,000 − 20,000,000(이익처분에 의한 상여금)
− 15,000,000(비과세) − 50,000,000(임고액) = 185,000,000

4. 평균임금 증가율 계산

평균임금 증가율은 기본적으로 직전연도와 당해연도의 근로자가 동일한 경우를 전제로 계산하므로 해당 과세연도의 입사자는 직전 과세연도의 입사자가 아니므로 제외한 금액으로 계산함.

가. 평균임금 증가율 계산을 위한 임금총액

① 2025년 임금총액 = 420,000,000

② 2024년 임금총액 = 303,000,000

③ 2023년 임금총액 = 245,000,000

④ 2022년 임금총액 = 205,000,000

⑤ 2021년 임금총액 = 185,000,000

나. 입사자를 제외한 평균임금 증가율

① 2025년 평균임금 증가율 = (52,500,000* − 37,875,000) / 37,875,000 = 38.61%

* 2025년 평균임금 = 420,000,000 / 8 = 52,500,000원

② 2024년 평균임금 증가율 = (37,875,000* − 30,625,000) / 30,625,000 = 23.67%

* 2024년 평균임금 = 303,000,000 / 8 = 37,875,000원

③ 2023년 평균임금 증가율 = (30,625,000* − 25,625,000) / 25,625,000 = 19.51%

* 2023년 평균임금 = 245,000,000 / 8 = 30,625,000원

④ 2022년 평균임금 증가율 = (25,625,000* − 23,125,000**) / 23,125,000 = 10.81%

* 2022년 평균임금 = 205,000,000 / 8 = 25,625,000원

** 2021년 평균임금 = 185,000,000 / 8 = 23,125,000원

5. 직전 3년 평균임금 증가율 평균 계산

직전 3년 평균임금 증가율 평균 = (23.67% + 19.51% + 10.81%) / 3 = 17.99%

6. 직전 3년 평균 초과 임금증가분 계산

직전 3년 평균 초과 임금증가분 = [52,500,000 − 37,875,000 × (1 + 17.99%)] × 8명 = 62,490,300원

7. 중소기업의 세액공제 특례

① 해당 사업연도의 평균임금 증가율(17.88%)이 전체 중소기업 임금증가율(3.2%)보다 클 것

② 해당 사업연도의 상시근로자수(8명)가 직전 사업연도의 상시근로자수(8명)보다 크거나 같을 것
③ 직전 사업연도의 평균임금 증가율이 음수가 아닐 것
④ 위 3가지 조건이 모두 충족하므로 다음과 같이 계산한 전체 중소기업의 평균임금증가분을 기준으로 세액공제 할 수 있다.

전체 중소기업의 평균임금증가분을 초과하는 임금증가분 (107,304,000원)	=	[해당 과세연도 상시근로자의 평균임금(52,500,000원) − 직전 과세연도 상시근로자의 평균임금(37,875,000원) × (1 + 전체 중소기업 임금증가율 (3.2%))] × 직전 과세연도 상시근로자수(8명)

8. 세액공제액 = Max[위 6.의 금액(62,490,300원), 위 7.의 금액(107,304,000원)] × 20%
= 121,460,800원

직전 4개 사업연도 중 입사자만 있는 경우의 근로소득증대세액공제 사례

■ **중소기업인 ㈜백두대간의 다음 자료에 의하여 근로소득을 증대시킨 기업에 대한 세액공제액을 계산하시오.**

1. 상시근로자

구 분	2025년		2024년		2023년		2022년		2021년	
상시근로자 (퇴사자 제외)	상반기 13명	하반기 15명	상반기 12명	하반기 13명	상반기 9명	하반기 10명	상반기 9명	하반기 9명	상반기 9명	하반기 9명
퇴사자인원	0	0	0	0	0	0	0	0	0	0
입사자인원	0	2	2	1	0	1	0	0	0	0
7천만원 초과자	2		2		0		0		0	

※ 입사자는 1/5 또는 7/5 입사한 것으로 가정하며 퇴사자는 2019년 이전 입사자로 가정한다.
※ 7천만원 초과자 임고액은 2019년 이전 입사자이며 2023년 하반기 입사자(김입사)의 2024년, 2025년 임금총액이 7천만원 초과하였으며 7천만원 초과자에 포함되어 있다.

2. 상시근로자에 대한 임금총액

구 분		2025년	2024년	2023년	2022년	2021년
임금총액		630,000,000	507,000,000	340,000,000	295,000,000	270,000,000
이익처분에 의한 상여금		30,000,000	30,000,000	20,000,000	20,000,000	20,000,000
비과세소득		20,000,000	19,000,000	15,000,000	15,000,000	15,000,000
입사자 임금	상반기	0	50,000,000	0	0	0
	하반기	60,000,000	32,000,000	40,000,000	0	0
7천만원 초과자 임금☆		160,000,000	155,000,000	60,000,000	55,000,000	50,000,000

구 분	2025년	2024년	2023년	2022년	2021년

☆ 7천만원 초과자 임금에는 이익처분에 의한 상여금 및 비과세소득은 제외된 금액이다. 2024년, 2025년 7천만원 초과자 임금에는 2023년 하반기 입사자(김입사)의 임금이 포함되어 있다.

해답 및 계산과정

1. 제외할 근로자 파악
   ① 임고액은 7천만원 초과자로 상시근로자수 및 평균임금계산에서 제외함.
   ② 2023년 하반기에 입사한 김입사의 2023년 연환산임금이 8천만원이므로 제외함.

2. 평균임금계산을 위한 상시근로자수 계산
   • 평균임금 계산시 퇴사자와 기존 상시근로자 중 새로이 상시근로자에서 제외되는 사람은 입사일부터 상시근로자에서 제외하고 상시근로자수를 계산함.
   ① 2025년 상시근로자수 = [(13명 - 2명*) × 6개월 + (15명 - 2명*) × 6개월] / 12 = 12.0명
      * 2025년 7천만원 초과자 2명(임고액, 김입사)
   ② 2024년 상시근로자수 = [(12명 - 2명*) × 6개월 + (13명 - 2명*) × 6개월] / 12 = 10.5명
      * 2024년 7천만원 초과자 2명(임고액, 김입사)
   ③ 2023년 상시근로자수 = [(9명 - 1명*) × 6개월 + (10명 - 2명**) × 6개월] / 12 = 8.0명
      * 2023년 7천만원 초과자 1명(임고액), 2024년에 상시근로자에 제외되었으므로 입사시점부터 상시근로자에서 제외됨.
      ** 2023년 7천만원 초과자 2명(임고액, 김입사), 입사자의 임금을 연환산하면 8천만원으로 제외됨.
   ④ 2022년 상시근로자수 = [(9명 - 1명*) × 6개월 + (9명 - 1명*) × 6개월] / 12 = 8.0명
      * 2023년 7천만원 초과자 1명(임고액), 2024년에 상시근로자에 제외되었으므로 입사시점부터 상시근로자에서 제외됨.
   ⑤ 2021년 상시근로자수 = [(9명 - 1명*) × 6개월 + (9명 - 1명*) × 6개월] / 12 = 8.0명
      * 2023년 7천만원 초과자 1명(임고액), 2024년에 상시근로자에 제외되었으므로 입사시점부터 상시근로자에서 제외됨.

3. 평균임금계산
   • 세액공제를 받으려는 과세연도의 종료일 전 5년 이내의 기간 중에 퇴사하거나 새로 상시근로자에서 제외되는 근로자에 해당하게 된 근로자가 있는 경우에는 평균임금을 계산할 때 해당 근로자를 제외하고 계산한다.(조특령 26의4 ⑩)
   • 임금의 범위에 이익처분의한 상여금, 비과세소득은 제외한다.
   • 1천원 이하 부분은 없는 것으로 한다.
   ① 2025년 평균임금 = 420,000,000* / 12 = 35,000,000원
      * 2025년 임금합계 = 630,000,000 - 30,000,000(이익처분에 의한 상여금) - 20,000,000(비과세) - 160,000,000(임고액, 김입사)= 420,000,000
   ② 2024년 평균임금 = 303,000,000* / 10.5 = 28,857,000원
      * 2024년 임금합계 = 507,000,000 - 30,000,000(이익처분에 의한 상여금) - 19,000,000(비과세) - 155,000,000(임고액, 김입사) = 303,000,000
   ③ 2023년 평균임금 = 205,000,000* / 8 = 25,625,000원
      * 2023년 임금합계 = 340,000,000 - 20,000,000(이익처분에 의한 상여금) - 15,000,000(비과세) - 100,000,000(임고액, 김입사) = 205,000,000

④ 2022년 평균임금 = 205,000,000* / 8 = 25,625,000원

* 2022년 임금합계 = 295,000,000 – 20,000,000(이익처분에 의한 상여금)
– 15,000,000 (비과세) – 55,000,000(임고액) = 205,000,000

⑤ 2021년 평균임금 = 185,000,000* / 8 = 23,125,000원

* 2021년 임금합계 = 270,000,000 – 20,000,000(이익처분에 의한 상여금)
– 15,000,000(비과세) – 50,000,000(임고액) = 185,000,000

4. 평균임금 증가율 계산

평균임금 증가율은 기본적으로 직전연도와 당해연도의 근로자가 동일한 경우를 전제로 계산하므로 해당 과세연도의 입사자는 직전 과세연도의 입사자가 아니므로 제외한 금액으로 계산함.

가. 평균임금 증가율 계산을 위한 임금총액

① 2025년 임금총액 = 420,000,000 – 60,000,000 = 360,000,000

② 2024년 임금총액 = 303,000,000 – 50,000,000 – 32,000,000 = 221,000,000

③ 2023년 임금총액 = 205,000,000(입사자인 김입사는 연환산임금이 7천만원 초과로 이미 제외되어 있으므로 고려대상이 아님)

④ 2022년 임금총액 = 205,000,000

⑤ 2021년 임금총액 = 185,000,000

나. 입사자를 제외한 평균임금 증가율

① 2025년 평균임금 증가율 = (32,727,000* – 28,857,000) / 28,857,000 = 13.41%

* 2025년 평균임금 = 360,000,000 / (12명 – 1명) = 32,727,000원

② 2024년 평균임금 증가율 = (27,625,000* – 25,625,000) / 25,625,000 = 7.80%

* 2024년 평균임금 = 221,000,000 / (10.5명 – 2.5명) = 27,625,000원

③ 2023년 평균임금 증가율 = (25,625,000* – 25,625,000) / 25,625,000 = 0.00%

* 2023년 평균임금 = 205,000,000 / (8명 – 0명) = 25,625,000원

④ 2022년 평균임금 증가율 = (25,625,000* – 23,125,000**) / 23,125,000 = 10.81%

* 2022년 평균임금 = 205,000,000 / (8명 – 0명) = 25,625,000원

** 2021년 평균임금 = 185,000,000 / (8명 – 0명) = 23,125,000원

5. 직전 3년 평균임금 증가율 평균 계산

직전 3년 평균임금 증가율 평균 = (7.80% + 0.00% + 10.81%) / 3 = 6.20%

6. 직전 3년 평균 초과 임금증가분 계산

직전 3년 평균 초과 임금증가분 = [35,000,000 – 28,875,000 × (1 + 6.20%)] × 10.5명 = 45,514,875원

7. 중소기업의 세액공제 특례

① 해당 사업연도의 평균임금 증가율(13.41%)이 전체 중소기업 임금증가율(3.2%)보다 클 것

② 해당 사업연도의 상시근로자수(12명)가 직전 사업연도의 상시근로자수(10.5명)보다 크거나 같을 것

③ 직전 사업연도의 평균임금 증가율(7.8%)이 음수가 아닐 것

④ 위 3가지 조건이 모두 충족하므로 다음과 같이 계산한 전체 중소기업의 평균임금증가분을 기준으로 세액공제 할 수 있다.

전체 중소기업의 평균임금증가분을 초과하는 임금증가분 (54,610,000원)	=	[해당 과세연도 상시근로자의 평균임금(35,000,000원) – 직전 과세연도 상시근로자의 평균임금(28,875,000원) × (1 + 전체 중소기업 임금증가율(3.2%))] × 직전 과세연도 상시근로자수(10.5명)

8. 세액공제액 = Max[위 6.의 금액(45,514,875원), 위 7.의 금액(54,610,000원)] × 20%
= 10,961,109원

직전 4개 사업연도 중 입사자 및 퇴사자 모두 있는 경우의 근로소득증대세액 공제 사례

■ **중소기업인 ㈜백두대간의 다음 자료에 의하여 근로소득을 증대시킨 기업에 대한 세액공제액을 계산하시오.**

1. 상시근로자

구 분	2025년		2024년		2023년		2022년		2021년	
상시근로자 (퇴사자 제외)	상반기 12명	하반기 13명	상반기 11명	하반기 12명	상반기 9명	하반기 10명	상반기 9명	하반기 9명	상반기 9명	하반기 9명
퇴사자인원	0	1	1	0	0	0	0	0	0	0
입사자인원	0	2	2	1	0	1	0	0	0	0
7천만원 초과자	2		2		0		0		0	

※ 퇴사자 및 입사자는 1/5 또는 7/5 퇴사 또는 입사한 것으로 가정하며 퇴사자는 2018년 이전 입사자로 가정한다

※ 7천만원 초과자 임고액은 2019년 이전 입사자이며 2023년 하반기 입사자(김입사)의 2024년, 2025년 임금총액이 7천만원 초과하였으며 7천만원 초과자 및 상시근로자에 포함되어 있다.

2. 상시근로자에 대한 임금총액

구 분		2025년	2024년	2023년	2022년	2021년
임금총액		600,000,000	467,000,000	330,000,000	256,000,000	240,000,000
비과세소득		20,000,000	19,000,000	15,000,000	15,000,000	15,000,000
퇴사자 임금	김퇴사	30,000,000	27,000,000	25,000,000	24,000,000	24,000,000
	박퇴사	0	35,000,000	32,000,000	30,000,000	28,000,000
입사자 임금	상반기	0	50,000,000	0	0	0
	하반기	60,000,000	32,000,000	40,000,000	0	0
7천만원 초과자 임금		170,000,000	155,000,000	60,000,000	55,000,000	50,000,000

☆ 7천만원 초과자 임금에는 이익처분에 의한 상여금 및 비과세소득은 제외된 금액이다. 2024년, 2025년 7천만원 초과자 임금에는 2023년 하반기 입사자(김입사)의 임금이 포함되어 있다.

해답 및 계산과정

1. 제외할 근로자 파악
   ① 2025.7.5. 퇴사한 김퇴사 및 2024.1.5. 퇴사한 박퇴사는 상시근로자수 및 평균임금 계산에서 제외함.
   ② 임고액과 2023년 입사한 김입사는 7천만원 초과자로 상시근로자수 및 평균임금계산에서 제외함.

2. 평균임금계산을 위한 상시근로자수 계산
   - 평균임금 계산시 퇴사자와 기존 상시근로자 중 새로이 상시근로자에서 제외되는 사람은 입사일부터 상시근로자에서 제외하고 상시근로자수를 계산함.

   ① 2025년 상시근로자수 = [(12명 - 3명*) × 6개월 + (13명 - 2명**) × 6개월] / 12 = 10.0명
      * 2025년 7천만원 초과자 2명, 2025년 하반기 퇴사자 1명
      ** 2025년 7천만원 초과자 2명
   ② 2024년 상시근로자수 = [(11명 - 3명*) × 6개월 + (12명 - 3명**) × 6개월] / 12 = 8.5명
      * 2024년 7천만원 초과자 2명, 2025년 퇴사자 1명, 2024.1.5. 퇴사한 박퇴사는 2024년 상시근로자수에 제외되어 있으므로 고려대상이 아님
      ** 2024년 7천만원 초과자 2명, 2025년 퇴사자 1명
   ③ 2023년 상시근로자수 = [(9명 - 3명*) × 6개월 + (10명 - 4명**) × 6개월] / 12 = 6.0명
      * 2024년 7천만원 초과자 1명, 2025년 및 2024년 퇴사자 2명
      ** 2024년 7천만원 초과자 2명, 2025년 및 2024년 퇴사자 2명
   ④ 2022년 상시근로자수 = [(9명 - 3명*) × 6개월 + (9명 - 3명*) × 6개월] / 12 = 6.0명
      * 2024년 7천만원 초과자 1명, 2025년 및 2024년 퇴사자 2명
   ⑤ 2021년 상시근로자수 = [(9명 - 3명*) × 6개월 + (9명 - 3명*) × 6개월] / 12 = 6.0명
      * 2024년 7천만원 초과자 1명, 2025년 및 2024년 퇴사자 2명

3. 평균임금계산
   - 세액공제를 받으려는 과세연도의 종료일 전 5년 이내의 기간 중에 퇴사하거나 새로 상시근로자에서 제외되는 근로자에 해당하게 된 근로자가 있는 경우에는 평균임금을 계산할 때 해당 근로자를 제외하고 계산한다.(조특령 26의4 ⑩)
   - 해당 과세연도의 근로제공기간이 1년 미만인 상시근로자가 있는 경우에도 2025.2.29. 과세표준신고서를 제출하는 분부터 연환산규정을 적용하지 않는다.

   ① 2025년 평균임금 = 380,000,000* / 10.0 = 38,000,000원
      * 2025년 임금합계 = 600,000,000 - 20,000,000(비과세) - 30,000,000(김퇴사) - 170,000,000(임고액, 김입사)= 380,000,000
   ② 2024년 평균임금(직전 과세연도) = 231,000,000* / 8.5 = 27,176,000원
      * 2024년 임금합계 = 467,000,000 - 19,000,000(비과세) - 27,000,000(김퇴사) - 35,000,000(박퇴사) - 155,000,000(임고액, 김입사) = 231,000,000
   ③ 2023년 평균임금(직전 2과세연도) = 158,000,000* / 6.0 = 26,333,000원
      * 2023년 임금합계 = 330,000,000 - 15,000,000(비과세) - 25,000,000(김퇴사) - 32,000,000(박퇴사) - 100,000,000(임고액, 김입사) = 158,000,000
   ④ 2022년 평균임금(직전 3과세연도) = 132,000,000* / 6.0 = 22,000,000원
      * 2022년 임금합계 = 256,000,000 - 15,000,000 (비과세) - 24,000,000(김퇴사) - 30,000,000(박퇴사) - 55,000,000(임고액) = 132,000,000
   ⑤ 2021년 평균임금 = 123,000,000* / 6.0 = 20,500,000원

* 2021년 임금합계 = 240,000,000 − 15,000,000(비과세) − 24,000,000(김퇴사)
− 28,000,000(박퇴사) − 50,000,000(임고액) = 123,000,000

4. 평균임금 증가율 계산
평균임금 증가율은 기본적으로 직전연도와 당해연도의 근로자가 동일한 경우를 전제로 계산하므로 해당 과세연도의 입사자는 직전 과세연도의 입사자가 아니므로 제외한 금액으로 계산함.
가. 평균임금 증가율 계산을 위한 임금총액
① 2025년 임금총액 = (380,000,000 − 60,000,000) = 320,000,000
② 2024년 임금총액 = (231,000,000 − 50,000,000 − 32,000,000) = 149,000,000
③ 2023년 임금총액 = (158,000,000 − 0) = 158,000,000
④ 2022년 임금총액 = 132,000,000
⑤ 2021년 임금총액 = 123,000,000
나. 입사자를 제외한 평균임금 증가율
① 2025년 평균임금 증가율 = (35,555,000* − 27,176,000) / 27,176,000 = 30.83%
* 2025년 평균임금 = 320,000,000 / (10.0명 − 1명) = 35,555,000
② 2024년 평균임금 증가율(직전 과세연도) = (24,833,000* − 28,000,000) / 28,000,000
= △5.69%
* 2024년 평균임금 = 149,000,000 / (8.5명 − 2.5명) = 24,833,000
③ 2023년 평균임금 증가율(직전 2과세연도) = (26,333,000* − 22,000,000) / 22,000,000
= 19.69%
* 2023년 평균임금 = 158,000,000 / (6.0명 − 0.0명) = 26,333,000
④ 2022년 평균임금 증가율(직전 3과세연도) = (22,000,000 − 20,500,000) / 20,500,000
= 7.31%

5. 직전 3년 평균임금 증가율 평균 계산
① 직전 3년 평균임금 증가율 평균 = (△5.69% + 19.69% + 7.31%) / 3 = 7.10%
② 직전 과세연도 평균임금 증가율이 음수(△5.69%)이므로 직전 3년 평균 초과 임금증가분 계산의 특례방법에 따라 계산한다.
㉠ 평균임금 = (38,000,000 + 27,176,000) ÷ 2 = 32,588,000
㉡ 평균임금 증가율 = (32,588,000 − 26,333,000) ÷ 26,333,000 = 23.75%
㉢ 직전 3년 평균임금 증가율의 평균 = (19.69% + 7.31%) ÷ 2 = 13.50%

6. 직전 3년 평균 초과 임금증가분 계산
직전 3년 평균 초과 임금증가분 = [32,588,000 − 26,333,000 × (1 + 13.50%)] × 8.5명
= 22,950,382원

7. 중소기업의 세액공제 특례
① 해당 사업연도의 평균임금 증가율(30.83%)이 전체 중소기업 임금증가율(3.2%)보다 클 것
② 해당 사업연도의 상시근로자수(10.0명)가 직전 사업연도의 상시근로자수(8.5명)보다 클 것
③ 직전 사업연도의 평균임금 증가율이 음수(△5.69%)가 아닐 것
④ 위 3가지 조건이 모두 충족하지 아니하므로 전체 중소기업의 평균임금증가분을 기준으로 세액공제를 적용할 수 없다.

8. 세액공제액 = Max[위 6.의 금액(22,950,382원), 위 7.의 금액(0원)] × 20% = 4,590,076원

■ 조세특례제한법 시행규칙 [별지 제10호의3서식](2024.03.22 개정)

근로소득 증대 기업에 대한 세액공제신청서

(앞쪽)

❶ 신청인	① 상호 또는 법인명		② 사업자등록번호
	③ 대표자 성명		④ 생년월일
	⑤ 주소 또는 본점소재지 (전화번호 :)		
❷ 과세연도	년 월 일부터 년 월 일까지		
❸ 세액공제액 계산내용			
가. 세제지원 요건 : ㉗ > ㉛ 또는 ㉞ > ㉟ 이고, ⑧ ≥ ⑨이어야 함			
1. 상시근로자 수 계산			
	상시근로자 수(=⑥/⑦)	⑥ 과세연도 매월 말 현재 상시근로자 수의 합	⑦ 과세연도 개월 수
⑧ 해당 과세연도 상시근로자 수	10.00	120.00	12
⑨ 직전 과세연도 상시근로자 수	8.50	102.00	12
⑩ 직전 2년 과세연도 상시근로자 수	6.00	72.00	12
⑪ 직전 3년 과세연도 상시근로자 수	6.00	72.00	12
⑫ 직전 4년 과세연도 상시근로자 수	6.00	72.00	12
2. 평균임금 계산(일반적인 경우: ㉘이 양수이면서 ㉛의 30% 이상인 경우)			
	평균임금(=⑬/⑭)	⑬ 상시근로자 임금의 합계	⑭ 상시근로자 수(=⑧~⑫)
⑮ 해당 과세연도 평균임금	38,000,000	380,000,000	10.00
⑯ 직전 과세연도 평균임금	27,176,000	231,000,000	8.50
⑰ 직전 2년 과세연도 평균임금	26,333,000	158,000,000	6.00
⑱ 직전 3년 과세연도 평균임금	22,000,000	132,000,000	6.00
⑲ 직전 4년 과세연도 평균임금	20,500,000	123,000,000	6.00
3. 각 과세연도별 입사자 제외시 평균임금 계산(일반적인 경우: ㉘이 양수이면서 ㉛의 30% 이상인 경우)			
	평균임금(=⑳/㉑)	⑳ 상시근로자 임금의 합계	㉑ 상시근로자 수
㉒ 해당 과세연도 평균임금	35,555,000	320,000,000	9.00
㉓ 직전 과세연도 평균임금	24,833,000	149,000,000	6.00
㉔ 직전 2년 과세연도 평균임금	26,333,000	158,000,000	6.00
㉕ 직전 3년 과세연도 평균임금	22,000,000	132,000,000	6.00
㉖ 직전 4년 과세연도 평균임금	20,500,000	123,000,000	6.00
4. 평균임금 증가율(일반적인 경우: ㉘이 양수이면서 ㉛의 30% 이상인 경우)			
㉗ 해당 과세연도 평균임금 증가율[=(㉒-⑯)/⑯]		30.83%	
㉘ 직전 과세연도 평균임금 증가율[=(㉓-⑰)/⑰]		-5.69%	
㉙ 직전 2년 과세연도 평균임금 증가율[=(㉔-⑱)/⑱]		19.69%	
㉚ 직전 3년 과세연도 평균임금 증가율[=(㉕-⑲)/⑲]		7.31%	
5. 직전 3년 평균임금 증가율의 평균(일반적인 경우: ㉘이 양수이면서 ㉛의 30% 이상인 경우)[㉛=(㉘+㉙+㉚)/3]			7.10%
6. 직전 3년 평균 초과 임금증가분[㉜={⑮-⑯×(1+㉛)}×⑨]			-
7. ㉘이 음수이거나, ㉘이 양수이지만 ㉛의 30% 미만인 경우 ⑮,㉗,㉛,㉜의 계산 특례			
㉝ 해당 과세연도 평균임금[=(⑮+⑯)/2]		32,588,000	
㉞ 해당 과세연도 평균임금 증가율[{=(㉝-⑰)/⑰]		23.75%	
㉟ 직전 3년 평균임금 증가율의 평균[=(㉙+㉚)/2]		13.50%	
㊱ 직전 3년 평균 초과 임금증가분[={㉝-⑰×(1+㉟)}×⑨]		22,950,382	
나. 세제지원 요건 : 중소기업의 경우 ㉗ > 3.2%이며, ⑧ ≥ ⑨ 이고, ㉘ ≥ 0 인 경우에 적용됨			
㊲ 중소기업 계산특례[={⑮-⑯×(1+3.2%)}×⑨]		-	
❹ 세액공제액[(㉜ 또는 ㊱) × 세액공제율(중소기업은 20%, 중견기업은 10%)}, ㊲에 해당하는 중소기업의 경우 ㊲ × 20%]			4,590,076

「조세특례제한법 시행령」 제26조의4제17항에 따라 위와 같이 근로소득 증대 기업에 대한 세액공제신청서를 제출합니다.

년 월 일

신청인 (서명 또는 인)

세무서장 귀하

210mm×297mm[백상지 80g/㎡ 또는 중질지 80g/㎡]

제6절 상생결제 지급금액에 대한 세액공제

I 세액공제 대상기업

중소기업 및 다음의 요건을 모두 갖춘 중견기업을 경영하는 내국인이 2025년 12월 31일까지 중소기업 및 중견기업에 지급한 구매대금 중 상생결제제도를 통하여 지급한 금액이 있는 경우 사업소득(부동산임대업에서 발생한 소득 제외)에 대한 소득세 또는 법인세에서 공제한다.(조특법 7의4 ①)

① 중소기업이 아닐 것
② 「중견기업 성장촉진 및 경쟁력 강화에 관한 특별법 시행령」 제2조 제1항 제1호(「공공기관의 운영에 관한 법률」 제4조에 따른 공공기관) 또는 제2호(「지방공기업법」에 따른 지방공기업)에 해당하는 기관이 아닐 것
③ 다음 어느 하나에 해당하는 업종을 주된 사업으로 영위하지 아니할 것. 이 경우 둘 이상의 서로 다른 사업을 영위하는 경우에는 사업별 사업수입금액이 큰 사업을 주된 사업으로 본다.
- 조세특례제한법에 따른 소비성서비스업(호텔업 및 여관업, 일반유흥주점업, 무도유흥주점업, 단란주점, 2024.3.22. 이후 개시하는 과세연도부터 무도장 운영업, 기타 사행시설 관리 및 운영업, 유사 의료업 중 안마를 시술하는 업, 마사지업 포함)
- 부동산임대업☆
- 금융업
- 보험 및 연금업
- 금융 및 보험관련 서비스업

☆ 2025년 2월 28일 이후 개시하는 과세연도부터 중견기업에서 제외한다.(조특령 부칙 제35347호 제2조)

④ 소유와 경영에 실질적인 독립성이 「중견기업 성장촉진 및 경쟁력 강화에 관한 특별법 시행령」 제2조 제2항 제1호에 적합할 것
⑤ 직전 3개 사업연도의 매출액(기업회계기준에 의한 손익계산서 매출액이며 1년 미만 사업연도의 경우 연환산한 금액)의 평균금액이 조세유형별로 다음의 금액 미만인 기업일 것
- 연구인력개발비세액공제 적용시: 5,000억원
- 기타 세액공제 적용시: 3,000억원

⑥ 다음의 요건을 모두 갖춘 내국법인(소규모내국법인)이 아닐 것☆(법인령 42 ②)

☆ 2025년 2월 28일 이후 개시하는 과세연도부터 중견기업에서 제외한다.(조특령 부칙 제35347호 제2조)

① 해당 사업연도 종료일 현재 내국법인의 지배주주등☆이 보유한 주식등의 합계가 해당 내국법인의 발행주식총수 또는 출자총액의 50%를 초과할 것

☆ 법인의 발행주식총수 또는 출자총액의 100분의 1 이상의 주식 또는 출자지분을 소유한 주주등으로서 그와 특수관계에 있는 자와의 소유 주식 또는 출자지분의 합계가 해당 법인의 주주등 중 가장 많은 경우의 해당 주주등을 말한다.(법인령 43 ⑦)

② 해당 사업연도에 부동산 임대업을 주된 사업(내국법인이 둘 이상의 서로 다른 사업을 영위하는 경우에는 사업별 사업수입금액이 큰 사업을 주된 사업으로 본다)으로 하거나 다음 각 목의 금액 합계가 기업회계기준에 따라 계산한 매출액(㉠부터 ㉢까지의 금액이 포함되지 아니한 경우에는 이를 포함하여 계산)의 100분의 50 이상일 것

㉠ 부동산 또는 부동산상의 권리의 대여로 인하여 발생하는 소득의 금액(조세특례제한법에 의한 임대보증금 등의 간주익금액 포함)

㉡ 「소득세법」 제16조 제1항에 따른 이자소득의 금액

㉢ 「소득세법」 제17조 제1항에 따른 배당소득의 금액

③ 해당 사업연도의 상시근로자수가 5명 미만일 것

Check Point

■ 「중견기업 성장촉진 및 경쟁력 강화에 관한 특별법 시행령」 제2조 제2항 제1호에 적합할 것의 의미

소유와 경영의 실질적인 독립성이 다음의 어느 하나에 해당하지 아니하는 기업을 의미한다.

가. 「독점규제 및 공정거래에 관한 법률」 제31조 제1항에 따른 상호출자제한기업집단에 속하는 기업

나. 「독점규제 및 공정거래에 관한 법률 시행령」 제38조 제2항에 따른 상호출자제한기업집단 지정기준인 자산총액이 국내총생산액의 1천분의 5에 해당하는 금액 이상인 기업 또는 법인(외국법인을 포함한다)이 해당 기업의 주식(「상법」 제344조의3에 따른 의결권 없는 주식은 제외한다) 또는 출자지분("주식등"이라 한다)의 100분의 30 이상을 직접적 또는 간접적으로 소유하면서 최다출자자인 기업. 이 경우 최다출자자는 해당 기업의 주식등을 소유한 법인 또는 개인으로서 단독으로 또는 다음의 어느 하나에 해당하는 자와 합산하여 해당 기업의 주식등을 가장 많이 소유한 자로 하며, 주식등의 간접소유비율에 관하여는 「국제조세조정에 관한 법률 시행령」 제2조 제3항을 준용한다.

① 주식등을 소유한 자가 법인인 경우: 그 법인의 임원

법인의 임원은 다음과 같다.(중기령 2 6호)

㉠ 주식회사 또는 유한회사: 등기된 이사(사외이사는 제외한다)

㉡ ㉠외의 기업: 무한책임사원 또는 업무집행자

② 주식등을 소유한 자가 ①에 해당하지 아니하는 개인인 경우: 그 개인의 친족

친족은 배우자(사실상 혼인관계에 있는 자를 포함한다), 6촌 이내의 혈족 및 4촌 이내의 인척을 말한다.(중기령 2 5호)

☆ 따라서 법인세법상 임원과 국세기본법상 친족의 범위와 차이가 있음에 유의하여야 한다.

Ⅱ 세액공제 요건

1. 상생결제제도

상생결제제도란 다음의 요건을 모두 충족하는 결제방법을 말한다.(조특령 6의4 ②)

① 판매기업이 구매기업으로부터 판매대금으로 받은 외상매출채권을 담보로 다른 판매기업에 새로운 외상매출채권을 발행하여 구매대금을 지급할 것
② 여러 단계의 하위 판매기업들이 구매기업이 발행한 외상매출채권과 동일한 금리조건의 외상매출채권으로 판매대금을 지급할 것
③ 외상매출채권의 지급기한이 세금계산서등☆의 작성일부터 60일 이내일 것
☆ 세금계산서등이란 「부가가치세법」, 「소득세법」 및 「법인세법」에 따른 세금계산서 · 계산서 및 영수증을 말한다.
④ 금융기관이 판매기업에 대하여 상환청구권을 행사할 수 없는 것으로 약정될 것

2. 세액공제 요건

가. 구매대금의 범위

구매대금이란 구매기업이 그 기업의 사업 목적에 맞는 경상적(經常的) 영업활동과 관련하여 판매기업으로부터 재화를 공급받거나 용역을 제공받고 그 대가로 지급하는 금액을 말한다.(조특법 7의2 ③ 1호)

구매대금이란 기업회계기준상의 자산 또는 매출원가, 일반관리비, 영업외 비용 등 계상되는 계정과목 여부에 불구하고 경상적 영업활동과 관련하여 재화의 공급 또는 용역의 대가로 지급되는 금액을 말하는 것이며, 업무용건물의 신증축대가를 포함하는 것이나, 토지 및 기완공된 건물은 제외하는 것이다.(법인46012-45, 2003.1.18.)

나. 세액공제 요건

중소기업 및 중견기업이 중소기업 및 중견기업에 지급한 구매대금 중 다음의 요건을 모두 충족하는 경우 세액공제를 적용할 수 있다.

① 상생결제제도를 통하여 지급한 금액이 있는 경우
② 해당 과세연도에 지급한 구매대금 중 약속어음으로 결제한 금액이 차지하는 비율이 직전 과세연도보다 증가하지 아니하는 경우

Ⅲ 세액공제액

중소기업 및 중견기업은 2025년 12월 31일까지 상생결제제도를 통한 지급금액중 지급기한 별로 계산한 다음의 금액을 합하여 계산한 금액을 사업소득(부동산임대업에서 발생하는 소득은 제외)에 대한 소득세 또는 법인세에서 공제한다. 다만, 공제받는 금액이 해당 과세연도의 소득세 또는 법인세의 100분의 10을 초과하는 경우에는 100분의 10을 한도로 한다.

① 지급기한이 세금계산서등의 작성일부터 15일 이내인 지급금액

(A – B) × 1천분의 5

A: 상생결제제도를 통한 지급금액 중 지급기한이 세금계산서등의 작성일부터 15일 이내인 금액

B: 직전 과세연도에 지급한 현금성결제금액이 해당 과세연도의 현금성결제금액을 초과하는 경우 그 초과하는 금액

② 지급기한이 세금계산서등의 작성일부터 15일 초과 30일 이내인 지급금액

(C – D) × 1천분의 3

C: 상생결제제도를 통한 지급금액 중 지급기한이 세금계산서등의 작성일부터 15일 초과 30일 이내인 금액

D: ①에 따른 B가 A를 초과하는 경우 그 초과하는 금액

③ 지급기한이 세금계산서등의 작성일부터 30일 초과 60일 이내인 지급금액

(E – F) × 1천분의 3

E: 상생결제제도를 통한 지급금액 중 지급기한이 세금계산서등의 작성일부터 30일 초과 60일 이내인 금액

F: ②에 따른 D가 C를 초과하는 경우 그 초과하는 금액

참고사항

현금성결제금액의 개념(조특령 6의4 ③)

현금성결제금액이란 다음의 환어음등 지급금액을 말한다.

① 환어음 및 판매대금추심의뢰서(販賣代金推尋依賴書)로 결제한 금액으로 대금결제 기한이 세금계산서등의 작성일부터 60일 이내이고 금융기관이 판매기업에 대하여 상환청구권을 행사할 수 없는 것으로 약정된 것에 한정한다.

② 판매기업에 대한 구매대금의 지급기한이 해당 거래에 대한 세금계산서등의 작성일부터 60일 이내이고 신용카드업자가 판매기업에 대하여 상환청구권을 행사할 수 없는 것으로 약정된 기업구매전용카드의 사용금액

③ 구매기업의 대출금 상환기한이 세금계산서등의 작성일부터 60일 이내이고 금융기관이 판매기업에 대하여 상환청구권을 행사할 수 없는 것으로 약정된 외상매출채권담보대출제도를 이용하여 지급한 금액
④ 구매기업의 대금결제 기한이 세금계산서 등의 작성일부터 60일 이내이고 금융기관이 판매기업에 대하여 상환청구권을 행사할 수 없는 것으로 약정된 구매 론(loan) 제도를 이용하여 지급한 금액
⑤ 구매기업의 대금결제 기한이 세금계산서 등의 작성일부터 60일 이내이고, 세금계산서 등의 작성일 이전에는 금융기관이 판매기업에 대하여 상환청구권을 행사하고 세금계산서 등의 작성일 후에는 금융기관이 구매기업에 대하여 상환청구권을 행사하는 것으로 약정된 네트워크론제도를 이용하여 지급한 금액(판매기업이 대출받은 금액을 한도로 한다)

Ⅳ 기타사항

① 최저한세 적용대상
② 농어촌특별세 과세
③ 중복지원의 배제 규정이 적용되지 아니함. 따라서 다른 세액공제 및 감면과 중복적용됨.
④ 미공제세액 10년간 이월공제
⑤ 추계과세시 세액공제 배제

현금예치기반 상생결제 구매대금에 대한 새액공제 가능 여부(기획재정부조세특례 - 79, 2024.1.29., 서면법규법인2022 - 1040, 2024.2.5.)

현금예치기반 상생결제를 통해 지급한 금액이 조특법 7의4에 따른 상생결제 지급금액에 대한 세액공제 적용대상임.

상생결제 지급금액에 부가가치세가 포함되는 지 여부(서면법인2021 - 6711, 2021.12.9.)

조세특례제한법 제7조의4(상생결제 지급금액에 대한 세액공제) 제1항의 구매대금은 부가가치세를 포함한 금액인 것임.

상생결제제도의 최초 구매기업이 중소기업인 경우 상생결제 지급금액에 대한 세액공제 가능 여부(서면법인2017 - 1360, 2017.11.22.)

조세특례제한법 제7조의4 제1항 각 호의 요건을 모두 충족하는 최초 구매기업인 중소기업이 조세특례제한법 시행령 제6조의4에 따른 상생결제제도를 통해 판매기업인 중소기업에게 구매대금을 지급하는 경우 조세특례제한법 제7조의4에 따른 상생결제 지급금액에 대한 세액공제를 적용받을 수 있는 것임.

제7절 통합투자세액공제

※ 2021.12.31.까지 투자완료분에 대해서는 종전세액공제 선택 가능.
2021.12.31.까지 투자를 완료하는 경우(조특법 25의7에 따른 투자는 2020.12.31.까지)에는 종전세액공제(조특법 5, 25, 25의4, 25의5 및 25의7)와 통합투자세액공제 중 선택하여 적용가능하나 투자자산별로 기존세액공제와 통합투자세액공제를 선택하여 적용하는 것은 인정안됨.

| (저자주) 통합투자세액공제 적용여부 자가진단표 |

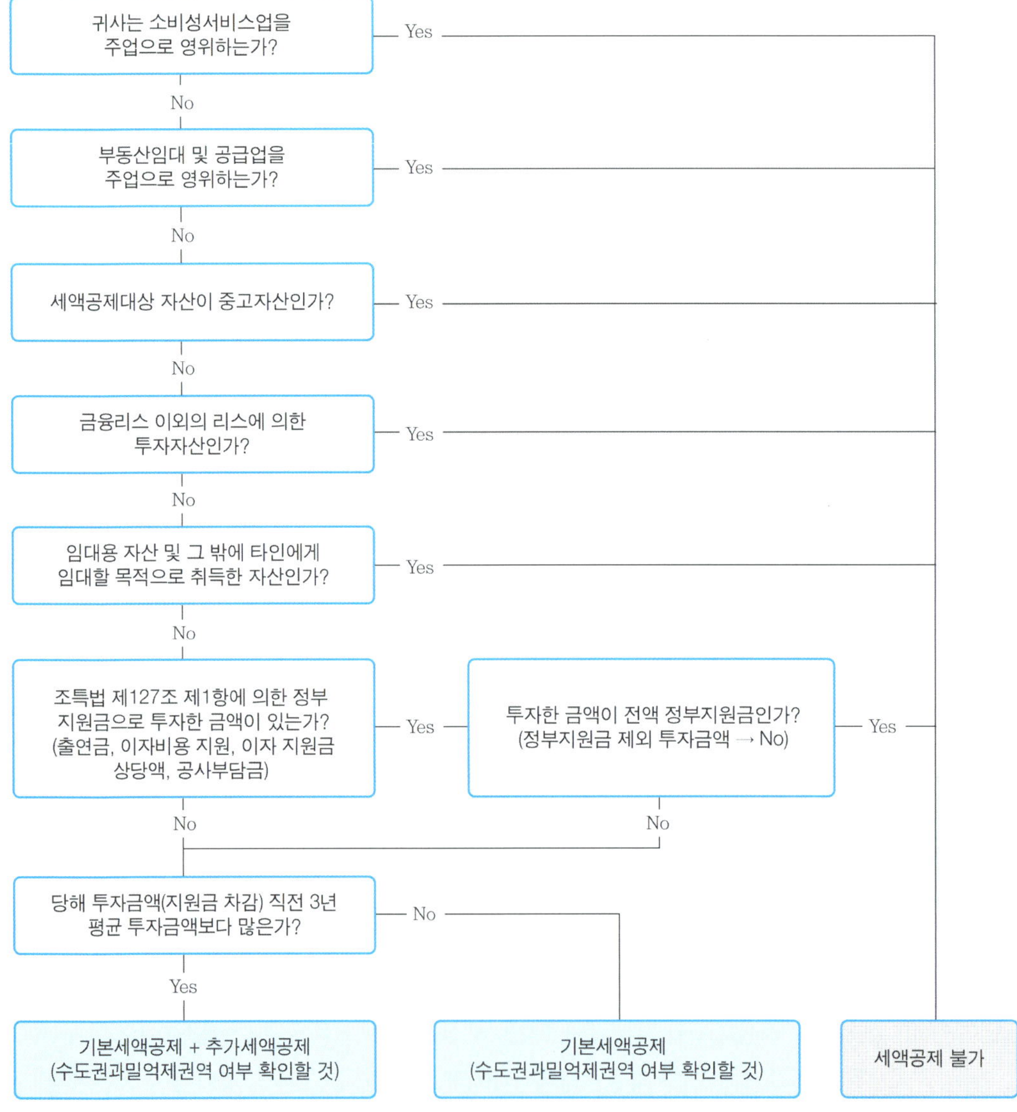

| (저자주) 수도권과밀억제권역 안과 밖에서 통합투자세액공제 적용여부 자가진단표 |

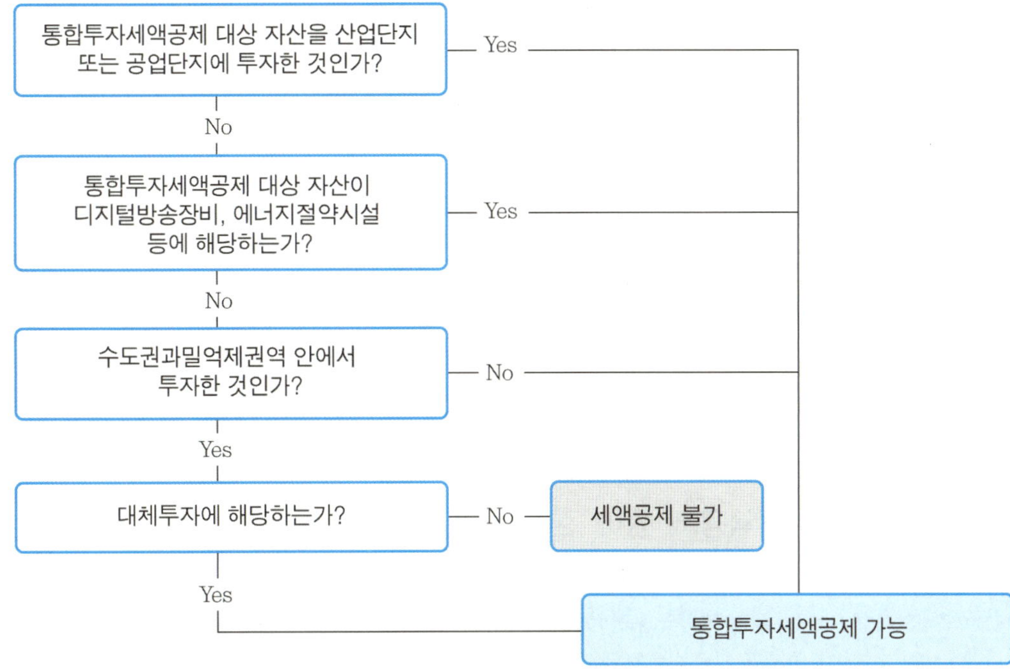

I 개요 및 적용시기 등

1. 개요

2020년 12월 29일 중소기업 등 투자세액공제 등 다음의 투자세액공제제도를 기업투자 활성화 지원을 목적으로 통합투자세액공제 제도를 신설하였다.

종전세액공제규정	개정규정
• 중소기업 등 투자세액공제(조특법 5) • 특정시설 투자세액공제(조특법 25) • 의약품 품질관리 개선시설 투자세액공제(조특법 25의4) • 신성장기술 사업화 시설 투자세액공제(조특법 25의5) • 초연결 네트워크구축시설 투자세액공제(조특법 25의7)	⇨ 통합투자세액공제(조특법 24)

2. 적용시기

통합투자세액공제의 적용시기는 다음과 같다.(조특법 부칙 제17759호, 1. 4. 36, 2020.12.29.)

① 이 법 시행(2021년 1월 1일) 이후 과세표준을 신고하는 경우부터 적용한다.
② 다음의 요건을 모두 충족하는 제24조 제1항의 개정규정에 따른 내국인이 2개 이상의 과세연도에 걸쳐서 투자하는 경우에는 제24조 제2항의 개정규정에도 불구하고 투자를 완료한 날이 속하는 과세연도에 모든 투자가 이루어진 것으로 본다.
   ㉠ 2020년 12월 31일이 속하는 과세연도 전에 투자를 개시하였을 것
   ㉡ 종전의 제5조(중소기업 등 투자 세액공제), 제25조(특정시설투자 등에 대한 세액공제), 제25조의4(의약품 품질관리 개선시설투자에 대한 세액공제) 및 제25조의7(초연결 네트워크 구축을 위한 시설투자에 대한 세액공제)에 따른 공제를 받지 아니하였을 것

3. 특정시설투자 세액공제 등에 관한 특례 등

① 제24조 제1항의 개정규정에 따른 내국인이 2021년 12월 31일까지(종전의 제25조의7에 따른 투자는 2020년 12월 31일까지) 투자를 완료하는 경우에는 종전의 제5조, 제25조, 제25조의4, 제25조의5 및 제25조의7("종전세액공제규정")을 적용받을 수 있다. 이 경우 종전세액공제규정을 적용받는 제24조 제1항의 개정규정에 따른 내국인은 다른 공제대상 자산에 대하여 제24조의 개정규정을 적용받을 수 없다.
② 종전세액공제규정을 적용받는 경우에는 제72조 제2항, 제127조 제1항부터 제4항까지, 제128조 제1항, 제130조 제1항 · 제2항, 제132조 제1항 제3호, 같은 조 제2항 제3호 및 제146조의 개정규정에도 불구하고 종전의 규정에 따른다.

➲ 통합투자세액공제 적용 가능 여부(기획재정부조세특례-41, 2024.1.18., 서면법인2023-1189, 2023.6.22.)

「조세특례제한법」 제5조 및 제25조(2020.12.29. 법률 제17759호로 개정되기 전의 것)에 따라 2019 과세연도 투자금액에 대해 중소기업 투자세액공제 및 생산성향상시설 세액공제를 받은 경우, 2019 과세연도 투자금액에 대하여는 「조세특례제한법」(법률 제17759호로 개정된 것) 부칙 제4조 제2항을 적용하지 아니하는 것임.

☆ (질의내용) 2019 과세연도 투자금액에 대하여 이미 적용받은 중소기업 투자세액공제와 생산성향상시설 투자세액공제를 취소하고, 2019 및 2020 과세연도 전체 투자금액에 대하여 통합투자세액공제를 적용받을 수 있는지 여부

Ⅱ 세액공제 적용대상

다음의 업종 외의 사업을 경영하는 내국인이 통합투자세액공제를 적용받을 수 있다. (조특법 24)

① 조세특례제한법 시행령 제29조 제3항에 따른 소비성서비스업(호텔업 및 여관업, 일반유흥주점업, 무도유흥주점업, 단란주점, 2024.3.22. 이후 개시하는 과세연도부터 무도장 운영업, 기타 사행시설 관리 및 운영업, 유사의료업 중 안마를 시술하는 업, 마사지업 포함)

② 부동산임대 및 공급업: 다음의 업종을 말한다.

주거용건물임대업(분류코드:68111)	비주거용건물임대업(분류코드:68112)
기타부동산임대업(분류코드:68119)	주거용건물개발및공급업(분류코드:68121)
비주거용건물개발및공급업(분류코드:68122)	기타부동산개발및공급업(분류코드:68129)

따라서 부동산업(분류코드: 68) 중 부동산관련서비스업(분류코드:682)인 다음의 업종은 세액공제를 적용받을 수 있다.

부동산 관리업(분류코드: 6821)
- 주거용 부동산 관리업(분류코드: 68211)
- 비주거용 부동산 관리업(분류코드: 68212)

부동산 중개, 자문 및 감정평가업(분류코드: 6822)
- 부동산 중개 및 대리업(분류코드: 68221)
- 부동산 투자 자문업(분류코드: 68222)
- 부동산 감정평가업(분류코드: 68223)
- 부동산 분양대행업(분류코드: 68224)

임대목적으로 취득한 사업용자산의 통합투자세액공제 적용(서면법인2023-2493, 2023.12.27.)

조세특례제한법 제24조(통합투자세액공제)를 적용함에 있어서 임대업을 영위하는 법인이 임대목적으로 취득한 사업용자산은 통합투자세액공제 적용대상에 해당하는 것임. 다만, 중소기업이 아닌 자가 1990년 1월 1일 이후 수도권과밀억제권역에서 새로 사업장을 설치하여 사업을 개시한 경우 수도권과밀억제권역에 있는 해당 사업장에서 사용하기 위하여 취득한 사업용 고정자산에 대해서는 통합투자세액공제를 적용하지 아니하는 것임.

임대 자산이 조세특례제한법 시행령 제21조 제2항에 따라 조세특례제한법 시행규칙 제12조 [별표1]의 자산(차량운반구 및 비품)에 해당하는 경우 통합투자세액공제를 적용할 수 없는 것임.

임대 목적으로 취득한 사업용자산의 투자세액공제 대상여부(기획재정부조세특례-1240, 2023.12.14.)

산업용 장비 임대업을 영위하는 법인이 임대목적으로 취득한 자산의 경우 투자세액공제 대상 해당함.

> ➲ **조특법 24 ① (1)의 공제대상자산을 공급한 자도 통합투자세액공제를 적용받을 수 있는지(사전법규소득2021-1898, 2022.2.23.)**
>
> 「조세특례제한법」 제24조에 규정된 통합투자세액공제는 같은 조 제1항의 공제대상자산에 투자한 내국인이 해당 시설의 사용자인 경우에 한하여 적용되는 것이므로, 공제대상자산을 제3자에게 공급한 자는 위 통합투자세액공제를 적용받을 수 없는 것임.

Ⅲ 공제대상 자산

1. 공제대상 자산의 범위

내국인이 다음의 자산에 투자(중고품 및 금융리스를 제외한 리스에 의한 투자는 제외)하는 경우 세액공제를 적용한다.(조특법 24 ①)

① 기계장치 등 사업용 유형자산. 다만, 다음의 건축물 등 사업용 유형자산은 제외한다.(조특칙 12 ①)

구 분	구조 또는 자산명
1	차량 및 운반구, 공구, 기구 및 비품
2	선박 및 항공기
3	연와조, 블록조, 콘크리트조, 토조, 토벽조, 목조, 목골모르타르조, 철골・철근콘크리트조, 철근콘크리트조, 석조, 연와석조, 철골조, 기타 조의 모든 건물(부속설비를 포함한다)과 구축물

비고

1. 제1호를 적용할 때 취득가액이 거래단위(취득한 자가 그 취득한 자산을 독립적으로 사업에 직접 사용할 수 있는 것)별로 20만원 이상으로서 그 고유업무의 성질상 대량으로 보유하고 그 자산으로부터 직접 수익을 얻는 비품은 제1호의 비품에 포함하지 않는다.
2. 제3호를 적용할 때 부속설비에는 해당 건물과 관련된 전기설비, 급배수・위생설비, 가스설비, 냉방・난방・통풍 및 보일러설비, 승강기설비 등 모든 부속설비를 포함한다. 다만, 다음의 어느 하나에 해당하는 설비는 제외한다.
   가. 바이오의약품 제조 공정에 따라 기계 및 장치를 연결하는 배관시설
   나. 바이오의약품 제조 공정에 사용되는 제약용수 관련 설비(정제수설비, 제조용수시스템, 순수증기제조기, 초순수제조장치 및 과산화수소훈증기를 포함한다)
3. 제3호를 적용할 때 구축물에는 하수도, 굴뚝, 경륜장, 포장도로, 교량, 도크, 방벽, 철탑, 터널 그 밖에 토지에 정착한 모든 토목설비나 공작물을 포함하되, 기계・장치 등 설비에 필수적이고 전용으로 사용되는 구축물은 제외한다.

② ①에 해당하지 아니하는 유형자산과 무형자산으로 연구・시험, 직업훈련, 에너지

절약, 환경보전 또는 근로자복지 증진 등의 목적으로 사용되는 다음의 사업용자산(조특령 21 ③)

㉠ 연구・시험 및 직업훈련시설: 조특법 시행규칙 제13조의10 제1항 및 제2항에 따른 다음의 시설

가. 전담부서등, 「국가과학기술 경쟁력강화를 위한 이공계지원특별법」 제18조 및 같은 법 시행령 제17조에 따라 과학기술정보통신부장관에게 신고한 연구개발서비스업자 및 「산업기술연구조합 육성법」에 따른 산업기술연구조합에서 직접 사용하기 위한 연구・시험용시설로서 다음의 어느 하나에 해당하는 것을 말한다. 다만, 운휴 중인 것은 제외한다.

ⓐ 공구 또는 사무기기 및 통신기기, 시계・시험기기 및 계측기기, 광학기기 및 사진제작기기

ⓑ 「법인세법 시행규칙」 「별표 6」의 업종별 자산의 기준내용연수 및 내용연수범위표의 적용을 받는 자산

나. 「근로자직업능력 개발법」 제2조 제3호에 따른 직업능력개발훈련시설(내국인이 영 제2조 제1항에 따른 중소기업을 위해 설치하는 직업훈련용 시설을 포함한다)로서 위 '가'의 ⓐ항과 ⓑ항에 해당하는 것을 말한다. 다만, 운휴 중인 것은 제외한다.

ㄴ 에너지절약 시설: 다음의 어느 하나에 해당하는 시설

가. 「에너지이용 합리화법」 제14조 제1항에 따른 에너지절약형 시설투자(에너지절약전문기업이 대가를 분할상환받은 후 소유권을 이전하는 조건으로 같은 법 제25조에 따라 설치한 경우를 포함한다) 및 에너지절약형 기자재

나. 「물의 재이용 촉진 및 지원에 관한 법률」 제2조 제4호에 따른 중수도

ㄷ 환경보전 시설: 조특법 시행규칙 「별표 2」에 따른 환경보전시설

ㄹ 근로자복지 증진 시설: 다음의 어느 하나에 해당하는 시설

가. 무주택 종업원(출자자인 임원은 제외한다)에게 임대하기 위한 「주택법」에 따른 국민주택 규모의 주택

나. 종업원용 기숙사

다. 장애인・노인・임산부 등의 편의 증진을 위한 시설 또는 장애인을 고용하기 위한 시설로서 「별표 3」에 따른 시설

라. 종업원용 휴게실, 체력단련실, 샤워시설 또는 목욕시설(건물 등의 구조를 변경하여 해당시설을 취득하는 경우를 포함한다)

마. 종업원의 건강관리를 위해 「의료법」 제35조에 따라 개설한 부속 의료기관

바. 「영유아보육법」 제10조 제4호에 따른 직장어린이집

※ (저자주) 근로복지증진시설의 경우 종전 특정시설투자등에 대한 세액공제(조특법 25) 적용시 신축, 증축, 개축, 또는 구입도 적용대상으로 규정하였으나 통합투자세액공제(조특법 24)에서는 중고품은 제외하고 있어 기존 건축물을 구입하는 경우 세액공제가 불가능한 것으로 해석된다. 그러나 국민주택규모이하의 오피스텔을 취득한 경우 세액공제 가능하다(서면법령해석법인2021-7339, 2021.12.30.)는 예규가 있어 기존처럼 세액공제는 가능한 것으로 판단된다.

ㅁ 안전시설: 조특법 시행규칙 「별표 4」에 따른 안전시설

③ ①에 해당하지 아니하는 유형자산과 무형자산으로 운수업을 경영하는 자가 사업

에 직접 사용하는 차량 및 운반구 등 다음의 자산(조특칙 12 ③)

㉠ 운수업을 주된 사업으로 하는 조세특례제한법상 중소기업: 차량 및 운반구(「개별소비세법」 제1조 제2항 제3호에 따른 자동차☆로서 자가용인 것을 제외한다)와 선박

> ☆ 「개별소비세법」 제1조 제2항 제3호에 따른 자동차는 다음의 자동차를 말한다.
> 가. 배기량이 2천시시를 초과하는 승용자동차와 캠핑용자동차
> 나. 배기량이 2천시시 이하인 승용자동차(배기량이 1천시시 이하인 것으로서 대통령령으로 정하는 규격의 것은 제외한다)와 이륜자동차
> 다. 전기승용자동차(「자동차관리법」 제3조 제2항에 따른 세부기준을 고려하여 대통령령으로 정하는 규격의 것은 제외한다)

㉡ 어업을 주된 사업으로 하는 중소기업: 선박

㉢ 건설업: 「지방세법 시행규칙」 제3조에 따른 기계장비

㉣ 도매업 · 소매업 · 물류산업: 「별표 5」에 따른 유통산업합리화시설

㉤ 「관광진흥법」에 따라 등록한 관광숙박업 및 국제회의기획업: 건축물과 해당 건축물에 딸린 시설물 중 「지방세법 시행령」 제6조에 따른 시설물

㉥ 「관광진흥법」에 따라 등록한 전문휴양업 또는 종합휴양업: 「관광진흥법 시행령」 제2조 제1항 제3호 가목 및 제5호 가목에 따른 숙박시설, 전문휴양시설(골프장 시설은 제외한다) 및 종합유원시설업의 시설

㉦ 중소기업이 해당 업종의 사업에 직접 사용하는 소프트웨어: 다음의 어느 하나에 해당하는 것을 제외한 소프트웨어
가. 인사, 급여, 회계 및 재무 등 지원업무에 사용하는 소프트웨어
나. 문서, 도표 및 발표용 자료 작성 등 일반 사무에 사용하는 소프트웨어
다. 컴퓨터 등의 구동을 위한 기본운영체제(Operating System) 소프트웨어

④ 2022년 2월 15일 이후 ①에 해당하지 아니하는 유형자산과 무형자산으로 중소기업 및 중견기업이 취득한 다음의 자산(특수관계인으로부터 취득한 자산은 제외)

㉠ 내국인이 국내에서 연구 · 개발하여 「특허법」에 따라 최초로 설정등록받은 특허권
㉡ 내국인이 국내에서 연구 · 개발하여 「실용신안법」에 따라 최초로 설정등록받은 실용신안권
㉢ 내국인이 국내에서 연구 · 개발하여 「디자인보호법」에 따라 최초로 설정등록받은 디자인권

2. 공제제외자산의 범위

공제대상자산 중 다음의 자산을 취득하는 경우 통합투자세액공제를 적용받을 수 없다.

㉠ 중고품
㉡ 2025년 2월 28일 이후부터 임대용 자산 및 그 밖에 타인에게 임대할 목적으로 취득한 자산
따라서 다음의 업종(분류코드:76)은 임대용 자산 및 그 밖에 타인에게 임대할 목적으로 자산을 취득하기 때문에 통합투자세액공제를 적용받을 수 없다. 또한 일반업종도 마찬가지이다.

- 운송장비 임대업(분류코드: 761)
- 개인 및 가정용품 임대업(분류코드: 762)
- 무형 재산권 임대업(분류코드: 764)
- 산업용 기계 및 장비 임대업(분류코드: 763)

2025.2.27. 이전	2025.2.28. 이후
부동산을 제외한 임대용 자산은 세액공제 대상임	부동산 및 임대용 자산은 세액공제 대상에서 제외됨

㉢ 내국인에게 자산을 대여하는 것으로서 금융리스를 제외한 방법으로 투자한 자산

태양광 발전설비가 통합투자세액공제 대상인지(서면소득2023-1384, 2025.4.14., 사전법규법인 2024-23, 2024.4.26., 서면법규법인2023-2120, 2024.4.22.)

태양광 전기 발전업을 영위하는 내국법인이 태양광 발전설비에 투자하는 경우 통합투자세액공제가 가능한 것임.

임대목적으로 취득한 사업용자산의 통합투자세액공제 적용 여부(기획재정부조세특례-26, 2025. 1.13.)

차량운반구, 비품은 통합투자세액공제의 대상에 해당하지 않는 것임.

임대목적으로 취득한 사업용자산의 통합투자세액공제 적용(서면법인2023-2493, 2023.12.27.)

통합투자세액공제를 적용함에 있어서 임대업을 영위하는 법인이 임대목적으로 취득한 사업용자산은 통합투자세액공제 적용대상에 해당하는 것임. 다만, 중소기업이 아닌 자가 1990년 1월 1일 이후 수도권과밀억제권역에서 새로 사업장을 설치하여 사업을 개시한 경우 수도권과밀억제권역에 있는 해당 사업장에서 사용하기 위하여 취득한 사업용 고정자산에 대해서는 통합투자세액공제를 적용하지 아니하는 것임.
임대 자산이 조세특례제한법 시행령 제21조 제2항에 따라 조세특례제한법 시행규칙 제12조 [별표1]의 자산(차량운반구 및 비품)에 해당하는 경우 통합투자세액공제를 적용할 수 없는 것임.

☆ (저자주) 2025.2.29. 이후 임대목적으로 취득한 사업용자산은 통합투자세액공제를 받을 수 없다.

자력항행능력이 없는 바지선이 통합투자세액공제대상 자산인지 여부(서면법인2024-2905, 2024.12.6.)

통합투자세액공제를 적용함에 있어 지질조사 및 탐사업을 영위하는 내국법인이 시추장비 또는 크레인을 결합하여 해양지질탐사에 사용하기 위해 취득하는 자력항행능력이 없는 바지선은 공제대상 사업용 유형자산에 해당하는 것임.
해저지질조사 및 탐사업을 주업으로 하는 내국법인의 자력항행능력이 없는 바지선 취득과 관련하여

수도권과밀억제권역에 있는 해당 사업장에서 사용하기 위하여 취득하는 사업용 고정자산에 해당하는지 여부는 내국법인의 본점이 소재한 지역을 기준으로 판단하는 것임.

➲ 국외에 설치하기 위해 구입한 서버장치가 통합투자세액공제 대상자산에 해당하는 지 여부(서면법인2024－1772, 2024.11.29.)

통합투자세액공제를 적용함에 있어서 정보통신업을 영위하는 내국법인이 국내 또는 해외에서 서버장비를 취득하여 해외에서 사용하는 경우에는 통합투자세액공제 대상에 해당하지 않는 것임.

➲ 자동화된 물류터미널이 통합투자세액공제 적용대상 자산에 해당하는지 여부(기획재정부조세특례－875, 2024.10.8.)

상품의 보관 · 저장 및 반출이 자동적으로 이루어질 수 있도록 시스템화 된 창고시설은 유통산업합리화시설로 열거되어 있으므로 해당 기능을 수행하는 쟁점 창고시설은 유통산업합리화시설에 해당함.

➲ 임대 목적으로 취득한 사업용자산의 투자세액공제 대상여부(기획재정부조세특례－1240, 2023.12.14.)

산업용 장비 임대업을 영위하는 법인이 임대목적으로 취득한 자산의 경우 투자세액공제 대상 해당함.

☆ (저자주) 2025.2.28. 이후 임대목적으로 취득한 사업용자산은 통합투자세액공제를 받을 수 없다.

➲ 차량운반구(포크레인)에 해당하는 경우에도 환경보전시설에 해당하는 경우 통합투자세액공제 대상여부(사전법규법인2024－160, 2024.6.20.)

재활용폐기물 처리업을 영위하는 법인이 포크레인에 운반용 집게를 설치한 경우로서 동 시설(운반용 집게가 설치된 포크레인을 말함)이 「자원의 절약과 재활용촉진에 관한 법률」에 따른 재활용시설에 해당하는 경우 조세특례제한법 제24조 제1항 제1호 나목 및 같은법 시행령 제21조 제3항 제1호에 따라 통합투자세액공제 적용대상 자산에 해당하는 것임.

➲ 건설기초공사에 반복적으로 사용되는 H형강이 「통합투자세액공제대상 자산」에 해당하는지 여부(사전법규법인2023－155, 2024.1.24., 기획재정부조세특례－39, 2024.1.18.)

건설공사에 반복적으로 사용되는 자산으로서 하나의 공사가 완료되면 회수하여 다른 공사에 재사용하는 H형강이 조특법 제24조에 따른 통합투자세액공제 대상 자산에 해당하는지 아니함.

➲ 폐배터리 리사이클링 시설용 건물이 통합투자세액공제 대상인지 여부(서면법인2023－2948, 2023.11.9.)

「조세특례제한법」 제24조의 통합투자세액공제를 적용함에 있어서 「자원의 절약과 재활용촉진에 관한 법률」에 따른 재활용시설에 해당하는 폐배터리 재활용시설로서 폐배터리 재활용 공정상 필수적이고 재활용시설 전용으로 사용하기 위해 신축된 건물은 「조세특례제한법 시행규칙」 제12조 제2항 제3호에 따른 환경보전시설에 해당하는 것임.

➲ 신품 교체비용의 투자세액공제 대상 여부(사전법규법인2023－654, 2023.10.31.)

「조세특례제한법」 제24조의 통합투자세액공제 규정을 적용함에 있어 내국법인이 같은조 제1항 제1호에 따른 공제대상 자산에 해당하는 자산 중 일부 개별자산을 신품으로 교체하는 대체투자는 동 세액공제를 적용받을 수 있는 것임.

콘크리트 믹서트럭의 통합투자세액 공제대상 여부(적부2023-55, 2023.9.6.)

차량운반구는 원칙적으로 통합투자세액 공제대상이 아니나, 운수업을 경영하는 자가 사업에 직접 사용하는 경우와 건설업의 콘크리트 믹서트럭을 통합투자세액 공제대상으로 하고 있으며 해석례에 의하면 콘크리트 믹서트럭은 「법인세법 시행규칙」 제27조 제1항의 [별표]에 해당하는 고정자산이며, 내용연수는 차량운반구 중 특수자동차에 해당한다고 하였으며(법인 1264.21-489, 1984.2.8.), 또한 믹서차량(콘크리트)의 감가상각에 있어서 「법인세법 시행규칙」 별표1의 차량 및 운반구로 할 것인지 아니면 별표 2의 27 요업・토석제품 제조업의 2705번 기타의 시멘트제품 제조설비에 해당하는지에 대한 질의에 있어서도 차량운반구에 해당한다고 하였음(법인 22601-1096, 1986.4.2.). 콘크리트 제조업을 영위하는 법인이 사용하는 콘크리트 믹서트럭이 구 「조세특례제한법」 제26조 임시투자세액공제 대상에 해당하는지 여부에 대한 질의에서도 콘크리트 제조업을 영위하는 법인이 사용하는 콘크리트 믹서트럭은 임시투자세액공제 대상인 사업용 자산에 해당하지 않는 것으로 답변하였음(서면인터넷방문상담2팀-657, 2004.3.31.).

냉장・냉동보관시설의 외부 창고건물이 통합투자세액공제대상에 해당하는지 여부(서면법규법인2022-5578, 2023.8.25.)

물류산업을 영위하는 내국법인이 해당 물류산업에 직접 사용하기 위하여 「조세특례제한법 시행규칙」 별표 5의 유통산업합리화시설 중 제4호의 '창고시설'에 투자하는 경우 「조세특례제한법」 제24조의 통합투자세액공제를 적용할 수 있는 것이며, 해당 '창고시설'에는 물품의 보관・저장 및 반출을 위한 창고건축물이 포함되는 것으로, 이 경우 '창고'는 「건축법 시행령」 별표 1 제18호 가목의 창고를 말하는 것임.

소프트웨어 개발비용의 통합투자세액공제 적용 가능 여부(서면법인2022-4711, 2023.4.19.)

도소매업을 영위하는 중소기업이 해당 업종의 사업에 직접 사용하는 소프트웨어에 투자한 경우 자체개발 또는 외주제작 의뢰 방식에 관계없이 통합투자세액공제 대상에 해당하는 것임. 다만, 인사, 급여, 회계 및 재무 등 지원업무에 사용하는 소프트웨어는 공제대상 자산에 해당하지 아니함.

통합투자세액공제 대상 사업용 자산 해당 여부(사전법규법인2022-832, 2023.3.8., 기획재정부 조세특례제도과-90, 2010.2.9.)

「관광진흥법」에 따른 휴양 콘도미니엄업을 영위하는 법인(위탁자 겸 수익자)이 신탁회사와 관리형 토지신탁계약을 체결하고 해당 사업을 영위하기 위해 「조세특례제한법 시행규칙」 제12조 제3항 제5호에 따른 사업용자산에 투자하는 경우 「조세특례제한법」 제24에 따라 통합투자세액공제를 적용할 수 있는 것임.

「관광진흥법」에 따른 휴양 콘도미니엄업을 영위하는 법인이 사업용 자산(건축물)을 공유제 계약에 따라 분양한 경우 「조세특례제한법」 제146조(감면세액의 추징)의 규정을 적용하지 아니함.

취재용 카메라의 통합투자세액공제 대상 사업용 자산 해당 여부(사전법규법인2022-913, 2022.11.28.)

신문, 잡지 및 정기 간행물 출판업을 영위하는 법인이 취득한 취재용 카메라는 「조세특례제한법」 제24조에 따른 통합투자세액공제를 적용받을 수 있는 사업용 유형자산에 해당하는 것임.

지입회사에 차량을 지입한 차주에 대하여 통합투자세액공제를 적용할수 있는지(기획재정부조세특례-660, 2022.9.28.)

지입차주가 차량을 지입함으로써 지입회사가 해당 차량의 소유권을 취득하는 경우에 지입된 차량을 지입차주의 공제대상 자산으로 보아 통합투자세액공제 적용이 가능함.

➲ 냉동창고 투자가 통합투자세액공제 대상인지(서면법규법인2021-3201, 2022.8.29., 기획재정부 조세특례-585, 2022.8.24.)

의약품 품질관리 개선시설인 냉동창고가 「조세특례제한법 시행규칙」 「별표 1」의 '건축물 등 사업용 유형자산' 등에 해당하는 경우 「조세특례제한법」 제24조의 통합투자세액공제 대상에서 제외됨. 다만, 질의하신 냉동창고가 이에 해당하는지 여부는 투자하는 개별 자산별로 사실판단할 사항임.

➲ BBCHP 계약을 체결하고 선박을 승계하기 전 선급금으로 지급한 금액에 대한 통합투자세액공제 적용 시기(서면법규법인2022-1529, 2022.8.17.)

운수업을 주된 사업으로 하는 중소기업에 해당하는 내국법인("갑법인")이 2020년에 국내 선박건조회사와 선박건조 도급계약을 체결하고 선급금("쟁점선급금")을 지급한 경우로서 2021년에 해당 선박건조에 관한 권리 일체를 해외 특수목적회사("SPC")에 양도한 경우 쟁점선급금은 「조세특례제한법」 제24조에 따른 통합투자세액공제가 적용되지 않는 것임.
갑법인이 2021년에 해당 선박건조에 관한 권리 일체를 SPC에 양도하고 해당 SPC와 소유권이전조건부 장기임대계약인 국적취득조건부 나용선계약(Bare Boat Charter/Hire Purchase, "BBCHP 계약")을 체결한 경우로서 당초 국내 선박건조회사에 지급한 쟁점선급금을 SPC에 대한 선급리스료로 처리한 경우 해당 선급리스료에 대한 통합투자세액공제는 리스실행일이 속하는 과세연도에 적용하는 것임.

➲ 금형의 통합투자세액공제 적용 제외 자산 여부(서면법규법인2022-355, 2022.4.7.)

금형은 「조세특례제한법」 제24조 제1호 가목 단서 및 같은 법 시행규칙 「별표 1」 제1호에 따른 공구에 포함되지 않는 것임.(저자주: 세액공제 가능하다는 의미로 이해됨)

➲ 통합투자세액공제 적용 여부(서면법인2022-1038, 2022.3.16.)

화장품 제조업을 영위하는 내국법인이 화장품 제품 개발을 위해 「조세특례제한법」 제24조 제1항 제1호 가목에 해당하는 사업용 기계장치에 투자하는 경우에는 같은 항 제2호 각목에 따라 통합투자세액공제를 적용받을 수 있는 것임.

➲ 통합투자세액공제 대상에 해당하는지 여부(서면법령해석법인2021-7339, 2021.12.30.)

내국법인이 무주택 종업원(출자임원 제외)에게 상시 주거용으로 임대하기 위해 「주택법」에서 규정하는 국민주택 규모의 오피스텔을 취득하는 경우 「조세특례제한법」 제24조에 따른 세액공제가 가능한 자산에 해당하는 것이며, 해당 오피스텔이 무주택 종업원에게 상시 주거용으로 임대되는지 여부는 사실판단할 사항임.

➲ 배관(Pipe)시설과 이를 지지하는 선반(Piperack) 및 철골구조물 공사비용이 생산성향상시설 등 투자에 대한 세액공제 대상이 되는지 여부(기획재정부조세특례-251, 2021.3.25.)

공정 또는 기능의 제어가 마이크로프로세서 또는 수치제어장치에 의하여 자동으로 조절되는 기계장치 또는 설비는 舊「조세특례제한법」 제24조 제1항 제1호에 따른 생산성향상시설 등 투자에 대한 세액공제 대상이 되는 것이나, 귀 법인의 해당 배관(Pipe)시설과 이를 지지하는 선반(Piperack) 및 철골구조물 공사비용이 이에 해당하는지 여부는 사실판단할 사항임.

➲ **모바일어플리케이션이 생산성향상시설 투자세액공제 적용 대상인지 여부**(서면법령해석법인 2018 - 275, 2018.12.6.)

「조세특례제한법」 제24조(생산성향상시설 투자 등에 대한 세액공제)를 적용함에 있어 같은 조 제1항 제7호에 따른 "고객관계관리 시스템설비"는 고객자료를 통합하고 이를 통해 축적된 고객정보를 분석하여 마케팅에 활용하는 등 고객관계를 전자적 형태로 관리하기 위하여 사용되는 유형·무형의 설비로서 감가상각기간이 2년 이상인 설비를 의미하는 것으로, 귀 질의의 모바일어플리케이션이 이에 해당하는지는 해당 설비의 특성, 사용 용도 등을 고려하여 사실판단할 사항임.

➲ **전사적 자원관리 시스템(ERP)이 투자세액공제 대상 사업용 자산 해당 여부**(서면법령해석법인 2014 - 21121, 2015.4.22.)

「조세특례제한법 시행령」 제2조에 따른 중소기업에 해당하는 내국법인이 인사, 급여, 회계 및 재무 등 지원업무에 사용하는 소프트웨어와 물류, 인테리어, 개발, 가맹 등 영업업무에 사용하는 소프트웨어를 포함한 전사적 자원관리 시스템(ERP)("해당 시스템"이라 함)에 투자하는 경우로서 해당 시스템의 사용용도 및 구축비용(투자금액)이 지원업무에 사용하는 소프트웨어와 영업업무에 사용하는 소프트웨어가 별도로 구분되는 경우, 영업업무에 사용하는 소프트웨어에 대한 투자금액에 대하여는 같은 법 시행규칙 제3조 제1항 제4호에 따라 같은 법 제5조의 중소기업 등 투자세액공제를 적용받을 수 있는 것임.

Ⅳ 투자의 개시시기 및 신성장사업화시설등의 인정신청

1. 투자의 개시시기

투자의 개시시기는 다음에 해당하는 때로 한다.(조특령 21 ⑫, 조특령 23 ⑭)

① 국내·국외 제작계약에 따라 발주하는 경우에는 발주자가 최초로 주문서를 발송한 때

② ①의 규정에 의한 발주에 의하지 아니하고 매매계약에 의하여 매입하는 경우에는 계약금 또는 대가의 일부를 지급한 때(계약금 또는 대가의 일부를 지급하기 전에 당해 시설을 인수한 경우에는 실제로 인수한 때)

③ 당해 시설을 수입하는 경우로서 승인을 얻어야 하는 경우에는 ① 및 ②의 규정에 불구하고 수입승인을 얻은 때

④ 자기가 직접 건설 또는 제작하는 경우에는 실제로 건설 또는 제작에 착수한 때. 이 경우 사업의 타당성 및 예비적 준비를 위한 것은 착수한 때에 포함하지 아니한다.

⑤ 타인에게 건설을 의뢰하는 경우에는 실제로 건설에 착공한 때. 이 경우 사업의 타당성 및 예비적 준비를 위한 것은 착공한 때에 포함하지 아니한다

2. 신성장사업화시설 또는 국가전략기술사업화시설의 인정

가. 원칙: 투자완료일이 속하는 달의 말일부터 3개월이내 인정신청

신성장사업화시설 또는 국가전략기술사업화시설에 대한 세액공제를 신청하는 자는 투자완료일이 속하는 달의 말일부터 3개월 이내에 기획재정부장관과 산업통상자원부장관에게 신성장사업화시설 또는 국가전략기술사업화시설의 인정을 신청해야 한다.(조특칙 13 ①)

다만, 동일한 과세연도에 완료된 둘 이상의 투자에 대하여 각각 세액공제를 신청하는 경우에는 가장 늦게 완료된 투자의 투자완료일이 속하는 달의 말일부터 3개월 이내에 인정을 신청할 수 있다.

나. 예외: 투자가 2개 이상의 과세연도에 걸쳐 이루어지는 경우

투자가 2개 이상의 과세연도에 걸쳐 이루어지는 경우로서 그 투자가 이루어지는 과세연도(투자완료일이 속하는 과세연도는 제외한다)에 투자한 금액에 대하여 세액공제를 신청하는 경우에는 해당 과세연도 종료일부터 3개월 이내에 기획재정부장관과 산업통상자원부장관에게 신성장사업화시설 또는 국가전략기술사업화시설의 인정을 신청해야 한다.(조특칙 13 ②)

다만, 다음에 해당하는 경우에는 해당 과세연도의 다음 과세연도 종료일(다음 과세연도가 투자완료일이 속하는 과세연도인 경우에는 투자완료일이 속하는 달의 말일)부터 3개월 이내에 인정을 신청할 수 있다.

① 투자개시일이 속하는 과세연도의 경우
② 직전 과세연도에 투자한 금액에 대하여 신성장사업화시설 또는 국가전략기술사업화시설의 인정을 받은 경우

V 세액공제액

내국인이 위 공제대상 자산에 투자한 경우 기본공제 금액과 추가공제 금액을 합한 금액을 해당 투자가 이루어지는 과세0연도의 소득세(부동산임대업 소득을 제외한 사업소득에 대한 소득세만 해당한다) 또는 법인세에서 공제한다. 다만, 2023년 12월 31일이 속하는 과세연도에 투자하는 경우에는 임시투자세액공제금액을 공제한다.

1. 세액공제 대상 투자금액의 계산

가. 세액공제 대상 투자금액

내국인이 해당 과세연도에 투자한 금액은 다음과 같이 계산한 금액으로 한다.(조특령 21 ⑦)

투자금액 = [① - ②]

① 총투자금액에 「법인세법 시행령」 제69조 제1항에 따른 작업진행률☆에 의하여 계산한 금액과 해당 과세연도까지 실제로 지출한 금액 중 큰 금액

☆ 작업진행률 = $\frac{\text{당해 과세연도말 총투자누적액}}{\text{총투자예정비}}$

② 다음의 금액을 더한 금액
   ㉠ 해당 과세연도 전에 법 제24조를 적용받은 투자금액
   ㉡ 해당 과세연도 전의 투자분으로서 ㉠의 금액을 제외한 투자분에 대하여 ①을 준용하여 계산한 금액

나. 세액공제 대상 투자금액에서 차감되는 금액

내국인이 조세특례제한법에 따라 투자한 자산에 대하여 통합투자세액공제를 적용받는 경우 다음의 금액을 투자금액 또는 취득금액에서 차감한다.(조특법 127 ①)

① 내국인이 자산에 대한 투자를 목적으로 다음의 어느 하나에 해당되는 국가 등으로부터 출연금 등의 자산을 지급받아 투자에 지출하는 경우: 출연금 등의 자산을 투자에 지출한 금액에 상당하는 금액

가. 국가	나. 지방자치단체
다. 「공공기관의 운영에 관한 법률」에 따른 공공기관	라. 「지방공기업법」에 따른 지방공기업

② 내국인이 자산에 대한 투자를 목적으로 「금융실명거래 및 비밀보장에 관한 법률」 제2조 제1호의 어느 하나에 해당하는 금융회사등으로부터 융자를 받아 투자에 지출하고 금융회사등에 지급하여야 할 이자비용의 전부 또는 일부를 국가등이 내국인을 대신하여 지급하는 경우: 국가등이 지급하는 이자비용에 상당

하는 금액

③ 내국인이 자산에 대한 투자를 목적으로 국가등으로부터 융자를 받아 투자에 지출하는 경우: 다음과 같이 계산한 국가등이 지원하는 이자지원금에 상당하는 금액

이자지원금= 융자받은 시점의 「법인세법 시행령」 제89조 제3항에 따른 이자율☆을 적용하여 계산한 원리금 합계액 － 융자받은 시점의 실제 융자받은 이자율을 적용하여 계산한 원리금합계액

☆ (저자주) 법인세법 시행령 제89조 제3항에 따른 이자율은 가중평균차입이자율을 원칙으로 하고 있고 예외적으로 해당법인이 신고와 함께 당좌대출이자율을 시가로 선택한 경우 당좌대출이자율을 시가로 보고 있으므로 가중평균차입이자율과 당좌대출이자율 중 법인이 유리한 이자율을 선택하면 될 것으로 판단됨.

④ 2022년 1월 1일 이후 투자하는 경우부터 내국인이 「법인세법」 제37조(공사부담금으로 취득한 사업용자산가액의 손금산입) 제1항에 해당하는 사업에 필요한 자산에 대한 투자를 목적으로 해당 자산의 수요자 또는 편익을 받는 자로부터 같은 항에 따른 공사부담금을 제공받아 투자에 지출하는 경우: 공사부담금을 투자에 지출한 금액에 상당하는 금액

Check Point

「세액공제 대상 투자금액에서 차감되는 금액」의 적용범위

조세특례제한법 제127조 제1항에 의하여 투자금액 또는 취득금액에서 차감하는 규정은 종전 세액공제규정에도 적용되었던 규정이며 다만 같은법 제127조 제1항 제4호(공사부담금)의 개정규정은 2022년 1월 1일 이후 투자하는 경우부터 적용한다.

종전세액공제규정	개정규정
• 중소기업 등 투자세액공제(조특법 5) • 특정시설 투자세액공제(조특법 25) • 의약품품질관리개선시설투자세액공제(조특법 25의4) • 신성장기술 사업화 시설 투자세액공제(조특법 25의5) • 초연결 네트워크구축시설 투자세액공제(조특법 25의7)	⇨ 통합투자세액공제 (조특법 24)

통합투자세액공제 적용 시 중복지원 배제 규정 적용 여부(기획재정부조세특례-495, 2022.7.12.)

「조세특례제한법」 제24조(2020.12.29. 법률 제17759호로 개정된 것)에 따라 통합투자세액공제를 받는 경우 같은 법 제127조 제1항을 적용하는 것임.

2. 세액공제액

통합투자세액공제액은 「공제금액」(= 기본공제금액 + 추가공제금액) 또는 「임시투자세액공제금액」(= 기본공제금액 + 추가공제금액)을 해당 투자가 이루어지는 과세연도의 소득세(부동산임대업 소득을 제외한 사업소득에 대한 소득세만 해당한다) 또는 법인세에서 공제한다.

이 경우 「공제금액」과 「임시투자세액공제금액」을 동시에 적용받을 수 있는 경우에는 납세의무자의 선택에 따라 그 중 하나만을 적용한다.

가. 공제금액

공제금액 = 기본공제금액 + 추가공제금액

☆ 신성장사업화시설 또는 국가전략기술사업화시설의 인정을 받을 것을 조건으로 그 인정을 받기 전에 세액공제를 신청할 수 있다.(조특령 21 ⑬)

1) 기본공제금액

기본공제금액 = 해당 과세연도 투자금액 × 공제율

구 분	일반투자	신성장사업화시설 투자 및 신성장 연구개발시설투자	국가전략기술사업화시설투자 및 국가전략기술연구개발시설투자	
			반도체분야	그 외
① 중소기업(유예기간 포함)	10%	12%	30%	25%
② 중소기업 유예기간 경과 후 3년 이내 중견기업주1)	7.5%	9%	25%	20%
③ ②외의 중견기업	5%	6%	20%	15%
④ 일반기업	1%	3%	20%	15%

☆ 국가전략기술사업화시설투자는 2021년 7월 1일 이후 투자하는 경우부터 적용하며(법률 제18634호, 조특법 부칙 제7조) 2029년 12월 31일까지 투자하는 경우 적용함.[조특법 24 ① 2호 가목 2)]

☆☆ 신성장연구개발시설, 국가전략기술연구개발시설, 반도체 분야 국가전략기술사업화시설 및 반도체 분야 국가전략기술연구개발시설에 관한 개정규정은 2025년 1월 1일 이후 투자하는 경우부터 적용함.(조특법 법률 제20778호 부칙 제4조, 2025.3.14.)

주1) 2025.1.1. 이후 개시하는 과세연도에 다음의 구분에 따른 기간이 지난 경우로서 최초로 중소기업에 해당하지 아니하게 된 경우부터 적용함.(조특법 법률 제20617호 부칙 제5조 ②, 2024.12.31.)

구분	기간
2024년 12월 31일이 속하는 과세연도 직전 과세연도의 종료일 이전에 제2조 제2항 각 호 외의 부분 본문에 따	최초로 그 사유가 발생한 날이 속하는 과세연도와 그 다음 3개 과세연도

구분	기간
라 중소기업에 해당하지 않게 된 사유가 발생한 경우	
2024년 12월 31일이 속하는 과세연도의 개시일 이후에 제2조 제2항 각 호 외의 부분 본문에 따라 중소기업에 해당하지 않게 된 사유가 발생한 경우	최초로 그 사유가 발생한 날이 속하는 과세연도와 그 다음 5개 과세연도(최초로 그 사유가 발생한 날이 속하는 과세연도의 종료일부터 5년이 되는 날이 속하는 과세연도의 종료일 현재 해당 기업이 「자본시장과 금융투자업에 관한 법률」에 따른 유가증권시장 또는 코스닥시장에 상장되어 있는 경우에는 7개 과세연도)
중소기업기본법 개정에 따라 중소기업에 해당하지 않게 된 사유가 발생한 경우	그 사유가 발생한 날이 속하는 과세연도와 그 다음 3개 과세연도

① 신성장사업화 시설투자: 다음의 시설투자를 말한다.

가. [별표 6]에 따른 신성장 · 원천기술을 사업화하는 시설(신성장 · 원천기술을 사용하여 생산하는 제품 외에 다른 제품의 생산에도 사용되는 시설을 포함한다)로서 연구개발세액공제기술심의위원회의 심의를 거쳐 기획재정부장관과 산업통상자원부장관이 공동으로 인정하는 시설

나. [별표 7] 제6호 가목1) 및 2)의 기술이 적용된 5세대 이동통신 기지국(이와 연동된 교환시설을 포함한다)을 운용하기 위해 필요한 설비로서 「전기통신사업 회계정리 및 보고에 관한 규정」 제8조에 따른 전기통신설비 중 같은 조 제1호, 제2호 및 제6호에 따른 교환설비, 전송설비 및 전원설비

② 신성장연구개발시설투자: 연구개발을 위한 연구시험용 시설(조특법 25의3 ③ 2 가) 중 신성장 · 원천기술 연구개발을 위한 연구 · 시험용 시설(신성장 · 원천기술 외에 다른 기술의 연구개발에도 사용되는 시설을 포함한다)로서 연구개발세액공제기술심의위원회의 심의를 거쳐 기획재정부장관과 산업통상자원부장관이 공동으로 인정하는 시설투자를 말한다.

③ 국가전략기술사업화 시설투자: [별표 6의2]에 따른 국가전략기술을 사업화하는 시설(국가전략기술을 사용하여 생산하는 제품 외에 다른 제품의 생산에도 사용되는 시설을 포함한다)로서 연구개발세액공제기술심의위원회의 심의를 거쳐 기획재정부장관과 산업통상자원부장관이 공동으로 인정하는 시설투자를 말한다.

④ 국가전략기술연구개발시설투자: 연구개발을 위한 연구시험용 시설(조특법 25의3 ③ 2 가) 중 국가전략기술 연구개발을 위한 연구 · 시험용 시설(국가전략기술 외에 다른 기술의 연구개발에도 사용되는 시설을 포함한다)로서 연구개발세액공제기술심의위원회의 심의를 거쳐 기획재정부장관과 산업통상자원부장관이 공동으로 인정하는 시설투자를 말한다.

⑤ 반도체 분야 국가전략기술사업화시설: 국가전략기술사업화시설 중 반도체 분야에 사용되는 시설을 말한다.

⑥ 반도체 분야 국가전략기술연구개발시설: 국가전략기술연구개발시설 중 반도체 분야에 사용되는 시설을 말한다.

2) 추가공제금액

해당 과세연도에 투자한 금액이 해당 과세연도의 직전 3년간 연 평균투자금액을 초과하는 경우 다음의 금액을 추가로 공제한다. 다만, 3년간 투자한 연 평균투자금액이 없는 경우에는 추가공제 금액이 없는 것으로 한다.(조특령 21 ⑨)

추가공제금액=Min[①, ②]

① (해당 과세연도 투자금액 − 해당 과세연도의 직전3년간 연 평균투자금액) × 10%☆

☆ 2024.12.31. 이전은 3%(국가전략기술사업화시설인 경우 4%), 2025.1.1. 이후 투자분부터 10%

② 기본공제금액 × 2

해당 과세연도의 직전3년간 연 평균투자금액 = (해당 과세연도의 개시일부터 소급하여 3년간 투자한 금액☆의 합계 / 3) × (해당 과세연도의 개월 수 / 12)

☆ 2022 과세연도 이후 "「법인세법」 제37조 제1항에 따른 공사부담금을 제공받아 투자에 지출한 금액"은 「조세특례제한법」 제127조 제1항 제4호에 따라 투자금액에서 차감하는 것임.(서면법규법인2023-2757, 2024.3.19.)

| 공제금액의 공제율 변천 연혁 |

구 분	일반투자			신성장사업화 시설투자 신성장연구개발시설투자			국가전략기술사업화시설투자 국가전략기술연구개발시설투자			
	21년 22년	23년 24년	25년	21년 22년	23년 24년	25년	21년7월부터 22년	23년 24년	25년 반도체	25년 그 외
중소기업	10%	10%	10%	12%	12%	12%	16%	25%	30%	25%
유예기간 경과 3년내 중견기업주1)	3%	5%	7.5%	5%	6%	9%	8%	15%	25%	20%
중견기업	3%	5%	5%	5%	6%	6%	8%	15%	20%	15%
일반기업	1%	1%	1%	3%	3%	3%	6%	15%	20%	15%

☆ 신성장연구개발시설, 국가전략기술연구개발시설, 반도체 분야 국가전략기술사업화시설 및 반도체 분야 국가전략기술연구개발시설에 관한 개정규정은 2025년 1월 1일 이후 투자하는 경우부터 적용함.(조특법 법률 제20778호 부칙 제4조, 2025.3.14.)

주1) 2024.12.31. 이전 개시하는 과세연도는 중견기업 공제율과 동일하며 2025.1.1. 이후 개시하는 과세연도에 최초로 중소기업에 해당하지 아니하게 된 경우부터 적용함.(조특법 법률 제20617호 부칙 제5조 ②, 2024.12.31.)

나. 임시투자세액공제금액

> 임시투자세액공제금액 = 기본공제금액 + 추가공제금액

☆ 신성장사업화시설, 국가전략기술사업화시설, 신성장연구개발시설 또는 국가전략기술연구개발시설의 인정을 받을 것을 조건으로 그 인정을 받기 전에 세액공제를 신청할 수 있다.(조특령 21 ⑬)

1) 기본공제금액

> 기본공제금액 = 해당 과세연도 투자금액 × 공제율

구 분	일반투자	신성장사업화시설 투자 및 신성장 연구개발시설투자	국가전략기술사업화시설투자 및 국가전략기술연구개발시설투자	
			반도체분야 외	반도체분야
① 중소기업(유예기간 포함)	12%	14%	25%	30%
② 중소기업 유예기간 경과 후 3년 이내 중견기업[주1)]	7%	8%	15%	25%
③ ②외의 중견기업	7%	8%	15%	20%
④ 일반기업	1%	3%	15%	20%

주1) 임시투자세액공제의 공제율은 일반투자와 신성장사업화시설투자 및 신성장연구개발시설투자의 경우 중소기업 유예기간 경과 후 3년 이내 중견기업 구분없이 ③의 중견기업과 공제율이 동일하며 국가전략기술사업화시설투자 및 국가전략기술연구개발시설투자의 경우만 구분적용한다.

| 임시투자세액공제금액의 공제율 변천 연혁 |

구 분	일반투자		신성장사업화 시설투자 신성장연구개발시설		국가전략기술사업화시설투자 국가전략기술연구개발시설		
	23년	24년 25년	23년	24년 25년	23년 24년	25년	
						반도체	그 외
중소기업	12%	12%	18%	14%	25%	30%	25%
유예기간 경과 3년내 중견기업[주1)]	7%	7%	10%	8%	15%	25%	20%
중견기업	7%	7%	10%	8%	15%	20%	15%
일반기업	3%	1%	6%	3%	15%	20%	15%

☆ 신성장연구개발시설, 국가전략기술연구개발시설, 반도체 분야 국가전략기술사업화시설 및 반도체 분야 국가전략기술연구개발시설에 관한 개정규정은 2025년 1월 1일 이후 투자하는 경우부터 적용함.(조특법 법률 제20778호 부칙 제4조, 2025.3.14.)

주1) 임시투자세액공제의 공제율은 일반투자와 신성장사업화시설투자 및 신성장연구개발시설투자의 경우 중소기업 유예기간 경과 후 3년 이내 중견기업 구분없이 ③의 중견기업과 공제율이 동일하며 국가전략기술사업화시설투자 및 국가전략기술 연구개발시설투자의 경우만 구분적용한다.

2) 추가공제금액

각 과세연도에 투자한 금액이 해당 과세연도의 직전 3년간 연 평균투자금액을 초과하는 경우 다음의 금액을 추가로 공제한다. 다만, 3년간 투자한 연 평균투자금액이 없는 경우에는 추가공제 금액이 없는 것으로 한다.(조특령 21 ⑨)

추가공제금액=Min[①, ②]

① (해당 과세연도 투자금액 − 해당 과세연도의 직전3년간 연 평균투자금액) × 10%

② 기본공제금액 × 2

$$\text{해당 과세연도의 직전3년간 연 평균투자금액} = \frac{\text{해당 과세연도의 개시일부터 소급하여 3년간 투자한 금액}^{☆}\text{의 합계}}{3} \times \frac{\text{해당 과세연도의 개월 수}}{12}$$

☆ 2022 과세연도 이후 "「법인세법」 제37조 제1항에 따른 공사부담금을 제공받아 투자에 지출한 금액"은 「조세특례제한법」 제127조 제1항 제4호에 따라 투자금액에서 차감하는 것임.(서면법규법인2023-2757, 2024.3.19.)

Check Point

■ 3년간 투자한 금액의 연평균투자액 계산방법(법인-1276, 2009.11.13.)

3년간 투자한 금액의 연평균투자액 계산시 내국법인의 투자금액이 최초로 발생한 과세연도의 개시일부터 해당 과세연도 개시일까지의 기간이 36개월 미만인 경우에는 그 기간에 투자한 금액의 합계액을 36개월로 환산한 금액을 해당 과세연도 개시일부터 소급하여 3년간 투자한 금액의 합계액으로 하는 것으로 구체적인 계산방식은 다음과 같으며, 이 경우 월수는 월력에 따라 계산하는 것임.

1. 설립일로부터 3년 이상 경과한 법인의 경우

구 분	4기	5기	6기	직전 3년간 투자금액
사례1	100만원	200만원	300만원	100만원 + 200만원 + 300만원 = 600만원
사례2	100만원	0원	300만원	100만원 + 0원 + 300만원 = 400만원
사례3	0원	200만원	300만원	(200만원 + 300만원) × 36/24 = 750만원
사례4	0원	0원	300만원	300만원 × 36/12 = 900만원

2. 직전연도 7월 1일 설립한 법인으로서 투자금액이 300만원인 경우
직전 3년간 투자금액 = 300만원 × 36/6 = 1,800만원

■ **통합투자세액공제 적용 시 직전 3년간 연평균 투자금액 계산방법**(서면법인2023－3581, 2023.11.20.)

내국법인이 「조세특례제한법」 제24조를 적용함에 있어서 2018과세연도부터 2021과세연도까지에 걸쳐서 이루어진 투자에 대하여 같은 법 부칙(2020.12.29. 제17759호로 개정된 것) 제4조 제2항에 따라 투자를 완료한 2021과세연도에 모든 투자가 이루어진 것으로 보아 공제를 적용한 경우에도, 2022과세연도 투자분에 대하여 같은 법 제24조 제1항 제2호 나목의 "추가공제금액"을 계산할 때 직전 3년간 연평균 투자 또는 취득금액은 매 과세연도에 실제 투자한 금액을 기준으로 계산하는 것임.

사 례 **종전세액공제규정에 의하여 일괄세액공제 한 경우 직전 3년간 연평균 투자금액 계산**

㈜백두대간은 통합투자세액공제 대상인 환경보전시설 투자를 다음과 같이 하였으며 통합투자세액공제는 투자가 완료된 2021년 과세연도에 일괄적용받았다. 2022년 과세연도에 통합투자세액공제 적용시 직전 3년간 연평균투자금액은 얼마인가?

구 분	2019년	2020년	2021년	총투자금액
과세연도별 투자금액	50,000,000	40,000,000	60,000,000	150,000,000
연도별 세액공제 신청한 투자액	0	0	150,000,000	

풀이

직전 3년간 연평균투자금액 = (50,000,000 + 40,000,000 + 60,000,000) ÷ 3 = 50,000,000원

☆ 추가공제금액을 계산할 때 직전 3년간 연평균 투자 또는 취득금액은 세액공제신청금액과 상관없이 매 과세연도에 실제 투자한 금액을 기준으로 계산하는 것임.

☆ 잘못 적용한 사례: 직전 3년간 연평균투자금액 = (150,000,000×36/12) ÷ 3 = 150,000,000원 ⇨ 투자가 완료된 과세연도의 세액공제신청한 투자금액을 기준으로 계산할 경우 실제 직전 3년간 연평균투자금액보다 커지는 결과가 되므로 주의하여야 한다.

■ **3년간 투자한 금액의 연평균투자액 계산시 공제신청누락 금액의 포함여부**(법인－1314, 2009.11.27.)

3년간 투자한 금액의 연평균투자액의 계산은 당해 투자기간 및 투자금액에 대한 임시투자세액공제 신청이 누락되었더라도 그 후 임시투자세액공제를 받고자 하는 과세연도와 동일한 기준에 상응하는 투자금액을 포함하여 최근 3년간 지출액의 합계액을 평균한 금액으로 하는 것임.

사 례

중소기업인 ㈜백두대간은 통합투자세액공제 대상인 환경보전시설 투자 및 기타 투자 관련한 자료는 다음과 같은 경우 당해 과세연도 투자금액은 얼마인가? 본투자는 일반투자로 가정한다.

1. 환경보전시설 투자와 관련한 총투자예정금액: 500,000,000원
2. 투자기간: 2025.5.5. ~ 2027.10.20.
3. 과세연도말까지 실제 지출한 투자금액
   ① 2025년 과세연도 투자금액: 150,000,000원
   ② 2026년 과세연도 투자금액: 100,000,000원
4. 총투자예정비: 500,000,000원
5. 에너지절약시설 투자금액
   ① 2025년 과세연도 투자금액: 70,000,000원
   ② 2026년 과세연도 투자금액: 50,000,000원

해답 및 계산과정

1. 2025년 과세연도의 세액공제대상 투자금액 계산
   ① 2025년 과세연도 실제 지출한 금액 : 150,000,000원
   ② 2025년 과세연도 작업진행률 = 당해연도말까지 누적 투자금액÷ 총투자예정비
   = 150,000,000 ÷ 500,000,000 = 30%
   ③ 2025년 과세연도 작업진행률에 따라 계산한 금액 = 500,000,000 × 30% = 150,000,000원
   ④ 해당과세연도 전에 세액공제받은 투자금액과 진행률에 의한 투자금액 = 0
   ⑤ 2025년 과세연도의 투자금액 = Max [①, ③] - ④ + 당해연도 진행률 미적용 투자금액
   = 220,000,000원

2. 2026년 과세연도의 세액공제대상 투자금액 계산
   ① 2026년 과세연도 실제 지출한 금액 : 100,000,000원
   ② 2026년 과세연도 작업진행률 = 당해연도말까지 누적 투자금액÷ 총투자예정비
   = (150,000,000 + 100,000,000) ÷ 500,000,000 = 50%
   ③ 2026년 과세연도 작업진행률에 따라 계산한 금액 = 500,000,000 × 50% = 250,000,000원
   ④ 해당과세연도 전에 세액공제받은 투자금액과 진행률에 의한 투자금액 = 150,000,000
   ⑤ 2026년 과세연도의 투자금액 = Max [①, ③] - ④ + 당해연도 진행률 미적용 투자금액
   = 150,000,000원

■ 조세특례제한법 시행규칙[별지 제8호의9서식](2025.6.30 개정)

통합투자세액공제신청서

※ 뒤쪽의 작성방법을 읽고 작성해 주시기 바랍니다. (앞쪽)

접수번호	접수일	처리기간 즉시

① 신청인	① 상호 또는 법인명	② 사업자등록번호
	③ 대표자 성명	④ 생년월일
	⑤ 주소 또는 본점소재지 (전화번호:)	

② 과세연도	2025년 01월 01일부터 2025년 12월 31일까지		
③ 신성장사업화시설·연구개발시설, 국가전략기술사업화시설·연구개발시설 인정 신청 여부	여[ ] 부[ ]	미신청 투자금액 합계	
④ 신성장사업화시설·연구개발시설, 국가전략기술사업화시설·연구개발시설 인정 신청 인정 여부	여[ ] 부[ ]	미인정 투자금액 합계	
⑤ 임시 투자 세액공제율 적용 여부			여[O], 부[ ]
⑥ 해당 과세연도 투자분에 대한 공제세액 (=㉑ + ㉖)			

가. 2개 이상의 과세연도에 걸쳐서 이루어지는 투자금액(=⑰)

⑦ 투자 종류	⑧ 해당기술 사용 제품 외의 제품 생산 또는 해당 기술 외에 다른 기술 연구개발에 사용 여부 (사용, 미사용)	⑨ 총 투자 예정 금액	⑩ 해당 과세연도 말까지 실제 지출한 금액	작업진행률에 의한 투자금액 계산 ⑪ 해당 과세연도말 총 투자 누적액	⑫ 총 투자 예정비	⑬ 진행률 (⑪/⑫)	⑭ 진행률에 의한 투자금액 (⑨×⑬)	⑮ 누적투자 대상금액 (⑩와⑭ 중 큰 금액)	⑯ 해당 과세연도 이전 과세연도 까지의 누적투자 대상금액	⑰ 투자 금액 (⑮−⑯)
일반시설	미사용	500,000,000	150,000,000	150,000,000	500,000,000	30%	150,000,000	150,000,000	0	150,000,000
계										

나. 그 외 투자금액(=⑱)

투자종류		⑱ 투자금액
일반시설		70,000,000
신성장사업화시설·연구개발시설	⑧이 '사용' 인 시설	
	⑧이 '미사용' 인 시설	
국가전략기술사업화시설·연구개발시설	⑧이 '사용' 인 시설	
	⑧이 '미사용' 인 시설	
반도체분야 국가전략기술사업화시설·연구개발시설	⑧이 '사용' 인 시설	
	⑧이 '미사용' 인 시설	
계		

다. 기본공제금액(=㉑)

투자종류		⑲ 공제대상 투자금액 (=⑰+⑱)	⑳ 공제율	㉑ 기본공제금액 (=⑲×⑳)
일반시설		220,000,000	1%, 5%, 7.5%, 10% (1%, 7%, 12%)	26,400,000
신성장사업화시설·연구개발시설	⑧이 "사용"인 시설		3%, 6%, 9%, 12% (3%, 8%, 14%)	
	⑧이 "미사용"인 시설			
국가전략기술사업화시설·연구개발시설	⑧이 "사용"인 시설		15%, 15%, 20%, 25%	
	⑧이 "미사용"인 시설			
반도체분야 국가전략기술사업화시설·연구개발시설	⑧이 "사용"인 시설		20%, 20%, 25%, 30%	
	⑧이 "미사용"인 시설			
합계				

210㎜× 297㎜[백상지 80g/㎡ 또는 중질지 80g/㎡]

(뒤쪽)

라. 추가공제금액(=㉖)

투자종류		㉒ 공제대상 투자금액(=⑲)	㉓ 직전 3년 연 평균 투자 또는 취득금액	㉔ 초과액(=㉒-㉓)	㉕ 공제율	㉖ 추가공제금액 Min[(㉔×㉕),(㉑×2)]
일반시설		220,000,000	0	0	10%	0
신성장사업화시설·연구개발시설	⑧이 "사용"인 시설					
	⑧이 "미사용"인 시설					
국가전략기술사업화시설·연구개발시설	⑧이 "사용"인 시설					
	⑧이 "미사용"인 시설					
반도체분야 국가전략기술사업화시설·연구개발시설	⑧이 "사용"인 시설					
	⑧이 "미사용"인 시설					
합계						

「조세특례제한법 시행령」 제21조제13항에 따라 위와 같이 세액공제신청서를 제출합니다.

년 월 일

신청인 (서명 또는 인)

세무서장 귀하

작 성 방 법

※ 「조세특례제한법」 제24조에 따른 통합투자세액공제는 2021.1.1. 이후 과세표준을 신고하는 분부터 적용 가능하며 해당 세액공제를 신청한 경우 구「조세특례제한법」(2021. 1. 1. 법률 제17759호로 개정되기 전의 것) 제5조, 제25조, 제25조의4, 제25조의5 및 제25조의7(이하 "종전세액공제규정"이라 한다)은 중복으로 적용받을 수 없습니다.

1. "⑤ 임시 투자 세액공제율 적용 여부"란: 「조세특례제한법」 제24조제1항3호를 적용받는 경우에는 "여", 그렇지 않은 경우에는 "부"를 적습니다.
2. "⑦ 투자종류"란: 일반시설 투자금액, 신성장사업화시설·연구개발시설 투자금액, 국가전략기술사업화시설·연구개발시설 투자금액 및 반도체분야 국가전략기술사업화시설·연구개발시설 투자금액으로 구분하여 작성합니다. 신성장사업화시설·연구개발시설은 「조세특례제한법 시행규칙」 별표 6에 따른 신성장·원천기술을 사업화하는 시설 및 「조세특례제한법 시행령」 제25조의3제3항제2호가목의 시설 중 신성장·원천기술 연구개발을 위한 연구·시험용 시설로서 연구개발세액공제기술심의위원회의 심의를 거쳐 기획재정부·산업통상자원부장관이 공동으로 인정하는 공제대상 자산을 말하고, 국가전략기술사업화시설·연구개발시설은 「조세특례제한법 시행규칙」 별표 6의2에 따른 국가전략기술을 사업화하는 시설 및 「조세특례제한법 시행령」 제25조의3제3항제2호가목의 시설 중 국가전략기술 연구개발을 위한 연구·시험용 시설로서 연구개발세액공제기술심의위원회 심의를 거쳐 기획재정부·산업통상자원부장관이 공동으로 인정하는 공제대상 자산을 말하며, 반도체분야 국가전략기술사업화시설·연구개발시설은 반도체분야의 국가전략기술에 대한 국가전략기술사업화시설·연구개발시설을 말합니다.
3. "⑧ 해당기술 사용 제품 외의 제품 생산 또는 해당기술 외의 다른 기술의 연구개발에 사용 여부"란: 해당시설이 해당기술을 사용하여 생산하는 제품 외에 다른 제품의 생산에도 사용되는 시설이거나 해당기술 외에 다른 기술의 연구개발에 사용되는 시설일 경우에는 "사용", 그렇지 않은 경우에는 "미사용"을 적습니다.
4. "⑬ 진행률"란: 「법인세법 시행령」 제69조제1항에 따라 해당 과세연도말까지 발생한 총투자누적액이 총투자예정비에서 차지하는 비율로 계산합니다.
5. "⑮ 누적투자 대상금액"란: ⑩란의 해당 과세연도말까지 실제 지출한 금액과 ⑭란의 진행률에 의한 투자금액 중 큰 금액을 적고, ⑯ 해당 과세연도 이전 과세연도까지의 누적투자 대상금액란은 해당 과세연도 이전 과세연도까지의 실제지출한 금액과 해당 과세연도 이전 과세연도까지의 작업진행률에 따라 계산한 투자금액 중 큰 금액을 적습니다.
6. "⑲ 공제대상 투자금액"란: ⑰ 2개 이상의 과세연도에 걸쳐서 이루어지는 투자금액과 ⑱ 그 외 투자금액의 합계액을 적습니다.
7. "⑳ 공제율"란: 일반시설란 및 신성장사업화시설·연구개발시설란의 괄호 안의 공제율은 2024년 12월 31일 또는 2025년 12월 31일이 속하는 과세연도에 투자한 금액에 대하여 적용되는 공제율을 말하며, 2025년 1월 1일 이후 개시하는 과세연도에 최초로 중소기업에 해당하지 아니하게 된 경우로서 해당 과세연도의 개시일부터 3년 이내에 끝나는 과세연도까지의 경우에는 일반시설은 7.5%, 신성장사업화시설·연구개발시설은 9%, 국가전략기술사업화시설·연구개발시설은 20%, 반도체분야 국가전략기술사업화시설·연구개발시설은 25%의 공제율을 적습니다.
8. "㉒ 공제대상 투자금액"란: ⑲ 공제대상 투자금액란을 그대로 옮겨 적습니다.
9. "㉓ 직전 3년 연 평균 투자 또는 취득금액"란: [(해당 과세연도 개시일부터 소급하여 3년간 투자한 금액의 합계÷3) × (해당 과세연도의 개월 수÷12)]로 계산하며 투자금액이 최초로 발생한 과세연도 개시일부터 해당 과세연도 개시일까지의 기간이 36개월 미만인 경우 그 기간에 투자한 금액의 합계액을 36개월로 환산하여 계산한 금액을 적습니다.
10. ㉖ 추가공제금액의 합계는 ㉔ 초과액의 합계에 공제율(10%)를 곱한 값과 일치해야 하며, ㉑ 기본공제금액의 2배를 초과할 수 없습니다.

210mm× 297mm[백상지 80g/㎡ 또는 중질지 80g/㎡]

통합투자세액공제 추가공제액 계산 시 「직전 3년 연평균 투자금액」에 공사부담금이 포함되는지 여부(서면법규법인2023-2757, 2024.3.19.)

2022 과세연도 이후 「조세특례제한법」 제24조 제1항 제2호 나목 및 제3호 나목에 따른 통합투자세액공제 추가공제를 적용하는 경우, '직전 3년간 연평균 투자금액'을 산정함에 있어 "「법인세법」 제37조 제1항에 따른 공사부담금을 제공받아 투자에 지출한 금액"은 「조세특례제한법」 제127조 제1항 제4호에 따라 투자금액에서 차감하는 것임.

사 례 **공사부담금과 직전 3년간 연평균 투자금액 계산**

㈜백두대간의 직전 3년간 투자금액은 다음과 같다. 2024년 과세연도에 통합투자세액공제 적용시 직전 3년간 연평균투자금액은 얼마인가?

구 분	2021년	2022년	2023년	합계
총투자금액	10,000만원	10,000만원	10,000만원	30,000만원
공사부담금으로 투자한 금액	6,000만원	0원	0원	6,000만원
순투자금액	4,000만원	10,000만원	10,000만원	24,000만원

풀이

직전 3년간 연평균투자금액 = (4,000만원 + 10,000만원 + 10,000만원) ÷ 3 = 8,000만원

☆ 각 연도별 투자금액은 통합투자세액공제를 받을 당시(2024년)의 세법규정을 기준으로 계산하는 것이다. 따라서 2021년에 공사부담금으로 투자한 금액은 통합투자세액공제를 받았지만 2022년부터는 통합투자세액공제 대상 투자금액에서 배제하므로 직전 3년간 연평균투자금액을 계산할 때 2021년에 공사부담금으로 투자한 금액은 제외하고 계산하는 것이다.

☆ 잘못 적용한 사례: 직전 3년간 연평균투자금액 = (100,000,000 + 100,000,000 + 100,000,000) ÷ 3 = 100,000,000원 ⇨ 공사부담금으로 투자한 금액을 포함하여 직전 3년간 연평균투자금액을 계산할 경우 연평균투자금액이 커지는 결과가 되어 통합투자세액공제의 추가공제액이 과소계산되므로 주의하여야 한다.

사업양수법인의 통합투자세액공제 적용 시 '직전 3년간 연평균 투자금액' 산정방법(기획재정부 조세특례-467, 2022.6.30.)

사업양수법인이 통합투자세액공제의 추가공제를 적용하는 경우 해당 과세연도의 직전 3년간 연평균 투자금액을 산정함에 있어 사업양도를 하기 전 사업양도법인이 투자한 금액은 사업양수법인이 투자한 것으로 보는 것임.

통합투자세액공제 적용대상 여부(서면법규법인2022-1037, 2022.3.30.)

다른 기업에서 연구개발한 신성장・원천기술을 사업화하기 위한 시설로서 해당 시설이 「조세특례제한법 시행령」(2022.2.15. 대통령령 제32413호로 개정되기 전의 것) 제21조 제4항 제1호 및 같은 법 시행규칙(2022.3.18. 기획재정부령 제904호로 개정되기 전의 것) 제12조의2에 따른 시설의 요건을 충족하는 경우 해당 시설에 대한 투자는 같은 법(2021.12.28. 법률 제18634호로 개정되기 전의 것) 제24조에 따른 신성장사

업화시설에 대한 투자에 해당하는 것이며, 바이오의약품 생산시 이물질 혼입 방지 기능을 하는 클린룸 설비에 대한 투자금액도 같은 법 제24조에 따른 통합투자세액공제 대상에 해당하는 것임.

생산성향상시설 투자세액공제 대상 금액 산정방법(기준법령해석법인2021-5, 2021.4.20.)

내국법인이 화력발전소를 건설하면서 시운전 기간 중에 지출한 비용에 대하여 「조세특례제한법」 제24조(2017.12.19. 법률 제15227호로 개정되기 전의 것)에 따른 생산성향상시설 투자세액공제를 적용함에 있어 시운전 기간 중에 발생한 전력 판매액이 있는 경우에는 시운전을 위하여 지출된 비용에서 해당 전력 판매액을 차감하여 투자금액을 계산하는 것임.

Ⅵ 통합투자세액공제시기

투자가 2개 이상의 과세연도에 걸쳐서 이루어지는 경우에는 그 투자가 이루어지는 과세연도마다 해당 과세연도에 투자한 금액에 대하여 세액공제를 적용받을 수 있다.(조특법 24 ②) 따라서 종전투자세액공제와 달리 통합투자세액공제는 투자완료시 일괄세액공제는 적용할 수 없은 것으로 판단되며 매 과세연도마다 해당 과세연도에 투자한 금액을 기준으로 세액공제를 적용하는 것이다.

Check Point

통합투자세액공제와 중소기업등 투자세액공제의 세액공제시기 비교(조특법 집행기준 24-21-1)

투자가 2개 이상의 과세연도에 걸쳐서 이루어지는 경우 세액공제시기는 다음과 같다.

세액공제	투자완료시 일괄공제	각 과세연도마다 공제
통합투자세액공제(조특법 24)	×	○
중소기업 등 투자세액공제(조특법 5)	○	○
특정시설 투자세액공제(조특법 25)	○	○
의약품품질관리개선시설투자세액공제(조특법 25의4)	○	○
신성장기술 사업화 시설 투자세액공제(조특법 25의5)	×	○
초연결 네트워크구축시설 투자세액공제(조특법 25의7)	○	×

따라서 종전투자세액공제와 달리 통합투자세액공제는 투자완료시 일괄세액공제는 적용할 수 없은 것으로 판단되며 매 과세연도마다 해당 과세연도에 투자한 금액을 기준으로 세액공제를 적용하는 것이다.

사례

중소기업인 ㈜백두대간은 통합투자세액공제 대상인 환경보전시설 투자를 다음과 같이 하였으며 6기 과세연도 이전 투자자금액은 없으며 총 투자금액은 370,000,000원이며 하나의 자산이며 10기에 투자가 완료되었다. 본투자는 일반투자로 가정한다.

구 분	7기	8기	9기	10기
과세연도별 투자금액	50,000,000	70,000,000	100,000,000	150,000,000

풀 이

1. 매 과세연도별 세액공제 신청

1) 7기 과세연도 세액공제
   ① 기본공제 = 50,000,000 × 10% = 5,000,000원
   ② 추가공제 = 0
   ☆ 직전 3년간 투자한 연평균 투자금액이 없는 경우에는 추가공제 금액이 없는 것으로 한다.(조특령 21 ⑨)

2) 8기 과세연도 세액공제
   ① 기본공제 = 70,000,000 × 10% = 7,000,000원
   ② 직전 3년간 연평균 투자금액 = (50,000,000 × 36 / 12) ÷ 3 = 50,000,000원
   ③ 추가공제 = (70,000,000 − 50,000,000) × 3% = 600,000원
   ④ 통합투자세액공제의 총합계 = 7,600,000원

3) 9기 과세연도 세액공제
   ① 기본공제 = 100,000,000 × 10% = 10,000,000원
   ② 직전 3년간 연평균 투자금액 = (50,000,000 + 70,000,000) × 36 / 24 ÷ 3 = 60,000,000원
   ③ 추가공제 = (100,000,000 − 60,000,000) × 3% = 1,200,000원
   ④ 통합투자세액공제의 총합계 = 11,200,000원

4) 10기 과세연도 세액공제
   ① 기본공제 = 150,000,000 × 10% = 15,000,000원
   ② 직전 3년간 연평균 투자금액 = (50,000,000 + 70,000,000 + 100,000,000) × 36 / 36 ÷ 3 = 73,333,333원
   ③ 추가공제 = (150,000,000 − 73,333,333) × 3% = 2,300,000원
   ④ 통합투자세액공제의 총합계 = 17,300,000원

2. 투자완료 시점인 10기에 일괄 세액공제 신청하는 경우

종전투자세액공제와 달리 통합투자세액공제는 매 과세연도마다 해당 과세연도에 투자한 금액을 기준으로 세액공제를 적용하는 것이며 투자완료시 일괄세액공제는 적용할 수 없은 것으로 판단된다.

➲ 기계장치를 취득한 경우 통합투자세액공제 적용대상 투자금액 산정방법(서면법규법인2023－4013, 2024.7.25.)

내국법인이 기계설비를 수입하거나 매매계약에 의해 매입함에 따라 「조세특례제한법」 제24조의 통합투자세액공제를 적용하는 경우 같은 법 시행령 제23조 제14항에 따른 투자의 개시시기가 속하는 과세연도부터 투자 완료일이 속하는 과세연도까지 같은 법 시행령 제21조 제7항에 따라 산정한 투자금액을 같은 법 제24조 제1항 제2호 가목 및 나목에 따른 '해당 과세연도에 투자한 금액'으로 보는 것이며, 투자가 완료된 경우에는 투자가 완료된 과세연도에 지출되지 아니한 금액 전부를 투자완료일이 속하는 과세연도에 투자한 금액으로 보는 것임.

➲ 신성장 사업화시설의 투자금액에 대한 시설인정의 신청기한(사전법규법인2024－411, 2024.6.21.)

신성장사업화시설에 대한 투자가 2개 이상의 과세연도(2023년, 2024년, 2025년)에 걸쳐 이루어지는 경우로서 2023 및 2024 과세연도에 투자한 금액에 대하여 「조세특례제한법 시행령」 제21조 제13항 후단에 따라 세액공제를 신청하는 경우에는 같은 법 시행규칙 제13조 제2항 본문에 따라 해당 과세연도 종료일부터 3개월 이내에 제1항에 따른 인정을 신청해야 하며 다만, 투자개시일이 속하는 과세연도(2023년)에 투자한 금액에 대하여는 같은 조 제2항 단서에 따라 해당 과세연도(2023년)의 다음 과세연도(2024년) 종료일부터 3개월 이내에 제1항에 따른 인정을 신청할 수 있는 것임.

Ⅶ 공제세액의 추가납부 및 이자상당가산액 가산

가. 사후관리기간

법인세를 공제받은 자가 투자완료일부터 5년 이내의 기간 중 다음의 기간까지 그 자산을 당초 목적에 사용하여야 한다.

㉠ 건축물 또는 구축물: 5년
㉡ 신성장사업화시설 또는 국가전략시술사업화시설 중 해당 기술을 사용하여 생산하는 제품 외에 다른 제품의 생산에도 사용되는 시설: 투자완료일이 속하는 과세연도의 다음 3개 과세연도의 종료일까지의 기간
㉢ 신성장연구개발시설 또는 국가전략기술연구개발시설 중 해당 기술 외에 다른 기술의 연구개발에도 사용되는 시설: 투자완료일이 속하는 과세연도의 다음 3개 과세연도의 종료일까지의 기간
㉣ 위 외의 사업용 자산: 2년

이 경우 ㉡과 ㉢에 해당하는 시설이 다음에 해당하면 다음에서 정한 기간이 끝나는 날에 그 시설을 다른 목적으로 전용한 것으로 본다. 다만, 천재지변으로 인한 시설의 멸실, 화재 등으로 해당 시설이 파손되어 가동이 불가능한 경우에는 전용한 것으로 보지

않는다.(조특령 21 ⑩, 조특칙 12의2 ③)

① 신성장사업화시설의 경우: 투자완료일(투자완료일이 2022년 4월 1일 이전인 경우에는 2022년 4월 1일)부터 투자완료일이 속하는 과세연도의 다음 3개 과세연도의 종료일까지의 기간 동안 해당 시설에서 생산된 모든 제품의 총생산량에서 신성장 · 원천기술을 사용하여 생산한 제품과 국가전략기술을 사용하여 생산한 제품의 생산량의 합이 차지하는 비율이 50% 이하인 경우
② 국가전략기술사업화시설의 경우: 투자완료일(투자완료일이 2022년 4월 1일 이전인 경우에는 2022년 4월 1일)부터 투자완료일이 속하는 과세연도의 다음 3개 과세연도의 종료일까지의 기간 동안 해당 시설에서 생산된 모든 제품의 총생산량에서 국가전략기술을 사용하여 생산한 제품의 생산량이 차지하는 비율이 50% 이하인 경우
③ 신성장연구개발시설의 경우: 투자완료일(투자완료일이 2025년 7월 1일 이전인 경우에는 2025년 7월 1일)부터 사후관리기간 동안 해당 시설의 총 연구개발업무 사용시간에서 신성장 · 원천기술의 연구개발업무 사용시간과 국가전략기술의 연구개발업무 사용시간의 합이 차지하는 비율이 100분의 50 이하인 경우
④ 국가전략기술연구개발시설의 경우: 투자완료일(투자완료일이 2025년 7월 1일 이전인 경우에는 2025년 7월 1일)부터 사후관리기간 동안 해당 시설의 총 연구개발업무 사용시간에서 국가전략기술의 연구개발업무 사용시간이 차지하는 비율이 100분의 50 이하인 경우

나. 추가납부 및 이자상당가산액

사후관리기간 내에 그 자산을 다른 목적으로 전용하는 경우에는 공제받은 세액공제액 상당액에 이자상당가산액을 가산하여 소득세 또는 법인세로 납부하여야 한다. 이 경우 해당 세액은 「소득세법」 제76조 또는 「법인세법」 제64조에 따라 납부하여야 할 세액으로 본다.(조특법 24 ③)

$$\text{이자상당액} = \text{공제받은 세액공제액 상당액} \times \text{이자계산기간} \times \frac{22}{100,000}$$

☆ 이자계산기간 : 세액공제를 받은 사업연도의 과세표준신고일의 다음날부터 해당 사유가 발생한 날이 속하는 사업연도의 과세표준신고일까지의 기간

☆☆ 2021.12.31. 이전 기간은 25/100,000, 2022.1.1. 이후 기간은 22/100,000을 적용한다.

이 경우 신성장사업화시설, 국가전략기술사업화시설, 신성장연구개발시설 또는 국가전략기술연구개발시설을 다른 목적으로 전용한 것으로 보는 경우의 「공제받은 세액공제액 상당액」은 다음의 구분에 따라 계산한 금액으로 한다.(조특령 21 ⑪)

① 신성장사업화시설의 경우: 공제받은 세액공제액에서 해당 시설이 신성장사업화시설 또는 국가전략기술사업화시설이 아닌 일반시설인 경우에 공제받을 수 있는 세액공제액을 뺀 금액
② 국가전략기술사업화시설의 경우: 공제받은 세액공제액에서 해당 시설이 일반시설인 경우에 공제받을 수 있는 세액공제액(해당 시설에서 생산된 모든 제품의 총생산량에서 신성장·원천기술을 사용하여 생산한 제품과 국가전략기술을 사용하여 생산한 제품의 생산량의 합이 차지하는 비율이 100분의 50을 초과하는 경우에는 신성장사업화시설로서 공제받을 수 있는 세액공제액)을 뺀 금액
③ 신성장연구개발시설의 경우: 공제받은 세액공제액에서 해당 시설이 신성장연구개발시설 또는 국가전략기술연구개발시설이 아닌 시설("일반연구개발시설")인 경우에 공제받을 수 있는 세액공제액을 뺀 금액
④ 국가전략기술연구개발시설의 경우: 공제받은 세액공제액에서 해당 시설이 일반연구개발시설인 경우에 공제받을 수 있는 세액공제액(해당 시설의 총 연구개발업무 사용시간에서 신성장·원천기술의 연구개발업무 사용시간과 국가전략기술의 연구개발업무 사용시간의 합이 차지하는 비율이 100분의 50을 초과하는 경우에는 신성장연구개발시설로서 공제받을 수 있는 세액공제액)을 뺀 금액

참고사항

■ **이자상당가산액 계산에 적용되는 이자율의 적용방법(조특령 부칙 제32413호, 21, 2022.2.15.)**

2022년 2월 15일 이전에 발생한 사유로 2022년 2월 15일 이후 세액을 납부 또는 부과하는 경우 2022년 2월 14일까지의 기간분에 대한 이자상당가산액 또는 이자상당액의 계산에 적용되는 이자율은 개정규정에도 불구하고 종전의 규정(25/100,000)에 따르고, 2022년 2월 15일 이후의 기간분에 대한 이자상당가산액 또는 이자상당액의 계산에 적용되는 이자율은 개정규정(22/100,000)에 따른다.

다. 생산량 측정 기록 보관의무

1) 신성장사업화시설 또는 국가전략기술사업화시설의 생산량 측정기록 보관의무

신성장사업화시설 또는 국가전략기술사업화시설 중 해당 기술을 사용하여 생산하는 제품 외에 다른 제품의 생산에도 사용되는 시설에 대하여 통합투자세액공제를 적용받는 자는 다음에 따라 생산량을 측정·기록하고 ②의 측정 기간 종료일부터 5년 동안 보관해야 한다.(조특칙 12의2 ④)

① 해당 시설을 거쳐 저장·판매가 가능한 형태로 생산된 제품 또는 반제품(그 제품 또는 반제품을 사용하여 생산한 다른 제품 또는 반제품은 제외한다)을 측정 대상으로 할 것
② 해당 시설의 투자완료일(투자완료일이 2022년 4월 1일 이전인 경우에는 2022년 4월 1일)부터 그 날이 속하는 과세연도의 다음 3개 과세연도의 종료일까지 측정할 것
③ 다음의 구분에 따른 단위로 측정할 것
가. 고체류: 개수

나. 액체류 및 기체류: 부피 단위 또는 해당 제품을 담은 동일한 부피의 용기 등의 개수

2) 신성장연구개발시설 또는 국가전략기술연구개발시설의 생산량 측정기록 보관의무

신성장연구개발시설 또는 국가전략기술연구개발시설 중 해당 기술 외에 다른 기술의 연구개발에도 사용되는 시설에 대하여 통합투자세액공제를 적용받으려는 자는 다음에서 정하는 바에 따라 해당 시설의 연구개발업무 사용시간을 측정·기록하고 ②의 측정 기간 종료일부터 5년 동안 보관해야 한다.(조특칙 12의2 ⑤)

① 다음 각 목의 구분에 따른 사용시간을 분 단위로 측정하여 기록할 것
  가. 해당 시설을 국가전략기술의 연구개발업무에 사용한 시간
  나. 해당 시설을 신성장·원천기술의 연구개발업무에 사용한 시간. 이 경우 해당 시설을 국가전략기술의 연구개발업무 및 신성장·원천기술의 연구개발업무에 동시에 사용한 시간은 신성장·원천기술의 연구개발업무에 사용한 시간으로 본다.
  다. 해당 시설을 가목 및 나목 외의 업무에 사용한 시간
② 해당 시설의 투자완료일(투자완료일이 2025년 7월 1일 이전인 경우에는 2025년 7월 1일)부터 그 날이 속하는 과세연도의 다음 3개 과세연도의 종료일까지 측정하여 기록할 것

Ⅷ 기타사항

① 수도권과밀억제권역의 투자에 대한 세액공제 배제(대체투자는 세액공제 가능)

중소기업이 수도권과밀억제권역에 있는 해당 사업장에서 사용하기 위하여 취득하는 사업용 고정자산으로서 증설투자에 해당하는 것은 통합투자세액공제를 적용하지 아니한다. 다만, 일정한 산업단지 또는 공업지역에서 증설투자를 하는 경우 및 다음의 사업용고정자산을 취득하는 경우에는 통합투자세액공제를 적용한다.(조특법 130 ①)

① 디지털방송을 위한 프로그램의 제작·편집·송신 등에 사용하기 위하여 취득하는 방송장비
② 「전기통신사업 회계정리 및 보고에 관한 규정」 제8조에 따른 전기통신설비 중 같은 조 제1호부터 제3호까지 및 제5호에 따른 교환설비, 전송설비, 선로설비 및 정보처리설비
③ 연구·시험, 직업훈련, 에너지 절약, 환경보전 또는 근로자복지 증진 등의 목적으로 사용되는 사업용자산
④ 「별표 7」의 에너지절약시설
⑤ 「별표 7의2」의 신에너지 및 재생에너지를 생산하기 위한 시설을 제조하는 시설
⑥ 「별표 11」에 따른 의약품 품질관리 개선시설

구 분		중소기업 등		비중소기업 등	
		증설투자	대체투자	증설투자	대체투자
통합투자 세액공제	① 산업단지, 공업지역	○	○	○	○
	② 디지털방송장비등(지역 무관)	○	○	○	○
	③ 수도권과밀억제권역 안의 ①외 지역	×	○	×	○
	④ 수도권과밀억제권역 밖 지역	○	○	○	○

☆ 1989년 이전부터 계속사업장과 1990년 이후 설치 이전 사업장 중 중소기업 등이 산업단지 또는 공업지역에서 증설투자를 하는 경우 및 디지털방송장비등 사업용고정자산을 취득하는 경우에는 세액공제를 적용한다.

참고사항

- **증설투자 정의**

"증설투자"라 함은 다음의 구분에 따른 투자를 말한다.(조특령 124)

① 공장 사업장의 경우: 사업용 고정자산을 새로이 설치함으로써 당해 공장의 연면적이 증가되는 투자

② 공장이외의 사업장: 사업용 고정자산을 새로이 설치함으로써 사업용 고정자산의 수량 또는 사업장의 연면적이 증가되는 투자

- **일정한 산업단지 또는 공업지역**(조특법 130 ①)

산업단지 또는 공업지역이란 수도권과밀억제권역안에 소재하는 다음에 해당하는 산업단지 또는 공업지역을 말한다.

① 「산업입지 및 개발에 관한 법률」에 의한 산업단지

※ 산업단지 확인방법

① 산업입지정보시스템(www.industryland.or.kr)의 산업입지현화 - 고시/공고에서 확인가능

② 확인가능 정보: 산업단지의 위치, 유형, 고시일자, 고시번호, 고시명 등을 확인가능

③ 검색예시

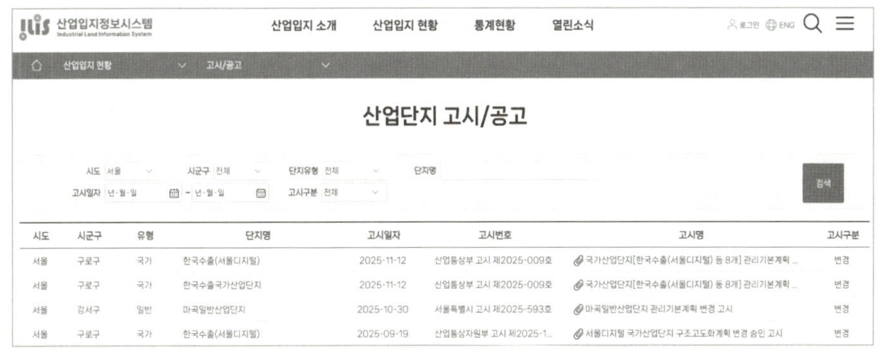

② 「국토의 계획 및 이용에 관한 법률」 제36조 제1항 제1호의 규정에 의한 공업지역 및 동법 제51조 제3항의 제2종지구단위계획구역중 산업시설의 입지로 이용되는 구역

② 일부 세액감면시 투자세액공제의 중복적용 배제

③ 최저한세 및 농어촌특별세 적용

④ 미공제세액 10년간 이월공제

⑤ 추계결정시 세액공제배제(조특법 128 ①). 다만, 거주자는 투자에 관한 증거서류를 제출하는 경우 세액공제 가능함.

중소기업이 수도권과밀억제권역에서 수도권과밀억제권역 밖으로 공장 이전시 감면 등 적용 여부(서면법인2023-1523, 2023.9.26.)

「조세특례제한법」 제130조 수도권과밀억제권역의 투자에 대한 조세감면 배제를 적용함에 있어서 중소기업이 수도권과밀억제권역 내 「산업입지 및 개발에 관한 법률」에 의한 산업단지에 소재한 사업장에서 사용하기 위하여 취득하는 사업용 고정자산에 대해서는 통합투자세액공제를 배제하지 아니하는 것임.

통합투자세액공제 적용 여부(서면법인2022-5211, 2023.5.12.)

수도권과밀억제권역 안에 본점이 소재한 중소기업인 내국법인이 수도권과밀억제권역 밖에 소재한 제조업을 영위하는 지점인 사업장에서 사업에 직접 사용하기 위하여 취득하는 사업용 고정자산에 대해서는 「조세특례제한법」 제130조 제1항에서 규정한 "수도권과밀억제권역의 투자에 대한 조세감면 배제"가 적용되지 아니하는 것임.

통합투자세액공제 적용 시 중복지원 배제 규정 적용 여부(기획재정부조세특례-495, 2022.7.12.)

「조세특례제한법」 제24조(2020.12.29. 법률 제17759호로 개정된 것)에 따라 통합투자세액공제를 받는 경우 같은 법 제127조 제1항(중복지원 배제 규정)을 적용하는 것임.

전기공급업을 영위하는 내국법인이 투자한 전선이 기계장치에 해당하는지 여부(서면법령해석법인2021-4608, 2021.11.29.)

전기공급업을 영위하는 내국법인이 투자한 전선(전력선 및 통신선)은 「조세특례제한법 시행규칙」 「별표1」 제3호에 따른 구축물에 해당하는 것임.

통합투자세액공제 및 설비투자자산의 감가상각비 손금산입 특례 적용방법(서면법인2021-4422, 2021.7.20.)

내국법인이 2개 이상의 과세연도에 걸쳐서 투자하는 경우로서 2020년 12월 31일이 속하는 과세연도 전에 투자를 개시하고 구「조세특례제한법」(2020.12.29. 법률 제17759호로 개정되기 전의 것을 말한다) 제25조에 따른 공제를 받은 경우에는 「조세특례제한법」(2020.12.29. 법률 제17759호로 개정된 것을 말한다) 부칙 제4조 제2항의 규정이 적용되지 않는 것임.

「법인세법 시행규칙」 「별표 2」에 따른 시험연구용자산 중 「조세특례제한법 시행령」 제25조의3 제3항 제2호에 따른 연구·시험용 시설 및 직업훈련용 시설에 대한 투자에 대해 「조세특례제한법」 제24조에 따른 세액공제를 이미 받은 자산에 대해서는 「법인세법 시행규칙」 「별표 5」 또는 「별표 6」의 기준내용연수 및 내용연수 범위표를 기준으로 「조세특례제한법」 제28조의3에 따른 설비투자자산의 감가상각비 손금산입 특례를 적용하는 것임.

통합투자세액공제를 적용받을 수 있는지 여부(서면법인2021-3474, 2021.7.5.)

「조세특례제한법」 제24조에 따른 통합투자세액공제는 시설에 투자한 내국인이 해당 시설의 사용자인 경우에 한하여 적용되는 것이며, 같은 법 시행규칙 제12조 제2항 제4호에 해당하는 경우와 자기가 제품을 직접 제조하지 아니하고 투자세액공제 적용 시설을 수탁가공 업체의 사업장에 설치하고 그 시설에 대한 유지·관리비용을 부담하면서 생산한 제품을 전량 인수하여 자기 책임하에 직접 판매하는 경우에는 해당 시설을 설치한 자가 사용한 것으로 보는 것임.

수도권과밀억제권역 안에 본점사업장을 두고 화물운송을 영위하는 기업이 수도권과밀억제권역 외에 지점사업장을 설치하여 인근 선박항의 단일항로에서 사용하기 위하여 쟁점선박을 증설투자한 경우 중소기업투자세액공제를 적용하여야 한다는 청구주장의 당부(조심2021서623, 2021.5.20.)

조세특례제한법 제130조에 따른 배제기준은 사업용 고정자산인 쟁점선박이 실제로 사용되는 장소를 기준으로 판정하는 것이 타당하므로 처분청에서 쟁점선박의 투자금액에 대한 중소기업투자 세액공제의 적용을 구하는 이 건 경정청구를 거부한 이 건 처분은 잘못이 있는 것으로 판단됨.

| (저자주) 수도권과밀억제권역 투자 판단기준 분석 |

본점소재지 기준 판단	본점소재지와 상관없이 해당 사업장 기준 판단
서면법인2019-2379, 2020.10.23. 대법2019두42730, 2019.9.10. 서면법인2018-1034, 2018.5.1. 대법2004두8231, 2005.10.7.	조심2021서623, 2021.5.20 조심2012서2642, 2012.8.17. 조심2010서1427, 2011.7.26. 서면2팀-549, 2006.3.29. 서면2팀-1070, 2005.7.12. 서이46012-11841, 2003.10.23. 법인46012-3594, 1999.9.29.

☆ (저자주) 조특법 130 ① 적용시 본점소재지를 기준으로 수도권과밀억제권역에 있는 사업장을 판단하는 예규나 대법원 판례는 선박 또는 건설업의 건설기계 취득과 관련된 것으로 각 사업장별로 사용여부가 불투명한 경우로 보인다. 그러나 본점소재지와 상관없이 투자자산을 사용하는 사업장을 기준으로 판단하는 예규나 심판례는 별도의 지점등 사업장을 설치하여 그 지점 사업장에서만 사용하는 경우로 해석된다. 따라서 투자자산이 소재하는 별도의 사업장여부와 그 투자자산의 사용지역등을 종합적으로 판단하여야 한다.

생산성향상시설 투자세액공제 대상 금액 산정방법(기준법령해석법인2021-5, 2021.4.20.)

내국법인이 화력발전소를 건설하면서 시운전 기간 중에 지출한 비용에 대하여 「조세특례제한법」 제24조(2017.12.19. 법률 제15227호로 개정되기 전의 것)에 따른 생산성향상시설 투자세액공제를 적용함에 있어 시운전 기간 중에 발생한 전력 판매액이 있는 경우에는 시운전을 위하여 지출된 비용에서 해당 전력 판매액을 차감하여 투자금액을 계산하는 것임.

수도권과밀억제권역에 있는 해당 사업장 판단기준(서면법인2019-2379, 2020.10.23.)

수상운송업 중 예선업을 주업으로 하는 중소기업이 취득하는 예인선과 관련하여 「조세특례제한법」 제5조 제1항 제1호 및 같은 법 제130조 제1항 적용시 수도권과밀억제권역에 있는 해당 사업장에서 사용하기 위하여 취득하는 사업용 고정자산에 해당하는지 여부는 법인의 본점이 소재한 지역을 기준으로 판단하는 것임.

수도권과밀억제권역 안과 밖으로 명확하게 구분되지 않는 경우 투자세액공제대상 여부(기준법령해석법인2020-86, 2020.5.29.)

수도권과밀억제권역 안에 본점소재지를 두고 물류산업을 영위하는 내국법인이 이동이 가능하여 사용장소가 수도권과밀억제권역 안과 밖으로 명확하게 구분되지 않는 물류산업용 파렛트를 취득하는 경우, 해당 투자는 「조세특례제한법」 제26조 및 같은 법 시행령 제23조에 따른 고용창출투자세액공제(구 임시투자세액공제) 적용 시 수도권과밀억제권역 밖의 투자에 해당하지 않는 것임.

건설업의 건설기계의 경우 수도권과밀억제권역 안에 소재하는 경우의 의미(대법2019두42730, 2019.9.10.)

건설업의 건설기계는 그 자체가 수도권과밀억제권역 안에 소재하는 것을 의미하는 것이 아니라 그 자산을 사용하기 위한 사업장이 수도권과밀억제권역 안에 소재하는 경우를 의미함.

선박 취득에 따른 중소기업 등 투자세액공제 적용(서면법인2018-1034, 2018.5.1.)

해상화물운송업을 주업으로 하는 중소기업이 취득하는 선박과 관련하여 「조세특례제한법」 제5조 제1항 제1호 및 동법 제130조 제1항 적용시 수도권과밀억제권역에 있는 해당 사업장에서 사용하기 위하여 취득하는 사업용 고정자산에 해당하는지 여부는 법인의 본점이 소재한 지역을 기준으로 판단하는 것임. 해상화물운송업을 주업으로 하는 중소기업이 새로 구입한 선박에 대해 「조세특례제한법」 제5조를 적용하는 경우 그 투자를 완료한 날이라 함은 당해 자산을 그 목적에 실제로 사용한 날을 의미하는 것이고, 동조에 따른 투자금액은 「법인세법」 제72조에 따른 취득가액을 말하는 것임.

화재보험금으로 소실된 자산을 대체하여 취득한 자산에 대한 임시투자세액공제 여부(기획재정부조세특례-887, 2011.9.28.)

구 조세특례제한법 제26조(2008.12.26. 법률 제9272호로 개정되기 전의 것) 및 구 조세특례제한법 시행령 제23조(2008.10.7. 대통령령 제21064호로 개정되기 전의 것)에 따라 임시투자세액공제를 적용하는 자산에는 같은 법 제146조에 따른 감면세액의 추징기간이 경과된 자산을 화재로 소실한 경우로서 해당 자산과 관련하여 지급받은 보험금으로 그 소실한 자산을 대체하여 취득한 것이 포함되는 것임.

수도권 안에서 설립되어 사업장을 수도권 안에 두고 있는 원고 회사가 수입 취득한 건설용 기계(콘크리트 피니셔)는 비록 그 기계가 주로 수도권 밖에 있는 도로포장공사 현장에서만 사용된다 하더라도 '수도권 안에 소재하는 당해 사업용 고정자산'에 해당함(대법2004두8231, 2005.10.7.)

법 제130조 제1항의 입법취지가 수도권 안의 투자에 대하여 조세감면의 혜택을 배제함으로써 산업시설과 기업활동이 수도권으로 집중되는 것을 억제하고 수도권 소재 기업의 지방이전을 촉진하고자는 데 있음에 비추어 볼 때, 위 조항에 규정된 "수도권 안에 소재하는 당해 사업용 고정자산"의 해석에 있어서, 건설업 · 운수업에서 사용되는 건설기계나 자동차 등과 같은 기계류의 경우에는 당해 고정자산인 기계류 자체가 수도권 안에 소재하는 것을 의미하는 것이 아니라 당해 고정자산을 사용하기 위한 사업장이 수도권 안에 소재하는 경우를 의미함.

수도권과밀억제권역안의 투자에 대한 조세감면배제여부(서이46012-11841, 2003.10.23.)

내국법인이 수도권과밀억제권역외의 지역에 있는 당해 법인의 사업장에서 직접 사용하기 위하여 취득하는 사업용고정자산에 대하여는 당해 법인의 본점이 수도권과밀억제권역안에 있는 경우에도 조세특례제한법 제130조의 수도권과밀억제권역안의 투자에 대한 조세감면배제규정이 적용되지 아니하는 것임.

참고자료

중소기업등 투자세액공제 및 특정시설투자 등에 대한 세액공제

참고자료 1 중소기업 등 투자세액공제

☆ 2020.12.29. 법률 제17759호로 삭제되었으나, 2021.12.31.까지 투자완료분에 대해서는 통합투자세액공제와 선택적용 가능.(조특법 부칙 제17759호, 36 ①, 2020.12.29.)

☆ 2022.1.1. 이후 투자분부터는 통합투자세액공제만 적용된다.

Ⅰ. 세액공제 대상

중소기업 등 투자세액공제 대상기업은 중소기업과 다음의 요건을 모두 갖춘 중견기업이다.(조특법 5)

① 중소기업이 아닐 것

② 「중견기업 성장촉진 및 경쟁력 강화에 관한 특별법 시행령」 제2조 제1항 제1호(「공공기관의 운영에 관한 법률」 제4조에 따른 공공기관) 또는 제2호(「지방공기업법」에 따른 지방공기업)에 해당하는 기관이 아닐 것

③ 다음 어느 하나에 해당하는 업종을 주된 사업으로 영위하지 아니할 것. 이 경우 둘 이상의 서로 다른 사업을 영위하는 경우에는 사업별 사업수입금액이 큰 사업을 주된 사업으로 본다.
- 조세특례제한법 시행령 제29조 제3항에 따른 소비성서비스업
- 금융업
- 보험 및 연금업
- 금융 및 보험관련 서비스업

④ 소유와 경영에 실질적인 독립성이 「중견기업 성장촉진 및 경쟁력 강화에 관한 특별법 시행령」 제2조 제2항 제1호에 적합할 것[23)]

⑤ 직전 3개 사업연도의 매출액(기업회계기준에 의한 손익계산서 매출액이며 1년 미만 사업연도의 경우 연환산한 금액)의 평균금액이 3,000억원 미만인 기업일 것

23) 소유와 경영의 실질적인 독립성이 다음의 어느 하나에 해당하지 아니하는 기업일 것
가. 「독점규제 및 공정거래에 관한 법률」 제31조 제1항에 따른 상호출자제한기업집단에 속하는 기업
나. 「독점규제 및 공정거래에 관한 법률 시행령」 제38조 제2항에 따른 상호출자제한기업집단 지정기준인 자산총액 이상인 기업 또는 법인(외국법인을 포함한다)이 해당 기업의 주식(「상법」 제344조의3에 따른 의결권 없는 주식은 제외한다) 또는 출자지분의 100분의 30 이상을 직접적 또는 간접적으로 소유하면서 최다출자자인 기업. 이 경우 최다출자자는 해당 기업의 주식등을 소유한 법인 또는 개인으로서 단독으로 또는 다음의 어느 하나에 해당하는 자와 합산하여 해당 기업의 주식등을 가장 많이 소유한 자로 하며, 주식등의 간접소유비율에 관하여는 「국제조세조정에 관한 법률 시행령」 제2조 제3항을 준용한다.
1) 주식등을 소유한 자가 법인인 경우: 그 법인의 임원
2) 주식등을 소유한 자가 개인인 경우: 그 개인의 친족

국가가 최대출자자인 법인의 중견기업 해당 여부(서면법인2020-1809, 2021.11.10.)

국가(기획재정부)가 최다출자자로서 해당 기업의 주식(「상법」 제344조의3에 따른 의결권 없는 주식은 제외한다) 또는 출자지분 100분의 30 이상을 직접적 또는 간접적으로 소유한 경우, 구 「조세특례제한법 시행령」(2021.2.17. 대통령령 제31444호로 개정되기 전의 것) 제4조 제1항에 따른 중견기업 요건 중 제3호의 소유와 경영의 실질적인 독립성 요건을 갖추지 못한 것임.

중견기업의 실질적 독립성 기준에 적합한지 여부(서면법령해석법인2020-2627, 2021.10.20.)

자산총액 10조원 이상인 ○○시가 100% 출자한 △△공사는 「중견기업 성장촉진 및 경쟁력 강화에 관한 특별법 시행령」 제2조 제2항 제1호 나목에 해당하여 「조세특례제한법 시행령」(2021.2.17. 대통령령 제31444호로 개정되기 전의 것) 제4조 제1항 제3호에 따른 소유와 경영의 실질적인 독립성 요건을 갖추지 못한 것임.

Ⅱ. 세액공제 대상 투자자산

2021년 12월 31일까지(중소기업 중 2015년 1월 1일부터 2015년 12월 31일까지 신규상장 중소기업과 신규상장 중견기업의 경우는 상장일이 속하는 과세연도와 그 다음 과세연도의 개시일부터 3년 이내에 끝나는 과세연도까지) 다음의 자산에 투자하는 경우에 적용한다. 다만, 중고품 및 금융리스를 제외한 리스에 의한 투자는 제외한다.

① 기계장치 등 다음에 해당하는 사업용자산
  ㉠ 해당 사업에 주로 사용하는 사업용 유형자산(토지와 「별표 1」의 건축물 등 사업용 유형자산은 제외한다)
  ㉡ 운수업을 주된 사업으로 하는 중소기업이 해당 사업에 주로 사용하는 차량 및 운반구(「개별소비세법」 제1조 제2항 제3호에 따른 자동차로서 자가용인 것을 제외한다)와 선박
  ㉢ 어업을 주된 사업으로 하는 중소기업이 해당 사업에 주로 사용하는 선박
  ㉣ 중소기업이 해당 업종의 사업에 직접 사용하는 소프트웨어. 다만, 다음의 어느 하나에 해당하는 소프트웨어는 제외한다.
    ⓐ 인사, 급여, 회계 및 재무 등 지원업무에 사용하는 소프트웨어
    ⓑ 문서, 도표 및 발표용 자료 작성 등 일반 사무에 사용하는 소프트웨어
    ⓒ 컴퓨터 등의 구동을 위한 기본 운영체제(Operating System) 소프트웨어

② 판매시점정보관리시스템설비
  ☆ 판매시점 정보관리시스템이란 상품을 판매할 때 활용하는 시스템으로서 광학적 자동판독방식에 따라 상품의 판매·매입 또는 배송 등에 관한 정보가 수록된 것을 말한다.

③ 정보보호시스템설비로서 감가상각기간이 2년 이상인 설비
  ☆ 정보보호시스템란 정보의 수집, 가공, 저장, 검색, 송신, 수신 중 발생할 수 있는 정보의 훼손, 변조, 유출 등을 방지하기 위한 관리적·기술적 수단을 말한다.

타 법인이 취득한 자산을 재취득시 중소기업 등 투자세액 공제 적용 여부(서면법인2021-8101, 2022.2.25.)

내국법인이 타 법인 명의로 최초 취득한 기계장치를 그 타 법인으로부터 장기할부조건으로 재취득한 경우에는 구 「조세특례제한법」 제5조(2020.12.29. 법률 제17759호로 변경되기 전의 것)에 따른 중소기업 등 투자세액공제를 적용받을 수 없는 것임.

투자자산별로 각각 다른 투자세액공제를 적용받을 수 있는지 여부(서면법인2019-1568, 2019.6.5.)

내국인이 투자한 자산에 대하여 「조세특례제한법」 제5조와 같은 법 제25조가 동시에 적용되는 경우 같은 법 제127조에 따라 그 중 하나만 선택하여 적용받을 수 있으며, 투자자산별로는 각각 하나의 투자세액공제를 선택하여 적용받을 수 있는 것임.

스무디 제조머신 등의 중소기업 등 투자세액공제 대상 사업용자산 해당 여부(사전법령해석법인2016-150, 2017.1.12.)

음식점업을 영위하는 「조세특례제한법 시행령」 제2조의 중소기업이 해당 사업에 직접 사용하기 위하여 투자하는 스무디 제조머신, 커피머신 및 제빙기는 「조세특례제한법」 제5조에 따른 중소기업 등 투자세액공제 대상 사업용자산에 해당하는 것이나, 테이블 및 의자는 사업용자산에 해당하지 아니하는 것임.

전사적 자원관리 시스템(ERP)이 투자세액공제 대상 사업용 자산 해당 여부(서면법령해석법인2014-21121, 2015.4.22.)

「조세특례제한법 시행령」 제2조에 따른 중소기업에 해당하는 내국법인이 인사, 급여, 회계 및 재무 등 지원업무에 사용하는 소프트웨어와 물류, 인테리어, 개발, 가맹 등 영업업무에 사용하는 소프트웨어를 포함한 전사적 자원관리 시스템(ERP)("해당 시스템"이라 함)에 투자하는 경우로서 해당 시스템의 사용 용도 및 구축비용(투자금액)이 지원업무에 사용하는 소프트웨어와 영업업무에 사용하는 소프트웨어가 별도로 구분되는 경우, 영업업무에 사용하는 소프트웨어에 대한 투자금액에 대하여는 같은 법 시행규칙 제3조 제1항 제4호에 따라 같은 법 제5조의 중소기업 등 투자세액공제를 적용받을 수 있는 것임.

폐기물 처리업체의 폐기물 운반용 덤프트럭의 사업용자산 여부(법인-862, 2011.10.31.)

폐기물 처리업을 주된 사업으로 영위하는 중소기업의 폐기물운반용 덤프트럭은 「조세특례제한법」 제5조 제1항 제1호의 규정에 의한 사업용자산에 해당하지 않는 것임.

Ⅲ. 세액공제액 계산

1. 일반적인 투자세액공제

중소기업 등이 세액공제 대상 투자자산에 투자한 금액에 다음의 구분에 따른 공제율을 적용한 금액을 그 투자를 완료한 날이 속하는 과세연도의 법인세에서 공제한다.

<table>
<tr><th colspan="2">구 분</th><th>공제율</th></tr>
<tr><td colspan="2">중소기업</td><td>3%</td></tr>
<tr><td rowspan="2">중견기업</td><td>성장관리권역 또는 자연보전권역 내에 투자</td><td rowspan="2">1%</td></tr>
<tr><td>수도권 밖의 지역에 투자</td></tr>
<tr><td colspan="2">신규상장 중소기업과 중견기업[24)]</td><td>4%</td></tr>
</table>

또한 투자가 2개 이상의 과세연도에 걸쳐서 이루어지는 경우에는 당해 투자가 이루어지는 각 과세연도마다 당해 과세연도에 투자한 금액을 기준으로 세액공제를 적용한다.

2. 위기지역 투자세액공제

중소기업 및 중견기업이 위기지역[25)] 등에 투자한 경우 다음의 공제율을 적용하여 세액공제액을 계산한다.[26)]

- 위기지역에서 투자(위기지역으로 지정 또는 선포된 기간이 속하는 과세연도에 투자하는 경우로 한정한다)하는 경우: 10%(중견기업의 경우에는 5%)
- 「국가균형발전 특별법」에 따라 선정된 상생형지역일자리에 참여하면서 투자(상생형지역일자리로 선정된 기간이 속하는 과세연도에 투자하는 경우로 한정한다)하는 경우: 10%(중견기업의 경우에는 5%)
- 「규제자유특구 및 지역특화발전특구에 관한 규제특례법」에 따라 지정된 규제자유특구에서 투자(규제자유특구로 지정된 기간이 속하는 과세연도에 투자하는 경우로 한정한다)하는 경우: 5%(중견기업의 경우에는 3%)

Ⅳ. 세액공제의 배제

1. 고용인원 감소시 세액공제 배제

중견기업의 경우 해당 과세연도의 상시근로자수가 직전 과세연도의 상시근로자수보다 감소한 경우 1% 또는 2%의 투자세액공제를 적용하지 아니한다.(조특법 5 ②) 이 경우 상시근로자는 「중소기업특별세액감면」 제도의 「감면한도」 계산시 적용하는 상시근로자 범위와 동일하다.

2. 수도권과밀억제권역의 투자에 대한 세액공제 배제

중소기업이 수도권과밀억제권역에 있는 해당 사업장에서 사용하기 위하여 취득하는 사업용 고정자산(디지털방송장비 및 정보통신장비[27)]는 제외한다)으로서 증설투자에 해당하는 것은 중소기업등투자세액공제를 적용하지 아

---

24) 투자세액공제 4%를 적용하는 중견기업은 직전 3개 사업연도의 매출의 평균금액이 1천500억원 미만인 기업을 말한다.(조특령 4 ⑥)

25) 위기지역이란 다음에 해당하는 지역을 말한다.
① 「고용정책 기본법」 제32조 제1항에 따라 지원할 수 있는 지역
② 「고용정책 기본법」 제32조의2 제2항에 따라 선포된 고용재난지역
③ 「국가균형발전 특별법」 제17조 제2항에 따라 지정된 산업위기대응특별지역

26) 2019년 12월 31일 개정된 제5조 제4항의 개정규정은 상생형지역일자리의 선정일 또는 규제자유특구의 지정일이 속하는 과세연도의 과세표준을 이 법 시행 이후 신고하는 분부터 적용한다.(조특법 부칙 제16835호, 3, 2019.12.31.)

27) ① "디지털방송장비"란 디지털방송을 위한 프로그램의 제작·편집·송신 등에 사용하기 위하여 취득하는

니한다. 다만, 일정한 산업단지 또는 공업지역에서 증설투자를 하는 경우에는 중소기업등투자세액공제를 적용한다.(조특법 130 ①)

따라서 수도권과밀억제권역안에서 디지털방송장비 및 정보통신장비에 대한 증설투자 및 대체투자에 대하여 세액공제가 가능하다.

구 분	중소기업 등		비중소기업 등	
	증설투자	대체투자	증설투자	대체투자
중소기업투자세액공제				
① 기계장치 등 사업용자산	×	○	×	×
② 판매시점 정보관리 시스템설비	×	○	×	×
③ 정보보호 시스템설비	○	○	×	×

※ 디지털방송장비(기존의 방송장비를 대체하기 위한 투자만 해당) 및 정보통신장비는 수도권과밀억제권역 투자도 세액공제 적용한다.

※ 1989년 이전부터 계속사업장과 1990년 이후 설치 이전 사업장 중 중소기업 등이 산업단지 또는 공업지역에서 증설투자를 하는 경우 세액공제를 적용한다.

Ⅴ. 공제세액의 추가납부 및 이자상당가산액 가산

소득세 또는 법인세를 공제받은 자가 투자완료일로부터 2년(건물과 구축물은 5년)이 지나기 전에 해당자산을 처분한 경우(임대하는 경우를 포함)에는 처분한 날이 속하는 과세연도의 과세표준신고를 할 때 해당 자산에 대한 세액공제액 상당액에 이자상당가산액을 가산하여 소득세 또는 법인세로 납부하여야 하며, 해당 세액은 「소득세법」 제76조 또는 「법인세법」 제64조에 따라 납부하여야 할 세액으로 본다.

$$\text{이자상당액} = \text{공제세액} \times \text{이자계산기간} \times \frac{22}{100{,}000}$$

※ 이자계산기간 : 세액공제를 받은 사업연도의 과세표준신고일의 다음날부터 해당 사유가 발생한 날이 속하는 사업연도의 과세표준신고일까지의 기간

Ⅵ. 중복지원 배제 등

① 일부 감면세액과 중복적용 배제

② 투자세액공제 중복적용 배제

③ 최저한세 및 농어촌특별세 적용

④ 미공제세액 10년 이월공제 적용

방송장비(기존의 방송장비를 대체하기 위한 투자분에 한한다)를 말한다.

② "정보통신장비"란 「전기통신사업 회계정리 및 보고에 관한 규정」 제8조에 따른 전기통신설비 중 교환설비·진송설비·신로설비 및 정보처리설비를 말한다.

참고자료 2 특정시설투자 등에 대한 세액공제

☆ 2020.12.29. 법률 제17759호로 삭제되었으나, 2021.12.31.까지 투자완료분에 대해서는 통합투자세액공제와 선택적용 가능.(조특법 부칙 제17759호, 36 ①, 2020.12.29.)

☆ 2022.1.1. 이후 투자분부터는 통합투자세액공제만 적용된다.

Ⅰ. 세액공제 적용대상 투자의 범위

내국인이 다음에 해당하는 시설에 2021년 12월 31일까지 투자(중고품 및 금융리스를 제외한 리스에 의한 투자 제외)하는 경우에 세액공제를 적용한다.(조특법 25)

1) 연구시험용시설 및 직업훈련용 시설

2) 에너지절약시설

> ① 「에너지이용 합리화법」에 따른 에너지절약형 시설(대가를 분할상환한 후 소유권을 취득하는 조건으로 같은 법에 따른 에너지절약전문기업이 설치한 경우를 포함한다)
> ② 「물의 재이용 촉진 및 지원에 관한 법률」에 따른 중수도와 「수도법」에 따른 절수설비 및 절수기기
> ③ 「신에너지 및 재생에너지 개발·이용·보급 촉진법」 제2조에 따른 신에너지 및 재생에너지를 생산하는 설비의 부품·중간재 또는 완제품을 제조하기 위한 시설

3) 환경보전시설

4) 다음에 해당하는 근로자복지 증진을 위한 시설(신축, 증축, 개축 또는 구입 포함)

> ① 무주택 종업원(출자자인 임원은 제외한다)에게 임대하기 위한 국민주택
> ② 종업원용 기숙사
> ③ 장애인·노인·임산부 등의 편의 증진을 위한 시설
> ④ 종업원의 휴식 또는 체력단련 등을 위한 시설
> ⑤ 종업원의 건강관리를 위하여 「의료법」 제35조에 따라 개설한 부속 의료기관
> ⑥ 「영유아보육법」에 따른 직장어린이집

5) 다음의 어느 하나에 해당하는 안전시설

> ① 「화재예방, 소방시설 설치·유지 및 안전관리에 관한 법률」 제2조에 따른 소방시설
> ② 산업재해 예방시설
> ③ 광산안전시설
> ④ 「비상대비자원 관리법」에 따라 중점관리대상으로 지정된 자가 정부의 시설 보강 및 확장 명령에 따라 비상대비업무를 수행하기 위하여 보강하거나 확장한 시설
> ⑤ 「축산물 위생관리법」 제9조에 따라 안전관리인증기준을 적용받거나 「식품위생법」 제48조에 따라 식품안전관리인증기준을 적용받는 영업자 등이 설치하는 위해요소 방지시설
> ⑥ 내진보강시설

6) 다음의 어느 하나에 해당하는 생산성향상시설

① 공정(工程) 개선 및 자동화 시설
② 첨단기술시설
③ 자재조달・생산계획・재고관리 등 공급망을 전자적 형태로 관리하기 위하여 사용되는 컴퓨터와 그 주변기기, 소프트웨어, 통신시설, 그 밖의 유형・무형의 시설로서 감가상각기간이 2년 이상인 시설

분산제어시스템에 의해 자동화 공정이 이루어지는 경우 생산성향상 시설투자 세액공제 대상에 해당하는지 여부(사전법령해석법인2021-518, 2021.5.31.)

석유화학제품을 생산하는 내국법인이 생산성 향상을 위하여 투자하는 「조세특례제한법 시행규칙」(2021.3.16. 기획재정부령 제831호로 개정되기 전의 것) 「별표 2」에 따른 「생산자동화 설비 및 생산자동화 제어설비」 중 주공정 또는 기능의 제어가 마이크로프로세서 또는 수치제어장치에 의하여 자동으로 조절되는 기계장치 또는 설비는 「조세특례제한법」(2020.12.29. 법률 제17759호로 개정되기 전의 것) 제25조 제1항 제6호 가목에 따른 생산성향상시설투자에 대한 세액공제 대상에 해당하는 것임.

특정(생산성 향상)시설 투자 등에 대한 세액공제 대상 여부(서면법인2020-1242, 2021.5.18.)

내국법인이 반도체 소재 제조를 위해 시설 투자한 베셀 설비와 클린룸 내에 설치한 각종 설비가 구 「조세특례제한법 시행규칙」(2021.3.16. 기획재정부령 제831호로 개정되기 전의 것) 「별표 2」 공정개선・자동화・정보화시설 및 첨단기술설비에 해당하여 같은 법 제25조 제1항 제6호에 따른 특정 시설 투자 등에 대한 세액공제를 받을 수 있는 지 여부는 해당 설비의 특성, 사용용도 등을 고려하여 사실 판단할 사항임.

에너지절약시설에 대한 세액공제 여부(서면법인2019-4155, 2020.7.28.)

내국인이 「에너지이용 합리화법」에 의한 에너지절약형시설 등으로서 산업통상자원부장관이 인증한 고효율인증기자재에 해당하는 제품에 투자하여 당해 시설을 사용하는 경우에 한하여 「조세특례제한법」 제25조 제1항 제2호의 규정에 의한 세액공제가 적용되는 것임.

폐기물소각시설용 신축 건물을 환경보전시설 투자 등에 대한 세액공제 대상으로 볼 수 있는지 여부(사전법령해석법인2020-181, 2020.6.23.)

「폐기물관리법」에 따른 폐기물처리시설에 해당하는 폐기물소각시설로서 폐기물 소각 공정상 필수적이고 소각시설 전용으로 사용하기 위해 신축된 건물은 「조세특례제한법」 제25조 제1항 제3호에 따른 환경보전시설로 보아 특정시설투자 등에 대한 세액공제를 적용받을 수 있는 것임.

폐가스를 이용한 에너지 발생설비의 세액공제 여부(서면2팀-2343, 2007.12.24.)

법인이 제조 공정 중에 발생하는 폐가스를 이용하여 증기・온수 등 유효한 에너지를 발생시키는 설비는 「조세특례제한법 시행령」 제22조의2 제1항 제1호 및 같은 법 시행규칙 「별표 8의5」 「1. 에너지이용 합리화시설 중 나. 에너지이용시설 (1) 산업・건물부문 에너지 절약설비」에 해당하여 같은 법 제25조의2의 규정에 의한 '에너지절약시설투자에 대한 세액공제'를 적용받을 수 있는 것임.

Ⅱ. 세액공제액 계산

세액공제 적용대상 투자의 범위에 해당하는 투자금액 또는 취득금액(해당 시설에 딸린 토지의 매입금액은 제외)에 다음 표에 따른 공제율을 곱한 금액으로 세액공제한다.

투자금액 또는 취득금액	공제율		
	중소기업	중견기업	그 밖의 기업
• 연구시험용시설 및 직업훈련용시설 • 에너지절약시설	7%	3%	1%
• 생산성향상시설			
- 2019.1.1.부터 2019.12.31.까지 투자하는 경우	7%	3%	1%
- 2020.1.1.부터 2020.12.31.까지 투자하는 경우	10%	5%	2%
- 2021.1.1.부터 2021.12.31.까지 투자하는 경우	10%	5%	1%
- 그 이후 투자하는 경우	7%	3%	1%
• 환경보전시설 • 근로복지증진시설 중 다음의 시설 - 무주택종업원 임대주택 - 종업원 기숙사 - 장애인 · 노인 · 임산부 등의 편의증진시설 - 종업원의 휴식 또는 체력단련 등을 위한 시설 - 종업원을 위한 부속의료기관	10%	5%	3%
• 영유아보육법에 따른 직장어린이집	10%	10%	10%
• 안전시설	10%	5%	1%

Ⅲ. 투자세액공제연도

투자가 2개 이상의 과세연도에 걸쳐서 이루어지는 경우에는 그 투자가 이루어지는 과세연도마다 해당 과세연도에 투자한 금액에 대하여 세액공제를 적용받을 수 있다.

Ⅳ. 공제세액의 추가납부 및 이자상당가산액 가산

근로자복지증진을 위한 시설을 취득하여 법인세를 공제받은 자가 해당 자산의 준공일 또는 구입일부터 5년 이내에 그 자산을 다른 목적에 전용한 경우에는 전용한 날이 속하는 과세연도의 과세표준신고를 할 때 그 자산에 대한 세액공제액 상당액에 이자상당가산액을 가산하여 법인세로 납부하여야 하며, 해당 세액은 「법인세법」 제64조에 따라 납부하여야 할 세액으로 본다.

$$\text{이자상당액} = \text{공제세액} \times \text{이자계산기간} \times \frac{22}{100,000}$$

※ 이자계산기간 : 세액공제를 받은 사업연도의 법인세 과세표준신고일의 다음날부터 해당 사유가 발생한 날이 속하는 사업연도의 법인세과세표준신고일까지의 기간

Ⅴ. 기타사항

① 수도권과밀억제권역의 투자에 대한 세액공제 배제

구 분	1989년 이전부터 계속사업장		1990년 이후 설치 이전 사업장			
			중소기업 등		비중소기업	
	증설투자	대체투자	증설투자	대체투자	증설투자	대체투자
1호 연구시험용시설 및 직업훈련용시설	○	○	○	○	○	○
2호 에너지절약시설	○	○	○	○	○	○
3호 환경보전시설	○	○	○	○	○	○
4호 근로자복지증진을 위한 시설	○	○	○	○	○	○
5호 안전시설						
① 소방시설	○	○	×	○	×	×
② 산업재해예방시설	○	○	×	○	×	×
③ 광산안전시설	○	○	×	○	×	×
④ 비상대비시설	○	○	○	○	○	○
⑤ 위해요소 방지시설	○	○	×	○	×	×
⑥ 내진보강시설	○	○	○	○	○	○
6호 생산성향상시설						
① 공정개선 및 자동화시설	×	○	×	○	×	×
② 첨단기술시설	×	○	×	○	×	×
③ 공급망관리시스템설비	○	○	○	○	○	○

※ 디지털방송장비(기존의 방송장비를 대체하기 위한 투자만 해당) 및 정보통신장비는 수도권과밀억제권역 투자도 세액공제 적용한다.

※ 1989년 이전부터 계속사업장과 1990년 이후 설치 이전 사업장 중 중소기업 등이 산업단지 또는 공업지역에서 증설투자를 하는 경우 세액공제를 적용한다.

② 다른 투자세액공제와 중복적용 배제

③ 세액감면시 투자세액공제의 중복적용 배제

④ 최저한세 및 농어촌특별세 적용

⑤ 미공제세액 10년간 이월공제

제8절 연구 · 인력개발비에 대한 세액공제

I 적용대상

내국법인에 연구 · 인력개발을 위하여 지출한 비용이 있는 경우에는 연구 · 인력개발비 세액공제를 적용받을 수 있다. 다만, 신성장 · 원천기술연구개발비와 국가전략기술연구개발비☆는 2029년 12월 31일(국가전략기술 중 반도체분야 기술의 경우 2031년 12월 31일)까지 발생한 해당 연구 · 인력개발비에 대해서만 적용한다.

☆ 국가전략기술연구개발비는 2021년 7월 1일 이후 발생분부터 적용한다.

II 연구 · 인력개발비의 범위

1. 연구개발 및 인력개발의 정의

연구개발은 과학적 또는 기술적 진전을 이루기 위한 활동과 새로운 서비스 및 서비스 전달체계를 개발하기 위한 활동을 말하고, 인력개발은 내국인이 고용하고 있는 임원 또는 직원을 교육 · 훈련시키는 활동을 말한다.(조특법 2 ⑪, ⑫)

그러나 연구개발에는 다음의 활동을 포함하지 아니한다.(조특령 1의2)

① 일반적인 관리 및 지원활동
② 시장조사와 판촉활동 및 일상적인 품질시험
③ 반복적인 정보수집 활동
④ 경영이나 사업의 효율성을 조사 · 분석하는 활동
⑤ 특허권의 신청 · 보호 등 법률 및 행정 업무
⑥ 광물 등 자원 매장량 확인, 위치확인 등을 조사 · 탐사하는 활동
⑦ 위탁받아 수행하는 연구활동
⑧ 이미 기획된 콘텐츠를 단순 제작하는 활동
⑨ 기존에 상품화 또는 서비스화된 소프트웨어 등을 복제하여 반복적으로 제작하는 활동
⑩ 이미 연구개발된 제품 · 기술 · 서비스 · 설계 · 디자인 등과 동일성을 유지하는 범위에서 이를 단순하게 보완 · 변형 · 개선하는 활동

참고사항

■ **연구개발 활동의 판례상 정의**(서울행정법원 2016구합56905, 2017.7.13.)

- 기업응용연구: 과학기술 연구 및 성과를 기업생산활동에 적용하는 방법을 찾아내는 활동도 연구개발의 범주에 포함 가능하지만, 기존의 제품이나 기술과 획기적인 차별성이 인정되는 새로운 제품이나 기술의 개발 목적으로 하는 연구활동이어야 함.
- 비연구활동: 상용화, 사업화된 기술과 동일성이 인정되는 범위에서 이를 다소 보완, 변형함으로써 약간의 효율성, 편리함을 더하였거나, 특정 소비자의 기호에 맞추어 주관적인 만족도를 높이는 정도의 것으로는 부족함.

■ **프라스카티 매뉴얼**(Frascati Manual)**이 언급된 판례**(서울행정법원 2018구합83543, 2020.5.8.)

2008.12.26. 법률 제9272호로 개정되어 2009.1.1. 시행된 조특법 제9조 제5항에서 '연구개발'의 개념으로 '과학기술 활동'이 처음 도입되었다. 위 개정 취지는 '연구개발의 정의 및 세액공제 적용대상 비용의 범위를 국제적인 기준[OECD의 연구개발(R&D) 개념]에 맞게 정비하고자 한 것'이다. 따라서 적어도 위 법 개정 이후로는 쟁점 세액공제의 요건인 과학기술 활동인지 여부에 관하여 OECD의 연구개발 개념이 주요 판단 기준이 될 수 있다.

OECD가 1963년부터 발간·개정해오고 있는 연구개발통계 조사 지침서인 '프라스카티 매뉴얼(Frascati Manual)'에 따르면, '새롭고, 창의적이고, 불확실하고, 체계적이고, 이전가능하거나 재현가능한 활동'만이 연구개발 활동에 해당한다. 연구개발은 혁신(신제품이나 상당히 개선된 제품을 시장에 출시하거나 또는 시장에 제품을 출시할 때 신규 프로세스나 상당히 개선된 프로세스를 활용하는 것)활동의 일부일 수 있지만, 아닐 수도 있다. S/W 개발 프로젝트가 연구개발로 분류되기 위해서는 해당 프로젝트의 종결이 과학적 또는 기술적 진보를 이룰 수 있어야 하고, 프로젝트의 목적이 과학적 또는 기술적 불확실성의 체계적인 해소여야 한다. 기존 S/W 프로그램이나 체계에 대한 업그레이드 또는 수정 작업도 위와 같은 결과와 목적을 구비한다면 연구개발로 분류될 수 있으나, 그에 미치지 않는 응용이나 개선 수준에서 이미 개발된 S/W 도구를 이용하여 기업용 S/W나 정보시스템을 개발하는 정도의 것은 연구개발에 해당하지 않는다고 할 것이다.

2. 연구·인력개발비의 범위

연구·인력개발비란 내국법인이 각 사업연도에 연구개발 및 인력개발에 지출한 금액 중 조세특례제한법 시행령 「별표 6」의 비용이어야 한다.(조특법 10 ①) 다만, 다음의 비용은 제외한다.(조특령 9 ①)

① 조세특례제한법 제10조의2 제1항에 따른 연구개발출연금등☆을 지급받아 연구개발비로 지출하는 금액

☆ 연구개발출연금등이란 연구개발 등을 목적으로 국가, 지방자치단체, 「공공기관의 운영에 관한 법률」에 따른 공공기관 또는 「지방공기업법」에 따른 지방공기업으로부터 출연금 등의 자산을 말한다. 2025.1.1. 이후 조특법 제10조의2 제1항의 개정으로 인하여 ①항은 ②항과 같은 내용으로 중복되는 것으로 판단된다. 참고로 2024.12.31. 이전의 연구개발출연금등은 다음과 같다.

연구개발출연금등이란 연구개발 등을 목적으로 「기초연구진흥 및 기술개발지원에 관한 법률」, 「산업기술혁신촉진법」, 「정보통신산업진흥법」, 「중소기업기술혁신촉진법」, 「소재・부품・장비산업 경쟁력강화 및 공급망 안정화를 위한 특별법」, 「연구개발특구의 육성에 관한 특별법」에 따라 출연금 등의 자산을 말한다.

② 국가, 지방자치단체, 「공공기관의 운영에 관한 법률」에 따른 공공기관 및 「지방공기업법」에 따른 지방공기업으로부터 출연금 등의 자산을 지급받아 연구개발비 또는 인력개발비로 지출하는 금액

|「별표 6」 연구·인력개발비 세액공제를 적용받는 비용(제9조 제1항 관련)|

구 분	비 용
1. 연구개발	가. 자체연구개발 1) 연구개발 또는 문화산업 진흥 등을 위한 기획재정부령으로 정하는 연구소 또는 전담부서(= 전담부서등)에서 근무하는 직원(다만, 연구개발과제를 직접 수행하거나 보조하지 않고 행정 사무를 담당하는 자는 제외한다) 및 연구개발서비스업☆에 종사하는 전담요원으로서 기획재정부령으로 정하는 자☆☆의 인건비. 다만, 다음의 인건비를 제외한다. 가)「소득세법」 제22조에 따른 퇴직소득에 해당하는 금액 나)「소득세법」 제29조 및「법인세법」 제33조에 따른 퇴직급여충당금 다)「법인세법 시행령」 제44조의2 제2항에 따른 퇴직연금등의 부담금 및「소득세법 시행령」 제40조의2 제1항 제2호에 따른 퇴직연금계좌에 납부한 부담금 ☆ 연구개발서비스업이란「연구산업진흥법」에 따른 전문연구사업자가 영위하는 같은 법 제2조 제1호 가목의 연구산업("연구개발서비스업"이라 한다)을 말한다.(조특칙 7 ①) ☆☆「기획재정부령으로 정하는 자」란 전담부서등에서 연구업무에 종사하는「기초연구진흥 및 기술개발지원에 관한 법률 시행령」에 따른 연구전담요원(산업디자인전문회사의 경우 연구업무에 종사하는「산업디자인진흥법 시행규칙」 제9조 제1항 제1호에 따른 전문인력을 말한다) 및「기초연구진흥 및 기술개발지원에 관한 법률 시행령」에 따른 연구보조원과 연구개발서비스업에 종사하는 전담요원을 말한다. 다만, 주주인 임원으로서 다음의 어느 하나에 해당하는 자는 제외한다.(조특칙 7 ③) ① 부여받은 주식매수선택권을 모두 행사하는 경우 해당 법인의 총발행주식의 100분의 10을 초과하여 소유하게 되는 자 ② 해당 법인의 주주로서「법인세법 시행령」 제43조 제7항에 따른 지배주주등 및 해당 법인의 총발행주식의 100분의 10을 초과하여 소유하는 주주 ③ ②에 해당하는 자(법인을 포함한다)의「소득세법 시행령」 제98조 제1항 또는「법인세법 시행령」 제2조 제5항에 따른 특수관계인. 이 경우「법인세법 시행령」 제2조 제5항 제7호에 해당하는 자가 해당 법인의 임원인 경우를 제외한다. 2) 2024.2.29.이 속하는 과세연도부터 1)에 해당하는 직원 및 전담요원이 가입한 제30조의4 제4항 제1호부터 제5호☆까지의 사회보험에 대해 사용자가 부담하는 사회보험료 상당액 ☆「국민연금법」에 따른 국민연금,「고용보험법」에 따른 고용보험,「산업재해보상보험법」에 따른 산업재해보상보험,「국민건강보험법」에 따른 국민건강보험,「노인장기요양보험법」에 따른 장기요양보험에 대한 사용자가 부담하는 보험료를 말한다. 2024.2.29.이 속하는 과세연도부터 적용한다. 3) 전담부서등 및 연구개발서비스업자가 연구용으로 사용하는 견본품·부품·원재료와 시약류구입비(시범제작에 소요되는 외주가공비를 포함한다) 및 소프트웨어·서체·음원·이미지의 대여·구입비

28) 「고등교육법」에 따른 대학 또는 전문대학 등의 기관은 다음과 같다.
가) 「고등교육법」에 따른 대학 또는 전문대학　나) 국공립연구기관　다) 정부출연연구기관
라) 국내외의 비영리법인(비영리법인에 부설된 연구기관을 포함한다)
마) 「산업기술혁신 촉진법」 제42조에 따른 전문생산기술연구소 등 기업이 설립한 국내외 연구기관
바) 전담부서등(전담부서 등에서 직접 수행한 부분에 한정한다) 또는 국외기업에 부설된 연구기관

구 분	비 용
	<table><tr><th>2025.3.30.이 속하는 과세연도 이전 소프트웨어의 범위</th><th>2025.3.31.이 속하는 과세연도 이후 소프트웨어의 범위</th></tr><tr><td>「문화산업진흥 기본법」에 따른 문화상품☆ 제작을 목적으로 사용하는 경우에 한정한다. ☆ "문화상품"이란 예술성·창의성·오락성·여가성·대중성(이하 "문화적 요소"라 한다)이 내재되어 경제적 부가가치를 창출하는 유형·무형의 재화(문화콘텐츠, 디지털문화콘텐츠 및 멀티미디어문화콘텐츠를 포함한다)와 그 서비스 및 이들의 복합체를 말한다.(문화산업법 2 2호~7호)</td><td>다음 어느 하나에 해당하는 소프트웨어를 제외한 소프트웨어를 말한다. 가. 인사, 급여, 회계 및 재무 등 지원업무에 사용하는 소프트웨어 나. 문서, 도표 및 발표용 자료 작성 등 일반 사무에 사용하는 소프트웨어 다. 컴퓨터 등의 구동을 위한 기본운영체제(Operating System) 소프트웨어</td></tr></table> 4) 전담부서등 및 연구개발서비스업자가 직접 사용하기 위한 연구·시험용 시설(제25조의3 제3항 제2호 가목에 따른 시설을 말한다)의 임차 또는 나목 1)에 규정된 기관의 연구·시험용 시설의 이용에 필요한 비용 5) 2025.2.28.이 속하는 과세연도부터 「클라우드컴퓨팅 발전 및 이용자 보호에 관한 법률」 제2조 제3호에 따른 클라우드컴퓨팅서비스의 이용에 필요한 비용 나. 위탁 및 공동연구개발 1) 「고등교육법」에 따른 대학 또는 전문대학 등의 기관[28]에 과학기술 및 산업디자인 분야의 연구개발용역을 위탁(재위탁을 포함한다)함에 따른 비용(전사적 기업자원 관리설비, 판매시점 정보관리 시스템 설비 등 기업의 사업운영·관리·지원 활동과 관련된 시스템 개발을 위한 위탁비용은 제외한다) 및 이들 기관과의 공동연구개발을 수행함에 따른 비용 2) 「고등교육법」에 따른 대학 또는 전문대학에 소속된 개인(조교수 이상에 한정한다)에게 과학기술분야의 연구개발용역을 위탁함에 따른 비용 다. 해당 기업이 그 종업원 또는 종업원 외의 자에게 직무발명 보상금으로 지출한 금액 라. 기술정보비(기술자문비를 포함한다) 또는 도입기술의 소화개량비로서 기획재정부령으로 정하는 것[29] 마. 중소기업이 「과학기술분야 정부출연연구기관 등의 설립·운영 및 육성에 관한 법률」에 따라 설립된 한국생산기술연구원과 「산업기술혁신 촉진법」에 따라 설립된 전문생산기술연구소의 기술지도 또는 「중소기업진흥에 관한 법률」에 따른 기술지도를 받고 지출한 비용 바. 중소기업에 대한 공업 및 상품디자인 개발지도를 위하여 지출한 비용 사. 중소기업이 특허 조사·분석을 위해 「발명진흥법」에 따라 지정된 산업재산권 진단기관☆에 지출한 비용 ☆ '산업재산권 진단기관'은 특허청 누리집(www.kipo.go.kr)에 게시됨 (특허청) 소식알림 ⇒ 고시공고 ⇒ "산업재산권 진단기관"으로 검색 후 확인

사) 영리를 목적으로 「연구산업진흥법」 제2조 제1호 가목 또는 나목의 산업을 영위하는 기업 또는 영리목적으로 연구·개발을 독립적으로 수행하거나 위탁받아 수행하고 있는 국외 소재 기업

아) 「산업교육진흥 및 산학연협력촉진에 관한 법률」에 따른 산학협력단

자) 한국표준산업분류표상 기술시험·검사 및 분석업을 영위하는 기업

구 분	비 용
2. 인력개발	가. 위탁훈련비(전담부서등에서 연구업무에 종사하는 연구요원에 한한다) 1) 국내외의 전문연구기관 또는 대학에의 위탁교육훈련비 2) 「국민 평생 직업능력 개발법」에 따른 직업훈련기관에 위탁훈련비 3) 「국민 평생 직업능력 개발법」에 따라 고용노동부장관의 승인을 받아 위탁훈련하는 경우의 위탁훈련비 4) 「중소기업진흥에 관한 법률」에 따른 기술연수를 받기 위하여 중소기업이 지출한 비용 5) 그밖에 자체기술능력향상을 목적으로 한 국내외 위탁훈련비로서 전담부서등에서 연구업무에 종사하는 연구요원이 훈련을 목적으로 지출하는 다음에 해당하는 비용을 말한다.(조특칙 7 ⑧) 가) 국내외기업(국내기업의 경우에는 전담부서등을 보유한 기업에 한한다)에의 위탁훈련비 나) 「산업발전법」에 따라 설립된 한국생산성본부에의 위탁훈련비 나. 「국민 평생 직업능력 개발법」 또는 「고용보험법」에 따른 사내직업능력개발훈련 실시 및 직업능력개발훈련 관련사업 실시에 소요되는 비용으로 다음의 어느 하나에 해당하는 비용을 말한다.(조특칙 7 ⑨)

차) 「산업디자인진흥법」 제4조 제2항 각 호에 해당하는 기관

카) 「산업기술연구조합 육성법」에 따른 산업기술연구조합

29) 「기획재정부령으로 정하는 것」이란 다음의 어느 하나에 해당하는 자로부터 산업기술에 관한 자문을 받고 지급하는 기술자문료를 말한다.

1. 과학기술분야를 연구하는 국·공립연구기관, 정부출연연구기관, 국내외 비영리법인(부설연구기관을 포함한다)이나 국내외 기업의 연구기관 또는 전담부서등에서 연구업무에 직접 종사하는 연구원
2. 「고등교육법」에 따른 대학(교육대학 및 사범대학을 포함한다) 또는 전문대학에 근무하는 과학기술분야의 교수(조교수 이상인 자에 한한다)
3. 외국에서 다음의 어느 하나에 해당하는 산업분야에 5년 이상 종사하였거나 학사학위 이상의 학력을 가지고 해당 분야에 3년 이상 종사한 외국인기술자

가. 영 「별표 4」의 산업　　나. 광업　　다. 건설업

라. 영 제5조 제6항에 따른 엔지니어링사업

마. 영 제5조 제8항에 따른 물류산업

바. 시장조사 및 여론조사업, 경영컨설팅업 및 공공관계 서비스업, 사업시설 유지관리 서비스업, 교육관련 자문 및 평가업, 기타 교육지원 서비스업(교환학생 프로그램 운영 등으로 한정한다), 비금융 지주회사, 기술 시험·검사 및 분석업, 측량업, 제도업, 지질조사 및 탐사업(광물채굴 목적의 조사 및 탐사를 제외한 지질조사 및 탐사활동으로 한정한다), 지도제작업, 전문디자인업, 그 외 기타 분류 안 된 전문·과학 및 기술 서비스업(지도제작, 환경정화 및 복원활동을 제외한 그 외 기타 분류 안 된 전문·과학 및 기술 서비스로 한정한다), 기타 광업 지원 서비스업(채굴목적 광물탐사활동으로 한정한다), 토양 및 지하수 정화업(토양 및 지하수 정화활동으로 한정한다), 기타 환경 정화 및 복원업[토양 및 지하수 외의 환경 정화 활동(선박유출기름 수거운반을 제외한다)으로 한정한다]

사. 「연구산업진흥법」 제2조 제1호 가목 및 나목의 연구산업

아. 법 제7조 제1항 제1호 허목의 의료업(「국가기술자격법 시행규칙」 「별표 2」의 국제의료관광코디네이터로 한정한다)

구 분	비 용
2. 인력개발	1) 사업주가 단독 또는 다른 사업주와 공동으로 「국민 평생 직업능력 개발법」 제2조 제1호에 따라 직업능력개발훈련을 실시하는 경우의 실습재료비(해당 기업이 생산 또는 제조하는 물품의 제조원가 중 직접 재료비를 구성하지 않는 것으로 한정다) 2) 「국민 평생 직업능력 개발법」 제20조 제1항 제2호에 따른 기술자격검정의 지원을 위한 필요경비 3) 「국민 평생 직업능력 개발법」 제33조에 따른 직업능력개발훈련교사의 급여 4) 사업주가 단독 또는 다른 사업주와 공동으로 실시하는 직업능력개발훈련으로서 「국민 평생 직업능력 개발법」 제24조에 따라 고용노동부장관의 인정을 받은 훈련과정의 직업능력개발훈련을 받는 훈련생에게 지급하는 훈련수당·식비·훈련교재비 및 직업훈련용품비 다. 중소기업에 대한 인력개발 및 기술지도를 위하여 지출하는 비용으로 다음의 어느 하나에 해당하는 비용을 말한다.(조특칙 7 ⑩) 1) 지도요원의 인건비 및 지도관련경비 2) 직업능력개발훈련의 훈련교재비 및 실습재료비 3) 직업능력개발훈련시설의 임차비용 4) 중소기업이 「중소기업 인력지원 특별법」에 따라 중소기업 핵심인력 성과보상기금에 납입하는 비용. 다만 가목에 따른 납입비용은 세액공제 대상에서 제외하고, 나목에 따른 환급받은 금액은 납입비용에서 뺀다. 가) 다음의 어느 하나에 해당하는 사람에 대한 납입비용 ① 해당 기업의 최대주주 또는 최대출자자(개인사업자의 경우에는 대표자를 말한다)와 그 배우자 ② ①에 해당하는 자의 직계존비속(그 배우자를 포함한다) 또는 ①에 해당하는 사람과 「국세기본법 시행령」 제1조의2 제1항에 따른 친족관계에 있는 사람 나) 중소기업 핵심인력 성과보상기금에 가입한 이후 5년 이내에 중도해지를 이유로 중소기업이 환급받은 금액(환급받은 금액 중 이전 과세연도에 빼지 못한 금액이 있는 경우에는 해당 금액을 포함한다) 5) 내국인이 사용하지 아니하는 자기의 특허권 및 실용신안권을 중소기업(「법인세법」 제52조 및 「소득세법」 제41조에 따른 특수관계인이 아닌 경우로 한정한다)에게 무상으로 이전하는 경우 그 특허권 및 실용신안권의 장부상 가액 라. 생산성향상을 위한 인력개발비로서 다음의 어느 하나에 해당하는 비용을 말한다. 다만, 교육훈련시간이 24시간 이상인 교육과정으로 한정한다. 1) 품질관리·생산관리·설비관리·물류관리·소프트웨어관리·데이터관리·보안관리(품질관리등)에 관한 회사내자체교육비로서 마목 각 호의 비용에 준하는 것 2) 국가전문행정연수원(국제특허연수부에서 훈련받는 경우에 한한다)등 기관☆에 품질관리 등에 관한 훈련을 위탁하는 경우의 그 위탁훈련비. 다만, 「국민 평생 직업능력 개발법」에 따른 위탁훈련비와 「산업발전법」에 따라 설립된 한국생산성본부에의 위탁훈련비를 제외한다. ☆ 국가전문행정연수원(국제특허연수부에서 훈련받는 경우에 한한다)등 기관은 다음의 기관을 의미한다. 가. 국가전문행정연수원(국제특허연수부에서 훈련받는 경우에 한한다)

구 분	비 용
	나. 「산업표준화법」에 따라 설립된 한국표준협회 다. 「산업디자인진흥법」에 따라 설립된 한국디자인진흥원 라. 품질관리등에 관한 교육훈련을 목적으로 「민법」 제32조에 따라 설립된 사단법인 한국능률협회 마. 「상공회의소법」에 따라 설립된 부산상공회의소의 연수원 3) 「문화산업진흥 기본법」 제31조에 따라 설립된 한국콘텐츠진흥원에 교육을 위탁하는 경우 그 위탁교육비용 4) 「항공법」에 따른 조종사의 운항자격 정기심사를 받기 위한 위탁교육훈련비용 5) 해외 호텔 및 해외 음식점에서 조리법을 배우기 위한 위탁교육훈련비용 마. 기획재정부령으로 정하는 사내기술대학☆(대학원을 포함한다) 및 사내대학☆☆의 운영에 필요한 비용으로서 다음의 어느 하나에 해당하는 비용 ☆ 사내기술대학(대학원을 포함한다)의 경우: 과학기술분야의 교육훈련을 위한 전용교육시설 및 교과과정을 갖춘 사내교육훈련기관으로서 교육부장관이 기획재정부장관과 협의하여 정하는 기준에 해당하는 사내교육훈련기관 ☆☆ 사내대학의 경우: 「평생교육법」에 따라 설치된 사내대 1) 교육훈련용교재비 · 실험실습비 및 교육용품비 2) 강사에게 지급하는 강의료 3) 사내기술대학등에서 직접 사용하기 위한 실험실습용 물품 · 자재 · 장비 또는 시설의 임차비 4) 사내기술대학등의 교육훈련생에게 교육훈련기간중 지급한 교육훈련수당 및 식비 바. 「산업교육진흥 및 산학연협력촉진에 관한 법률 시행령」 제2조 제1항 제3호 및 제4호에 따른 학교 또는 산업수요 맞춤형 고등학교 등과의 계약을 통해 설치 · 운영되는 직업교육훈련과정 또는 학과 등의 운영비로 지출한 비용 사. 산업수요 맞춤형 고등학교 등과 다음에 해당하는 사전 취업계약 등을 체결한 후, 직업교육훈련을 받는 해당 산업수요 맞춤형 고등학교의 재학생에게 해당 훈련기간 중 지급한 훈련수당, 식비, 교재비 또는 실습재료비(생산 또는 제조하는 물품의 제조원가 중 직접 재료비를 구성하지 않는 것만 해당한다) 1. 산업수요 맞춤형 고등학교 등 재학생에 대한 고용을 목적으로 해당 학교와 체결하는 「직업교육훈련 촉진법」 제2조 제5호 나목에 따른 특약으로서 다음의 요건을 모두 갖춘 특약(산업체 맞춤형 직업교육훈련계약) 가. 산업수요 맞춤형 고등학교 등에 교육부장관이 정하는 산업체 맞춤형 직업교육훈련과정을 설치할 것 나. 해당 내국인의 생산시설 또는 근무장소에서 산업수요 맞춤형 고등학교 등 재학생에 대하여 교육부장관이 정하는 기간 이상의 현장훈련을 실시할 것 다. 산업체 맞춤형 직업교육훈련과정 이수자에 대한 고용요건 등이 포함될 것 라. 가목부터 다목까지의 요건 등에 관한 사항이 포함된 교육부장관이 정하는 계약서에 따라 산업체 맞춤형 직업교육훈련계약을 체결할 것 2. 산업수요 맞춤형 고등학교 등 재학생에 대한 고용을 목적으로 해당 학교 및 「직업교육훈련 촉진법」 제2조 제2호에 따른 직업교육훈련기관과 체결하는 같은 법 제2조 제5호 나목에 따른 특약으로서 다음의 요건을 모두 갖춘 특약(취업인턴 직업교육훈

구 분	비 용
	련계약) 가. 산업수요 맞춤형 고등학교 등 또는 직업교육훈련기관에 교육부장관이 정하는 취업인턴 직업교육훈련과정을 설치할 것 나. 해당 내국인의 생산시설 또는 근무장소에서 산업수요 맞춤형 고등학교 등 재학생에 대하여 교육부장관이 정하는 기간 이상의 현장훈련을 실시할 것 다. 취업인턴 직업교육훈련과정 이수자에 대한 고용요건 등이 포함될 것 라. 가목부터 다목까지의 요건 등에 관한 사항이 포함된 교육부장관이 정하는 계약서에 따라 취업인턴 직업교육훈련계약을 체결할 것 아. 「산업교육진흥 및 산학연협력촉진에 관한 법률」 제11조의3에 따라 현장실습산업체가 교육부장관이 정하는 표준화된 운영기준을 준수하는 현장실습을 실시하는 산업교육기관 등과 다음에 해당하는 사전 취업약정 등을 체결하고 해당 현장실습 종료 후 현장실습을 이수한 대학생을 채용한 경우 현장실습 기간 중 해당 대학생에게 같은 조 제3항에 따라 지급한 현장실습 지원비(생산 또는 제조하는 물품의 제조원가 중 직접재료비를 구성하지 않는 것만 해당한다) 1. 대학교 등에 「산업교육진흥 및 산학연협력촉진에 관한 법률」 제11조의3에 따라 교육부장관이 정하는 표준화된 운영기준(표준운영기준)을 준수하는 현장실습 과정을 설치할 것 2. 현장실습 산업체의 생산시설 또는 근무장소에서 대학교 재학생에 대하여 「산업교육진흥 및 산학연협력촉진에 관한 법률」 제11조의3에 따라 교육부장관이 정하는 기간 이상의 현장실습을 실시할 것 3. 표준운영기준을 준수하는 현장실습의 이수자에 대한 고용조건 등이 포함될 것 자. 「산업교육진흥 및 산학연협력촉진에 관한 법률」 제2조 제2호 다목에 따른 대학과의 계약을 통해 설치·운영되는 같은 법 제8조 제2항에 따른 계약학과등의 운영비로 발생한 비용 차. 2025.3.31.이 속하는 과세연도부터 내국인이 고용하고 있는 임직원을 위한 교육·훈련과정을 해당 임직원이 아닌 자에게 제공하기 위해 추가로 소요되는 비용으로서 강의료, 교육훈련용 교재비, 실습재료비 및 교육용품비. 다만, 수강료 등 교육훈련에 대한 대가를 받은 경우 그 금액은 제외한다.

3. 서비스 관련 연구·인력개발비의 범위

연구·인력개발비에 대한 세액공제를 적용할 때 새로운 서비스 및 서비스전달체계를 개발하기 위한 활동에 지출한 금액 중 과학기술분야와 결합되어 있지 아니한 금액에 대해서는 자체 연구개발에 지출한 것에 한정한다.(조특법 10 ⑤)

4. 신성장 · 원천기술연구개발비의 범위

연구 · 인력개발비 중 미래 유망성 및 산업 경쟁력 등을 고려하여 지원할 필요성이 있다고 인정되는 신성장 · 원천기술이란 조세특례제한법 시행령 「별표 7」에 따른 기술을 말한다.(조특령 9 ②) 신성장 · 원천기술을 얻기 위한 연구개발비(=신성장 · 원천기술연구개발비)는 다음의 구분에 따른 비용을 말한다.(조특령 9 ③)

① 자체 연구개발의 경우: 다음의 비용

㉠ 연구소 또는 전담부서(조특칙 7 ②)에서 신성장 · 원천기술의 연구개발업무에 종사하는 연구원 및 이들의 연구개발업무를 직접적으로 지원하는 사람☆에 대한 별표 6 제1호 가목 1)의 인건비 및 같은 목 2)의 사회보험료 상당액

☆ 신성장 · 원천기술연구개발업무와 국가전략기술연구개발업무 또는 일반연구개발업무를 동시에 수행한 사람으로서 신성장 · 원천기술연구개발업무 근무시간 및 국가전략기술연구개발업무 근무시간이 전체 연구개발업무 근무시간의 100분의 50 이하인 사람을 제외한다.(조특칙 7 ④)

㉡ 신성장 · 원천기술연구개발업무를 위하여 지출하는 별표 6 제1호 가목 3)부터 5)까지 및 같은 호 다목부터 사목까지의 비용

② 위탁 및 공동연구개발의 경우: 기획재정부령으로 정하는 기관(조특칙 7 ⑥)에 신성장 · 원천기술연구개발업무를 위탁(재위탁을 포함한다)함에 따라 발생하는 비용(전사적 기업자원 관리설비, 판매시점 정보관리 시스템 설비 등 기업의 사업운영 · 관리 · 지원 활동과 관련된 시스템 개발을 위한 위탁비용은 제외한다) 및 이들 기관과의 공동연구개발을 수행함에 따라 발생하는 비용

5. 국가전략기술연구개발비의 범위

연구 · 인력개발비 중 반도체, 이차전지, 백신, 디스플레이, 수소, 미래형 운송 및 이동수단, 바이오의약품, 인공지능 분야와 관련된 기술로서 국가안보 차원의 전략적 중요성이 인정되고 국민경제 전반에 중대한 영향을 미치는 국가전략기술은 조세특례제한법 시행령 별표 7의2에 따른 기술을 말한다.(조특령 9 ⑥) 국가전략기술을 얻기 위한 국가전략기술연구개발비는 다음의 구분에 따른 비용을 말한다.(조특령 9 ⑦)

① 자체 연구개발의 경우: 다음의 비용

㉠ 연구소 또는 전담부서에서 국가전략기술연구개발업무에 종사하는 연구원 및 이들의 연구개발업무를 직접적으로 지원하는 사람☆(기획재정부령으로 정하는 사람은 제외한다)에 대한 별표 6 제1호 가목 1)의 인건비 및 같은 목 2)의 사회보험료 상당액

☆ 국가전략기술연구개발업무와 신성장·원천기술연구개발업무 또는 일반연구개발업무를 동시에 수행한 사람으로서 국가전략기술연구개발업무 근무시간이 전체 연구개발업무 근무시간의 100분의 50 이하인 사람은 제외한다.(조특칙 7 ⑮)

㉡ 국가전략기술연구개발업무를 위하여 지출하는 별표 6 제1호 가목 3)부터 5)까지 및 같은 호 다목부터 사목까지의 비용

② 위탁 및 공동연구개발의 경우: 기획재정부령으로 정하는 기관(조특칙 7 ⑥)에 국가전략기술연구개발업무를 위탁(재위탁을 포함한다)함에 따른 비용(전사적 기업자원 관리설비, 판매시점 정보관리 시스템 설비 등 기업의 사업운영·관리·지원 활동과 관련된 시스템 개발을 위한 위탁비용은 제외한다) 및 이들 기관과의 공동연구개발을 수행함에 따른 비용

6. 연구개발비에서 제외되는 인건비의 범위

전담부서등에서 연구업무에 종사하는 「기초연구진흥 및 기술개발지원에 관한 법률 시행령」에 따른 연구전담요원(산업디자인전문회사의 경우 연구업무에 종사하는 「산업디자인진흥법 시행규칙」 제9조 제1항 제1호에 따른 전문인력을 말한다) 및 「기초연구진흥 및 기술개발지원에 관한 법률 시행령」에 따른 연구보조원과 연구개발서비스업에 종사하는 전담요원의 인건비는 신성장·원천기술연구개발비, 국가전략기술연구개발비 및 일반연구개발비에 해당한다. 다만, 주주인 임원으로서 다음의 어느 하나에 해당하는 사람의 인건비는 신성장·원천기술연구개발비, 국가전략기술연구개발비 및 일반연구개발비 중 자체 연구개발비에서 제외한다.(조특령 별표 6 1호 가목, 조특칙 7 ③)

㉠ 부여받은 주식매수선택권을 모두 행사하는 경우 해당 법인의 총발행주식의 100분의 10을 초과하여 소유하게 되는 자

㉡ 해당 법인의 주주로서 「법인세법 시행령」 제43조 제7항에 따른 지배주주등 및 해당 법인의 총발행주식의 100분의 10을 초과하여 소유하는 주주

㉢ ㉡에 해당하는 자(법인을 포함한다)의 「소득세법 시행령」 제98조 제1항 또는 「법인세법 시행령」 제2조 제5항에 따른 특수관계인. 이 경우 「법인세법 시행령」 제2조 제5항 제7호에 해당하는 자가 해당 법인의 임원인 경우를 제외한다

7. 연구 · 인력개발비 세액공제 사전심사 제도

가. 세액공제 사전심사 신청

내국인은 과세표준신고를 하기 전☆에 지출한 비용이 연구 · 인력개발비에 해당하는지 여부 등에 관해 국세청장에게 미리 심사하여 줄 것을 요청할 수 있다. 이 경우 심사방법 및 요청 절차 등에 필요한 사항은 국세청장이 정한다.(조특령 9 ⑰)

☆ 신고 시 연구 · 인력개발비 세액공제를 누락한 부분에 대해서는 경정청구, 수정신고, 기한 후 신고 전까지 가능함.

이는 세액공제 여부에 대한 불확실성 해소와 가산세 부담을 완화하여 기업들이 연구개발활동에 전념할 수 있도록 지원하기 위한 것으로 심사결과 통지내용에 따라 연구 · 인력개발비세액공제를 신청한 경우 다음과 같은 혜택이 있다. 다만, 심사과정에서 부정확한 서류를 제출하거나, 사실관계의 변경 · 누락 및 탈루 혐의가 있는 경우는 혜택이 제외된다.[30]

① 신고내용 확인 및 감면사후관리 대상에서 제외
② 이후 심사결과와 다르게 과세처분되더라도 과소신고가산세 면제

나. 세액공제 적정성여부 검토기관

세액공제 사전심사신청은 다음과 같이 구분하여 신청할 수 있다.

① 신성장 · 원천기술과 국가전략기술 연구개발비 세액공제 관련 연구개발 활동 및 비용검토
② 일반연구 · 인력개발비 세액공제 관련 연구개발 활동 및 비용검토
③ 인력개발 비용의 적정 여부 검토

위와 같이 구분하여 신청한 내용은 다음의 검토기관에서 검토한다.

구 분	정 의	검토기관	
		연구개발활동 및 비용적정 여부	기술 해당 여부
신성장 · 원천기술 연구개발비	조세특례제한법 시행령 별표 7에서 규정한 기술에 대한 연구개발비	국세청	한국산업기술진흥원(KIAT)

30) 국세청, 2024년 연구 · 인력개발비세액공제 사전심사 가이드라인, 2024.1., p.3.

<table>
<tr><th rowspan="2">구 분</th><th rowspan="2">정 의</th><th colspan="2">검토기관</th></tr>
<tr><th>연구개발활동 및 비용적정 여부</th><th>기술 해당 여부</th></tr>
<tr><td>국가전략기술 연구개발비</td><td>조세특례제한법 시행령 별표 7의2에서 규정한 기술에 대한 연구개발비</td><td>국세청</td><td>한국산업기술진흥원(KIAT)</td></tr>
<tr><td rowspan="2">일반연구·인력개발비</td><td>(연구개발비) 신성장·원천기술 및 국가전략기술 연구개발비에 해당하지 않는 연구개발비</td><td rowspan="2">국세청</td><td rowspan="2"></td></tr>
<tr><td>(인력개발비) 내국인이 고용한 임원 또는 사용인의 교육·훈련비</td></tr>
</table>

다. 세액공제 사전 신청시 제출서류

사전심사 필수서류인 「연구·인력개발비 사전심사 신청서」, 「연구개발비명세서」, 「연구개발 보고서」를 제출하고, 세법상의 연구개발 요건 충족 여부를 확인할 수 있는 연구개발활동 증빙자료☆와 지출한 비용의 증빙자료를 함께 제출해야 한다.

☆ 연구개발활동 증빙자료는 기업부설연구소 등에서 수행한 활동을 입증할 수 있는 자료이며 형식적 제한은 없음.

<table>
<tr><th colspan="2">항 목</th><th>입증 서류 예시</th></tr>
<tr><td colspan="2">연구개발활동 증빙</td><td>연구증빙자료(내부보고서, 회의록, 연구노트☆ 등)
☆ 한국특허전략개발원(KISTA)이 운영하는 연구노트포털(http://www.e-note.or.kr)에서 연구노트와 관련된 다양한 정보를 제공하고 있음.</td></tr>
<tr><td>공통증빙</td><td>인적구성</td><td>① 연구원 등록현황(KOITA)
② 연구원 업무분장표</td></tr>
<tr><td rowspan="3">비용증빙</td><td>인건비</td><td>급여대장</td></tr>
<tr><td>재료비</td><td>과제별 재료비 집행 내역(품목, 수량, 금액, 거래처 등)</td></tr>
<tr><td>위탁개발비</td><td>위·수탁계약서 및 관련증빙(위탁과제 집행 내역)</td></tr>
</table>

Check Point

■ **정부출연금 등을 교부받아 연구개발비로 지출한 경우 세액공제**(조특법 집행기준 10-0-2)

① 연구개발출연금 등을 지급받아 연구개발비로 지출하는 금액은 연구·인력개발비 세액공제를 적용받을 수 없다.

② 국가, 지방자치 단체, 「공공기관의 운영에 관한 법률」에 따른 공공기관 및 「지방공기업법」에 따른 지방공기업으로부터 연구개발등을 목적으로 출연금등의 자산을 받아 연구개발비로 지출하는 금액은 연구·인력개발비 세액공제를 적용받을 수 없다.

Ⅲ 연구소 또는 전담부서

1. 「별표 6」의 연구소 또는 전담부서

「별표 6」의 제1호 가목의 자체연구개발에서 연구소 또는 전담부서란 다음의 어느 하나에 해당하는 연구소 및 전담부서를 말한다.(조특칙 7 ①)

① 「기초연구진흥 및 기술개발지원에 관한 법률」 제14조의2 제1항에 따라 과학기술정보통신부장관의 인정을 받은 기업부설연구소 또는 연구개발전담부서
② 「문화산업진흥 기본법」 제17조의3 제1항에 따른 기업부설창작연구소 또는 기업창작전담부서
③ 2020년 1월 1일 이후 개시하는 사업연도부터 「산업디자인진흥법」 제9조에 따른 산업디자인전문회사

2. 신성장 · 원천기술연구개발 전담부서등

「신성장 · 원천기술연구개발 전담부서등」이란 전담부서등 및 연구개발서비스업을 영위하는 기업을 말한다.(조특칙 7 ②)

- **기업부설연구소 및 전담부서 검색은 한국산업기술진흥협회(www.koita.or.kr)에서 가능.**

- **금융기관 차세대 시스템 위탁개발비는 연구인력개발비 세액공제 대상에 해당하지 아니함(서울고법2021누62180, 2025.5.16.)**
  시스템의 위탁개발은 과학적 또는 기술적 불확실성을 체계적으로 해소하여 정보기술 등 과학기술 분야의 진전을 이루기 위한 활동으로 볼 수 없으므로, 구 조세특례제한법 제9조 제5항에서 정한 '과학기술활동'에 해당하지 않는다고 봄이 타당함.

- **건축사사무소 등에 위탁한 설계용역비는 연구인력개발비(고유디자인 개발) 세액공제 대상이 아님(서울고법2024누55121, 2025.5.14.)**
  부동산개발업체가 건축사사무소 등에 위탁한 설계용역비는 과학적 또는 기술적 진전을 이루기 위한 활동을 위한 비용에 해당한다는 요건을 충족하여야만 고유디자인 개발을 위한 비용으로 볼 수 있으며, 산업디자인 전문회사에 위탁한 설계용역비가 당연히 세액공제 대상에 해당한다고 볼 수 없음.

- **바이오 의약품 분야 국가전략기술 연구개발비 세액공제 대상 여부(기획재정부조세특례-64, 2025.1.22.)**
  바이오 의약품 연구개발을 위해 기업부설연구소로 인정을 받은 허가본부의 연구전담요원에게 지급한 인건비는 「조세특례제한법」 제10조에 따른 세액공제의 대상이 되는 연구개발비에 해당하는 것이며, 연구개발하는 기술이 동법 시행령 별표 7의2에 해당하는 기술인 경우에는 국가전략기술 연구개발비에

해당하는 것임.

기업창작전담부서 보조원의 인건비가 연구 · 인력개발비 세액공제 대상 비용에 해당하는지 여부(서면법인2023-1004, 2023.6.14.)

기업창작전담부서에서 근무하면서 다른 업무를 겸하지 아니하고 창작개발 업무만을 전담하여 수행하는 보조원의 인건비는 「조세특례제한법」 제10조에 따른 연구 · 인력개발비 세액공제 대상 비용에 해당함.(다만, 주주인 임원으로서 「조세특례제한법 시행규칙」 제7조 제3항 제1호 · 제2호 · 제3호에 해당하는 자는 제외)

산재보험료가 연구 · 인력개발비 세액공제 대상 인건비에 포함되는지 여부(기획재정부조세정책-695, 2023.3.20.)

「고용보험 및 산업재해보상보험의 보험료징수 등에 관한 법률」 제13조 제1항 제2호에 따른 산재보험료는 「조세특례제한법」 제10조에 따른 연구 및 인력개발비에 대한 세액공제 대상이 되는 "인건비"에 해당하지 않는 것임.

☆ 「별표 6」 개정으로 인하여 2024.2.29.이 속하는 과세연도부터 산재보험료도 세액공제 대상 인건비에 포함된다.

산업디자인전문회사의 의미(서면법규법인2022-3918, 2023.3.8.)

「조세특례제한법」 제10조에 따른 연구 · 인력개발비 세액공제를 적용함에 있어 같은 법 시행령 「별표 6」 제1호 나목 1) 차)에 따른 기관 중 산업디자인전문회사는 「산업디자인진흥법」 제9조 및 같은 법 시행규칙 제9조에 따라 산업통상자원부장관에게 신고하여 신고확인증을 발급받은 회사를 말하는 것임.

연구 · 인력개발비 세액공제 대상 인건비의 일할 계산 및 기계장치 구입비용의 세액공제 여부(서면법인2021-7893, 2022.4.22.)

과세연도의 월중에 「기초연구진흥 및 기술개발지원에 관한 법률」 제14조의2에 따라 연구개발 전담부서로 인정을 받은 경우 연구개발 전담부서로 인정을 신청한 날 이후 발생하는 연구전담요원의 인건비가 조세특례제한법 시행령 「별표 6」에 해당하는 경우 해당 인건비는 조세특례제한법 제10조에 따라 연구 · 인력개발비 세액공제를 적용받을 수 있는 것이며, 이 경우 해당 월의 인건비 중 인정을 신청한 날 이후 발생한 인건비 해당 금액을 구분하기 어려운 경우에는 인정을 신청한 날 이후 연구업무에 종사한 일수에 따라 일할 계산하는 것임.

또한, 연구에 사용할 목적으로 구입한 기계장치의 구입비용은 조세특례제한법 시행령 제9조 제1항 및 「별표 6」의 연구 · 인력개발비 세액공제를 적용받는 비용에 해당하지 아니하는 것임.

시차출퇴근제 시행에 따른 고용안정장려금으로 지급한 연구원 인건비의 연구 · 인력개발비 세액공제 대상 여부(서면법인2020-4161, 2021.5.13.)

시차출퇴근제 시행에 따른 고용안정장려금은 「조세특례제한법」 제10조의2와 동법 시행령 제9조의2 및 동법 시행규칙 제7조의3에서 열거하고 있는 법률에 해당하지 아니하므로 「조세특례제한법 시행령」 제9조 제1항 제1호에 해당하지 않는 것임.

기업부담금으로 지급한 금액이 연구 · 인력개발비 세액공제 대상 인건비에 해당하는지(사전법령해석법인2021-363, 2021.7.14.)

내국법인이 중소벤처기업부에서 실시하는 중소기업 연구인력지원사업과 관련하여 공공연구기관의 소속 연구원을 지원받고 「조세특례제한법 시행규칙」 제7조에서 규정하는 전담부서등에서 연구개발 과제를 전업적으로 수행하는 해당 연구원의 인건비 중 50%에 상당하는 금액을 기업부담금으로 지출하는 경우 해당 금액은 「조세특례제한법 시행령」 「별표 6」의 제1호 가목 1)의 인건비에 해당하는 것임.

➲ 연구 · 인력개발비 세액공제를 적용할 수 있는지(사전법령해석법인2021－95, 2021.5.20.)

내국법인이 연구소 소속이 아닌 팀을 「기초연구진흥 및 기술개발지원에 관한 법률」에 따라 연구소 내의 팀으로 승인을 받은 경우로서 해당 팀 소속의 임직원이 연구개발과제를 직접 수행하거나 보조하는 자로서 「기초연구진흥 및 기술개발지원에 관한 법률 시행령」 제2조 제7호에 따른 연구전담요원 및 같은 법 시행령 제2조 제8호에 따른 연구보조원에 해당하는 경우 그 임직원(주주인 임원으로서 「조세특례제한법 시행규칙」 제7조 제3항 각 호의 어느 하나에 해당하는 자는 제외)의 인건비는 연구 · 인력개발비 세액공제를 적용할 수 있는 것임.

➲ 연구용 금형 제작비용이 연구 · 인력개발비 세액공제 대상에 해당하는지 여부(기획재정부조세특례－245, 2021.3.24.)

시제품 제조에 사용되는 연구용 금형을 제작하기 위해 지출한 외주가공비는 「조세특례제한법 시행령」 「별표 6」(2020.2.11. 대통령령 제30390호로 개정되기 전) 제1호 가목 2)의 '시범제작에 소요되는 외주가공비'에 포함되는 것이며, 회신일 이후 신고분(결정 · 경정 포함)부터 적용하는 것임.

➲ 청년추가고용장려금으로 지급한 연구원 인건비의 연구 · 인력개발비 세액공제 대상 여부(서면법인2020－4249, 2021.3.5., 서면법령해석법인2020－3626, 2021.1.7.)

내국법인이 국가로부터 연구개발 또는 인력개발이 아닌 고용창출 등을 목적으로 지급받은 각종 지원금을 사용하여 연구개발비 또는 인력개발비로 지출하는 경우, 해당 연구 · 인력개발비 지출액은 「조세특례제한법 시행령」 제9조 제1항 제2호가 적용되지 않는 것임.

➲ 확정기여형 퇴직연금보험료가 연구 · 인력개발비 세액공제 대상에 해당하는지 여부(기획재정부조세특례－72, 2021.1.22., 기준법령해석법인2020－124, 2021.1.27.)

「조세특례제한법 시행령」 「별표 6」6(2019.2.12. 대통령령 제29527호로 개정되기 전의 것) 제1호 가목 1)의 자체연구개발비에서 제외되는 퇴직소득 · 퇴직급여충당금 · 성과급 등에 확정기여형 퇴직연금보험료가 포함되지 않는 것임.

| (저자주) 2019.2.12. 「별표 6」 개정으로 확정기여형 퇴직연금보험료 납입액에 대하여 세액공제가 불가능함 |

구 분	2018.12.31. 이전	2019.1.1. 이후
확정기여형 퇴직연금 보험료의 세액공제여부	대법2016두63200(2017.5.30.) 등에 의하여 세액공제 가능	「별표 6」 개정으로 세액공제 불가

➲ 정부출연금 및 자체부담금의 연구인력개발비 세액공제(서면법인2019－284, 2020.7.10)

연구인력개발비에 대한 세액공제를 적용함에 있어, 내국인이 각 과세연도에 연구개발 및 인력개발에 지출한 금액 중 대통령령으로 정하는 비용이 있는 경우에는 「조세특례제한법」 제10조에 따른 연구 · 인력개발비에 대한 세액공제를 적용받을 수 있는 것이나, 국가, 지방자치단체, 「공공기관의 운영에 관한 법률」에 따른 공공기관 등으로부터 연구개발 또는 인력개발을 목적으로 출연금 등의 자산을 지급받아 연구개발비 또는 인력개발비로 지출하는 금액은 제외하는 것이고, 그 외 민간부담금 등의 비용이 연구인력개발비 세액공제 적용이 가능한지는 해당 법인의 연구개발 활동, 연구원 전담 여부 등을 감안하여 실질내용에 따라 사실판단할 사항임.

국민연금 사용자부담금 연구 · 인력개발비 세액공제 여부(기준법령해석법인2018-20, 2018.6.15.)

「조세특례제한법」 제10조에 따른 연구·인력개발비 세액공제 대상 인건비는 명칭여하에 불구하고 근로의 제공으로 인하여 지급하는 비용을 말하는 것으로 내국법인이 「국민연금법」에 따라 2013.1.1. 이후 납입·적립하는 사용자부담금도 「조세특례제한법」 제10조에 따른 연구·인력개발비 세액공제 대상 인건비에 포함되는 것임.

사업연도 중 연구전담요원에서 제외되는 사유 발생시 R&D세액공제 대상 인건비 산정방법(서면법인2017-2477, 2017.12.8., 서면법규-1017, 2014.9.21.)

조세특례제한법 제10조(연구·인력개발비에 대한 세액공제)를 적용함에 있어, 법인의 전담부서에서 연구업무에 종사하는 연구요원이자 임원에 해당하는 자가 사업연도 중 당해 법인의 주식을 취득하여 그 소유지분이 총발행주식의 10%를 초과하게 되어 연구인력개발비 세액공제 대상 연구전담요원에서 제외되는 경우, 그 제외사유 발생일 이전 기간에 상당하는 인건비에 대해서는 연구인력개발비 세액공제를 적용할 수 있는 것임.

| (저자주) 사업연도 중 연구전담요원에서 제외사유발생시 인건비 세액공제여부 |

구 분	제외사유발생일 이전기간	제외사유발생일 이후
인건비 세액공제 여부	세액공제 가능	세액공제 제외

임원에 지급한 직무발명보상금이 연구 · 인력개발비 세액공제 대상인지 여부(사전법령해석법인2015-316, 2015.10.6.)

내국법인이 「발명진흥법」에 따른 직무발명보상금을 임원에게 지출하는 경우 해당 지출액은 「조세특례제한법 시행령」 「별표 6」 1.연구개발, 라목의 연구·인력개발비 세액공제를 적용받는 비용에 포함되는 것임.

국민건강보험 사용자부담금 연구 · 인력개발비 세액공제 여부(법인-11, 2012.1.6.)

'고유디자인의 개발을 위한 비용'에는 디자인부서에 소속되어 고유디자인 개발에 직접적으로 참여한 게임소프트웨어 그래픽디자이너의 인건비를 포함하는 것이며, '고유디자인의 개발을 위한 비용'에 해당하는 그래픽디자이너의 인건비에는 「국민건강보험법」·「국민연금법」에 따라 사용자가 부담하는 부담금은 포함되는 것이나, 「소득세법」 제22조의 퇴직소득에 해당하는 금액, 복리후생비, 여비교통비 등은 포함되지 않는 것임.

기업부설연구소에서 지출하는 연구 · 인력개발비의 세액공제 적용시기(법인-954, 2011.11.29., 법규-1543, 2011.11.22.)

내국법인이 「기술개발촉진법 시행규칙」 제7조에 따라 기업부설연구소를 신고하여 인정받은 경우로서 신고일 이후 발생되는 비용이 「조세특례제한법 시행령」 「별표 6」에 해당되는 경우, 해당 비용은 「조세특례제한법」 제10조에 따라 연구·인력개발비에 대한 세액공제를 적용받을 수 있는 것임.

견본품 자체제작 비용은 연구인력개발비 세액공제 대상임(법인-828, 2011.10.30.)

내국법인이 연구인력개발비에 대한 세액공제를 적용함에 있어 「조세특례제한법 시행령」 별표 6(제8조

제1항 관련) 제1호 가목 "②전담부서에서 연구용으로 사용하는 견본품 · 부품 · 원재료와 시약류구입비(시범제작에 소요되는 외주가공비를 포함한다)"에는 해당 법인이 자체 제작한 견본품 등을 포함하는 것이며, 이 경우 취득가액은 「법인세법 시행령」 제72조를 준용하여 산정하는 것임.

연구소 인정 취소 후 연구 및 인력개발비에 대한 세액공제(조심2010서949, 2010.7.1.)

연구소 인정을 받기 전이거나 인정이 취소된 후부터 연구개발전담부서로 인정받은 때까지 발생한 비용은 당해 세액공제를 적용받을 수 없음.

퇴직과학기술자 인건비에 대한 연구 · 인력개발비 세액공제 가능 여부(법인-1332, 2009.11.29.)

「조세특례제한법 시행규칙」 제7조에서 규정하는 전담부서에서 연구개발 과제를 전업적으로 수행하는 연구요원의 경우에는 근무시간에 상관없이 그 지급한 인건비에 대하여 「조세특례제한법」 제10조의 연구 및 인력개발비에 대한 세액공제를 적용받을 수 있는 것임.

사례 내일채움공제에 대한 세액공제 적용[31)]

- **(사례 1) 공제가입 핵심인력이 특수관계인에 해당할 경우**

중소기업인 A는 자사의 직원 2명을 내일채움공제 가입하여 각각 월 50만원씩 기업부담금을 납부하고 있음. 중소기업 A의 2025년 연구인력개발비 세액공제 대상 납입비용은?

핵심인력	2025년
백두산(일반직원)	600만원
한라산(대표이사의 배우자)	600만원
합계	1,200만원

☞ 2025년도 기업부담 총 기여금인 1,200만원 중 한라산에게 지급한 600만원은 공제 대상 금액에 포함되지 않아 600만원만 납입비용에 해당함.

- **(사례 2) 공제가입 핵심인력이 중도해지할 경우**

근로자 3명에 대해 기업기여금으로 월 25만원을 미납 없이 납입하였으며 근로자 천왕봉이 중도해지 하였을 경우, 2년차 인력개발비 해당 납입비용은?

핵심인력	1년차	2년차	비고
백두산	300만원	300만원	
속리산	300만원	300만원	
천왕봉	300만원	150만원	중도해지
총합계	900만원	750만원	

☞ 중도해지 시까지 기업부담금 납입액 총액 450만원으로 해지시점이 속하는 과세연도의 기업부담금 납입액 총액에서 차감한다.

750만원 － 450만원 = 300만원

☞ 세액공제는 해당연도 총 발생액 기준(25%) 또는 전년대비 증가 발생액 기준(50%) 선택 가능

* (750만원 － 450만원) × 25% = 75만원(단, 세액보다 해지환급금 많을시)

• **(사례 3) 세액공제 대상 금액보다 해지환급금이 더 많은 경우**

근로자 3명 중 백두산이 3년차에 납입하고 중도해지 하였을 경우(총 납입금 900만원), 3년차의 인력개발비에 해당되는 납입비용은?

핵심인력	1년차	2년차	3년차	4년차	비고
백두산	360만원	360만원	180만원	–	중도해지
속리산	–	300만원	300만원	300만원	
천왕봉	–	300만원	300만원	300만원	
총합계	360만원	960만원	780만원	600만원	

☞ (780만원 – 900만원) = 0원으로 납입비용으로 인정되는 금액 없음 → 미차감 금액 120만원 발생

* 세액공제 없음.(이전과세연도에 빼지 못한 금액이 있는 경우 해당금액 포함)

• **(사례 4) 미차감 금액이 존재하나 다음 해 공제가입자가 없는 경우**

위 사례 3의 납입내용을 기준으로 근로자 백두산이 3년차 중도해지 하였을 경우(미차감금액 120만원), 4년차의 인력개발비에 해당되는 납입비용은?

☞ 600만원 – 120만원(미차감금액) = 480만원

☞ 세액공제 (600만원 – 120만원) × 25% = 120만원

☞ 사례 3과 사례 4는 당해연도 세액공제 납입금액이 적을 시(3년차 세무조정 필요없음)에는 다음연도에 발생하는 인력개발비에 대한 납입비용(4년차 세액공제 반영)에서 차감

Ⅳ 세액공제액

내국인의 연구개발 및 인력개발을 위한 비용 중 연구·인력개발비가 있는 경우에는 다음의 금액을 합한 금액을 해당 과세연도의 소득세(부동산임대업 소득을 제외한 사업소득에 대한 소득세만 해당한다) 또는 법인세에서 공제한다. 이 경우 「신성장·원천기술연구개발비」 및 「국가전략기술연구개발비」는 2029년 12월 31일(국가전략기술 중 반도체분야 기술의 경우 2031년 12월 31일)까지 발생한 해당 연구·인력개발비에 대해서만 적용하며, 「신성장·원천기술연구개발비」 및 「국가전략기술연구개발비」를 동시에 적용받을 수 있는 경우에는 납세의무자의 선택에 따라 그 중 하나만을 적용한다.

31) 국세청, 2024년 연구·인력개발비세액공제 사전심사 가이드라인, 2024.1., p.131~132, 사례참조

1. 신성장 · 원천기술연구개발비

<table>
<tr><th colspan="2">세액공제액 = 신성장 · 원천기술연구개발비 × (가 + 나)</th></tr>
<tr><td>가. 기업유형별 비율
㉠ 중소기업: 30%
㉡ 유예기간 경과 후 3년 이내: 25%☆
㉢ 그 밖의 기업: 20%</td><td>나. Min[㉠, ㉡]
㉠ $\frac{\text{신성장 · 원천기술연구개발비}}{\text{해당 과세연도의 기업회계기준에 의한 매출액}} \times 3\text{배}$
㉡ 10%☆☆</td></tr>
</table>

☆ ① 2025.1.1. 이후 개시하는 과세연도에 최초로 중소기업에 해당하지 아니하게 된 경우부터 적용한다.
② 2024년 12월 31일이 속하는 과세연도에 발생한 코스닥상장중견기업의 연구 · 인력개발비에 대해서는 25%를 적용한다.(조특법 법률 제20617호 부칙 제3조, 2024.12.31.)

☆☆ 2024년 12월 31일이 속하는 과세연도에 발생한 코스닥상장중견기업의 연구 · 인력개발비에 대해서는 15%를 적용한다.(조특법 법률 제20617호 부칙 제3조, 2024.12.31.)

2. 국가전략기술연구개발비

<table>
<tr><th colspan="2">세액공제액 = 국가전략기술연구개발비 × (가 + 나)</th></tr>
<tr><td>가. 기업유형별 비율
㉠ 중소기업: 40%
㉡ 유예기간 경과 후 3년 이내: 35%☆
㉢ 그 밖의 기업: 30%</td><td>나. Min[㉠, ㉡]
㉠ $\frac{\text{국가전략기술연구개발비}}{\text{해당 과세연도의 기업회계기준에 의한 매출액}} \times 3\text{배}$
㉡ 10%</td></tr>
</table>

☆ 2025.1.1. 이후 개시하는 과세연도에 최초로 중소기업에 해당하지 아니하게 된 경우부터 적용한다.

3. 일반연구 · 인력개발비(위 1, 2를 선택하지 않는 경우 포함)

내국인의 연구 · 인력개발비의 경우에는 다음 중에서 선택하는 어느 하나에 해당하는 금액을 세액공제한다.

가. 증가금액 기준 세액공제

$$\left(\text{해당 과세연도의 일반연구인력개발비} - \text{직전 과세연도에 발생한 일반연구인력개발비}\right) \times 25\%\ (\text{중견기업☆ } 40\%)\ (\text{중소기업 } 50\%)$$

☆ 다음의 요건을 모두 충족하는 중견기업을 말한다.
① 중소기업이 아닐 것
② 「중견기업 성장촉진 및 경쟁력 강화에 관한 특별법 시행령」 제2조 제1항 제1호(「공공기관의 운영에 관한 법률」 제4조에 따른 공공기관) 또는 제2호(「지방공기업법」에 따른 지방공기업)에 해당하는 기관이 아닐 것
③ 다음 어느 하나에 해당하는 업종을 주된 사업으로 영위하지 아니할 것. 이 경우 둘 이상의 서로 다른 사업을

영위하는 경우에는 사업별 사업수입금액이 큰 사업을 주된 사업으로 본다.

- 조세특례제한법에 따른 소비성서비스업(호텔업 및 여관업, 일반유흥주점업, 무도유흥주점업, 단란주점, 2024.3.22. 이후 개시하는 과세연도부터 무도장 운영업, 기타 사행시설 관리 및 운영업, 유사 의료업 중 안마를 시술하는 업, 마사지업 포함)
- 부동산임대업☆ • 금융업 • 보험 및 연금업 • 금융 및 보험관련 서비스업

☆ 2025년 2월 28일 이후 개시하는 과세연도부터 중견기업에서 제외한다.(조특령 부칙 제35347호 제2조)

④ 소유와 경영에 실질적인 독립성이 「중견기업 성장촉진 및 경쟁력 강화에 관한 특별법 시행령」 제2조 제2항 제1호에 적합할 것

⑤ 직전 3개 사업연도의 매출액(기업회계기준에 의한 손익계산서 매출액이며 1년 미만 사업연도의 경우 연환산한 금액)의 평균금액이 5천억원 미만인 기업일 것

⑥ 다음의 요건을 모두 갖춘 내국법인(소규모내국법인)이 아닐 것☆(법인령 42 ②)

☆ 2025년 2월 28일 이후 개시하는 과세연도부터 중견기업에서 제외한다.(조특령 부칙 제35347호 제2조)

① 해당 사업연도 종료일 현재 내국법인의 지배주주등☆이 보유한 주식등의 합계가 해당 내국법인의 발행주식총수 또는 출자총액의 50%를 초과할 것

☆ 법인의 발행주식총수 또는 출자총액의 100분의 1 이상의 주식 또는 출자지분을 소유한 주주등으로서 그와 특수관계에 있는 자와의 소유 주식 또는 출자지분의 합계가 해당 법인의 주주등 중 가장 많은 경우의 해당 주주등을 말한다.(법인령 43 ⑦)

② 해당 사업연도에 부동산 임대업을 주된 사업(내국법인이 둘 이상의 서로 다른 사업을 영위하는 경우에는 사업별 사업수입금액이 큰 사업을 주된 사업으로 본다)으로 하거나 다음 각 목의 금액 합계가 기업회계기준에 따라 계산한 매출액(㉠부터 ㉢까지의 금액이 포함되지 아니한 경우에는 이를 포함하여 계산)의 100분의 50 이상일 것

㉠ 부동산 또는 부동산상의 권리의 대여로 인하여 발생하는 소득의 금액(조세특례제한법에 의한 임대보증금 등의 간주익금액 포함)

㉡ 「소득세법」 제16조 제1항에 따른 이자소득의 금액

㉢ 「소득세법」 제17조 제1항에 따른 배당소득의 금액

③ 해당 사업연도의 상시근로자수가 5명 미만일 것

나. 당기 발생금액 기준 세액공제

구 분	2024.12.31. 이전 공제율	2025.1.1. 이후☆ 공제율
중소기업[유예기간 5년(상장사는 7년) 포함]	25%	25%
중소기업 유예기간 이후 1 ~ 3년차의 기업	15%	20%
중소기업 유예기간 이후 4 ~ 5년차의 기업	10%	15%
중견기업이 중소기업 유예기간 5년차 이후의 경우	8%	8%
일반기업	$0\% + \frac{\text{일반연구인력개발비}}{\text{해당 과세연도의 수입금액}} \times \frac{1}{2}$ (2%한도)	

☆ 2025.1.1 이후 개시하는 과세연도에 최초로 중소기업에 해당하지 아니하게 된 경우부터 적용한다.(조특법 법률 제20617호 부칙 제3조, 2024.12.31.) 따라서 2024.12.31. 이전에 중소기업 유예기간 이후 1년차부터 5년차의 기업은 기존 공제율을 적용한다.

다. 증가금액 기준 세액공제 배제(당기 발생금액 기준 세액공제만 적용의 경우)

일반연구인력개발비 세액공제를 적용함에 있어 해당 과세연도의 개시일부터 소급하여 4년간 일반연구인력개발비가 발생하지 아니하거나 직전 과세연도에 발생한 일반연구인력개발비가 해당 과세연도의 개시일부터 소급하여 4년간 발생한 일반연구인력개발비의 연평균 발생액보다 적은 경우에는 당기발생기준 세액공제에 해당하는 금액을 공제한다.

1) 4년간의 일반연구 · 인력개발비의 연평균 발생액 계산

「4년간의 일반연구 · 인력개발비의 연평균 발생액」은 다음과 같이 계산한다.(조특령 9 ⑨)

$$\frac{\text{해당 과세연도 개시일부터 소급하여 4년간 발생한 일반연구 · 인력개발비의 합계액}}{\text{해당 과세연도 개시일부터 소급하여 4년간 일반연구 · 인력개발비가 발생한 과세연도의 수(그 수가 4이상인 경우 4로 한다)}} \times \frac{\text{해당 과세연도의 개월 수}^{☆}}{12}$$

☆ 개월 수는 월력에 따라 계산하되, 과세연도 개시일이 속하는 달이 1개월 미만인 경우에는 1개월로 하고, 과세연도 종료일이 속하는 달이 1개월 미만인 경우에는 산입하지 않는다.(조특령 9 ⑪)

2) 직전 과세연도에 발생한 일반연구 · 인력개발비 등의 계산

직전 과세연도에 발생한 일반연구 · 인력개발비 및 해당 과세연도 개시일부터 소급하여 4년간 발생한 일반연구 · 인력개발비의 합계액을 계산할 때 합병법인, 분할신설법인, 분할합병의 상대방법인, 사업양수법인 또는 사업장별로 그 사업에 관한 권리(미수금에 관한 것을 제외한다)와 의무(미지급금에 관한 것을 제외한다)를 포괄적으로 출자하는 현물출자를 받은 법인("합병법인등")의 경우에는 합병, 분할, 분할합병, 사업양도 또는 현물출자("합병등")를 하기 전에 피합병법인, 분할법인, 사업양도인 또는 현물출자자("피합병법인등")로부터 발생한 일반연구 · 인력개발비는 합병법인등에서 발생한 것으로 본다.

다만, 피합병법인등이 운영하던 사업의 일부를 승계한 경우로서 합병등을 하기 전에 피합병법인등의 해당 승계사업에서 발생한 일반연구 · 인력개발비를 구분하기 어려운 경우에는 피합병법인등에서 합병등을 하기 전에 발생한 일반연구 · 인력개발비에 각 사업연도의 승계사업의 매출액이 총매출액에서 차지하는 비율과 각 사업연도말 승계사업의 자산가액이 총자산가액에서 차지하는 비율 중 큰 것을 곱한 금액을 피합병법인등에서 발생한 일반연구 · 인력개발비로 본다.(조특령 9 ⑩)

Check Point

■ 중소기업으로 보는 유예기간 개정규정 부칙(조특령 부칙 제34992호, 2, 2024.11.12.)

유예 기간	2024.11.12.이 속하는 과세연도 이전 과세연도까지	2024.11.12.이 속하는 과세연도부터
원칙	최초로 그 사유가 발생한 날이 속하는 과세연도와 그 다음 3개 과세연도	최초로 그 사유가 발생한 날이 속하는 과세연도와 그 다음 5개 과세연도
예외	없음	최초로 그 사유가 발생한 날이 속하는 과세연도의 종료일부터 5년이 되는 날이 속하는 과세연도의 종료일 현재 해당 기업이 「자본시장과 금융투자업에 관한 법률」에 따른 유가증권시장 또는 코스닥시장에 상장되어 있는 경우에는 7개 과세연도

2024.11.12.이 속하는 과세연도 전에 종전규정에 의하여 유예기간을 적용받고 있으면서 그 기간이 경과하지 아니한 경우에도 개정규정이 적용되지 아니하고 종전의 규정에 의한 유예기간이 적용된다는 점에 유의하여야 한다.

중소기업 유예기간 종료 후 유예 배제사유 발생 시 적용되는 연구 · 개발비 세액공제율(사전법규법인2023-863, 2024.3.6.)

「조세특례제한법」 제10조 제1항 제3호 나목의 세액공제 방식을 선택한 내국법인이 같은 목 2)에 따른 공제율(유예기간 종료후 5년 이내 15%, 10%)을 적용받는 기간 중에 공정거래위원회로부터 상호출자제한기업집단에 속하는 회사가 되었음을 통지받음으로써 같은 법 시행령 제2조 제2항 제3호(독립성 위배로 유예기간 배제)에 해당되는 경우, 해당 내국법인의 법인세에서 공제하는 일반연구인력개발비에 대한 세액공제 금액은 해당 과세연도에 발생한 일반연구인력개발비에 같은 법 제10조 제1항 제3호 나목 2)에 따른 비율을 곱하여 계산하는 것임.[일반 공제율(중견 8%, 일반 0%~2%)이 아니라, 단계적 인하 공제율(3년간 15%, 2년간 10%)을 계속 적용함이 타당]

연구인력개발비 세액공제 적용시 중견기업 판정기준(서면법규법인2021-4819, 2022.5.26.)

「조세특례제한법 시행령」 제9조 제4항 제3호에 따른 소유와 경영의 실질적인 독립성 여부를 판단함에 있어, 「중견기업 성장촉진 및 경쟁력 강화에 관한 특별법 시행령」 제2조 제2항 제1호 나목에 따른 외국법인에는 외국의 정부도 포함되는 것임.

사례

■ 당사가 지출한 연구인력개발비 내역이다. 사례별로 직전 4년간 연구 및 인력개발비 연평균발생금액을 계산하시오.

구 분	20×6년	20×7년	20×8년	20×9년	총계
Case1	150,000	256,000	0	125,000	531,000
Case2	0	150,000	256,000	125,000	531,000
Case3	–	125,000	350,000	125,000	600,000

Case1은 20×6년 이전부터 계속하여 연구·인력개발비를 지출하였으며, Case2는 20×7년 1월 1일부터 처음으로 연구·인력개발비가 지출되었으며, Case3은 20×7년 7월 1일 사업을 개시하여 연구·인력개발비가 지출되었다.

해답 및 계산과정

Case1) 연평균액 = 531,000 ÷ 3 × 12/12 = 177,000
Case2) 연평균액 = 531,000 ÷ 3 × 12/12 = 177,000
Case3) 연평균액 = 600,000 ÷ 3 × 12/12 = 200,000

증가분 방식을 적용할 수 있는지(서면법령해석법인2020-1782, 2021.3.5.)

내국법인의 일반연구·인력개발비가 최초 발생시점부터 4년이 경과하지 않은 경우로 직전 과세연도에 최초로 발생한 경우에도 해당 내국법인은 「조세특례제한법」 제10조 제1항 제3호 가목을 적용할 수 있는 것임.

국가로부터 연구개발 또는 인력개발이 아닌 목적으로 지급받은 지원금의 세액공제여부(서면법령해석법인2020-3626, 2021.1.7.)

내국법인이 국가로부터 연구개발 또는 인력개발이 아닌 고용창출 등을 목적으로 지급받은 각종 지원금을 사용하여 연구개발비 또는 인력개발비로 지출하는 경우, 해당 연구·인력개발비 지출액은 「조세특례제한법 시행령」 제9조 제1항 제2호가 적용되지 않는 것임.

V 세액공제의 적용시기 등

연구 및 인력개발비에 대한 세액공제는 동 비용이 발생된 각 사업연도마다 적용한다. 이 경우 해당 비용을 개발비 등 자산계정으로 처리한 경우에도 적용한다.(조특법 통칙 10-0…1)

Ⅵ 구분경리

신성장·원천기술연구개발비 및 국가전략기술연구개발비에 대한 세액공제를 적용받으려는 내국법인은 신성장·원천기술연구개발비 및 국가전략기술연구개발비, 일반연구·인력개발비를 각각 별개의 회계로 구분경리하여야 한다.

이 경우 일반연구·인력개발비, 신성장·원천기술연구개발비 및 국가전략기술연구개발비가 서로 공통되는 경우에는 다음의 구분에 따라 계산하여 구분경리해야 한다.(조특칙 7 ⑯)

① 인건비 및 위탁·공동연구개발비에 해당하는 공통비용의 경우: 다음의 구분에 따른다.

㉠ 직원 및 전담요원의 근무시간을 신성장·원천기술개발업무, 국가전략기술개발업무 및 일반연구개발업무로 각각 구분하여 기록·관리한 경우

ⓐ 일반연구개발업무 근무시간이 전체 연구개발업무 근무시간의 100분의 50 미만인 경우: 전체 인건비를 신성장·원천기술개발업무 근무시간, 국가전략기술개발업무 근무시간 및 일반연구개발업무 근무시간으로 각각 안분한 비용. 이 경우 국가전략기술연구개발업무 근무시간이 전체 연구개발업무 근무시간의 100분의 50 이하인 사람의 국가전략기술연구개발업무 근무시간은 신성장·원천기술개발업무 근무시간으로 본다.

ⓑ 일반연구개발업무 근무시간이 전체 연구개발업무 근무시간의 100분의 50 이상인 경우: 전액 일반연구개발비

㉡ 직원 및 전담요원의 근무시간을 국가전략기술개발업무, 신성장·원천기술개발업무 및 일반연구개발업무로 구분할 수 없는 경우: 전액 일반연구개발비

② 위탁·공동연구개발비에 해당하는 공통비용의 경우: 다음의 구분에 따른다.

㉠ 일반연구·인력개발비와 신성장·원천기술연구개발비 또는 국가전략기술연구개발비의 공통비용: 전액 일반연구·인력개발비

㉡ 신성장·원천기술연구개발비와 국가전략기술연구개발비의 공통비용: 전액 신성장·원천기술연구개발비

③ 위 ①과 ②외의 공통비용의 경우: 다음의 구분에 따른다.

㉠ 신성장·원천기술연구개발비: 다음의 계산식에 따른 비용

$$\text{위 ①과 ②외의 공통비용} \times \frac{\text{신성장·원천기술연구개발비 중 자체연구개발비용}^{1)}}{\text{자체연구개발비용}^{2)} + \text{전담부서등의 인건비}^{3)}}$$

㉡ 국가전략기술연구개발비: 다음의 계산식에 따른 비용

$$\text{위 ①외의 공통비용} \times \frac{\text{국가전략기술연구개발비 중 자체연구개발비용}^{4)}}{\text{자체연구개발비용}^{2)} + \text{전담부서등의 인건비}^{3)}}$$

㉢ 일반연구・인력개발비: 위 ①외의 공통비용에서 ㉠과 ㉡의 비용을 제외한 비용

1) 신성장・원천기술연구개발비 중 자체연구개발비용: 조특령 9 ① 1호 가목에 해당하는 비용
2) 자체연구개발비용: 신성장・원천기술연구개발비 중 자체연구개발비용과 국가전략기술연구개발비 중 자체연구개발비용의 합계액을 의미
3) 전담부서등의 인건비: 조특령 「별표 6」 1호 가목 1)에 해당하는 비용
4) 국가전략기술연구개발비 중 자체연구개발비용: 조특령 9 ⑦ 1호 가목에 해당하는 비용

Ⅶ 연구・인력개발비 세액공제의 배제사유 및 배제시점

1. 세액공제 배제사유

자체 연구개발을 위한 연구개발비가 「기초연구진흥 및 기술개발지원에 관한 법률」(약칭: 기초연구법) 및 「문화산업진흥기본법」(약칭: 문화산업법)등에 해당하는 다음의 사유로 인하여 연구개발비에 해당하지 아니하게 되는 경우에는 세액공제를 적용하지 아니한다.(조특법 10 ⑥)

구 분	배제사유
기초연구법	① 거짓 또는 그 밖의 부정한 방법으로 인정을 받거나 변경신고를 한 경우 ② 기업부설연구소등이 소속된 기업이 기업부설연구소등의 인정취소를 요청한 경우 ③ 기업부설연구소등이 소속된 기업이 폐업하거나 기업부설연구소등의 폐쇄 사실을 과학기술정보통신부장관이 확인한 경우 ④ 제14조의2 제1항에 따른 인정기준에 미달되어 과학기술정보통신부장관이 그 보완을 명한 날부터 1개월이 지날 때까지 미달된 사항을 보완하지 아니한 경우 ⑤ 제14조의2 제3항에 따른 변경신고를 변경사유가 발생한 날부터 1년 이내에 하지 아니한 경우 ⑥ 기업부설연구소등의 연구개발활동이 없다고 과학기술정보통신부장관이 인정한 경우 ⑦ 기업부설연구소등이 제14조의4에 따른 준수사항을 위반한 경우 ⑧ 「연구실 안전환경 조성에 관한 법률」 제17조 등 다른 법률에 따라 기업부설연구소등의 연구개발활동이 제한된 경우
문화산업법	① 거짓이나 그 밖의 부정한 방법으로 창작연구소등으로 인정받은 경우 ② 창작연구소 등의 인정기준을 위반한 경우

2. 세액공제 배제시점

자체 연구개발에 지출하는 연구개발비가 세액공제 배제사유에 해당하는 경우 다음의 배제시점 이후 지출한 금액에 대하여 세액공제를 적용하지 아니한다.

배제사유	배제시점
기초연구법 ① 문화산업법 ①	인정일이 속하는 과세연도의 개시일
기초연구법 ②, ③, ⑤, ⑥, ⑧	인정취소일
기초연구법 ④, ⑦ 문화산업법 ②	인정취소일이 속하는 과세연도의 개시일

형식적인 기업부설연구소의 직원인건비에 대한 세액공제여부(조심2016중3273, 2016.10.28.)

청구법인의 기업부설연구소를 현장확인한 결과, 직원 및 설비가 없는 것으로 조사되었고, 청구법인의 조직도, 인사 관련 서류 및 경비 사용내역 등에서 쟁점직원들이 타부서 소속인 것으로 확인되는 점, 청구법인의 기업부설연구소에서 과학적 또는 기술적 진전을 이루기 위한 연구개발 등이 수행되었고, 그 업무를 쟁점직원들이 전담하였음을 입증할 수 있는 객관적 증빙의 제시가 없는 점 등에 비추어 처분청이 쟁점직원들의 인건비에 대하여 「조세특례제한법」 제10조에 따른 연구·인력개발비 세액공제를 배제하여 법인세를 과세한 이 건 처분은 잘못이 없음.

Ⅷ 연구개발계획서등의 작성·보관

2020년 1월 1일 이후 개시하는 사업연도부터 연구·인력개발비세액공제를 적용받으려는 내국인은 연구개발계획서, 연구개발보고서 및 연구노트 등 증거서류를 작성·보관해야 한다.

내국인은 해당 과세연도에 수행한 연구개발 과제별로 별지 제3호의2 서식에 따른 연구개발계획서, 연구개발보고서 및 연구노트를 작성(조세특례제한법 제10조 제1항 제3호를 적용받는 일반연구인력개발비의 경우에는 연구개발계획서 및 연구개발보고서만 작성한다)하고 해당 과세연도의 종료일로부터 5년 동안 보관해야 한다.

■ 조세특례제한법 시행규칙 [별지 제3호서식 부표(3)](2022.03.18 개정)

과 세 연 도	. . . ~ . . .	연구과제 총괄표	법 인 명	
			사업자 등록번호	

① 연번	② 기술 구분코드	③ 연구과제명	④ 기술명 (신성장·원천기술, 국가전략기술의 경우에만 작성)

작 성 방 법

※ 각 과세연도에 「조세특례제한법 시행령」 제9조제14항에 따라 일반연구 및 인력개발비 명세서[별지 제3호서식(1)], 신성장·원천기술 연구개발비 명세서[별지 제3호서식(2)], 국가전략기술 연구개발비 명세서[별지 제3호서식(3)]를 제출해야 하는 경우 반드시 이 서식을 작성해야 합니다.

※ 연구과제별로 별지 제3호의2서식에 따른 연구개발계획서, 연구개발보고서를 작성하고 보관해야 합니다.

※ 신성장·원천기술과 국가전략기술에 해당하는 연구과제는 연구노트를 작성하고 보관해야 합니다.

※ 작성한 연구과제는 ①과학적 또는 기술적 진전을 이루기 위한 활동 또는 ②새로운 서비스, 서비스전달체계의 개발을 위한 활동에 해당하여야 합니다.

1. "① 연번"란에는 1부터 시작하는 숫자를 순서대로 적습니다.
2. "② 기술구분 코드"란에는 다음에 해당하는 숫자를 적습니다.

연구개발세액공제 종류	신성장·원천기술 연구개발비	국가전략기술 연구개발비	일반 연구·인력개발비
코드번호	01	02	03

3. "③ 연구과제명" 란은 기업에서 구분하여 관리하는 연구과제별 명칭을 적습니다. 연구과제의 구분은 기업에서 자율적으로 선택할 수 있으나, 해당 과제별로 연구개발계획서, 연구개발보고서, 연구노트(신성장·원천기술 연구개발비, 국가전략기술 연구개발비만 해당), 투입 인력 등을 구분할 수 있어야 합니다.
4. "④ 기술명" 란은 신성장·원천기술 또는 국가전략기술 연구개발비에 해당하는 경우 해당 기술명을 적습니다. 일반 연구 및 인력개발비에 해당하는 연구과제는 동 란을 빈칸으로 남겨둡니다.

210mm×297mm[백상지 80g/㎡ 또는 중질지 80g/㎡]

■ 조세특례제한법 시행규칙 [별지 제3호의2서식](2022.03.18 개정) (4쪽 중 제1쪽)

연구개발계획서(자율양식)

※ 제시된 내용을 포함하되 목차 및 양식을 자유롭게 재구성 · 활용할 수 있습니다.

1. 연구과제명

2. 연구 개발의 목표 및 내용

3. 신성장·원천기술 또는 국가전략기술 관련

4. 연구과제 수행계획

(4쪽 중 제2쪽)

연구개발보고서(자율양식)

※ 제시된 내용을 포함하되 목차 및 양식을 자유롭게 재구성 · 활용할 수 있습니다.
※ 여러 연구과제에 공통되는 항목이 있을 경우 연구과제별로 각각 작성하지 않고 한 문서에 여러 연구과제에 해당하는 내용을 함께 작성할 수 있습니다.

1. 연구과제명

2. 연구 개발 개요

3. 연구수행 내용 및 성과

붙임. 참고자료 및 증빙자료

(4쪽 중 제3쪽)

연구노트(자율양식)

※ 제시된 내용을 포함하되 목차 및 양식을 자유롭게 재구성 · 활용할 수 있습니다.

1. 연구과제명

2. 연구 내용

(4쪽 중 제4쪽)

작성 요령(제출 시 삭제할 것)

□ 연구개발계획서

○ 연구과제명

- 별지 제3호서식 부표(3)의 연구과제 총괄표에 따른 연구과제명

○ 연구 개발의 목표 및 내용

- 목표, 주요내용, 과제착수 시점을 포함하여 작성합니다.

○ 신성장·원천기술 또는 국가전략기술 관련

- 「조세특례제한법 시행령」 별표 7의 신성장·원천기술 또는 별표 7의2의 국가전략기술에 해당하는지 여부 및 해당 시 그 근거를 포함하여 작성합니다.
- 신성장·원천기술 또는 국가전략기술에 해당하는 경우 연구노트의 작성 기준과 작성 주기를 명시합니다.

* 작성기준은 과제별·부서별·연구원별 중 선택합니다(과제별·부서별인 경우 작성 책임자도 함께 명시합니다)

○ 연구과제 수행계획

- 해당 연구개발 과제를 수행할 부서
- 투입 예상 인력 및 비용(실제 투입 인력 및 예산과는 달라질 수 있습니다)

○ 기타 작성과 관련된 유의사항

- 다년간에 걸친 과제의 경우 연도별 투입 예정 비용·인원이 작성되어 있고 특별한 내용상 변동이 없는 경우 동일한 연구계획서를 여러 해에 걸쳐 반복하여 활용할 수 있습니다.

□ 연구개발보고서

○ 연구과제명

- 별지 제3호서식 부표(3)의 연구과제 총괄표에 따른 연구과제명

○ 연구 개발 개요

- 실제 수행한 연구개발의 주요 내용(해당 연구개발을 통해 달성하려는 ① 과학적·기술적 진전 또는 ② 새로운 서비스 또는 서비스 전달체계가 무엇인지 드러나야 합니다)
- 조세특례제한법 시행령 별표 7의 신성장·원천기술 또는 별표 7의2의 국가전략기술에 해당하는지 여부 및 해당 시 그 근거
- 과제 수행 기간

○ 연구 수행 내용 및 성과

- 수행부서, 연간 투입인력 현황(인건비 발생 명세서상 인력 중 해당 연구과제에 투입된 인력)
- 연간 위탁·공동연구개발 현황(위탁·공동연구개발 수행 기관, 수행 기간, 주요 내용 등)
- 실험 등 연구개발을 위해 활용한 방법(연구노트가 있는 경우 연구노트로 대체 가능)
- 연구개발 주요 성과(특허권 신청 실적, 실패 시 실패 내용 등)

○ 참고자료 및 증빙자료

- 보고서의 내용을 확인하기 위한 참고자료 및 증빙자료의 종류
- 동일 연구원이 동일 기간에 여러 연구과제에 중복 참여한 경우 중복 참여한 현황

□ 연구노트

○ 연구과제명

- 별지 제3호서식 부표(3)의 연구과제 총괄표에 따른 연구과제명

○ 아래 기준을 충족하는 범위에서 자유롭게 작성하거나 내부 보고서로 대체 가능합니다.

- 기재내용은 위·변조 없이 객관적인 사실을 상세하고 정확하게 기록합니다.
- 연구과제별(부서별, 연구원별 선택 가능)로 별도의 연구노트를 작성합니다.
- 작성자 또는 작성 책임자를 명시하고, 작성한 날짜를 기록합니다.
- 한 달 이내의 기간마다 해당 기간에 수행한 연구개발 내용 및 참여인력 현황을 작성합니다.
  (1분기 이내의 기간마다 작성하는 것도 가능하나, 이 경우 기술개발 진척도, 실험의 내용 또는 목표의 성공·실패 여부 등 자체적으로 설정하는 작성 주기의 기준이 사전에 연구개발계획서에 명시되어야 합니다)
- 서면으로 작성하는 경우 기록내용이 장기간 보관되는 필기구로 작성, 그 외의 작성도구 및 사용 소프트웨어 등에 대한 제한은 없습니다.

Ⅸ 세액공제신청서 및 연구·인력개발비명세서 등의 제출

2020년 1월 1일 이후 개시하는 사업연도부터 내국인은 과세표준신고를 할 때 세액공제신청서, 연구및인력개발비명세서 및 증거서류를 납세지 관할 세무서장에게 제출하여야 한다.

X 기타사항

① 다른 세액공제 및 감면과 중복적용가능하다.
② 중소기업에 대한 연구·인력개발비 세액공제는 최저한세 적용대상에서 제외한다. 따라서 중소기업이 아닌 경우에는 최저한세 적용대상이다.
③ 농어촌특별세 비과세된다.
④ 미공제세액은 10년간 이월공제한다.
⑤ 추계결정시 세액공제배제(조특법 128 ①)
⑥ 개인사업자의 경우 부동산임대업 소득에 해당하는 산출세액에서는 공제불가능하다.

연구인력개발비 세액공제 시 적용 배제한 정부출연금을 추후 전액 반환한 경우 경정청구 가능 여부(서면법인2019-3906, 2020.12.1.)

연구·인력개발비에 대한 세액공제 시 적용 배제한 정부출연금을 중도 포기의 사유로 전액 반환한 경우 해당 지출 비용이 동 세액공제 대상에 해당할 경우에는 국세기본법 제45조의2에 따라 경정청구가 가능한 것임.

소프트웨어 임차 비용의 연구 및 인력개발비 세액공제 적용 가능 여부(서면법인2020-2587, 2020.7.22.)

내국법인이 연구개발을 위한 전담부서 등에서 직접 사용하기 위한 연구·시험용 시설의 임차 또는 이용에 대한 비용은 「조세특례제한법」 제10조에 규정된 연구·인력개발비에 대한 세액공제를 받을 수 있는 것이나, 범용 소프트웨어 대여 및 구입비는 「문화산업진흥 기본법」 제2조 제2호에 따른 문화상품 제작을 목적으로 사용하는 경우에 한정하여 세액공제 적용을 받을 수 있는 것임.

☆ 2025.3.31.이 속하는 과세연도부터 ① 인사, 급여, 회계 및 재무 등 지원업무에 사용하는 소프트웨어 ② 문서, 도표 및 발표용 자료 작성 등 일반 사무에 사용하는 소프트웨어 ③ 컴퓨터 등의 구동을 위한 기본운영체제(Operating System) 소프트웨어를 제외한 소프트웨어는 세액공제대상으로 개정됨.

법인이 연구원에게 지출한 비용 중 연구·인력개발비 세액공제 대상 인건비의 범위(서면법인2019-2861, 2020.7.8.)

「조세특례제한법 시행령」 「별표 6」의 인건비란 그 명칭여하에 불구하고 근로의 제공으로 인하여 지급하는 비용으로서 전담부서의 소모품비와 복리후생비를 포함하지 않는 것으로, 법인이 연구원에게 지급한 각종 비용이 인건비에 해당하여 연구·인력개발비 세액공제 대상에 해당하는지는 지급 비용의 성격, 근로와의 관계성, 금액의 적정성, 복리후생비 해당 여부 등을 종합적으로 고려하여 실질 내용에 따라 사실판단할 사항임.

고용보험법상 환급금 포함여부(서면2팀-2390, 2004.11.19.)

금융업을 영위하는 내국법인이 근로자직업훈련촉진법 제2조의 규정에 의하여 직업능력개발훈련시설로 지정된 한국금융연수원에 지출한 인력개발을 위한 위탁훈련비는 조세특례제한법 제10조의 규정에 의한 연구 및 인력개발에 대한 세액공제를 적용할 수 있는 것이며, 해당 세액공제 대상 금액은 당해 사업연도에 지출한 훈련비중 고용보험법에 의하여 환급되는 금액을 차감하는 것임.

사례

다음 자료에 대하여 연구 및 인력개발비에 대한 세무조정을 하시오.

1. 손익계산서상 경상연구개발비계정에 반영된 인건비는 일반기술개발을 위한 인건비로 내역은 다음과 같다.(인원수: 2명)

항 목	금 액	항 목	금 액
연구직 인건비	34,000,000	회사부담 건강보험료	2,500,000
내일채움공제부담금	5,000,000	회사부담 고용보험료	800,000
회사부담 국민연금	3,000,000	회사부담 산재보험료	700,000
확정기여형 퇴직연금	4,000,000		

2. 당해 법인은 중소기업이며 지출된 연구개발비는 연구 및 인력개발비세액공제요건을 충족한다고 가정한다.

3. 직전 4년간 연구개발비 지출액은 다음과 같다.

2021년	20,000,000	2022년	35,000,000
2023년	25,000,000	2024년	30,000,000

해답 및 계산과정

연구 및 인력개발비세액공제액 = 11,500,000(최대액으로 결정함)

① 「해당 연도의 연구 및 인력개발비 발생명세」와 「연구 및 인력개발비의 증가발생액의 계산」에서 직전4년간 발생한 연구 및 인력개발비는 「별표 6」에 해당하는 연구 및 인력개발비에 해당하는 금액을 항목별로 구분하여 입력한다.
인건비 중 연구개발세액공제를 적용할 수 있는 인건비만을 대상으로 입력한다.

항 목	금 액	공제여부	항 목	금 액	공제여부
연구직 인건비	34,000,000	여	회사부담 건강보험료	2,500,000	여
내일채움공제부담금	5,000,000	여	회사부담 고용보험료	800,000	여
회사부담 국민연금	3,000,000	여	회사부담 산재보험료	700,000	여
확정기여형 퇴직연금	4,000,000	부			

② 4년간 평균지출액 = (30,000,000 + 25,000,000 + 35,000,000 + 20,000,000)/4 = 27,500,000
③ 직전지출액 = 30,000,000
④ 당기발생액기준 세액공제 = 당기 발생액 × 25% = 46,000,000 × 25% = 11,325,000
⑤ 증가금액기준 세액공제액 = (당기발생액 － 직전지출액) × 50%
= (46,000,000 － 30,000,000) × 50% = 8,000,000

| 연구 · 인력개발비세액공제 체크리스트(인건비)[32) |

구분	요 건		검 토 내 용	적합 여부
인건비	물적요건	독립된 공간에 연구소 또는 전담부서를 설치하여 연구를 수행할 것	• 연구원들이 전담부서등에서 일시적이 아닌 계속적으로 근무가 가능한 환경을 갖추어 실질적으로 해당 부서에서 근무를 수행할 것	예 아니오
	겸직	연구소 또는 전담부서의 연구원은 연구 외 업무를 수행하지 않을 것	• 연구업무 전담연구원이 연구업무 수행과 직접적인 관련성이 없는 업무(행정, 홍보, 품질관리 등)를 수행하지 않을 것 • 전담부서 등의 지원인력은 연구요원의 연구를 직접적으로 지원할 것 ※ 연구보조 공제O, 연구관리 공제X	예 아니오
	공제대상	조특령 별표 6의 인건비에 해당하는 금액일 것	• 복리후생비 등 근로의 제공과 관계없이 지급하는 비용은 인건비에서 제외할 것 • 4대 사회보험(국민연금, 건강보험, 고용보험, 산재보험, 노인장기요양) 보험료의 사용자 부담분은 자체연구 개발비 범위에 해당	예 아니오
	주주임원	주주인 임원으로서 조특칙 제7조 제3항 각호에 해당하는 자가 아닐 것	• 해당 법인의 주주인 임원으로서 다음에 해당하는 자를 제외할 것 1. 부여받은 주식매수선택권을 모두 행사하는 경우 법인의 총발행주식의 100분의 10을 초과 소유하게 되는 자 2. 당해 법인의 주주로서 「법인세법 시행령」 제43조 제7항에 따른 지배주주등 및 법인의 총발행주식의 100분의 10을 초과 소유하게 되는 자 3. 2에 해당하는 자(법인을 포함)의 「소득세법 시행령」 제98조 제1항 또는 「법인세법 시행령」 제2조 제8항에 따른 특수관계인. 단, 「법인세법 시행령」 제2조 제5항 제7호에 해당하는 자가 임원인 경우는 제외	예 아니오
	공통비용 구분경리	국가전략기술, 신성장 · 원천기술, 일반연구개발업무를 동시 수행	• 전체 인건비에서 국가전략기술업무 근무시간이 100분의 50 이하 → 신성장 · 원천기술업무에 해당 • 일반연구개발업무 근무시간이 전체 연구개발업무 근무시간의 100분의 50 이상 → 전액 일반연구개발비에 해당 • 연구원의 근무시간을 구분할 수 없는 경우 → 전액 일반연구개발비에 해당	예 아니오

32) 국세청, 「2025년 연구인력개발비세액공제 사전심사 가이드라인」, 2025.9., 참조

| 연구 · 인력개발비세액공제 체크리스트(재료비) |

구분	요 건	검 토 사 항	적합 여부
재료비 등	전담부서등 및 연구개발서비스업자가 연구용 또는 직접 사용하기 위한 비용	• 전담부서등 및 연구개발서비스업자가 연구용 또는 직접 사용하는 것 중 다음에 해당하는 것 ① 견본품 · 부품 · 원재료와 시약류구입비(시범제작에 소요되는 외주가공비를 포함) ② 소프트웨어(인사, 급여 등 일반 사무용 소프트웨어 제외) · 서체 · 음원 · 이미지의 대여 · 구입비 ③ 연구 · 시험용 시설(조특령 제25조의3 제3항 제2호 가목에 따른 시설*) 의 임차 또는 조세특례제한법 시행령 별표 6 나목 1)에 규정된 기관의 연구 · 시험용 시설의 이용에 필요한 비용 * 1) 공구 또는 사무기기 및 통신기기, 시계 · 시험기기 및 계측기기, 광학기기 및 사진제작기기 2) 「법인세법 시행규칙」 별표 6의 업종별 자산의 기준내용연수 및 내용연수범위표의 적용을 받는 자산 ④ 「클라우드컴퓨팅 발전 및 이용자 보호에 관한 법률」 제2조 제3호에 따른 클라우드컴퓨팅서비스의 이용에 필요한 비용 ※ ②의 소프트웨어(문화상품 제작 외), ③(신성장 · 원천기술 및 국가전략기술에 대한 적용), ④는 2025.2.28.이 속하는 과세연도 발생분부터 적용 • 전담부서에서 사용하는 사무용품비 등 소모품비는 포함하지 않을 것(조특법 통칙 9-8…1 ①)	예 아니오
	산업기술에 관한 자문을 받고 지급하는 비용 등	• 기업이 종업원 또는 종업원 외의 자에 대한 직무발명 보상금 지급으로 발생한 금액 • 기술자문료는 조세특례제한법 시행규칙 제7조 제5항의 어느 하나에 해당하는 자에게 사업기술에 관한 자문을 받고 지급하는 비용 • 특허조사 · 분석비는 중소기업이 「산업재산 정보의 관리 및 활용 촉진에 관한 법률」 제17조 제1항에 기재된 산업재산진단기관의 특허 조사 · 분석을 받음에 따라 발생한 비용 ※ 신성장 · 원천기술 및 국가전략기술에 대한 기술자문료 등은 2025.2.28.이 속하는 과세연도 발생분부터 적용	예 아니오

| 연구 · 인력개발비세액공제 체크리스트(위탁 및 공동연구개발비) |

<table>
<tr><th>구분</th><th colspan="2">요 건</th><th>검 토 사 항</th><th>적합 여부</th></tr>
<tr><td rowspan="2">위탁 및 공동연구개발비</td><td>실질요건</td><td>과학기술 및 산업디자인 분야의 연구개발용역을 위탁하거나 공동개발을 수행</td><td>• 실질적요건
- 위탁 및 공동연구개발 내용이 과학기술 및 산업디자인 분야의 연구개발에 해당함
- 전사적 기업자원 관리설비, 판매시점 정보관리 시스템 설비 등 기업의 사업운영 · 관리 · 지원 활동과 관련된 시스템을 도입하거나 맞춤형 제작을 위한 위탁비용에 해당하지 않음
- 서비스 R&D에 관한 위탁 및 공동연구개발비로 서비스 분야와 과학기술이 결합된 위탁 및 공동연구개발에 해당함</td><td>예
아니오</td></tr>
<tr><td>형식요건</td><td>위탁 및 공동 연구개발비 인정 기관
(조세특례제한법 시행령 별표 6 1.나.1),
조세특례제한법 시행규칙 제7조 제6항</td><td>• 다음의 기관에게 위탁(재위탁 포함) 또는 공동연구 개발함에 따른 비용일 것
1. 대학 또는 전문대학, 국공립연구기관, 정부출연연구기관
2. 국내외의 비영리법인, 전문생산기술연구소 등 기업이 설립한 국내외 연구기관
3. 전담부서등(전담부서등에서 직접 수행한 부분으로 한정) 또는 국외기업에 부설된 연구기관
4. 영리를 목적으로 「연구산업진흥법」 제2조 제1호 가목 또는 나목의 산업을 영위하는 기업 또는 영리목적으로 연구 · 개발을 독립적으로 수행하거나 위탁받아 수행하고 있는 국외 소재 기업
5. 산학협력단, 기술시험 · 검사 및 분석업을 영위하는 기업
6. 「산업디자인진흥법」 제4조 제2항 각 호에 해당하는 기관
7. 「산업기술연구조합 육성법」에 따른 산업기술연구조합
8. 내국인이 의결권 있는 발행주식총수의 100분의 50 이상을 직접 소유하거나 100분의 80 이상을 직접 또는 간접으로 소유하고 있는 외국법인

<table>
<tr><th>구 분</th><th>공제가능 기관</th></tr>
<tr><td>일반R&D</td><td>1~7</td></tr>
<tr><td>신성장 · 원천기술</td><td>1~4, 8(임상비용* 외 국내소재기관 한정)</td></tr>
<tr><td>국가전략기술</td><td>1~4, 8(임상비용** 외 국내소재기관 한정)</td></tr>
</table>
* 조세특례제한법 시행령 [별표 7] 7(가)6~8 임상1~3상 시험
** 조세특례제한법 시행령 [별표 7의2] 3(나)~(마), 7(다)~(바) 비임상, 임상1~3상 시험</td><td>예
아니오</td></tr>
</table>

| 연구 · 인력개발비세액공제 체크리스트(인력개발비) |

구분	요 건		검 토 사 항	적합여부
인력개발비	위탁 훈련	전담부서등에서 연구업무에 종사하는 연구전담요원의 위탁훈련비	• 아래의 대상 중 하나에 해당할 것 1. 국내외 전문연구기관 또는 대학의 위탁교육훈련 2. 직업훈련기관의 위탁훈련 3. 고용노동부장관의 승인에 따른 위탁훈련 4. 「중소기업진흥에 관한 법률」에 따른 기술연수 5. 전담부서 등을 보유한 기업을 통한 위탁훈련 6. 한국생산성본부를 통한 위탁훈련 ※ 경리 · 인사 등 관리 부분 자체 · 위탁교육비 제외(조특법 통칙 10-9…1)	예 아니오
	직업 개발 훈련	사내직업능력개발훈련 실시 및 훈련사업에 소요되는 비용	• 「국민 평생 직업능력 개발법」 또는 「고용보험법」에 따른 사내직업능력개발훈련은 대상 중 하나에 해당할 것(조특칙 제7조 제9항) 1. 직업능력개발훈련을 실시하는 경우의 실습재료비 2. 기술자격검정의 지원을 위한 필요경비 3. 직업능력개발훈련교사의 급여 4. 훈련생에게 지급하는 훈련수당 · 식비 · 교재비 · 용품비	예 아니오
	인력 개발 기술 지도	중소기업에 대한 인력개발 및 기술지도를 위한 비용	• 아래의 대상 중 하나에 해당할 것(조특칙 제7조 제10항) 1. 직업능력개발훈련 지도요원의 인건비, 훈련교재비 및 실습재료비, 훈련시설의 임차비용 2. 중소기업 핵심인력 성과보상기금 납입액(내일채움공제 등) ※ 공제 안되는 경우: 최대주주 등 조세특례제한법 시행령 제26조의6 제2항, 3년 이내에 중도해지로 환급받은 금액 3. 중소기업에게 무상으로 이전하는 특허권 및 실용신안권의 장부상 가액 4. 지속가능경영(산업발전법 제19조 제1항)과 관련된 임직원 교육 및 경영수준 진단 · 컨설팅 비용	예 아니오
	생산성 향상	생산성향상을 위한 인력개발비로서 교육훈련시간이 24시간 이상인 교육과정	• 아래의 대상 중 하나에 해당할 것(조특칙 제7조 제11항) 1. 품질관리 등에 관한 회사 내 자체 교육비로서 교육훈련용 교재비, 강의료 등(조특칙 제7조 13항) 2. 한국생산성본부 위탁훈련비 제외한 기관 위탁 훈련 - 국가전문연수원, 한국표준협회, 한국디자인진흥원, 한국능률협회, 부산상공회의소의 연수원 3. 한국콘텐츠진흥원에의 위탁교육비용 4. 조종사의 운항자격 정기심사를 받기 위한 위탁교육 훈련비용 5. 해외에서 조리법을 배우기 위한 위탁교육훈련비용	예 아니오

구분	요 건	검 토 사 항	적합여부
사내 대학	사내기술대학 및 「평생교육법」에 따라 설치된 사내대학의 운영비	• 공제가능: 교육훈련용 교재비 · 실험실습비 및 교육용품비, 강의료, 실험실습용 물품 · 자재 · 장비 또는 시설 임차비, 교육훈련생에게 지급한 교육훈련수당 및 식비	예 아니오
맞춤형 고교 운영 등	특정 학교와의 계약을 통해 설치 · 운영되는 직업교육훈련과정 또는 학과 등의 운영비	• '특정학교'란 아래의 고등학교를 말함(산업교육진흥 및 산학연협력촉진에 관한 법률 시행령) - 산업수요 맞춤형 학과 또는 전문계 과정을 설치한 일반 고등학교 -「초 · 중등교육법」 제54조에 따른 고등기술학교	예 아니오
	산업수요 맞춤형 고등학교 등과 교육부 장관이 정한 계약서에 따라 계약체결하고, 훈련기간에 지급한 훈련수당, 식비, 교재비 또는 실습재료비	• '사전취업계약', '산업체 맞춤형 직업교육훈련계약' 또는 '취업인턴 직업교육훈련계약'으로 아래 중 하나의 계약을 체결할 것(조특칙 제7조 제18항) 1. '산업체 맞춤형 직업교육훈련계약'은 아래 요건을 모두 갖출 것 가. 산업수요 맞춤형 고등학교를 위한 계약 나. 교육부장관이 정한 산업체 맞춤형 직업교육훈련과정 설치 다. 재학생은 내국인의 생산시설 또는 근무장소에서 정한 기간 이상의 현장훈련을 실시 라. 이수자에 대한 고용요건 등 포함 2. '취업인턴 직업교육훈련계약'은 아래 요건을 모두 갖출 것 가. 산업수요 맞춤형 고등학교 등 또는 직업교육훈련기관을 위한 계약 나. 교육부장관이 정한 취업인턴 직업교육훈련과정을 설치 다. 재학생은 내국인의 생산시설 또는 근무장소에서 정한 기간 이상의 현장훈련을 실시 라. 이수자에 대한 고용요건 등이 포함	예 아니오
현장 실습 이수 대학생 채용	현장실습을 이수한 대학생을 채용한 경우, 생산 또는 제조하는 물품의 제조원가 중 직접 재료비를 구성하지 않는	• 아래 요건을 모두 갖출 것 1. 두 기관은 '사전취업약정' 체결할 것(조특령 별표 6 제2호 아목) 가. 현장실습산업체(산업교육진흥 및 산학연협력촉진에 관한 법률) 나. 산업교육기관(교육부장관이 정한 표준 운영기준을 준수하는 현장실습기관) 2. '사전취업약정'은 아래 요건을 모두 갖출 것(조특칙 제7조 제19항) 가. 대학교 등에 교육부장관이 정한 표준화 운영기준을 준수하는 현장실습과정 설치할 것 나. 교육부장관이 정하는 기간 이상의 현장실습할 것	예 아니오

구분	요 건		검 토 사 항	적합여부
		현장실습 지원비	다. 이수자에 대한 고용조건이 포함될 것	
	계약 학과 운영	대학의 계약학과 운영비	• 대학과의 계약을 통해 설치・운영되는 계약학과 등의 운영비 해당 여부(산업교육진흥 및 산학연협력촉진에 관한 법률 제8조 제2항)	예 / 아니오
	임직원 외 교육 지원비	임직원을 위한 교육・훈련과정을 임직원이 아닌 자에게 제공하기 위한 추가 비용	• 수강료 등 교육훈련에 대한 대가를 받은 경우 그 금액은 제외할 것 • 수강료 등 교육훈련 대가를 받지 않고 제공하는 교육・훈련과정의 강의료, 교육훈련용 교재비, 실습재료비, 교육용품비 해당	예 / 아니오

제9절 연구개발관련 출연금 등의 과세특례

I 의의(출연금 등 익금불산입)

내국인이 2026년 12월 31일까지 연구개발 등을 목적으로 ① 국가 ② 지방자치단체 ③「공공기관의 운영에 관한 법률」에 따른 공공기관 ④「지방공기업법」에 따른 지방공기업으로부터 출연금 등의 자산("연구개발출연금 등"☆)을 받은 경우로서 구분경리하는 경우에는 연구개발출연금 등에 상당하는 금액을 해당 과세연도의 소득금액을 계산할 때 익금에 산입하지 아니할 수 있다.(조특법 10의2 ①)

☆ 2025.1.1. 이후 국가등으로부터 받은 연구개발출연금등을 말하며 2024.12.31. 이전 연구개발출연금등은 다음의 법률에 따라 출연금등의 자산을 말한다.

① 산업기술혁신 촉진법
② 정보통신산업 진흥법
③ 중소기업기술혁신 촉진법
④ 소재·부품·장비산업 경쟁력강화 및 공급망 안정화를 위한 특별법
⑤ 연구개발특구의 육성에 관한 특별법
⑥ 기초연구진흥 및 기술개발지원에 관한 법률

Check Point

■ **정부출연금 등을 교부받아 연구개발비로 지출한 경우 세액공제**(조특법 집행기준 10-0-2)

① 연구개발출연금 등을 지급받아 연구개발비로 지출하는 금액은 연구·인력개발비 세액공제를 적용받을 수 없다.

② 국가, 지방자치 단체,「공공기관의 운영에 관한 법률」에 따른 공공기관 및「지방공기업법」에 따른 지방공기업으로부터 연구개발등을 목적으로 출연금등의 자산을 받아 연구개발비로 지출하는 금액은 연구·인력개발비 세액공제를 적용받을 수 없다.

해양수산발전기본법에 의한 연구개발출연금의 과세특례적용 여부(법인-50, 2012.1.11.)

「해양수산발전기본법」에 의한 연구개발출연금에 대해「조세특례제한법」제10조의2(연구개발 관련 출연금 등의 과세특례)가 적용되지 아니함.

RCMS계좌로 받은 정부출연금의 익금귀속시기(기획재정부조세특례-169, 2011.2.25.)

내국법인이 국책과제수행과 관련한 정부출연금을 별도의 교부통지를 받지 않고 Real-Time Cash Management System(이하 'RCMS') 계좌를 통하여 사업비계좌로 지급받아 연구비로 지출하는 경우 해당 정부출연금은 RCMS 계좌로 입금된 날이 속하는 사업연도의 익금에 산입하는 것임.

☆ (저자주) RCMS는 사업비 사용의 투명성, 사용자의 편의성을 높이기 위해 구축한 실시간 통합 연구비 관리 시스

템이며 사업비 관리 영역 전 단계를 온라인으로 지원하고 사업비 사용, 정산 및 환수 등의 업무를 실시간으로 처리하고 있으며 외부 시스템과의 연계를 통해 사용자 업무 효율성을 극대화 하고 편의성을 높이는 사용자 중심의 시스템이다.

신에너지 및 재생에너지 개발 · 이용 · 보급 촉진법 규정에 따라 수령한 국고보조금의 과세특례 적용 여부(기획재정부조세특례-169, 2011.2.25.)

한국에너지기술평가원으로부터 「신에너지 및 재생에너지 개발 · 이용 · 보급 촉진법」 규정에 따라 수령한 국고보조금은 「조세특례제한법」 제10조의2와 동법 시행령 제9조의2 및 동법 시행규칙 제7조의3에서 열거하고 있는 법률에 따라 수령한 것이 아니므로 「조세특례제한법」 제10조의2가 적용되지 않는 것임.

Check Point

Real-Time Cash Management System('RCMS'=실시간통합연구비관리시스템)

1. 개념

RCMS는 사업비의 투명한 사용과 효율적 관리를 위하여 수행기관이 직접 계좌이체, 신용카드 등을 통하여 사업비를 집행, 정산할 수 있는 통합정보시스템을 말하며 RCMS 적용시에는 정부출연금이 연차별로 한 번에 지급되지 않고 실제로 사업비를 사용할 때에 실시간으로 지급되는 것이다.

2. RCMS 미적용시 회계처리

1) 외부회계감사 대상기업

정부출연금이 통장에 입금되는 시점에 ① 상환의무가 있는 정부출연금은 부채로 ② 상환의무가 없는 정부출연금은 관련자산의 차감항목으로 국고보조금 회계처리를 수행한다. 국고보조금지출과 관련된 결산회계처리는 ① 자산을 취득한 경우에는 취득한 자산의 차감항목으로 처리한 후 상각비 또는 처분손익과 상계하거나 ② 관련 대응비용이 있는 경우에는 관련비용과 상계하거나 ③ 관련 대응비용이 없는 경우에는 영업외수익으로 처리한다.

구 성		상환의무 여부	협약시 회계처리	지출시 회계처리
사업비	정부출연금	있는 부분	부채로 기록	① 자산취득시 취득한 자산의 차감 항목으로 처리한 후 상각비 또는 처분손익과 상계 ② 관련비용과 상계 또는 영업외수익으로 처리
		없는 부분	자산의 차감항목	
	민간부담금	-	자산으로 기록	

2) 외부회계감사 대상이 아닌 기업

정부출연금이 통장에 입금되는 시점에 수익으로 처리한다. 국고보조금을 지출할 경우 일반지출과 동일하게 회계처리한다.

3. RCMS 적용시 회계처리

1) 외부회계감사 대상기업

세금계산서, 신용카드매출전표를 수취한 시점 즉, 사업비를 집행한 시점에 ① 상환의무가 있는 정부출연금은 부채로 ② 상환의무가 없는 정부출연금은 관련자산의 차감항목으로 국고보조금 회계처리를 수행한다. 국고보조금지출과 관련된 결산회계처리는 기존의 회계처리와 동일하다.

2) 외부회계감사 대상이 아닌 기업
정부출연금이 통장에 입금되는 시점에 수익으로 처리한다. 국고보조금을 지출할 경우 일반지출과 동일하게 회계처리한다.

4. 세무조정

1) 외부회계감사 대상기업
법인세법상 정부출연금(국고보조금)은 입금(또는 교부금통지일)시 전액 익금으로 처리하고 지출시 손금으로 처리한다. 따라서, RCMS를 적용하거나 기존의 방법에 따라 회계처리를 할 경우 세법과의 차이에 대해 세무조정이 필요하다. 다만, 「조세특례제한법」 제10조의2에 따라 과세특례를 받을 경우는 예외로 할 수 있다.

2) 외부회계감사 대상이 아닌 기업
입금시 수익으로 처리하고 지출시 비용 등으로 처리하였으므로 별도의 세무조정이 필요없다.

Ⅱ 구분경리 및 익금산입(환입방법)

1. 구분경리

해당 연구개발출연금등은 법인세법 제113조를 준용하여 구분경리하여야 한다.(조특령 9의2 ②)

2. 익금산입 방법(환입방법)

연구개발출연금 등에 상당하는 금액을 해당 과세연도의 소득금액을 계산할 때 익금에 산입하지 아니한 금액은 다음의 방법에 따라 익금에 산입하여야 한다.(조특령 9의2 ③)

① 연구개발비로 지출하는 경우: 연구개발출연금 등을 해당 연구개발비로 지출하는 경우에는 해당 지출액에 상당하는 금액을 해당 지출일이 속하는 과세연도의 소득금액을 계산할 때 익금에 산입한다.

② 연구개발용 자산을 취득하는 경우: 연구개발출연금 등으로 해당 연구개발에 사용되는 자산을 취득하는 경우에는 다음의 방법에 따라 익금에 산입한다.

① 감가상각자산을 취득한 경우	해당 과세연도의 소득금액 계산의 경우 감가상각비관련 규정에 따라 손금에 산입하는 감가상각비에 상당하는 금액을 익금에 산입하는 방법. 다만, 해당 자산을 처분하는 경우에는 익금에 산입하지 아니한 금액 중 이미 익금에 산입하고 남은 잔액을 그 처분한 날이 속하는 과세연도에 전액 익금에 산입한다.
② 감가상각자산 이외의 자산을 취득한 경우	해당 자산을 처분한 날이 속하는 과세연도의 소득금액 계산의 경우 「익금에 산입하지 아니한 금액 전액」을 익금에 산입하는 방법

Check Point

■ 연구개발 관련 출연금에 대한 회계처리 및 세무조정

1) 영업외수익과 비용으로 회계처리하는 경우

① 7월 1일 보조금 수령시

(차) 보통예금 20,000,000 (대) 정부보조금(영업외수익) 20,000,000

[익금불산입] 정부보조금 20,000,000 (△유보)

② 7월 10일 연구개발출연금으로 연구개발비 지출

(차) 연구개발비 20,000,000 (대) 보통예금 20,000,000

[익금산입] 정부보조금 20,000,000 (유보)

2) 관련비용과 상계 회계처리하는 경우

① 7월 1일 보조금 수령시

(차) 보통예금 20,000,000 (대) 정부보조금(영업외수익) 20,000,000

[익금불산입] 정부보조금 20,000,000 (△유보)

② 7월 10일 연구개발출연금으로 연구개발비 지출

(차) 연구개발비 20,000,000 (대) 보통예금 20,000,000

[익금산입] 정부보조금 20,000,000 (유보)

③ 12월 31일 정부보조금과 관련 연구개발비를 상계처리

(차) 정부보조금(영업외수익) 20,000,000 (대) 연구개발비 20,000,000

☆ (저자주) 영업외수익으로 계상된 정부보조금 중 연구개발비로 지출된 비용과 영업외수익과 상계하는 이유는 영업외수익과 관련된 연구개발비등의 비용지출로 인하여 손익계산서상 영업이익의 감소됨으로 인한 불이익을 최소화하기 위하여 영업외수익인 정부보조금과 관련 지출비용을 상계회계처리를 허용하고 있다.

3) 자산취득하는 경우

① 7월 1일 보조금 수령시

(차) 보통예금 20,000,000 (대) 정부보조금(보통예금차감) 20,000,000

[익금산입] 정부보조금(보통예금차감) 20,000,000 (유보)
[익금불산입] 연구개발비 20,000,000 (△유보)

② 7월 10일 ERP 구입시

(차) 개발비(무형자산) 20,000,000 (대) 보통예금 20,000,000
(차) 정부보조금 20,000,000 (대) 정부보조금 20,000,000
(현금의 차감항목) (개발비 차감항목)

[손금산입] 정부보조금(보통예금차감) 20,000,000 (△유보)
[익금산입] 정부보조금(무형자산차감) 20,000,000 (유보)

③ 12월 31일 상각시

(차) 무형자산상각비 2,000,000 (대) 소프트웨어 2,000,000
(차) 정부보조금 2,000,000 (대) 무형자산상각비 2,000,000
(무형자산 차감)

☞ 감가상각비 = (20,000,000 - 0) ÷ 5 × 6/12 = 2,000,000원

[손금산입] 정부보조금(무형자산차감) 2,000,000 (△유보)
[익금산입] 연구개발비 2,000,000 (유보)

Ⅲ 연구개발출연금 등의 일시환입

1. 연구개발 목적 외의 용도로 사용하는 경우

연구개발출연금 등 상당액을 익금에 산입하지 아니한 내국인이 해당 연구개발출연금 등을 해당 연구개발 목적 외의 용도로 사용하거나 해당 연구개발에 사용하기 전에 폐업 또는 해산하는 경우 그 사용하지 아니한 금액은 해당 사유가 발생한 날이 속하는 과세연도의 소득금액계산의 경우 이를 익금에 산입한다.(조특법 10의2 ③)

다만, 합병 또는 분할하는 경우로서 합병법인 등이 그 금액을 승계한 경우를 제외하며, 그 금액은 합병법인 등이 「연구개발 관련 출연금 등의 과세특례」규정에 따라 익금에 산입하지 아니한 것으로 본다.

2. 이자상당액 가산

사후관리 위반으로 익금에 산입할 금액에 대하여는 다음의 산식에 의한 이자상당가산액을 가산하여 법인세로 납부하여야 한다.

이자상당가산액 = 법인세차액☆ × 이자상당가산기산일수☆☆ × 22/100,000☆☆☆

☆ '법인세차액'이라 함은 당해 고유목적사업준비금의 잔액을 손금에 산입한 사업연도에 그 잔액을 손금에 산입함에 따라 발생한 법인세액의 차액을 말한다.

☆☆ '이자상당가산기산의 일수'란 손금에 산입한 사업연도의 다음 사업연도의 개시일부터 익금에 산입한 사업연도의 종료일까지의 기간을 말한다.

☆☆☆ 2021.12.31. 이전 기간은 25/100,000, 2022.1.1. 이후 기간은 22/100,000을 적용한다.

Ⅳ 출연금 등 익금불산입명세서 제출

연구개발출연금 등 익금불산입명세서 [별지 제3호의3 서식]를 납세지 관할 세무서장에게 제출하여야 한다.

Ⅴ 최저한세 등 적용여부

연구개발 관련 출연금 등의 과세특례는 최저한세 적용대상이다.

국고보조금의 수익인식시점(금융감독원 질의회신 2010.8.10.)

A기업이 국고보조금의 지급요건을 충족하는 연구비를 사용하였다면 관련 협약서 등에 따라 국고보조금을 지급받을 수 있는 권리가 발생되므로 동 연구비 등을 사용한 시점이 속하는 사업연도에 해당 국고보조금을 인식하는 것이 타당함.

기술개발과 관련하여 정부로부터 지원받은 출연금의 손익귀속시기(서면2팀-1825, 2006.9.18.)

법인이 기술개발촉진법 제8조의 규정에 따라 정부로부터 기술개발에 소요되는 경비를 출연금 명목으로 지원받은 경우, 동 출연금은 추후 기술개발의 성공여부에 따른 출연금 일부의 반환의무 여부에 불구하고 출연금 교부통지를 받은 날이 속하는 사업연도에 각 사업연도 소득금액 계산상 익금에 산입하는 것이며, 익금에 산입한 출연금 중 기술개발의 성공으로 출연금 일부의 반환통지 또는 기술료의 납부통지를 받은 날이 속하는 사업연도에 반환할 금액을 익금에서 차감하거나 손금에 산입하는 것임.

정부출연금의 익금 귀속시기(서면2팀-1510, 2005.9.21.)

법인이 기술개발촉진법 제8조의 규정에 따라 정부로부터 기술개발에 소요되는 경비를 출연금 명목으로 지원받은 경우, 동 출연금은 추후 기술개발의 성공여부에 따른 출연금 일부의 반환의무 여부에 불구하고 출연금 교부통지를 받은 날이 속하는 사업연도에 각 사업연도 소득금액 계산상 익금에 산입하는 것이며, 익금에 산입한 출연금 중 기술개발의 성공으로 출연금 일부의 반환통지 또는 기술료의 납부통지를 받은 날이 속하는 사업연도에 반환할 금액을 익금에서 차감하거나 손금에 산입하는 것임. 위 해석은 출연금의 귀속시기를 기술개발의 성공여부가 확정되는 날이 속하는 사업연도로 본 종전의 유권해석(법인46012-2377, 2000.12.15.)을 변경한 것으로서, 본 문서 시행일이 속하는 사업연도에 지원받는 출연금부터 적용하는 것임.

정부출연금의 익금 귀속시기(재법인-75, 2005.8.31.)

법인이 기술개발촉진법 제8조의 규정에 따라 정부로부터 기술개발에 소요되는 경비를 출연금으로 지원받은 경우 동 출연금의 귀속사업연도는 법인세법 제40조 제1항의 규정에 의하여 교부통지를 받은 날이 속하는 사업연도가 되는 것임.

제10절 영상콘텐츠 제작비용에 대한 세액공제

Ⅰ 공제대상자

영상콘텐츠 제작비용에 대한 세액공제는 영상콘텐츠 제작사가 연상콘텐츠 제작비용이 있는 경우 세액공제를 받을 수 있다.

영상콘텐츠 제작자는 「저작권법」 제2조 제14호에 따른 영상제작자☆로서 영상콘텐츠의 실질적인 제작을 담당하는 자로서 다음의 요건을 갖춘 자를 말한다.(조특법 25의6 ①, 조특령 22의10 ①, 조특칙 13의9 ①)

☆ 「저작권법」 제2조 제14호의 "영상제작자"는 영상저작물의 제작에 있어 그 전체를 기획하고 책임을 지는 자를 말한다.

① 방송프로그램 및 온라인 동영상 서비스를 통해 시청에 제공된 비디오물 영상콘텐츠를 제작하는 자의 경우: 다음의 요건 중 3개 이상의 요건을 갖출 것
- ㉠ 작가(극본, 시나리오 등을 집필하는 자를 말한다)와의 계약 체결을 담당할 것
- ㉡ 주요 출연자와의 계약 체결을 담당할 것
- ㉢ 주요 스태프(연출, 촬영, 편집, 조명 또는 미술 스태프) 중 2가지 이상 분야의 책임자와의 계약 체결을 담당할 것
- ㉣ 제작비의 집행 및 관리와 관련된 모든 의사 결정을 담당할 것

② 영화 영상콘텐츠를 제작하는 자의 경우: 「영화 및 비디오물의 진흥에 관한 법률」 제2조 제9호 가목에 따른 영화제작업자(영화제작을 업으로 하는 자)로서 ①의 요건 중 3개 이상의 요건을 갖출 것

Ⅱ 영상콘텐츠의 범위

영상콘텐츠란 다음의 어느 하나에 해당하는 것을 말한다.(조특령 22의10 ②)

① 다음의 어느 하나에 해당하는 「방송법」 제2조 제17호에 따른 방송프로그램
- ㉠ 「방송법 시행령」 제50조 제2항에 따른 오락에 관한 방송프로그램
- ㉡ 「방송법 시행령」 제50조 제2항에 따른 교양에 관한 방송프로그램 중 다큐멘터리
- ㉢ 「애니메이션산업 진흥에 관한 법률」 제2조 제1호에 따른 애니메이션 중 「방송법」 제2조 제3호에 따른 방송사업자의 텔레비전방송으로 방송된 애니메이션

② 「영화 및 비디오물의 진흥에 관한 법률」 제2조 제1호에 따른 영화로서 영화상영관에서 7일 이상 연속하여 상영된 영화(「영화 및 비디오물의 진흥에 관한 법률」 제4조에 따른 영화진흥위원회가 예술영화 및 독립영화

로 인정하는 경우에는 1일 이상 상영된 것을 포함한다)

③ 「영화 및 비디오물의 진흥에 관한 법률」 제2조 제12호에 따른 비디오물로서 다음 각 목의 어느 하나에 해당하는 등급분류를 받고 「전기통신사업법」 제2조 제12호의2에 따른 온라인 동영상 서비스를 통해 시청에 제공된 비디오물

㉠ 「영화 및 비디오물의 진흥에 관한 법률」 제50조에 따른 영상물등급위원회의 등급분류

㉡ 「영화 및 비디오물의 진흥에 관한 법률」 제50조의2에 따른 자체등급분류사업자의 등급분류

Ⅲ 영상콘텐츠 제작비용의 범위

1. 영상콘텐츠 제작비용의 범위

영상콘텐츠 제작비용은 영상콘텐츠 제작에 참여한 사람 등에 대한 인건비 등 다음의 비용을 말한다.(조특령 22의10 ③)

|「별표 8의9」 영상콘텐츠 제작비용(제13조의9 관련)(2022.3.18. 개정)|

구 분	제작비용	적용범위
1. 제작 준비	가. 시나리오	1) 원작・각본・각색료, 대본제작비
	나. 기획 및 프로듀서	1) 프로듀서 인건비 2) 캐스팅 디렉터의 인건비
	다. 연출료	1) 인센티브를 제외한 감독의 인건비
2. 촬영 제작	가. 배우출연료	1) 주연・조연・단역・보조출연・특별출연, 스턴트맨, 대역, 성우, 동물에 대한 출연료 2) 연기지도, 안무지도 등 연기관련 지도에 대한 인건비
	나. 제작부문비	1) 제작팀장, 조감독, 스크립터 등에 대한 인건비
	다. 촬영비	1) 촬영감독, 촬영 조수(보조자를 포함한다) 인건비 2) 카메라・스테디캠, 크레인, 지미집, 이동차, 렌즈, 필터의 대여비용 3) 촬영소모품 구입비용 4) 촬영탑차(유류비를 포함한다) 대여비용
	라. 조명비	1) 조명감독, 조명 조수 인건비 2) 기본조명, 조명추가기재, 발전차, 조명크레인, 조명탑차(유류비 포함)의 대여비용 3) 조명소모품 구입비용
	마. 미술비	1) 미술감독, 미술감독 보조, 콘티작화의 인건비 2) 미술재료비

구 분	제작비용	적용범위
	바. 세트비	1) 세트제작비, 스튜디오임대료
	사. 소품비	1) 소품담당자 인건비 2) 제작소품의 재료비 및 제작비용, 구입소품의 구입비용, 대여소품의 대여비용
	아. 의상비	1) 의상담당자 인건비 2) 제작의상의 재료비 및 제작비용, 구입의상의 구입비용, 대여의상의 대여비용
	자. 분장 및 미용비	1) 헤어, 분장, 특수분장 담당자 인건비 2) 특수분장 제작비용, 분장 소모품 구입 및 대여비용
	차. 특수효과비	1) 특수효과담당자 인건비 2) 강풍기, 강우기, 강설기 등 기후효과 관련장비 사용료 및 총기 등 특수효과 대여장비 사용료 3) 컴퓨터그래픽 작업료
	카. 동시녹음비	1) 동시녹음기사 인건비 2) 동시녹음장비의 사용료
	타. 촬영차량비	1) 촬영진행용 차량, 소품차량, 레카차 대여료
	파. 운송비	1) 촬영버스, 분장차, 제작부 진행차량 대여료 2) 촬영버스, 진행차량 연료비, 주차비
	하. 필름비	1) 촬영용 하드디스크, 필름 재료비와 그 현상료
	거. 보험료	1) 연기자 외 스태프에 대한 인보험 2) 카메라, 조명기기, 동시녹음 장비 등 장비의 보험가입 비용 3) 차량보험료
	너. 제작 진행비	1) 숙박료, 교통비, 식대(촬영제작 비용 합계액의 100분의 10을 한도로 한다)
3. 후반 제작	가. 편집비	1) 편집감독, 편집 조수 인건비 2) 편집실 대여비용
	나. 음악 관련비용 등	1) 음악감독, 작곡・편곡, 가수, 연주자의 인건비 2) 음악 및 영상 사용을 위한 저작권 비용 3) 녹음실 사용료, 음악마스터의 제작비용
	다. 사운드비	1) 사운드책임자, 대사편집담당, 믹싱, 성우 인건비 2) 녹음실, 장비 사용료 3) 광학녹음 및 현상을 위한 필름비용 및 작업료, 돌비로열티
	라. 현상비	1) 프린트 현상을 위한 필름 및 현상료 2) 비디오 색보정을 위한 작업료 및 재료비
	마. 자막 관련 비용	1) 자막 작업을 위한 필름비용과 작업료
	바. 컴퓨터그래픽, 특수	1) 컴퓨터그래픽 작업료

구 분	제작비용	적용범위
	효과	2) 디지털 색보정 작업료

비고: 인건비에 대하여는 해당 영상콘텐츠 외에 다른 영상콘텐츠의 제작을 겸하지 않는 경우에만 공제대상 인건비로 본다.

2. 영상콘텐츠비용에서 제외되는 비용

영상콘텐츠비용 중 다음에 해당하는 비용은 제외한다.(조특령 22의10 ③)

① 국가, 지방자치단체, 「공공기관의 운영에 관한 법률」에 따른 공공기관 및 「지방공기업법」에 따른 지방공기업으로부터 출연금 등의 자산을 지급받아 영상콘텐츠 제작비용으로 사용한 금액
② 광고 또는 홍보비용 등 다음의 비용
  ㉠ 광고 및 홍보비용
  ㉡ 기업업무추진비
  ㉢ 다음 각 목의 어느 하나에 해당하는 인건비
    ⓐ 「소득세법」 제22조에 따른 퇴직소득에 해당하는 금액
    ⓑ 「소득세법」 제29조 및 「법인세법」 제33조에 따른 퇴직급여충당금
    ⓒ 「소득세법 시행령」 제40조의2 제1항 제2호의 퇴직연금계좌에 납부한 부담금 및 「법인세법 시행령」 제44조의2 제2항에 따른 퇴직연금등의 부담금
  ㉣ 별표 8의9 제2호 가목에 따른 배우출연료가 가장 많은 배우 5인의 배우출연료 합계액이 제작비용 합계액(㉠에서 ㉢까지의 규정에 따른 금액은 제외한다)의 100분의 30을 초과하는 경우 해당 초과 금액
③ 법에 따른 세액공제를 받은 영상콘텐츠를 활용하여 다른 영상콘텐츠를 제작한 경우 이미 세액공제를 받은 기존 영상콘텐츠의 제작비용

Ⅳ 세액공제액

1. 공제대상 영상콘텐츠

영상콘텐츠제작자가 다음의 영상콘텐츠를 제작하는 경우 영상콘텐츠 제작비용에 대하여 세액공제를 받을 수 있다.

① 「방송법」 제2조 제17호에 따른 방송프로그램으로서 같은 조 제3호에 따른 방송사업자의 텔레비전방송으로 방송된 드라마, 애니메이션, 다큐멘터리 및 오락을 위한 프로그램
② 「영화 및 비디오물의 진흥에 관한 법률」 제2조 제1호에 따른 영화
③ 「영화 및 비디오물의 진흥에 관한 법률」 제2조 제12호에 따른 비디오물로서 같은 법에 따른 등급분류를 받고 「전기통신사업법」 제2조 제12호의2에 따른 온라인 동영상 서비스를 통하여 시청에 제공된 비디오물

2. 세액공제액

영상콘텐츠제작자가 공제대상 영상콘텐츠의 제작을 위하여 국내외에서 발생한 영상콘텐츠 제작비용이 있는 경우에는 다음의 금액을 해당 영상콘텐츠가 처음으로 방송되거나 영화상영관에서 상영되거나 온라인 동영상 서비스를 통하여 시청에 제공된 과세연도의 소득세(사업소득에 대한 소득세만 해당한다) 또는 법인세에서 공제한다.

> 공제금액 = 기본공제금액 + 추가공제금액
> 기본공제금액 = 해당 영상콘텐츠 제작비용 × 5%(중견기업: 10%, 중소기업: 15%)
> 추가공제금액 = 특정 영상콘텐츠 제작비용 × 10%(중소기업: 15%)

특정 영상콘텐츠는 다음의 요건을 모두 충족하는 영상콘텐츠를 말한다.

① [별표 8의9] 제2호 촬영제작에 든 비용 중 국내에서 지출한 비용이 차지하는 비율이 100분의 80 이상일 것
② 다음의 요건 중 3개 이상의 요건을 충족할 것
　㉠ 작가(극본, 시나리오 등을 집필하는 자를 말한다) 및 주요 스태프(연출, 촬영, 편집, 조명 또는 미술 스태프)에게 지급한 인건비 중 내국인에게 지급한 인건비가 차지하는 비율이 100분의 80 이상일 것
　㉡ [별표 8의9] 제2호의 배우 출연료 중 내국인에게 지급한 출연료가 차지하는 비율이 100분의 80 이상일 것
　㉢ [별표 8의9] 제3호의 후반제작에 든 비용 중 국내에서 지출한 비용이 차지하는 비율이 100분의 80 이상일 것
　㉣ 「저작권법」에 따른 복제권, 공연권, 방송권, 전송권, 배포권 및 2차적저작물작성권 중 영상콘텐츠 제작자가 보유한 권리의 수가 3개 이상일 것. 이 경우 권리를 공동으로 보유한 경우에는 해당 권리의 행사에 따른 수익의 100분의 50 이상을 배분받는 경우에만 그 권리를 보유한 것으로 본다.

3. 세액공제시기

세액공제를 받으려는 자는 다음의 구분에 따른 과세연도의 과세표준신고와 함께 세액공제신청서, 공제세액계산서 및 그 밖에 필요한 서류를 납세지 관할 세무서장에게 제출하여야 한다.

① 방송프로그램 또는 온라인 동영상 서비스를 통해 시청에 제공된 비디오물에 따른 영상콘텐츠의 경우: 처음으로 방송되거나 온라인 동영상 서비스를 통해 시청에 제공된 날이 속하는 과세연도. 다만, 영상콘텐츠가 여러 과세연도 기간 동안 연속하여 방송되거나 온라인 동영상 서비스를 통해 시청에 제공되는

경우에는 다음의 어느 하나에 해당하는 과세연도를 말한다.

㉠ 방송되거나 온라인 동영상 서비스를 통해 시청에 제공된 각 과세연도

ⓐ 첫번째 회차가 방송 또는 시청에 제공된 날이 속하는 과세연도: 해당 과세연도까지 발생한 영상콘텐츠 제작비용

ⓑ 첫번째 회차가 방송 또는 시청에 제공된 날이 속하는 과세연도 후의 과세연도: 해당 과세연도까지 발생한 영상콘텐츠 제작비용에서 직전 과세연도까지 발생한 영상콘텐츠 제작비용을 뺀 금액(세액공제 대상에서 제외된 제작비용은 빼지 않는다)

㉡ 해당 영상콘텐츠의 마지막 회차가 방송되거나 온라인 동영상 서비스를 통해 시청에 제공된 날이 속하는 과세연도

ⓐ 전체 영상콘텐츠 제작비용

② 영화의 경우: 처음으로 영화상영관에서 상영된 날이 속하는 과세연도

➲ 영상콘텐츠 제작비용에 대한 세액공제 적용 여부(서면법인2023-4009, 2024.7.19)

영상콘텐츠 제작비용에 대한 세액공제는 내국인이 「저작권법」 제2조 제14호에 따른 영상제작자로서 「조세특례제한법 시행령」 제22조의10 제2항 각호에 따른 영상콘텐츠를 같은 법 시행규칙 제13조의9 제1항 제1호 각 목의 요건 중 3개 이상의 요건을 갖추어 제작하는 경우 적용하는 것임.

다만, 해당 영상콘텐츠가 작가·주요 출연자 및 연출·촬영 등 주요 스태프 분야의 책임자와의 계약 없이 본편 영화에 추가되는 배경 영상(본 질의의 경우 '윙영상')으로서 컴퓨터그래픽 기법으로만 제작된 경우에는 「조세특례제한법 시행규칙」 제13조의9 제1항 제2호의 요건(조세특례제한법 시행규칙 제13조의9 제1항 제1호 각 목의 요건 중 3개 이상의 요건을 갖출 것)을 충족하지 못하였으므로 영상콘텐츠 제작비용에 대한 세액공제를 적용할 수 없는 것임.

➲ 외주제작사에게 지급한 영상콘텐츠 제작비용의 세액공제 여부(기준법무법인2021-240, 2023.3.13., 기획재정부조세특례-241, 2023.3.9.)

「조세특례제한법 시행규칙」 제13조의6 제1항 제1호 각 목의 '계약 체결을 담당할 것'이란 계약 내용의 실질을 고려해 사실판단할 사항임. 다만, 외주제작사에 지급한 용역비 등은 「조세특례제한법 시행규칙」 별표 8의9 영상콘텐츠 제작비용에 해당하지 않음.

➲ 영상콘텐츠 제작비용에 대한 세액공제 대상 해당 여부(사전법령해석법인2020-709, 2021.3.30., 기획재정부조세특례-240, 2021.3.23.)

방송프로그램 제작을 위해 야외에서 촬영하는 경우, 야외시설 이용료가 영상콘텐츠 제작비용에 해당하지는 않음.

국내·외 스포츠를 중계방송하는 경우, 중계권료를 포함한 중계방송 프로그램 제작비용은 중계권료를 제외한 중계방송 제작비용은 영상콘텐츠 제작비용에 해당함.

제11절 상가임대료를 인하한 임대사업자에 대한 세액공제

I 공제대상 법인

부동산임대사업을 하는 자가 상가건물에 대한 임대료를 임차인(소상공인에 한정한다)으로부터 2020년 1월 1일부터 2025년 12월 31일까지(= 공제기간) 인하하여 지급받는 경우 세액공제 대상이 된다.(조특법 96의3 ①)

☆ 본 개정규정은 2020.1.1.이 속하는 사업연도분부터 적용한다.(조특법 부칙 제17073호, 2, 2020.3.23.)

1. 부동산임대사업 영위 법인의 범위

부동산임대사업을 하는 자란 「소득세법」 제168조, 「법인세법」 제111조 또는 「부가가치세법」 제8조에 따라 상가건물에 대한 부동산임대업의 사업자등록을 한 자(= 상가임대인)를 말한다.

2. 상가건물의 범위

상가건물이란 「상가건물임대차보호법」 제2조 제1항 본문에 따른 상가건물(= 임대상가건물)을 말한다.

참고사항

- **상가건물임대차보호법 제2조 제1항 본문**

  제2조 【적용범위】 이 법은 상가건물(같은 법 제3조 제1항에 따른 사업자등록의 대상이 되는 건물을 말한다)의 임대차(임대차 목적물의 주된 부분을 영업용으로 사용하는 경우를 포함한다)에 대하여 적용한다.

- **상가건물임대차보호법 제3조 제1항**

  제3조 【대항력 등】 ① 임대차는 그 등기가 없는 경우에도 임차인이 건물의 인도와 「부가가치세법」 제8조, 「소득세법」 제168조 또는 「법인세법」 제111조에 따른 사업자등록을 신청하면 그 다음 날부터 제3자에 대하여 효력이 생긴다.

3. 소상공인의 범위

소상공인이란 다음의 어느 하나에 해당하는 자(= 임차소상공인)를 말한다.

① 다음의 요건을 모두 갖춘 자
 ㉠ 소상공인기본법 제2조에 따른 소상공인
 ㉡ 임대상가건물을 2021년 6월 30일 이전부터 계속하여 임차하여 영업용 목적으로 사용하고 있는 자
 ㉢ 조세특례제한법 시행령 [별표 14]에 따른 업종을 영위하지 않는 자
 ㉣ 상가임대인과 국세기본법 제2조 제20호에 따른 특수관계인이 아닌 자
 ㉤ 소득세법 제168조, 법인세법 제111조 또는 부가가치세법 제8조에 따라 사업자등록을 한 자
② 임대상가건물 임대차계약이 종료되기 전에 폐업한 자로서 다음의 요건을 모두 갖춘 자
 ㉠ 폐업하기 전에 ①에 해당했을 것
 ㉡ 2021년 1월 1일 이후에 임대차계약 기간이 남아 있을 것

참고사항

■ **소상공인기본법 제2조에 따른 소상공인**

제2조【정의】이 법에서 "소상공인"이란 중소기업기본법 제2조 제2항에 따른 소기업(小企業) 중 다음 각 호의 요건을 모두 갖춘 자를 말한다.
1. 상시근로자수가 10명 미만일 것
2. 업종별 상시근로자수 등이 다음의 기준에 해당할 것
 ① 광업 · 제조업 · 건설업 및 운수업 : 10명 미만
 ② 그 밖의 업종 : 5명 미만

■ **조세특례제한법 시행령 [별표 14] (2025.10.1. 개정)(제96조의3 제3항 제3호 관련)**

상가임대료를 인하한 임대사업자에 대한 세액공제를 적용받지 못하는 임차소상공인의 업종으로 다음에 해당하는 업종 또는 사업
1. 다음 각 목의 구분에 따른 업종

업종분류	분류코드	세액공제 적용배제 업종
가. 제조업	C33402	영상게임기 제조업(도박게임 등 사행행위에 사용되는 영상게임기로 한정한다)
	C33409	기타 오락용품 제조업(도박게임 등 사행행위에 사용되는 오락용품으로 한정한다)
나. 정보통신업	J5821	게임 소프트웨어 개발 및 공급업(도박게임 등 사행행위에 사용되는 게임소프트웨어로 한정한다)
다. 금융 및 보험업	K64	금융업
	K65	보험 및 연금업
	K66	금융 및 보험 관련 서비스업[전자금융거래법 제2조 제1호에 따

업종분류	분류코드	세액공제 적용배제 업종
		른 전자금융업무, 자본시장과 금융투자업에 관한 법률 제9조 제27항에 따른 온라인소액투자중개 및 외국환거래법 시행령 제15조의2 제1항에 따른 소액해외송금업무를 업으로 영위하는 업종 중 그 외 기타 금융지원 서비스업(66199)은 제외한다]
라. 부동산업	L68	부동산업[부동산 관리업(6821) 및 부동산 중개 및 대리업(68221)은 제외한다]
마. 공공행정, 국방 및 사회보장 행정	O84	공공행정, 국방 및 사회보장 행정
바. 교육 서비스업	P851	초등 교육기관
	P852	중등 교육기관
	P853	고등 교육기관
	P854	특수학교, 외국인학교 및 대안학교
사. 예술, 스포츠 및 여가관련 서비스업	R9124	사행시설 관리 및 운영업
아. 협회 및 단체, 수리 및 기타 개인 서비스업	S94	협회 및 단체
자. 가구 내 고용활동 및 달리 분류되지 않은 자가소비 생산활동	T97	가구 내 고용활동
	T98	달리 분류되지 않은 자가소비를 위한 가구의 재화 및 서비스 생산활동
차. 국제 및 외국기관	U99	국제 및 외국기관

비고: 업종분류, 분류코드 및 세액공제 적용배제 업종은 통계법 제22조에 따라 국가데이터처장이 고시하는 한국표준산업분류에 따른다.

2. 개별소비세법 제1조 제4항에 따른 과세유흥장소를 경영하는 사업

Ⅱ 세액공제액

1. 세액공제액

세액공제대상 법인이 임대상가건물에 대한 임대료를 임차소상공인으로부터 2020년 1월 1일부터 2025년 12월 31일까지(= 공제기간) 다음의 금액을 소득세 또는 법인세에서 공제한다.

세액공제액 = 공제기간의 임대료 인하액 × 70%
(해당 과세연도의 기준소득금액☆이 1억원을 초과하는 경우: 50%)

☆ 해당 과세연도의 기준소득금액은 해당 과세기간의 종합소득과세표준에 합산되는 종합소득금액에 임대료 인하액을 더한 금액으로 한다.(조특령 96의3 ⑤)

2. 공제기간의 임대료 인하액

「임대료 인하액」은 다음과 같이 계산한다. 이 경우 보증금을 임대료로 환산한 금액은 제외한다.

임대료인하액 = ① - ②

① 임대료를 인하하기 직전의 임대상가건물 임대차계약에 따른 임대료를 기준으로 계산한 해당 과세연도(해당 과세연도 중 공제기간에 해당하는 기간으로 한정)의 임대료. 다만, 공제기간 중 임대상가건물의 임대차계약을 동일한 임차소상공인과 갱신하거나 재계약(갱신등)하고 갱신등의 임대차계약에 따른 임대료가 인하된 경우 갱신등에 따른 임대차계약이 적용되는 날부터 2025.12.31.까지는 갱신등에 따른 임대료를 기준으로 계산한 임대료를 말한다.
② 임대상가건물의 임대료로 지급했거나 지급하기로 하여 해당 과세연도에 상가임대인의 수입금액으로 발생한 임대료

Ⅲ 임대료 또는 보증금 인상 시 세액공제의 배제

2020.2.1.부터 2025.12.31.까지의 기간을 포함하는 계약기간 중 일정한 기간내에 임대료를 인하하기 직전의 임대차계약에 따른 임대료나 보증금보다 인상(임대차계약의 갱신등을 한 경우에는 갱신등에 따른 임대료나 보증금이 임대료를 인하하기 직전의 임대차계약에 따른 금액의 100분의 5를 초과한 것을 말한다)한 경우에는 다음과 같이 세액공제를 적용하지 아니하거나 이미 공제받은 세액을 추징한다.

① 해당 과세연도 중인 경우에는 세액공제를 적용하지 않는다.
② 해당 과세연도 종료일 이후 6개월 이내인 경우에는 이미 공제받은 세액을 추징한다.

Ⅳ 세액공제신청서 등의 제출

상가임대료를 인하한 사업자에 대한 법인세를 공제받으려는 자는 해당 사업연도의 과세표준신고와 함께 상가임대료를 인하한 임대사업자의 세액공제신청서에 다음의 서류를 첨부하여 납세지 관할 세무서장에게 제출해야 한다.

① 임대료를 인하하기 직전에 체결한 임대차계약서 및 2020.1.1. 이후 임대차계약에 대한 갱신등을 한 경우 갱신등을 한 임대차계약서의 사본
② 확약서, 약정서 및 변경계약서 등 공제기간 동안 임대료 인하에 합의한 사실을 증명하는 서류
③ 세금계산서, 금융거래내역 등 임대료의 지급 등을 확인할 수 있는 서류
④ 임차소상공인이 다음의 요건을 갖췄음을 소상공인 보호 및 지원에 관한 법률 제17조에 따른 소상공인시장진흥공단에서 확인하는 서류
　㉠ 소상공인기본법 제2조에 따른 소상공인
　㉡ 조세특례제한법 시행령 [별표 14]에 따른 업종을 영위하지 않는 자

참고사항

▪ **소상공인확인서 발급방법**
- 임차인의 소상공인 확인서(발급기관 : 소상공인시장진흥공단): 소상공인확인서 발급 시스템 https://www.sbiz.or.kr/cose/main.do
- 임차인 사업장 주소지(상가건물 주소지)에 속한 소상공인시장진흥공단 센터에서 발급해주며 온라인으로 신청할 수 있고 부득이한 경우 현장발급도 가능함.

V 기타사항

① 세액공제의 중복적용	② 최저한세의 적용배제
③ 미공제세액의 10년간 이월공제	④ 농어촌특별세의 과세
⑤ 추계결정시 세액공제배제(조특법 128 ①)	

임차인인 공동사업장의 공동사업자 중 임대인과 특수관계인에 해당하는 자가 있는 경우, 「조세특례제한법」 제96조의3에 따른 세액공제 적용 여부(기준법규소득2024-26, 2024.5.27.)

「조세특례제한법 시행령」 제96조의3 제3항 제1호 라목의 요건은 임차인이 공동사업장인 경우에는 그 구성원인 공동사업자별로 각각 판단하는 것이며, 공동사업장의 구성원 중 일부가 「조세특례제한법」 제96조의3 제1항의 요건을 모두 충족하는 경우에는 전체 임대료 인하액 중 해당 공동사업자의 약정된 손익분배비율(없는 경우에는 지분비율)에 해당하는 인하액에 대해서는 동 규정에 따른 세액공제를 적용할 수 있는 것임.

상가임대료 인하한 임대사업자의 세액공제 적용시 임대료 인상률 계산방법(서면법규소득2023-2175, 2024.4.12.)

「조세특례제한법」 제96조의3 제1항에 따른 상가임대료를 인하한 임대사업자에 대한 세액공제를 적용받던 자가 임대차계약을 갱신한 경우로서 갱신에 따른 보증금이 임대료를 인하하기 직전의 임대차계약에 따른 금액의 100분의 5를 초과하는 경우에는 같은 조 제2항에 따라 위 세액공제를 적용하지 않거나 이미 공제받은 세액을 추징하는 것임.

사업포괄양수도로 임차인이 변경된 경우 상가임대료를 인하한 임대사업자의 세액공제 적용 여부(서면법규소득2023-1290, 2024.1.29.)

임대상가건물을 2021년 6월 30일 이전부터 계속하여 임차하여 영업용 목적으로 사용하고 있던 임차인이 2021년 6월 30일 후 해당 사업을 포괄양도한 경우로서 임대차계약관계도 위 포괄양도시점에 새로운 임차인이 승계한 경우에, 새로운 임차인은 「조세특례제한법 시행령」 제96조의 3 제3항 제1호 나목의 요건을 갖춘 자에 해당하지 않는 것임.

임대용 부동산의 증여로 인한 임대인 변경의 경우 조특법 §96의3 세액공제 적용 여부(서면소득2021-3311, 2022.3.30.)

임대용 상가건물의 증여로 인하여 임대인이 변경된 경우에도 「조세특례제한법시행령」 제96조의3에 규정된 요건을 충족하는 경우, 「조세특례제한법」 제96조의3에 따른 세액공제 적용 대상에 해당하는 것임.

임차인으로부터 월매출에 대한 임대료율을 인하하여 임대료를 지급받는 경우(서면법령해석법인2021-21, 2021.12.13.)

백화점 사업을 영위하는 내국법인(이하 '상가임대인')이 백화점 입점업체(이하 '임차인')와 매월 매출액의 일정비율(이하 '임대료율')에 해당하는 금액을 임대료로 지급받는 임대차계약을 체결하고 2020년 1월 1일부터 2021년 12월 31일까지의 기간 중에 임대료율을 인하함에 따라 해당 과세연도에 상가임대인의 수입금액으로 발생한 임대료가 임대료를 인하하기 직전의 임대차계약에 따른 임대료를 기준으로 계산한 해당 과세연도의 임대료에 비해 감소한 경우 그 감소액은 「조세특례제한법」 제96조의3 제1항에 따른 세액공제대상에 해당하는 것임.

임대차계약에 따른 기간별 임대료 인상액을 인하한 경우(서면소득2021-4311, 2021.8.31.)

조세특례제한법 제96조의3에 따른 세액공제는 조세특례제한법 시행령 제96조의3 제4항 제1호에 따라 임대료를 인하하기 직전의 임대상가건물 임대차계약에 따른 임대료를 기준으로 세액공제액을 계산하는 것임.

공제기간 중 1개월 상가임대료를 면제하는 경우, 상가임대료 면제액에 대한 세액공제 적용가능 여부(사전법령해석법인2021-375, 2021.4.16.)

「조세특례제한법 시행령」 제96조의3 제1항에 따른 상가임대인이 같은 조 제3항에 따른 임차소상공인으로부터 「조세특례제한법」 제96조의3 제1항에 따른 공제기간 중 1개월분 상가건물에 대한 임대료를 면제하는 경우로서 해당 임대료를 면제한 과세연도 중 상가임대료를 면제하기 직전의 임대차계약에 따른 임대료나 보증금보다 인상(임대차계약의 갱신등을 한 경우에는 갱신등에 따른 임대료나 보증금이 임대료를 인하하기 직전의 임대차계약에 따른 금액의 100분의 5를 초과한 것을 말함)하지 않는 경우 당해 상가임대료 면제액은 같은 항에 따라 '상가임대료를 인하한 임대사업자에 대한 세액공제'를 적용받을 수 있는 것임.

임차인이 폐업 후 재개업한 경우 세액공제 적용여부(사전법령해석소득2021-219, 2021.3.18.)

임대상가건물을 2020년 1월 31일 이전부터 계속하여 임차하여 영업용 목적으로 사용하고 있던 임차인이 2020년 1월 31일 후 임대차계약관계의 변경 없이 폐업 후 재개업 등으로 사업내용만 변경된 채 계속 임차하여 영업용 목적으로 사용하는 경우에도 「조세특례제한법 시행령」 제96조의3 제3항 제2호의 요건을 충족한 것으로 보는 것임.

임대료를 사후 인하하여 지급받은 경우 세액공제 적용여부(기획재정부소득-51, 2021.1.21.)

조세특례제한법 제96조의3 제1항에 따른 공제기간 내에 발생한 상가임대료가 연체된 경우로서 연체된 상가임대료를 공제기간 내 사후적으로 인하하여 지급받는 경우에도 동법 제96조의3에서 규정한 여타 요건을 충족하는 경우 동법 동조에 따른 세액공제를 적용받을 수 있는 것임.

제12절 성실신고 확인비용에 대한 세액공제

I 성실신고 확인제도

1. 성실신고 확인대상 법인

2018.1.1. 이후 개시하는 과세연도부터 다음의 어느 하나에 해당하는 내국법인은 성실한 납세를 위하여 법인세의 과세표준과 세액을 신고할 때 세무사 등이 확인하고 작성한 성실신고확인서를 납세지 관할 세무서장에게 제출하여야 한다. 다만, 「주식회사 등의 외부감사에 관한 법률」 제4조에 따라 감사인에 의한 감사를 받은 내국법인은 이를 제출하지 아니할 수 있다.(법인법 60의2)

① 다음의 요건을 모두 갖춘 내국법인

㉠ 해당 사업연도 종료일 현재 내국법인의 지배주주등☆이 보유한 주식등의 합계가 해당 내국법인의 발행주식총수 또는 출자총액의 50%를 초과할 것

☆ 법인의 발행주식총수 또는 출자총액의 100분의 1 이상의 주식 또는 출자지분을 소유한 주주등으로서 그와 특수관계에 있는 자와의 소유 주식 또는 출자지분의 합계가 해당 법인의 주주등 중 가장 많은 경우의 해당 주주등을 말한다.(법인령 43 ⑦)

㉡ 해당 사업연도에 부동산 임대업을 주된 사업으로 하거나 다음의 금액 합계가 기업회계기준에 따라 계산한 매출액(ⓐ부터 ⓒ까지의 금액이 포함되지 않은 경우에는 이를 포함하여 계산한다)의 50% 이상일 것

ⓐ 부동산 또는 부동산상의 권리의 대여로 인하여 발생하는 수입금액(「조세특례제한법」 제138조 제1항에 따라 익금에 가산할 금액을 포함한다)

ⓑ 「소득세법」 제16조 제1항에 따른 이자소득의 금액

ⓒ 「소득세법」 제17조 제1항에 따른 배당소득의 금액

㉢ 해당 사업연도의 상시근로자수가 5명 미만일 것

② 2018년 2월 13일 이후 「소득세법」 제70조의2 제1항에 따른 성실신고확인대상 사업자가 사업용고정자산의 현물출자 및 사업의 양도·양수 등의 방법에 따라 내국법인으로 전환한 내국법인(사업연도 종료일 현재 법인으로 전환한 후 3년 이내의 내국법인으로 한정함)

이때 성실신고확인대상사업자는 해당 내국법인의 설립일이 속하는 연도 또는 직전 연도에 「소득세법」 제70조의2에 따른 성실신고확인대상사업자에 해당하는 경우로 한다.

③ 2022년 1월 1일 이후 ②에 따라 전환한 내국법인이 그 전환에 따라 경영하던 사업을 같은 호에서 정하는 방법으로 인수한 다른 내국법인(②에 따른 전환일부터 3년 이내인 경우로서 그 다른 내국법인의 사업연도 종료일 현재 인수한 사업을 계속 경영하고 있는 경우로 한정한다)

참고사항

■ **주식회사 등의 외부감사에 관한 법률 제4조 【외부감사의 대상】**

1. 주권상장법인
2. 해당 사업연도 또는 다음 사업연도 중에 주권상장법인이 되려는 회사
3. 직전 사업연도 말의 자산총액이 500억원 이상인 회사
4. 직전 사업연도의 매출액(직전 사업연도가 12개월 미만인 경우에는 12개월로 환산하며, 1개월 미만은 1개월로 본다. 이하 같다)이 500억원 이상인 회사
5. 다음 각 목의 사항 중 2개 이상에 해당하는 회사
   가. 직전 사업연도 말의 자산총액이 120억원 이상
   나. 직전 사업연도 말의 부채총액이 70억원 이상
   다. 직전 사업연도의 매출액이 100억원 이상
   라. 직전 사업연도 말의 종업원이 100명 이상(일용근로자, 파견근로자 제외)
6. 다음에 해당하는 유한회사
   가. 직전 사업연도 말의 자산총액이 500억원 이상인 회사
   나. 직전 사업연도의 매출액(직전 사업연도가 12개월 미만인 경우에는 12개월로 환산하며, 1개월 미만은 1개월로 본다. 이하 같다)이 500억원 이상인 회사
   다. 다음 각 목의 사항 중 3개 이상에 해당하는 회사
      ㉠ 직전 사업연도 말의 자산총액이 120억원 이상
      ㉡ 직전 사업연도 말의 부채총액이 70억원 이상
      ㉢ 직전 사업연도의 매출액이 100억원 이상
      ㉣ 직전 사업연도 말의 종업원이 100명 이상(일용근로자, 파견근로자 제외)
      ㉤ 직전 사업연도 말의 사원(정관에 기재된 사원)이 50명 이상

■ **지배주주등의 범위(법인령 43 ⑦)**

지배주주등이란 지분 1% 이상 소유한 주주(출자자)로서 그와 특수관계인의 소유주식 등의 합계가 해당 법인의 주주(출자자) 중 가장 많은 경우의 해당 주주등을 말함.

※ 주주가 개인인 경우 주주의 특수관계인 범위(법인령 43 ⑧)

① 주주의 친족[4촌 이내의 혈족☆, 3촌 이내의 인척☆, 배우자(사실상의 혼인관계에 있는 자를 포함한다), 친생자로서 다른 사람에게 친양자 입양된 자 및 그 배우자·직계비속, 본인이 「민법」에 따라 인지한 혼인 외 출생자의 생부나 생모(본인의 금전이나 그 밖의 재산으로 생계를 유지하는 사람 또는 생계를 함께하는 사람으로 한정한다)☆]

☆ 개정규정은 2023년 3월 1일부터 시행한다. 2023년 3월 1일 이전은 6촌 이내의 혈족, 4촌 이내의 인척으로 규정되어 있음.

② 주주가 임원 임면권 행사, 사업방침의 결정 등 영향력 행사하고 있는 법인

③ 주주와 ①, ②의 자가 합하여 30% 이상 출자하고 있는 법인

④ 주주와 그 친족이 이사 과반수 차지하거나 출연금 30% 이상 출연하고 그 중 1명이 설립자로 되어 있는 비영리법인

⑤ ③과 ④에 해당하는 법인이 30% 이상 출자하고 있는 법인

※ 주주가 법인(갑)인 경우 주주의 특수관계인 범위
① 임원 임면권 행사, 사업방침 결정 등 갑법인 경영에 사실상 영향력 행사자와 그 친족
② 갑법인의 소액주주가 아닌 주주와 그 친족
③ 갑법인이 직접 또는 ①과 ②의 관계에 있는 자를 통해 지배적인 영향력 행사하고 있는 법인(갑의 자회사)
④ 갑법인이 직접 또는 ① ~ ③ 관계에 있는 자를 통해 지배적인 영향력 행사하고 있는 법인(갑의 손자회사)
⑤ 갑법인에 30% 이상 출자하고 있는 법인에 30% 이상 출자하고 있는 법인이나 개인(갑의 조부회사)
⑥ 기업집단 소속된 다른 계열회사 및 그 계열회사 임원

※ 지배적인 영향력
- 영리법인: 30% 이상 출자 또는 임원의 임명권 행사등 사실상 영향력 행사
- 비영리법인: 이사 과반수 차지 또는 출연재산 30% 이상 출연하고 그 중 1인이 설립자

성실신고확인대상사업자가 운영하던 사업을 상속으로 승계받아 법인 전환하는 경우 해당 법인이 성실신고확인서 제출대상에 해당하는지 여부(서면법인2023-2791, 2024.1.16.)

개인사업자가 법인으로 전환함에 따라 「법인세법」 제60조의2 제1항 제2호에 따른 성실신고확인서 제출대상여부 판단 시, 「소득세법」 제70조의2 제1항에 따른 성실신고확인대상사업자가 사업용자산을 현물출자하여 내국법인으로 전환하는 경우에 해당 내국법인은 성실신고확인서 제출대상에 해당하는 것이나, 「법인세법 시행령」 제97조의4 제4항에 따라 해당 내국법인의 설립일이 속하는 연도 또는 직전연도에 「소득세법」 제70조의2에 따른 성실신고확인대상사업자에 해당되지 않는 개인사업자가 법인으로 전환하는 경우에는 성실신고확인서 제출대상에 해당하지 않는 것임.

대부업 영위 법인이 성실신고확인서 제출대상인지(서면법규법인2023-399, 2023.7.18.)

대부업을 영위하는 내국법인이 영업활동으로 인하여 발생한 이자수입만 있는 경우 성실신고확인서 제출대상에 해당하지 않는 것임.

성실신고확인서 제출대상 여부 판단 시 미수이자를 이자소득의 금액으로 보는지 여부(사전법규법인2021-1884, 2022.1.21.)

내국법인이 결산을 확정할 때 이미 경과한 기간에 대응하는 이자(「법인세법」 제73조 제1항 제1호에 따라 원천징수되는 이자)를 해당 사업연도의 회계상 영업외수익(이하 '미수이자')으로 계상하고, 미수이자를 「법인세법 시행령」 제70조 제1항 제1호에 따라 익금불산입한 경우로서 해당 내국법인이 「법인세법」 제60조의2에 따른 성실신고확인서를 제출하여야 하는지를 판단하는 경우 해당 미수이자는 같은 법 시행령 제42조 제2항 제2호 나목에 따른 이자소득의 금액으로 보지 않는 것으로서 같은 조 같은 항 같은 호 각 목 외의 부분에 따른 비율 산정시 분모와 분자에서 모두 제외되는 것임.

➲ 매출액은 없고 이자수입등만 있는 경우 성실신고 확인서 제출대상 법인에 해당하는지 여부(사전법령해석법인2021-344, 2021.6.21.)

부동산임대업을 영위하는 내국법인이 임대부동산의 전세계약으로 인해 임대수입금액이 없고 임대부동산 처분수입·이자수입 등 영업외수익만 있는 경우 「법인세법 시행령」 제97조의4 제2항 및 같은 영 제42조 제2항 제2호의 요건을 충족하여 성실신고확인서 제출대상에 해당하는 것임.

➲ 기존법인이 개인사업자를 양수한 경우 성실신고확인서 제출대상 법인에 해당하는지 여부(사전법령해석법인2020-1147, 2020.12.24.)

휴업 중에 있던 기존 내국법인이 「소득세법」 제70조의2 제1항에 따른 성실신고확인서 제출 대상 개인사업자의 사업을 포괄적으로 양수한 경우, 해당 내국법인은 성실신고확인서 제출 대상에 해당하는 것임.

➲ 채권·채무를 제외하고 사업일체를 승계한 경우 성실신고확인서 제출대상 법인에 해당하는지 여부(사전법령해석법인2020-965, 2020.12.2.)

내국법인이 도매업을 영위하는 「소득세법」 제70조의2 제1항에 따른 성실신고확인서 제출 대상 개인사업자로부터 채권·채무를 제외한 그 사업에 관한 일체의 권리와 의무를 양수한 경우, 해당 내국법인은 성실신고확인서 제출 대상에 해당하는 것임.

➲ 성실신고확인서 제출대상 여부 판단 시 가지급금 인정이자를 이자소득에 포함하는지 여부(서면법령해석법인2019-4223, 2020.6.19.)

「법인세법」 제60조의2 제1항에 따른 성실신고확인서 제출대상 여부를 판단함에 있어 내국법인이 특수관계인에게 자금을 대여하고 익금에 산입한 가지급금 인정이자는 이자소득으로 보는 것임.

➲ 성실신고확인대상사업자로부터 사업을 포괄적으로 양수하여 지점을 설립하는 경우(서면법인2019-2867, 2020.3.20.)

「주식회사의 외부감사에 관한 법률」 제4조에 따라 감사인에 의한 감사를 받지 않는 내국법인이 「소득세법」 제70조의2 제1항에 따른 성실신고확인대상사업자로부터 사업을 포괄적으로 양수하여 지점을 설립하는 경우 해당 내국법인은 성실신고확인서 제출대상에 해당하는 것임.

➲ 성실신고확인서 제출대상 해당 여부(서면법인2019-776, 2020.1.15.)

내국법인이 상시근로자수가 5인 미만이며 지배주주등이 보유한 주식등의 합계가 해당 내국법인의 발행주식총수의 100분의 50을 초과하는 경우로서 기업회계기준에 따라 계산한 매출액은 없으나 「법인세법 시행령」 제42조 제2항 제2호 가목부터 다목까지의 금액이 있는 경우에는 「법인세법」 제60조의2 제1항 제1호에 따른 성실신고확인서 제출대상에 해당하는 것임.

➲ 종중이 성실신고확인서 제출대상에 해당하는지 여부(사전법령해석법인2018-847, 2019.2.8., 사전법령해석법인2019-12, 2019.4.3.)

「국세기본법」 제13조에 따라 법인으로 보는 단체에 해당하는 종중은 성실신고확인서 제출대상에 해당하지 아니하는 것임.

➲ 토지 건물을 제외한 법인전환의 경우 성실신고확인서 제출 대상 법인에 해당하는지 여부(사전법령해석법인2019-136, 2019.4.3.)

내국법인이 제조업을 영위하는 「소득세법」 제70조의2 제1항에 따른 성실신고확인서 제출 대상 개인사업자로부터 토지와 건물을 제외한 그 사업에 관한 일체의 권리와 의무를 양수하여 법인을 설립한 경우, 해당 내국법인은 성실신고확인서 제출대상에 해당하는 것임.

2. 성실신고확인자

성실신고확인서는 세무사(「세무사법」에 따라 등록한 공인회계사를 포함한다), 세무법인 또는 회계법인(이하 "세무사등"이라 한다)이 과세표준금액의 적정성을 확인하고 작성하여야 한다.

3. 성실신고확인서의 제출 및 법인세 신고기한연장

내국법인이 성실신고확인서를 제출하는 경우에는 그 사업연도의 소득에 대한 법인세의 과세표준과 세액을 각 사업연도의 종료일이 속하는 달의 말일부터 4개월 이내에 납세지 관할 세무서장에게 신고하여야 한다.(법인법 60 ①)

납세지 관할 세무서장은 제출된 성실신고확인서에 미비한 사항 또는 오류가 있을 때에는 보정할 것을 요구할 수 있다.

다만, 내국법인이 성실신고확인서를 제출한 경우에도 각 사업연도 소득에 대한 지방소득세 신고기한과 납부기한에는 영향이 없다.

4. 성실신고확인서 등 제출서류

내국법인은 세무사등이 과세표준금액의 적정성을 확인하고 작성한 다음의 성실신고확인서를 제출한다.

① 성실신고확인서
② 성실신고 확인결과 주요항목 명세서
③ 성실신고 확인결과 특이사항 기술서
④ 성실신고 확인결과 사업자 확인사항

Ⅱ 성실신고확인비용세액공제 및 미제출시 불이익

1. 성실신고확인비용세액공제

가. 세액공제액

성실신고확인대상 내국법인(성실신고확인대상자)이 성실신고확인서를 제출하는 경우에는 성실신고 확인에 직접 사용한 비용의 100분의 60에 해당하는 금액을 해당 과세연도의 법인세에서 공제한다. 다만, 공제세액의 한도는 150만원이다.(조특법 126의6 ①)

성실신고확인세액공제 = Min [①, ②]

① 성실신고확인에 직접 사용한 비용 × 60% ② 150만원

나. 세액공제액의 추징 및 배제

성실신고확인대상자가 해당 과세연도의 「법인세법」 제13조에 따른 과세표준을 과소신고한 경우로서 그 과소신고한 과세표준이 경정(수정신고로 인한 경우를 포함한다)된 과세표준의 100분의 10 이상인 경우에는 세액공제받은 금액에 상당하는 세액을 전액 추징한다.(조특법 126의6 ②)

이 경우 과세표준이 경정된 성실신고확인대상자에 대해서는 경정일이 속하는 과세연도의 다음 과세연도부터 3개 과세연도 동안 성실신고 확인비용에 대한 세액공제를 하지 아니한다.

Check Point

■ **성실신고확인비용 세액공제가 추징된 경우 적용방법**

2022년 성실신고확인비용 세액공제액에 대하여 2025년 10월 20일 추징이 된 경우에는 다음과 같이 적용한다.

구분	2022년	2023년	2024년	2025년	2026년	2027년	2028년	2029년
세액공제 여부	150공제	100공제	150공제	100공제	세액공제불가			150공제
				22년분 추징	다음 과세기간 3년 적용불가			

※ 추징일이 속하는 과세연도에는 성실신고확인비용 세액공제를 적용받을 수 있다.

※ 실무적으로 추징일이 속하는 과세연도를 정확히 파악하여야 다시 세액공제 적용시기를 알 수 있다.

다. 성실신고 확인비용 세액공제 한도 적용방법

「조세특례제한법」 제126조의6에 따른 성실신고 확인비용에 대한 세액공제는 매 과세연도마다 공제요건과 한도액을 적용하는 것이며, 전기 이월된 미공제세액이 있는 경우에도 해당 과세연도에 성실신고 확인에 직접 사용한 비용의 100분의 60에 해당하는 금액을 「조세특례제한법」 제126조의6 제1항 단서에서 정한 한도액 범위 내에서 공제하는 것이다.(서면소득2024-3454, 2025.7.22., 서면법인2023-1430, 2023.6.19.)

이는 다음의 사례와 같이 전기 이월된 미공제세액(70만원)이 있는 경우로서 당해 과세연도에 발생한 확인비용 세액공제액이 발생한 경우 당해연도 확인비용 세액공제액 120만원 한도내의 세액공제액과 이월된 미공제세액(70만원)을 합한 금액을 기준으로 당해연도에 세액공제를 적용한다.

전기 이월된 미공제세액	당해 과세연도 발생한 확인비용 세액공제액	당해 과세연도에 세액공제가능한 최대금액
① 700,000원	② 세액공제액 = Min[㉠, ㉡] = 1,500,000원 ㉠ 3,000,000원(확인비용) × 60% ㉡ 1,500,000원	2,200,000원(= ① + ②)

이는 조세특례제한법 시행규칙 별지 제78호 서식(성실신고 확인비용세액공제 신청서)을 살펴보면 보다 명확히 알 수 있다.

서식의 「1. 당기분 공제대상세액 계산」에서 당기 발생비용에 대한 세액공제액과 120만원(150만원)의 한도 중 적은 금액을 계산한 후 「2. 당기 공제세액」에서 당기분세액과 이월세액을 합한 금액 중 결손등 사유로 미공제액을 차감한 금액을 당기 공제세액으로 규정하고 있다.

1. 당기분 공제대상세액 계산

(단위: 원)

신청내용			
신청내용	과세연도	년 월 일부터 년 월 일까지	
	공제세액 계산	① 성실신고확인비용	
		② 공제가능액(① × 60/100)	
		③ 공제한도액	
		④ 당기분 공제대상 세액(② 또는 ③ 중 적은 금액)	

2. 당기 공제세액(=⑱): 원

(단위: 원)

과세연도	공제 대상세액							⑰ 결손 등 사유로 미공제액	⑱ 공제세액 (⑯-⑰)	⑲ 소멸	이월액 (⑯-⑱-⑲)
	⑤ 당기분 (=④)	이월분					⑯ 계 (⑤+⑥+⑦+⑧+⑨+⑩+⑪+⑫+⑬+⑭+⑮)				
		⑥1차연도	⑦2차연도	⑧3차연도	⑨4차연도	⑩5차연도					
		⑪6차연도	⑫7차연도	⑬8차연도	⑭9차연도	⑮10차연도					

라. 최저한세 등 적용여부

① 최저한세 적용배제

② 미공제세액은 10년간 이월공제 적용한다.

③ 농어촌특별세 비과세

성실신고 확인비용 세액공제 한도 적용 방법(서면소득2024-3454, 2025.7.22., 서면법인2023-1430, 2023.6.19.)

「조세특례제한법」 제126조의6에 따른 성실신고 확인비용에 대한 세액공제는 매 과세연도마다 공제요건과 한도액을 적용하는 것이며, 전기 이월된 미공제세액이 있는 경우에도 해당 과세연도에 성실신고 확인에 직접 사용한 비용의 100분의 60에 해당하는 금액을 「조세특례제한법」 제126조의6 제1항 단서에서 정한 한도액 범위 내에서 공제하는 것임.

성실신고확인비용에 대한 세액공제 여부(서면법인2022-1519, 2022.6.13.)

성실신고확인대상이 아닌 내국법인은 성실신고 확인비용에 대한 세액공제를 적용받을 수 없는 것임.

성실신고확인서를 수정신고 시 제출하는 경우에도 성실신고확인비용에 대한 세액공제가 적용될 수 있는지 여부(조심2021소5750, 2022.1.11.)

성실신고확인대상자의 성실신고확인서 제출은 「소득세법」이 그 제출기한을 정한 법적의무사항으로, 쟁점세액공제는 그 의무가 준수되었음을 전제로 「조세특례제한법」이 정한 혜택(세액공제)에 해당하는 점, 최초신고와 수정신고를 동일하게 취급할 경우 제출기한을 정한 취지가 퇴색할 수밖에 없고, 그 밖에 성실신고대상자에 대한 종합소득세 확정신고기한을 1개월 연장한 점과 법정 제출기한까지 제출하지 않을 경우 가산세를 부과하는 점까지 고려하면, 성실신고확인서 제출기한 준수를 단순한 훈시규정에 불과한 것으로 보기 어려운 점, 성실신고확인서 자체를 제출기한 내에 제출하지 못하였다면 감면신청 누락이 아닌 감면요건 자체를 불충족한 것으로 봄이 타당한 점 등에 비추어, 당초신고 시 성실신고확인서를 제출하지 않았음에도 수정신고 시 제출한 이상, 쟁점세액공제가 적용되어야 한다는 청구주장은 받아들이기 어려운 것으로 판단된다.

부동산임대 결손금만 과다신고한 경우 성실신고 확인비용 세액공제액 추징여부 판단기준(서면법령해석소득2017-2814, 2018.10.18.)

부동산임대업과 부동산임대업 외의 업종을 겸영하는 성실신고확인대상사업자가 「조세특례제한법」 제126조의6 제1항에 따른 세액공제를 받았으나, 부동산임대업 결손금을 수정신고한 경우 같은 조 제2항에 따라 공제받은 세액의 추징여부를 판단함에 있어 '경정(수정신고 포함)된 사업소득금액'은 부동산임대업 외의 사업소득금액에서 경정(수정신고 포함)된 부동산임대업 결손금을 공제한 금액으로 하는 것임.

2. 성실신고확인서 미제출시 불이익

가. 신고기한 연장 배제

내국법인이 성실신고확인서를 제출하지 아니하는 경우 법인세 신고기한이 연장되지 않는다. 따라서 사업연도 종료일이 12월말인 경우 다음연도 3월 31일까지 신고하고 납부하여야 한다. 만약 다음연도 4월 30일까지 신고하고 납부하는 경우 무신고가산세 및 납부지연가산세가 부과된다.

나. 성실신고확인비용 세액공제 배제

성실신고확인비용 세액공제는 성실신고확인대상 내국법인(성실신고확인대상자)이 성실신고확인서를 제출하는 경우에만 적용되므로 성실신고확인서를 미제출하는 경우에는 성실신고확인비용 세액공제를 적용할 수 없다.

다. 성실신고확인서 제출 불성실 가산세

성실신고 확인대상인 내국법인이 각 사업연도의 종료일이 속하는 달의 말일부터 4개월 이내에 성실신고확인서를 납세지 관할 세무서장에게 제출하지 아니한 경우에는 다음의 금액 중 큰 금액을 가산세로 해당 사업연도의 법인세액에 더하여 납부하여야 한다. (법인법 75 ①) 이 경우 산출세액이 없는 경우에도 적용한다.

Max[①, ②]

① 법인세 산출세액☆ × 5%　　　　② 수입금액 × 0.02%

☆ 산출세액은 법인세법 제55조의2에 따른 토지등 양도소득에 대한 법인세액 및 「조세특례제한법」 제100조의32에 따른 투자·상생협력 촉진을 위한 과세특례를 적용하여 계산한 법인세액은 제외한다.

이 경우 법인세 산출세액이 제66조에 따른 경정으로 0보다 크게 된 경우에는 경정된 산출세액을 기준으로 계산한다.

라. 기타불이익

① 성실신고확인서 제출하지 않은 경우 세무조사 대상으로 선정 될 수 있다.(국기법 81의6)

② 세무사 등이 성실신고 확인에 대하여 불성실하거나 거짓으로 확인한 때에는 세무사 등에게 징계 등의 제재가 있을 수 있다.(세무사법 17)

Ⅲ 성실신고확인서 제출의무 관련 Q&A[33)]

'부동산임대업을 주된 사업'으로 하는 경우는 어떤 경우를 말하는가요?

부동산임대업만 영위하는 경우 또는 부동산임대업 포함 둘 이상 업종 영위시에는 부동산임대 수입금액이 더 큰 경우를 말함.

매출액 비율 50%는 어떻게 계산하나요?(매출액은 기업회계기준상 매출액, 즉 손익계산서상 매출액을 말함)

$$\frac{\text{부동산·부동산권리 임대수입} + \text{이자소득} + \text{배당소득}}{\text{매출액} + \text{부동산·부동산권리 임대수입} + \text{이자소득} + \text{배당소득}} \geq 50\%$$

부동산 임대 수입에 임대보증금에 대한 간주익금도 포함되나요?

포함됨.(법인령 42 ② 2 가)

※ 다만, 법인세법은 부가가치세법과 다르게 영리내국법인 중 ① 기준시가에 의한 자산총액 중 임대사업에 사용된 자산이 50% 이상 & ② 차입금이 자기자본의 2배를 초과하는 경우만 간주익금 대상임.(주택임대보증금은 추계결정이 아니면 간주익금 대상에 해당하지 않음)

손익귀속시기가 미도래한 경우로써 발생주의에 따라 미수이자를 계상하고 세무조정으로 익금

33) 국세상담센터(call.nts.go.kr)의 세법상담정보-법인세-참고자료의 「성실신고확인서 제출의무 Q&A」 참조

불산입한 경우, 해당 미수이자도 이자소득에 포함되나요?(원천징수대상에 해당하는 경우)

이자소득에 포함되지 않으며, 매출액 비율 산정시 분모와 분자에서 모두 제외되는 것임.(사전법규법인 2021-1884, 2022.1.21.)

- **내국법인이 특수관계인에게 자금을 대여하고 익금에 산입한 가지급금 인정이자는 이자소득에 포함되나요?**

  이자소득에 포함됨.(법령해석과-1897, 2020.6.19.)

- **제조업을 영위하는 법인으로 기업회계기준에 의한 매출액은 없고 은행에서 수취한 이자소득 10,000원만 있는 경우에도 성실신고확인서 제출해야 하나요?(상시근로자수 5명 미만, 지배주주 50% 초과 요건 충족)**

  제출해야함. 분모와 분자 모두에 이자소득이 반영되므로 매출액 비율 100%가 되어 성실신고확인서 제출 대상에 해당하게 됨.

- **주택임대업을 주된 사업으로 하는 법인으로, 전세보증금만 있어 임대수입금액이 없고 영업외 수익인 주택처분이익만 있는 경우 성실신고확인서 제출해야 하나요?(상시근로자수 5명 미만, 지배주주 50% 초과 요건 충족)**

  제출해야함. 주택임대수입이 발생하지 않더라도 부동산임대업을 주업으로 하고 있어 성실신고확인서 제출 대상에 해당함.(사전법령해석법인2021-0344, 2021.6.21.)

- **대부업을 주된 사업으로 하는 법인으로, 개인에게 돈을 빌려주고 이자를 수취한 경우 성실신고확인서 제출해야 하나요?(다른 소득은 없으며, 상시근로자수 5명 미만, 지배주주 50% 초과 요건 충족)**

  제출대상이 아님. 대부업은 금융보험업에 해당하는 업종으로 여기서 발생한 소득은 사업소득으로 기업회계기준상 매출액에 해당하며, 소득세법상 이자소득에 해당하지 않음. 따라서 매출액 비율 요건 판단시 이를 고려해야 함.

- **갑종중은 법인으로 보는 단체로 승인받은 단체로 부동산임대업을 영위하고 있으며, 2025년 이자·배당·부동산(권리)임대 수입의 합계액이 기업회계기준에 따른 매출액의 50% 이상에 해당하고 상시근로자수가 5명 미만에 해당하는 경우 성실신고확인서 제출대상에 해당하나요?**

  제출대상에 해당하지 않음. 다른 요건을 모두 갖추었더라도 지배주주 및 그 특수관계인의 지분 합계가 50%를 초과하는지를 산정할 수 없어 성실신고확인서 제출대상에 해당하지 않음.(법인으로 보는 단체인 종중은 주주가 없음)(사전법령해석법인2019-0121, 2019.4.3.)

- **을학교법인은 법인세법상 비영리내국법인으로 중학교를 운영하고 있는 상속세 및 증여세법상 공익법인에 해당함. 을학교법인은 수익사업으로서 이자·배당·부동산(권리 포함)임대 소득금액의 합계액이 기업회계기준에 따른 매출액의 50% 이상을 차지하며 상시근로자수는 5명 미만에 해당함. 성실신고확인서 제출대상에 해당하나요?**

  제출대상에 해당하지 않음. 다른 요건을 모두 갖추었더라도 지배주주 및 특수관계인의 지분합계가 50%를 초과하는지를 산정할 수 없어 성실신고확인서 제출대상에 해당하지 않음.(비영리법인은 주주가 없음)(사전법령해석법인2019-0121, 2019.4.3.)

소득세법상 성실신고확인대상 개인사업자의 범위는 어떻게 되나요?

해당 과세기간 수입금액이 아래 업종별로 일정금액 이상인 사업자를 말함.

1. 농업 · 임업 및 어업, 광업, 도매 및 소매업(상품중개업을 제외한다), 제122조 제1항에 따른 부동산매매업, 그 밖에 제2호 및 제3호에 해당하지 아니하는 사업: 15억원
2. 제조업, 숙박 및 음식점업, 전기 · 가스 · 증기 및 공기조절 공급업, 수도 · 하수 · 폐기물처리 · 원료재생업, 건설업(비주거용 건물 건설업은 제외하고, 주거용 건물 개발 및 공급업을 포함한다), 운수업 및 창고업, 정보통신업, 금융보험업, 상품중개업: 7억 5천만원
3. 법 제45조 제2항에 따른 부동산 임대업, 부동산업(제122조 제1항에 따른 부동산매매업은 제외한다), 전문 · 과학 및 기술 서비스업, 사업시설관리 · 사업지원 및 임대서비스업, 교육 서비스업, 보건업 및 사회복지 서비스업, 예술 · 스포츠 및 여가관련 서비스업, 협회 및 단체, 수리 및 기타 개인 서비스업, 가구내 고용활동: 5억원

제조업을 영위하는 성실신고확인서 제출 대상 개인사업자로부터 사업에 사용하던 토지와 건물을 제외한 그 사업에 관한 일체의 권리와 의무를 양수하여 법인을 설립한 경우 성실신고확인서 제출대상에 해당하나요?

제출대상에 해당함.(사전법령해석법인2019－0136, 2019.4.3.) 공장으로 사용하던 토지와 건물(사업과 관련된 일부자산)을 제외하고 사업을 양수하더라도 사업양도에 해당되어 성실신고확인서 제출대상에 해당함.(토지와 건물을 전환된 법인에 양도하지 않고 임대한 경우임)

※ (부가가치세법) 제조업에 사용하던 토지와 건물을 제외하고 법인으로 전환하는 경우 사업양도에 해당하지 않음(부가가치세과－47, 2012.1.12.)

※ (부가가치세법) 도 · 소매업에 사용하던 자기소유 토지 · 건물 제외하고 양도 시 부가가치세법상 사업양도 아님(부가가치세과－4939, 2008.12.22.)

소득세법상 성실신고확인대상 개인사업자가 사업용 고정자산을 현물출자 및 사업을 양도 · 양수하여 내국법인으로 전환하는 방법에 사업을 포괄적으로 양도하는 것 이외 다른 방법으로 법인전환하는 경우도 포함되나요?

포함됨. 사업을 포괄적으로 양도하지 않더라도 사업양도에 해당함. 즉, 사업과 관련된 일부 자산을 제외하고 사업을 양수도하여 법인으로 전환하는 경우에도 성실신고확인서 제출대상에 해당함.(법령해석과－832, 2019.4.3.)

국세기본법 및 부가가치세법상 사업양도는 사업을 포괄적으로 승계시킨 경우를 말하므로 성실신고확인서 제출대상의 사업양도와 차이가 있음.

※ (국세기본법상 사업양도) 사업장별로 그 사업에 관한 모든 권리(미수금에 관한 것은 제외한다)와 모든 의무(미지급금에 관한 것은 제외한다)를 포괄적으로 승계시킨 것(국기법 41, 국기령 22)

※ (부가가치세법상 사업양도) 사업장별로 그 사업에 관한 모든 권리와 의무를 포괄적으로 승계시키는 것. 다만, 미수금, 미지급금, 해당 사업과 직접 관련 없는 토지 · 건물 등 업무무관 자산을 포함하지 않더라도 포괄적으로 승계시킨 것으로 봄.(부가법 10, 부가령 23, 부가칙 16)

도매업을 영위하는 성실신고확인서 제출 대상 개인사업자가 법인 설립(4.14일) 후 폐업(6.2일)한 경우로써, 법인이 채권 · 채무를 제외하고 사업을 양수(사업을 포괄적으로 양수하는 방법으로 법인전환하지 않음)한 경우 성실신고확인서를 제출해야 하나요?

제출하여야 함. 사업을 포괄적으로 양도 · 양수하는 방법으로 법인전환하지 않더라도 사업양도에 해당

함. 미수금이 아닌 외상매출채권을 승계하지 않더라도 사업양도에 해당함.(사전법령해석법인2020－0965, 2020.12.2.)

➲ 외부감사를 받지 않는 내국법인이 성실신고확인대상 개인사업자로부터 사업을 포괄적으로 양수하여 지점을 설립하는 경우 성실신고확인서를 제출해야 하나요?

제출해야 함. 본・지점 소득을 합한 과세표준에 대하여 성실신고확인서를 제출해야 함.(법인세과－935, 2020.3.20.)

➲ 1998년 설립된 법인이 2025.6월 성실신고확인대상 개인사업자의 사업을 포괄양수한 경우에도 성실신고확인서 제출해야 하나요?

제출하여야 함. 신설법인 설립을 통한 법인전환이 아니더라도 기존법인이 성실신고확인대상 개인사업자의 사업을 포괄양수한 경우에도 성실신고확인서 제출해야 함.(사전법령해석법인2020－1147, 2020.12.24.)

➲ 2022.6.30.에 성실신고확인대상 개인사업자로부터 사업을 양도받아 법인전환 한 경우 2025사업연도 법인세 신고시 성실신고확인서를 제출해야 하나요? (12월말 법인인 경우)

제출대상이 아님. 해당사업연도 종료일인 2025.12.31. 현재 법인전환 후 3년이 이미 경과 하였으므로 제출대상에 하지 않음. 성실신고확인서는 2022년 ~ 2024년 3개 사업연도에만 제출함.

➲ 외부감사를 받지 않는 내국법인으로, 성실신고확인대상 개인사업자로부터 사업을 포괄적으로 양수한 이후 다른 내국법인에게 양수한 사업을 양도한 경우 성실신고확인서를 제출하지 않아도 되나요?

제출해야 함. 해당 사업연도 종료일 현재, 법인으로 전환한 후 3년 이내인 내국법인은 양수한 사업을 다른 내국법인에게 양도하더라도 성실신고확인서를 제출하여야 함.(법인세과－1020, 2020.3.27.)

➲ 2023년에는 성실신고확인대상이었으나 2024년에는 해당하지 않는 개인사업자로부터 2024.6.30.에 현물출자를 받아 법인 설립한 경우 2025사업연도 법인세 신고시 성실신고확인서를 제출해야 하나요? (12월말 법인인 경우)

제출해야 함. 법인 설립일이 속하는 연도 또는 직전연도에 성실신고확인대상 개인사업자가 법인으로 전환한 경우 법인전환 후 3년간은 성실신고확인서를 제출해야 함. 2024년 ~ 2026년까지 성실신고확인서 제출.

➲ 갑법인은 2024년 3월에 개인 성실신고확인대상사업자로부터 A공장을 포괄적으로 사업양수를 받았으나 2025년 3월에 제조업을 하는 을법인에 A공장을 포괄적으로 다시 양도하였습니다. 을법인이 2025년말 현재 인수한 공장을 계속 경영중에 있는 경우, 을법인은 2025사업연도 법인세 신고시 성실신고확인서를 제출해야 하나요? (12월말 법인인 경우)

제출해야 함. 전환법인으로부터 현물출자 및 사업양도를 통해 해당 사업을 인수하여 사업연도 종료일 현재 계속 영위중인 다른 내국법인은 법인 전환 후 3년 이내에는 성실신고확인서를 제출해야 함. 따라서, 갑법인은 2024년부터 2026년까지, 을법인은 2025년부터 2027년까지(갑법인이 개인으로부터 사업양수한 날부터 3년까지만 성실신고확인대상) 성실신고확인서를 법인세 신고시 제출해야 함.

➲ 2025년도에 성실신고확인대상 개인사업자로부터 일부 사업장(사업자의 사업장 10개중 1곳)을 포괄 양수하고 현재 질의법인의 지점으로 운영하고 있습니다. 2025사업연도 법인세 신고 시 성실신고확인서를 미제출시 가산세는 인수한 사업장에 대해서만 부과하나요?

아니함. 본·지점 소득을 합하여 계산한 산출세액이 가산세 대상이 되는 금액임.(토지등 양도소득 법인세와 미환류소득 법인세 제외)(서면-2020-법인-0171, 2020.3.13.)

성실신고확인대상인 내국법인이 2025사업연도 법인세를 2026년 4월 13일에 신고하면서 성실신고확인서를 제출하지 않은 경우 기한 후 신고에 해당하나요?(12월말 법인)

기한후 신고에 해당함. 내국법인이 성실신고확인대상에 해당한다 하더라도 성실신고확인서를 제출하지 않은 경우 법인세 법정신고기한이 2026년 3월 31일이 되므로, 법인세를 법정신고기한이 경과한 2026년 4월 13일에 신고한 것은 국세기본법상 기한 후 신고에 해당됨.(성실신고확인서 제출시에만 신고기한이 1개월 연장됨) 따라서, 신고불성실·납부지연·성실신고확인서제출불성실 가산세 부과되며, 중소기업특별세액감면 등을 적용받을 수 없음.

2024년 법인세 신고 시 성실신고세액공제 신청하였으나, 법인세 납부할 세액이 없어 전액 이월시켰음. 2025년 성실신고확인서 제출대상 법인에 해당하지 않게 된 경우 이월된 성실신고세액공제액을 2025년 법인세액에서 공제 가능한가요?

가능함. 이월된 성실신고 세액공제는 이후 사업연도 성실신고확인서 제출 대상 여부에 관계없이 납부할 법인세에서 차감 가능함.

Part 4

최저한세 및 이월공제와 중복지원배제

Chapter 01

최저한세 및 공제감면순서

제1절 최저한세

I 최저한세 적용대상 및 그 범위

최저한세 제도는 세부담의 형평성과 세제의 중립성, 재정확보측면에서 최소한의 세부담을 지우기 위한 것으로 최저한세액에 미달하는 세액에 대하여 조세감면을 배제하는 것이다.

1. 적용대상 법인

9% 또는 12%의 낮은 세율이 적용되는 조합 등 당기순이익과세 법인을 제외한 모든 법인의 각 사업연도 소득에 대하여 적용한다. 따라서 국내사업장이 있거나 부동산·산림소득이 있는 외국법인 및 비영리법인에게도 적용된다.(조특법 132 ①)

2. 적용대상 세액

최저한세는 내국법인의 각 사업연도의 소득에 대한 법인세와 외국법인의 국내 원천소득에 대한 법인세(종합과세되는 경우에 한함)만 적용대상 세액으로 한다.

따라서 토지 등 양도소득에 대한 법인세, 미환류소득에 대한 법인세, 가산세 및 감면세액 추징세액과 그 이자상당가산액에 대하여는 적용하지 아니한다.(조특령 126 ①)

Ⅱ 최저한세 대상 감면 등

최저한세는 조세특례제한법상의 모든 조세특례 및 감면이 대상이므로 조세특례제한법에 의한 소득공제, 비과세, 세액감면 및 세액공제 모두 최저한세의 대상이 된다.

그러나 다음의 세액공제와 세액감면은 최저한세 적용대상이 아니며 최저한세를 적용한 후의 세액에서 이를 공제한다.

- 법인법 제57조 외국납부세액공제
- 법인법 제58조 재해손실세액공제
- 조특법 제6조 창업중소기업등에 대한 세액감면 중 감면율 100% 적용받는 경우와 조특법 제6조 제7항에 따라 추가로 감면받는 부분의 세액감면
- 조특법 제10조 중소기업이 지출한 연구 및 인력개발비 세액공제
- 조특법 제12조의2 연구개발특구에 입주하는 첨단기술기업 등에 대한 법인세 등의 감면 중 감면율 100% 적용받는 경우
- 조특법 제63조 수도권 밖으로 공장을 이전하는 기업에 대한 세액감면 중 수도권 밖으로 이전하는 경우
- 조특법 제63조의2 ② 수도권 밖으로 본사를 이전하는 법인에 대한 세액감면 등
- 조특법 제66조 영농조합법인 등에 대한 법인세의 면제 등
- 조특법 제67조 영어조합법인 등에 대한 법인세의 면제 등
- 조특법 제68조 농업회사법인에 대한 법인세의 면제 등에 따라 작물재배업에서 발생하는 소득에 대한 면제
- 조특법 제85조의6 사회적기업 및 장애인표준사업장에 대한 법인세 등의 감면
- 조특법 제96조의3 상가임대료를 인하한 임대사업자에 대한 세액공제
- 조특법 제99조의9 위기지역 창업기업에 대한 법인세 등의 감면 중 감면율 100%를 적용받는 경우
- 조특법 제99조의11 감염병 피해에 따른 특별재난지역의 중소기업에 대한 법인세 등의 감면
- 조특법 제121조의8 제주첨단과학기술단지입주기업에 대한 법인세 등의 감면 중 감면율 100%를 적용받는 경우
- 조특법 제121조의9 제주투자진흥지구 또는 제주자유무역지역 입주기업에 대한 법인세 등의 감면 중 감면율 100%를 적용받는 경우
- 조특법 제121조의17 기업도시개발구역 등의 창업기업 등에 대한 법인세 등의 감면 중 감면율 100%를 적용받는 경우
- 조특법 제121조의20 아시아문화중심도시 투자진흥지구 입주기업 등에 대한 법인세 등의 감면 등 중 감면율 100%를 적용받는 경우
- 조특법 제121조의21 금융중심지 창업기업 등에 대한 법인세 등의 감면 등 중 감면율 100%를 적용받는 경우
- 조특법 제121조의22 첨단의료복합단지 및 국가식품클러스터 입주기업에 대한 법인세 등의 감면 중 감면율 100%를 적용받는 경우
- 조특법 제121조의33 기회발전특구의 창업기업 등에 대한 법인세 등의 감면 중 감면율 100%를 적용받

는 경우
- 조특법 제126조의6 성실신고 확인비용에 대한 세액공제

Ⅲ 최저한세의 계산구조

최저한세대상인 조세감면을 적용받은 후의 세액이 최저한세에 미달하는 경우에는 그 미달액에 대하여는 조세감면을 적용하지 아니한다. 최저한세액은 다음의 ②산식에 의하여 계산된 세액을 의미한다. 따라서 법인이 부담할 세액은 다음과 같이 계산한다.

최저한세 = MAX ┌ ① 각종 공제 및 감면 후의 세액
└ ② 각종 공제 및 감면 전의 과세표준 × 최저한세율주)

주) • 일반기업: 10%(과세표준 100억에서 1,000억까지 12%, 1,000억 초과 17%)
- 중소기업 및 사회적기업: 7%
- 중소기업이 규모초과 및 법개정으로 유예기간이 적용되는 경우 최초로 중소기업에 해당하지 아니하게 된 경우에는 그 최초로 중소기업에 해당하지 아니하게 된 과세연도의 개시일부터 3년 이내에 끝나는 과세연도에는 8%, 그 다음 2년 이내에 끝나는 과세연도에는 9%로 한다.

따라서 부담할 세액이 「② 각종 공제 및 감면 전의 과세표준 × 최저한세율」인 경우에는 법인이 적용한 조세감면 중 법인이 임의선택하여 「① 각종 감면 후의 세액」이 「② 각종 공제 및 감면 전의 과세표준 × 최저한세율」과 최소한 같은 금액이 되도록 조세감면을 배제한다.

Ⅳ 조세감면의 적용순서 및 배제순서

1. 공제 및 감면세액의 적용순서

2010년 1월 1일 이후부터 최저한세가 적용되는 감면 등과 그 밖의 감면 등이 동시에 적용되는 경우 그 적용순서를 최저한세가 적용되는 감면 등을 먼저 적용하고 최저한세가 적용되지 않는 감면 등을 나중에 공제한다.(조특법 132 ③)

2. 공제 및 감면의 배제 순서

기본적으로 회사의 임의적인 선택에 따라 배제를 하며 정부가 배제하는 경우에는 다음의 순서에 따라 배제한다.(조특령 126 ⑤)

① 조특법 제132조 제1항 제2호 및 같은 조 제2항 제2호에 따른 손금산입 및 익금불산입 ⇨ ② 세액공제(동일조문에 의한 감면세액중 이월세액은 나중 발생분부터 배제) ⇨ ③ 세액감면 및 면제 ⇨ ④ 소득공제, 비과세

V 최저한세 적용으로 감면이 배제되는 세액의 처리방법

최저한세의 적용으로 공제받지 못한 부분에 상당하는 세액공제대상금액은 해당 사업연도의 다음 사업연도 개시일로부터 10년 이내에 종료하는 각 과세연도에 이월하여 이를 공제하며 각 사업연도의 법인세에서 공제할 세액공제액과 이월된 미공제세액이 중복되는 경우에는 먼저 발생한 것부터 순차로 공제한다.(조특법 144 ①)

최저한세 적용배제 대상이 법 개정 이후 최저한세 적용 시 법 개정 전 이월세액의 최저한세 적용 여부(기획재정부조세특례-254, 2021.3.25.)

중소기업이 아닌 법인의 석·박사 인건비에 대한 R&D비용 세액공제가 '11.12.31. 「조세특례제한법」 제132조 제1항 제3호 개정에 의해 최저한세 적용대상으로 변경됨에 따라, 공제받지 못한 세액공제가 개정법 시행 이후 개시하는 과세연도로 이월된 경우 개정법에 따라 최저한세 적용대상에 해당함.

☆ 동일한 사안에 대하여 대법원 판결(대법2018두66685, 2019.4.11.)이 있음에도 불구하고 최저한세 적용대상으로 해석하고 있어 최저한세 적용으로 불이익을 받은 경우 불복절차를 통하여 해결하여야 할 것으로 보인다.

2011년도에 발생한 석박사 인건비에 대한 연구인력개발비 세액공제액은 최저한세가 적용되지 않음(대법2018두66685, 2019.4.11., 서울고법2018누52817, 2018.11.28.)

쟁점세액에 대하여 개정 조세특례제한법 제132조를 그대로 적용하여 이월세액공제기간인 5년 동안에도 최저한세가 적용된다고 해석한다면, 2011 사업연도에 석·박사 인건비 지출이 완료되어 세액공제 신청을 한 납세자들 중 "결손금이 발생하여 2011 사업연도에 석·박사 인건비 지출에 관한 세액공제를 받지 못한 납세자"와 "당기순이익이 발생하여 2011 사업연도에 석·박사 인건비 지출에 관한 세액공제를 받은 납세자"를 결손금 발생이라는 우연한 사정에 따라 불합리하게 차별하는 결과를 가져 온다. 따라서 이 사건 쟁점세액에 대하여는 개정 조세특례제한법 제132조가 아닌 구 조세특례제한법 제132조를 적용하여 이월세액공제기간인 5년 동안에는 최저한세가 적용되지 않는다고 봄이 헌법상 평등의 원칙에 부합하는 합헌적 법률해석이라 할 것임.

제2절 세액공제와 세액감면(면제)의 차이 비교

구 분	세액감면(면제)	세액공제
의의	특정감면소득에 대한 산출세액의 일정비율을 곱하여 산정된 금액을 산출세액에서 공제하는 제도	특정투자, 특정지출의 일정비율을 곱하여 산정된 금액을 산출세액에서 공제하는 제도
구분소득계산	감면소득을 「소득구분계산서」에 의하여 구분하여야 함	소득구분할 필요 없음
이월공제여부	미공제된 세액감면은 소멸됨	미공제세액은 10년간 이월공제됨
감가상각의제	대부분 감가상각의제규정이 적용됨(강제상각)	적용되지 않음
추계조사 결정	수도권밖으로 공장을 이전하는 기업에 대한 세액감면등 일부 감면 배제	세액공제 배제(거주자의 통합투자세액공제와 간편장부대상자의 상가임대료를 인하한 임대사업자에 대한 세액공제는 가능)
무신고시 기한후신고	창업중소기업감면, 중소기업특별세액감면 지방이전 감면등이 배제됨	배제규정없음
신고내용오류등 과세신고	• 자진신고: 감면적용 • 과세관청의 경정·결정: 감면배제 • 경정할 것을 미리 알고 수정신고: 감면배제	배제규정없음
추가세액 감면공제	경정결정, 경정청구, 수정신고시 공제받지 못한 부분은 추가로 세액감면·공제가 가능함	

제3절 공제감면세액의 공제순위

Ⅰ 세액감면과 세액공제의 적용순서

법인세법 및 다른 법률을 적용할 때 법인세의 감면에 관한 규정과 세액공제에 관한 규정이 동시에 적용되는 경우에 그 적용순위는 별도의 규정이 있는 경우 외에는 다음의 순서에 따른다.(법인법 59 ①) 이 경우 ①과 ②의 금액을 합한 금액이 법인이 납부할 법인세액(토지등 양도소득에 대한 법인세액, 「조세특례제한법」 제100조의32에 따른 투자・상생협력 촉진을 위한 과세특례를 적용하여 계산한 법인세액 및 가산세는 제외한다)을 초과하는 경우에는 그 초과하는 금액은 없는 것으로 본다.

① 각 사업연도의 소득에 대한 세액 감면(면제를 포함한다)
② 이월공제가 인정되지 아니하는 세액공제
③ 이월공제가 인정되는 세액공제. 이 경우 해당 사업연도 중에 발생한 세액공제액과 이월된 미공제액이 함께 있을 때에는 이월된 미공제액을 먼저 공제한다.
④ 사실과 다른 회계처리에 기인한 경정에 대한 세액공제. 이 경우 해당 세액공제액과 이월된 미공제액이 함께 있을 때에는 이월된 미공제액을 먼저 공제한다.

Ⅱ 최저한세 적용여부에 따른 공제순서

「조세특례제한법」상 최저한세가 적용되는 감면 등과 그 밖의 감면 등이 동시에 적용되는 경우 최저한세가 적용되는 감면 등을 먼저 적용한다.(법인법 집행기준 59-0-1 ②)

Ⅲ 기타 고려사항

세액공제액 및 세액감면액을 적용함에 있어 다음의 사항을 추가로 고려하여야 한다. 이는 법인세법, 소득세법 및 조세특례제한법에 별도의 규정은 없지만 납세자에게 가장 유리한 세액공제 등을 선택하기 위한 것이다.

① 사후관리 요건을 충족하지 못한 경우 관련 세액을 추징하는지 여부
② ①에 의하여 세액이 추징되는 경우 이자상당가산액을 함께 추징하는지 여부
③ 농어촌특별세가 과세되는지 여부

Ⅳ 세액공제 등 공제 순서

위의 내용을 고려한 세액공제액 및 세액감면액의 공제순서는 다음과 같다.

① 최저한세 적용대상 세액감면은 다음의 순서에 의한다.
㉠ 농어촌특별세가 배제되는 세액감면
㉡ 농어촌특별세가 과세되는 세액감면
② 이월공제되지 아니하는 세액공제
③ 이월공제되고 최저한세 적용대상인 세액공제 중 사후관리가 없는 세액공제는 다음의 순서에 의한다.
㉠ 농어촌특별세가 배제되는 세액공제
㉡ 농어촌특별세가 과세되는 세액공제
④ 이월공제되고 최저한세 적용대상인 세액공제 중 사후관리가 있는 세액공제는 다음의 순서에 의한다.
㉠ 농어촌특별세가 배제되고 사후관리로 세액공제액만 추징하는 세액공제
㉡ 농어촌특별세가 배제되고 사후관리로 세액공제액과 이자상당가산액을 함께 추징하는 세액공제
㉢ 농어촌특별세가 과세되고 사후관리로 세액공제액만 추징하는 세액공제
㉣ 농어촌특별세가 과세되고 사후관리로 세액공제액과 이자상당가산액을 함께 추징하는 세액공제
⑤ 최저한세 적용대상이 아닌 세액감면은 다음의 순서에 의한다.
㉠ 농어촌특별세가 배제되는 세액감면
㉡ 농어촌특별세가 과세되는 세액감면
⑥ 이월공제되고 최저한세 적용대상이 아닌 세액공제 중 사후관리가 없는 세액공제는 다음의 순서에 의한다.
㉠ 농어촌특별세가 배제되는 세액공제
㉡ 농어촌특별세가 과세되는 세액공제
⑦ 이월공제되고 최저한세 적용대상이 아닌 세액공제 중 사후관리가 있는 세액공제는 다음의 순서에 의한다.
㉠ 농어촌특별세가 배제되고 사후관리로 세액공제액만 추징하는 세액공제
㉡ 농어촌특별세가 배제되고 사후관리로 세액공제액과 이자상당가산액을 함께 추징하는 세액공제
㉢ 농어촌특별세가 과세되고 사후관리로 세액공제액만 추징하는 세액공제
㉣ 농어촌특별세가 과세되고 사후관리로 세액공제액과 이자상당가산액을 함께 추징하는 세액공제

사례

■ **당사의 당기 세액공제 및 세액감면 내역이 다음과 같을 때 당사에 가장 유리한 공제순서를 정하라.(세부담최소화원칙, 중복적용배제는 고려하지 않으며 현재 적용가능한 제도로 가정함)**

① 중소기업특별세액감면(조특법 7): 7,000,000원
② 경력단절여성고용중소기업세액공제(조특법 29의3): 5,400,000원
③ 일반연구인력개발비세액공제(조특법 10): 11,000,000원
④ 고용을 증대시킨 기업에 대한 세액공제(조특법 29의7): 19,000,000원
⑤ 중소기업 고용증가 인원에 대한 사회보험료 세액공제(조특법 30의4): 2,000,000원
⑥ 영농조합법인 등에 대한 법인세의 면제 등(조특법 66): 10,000,000원

해답 및 계산과정

① 각 사업연도의 소득에 대한 세액 감면부터 먼저 공제한다.
② 이월공제되지 아니하는 세액공제는 없으므로 생략한다.
③ 이월공제되는 세액공제는 다음의 순서에 따라 공제한다.
  ㉠ 최저한세 적용되는 세액공제 중 농어촌특별세가 배제되는 세액공제
  ㉡ 최저한세 및 농어촌특별세가 적용되는 세액공제
④ 최저한세가 배제되는 세액감면 · 세액공제
  ㉠ 농어촌특별세가 배제되는 세액감면
  ㉡ 농어촌특별세가 과세되는 세액감면
  ㉢ 농어촌특별세가 배제되는 세액공제
  ㉣ 농어촌특별세가 과세되는 세액공제
⑤ 사례의 경우는 다음과 같은 순서로 공제하는 것이 타당하다.

> ① 중소기업특별세액감면: 7,000,000원 → ⑤ 중소기업 고용증가 인원에 대한 사회보험료 세액공제: 2,000,000원(농특세 비과세, 추징사유 있음) → ② 경력단절여성고용중소기업세액공제: 5,400,000원(농특세 과세, 추징사유 없음) → ④ 고용을 증대시킨 기업에 대한 세액공제: 19,000,000원(농특세 과세, 추징사유 있음) → ⑥ 영농조합법인 등에 대한 법인세의 면제 등 10,000,000원(최저한세 배제 세액감면) → ③ 일반연구인력개발비세액공제: 11,320,000원(최저한세 배제 세액공제)

최저한세 적용 공제감면세액과 최저한세 적용제외 공제감면세액의 적용순서(서면법인2020-4041, 2021.3.8., 법인-412, 2012.6.22.)

내국법인이 「조세특례제한법」 제132조 제1항에 따른 최저한세가 적용되는 공제 · 감면과 최저한세가 적용되지 않는 공제 · 감면을 동시에 적용하는 경우에는 같은 조 제3항에 따라 최저한세가 적용되는 공제 · 감면을 먼저 적용하는 것이며, 해당 내국법인이 법인세 신고 시 신청한 공제 · 감면을 취소하고자 하는 경우에는 「국세기본법」 제45조에 따른 수정신고를 통해 당초 신청한 공제 · 감면을 취소할 수 있는 것임.

Chapter 02

이월공제 및 중복지원배제 등

제1절 세액공제의 이월공제

I 이월공제기간

세액공제규정에 따라 공제할 세액 중에서 납부할 세액이 없거나 최저한세액에 미달하여 공제받지 못한 부분에 상당하는 금액은 해당 과세연도의 다음 과세연도 개시일부터 10년 이내에 끝나는 각 과세연도에 이월하여 그 이월된 각 과세연도의 소득세(부동산임대업 소득을 제외한 사업소득☆에 대한 소득세만 해당한다) 또는 법인세에서 공제한다.(조특법 144 ①)

☆ 상가임대료를 인하한 임대사업자에 대한 세액공제(조특법 96의3)과 성실신고 확인비용에 대한 세액공제(조특법 126의6)을 적용하는 경우에는 「소득세법」 제45조 제2항에 따른 부동산임대업에서 발생하는 소득을 포함한다.

2020.12.31. 이전 이월공제기간	2021.1.1. 이후 이월공제기간
1. 중소기업이 설립일부터 5년이 되는 날이 속하는 과세연도까지 공제받지 못하는 경우: 다음의 구분에 따른 기간 ① 중소기업등 투자세액공제: 7년 ② 연구인력개발비세액공제: 10년 2. 연구인력개발비세액공제(위 1.에 해당분 제외): 10년 3. 그 밖의 경우: 5년	10년

2021.1.1. 이후 이월공제기간은 소급하여 적용하며 2021.1.1. 이전에 종전규정에 의하여 이월공제기간이 종료된 경우는 개정규정에도 불구하고 종전의 규정에 의한다.

참고사항

■ 2021.1.1. 이후 이월공제기간 관련 부칙

① 본 개정규정 중 이월공제의 기간(5년 → 10년)에 관한 부분은 이 법 시행(2021.1.1.) 이후 과세표준을 신고하는 경우부터 적용한다.(조특법 부칙 제17759호, 35, 2020.12.29.)

② 이 법 시행 전에 종전의 제144조 제1항 각 호의 구분에 따른 기간(법률 제16009호 조세특례제한법 일부개정법률 부칙 제52조에 따라 적용받는 이월공제기간을 포함한다)이 지나 이월하여 공제받지 못한 세액에 대해서는 제144조 제1항 및 제2항의 개정규정에도 불구하고 종전의 규정에 따른다.(조특법 부칙 제17759호, 51, 2020.12.29.)

세액공제(공제기간 5년 가정)	2021년 이월공제 적용여부
2013년 발생분	적용불가(이월공제기간 종료)
2015년 발생분	적용가능(10년간 적용, 종전 이월공제기간 미경과시 개정규정 적용됨)(서면법인2022-1779, 2022.7.11.)
2016년 발생분	적용가능(10년간 적용, 종전 이월공제기간 미경과시 개정규정 적용됨)

■ 이월세액 공제 방법

이월세액공제액이 있는 경우 이월세액공제는 해당 과세연도에 이월공제가 가능한 세액공제 적용여부에 따라 다음과 같이 달라진다.(기준법령해석법인2021-134, 2021.8.5.)

| (저자주) 이월공제기간내 이월세액에 대한 공제방법 |

구 분	이월세액공제 적용방법
해당 과세연도에 세액공제액이 없는 경우	• 해당 과세연도를 포함하여 이월공제기간내에 선택하여 공제받을 수 있다. • 해당 과세연도에 납부세액이 발생한 경우에도 이월세액공제를 적용하지 않고 다음 과세연도로 이월가능하다.
해당 과세연도에 세액공제액이 있는 경우	• 해당 과세연도에 이월세액을 먼저 공제하고 해당 과세연도에 발생한 세액공제액을 공제한다. • 이 경우 이월세액을 다음 과세연도로 이월할 수 없다.

Ⅱ 누락한 세액공제액의 이월공제여부

당초 사업연도에 해당 세액공제를 신청하였더라도 납부할 세액이 없거나 최저한세 적용 등으로 인해 이월되는 경우, 그 이월되는 세액공제액은 조세특례제한법 제144조 '세액공제액의 이월공제'규정에 따라 부과제척기간이 만료되지 아니한 사업연도에 공제할 수 있다.(서면법인2021-2874, 2021.12.27., 기준법령해석기본2019-467, 2019.7.4.)

| (저자주) 세액공제 누락과 경정등 청구요건 충족여부와 이월공제 |

구 분	세액공제액의 이월공제 여부
경정등의 청구요건 충족 & 세액공제 누락	경정등의 청구여부와 상관없이 누락된 세액공제 중 미공제세액은 이월공제 가능한 것으로 판단됨
경정등의 청구요건 미충족 & 세액공제 누락	

Check Point

■ 국세기본법(45의2)의 경정등의 청구 요건 개정

2024.12.31. 이전 사유	2025.1.1. 이후 사유
결손금액 또는 환급세액이 신고하여야 할 결손금액 또는 환급세액에 미치지 못할 때	결손금액, 세액공제액 또는 환급세액이 신고하여야 할 결손금액, 세액공제액 또는 환급세액에 미치지 못할 때

① 2025.1.1. 이후 결정 또는 경정을 청구하는 경우부터 적용
② 조세특례제한법, 법인세법 및 소득세법에 따라 이월하여 공제받는 세액공제액을 결정 또는 경정을 청구하는 경우에는 경정등 청구기간(5년)이 지난 경우에도 2025년 12월 31일까지 결정 또는 경정을 청구할 수 있다.(국기법 부칙 제2061호, 6, 2024.12.31.)

Ⅲ 중복적용시 공제순서

해당 과세연도에 발생한 세액공제액과 이월된 미공제 금액이 중복되는 경우에는 이월된 미공제 금액을 먼저 공제하고 그 이월된 미공제 금액 간에 중복되는 경우에는 먼저 발생한 것부터 차례대로 공제한다.(조특법 144 ②)

이는 귀속 사업연도가 상이한 동일종류의 세액공제가 중복되는 경우 적용하는 것이고 서로 다른 종류의 세액공제가 중복되는 경우에는 납세자의 선택에 따라 적용하는 것을 의미한다.(서면2팀-1246, 2004.6.16.)

| (저자주) 이월된 세액과 해당과세연도 발생세액공제의 공제순서 |

이월된 세액	해당과세연도 발생세액	해당과세연도 세액공제세액
① 통합투자세액공제	② 통합투자세액공제	① → ② 순서대로 공제
① 통합투자세액공제	② 중소기업사회보험료세액공제	농특세가 비과세인 중소기업사회보험료세액공제부터 납세자가 유리한 순서로 공제 (② → ①)

폐업 후 다시 사업을 개시한 경우, 고용증대세액공제 이월액의 공제 여부(사전법규소득2024-564, 2024.12.10.)

거주자의 특정한 사업과 관련하여 발생한 「조세특례제한법」 제29조의7에 따라 공제할 세액 중 해당 과세연도에 같은 법 제132조에 따른 소득세 최저한세액에 미달하여 공제받지 못한 부분에 상당하는 금액은, 위 사업을 폐업한 후 새로운 사업을 개시하는 경우에도 같은 법 제29조의7 제2항에 해당하지 않는 경우에는 같은 법 제144조 제1항에 따라 이월하여 공제하는 것임.

적격합병 시 중소기업으로부터 승계받은 이월세액의 공제 가능 여부(서면법인2023-252, 2023.3.29.)

중소기업인 법인('피합병법인')과 적격합병을 한 중견기업인 내국법인은 「법인세법」 제44조의3 제2항에 따라 피합병법인으로부터 승계받은 세액공제로서 그 세액공제 요건을 모두 갖춘 경우에는 이월된 미공제액을 「조세특례제한법」 제144조에 따라 이월공제 할 수 있는 것임. 이 경우, 피합병법인의 이월된 미공제액은 「법인세법 시행령」 제81조 제3항 제2호에 따라 승계받은 사업부문에 대하여 계산한 법인세 최저한세액 또는 법인세 산출세액의 범위 내에서 공제하는 것임.

'15년 발생한 연구·인력개발비 세액공제 금액의 이월공제 기간(서면법인2022-1779, 2022.7.11.)

과세연도 종료일이 12월 말인 법인이 2015년 과세연도에 「조세특례제한법」 제10조에 따른 연구·인력개발비 세액공제 금액 중 납부할 세액이 없어 해당 과세연도에 공제받지 못한 부분에 상당하는 금액은 「조세특례제한법」(2020.12.29. 법률 제17759호로 개정된 것) 제144조 제1항 및 같은 법 부칙 제35조에 따라 해당 과세연도의 다음 과세연도 개시일부터 10년 이내에 끝나는 각 과세연도까지 이월하여 공제할 수 있는 것임.

법인전환의 경우 미공제 세액을 승계받을 수 있는지 여부 등(서면법규법인2021-20, 2022.1.25.)

「조세특례제한법」 제144조에 따른 미공제 세액이 있는 개인사업자가 법인으로 전환하는 경우로서 같은 법 제32조 제1항에 따른 법인전환에 해당하지 않는 경우, 전환 후 법인은 해당 개인 사업자의 미공제 세액을 승계하여 공제받을 수 없는 것임.

조세특례제한법에 따른 이월세액공제 적용방법(기준법령해석법인2021-134, 2021.8.5.)

내국법인이 2018사업연도에 「조세특례제한법」 제29조의7(고용을 증대시킨 기업에 대한 세액공제)를 적용받았으나, 같은 법 제132조에 따른 최저한세의 적용으로 인하여 공제할 세액 중 공제받지 못한 금액('이월세액')을 이월한 경우로서 2019사업연도에 해당 이월세액 외에 당해 사업연도에 공제받을 수 있는 세액공제액이 없음에도 이월세액에 대하여 세액공제를 적용받지 않은 경우, 해당 내국법인은 2020사업연도 이후 같은 법 제144조 제1항에 따른 이월공제기간 이내에 각 사업연도의 법인세에서 해당 이월세액을 공제할 수 있는 것임.

부과제척기간이 만료된 사업연도에서 발생한 세액공제액의 이월공제 가능 여부(기준법령해석기본2019-467, 2019.7.4.)

내국법인이 당초 사업연도에 신고 누락한 「조세특례제한법」 제24조 생산성향상시설 투자 등에 대한 세액공제액을 부과제척기간 경과 후 확인한 경우로서, 당초 사업연도에 동 세액공제액을 신고하였다고 하더라도 납부할 세액이 없거나 같은 법 제132조에 따른 최저한세 적용 등으로 인해 이월되는 경우, 그 이월된 세액공제액은 같은 법 제144조 '세액공제액의 이월공제' 규정에 따라 부과제척기간이 만료되지 아니한 사업연도에 공제할 수 있는 것임.

동일한 과세연도 중복지원 배제된 세액의 이월공제 가능 여부(법인-355, 2014.8.22.)

동일한 과세연도에 같은 법 제26조(고용창출투자세액공제) 및 제30조의4(중소기업 고용증대 사회보험료 세액공제)가 동시에 적용되는 경우에는 각각 그 중 하나만을 선택하여 적용받을 수 있는 것이며, 이때, 선택하여 적용받은 공제할 세액 중 해당 과세연도에 납부할 세액이 없거나 같은 법 제132조에 따른 최저한세액에 미달하여 공제받지 못한 부분에 상당하는 금액은 이월하여 세액공제받을 수 있는 것임.

| (저자주) 동일 과세연도에 A · B세액공제가 중복지원 배제되는 세액의 적용방법 |

납세자의 세액공제 선택	세액공제 적용 및 이월공제
A 세액공제 선택	• A 세액공제만 적용 ⇨ 이월공제 가능 • B 세액공제액은 소멸 ⇨ 이월공제 불가
B 세액공제 선택	• B 세액공제만 적용 ⇨ 이월공제 가능 • A 세액공제액은 소멸 ⇨ 이월공제 불가

제2절 중복지원 배제

I 세액공제 중복 적용배제

내국인이 조세특례제한법에 따라 투자한 자산에 대하여 제8조의3 제3항, 제24조 및 제26조가 동시에 적용되는 경우와 동일한 과세연도에 제19조 제1항과 제29조의4, 제26조와 제29조의5, 제26조와 제30조의4가 동시에 적용되는 경우에는 각각 그 중 하나만을 선택하여 적용받을 수 있다.(조특법 127 ②)

조특법 제8조의3 제3항 상생협력을 위한 기금 출연 등에 대한 세액공제 조특법 제24조 통합투자세액공제 조특법 제26조 고용창출투자세액공제	⇨ 선택하여 하나만 적용 (중복불가)
조특법 제19조 성과공유 중소기업의 경영성과급에 대한 세액공제 등 조특법 제29조의4 근로소득을 증대시킨 기업에 대한 세액공제	⇨ 선택하여 하나만 적용 (중복불가)
조특법 제26조 고용창출투자세액공제 조특법 제29조의5 청년고용을 증대시킨 기업에 대한 세액공제	⇨ 선택하여 하나만 적용 (중복불가)
조특법 제26조 고용창출투자세액공제 조특법 제30조의4 중소기업 사회보험료 세액공제	⇨ 선택하여 하나만 적용 (중복불가)

따라서 조특법 제24조 통합투자세액공제와 조특법 제19조 성과공유 중소기업의 경영성과급에 대한 세액공제 등은 동일한 과세연도에 동시에 세액공제가능하다.

투자자산별로 각각 다른 투자세액공제를 적용받을 수 있는지 여부(서면법인2019-1568, 2019.6.5.)

내국인이 투자한 자산에 대하여 「조세특례제한법」 제5조와 같은 법 제25조가 동시에 적용되는 경우 같은 법 제127조에 따라 그 중 하나만 선택하여 적용받을 수 있으며, 투자자산별로는 각각 하나의 투자세액공제를 선택하여 적용받을 수 있는 것임.

Ⅱ 외국인투자에 대한 조세 감면등과의 관계

내국인이 동일한 과세연도에 다음의 세액공제를 적용할 때 조세특례제한법 제121조의2(외국인투자에 대한 조세감면) 또는 제121조의4(증자의 조세감면)에 따라 소득세 또는 법인세를 감면하는 경우에는 해당 규정에 따라 공제할 세액에 해당 기업의 총주식 또는 총지분에 대한 내국인투자자의 소유주식 또는 지분의 비율을 곱하여 계산한 금액을 공제한다.(조특법 127 ③)

- 상생협력을 위한 기금 출연등에 대한 세액공제(8의3 ③)
- 통합투자세액공제(24)
- 고용창출투자세액공제(26)
- 청년고용을 증대시킨 기업에 대한 세액공제(29의5)
- 고용을 증대시킨 기업에 대한 세액공제(29의7)
- 통합고용세액공제(29의8 ①)
- 중소기업 사회보험료 세액공제(30의4)
- 제3자물류비용에 대한 세액공제(104의14)
- 해외자원개발투자에 대한 과세특례(104의15)

Ⅲ 세액감면과 세액공제 중복적용배제

1. 중복적용 배제 원칙

내국인이 동일한 과세연도에 다음의 세액감면과 세액공제가 동시에 적용되는 경우에는 그 중 하나만을 선택하여 적용받을 수 있다.(조특법 127 ④)

세액감면	세액공제
① 창업중소기업 등에 대한 세액감면(6)[주1]	① 상생협력을 위한 기금 출연 등에 대한 세액공제(8의3)
② 중소기업에 대한 특별세액감면(7)[주2]	② 내국법인의 벤처기업 등에의 출자에 대한 과세특례(13의2)
③ 연구개발특구에 입주하는 첨단기술기업 등에 대한 법인세 등의 감면(12의2)	③ 통합투자세액공제(24)
④ 중소기업간의 통합에 대한 양도소득세 등의 이월과세(31 ④, ⑤)	④ 영상콘텐츠 제작비용에 대한 세액공제(25의6)
⑤ 법인전환에 대한 양도소득세의 이월과세(32 ④)	⑤ 고용창출투자세액공제(26)
⑥ 공공기관이 혁신도시 등으로 이전하는 경우 법인세 등 감면(62 ④)	⑥ 중소기업 사회보험료 세액공제(30의4)[주2]
⑦ 수도권 밖으로 공장을 이전하는 기업에 대한 세액감면 등(63 ①)	⑦ 제3자물류비용에 대한 세액공제(104의14)
⑧ 수도권 밖으로 본사를 이전하는 법인에 대한 세액감면 등(63의2 ①)	⑧ 해외자원개발투자에 대한 과세특례(104의15)
⑨ 농공단지 입주기업 등에 대한 세액감면(64)	⑨ 기업의 운동경기부 등 설치・운영에

세액감면	세액공제
⑩ 영농조합법인 등에 대한 법인세의 면제등(66) ⑪ 영어조합법인 등에 대한 법인세의 면제등(67) ⑫ 농업회사법인에 대한 법인세의 면제등(68) ⑬ 사회적기업 및 장애인 표준사업장에 대한 법인세 등의 감면(85의6 ①, ②) ⑭ 위기지역 창업기업에 대한 법인세 등의 감면(99의9 ②) ⑮ 감염병 피해에 따른 특별재난지역의 중소기업에 대한 법인세 등의 감면(99의11 ①) ⑯ 해외진출기업의 국내복귀에 대한 세액감면(104의24 ①) ⑰ 제주첨단과학기술단지입주기업에 대한 법인세 등의 감면(121의8) ⑱ 제주투자진흥지구 또는 제주자유무역지역 입주기업에 대한 법인세 등의 감면(121의9 ②) ⑲ 기업도시개발구역 등의 창업기업 등에 대한 법인세 등의 감면(121의17 ②) ⑳ 아시아문화중심도시 투자진흥지구 입주기업 등에 대한 법인세 등의 감면 등(121의20 ②) ㉑ 금융중심지 창업기업 등에 대한 법인세 등의 감면 등(121의21 ②) ㉒ 첨단의료복합단지 및 국가식품클러스터 입주기업에 대한 법인세 등의 감면(121의22 ②) ㉓ 기회발전특구의 창업기업 등에 대한 법인세 등의 감면(121의33 ②)	대한 과세특례(104의22) ⑩ 석유제품 전자상거래에 대한 세액공제(104의25) ⑪ 이스포츠대회 운영에 대한 과세특례(104의35) ⑫ 금사업자와 스크랩등사업자의 수입금액의 증가 등에 대한 세액공제(122의4 ①) ⑬ 금 현물시장에서 거래되는 금지금에 대한 과세특례(126의7 ⑧)

주1) 2024.12.31. 이전 창업한 창업중소기업 등에 대한 세액감면(조특법 6) 중 고용증가로 인한 추가 감면 적용을 받는 경우(⑦)에는 고용을 증대시킨 기업에 대한 세액공제(조특법 29의7) 또는 통합고용세액공제 중 고용증대세액공제(조특법 29의8 ①)를 동시에 적용하지 아니한다.
2025.1.1. 이후 창업한 창업중소기업 등에 대한 세액감면(조특법 6)과 고용을 증대시킨 기업에 대한 세액공제(조특법 29의7) 또는 통합고용세액공제 중 고용증대세액공제(조특법 29의8 ①)를 동시에 적용하지 아니한다.

주2) 중소기업사회보험료세액공제(조특법 30의4)와 중소기업에 대한 특별세액감면(조특법 7)은 동시에 적용가능하다.

2. 중복적용 배제의 예외

위의 세액감면과 세액공제 중복적용배제 규정을 적용할 때 다음의 사항을 반드시 확인하여야 한다.

① 고용을 증대시킨 기업에 대한 세액공제(조특법 29의7) 및 통합고용세액공제는 위 세액감면(① ~ ㉓)과 중복적용이 가능하다.
다만, 2024.12.31. 이전 창업한 창업중소기업 등에 대한 세액감면 중 고용증가로 인한 추가 감면(조특법

6 ⑦) 적용을 받는 경우에는 고용을 증대시킨 기업에 대한 세액공제(조특법 29의7) 또는 통합고용세액공제(조특법 29의8 ①)를 동시에 적용하지 아니한다.
또한 2025.1.1. 이후 창업한 경우 창업중소기업등에 대한 세액감면과 고용증대세액공제(조특법 29의7) 또는 통합고용세액공제(조특법 29의8)는 중복적용 배제된다.(조특법 127 ④)

2024.12.31. 이전 창업한 경우	2025.1.1. 이후 창업한 경우
① 원칙적으로 중복적용가능 ② 단, 고용창출에 따른 추가감면을 받는 경우 통합고용세액(추가공제 포함) 중 하나만 선택 적용 ③ 따라서 2025.1.1. 이후 남은 감면기간동안 중복적용 가능함.	① 창업감면과 통합고용세액(추가공제 포함)은 둘 중 하나만 선택 적용 ② 통합고용세액등의 이월세액과 창업감면은 동시에 적용가능

② 중소기업에 대한 특별세액감면(조특법 7)과 중소기업사회보험료세액공제(조특법 30의4)는 동시에 적용가능하다.

창업중소기업추가감면과 고용증대세액공제 추가공제 중복적용 여부(서면법인2024-70, 2024.8.29.)

조세특례제한법 제127조 제4항 단서에 따라 같은 법 제6조 제7항(고용창출에 따른 추가감면)의 창업중소기업 세액감면을 받는 경우에는 같은 법 제29조의7에 따른 고용증대세액공제를 동시에 적용하지 않는 것임.
이때, 같은 법 제29조의7 제1항에 따라 최초로 고용증대세액공제를 받은 중소기업이 이후 2년 이내 과세연도에 최초 공제연도 대비 상시근로자 수가 증가하여 최초 공제연도와 동일한 세액공제를 받는 경우에도 같은 법 제127조 제4항의 단서를 적용하여 같은 법 제6조 제7항의 법인세 감면과 중복지원을 배제하는 것임.

3. 동일 과세연도의 의미

동일한 사업연도 내에서 세액감면과 세액공제의 중복적용을 배제하나 사업연도를 달리해서는 다른 감면제도를 선택하여 적용할 수 있다.(재조예46019-18, 2003.1.16.)

1차년도 (창업중소기업 등 세액감면) ⇨ 2차년도 (통합투자세액공제) ⇨ 3차년도 (창업중소기업등 세액감면)

또한 과세표준신고서를 법정신고기한 내에 제출한 경우에는 세액공제를 세액감면으로 변경하여 경정청구도 가능하다.(서면1팀-199, 2004.2.6.)

4. 구분경리하는 경우 중복적용

세액감면을 적용받는 사업과 그 밖의 사업을 구분경리하는 경우로서 그 밖의 사업에 공제규정이 적용되는 경우에는 해당 세액감면과 공제는 중복지원에 해당하지 아니한다.(조특법 127 ⑩)

구분경리의 의미(울산지법2021구합9969, 2022.11.24.)

세액감면과 세액공제를 동시에 적용받기 위한 요건으로서 구분경리를 요구하는 취지는 '동일한 소득'에 대해서 세액감면과 세액공제를 중복하여 지원하지 않기 위한 것이라고 봄이 타당하고, 내국인이 동일한 과세연도에 특정 조항에 따른 세액감면과 세액공제 요건을 동시에 충족하는 경우 그 중 하나만을 선택하여 적용받을 수 있다는 원칙을 규정하고 있으며, 세액감면을 적용받는 사업과 그 밖의 사업을 구분경리하는 경우로서 그 밖의 사업에 공제규정이 적용되는 경우에는 해당 세액감면과 세액공제는 배제조항에서 정한 중복지원에 해당하지 않는다고 규정하고 있음.

| (저자주) 구분경리하는 경우 중복적용방법 |

제조업과 도소매업을 겸영 · 구분경리하는 경우	
• 제조업: 통합투자세액공제	통합투자세액공제와 중소기업특별세액감면 모두 적용가능함.
• 도소매업: 중소기업특별세액감면	

법인 본사의 수도권 밖 이전에 따른 세액감면 적용 시 특정시설 투자세액공제 중복지원 배제 여부(기획재정부조세특례-895, 2020.12.10.)

법인 본사의 수도권 밖 이전에 따라 「조세특례제한법」 제63조의2 제2항 제2호에 따라 감면소득을 산정하여 세액감면을 적용받은 내국법인은 동일한 과세연도에 동법 제25조에 따른 세액공제를 동시에 적용받을 수 없는 것임.

세액감면 중복지원 배제 해당 여부(서면법인2017-363, 2018.1.31.)

조세특례제한법 제127조(중복지원의 배제) 규정은 동일한 과세연도 내에서는 각 조세감면규정간의 중복적용이 배제되나, 각 과세연도를 달리해서는 중복지원으로 배제되지 않는 것임.

농업회사법인의 법인세 면제와 임시투자세액공제의 중복지원 적용여부(서면2팀-14, 2008.1.4.)

「조세특례제한법」 제127조 제4항에 의해 내국인이 동일한 과세연도에 같은 법 제68조의 규정에 의하여 법인세가 감면되는 경우와 같은 법 제26조의 규정에 의하여 법인세가 공제되는 경우를 동시에 적용받을 수 있는 경우에는 그 중 하나만을 선택하여 이를 적용받을 수 있는 것임.

이월된 고용증대특별세액공제와 중소기업특별세액감면과 중복적용(서면1팀-432, 2007.4.3.)

조세특례제한법 제127조 제4항 규정을 적용함에 있어서 같은 법 제30조의3(2005.12.31 삭제전 고용증대특별세액공제)의 규정에 의한 고용증대 특별세액공제액이 발생하였으나 최저한세의 적용으로 인하여 이월된 공제세액이 있는 경우 동 이월공제세액은 같은 법 제7조의 중소기업에 대한 특별세액감면과 중복하여 적용받을 수 있는 것임.

➔ **임시투자세액공제의 이월공제 및 중복지원배제 적용방법**(서면2팀-18, 2005.1.3.)

조세특례제한법 제144조 제1항에서 "당해 과세연도에 납부할 세액이 없다"는 의미는 산출세액이 없어 투자세액공제를 적용할 수 없는 경우를 의미하는 것이며, 또한 조세특례제한법 제127조 제4항의 규정에 따라 세액감면과 투자세액공제가 동일사업연도에 발생하여 적용할 수 있는 경우에는 그 중 하나만을 선택하여 적용받을 수 있으며, 투자세액공제는 당해연도 이전에 발생하여 이월된 것이고, 세액감면은 당해 사업연도에 발생한 경우에는 두 가지를 동시에 적용할 수 있는 것임.

중복적용배제 대상 세액공제 적용방법(A, B는 중복적용배제 대상임)		
① 이월된 A세액공제 + 당해 발생 B세액공제	⇨	A, B 모두 적용가능
② 당해 발생 A세액공제 + 당해 발생 B세액공제	⇨	A, B 중 하나만 적용가능

 동일한 사업장에 동일한 과세연도 세액감면 중복배제

1. 동일 사업장 및 과세연도 세액감면 중복배제

내국인이 동일한 사업장에 대하여 동일한 과세연도에 다음의 세액감면 중 둘 이상의 규정이 적용될 수 있는 경우에는 그 중 하나만을 선택하여 적용받을 수 있다.(조특법 127 ⑤)

세액감면	
• 창업중소기업 등에 대한 세액감면(6) • 중소기업에 대한 특별세액감면(7) • 연구개발특구에 입주하는 첨단기술기업 등에 대한 법인세 등의 감면(12의2) • 중소기업간의 통합에 대한 양도소득세 등의 이월과세(31 ④, ⑤) • 법인전환에 대한 양도소득세의 이월과세(32 ④) • 공공기관이 혁신도시 등으로 이전하는 경우 법인세 등 감면(62 ④) • 수도권 밖으로 공장을 이전하는 기업에 대한 세액감면 등(63 ①) • 수도권 밖으로 본사를 이전하는 법인에 대한 세액감면 등(63의2 ①) • 농공단지 입주기업 등에 대한 세액감면(64) • 사회적기업 및 장애인 표준사업장에 대한 법인세 등의 감면(85의6 ①, ②) • 위기지역 창업기업에 대한 법인세 등의 감면(99의9 ②)	• 감염병 피해에 따른 특별재난지역의 중소기업에 대한 법인세 등의 감면(99의11 ①) • 해외진출기업의 국내복귀에 대한 세액감면(104의24 ①) • 제주첨단과학기술단지입주기업에 대한 법인세 등의 감면(121의8) • 제주투자진흥지구 또는 제주자유무역지역 입주기업에 대한 법인세 등의 감면(121의9 ②) • 기업도시개발구역 등의 창업기업 등에 대한 법인세 등의 감면(121의17 ②) • 아시아문화중심도시 투자진흥지구 입주기업 등에 대한 법인세 등의 감면 등(121의20 ②) • 금융중심지 창업기업 등에 대한 법인세 등의 감면 등(121의21 ②) • 첨단의료복합단지 및 국가식품클러스터 입주기업에 대한 법인세 등의 감면(121의22 ②) • 기회발전특구의 창업기업 등에 대한 법인세 등의 감면(121의33 ②)

세액감면	
	• 외국인투자에 대한 법인세 등 감면(121의2) • 외국인투자의 증자에 대한 조세감면(121의4)

따라서 아래의 감면규정은 다른 세액감면규정과 중복적용이 가능하다.

① 영농조합법인 등에 대한 법인세의 면제등(조특법 66)
② 영어조합법인 등에 대한 법인세의 면제등(조특법 67)
③ 농업회사법인에 대한 법인세 면제등(조특법 68)

2. 구분경리하는 경우 중복적용

세액감면을 적용받는 사업과 그 밖의 사업을 구분경리하는 경우로서 그 밖의 사업에 공제규정이 적용되는 경우에는 해당 세액감면과 공제는 중복지원에 해당하지 아니한다.(조특법 127 ⑩)

➲ 중소기업특별세액공제와 영농조합법인에 대한 법인세면제 중복 적용 여부 등(법인-127, 2014.3.21.)

영농조합법인이 중소기업에 해당되는 경우 농업소득이외의 소득에 대하여는 「조세특례제한법」 제127조 제5항의 규정에 의하여 같은 법 제7조의 중소기업에 대한 특별세액감면과 같은 법 제66조의 법인세 일부 면제규정을 동시에 적용받을 수 있는 것임.

➲ 사업장별 별도 적용가능(법인-800, 2011.10.26.)

「조세특례제한법」 제127조 제5항의 규정에 따라 내국법인의 동일한 사업장에 대하여 동일한 사업연도에 같은 법 제7조(중소기업특별세액감면)와 같은 법 제63조의2 제2항 제2호(공장의 지방이전에 따른 법인세 감면)의 규정이 적용될 수 있는 경우에는 그 중 하나만을 선택하여 적용받을 수 있는 것이나, 두 개의 공장이 다른 지역에 위치하는 경우 하나의 공장에서는 같은 법 제7조에 따른 감면을 적용하고, 다른 하나의 공장에서는 같은 법 제63조의2 제2항 제2호에 따른 감면을 각각 적용할 수 있는 것임.

➲ 사업장별로 구분경리하는 경우 각 사업장별로 세액공제 및 세액감면 달리 적용 여부(기획재정부조세특례-284, 2010.3.23.)

내국인이 동일한 과세연도에 세액감면과 세액공제를 동시에 적용받을 수 있는 경우에는 조세특례제한법 제127조 제4항에 따라 그 중 하나만을 선택하여 적용하여야 함.
다만, 조세특례제한법 제127조 제4항을 적용함에 있어서 제조공정이 서로 무관한 2개의 공장을 영위하는 법인이 각각의 공장을 구분하여 경리함에 따라 산출세액 중 공장별로 귀속되는 세액을 합리적으로 구분할 수 있는 경우에는 1개의 공장에서 세액감면을 적용하고 있다하더라도 다른 공장("제2공장")에 투자를 함에 따라 발생한 투자세액공제액은 제2공장에 귀속되는 세액을 한도로 공제할 수 있음.

농공단지입주기업이 제조업과 건설업을 겸업하는 경우 조특법 중복적용 배제방법(법인46012-383, 2002.7.12.)

조세특례제한법 제127조 제5항의 중복지원의 배제와 관련하여 농공단지입주기업이 동일한 사업장에서 제조업과 건설업을 겸영하는 경우 구분경리하여 제조업에서 발생한 소득에 대하여는 제64조의 규정에 의한 감면을 적용받고, 건설업에서 발생한 소득에 대하여는 제7조의 규정에 의한 감면을 적용할 수 있는 것임.

V 추계과세시 등의 감면 배제

1. 추계과세시 감면배제

소득세법 제80조 제3항 단서 또는 법인세법 제66조 제3항 단서에 따라 과세표준 및 세액을 추계결정 또는 경정하는 경우에는 조세특례제한법에서 규정하고 있는 다음의 세액 공제・감면의 규정을 적용하지 아니한다.

다만, 추계를 하는 경우에도 통합투자 세액공제(조특법 24) 및 고용창출투자세액공제(조특법 26)는 투자에 관한 증거서류를 제출하는 경우에는 거주자에 대해서는 적용한다.(조특법 128 ①)

- 기업의 어음제도개선을 위한 세액공제(7의2)
- 상생결제 지급금액에 대한 세액공제(7의4)
- 상생협력을 위한 기금 출연 등에 대한 세액공제(8의3 ③)
- 연구・인력개발비에 대한 세액공제(10)
- 기술이전 및 기술취득 등에 대한 과세특례(12 ②)
- 기술혁신형 합병에 대한 세액공제(12의3)
- 기술혁신형 주식 취득에 대한 세액공제(12의4)
- 내국법인의 벤처기업 등에의 출자에 대한 과세특례(13의2)
- 내국법인의 소재・부품・장비전문기업 등에의 출자・인수에 대한 과세특례(13의3)
- 성과공유 중소기업의 경영성과급에 대한 세액공제(19 ①)
- 통합투자세액공제(24)
- 경력단절 여성 재고용 중소기업에 대한 세액공제(29의3)
- 근로소득을 증대시킨 기업에 대한 세액공제(29의4)
- 청년고용을 증대시킨 기업에 대한 세액공제(29의5)
- 고용을 증대시킨 기업에 대한 세액공제(29의7)
- 통합고용세액공제(29의8)
- 고용유지중소기업 등에 대한 과세특례(30의3)
- 중소기업 고용증가 인원에 대한 사회보험료 세액공제(30의4)
- 상가임대료를 인하한 임대사업자에 대한 세액공제(96의3)
- 선결제금액에 대한 세액공제(99의12)
- 제3자물류비용에 대한 세액공제(104의14)
- 해외자원투자개발에 대한 과세특례(104의15)
- 석유제품 전자상거래에 대한 세액공제(104의25)

- 특정 시설 투자 등에 대한 세액공제(25)
- 의약품 품질관리 개선 시설투자에 대한 세액공제(25의4)
- 영상콘텐츠 제작비용에 대한 세액공제(25의6)
- 고용창출 투자세액공제(26)
- 산업수요맞춤형고등학교 등 졸업자 병역 이행 후 복직시킨 중소기업에 대한 세액공제(29의2)
- 우수 선화주기업 인증을 받은 화주 기업에 대한 세액공제(104의30)
- 이스포츠대회 운영에 대한 과세특례(104의35)
- 금사업자와 스크랩등사업자의 수입금액의 증가 등에 대한 세액공제(122의4 ①)
- 금 현물시장에서 거래되는 금지금에 대한 과세특례(126의7 ⑧)

2. 무신고 결정 · 기한 후 신고시 감면배제

소득세법 제80조 제1항 또는 법인세법 제66조 제1항에 따라 결정(무신고자에 대한 결정)을 하거나 국세기본법 제45조의3에 따라 기한 후 신고를 하는 경우에는 다음의 세액감면 및 세액공제규정을 적용하지 아니한다.(조특법 128 ②)

- 창업중소기업 등에 대한 세액감면(6)
- 중소기업에 대한 특별세액 감면(7)
- 기술이전 및 대여 등에 대한 과세특례(12 ①, ③)
- 연구개발특구에 입주하는 첨단기술기업등에 대한 법인세 등의 감면(12의2)
- 중소기업간 통합에 대한 양도소득세의 이월과세 등(31 ④, ⑤)
- 법인전환에 대한 양도소득세의 이월과세(32 ④)
- 공공기관이 혁신도시로 이전하는 경우 법인 등 감면(62 ④)
- 수도권 밖으로 공장을 이전하는 기업에 대한 세액감면 등(63 ①)
- 수도권 밖으로 본사를 이전하는 법인에 대한 세액감면 등(63의2 ②)
- 농공단지 입주기업 등에 대한 세액감면(64)
- 영농조합법인 등에 대한 법인세의 면제 등(66)
- 영어조합법인 등에 대한 법인세의 면제 등(67)
- 농업회사법인에 대한 법인세의 면제 등(68)
- 사회적기업 및 장애인 표준사업장에 대한 법인세 등의 감면(85의6 ①, ②)
- 상가임대료를 인하한 임대사업자에 대한 세액공제(96의3)
- 위기지역 창업기업에 대한 법인세 등의 감면(99의9 ②)
- 감염병 피해에 따른 특별재난지역의 중소기업에 대한 법인세 등의 감면(99의11 ①)
- 선결제 금액에 대한 세액공제(99의12)
- 산림개발소득에 대한 세액감면(102)
- 해외진출기업의 국내복귀에 대한 세액감면(104의24 ①)
- 제주첨단과학기술단지 입주기업에 대한 법인세 등의 감면(121의8)
- 제주투자진흥지구 또는 제주자유무역지역 입주기업에 대한 법인세 등의 감면(121의9 ②)
- 기업도시개발구역 등의 창업기업 등에 대한 법인세 등의 감면(121의17 ②)
- 아시아문화중심도시 투자진흥지구 입주기업등에 대한 법인세 등의 감면 등(121의20 ②)
- 금융중심지 창업기업 등에 대한 법인세 등의 감면 등(121의21 ②)

- 소형주택 임대사업자에 대한 세액감면(96)
- 상가건물 장기 임대사업자에 대한 세액감면(96의2)
- 첨단의료복합단지 및 국가식품클러스터 입주기업에 대한 법인세 등의 감면(121의22 ②)
- 기회발전특구의 창업기업 등에 대한 법인세 등의 감면(121의33 ②)

복식부기의무자가 일부 사업장에 대해 추계로 신고하는 경우 고용증대세액공제 및 사회보험료 세액공제 적용 가능 여부(서면소득2024-3217, 2024.9.4., 서면소득2024-2148, 2024.6.26.)

다복식부기의무자가 일부 사업소득에 대해 추계방법으로 종합소득세를 신고하고, 그 외 사업장의 사업소득에 대해 복식부기로 신고한 경우 고용을 증대시킨 기업관련 세액공제를 적용할 수 없는 것임.

복식부기의무자의 일부 사업장 추계 신고 시 중소기업특별세액 감면 가능 여부(기준법무소득 2023-133, 2023.9.26.)

다수의 사업장을 운영하는 복식부기의무자가 일부 사업장의 종합소득 과세표준을 추계하여 신고하는 경우 추계 신고한 해당 사업장에 한하여 조세특례제한법 제128조 제2항에 따라 세액감면이 배제되는 것임.

복식부기의무자가 종합소득 과세표준 및 세액을 추계하여 신고한 경우 중소기업특별세액감면 적용여부(기획재정부조세특례-335, 2017.3.27.)

복식부기의무자가 종합소득 과세표준 및 세액을 추계하여 신고한 경우에는 「조세특례제한법」 제128조 제2항에 따라 중소기업특별세액감면을 적용하지 않는 것임. 다만, 복식부기의무자가 종합소득 과세표준 및 세액을 추계로 신고하면서 중소기업특별세액감면을 적용한 납세자('16.7.13. 전 신고한 자에 한한다)에 대해서 「소득세법」 제80조에 따라 결정·경정하는 경우에는 「국세기본법」 제47조의4 제1항에 따른 납부불성실가산세를 부과하지 아니하는 것임.

3. 부정과소 신고금액 또는 경정을 미리 알고 한 수정신고에 대한 세액감면 배제

소득세법 제80조 제2항 또는 법인세법 제66조 제2항에 따라 신고내용에 오류 또는 누락이 있는 경우 등의 사유로 법인세 과세표준 및 세액을 경정을 하는 경우와 과세표준 수정신고서를 경정할 것을 미리 알고 제출한 경우에는 국세기본법 제47조의3 제2항 제1호에 따른 부정과소신고과세표준에 대하여 상기 「2. 무신고 결정·기한 후 신고시 감면배제」에서 열거하고 있는 감면규정을 적용하지 아니한다.(조특법 128 ③)

따라서 총 감면소득금액에서 부정과소신고 소득금액을 차감한 금액을 감면소득으로 보고 감면세액을 계산한다.

4. 현금영수증가맹점 미가입 등의 경우 세액감면 배제

사업자가 다음의 어느 하나에 해당하는 경우 해당 과세기간의 해당 사업장에 대하여 상기 「2. 무신고 결정·기한후 신고시 감면배제」에서 열거하고 있는 감면규정을 적용하지 아니한다.(조특법 128 ④) 다만, 사업용계좌 미신고 또는 현금영수증가맹점 미가입에 대하여 정당한 사유가 있는 경우에는 그러하지 아니한다.

① 「소득세법」 제160조의5 제3항에 따라 사업용계좌를 신고하여야 할 사업자가 이를 이행하지 아니한 경우

② 「소득세법」 제162조의3 제1항 또는 「법인세법」 제117조의2 제1항에 따라 현금영수증가맹점으로 가입하여야 할 사업자가 이를 이행하지 아니한 경우

③ 「소득세법」 제162조의2 제2항 및 「법인세법」 제117조에 따른 신용카드가맹점으로 가입한 사업자 또는 「소득세법」 제162조의3 제1항 또는 「법인세법」 제117조의2에 따라 현금영수증가맹점으로 가입한 사업자가 신용카드에 의한 거래를 거부하거나 신용카드매출전표를 사실과 다르게 발급한 경우 또는 현금영수증의 발급요청을 거부하거나 사실과 다르게 발급한 경우에 해당하는 경우로서 신용카드가맹점 또는 현금영수증가맹점으로 가입한 사업자 중 신용카드에 의한 거래 또는 현금영수증의 발급을 거부하거나 신용카드매출전표 또는 현금영수증을 사실과 다르게 발급한 것을 이유로 관할 세무서장으로부터 신고금액을 통보받은 사업자로서 다음의 어느 하나에 해당하는 경우를 말한다.

㉠ 해당 과세연도(신용카드에 의한 거래 또는 현금영수증의 발급을 거부하거나 신용카드매출전표 또는 현금영수증을 사실과 다르게 발급한 날이 속하는 해당 과세연도를 말한다)에 신고금액을 3회 이상 통보받은 경우로서 그 금액의 합계액이 100만원 이상인 경우

㉡ 해당 과세연도에 신고금액을 5회 이상 통보받은 경우

➲ 현금영수증 가맹점 가입 의무를 지연 이행한 경우 조특법 §6 적용이 가능한지 여부(서면소득 2024-3985, 2025.6.19., 서면소득2024-1865, 2025.6.11.)

현금영수증가맹점으로 가입하여야 할 자가 이를 이행하지 아니한 경우, 당해 사업자는 「조세특례제한법」 제128조 제4항 제1호에 따라 해당 과세기간의 해당 사업장에 대하여 동법 제6조 창업중소기업 등에 대한 세액감면을 적용하지 아니하는 것임.

➲ 사업용계좌미신고 시 창업중소기업 세액감면 배제 연도(서면소득2025-348, 2025.5.20.)

복식부기의무자에 해당하는 과세기간의 개시일부터 6개월 이내에 사업용계좌를 신고해야할 사업자가 이를 이행하지 아니한 경우, 당해 사업자는 「조세특례제한법」 제128조 제4항 제1호에 따라 해당 과세기간에 동법 제6조 창업중소기업 등에 대한 세액감면을 적용하지 아니하는 것임.

Ⅵ 수도권과밀억제권역의 투자에 대한 조세감면 배제

1. '89.12.31. 이전 창업기업, '90.1.1. 이후 창업 · 사업장이전 중소기업 (⇨ 대체투자 허용, 증설투자 배제)

'89.12.31. 이전부터 수도권과밀억제권역에서 계속하여 사업을 영위하고 있는 내국인(①)과 '90.1.1. 이후 새로이 사업장을 설치하여 사업을 개시하거나 종전의 사업장('89.12.31. 이전 설치된 사업장 포함)을 이전하여 설치하는 중소기업(②)이 수도권과밀억제권역에 있는 해당 사업장에서 사용하기 위하여 취득한 사업용 고정자산으로서 증설투자분에 대하여는 통합투자세액공제(조특법 24)를 적용하지 아니한다.(조특법 130 ①)

2020.12.29. 개정전 규정의 세액공제 배제내역	
'89.12.31. 이전 창업 기업(①)	'90.1.1. 이후 창업 중소기업(②)
1. 중소기업 등 투자 세액공제(5 ① 1, 2호) - 사업용 자산 투자 - 판매시점정보관리시스템 설비투자 2. 생산성향상설비투자 세액공제(25 ① 6호 가 · 나목) - 공정개선 및 자동화시설 투자 - 첨단기술설비 투자 3. 신성장기술 사업화를 위한 시설투자에 대한 세액공제(25의5)	1. 중소기업 등 투자 세액공제(5 ① 1, 2호) 2. 생산성향상설비투자 세액공제(25 ① 6호 가 · 나목) 3. 신성장기술 사업화를 위한 시설투자에 대한 세액공제(25의5) 4. 안전설비투자 세액공제(25 ① 5호) 단, 비상대비업무 수행시설(라목), 기술유출 방지설비(바목) 및 내진보강시설(아목)은 제외

다만, 다음의 산업단지 · 공업지역 안에서의 증설투자는 그러하지 아니한다.

① 산업입지 및 개발에 관한 법률에 의한 산업단지
② 국토의 이용 및 계획에 관한 법률 제36조 제1항 제1호의 규정에 의한 공업지역, 동법 제51조 제3항 지구단위계획구역 중 산업시설의 입지로 이용되는 지구

참고사항

■ **증설투자 정의**

① 공장 사업장의 경우: 사업용 고정자산을 새로이 설치함으로써 당해 공장의 연면적이 증가되는 투자

② 공장이외의 사업장: 사업용 고정자산을 새로이 설치함으로써 사업용 고정자산의 수량 또는 사업장의 연면적이 증가되는 투자

■ **산업단지 확인방법**

① 산업입지정보시스템(www.industryland.or.kr)의 개별입지 - 사업단지 고시/공고에서 확인가능

② 확인가능 정보: 산업단지의 위치, 유형, 고시일자, 고시번호, 고시명 등을 확인가능

③ 검색예시

2. 1990.1.1. 이후 창업 · 사업장이전 일반기업(⇨ 대체투자, 증설투자 모두 배제)

중소기업이 아닌 자가 '90.1.1. 이후 수도권과밀억제권역 안에서 새로 사업장을 설치하여 사업을 개시하거나 종전의 사업장('89.12.31. 이전 설치된 사업장 포함)을 이전하여 설치하는 경우 수도권과밀억제권역에 있는 해당 사업장에서 사용하기 위하여 취득하는 사업용 고정자산에 대해서는 다음의 규정을 적용하지 아니한다.(조특법 130 ②)

종전세액공제규정	개정세액공제규정
1. 생산성향상설비투자 세액공제(25 ① 6호 가 · 나목) - 공정개선 및 자동화시설 투자(가목) - 첨단기술설비 투자(나목) 2. 안전설비투자 세액공제(25 ① 5호) 단, 비상대비업무 수행시설(라목), 기술유출방지설비(바목) 및 내진보강시설(아목)은 제외 3. 신성장기술 사업화를 위한 시설투자에 대한 세액공제(25의5)	1. 통합투자세액공제(24)

3. 수도권과밀억제권역의 투자에 대한 조세감면 적용

위 「1」과 「2」의 규정에도 불구하고 다음의 사업용 고정자산을 취득하는 경우에는 조세감면을 허용한다. 즉, 통합투자세액공제(조특법 24)등을 적용받을 수 있다.

① 디지털방송을 위한 프로그램의 제작·편집·송신 등에 사용하기 위하여 취득하는 방송장비
② 「전기통신사업 회계정리 및 보고에 관한 규정」 제8조에 따른 전기통신설비 중 같은 조 제1호부터 제3호까지 및 제5호에 따른 교환설비, 전송설비, 선로설비 및 정보처리설비
③ 연구·시험, 직업훈련, 에너지 절약, 환경보전 또는 근로자복지 증진 등의 목적으로 사용되는 사업용자산
④ 「별표 7」의 에너지절약시설
⑤ 「별표 7의2」의 신에너지 및 재생에너지를 생산하기 위한 시설을 제조하는 시설
⑥ 「별표 11」에 따른 의약품 품질관리 개선시설

참고사항

■ **수도권과밀억제권역(수도권정비계획법 6 ① 1호)**

- 서울특별시
- 인천광역시[강화군, 옹진군, 서구 대곡동·불로동·마전동·금곡동·오류동·왕길동·당하동·원당동, 인천경제자유구역(경제자유구역에서 해제된 지역 포함) 및 남동 국가산업단지는 제외한다]
- 의정부시, 구리시, 남양주시(호평동, 평내동, 금곡동, 일패동, 이패동, 삼패동, 가운동, 수석동, 지금동 및 도농동만 해당한다), 하남시, 고양시, 수원시, 성남시, 안양시, 부천시, 광명시, 과천시, 의왕시, 군포시, 시흥시[반월특수지역(반월특수지역에서 해제된 지역 포함)은 제외한다]

수도권과밀억제권역내 투자에 대한 조세감면 배제 여부(기획재정부조세정책-1130, 2023.5.15.)

1990.1.1. 이후 수도권과밀억제권역에서 새로 사업장을 설치하여 사업을 개시한 경우로서 중소기업이었던 내국인이 이후 규모의 확대 등으로 중소기업에 해당하지 않게 된 경우에는 사업용 고정자산 취득일이 속하는 과세연도의 종료일을 기준으로 「조세특례제한법」 제130조 제1항에 따른 중소기업 여부를 판단하는 것임.

통합투자세액공제 적용 여부(서면법인2022-5211, 2023.5.12.)

수도권과밀억제권역 안에 본점이 소재한 중소기업인 내국법인이 수도권과밀억제권역 밖에 소재한 제조업을 영위하는 지점인 사업장에서 사업에 직접 사용하기 위하여 취득하는 사업용 고정자산에 대해서는 「조세특례제한법」 제130조 제1항에서 규정한 "수도권과밀억제권역의 투자에 대한 조세감면 배제"가 적용되지 아니하는 것임.

수도권과밀억제권역내 투자에 대한 조세감면 배제 여부(기획재정부조세정책-1130, 2023.5.15.)

1990.1.1. 이후 수도권과밀억제권역에서 새로 사업장을 설치하여 사업을 개시한 경우로서 중소기업이었던 내국인이 이후 규모의 확대 등으로 중소기업에 해당하지 않게 된 경우에는 사업용 고정자산 취득일이 속하는 과세연도의 종료일을 기준으로 「조세특례제한법」 제130조 제1항에 따른 중소기업 여부를 판단하는 것임.

사업용고정자산을 반환하면서 동일한 종류의 새로운 자산으로 대체취득하는 경우, 조특법 24①에 따른 세액공제 적용여부(사전법규소득2021-1763, 2022.6.8.)

「조세특례제한법」 제130조 제1항 본문 및 같은 법 시행령 제124조 제1항 제2호에 따라 통합투자세액공제의 적용이 배제되는 증설투자(이하 "쟁점증설투자")란 사업용고정자산을 새로 설치함으로써 사업용고정자산의 수량 또는 해당 사업장의 연면적이 증가되는 투자를 의미하는 것으로, 기존 사업용고정자산을 신형으로 교체하는 방식의 투자로서 해당 사업용고정자산의 수량이 그대로 유지되고 사업장의 연면적이 증가되지 않는 투자의 경우에는 쟁점증설투자에 해당하지 않는 것임.

제3절 농어촌특별세

농어촌특별세는 농어업의 경쟁력 강화와 농어촌 산업기반시설의 확충 및 농어촌지역 개발사업을 위하여 필요한 재원을 확보하기 위한 목적세이다.

Ⅰ 납세의무자

조세특례제한법에 의하여 다음에 해당하는 법인세 또는 소득세 등을 감면받는 자가 납부할 의무를 진다.

① 세액공제, 세액감면 또는 면제
② 비과세, 소득공제
③ 조합법인에 대한 법인세 특례세율 적용

※ 조세특례제한법에 의한 준비금은 농어촌특별세과세대상이 아니다.

Ⅱ 과세표준과 세율

과세표준은 조세특례제한법에 의하여 감면을 받는 소득세 법인세의 감면세액이며 세율은 20%이다. 다만, 조세특례제한법에 의하여 감면받은 이자·배당소득에 대한 소득세의 감면세액에 대하여는 10%의 세율을 적용한다.

Ⅲ 신고납부

농어촌특별세는 본세를 신고납부하는 때에 함께 신고납부하여야 한다. 다만, 중간예납하는 때에는 납부하지 아니한다.

본세를 분납하는 경우에는 그 분납비율에 따라 농어촌특별세도 함께 분납이 가능하며 본세가 1,000만원을 초과하지 아니하여 분납하지 못하는 경우에도 농어촌특별세액이 500만원을 초과하는 경우에는 분납할 수 있다.

Ⅳ 비과세

유 형	비과세 내용(조세특례제한법 조문)
1. 국가·지방자치단체 감면(농특법 4 1호)	• 국가(외국정부 포함)·지방자치단체 또는 지방자치단체조합에 대한 감면
2. 농어업인 및 농어업인 관련 단체에 대한 감면(농특법 4 2호, 농특령 4 ① 1호)	• 영농조합법인 등에 대한 법인세의 면제 등(조특법 66) • 영어조합법인 등에 대한 법인세의 면제 등(조특법 67) • 농업회사법인에 대한 법인세의 면제 등(조특법 68) • 조합법인 등에 대한 법인세 과세특례(조특법 72 ①) * 조세특례제한법 72 ① (1)의 신용협동조합·새마을금고, (5)의 중소기업협동조합 등, (8)의 소비자생활협동조합 등은 비과세 제외 • 산림개발소득에 대한 법인세의 감면(조특법 102) • 어업협정에 따른 지원금에 대한 법인세 등 비과세(조특법 104의2)
3. 중소기업에 대한 감면(농특법 4 3호)	• 창업중소기업 등에 대한 세액감면(조특법 6) • 중소기업에 대한 특별세액감면(조특법 7)
4. 비거주자, 외국법인 감면(농특법 4 5호)	• 조세특례제한법 제21조에 따른 이자소득 등에 대한 감면 중 비거주자 또는 외국법인에 대한 감면(조특법 21)
5. 기술 및 인력 개발, 공익사업 등 국가 경쟁력 확보, 국민경제의 효율적 운영(농특법 4 12호, 농특령 4 ⑦ 1호)	• 연구·인력개발비에 대한 세액공제(조특법 10) • 연구개발관련 출연금 등의 과세특례(조특법 10의2) • 기술이전소득에 대한 세액감면(조특법 12) • 연구개발특구 입주 첨단기술기업 등에 대한 법인세 감면(조특법 12의2) • 중소기업창업투자회사등의 주식 양도차익 비과세(조특법 13) • 연구시험용 시설 등 투자 등에 대한 세액공제(조특법 25 ① 1호) • 고용유지중소기업 등에 대한 과세특례(조특법 30의3) • 사업전환 중소기업에 대한 과세특례(조특법 33) • 수도권 밖으로 공장을 이전하는 기업에 대한 세액감면 등(조특법 63) • 수도권 밖으로 본사를 이전하는 법인에 대한 세액감면 등(조특법 63의2) • 농공단지 입주기업 등에 대한 세액감면(조특법 64) • 위기지역 창업기업에 대한 법인세 감면(조특법 99의9) • 감염병 피해에 따른 특별재난지역의 중소기업에 대한 법인세 등의 감면(조특법 99의11) • 전자신고 세액공제(조특법 104의8 ①, ③) • 대한주택공사 및 한국토지공사의 합병에 대한 법인세 과세특례(조특법 104의21) • 해외진출기업의 국내복귀에 대한 세액감면(조특법 104의24) • 2018 평창 동계올림픽대회 및 동계패럴림픽대회에 대한 과세특례(조특법 104의28) • 프로젝트금융투자회사에 대한 소득공제(조특법 104의31) • 해외진출기업의 국내복귀에 대한 관세감면(조특법 118의2) • 조특법 제121조의2부터 제121조의4까지에 따른 감면 • 성실신고확인비용에 대한 세액공제(조특법 126의6)

유 형	비과세 내용(조세특례제한법 조문)
6. 고용증대를 위한 감면 (농특법 4 11의3호)	• 정규직 근로자의 전환에 따른 세액공제(조특법 30의2) • 중소기업 사회보험료 세액공제(조특법 30의4)
7. 기타(농특법 4 11의2, 11의4호)	• 조특법 제20조, 제100조, 제140조, 제141조의 규정에 의한 감면 • 조특법 제121조의24에 따른 감면

※ 농어촌특별세 비과세 대상으로 규정된 조세특례제한법의 해당 규정과 같은 취지의 감면을 규정한 법률 제4666호 조세감면규제법개정법률의 해당 규정에 대하여 동법 부칙 제13조 내지 제19조의 규정에 의한 경과조치 또는 특례가 적용되는 경우에 동 경과조치 또는 특례에 대하여서도 농어촌특별세를 부과하지 아니한다.(농특령 4 ⑦)

경정청구 인용 결정에 따른 법인세 세액감면 시, 세액감면분 농어촌특별세의 납부지연가산세 계산방법(기획재정부조세정책-1197, 2023.5.23.)

양도소득세 감면을 추가로 인정하는 과세관청의 경정결정으로 인하여 양도소득세는 일부 환급되고 농어촌특별세는 추가 고지되는 경우 양도소득세 환급세액은 농어촌특별세의 납부불성실가산세 계산 시 기납부세액으로 공제되는 것임.

| 저 | 자 | 소 | 개 |

■ 손 창 용

〈약 력〉

- 세무사 · 세무학박사
- 강남대학교 일반대학원 세무학전공(세무학박사)
- 성균관대학교 경영대학원 세무학전공(경영학석사)
- (현)세무법인지율 삼성지사 대표
- (현)한국세무사회 세무연수원 교수
- (현)한국세무사회 기업회계 자격시험 출제위원회 위원
- (현)서울지방세무사회 연수위원회 위원
- (현)대한상공회의소 세법강사
- (전)국세법령해석심의위원회 위원
- (전)한국세무사회 연수원 부원장
- (전)한국세무사회 도서출판위원회 위원
- (전)한국세무사회 기업회계 자격시험 운영위원장
- (전)한국세무사회 전산세무회계 자격시험 출제위원
- (전)서울지방세무사회 연수위원장
- (전)강남대학교 경제세무회계과 겸임교수
- (전)국민건강보험공단 보험료정보공개심의위원회 위원
- (전)삼성세무서 납세자보호위원회 위원
- (전)강남구지방세감면자문위원회 위원
- (전)중소기업경영현황 연구 및 제도개선 자문위원
- (전)서울 · 중부지방국세청 조사요원시험 세법강사

〈강 의〉

- 한국세무사회 회원 및 직원교육 강의(법인세, 세무사랑Pro활용레시피 등)
- 서울지방세무사회 직원교육 강의(연말정산, 법인세, 소득세 등)
- 대한상공회의소 세법강의(연말정산, 부가가치세, 법인세 등)
- 건국대학교, 강남대학교, 한양대학교 등 세법강의

〈저서 및 논문〉

- 원천징수제도에 관한 연구(박사학위 논문)
- 세무사랑Pro활용레시피(회계편, 연말정산, 법인세, 소득세)
- 기업결산 및 세무조정 Ⅰ · Ⅱ
- 2023년 법인세신고실무
- 2023년 세액공제감면실무
- 2023년 귀속 연말정산실무
- 2025년 신고대비 핵심 통합고용증대세액공제 및 통합투자세액공제
- 2026년 신고대비 법인결산과 세무조정실무
- 2025년 귀속 핵심 연말정산실무

[블로그] blog.naver.com/taxin4u

2026년 신고대비 핵심 세액공제·감면의 정석

2024년 1월 22일 초판 발행
2026년 1월 19일 3판 발행

저 자 손 창 용
발 행 인 오 연 관
발 행 처 **삼일피더블유씨솔루션**

저자협의
인지생략

서울특별시 용산구 한강대로 273 용산빌딩 4층
등록번호 : 1995. 6. 26 제3-633호
전 화 : (02) 3489-3100
F A X : (02) 3489-3141
I S B N : 979-11-6784-460-6 93320

※ '삼일인포마인'은 '삼일피더블유씨솔루션'의 단행본 브랜드입니다.
※ 파본은 교환하여 드립니다.

정가 50,000원